2014 2014 2014

中国奶業年鉴

2014

中华人民共和国农业部　主管
中国奶业年鉴编辑委员会　编

中国农业出版社

编辑说明

《中国奶业年鉴》是反映我国奶业发展情况的综合性年刊，也是农业部年鉴系列中的一部重要产业年鉴，2002年经农业部批准由中国奶业协会组织编纂，已经连续出版十二卷。2014卷为第十三卷本。《中国奶业年鉴》自出版发行以来，客观记述了我国奶业的发展历程，反映了奶业生产的实际情况，为行业管理部门制定规划、政策和实施决策提供了依据，为奶业生产经营者提供了技术和数据支持，为广大消费者提供了市场和信息引导，是中国奶业发展的编年史册，也是奶业行业发展的公报。

《中国奶业年鉴》实行编辑委员会领导下的编辑负责制，编辑委员会由农业部等部委和各省（自治区、直辖市）农牧、农垦厅（局）等部门的负责人，中国农业科学院、中国农业大学等院校学者专家以及奶业及相关企业人士组成。编辑部设在中国奶业协会。

为拓宽《中国奶业年鉴》的服务功能，增强其权威性、史存性、科学性和连续性，《中国奶业年鉴》2012卷调整了栏目的名称、结构和顺序；2013卷修订了编纂大纲，增加了条目和附录，细化了条目内容；2014卷增加了索引，进一步方便了读者查阅。

农业部、财政部、科学技术部、工业和信息化部相关部门为本卷撰写了有关条目。行业数据主要采用国家统计局、海关总署和国家发展和改革委员会的统计数据，部分数据资料由农业部畜牧业司、全国畜牧总站、中国奶业协会和中国乳制品工业协会等单位提供。国内数据资料范围仅限于内地31个省、自治区、直辖市，不包括香港、澳门特别行政区和台湾地区。各地奶业中的数据有些省份采用畜牧行业统计数据，与本年鉴行业统计栏目中数据有差异，请注意引用。

《中国奶业年鉴》2014卷中各省、自治区、直辖市按行政区划顺序排列。

《中国奶业年鉴》2014卷所刊载资料一般截至2013年年底，部分时效性较强的资料不限于2013年。

《中国奶业年鉴》2014卷的编辑、出版和发行工作得到了各级畜牧兽医行政主管部门、奶业行业协会、国家产业技术体系、科研院校、乳品企业等各有关单位和奶业知名专家的大力支持和帮助，谨此表示诚挚的感谢。

中国奶业年鉴编辑委员会名单

董卫星　安徽省畜牧兽医局局长
梁全顺　福建省农业厅总畜牧兽医师
黄图强　江西省畜牧兽医局副局长
唐建俊　山东省畜牧兽医局副局长
杨文明　河南省畜牧局副局长
陈红颂　湖北省畜牧兽医局副局长
袁延文　湖南省畜牧水产局局长
罗展光　广东省畜牧兽医局副局长
王　强　广西壮族自治区水产畜牧兽医局副局长
朱清敏　海南省农业厅副厅长
曾代勤　重庆市农业委员会副巡视员
兰明建　四川省农业厅巡视员
黄　晓　贵州省农业委员会副主任
徐祖林　云南省农业厅草山饲料处处长
次　真　西藏自治区农牧厅副厅长
杨黎旭　陕西省畜牧兽医局局长
姜　良　甘肃省农牧厅副厅长
焦小鹿　青海省农牧厅首席兽医师
晁向阳　宁夏回族自治区农牧厅首席兽医师
王俊勋　新疆维吾尔自治区畜牧厅副厅长
赵福义　新疆生产建设兵团农业局副局长
张忠旭　黑龙江省农垦总局畜牧兽医局局长
孙伊萍　内蒙古蒙牛乳业（集团）股份有限公司总裁
冯　栟　黑龙江省完达山乳业股份有限公司副总经理
黄黎明　上海光明荷斯坦牧业有限公司总经理

郭利亚　农业部奶业管理办公室
任　康　北京市畜牧总站科长，高级畜牧师
孟庆江　天津市奶业发展服务中心主任
李贺峰　河北省奶业协会副秘书长
侯晋兰　山西省农业厅饲料奶站管理办公室副主任
巴特尔　内蒙古自治区农牧业厅畜牧处副处长
林广宇　辽宁省畜牧业经济管理站
迟桂凤　吉林省畜牧业管理局调研员
张维银　黑龙江省奶业协会秘书长
季爱华　上海奶业行业协会
方　昳　江苏省农业委员会畜牧兽医局
杨金勇　浙江省畜牧技术服务中心
郑久坤　安徽省畜牧技术推广总站
吴大新　福建省奶业协会秘书长
娄佑武　江西省畜牧技术推广站站长
王丰强　山东省畜牧兽医局畜牧科技处
宋洛文　河南省畜牧局奶业管理办公室副主任
王　健　湖北省畜牧兽医局草业管理处
刘海林　湖南省奶业协会秘书长
陈三有　广东省畜牧技术推广总站副站长
唐善生　广西壮族自治区畜牧总站
陈　理　海南省农业厅畜牧处处长
罗　健　重庆市农业委员会畜牧处调研员
朱秋云　四川省农业厅生产科教处副调研员
廖正录　贵州省农业委员会畜牧兽医局副局长
黄艾祥　云南省奶业协会秘书长
曹仲华　西藏自治区农牧厅畜牧草原水产处副处长
王鹏飞　陕西省畜牧兽医局

中国奶业年鉴编辑部

2014年11月21日，中国国家主席习近平在奥克兰参观新西兰农牧业技术展，新西兰总理约翰·基陪同参观。

2014年7月19日，中共中央政治局常委、全国政协主席俞正声在伊利实业集团股份有限公司了解生产经营情况。

2014年5月17日，国务院副总理刘延东在农业展览馆举办的2014年全国科技活动周，参观北京三元食品股份有限公司科技展厅。

2013年7月5日，中央政治局委员、北京市委书记郭金龙到北京三元食品股份有限公司调研。

2014年6月13日，农业部副部长于康震、中国奶业协会会长高鸿宾等出席第十二届中国国际奶业展览会暨乳制品市场促销活动。

2014年11月1日，中国奶业协会名誉会长刘成果、秘书长谷继承等在河北省察北县旗帜乳业考察。

2014年12月12日，中澳两国政府在澳大利亚举办第六届中国—澳大利亚奶业对话会。

2014年6月13日，中国奶业协会在西安举办第五届中国奶业大会。

2014年10月23日，农业部奶业管理办公室在北京举办了全国生鲜乳收购站管理系统培训班。

2014年12月25日，中国奶业协会在云南召开国家学生饮用奶计划推广工作会。

2014年9月1～13日，中国奶业协会副会长兼秘书长谷继承率奶业考察团赴北欧考察。

2014年7月17～24日，中国奶业考察团赴以色列考察。

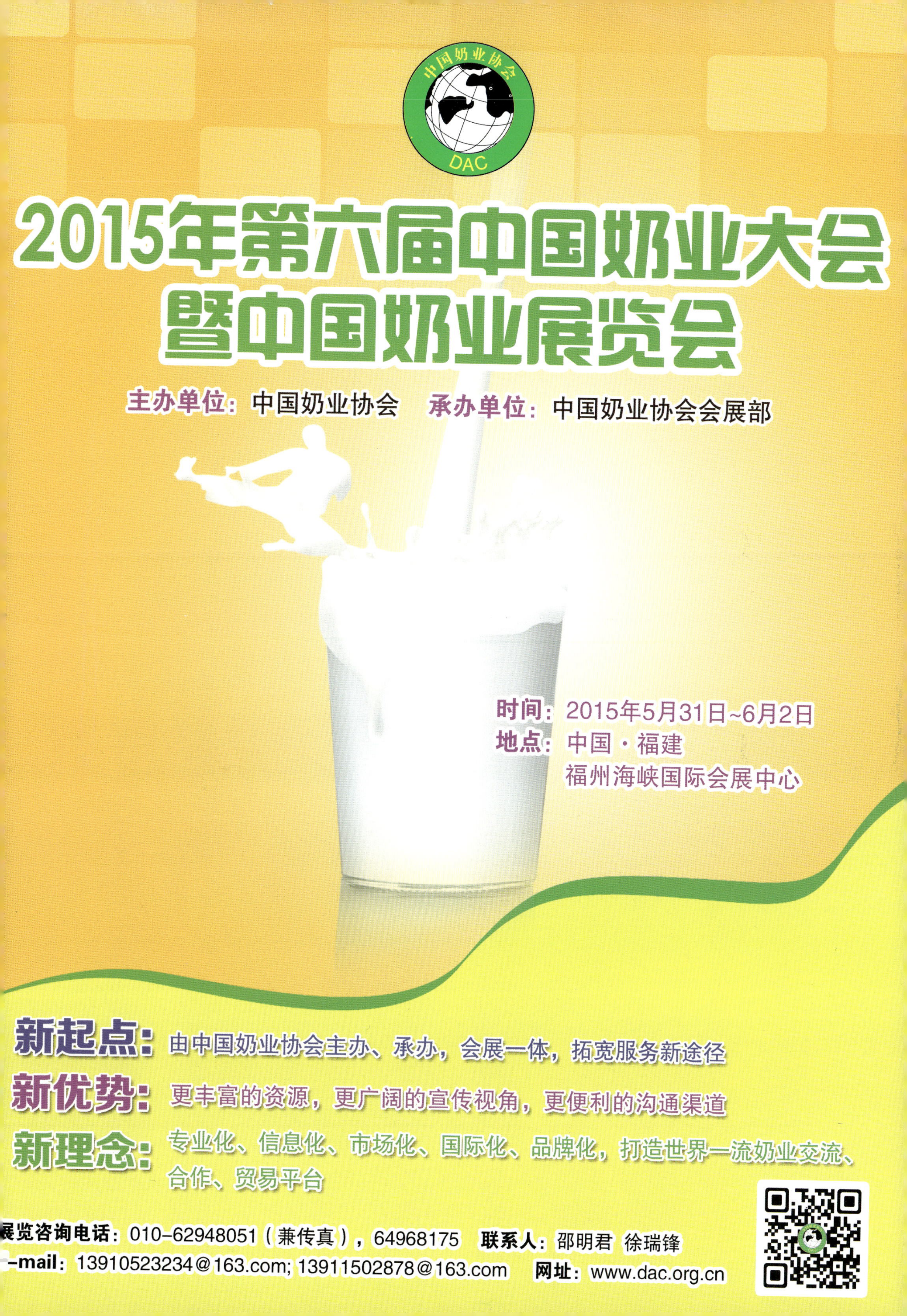
中国奶业协会
DAC
2015年第六届中国奶业大会
暨中国奶业展览会
主办单位：中国奶业协会 承办单位：中国奶业协会会展部
时间：2015年5月31日~6月2日
地点：中国·福建
福州海峡国际会展中心
新起点：由中国奶业协会主办、承办，会展一体，拓宽服务新途径
新优势：更丰富的资源，更广阔的宣传视角，更便利的沟通渠道
新理念：专业化、信息化、市场化、国际化、品牌化，打造世界一流奶业交流、合作、贸易平台
展览咨询电话：010-62948051（兼传真），64968175 联系人：邵明君 徐瑞锋
-mail：13910523234@163.com; 13911502878@163.com 网址：www.dac.org.cn

HOLSTAN
荷斯坦
可信赖的奶牛专家
荷斯坦
牧场管理·健能赢计划
技术服务·牧业产品

荷斯坦免费服务电话
800 · 820 · 1536

DAIRY DEALERS
FARM SUPPORT
GEA

——牧场整体解决方案

GEA Farm Technologies

牧羊
MUYANG
牧羊生物质能源工程
主要业务范围：
牧草制粒
动物粪便处理
林业及其加工剩余物处理
农业及其加工剩余物处理

北京奶牛中心
BDCC
Beijing Dairy Cattle Center
XM
XL
JS
MB
BS
HS
11106002
11104849
11101682
11101916
2013年
核心育种场
全面升级，崭新亮相
2008年
国家奶牛胚胎工程
技术研究中心
正式挂牌
1999年
加拿大政府
国礼“龙”
入驻中心基地
96529
94108
1991年
高产荷斯坦牛
核心育种场建成投产
8001
5078205
1973年
我国首批
种公牛站落户北京
16747
15942
40年品牌积淀
冻精销售热线：010-62948028(30)
设备销售热线：010-62948004(05)
北京奶牛中心—Beijing Dairy Cattle Center
更多信息欢迎浏览北京奶牛中心网站–www.BDCC.com.cn

优秀种牛推荐
11110533
11111520
11108019
11103467
11103630
11106002
11104849
11108549
11109004
11108711
诚招全国各地冻精经销商，诚聘优秀销售精英
联系电话：010-62948010；13810063288

全药舔砖在日本自从1958年开始投放市场以来，已经成为畜牧业中不可缺少的产品。同时在这半个世纪里，结合饲养技术和营养科学的发展，不断地开发和引进先进的技术和经验，进行了产品更新和技术换代。并且，我们一直坚持着为消费者提供通过系统质量管理和品质检验合格的产品，这是我们ZENOAQ的精神宗旨，永远不会改变。

全药 舔砖系列饲喂流程图

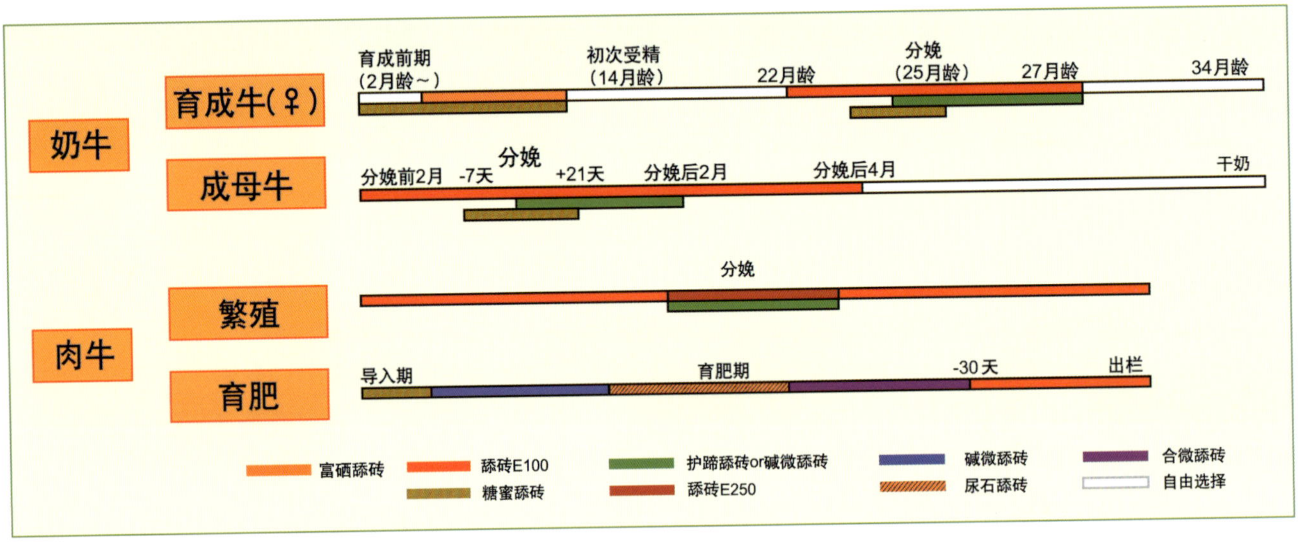

全药舔砖系列产品

富硒舔砖 SELENIX
含有丰富硒元素的复合微量矿物质舔砖

碱微舔砖 ALUKALIX-P
加配了机体内利用率高的多肽矿物质

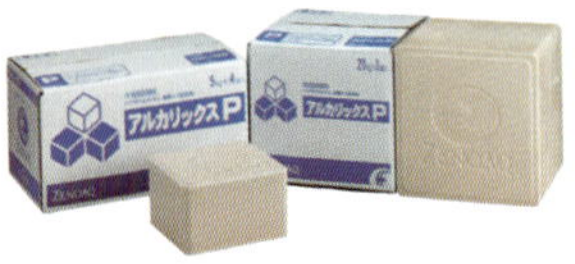

E100舔砖
同时补给维生素E和硒

护蹄舔砖 FOOTBIO-P
配入有机肽锌加强吸收和口感

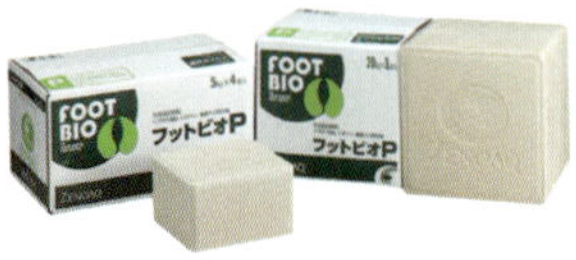

糖蜜舔砖 MOLALIX
能量是生命之源

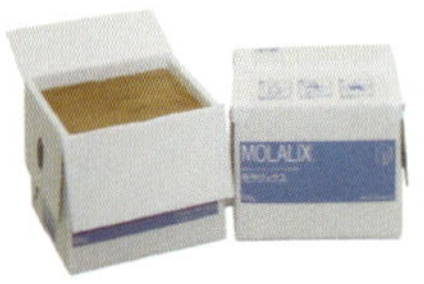

ZENOAQ 专用舔砖盒

- 独家专利
- 务实耐用
- 设置方便
- 氛围良好

尿石舔砖 COWSTONE
有效预防尿结石 降低尿液碱性

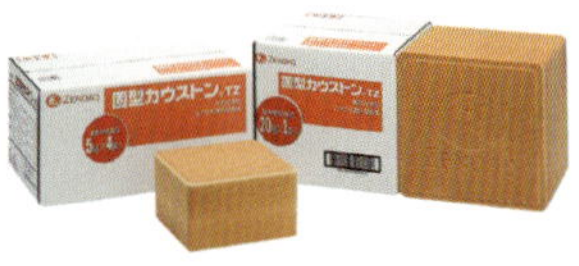

合微舔砖 BOVILIX-P
加配了微量元素的升级产品

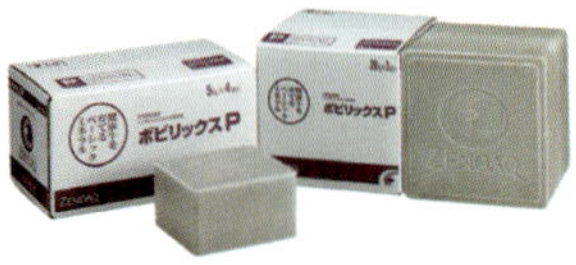

东方 澳龙
澳舒康™
泌乳期
澳乃康™
泌乳期
乳炎平
干乳期
奶牛乳房炎好帮手
国家新兽药

中博农畜牧
Asia Dairy Fab
ADF
打造绿色养殖空间
保障奶源健康安全
客服热线：400-8811-765
规模化
标准化
现代化
牧场一体化
建设专家
中博农畜牧科技股份有限公司
地址：北京市海淀区上地信息路一号创业园A座七层
邮编：100085
电话：010-82895904 82896933
传真：010-82893129
网址：www.bjzbn.com
邮箱：info@bjzbn.com

目　录

特　载

中共中央国务院印发《关于全面深化农村改革加快推进农业现代化的若干意见》 1
努力开创保险支持畜牧业发展的新局面 8
创立民族品牌　建设世界一流奶业 13
破解人才匮乏难题，办好现代奶牛场高级人才研修班 17
现代奶业与奶业文化 18
狠抓落实，全力开创奶业工作新局面 22
发展巴氏鲜奶，推进奶业持续健康发展 28

发展综述

2013年奶业发展概况 31

行业专述

【遗传改良】 35
2013年奶牛良种补贴实施情况 35
2013年全国种公牛站生产情况 35
2013年全国奶牛生产性能测定概述 36
2013年中国荷斯坦青年公牛全基因组检测概述 39
【草料生产】 41
2013年振兴奶业苜蓿发展行动情况 41
2013年饲料工业发展情况 41
2013年牧草种植情况 42
2013年牧草种子生产情况 42
2013年商品草生产情况 42
2013年草原保护与建设情况 43
【奶牛保健】 44
2013年全国奶牛疫病防控情况 44
【奶牛保险】 45
2013年全国奶牛保险情况 45
【机械补贴】 45
2013年农机购置补贴政策实施情况 45
【奶源建设】 47
2013年奶牛标准化规模养殖场（小区）建设情况 47
2013年农垦奶牛高产攻关情况 48
2013年我国奶山羊产业发展现状 48
【监管监测】 50
2013年生鲜乳质量安全监管情况 50
2013年生鲜乳、玉米和豆粕价格情况 50
2013年牛奶兽药残留监控情况 51
2013年饲料质量安全监管情况 52
【乳品加工】 53
2013年我国乳品加工的产量、收入和利润情况 53
2013年我国乳品加工企业的数量、类型情况 54
2013年我国乳品加工产业的布局情况 55
【奶业贸易】 57
2013年奶业贸易概述 57
2013年饲草进口情况 57
2013年种牛进口情况 59
2013年乳制品进口情况 60
2013年乳制品出口情况 68

各地奶业

北京市 71
天津市 86
河北省 88
石家庄市 91
唐山市 92
山西省 94
太原市 96
内蒙古自治区 97
辽宁省 98
吉林省 102
黑龙江省 104
上海市 107
江苏省 109
浙江省 115
安徽省 118
福建省 122
江西省 126

山东省 127
青岛市 129
烟台市 130
东营市 131
淄博市 133
河南省 133
郑州市 141
洛阳市 142
湖北省 143
武汉市 145
黄冈市 147
湖南省 148
广东省 149
广西壮族自治区 151
海南省 154
重庆市 155
四川省 158
成都市 160
贵州省 162
云南省 165
西藏自治区 177
陕西省 178
甘肃省 179
酒泉市 184
嘉峪关市 185
张掖市 185
武威市 185
白银市 186
临夏州 186
定西市 187
平凉市 187
天水市 187
青海省 188
西宁市 192
海东市 192
宁夏回族自治区 193
银川市 198
吴忠市 198
新疆维吾尔自治区 199
新疆生产建设兵团 203
黑龙江农垦 206

政 策 法 规

【国务院发布】 207
全国人民代表大会常务委员会关于修改《中华人民共和国商标法》的决定 207
中华人民共和国商标法 211
畜禽规模养殖污染防治条例 217
中国食物与营养发展纲要（2014—2020 年） 220
国务院关于地方改革完善食品药品监督管理体制的指导意见 222
2013 年食品安全重点工作安排 224
关于进一步加强婴幼儿配方乳粉质量安全工作的意见 226
【农业部发布】 228
关于废止部分规章和规范性文件的决定 228
农业部关于贯彻实施《中华人民共和国农业技术推广法》的意见 229
中华人民共和国农业技术推广法 233
2013 年度动物及动物产品兽药残留监控计划 236
农业部公告第 1905 号 239
关于新型收获机械管理有关问题的批复 239
农业部公告第 1916 号 239
农业部公告第 1923 号 240
农业部公告第 1931 号 241
关于下达 2013 年畜禽牧草种质资源保护项目资金的通知 241
农业部公告第 1942 号 241
农业部公告第 1945 号 243
农业部公告第 1948 号 244
农业部公告第 1965 号 248
农业部公告第 1977 号 249
关于组织开展农业标准化实施示范项目考核验收工作的通知 250
农业部公告第 1991 号 258
农业部公告第 1999 号 258
农业部公告第 2005 号 259
农业部公告第 2045 号 259
【海关总署发布】 263
关于对原产于新西兰的 11 个税则号列项下的农产品实施特殊保障措施 263
关于对原产于新西兰的 12 个税号的农产品实施特殊保障措施 263

关于对原产于新西兰的 12 个税号的农产品实施特殊保障措施 264
关于 2013 年度自新西兰进口有关农产品数量和 2014 年度进口触发水平数量的公告 264
【食品药品监督管理总局发布】 266
关于进一步加强婴幼儿配方乳粉生产监管工作的通知 266
关于禁止以委托、贴牌、分装等方式生产婴幼儿配方乳粉的公告 267
关于发布婴幼儿配方乳粉生产企业监督检查规定的公告 267
婴幼儿配方乳粉生产企业监督检查规定 268
关于发布婴幼儿配方乳粉生产许可审查细则(2013 版)的公告 270
关于进一步加强婴幼儿配方乳粉销售监督管理工作的通知 281
关于贯彻婴幼儿配方乳粉生产许可审查细则严格生产许可工作的通知 283
【质量监督检验检疫总局发布】 284
进出口乳品检验检疫监督管理办法 284
关于实施《进出口乳品检验检疫监督管理办法》有关要求的公告 288
关于公布《进口食品境外生产企业注册实施目录》的公告 292
关于公布 2013 年 22 种产品质量国家监督抽查结果的公告 293
关于暂停智利可食性禽产品及相关地区肉类产品进口的公告 294
关于公布 2013 年 23 种产品质量国家监督抽查结果的公告 294
关于加强进口婴幼儿配方乳粉管理的公告 295
关于公布 2013 年 36 种产品质量国家监督抽查结果的公告 295
【卫生和计划生育委员会发布】 296
关于低聚果糖使用有关问题的复函 296
关于酪蛋白酸盐有关问题的复函 297
【多部委联合发布】 297
关于调整学生饮用奶计划推广工作方式的通知 297
食品药品违法行为举报奖励办法 298
关于解除蒙古国西部 7 省口蹄疫禁令的公告 299
关于防止蒙古国口蹄疫传入我国的公告 299
农业部　卫生和计划生育委员会第 1927 号公告 300
关于进一步规范母乳代用品宣传和销售行为的通知 301
农业部、国家质量监督检验检疫总局第 2013 号联合公告 302
【中国奶协公告】 305
中国奶业协会公告 305

科 学 技 术

2013 年国家现代奶业发展科技工程进展情况 312
2013 年度国家奶牛产业技术体系建设情况 314
2013 年度牧草产业技术体系工作总结 318
2013 年度畜禽良种产业技术创新战略联盟工作总结 328
2013 年全国奶牛（草食动物）科技入户示范工程实施情况 329
2013 年我国奶山羊科技发展概况 331

国 际 奶 业

【交流合作】 334
2013 年中国奶业协会国际交流与合作 334
澳大利亚奶业考察报告 335
赴以色列高端牧场管理培训班考察报告 338
【国际概况】 344
2013 年全球奶业发展概况 344
2013 年全球原料奶生产情况 347
2013 年全球乳品加工情况 349
2013 年全球奶业企业发展情况 355
2013 年全球乳制品消费情况 358
2013 年全球乳制品贸易情况 361
2013 年全球牛奶价格情况 368
【各国概况】 372
2013 年美国奶业发展概况 372
2013 年新西兰奶业发展概况 376
2013 年澳大利亚奶业发展概况 378
2013 年欧盟奶业发展概况 380
2013 年丹麦奶业发展概况 382
2013 年瑞典奶业发展概况 384
2013 年挪威奶业发展概况 385

企 业 发 展

【加工企业】 386
责任在肩　心系于民——完达山乳业 386

用一点一滴的行动实现品牌发展——蒙牛乳业 387
天友乳业 成长跨越世纪 389
2013 年伊利乳业发展情况 392
2013 年三元乳业发展情况 393
2013 年光明乳业发展情况 394
2013 年贝因美发展情况 395
2013 年皇氏乳业发展情况 396
【养殖企业】 397
可信赖的奶牛专家——上海光明荷斯坦乳业 397
2013 年现代牧业发展情况 400
【服务企业】 400
走在畜牧行业发展前端的领军企业
——四方力欧 400
现代化标准牧场建设助推中国奶业大发展
——中博农 401
高速发展中的先马士中国公司 402
创一流动保企业，做健康生命使者——东方澳龙 403
铸民族品牌，惠天下奶农——北京奶牛中心 404
“未来牧场”——基伊埃牧业科技的
可持续发展的整体解决方案理念 405
天津全药舔砖与反刍动物保健 406

大 事 记

2013 年奶业大事记 407

行 业 统 计

【奶业发展趋势走势图】 424
【综合情况】 428
全国奶业基本情况 428
2009—2013 年全国各地区奶业概况 429
2009—2013 年北京奶业概况 429
2009—2013 年天津奶业概况 430
2009—2013 年河北奶业概况 431
2009—2013 年山西奶业概况 432
2009—2013 年内蒙古奶业概况 433
2009—2013 年辽宁奶业概况 434
2009—2013 年吉林奶业概况 435
2009—2013 年黑龙江奶业概况 436
2009—2013 年上海奶业概况 437
2009—2013 年江苏奶业概况 438
2009—2013 年浙江奶业概况 439
2009—2013 年安徽奶业概况 440
2009—2013 年福建奶业概况 441
2009—2013 年江西奶业概况 442
2009—2013 年山东奶业概况 443
2009—2013 年河南奶业概况 444
2009—2013 年湖北奶业概况 445
2009—2013 年湖南奶业概况 446
2009—2013 年广东奶业概况 447
2009—2013 年广西奶业概况 448
2009—2013 年海南奶业概况 449
2009—2013 年重庆奶业概况 450
2009—2013 年四川奶业概况 451
2009—2013 年贵州奶业概况 452
2009—2013 年云南奶业概况 453
2009—2013 年西藏奶业概况 454
2009—2013 年陕西奶业概况 455
2009—2013 年甘肃奶业概况 456
2009—2013 年青海奶业概况 457
2009—2013 年宁夏奶业概况 458
2009—2013 年新疆奶业概况 459
【奶牛养殖】 460
产量存栏 460
1978—2013 年全国奶牛存栏、
牛奶产量、奶类总产量 460
2009—2013 年全国各地区奶牛存栏数 461
2009—2013 年全国各地区牛奶产量 462
2009—2013 年全国各地区奶类产量 463
2002—2013 年全国奶牛规模养殖情况表 464
奶牛育种 465
2009 年全国各地区荷斯坦牛生产性能
测定概况 465
2010 年全国各地区荷斯坦牛生产性能
测定概况 466
2011 年全国各地区荷斯坦牛生产性能
测定概况 467
2012 年全国各地区荷斯坦牛生产性能
测定概况 468
2013 年全国各地区荷斯坦牛生产性能
测定概况 469
2009 年全国各地区不同规模牛场荷斯坦牛
生产性能测定概况 470
2010 年全国各地区不同规模牛场荷斯坦牛
生产性能测定概况 470

2011 年全国各地区不同规模牛场荷斯坦牛生产性能测定概况　470

2012 年全国各地区不同规模牛场荷斯坦牛生产性能测定概况　471

2013 年全国各地区不同规模牛场荷斯坦牛生产性能测定概况　471

2009 年奶牛良种补贴项目种公牛站及种公牛汇总表　472

2010 年奶牛良种补贴项目种公牛站及种公牛汇总表　473

2011 年奶牛良种补贴项目种公牛站及种公牛汇总表　474

2012 年奶牛良种补贴项目种公牛站及种公牛汇总表　475

2013 年奶牛良种补贴项目种公牛站及种公牛汇总表　476

生产价格　477

2009—2013 年我国奶类生产价格指数　477

2009—2013 年 10 个主产省份生鲜乳平均收购价格　477

成本收益　478

2013 年各地区散养奶牛成本收益情况　478

2013 年各地区散养奶牛费用和用工情况　480

2013 年各地区小规模奶牛成本收益情况　482

2013 年各地区小规模奶牛费用和用工情况　484

2013 年各地区中规模奶牛成本收益情况　486

2013 年各地区中规模奶牛费用和用工情况　488

2013 年各地区大规模奶牛成本收益情况　490

2013 年各地区大规模奶牛费用和用工情况　492

【饲料加工】　494

行业情况　494

2009—2013 年全国饲料加工业基本经营情况　494

2009—2013 年全国饲料加工业基本经营情况——不同经济类型　494

2009—2013 年全国各地区饲料加工业基本经营情况——企业数　496

2009—2013 年全国各地区饲料加工业基本情况——产品销售收入　497

2009—2013 年全国各地区饲料加工业基本情况——利润总额　498

2009—2013 年全国各地区饲料加工业基本情况——资产总额　499

2009—2013 年全国各地区饲料加工业基本情况——负债总额　500

饲料产量　501

2009—2013 年全国各地区配混合饲料产量　501

2009—2013 年全国配合、混合饲料生产量（月度）　502

饲料价格　503

2009—2013 年全国玉米、豆粕平均价格（月度）　503

【乳品加工】　504

行业情况　504

2009—2013 年全国液体乳及乳制品制造业基本经营情况　504

2009—2013 年全国液体乳及乳制品制造业基本经营情况——不同经济类型　504

2009—2013 年全国各地区液体乳及乳制品制造业企业数　506

2009—2013 年全国各地区液体乳及乳制品制造业产品销售收入　507

2009—2013 年全国各地区液体乳及乳制品制造业利润总额　508

2009—2013 年全国各地区液体乳及乳制品制造业资产总额　509

乳制品产量　510

2000—2013 年全国乳制品产量　510

2009—2013 年全国乳制品产量及增长情况　510

2009—2013 年全国各地区乳制品产量　511

2009—2013 年全国各地区干乳制品产量　512

2009—2013 年全国各地区液态奶产量　513

2009—2013 年全国乳制品生产量（月度）　514

2009—2013 年全国液态奶生产量（月度）　514

2009—2013 年全国奶粉生产量（月度）　515

【奶业国际贸易】　516

种畜国际贸易　516

1998—2013 年全国改良种用牛、胚胎及冻精进口量值　516

1998—2013 年全国改良种用牛、胚胎出口量值　517

2009—2013 年全国改良用牛进口量值（来源地）　517

2009—2013 年全国改良用牛进口量（进口地区）　518

2009—2013 年全国胚胎进口量值（来源地） 519
2009—2013 年全国胚胎进口量值（进口地区） 519
2009—2013 年全国牛冷冻精液进口量值（来源地） 520
2009—2013 年全国牛冷冻精液进口量值（进口地区） 520
2009—2013 年全国改良种用牛进口量值（月度） 521
2009—2013 年全国动物胚胎进口量值（月度） 521
2009—2013 年全国牛冷冻精液进口量值（月度） 522
2009—2013 年全国改良用牛出口量值（目的地） 522
2009—2013 年全国改良用牛出口量值（出口地区） 522
2009—2013 年全国胚胎出口量值（目的地） 523
2009—2013 年全国胚胎出口量值（出口地区） 523
牧草国际贸易 523
2009—2013 年我国苜蓿进口量值 523
乳制品国际贸易 524
2009—2013 年全国乳制品进口情况 524
2009—2013 年全国乳制品出口情况 525
2009—2013 年全国鲜奶进口量值（来源地） 526
2009—2013 年全国鲜奶进口量值（进口地区） 527
2009—2013 年全国酸奶进口量值（来源地） 528
2009—2013 年全国酸奶进口量值（进口地区） 529
2009—2013 年全国奶油进口量值（来源地） 530
2009—2013 年全国奶油进口量值（进口地区） 531
2009—2013 年全国干酪进口量值（来源地） 532
2009—2013 年全国干酪进口量值（进口地区） 533
2009—2013 年全国奶粉进口量值（来源地） 534
2009—2013 年全国奶粉进口量值（进口地区） 535
2009—2013 年全国炼乳进口量值（来源地） 536
2009—2013 年全国炼乳进口量值（进口地区） 537
2009—2013 年全国乳清进口量值（来源地） 538
2009—2013 年全国乳清进口量值（进口地区） 539
2013 年全国乳制品进口量（月度） 540
2013 年全国乳制品进口额（月度） 541
2013 年全国乳制品出口量（月度） 542
2013 年全国乳制品出口额（月度） 543
2009—2013 年全国奶粉进口量值表 544
2009—2013 年全国奶粉出口量值表 544
【乳品消费】 545
居民收入与支出 545
1992—2013 年全国城镇居民人均可支配收入、现金消费支出、食品消费支出和乳制品消费支出 545
2009—2013 年各地城镇居民人均可支配收入 546
2009—2013 年各地城镇居民人均现金消费支出 547
2009—2013 年各地城镇居民人均食品消费支出 548
2009—2013 年各地城镇居民人均乳制品消费支出 549
2009—2013 年各地城镇居民人均乳制品消费支出占食品消费支出的比重 550
1992—2013 年全国农村居民人均纯收入、消费支出 551
2009—2013 年各地农村居民人均纯收入、消费支出 552
居民乳品消费数量 553
1992—2013 年全国城镇居民家庭人均酸奶购买量 553
1992—2012 年全国城镇居民家庭人均奶粉购买量 554
1992—2012 年全国城镇居民家庭平均每人全年鲜奶购买量 555
乳制品价格 556
2009—2013 年全国乳类物质消费价格指数（PPI，月度） 556
2009 年全国各地区售袋装鲜奶平均价格（月度） 557
2010 年全国各地区售袋装鲜奶平均价格（月度） 558
2011 年全国各地区售袋装鲜奶平均价格（月度） 559
2012 年全国各地区售袋装鲜奶平均价格（纯牛奶 利乐枕 240mL 月度） 560
2012 年全国各地区售鲜奶平均价格（纯牛奶 盒装 250mL 月度） 561
2013 年全国各地区售鲜奶平均价格（纯牛奶 盒装 250mL 月度） 562
2013 年全国各地区售鲜奶平均价格（纯牛奶 利乐枕 240mL 月度） 563

2012 年全国各地区售盒装婴幼儿配方乳粉平均价格（国产三段 400g 月度） 564
2013 年全国各地区售盒装婴幼儿配方乳粉平均价格（国产三段 400g 月度） 565
2012 年全国各地区售盒装婴幼儿配方乳粉平均价格（进口三段 400g 月度） 566
【含乳饮料和植物蛋白饮料制造业经济指标】 567
2009—2013 年全国含乳饮料和植物蛋白饮料制造业基本经营情况 567
【社会经济综合指标】 568
1978—2013 年国民总收入、国内生产总值 568
1978—2013 年全国农林牧渔业总产值 569
2009—2013 年全国各地区国内生产总值 570
2009—2013 年全国各地区农林牧渔业总产值 571
2009—2013 年全国各地区牧业总产值 572
1978—2013 年全国社会消费品零售总额 573
2009—2013 年全国各地区社会消费品零售总额 574
1978—2013 年全国城乡人口数 575
2009—2013 年全国各地区人口的城乡构成 576
【世界奶业】 577
2000—2013 年全球原料奶产量 577
2000—2013 年全球各地区牛奶产量 577
2000—2013 年世界主要国家奶牛存栏数 578
2000—2013 年世界主要国家牛奶产量 579

附 录

全国及各地区乳制品企业分类汇总表 580
全国及各地区婴幼儿配方乳（奶）粉企业分类汇总表 581
我国各地区乳制品企业名单 582
我国各地区婴幼儿配方乳（奶）粉企业名单 663
获得农业产业化国家重点龙头企业奶业企业名单 672
奶业产业技术体系成员名单 673
牧草产业技术体系成员名单 675
乳业产业技术创新战略联盟理事会成员名单 677
获得农业部进口饲料和饲料添加剂产品登记证企业及产品目录信息（反刍动物可用） 678
2013 年农业部畜禽标准化示范场名单—奶牛 802
2013 年畜牧良种补贴项目入选种公牛站及种公牛数量汇总表 803
2013 年畜牧良种补贴项目乳用种公牛名单 805
（一）荷斯坦种公牛名单（CPI1） 805
（二）荷斯坦种公牛名单（CPI2） 814
（三）荷斯坦种公牛名单（CPI3） 820
（四）荷斯坦种公牛名单（GCPI） 824
（五）其他乳用品种种公牛名单 831
索引 845

特　载

TEZAI

中共中央国务院印发《关于全面深化农村改革加快推进农业现代化的若干意见》

2013 年，农业农村发展持续向好、稳中有进，粮食生产再创历史新高，城乡居民收入差距继续缩小，农村改革向纵深推进，农村民生有新的改善，农村社会保持和谐稳定。

我国经济社会发展正处在转型期，农村改革发展面临的环境更加复杂、困难挑战增多。工业化信息化城镇化快速发展对同步推进农业现代化的要求更为紧迫，保障粮食等重要农产品供给与资源环境承载能力的矛盾日益尖锐，经济社会结构深刻变化对创新农村社会管理提出了亟待破解的课题。必须全面贯彻落实党的十八大和十八届三中全会精神，进一步解放思想，稳中求进，改革创新，坚决破除体制机制弊端，坚持农业基础地位不动摇，加快推进农业现代化。

全面深化农村改革，要坚持社会主义市场经济改革方向，处理好政府和市场的关系，激发农村经济社会活力；要鼓励探索创新，在明确底线的前提下，支持地方先行先试，尊重农民群众实践创造；要因地制宜、循序渐进，不搞"一刀切"、不追求一步到位，允许采取差异性、过渡性的制度和政策安排；要城乡统筹联动，赋予农民更多财产权利，推进城乡要素平等交换和公共资源均衡配置，让农民平等参与现代化进程、共同分享现代化成果。

推进中国特色农业现代化，要始终把改革作为根本动力，立足国情农情，顺应时代要求，坚持家庭经营为基础与多种经营形式共同发展，传统精耕细作与现代物质技术装备相辅相成，实现高产高效与资源生态永续利用协调兼顾，加强政府支持保护与发挥市场配置资源决定性作用功能互补。要以解决好地怎么种为导向加快构建新型农业经营体系，以解决好地少水缺的资源环境约束为导向深入推进农业发展方式转变，以满足吃得好吃得安全为导向大力发展优质安全农产品，努力走出一条生产技术先进、经营规模适度、市场竞争力强、生态环境可持续的中国特色新型农业现代化道路。

2014 年及今后一个时期，农业农村工作要以邓小平理论、"三个代表"重要思想、科学发展观为指导，按照稳定政策、改革创新、持续发展的总要求，力争在体制机制创新上取得新突破，在现代农业发展上取得新成就，在社会主义新农村建设上取得新进展，为保持经济社会持续健康发展提供有力支撑。

一、完善国家粮食安全保障体系

1. 抓紧构建新形势下的国家粮食安全战略。把饭碗牢牢端在自己手上，是治国理政必须长期坚持的基本方针。综合考虑国内资源环境条件、粮食供求格局和国际贸易环境变化，实施以我为主、立足国内、确保产能、适度进口、科技支撑的国家粮食安全战略。任何时候都不能放松国内粮食生产，严守耕地保护红线，划定永久基本农田，不断提升农业综合生产能力，确保谷物基本自给、口粮绝对安全。更加积极地利用国际农产品市场和农业资源，有效调剂和补充国内粮食供给。在重视粮食数量的同时，更加注重品质和质量安全；在保障当期供给的同时，更加注重农业可持续发展。

加大力度落实“米袋子”省长负责制，进一步明确中央和地方的粮食安全责任与分工，主销区也要确立粮食面积底线、保证一定的口粮自给率。增强全社会节粮意识，在生产流通消费全程推广节粮减损设施和技术。

2. 完善粮食等重要农产品价格形成机制。继续坚持市场定价原则，探索推进农产品价格形成机制与政府补贴脱钩的改革，逐步建立农产品目标价格制度，在市场价格过高时补贴低收入消费者，在市场价格低于目标价格时按差价补贴生产者，切实保证农民收益。2014年，启动东北和内蒙古大豆、新疆棉花目标价格补贴试点，探索粮食、生猪等农产品目标价格保险试点，开展粮食生产规模经营主体营销贷款试点。继续执行稻谷、小麦最低收购价政策和玉米、油菜籽、食糖临时收储政策。

3. 健全农产品市场调控制度。综合运用储备吞吐、进出口调节等手段，合理确定不同农产品价格波动调控区间，保障重要农产品市场基本稳定。科学确定重要农产品储备功能和规模，强化地方尤其是主销区的储备责任，优化区域布局和品种结构。完善中央储备粮管理体制，鼓励符合条件的多元市场主体参与大宗农产品政策性收储。健全“菜篮子”市长负责制考核激励机制，完善生猪市场价格调控体系，抓好牛羊肉生产供应。进一步开展国家对农业大县的直接统计调查。编制发布权威性的农产品价格指数。

4. 合理利用国际农产品市场。抓紧制定重要农产品国际贸易战略，加强进口农产品规划指导，优化进口来源地布局，建立稳定可靠的贸易关系。有关部门要密切配合，加强进出境动植物检验检疫，打击农产品进出口走私行为，保障进口农产品质量安全和国内产业安全。加快实施农业走出去战略，培育具有国际竞争力的粮棉油等大型企业。支持到境外特别是与周边国家开展互利共赢的农业生产和进出口合作。鼓励金融机构积极创新为农产品国际贸易和农业走出去服务的金融品种和方式。探索建立农产品国际贸易基金和海外农业发展基金。

5. 强化农产品质量和食品安全监管。建立最严格的覆盖全过程的食品安全监管制度，完善法律法规和标准体系，落实地方政府属地管理和生产经营主体责任。支持标准化生产、重点产品风险监测预警、食品追溯体系建设，加大批发市场质量安全检验检测费用补助力度。加快推进县乡食品、农产品质量安全检测体系和监管能力建设。严格农业投入品管理，大力开展园艺作物标准园、畜禽规模化养殖、水产健康养殖等创建活动。完善农产品质量和食品安全工作考核评价制度，开展示范市、县创建试点。

二、强化农业支持保护制度

6. 健全“三农”投入稳定增长机制。完善财政支农政策，增加“三农”支出。公共财政要坚持把“三农”作为支出重点，中央基建投资继续向“三农”倾斜，优先保证“三农”投入稳定增长。拓宽“三农”投入资金渠道，充分发挥财政资金引导作用，通过贴息、奖励、风险补偿、税费减免等措施，带动金融和社会资金更多投入农业农村。

7. 完善农业补贴政策。按照稳定存量、增加总量、完善方法、逐步调整的要求，积极开展改进农业补贴办法的试点试验。继续实行种粮农民直接补贴、良种补贴、农资综合补贴等政策，新增补贴向粮食等重要农产品、新型农业经营主体、主产区倾斜。在有条件的地方开展按实际粮食播种面积或产量对生产者补贴试点，提高补贴精准性、指向性。加大农机购置补贴力度，完善补贴办法，继续推进农机报废更新补贴试点。强化农业防灾减灾稳产增产关键技术补助。继续实施畜牧良种补贴政策。

8. 加快建立利益补偿机制。加大对粮食主产区的财政转移支付力度，增加对商品粮生产大省和粮油猪生产大县的奖励补助，鼓励主销区通过多种方式到主产区投资建设粮食生产基地，更多地承担国家粮食储备任务，完善粮食主产区利益补偿机制。支持粮食主产区发展粮食加工业。降低或取消产粮大县直接用于粮食生产等建设项目资金配套。完善森林、草原、湿地、水土保持等生态补偿制度，继续执行公益林补偿、草原生态保护补助奖励政策，建立江河源头区、重要水源地、重要水生态修复治理区和蓄滞洪区生态补偿机制。支持地方开展耕地保护补偿。

9. **整合和统筹使用涉农资金。**稳步推进从财政预算编制环节清理和归并整合涉农资金。支持黑龙江省进行涉农资金整合试点，在认真总结经验基础上，推动符合条件的地方开展涉农资金整合试验。改革项目审批制度，创造条件逐步下放中央和省级涉农资金项目审批权限。改革项目管理办法，加快项目实施和预算执行，切实提高监管水平。加强专项扶贫资金监管，强化省、市两级政府对资金和项目的监督责任，县级政府切实管好用好扶贫资金。盘活农业结余资金和超规定期限的结转资金，由同级预算统筹限时用于农田水利等建设。

10. **完善农田水利建设管护机制。**深化水利工程管理体制改革，加快落实灌排工程运行维护经费财政补助政策。开展农田水利设施产权制度改革和创新运行管护机制试点，落实小型水利工程管护主体、责任和经费。通过以奖代补、先建后补等方式，探索农田水利基本建设新机制。深入推进农业水价综合改革。加大各级政府水利建设投入，落实和完善土地出让收益计提农田水利资金政策，提高水资源费征收标准、加大征收力度。完善大中型水利工程建设征地补偿政策。谋划建设一批关系国计民生的重大水利工程，加强水源工程建设和雨洪水资源化利用，启动实施全国抗旱规划，提高农业抗御水旱灾害能力。实施全国高标准农田建设总体规划，加大投入力度，规范建设标准，探索监管维护机制。

11. **推进农业科技创新。**深化农业科技体制改革，对具备条件的项目，实施法人责任制和专员制，推行农业领域国家科技报告制度。明晰和保护财政资助科研成果产权，创新成果转化机制，发展农业科技成果托管中心和交易市场。采取多种方式，引导和支持科研机构与企业联合研发。加大农业科技创新平台基地建设和技术集成推广力度，推动发展国家农业科技园区协同创新战略联盟，支持现代农业产业技术体系建设。加强以分子育种为重点的基础研究和生物技术开发，建设以农业物联网和精准装备为重点的农业全程信息化和机械化技术体系，推进以设施农业和农产品精深加工为重点的新兴产业技术研发，组织重大农业科技攻关。继续开展高产创建，加大农业先进适用技术推广应用和农民技术培训力度。发挥现代农业示范区的引领作用。加强农用航空建设。将农业作为财政科技投入优先领域，引导金融信贷、风险投资等进入农业科技创新领域。推行科技特派员制度，发挥高校在农业科研和农技推广中的作用。

12. **加快发展现代种业和农业机械化。**建立以企业为主体的育种创新体系，推进种业人才、资源、技术向企业流动，做大做强育繁推一体化种子企业，培育推广一批高产、优质、抗逆、适应机械化生产的突破性新品种。推行种子企业委托经营制度，强化种子全程可追溯管理。加快推进大田作物生产全程机械化，主攻机插秧、机采棉、甘蔗机收等薄弱环节，实现作物品种、栽培技术和机械装备的集成配套。积极发展农机作业、维修、租赁等社会化服务，支持发展农机合作社等服务组织。

13. **加强农产品市场体系建设。**着力加强促进农产品公平交易和提高流通效率的制度建设，加快制定全国农产品市场发展规划，落实部门协调机制，加强以大型农产品批发市场为骨干、覆盖全国的市场流通网络建设，开展公益性农产品批发市场建设试点。健全大宗农产品期货交易品种体系。加快发展主产区大宗农产品现代化仓储物流设施，完善鲜活农产品冷链物流体系。支持产地小型农产品收集市场、集配中心建设。完善农村物流服务体系，推进农产品现代流通综合示范区创建，加快邮政系统服务“三农”综合平台建设。实施粮食收储、供应安全保障工程。启动农村流通设施和农产品批发市场信息化提升工程，加强农产品电子商务平台建设。加快清除农产品市场壁垒。

三、建立农业可持续发展长效机制

14. **促进生态友好型农业发展。**落实最严格的耕地保护制度、节约集约用地制度、水资源管理制度、环境保护制度，强化监督考核和激励约束。分区域规模化推进高效节水灌溉行动。大力推进机械化深松整地和秸秆还田等综合利用，加快实施土壤有机质提升补贴项目，支持开展病虫害绿色防控和病死畜禽无害化处理。加大农业面源污染防治力度，支持高效肥和低残留农药使用、规模养殖场畜禽粪便资源化利用、新型农业经营主体使用有机肥、推广高标准农膜和残膜回收等试点。

15. **开展农业资源休养生息试点。**抓紧编制农业环境突出问题治理总体规划和农业可持续发展规划。启动重金属污染耕地修复试点。从 2014 年开始，继续在陡坡耕地、严重沙化耕地、重要水源地实施退耕还林还草。开展华北地下水超采漏斗区综合治理、湿地生态效益补偿和退耕还湿试点。通过财政奖补、结构调整等综合措施，保证修复区农民总体收入水平不降低。

16. **加大生态保护建设力度。**抓紧划定生态保护红线。继续实施天然林保护、京津风沙源治理二期等林业重大工程。在东北、内蒙古重点国有林区，进行停止天然林商业性采伐试点。推进林区森林防火设施建设和矿区植被恢复。完善林木良种、造林、森林抚育等林业补贴政策。加强沙化土地封禁保护。加大天然草原退牧还草工程实施力度，启动南方草地开发利用和草原自然保护区建设工程。支持饲草料基地的品种改良、水利建设、鼠虫害和毒草防治。加大海洋生态保护力度，加强海岛基础设施建设。严格控制渔业捕捞强度，继续实施增殖放流和水产养殖生态环境修复补助政策。实施江河湖泊综合整治、水土保持重点建设工程，开展生态清洁小流域建设。

四、深化农村土地制度改革

17. **完善农村土地承包政策。**稳定农村土地承包关系并保持长久不变，在坚持和完善最严格的耕地保护制度前提下，赋予农民对承包地占有、使用、收益、流转及承包经营权抵押、担保权能。在落实农村土地集体所有权的基础上，稳定农户承包权、放活土地经营权，允许承包土地的经营权向金融机构抵押融资。有关部门要抓紧研究提出规范的实施办法，建立配套的抵押资产处置机制，推动修订相关法律法规。切实加强组织领导，抓紧抓实农村土地承包经营权确权登记颁证工作，充分依靠农民群众自主协商解决工作中遇到的矛盾和问题，可以确权确地，也可以确权确股不确地，确权登记颁证工作经费纳入地方财政预算，中央财政给予补助。稳定和完善草原承包经营制度，2015 年基本完成草原确权承包和基本草原划定工作。切实维护妇女的土地承包权益。加强农村经营管理体系建设。深化农村综合改革，完善集体林权制度改革，健全国有林区经营管理体制，继续推进国有农场办社会职能改革。

18. **引导和规范农村集体经营性建设用地入市。**在符合规划和用途管制的前提下，允许农村集体经营性建设用地出让、租赁、入股，实行与国有土地同等入市、同权同价，加快建立农村集体经营性建设用地产权流转和增值收益分配制度。有关部门要尽快提出具体指导意见，并推动修订相关法律法规。各地要按照中央统一部署，规范有序推进这项工作。

19. **完善农村宅基地管理制度。**改革农村宅基地制度，完善农村宅基地分配政策，在保障农户宅基地用益物权前提下，选择若干试点，慎重稳妥推进农民住房财产权抵押、担保、转让。有关部门要抓紧提出具体试点方案，各地不得自行其是、抢跑越线。完善城乡建设用地增减挂钩试点工作，切实保证耕地数量不减少、质量有提高。加快包括农村宅基地在内的农村地籍调查和农村集体建设用地使用权确权登记颁证工作。

20. **加快推进征地制度改革。**缩小征地范围，规范征地程序，完善对被征地农民合理、规范、多元保障机制。抓紧修订有关法律法规，保障农民公平分享土地增值收益，改变对被征地农民的补偿办法，除补偿农民被征收的集体土地外，还必须对农民的住房、社保、就业培训给予合理保障。因地制宜采取留地安置、补偿等多种方式，确保被征地农民长期受益。提高森林植被恢复费征收标准。健全征地争议调处裁决机制，保障被征地农民的知情权、参与权、申诉权、监督权。

五、构建新型农业经营体系

21. 发展多种形式规模经营。鼓励有条件的农户流转承包土地的经营权，加快健全土地经营权流转市场，完善县乡村三级服务和管理网络。探索建立工商企业流转农业用地风险保障金制度，严禁农用地非农化。有条件的地方，可对流转土地给予奖补。土地流转和适度规模经营要尊重农民意愿，不能强制推动。

22. 扶持发展新型农业经营主体。鼓励发展专业合作、股份合作等多种形式的农民合作社，引导规范运行，着力加强能力建设。允许财政项目资金直接投向符合条件的合作社，允许财政补助形成的资产转交合作社持有和管护，有关部门要建立规范透明的管理制度。推进财政支持农民合作社创新试点，引导发展农民专业合作社联合社。按照自愿原则开展家庭农场登记。鼓励发展混合所有制农业产业化龙头企业，推动集群发展，密切与农户、农民合作社的利益联结关系。在国家年度建设用地指标中单列一定比例专门用于新型农业经营主体建设配套辅助设施。鼓励地方政府和民间出资设立融资性担保公司，为新型农业经营主体提供贷款担保服务。加大对新型职业农民和新型农业经营主体领办人的教育培训力度。落实和完善相关税收优惠政策，支持农民合作社发展农产品加工流通。

23. 健全农业社会化服务体系。稳定农业公共服务机构，健全经费保障、绩效考核激励机制。采取财政扶持、税费优惠、信贷支持等措施，大力发展主体多元、形式多样、竞争充分的社会化服务，推行合作式、订单式、托管式等服务模式，扩大农业生产全程社会化服务试点范围。通过政府购买服务等方式，支持具有资质的经营性服务组织从事农业公益性服务。扶持发展农民用水合作组织、防汛抗旱专业队、专业技术协会、农民经纪人队伍。完善农村基层气象防灾减灾组织体系，开展面向新型农业经营主体的直通式气象服务。

24. 加快供销合作社改革发展。发挥供销合作社扎根农村、联系农民、点多面广的优势，积极稳妥开展供销合作社综合改革试点。按照改造自我、服务农民的要求，创新组织体系和服务机制，努力把供销合作社打造成为农民生产生活服务的生力军和综合平台。支持供销合作社加强新农村现代流通网络和农产品批发市场建设。

六、加快农村金融制度创新

25. 强化金融机构服务“三农”职责。稳定大中型商业银行的县域网点，扩展乡镇服务网络，根据自身业务结构和特点，建立适应“三农”需要的专门机构和独立运营机制。强化商业金融对“三农”和县域小微企业的服务能力，扩大县域分支机构业务授权，不断提高存贷比和涉农贷款比例，将涉农信贷投放情况纳入信贷政策导向效果评估和综合考评体系。稳步扩大农业银行“三农”金融事业部改革试点。鼓励邮政储蓄银行拓展农村金融业务。支持农业发展银行开展农业开发和农村基础设施建设中长期贷款业务，建立差别监管体制。增强农村信用社支农服务功能，保持县域法人地位长期稳定。积极发展村镇银行，逐步实现县市全覆盖，符合条件的适当调整主发起行与其他股东的持股比例。支持由社会资本发起设立服务“三农”的县域中小型银行和金融租赁公司。对小额贷款公司，要拓宽融资渠道，完善管理政策，加快接入征信系统，发挥支农支小作用。支持符合条件的农业企业在主板、创业板发行上市，督促上市农业企业改善治理结构，引导暂不具备上市条件的高成长性、创新型农业企业到全国中小企股份转让系统进行股权公开挂牌与转让，推动证券期货经营机构开发适合“三农”的个性化产品。

26. **发展新型农村合作金融组织。**在管理民主、运行规范、带动力强的农民合作社和供销合作社基础上，培育发展农村合作金融，不断丰富农村地区金融机构类型。坚持社员制、封闭性原则，在不对外吸储放贷、不支付固定回报的前提下，推动社区性农村资金互助组织发展。完善地方农村金融管理体制，明确地方政府对新型农村合作金融监管职责，鼓励地方建立风险补偿基金，有效防范金融风险。适时制定农村合作金融发展管理办法。

27. **加大农业保险支持力度。**提高中央、省级财政对主要粮食作物保险的保费补贴比例，逐步减少或取消产粮大县县级保费补贴，不断提高稻谷、小麦、玉米三大粮食品种保险的覆盖面和风险保障水平。鼓励保险机构开展特色优势农产品保险，有条件的地方提供保费补贴，中央财政通过以奖代补等方式予以支持。扩大畜产品及森林保险范围和覆盖区域。鼓励开展多种形式的互助合作保险。规范农业保险大灾风险准备金管理，加快建立财政支持的农业保险大灾风险分散机制。探索开办涉农金融领域的贷款保证保险和信用保险等业务。

七、健全城乡发展一体化体制机制

28. **开展村庄人居环境整治。**加快编制村庄规划，推行以奖促治政策，以治理垃圾、污水为重点，改善村庄人居环境。实施村内道路硬化工程，加强村内道路、供排水等公用设施的运行管护，有条件的地方建立住户付费、村集体补贴、财政补助相结合的管护经费保障制度。制定传统村落保护发展规划，抓紧把有历史文化等价值的传统村落和民居列入保护名录，切实加大投入和保护力度。提高农村饮水安全工程建设标准，加强水源地水质监测与保护，有条件的地方推进城镇供水管网向农村延伸。以西部和集中连片特困地区为重点加快农村公路建设，加强农村公路养护和安全管理，推进城乡道路客运一体化。因地制宜发展户用沼气和规模化沼气。在地震高风险区实施农村民居地震安全工程。加快农村互联网基础设施建设，推进信息进村入户。

29. **推进城乡基本公共服务均等化。**加快改善农村义务教育薄弱学校基本办学条件，适当提高农村义务教育生均公用经费标准。大力支持发展农村学前教育。落实中等职业教育国家助学政策，紧密结合市场需求，加强农村职业教育和技能培训。支持和规范农村民办教育。提高重点高校招收农村学生比例。有效整合各类农村文化惠民项目和资源，推动县乡公共文化体育设施和服务标准化建设。深化农村基层医疗卫生机构综合改革，实施中西部全科医生特岗计划。继续提高新型农村合作医疗的筹资标准和保障水平，完善重大疾病保险和救助制度，推动基本医疗保险制度城乡统筹。稳定农村计划生育网络和队伍，开展城乡计生卫生公共服务均等化试点。整合城乡居民基本养老保险制度，逐步建立基础养老金标准正常调整机制，加快构建农村社会养老服务体系。加强农村最低生活保障的规范管理。开展农村公共服务标准化试点工作。着力创新扶贫开发工作机制，改进对国家扶贫开发工作重点县的考核办法，提高扶贫精准度，抓紧落实扶贫开发重点工作。

30. **加快推动农业转移人口市民化。**积极推进户籍制度改革，建立城乡统一的户口登记制度，促进有能力在城镇合法稳定就业和生活的常住人口有序实现市民化。全面实行流动人口居住证制度，逐步推进居住证持有人享有与居住地居民相同的基本公共服务，保障农民工同工同酬。鼓励各地从实际出发制定相关政策，解决好辖区内农业转移人口在本地城镇的落户问题。

八、改善乡村治理机制

31. **加强农村基层党的建设。**深入开展党的群众路线教育实践活动，推动农村基层服务型党组织建设。进一步加强农民合作社、专业技术协会等的党建工作，创新和完善组织设置，理顺隶属关系。加强农村基层党组织带头人队伍和党员队伍建设，提升村干部“一定三有”保障水平。总结宣传农村基层干部先进典型，树立正确舆论导向。加强城乡基层党建资源整合，建立稳定的村级组织运转经费保障制度。加强农村党风廉政建设，强化农村基层干部教育管理和监督，改进农村基层干部作风，坚决查处和纠正涉农领域侵害群众利益的腐败问题和加重农民负担行为。

32. **健全基层民主制度。**强化党组织的领导核心作用，巩固和加强党在农村的执政基础，完善和创新村民自治机制，充分发挥其他社会组织的积极功能。深化乡镇行政体制改革，完善乡镇政府功能。深入推进村务公开、政务公开和党务公开，实现村民自治制度化和规范化。探索不同情况下村民自治的有效实现形式，农村社区建设试点单位和集体土地所有权在村民小组的地方，可开展以社区、村民小组为基本单元的村民自治试点。

33. **创新基层管理服务。**按照方便农民群众生产生活、提高公共资源配置效率的原则，健全农村基层管理服务体系。推动农村集体产权股份合作制改革，保障农民集体经济组织成员权利，赋予农民对落实到户的集体资产股份占有、收益、有偿退出及抵押、担保、继承权，建立农村产权流转交易市场，加强农村集体资金、资产、资源管理，提高集体经济组织资产运营管理水平，发展壮大农村集体经济。扩大小城镇对农村基本公共服务供给的有效覆盖，统筹推进农村基层公共服务资源有效整合和设施共建共享，有条件的地方稳步推进农村社区化管理服务。总结推广“枫桥经验”，创新群众工作机制。深入推进农村精神文明建设，倡导移风易俗，培养良好道德风尚，提高农民综合素质。加强对农村留守儿童、留守妇女、留守老年人的关爱和服务。发展农村残疾人事业。健全农村治安防控体系，充分发挥司法调解、人民调解的作用，维护农村社会和谐安定。

各级党委和政府要切实加强对“三农”工作的领导，把握好农村改革的方向和节奏，谋划好农业农村发展的思路和方法，落实好党在农村的各项方针和政策。各级党政干部要真正了解农民群众的诉求和期盼，真心实意解决农民群众生产生活中的实际问题。进一步加强党委农村工作综合部门建设，强化统筹协调、决策服务等职能。加强对农村改革试验区工作的指导，加大改革放权和政策支持力度，充实试验内容，完善工作机制，及时总结推广成功经验。

让我们紧密团结在以习近平同志为总书记的党中央周围，积极进取，锐意创新，力求农村改革发展取得新突破新进展。

（新华社北京 2014 年 1 月 19 日电）

努力开创保险支持畜牧业发展的新局面

于康震

同志们:

今天，农业部、保监会在四川成都联合召开保险支持畜牧业发展经验交流会，这是国家畜牧兽医主管部门和保险监管部门首次联合召开会议，具有里程碑意义，也是贯彻落实国务院《关于加快发展现代保险服务业的若干意见》，推进畜牧业保险发展的具体行动。我部党组书记、部长韩长赋同志对畜牧业保险工作高度重视，专门作出批示，强调畜牧业保险是件大事，要争取有关部门的支持，力争有新的突破。十八届三中全会明确指出，要充分发挥市场在资源配置中的决定性作用，更好发挥政府作用。在新的形势下，畜牧业发展要率先实现现代化，必须因势利导，大胆创新。从发达国家经验看，将保险业与畜牧业发展进行有机融合，互促互利，是一条值得探索和推广的路子。刚才六位代表的发言，介绍了近年来推进畜牧业保险发展，支持现代畜牧业建设的工作经验，都很精彩，四川的畜牧业保险范围广、规模大，北京探索了多种保险类型，浙江创造了龙游模式，河南加强了机制创新，中国人保始终处于领头羊的地位，都给我留下了很深的印象，也深受启发。希望大家学习借鉴，取长补短。文辉副主席的讲话围绕保险支持畜牧业发展提出了具体要求，各级畜牧兽医部门要结合工作实际，深入学习贯彻。下面我就促进畜牧业保险发展问题再谈三点意见。

一、充分认识加快推进畜牧业保险发展的重要意义

发展畜牧业保险是新时期建设现代畜牧业的重要组成部分，是完善畜牧业支持保护体系，保护畜牧业生产者利益，促进畜牧业稳定健康发展的一项重要举措。各级畜牧兽医部门要充分认识畜牧业保险工作的重要性和紧迫性，切实增强责任感和使命感，加快推动建立现代畜牧业保险体系。

第一，加快发展畜牧业保险，是减轻畜牧业灾害损失、促进农牧民增收的需要。畜牧业是农业农村经济的重要支柱产业，是农民收入的重要来源之一，与此同时，畜牧业也是“高风险、低收益”的弱势行业。俗话说，“家有万贯，带毛的不算”，生动地体现了人们对畜牧业风险的担忧。近年来发生的高致病性猪蓝耳病、禽流感、小反刍兽疫等重大疫病，给畜禽养殖造成重大冲击，部分养殖企业甚至倒闭破产。在广大草原牧区，白灾、黑灾等自然灾害屡屡对农牧民自身安全和畜牧业生产稳定带来严重影响，在东南沿海地区，几乎每年都有台风等自然灾害侵袭，广大养殖场户损失惨重，有的甚至因灾致贫返贫。目前，我国畜牧业生产抵御风险的能力还很弱，单靠政府的灾害救助补偿无法从根本上解决问题。实践证明，利用保险手段建立疫病、自然灾害和市场风险的防范和分散机制，是提高养殖场户抵御风险能力的有效举措，也是促进病死动物无害化处理的重要抓手，对于保障畜牧业安全、食品安全和生态环境安全，促进农牧民增收具有十分重要的现实意义。2013年，全国畜牧业政策性保险支付赔款32.25亿元，受益农牧民255.53万户，户均获得赔款1 262.08元。畜牧业保险理赔增强了农牧民恢复生产的能力，免除了后顾之忧，保障了广大养殖场户的切身利益，为农牧民增收致富撑起了“保护伞”。

编者注：本文为农业部副部长于康震于2014年8月28日在成都召开的全国保险支持畜牧业发展经验交流会上的讲话，题目为《中国奶业年鉴》编辑部所加。

第二，加快发展畜牧业保险，是现代畜牧业发展的内在要求。当前，我国畜牧业发展正处于从传统畜牧业向现代畜牧业加快转型的关键时期，必须紧紧围绕转变发展方式这一主线，大力推进畜牧业生产的规模化、标准化、产业化。一方面，要通过政策引导带动社会资本增加投入，加快推进畜牧业标准化规模养殖发展。通过畜牧业保险与金融信贷结合，不仅可保障经营者合理的收益预期，而且可扩展信贷抵押物范围，促进信贷对畜牧业的支持，缓解养殖场户贷款难问题。另一方面，要完善畜牧产业各环节利益联结机制，提高畜牧业产业化发展的速度。通过保险的风险转移机制和经济损失分担机制，可以支持大型龙头企业发展合同养殖、订单生产等，形成产、加、销一体化经营格局，有利于维护畜牧产业化链条的相对稳定，提高龙头企业的市场竞争能力。

第三，加快发展畜牧业保险，是完善政府调控手段的需要。近年来，党中央、国务院高度重视畜牧业发展，制定出台了一系列扶持措施，不断加大政策资金投入，对增强畜牧业综合生产能力提供了强大政策支撑。为加强生猪生产调控，稳定猪肉市场价格水平，专门出台实施《缓解生猪市场价格周期性波动调控预案》。实践表明，强化畜牧业保险等调控手段，有利于发挥市场在资源配置中的决定性作用，对保持畜牧业生产和价格稳定具有重要意义。2007 年以来，国家陆续实施了能繁母猪、育肥猪和奶牛等保险，探索建立畜牧业生产风险转移机制，变政府对畜牧业灾害的事后救助为事前防范与灾后保险补偿相结合，充分运用市场手段分散养殖风险。畜牧业保险促使养殖场户增强市场意识、风险意识和信用意识，激发了养殖经营主体扩大生产的积极性，提升了市场竞争力。同时，畜牧业保险理清了政府与市场的关系，减少了政府对市场的直接干预，进一步提高了政府宏观调控效率，成为政府支持畜牧业发展的一种有效方式。

第四，加快发展畜牧业保险，是国外发达国家的普遍做法。从国际经验看，畜牧业保险是一种分散畜牧业风险和畜牧业损失的有效手段，是最重要的非价格畜牧业保护工具。发达国家充分运用 WTO 有关条款，最大限度利用农业保险这一 “绿箱”政策，通过支持畜牧业保险发展，提升本国畜产品的国际竞争力。如美国实行“政府支持下的私营保险公司经营”模式，政府制定完善的保险法律法规，保险业务由私营保险公司具体承办，政府财政对农民保费支出和保险公司经营管理费用给予补贴。西欧的德国、法国等国家则实行“政府支持下的商业保险经营”模式，畜牧业保险主要由私营保险公司等机构经营，养殖场户自愿投保并支付保费，有的国家为了减轻农民负担，给予一定的保费补贴。近年来，保险在各国农业扶持政策中的地位逐渐强化，发达国家不断完善农业保险政策。美国主要的畜牧业政策性保险已由成本保险转变为收入保险，帮助养殖企业尽可能减少因畜产品市场价格波动而遭受的损失。

二、认真总结畜牧业保险发展的经验与做法

从 2004 年起，每年中央一号文件都强调要促进农业保险的发展。2007 年国务院下发《关于促进生猪生产发展稳定市场供应的意见》，明确提出建立能繁母猪保险制度，我国政策性畜牧业保险正式启动。八年来，畜牧业保险稳步推进，取得了积极进展。在保险品种和实施区域上，按照试点先行、逐步推进的思路，中央政策性畜牧业保险在能繁母猪基础上陆续增加了奶牛、育肥猪、牦牛、藏羊等，实施区域也从开始的 6 个试点省区扩大到全国范围。在保险运行方式上，由中央财政主导、地方财政配套的多层次财政补贴体系逐步形成，初步构建了“政府政策支持、保险机构经营、畜牧部门参与、养殖场户投保”的政策性畜牧业保险运行模式。近几年，国家加大畜牧业保险支持力度，保费补贴标准不断提高，畜牧业保险呈现稳步增长的态势。2013 年畜牧业保险承保家畜 1.21 亿头，保费收入 49.18 亿元，分别比 2008 年增长 72.7% 和 45.1%。

在组织实施好国家政策性保险的基础上，各地在畜牧业保险的实现形式上不断探索，在防范价格风险、形成工作合力、完善运作机制、扩展保险畜种等方面不断创新。一是在防范价格风险上创

新。北京、四川、山东、宁波等省市畜牧部门与保险公司合作，探索推行生猪价格指数保险试点，提高养殖户抵御市场风险能力。2013 年，北京市顺义区在全国率先启动了生猪价格指数保险，在生猪市场“猪粮比”低于 6 ：1 时，保险公司按合同给予养殖户赔偿。实施生猪价格指数保险，对稳定养殖户收入预期、缓解猪肉价格周期性波动、维护生猪产业健康发展具有重要作用。二是在保险业务与畜牧业工作联动上创新。浙江龙游等地建立病死猪无害化处理与保险勘查理赔相挂钩的联动机制，将病死猪无害化处理作为保险理赔的前置条件，将保险查勘与病死猪定点清收、转运相结合，简化保险理赔流程，运用经济杠杆引导养殖户主动将病死猪集中无害化处理，不仅为养殖户减少了损失，而且彻底截断了病死猪非法流入市场的通道。联动机制建立以来，全县未接到来源不明病死猪尸体的举报。三是在保险与产业化发展融合上创新。四川资阳探索形成“六方合作 + 保险”机制，建立“六方合作”风险保障金，建立了养殖场户、饲料企业、加工企业、金融机构、保险公司、行业协会的合作共同体，实现了保险与产业化的有机衔接，促进了产业链各环节利益的一体化。四是在保险畜种上创新。2012 年新疆启动实施肉牛肉羊政策性保险试点，除涵盖传染病和自然灾害外，还将牛羊常见病也纳入政策范围，同时对参保牲畜标识费用进行补助，参保牲畜全部采用植入性电子芯片或电子耳标，作为查勘、定损的依据。养殖场户参保积极性高涨，试点地区实际参保牛羊占符合参保条件牛羊总数量的 50% 以上，有效降低了牛羊生产风险。此外，四川成都、重庆等地还探索开展了肉鸡、蛋鸡、肉鸭、肉兔等特色畜禽政策性保险。

政策性畜牧业保险启动实施以来，保险规模不断增长，风险保障作用逐步发挥，对促进畜牧业健康稳定发展发挥了重要作用。这是党中央、国务院高度重视的结果，也是各级保险监管部门、保险经营机构鼎力支持的结果。在此，我代表农业部对保监会、各地方保监部门和保险公司对畜牧业保险的支持表示衷心的感谢。

在充分肯定成绩的同时，我们还要看到，目前我国畜牧业保险仍处于起步探索阶段，与建设现代畜牧业的需求相比，我国畜牧业保险发展还有较大差距。一是养殖户对保险认识不到位，风险意识淡薄。不少养殖场户特别是散养户长期凭经验办事，存在侥幸心理，对畜牧业保险的作用以及保险知识缺乏必要的了解，对保险的认识与理解存在误区，不愿参加畜牧业保险。二是畜牧业保险业务工作难度大。目前，畜牧业保险中存出栏数量核实难、投保牲畜信息采集难、理赔标识核对难等技术难题比较突出，投保养殖户将自然淘汰的家畜转嫁给保险赔偿等道德风险问题也时有发生，在一定程度上增加了保险公司运营成本。三是保险险种不够完善，保障力度不够。当前开展的畜牧业政策性保险主要是重大疫病及自然灾害保险，针对市场风险的保险产品还不多。畜牧业保险标的物保额与实际价值差距还比较大，损失发生后赔偿力度不够，这也影响了养殖场户参保的积极性。所以刚才文辉副主席在讲话中专门强调，要“扩面、提标、增品”。四是地方财政配套压力大。养殖大县多是财政穷县，地方财政紧张，难以配足补贴资金，一方面导致一些地方政府发展畜牧业保险积极性不高，另一方面，补贴资金不能及时到位，直接造成赔款延时，损害了养殖户切身利益。五是缺乏畜牧业保险专业人才。畜牧业保险专业技术性强，办理定损、理赔等业务，需要同时了解养殖技术与熟悉保险知识的专业人员。当前整个保险行业中熟悉畜牧业保险的专业人员相当匮乏，无法满足畜牧业保险发展的人才需求。

总体来看，前几年的畜牧业保险发展取得了明显的成效，为建立现代畜牧业保险体系奠定了良好基础。今后一个时期，要按照“政府引导、市场运作、自主自愿、协同推进”的原则，针对规模养殖、疫病防控、畜产品市场价格波动调控等产业关键环节，充分发挥财政的支持和引导作用，稳步扩大政策性畜牧业保险范围，积极发展商业性畜牧业保险，建立分工合理的基层畜牧业保险工作机制，推动畜牧业保险与融资有机融合，逐步探索建立适合我国国情的畜牧业保险体系。

三、努力开创保险支持畜牧业发展新局面

2014年是全面深化改革的开局之年。一号文件提出要加大农业保险支持力度，扩大畜产品保险范围和覆盖区域。同时，国务院还印发了《关于金融服务“三农”发展的若干意见》和《关于加快发展现代保险服务业的若干意见》，要求积极发展农业保险，扩大农业保险覆盖面，重点发展关系国计民生的主要畜产品保险，稳步开展生猪价格保险试点。同时，《农业保险条例》去年也已颁布实施，为促进农业保险发展提供了法制保障。可以说，国家对农业保险的重视程度之高，前所未有。各级畜牧兽医部门要紧紧抓住中央重视农业保险发展的重要历史机遇，加强与保险监管部门和经营机构合作，建立健全畜牧业保险运行管理机制，全面提升畜牧业保险发展水平，为现代畜牧业建设保驾护航。

（一）加强领导，提高认识

党中央、国务院高度重视农业保险工作。在去年底召开的中央农村工作会议上，习近平总书记强调，“农业保险一定要搞好”。各级畜牧兽医部门要把畜牧业保险摆上重要议事日程，树立支持畜牧业保险就是支持畜牧业发展的理念，切实加强组织领导，多措并举、真抓实干，切实提高畜牧业保险发展水平。广大畜牧兽医部门干部都要积极主动学习掌握经济和保险知识，结合现代畜牧业发展要求，找准解决畜牧业保险发展问题的突破口。要加强基层畜牧兽医队伍人才培训，打造一批既懂畜牧业生产，又懂保险知识的技术人才队伍，全面提升畜牧业保险发展的支撑能力。要加强畜牧业保险宣传，根据养殖户的特点开展多层次、立体化、多渠道的宣传，提高养殖户的保险意识，营造良好的参保氛围。

（二）强化合作，协作共赢

畜牧业保险工作任务量大、技术难度高，单靠畜牧兽医或保险一个部门很难完成。各级畜牧兽医部门要加强与保险部门的沟通与协作，按照分工负责、协作推进的原则，强化信息共享，加强配合，发挥各自优势，形成工作合力。完善畜牧业与保险相关工作衔接，推动建立承保统计、养殖服务、查勘定损、理赔处理“一条龙”的服务合作工作机制，制定相关信息互联互通制度，提升协同处理能力。协助保险机构简化和规范理赔手续，建立高效快捷的理赔程序，做到快速查勘、快速理赔，提高保险工作效率。

（三）立足本职，提升能力

畜牧兽医部门要立足本职工作，切实加强对畜牧业生产的管理和服务。指导养殖场户规范养殖档案管理，掌握全面、准确的信息数据，为保险机构高效、准确开展承保、勘查、理赔等保险工作提供便利。强化生产技术指导，完善基层畜牧技术服务体系，推广先进适用生产技术，提高养殖水平，降低畜禽死亡率，减少养殖户和承保公司双方的损失，实现养殖户、承保公司、行业共赢互利。通过与保险理赔工作相结合，按照“市场运作、财政补贴、保险联动”的模式构建病死畜禽无害化处理体系，实现畜牧业管理、保险理赔和无害化处理相互衔接、互相促进。

（四）总结经验，示范带动

自2007年畜牧业政策性保险实施以来，各地财政、畜牧、保险部门在工作机制、运行模式等方面开展了有益探索，涌现出很多好的模式和做法。各级畜牧兽医部门要认真总结前期发展畜牧业保险的成功经验，积极探索建立适合不同地区、不同畜禽品种的保险模式，创建一批具有推广价值的畜牧业保险示范点，组织开展不同层面、多种形式的交流活动，以点带面，全面提高畜牧业保险发展水平。

（五）创新产品，强化支撑

要结合本地区畜牧业发展实际，加强与保险监管部门和保险公司沟通协调，积极开发畜牧业保险市场，发展多种形式的畜牧业保险产品。支持保险公司根据畜牧业生产需求，共同研究制定畜牧业保险保障标准，完善合同条款，创新保险服务，满足日益增长的畜牧业保险需求。积极推动各级财政进一步加大对畜牧业保险的支持力度，完善保费补贴政策，加大保费补贴投入，提高养殖场户参保积极性。

同志们，在现代畜牧业建设进程中，对养殖风险管理的需求越来越高，保险在畜牧业生产中发挥的作用越来越大。各级畜牧兽医部门要认真贯彻落实党中央、国务院加快发展农业保险的决策部署，与保险部门密切合作，勇于创新，开拓进取，全面提升畜牧业保险服务水平，为加快建设现代畜牧业做出新的更大的贡献。

（二〇一四年八月二十八日）

创立民族品牌　建设世界一流奶业

高鸿宾

各位会员、各位来宾：

首先感谢陕西省政府、西安市政府包括省农业厅及省畜牧兽医局对本次会议的鼎力支持。感谢农业部特别是畜牧业司对会议的高度重视和尽心指导。大家知道，畜牧业司总共只有30个人，参加这次会议的司领导和工作人员就有6人，五分之一呀，由此可见关注程度之高，投入力量之大。这是对中国奶协的支持，更是对中国奶业的重视。同时，真诚地欢迎和衷心感谢各位会员、各位企业家拨冗参加会议。根据会议统计，本届大会是中国奶协历次会议层级最高，人数最多，规模最大的一次会议。群贤毕至，精粹咸集。说实在话，在座的各位企业家哪位不是日理万机，百务缠身，积极参加会议，说明大家非常珍视这个同业之间相互学习、相互借鉴、相互交流、彼此切磋和充分展示企业自身发展成果的重要机会。企业有大小，实力有强弱，但尺有所短，寸有所长，大企业切勿自视甚高，持强托大，小企业也无需自惭形秽，退避三舍。中国奶协就是要给各会员单位、各个企业提供一个平等交流、合作共赢的平台。在今天激烈的市场竞争中，企业必须强调自身的发展，但也必须注重推动整个行业的进步和安全。中国奶业在某种意义上说是一个整体，哪个企业也不能独善其身，一损俱损，一荣俱荣。"三鹿奶粉"事件引发的绝不仅仅是三鹿的倒闭，而是对整个中国奶业的毁灭性打击，影响的是整个社会消费者对中国奶业的信任和信心。因此希望大家高度珍视机会，充分利用平台，促进中国奶业整体素质的提高和全面进步。

本次奶业大会的主题是：创立民族品牌，建设世界一流奶业。从目前中国奶业发展的实际状况研究，我们必须提出这样的目标和任务，也自信有条件、有能力，实现这个目标和完成这个任务。

在去年南昌召开的奶业大会上，我曾经讲过，目前是新中国成立以来奶业发展最好的历史时期。从一年来的实践看，当时的判断是客观科学和正确的。去年以来，在诸种不利客观因素影响下，畜牧业连遭重创，损失惨重：家禽业受H7N9流感冲击，损失累计超过一千亿元；生猪价格持续走低，连续亏损，养一头猪净亏200元以上，直至一周前，才触底反弹，略有回升。比较而言，奶业在整个畜牧业中却是一枝独秀，全线飘红。据比较保守的估计，去年每头奶牛平均利润超过2100元，同比上升500元，规模场每头盈利超过5 000元，经营好的企业平均在8 000~10 000元。全线红旗报捷，养牛者无不笑逐颜开，欢欣雀跃。

去年奶业形势好，绝不单纯表现在收入增加、效益提高，重要的是，我国奶业已经进入到了一个调整结构、转型升级的重要阶段，奶业生产现代化的进程正在不断加快。主要标志：一、规模化水平提高。存栏100头以上的规模化养殖比重达到了41.1%，比五年前提高了21.6个百分点。二、单产水平提高。2013年全国成母牛平均单产达到5.5吨，比2008年提高了700多千克。三、机械化水平提高。2013年全国机械化挤奶率达90%，比2008年提高了39个百分点。四、监管水平提高。通过现代监控手段可以对生产、收购、运输、加工的生产全过程监管，GPS定位、物联网开始运用，监控范围不断扩大。五、质量安全水平不断提高。农业部连续5年实施生鲜乳质量安全监测计划和生鲜乳专项整治，累计抽检生鲜乳样品9.8万批次，抽检指标从6项增加到12项，涵盖国家公布的所有违禁添加物，检测范围覆盖全部奶站和运输车，生鲜乳三聚氰胺检测合格率连续5年保

编者注：本文为中国奶业协会会长高鸿宾于2014年6月13日在西安召开的第五届中国奶业大会上的讲话。

持100%。整个抽检证明了奶业的安全状况已恢复，也提振了国人对中国奶业的信心。六是国际化水平提高。原来是很多国外企业走进来，现在是国内企业开始走出去，你来我往，交叉投资，国际国内相互合作，在竞争中合作，在合作中竞争，合作共赢的局面逐步形成。

同任何产业转型升级，调整结构一样，发展是有代价的。2013年全国牛奶产量下降5.7%，散户退出超过10%，奶牛存栏总量下降。从全局和长远看奶农数量、奶牛存栏、牛奶产量都略有下降，未必是一件坏事，这反而有利于牛群的结构优化，单产水平的提高，规模化水平的提升。兵不在多，而在精，绝不是韩信将兵多多益善。近十几年美国奶牛存栏始终保持在900多万头左右，但牛奶产量却是9 000多万吨。中国奶牛存栏1 400万头，牛奶产量3 600多万吨。虽然排名世界第三，但与美国比，奶牛比人家多500万头，产量却少5 000多万吨。这就是差距。因此，中国奶业必须做大、做强，必须加快调整结构、转型升级的进程。事实上，目前我国奶业转型步伐确实正在逐步加快。奶业正在从散养向规模养殖转变，从粗放型向集约型转变，从饲喂秸秆向饲喂青贮玉米和苜蓿转变，从人工挤奶向机械化挤奶转变，从人盯人、人盯站向信息化监管转变。这种变化是全面的、深刻的、系统的变化。可以说，现在中国奶业已经站在一个新的历史起点上。在这样的背景和基础上，我们应该也必须要提出新的奋斗目标，那就是“创立民族品牌，建设世界一流奶业”。过去，我们发展奶业，目标是发展生产保障供给，现在的目标是创建响亮和有影响力的民族品牌，建设世界一流奶业，实现中国奶业大国向奶业强国转变，必须在世界奶业的市场上占有一席之地。这是中央的要求，是行业的责任，也是群众的期盼，市场的需求。

目前，我国奶业已经具备了创民族品牌，建设世界一流奶业的条件。论条件，同欧美奶牛场相比，我们的饲养技术、装备水平、设施条件、质量控制、环境条件等都没有太大的差别，奶制品加工更是如此。论品种，同奶业发达国家一样，我们也是以荷斯坦良种奶牛为主。论品质，这几年我们更是拿了不少国际大奖。伊利拿过，光明拿过，蒙牛也拿过，最近现代牧业又在世界食品品质评鉴大会上拿了金奖。这充分说明我国部分企业和奶业产品，已经达到了国际顶级的水准。

但我们所说的建设世界一流奶业，要的不只是一花独放，而是满园春色。少数企业进入世界一流不是我们的终极目标，终极目标是整个中国奶业水平的整体提高，达到世界一流。所以我们的基本方针是稳增长，调结构，提素质，保安全，上水平。要在这种激烈的竞争中保持不败，脱颖而出，进入世界一流，关键是我们的奶业要苦练内功，要强身健体，要靠自身的努力，克服困难，突破障碍。当前我们面临的困难还比较多。

一是牛源短缺。多年来，我们的良种奶牛主要靠引进。2012年我国进口奶牛12.8万头，比2008年增长了7.5倍。2013年进口奶牛10.2万头，同比减少20.2%，减少的主要原因是进口牛源国受限。中国奶业发展势头很猛，关键是无牛可进。目前，我国仅从澳大利亚、新西兰、乌拉圭进口奶牛，2013年11月和2014年4月，我国和罗马尼亚、智利分别签订了活牛检疫和卫生议定书，预计“五国”每年可供奶牛12万~15万头。但这几年国内规模奶牛场建设步伐快，每年进口奶牛需求超过25万头，供需缺口仍然很大。有不少企业已经建好牧场，手握大把美金四处寻觅，但就是无牛可进。上天入地求之遍，两处茫茫皆不见。从长远看，从根本上解决我国牛源问题，只有加快完善和提升我国奶牛良种繁育体系建设，才能在牛源问题上不受制于人。要加快实施《奶牛群体遗传改良计划》，整体推进奶牛生产性能测定、后裔测定、全基因组检测和种公牛站技术改造等工作。企业也要有所作为，现在进口是为了将来少进口、不进口，要充分利用国外遗传资源，加快良种奶牛扩繁。去年底广州市风行集团建立了“国家华南亚热带良种奶牛繁育中心”，增强了良种繁育和适应能力，这种做法值得赞赏。同时，中国奶协也要代表全国奶业企业强烈呼吁主管部门在避免疫情风险的前提下，慎重、有序地放开奶牛遗传育种水平较高和牛群规模较大国家的活牛进口，拓宽牛源进口渠道。

二是环境保护。在全社会日益强调生态文明、环境保护的背景下，这是所有养殖场不能逾越，必须解决的问题。今年开始实施《畜禽规模养殖污染防治条例》，对粪污处理、环保达标提出更高要求，处罚的力度也更大，这是法定的要求，也是社会的责任。目前解决奶牛养殖场面源污染的办法很多，但我看解决污染最有效最经济的方式，就是走种养加全产业链建设的路子，不但大牧场这样，小牧场也要这样。我去河北丰宁一家企业，企业不是很大，有几千头牛，有一个加工厂，还有几万亩*地种植苜蓿、青贮玉米，生产有机奶为主，这个企业的粪便污水经过处理，加工为有机肥，施用到大田，良性循环，零污染，成本也大幅降低。辉山和飞鹤乳业标准更高，规模更大，种植养殖加工全产业链，机械化、集约化、标准化，就有效地解决了面源污染的问题。

三是饲草问题。近年来优质苜蓿产量虽有增加，但相对于每年300万吨的需求，缺口依然很大。2013年进口苜蓿75万吨，同比增加70.9%，说明我国奶业发展对优质苜蓿的需求巨大。农业部和财政部实施了“振兴奶业苜蓿发展行动”，行动实施后，现在增加了60万吨的产量。可以说，“振兴奶业苜蓿发展行动”成效之好、受欢迎程度之高远远超出预期。建议主管部门进一步增加“振兴奶业苜蓿发展行动”项目资金规模，扩大实施范围，为我国奶业转型和发展提供有力支撑。

四是资金问题。建一个养殖场投入很大，平均一头牛两万多，加上配套就是4万多，5 000头的一个养殖场投资至少需要2亿，资金问题制约了一些小型奶业企业的发展。实际上，现在奶业发展最不发愁的就是资金问题。虽然目前政府有一些支持奶业发展的政策，也可以借助银行贷款和自筹资金，但目前最有效、最快捷的运作方式，就是产业资本和金融产品结合，在金融市场上筹集资金。近几年，辉山、飞鹤、西部牧业等企业分别在大陆和香港上市都有不俗表现，市盈率超高。为什么投资者有信心，这是对企业的信心，更是对中国前景广阔，潜力巨大的未来乳品消费市场有足够的信心。现在世界人均奶类消费量105千克/年，发达国家132千克/年，发展中国家75千克/年，中国30多千克/年，约是发展中国家的平均消费水平的一半。农民进城转为城镇居民的比例每年增长1~1.2个百分点，至少增加1 500万人。据估算，农民进城，口粮减少1/3，但奶制品消费增加1倍。此外，人均收入提高，消费结构改善，奶制品消费品也随之提高。据专家测算，收入每增加1%，乳制品消费增加0.8%。专家研究预测，到2020年，生鲜乳的消费，全国总量6 000万吨，至少比现在要增加2 000万吨以上。巨大的不断增长的需求摆在这里，随着国人对我国奶业信任、信心的逐步提高和奶业的发展，社会资本必定会以更高的热情迅速进入这个产业。

五是奶制品进口问题。近年来，奶制品进口激增。2013年我国进口乳制品159万吨，折合生鲜乳超过1 000万吨，我国奶源自给率为78%。专家预测，到2020年我国进口乳制品折合生鲜乳将达到1 800万吨，奶源自给率约为70%。有些人呼吁要对进口乳制品加以控制，但我认为进口绝对挤不垮中国奶业。2008年中国奶业最悲惨的时候，进口奶粉一年增加53%，中国奶业也没有垮，反而逆势发展。现在我国加入WTO，又跟新西兰等签了自贸区协定，去年进口奶制品80%就是来自新西兰。在贸易全球化的环境中，我们不可能用行政手段控制进口，靠抑制进口保护国内奶业。我们要扬长避短，要发挥自身的优势。优势是什么呢？是生鲜奶，是液态奶。银桥的理念很有特色：“牧场在身边，牛奶自然新鲜”。这个优势无论哪个国家也不可能和我们比较、竞争。我们的原则是就近、就鲜，这是我们独特的优势，地理的优势，区位的优势。上个月查了286个进口食品违规，其中13批进口的乳制品，美国3批亚硝酸盐超标，澳洲的部分奶过期，超过了保鲜期。这是长距离、长时间运输很难避免的。但从另一个角度考虑，受资源所限，我国奶业难以完全满足国内市场需求，进口也是一种必要的补充，将来进口也可能是一种常态。所以奶业必须在竞争中保持和保证生鲜奶

* 亩为非法定计量单位，1亩≈666.7平方米。——编者注

的优势。因此，必须要加强标牌标识的监管。还原奶和生鲜奶、鲜牛奶是两个概念，要让消费者对这两种产品有清晰的比较，明白的理解，不要混淆视听、鱼目混珠。

六是国际合作。过去我们的重点是请进来，引进来，现在不仅要请进来，更要走出去。走出去是必然趋势，中国资源禀赋是有限的，利用国外资源是可能也是必要的。现在国家也把农业走出去作为发展的基本战略，这是事关未来发展的重大战略举措。奶业走出去，通过收购、兼并、自建、合作、租赁等各种方式，是解决国内奶源短缺的一个重要举措，因此中国奶业企业要在国内积极发展的同时也要寻求国外的发展机会，内外结合形成合力，合作共赢。

同志们，本届会议提出创立民族品牌，建设世界一流奶业的目标，这是我们未来的目标和发展动力，也是这一代奶业从业人员的历史使命和光荣的任务，这不仅是中国奶业必须实现的目标，也是整个畜牧业发展的目标，我始终这样认为，在农业的各产业中，畜牧业最可能率先实现现代化。在畜牧业当中，奶业又是最可能率先实现现代化的，最先完成由传统产业向现代化产业转变的。所以中国奶业发展之路也必然是整个中国畜牧业发展的必由之路，中国畜牧业也要创民族品牌，建世界一流。

最后我希望，同志们能继续努力，为了人民的福祉和国家荣誉，努力去追求崇高的目标，完成历史赋予我们的任务，我相信有中国奶业同仁共同努力、精诚团结和各级政府的支持，社会各界的帮助，我们的目标一定能够实现。

（二○一四年六月十三日，根据录音整理）

破解人才匮乏难题，办好现代奶牛场高级人才研修班

高鸿宾

目前奶业正处于历史发展最好时期，已站在新的起点、达到新水准。有两个显著特点：一是发展速度快；二是转型升级和结构调整加快。去年奶业发展全线飘红，效益很好，一般养殖户奶牛年盈利 2 000 元以上，规模奶牛养殖超过 5 000 元，较好的规模奶牛场超过 8 000 元。

现代奶牛场规模和数量在快速增长。在政策、监管、需求、投资及经济效益的多重作用下，现代化、规模化、标准化的奶牛场建设进程加快，规模化奶牛场数量快速增加。与散养相比，奶牛场规模化、标准化、现代化等程度均较高，产能高、质量好、效益优，将逐步成为我国奶牛养殖产业发展的主流和方向。

高级人才匮乏制约现代奶牛场的发展。以前奶业发展缺的是资金，目前社会资本、产业资本、金融资本大举进入奶业。蒙牛之所以如此快速发展，就是很好地利用了资本运营。因此，目前奶业发展缺乏的不是资金，匮乏的主要是牛源和人才。目前，规模奶牛场扩建、新建较多，需要大量优质牛源，但新西兰、澳大利亚、乌拉圭已都没有多少奶牛可进，虽新开辟了罗马尼亚市场，但牛源也不多。牛源紧张，我们可多开辟进口渠道，加强自身奶牛繁育体系建设。但人才匮乏是长期的，不容易解决的，可以说已是一个制约瓶颈。我们常说“天下一日不可无奶业，奶业一日不可无牧场，牧场一日不可无场长”，对于规模化奶牛场来说，场长很重要，既要懂专业知识，明白畜牧、兽医，又要会管理，要处理好人员关系、周边关系。但长期以来，农业院校没有一个专业专门培养牧场场长，造成了目前很多牧场找不到合适的人才，一流的设备、一流牧草、一流的奶牛，达不到一流的产量和质量。因此，困惑奶业发展的瓶颈是现代奶牛场缺乏高级人才，特别是牧场管理人才。

研修班是一个很好的尝试，要坚持并提升。中国农业大学、国家奶牛产业技术体系在牧场高级人才培养方面做出了大胆尝试，并取得了明显的成效。若不刻意培养，让人才自然成为一名合格场长，时间漫长。这个研修班办得好，一是学员来自生产一线，有基础、有需求、有兴趣。二是教学方式灵活，理论与实现充分结合，课堂与现场充分互动。通过培训班推动行业的发展，是一件利国利民、功在当代、利在千秋的事业。要坚持下去，要拓宽范围，同行业协会携手，共同为中国现代奶牛场高级人才培养工作做出更大、更多的贡献。

（二〇一四年六月二十七日，根据录音整理）

编者注：本文为中国奶业协会会长高鸿宾于 2014 年 6 月 27 日在国家奶牛产业技术体系培训班上的讲话。

现代奶业与奶业文化

刘成果

按照会议安排，让我讲一讲“现代奶业与奶业文化”，这个内容我曾经在不同的场合零零碎碎地说过很多，今天在这里我想把它稍微系统地回顾一下，和大家共同交流。我分两个问题阐述，一是什么是文化？文化的功能是什么？二是现代奶业与奶业文化。

一、关于文化

关于文化有很多定义，都是从不同角度、不同层次去界定和阐述的，比如说文化是人类改造客观世界过程中所创造的精神成果的总和，这是一种最普遍的概括。也有从文化的组成元素上，阐明了文化包括的范畴。这里面最典型的是人类学家英国泰勒所讲的，文化包括知识、信仰、艺术、法律、道德、风俗、习惯，而且后来学者又逐步地加入了宗教、技术、伦理、生活方式、制度、价值观等；另外，美国一位学者讲了文化是为人类提供了一套解释系统；法国一位学者讲的文化为当你把一切都忘掉之后，剩下的那个东西就是文化，这个很抽象。中国有一位学者讲文化，讲得最精炼，说文化即人格。为什么对于文化的定义这么多，因为都是从不同角度、不同层次上去阐述的。从文化组成要素去阐述，就是以英国泰勒为典型的，他是从文化的特殊性角度阐明了文化是什么；其他学者的阐述，都是从文化普遍性的角度阐述了文化为什么。文化是什么，这属于知识，文化为什么是属于认识，恩格斯关于文化有一句论述，他说文化的每一次进步，都是迈向自由的一步，把文化和自由连起来，但他的自由不是民主自由这种概念，而是哲学角度必然和自由这样的范畴，有了文化才能够从必然王国走向自由王国。

在这里我为什么先讲这个问题，这个有助于我们加强行业文化自觉性、重要性的认识，懂得了什么是文化，懂得了为什么要加强文化建设，才能够形成行业文化自觉。作为一个行业来讲，没有行业文化自觉也就没有行业自律，没有行业文化自信也就没有行业发展的信心，没有行业文化自强也就没有行业的振兴。所以有没有文化，直接关系到行业的成败兴衰。为什么这么讲？这是因为文化具有它非常重要的功能所决定的。

文化的功能有哪些？我把它概括为四个方面：

第一，导向功能。它是决定方向的。先进的文化，代表着前进的方向。

第二，凝聚功能。因为文化是一面旗帜，也是精神家园，一个国家也好，一个政党也好，一个团体也好，一个企业也好，一个行业也好，都要凝聚在这面旗帜下，都要团聚在这个家园中。

第三，驱动功能。文化说到底是精神，精神就是动力，而且是不竭的动力。

第四，规范功能。因为道德、法律、规章制度都属于文化的范畴，靠这些去规范人们、规范队伍、规范职工、规范企业家、规范行业行为、规范企业行为。

总之，“观乎人文，以化成天下”。“国民之魂，文以化之”。文化的功能，说到底就是化育，就是以文化人。所以文化是灵魂，文化是生长基因，是软实力，是评价综合实力的一项基本指标，是核心竞争力。

这是我要讲的第一部分，泛泛地说文化是什么，文化为什么，文化的功能是什么。

编者注：本文为中国奶业协会名誉会长刘成果于 2013 年 12 月 13 日在桂林召开的现代奶业研讨会上的专题讲座。

二、现代奶业和奶业文化

在2006年中国奶业协会第五届会员代表大会上，我做了一个“建设现代奶业是光荣的历史任务”的一个报告，在那个报告里面我提出了现代奶业的构想。关于现代奶业，应该是符合“六型”的要求，即“循环经济型、质量效益型、集约经营型、自主创新型、产业一体型、文化导向型”。其中就谈到文化导向型。为什么要提出文化导向呢？就是因为它很重要。自2002年开始，全面接触奶业，思索行业建设，分析产业发展实践，之所以反反复复、此起彼伏，老出问题，我认为根源在文化。具体来说，如果没有文化导向，奶业的方向要迷失，没有文化自觉，行业就不能自律，没有文化自信，民族奶业就没有信心，没有文化自强，奶业就不能振兴。因此，针对这样一种背景、实践，我提出来这个问题。

如何建设奶业文化？在2002年第四届中国奶业协会会员代表大会上我曾讲过：协会的思想建设是自身建设的根本，是灵魂，目的是要培育一种与我们所处时代相适应的协会精神，形成一种好的会风，这个会风的会是行业协会的会，不是开会的会，形成一种社团文化，树立中国奶协的新形象。为此，我提出“勤、智、诚”三个字的精神。“勤”，就是勤奋，艰苦奋斗、与时俱进、开拓创新、苦干实干。古人云：“民生在勤，勤则不匮”。古人都知道，只有勤才不会匮乏，我们更应如此。讲到勤，不能丢掉俭，任何时候都要戒奢从俭。“智”，是智能、智慧，所谓“智能谋，力能任”，这就要求我们善于学习、有知识、懂理论，多磨善断，尊重科学、尊重规律，依靠科学，善经营、会管理，讲究领导艺术和领导方法。“诚”，是诚信，“诚信者天下之结也”，要求我们遵纪守法、讲信用、讲社会公德和职业道德，团结协作，乐于奉献，不能见利忘义，更不允许搞假冒伪劣产品和虚假广告之类的东西。以上三字精神反映了中华民族的传统美德，我愿和大家一起学习、实践和发扬凝聚这三个字内涵的团体精神，即：奋斗精神、科学精神、奉献精神。这种精神的本身就是行业发展取之不竭的原动力。来自企业的同志，是否可以把这种精神，带进你们的企业，融入企业文化之中，让其在企业具体化、个性化当中发扬光大。这是我2002年的提出的行业精神，三个字，“勤”是奋斗精神，“智”是科学精神，“诚”是奉献精神。

2006年第五届中国奶业协会会员代表大会上，在“建设现代奶业是我们的光荣历史任务”报告中，我讲到：现代奶业要走文化导向型之路，奶业文化导向的本质是为消费者健康服务，奶业人文化的核心是价值观。要在全行业提倡“勤、智、诚”三个字的精神，树立行业的新形象，要求我们遵纪守法，当好企业公民，讲信用，讲社会责任、社会公德和职业道德，严格自律，公平竞争，团结协作，乐于奉献，不能见利忘义，更不允许假冒伪劣产品和虚假广告一类的东西出现。

2007年中国奶业协会第五届第二次理事会上，我阐述了构建和谐奶业的问题，其中重点强调了企业社会责任，企业履行社会责任的基本行为大致可分为三种：第一，法律行为。这是刚性的强制行为，就是凡法律规定的都必须遵守执行；第二，市场行为。应自觉恪守市场经济的基本规范，这是自律行为；第三，自愿行为。企业根据自身状况主动、自愿承担的责任，包括慷慨解囊的善行义举。

首先，讲一下社会责任行为。重点是市场责任行为，目的是通过市场的责任行为到位，规范市场竞争秩序，解决奶业目前面临的突出问题，构建和谐奶业，确保奶业健康发展，加快现代奶业建设步伐。企业履行社会责任，特别是履行市场责任的基础是道德，因为道德是调整人与人、人与社会、人与自然之间关系的行为规范总和。在《礼记·中庸》中讲“君子和而不流”，意思是说一个有道德修养的人，为人要和顺，善于协调自己与他人的关系，但又不能无原则地随波逐流。实践证明，企业生存发展取决于“道”和“术”两个层面，企业在“术”的层面上取得成功，能迅速完成创业期的高速成长，然而最终的成功，特别是要塑造一个伟大的企业，甚至成为领军或领袖企业，还是取决于“道”的层面。乳品是食品，乳业是良心产业，是道德行业。道德已成为奶业健康发展的瓶颈，道德决定行业的未来。道德的基础是爱，道德源自爱，没有爱就没有道德和责任可言。对乳品企业来说，这个爱就是对奶农、同行、消费者、客户的感情，推己及人，以心比心，把常人之爱转化为企业家对他们的大爱。这里把企业社会责任和道德连在一起，中国的文化是个德性文化，和西方文化不同，西方的文化是知性文化，所以道德是中华文化发展的原点与核心，不但催生了中国传统的认识论和价值观，而且成为中国文化永恒的母题。道德的核心是诚信，“诚者天之道也；思诚者人之道也”；“诚信者，天下之结也”。有了诚方能“修身、齐家、治国、平天下”。人无诚不立，业无诚不兴，诚者内不伪于心，外不欺于人，仰无愧于天，俯无愧于民。诚者有信，仁者无敌。诚是信的内在基础，信是诚的外在表现。以诚为本、信誉第一，商海无涯“信”作舟。诚作为核心道德，具有根本性、永恒性。诚即真，真实不欺。乳品企业作为奶业链条上的关键环节，也是强势环节，要做到诚信，就是“三不欺三善待”：不欺奶农，善待奶农；不欺同行，善待同行；不欺消费者，善待消费者。做到责与德统一，这样就能形成和谐奶业。

诚信的落脚点就是自律。社会责任的基础是道德，道德的核心是诚信，诚信的落脚点是自律，自律就是自我约束。曾子曰：“吾日三省吾身”。其中就有自省：“为人谋而不忠乎？与朋友交而不信乎？”这两句话的意思是我为别人办事，是不是尽心竭力了？同朋友交往是不是做到诚实可信了？我们之所以要特别强调自律，是因为现在有些人把道德这个标杆用错了方向，只把他用来衡量别人。责在人先，利在众后，以义取利，不能见利忘义，这才是企业家薪火相传的思想标杆。“各自责则天清地宁，各相责则天翻地覆”。所以都要严格自律，从自身做起，首先规范自己，知名度越高，越要自重，影响越大越要带头自律，要向同仁堂传人乐凤鸣那样：“炮制虽烦必不敢省人工，品位虽贵必不敢减物力。”

其次，谈谈竞争文化。讲自律最重要的是自觉恪守市场竞争规则。首先对待竞争的理解要有一个高的境界。商业竞争绝不同于战争，战争是你死我活；竞争是同行，共享共建，并不是要打败所有的竞争对手，而是通过打造自己的团队，建立有效的机制，塑造优秀的企业文化，形成自身的优势。战争的双方是有我没你；竞争的双方是因为有你我才能做得更好。战争需要杀气、霸气，竞争需要大气、和气。战争的双方结局必然是一胜一败，而竞争很可能是在更高层次上的合作。竞争没有最后的赢家，赢只是让你与全新的对手继续竞争，竞争没有穷期，竞争的高手是开辟新的市场，开发新的产品，在战略上实行个性化、差异化，这才是竞争的制胜法宝。追求利润、扩大市场，没有理由反对，但追求利润和扩大市场的手段必须符合法律和道德规范。企业发展的根本动力不是股东和股东利益，更不是同对手的竞争，而是客户，因为客户的需求就是你的商机，客户的忠诚度才是你企业发展的不竭的动力源泉。所以眼睛要紧紧盯住客户，一刻也不能对不起客户。如果眼睛里仅盯着竞争对手，竞争的层次就太低了。只有对竞争的认识正确，自律规则才能成为自觉行动。所以我们这次会议的目的就是要承诺自律，承担责任，规范竞争、共建共享、和谐发展。

现在作为奶业行业出现这个问题、那样问题，我觉得归根到底都可以从文化上找到原因，所以要彻底解决问题，就应该把行业文化建设好，当前建设行业文化重点要抓以下四条：

第一，培育和践行行业精神。就是2002年讲的“勤、智、诚”三个字的精神，即：奋斗精神、科学精神、奉献精神。这个精神是动力，是取之不竭、用之不尽的原动力。这是重点要抓的环节，要将这个精神融入到你的企业，形成企业精神。

第二，培育和践行行业核心价值观。奶业的核心价值观，我概括为“八个字”，即“奉献营养、服务健康”。具体到牧场设计环节，就是“科学合理，经济实惠”。如牛场的规划、设计、建造，包括设备、生产制造，要满足牛舒服、牛健康、高产优质高效。高效，即养殖要有效益，实现科学合理、要经济实惠。何为“合理”，实质是科学；何为“实惠”，就是养殖者少投入、多收入，牧场设计尽量做到造价低还实用。奶牛养殖环节，就是“养健康牛、产优质奶”。加工环节，就是“安全营养、适口性强”，围绕着这个核心打造你的企业文化。销售环节，就是“货真价实”，别来假的，别来虚的，别靠广告忽悠人，货真价实销售，一定要体现这个销售文化。消费环节，就是要“科学、理性”。现在的消费者实际上相当大一部分，甚至包括知识界、领导层，到目前仍然不知道怎么消费，还以为保质期越长，质量越好，还有的说只有进口的才好，这也是盲目、不理性、不科学。

第三，践行社会责任。社会责任，是企业文化的外在表现，尽到应有的社会责任，也就体现了企业的文化品牌。企业履行社会责任要讲真心，不能作秀，一面拿点钱做慈善，一面搞假冒伪劣，搞不正当竞争，这不行。社会责任有三个层次，包括法律责任、市场责任、自愿责任，三个层次都能做到最好，最起码要做到第二层次，至于企业根据自身状况主动、自愿承担的，如慷慨解囊的善行义举等自愿责任，若有条件可多做，没条件可以暂时不做，但是自律必须做到。

第四，规范竞争。要讲竞争秩序、遵纪守法，不能当害群之马。文化的规范作用，在外部体现在竞争上，在内部体现在管理上。文化管理是管理的最高境界。

最后，文化最终要体现在产品上，体现在队伍上，体现在企业家的形象上。要把队伍建设好，我讲现代奶业的时候其中有一点讲到队伍：现代企业家队伍是撑起我国民族奶业的脊梁，应该讲战略、讲大局、讲诚信、讲创新，成为行业的领军人物。要通过多种方式学习和培训，提升企业家的创业能力、经营管理和决策能力，造就一批职业化、现代化、国际化的优秀企业家。

奶业队伍有三个层次，企业家队伍、奶农队伍和技术队伍。文化最后要落在武装队伍上面，体现在产品、质量安全上，体现在企业形象上，体现在企业家的个人身上。企业文化从人的角度，核心是企业家，企业家没文化，不能带出有文化的队伍，不能搞好一个有先进文化引领的企业，所以文化最终体现在人上，人的核心是企业家。

说这么多次，希望能够引起大家对奶业文化的重视，要形成奶业文化的自觉，也要形成奶业文化的自信，最后要通过文化做强民族奶业。讲现代奶业尽管目前我们的问题还不少，但是现代奶业的梦想，从来也没有像现在离我们这么近。建设现代奶业的目标应和两个一百年的目标相对应，就是到建党 100 周年的 2021 年时候，我们人均奶的占有量能达到亚洲平均水平，到建国 100 周年的 2049 年，我们人均奶的占有量能够达到世界的平均水平，这个目标应该说不高，也不脱离实际，实现的关键是要看奶业能否健康发展。建设现代奶业，从数量目标上，就是两个一百年时消费水平迈上两个台阶。从质量目标上，就是能够达到“六型”。要实现这两个目标，就要加快推进“规模化、集约化、标准化、一体化”的“四化”进程。坚持先进文化的引领，奶业的梦想和实现中华民族伟大复兴的“中国梦”一样都能实现。

（二〇一三年十二月十三日，根据录音整理）

狠抓落实，全力开创奶业工作新局面

王智才

同志们：

今天，我们在湖北武汉召开全国生鲜乳质量安全监管监测与执法工作交流研讨会。主要任务是，深入贯彻落实中央1号文件精神、全国农业工作会议和党中央国务院领导同志有关奶业发展的批示要求，分析当前奶业面临的新形势，部署今年奶业生产和生鲜乳质量安全监管工作。

这次会议我们选在湖北武汉召开，是因为湖北近年来奶业发展较快，质量安全监管也有新招，值得学习和借鉴。

下面，我讲三点意见。

一、全面总结2013年奶业工作，准确把握奶业发展新形势

2013年我国奶业转型升级加快，扶持政策更加完善，监管措施更加严格，特别是克服了夏季南方极端气候、疫情形势复杂、散户加快退出等不利因素影响，生产保持平稳，质量安全得到保障，为丰富“菜篮子”产品做出了新贡献。

——**奶业生产总体平稳**。去年，一些地区虽然出现奶源紧张，但奶源市场总体处于紧平衡状态，奶业呈现健康稳定发展的态势。乳品企业加快建设奶源基地，自有奶源占11%，比2008年增加一倍。全国牛奶产量3 531万吨，同比下降5.7%。生鲜乳价格从去年下半年开始恢复性上涨，养殖效益向好，每头泌乳牛平均盈利约2 100元，同比增加500元，规模场每头收入超过5 000元，有的达到8 000~1 0000元。今年4月份第1周生鲜乳价格4.22元/千克，同比上涨23.4%，连续8周保持平稳略降态势，奶源偏紧的情况有所缓解。

——**奶业转型升级加快**。主要表现为：从散养向规模养殖转变，存栏100头以上规模养殖比重达到37.2%，比2008年提高17.7个百分点；从粗放型向集约型转变，平均饲料转化率达到1.1，提高约10%；从饲喂秸秆向饲喂青贮玉米和苜蓿转变，奶牛平均单产达到5.5吨，提高700千克；从人工挤奶向机械化挤奶转变，机械化挤奶率达到90%，提高39个百分点。另外，奶业生产、收购、运输环节的信息化管理水平稳步提升，天津武清、黑龙江齐齐哈尔等地在奶站联网监管方面做出了有益的探索。

——**质量安全水平提升**。生鲜乳三聚氰胺检测合格率连续5年保持100%，最高检出值从2009年的1.27下降至2013年的0.08。据对1000个规模牧场跟踪监测，2013年生鲜乳中平均乳蛋白率3.29%，比2010年增加0.04个百分点；平均乳脂率达到3.8%，比2010年增加0.12个百分点。目前，生鲜乳质量安全水平处于历史较好时期。

——**乳制品加工业健康发展**。加工规模不断扩大，2013年，乳制品产量2698万吨，同比增加6%；奶粉产量158.9万吨，同比增加6.8%；规模以上乳品企业销售收入2535亿元，同比增长12.4%。行业集中度进一步提高，婴幼儿乳粉企业133家，比2011年减少12家，企业兼并重组加快。国务院大力整顿乳品行业，向社会传递了国家加强婴幼儿配方乳粉质量安全的决心。

编者注：本文为农业部畜牧业司司长王智才于2014年4月16日在武汉召开的全国生鲜乳质量安全监管监测与执法工作交流研讨会上的讲话，题目为《中国奶业年鉴》编辑部所加。

奶业好形势来之不易，是党中央国务院高度重视、部党组正确领导的结果，是各级奶业管理部门真抓实干的结果，我代表农业部畜牧业司、农业部奶业管理办公室向大家表示感谢！2013年，我们重点做了以下工作。

1. 着力强化质量安全监管。针对去年一些地区争抢奶源的新情况，我部与食品药品监管总局共同召开奶源市场监管工作会和乳品企业座谈会，敦促企业严格自律，切实维护奶源市场秩序。以国务院食品安全办名义印发《关于加强奶源管理保障乳品质量安全工作的通知》，部署各地加强监管，严防发生重大质量安全事件。同时，派出8个督导组，赴黑龙江、山东等奶业主产省开展督导检查，重点检查奶站收购许可证、运输车准运证、乳品企业原料批批检验和索证索票等制度落实情况。各地按照我部的统一部署，深入开展生鲜乳违禁物质专项整治，重点强化奶站许可管理，打击非法收购营运“黑窝点”，进一步规范生鲜乳收购和运输环节管理。通过专项监测、飞行抽检、异地抽检，加大生鲜乳监督抽查力度，严厉打击各种违法添加行为。2013年共抽检生鲜乳样品2.13万批次，各地依法限期整改奶站170多家，关停110多家，取缔运输车20多辆。

2. 着力提升奶业生产能力。针对近年来乳品消费增长快于生产，以及去年奶源比较紧张的实际，多管齐下，大力发展奶业生产。一是推进奶牛标准化规模养殖，扩大优质奶源基地。积极协调国家发改委增加5亿元项目资金，改扩建奶牛养殖场和小区982个。支持企业进口9.2万头良种奶牛，加快奶源基地建设。二是加快改良奶牛品种，提高奶业生产水平。落实奶牛良种补贴资金2.6亿元，补贴奶牛897.5万头，增加5.5万头西门塔尔牛的冻精补贴，支持乳肉兼用品种的发展。落实奶牛生产性能测定资金2 000万元，在1 000多个规模养殖场测定奶牛52.9万头。三是加强金融对奶业的支持。组织中国奶业协会召开开发性金融支持奶业发展座谈会，协调国家开发银行等金融机构加强信贷支持，指导内蒙古和黑龙江率先开展试点。各地也纷纷采取有效措施，加快奶业发展。黑龙江省安排财政资金1.57亿元，建设了45个存栏1 200头的规模牧场；安排性控冻精补贴资金3 000万元，加快良种奶牛扩繁。内蒙古出台《专项推进奶牛标准化规模养殖场建设实施方案》，安排财政资金6000万元，支持标准化牧场建设。

3. 着力保障婴幼儿乳粉奶源安全。按照2013年国务院第10次常务会议的要求，我部加大了婴幼儿配方乳粉奶源建设和监管力度。一是与食品药品监管总局等九部委联合印发《关于进一步加强婴幼儿配方乳粉质量安全工作的意见》，部常务会专题研究奶业发展，出台了确保婴幼儿配方乳粉奶源安全六项措施。对全国婴幼儿配方乳粉企业的奶源情况进行摸底调查，对涉及的1 869个奶站、719辆运输车和2 367个奶牛场（小区）建档立案，重点监管。二是配合相关部门做好婴幼儿乳粉质量安全监管工作。参与起草《推动婴幼儿配方乳粉行业企业兼并重组工作方案》和《婴幼儿配方乳粉生产许可审查细则（2013）》，参加“婴幼儿配方乳粉质量安全专题宣传”媒体座谈会，宣传我国奶业发展的措施和成效。各地也做了大量工作，河北省出台了《关于加快全省乳粉业发展的意见》，对乳粉产业发展做出全面规划。每年整合安排资金4.2亿元，重点支持乳粉企业发展和奶源基地建设，到2017年将支持建设600个奶粉用标准化奶牛场，配套种植40万亩青贮玉米和25万亩苜蓿。

4. 着力发展优质苜蓿产业。2013年，高标准、高质量地完成了50万亩高产优质苜蓿示范基地建设任务。全国商品苜蓿产量从项目实施前的20万吨增至2013年的80万吨，平均粗蛋白含量从16%增至18%。同期，进口苜蓿也从22万吨增至75万吨，说明我国奶业发展对优质苜蓿的巨大需求。去年6月，我部在辽宁锦州召开“振兴奶业苜蓿发展行动”现场会，总结项目实施以来的成效和经验，安排部署下一步工作，取得良好效果。可以说，“振兴奶业苜蓿发展行动”恰逢其时，受到基层普遍欢迎。

5. **着力强化奶农培训**。组织全国畜牧总站、中国农科院、中国奶业协会、奶牛产业技术体系等单位，围绕饲养管理、疫病防控、奶牛繁育、生鲜乳质量控制等实用技术，举办培训300余次，培训2万人次。组织奶牛产业技术体系开设高级人才研修班，打造奶业“黄埔军校”，培养一批懂技术、会管理、善经营的奶牛场场长。各地在培训方面也做了大量工作，如河南省举办了11场奶业法律法规培训班，培训规模养殖场、生鲜乳收购站、运输车和乳企负责人1 559人。

二、客观分析，清醒认识奶业发展面临的机遇和挑战

奶业是我国的新兴产业和朝阳产业，也是畜牧业中最有活力和潜力的产业。奶业发展和质量安全问题，领导关切，群众关心，社会关注。近年来，我国奶业发生了深刻变化，机遇与挑战并存。从机遇看，主要有以下方面。

第一，国家高度重视。乳品质量安全关系群众的身体健康和千家万户的幸福。2013年，党中央国务院领导对奶业发展做出多次批示。习近平总书记强调，能不能在乳品安全上给老百姓一个满意的交代，是对我们党执政能力的重大考验。李克强总理主持国务院第10次常务会议专题研究婴幼儿配方乳粉问题，把提高婴幼儿配方乳粉质量作为加强食品质量安全工作的突破口。党中央国务院领导对奶业的高度重视，为奶业发展创造了良好环境。

第二，市场空间巨大。目前，我国人均奶类消费量不到世界平均水平的1/3，增长空间很大。乳品消费量和收入水平、城镇化水平密切相关。研究表明，收入每增长1%，带动乳品消费量增加约0.8%。我国城镇化每年转移人口约1 500万人，农民进城后消费转型升级，口粮减少约1/3，乳品消费增加约1倍。加上单独二胎政策逐步放开，每年多出生婴儿约200万。预计未来乳品消费年均增长约8%，到2020年乳品消费量将比2010年扩大近1倍，强劲需求将为奶业发展注入不竭的动力。

第三，科技有力支撑。我国已形成了由国家奶牛产业技术体系、大专院校、科研院所、企业等多方组成的奶业科研队伍，在关键技术创新和应用方面取得了长足进步，目前奶业科技贡献率已达50%以上。在育种方面，遗传标记辅助育种、基因组选择、性别控制等技术都取得突破性进展。在饲养方面，饲料配制、青贮制作、全混合日粮饲喂以及奶牛分群饲养等关键技术广泛应用。在疫病防控方面，奶牛乳房炎、蹄病、营养代谢病防治技术水平提高，规模场发病率有所下降。在管理方面，牛场信息化管理系统广泛应用，实现饲料配方、奶牛发情监测等智能化、精细化管理。关键技术的创新和应用，为我国奶业发展提供了强有力的支撑。

第四，政策法规保障。国家先后出台了《关于促进奶业持续健康发展的意见》、《乳品质量安全监督管理条例》、《奶业整顿和振兴规划纲要》、《关于进一步加强婴幼儿配方乳粉质量安全工作的意见》等一批重要法规和文件，奶业发展走上了有法可依和规范化管理的轨道。同时，奶牛良种补贴、标准化规模养殖、生产性能测定、振兴奶业苜蓿发展行动等政策相继出台，扶持资金从2008年不到5亿元增加到目前的16亿元。另外，新一轮国务院机构改革，组建了国家食品药品监管总局，负责乳品生产、加工、流通等环节，农业部门负责奶牛养殖和生鲜乳的质量安全监管，基本理顺了乳品质量安全管理机制。

第五，国际交流扩大。我国相继与新西兰、阿根廷等国签订了奶业合作备忘录，与澳大利亚、新西兰建立了奶业对话机制，成立了“中荷奶业发展中心”，与加拿大、瑞典等国共同举办培训班和研讨会。各乳品企业通过引进良种奶牛、苜蓿、挤奶和TMR机械设备、管理人才等生产要素，提升了我国奶业生产水平。同时，乳品企业加快“走出去”步伐，纷纷在国外养牛建厂，2011年以来，伊利、光明、圣元、上海鹏欣等相继在大洋洲、欧洲、美洲布局了奶源基地。

第六，社会资本支持。十八届三中全会关于农村金融改革有新的突破，鼓励商业金融支持现代种养业的发展。从实际看，奶业潜力巨大，已成为社会资本进入的重要领域。仅今年以来，三元乳业引入社会资本 20 亿元、蒙牛集团引入 51 亿元港币、光明乳业引入 15 亿元。社会资本进入有利于加快奶源基地建设和提升产业整体素质。

我们在看到机遇的同时，也要清醒地看到奶业发展正处在不进则退的关键时期，转型升级进入攻坚期，面临不少困难和挑战。

第一，保障质量安全的压力大。当前我国进入全面建成小康社会的关键时期，群众对乳品安全有更高的要求和期待，对质量安全问题零容忍，保证“舌尖上”的安全责任重大。我国生鲜乳质量安全水平虽稳步提升，但隐患风险依然存在。在生产方面，奶牛养殖散养比重高，44% 的奶牛由存栏 20 头以下的散户饲养，生产设施简陋、卫生防疫条件差，管理粗放，制约了生鲜乳质量安全水平的提高。在监管方面，奶业生产环节多、链条长，有 200 万奶农，1.3 万个奶站，8 000 辆运输车，且多数分布在农村，点多面广，监管任务繁重。基层监管人员不足，经费短缺，手段缺乏，与监管任务还不匹配。

第二，应对进口奶粉冲击的压力大。2008 年以来，我国进口奶粉快速增加，2013 年进口大包原料粉 85.4 万吨，年均增长 53%，进口量占世界贸易比重从 3% 提高到 23%。我国资源有限，适度进口奶粉弥补了一部分消费需求，但从长远看，不利于国内奶源基地建设，打压了国内奶价，影响奶农收益。从未来看，欧盟将于 2015 年 3 月取消牛奶生产配额，预计当年牛奶可增产约 1 100 万吨，奶粉增产约 100 万吨，其主要目标市场也是中国。中澳自贸区谈判正在进行之中，乳制品贸易也是重要议题。进口奶粉的快速增加对国内奶业的压力持续加大。

第三，散户加快退出和保证奶源供给的压力大。2008 年以来，受养殖成本上升、牛肉价格持续高位影响，散户退出加快。2009 年、2010 年退出比例约 3%，2011 年为 6%，2012 年为 7%。目前全国奶农数量不到 200 万，比 2008 年减少了 60 多万。近几年，规模场虽迅速发展，但增加的奶量不能完全弥补散户退出减少的奶量。2013 年，全国牛奶产量下降了 5.7%，奶源紧张比往年突出。去年下半年以来，生鲜乳价格恢复性上涨，奶农养殖积极性有所提高，预计今年散户退出速度将放缓，但今后一段时期，奶源供给仍将面临较大压力。

第四，优质饲草料供应与环境保护的压力大。我国奶牛品种与国外差距不大，但优质饲草料缺乏，制约了单产提高。我国青贮玉米种植面积约 2 100 万亩，但专用品种比例小，不能满足奶业发展的需要。近年来优质苜蓿产量虽有增加，但相对于每年 300 万吨的需求，缺口依然很大。目前，只有规模场给奶牛饲喂青贮玉米和苜蓿，散养奶牛很少饲喂。另外，新建牧场需要的土地面积大且集中，一个千头奶牛场建设用地至少需要 100 亩，用地难问题突出。国务院《畜禽养殖污染防治条例》的颁布实施，对环保提出了更高的要求，奶牛场粪污处理的压力越来越大。

总的看，我国奶业发展正处在重要战略机遇期，机遇大于挑战。我们要抓住机遇，顺势而为，加快奶业转型升级，在推进农业和畜牧业现代化过程中，力争率先实现奶业现代化。

三、狠抓落实，全力开创奶业工作新局面

当前和今后一个时期，我国奶业发展的总体思路是：按照“保安全、保供给、严监管、促转型”的要求，重点在优化奶业生产布局、调整品种结构、优化产品结构、创新生产经营体制和推进产业一体化等 5 个方面下功夫，推动我国奶业向优质化、规模化、标准化、机械化、合作化和一体化方向发展。

2014 年，我们要按照中央要求，把奶业质量安全放在重中之重的位置，生产发展和质量安全两

手抓，“产出来”和“管出来”两手硬，用最严谨的标准、最严格的监管、最严厉的处罚、最严肃的问责，确保生鲜乳质量安全。加强婴幼儿配方乳粉奶源建设和奶站监管，保障婴幼儿配方乳粉奶源安全。加大奶业政策落实力度，抓住生产方式转变、饲草料供应等关键环节，提高奶业生产水平。重点做好以下工作：

1. 以婴幼儿乳粉奶源为重点，不断加强奶站和运输车监管。各地要认真落实我部关于确保婴幼儿配方乳粉奶源安全的六项措施，努力确保生鲜乳质量安全和稳定供给。重点加强对婴幼儿配方乳粉企业供奶奶站和运输车的监管，对资质条件进行重新审核，坚决取缔不合格奶站，严厉打击非法收购运输“黑窝点”。各地要制定监管责任包干制度，层层签订“生鲜乳质量安全责任状”，明确奶站、运输车监管责任人。同时，因地制宜抓紧推进奶站、运输车信息化联网监控，逐步实现收购和运输的生鲜乳来源清楚、流向清晰、信息可追溯。今年，我司将在黑龙江绥化开展婴幼儿乳粉奶源信息化监管试点工作。同时，要进一步加强奶站的统计监测工作，我司从2009年起实施了奶站月度生产监测，但部分省份存在错报、漏报和不报的现象，各地要重视这项工作，加强有关培训，及时准确上报监测信息。

2. 以监测计划和专项整治为抓手，不断提高生鲜乳质量安全水平。生鲜乳质量安全责任重于泰山，要常抓不懈，紧而又紧。一是要全面实施生鲜乳质量安全监测计划，进一步扩大监测范围，增加抽检频次。推进生鲜乳监管监测工作重心下移、力量配置下移，加强市、县、乡基层监管体系建设，落实监管责任，形成全方位、立体化的监管网络。二是集中力量开展生鲜乳专项整治，采取交叉互检、随机抽检、飞行检查等方式加大对奶站和运输车监管，坚持“严”字当头，露头就打，绝不手软。对涉嫌犯罪案件，要及时移送司法部门立案查处。三是抓紧制定和实施不合格生鲜乳主动报告和无害化处理制度。近期，我部将联合食品药品监管总局就不合格生鲜乳的报告和处理问题下发通知，各省也要根据实际，尽快制定实施办法，进一步加强对不合格生鲜乳的监管，防止不合格生鲜乳流入市场。

经过连续5年开展生鲜乳质量安全监测和专项整治，我们基本建立了以各省行政主管部门为依托、以质检中心为骨干的质量安全监管监测体系，锻炼了一支队伍，保障了工作经费。当前，要把工作重心转向完善机制、创新工作方法、提高监管监测能力上来。一是注重协调配合和工作衔接。国务院食安委明确要求食品安全要落实“四个责任”，即企业承担主体首责、地方政府“守土有责”、监管部门履职尽责，消费者主动参与、对自己负责。各地要切实落实生鲜乳质量安全监管责任，对内加强对质检机构的指导，对外做好与地方政府、食品药品监管部门、公安部门的衔接，形成监管合力。二是注重监管方式创新。采取不发通知、不打招呼、不听汇报、不要陪同，直奔现场、直奔奶站和养殖场的“四不两直”方法，确保监管监测工作效果。三是善于发现问题和解决问题。质检机构要强化技术创新和应用，不断提高科研和监测水平。各级奶业管理部门和质检机构要克服怕发现问题的心理，及时消除安全隐患，避免酿成行业性、系统性风险。

3. 以政策落实为着力点，进一步提高奶业生产水平。一分部署，九分落实。一要大力推进奶牛标准化规模养殖，积极争取本级财政资金支持，加大对婴幼儿配方乳粉奶源建设的支持。探索对存栏100~300头养殖场和小区的支持，引导发展适度规模养殖，加快奶牛养殖小区的改造升级。二要加快奶牛品种改良，做好良种登记、生产性能测定和种公牛后裔测定等基础性工作，加强种公牛站和高产奶牛核心群建设。因地制宜发展乳肉兼用品种，实现既增奶又增肉。加强奶牛良种补贴项目管理，严格执行资金管理办法，确保项目取得实效。三要加强奶牛生产性能测定工作。今年项目资金增至3 800万元，我司将组织专家完善项目实施方案和管理方式，加强对测定数据的应用和管理，加强对项目的监督和检查。各地要重视这项工作，扩大奶牛生产性能测定范围，并做好宣传培训工作。

4. **以示范创建为突破口，增强优质苜蓿供给能力。**优质饲草料是奶业转型升级的重要支撑。各地要认真总结经验，推广一批高产优质苜蓿示范创建典型，提高项目示范带动作用。进一步完善工作机制，加强项目管理，把项目做好做实。严把审批关，坚持立项、验收“两公示”制度，杜绝重复立项和“暗箱操作”。严把验收关，认真执行项目验收评分标准，重点加强对苜蓿产量、质量等关键性指标的考评，确保项目建设质量。今年，我司将组织专家对各地项目验收工作进行抽查和考评，并开展中期评估，为下一轮项目实施打好基础。

5. **以现场培训为依托，加大奶业关键技术推广力度。**今年，我司将进一步发挥奶牛产业技术体系“金钥匙”、中国奶业协会“奶农培训计划”、中国农科院“奶牛科技入户”、牧草产业技术体系“草堂行”和苜蓿项目专家工作组等各方优势，重点培训推广配种、全混合日粮、疫病防治、挤奶和苜蓿生产加工等关键技术。各省也要充分调动农业大学、农业科学院以及产业技术体系等力量，组装配套实用技术，大范围开展务实管用的技术培训。组织专家深入田间地头、牛场棚圈，现场答疑解惑，加大培训频次和范围，提高培训的效果。

（二〇一四年四月十六日）

发展巴氏鲜奶，推进奶业持续健康发展

谷继承

各位专家、各位嘉宾、各位同仁：

很高兴出席第三届海峡两岸巴氏鲜奶发展论坛。在此，我代表中国奶业协会，代表高鸿宾会长和刘成果名誉会长，对论坛的举办表示热烈的祝贺！对莅临论坛的各位领导和嘉宾，尤其是台湾奶业协会施宗雄理事长及率领的团队，表示热烈的欢迎！海峡两岸巴氏鲜奶发展论坛已经成功举办两届，论坛的召开促进了两岸科研机构、协会、企业及相关单位的相互学习与交流，对进一步加强两岸奶业的合作和发展起到了积极作用。论坛主题明确，上下衔接，目标是让更多消费者认识巴氏鲜奶，推动巴氏鲜奶的生产和消费，增强民族奶业的竞争力，促进奶业持续健康发展。下面，我围绕论坛主题，谈几点看法，与大家共享。

一、当前奶业发展态势向好、潜力巨大

新世纪以来，我国奶业获得快速、迅猛发展。十多年的时间，我国奶业已连续跨越3个1 000万吨产量台阶，即将达到4 000万吨，并向5 000万吨迈进。近年来，发展速度虽有所放缓，但奶业发展总体平稳、转型升级明显加快，整体素质不断提升，现代奶业的格局初步形成，正向世界一流奶业迈进。总体而言，当前奶业正处在历史最好发展时期，未来发展空间巨大。

之所以这样说，我总结为“七看”，与大家交流。

从数量看，牛奶产量3531万吨，奶牛存栏1 400多万头，乳品产量2 698万吨，乳品进口接近200万吨，中国已是名副其实的世界产奶大国和消费大国。

从规模看，家庭散养加快退出，规模养殖快速跟进，标准化规模养殖大幅提升。100头以上奶牛存栏比重41.1%，比2012年提高3.9个百分点，比2008年提高20多个百分点。

从装备看，机械化挤奶率达到90%，比2008年提高39个百分点。新建或改建的牛场先进化的装备水平明显提高，如圈舍的设计建设、全混合日粮（TMR）、粪污综合处理设施、信息化智能化管理系统等装备广泛应用，可以说与奶业发达国家的牛场相比硬件条件不差，很多乳品加工企业的装备已经达到世界一流水平。

从质量看，国家出台了一系列法律、法规和标准，如《乳品质量监督管理条例》《奶业整顿和振兴纲要》、乳及乳制品等国家标准，奶业不仅实现了有法可依、有规可循，而且实施了全产业链严格监管，生鲜乳和乳制品质量安全水平明显提升。据跟踪监测，牧场乳蛋白率、乳脂肪率分别保持3.3%、3.8%的水准，比2008年提高很多。连续6年生鲜乳抽检100%合格，乳制品抽检99.8%的合格，2008年以后全行业没有出现大的质量安全事件。因此，无论从制度上，还是从监管上，特别是质量安全水平上，与国际都是接轨的。

从效益看，2013年下半年生鲜乳价格持续走高，奶牛养殖效益较好。散养奶牛平均每头盈利2 100元以上，规模养殖平均每头盈利5 000元以上。近期，生鲜乳价格走低，养殖效益回落，但总体仍有利润。据监测，2013年658个规模以上乳品企业实现利润总额180.11亿元，同比增长12.70%。其中，龙头企业业绩突出。例如，伊利、蒙牛、光明等乳品企业净利润均呈现两位数的增长。

编者注：本文为中国奶业协会副会长兼秘书长谷继承于2014年8月16日在福州召开的第三届海峡两岸巴氏鲜奶发展论坛上的讲话。

从素质看，转型升级明显加快，产业素质全面提升，现代奶业格局初步形成。概括地说，散养逐步向规模化转变、手工逐步向机械化转变、粗放逐步向精细化转变。而且从业人员工作条件也有明显的改善，专业化程度继续提高，科学化管理水平明显提高，很多企业逐步实现信息化、智能化，加之配备懂技术、会管理、善经营的高级人才，其管理的水平、效率大幅提升，产业素质正全面向着现代奶业快速迈进。

从政策看，奶业是国民经济发展的重要支柱，是国家优先发展的重要产业。国家陆续出台“六大补贴政策”扶持奶业发展，补贴总额超过 18 亿元。其中，良种补贴 2.6 亿元，累计补贴 6 000 万头次，荷斯坦奶牛单产水平提升至 5.5 吨，比补贴前增加 1.5 吨。标准化规模养殖补贴 10 亿元，累计补贴牛场 3 900 个。生产性能测定（DHI）补贴 4 000 万元，参测牛场 1 036 个，参测牛只 54 万头。振兴奶业苜蓿发展行动 5.25 亿元，扶持苜蓿种植、加工、制种和机械购置，目前国产商品化苜蓿干草 80 万吨，是项目前的 4 倍。概括地说，奶业发展国家重视、社会关注、政策最优、氛围最好，社会投资剧增，从业者的积极性高涨。

说到发展空间和潜力，我总结为“四有”，与大家交流。

一是有消费增长的驱动。目前，我国人均乳制品消费水平较低，约为亚洲平均水平的 1/2，世界平均水平的 1/3。牛奶作为世界公认的最为理想的蛋白类食品，未来消费水平将持续增长。按《中国食物和营养纲要》2020 年人均乳制品消费达到 36 千克，消费需求将增长 10%；达到目前亚洲平均水平，消费需求将增长 1 倍；达到目前世界平均水平，消费需求将增长 2 倍。

二是有收入增长的拉动。统计显示，我国居民收入每年增幅超过 10%，按相关研究结果，居民收入每增长 1 个百分点，拉动消费增长 0.8 个百分点。据此推算，若乳制品消费潜力完全释放，仅收入增长一项每年可拉动乳制品消费增长 8%。

三是有人口增长的推动。统计表明，每年我国新增人口约 600 万，按当前消费水平，乳制品消费需求约增长 5%。近期，单独二胎政策逐步放开，预计每年多出生婴儿约 200 万，约增加乳制品消费需求 2%。

四是有城镇化水平的带动。我国城镇化每年转移人口约 1 500 万人，农民进城后消费转型升级，口粮减少约 1/3，乳品消费增加约 1 倍。

二、发展巴氏鲜奶有助于奶业持续健康发展

饮用巴氏鲜奶的好处为世界所公认，目前液态奶消费中有 90% 是巴氏鲜奶或酸奶。而我们国家是以常温奶消费为主，巴氏鲜奶由于受多种条件的限制所占比重还比较低。因此，未来发展空间巨大，之所以这样说，我考虑有三点：

一是巴氏鲜奶营养价值高。巴氏鲜奶是将生乳用巴氏杀菌、均质而成的牛奶，其显著特点是“纯、原、活”。所谓纯，是纯天然，没有任何添加；所谓原，是原汁原味，没经过任何调制；所谓活，是低温处理，保持活性。因此，采用低温杀菌，既可达到杀菌效果，又最大程度保护营养成分和活性物质。与采用超高温（UHT）处理相比，蛋白质、氨基酸和维生素等受破坏和损失程度比较小。这里说的发展巴氏鲜奶绝不是排斥常温奶，大家要知道我们国家目前常温奶仍是市场主导，巴氏鲜奶短时间还取代不了常温奶。

二是能提升产业水准。在我国饮奶的好处已被人们所公认，但饮用巴氏鲜奶的好处只有部分人认识，随着经济的发展、人们生活水平的提高、条件的具备，巴氏鲜奶占据市场的比重会越来越大。我认为发展巴氏鲜奶：首先，有助于加快奶源基地建设。按照规定巴氏鲜奶只能以生乳为原料，只有拥有奶源基地的企业加工巴氏鲜奶最为可靠，质量安全更有保证。其次，有助加快标准化规模养殖。巴氏鲜奶对生乳的质量要求较高，与散养相比，标准化规模养殖场的生乳，其理化指标和卫生指标

都高于散养，效益也好于散养。第三，有助于加快冷链建设。巴氏鲜奶对生乳的新鲜度、卫生质量，以及对加工、贮藏、运输的条件等要求都非常高，发展巴氏鲜奶有助于引导企业加快贮藏和运输等环节的冷链设施建设。发达国家液态奶消费以巴氏鲜奶为主，主要是具备完善的冷链条件。第四，有助于加快产业一体化建设。巴氏鲜奶对奶源、加工和消费等有严格要求，因此，无论从客观而言，还是从主观而言，发展巴氏鲜奶有助于将养殖、加工和消费紧密关联，更高效地推进产业一体化建设。

三是能增强民族奶业的竞争力。随着中国加入 WTO，随着自由贸易协定的签订，民族奶业既迎来了良好的机遇，也面临着严峻的挑战。2013 年全年我国奶粉（含婴幼儿配方奶粉）进口 97.7 万吨，同比增长 46.9%，2014 年 1~6 月份奶粉（含婴幼儿配方奶粉）进口 64.8 万吨，达到了去年全年进口总量的 66.3%。2013 年液态奶进口 18.5 万吨，同比增长 96.8%，2014 年 1~6 月份进口液态奶 13.8 万吨，已对一定区域内和个别企业造成一定冲击，如果长期下去，那就会对整个民族奶业造成了冲击。

三、发展巴氏鲜奶的几点想法

发展巴氏鲜奶可以说是个方向，但我们要有一个清楚的认识，一是奶业资源条件有限。我国奶业由于资源的限制北奶南运的格局难以改变，90% 左右的奶产于北方，50% 以上的奶消费在南方，巴氏鲜奶长途运输有一定的难度；二是消费市场条件有限。目前，现有市场条件难以解决中小城市和广大农村冷链的问题，需要有建设和改善的过程。三是人们的消费理念、习惯难以改变。由于我国奶业是一个新兴的产业，如果按照超过千万吨才称得上产业的话，也就是 2000 年以后，十年多的时间迈过了三个千万吨台阶。直到现在可能人们还没完全认识到饮奶的好处在哪，何况巴氏鲜奶了，巴氏鲜奶实际也就是近年来通过多种渠道的宣传，部分人才有所认识，而且主要集中在大城市。

针对这种情况，要发展巴氏鲜奶，我想应重点做好以下几个方面的工作：

第一要加强饮奶知识宣传。要通过多种渠道、利用多种媒体加强饮奶知识的宣传，让更多人了解牛奶是怎样产生的。牛吃进草料经过消化、吸收，营养进入血液，血液进入乳房，由乳腺合成牛奶，被誉为白色血液，只要不是人为的非法添加有害物质，其质量安全是可靠的。从营养价值上讲全世界都是相同的，这是奶牛的生理特性所决定的。让更多人了解饮用牛奶的好处，培养和扩大消费群体，释放消费潜力。让更多人了解饮用巴氏鲜奶的好处，巴氏鲜奶采用低温杀菌，最大限度地减少了营养物质及活性物质的损失与破坏。因此，饮用巴氏鲜奶能获得更多、更好的营养。

第二要积极调整产业布局。前面说过我国奶业资源不均衡，客观上存在着“北奶南运”的格局。对此，我有过思考，有一些不成熟的想法供大家参考。要充分利用南方草山草坡资源，增加南方奶源基地建设。怎么建？在品种上，优先考虑饲养抗热应激能力较强的品种，同时还可考虑引入抗热应激能力强的遗传物质进行杂交改良。我认为乳肉兼用品种耐粗饲、抗应激能力强，在南方饲养效果就很好，既产奶又产肉，可以增加综合效益。在牛场设计和饲养管理上，要考虑南方高温高湿气候因素，要注意防暑降温，配套相应设施设备，进行科学化管理。

第三要引导企业规范标示。要严格按照《国务院办公厅关于加强液态奶生产经营管理的通知》（国办发明电 [2005]24 号）要求，用复原乳做原料生产液态奶的标注“复原乳”；以生鲜牛乳为原料，经巴氏杀菌处理的巴氏杀菌乳标“鲜牛奶 / 乳”；以生鲜牛乳为原料，不添加辅料，经瞬时高温灭菌处理的超高温灭菌乳标“纯牛奶 / 乳”。维护消费者的知情权和选择权，让消费者明白消费、健康消费。

第四积极调整产品结构。全国范围讲南方巴氏奶市场好于北方，南方乳品企业可以考虑因地制宜地主攻巴氏鲜奶，满足当地消费。北方大中城市有的见不到巴氏鲜奶，我认为发展空间很大，我考虑北方乳品企业可以开发当地的巴氏鲜奶市场，在供应南方常温奶的同时可以创造条件开发南方巴氏鲜奶市场。逐步扩大全国范围巴氏鲜奶市场，为人们提供更多、更加营养的乳制品。

（二〇一四年八月十六日）

发展综述

FAZHAN ZONGSHU

2013 年奶业发展概况

2013 年是我国奶业转型升级的关键一年。在这一年中，我国奶业成功经受了夏季南方极端气候、疫情形势复杂、散户加快退出等不利因素的考验，保持了平稳增长，呈现了产业素质明显增强、质量安全水平明显提高、转型升级明显加快的良好态势。

一、奶牛养殖数量减少质量提升

1. 数量减少。据国家统计局数据，2013 年我国牛奶产量 3531 万吨，比 2012 年减少 212 万吨，下降 5.7%。奶牛存栏 1 441 万头，比 2012 年减少了 53 万头，回归至 2011 年末存栏水平。1978 年改革开放以来，受不同因素影响，奶牛存栏出现 5 次下降，分别是 1992 年下降 0.1%、1997 年下降 1.1%、1998 年下降 3.5%、2006 年下降 12.1% 和 2013 年下降 3.5%。牛奶产量 4 次出现下降，分别是 1993 年下降 0.9%、1997 年下降 4.5%、2009 年下降 1.0% 和 2013 年下降 5.7%。就存栏和产量两者而言，2013 年可谓波动最大，究其原因，有家庭散养加快退出的影响，有去年异常高温天气的影响及其他多种因素叠加的影响（图 2–1）。

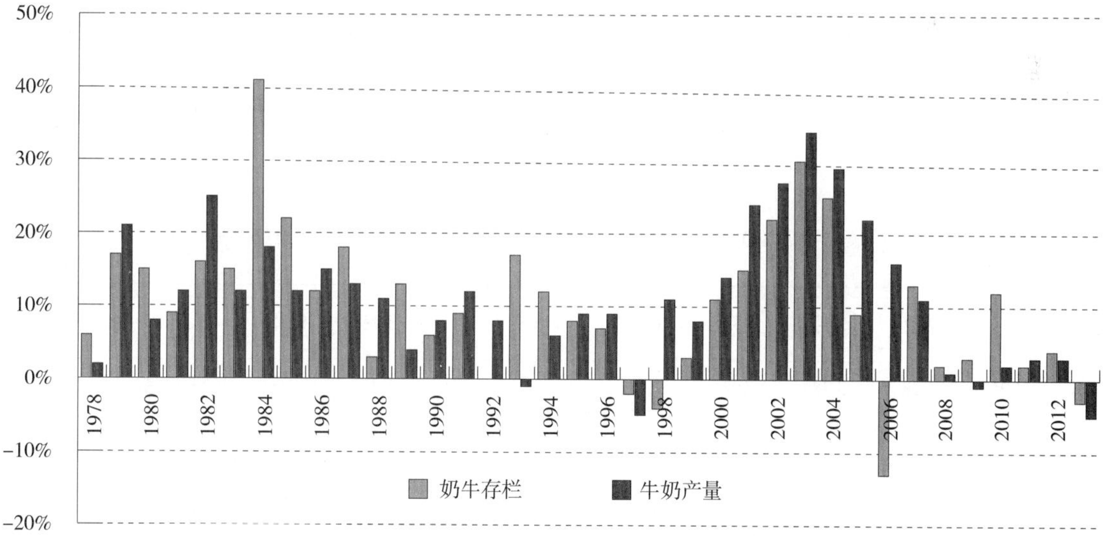

图2–1 1978—2013年奶牛存栏、牛奶产量年度增幅变化

2. 质量提升。虽数量有所下降，但转型升级加快，产业素质提升。**从规模看**，2013 年 100 头以上存栏比重 41.1%，比 2008 年增长 20 多个百分点。**从产能看**，2012 年平均 5.5 吨，2013 年基本维持这一水准，比 2008 年增加 700 多千克。有很多牧场，如北京三元、上海光明、天津嘉立荷牧业、现代牧业等下属牧场以及东营澳亚、黑龙江原生态等牧场，泌乳牛单产突破 9 吨，个别牧场超过 10 吨。**从装备看**，机械化挤奶率 90%，比 2008 年提高近 40 个百分点；全混合日粮（TMR）及配套设备在

小区、牧场广泛应用；信息化、智能化的管理系统也在牧场以及一些规范化的小区广泛应用。**从价格看**，2013 年内蒙古、河北等 10 个主产省份生鲜乳平均价格 3.62 元 / 千克，比 2012 年增长 9.9%。12 月份，生鲜乳平均价格 4.21 元 / 千克，同比增长 21.9%。**从效益看**，受饲料等养殖成本上涨的影响，上半年效益总体较低；自 5 月份以后，随着生鲜乳价格持续增长，全年奶牛养殖效益总体高于去年。据调研，小区养殖户每头成母牛平均获利 3 000 元左右，牧场平均获利 6 000 元左右。**从监管看**，生鲜乳累计抽检近 10 万批次，合格率 100%；牧场乳蛋白率 3.2% 以上，乳脂肪率 3.8% 以上，细菌总数 10 万个 /mL 以下，体细胞数 30 万个 /mL 以下，生鲜乳质量安全水平显著提升（表 2–1 和表 2–2）。

表 2–1　2002—2013 年全国奶牛养殖规模比重情况

单位：%

年份	年存栏 1–4 头	年存栏 5 头以上	年存栏 20 头以上	年存栏 100 头以上	年存栏 200 头以上	年存栏 500 头以上	年存栏 1 000 头以上
2002	44.79	55.21	25.89	11.90	8.32	5.47	2.92
2003	46.68	53.32	27.37	12.50	8.82	5.55	2.73
2004	47.05	52.95	25.24	11.20	7.74	4.90	2.72
2005	45.64	54.36	27.73	11.20	7.91	4.76	2.34
2006	42.76	57.24	28.84	13.10	9.33	5.60	3.04
2007	41.10	58.90	31.47	15.80	11.97	7.56	3.97
2008	32.42	67.58	36.05	19.50	15.51	10.05	5.54
2009	28.10	71.90	42.60	26.80	22.80	16.00	8.30
2010	26.40	73.60	46.50	30.60	26.50	19.40	10.40
2011	24.00	76.00	51.10	32.90	28.40	20.80	12.10
2012	22.60	77.40	55.60	37.20	32.30	25.00	15.40
2013	21.83	78.17	56.98	41.07	35.26	27.71	17.79

数据来源：农业部

表 2–2　2012—2013 年 10 个主产省份生鲜乳平均收购价格

单位：元 / 千克

年份	1 月	2 月	3 月	4 月	5 月	6 月	7 月	8 月	9 月	10 月	11 月	12 月
2012 年	3.26	3.28	3.28	3.27	3.27	3.27	3.27	3.27	3.28	3.31	3.34	3.38
2013 年	3.40	3.42	3.42	3.43	3.45	3.50	3.55	3.61	3.70	3.81	3.98	4.12

数据来源：农业部。10 个主产省份包括内蒙古、河北、黑龙江、辽宁、新疆、宁夏、山东、河南、山西、陕西。

二、乳品加工产量和效益平稳增长

据国家统计局数据，2013 年全国乳制品产量 2 698.03 万吨，同比增长 5.15%；其中，液态奶产量 2 335.97 万吨，同比增长 7.01%。规模以上的乳品企业 658 个，比 2012 年增加 9 个。其中，亏损企业 91 个，比 2012 年减少 23 个；亏损比例下降了 3.8 个百分点。2013 年规模以上乳品企业产品销售收入 2 831.59 亿元，比 2012 年增长 14.16%；利润总额 180.11 亿元，比 2012 年增长 12.70%。

其中：大型龙头企业业绩突出。伊利营业收入 477.79 亿元，同比增长 13.8%；利润 32.01 亿元，同比增长 84.4%。蒙牛营业收入 433.60 亿元，同比增长 20.2%；利润 16.30 亿元，同比增长 29.7%（表 2–3）。

表 2–3　2011—2013 年部分主营乳业上市公司经营情况

单位：亿元

公司名称	2011 年		2012 年		2013 年	
	营业收入	净利润	营业收入	净利润	营业收入	净利润
伊利股份	374.51	18.32	419.91	17.36	477.79	32.01
蒙牛乳业	373.00	16.00	360.80	12.57	433.60	16.30
光明乳业	117.89	2.71	137.75	3.11	162.90	4.06
贝因美	47.27	4.38	53.54	5.09	61.17	7.21
雅士利国际	30.00	3.00	36.55	4.69	39.90	4.38
皇氏乳业	5.72	0.63	7.54	0.33	9.89	0.36

三、乳品消费价格平稳增长

据统计，2013 年全国 36 个大中城市袋装纯牛奶平均价格为 2.31 元 / 袋，比 2012 年的 2.24 元 / 袋上涨 7 分钱，增长 3.1%；国产奶粉 400 克包装平均价格为 61.31 元 / 盒，比 2012 年的 59.58 元 / 盒上涨 1.73 元，增长 2.9%；但进口奶粉 400 克包装平均价格为 83.68 元 / 盒，比 2012 年的 85.15 元 / 盒下降 1.47 元，降幅 1.7%。进口与国产的差价为 22.37 元。

四、奶业贸易进口剧增出口锐减

1. 苜蓿进口大幅增长。据海关统计，2013 年我国苜蓿进口 75.56 万吨，同比增长 70.9%。平均到岸价格为 371 美元 / 吨，折合人民币（6.15）2 285 元 / 吨。

2. 奶牛进口稍有回落。据海关统计，2013 年我国种牛进口 10.2 万头，同比下降 20.3%；平均到岸价格为 2 606 美元 / 头，折合人民币（6.15）17 977 元 / 头。进口数量稍有回落，不是需求减少，而是国外进口资源有限。据相关部分登记，每年我国奶牛进口需求约 30 万头，而澳大利亚、新西兰、乌拉圭、罗马尼亚、智利五国年供应量约 10~15 万头，进口数量与实际需求相差较大。

3. 乳制品进口剧增。据海关统计，2013 年我国乳制品进口 182.71 万吨，同比增长 32.26%。

① 液态奶进口 19.48 万吨，同比增长 91.6%；液态奶中鲜奶 18.46 万吨，同比增长 96.81%；平均到岸价格为 1 270 美元 / 吨，折合人民币（6.15）7 810 元 / 吨，折合 240mL 盒装约 1.90 元。酸奶进口 1.02 万吨，同比增长 29.68%。平均到岸价格为 3 921 美元 / 吨，折合人民币（汇率 6.15）24 112 元 / 吨，折合 125mL 盒装约 3.01 元。

② 干乳制品（奶粉、婴幼儿配方奶粉、奶油、奶酪、炼乳、乳清、乳糖、酪蛋白、白蛋白）进口 163.23 万吨，同比增长 31.72%。其中：奶粉进口 85.44 万吨，同比增长 49.1%；平均到岸价格为 4 196 美元 / 吨，折合人民币（6.15）为 25 814 元 / 吨。婴幼儿配方奶粉进口 12.28 万吨，同比增长 34.2%；平均到岸价格为 12036 美元 / 吨，折合人民币（汇率 6.15）为 74 056 元 / 吨，折合 900

克灌装或盒装约 67 元（表 2-4）。

表 2-4　2013 年乳制品进口情况统计

单位：吨，万美元，美元 / 吨，%

	进口量	进口额	平均单价	进口量同比
乳制品	1 827 134.80	714 663.52	3 911.39	36.26
液态奶	194 807.32	27 455.32	1 409.36	91.59
鲜奶	184 566.60	23 440.24	1 270.02	96.81
酸奶	10 240.72	4 015.08	3 920.70	29.68
干乳制品	1 632 327.48	687 208.20	4 209.99	31.72
奶粉	854 415.94	358 472.83	4 195.53	49.15
炼乳	9 265.34	2 088.32	2 253.90	68.02
乳清	434 069.55	85 045.29	1 959.25	14.72
奶油	52 300.67	22 611.98	4 323.46	8.22
干酪	47 316.49	23 106.20	4 883.33	21.93
婴幼儿配方奶粉	122 792.70	147 795.08	12 036.15	34.18
其他相关制品				
乳糖	83 538.85	14 479.60	1 733.28	4.67
酪蛋白	12 534.92	13 863.95	11 060.26	0.47
白蛋白	16 093.01	19 744.94	12 269.27	39.02

4. 出口锐减。据海关统计，2013 年我国液态奶出口 2.65 万吨，同比下降 4.8%；干乳制品出口 1.24 万吨，同比下降 43.6%。仅从数量上看，乳制品贸易逆差高达 179 万吨。

（中国奶业协会、农业部奶业管理办公室）

行业专述

HANGYE ZHUANSHU

【遗传改良】

2013 年奶牛良种补贴实施情况

为优化畜牧业结构，加速奶牛良种化进程，促进农民持续增收，从 2005 年起，中央财政每年安排专项资金对荷斯坦牛、娟姗牛、奶水牛、乳用西门塔尔牛等品种进行冻精补贴，改良奶牛累计 6 074 万头（次）。2013 年，奶牛良种补贴继续在全国范围实施，包括 31 个省（区、市）、4 个计划单列市以及新疆生产建设兵团、黑龙江省农垦总局和广东省农垦总局。其中，荷斯坦奶牛良补项目涉及 1 417 个区县、垦区师局，奶水牛 191 个，乳用西门塔尔牛 88 个。补贴标准同 2012 年，补贴资金仍为 2.6 亿元。补贴总任务由 2012 年的 896 万头增至 897.5 万头，其中乳用西门塔尔牛由 46 万头增至 51.5 万头，荷斯坦奶牛由 756.5 万头减至 753 万头。

（农业部奶业管理办公室）

2013 年全国种公牛站生产情况

一、基本情况

截至 2013 年年底，全国共有 44 个种公牛站获得《种畜禽生产经营许可证》，其中完成体制改革有 40 个。

1. 人员构成。全国种公牛站从业人员共 1 753 人，其中技术人员 1 043 人，具有大专以上学历的 964 人，占技术人员总数的 92.4%，比 2012 年提高 3 个百分点。技术人员中有高级职称 225 人，中级职称 307 人，初级职称 296 人。冻精产品质量检验员 123 人，执业兽医 80 人。

2. 种公牛情况。存栏种公牛 4 403 头，涉及 31 个品种。

采精种公牛存栏 3210 头，比 2012 年减少 48 头。其中荷斯坦牛 1 255 头，娟姗牛 35 头，乳肉兼用西门塔尔牛 213 头，褐牛 24 头，牦牛 62 头，奶水牛 169 头，三河牛 33 头；肉用西门塔尔牛 840 头，夏洛来牛 169 头，利木赞 71 头，南德温牛 50 头，安格斯牛 79 头，德国黄牛 16 头，其他肉用品种种公牛 194 头。

后备种公牛存栏 1 193 头，比 2012 年增加 224 头。其中荷斯坦牛 576 头，娟姗牛 6 头，乳肉兼用西门塔尔牛 79 头，牦牛 32 头，奶水牛 38 头，三河牛 50 头；肉用西门塔尔牛 178 头，夏洛来牛 47 头，南德温牛 26 头，利木赞牛 17 头，德国黄牛 12 头，其他肉用品种后备种公牛 132 头。

3. 冻精生产与推广。全年生产冻精 5 138.5 万剂，比 2012 年减少 413.6 万剂，头均生产冻精 1.6 万剂。其中荷斯坦牛生产冻精 2 386.3 万剂，占冻精生产总量的 46.4%，头均年产冻精 1.9 万剂；肉用西门塔尔牛生产 1 399 万剂；乳用西门塔尔牛生产 274.6 万剂；夏洛来牛 259 万剂；水牛 160 万剂；利木赞 123.9 万剂；安格斯牛 101.2 万剂；其他品种牛生产冻精 434.5 万剂。

推广销售冻精 4011.8 万剂，比 2012 年减少 212.7 万剂，占生产总量的 78%。其中荷斯坦牛 1 631.2 万剂，占销售总量的 40.7%，较 2012 年降低近 3.6 个百分点；肉用西门塔尔牛冻精 1297 万剂；乳用西门塔尔牛 147.8 万剂；夏洛来牛 199 万剂；水牛 156.6 万剂；利木赞牛 119.8 万剂；其他品种牛冻精推广销售 460.4 万剂。

二、取得的成绩

1. 种公牛饲养规模持续扩大，牛群结构不断优化。 2013 年全国 44 个种公牛站共存栏种公牛 4 403 头，比 2012 年增加 176 头，站均饲养种公牛数量首次突破 100 头。荷斯坦牛、西门塔尔牛、夏洛来牛、利木赞牛、安格斯牛等主要品种，后备种公牛数量均有不同程度的增加。全年各站共淘汰公牛 619 头，比 2012 年多淘汰 99 头。

2. 生产性能测定稳步推进，种牛品质不断提高。以北方后测联盟、香山育种联盟为主体，部分种公牛站自主开展后测为补充的中国奶牛后裔测定格局已基本形成。2013年全国奶牛生产性能测定母牛数量达52.9万头，完成测定任务的214%。全国40个种公牛站测定上报了3063头肉用种公牛测定数据，加上肉牛繁育场和育肥场报送的2万多头母牛和育肥牛生产性能测定记录，数据总量已超过10万条。2013年畜牧良种补贴中，荷斯坦验证牛数量达554头，比2012年增加89头，接近入选荷斯坦牛总数的3/4。中国肉牛选择指数（CBI）进一步完善，肉牛种公牛选择更加科学规范，质量进一步提高。

3. 饲养管理更加规范，种牛自主培育能力不断增强。种公牛站普遍加强了技术队伍建设，在人员培训、职称评定、福利待遇等方面向一线技术人员倾斜。各站在总结经验的基础上，结合实际制定实施了种公牛饲养、繁育、疫病防控等技术规程，满足了种公牛生长发育的需求，保证了种公牛质量。2012~2013年度各站新增的2 001头公牛中，自主培育的种公牛为629头，已接近新增种公牛总量1/3。

三、主要问题

种公牛站建设虽然取得了令人可喜的成绩，但是还存在一些问题。

1. 冻精质量管理不精细。2013年农业部组织的种畜禽质量安全监督检验精液质量抽查中，有10个站的18头种公牛冷冻精液质量不合格，受到通报。不合格的指标主要集中在精子畸形率、前进运动精子数、精子活力和细菌数等方面。

2. 种牛培育力度不够大。目前大部分种公牛站的种公牛主要来源于活体引进，缺乏自主培育种公牛必要的手段和能力。今后，需强化联合育种、团结协作的意识，加强自主培育种公牛的能力建设，加大对生产性能测定等育种工作的投入，逐步减少对进口种源的依赖。

3. 技术服务能力不够强。许多规模化奶牛、肉牛养殖场缺乏专门技术人才，迫切需要奶牛、肉牛现代养殖技术支持。种公牛站需发挥自身优势，进一步强化服务意识，采取不同形式的服务方式，积极主动与养牛场加强沟通和联系，为他们提供必要的技术支持和帮助。

（全国畜牧总站奶业与畜产品加工处）

2013年全国奶牛生产性能测定概述

一、基本情况

2013年，全国奶牛生产性能测定（DHI）项目财政专项资金2 000万元，继续在我国奶牛养殖优势区域，包括北京、天津、河北、山西、内蒙古、辽宁、黑龙江、上海、江苏、山东、河南、湖北、湖南、广东、云南、陕西、宁夏和新疆18个省（区、市）以及黑龙江省农垦总局和新疆生产建设兵团实施。实施方案计划2013年测定奶牛24.6万头，实际测定52.9万头。

二、主要工作

1. 测定工作和数据收集。2013年1月~12月，中国奶业协会奶牛数据中心共测定1 042个奶牛场52.9万头母牛，为参测奶牛场提供DHI报告3万余份。中国奶牛数据中心收集、整理和分析了超过467万条数据的工作，完善了中国荷斯坦牛系谱、生产性能测定、体型外貌鉴定、奶牛繁殖记录及公牛育种值等多个专业数据库。共收集了3.1万条母牛系谱记录、34.1万条繁殖记录、383万条生产性能测定日记录、1.4万条体型鉴定记录、45万条国外公牛育种值数据。

2. 广泛开展项目宣传。继续加大奶牛生产性能测定的宣传和推广力度，采取多形式、多渠道宣传国家政策和对奶业扶持项目，激发奶牛养殖场参测的积极性。项目区分别根据本地区牛场特点编撰印刷包括宣传卡片、挂图、小册子等多种多样的科普宣传资料，将奶牛生产性能测定和奶牛体型鉴定相关知识进行有机的融入全方位宣传，共发放到1 500个奶牛养殖场18 000余套册。同时利用中国奶业协会信息网和《中国奶牛》杂志进行宣传，扩大项目的影响。

3. 开展技术培训和服务。为了提高奶牛场和奶农对奶牛生产性能测定的认识和通过测定科学指导奶牛生产，按照实施方案要求，中央和地方密切配合，有效增强培训效果。2013年针对牛场对DHI技术使用程度的不同，分层次开展有针对性的专业技术培训，对开展奶牛生产性能测定较好的奶牛场进行奶牛场管理、饲养、疾病、育种等深层次专业技术培训；对初步使用DHI技术的奶牛场进行科普性培训，提高牛场认知程度和逐步培养使用习惯，2013年全年共举办全国性培训班5期、省市级培训班30余期，直接培训奶牛养殖场专业技术人员3 500人次，为参测奶牛场提供DHI报告3万余份，提供现场技术服务5 000人次。针对奶牛生产性能测定实验室人员，中国奶业协会和全国畜牧总站举办培训班4期，聘请专家进行数据处理、操作规范、报告解读等专项技术培训，参加技术人员300余人次，有效提高了测定中心人员报告解读能力和技术服务水平。同时针对国内育种机构，开展国家奶牛体型鉴定员培训工作，建立备案上岗制，实行交叉鉴定，提高数据可靠性。

4. 完善平台和系统软件。结合各项目区奶牛场在DHI报告应用中所提出的各种具体功能要求，组织各测定中心软件使用技术人员进行研讨，提出修改意见，对中国荷斯坦牛育种数据网络平台和测定中心使用的系统软件系统（CNDHI）进行同步升级，对平台和软件生成的报告进行了更新，更加符合牛场的实际需要和应用，逐步实现与国际接轨。各项目区测定中心为参测奶牛场免费发放了牧场管理软件（FREEDMS），提高了牛场对数据的综合分析能力，从根源对数据进行规范。有效地实现了测定奶牛场、测定中心和中国奶牛数据中心之间的数据实时交互，使软件不断适应行业发展需要，实现了行业的数据信息化管理，保证数据的准确和及时性。通过不断充实数据和不同用户专项使用培训，为国内奶牛育种提供真实有效数据，推动我国自主培育优秀种公牛的进程。

5. 制备与发放标准物质。委托全国畜牧总站奶牛生产性能测定标准物质制备实验室，制作乳脂肪率、乳蛋白率和乳糖率测定标准样，对项目区测定中心进行盲样检测和仪器校准，实现了按月份进行抽检和比对检查，并及时公布比对结果。2013 年开展抽检和比对检查共 12 次。完成了标样数据比对系统，实现了数据比对结果的实时分析。95% 以上的测定中心检测数据符合国际 DHI 标准物质控制参考标准，数据准确性、稳定性、一致性有了明显提高，起到了同一把标尺的作用。对个别数值出现异常的测定中心，及时进行电话询问或走访，查找和解决其仪器或测定过程有可能出现的问题，保证了后续测定数据的准确性。

6. 进行 DHI 流量计校准。为确保采样的准确性，中国奶业协会专门购置了 DHI 流量计校准设备，对项目区测定中心开展 DHI 流量计抽查检测。上海奶牛育种中心有限公司、山东省农业科学院奶牛研究中心、宁夏回族自治区畜牧工作站三个测定中心也专门购置了 DHI 流量计校准设备，为参测奶牛场定期进行流量计校准和破损检查服务，确保计量数据的准确性，保证数据质量。

三、取得的成绩

1. 扩大了项目影响，社会效益良好。通过对项目进行广泛的宣传，扩大了项目在奶牛场、奶农和相关部门及单位中的影响力，加强了奶农对政策的了解，提高了整个行业对 DHI 项目的认知程度，各地方政府也纷纷加大项目扶持力度，实现了中央和地方扶持的有机集合，加快了项目的发展进度。同时通过实施奶牛生产性能测定，把先进的管理经验和实用配套新技术推广到牛场，极大地提高了奶牛的生产效率，增加了奶农收入，加快了奶农奔小康的步伐，社会效益十分显著；通过奶牛生产性能测定的实施，促进了我国奶牛养殖业逐步由数量扩张型到质量效益型转变，实现减少饲养头数，提高产奶总量，降低环境压力，有利于奶业持续健康发展。

2. 提高了牛场效益，经济效益可观。通过对收集的测定日数据进行分析计算，2013 年较去年在测定日平均产奶量和体细胞数稳定的基础上，乳脂率和乳蛋白率均有不同程度的提高，乳蛋白率由 3.26% 增加到 3.29%，乳脂率由 3.7% 增加到 3.8%，直接为牛场带来了经济效益。

能坚持正确使用 DHI 报告的牛场都能达到很好的效果。如北京密云的久兴奶牛场从 2011 年参加 DHI 以来，在北京畜牧总站和北京奶牛中心的指导下，结合自身特点有效地利用 DHI 报告，改进管理水平和饲养状况，通过两年的不懈努力，奶牛年单产增加 1 000 千克左右，效益十分可观。

3. 夯实了育种基础，育种工作稳步前进。通过项目的实施，DHI 在奶牛育种和牛群管理中的作用正被越来越多的牛场和奶农所认识，通过项目的有效实施对育种基础性工作的开展起到了一定的促进作用，奠定了育种基础。

促进了品种登记。在开展生产性能测定工作的同时，2013 年全国奶牛生产性能测定中心，对新增的 3.1 万头中国荷斯坦母牛进行了品种登记。对在群的 660 头荷斯坦种公牛的系谱进行了 DNA 检测，确保了系谱的真实性，完善了中国荷斯坦牛品种登记数据库。截至 2013 年 12 月数据库中登记奶牛数量达到了 63.4 万头。同时与生产性能测定数据库、体型外貌鉴定数据库和奶牛繁殖记录数据库进行有机结合。

推动了遗传评估。2013 年用于种公牛遗传评估的测定日数据量达到了 68.5 万条，占年度测定日数据量的 18%，其中全国青年公牛联合后裔测定的后测数据达到了 38.7 万条，占有效数据的 56.5%。2013 年配合国家奶牛良种补贴项目，利用收集的数据，筛选了 554 头有后裔测定成绩的优秀种公牛参加项目，为顺利开展全国奶牛良种补贴项目工作提供了有力的技术支撑。同时，为我国开展荷斯坦牛全基因组检测工作，提供了详细完整的基础群信息和各项生产记录，确保了该项工作的顺利进行，加快了我国自主培育优秀种公牛的进程。

四、主要经验

1. 完善取样设备、强化规范管理。为了进一步提高牛场参测积极性及样品质量，保证测定结果的准确性，减轻采样难度，节省采样时间，新疆维吾尔自治区乳品质量监测中心、山东省农业科学院奶牛研究中心、宁夏回族自治区畜牧工作站、河南省奶牛生产性能测定中心、河北省畜牧良种工作站、天津市奶牛发展中心等测定中心，为项目区内参测积极性高、测定连续且参测牛只档案齐全的奶牛场配发了 DHI 专用流量计，完善了挤奶厅的采样设施。新疆维吾尔自治区乳品质量监测中心还为区内部分牛场配发了电脑、打印机等办公设备，为完善奶牛生产记录及进行科学化管理提供保障。天津市奶牛发展中心是唯一一家利用先进的条形码技术将每一头牛的场名、场号、牛号、牛舍等信息与条形码绑定，从而提高了基础数据的准确性。北京奶牛中心在与参测牛场签订测定协议的基础上，建立了京郊牛场的送样单、跟踪表，及时与区县主管部门及牛场反映问题，以便及时改进，或对不合格牛场进行及时淘汰。

2. 开展拓宽服务面。为更好地给牛场提供多方位的服务，新疆维吾尔自治区乳品质量监测中心2013年8月份开始对参测奶牛高体细胞数的样品再次进行细菌分离试验，将结果反馈牛场，对乳房炎进行针对性治疗提供了参考，有效提升了乳房炎的病原确诊率，缩短了治疗时间并降低了治疗成本。

3. 取得食品检验机构资质认定，保证测定的公正性。2013年7月，新疆维吾尔自治区乳品质量监测中心顺利取得食品检验机构资质认定，这是项目区中首个获得此资质的DHI测定中心。食品检验机构资质认定，要求更为全面，评审要素更多，为此，该中心具备完整有效的质量手册、程序文件和多项食品检验制度。该资质的获得，对保证测定数据的公正性和准确性起到了很大的保障作用。

4. 规范采样操作，建立牛场内部比对机制。测定中心对所有参测奶牛场的采样工作都进行了现场指导，采样员也认真操作了，但由于个人主观性等方面的原因，取样不能完全做到准确无误。湖北省奶牛测定中心，通过要求奶牛场采完奶样后，从奶缸中另取一个混合样，通过混合样检测指标与全群奶样平均值的比较，及时发现采样是否出现问题。如有问题，随即派人到牧场进行现场指导。有效地保证了采样的准确性，对采样员进行了有效的监督，减少了错误数据的出现。

5. 开展多种形式对奶牛场进行回访。DHI中心通过对牧场负责人、兽医、繁殖员、数据员进行全方位的回访交流，提高了牧场对DHI的认识，增加了参测的积极性，为规范采样、数据收集、增加参测奶牛数量起到了一定的推动作用。指导牧场如何看DHI报告，从而自己发现问题、改正问题。北京市畜牧总站与北京奶牛中心和北京市奶牛创新技术团队合作，改变原有的授课培训模式，建立与覆盖牛场的“圆桌交流”服务模式。从原有的传授理念，到依托DHI数据报告的针对性牛场务实技术支持，同时邀请饲养供应商和奶牛养殖企业的核心技术人员，针对牛场的实际问题开展服务。将报告落到实处，将服务落到实处。

五、存在问题

1. 育种数据比例偏低。国外开展DHI工作已有上百年的历史，我国在政府项目的大力推动下，近几年奶牛生产性能测定工作逐步规范，但是由于整体测定时间较短的原因等，有些奶牛没有系谱资料或资料不全，牛只的繁殖信息记录不完整，不能保证连续测定，造成可用于育种的有效数据偏低，影响了项目整体效果。

2. 样品采集有待规范。奶牛生产性能测定需每月采集一次样品，测定当日奶牛的产奶量。国际上均使用经国际动物记录组织ICAR（International Committee for Animal Recording）认证的流量计，准确度高。而国内由于条件有限，部分牛场没有配备或配备非认证的流量计，使结果偏差较大，影响了测定结果的准确性。

3. 测定报告利用率低。由于部分牛场管理人员的技术水平限制，对DHI报告内容还不能完全理解，没有对报告进行充分利用，未用于指导奶牛场的生产管理，无法达到奶牛生产性能测定的预期效果。

六、工作建议

1. 加强规范测定工作。制定测定工作规范。在试点成功的基础上，推行“一次采样”技术，减少采样劳动强度。提高牛场的准入门槛，要求必须配备DHI专用的取样设备。对已经登记的奶牛，配备电子耳标，实行一头牛终身一个电子耳标，减少由于牛群的转场、买卖等造成的重复编号，保证在数据库中系谱的唯一性和准确性，规范中国荷斯坦牛的品种登记工作。

2. 加大宣传培训力度。继续加大奶牛生产性能测定的宣传和推广力度，采取多形式、多渠道宣传，激发奶牛养殖场参测的积极性。同时，应继续加大培训力度，结合中国荷斯坦牛育种数据网络平台对牛场管理者、技术人员和测定中心服务人员分别进行针对性的专项培训，全面提高奶牛生产性能测定的应用效果。

3. 提高测定能力。加强测定中心技术人员培训、仪器设备购置、工作条件保障的支持力度，保证测定工作顺利开展。鼓励DHI实验室与大学等科研机构联合，根据生产实际需求及日常工作中出现的问题，研究解决DHI工作中出现问题的方案。借鉴美国、加拿大DHI运作经验和模式，充分利用中国荷斯坦牛育种数据网络平台和CNDHI软件，进一步深入开发能有效利用DHI数据的配套奶牛场管理软件、报表等等，更好地服务于奶牛场，提高奶牛场管理效率及经济效益。

4. 紧密结合后裔测定。强化DHI工作对育种的重要性，使DHI工作成为为种公牛后裔测定服务的基础。建议各地DHI中心，将测定工作放在符合后裔测定条件要求的奶牛场，积极开展奶牛体型线性评分工作，协助奶牛场整理奶牛系谱档案资料。对DHI中心考评，不但要看测定数据总量，更重要的是看有效数据的比例和连续性。

（中国奶业协会，全国畜牧总站）

2013 年中国荷斯坦青年公牛全基因组检测概述

随着奶牛人工授精技术的普及推广，奶牛种公牛的选择强度在 20 世纪大幅提高。目前，常规的奶牛种公牛选育主要基于后裔测定体系，即通过繁殖获取公牛后代女儿生产或其他成绩，进而实现公牛遗传价值的评定。该方法周期长、投入高，优秀奶牛种公牛通常在出生 5 年后才能够完成主要性状的遗传评定。21 世纪初，基因组选择（Genomic Selection，GS）技术为传统奶牛育种体系带来新的活力。通过基因组选择可以实现初生公牛的早期选择，进而可以节约待定青年公牛的养殖成本，提高奶牛种公牛的平均选育效益。通过直接使用基因组选择公牛的冻精，不仅缩短奶牛育种的世代间隔、增加遗传进展，同时更直接降低了奶牛育种企业的运行成本，增加企业收益。

一、各国奶牛基因组选择的发展状况

美国的相关机构和育种企业在美国农业部的统一协调下，奶牛基因组选择的研究与实践发展迅速。由于美国和加拿大奶牛的遗传联系性较高，两国联合构建了由 3576 头荷斯坦验证公牛构成的资源群体（并保持增长），采用 Illumina Bovine SNP50 芯片进行标记基因型检测。美国和加拿大最早于 2009 年首次公布其育种体系下的奶牛基因组选择遗传评估结果，美国各性状基因组育种值的平均可靠性达 50% 以上。加拿大对于青年公牛和青年母牛的基因组育种值综合考虑系谱信息与直接基因组评估值平均可靠性达 60%；对于成母牛（无后代女儿信息）平均可靠性达 70%；对于具有后代女儿信息的成年母牛和验证公牛，平均可靠性达 90%。

欧洲地区国家众多，拥有悠久的奶牛养殖历史，在基因组选择领域同样发展迅速。受限于各国有限的群体规模（特别是优秀验证公牛的后测成绩积累），部分国家采用联合的形式进行奶牛基因组选择项目的开展，并且在 2009 年秋季初步组建包括德国、法国、北欧三国以及荷兰在内的欧洲联合基因组选择体系（EuroGenomics）。

澳大利亚和新西兰是澳洲地区主要的奶牛养殖国家，其中奶业更是新西兰的支撑产业。新西兰于 2008 年即首次公开发布基因组选择的结果。澳大利亚的奶牛基因组选择项目所构建的参考群体规模相对有限，标记检测同样使用 Illumina Bovine SNP50 芯片进行。

二、我国荷斯坦青年公牛全基因组检测组织和实施

为了更好地实施《中国奶牛群体遗传改良计划》（2008—2020 年），根据农业部畜牧业司《关于申报新增种公牛和选择 2012 年畜牧良种补贴供精种公牛的通知》（农牧畜便函 [2012] 第 16 号）的文件精神，中国奶业协会从 2012 年开始，利用我国自己构建的奶牛参考群体和基因组选择技术平台，开展荷斯坦种公牛全基因组检测服务。

三、参加全基因组检测的公牛站及公牛情况

目前全国范围内共有个 28 公牛站的部分公牛参加了全基因组检测，截至 2013 年 12 月，全国累计参加测定的公牛已经达到 1 520 头。

经统计，各公牛站青年公牛参测情况见表 3-1。

表 3-1　各公牛站青年公牛参测情况

公牛站号	公牛站名	参测牛数	公牛站号	公牛站名	参测牛数
111	北京奶牛中心	157	222	白城市翔牧肉奶牛中心	8
121	天津市奶牛发展中心	66	231	黑龙江省博瑞遗传有限公司	132
131	河北品元畜禽育种有限公司	112	232	大庆市银螺乳业有限公司种公牛站	78
132	秦皇岛全农精牛繁育有限公司	5	311	上海奶牛育种中心有限公司	201
133	亚达艾格威（唐山）畜牧有限公司	78	322	南京利农奶牛育种有限公司	14
141	山西鑫源良种繁育有限公司	18	373	山东奥克斯生物技术有限公司	150
151	内蒙古天和荷斯坦牧业有限责任公司	57	374	先马士（山东）育种有限公司	27
155	内蒙古赛科星繁育生物技术服务有限公司	14	411	河南省鼎元种牛育种有限公司	54
211	辽宁省牧经种牛繁育中心有限公司	5	413	南阳昌盛牛业有限公司	10

（续）

公牛站号	公牛站名	参测牛数	公牛站号	公牛站名	参测牛数
414	洛阳市洛瑞牧业有限公司	14	611	陕西秦申金牛育种有限公司	6
441	广州市奶牛研究所有限公司	4	612	西安市奶牛育种中心	26
511	成都汇丰动物育种有限公司	12	631	青海省家畜改良中心	10
531	云南恒翔家畜良种科技有限公司	16	641	宁夏四正生物工程技术研究中心	53
532	大理五福畜禽良种有限责任公司	20	651	新疆天山畜牧生物工程股份有限公司	173

四、公牛遗传评估

在我国公牛遗传评估中，基因组选择所运用到的性能指数是GCPI，即中国奶牛基因组选择性能指数（Genomic China Performance Index）。GCPI指数包括产奶量、乳脂率、乳蛋白率、体细胞评分等生产性状和体型总分、乳房、肢蹄等体型性状。利用中国农业大学和中国奶业协会构建的中国荷斯坦牛基因组选择参考群体，根据青年公牛基因组检测的SNP基因型信息，用GBLUP方法估计公牛的各性状基因组直接育种值，并与其系谱育种值进行加权合并后，计算得到GCPI。计算系谱指数所用公牛系谱由各公牛站提供。公牛父亲和外祖父各项育种值，采用国际公牛组织（INTERBULL）每年发布的数据。

GCPI计算公式：

$$GCPI=20\times\left[\begin{array}{l}30\times GEBV_{milk}+15\times GEBV_{Fatpct}+25\times GEBV_{Propct}+5\times GEBV_{Type}\\+10\times GEBV_{MS}+5\times GEBV_{F\&L}-10\times GEBV_{scs}\end{array}\right]+200$$

公式中符号的含义如下：

$GEBV_{milk}$：标准化的产奶量合并育种值

$GEBV_{Fatpct}$：标准化的乳脂率合并育种值

$GEBV_{Propct}$：标准化的乳蛋白率合并育种值

$GEBV_{Type}$：标准化的体型总分合并育种值

$GEBV_{MS}$：标准化的泌乳系统合并育种值

$GEBV_{F\&L}$：标准化的肢蹄合并育种值

$GEBV_{scs}$：标准化的体细胞评分合并育种值

通过这两年全基因组检测工作的不断深入，用我国自己构建的奶牛参考群体和基因组选择技术平台，开展荷斯坦种公牛全基因组检测服务将是一个新的育种发展趋势。奶牛基因组选择将在奶牛育种工作中成为不可或缺的一部分。

（中国奶业协会数据中心，姚远、曹正、闫青霞、陈绍祜）

【草料生产】

2013 年振兴奶业苜蓿发展行动情况

为提高我国奶业生产水平，2012—2015 年，农业部和财政部实施“振兴奶业苜蓿发展行动”，中央财政每年安排 3 亿元建设 50 万亩高产优质苜蓿示范片区。片区建设以 3000 亩为一个单元，一次性补贴 180 万元，重点用于推行苜蓿良种化、应用标准化生产技术、改善生产条件和加强苜蓿质量管理等方面。项目旨在促进草畜配套，为奶牛提供优质苜蓿草产品，让奶牛吃好草，产好奶，从根本上提高我国奶牛生产水平和牛奶质量安全水平。项目实施选择苜蓿优势产区和奶牛主产区，重点在东北、华北、西北 3 大区域。2013 年项目区分别是河北、天津、内蒙古、辽宁、吉林、黑龙江、陕西、甘肃、宁夏、新疆 10 个省（区、市）和新疆生产建设兵团、黑龙江省农垦总局。

2013 年，各地对已有的苜蓿种植地块进行改造升级，对适宜种植苜蓿的低产田和盐碱地进行开发利用，高标准、高质量地完成了 50 万亩高产优质苜蓿示范基地建设任务。示范基地全部通水、通电、通路，实现良种化、机械化、标准化生产，从测产结果看，示范基地平均亩产比当地水平高 10%~30%，苜蓿粗蛋白含量在 18% 以上，达到了国家二级标准。在项目的带动下，全国商品苜蓿草产量大幅增加，据测算，2013 年全国商品苜蓿草产量达到 80 多万吨，比项目实施前增加约 60 万吨。

（农业部奶业管理办公室）

2013 年饲料工业发展情况

2013 年，饲料行业经历了宏观经济下行压力加大、畜产品消费需求不振、H7N9 流感疫情连续冲击等诸多困难，在行业管理各项新制度新要求的推动下，全行业转型提升步伐明显加快，饲料企业管理水平明显改善，饲料行业按照“提高门槛，减少数量；加强监管，保证安全；转变方式，增加效益”的总体要求，保持了持续稳定发展。

一、全国商品饲料总产量保持稳定

从 1992 年到 2012 年 20 年间，我国饲料产量年均增长率为 8.5%；2013 年全国商品饲料总产量 19 340 万吨，同比下降 0.6%，呈现 30 年来首次下降。其中，配合饲料产量为 16 308 万吨，同比下降 0.3%；浓缩饲料产量为 2 398 万吨，同比下降 2.8%；添加剂预混合饲料产量为 634 万吨，同比增长 2.3%。

二、饲料工业产值、营业收入增速放缓

2013 年全国饲料工业总产值和总营业收入分别为 7 374 亿元和 7 172 亿元，同比分别增长 4.3% 和 4.4%；2012 年同比增长幅度分别为 11.4% 和 11.9%；2011 年增长幅度均为 17.3%。其中，商品饲料工业总产值 6 778 亿元，同比增长 4.9%；饲料添加剂总产值 534 亿元，同比下降 3.3%；饲料机械设备总产值 62 亿元，同比增长 9.0%。商品饲料工业总营业收入 6 601 亿元，同比增长 5.2%；饲料添加剂总营业收入 507 亿元，同比下降 5.4%；饲料机械设备总营业收入 64 亿元，同比增长 14.6%。

三、猪饲料、反刍动物饲料是主要增长点

2013 年，受 H7N9 流感影响，家禽养殖行情低迷，禽类饲料产量同比下降幅度较大；生猪养殖深度调整，牛羊养殖行情向好，猪饲料和反刍动物饲料成为 2013 年饲料增长的亮点。猪饲料产量 8 411 万吨，同比增长 8.9%；蛋禽饲料产量 3 035 万吨，同比下降 6.07%；肉禽饲料产量 4 947 万吨，同比下降 10.3%；水产饲料产量 1 864 万吨，同比下降 1.5%；反刍动物饲料产量 795 万吨，同比增长 2.6%；其他饲料产量 288 万吨，同比下降 9.2%。

四、产业集中度持续提高

2013 年，东部地区饲料总产量为 9 943 万吨，占全国饲料总产量的 51.4%；中部地区饲料总产量为 5 582 万吨，占全国饲料总产量的 28.9%；西部地区饲料总产量为 3 816 万吨，占全国饲料总产量的 19.7%；与 2012 年相比，东部地区下降 2.7%，中部地区增长 1.4%，西部地区增长 2.2%。我国超过千万吨省份已达 8 个，分别为广东、山东、河南、辽宁、河北、湖南、四川、广西，8 省（区）产量达 11 157 万吨，占全国总产量 57.7%。

五、饲料添加剂产量小幅增长

2013年，饲料添加剂产品总量798.9万吨，同比增长4.0%。其中，原饲料添加剂Ⅰ型758.5万吨，同比增长7.4%；Ⅱ型34.8万吨，同比下降43.0%。主要饲料添加剂品种中，氨基酸总产量150.4万吨，同比增长12.8%；维生素总产量73.9万吨，同比下降6.6%；矿物元素及其络合物总产量460.6万吨，同比下降5.7%；酶制剂总产量9.1万吨，同比增长14.1%。

六、饲料机械设备生产总量增长，单机增长突出

2013年，饲料加工机械设备生产总量为34 342台（套），同比增加7 516台（套），增长28.0%。其中，成套机组1 636台（套），同比减少270台（套），下降幅度为14.2%；单机32 706台，同比增加7 786台，增长幅度为31.2%。

七、饲料行业从业人数继续下降

2013年，饲料企业年末职工人数为61.4万人，同比下降8.1%。大专以上学历的职工数为23.4万人，占职工总人数的38.1%，其中，博士1 966人，同比下降4.5%；硕士8 279人，同比下降0.3%；大学本科79 694人，同比增长5.0%；大学专科144 473人，同比下降15.4%；其他学历379 599人，同比下降5.7%。技术工种65 981人，同比下降4.6%。

（农业部畜牧业司饲料处，王晓红、束安新等）

2013年牧草种植情况

2013年，全国保留种草面积31 301万亩，较上年增长5.32%。其中，内蒙古、甘肃和四川年末保留种草面积分别为6 749万亩、4 243万亩和3 275万亩，占全国总面积的21.56%、13.56%和10.46%。当年新增种草面积11 542万亩，较上年增长10.79%。其中多年生牧草4 656万亩，一年生牧草6 886万亩。多年生牧草年末保留面积达到24 415万亩，较上年增长5.12%，种植的主要种类为紫花苜蓿、披碱草和柠条锦鸡儿等，年末保留种植面积分别达7 448万亩、4 114万亩和3 054万亩。种植的一年生牧草种类主要为青贮玉米、多花黑麦草和燕麦，种植面积分别3 553万亩、855万亩和384万亩。

（农业部畜牧业司草原处、草原监理中心，
李维薇、刘连贵、丁旺）

2013年牧草种子生产情况

2013年全国牧草种子田面积144.4万亩，较上年减少19.14%，生产牧草种子8.1万吨，较上年减少2.99%。牧草种子生产面积较大的草种有紫花苜蓿、披碱草、燕麦和老芒麦，种子田面积依次为57.45万亩、14.76万亩、11.06万亩和6.2万亩，种子产量分别为2.7万吨、0.81万吨、2.04万吨和0.24万吨。牧草种子田面积较大的省区为甘肃、四川、青海和内蒙古，种子田面积依次为58.89万亩、21.27万亩、17.90万亩和9.45万亩，牧草种子产量分别为3.91万吨、1.4万吨、1.4万吨和0.66万吨。

（农业部畜牧业司草原处、草原监理中心，
李维薇、刘连贵、丁旺）

2013年商品草生产情况

2013年全国商品草种植面积4 767万亩，较上年增长173.18%，总产量924.57万吨，较上年增长15.58%。商品草生产面积最大的为羊草，达到3 937.71万亩，总产量257.51万吨；其次为紫花苜蓿，生产面积达581万亩，总产量343.62万吨。草产品生产集中在甘肃、黑龙江、内蒙古和河北等省区，产量依次为88.3万吨、46.53万吨、27.91万吨和9.4万吨，分别占全国的33.99%、17.9%、10.7%和3.6%。生产的草产品主要是草捆、草块、草颗粒和草粉，产量为172.7万吨、25.39万吨、28.68万吨和14.64万吨，分别占生产总量的66.49%、9.77%、11.04%和5.63%。

（农业部畜牧业司草原处、草原监理中心，
李维薇、刘连贵、丁旺）

2013年草原保护与建设情况

2013年，农业部继续遵循“生产生态有机结合、生态优先”的基本方针，大力加强草原生态保护建设，全年共完成种草改良1 173万公顷，建设草原围栏493.8万公顷，累计落实草原承包2.83亿公顷，草原禁牧面积0.96亿公顷，草畜平衡面积1.73亿公顷，草原生态加快恢复，草原畜牧业持续发展，牧民收入继续增加，牧区生态、生产、生活稳步协调推进。

一、继续实施草原生态保护补助奖励政策

2013年，中央安排草原生态保护补助奖励资金159.46亿元，继续在内蒙古、新疆、甘肃、青海等13省区实施草原生态保护补助奖励机制。按照目标、任务、责任、资金“四到省”和任务落实、补助发放、服务指导、监督管理、建档立卡“五到户”的基本原则，对牧民实行草原禁牧补助、草畜平衡奖励、牧民生产资料补贴等政策措施。共安排草原禁牧面积0.82亿公顷，草畜平衡面积1.73亿公顷，牧民生产资料综合补贴284万户，牧草良种补贴804.58万公顷。目前，13省区的草原补奖政策落实情况总体良好，各项补奖任务和资金有效落实到了草场和牧户，取得了显著的生态、经济和社会效益。

二、实施重大生态工程

2013年，在内蒙古、四川、甘肃、宁夏、西藏、青海、新疆、贵州、云南、黑龙江及新疆生产建设兵团实施退牧还草工程，中央财政投入20亿元资金，建设草原围栏393.2万公顷，对严重退化草原实施补播129.1万公顷，建植人工饲草地8.8万公顷，建设舍饲棚圈8.55万户。在北京、天津、山西、河北、陕西实施京津风沙源草地治理工程，中央投资4.25亿元资金，治理草原15.48万公顷，建设牲畜棚圈93.75万平方米，为农牧民配置饲草料加工机械18 025台（套）。在四川、西藏、甘肃、青海、新疆及新疆生产建设兵团实施游牧民定居工程，中央投入19亿元资金，帮助5.48万户牧民实现定居。在湖北、湖南、广西、重庆、四川、云南、贵州实施岩溶地区石漠化综合治理试点工程，治理草原1.23万公顷，建设棚圈44.1万平方米，建设青贮窖8.1万立方米，配置饲草料机械11 725台（套）。

三、加强草原法制建设和执法监督

2013年，全国各类草原违法案件发案19 185起，立案18 767起，结案18 462起，结案率为98.4%。其中，提起行政复议或行政诉讼的案件30起，移送司法机关处理的案件279起。全年草原违法案件共破坏草原15 312.1公顷，买卖或者非法流转草原3 937.2公顷。与上年相比，2013年草原违法案件总数有所上升，全年发案数量较上年增加533起，增加2.9%；立案数较上年增加了707起，上升了3.9%；立案率为97.8%，较上年提高1个百分点，结案率为98.4%，较上年提高0.6个百分点。破坏草原面积为15 312.1公顷，较上年增加了7 303.8公顷，增加了91.2%。

四、加强草原防灾减灾能力

截至2013年底，全国草原防火中央投资达8.47亿元，共实施全国草原防火信息系统建设项目1个，建设草原防火指挥中心36个、草原防火物资储备库61个、草原防火物资站129个；每年建设边境草原防火隔离带约3 000公里。2013年，全国共发生草原火灾90起，其中一般草原火灾76起，较大草原火灾13起，重大草原火灾1起。受害草原面积35 077.3公顷，经济损失759万元，受伤1人，无牲畜损失。与上年相比，全国草原火灾次数减少20起，其中，减少较大火灾4起、重大火灾2起、特大火灾2起；受害草原面积减少92 055.7公顷，下降72.4%。2013年，全国累计防治草原鼠害733.3万公顷，投入劳动力48万人次，防治器械22万台（套），各种车辆2万辆（次）；累计防治草原虫害464.1万公顷，投入劳动力32万人次，大型喷雾器6 400多台（套），中、小型喷雾器17万台（套），飞机作业1 592架次。

五、草原植被恢复明显好转

2013年全国草原植被总体长势属偏好年份。全国天然草原鲜草总产量105 581.21万吨，较上年增加0.59%；折合干草约32 542.92万吨，载畜能力约为25 579.2万羊单位，均较上年增加0.48%。全国23个重点省（区、市）鲜草总产量达98 333.37万吨，占全国总产量的93.14%，折合干草约30 781.7万吨，载畜能力约为24 204.09万羊单位。通过实施草原围栏、补播改良、人工种草等措施，草原植被逐步恢复，草原生态环境明显改善。监测结果表明，草原生态治理工程区比非工程区的草原植被盖度平均提高11个百分点，高度平均提高35.1%，鲜草产量平均提高57.2%，鲜草产量平均提高57.2%；全国草原综合植被盖度达54.2%。

（农业部畜牧业司草原处、草原监理中心，
李维薇、刘连贵、丁旺）

【奶牛保健】

2013年全国奶牛疫病防控情况

2013年，农业部继续将“两个努力确保”作为全年防控工作首要目标，认真贯彻落实中央确定的24字防控方针，按照《动物防疫法》等有关法律法规要求，坚持预防为主，采取综合防控措施，指导各地不断加大防控工作力度，有效应对突发疫情，防控工作取得明显成效。全国仅发生1起奶牛口蹄疫疫情，未发生区域性重大疫情，有力保障了奶牛养殖业持续稳定健康发展。

主要采取了几个方面的防控措施。

一是及时部署防控工作。围绕中长期规划确定的优先防治病种，全年多次组织召开会议、下发文件，全面部署春季、夏季、秋冬季防控工作，确保各项措施落实。继续制定下发国家动物疫病强制免疫计划、监测与流行病学调查计划，有关计划和方案更加完善合理，指导各地防控工作更加科学规范。

二是加强基础免疫工作。抓好全国口蹄疫春秋两季集中免疫和日常补免，确保免疫密度和质量。各地保质保量按时完成了春秋季集中免疫工作，并定期开展补免。组织开展春秋季防控工作大检查，经实地检查和实验室检测，春、秋防期间口蹄疫等强制免疫疫病免疫密度均达到90%以上，免疫抗体合格率均超过国家规定标准。

三是强化疫情监测预警。各地各有关单位认真组织开展奶牛疫情监测和流行病学调查工作，扎实推进奶牛疫病净化工作。加大奶牛布鲁氏菌病、结核病“两病”监测力度，及时掌握疫情动态，对病原学阳性牛按规定及时进行处置。强化流行病学调查工作，完成多项专项调查。定期组织专家对口蹄疫等重大动物疫情和外来病防控形势进行分析评估。进一步加强动物疫情测报网络建设，强化疫情举报核查工作。

四是完善应急防控机制。进一步完善应急预案，不断充实应急物资储备，加强应急值守，强化应急培训和演练，完善应急机制，提高应急处置能力。对发生的每起重大动物疫情，我部都在第一时间派工作组赶赴现场指导疫情处置工作。

五是强化布病结核病防控。围绕布病、结核病等优先防治的奶牛重点人畜共患病，全面推进相关工作。组织起草制定了布鲁氏菌病防治计划和奶牛结核病指导意见。继续推进内蒙古、吉林、北京等省（市、区）布病区域化综合防控试点工作，在一类地区重点加大布病防控力度，全面落实免疫、监测等综合防治措施，推动布病等主要人畜共患病防控。

六是全面加强监督执法。进一步规范动物产地检疫和屠宰检疫，强化公路动物卫生监督检查站监督检查，严格查物验证。切实抓好病死动物及产品的无害化处理监管工作，召开病死动物无害化处理座谈会和无害化处理长效机制试点工作启动会，全面推进相关工作。

七是加强养殖场户综合防疫管理。各地继续指导奶牛规模养殖场、养殖小区建立免疫、卫生消毒、病死牛和粪污无害化处理等防疫制度，实行封闭管理，规范养殖行为，提高养殖场户生物安全水平；积极推行程序免疫、定期消毒灭源等防控措施，不断提高防控能力和水平。

（农业部兽医局防疫处，蔺东）

【奶牛保险】

2013 年全国奶牛保险情况

2007 年以来，财政部贯彻落实党中央、国务院有关精神，按照“政府引导、市场运作、自主自愿、协同推进”的原则，实施了农业保险保费补贴政策。2008 年，财政部将奶牛保险纳入中央财政农业保险保费补贴范围，选择部分地区进行试点。2012 年，中央财政进一步将奶牛保险的保费补贴区域扩大至全国，并根据地区间财力差异，实施了差异化的补贴比例。其中，对中西部地区的补贴比例为 50%，对东部地区补贴比例为 40%。

2008—2013 年，中央财政共拨付奶牛保险保费补贴资金 17.5 亿元，带动全国实现奶牛保险保费 38.89 亿元，累计为 138 万户次农户承保奶牛 1 200 万头，提供风险保障约 700 亿元。2013 年，各级财政共拨付补贴资金 6.11 亿元，其中：中央财政 3.52 亿元，地方财政 2.59 亿元；全国实现奶牛保险保费 11.21 亿元，同比增长 45.58%；提供风险保障约 205 亿元，同比增长 40.33%，财政资金使用效益放大约 33 倍。通过保险途径加大对奶业等养殖业的支持力度，不仅提高了财政资金的使用效益，而且培育了农户的保险意识，充分发挥了市场机制的资源配置作用，对于保障奶农收入，支持奶业发展具有重要意义。

下一步，财政部将会同有关部门，按照党中央、国务院有关要求，继续落实和完善农业保险政策，积极支持奶业发展，更好地服务“三农”。

（财政部金融司）

【机械补贴】

2013 年农机购置补贴政策实施情况

2013 年，中央财政共安排农机购置补贴资金 217.548 亿元，比上年增加 2.548 亿元。农机司认真贯彻落实党中央、国务院的决策部署和部党组的要求，将实施农机购置补贴政策作为落实党的强农惠农富农政策、加快农机化发展方式转变、促进农业综合生产能力提高的重大任务，会同财务司、驻部组局，与财政部农业司密切配合，在坚持原有行之有效措施办法的基础上，深入调研和广泛听取意见，统筹研究制定规划，不断完善运行机制，继续扩大操作方式创新试点，大力推进信息公开，狠抓监督管理，严惩违法违规，确保农机购置补贴政策科学高效规范廉洁实施。现将有关情况报告如下。

一、实施成效

2013 年农机购置补贴工作启动早、实施快、监管严、效果好，全年共补贴购置各类农业机械约 594 万台（套），受益农户达到 382 万户。农机购置补贴政策充分调动农民购机用机积极性，加快提升农机化水平和农业综合生产能力，加速了农业现代化进程，为实现粮食生产“十连增”、农民增收“十连快”做出了重要贡献，真正使农民得实惠、企业得效益、政府得民心。

1. 推动农机总量较快增长和结构持续优化，有力提升了农业技术装备水平。预计 2013 年全国农机总动力将超过 10.6 亿千瓦，同比增长 3%。农机装备结构进一步优化，重点作物关键环节机械大型化、复式化、配套化趋势明显。大中型拖拉机和配套农具保有量预计分别达 531 万台、826 万部，同比分别增长 9.5%、8.2%，增幅分别比小型拖拉机和配套农具高出 9 个、6.4 个百分点。水稻插秧机、联合收获机预计分别达 60.6 万台、144.5 万台，同比分别增长 18.1%、13%；玉米收割机预计达到 28.9 万台，同比增长 23.8%，在连续 5 年高速发展的基础上持续快速增长。

2. 推动了农机化技术推广应用，促进了农业生产方式转变。预计全国农作物耕种收综合机械化水平达 59% 以上，同比提高 1.8 个百分点。“三夏”期间，全国小麦机收率超过 92%，黄淮海地区夏玉米机播水平达 90.8%。重点作物薄弱环节机械化水平进一步提高，全国水稻机械种植水平预计超过 35%，同比提高约 4 个百分点；玉米机收水平预计超过 49%，同比提高约 7 个百分点；油菜、花生、马铃薯、棉花、甘蔗等作物机械化取得积极进展，新疆生产建设兵团棉花机收水平超过 62%。先进适用农业机械的广泛应用，有效提高了土地产出率、劳动生产率和资源利用率，提升了农业综合生产能力。

3. 培育了新型农业生产经营主体，激活了现代农业建设和新农村发展活力。2013年全国农机合作社数量超过3.8万个，农机专业户超过520万户。新型农业生产经营组织的蓬勃发展，推进了农业生产经营体制创新，提高了农民组织化程度，推动了农业技术集成应用、农业节本增效和土地规模经营，激活了现代农业建设和新农村发展活力，为构建集约化、专业化、组织化、社会化相结合的新型农业经营体系，加快农业现代化进程发挥了重要作用。

4. 激发了农村有效需求，推动了农机工业快速发展。农机购置补贴进一步激发了农民购买农业机械的热情，形成以农民和农业生产经营组织投入为主、以财政补贴和社会投入为辅的多元化格局，拉动农民和农业生产经营组织直接购机投入近550亿元，促进了农机工业产销两旺。1~10月，全国规模以上农机工业企业实现主营业务收入3 044亿元，同比增长16.3%，高出全国机械工业行业平均水平3.3个百分点。

二、主要做法

2013年，我们按照“如履薄冰尽职责，心无旁骛抓落实，创先争优求绩效”的总体要求，与财政部门密切配合，齐抓共管，明确责任，精心组织，规范实施，加强监管，完善机制，开展了大量卓有成效的工作。

1. 编制中长期发展规划，强化宏观引导。为确保农机购置补贴政策持续稳定科学实施，进一步突出重点、提高资金使用效益、充分发挥补贴政策的引导作用，从2012年下半年开始，我司与财务司共同启动了《农业机械购置补贴规划（2013~2020年）》编制工作。2013年，我们先后6次召开讨论会，征求了38个省级农机化主管部门的意见，经过10多轮的修改，目前已编制完成并作为争取补贴资金的重要依据。《规划》全面总结了政策实施10年来的成效与经验，科学制定了今后一段时期的政策目标、指导思想与基本原则，合理测算了补贴资金需求，创新完善了政策制度框架，并研究提出了补贴实施的保障措施。同时，督促各省因地制宜制定了本地区中长期农机购置补贴规划，作为编制年度预算和科学有效实施补贴政策的重要依据。

2. 抓早促主动，满足各地农时作业需求。我们把农机购置补贴资金及时有效地兑付农民，使农民尽早受益、让农民群众满意，作为检验各级农机化主管部门开展党的群众路线教育实践活动取得成果的重要标志，也作为贯彻“以好的作风做好本职工作”要求的重要体现。1月下旬，我部与财政部联合印发《2013年农机购置补贴实施指导意见》；2月下旬，召开全国农机购置补贴工作会议对全年工作进行动员部署，全面启动实施；3月开始，举办15期农机购置补贴专题培训班，共培训28个省约3 000人，进一步提高基层（县级）农机购置补贴工作人员能力素质，强化廉政风险防控意识。年初，农业部、财政部有关负责人在中央媒体上发布了农机购置补贴答记者问，联合编印了12万份《农机购置补贴申请程序图》免费发放到基层，利用广播、电视、报纸、网络等媒体宣传补贴政策，方便农民购机，为促进农机购置补贴政策顺利实施营造了良好氛围。督促各地加快执行，定期通报各省补贴实施进度和资金结算进度，满足重要农时农业机械化生产需求。

3. 继续扩大“全价购机、县级结算、直补到卡”操作创新试点范围，不断完善运行机制。提倡各地在保证资金安全、让农民得实惠、给企业创造公平竞争环境的前提下，继续扩大“全价购机、县级结算、直补到卡”操作方式创新试点，2013年试点省份（含计划单列市和新疆生产兵团）达32个，其中在全省范围内开展试点的省份达21个。实践表明，全价购机有利于切断资金结算环节管理部门与经销企业的利益连接，降低权力寻租可能，让农民更加直观地看到了应得的补贴金额，提高了农民满意度。同时，继续在山东等11个省（区、市、垦区）开展农机报废更新补贴试点工作，促进老旧农机更新换代和节能减排，报废老旧农机超过1.5万台，使用报废更新补贴资金1.8亿元。

4. 大力推进信息公开，做到政策宣传和接受监督并重。扎实推进补贴政策信息公开，把推进信息公开作为降低廉政风险的重要抓手。在2013年实施指导意见中对信息公开进行了重点强调，在实际操作中加大了检查和通报力度。重点推进了部、省、市、县四级农机购置补贴信息公开专栏建设，科学设置补贴专栏的子栏目，做到内容完整、标题规范、查找方便。加强信息公开工作考核，按季度抽查并通报省级农机化主管部门信息公开工作开展情况，并要求省级农机化主管部门在全省范围内定期组织抽查和通报。目前，部、省两级专栏已全部建设完成，38个省级农机化主管部门均在官方网站上开通了补贴信息公开专栏，县级补贴专栏建设稳步推进，预计2014年补贴专栏基本延伸到县。充分发挥补贴专栏的权威信息发布平台作用，全面、及时、准确公开年度补贴实施方案、部省补贴额一览表、支持推广目录、补贴经销商名单、操作程序、投诉举报电话、资金实施进度、受益农户情况等内容，接受社会各界监督。

5. 进一步明确监管职责，认真组织开展督导检查。为进一步增强地方各级农机化主管部门实施农机购置补贴政策的责任意识、大局意识和为民服务意识，我们总结近年来农机购置补贴监管工作经验，印发了《农业部关于进一步加强农机购置补贴实施监督管理工作的意见》，全面部署补贴政策实施监管工作，明确省、市、县农机化主管部门监管职责和工作，严格落实“主要领导负总责、分管领导负全责、工作人员直接负责”的责任机制。同时，继续对省级农机化主管部门农机购置补贴政策落实开展延伸绩效管理，并鼓励延伸到县，以考核促监管。2013年6月，农机化管理司会同驻部纪检组监察局及有关单位组成8个督导检查组，赴内蒙古等10个省份开展了专项督导检查，重点围绕农机购置补贴政策的组织实施、关键环节制度落实、补贴产品经销、举报投诉调查处理等情况进行督查，并以办公厅文件通报了检查情况。

6. 重拳打击违法违规行为，着力健全纪律严明的惩戒机制。 建立健全投诉举报制度，严格查处违法违规行为。安排专人受理农民投诉，对实名的或有具体线索的举报投诉，做到凡报必查，重大线索会同有关部门开展实地核查。2013 年，我们会同财务司、驻部组局以及财政部农业司直接组织查处了重庆耀虎、山东时风、江西柳林、河北顶呱呱等公司的套补行为，并取消了违规产品的补贴资格。据不完全统计，各省级农机化主管部门全年共查处违规操作产销企业 82 家。有力地维护了农机购置补贴政策的严肃性，维护了广大农民群众和诚信经营企业的合法权益，对不法企业产生了震慑作用，起到了很好的警示教育作用。

7. 积极协调公安部严厉打击电话诈骗，依法保护农民群众利益。 2013 年 7~9 月，农机化司陆续接到部分省市购机农民遭受电话诈骗的情况反映。为最大限度地保护购机农民财产安全，司部署马上行动，妥善应对。一方面通过中国农业机械化信息网连续发布信息，提醒广大购机农民群众提高警惕，谨防上当受骗，并组织加严加密农机购置补贴管理信息系统，防止补贴农民的个人信息从系统泄漏；另一方面在全国范围内调度有关情况，致函商请公安部刑事侦查局立案打击。公安部高度重视，国务委员郭声琨部长、杨焕宁常务副部长、李伟副部长先后作出重要批示，并迅速成立“9.24”专案，召集涉案省份公安机关展开案件侦查。截至 2013 年 11 月，公安部已初步查清了部分诈骗团伙的话务窝点，初步核实案件 680 起，涉案金额 670 余万元。目前，公安部门仍在继续加强案件侦查审讯、案犯追逃和赃款追缴等工作。

三、下一步工作打算

2014 年，我们将以科学发展观为指导，深入贯彻党的十八届三中全会精神，按照党中央国务院的决策部署和部党组的要求，不断强化进取意识、机遇意识和责任意识，进一步解放思想，改革创新，转变作风，狠抓落实，一手抓实施，一手抓监管，努力确保补贴政策科学高效规范廉洁实施。当前，着力抓好以下几项工作：

1. 加快 2013 年补贴资金结算等收尾工作。 督促各地在认真开展补贴机具审核工作基础上，切实采取有效措施，协调财政等部门进一步加快补贴资金结算和兑付工作，力争 1 月底前基本完成上年结算兑付，缓解企业和农民资金压力。

2. 抓紧启动 2014 年农机购置补贴政策实施。 配合财务司，积极与财政部农业司沟通协调，在前期调研座谈基础上，修改完善 2014 年农机购置补贴实施指导意见，进一步完善办法、扩大试点、突出重点、强化监管，争取尽早联合印发意见，拟于 2 月下旬召开全国农机购置补贴布置会，抓紧启动补贴实施各项工作。

3. 深入开展政策宣传。 在认真全面总结 2013 年农机购置补贴各项工作，特别是改革试点开展情况的基础上，充分利用电视、广播、报纸、网络等渠道，加大补贴政策的宣传力度，加强正面引导，努力营造全社会共同关注、共同支持、合力落实农机化扶持政策的良好环境。

4. 组织开展农机购置补贴政策落实延伸绩效管理。 督促各省按照农业部关于做好农机购置补贴政策落实延伸绩效管理的部署要求，认真开展自查自评，1 月底前上报自查报告。我司将会同财务司、驻部组局组织专家对各省自查情况进行审查，选择部分省份进行实地核查，按程序综合评议确定年度考核等次。

5. 进一步完善补贴政策实施的相关制度和办法。 针对政策实施中的突出问题，组织开展专题调研，围绕“廉洁安全、便民高效”的目标，推进改革创新，修订完善相关的制度和办法。

（农业部农机化管理司）

【奶源建设】

2013 年奶牛标准化规模养殖场（小区）建设情况

我国从2008年开始实施奶牛标准化规模养殖项目，2013 年项目资金从 5 亿元增至 10.06 亿元，对存栏 300 头以上（2011 年以前补助标准为 200 头以上）的养殖（小区）场给予补贴，用于建设水电路、粪污处理、防疫、挤奶设施及饲草料基地等。存栏 300~499 头的养殖场（小区），补助 80 万元；500~999 头的养殖场（小区），补助 130 万元；1 000 头以上的养殖场（小区），补助 170 万元。2013 年共补助奶牛养殖场（小区）982 个，比上年增加 455 个，2008—2013 年累计补贴 3 984 个奶牛场（小区）。项目带动了全国奶牛标准化规模养殖水平的提高，2013 年奶牛 100 头以上规模养殖比重为 41.1%，比上年提高 3.9 个百分点，比 2008 年提高 21.6 个百分点。

（农业部奶业管理办公室）

2013 年农垦奶牛高产攻关情况

一、开展情况

为进一步提升科技创新能力，提高先进技术推广应用水平，推动农垦现代奶业加快发展，2013 年，农垦系统继续开展奶牛高产攻关活动，在全国 22 个垦区创建了 91 个奶牛高产攻关点，攻关目标定为北京、天津农垦成母牛年产牛奶 9 000 千克以上，上海农垦 8 000 千克以上，新疆生产建设兵团、河北、河南、内蒙古、山西、辽宁、黑龙江、江苏、浙江、安徽、陕西、宁夏、新疆畜牧等垦区 7 000 千克以上，江西、广东、广西、四川、重庆、广州等垦区 6 000 千克以上。

奶牛高产攻关活动坚持以科技创新为核心，以增加单产、提高品质、节本增效为目标，加强分类指导，扩大攻关范围，深化攻关内容，加大科技创新和集成力度，强化先进技术先行先试。通过树立典型，规范管理，技术培训，示范展示，辐射带动，不断提高奶牛规模化、标准化、机械化水平，推进农垦奶牛养殖业发展。攻关活动主要内容为：（1）**集成先进适用高产技术**。做好高产、优质良种的引进和繁育，加强奶牛良种繁育体系建设，提高牛奶质量和产量。大力促进技术服务的物化、简化和社会化，推广现代健康养殖模式，进一步提高标准化规模化养殖水平，重点推广应用标准化规模养殖、全混合日粮调制饲喂等先进适用技术。（2）**加强重大疫病和常规病防控**。加强重大疫情监测，定期进行疫情调查，及时汇总、分析疫情发展态势，及时发现问题，排除疫情隐患。重点做好口蹄疫等疫病的强制免疫工作，进一步完善应急预案，提高应急处置能力。（3）**推进全程机械化生产**。推广有利于减轻污染、节约资源、保护环境的先进技术和机械设备，积极使用大中型、多功能、高性能、节能环保型配料、饲喂、除污、防疫等工厂化养殖机械。（4）**加强投入品管理**。增强牛奶质量安全风险意识，实施奶牛健康养殖方式，严格按规范要求使用饲料和饲料添加剂；加强兽药、饲料和饲料添加剂的使用与管理，杜绝不按规定使用药品和违禁使用药品的行为，确保牛奶质量安全。

二、活动成效

2013 年，各垦区按照要求对高产攻关活动进行了研究和部署，明确了组织机构，细化了攻关方案，提出了具体的工作措施。各高产攻关单位按照优质、高产、高效的要求，实行良种、良法、良机、良管紧密结合，重点建立健全养殖场生产全过程的技术、管理和岗位工作标准体系，积极推广青贮饲料生产、奶牛全混合日粮（TMR）饲养等先进适用技术，有力促进了奶牛养殖科技创新和技术的应用。在 91 个攻关单位中，平均每头成母牛年实际产奶 8 638 千克，有 87 个单位实现了攻关目标，合格率达到 95.6%。其中天津市嘉立荷牧业有限公司第八奶牛场平均每头成母牛年实际产奶 12 150 千克。

农垦奶牛高产攻关活动，始终把先进技术推广作为提升科技创新水平的重要抓手，通过集成、展示、推广先进适用技术，有力促进了科技创新和技术的应用，示范带动了地方奶牛养殖业发展，起到了示范引领作用。

（农业部农垦局，黄勇）

2013 年我国奶山羊产业发展现状

我国奶山羊养殖历史悠久，始于 19 世纪末，距今已有一百多年的发展历史。2013 年我国奶山羊产业稳步发展，总数约 1 300 万只，产奶羊 700 万只左右，山羊奶的总产量约 175 万吨，占全国生鲜奶产量的 4.5%，羊奶生产是我国奶业的重要组成部分，陕西省奶山羊 230 万只左右，羊奶产量 47 万吨，占奶类总产量的 30%，是畜牧业支柱产业之一。山东省的奶山羊生产也呈现出喜人的发展势头，奶山羊数量发展迅速，奶山羊养殖及羊奶加工企业不断涌现，产品开发和市场拓展具有独到之处，特别是依托“奶吧”的羊奶销售形式为奶山羊产业发展注入了新的活力。奶山羊生产投入低、风险小、见效快；奶山羊易饲养、繁殖快、抗病力强；羊奶营养好、保健康、治过敏；奶山羊适应性强可在我国大部分地区饲养，深受群众喜爱，近年来，主产区奶山羊持续发展，为养殖户创造了可观的经济效益，成为部分地区的支柱产业，且已形成陕西、山东两大传统奶山羊主产区和辽宁、河北、广东、福建、河南、山西、内蒙古、云南等新产区奶山羊快速发展的大格局，全国奶山羊生产呈现良好的发展势头，种羊市场和羊奶产品市场前景看好。

一、发展现状

1. 依托奶山羊基地县建成多家高标准乳品加工企业。20 世纪 80 年代奶山羊在我国改革开放初期畜牧业发展中发挥了重要作用，在刘荫武教授为首的全国奶山羊工作领导小组指导协调下，在全国 28 个省区建成了

3个纯种西农萨能羊良种场和64个奶山羊生产基地县，同时新建羊奶奶粉厂50余家，为当时总规模300多万只的奶山羊产业发展奠定了基础，为解决城市、农村人口的蛋白质营养问题做出了贡献。当前，现存的种羊场、奶山羊基地县和奶粉厂仍然是奶山羊产业的重要依托和基础，大多数奶粉厂已经改造成现代化乳品加工企业，2013年羊奶加工厂生产和质量检验设备升级换代的步伐进一步加快，也推进了奶山羊奶源基地建设的速度。

2. 初步建立了奶山羊技术推广服务体系。在陕西、山东等传统奶山羊主产区形成了县、乡、村三级技术推广服务体系，统一布局、统一管理、统一育种、统一营销，取得了非常显著的繁育效果，推动了奶山羊发展和种质改良，探索出奶山羊乳品加工企业参与良种繁育体系建设的新模式。通过企业参与进一步调动了农户养羊的积极性，推动了产业发展，服务体系建设逐年完善。

3. 奶山羊数量稳中有升，群体规模不断增大。随着我国对奶山羊生产关注程度的提高，奶山羊存栏数量也在稳步增加，据不完全统计，2007年以来，奶山羊数量稳步增长，平均年增长率3%左右，山羊奶总产量虽有波动，但保持了10%的平均年增长率，品种质量也有所提高。在奶山羊生产基地县，养羊大户、专业户数量增加，群体规模不断增长，例如，2013年底，全国奶山羊饲养量最多的富平县存栏羊增加至近40万只，大部分养羊户的养殖规模为10~15只，50只以上的养羊大户800余个，200只以上的大型羊场30个，上千只大型羊场5个，规模化养殖方式降低了管理成本，取得了较高的经济效益。

4. 取得了多项实用奶山羊养殖技术成果。在多年的奶山羊生产实践中，大学、科研单位和养殖场等取得了奶山羊良种扩繁技术、综合养殖技术、饲料配合及加工技术、疾病防治技术等实用技术，为奶山羊高效养殖提供了技术支撑，已在全国奶山羊基地县推广应用。

5. 羊奶产品加工和开发能力显著提升。目前，我国羊奶产品以奶粉为主的现状正在快速改变，酸奶、液态奶等多样化产品开发力度加大并逐步走向消费市场，大部分企业开始重视产品的开发研制。我国羊奶的90%用于生产奶粉（其中婴幼儿奶粉占到1/6，其他配方奶粉占1/3，食品工业用奶粉占到1/2）。液态奶生产占到5%，其他（酸奶、奶酪、冰淇淋等）占5%。羊奶的消费地区主要集中在湖南、广东、福建、东北、山东等省及地区。

6. 培养了一支奶山羊技术骨干队伍。狠抓技术培训是多年来我国奶山羊产业发展的宝贵经验，近年来，举办了多期奶山羊技术员培训班和数以千计的奶山羊养殖能手短训班，通过养殖、配种、管理和疾病防治、羊奶质量检测等系统技术培训，养殖户对科学养羊知识的接受能力显著提高，一批农村养羊专家脱颖而出，活跃在生产第一线，为奶山羊科技推广和技术服务做出了巨大贡献，培养的奶山羊技术骨干队伍进一步推动了产业发展。

二、奶山羊产业发展存在的问题

奶山羊产业发展涉及良种繁育体系建设、良种场建设、良种登记注册、繁育技术推广、羊奶质量检测、羊奶产品加工、市场开拓和技术服务等多个方面，其关系错综复杂，由于近年来社会主义市场经济改革的深化和奶山羊生产经营方式的变革，现有的奶山羊产业体系的薄弱环节和矛盾性日趋明显，难以适应现代产业体系建设的需要，主要存在以下问题：

1. 奶山羊良种繁育体系建设的必要性认识不足，技术服务功能不健全。在长期的奶山羊推广过程中，我们注意到，恰恰是奶山羊良种繁育体系建设最大受益者即养羊户对体系建设认识不足，导致有关繁育技术的推广难度增大，另外，羊奶加工企业对产业发展体系建设的认识不到位，投入少，严重制约了良种繁育体系的建设。良种是发展我国奶山羊业的突破口，据调查，在提高畜牧业经济效益的综合因素中，良种占40%、饲料占20%、疫病防治占20%、管理条件占15%、其他占5%，由此可见良种繁育工作的重要性，良种繁育体系应放在奶山羊产业体系建设的首位，政府以及各相关部门应从战略高度提高认识，狠抓良种繁育体系建设工作的落实。在过去计划经济体制下，良种繁育体系建设以各地政府为主，省、地、县、乡各级畜牧兽医站成为可以依托的业务主管部门，人员整齐充足，并且配备了一定的仪器设备，在良种繁育体系建设中发挥了重要作用。但是20世纪90年代前后的农业管理体制改革对不适应市场经济要求的县乡级畜牧兽医站等机构冲击较大，原推广和技术服务体系受到影响，推广网络线断人散，因此原有的良种繁育体系技术服务站点人员设备得不到补充和更新，技术人员培训也受到制约，不能及时掌握先进的繁育技术，缺乏为养殖户提供必要技术的本领。

2. 各层次种羊场缺乏统一规划，优质种羊数量少、良种覆盖率低。我国奶山羊良种繁育体系与其他畜种相比尚有较大的差距，奶山羊原种场、扩繁场、商品场（养殖户）建设没有统一规划，层次结构不明确，职责混淆，生产方向定位不准，尚未建立奶山羊种羊性能测定中心。问题的症结突出表现在种羊生产体系混乱，只要是羊场就想靠销售利润较丰厚的种羊盈利，造成种羊市场不够规范，种羊价格不尽合理，难以保证种羊质量，导致奶山羊群体遗传进展缓慢，损害了奶山羊养殖户和企业利益。

我国的奶山羊存栏数虽多，但平均生产性能差，种羊数量少，良种覆盖率低，泌乳期平均单产仅200 kg左右，与居世界领先水平的捷克萨能羊平均产奶量842 kg，德国778 kg相比尚有很大差距。因此有相当一部分奶山羊急需选育提高或杂交改良，近年来由于县、乡级畜牧推广体系建设投入少，人员不足，奶山羊选育工作有所放松，良种繁育体系未能发挥应有的作用，导致奶山羊品质下降，奶山羊生产基地县良种羊的数量减少，种羊品质亟待提高，因此提高奶山羊良种覆盖率将是今后相当一段时期的主要任务。

3. 奶山羊良种繁育体系缺乏合理的投入机制。良种繁育体系具有明显的公益性质，是涉及多方利益的庞大系统工程，并且耗资大，在畜牧兽医业务部门经费减少的情况下，建设难度增加，各利益方没有适当的投资渠道和资金管理措施，普遍重使用、轻建设，奶山羊良种繁育体系的作用大打折扣，流于形式，政府也难以很好地履行体系监管责任。在良种繁育体系建设中应发挥政府作用，加大公益性项目经费投入，加强基础设施建设，相关利益方也要适当投入资金和设备，共同建设产业体系。

4. 羊奶市场拓展能力弱，高水平专业营销人员少。由于种种原因，羊奶产品的消费市场十分有限，很难见到关于羊奶的广告宣传，信誉好、营销能力强的代理商、经销商寥寥无几，消费者无法全面了解羊奶的营养特性和市场情况，营销环节十分薄弱是奶山羊产业发展的瓶颈和重要限制因素。

5. 奶山羊养殖规模小，机器挤奶尚未全面推广。奶山羊规模养殖仍然处于初级阶段，规模小的分散型养殖户占比高，但与去年相比有所下降，大约为78%，虽然机器挤奶推广范围进一步加大，但和产业需求相比差距还很大。推广机器挤奶过程中应更加重视挤奶机调试维修和卫生管理，以免引起乳房炎和影响羊奶质量，造成污染。

除上述主要问题外，奶山羊良种登记制度不健全、养殖环境卫生状况差、养殖户羊奶质量安全意识差等问题也普遍存在，需要引起足够重视。

（西北农林科技大学，罗军）

【监管监测】

2013年生鲜乳质量安全监管情况

2013年，畜牧部门深入开展生鲜乳违禁物质专项整治和生鲜乳质量安全监测，以婴幼儿配方乳粉奶源安全为重点，严格奶站和运输车资质条件审查，强化奶站和运输车日常监管，加大生鲜乳抽检力度，严厉打击生鲜乳生产、收购和运输过程中各类违法添加行为。**一是全面加强生鲜乳质量安全监测**。通过专项监测、飞行抽检、异地抽检等手段，坚决打击各种违法添加行为，实现全部奶站监管和国家公布的所有违禁添加物监测两个全覆盖。2013年累计抽检生鲜乳样品2.13万批次，三聚氰胺检测值全部符合国家管理限量值规定，未检出皮革水解蛋白等违禁添加物，生鲜乳质量安全状况持续向好。**二是深入开展生鲜乳违禁物质专项整治**。通过重点抽查、省间互查等方式，不断强化奶站监管。2013年全国累计出动执法人员2.4万多人（次），对全国1.3万个奶站进行了检查，限期整改170多家，取缔和关停奶站110多家，取缔运输车20多辆。同时，大力推进奶站标准化建设和管理，奶站基础设施、卫生条件、挤奶设备、制度规范、人员素质等不断完善，机械化挤奶水平大幅提高。**三是全力做好婴幼儿配方乳粉奶源监管工作**。出台“确保婴幼儿配方乳粉奶源安全六项措施”，加大了婴幼儿配方乳粉奶源建设和监管力度。对全国128个婴幼儿配方乳粉企业的奶源情况进行摸底，对涉及的1 869个奶站、719辆运输车和2 367个奶牛场（小区）全部纳入重点监管。

（农业部奶业管理办公室）

2013年生鲜乳、玉米和豆粕价格情况

生鲜乳价格持续上涨。受前期奶牛养殖比较效益偏低、牛肉价格持续高位影响，奶牛散养户加快退出，全国奶源出现阶段性紧张，生鲜乳价格总体保持上涨势头。据监测，全国主产省生鲜乳平均价格从2012年9月份开始上涨，涨势持续16个月，从3.27元/千克上涨到4.12元/千克，上涨26%。全年生鲜乳平均价格为3.62元/千克，同比上涨9.9%（图3-1）。

玉米价格基本平稳。2013年玉米平均价格为2.45元/千克，同比持平。从走势来看，全年玉米价格呈现“M”型走势，在波动中基本保持平稳。2013年12月份玉米价格为2.41元/千克，相比年初的2.44元/千克，每千克下降3分钱。

豆粕价格在波动中上涨。2013年豆粕平均价格为4.32元/千克，同比上涨11%。全年豆粕价格走势经历了“三涨三落”，1~3月、6月、9~10月份三个阶段上涨，4~5月、7~8月、11~12月三个阶段下降，年末比年初上涨5.0%（图3-2）。

奶牛养殖效益好转。在生鲜乳价格持续上涨和饲料成本基本稳定的情况下，奶牛养殖效益逐步好转，全年每头成母牛平均盈利2 000元，比2012年增加约500元左右。

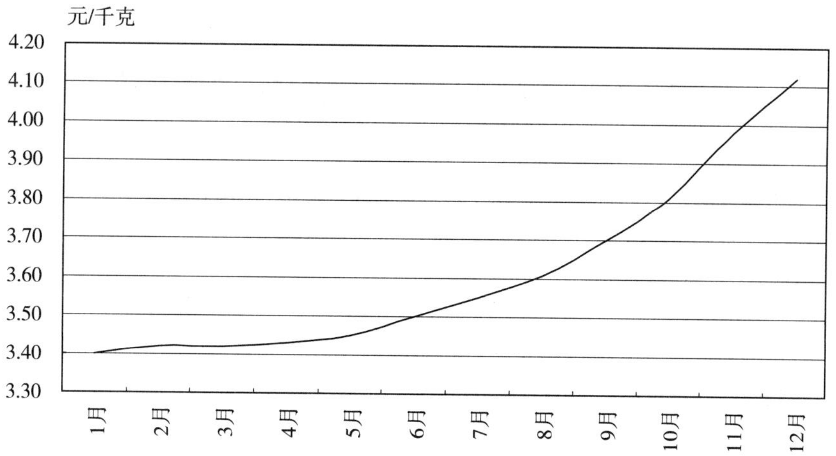

图3-1　2013年全国主产省生鲜乳价格曲线

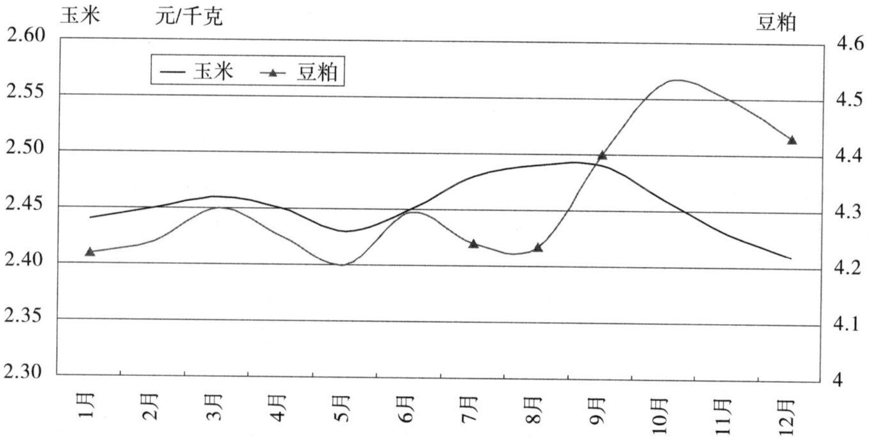

图3-2　2013年全国豆粕价格曲线

（农业部畜牧业司检测分析处）

2013 年牛奶兽药残留监控情况

实施兽药残留监控计划。为保障动物产品质量安全，2013 年，继续组织实施动物及动物产品兽药残留监控计划，重点对社会关注度较大的药物以及容易引发问题的产品开展检测，加大抽检的覆盖面和抽检频率，真正发挥残留监控计划发现问题、查找隐患的作用。同时进一步加强兽药使用监管，强化宣传培训，增强责任主体自律意识，提高养殖安全用药水平。检测机构按照国家《2013 年动物及动物产品兽药残留监控计划》要求，全年共对 3 360 批次牛奶样品进行了兽药残留检测，共检测磺胺类、氯霉素、四环素类、β－内酰胺类、氨基糖苷类、地塞米松、林可胺类和大环内酯类、氟喹诺酮类等 8 种类药物，合格率为 100%。

实施专项整治。为加强兽药市场监管，2013 年继续在全国范围内组织实施兽药市场专项整治，重点打击不按兽药国家标准生产，特别是违规添加抗菌药、禁用兽药或人用药品等擅自改变组方的违法行为，以及制售假劣兽药的“黑窝点”。重点整顿规范兽药批发市场、集散地，严厉查处无证经营、超范围经营、进货渠道混乱、购销渠道记录不完整以及销售假劣兽药等违规经营行为。组织实施兽用抗菌药专项整治，重点加强养殖场（小区、户）用药安全监管，严厉打击滥用药物的违法行为。加大安全用药规定宣传力度，防止滥用、乱用、误用兽用抗菌药，保障动物产品质量安全。据统计，各地共监督检查兽药生产经营企业、养殖场以及动物诊疗机构近 40 万个，出动执法人员 39.4 万人次；查处案件 4 380 起，其中大要案 26 起，全部移送公安机关；吊销兽药生产许可证 3 个、经营许可证 2 806 个；取缔无证生产、经营企业（黑窝点）3 778 个。

（农业部兽医局）

2013年饲料质量安全监管情况

2013年，农业部组织各级饲料管理部门全面落实各项新制度新要求，在准入环节提高饲料生产企业设立条件，在生产环节开展饲料质量安全管理规范示范创建，推行生产全过程管理制度，在经营门店和养殖环节加大普法宣传和监督检查力度，认真履行饲料质量安全职责。

一、强化工作指导，着力落实饲料管理新制度

正式出台《饲料质量安全管理规范》和《进口饲料和饲料添加剂登记管理办法》，完成《饲料和饲料添加剂管理条例》配套规章立法。组织召开全国饲料质量安全监管工作座谈会和重点省专题交流会，研究解决重点难点问题，推动各地按照统一标准和步调全面落实饲料管理新制度。组织开展《饲料质量安全管理规范》示范创建，安排专家对130家示范企业进行现场指导，筹备召开示范创建工作现场会，制作教学片供饲料企业学习借鉴。印发《饲料和饲料添加剂生产许可证年度备案表》和《委托生产备案表》，指导各地规范备案管理。督促各省级饲料管理部门健全行政许可专家审核委员会，按照新的准入条件加快推进生产许可证换证工作。修订公布《饲料添加剂品种目录（2013）》，发布《饲料原料目录》修订增补公告，及时将安全有效的品种增补进目录。

二、强化专项整治，着力巩固"瘦肉精"治理成效

制定印发"瘦肉精"专项整治方案，要求各地深入实施《农业部关于深入推进"瘦肉精"专项整治工作的意见》，切实做到工作力度不减，严打态势不松。组织河北、河南等10个养殖大省开展"瘦肉精"交叉拉网监测，对公布禁用的"瘦肉精"类物质进行全面排查，从1 038个养殖场户抽取3 076批次动物尿样，从1批次生猪尿液样品检出莱克多巴胺和氯丙那林。由国家饲料质检中心等4个质检机构组成联队对吉林和黑龙江两个牛羊养殖大省实施突击抽检，从1个肉牛养殖户检出盐酸克伦特罗。综合基层监管和监测发现的线索，协调浙江、福建和江西畜牧兽医部门，会同公安机关查处兽药中非法添加氯丙那林重大案件。各级畜牧兽医部门现场检查饲料、养殖、收购贩运等各类生产经营主体150余万个，立案查处违法问题309起，移送公安机关64起；抽检各类样品941.4万批次，合格率99.95%。

三、强化监测预警，着力防控系统性风险

制定公布2013年全国饲料质量安全监测计划，继续组织开展饲料产品质量卫生状况监测、饲料中禁用物质监测和反刍动物饲料中牛羊源性成分监测。据农业部监测数据显示，2013年饲料质量卫生指标合格率处于较高水平，商品饲料产品合格率为96.03%，比2012年提高0.32个百分点；饲料中禁用物质检出率为0，没有发现非法使用"瘦肉精"、苏丹红等禁用物质的情况；饲料添加剂使用进一步规范，国产饲料添加剂合格率97.12%，抽检进口饲料添加剂合格率91.04%，不规范使用添加剂问题得到明显遏制。针对饲料原料霉菌毒素污染问题，以玉米及其加工副产物、小麦及其加工副产物和饼粕类为重点，部署开展摸底监测，完成对大宗原料霉菌毒素污染风险的首次系统评估。

（农业部畜牧业司饲料处，王晓红、束安新等）

【乳品加工】

【编者按】2013年我国乳制品加工行业发展总体状况良好。与2012年同期相比，乳制品加工企业数量增加，亏损企业数量减少，企业产品销售收入和利润大幅增长，乳制品及液态奶产量均继续增加，乳品企业业绩突出。

2013年我国乳品加工的产量、收入和利润情况

在政策的驱动下，在消费的拉动下，在调整转型的推动下，2013年乳品企业整体运行情况良好。

一、乳品产量

据国家统计局数据，2013年我国乳制品产量2 698.03万吨，比2012年增长5.15%。其中，液态奶产量2 335.97万吨，比2012年增长7.01%。与往年有所不同，干乳制品产量362.06万吨，比2012年下降9.17%（图3-3）。

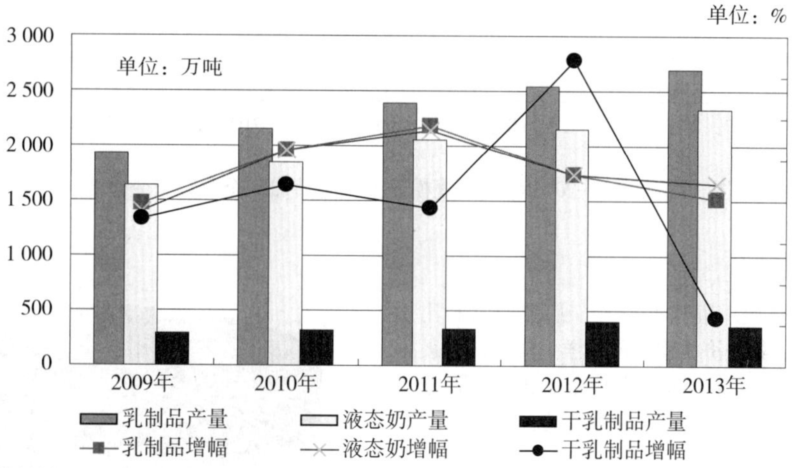

数据来源：国家统计局

图3-3　2009—2013年乳制品产量和增幅变化曲线

二、收入利润

据国家统计局数据，2013年规模以上乳品企业658家，产品销售收入2 831.59亿元，比2012年增长14.16%。利润总额180.11亿元，比2012年增长12.70%（图3-4）。

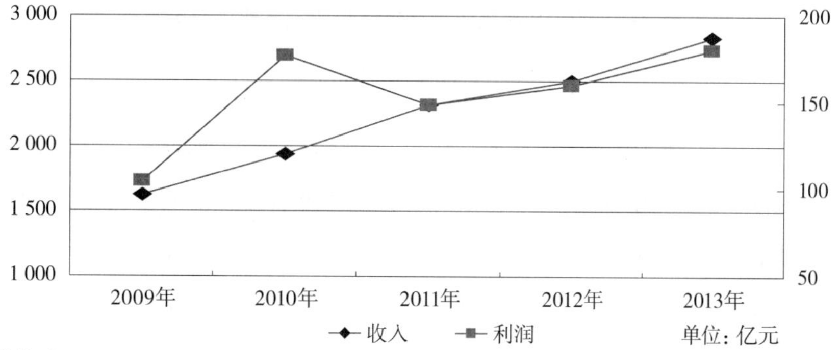

数据来源：国家统计局

图3-4　2009—2013年乳品企业产品销售收入和利润总额变化曲线

近五年，无论是乳品产量，还是产品销售收入和利润都持续大幅增长，说明我国乳品消费信心正逐步恢复，消费需求正持续增长，拉动乳制品加工产业持续快速发展。

（中国奶业协会信息中心）

2013年我国乳品加工企业的数量、类型情况

一、企业数量

据国家统计局数据，截至2013年年底，全国规模以上（年度产值2 000万元以上）乳品企业658家，比2012年的649家增加9家。其中，亏损企业91家，比2012年的114家减少23家，亏损比例下降了3.8个百分点。2008年“婴幼儿奶粉”事件后，国家加强了奶业的整顿和振兴，实施了严格的乳品行业准入和审核制度。规模以上乳品企业由2008年的1 000多家减少至600多家。但据行业调研，乳品企业数量虽大幅减少，但产能却不降反升，其产能进一步集中（图3-5）。

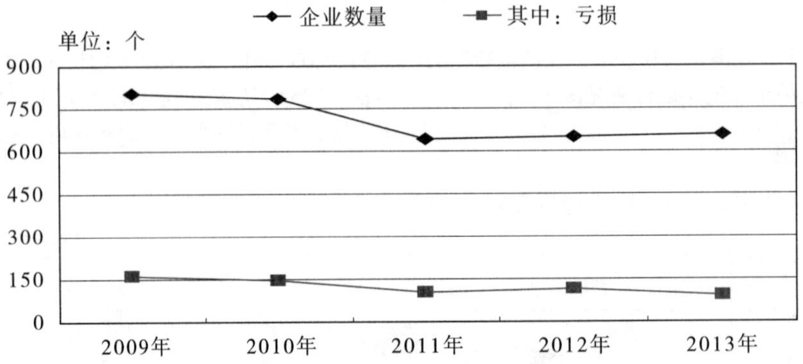

数据来源：国家统计局

图3-5 2009—2013年我国规模以上乳制品加工企业数量变化曲线

二、经济类型

据国家统计局数据，截至2013年年底规模以上乳品企业共有658家，其经济类型多种多样。其中，国家企业20家，集体企业4家，股份合作企业2家，股份制企业46家，私营企业234家，外商及港、澳、台投资企业96家，其它类型企业256家（图3-6）。

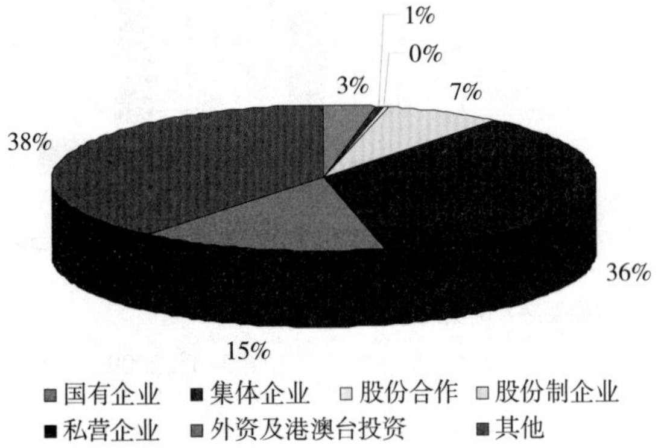

数据来源：国家统计局

图3-6 2013年各种经济类型的乳品企业数量比例

三、主要企业业绩突出

在产业发展总体良好的情况下，2013年乳品企业发展业绩突出，特别是大型龙头企业及上市企业（表3-2）。

表3-2 2013年主要上市乳品企业主要业绩情况

单位：亿元，%

公司名称	上市地点	2012年		2013年		2013/2012增幅	
		营业总收入	净利润	营业总收入	净利润	营业总收入	净利润
伊利股份	上海	419.91	17.17	477.79	31.87	13.78	85.61
蒙牛乳业	香港	360.80	12.57	433.60	16.30	20.18	29.67
光明乳业	上海	137.75	3.11	162.90	4.06	18.26	30.55
三元股份	上海	35.50	0.33	37.88	−2.27	6.70	−787.88
贝因美	深圳	53.54	5.09	61.17	7.21	14.25	41.65
皇氏乳业	香港	7.54	0.33	9.89	0.36	31.17	9.09

分析整体运行情况良好，龙头企业业绩突出的因素，一是奶业整体发展环境向好，如国家出台了一系列促进奶业持续健康发展的政策。乳品企业都积极抓住机遇，加快企业自身发展。二是消费信心增强，消费需求旺盛。2013 年乳品产量同比增长 5.15%，液态奶进口同比增长 91.6%，以及 2013 年下半年奶源供应趋紧的情况，都说明了消费需求总体旺盛。三是企业通过不断的技术创新、产品优化、结构调整，进一步提升了竞争力，扩大了营业收入，节约了运营成本。

（中国奶业协会信息中心）

2013 年我国乳品加工产业的布局情况

一、乳品加工集中于北方

总体而言，乳品加工产业的分布与奶牛养殖的分布基本匹配。如表 1 所示，乳品加工产业主要集中于我国北方区域。据国家统计局数据，2013 年乳品产量排名前 10 位的省份分别是内蒙古、河北、山东、黑龙江、河南、陕西、江苏、辽宁、四川、安徽，10 省份乳品总产量为 1 891.84 万吨，占全国乳品总产量 2 698.03 万吨的 70% 以上（表 3-3）。

表 3-3　2013 年排名前 10 位的省份的乳品产量

单位：万吨

地区	乳品产量	位次	地区	乳品产量	位次
内蒙古	300.92	1	江 苏	141.63	7
河 北	298.12	2	辽 宁	96.69	8
山 东	274.73	3	四 川	94.92	9
黑龙江	213.74	4	安 徽	94.05	10
河 南	193.06	5	10 省合计	1 891.84	10 省占全国比重：70.12%
陕 西	183.98	6	全国合计	2 698.03	

二、不同区域差异明显

区域不同，产业发展的习俗和重点不同，其乳品加工产业发展的状况有很大差异。各地区乳品产量、液态奶产量、规模以上乳品企业产品销售收入和企业数量详见表 3-4。

表 3-4　2013 年全国各地区乳品加工情况

类别（单位）	乳制品产量（万吨）	液态奶产量（万吨）	产品销售收入（亿元）	规模以上加工企业数量(个)
全国	2698.03	2335.97	2831.59	658
山 东	274.73	231.57	293.25	74
黑龙江	213.74	150.31	334.51	62
吉 林	16.58	14.10	27.32	11
陕 西	183.98	161.78	155.11	45
河 南	193.06	188.61	120.22	43
江 苏	141.63	122.44	98.49	26
辽 宁	96.69	96.57	128.75	22

（续）

类别（单位）	乳制品产量（万吨）	液态奶产量（万吨）	产品销售收入（亿元）	规模以上加工企业数量(个）
四 川	94.92	81.86	63.63	17
安 徽	94.05	89.98	69.00	13
广 东	88.84	56.47	173.15	28
湖 北	77.83	75.40	55.41	11
宁 夏	65.74	62.99	55.68	18
河 北	298.12	274.38	226.72	35
北 京	58.76	55.56	97.49	6
内蒙古	300.92	272.97	355.70	64
天 津	62.55	29.51	88.01	16
山 西	53.43	48.67	42.88	17
云 南	50.46	49.54	32.83	15
浙 江	50.03	37.56	48.03	16
上 海	48.92	45.18	144.02	8
新 疆	41.87	35.38	33.92	26
江 西	32.09	27.40	31.74	8
甘 肃	29.02	26.57	23.72	21
湖 南	38.45	20.93	44.22	17
广 西	27.11	20.83	27.96	16
福 建	26.44	21.83	13.16	8
青 海	16.64	16.38	7.79	6
重 庆	13.74	13.74	31.12	4
贵 州	6.74	6.74	6.23	
西 藏	0.48	0.26	1.15	
海 南	0.45	0.45	0.40	

（中国奶业协会信息中心）

【奶业贸易】

2013 年奶业贸易概述

2013 年我国奶业贸易整体上保持高速增长势头。进口方面，全年进口苜蓿干草 75.56 万 t，同比增长 70.9%；进口燕麦草 42 812t，同比增长 144.3%；进口液态奶 19.48 万 t，同比增长 91.6%；进口干乳制品 163.2 万 t，同比增长 31.7%。种牛进口方面，由于来源国过少，在优质牛源不足的情况下，2013 年我国种牛进口数量出现下跌，但随着罗马尼亚成为新的进口来源国，预计2014年我国种牛进口数量会出现一定程度的增长。如果将脱脂奶粉、全脂奶粉、乳清、黄油和奶酪按国标、其余干乳制品按 1 : 7、液态奶按 1 : 1 折算，2013 年我国进口的乳制品折合 1 367.1 万 t 原料奶。

出口方面则出现了大幅萎缩，干乳制品出口 1.24 万吨，同比下跌 43.6%；液态奶出口 2.65 万吨，同比下跌 4.8%。而且出口市场仍然高度集中于中国香港、中国澳门、非洲和周边国家。2013 年我国全部出口乳制品折合原料奶为 120 269 t，同比下跌 26.7%。

2013 年我国乳制品贸易折合原料奶净进口 1 354.7 万 t，乳制品进口依存度为 27.7%。

从贸易额上看，我国乳制品贸易不平衡进一步加剧，2013 年进口金额为 71.5 亿美元，同比增长 52.8%；乳制品出口金额仅为 7 605 万美元，同比下跌 32.3%；乳制品贸易逆差为 70.7 亿美元。

（中国奶业协会信息中心）

2013 年饲草进口情况

2013 年我国饲草进口继续高速增长。除 2 月份以外，其余月份的苜蓿草进口数量同比均大幅增长，全年累计进口苜蓿干草 75.56 万 t，同比增长 70.9%(另外 2013 年我国还从美国进口了 1 378.5t 的紫苜蓿粗粉及团粒，货值193.2万美元)；平均价格为371美元/t，同比下跌5.6%，按 2013 年度汇率 6.15 计算折合人民币 2 284.9 元 /t；累计进口金额达到 2.81 亿美元，同比增长 61.3%。

2013 年，随着我国奶牛规模养殖的进一步推进，新建、扩建规模牧场的投产运营，以及对苜蓿草在奶牛养殖中重要性认识的进一步加强，奶牛养殖行业对苜蓿草的需求高速增长。但我国 2012 年开始实施的“振兴奶业苜蓿发展行动”仍处在起步阶段，国产苜蓿还无法完全满足国内需求，国产苜蓿要达到一定规模和品质、满足国内奶牛养殖的要求还需要一段时日，尤其是在管理、收割和加工工艺上距离国际先进水平还有很大的差距，在政策扶植上也有进一步加强的空间。2014 年，苜蓿草的进口税率仍然暂定为 7%，因此预测苜蓿草的进口还将保持旺盛的势头。

我国苜蓿草进口绝大部分来自美国，自加拿大也有少量进口，2013 年自加拿大进口了 7 886t，占全部进口数量的 1.0%（图 3-7）。

除了美国和加拿大的苜蓿草之外，我国的奶牛养殖行业还从澳大利亚进口燕麦草。2013 年我国从澳大利亚进口燕麦草 42 812 t，同比增长 144.3%；进口额 1 581 万美元，同比增长 154.8%；平均到岸价 369 美元 /t，同比上涨 4.8%，按汇率 6.15 计算折合人民币 2 269 元 /t（图 3-8）。

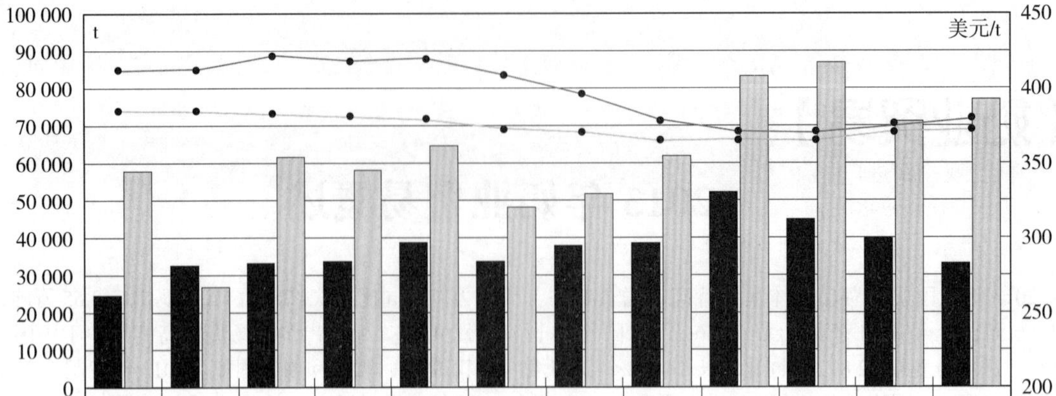

	1月	2月	3月	4月	5月	6月	7月	8月	9月	10月	11月	12月
2012年数量	24 570	32 542	33 160	33 630	38 668	33 611	37 815	38 508	52 052	44 827	39 733	33 053
2013年数量	57 781	26 779	61 517	58 021	64 520	48 026	51 618	61 783	83 139	86 661	71 025	76 846
2012年价格	411	413	421	417	417	408	394	376	369	371	373	387
2013年价格	383	384	384	381	380	372	366	363	363	364	366	367

图3-7　中国从美国进口苜蓿草数量及价格

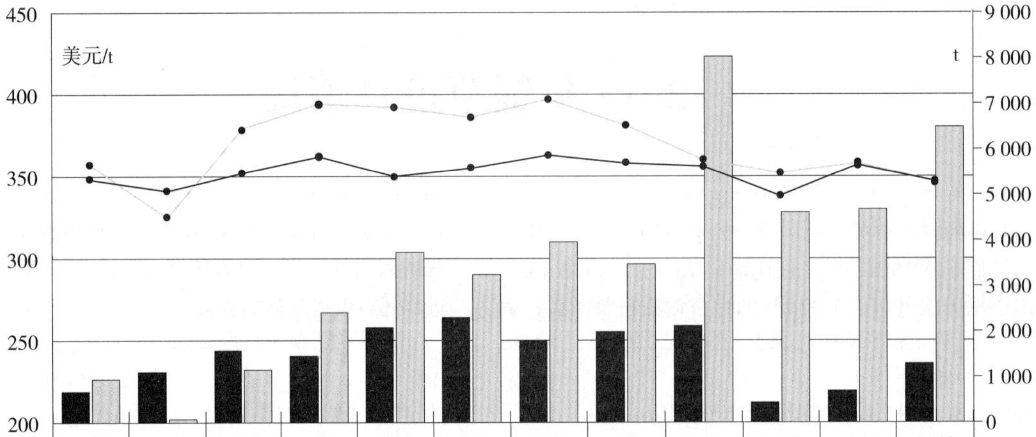

	1月	2月	3月	4月	5月	6月	7月	8月	9月	10月	11月	12月
2012年数量	679	1 109	1 577	1 459	2 083	2 301	1 794	1 985	2 117	437	694	1290
2013年数量	951	74	1 156	2 411	3 737	3 249	3 962	3 475	8 026	4 609	4 676	6 486
2012年价格	348	341	352	362	350	355	363	358	356	338	357	347
2013年价格	357	325	379	394	392	386	397	381	360	352	358	347

图3-8　中国从澳大利亚进口燕麦草数量及价格

（中国奶业协会信息中心）

2013 年种牛进口情况

2013 年我国共进口种牛 102 243 头，同比减少了 26 006 头，同比跌幅 20.3%；进口额 26 640 万美元，同比下跌 28.9%；平均到岸价为 2 606 美元 / 头，同比下跌 11.2%，按汇率 6.15 计算折合人民币 17 977 元 / 头（表 3–5）。

我国进口种牛包括在两个海关税号内，0102 9010（改良种用其他牛），通常为奶牛，而 0102 2100（改良种用家牛）中，奶牛占大部分，但也包括部分肉牛和乳肉兼用牛，而根据海关的数据已经无法进一步区分。经中国奶业协会与政府监管部门确认，2013 年我国进口的 102 243 头种牛中，有奶牛 92 779 头，其余为肉牛（图 3–10）。

表 3–5　我国改良种用牛进口数量、金额及单价 2009—2013

项　目	2009	2010	2011	2012	2013
数量（头）	40 599	90 837	99 361	128 249	102 243
金额（万美元）	8 177	19 888	26 216	37 472	26 640
价格（美元 / 头）	2 014	2 189	2 638	2 922	2 606
价格（人民币元 / 头）	13 759	14 823	17 054	18 437	16 031

我国 2013 年进口的 102 243 头种牛中，66 950 头来自澳大利亚，占全部比例的 65%，31 271 头来自新西兰，占全部比例的 31%，剩下的 4 022 头来自乌拉圭，占 4%（图 3–9）。

我国种牛进口数量的减少主要是因为我国种牛进口来源国过少，仅有澳大利亚、新西兰和乌拉圭三个国家，而经过数年的大规模引进，来源国、尤其是澳大利亚已经没有那么多优质的种牛可供选择，而我国奶牛的规模化养殖正在加速推进，靠规模化牧场的自繁自育远远满足不了需求，因此开放更多的进口来源国已是当务之急。2014 年我国将增加罗马尼亚为进口来源国，据媒体称，我国将在未来 5~7 年从罗马尼亚进口 50 万头奶牛。除罗马尼亚以外，可能被列入进口来源国的还有阿根廷和巴西。但效果如何，我们拭目以待。

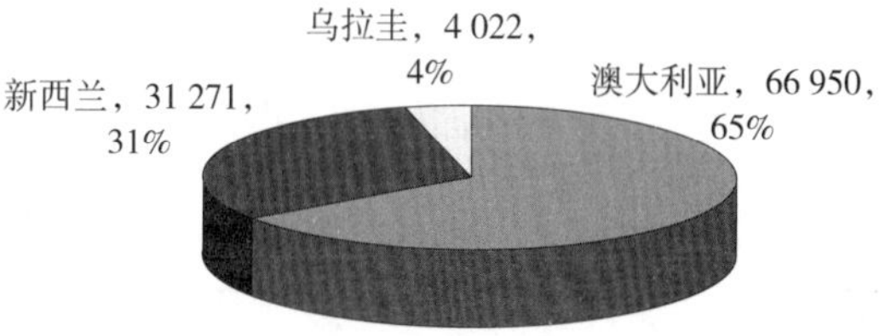

图 3–9　2013 年我国进口种牛数量及比例

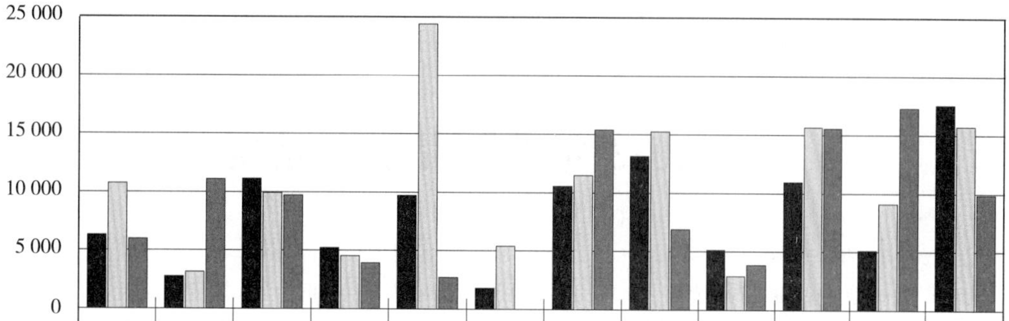

	1月	2月	3月	4月	5月	6月	7月	8月	9月	10月	11月	12月
2011年进口头数	6 287	2 763	11 145	5 211	9 725	1 799	10 565	13 141	5 119	10 966	5 094	17 546
2013年进口头数	10 754	3 143	9 932	4 529	24 401	5 387	11 485	15 251	2 882	15 646	9 117	15 722
2012年进口头数	5 958	11 102	9 736	3 926	2 698	0	15 384	6 870	3 842	15 550	17 295	9 882

图3–10　我国改良种用牛月度进口数量（2011.01—2013.12）

表 3-6 我国改良种用牛进口来源国及进口地区 2013.01-12

单位：头

月份	进口来源国		进口地区	
1月	乌拉圭	4 022	宁夏	4 022
	澳大利亚	1 936	陕西	1 936
2月	新西兰	7 102	内蒙古	7 102
	澳大利亚	4 000	宁夏	4 000
3月	澳大利亚	9 736	北京	3 950
			江苏	5 786
4月	澳大利亚	1 427	山东	1 427
	新西兰	2 499	河北	999
			内蒙古	1 000
			广东	500
5月	新西兰	2 698	北京	2 698
6月		0		0
7月	澳大利亚	15 384	河北	1 114
			山东	5 878
			甘肃	485
			宁夏	907
			辽宁	3 000
			江苏	4 000
8月	澳大利亚	3 915	内蒙古	393
			黑龙江	3 022
			辽宁	500
	新西兰	2 955	辽宁	2 955
9月	澳大利亚	3 842	山东	3 000
			黑龙江	842
10月	澳大利亚	7 266	北京	7 170
			广西	96
	新西兰	8 284	河北	4 350
			江苏	3 934
11月	澳大利亚	13 438	河北	2 227
			黑龙江	4 343
			山东	1 800
			河南	871
			湖北	1 200
			新疆	2 997
	新西兰	3 857	辽宁	3 857
12月	澳大利亚	6 006	内蒙古	1 000
			黑龙江	1 867
			福建	2 931
			宁夏	208
	新西兰	3 876	甘肃	3 876

（中国奶业协会信息中心）

2013 年乳制品进口情况

2013 年我国乳制品进口继续高速增长，再创历史新高。全年进口液态奶（包括鲜奶 HS0401 和酸奶 HS0403）19.48 万 t，同比增长 91.6%，进口额 27 455.3 万美元，同比增长 91.2%；进口干乳制品（HS0402、HS0404、HS0405、HS0406、HS3501 1000、HS3501 9000、HS3502 2000、HS3502 9000、HS1702 1100、HS1702 1900 以及 HS1901 1000）163.2 万 t，同比增长 31.7%，进口额 68.7 亿美元，同比增长 51.6%。中国已经成为全球最大的乳制品进口国。

脱脂奶粉、全脂奶粉、乳清、黄油和奶酪按国标、其余干乳制品按 1∶7、液态奶按 1∶1 折算，2013 年我国进口的乳制品折合 1 367.1 万 t 原料奶，减去出口部分，我国 2013 年净进口 1 354.7 万 t，而 2013 年我国牛奶产量为 3 531 万 t，则我国进口的乳制品占到消费市场的 27.7%。

一、液态奶进口

2013 年我国进口液态奶（包括鲜奶 HS0401 和酸奶 HS0403）19.48 万 t，同比增长 91.6%，进口额 27 455.3 万美元，同比增长 91.2%。我国液态奶进口中，酸奶类产品的进口增长还算温和，但鲜奶类产品数量同比增长接近百分之百，其中 1L 包装的 UHT 奶在一二线城市的大型超市中已不罕见，而在电商渠道，比如我买网、

1号店等更是将国外原装进口的UHT奶作为主打产品大力推销，在促销活动中的价格已经低于国内高端品牌产品的价格，对国产品牌高端UHT奶造成了直接的威胁，这已经引起了政府监管部门、乳制品企业和消费者的广泛关注。

1. 鲜奶进口。2013年我国进口鲜奶类产品（HS0401）184 567t，同比增长96.8%；进口额23 440万美元，同比增长97.5%；进口平均价格为1 270美元/t，同比下跌0.7%，按汇率6.15计算折合人民币7 810元/t（图3-11）。

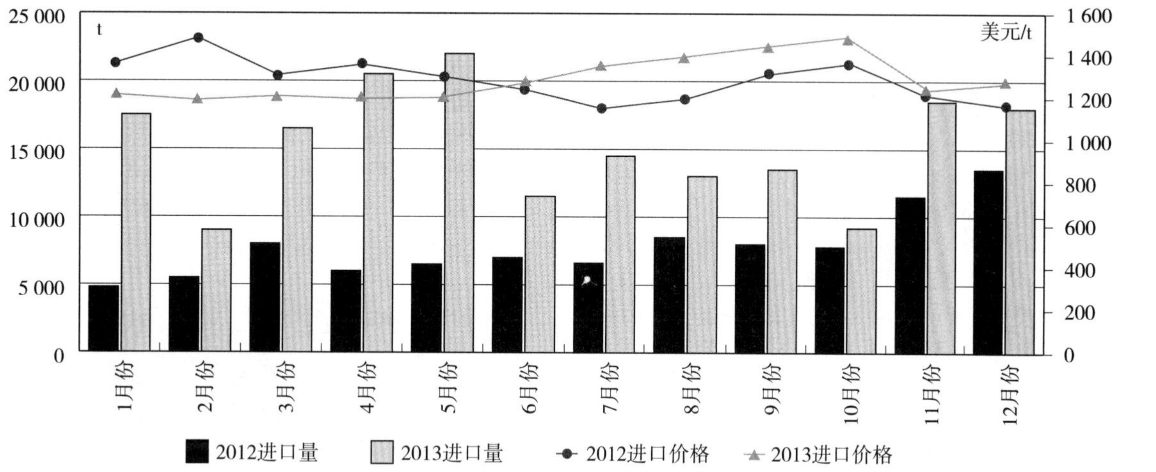

图3-11　我国鲜奶月度进口数量及价格（2012.01—2013.12）

其中，自德国进口7.74万吨，同比增长105.3%，占全部进口数量的41.9%；自新西兰进口3.32万吨，同比增长34.8%，占全部进口数量的18.0%；自法国进口2.67万吨，同比增长160.1%，占全部进口数量的14.5%；自澳大利亚进口2.17万吨，同比增长67.4%，占全部进口数量的11.8%。前四大进口来源国的进口数量合计15.90万吨，占全部进口数量86.2%（图3-12）。

2. 酸奶进口。2013年我国进口酸奶类产品（HS0403）10 240.7t，同比增长29.7%；进口额4 015.1万美元，同比增长61.5%；进口平均价格为3 920.7美元/t，同比增长24.6%，按汇率6.15计算折合人民币24 112元/t（图3-13）。

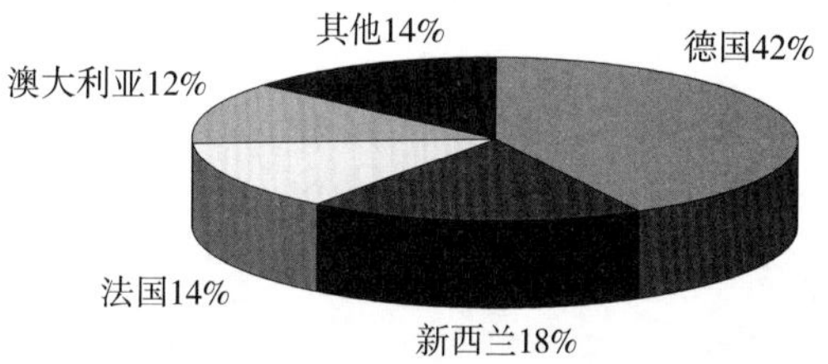

图3-12　我国2013年鲜奶类产品进口来源国

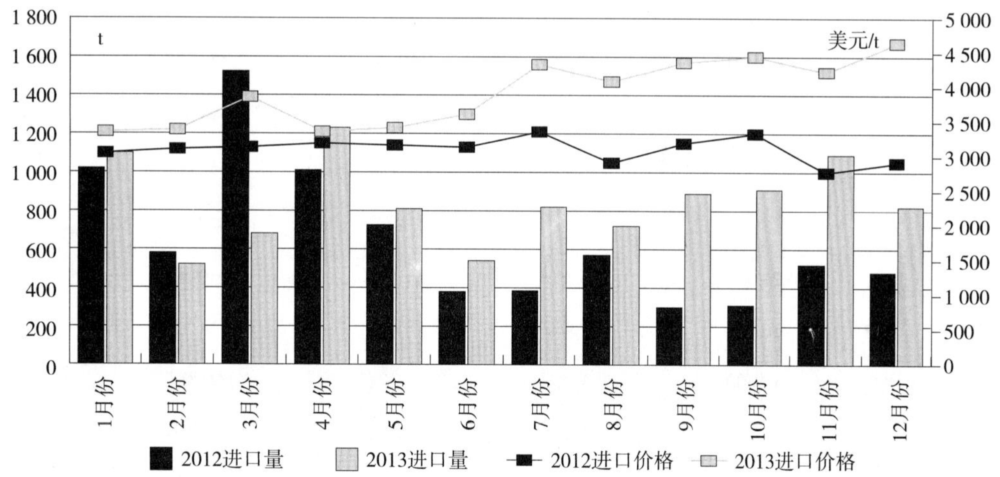

图3-13　我国酸奶月度进口数量及价格（2012.01—2013.12）

二、干乳制品进口

2013年我国干乳制品进口呈现出三个特点，一是增长幅度大，在主要进口品种——奶粉进口高速增长的带动下，干乳制品进口数量同比增长31.7%，进口金额同比增长51.6%；二是进口品种集中，在奶粉、炼乳、乳清、黄油、奶酪、婴幼儿配方乳粉、乳糖、酪蛋白和白蛋白九个品种中，仅奶粉的进口数量就占据了52.3%

的份额，再加上乳清的26.6%和婴幼儿配方乳粉的7.5%，三个品种的份额就达到了86.4%；三是全面增长，除酪蛋白出现小幅下跌外，其余各品种尽管进口的增长幅度高低不同，但同比全部实现增长（图3-14）。

2013年我国累计进口干乳制品（HS0402、HS0404、HS0405、HS0406、HS3501 1000、HS3501 9000、HS3502 2000、HS3502 9000、HS1702 1100、HS1702 1900以及HS1901 1000）163.2万t，同比增长31.7%；进口额68.7亿美元，同比增长51.6%。全部进口干乳制品折合原料奶约为1347.7万t。

其中奶粉85.4万t，价值35.8亿美元；炼乳9 265t，价值2088万美元；乳清43.4万t，价值8.5亿美元；黄油5.2万t，价值2.3亿美元；奶酪4.7万t，价值2.3亿美元；婴幼儿配方奶粉12.3万t，价值14.8亿美元；乳糖8.4万t，价值1.4亿美元；酪蛋白1.3万t，价值1.4亿美元；白蛋白1.6万t，价值2.0亿美元。

1. 奶粉进口。2013年我国进口奶粉数量再创历史新高。国际上对我国奶粉的进口需求高度关注，认为这是支撑国际奶粉价格、甚至是乳制品价格最重要的因素之一，对我国奶粉进口数量的预测值也一再调高，但最终海关总署的统计数据还是超过了所有的预期。

（1）大包奶粉。据统计，2013年全年我国合计进口奶粉（婴幼儿配方乳粉除外，下同）85.44万吨，同比增长49.1%；进口额35.8亿美元，同比增长85.8%；平均单价为4 196美元/t，同比增长25.7%，折合人民币25 814元/t。其中进口脱脂奶粉23.5万t，价值9.58亿美元，平均单价为4 078美元/t，折合人民币25 093.7元/t；进口全脂淡奶粉61.78万t，价值26.15亿美元，平均单价为4 233美元/t，折合人民币26 042.0元/t；进口全脂甜奶粉1 599t，价值1 137.3万美元，平均单价为7 111美元/t，折合人民币43 751.8元/t（表3-7）。

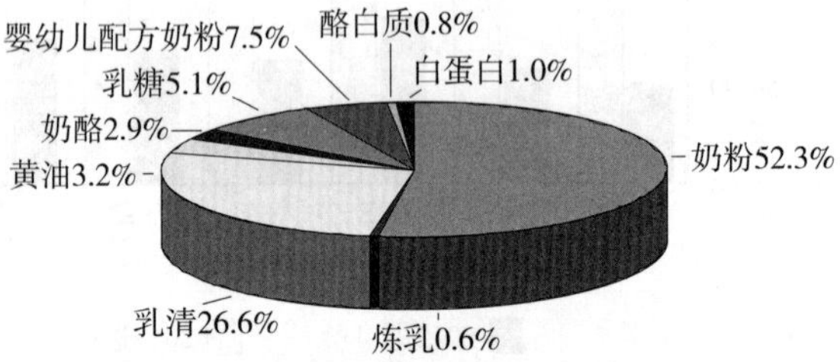

图3-14　2013年我国干乳制品进口比例

表3-7　我国奶粉进口数量、金额及价格

单位：万t，百万美元，美元/t

	2009	2010	2011	2012	2013	同比
数量	24.7	41.4	45.0	57.3	85.4	49.1%
金额	580	1 388	1 645	1 929	3 585	85.8%
价格	2 352	3 169	3 660	3 366	4 196	25.7%

表3-8　我国奶粉进口来源地及进口地区 2013.01—2013.12

单位：t

进口来源国（地区）	进口量	占比	进口地区	进口量	占比
总计	854 415	100.0%	总计	854 416	100.0%
新西兰	686 523	80.4%	天津	273 066	32.0%
美国	55 412	6.5%	广东	147 824	17.3%
澳大利亚	28 030	3.3%	上海	140 803	16.5%
德国	16 142	1.9%	浙江	114 329	13.4%
乌拉圭	10 300	1.2%	内蒙	60 888	7.1%
法国	9 173	1.1%	北京	33 050	3.9%
阿根廷	8 965	1.0%	江苏	23 373	2.7%
瑞典	6 495	0.8%	山东	21 975	2.6%
新加坡	5 521	0.6%	福建	10 538	1.2%
丹麦	5 141	0.6%	河北	5 919	0.7%

（续）

进口来源国（地区）	进口量	占比	进口地区	进口量	占比
爱尔兰	5 117	0.6%	辽宁	5 885	0.7%
比利时	3 470	0.4%	安徽	5 538	0.6%
智利	3 403	0.4%	黑龙江	3 418	0.4%
荷兰	2 609	0.3%	湖南	3 283	0.4%
芬兰	2 601	0.3%	湖北	2 386	0.3%
英国	1 775	0.2%	江西	1 026	0.1%
波兰	1 500	0.2%	四川	616	0.1%
马来西亚	1 100	0.1%	河南	250	0.0%
中国台湾	488	0.1%	吉林	228	0.0%
乌克兰	425	0.0%	海南	21	0.0%
菲律宾	122	0.0%			
瑞士	55	0.0%			
西班牙	24	0.0%			
中国（大陆）	23	0.0%			

注：进口来源为中国的产品（复进口）基本上是出口退货

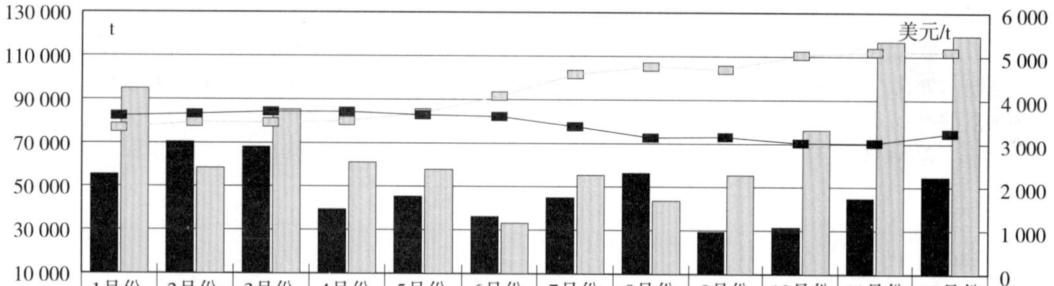

	1月份	2月份	3月份	4月份	5月份	6月份	7月份	8月份	9月份	10月份	11月份	12月份
2012进口量	55 163	70 209	67 791	39 117	45 126	35 855	44 654	56 079	29 079	31 148	44 516	54 375
2013进口量	94 680	58 172	85 089	60 796	57 504	32 811	55 051	43 295	55 172	76 071	116 537	119 238
2012进口价格	3 541	3 581	3 632	3 633	3 563	3 532	3 315	3 074	3 091	2 957	2 956	3 176
2013进口价格	3 278	3 396	3 390	3 429	3 603	3 982	4 466	4 637	4 576	4 895	4 965	4 965

图3-15 我国奶粉月度进口数量及价格（2012.01—2013.12）

主要进口来源国有：新西兰（686 523t，占总量的80.4%）、美国（55 412t，占总量的 6.5%）、澳大利亚（28 030t，占总量的 3.3%）和德国（16 142t，占总量的 1.9%）等。前四大进口来源国合计进口 786 108t，占进口总量的 92%（表 3-8，图 3-15，图 3-16）。

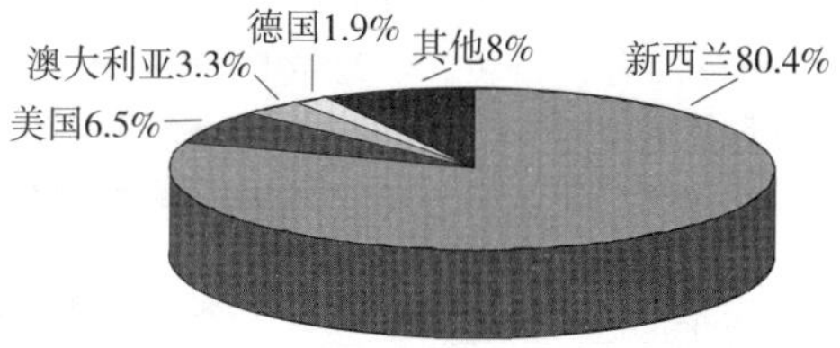

图 3-16 2013 年我国进口奶粉来源国

中国奶粉进口的高速增长一方面是由于中国消费市场快速增长拉动的，我国奶牛养殖行业目前还无法满足国内的市场需求，尤其是在行业转型升级时期，牛奶产量甚至出现下跌，因此进口奶粉弥补了市场缺口，这是对我国奶业有利的一面；但是另一方面，由于进口大包奶粉价格上大幅低于国内奶粉，且整体上看质量稳定，加上国产奶粉声誉不佳等原因，进口奶粉、尤其是全脂淡奶粉直接冲击了国内工业奶粉市场，从造成奶粉积压到削弱生产能力，进而影响到奶牛养殖环节，因此，如何找到合理利用国际市场和发展我国奶业的平衡点值得全行业去努力。

（2）婴幼儿配方乳粉。2013 年我国进口婴幼儿配方奶粉 12.28 万 t，同比增长 34.2%；价值 14.78 亿美元，同比增长 40.9%；平均单价（到岸价）为 12 036 美元 /t，同比增长 5.2%，折合人民币 74 056 元 /t（图 3–17）。

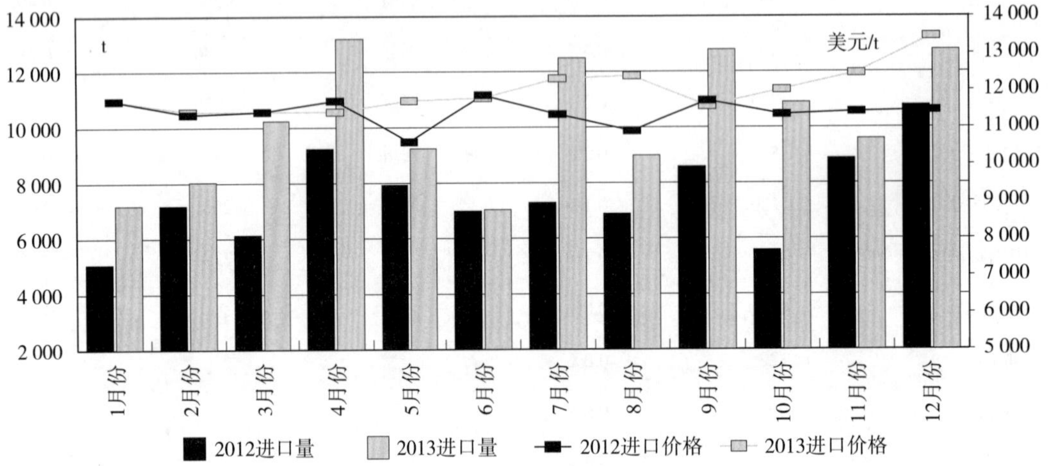

图3–17　我国婴幼儿配方奶粉月度进口数量及价格（2012.01—2013.12）

按此价格计算，一罐 900 克原装进口奶粉的到岸价约为 67 元，而根据商务部对国内进口婴幼儿配方乳粉价格的监测，2013 年的价格相当稳定，全年平均价格为每千克 202 元左右，尽管发改委对 6 家外国乳企进行了反垄断的处罚，但进口奶粉价格虚高的现象依然没有得到本质的改变。

按此价格计算，一罐 900 克原装进口奶粉的到岸价约为 67 元，而根据商务部对国内进口婴幼儿配方乳粉价格的监测，2013 年的价格相当稳定，全年平均价格为每千克 202 元左右，尽管发改委对 6 家外国乳企进行了反垄断的处罚，但进口奶粉价格虚高的现象依然没有得到本质的改变（图 3–18）。

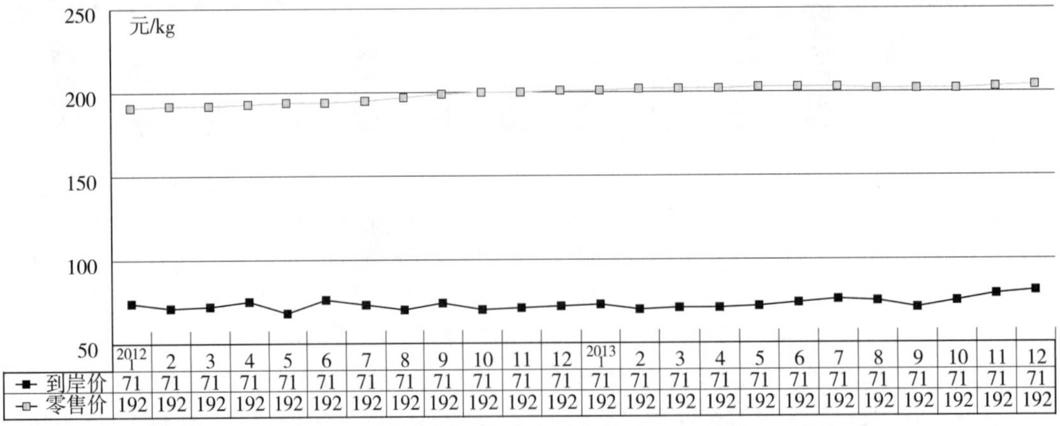

	2012 1	2	3	4	5	6	7	8	9	10	11	12	2013 1	2	3	4	5	6	7	8	9	10	11	12
—■— 到岸价	71	71	71	71	71	71	71	71	71	71	71	71	71	71	71	71	71	71	71	71	71	71	71	71
—□— 零售价	192	192	192	192	192	192	192	192	192	192	192	192	192	192	192	192	192	192	192	192	192	192	192	192

图3–18　进口婴幼儿配方奶粉到岸价与零售价（2012.01—2013.12）

数据来源：中国海关、商务部

我国婴幼儿配方奶粉主要进口来源国有：荷兰 25 106t，同比增长 20%，占全部进口数量的 21%；法国 22 349t，同比增长 42%，占全部进口数量的 18%；新西兰 19 747t，同比增长 21%，占全部进口数量的 16%；新加坡 15 678t，同比增长 4%，占全部进口数量的 13%；丹麦 10 474 t，同比增长 114%，占全部进口数量的 9%。前五大进口来源国合计进口 93 354t，占进口总量的 77%（图 3–19）。

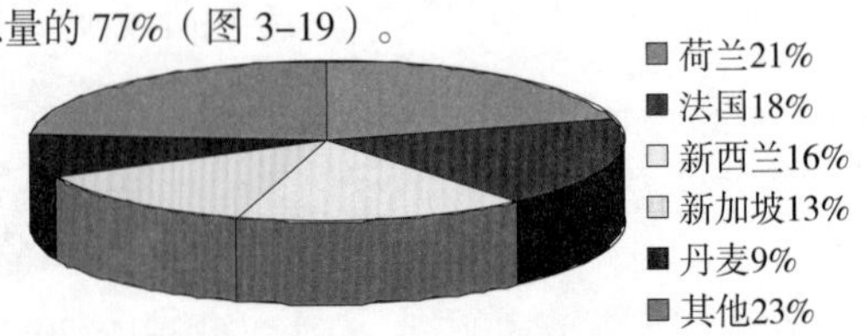

图3–19　2013年我国婴幼儿配方乳粉进口来源国

注：婴幼儿配方奶粉自2010年开始列税号1901 1000.10进行单独统计，之前列入供婴幼儿食用的零售包装食品（税号1901 1000）而没有单独统计数字。根据中国奶业协会的统计计算，婴幼儿配方奶粉占供婴幼儿食用的零售包装食品中的绝大部分，2010~2012年的比例在98%左右。由于海关不公开月度数据，此处婴幼儿配方奶粉的数量仍沿用“供婴幼儿食用的零售包装食品的数量”代替。

2. 炼乳进口。2013年我国累计进口炼乳9 265t，同比增长68.0%；进口额2 088万美元，同比增长65.9%；进口平均价格为2 254美元/t，同比下跌4.4%，按汇率6.15计算折合人民币13 862元/t。主要进口来源国有荷兰（4 379t，占比47.3%）、德国（1 836t，占比19.8%）和法国（576t，占比6.2%）等（图3-20）。

尽管我国炼乳进口增长速度较快，但由于基数较小，整体进口的规模并不大，也没有对我国的乳制品行业造成太大的影响。

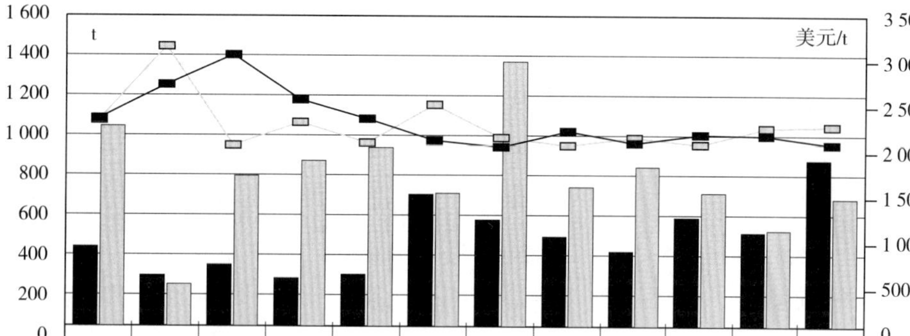

	1月份	2月份	3月份	4月份	5月份	6月份	7月份	8月份	9月份	10月份	11月份	12月份
2012进口量	411	263	318	249	269	683	552	466	390	564	487	862
2013进口量	1 035	217	777	857	925	689	1 370	721	825	691	498	661
2012进口价格	2 384	2 749	3 071	2 587	2 381	2 149	2 079	2 249	2 120	2 212	2 201	2 105
2013进口价格	2 366	3 163	2 093	2 343	2 123	2 535	2 179	2 095	2 178	2 106	2 283	2 301

图3-20　我国炼乳月度进口数量及价格（2012.01—2013.12）

3. 乳清进口。在我国进口的乳制品当中，乳清是除了奶粉之外进口数量最多的一个品种，乳清被广泛应用于婴幼儿配方奶粉、食品工业以及饲料行业当中。

2013年我国累计进口乳清43.41万t，同比增长14.7%；进口额8.50亿美元，同比增长13.7%；进口平均价格为1 959美元/t，同比下跌0.8%，按汇率6.15计算折合人民币12 048元/t（图3-21）。

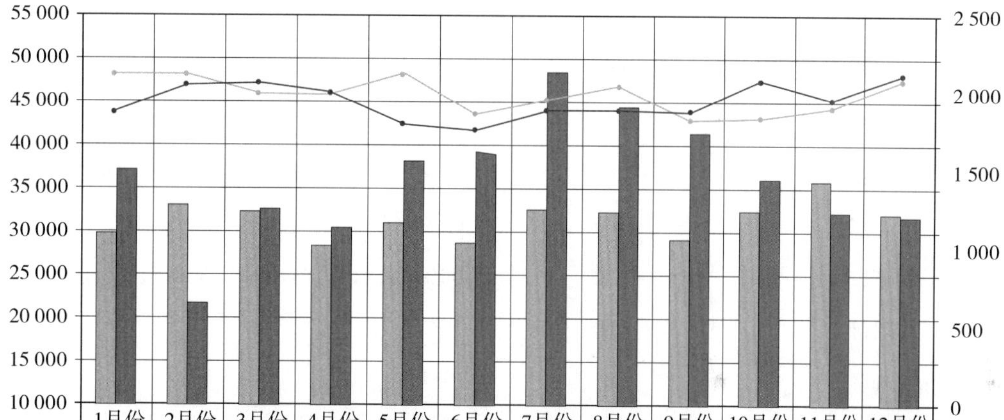

	1月份	2月份	3月份	4月份	5月份	6月份	7月份	8月份	9月份	10月份	11月份	12月份
2012进口量	29 920	33 111	32 256	28 472	31 084	28 701	32 765	32 292	29 189	32 571	35 877	32 141
2013进口量	37 215	21 926	32 461	30 411	38 077	39 089	48 563	44 437	41 493	36 101	32 303	31 994
2012进口价格	1 895	2 058	2 063	2 005	2 133	1 869	1 956	2 058	1 834	1 851	1 907	2 079
2013进口价格	2 122	2 126	2 011	1 999	1 819	1 764	1 894	1 901	1 888	2 088	1 951	2 106

图3-21　我国月度乳清进口数量及价格（2012.01—2013.12）

乳清是生产奶酪的副产品，而我国奶酪的生产能力很低，因此乳清的生产能力也不足，随着市场对乳清的需求越来越大，我国对进口乳清的需求也随之快速增长，预计2014年我国乳清进口仍将保持一定的增长速度。

我国乳清进口主要来源国有美国（207 006t，占比47.7%）、法国（60 574t，占比14.0%）、阿根廷（37 259t，占比8.6%）和荷兰（27 964t，占比6.4%）等。前四大进口来源国合计进口数量33.28万t，占进口总量的76.7%（表3-9）。

表3-9 我国乳清进口2013.01-12

单位：t

进口来源国（地区）	进口量	占比	进口地区	进口量	占比
总计	434 126	100.0%	总计	434 126	100.0%
美国	207 006	47.7%	天津	109 441	25.2%
法国	60 574	14.0%	上海	65 478	15.1%
阿根廷	37 259	8.6%	北京	60 588	14.0%
荷兰	27 964	6.4%	辽宁	46 349	10.7%
德国	20 629	4.8%	广东	45 081	10.4%
波兰	16 779	3.9%	福建	31 076	7.2%
芬兰	14 900	3.4%	山东	19 746	4.5%
爱尔兰	13 930	3.2%	浙江	18 217	4.2%
乌拉圭	6 400	1.5%	黑龙江	10 415	2.4%
澳大利亚	4 820	1.1%	江苏	8 144	1.9%
新西兰	4 568	1.1%	云南	6 411	1.5%
白俄罗斯	4 331	1.0%	安徽	4 812	1.1%
奥地利	3 526	0.8%	四川	3 085	0.7%
西班牙	3 422	0.8%	内蒙	2 731	0.6%
捷克	2 825	0.7%	湖南	1 200	0.3%
意大利	1 898	0.4%	河北	678	0.2%
乌克兰	1 625	0.4%	湖北	375	0.1%
英国	512	0.1%	江西	300	0.1%
丹麦	416	0.1%			
新加坡	285	0.1%			
智利	275	0.1%			
加拿大	83	0.0%			
斯洛文尼亚	48	0.0%			
中国台湾	27	0.0%			
立陶宛	25	0.0%			

4. 黄油进口。2013年我国累计进口黄油52 301t，同比增长8.2%；进口额22 612万美元，同比增长15.6%；平均进口价格为4 323美元/t，同比增长8.2%，按2013年汇率6.15计算折合人民币26 586元/t（图3-22）。

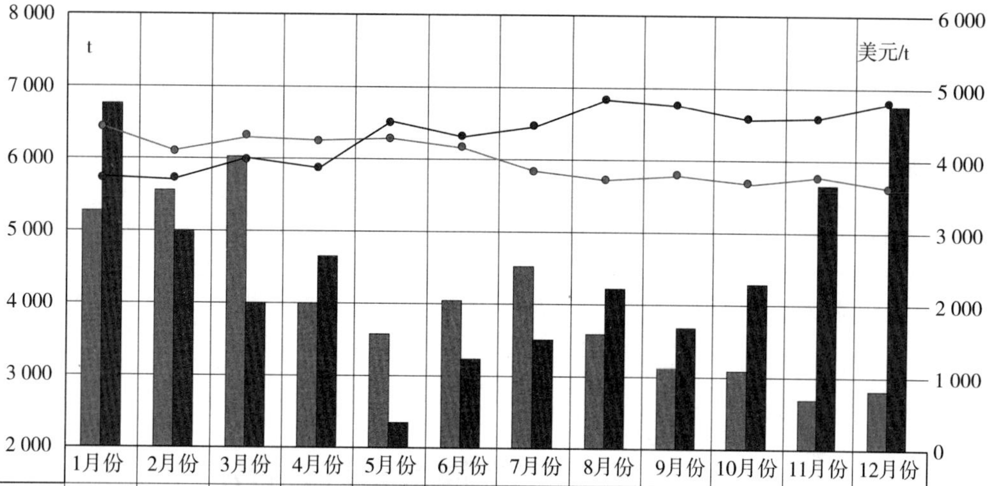

	1月份	2月份	3月份	4月份	5月份	6月份	7月份	8月份	9月份	10月份	11月份	12月份
2012进口量	5 261	3 256	6 033	4 016	3 587	4 048	4 533	3 585	3 113	3 085	2 702	2 816
2013进口量	6 765	5 546	3 971	4 644	2 350	3 242	3 493	4 219	3 675	4 290	5 645	6 749
2012进口价格	4 423	4 111	4 302	4 249	4 285	4 151	3 876	3 722	3 745	3 694	3 784	3 624
2012进口价格	3 730	3 715	3 980	3 838	4 492	4 274	4 433	4 827	4 743	4 554	4 559	4 770

图3-22　我国黄油月度进口数量及价格（2012.01~2013.12）

主要进口来源国有新西兰（45 670t，占总量的87%）、澳大利亚（1 827t，占总量的3%）和法国（1 369t，占总量的3%）等。前三大进口来源国合计进口48 867t，占全部进口数量的93%。

5. 奶酪进口。2013年我国进口奶酪47 316t，同比增长22.4%；进口额23 106万美元，同比增长24.4%；进口平均价格为4 883美元/t，同比增长1.6%，按汇率6.15计算折合人民币30 030元/t（图3-23）。

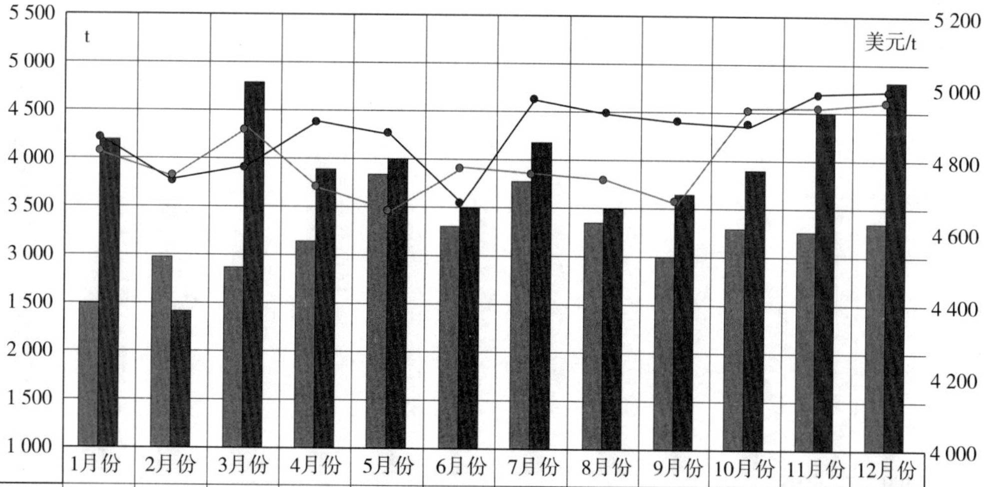

	1月份	2月份	3月份	4月份	5月份	6月份	7月份	8月份	9月份	10月份	11月份	12月份
2012进口量	2 492	2 970	2 864	3 159	3 845	3 318	3 767	3 350	2 989	3 280	3 268	3 362
2013进口量	4 201	2 417	4 808	3 884	4 007	3 486	4 169	3 505	3 638	3 900	4 487	4 814
2012进口价格	4 819	4 755	4 888	4 728	4 660	4 778	4 759	4 744	4 679	4 942	4 948	4 971
2012进口价格	4 861	4 740	4 780	4 902	4 870	4 678	4 966	4 926	4 903	4 899	4 992	4 992

图3-23　我国奶酪月度进口数量及价格（2012.01~2013.12）

主要进口来源国有新西兰（20 030t，占总量的42%）、澳大利亚（11 167t，占总量的24%）和美国（10 010t，占总量的21%）等。前三大进口来源国合计进口41 207t，占全部进口数量的87%。

6. 酪蛋白进口。2013 年我国进口酪蛋白 12 535t，同比下跌 1.8%；进口额 13 864 万美元，同比增长 10.4%；进口平均价格为 11 060 美元 /t，同比增长 13.9%，按汇率 6.15 计算折合人民币 68 019 元 /t。

主要进口来源国有新西兰（9 164t，占总量的 73%）和荷兰（2 106t，占总量的 17%）等，前两大进口来源国合计进口 11 269t，占全部进口数量的 90%。

7. 白蛋白进口。2013 年我国累计进口白蛋白 16 112t，同比增长 39.2%；进口额 19 758 万美元，同比增长 51.5%；进口平均价格为 12 263 美元 /t，同比增长 6.2%，按汇率 6.15 计算折合人民币 75 417 元 /t。

主要进口来源国有德国（7 288t，占总量的 45%）、美国（3 809t，占总量的 24%）和新西兰（3 576t，占总量的 22%）等，前三大进口来源国合计进口 14 673t，占全部进口数量的 91%。

8. 乳糖进口。2013 年我国进口乳糖 83 539t，同比增长 4.6%；进口额 14 484 万美元，同比下跌 7.1%；进口平均价格为 1 734 美元 /t，同比下跌 10.9%，按汇率 6.15 计算折合人民币 10 664 元 /t。

主要进口来源国有美国（65 570t，占总量的 79%）、德国（4 465t，占总量的 5%）和澳大利亚（4 253t，占总量的 5%）等，前三大进口来源国合计进口 74 288t，占全部进口数量的 89%。

（中国奶业协会信息中心）

2013 年乳制品出口情况

2013 年我国乳制品出口形势严峻，出口数量大幅萎缩，其中，干乳制品出口数量同比下跌 43.6%，液态奶出口数量也下跌了 4.8%。出口市场仍然高度集中于中国香港、中国澳门、非洲和周边国家。

2013 年我国全部出口乳制品折合原料奶约为 120 269 t，同比下跌 26.7%。

一、液态奶出口

2013 年我国的液态奶出口整体上表现平稳，出口数量小幅下跌，但出口金额有所上涨。出口规模仍然很小，出口量只占进口量的 13.6%，并且出口目的地高度集中，中国香港占了绝大部分的市场份额，还有中国澳门以及周边一些国家。如果不把香港和澳门算为出口的话，则我国的液态奶出口几乎可以忽略不计。

2013 年我国液态奶（HS0401 和 HS0403）累计出口 26 475 t，同比下跌 4.8%，出口额 2 415 万美元，同比增长 2.3%（图 3–24）。

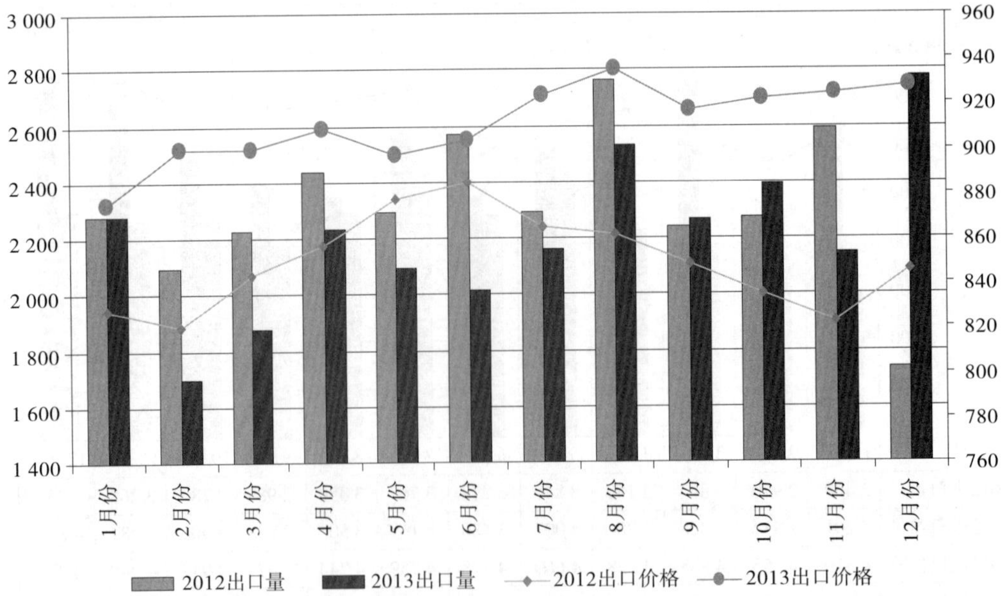

图3–24　我国液态奶月度出口数量及价格（2012.01—2013.12）

1. 鲜奶出口。2013年我国出口鲜奶类产品（HS0401）25 960 t，同比下跌4.8%；出口额2 365万美元，同比增长2.3%；出口平均价格为911美元/t，同比上涨7.5%，按汇率6.15计算折合人民币5 603元/t。

出口目的地主要是中国香港（25 223 t），占全部出口量的97%，另外对中国澳门、新加坡、蒙古和中国台湾等也有少量出口（图3-25）。

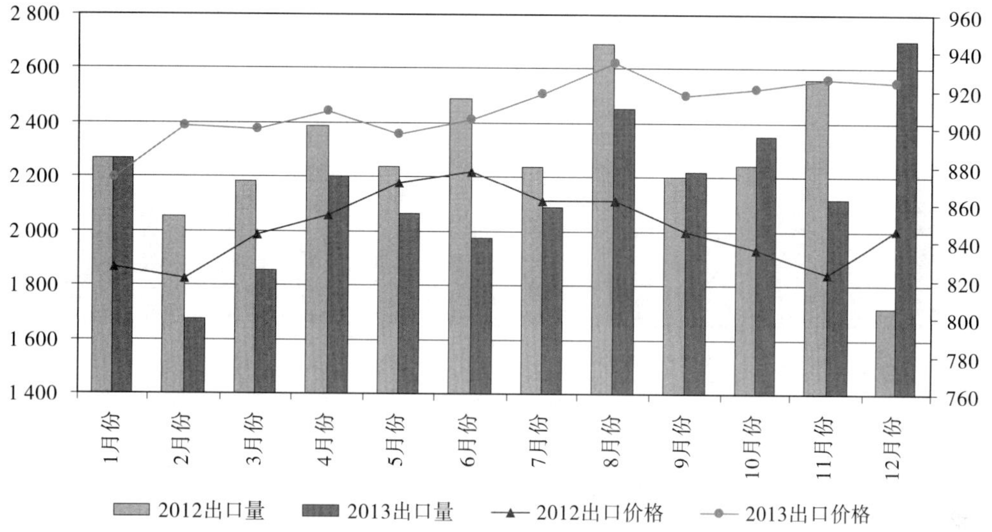

图3-25　我国鲜奶类产品月度出口数量及价格（2012.01—2013.12）

2. 酸奶出口。2013年我国出口酸奶（HS0403）515.2t，同比减少2.0%；出口额50.2万美元，同比增长1.0%；出口平均价格为974.0美元/t，同比上涨6.4%，按汇率6.15计算折合人民币5 990元/t（图3-26）。

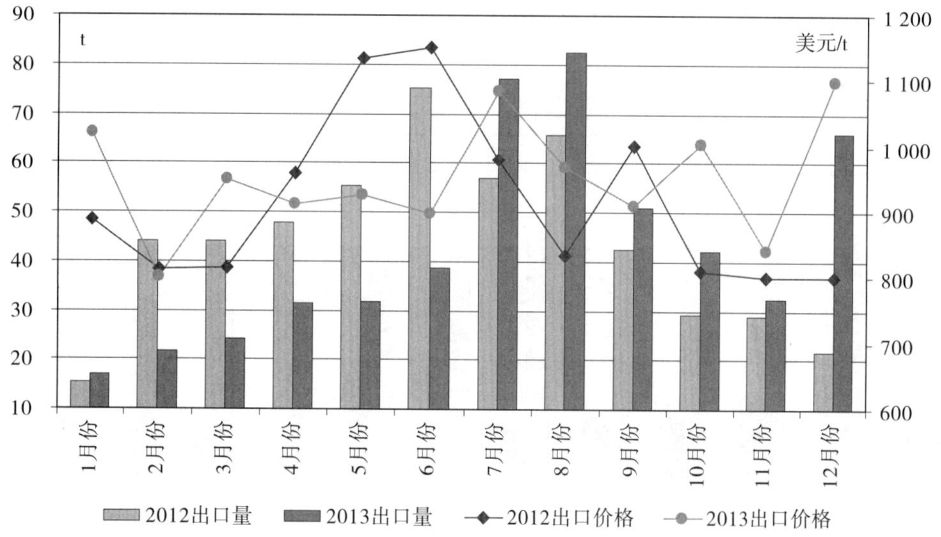

图3-26　我国酸奶月度出口数量及价格（2012.01—2013.12）

出口目的地主要是中国香港（419t，占全部出口量的81%）和蒙古（58t，占全部出口量的11%），另外对朝鲜、新加坡和中国澳门也有少量出口，前两大出口市场合计出口476t，占全部出口数量的92%。

二、干乳制品出口

2013年我国干乳制品（HS0402、HS0404、HS0405、HS0406、HS3501 1000、HS3501 9000、HS3502 2000、HS3502 9000、HS1702 1100、HS1702 1900以及HS1901 1000）累计出口12 353.1t，同比下跌43.6%，出口额5 710.8万美元，同比下跌35.6%。全年出口干乳制品折合原料奶为93794t（图3-27）。

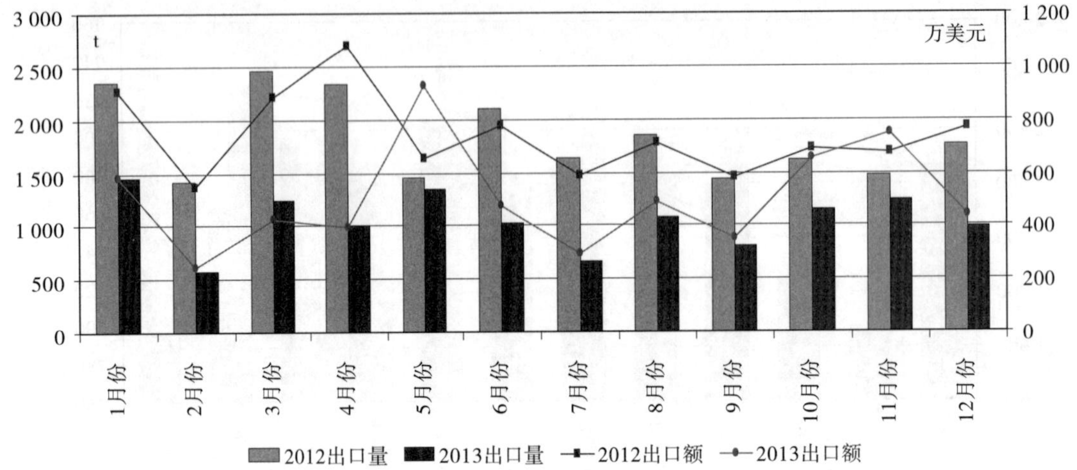

图3-27 我国干乳制品月度出口数量及金额（2012.01—2013.12）

奶粉是我国乳制品出口的一个主要品种，2013年我国奶粉出口数量大幅萎缩，仅相当于进口奶粉85.44万t的0.4%，而且出口市场仅仅局限在香港（占41%市场份额）、周边国家和非洲一些国家。从统计数据上看，我国奶粉的出口价格远远高于进口价格，全年平均价格差达到了4 255元/t。我国奶粉的国际竞争力与新西兰等出口大国还有相当大的差距。

2013年我国出口奶粉3 317.7t，同比下跌65.8%；出口额1 622.1万美元，同比下跌59.3%；出口平均价格为4 889.3美元/t，同比增长18.4%，按汇率6.15计算折合人民币30 069元/t。同期我国进口奶粉的平均价格为25 814元/t，出口奶粉比进口奶粉贵4 255元/t（图3-28）。

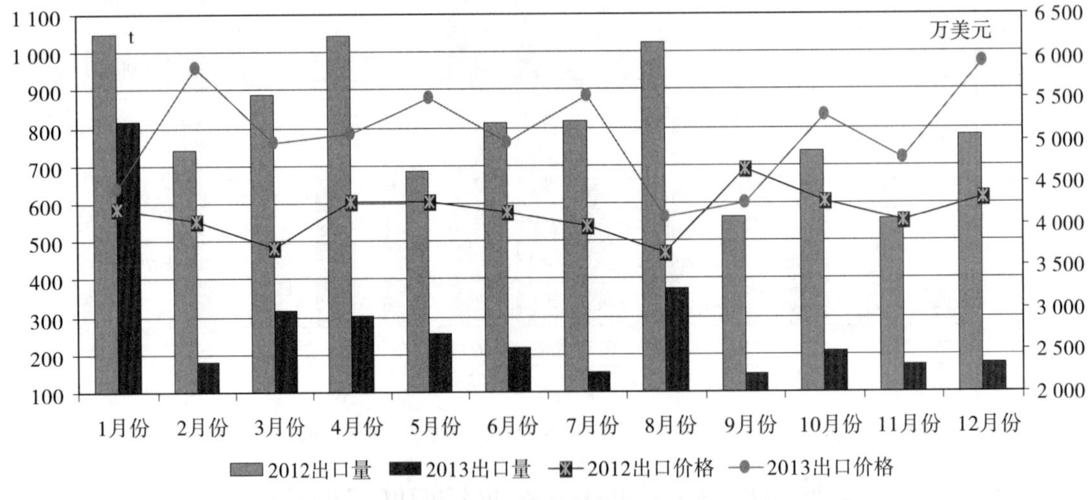

图3-28 我国奶粉月度出口数量及价格（2012.01—2013.12）

我国奶粉出口主要目的地为中国香港(1 358t，占总量的41%)、缅甸(857t，占总量的26%)、朝鲜(365t，占总量的11%)和尼日利亚（323t，占总量的10%）等。前四大出口目的地合计2 903t，占全部出口数量的88%。

2013年我国出口婴幼儿配方奶粉438.1t，出口目的地主要是中国香港（344t，占总量的79%）和澳大利亚（68t，占总量的15%）等，前两大出口目的地合计413t，占全部出口数量的94%。

（中国奶业协会信息中心）

各地奶业

GEDI NAIYE

北 京 市

【奶畜养殖】北京市 2013 年奶牛存栏 14.44 万头，其中，成乳牛 9.11 万头，成乳牛平均单产 6.7 吨。饲养品种主要以荷斯坦牛为主，其他品种奶牛有少量存栏。北京市奶牛养殖在 13 个区县均有分布，主要集中于城市发展新区和生态涵养保护区，形成了以大兴、通州、顺义、房山为主的京南奶牛产业带和以密云、延庆、怀柔为主的京北奶牛产业带（表 4–1）。

表 4–1 北京市奶牛存栏情况

地区	奶牛存栏量（头）	成乳牛存栏量（头）
北京市	144 435	91 128
大兴区	28 601	18 776
通州区	23 036	13 430
密云县	18 837	12 572
顺义区	17 380	11 422
延庆县	16 855	12 051
房山区	14 071	7 118
昌平区	10 821	6 334
怀柔区	9 285	6 598
朝阳区	2 520	1 228
海淀区	1 892	981
平谷区	760	478
丰台区	347	119
门头沟区	30	21

2013 年全市牛奶产量 61.46 万吨，比 2012 年减少 5.5%。其中，城市功能拓展区减少 31.4%，降幅最大；其次为生态涵养发展区，减少 8.7%；城市发展新区减少 1.7%（表 4–2）。

表 4–2 2013 年北京市牛奶产量

单位：吨

区 县	2013	2012	增长速度 (%)
全 市	614 618.3	650 522.2	–5.5
城市功能拓展区	23 929.5	34 904.1	–31.4
朝阳区	12 302.2	16 946.2	–27.4
丰台区	893.0	2 976.7	–70.0
海淀区	10 734.3	14 981.2	–28.3
城市发展新区	399 105.9	405 883.1	–1.7
房山区	42 732.5	34 563.3	23.6
通州区	104 329.3	103 799.3	0.5
顺义区	56 141.6	60 137.7	–6.6
昌平区	51 944.4	56 033.9	–7.3
大兴区	143 958.1	151 348.9	–4.9
生态涵养发展区	191 582.9	209 735.0	–8.7
门头沟区	110.2	565.6	–80.5
怀柔区	43 093.6	45 245.7	–4.8
平谷区	2 428.4	3 382.5	–28.2
密云县	78 679.3	81 573.0	–3.5
延庆县	67 271.4	78 968.2	–14.8

2013年北京生鲜乳收购价格走势呈逐渐升高趋势(表4-3)。本地区未实施保护价措施，牛奶价格主要由市场决定。

表 4-3　2013 年北京市生鲜乳收购价格

月份	1月	2月	3月	4月	5月	6月	7月	8月	9月	10月	11月	12月
价格（元）	3.6	3.6	3.6	3.6	3.7	3.7	3.8	4.0	4.3	4.7	4.9	5.1

【乳品加工】北京市具有乳制品生产许可证的企业有 19 家（详见附表 1），分布于朝阳、通州、丰台、门头沟、房山、顺义、昌平、大兴、平谷、怀柔和密云等区（县）。

北京市乳品企业的产品涵盖了几乎所有的乳制品种类，但在产品形式上主要以酸奶、UHT 奶、巴氏奶等液态奶为主。2013 年全市乳制品产量 58.76 万吨，其中液态奶产量 55.56 万吨。2013 年北京市液态乳及乳制品销售产值为 97.49 亿元。

【奶源基地】

1. 实施标准化、规模化生产，加快转变奶业发展方式。执行《北京市畜牧业发展规划（2010~2015 年）》，遵循北京市现代畜牧业“两心三区四带五网络”的空间布局，从产业布局、技术支撑、体系建设、产业升级等方面开展工作，通过政策引领，带动产业向规模化、标准化、现代化方向发展，对行业发展给予政策、资金等各方面的扶持。通过实施畜牧业“菜篮子”系统工程、奶牛标准化规模场改扩建项目等的实施，对全市奶牛规模养殖场进行标准化改造升级。标准化规模化有力提升了生鲜乳质量安全水平，促进了产业化发展和生产方式转变。全市登记备案存栏 200 头以上的标准化规模奶牛养殖场，存栏奶牛 13.6 万头（详见附表 2、附表 3）。随着奶牛标准化、规模化养殖水平稳步提升，标准化规模化饲养比例达 90% 以上，奶牛良种覆盖率 100%，奶牛养殖场 100% 实现了机械化挤奶。

2. 有效推进了奶牛产业化水平，良种繁育体系进一步完善。北京市以畜禽良种体系强化提升工程为着力点，引导龙头企业开展良种奶牛的引进、扩繁和选育，奶牛良种产业科技示范园区建设取得突破，进一步发挥了良种产业示范、带动和辐射作用。通过国家奶牛良种补贴、奶牛生产性能测定和国家良种工程项目，完善奶牛良种繁育体系，加快奶牛良种化进程，推动良种产业发展，提高市场竞争力，进一步提高优质牛奶生产能力和良种供种能力，为北京市奶牛育种和奶牛品种改良提供遗传资源保障。2013 年共对全市 60 家奶牛场 3.8150 万头奶牛开展了奶牛生产性能测定，乳脂率保持在 3.74%；乳蛋白率为 3.22%；测定日平均产奶量为 30.42kg；体细胞数为 31.12（10 000/mL）。2013 年北京奶牛中心入选奶牛良种补贴项目种公牛数量为 118 头，其中荷斯坦公牛 89 头，娟姗牛 2 头，乳用西门塔尔牛 11 头。

3. 加强饲草种植。2013 年北京全市饲料播种面积 2 250.9 公顷，其中牧草播种面积 363.8 公顷。

【奶农组织】

1. 技术服务体系。北京市形成了市、区县、乡镇、村“四级”奶牛技术服务体系，有效地整合了全市的科技、人才资源，创立了多种形式的产学研合作模式，为北京奶业的健康发展提供了政策、科技与人才的支撑。我市组建的奶牛产业技术体系北京市创新团队，从繁育、营养与饲养、疫病防治、健康养殖、乳品加工、生鲜乳安全和产业经济等领域全方位服务于奶牛产业发展。整合了中国农业大学、中国农科院等科研院所，市区两级畜牧兽医技术推广部门以及大型乳品企业、奶畜养殖场的技术力量。通过“产业技术研发中心——功能研究室——综合试验站——农民田间学校工作站”等的组织架构设计，为科学技术切实“落地”提供了组织保障。团队通过“保姆行动”等技术培训和现场服务的实施，共建立示范点 63 个，示范规模 22 623 头，推广技术 42 项，推广规模 137 490 头；组织农民活动日 383 个，组织培训 105 次，工作指导 139 次，培训人员 8 436 人次。

2. 奶业组织机构。2013 年北京市登记备案的奶业组织机构共有 19 家，分布于全市 10 个区（县），在协助政府进行行业管理，服务行业，维护奶农和行业的合法权益，促进北京奶业产业的健康发展等方面具有重要作用（表 4-4）。

表 4-4　北京市奶业组织机构

序号	名　称	业务主管单位	登记证号	组织机构代码
1	北京市奶业协会	北京市农村工作委员会	001 0029	5 0030 0288
2	北京市延庆县延庆镇奶牛养殖协会	延庆县延庆镇人民政府	181 0104	5 0087 9031
3	北京市延庆县奶牛联合会	延庆县农村工作委员会	181 0082	5 0087 8813
4	北京市延庆县永宁镇奶牛联合会	延庆县永宁镇人民政府	181 0127	5 0087 9269
5	北京市大兴区奶业协会	北京市大兴区畜牧水产服务中心	141 0051	5 0081 350X

（续）

序号	名　称	业务主管单位	登记证号	组织机构代码
6	北京市大兴区采育镇奶业产销协会	大兴区采育镇人民政府	141 0118	5 0081 4174
7	北京市大兴区采育镇奶牛养殖协会	北京市大兴区畜牧水产服务中心	141 0084	5 0081 3833
8	北京市怀柔区怀北镇奶业协会	北京市怀柔区农业委员会	161 0199	5 0084 9991
9	北京市怀柔区怀柔镇日兴奶业协会	北京市怀柔区农业委员会	161 0185	5 0084 9852
10	北京市怀柔区杨宋镇奶业协会	北京市怀柔区农业委员会	161 0068	5 0084 8673
11	北京市怀柔区奶业协会	北京市怀柔区农业委员会	161 0053	5 0084 8526
12	北京市房山区长阳镇奶牛协会	房山区长阳镇政府	101 0097	5 0073 0966
13	北京市密云县小母牛项目服务中心	密云县农业委员会	173 0016	7 4470 6102
14	北京昌平奶业协会	北京市昌平区农业服务中心	111 0038	
15	北京市顺义区顺鑫农奶牛合作社	北京市顺义区仁和地区办事处	121 0047	7 3346 9223
16	北京市顺义区奶业协会	北京市顺义区动物卫生监督管理局	121 0062	5 0077 3595
17	平谷区刘家店镇奶牛养殖协会	北京市平谷区刘家店镇人民政府	151 0090	5 0083 3885
18	平谷区马昌营镇奶牛协会	北京市平谷区马昌营镇人民政府	151 0074	5 0083 372X
19	北京市门头沟区奶牛协会	北京市门头沟区农业发展服务中心	091 0002	5 0071 5213

3. 奶农专业合作社。北京市登记开业的奶农专业合作社 194 家（表 4–5），分布于全市 9 个区（县）。主要集中于延庆县、怀柔区、密云县和大兴区。

表 4–5　北京市登记开业的奶农专业合作社分布情况

区县	昌平区	大兴区	房山区	怀柔区	密云县	平谷区	顺义区	通州区	延庆县
数量	5	14	6	34	20	1	3	7	104

【政策法规】扶持政策。北京市通过奶牛良种补贴、奶牛生产性能测定，加快奶牛良种化进程；通过北京市畜牧业“菜篮子”系统工程、奶牛标准化规模场改扩建项目，开展规模化、标准化奶牛养殖场改造提升工程；通过组织实施国家良种工程建设项目，推动畜禽养殖标准化示范工程，完成良种奶牛科技园建设。

地方标准。截至到 2013 年底，北京市制定与奶牛产业相关的地方标准共计 11 项，对推动本地区奶牛产业规范、健康、有序发展起到积极作用（表 4–6）。

表 4–6　北京市奶牛产业地方标准

标准号	标准中文名称	实施日期
DB11/T 1021–2013	奶牛电子耳标技术规范	2014/2/1
DB11/T 150.1–2002	奶牛饲养管理技术规范 第 1 部分：育种	2002/4/1
DB11/T 150.2–2002	奶牛饲养管理技术规范 第 2 部分：繁殖	2002/4/1
DB11/T 150.3–2002	奶牛饲养管理技术规范 第 3 部分：饲养与饲料	2002/4/1
DB11/T 150.4–2002	奶牛饲养管理技术规范 第 4 部分：卫生保健	2002/4/1
DB11/T 150.5–2007	奶牛饲养管理技术规范 第 5 部分：卫生防疫	2007/12/1
DB11/T 425–2007	种奶牛场舍区、场区、缓冲区环境质量	2007/3/15

（续）

标准号	标准中文名称	实施日期
DB11/T 426-2007	奶牛场舍区、场区、缓冲区环境质量	2007/3/15
DB11/T 631-2009	有机生鲜乳生产技术规范	2009/5/1
DB11/T 708-2010	生鲜乳收购站建设与管理技术规范	2010/8/1
DB11/T 868-2012	生鲜乳贮运技术规范	2012/9/1

【质量监管】北京市奶业发展和生鲜乳质量安全监管工作取得了长足进展，全市围绕建设都市型现代畜牧业目标，认真贯彻落实中央各项扶持政策，通过强化生鲜乳行政管理、监督执法和监督监测“三位一体”管理模式，确定并贯彻落实了“调结构、上水平、创品牌、占高端、保安全、增效益”的十八字发展方针。全年未发生重大生鲜乳质量安全事件。

1. 狠抓标准化、规模化生产，加快转变奶业发展方式。从产业布局、技术支撑、体系建设、产业升级等方面开展工作，通过政策引领，带动产业向规模化、标准化、现代化方向发展，对行业发展给予政策、资金等各方面的扶持。通过实施畜牧业“菜篮子”系统工程、奶牛标准化规模场改扩建项目等的实施，对全市奶牛规模养殖场进行标准化改造升级。标准化规模化有力提升了生鲜乳质量安全水平，促进了产业化发展和生产方式转变。

2. 狠抓专项整治，深入推进执法监管。连续六年在全市范围组织开展了生鲜乳质量安全整治活动，以生鲜乳生产、收购和运输为重点环节，以全市生鲜乳收购站“两证一单”制度（生鲜乳收购许可证、生鲜乳准运证、生鲜乳交接单）、进货查验制度等为主要抓手，按照“风险分级、量化监督、档案管理”的监管模式，深入开展畜牧兽医综合执法，进一步强化生鲜乳日常监管。2013年全市动物卫生监督机构通过专项检查、联合检查、集中检查、突击夜查等形式，出动执法人员4 596人次，检查奶畜养殖场、生鲜乳收购站等各类场所2 165个次，纠正记录不规范等问题61起。通过保持高压执法态势，对违法行为予以坚决打击，对生鲜乳生产行业中的不法分子形成了强大的威慑力，从而有利于净化市场环境，保护人民利益。

3. 狠抓监测检验，提高风险预警和防范能力。结合北京市实际，制订了北京市生鲜乳专项检测计划，在认真完成农业部生鲜乳质量安全监测和飞行监测工作的基础上，着力开展市级监测，监测对象涵盖全部生鲜乳收购站，并大幅度扩大养殖环节监测范围，提高监测工作的客观性和针对性，增强监测工作的预警作用；执法机构（市动物卫生监督所）开展执法采样，实行检打联动，进一步提升了质量安全风险防范能力。2013年市级监测597批次生鲜乳样品，三聚氰胺、β－内酰胺酶等违禁物质检测合格率100%，全年未发生生鲜乳质量安全事件。

4. 狠抓技术推广和培训，切实强化奶业生产技术支撑作用。我市组建的“四级”奶牛技术服务体系和奶牛产业技术体系北京市创新团队从繁育、营养与饲养、疫病防治、健康养殖、乳品加工、生鲜乳安全和产业经济等领域全方位服务于奶牛产业发展，保障科学技术切实“落地”。

5. 有效推进首都“菜篮子”生鲜乳保障体系建设。标准化规模奶牛养殖场比例进一步提高，奶牛良种覆盖率100%，生鲜乳违禁物质监测合格率100%。

6. 有效推进了奶牛产业化水平，良种繁育体系进一步完善。引导龙头企业开展良种奶牛的引进、扩繁和选育，全市奶牛良种繁育体系进一步完善。

7. 有效推进了生鲜乳生产经营秩序的规范有序。通过集中生鲜乳收购站清理整顿工作，北京市的奶站数量调整为42个，其中乳品企业性质13个、奶农专业合作社性质12个、奶畜养殖场性质17个，奶站布局遵循重点地区重点发展、集中设置、高水平的原则，并备有生鲜乳运输车辆185辆，根据全市奶牛养殖优势区域分布及奶业发展需求，重点集中在怀柔、大兴、延庆、密云、顺义等区县。

8. 有效推进监管体系建设，切实提升生鲜乳质量安全水平。全市生鲜乳质量安全监管体系进一步完善，各区县按照属地管理的原则，扎实开展生鲜乳行政管理、监督执法和检验检测工作。完善了企业自检、辖区抽检和市级检测的生鲜乳检测体系，全年市级监测情况看，三聚氰胺等违禁物质检测合格率100%。全年未发生重大生鲜乳质量安全事件。

【奶业大事】3月30~31日，“首届全国奶牛精细化管理高峰论坛暨奶牛精细化饲养关键技术与设施设备研讨会”在北京召开。农业部畜牧业司王宗礼副司长和北京市农业局马荣才副局长、国家奶牛产业技术体系首席科学家李胜利教授和奶牛产业技术体系北京市创新团队首席专家路永强研究员出席此次会议。

4月21日，由奶牛产业技术体系北京市创新团队与中国奶业信息网联合创办的《奶业在线》直投刊物发行。

5月7日，北京市纪委书记叶青纯、市科委主任闫傲霜、大兴区委书记李长友等莅临三元食品工业园参观调研。

7月5日，中央政治局委员、北京市委书记郭金龙调研三元食品工业园，并听取了企业生产工作汇报。

8月16日，国家食品药品监督管理总局副局长孙咸泽莅临三元食品工业园调研。

10月16日，科技部张来武副部长一行调研三元食品工业园。

10月17日，工信部总工程师朱宏任及北京市副市长林克庆调研三元食品工业园，并听取了工作汇报。

附表1　北京市乳制品生产企业及主要产品

序号	企业名称	主要产品名称	所属区县
1	北京三元食品股份有限公司乳品一厂	乳制品[液体乳（巴氏杀菌乳、调制乳、灭菌乳、发酵乳）]	朝阳
2	北京圣祥乳制品厂	乳制品[液体乳（发酵乳）]	丰台
3	北京龙泉乳品公司	乳制品[液体乳（发酵乳）]	门头沟
4	北京天顺华乳品有限公司	乳制品[液体乳（发酵乳）]	房山
5	奥德华乳品（北京）有限公司	乳制品[液体乳（巴氏杀菌乳、发酵乳）、其他乳制品（奶油]	房山
6	蒙牛乳业（北京）有限责任公司	乳制品[液体乳（巴氏杀菌乳、灭菌乳、调制乳、发酵乳）]	通州
7	北京科尔沁乳业有限公司	乳制品[液体乳（发酵乳、灭菌乳)]	通州
8	北京三元食品股份有限公司乳品八厂	乳制品[液体乳（巴氏杀菌乳、调制乳、发酵乳）]	通州
9	北京鑫华星乳业有限责任公司	乳制品[液体乳（发酵乳）]	通州
10	北京光明健能乳业有限公司	乳制品[液体乳（灭菌乳、调制乳、巴氏杀菌乳、发酵乳）]	顺义
11	北京天辰乳业有限公司	乳制品[液体乳（巴氏杀菌乳、灭菌乳、发酵乳、调制乳）]	顺义
12	北京军顺乳业有限公司	乳制品[液体乳（巴氏杀菌乳、发酵乳）]	顺义
13	北京三元食品股份有限公司乳品四厂	乳制品[乳粉(全脂乳粉、脱脂乳粉、调制乳粉)、其他乳制品(奶油、干酪）]	昌平
14	北京和润乳制品厂	乳制品[液体乳（巴氏杀菌乳、发酵乳）、其他乳制品（奶油、干酪）]	大兴
15	北京乳旺食品有限公司	乳制品[液体乳（调制乳）]	平谷
16	达能乳业（北京）有限公司	乳制品[液体乳（发酵乳）]	怀柔
17	北京百思乐乳业有限公司	饮料（蛋白饮料类）	怀柔
18	北京鸿达乳品有限公司	乳制品[液体乳（发酵乳）、其他乳制品（奶油、干酪）]	怀柔
19	内蒙古伊利实业集团股份有限公司北京乳品厂	乳制品[液体乳（发酵乳）、乳粉（全脂乳粉）]	密云

附表2　2013年北京市备案的规模化奶牛养殖场分布情况

区（县）	500头以下	500~999头	1 000~1 999头	2 000头以上	合计
大兴区	31	9	4	4	48
延庆县	36	16	2	0	54
密云县	5	12	5	6	28
怀柔区	5	20	7	0	32
通州区	7	7	5	1	20
房山区	3	6	5	1	15

（续）

区（县）	500头以下	500~999头	1 000~1 999头	2 000头以上	合计
顺义区	3	6	4	2	15
平谷区	3	1	0	0	4
昌平区	10	1	3	1	15
合计	103	78	35	15	231

备注：数据来自2013年北京市畜禽养殖场（小区）登记备案统计数据

附表3　2013年北京市设计规模500头及以上养殖场名录

序号	名　称	设计规模（头）	品种
1	北京海华云都生态农业有限公司三场	10 000	荷斯坦
2	北京李各庄奶牛养殖专业合作社	5 000	荷斯坦
3	北京市沧达农工商公司	3 700	荷斯坦
4	北京市北务广峰养殖场	3 200	荷斯坦
5	北京海华云都生态农业有限公司二场	3 000	荷斯坦
6	北京中地畜牧科技有限公司	3 000	荷斯坦
7	北京市三元绿荷奶牛养殖中心金银岛牧场	2 500	荷斯坦
8	北京圣兴达养殖有限公司	2 500	荷斯坦
9	北京海华云都生态农业股份有限公司	2 300	荷斯坦
10	南口二牛场	2 250	荷斯坦
11	北京三元绿荷养殖中心金星牛场	2 200	荷斯坦
12	北京安怡牧业有限公司	2 000	荷斯坦
13	北京建军振兴养殖场	2 000	荷斯坦
14	北京利元兴养殖专业合作社	2 000	荷斯坦
15	国营北京市永乐店农场奶牛场（中以示范牛场）	2 000	荷斯坦
16	北京三元绿荷奶牛养殖中心三分部北郊一牛场	1 889	荷斯坦
17	北京欧润奶牛专业合作社	1 600	荷斯坦
18	北京义鹏养殖场	1 568	荷斯坦
19	北京益大牧业有限公司	1 500	荷斯坦
20	三元绿荷北郊三牛场	1 500	荷斯坦
21	北京飞鹏万里养殖专业合作社	1 500	荷斯坦
22	北京牛瑞祥奶牛养殖有限公司	1 500	荷斯坦
23	北京华忠奶牛专业合作社	1 500	荷斯坦
24	北京安定棚枫养殖场	1 400	荷斯坦

（续）

序号	名　称	设计规模（头）	品种
25	北京天辰乳业有限公司	1 270	荷斯坦
26	北京大兴康乃兴养殖场	1 231	荷斯坦
27	南口三牛场	1 210	荷斯坦
28	北京中地种畜股份有限公司	1 200	荷斯坦
29	北京三元绿荷奶牛养殖中心长阳分部（三场）	1 200	荷斯坦
30	国营北京市永乐店农场草厂奶牛场	1 200	荷斯坦
31	北京奶牛中心良种场	1 150	荷斯坦
32	北京市三元绿荷奶牛养殖中心鹿圈牛场	1 120	荷斯坦
33	北京三元绿荷奶牛养殖中心长阳分部（四场）	1 070	荷斯坦
34	北京华盏养殖场	1 000	荷斯坦
35	北京科利达养殖场	1 000	荷斯坦
36	北京浅山牧业有限责任公司	1 000	荷斯坦
37	润民奶牛场	1 000	荷斯坦
38	北京延照富民奶牛养殖中心	1 000	荷斯坦
39	北京梦渌通养殖有限公司	1 000	荷斯坦
40	北京三农嘉华农牧业科技有限公司	1 000	荷斯坦
41	北京三力源牧业发展有限公司	1 000	荷斯坦
42	北京三元绿荷奶牛养殖中心长阳分部（二场）	1 000	荷斯坦
43	北京市牧豪养殖有限公司	1 000	荷斯坦
44	北京万家兴业种养殖专业合作社	1 000	荷斯坦
45	北京茂兴奶牛养殖有限公司	1 000	荷斯坦
46	北京市绿荷隆茂奶牛养殖有限公司	1 000	荷斯坦
47	北京绿源宇鑫奶牛养殖专业合作社	1 000	荷斯坦
48	北京市福乐奶牛场	1 000	荷斯坦
49	北京永乐治达养殖场	1 000	荷斯坦
50	北京市漷县昌华养殖场	1 000	荷斯坦
51	北京中加永宏科技有限公司（赵营牛场）	830	荷斯坦
52	北京康祝养殖中心	815	荷斯坦
53	北京康源奶牛有限责任公司	800	荷斯坦
54	北京市久兴养殖场	800	荷斯坦
55	北京市合家欢奶牛养殖场	800	荷斯坦
56	北庄南山奶牛养殖场	800	荷斯坦

（续）

序号	名　称	设计规模（头）	品种
57	北京伟博萌养殖合作社	800	荷斯坦
58	富香民奶牛养殖专业合作社	800	荷斯坦
59	北京万众兴利奶牛养殖专业合作社	800	荷斯坦
60	北京富鑫奶牛养殖专业合作社	800	荷斯坦
61	北京张各庄奶牛专业合作社	800	荷斯坦
62	北京东方古运奶牛养殖有限公司	720	荷斯坦
63	北京三元绿荷养殖中心太和牛场	700	荷斯坦
64	北京红运正通养殖场	700	荷斯坦
65	北京茂茂盛奶牛养殖场	700	荷斯坦
66	北京小段奶牛合作社	700	荷斯坦
67	北京昭阳牧场	700	荷斯坦
68	北京里二泗奶牛养殖场	700	荷斯坦
69	北京宏兴成养殖有限公司	600	荷斯坦
70	北京新华兴源奶牛合作社	600	荷斯坦
71	北京奔鑫园奶牛专业合作社	600	荷斯坦
72	闫庄富壮牧场	600	荷斯坦
73	北京延柏大柏老聚八方奶牛养殖专业合作社	600	荷斯坦
74	后吕庄奶牛养殖小区	600	荷斯坦
75	北京金鑫园奶牛中心	600	荷斯坦
76	北京龙头爱民奶牛场	600	荷斯坦
77	北京金顺京北奶牛养殖场	600	荷斯坦
78	北京双萍养殖有限公司	600	荷斯坦
79	北京梭草养殖专业合作社	600	荷斯坦
80	北京天蓝蓝牧场	600	荷斯坦
81	北京润民奶牛养殖有限公司（原天龙养殖场）	600	荷斯坦
82	北京诚信庄园养殖有限公司	600	荷斯坦
83	北京源祥养殖场	600	荷斯坦
84	北京市年丰奶牛养殖场	600	荷斯坦
85	北京北房安各庄养殖场	600	荷斯坦
86	北京牛元乳业有限公司	600	荷斯坦
87	北京市德瑞养殖场	600	荷斯坦
88	北京市宋庄奶牛养殖合作社	600	荷斯坦

（续）

序号	名　称	设计规模（头）	品种
89	北京长阳益民奶牛专业合作社	580	荷斯坦
90	北京东方绿康奶牛养殖专业合作社	560	荷斯坦
91	北京兴利鹏奶牛养殖中心	560	荷斯坦
92	北京市向阳奶牛场	560	荷斯坦
93	北京香新诚心种植专业合作社	550	荷斯坦
94	北京星宝奶牛场	550	荷斯坦
95	北京兴发旧县奶牛场	520	荷斯坦
96	北京旺龙达奶牛养殖合作社	510	荷斯坦
97	北京榆树庄养殖有限公司	500	荷斯坦
98	田营腾龙奶牛场	500	荷斯坦
99	北京天盛奶牛场	500	荷斯坦
100	北京庞各庄薛营创新奶牛养殖场	500	荷斯坦
101	北京亦庄四海富有养殖场	500	荷斯坦
102	北京海华云都生态农业股份有限公司	500	荷斯坦
103	北京茂源奶牛场	500	荷斯坦
104	北京海联养殖场	500	荷斯坦
105	北京仁昌奶牛专业合作社	500	荷斯坦
106	北京统军庄正阳牛场	500	荷斯坦
107	北京乡元奶牛养殖专业合作社	500	荷斯坦
108	北京成立志华奶牛小区	500	荷斯坦
109	夏都顺兴养殖中心	500	荷斯坦
110	北京东发奶牛合作社	500	荷斯坦
111	北京天意双兴养殖专业合作社	500	荷斯坦
112	北京运昌奶牛养殖专业合作社	500	荷斯坦
113	北京望加养殖中心	500	荷斯坦
114	北京森茂种植有限公司	500	荷斯坦
115	北京红山石养殖专业合作社	500	荷斯坦
116	北京万家鼎盛养殖专业合作社	500	荷斯坦
117	北京多多奶牛专业合作社	500	荷斯坦
118	北京哈哈乐养殖专业合作社	500	荷斯坦
119	北京杨宋安乐奶牛养殖专业合作社	500	荷斯坦
120	北京永宏奶牛养殖有限责任公司	500	荷斯坦

（续）

序号	名　称	设计规模（头）	品种
121	北京日兴奶牛养殖合作社	500	荷斯坦
122	北京彩云泉养殖场	500	荷斯坦
123	北京裕丰兴养殖专业合作社	500	荷斯坦
124	北京市庙城家逵奶牛专业合作社	500	荷斯坦
125	北京勃毅奶牛养殖专业合作社	500	荷斯坦
126	北京市涛辉奶牛养殖场	500	荷斯坦
127	北京金涛养殖场	500	荷斯坦
128	北京峡谷盛隆奶牛养殖专业合作社	500	荷斯坦

备注：数据来自 2013 年北京市畜禽养殖场（小区）登记备案统计数据

附表 4　北京市登记开业的奶农专业合作社名单

序号	农民专业合作组织名称	所属区县	登记注册号
1	北京京昌宏达奶牛专业合作社	昌平区	110 1140 1068 9463
2	北京香澳浓奶牛专业合作社	昌平区	110 1140 1114 4604
3	北京众联新农奶牛专业合作社	昌平区	110 1140 1125 0450
4	北京龙虎台奶牛专业合作社	昌平区	110 1140 1127 2202
5	北京市霞光奶牛养殖专业合作社	昌平区	110 1140 1266 6123
6	北京鹏宇奶牛专业合作社	大兴区	110 1150 1054 3002
7	北京兴牧富民奶牛专业合作社	大兴区	110 1150 1056 5382
8	北京创新薛营奶牛专业合作社	大兴区	110 1150 1056 5462
9	北京市华荣牧兴奶牛养殖专业合作社	大兴区	110 1150 1057 3949
10	北京安定兴宇奶牛专业合作社	大兴区	110 1150 1058 0702
11	北京小谷店东升奶牛养殖专业合作社	大兴区	110 1150 1058 4481
12	北京兴成华典奶牛专业合作社	大兴区	110 1150 1062 7629
13	北京市康奶兴奶牛专业合作社	大兴区	110 1150 1067 1456
14	北京天天亿佰奶牛专业合作社	大兴区	110 1150 1095 4174
15	北京佟营凯跃畜牧养殖专业合作社	大兴区	110 1150 1111 2530
16	北京望隆养殖专业合作社	大兴区	110 1150 1150 1689
17	北京亿牧银丰奶牛专业合作社	大兴区	110 1150 1263 2616
18	北京礼贤山水堂畜牧养殖专业合作社	大兴区	110 1150 1271 7135
19	北京东方绿康奶牛养殖专业合作社	大兴区	110 1150 1274 2913
20	北京长阳益民奶牛专业合作社	房山区	110 1110 1037 5464

（续）

序号	农民专业合作组织名称	所属区县	登记注册号
21	北京兴双萍奶牛养殖专业合作社	房山区	110 1110 1064 5742
22	北京惠源日盛奶牛养殖专业合作社	房山区	110 1110 1072 7515
23	北京市贺春香奶牛养殖专业合作社	房山区	110 1110 1098 7718
24	北京杰源达畜牧养殖专业合作社	房山区	110 1110 1104 5442
25	北京玉虎奶牛养殖专业合作社	房山区	110 1110 1119 9097
26	北京张各庄奶牛专业合作社	怀柔区	110 1160 1042 0288
27	北京奥锋奶牛专业合作社	怀柔区	110 1160 1042 9898
28	北京四季养殖专业合作社	怀柔区	110 1160 1042 9978
29	北京仙台奶牛养殖专业合作社	怀柔区	110 1160 1043 2221
30	北京兴万家奶牛专业合作社	怀柔区	110 1160 1043 2424
31	北京源吉养殖专业合作社	怀柔区	110 1160 1043 7566
32	北京市万众兴利奶牛养殖专业合作社	怀柔区	110 1160 1044 1216
33	北京多多奶牛专业合作社	怀柔区	110 1160 1044 4071
34	北京常旺达养殖专业合作社	怀柔区	110 1160 1044 6680
35	北京四季兴盛奶牛养殖专业合作社	怀柔区	110 1160 1044 6892
36	北京梭草养殖专业合作社	怀柔区	110 1160 1044 8371
37	北京怀季旺养殖专业合作社	怀柔区	110 1160 1045 0547
38	北京万家兴业种养殖专业合作社	怀柔区	110 1160 1045 3775
39	北京怀季发养殖专业合作社	怀柔区	110 1160 1046 7955
40	北京华忠奶牛专业合作社	怀柔区	110 1160 1047 0507
41	北京市天赐祥养殖专业合作社	怀柔区	110 1160 1047 5019
42	北京青草源奶牛养殖专业合作社	怀柔区	110 1160 1047 8038
43	北京贵杰玉华养殖专业合作社	怀柔区	110 1160 1049 1027
44	北京市庙城家逵奶牛专业合作社	怀柔区	110 1160 1054 0969
45	北京王氏伟业奶牛养殖专业合作社	怀柔区	110 1160 1055 8388
46	北京市杨宋安康利世奶牛专业合作社	怀柔区	110 1160 1056 7196
47	北京欧润奶牛专业合作社	怀柔区	110 1160 1061 4160
48	北京哈哈乐养殖专业合作社	怀柔区	110 1160 1063 4012
49	北京红兴富贵养殖专业合作社	怀柔区	110 1160 1063 7078
50	北京福瑞源种养殖专业合作社	怀柔区	110 1160 1071 2130
51	北京盛康顺源奶牛养殖专业合作社	怀柔区	110 1160 1121 0838
52	北京兴日奶牛养殖专业合作社	怀柔区	110 1160 1130 6027

（续）

序号	农民专业合作组织名称	所属区县	登记注册号
53	北京勃毅奶牛养殖专业合作社	怀柔区	110 1160 1139 6262
54	北京富鑫奶牛养殖专业合作社	怀柔区	110 1160 1142 1394
55	北京杨宋安乐奶牛养殖专业合作社	怀柔区	110 1160 1142 1492
56	北京裕丰兴养殖专业合作社	怀柔区	110 1160 1144 9803
57	北京飞鹏万里养殖专业合作社	怀柔区	110 1160 1146 7157
58	北京政兴农养殖专业合作社	怀柔区	110 1160 1265 7467
59	北京福禾园奶牛养殖专业合作社	怀柔区	110 1160 1405 4344
60	北京乡元奶牛养殖专业合作社	密云县	110 2280 1054 9328
61	北京森森奶牛养殖专业合作社	密云县	110 2280 1058 9770
62	北京涌昊奶牛养殖专业合作社	密云县	110 2280 1061 1328
63	北京市海润奶牛养殖专业合作社	密云县	110 2280 1062 3186
64	北京李各庄奶牛养殖专业合作社	密云县	110 2280 1063 3684
65	北京市裕农奶牛养殖专业合作社	密云县	110 2280 1067 1999
66	北京宏特奶牛养殖专业合作社	密云县	110 2280 1071 1726
67	北京良缘奶牛养殖专业合作社	密云县	110 2280 1088 7575
68	北京鑫淼森奶牛养殖专业合作社	密云县	110 2280 1095 8767
69	北京心连心奶牛养殖专业合作社	密云县	110 2280 1097 5052
70	北京宏盛胜利养殖专业合作社	密云县	110 2280 1132 4097
71	北京李各庄奶牛养殖专业合作社第一分场	密云县	110 2280 1133 5348
72	北京瑞蓝同鑫养殖专业合作社	密云县	110 2280 1145 1899
73	北京润民同鑫奶牛养殖专业合作社	密云县	110 2280 1147 3679
74	北京东联盛业奶牛养殖专业合作社	密云县	110 2280 1148 3850
75	北京仁昌奶牛专业合作社	密云县	110 2280 1194 4015
76	北京兴龙顺奶牛养殖专业合作社	密云县	110 2280 1211 8529
77	北京苇子峪养殖专业合作社	密云县	110 2280 1231 7411
78	北京正阳奶牛专业合作社	密云县	110 2280 1307 4081
79	北京北庄虹祥养殖专业合作社	密云县	110 2280 1445 1262
80	北京峡谷盛隆奶牛养殖专业合作社	平谷区	110 1170 1252 1061
81	北京市石家营养殖专业合作社	顺义区	110 1130 1058 1388
82	北京龙北奶牛专业合作社	顺义区	110 1130 1076 9741
83	北京民禾诚奶牛专业合作社	顺义区	110 1130 1188 8204
84	北京福聚兴旺奶牛养殖专业合作社	通州区	110 1120 0957 8809

（续）

序号	农民专业合作组织名称	所属区县	登记注册号
85	北京于家务村奶牛养殖专业合作社	通州区	110 1120 1069 6690
86	北京昌顺达养殖专业合作社	通州区	110 1120 1179 1219
87	北京兴通顺达养殖专业合作社	通州区	110 1120 1179 1421
88	北京绿源宇鑫奶牛养殖专业合作社	通州区	110 1120 1188 3062
89	北京安顺盛弘养殖专业合作社	通州区	110 1120 1252 4326
90	北京源康奶牛养殖专业合作社	通州区	110 1120 1268 4895
91	北京市万方奶牛养殖专业合作社	延庆县	110 2290 0167 0253
92	北京市富岭奶牛专业合作社	延庆县	110 2290 0330 2480
93	北京富香民奶牛养殖专业合作社	延庆县	110 2290 0376 7732
94	北京延柏大柏老聚八方奶牛专业合作社	延庆县	110 2290 0701 6691
95	北京健宇养殖专业合作社	延庆县	110 2290 1042 5829
96	北京共创发达养殖专业合作社	延庆县	110 2290 1042 8921
97	北京延联奶牛养殖专业合作社	延庆县	110 2290 1042 8956
98	北京留怀奶牛养殖专业合作社	延庆县	110 2290 1042 9174
99	北京安泰养殖专业合作社	延庆县	110 2290 1042 9764
100	北京华利养殖专业合作社	延庆县	110 2290 1043 0086
101	北京市云陆养殖专业合作社	延庆县	110 2290 1043 5453
102	北京祥顺强奶牛养殖专业合作社	延庆县	110 2290 1043 5488
103	北京市博取奶牛养殖专业合作社	延庆县	110 2290 1043 5496
104	北京留四养殖专业合作社	延庆县	110 2290 1043 5523
105	北京金满囤养殖专业合作社	延庆县	110 2290 1043 5540
106	北京满君养殖专业合作社	延庆县	110 2290 1043 5558
107	北京全顺亮奶牛养殖专业合作社	延庆县	110 2290 1043 5566
108	北京艳春海奶牛养殖专业合作社	延庆县	110 2290 1043 5582
109	北京市福盛昌奶牛养殖专业合作社	延庆县	110 2290 1043 5603
110	北京金进财奶牛养殖专业合作社	延庆县	110 2290 1043 5611
111	北京市家佳运养殖专业合作社	延庆县	110 2290 1043 5646
112	北京成华养殖专业合作社	延庆县	110 2290 1043 5662
113	北京来银奶牛养殖专业合作社	延庆县	110 2290 1043 5679
114	北京赵石柱奶牛养殖专业合作社	延庆县	110 2290 1043 5687
115	北京延柏瑞华养殖专业合作社	延庆县	110 2290 1043 5695
116	北京崔建永养殖专业合作社	延庆县	110 2290 1043 8849

（续）

序号	农民专业合作组织名称	所属区县	登记注册号
117	北京秋利吉祥奶牛养殖专业合作社	延庆县	110 2290 1044 2918
118	北京建兴旺盛养殖专业合作社	延庆县	110 2290 1045 0126
119	北京金牛壮壮养殖专业合作社	延庆县	110 2290 1045 3399
120	北京市姚家院养殖专业合作社	延庆县	110 2290 1045 3446
121	北京永吉养殖专业合作社	延庆县	110 2290 1045 3462
122	北京滨江源养殖专业合作社	延庆县	110 2290 1045 3479
123	北京三顺养殖专业合作社	延庆县	110 2290 1045 3567
124	北京玉龙腾达奶牛专业合作社	延庆县	110 2290 1045 3735
125	北京旺源盛养殖专业合作社	延庆县	110 2290 1045 3743
126	北京通兴顺发养殖专业合作社	延庆县	110 2290 1045 3751
127	北京和平永泉养殖专业合作社	延庆县	110 2290 1045 3760
128	北京德满养殖专业合作社	延庆县	110 2290 1045 3786
129	北京增林祥奶牛养殖专业合作社	延庆县	110 2290 1045 4990
130	北京建军养殖专业合作社	延庆县	110 2290 1045 6761
131	北京顺康燕养殖专业合作社	延庆县	110 2290 1045 6823
132	北京聚旺源养殖专业合作社	延庆县	110 2290 1045 6899
133	北京国林奶牛养殖专业合作社	延庆县	110 2290 1045 6938
134	北京闫承石养殖专业合作社	延庆县	110 2290 1045 7043
135	北京松宽养殖专业合作社	延庆县	110 2290 1046 3701
136	北京熊付有养殖专业合作社	延庆县	110 2290 1046 5607
137	北京万事真诚养殖专业合作社	延庆县	110 2290 1046 5666
138	北京市延永新养殖专业合作社	延庆县	110 2290 1046 5738
139	北京五福临门养殖专业合作社	延庆县	110 2290 1046 6755
140	北京万家旺奶牛养殖专业合作社	延庆县	110 2290 1046 6780
141	北京下垙同心奶牛养殖专业合作社	延庆县	110 2290 1046 7032
142	北京夏都春生养殖专业合作社	延庆县	110 2290 1046 7274
143	北京大地群生养殖专业合作社	延庆县	110 2290 1046 7602
144	北京群富奶牛专业合作社	延庆县	110 2290 1046 8829
145	北京刘德才养殖专业合作社	延庆县	110 2290 1047 0295
146	北京张氏兄弟养殖专业合作社	延庆县	110 2290 1047 0342
147	北京连万家奶牛养殖专业合作社	延庆县	110 2290 1047 0359
148	北京京北福源旺养殖专业合作社	延庆县	110 2290 1047 0383

（续）

序号	农民专业合作组织名称	所属区县	登记注册号
149	北京九栓养殖专业合作社	延庆县	110 2290 1047 0391
150	北京建兰春养殖专业合作社	延庆县	110 2290 1047 1664
151	北京吴来永养殖专业合作社	延庆县	110 2290 1047 2405
152	北京阔利达养殖专业合作社	延庆县	110 2290 1047 4587
153	北京万事昌盛奶牛养殖专业合作社	延庆县	110 2290 1048 3215
154	北京顶山奶牛养殖专业合作社	延庆县	110 2290 1048 3320
155	北京宋氏兄弟养殖专业合作社	延庆县	110 2290 1048 3338
156	北京宝平养殖专业合作社	延庆县	110 2290 1048 3459
157	北京董连养殖专业合作社	延庆县	110 2290 1048 7052
158	北京铁山养殖专业合作社	延庆县	110 2290 1048 7077
159	北京国兴富民奶牛养殖专业合作社	延庆县	110 2290 1048 7116
160	北京石顺民奶牛养殖专业合作社	延庆县	110 2290 1048 7124
161	北京林来银奶牛养殖专业合作社	延庆县	110 2290 1049 0579
162	北京金牛旺旺养殖专业合作社	延庆县	110 2290 1049 0819
163	北京九云奶牛养殖专业合作社	延庆县	110 2290 1049 1282
164	北京双有奶牛养殖专业合作社	延庆县	110 2290 1049 1354
165	北京市玉光伟业奶牛养殖专业合作社	延庆县	110 2290 1049 2214
166	北京造福奶牛养殖专业合作社	延庆县	110 2290 1049 2409
167	北京顺永奶牛养殖专业合作社	延庆县	110 2290 1049 4084
168	北京金双发养殖专业合作社	延庆县	110 2290 1051 1257
169	北京富凯旋奶牛养殖专业合作社	延庆县	110 2290 1051 1290
170	北京天久奶牛养殖专业合作社	延庆县	110 2290 1051 1370
171	北京全有养殖专业合作社	延庆县	110 2290 1051 3556
172	北京成兴养殖专业合作社	延庆县	110 2290 1051 8494
173	北京骤益兴养殖专业合作社	延庆县	110 2290 1051 8541
174	北京兴全成银养殖专业合作社	延庆县	110 2290 1052 3453
175	北京畜富民奶牛专业合作社	延庆县	110 2290 1052 9976
176	北京铁霞养殖专业合作社	延庆县	110 2290 1053 7416
177	北京百姓乐奶牛养殖专业合作社	延庆县	110 2290 1053 8089
178	北京德强奶牛养殖专业合作社	延庆县	110 2290 1054 7320
179	北京昌鸿旺达奶牛专业合作社	延庆县	110 2290 1055 3221
180	北京德兴元奶牛养殖专业合作社	延庆县	110 2290 1056 1699

（续）

序号	农民专业合作组织名称	所属区县	登记注册号
181	北京庆合奶牛养殖专业合作社	延庆县	110 2290 1061 1080
182	北京兴延奶牛养殖专业合作社	延庆县	110 2290 1063 6870
183	北京燕盛养殖专业合作社	延庆县	110 2290 1064 9074
184	北京牛哥牛奶牛养殖专业合作社	延庆县	110 2290 1071 3640
185	北京东五里营奶牛专业合作社	延庆县	110 2290 1072 4548
186	北京簸箕营奶牛专业合作社	延庆县	110 2290 1170 7982
187	北京常里营养殖专业合作社	延庆县	110 2290 1187 6424
188	北京拥军利民养殖专业合作社	延庆县	110 2290 1191 4083
189	北京奔鑫园奶牛专业合作社	延庆县	110 2290 1210 0200
190	北京屈家窑奶牛养殖专业合作社	延庆县	110 2290 1227 2904
191	北京西龙湾奶牛养殖专业合作社	延庆县	110 2290 1367 8490
192	北京运昌奶牛养殖专业合作社	延庆县	110 2290 1460 1734
193	北京源茂鑫旺养殖专业合作社	延庆县	110 2290 1495 0307
194	北京天意兴旺养殖专业合作社	延庆县	110 2290 1779 0146

（北京市畜牧总站，任康）

天　津　市

【奶畜养殖】近几年，天津着力推进都市型畜牧业发展，加大了奶牛产业调整，全面推进奶牛养殖规模化、标准化、设施化发展水平，部分小而散的奶牛小区被淘汰；同时，各级畜牧管理部门加强做好奶牛养殖新技术的培训，积极引导奶农转变发展理念，向质量要效益，很多奶农合理调整牛群结构，加大劣质奶牛淘汰力度，使天津奶牛养殖业呈现出了数量稳定，规模、标准不断提升的良好发展趋势。

2013 年底，全市奶牛存栏数 15.11 万头，同比下降 3.01%；其中成母牛存栏数 9.36 万头，同比持平。主要分布在武清、北辰、静海、宁河、宝坻、蓟县、大港、西青、东丽、汉沽等区（县）。2013 年全市牛奶产量 68.24 万吨，同比增长 0.55%。奶牛单产水平达到 7 298 千克 / 头，同比上升 0.63%。2013 年生鲜乳平均收购价格为 4.42 元 / 千克，同比增长 25.93%；规模化牧场最高交售价格达到 5.50 元 / 千克；养殖小区内的奶农交奶平均价格达到 4.4 元 / 千克。2013 年全市奶业实现总产值 27.16 亿元，占畜牧业总产值的 25.15%。

与 2012 年相比，2013 年奶牛存栏数虽呈现小幅下降，但奶牛单产水平明显提升，养牛效益持续好转。在武清区、北辰区、宝坻区、大港区、静海县等养殖数量、规模较大的区县，奶牛群年平均单产普遍达到 7 吨以上；嘉立荷牧业有限公司实施集团化管理，成年奶牛年均单产超过 10 吨。

【乳品加工】天津现有乳品加工企业 12 个，日处理生鲜奶能力达到 1935 吨，其中地方企业 4 个（天津海河乳业、津河乳业、中芬乳业、子母乳业）。2013 年乳制品总产量 62.55 万吨，乳品企业销售总额为 88.01 亿元。产品主要是巴氏杀菌奶、UHT 奶、奶粉、酸奶和乳饮料。2013 年年产量分别为 3.26 万吨、15.19 万吨、10.73 万吨和 2.25 万吨。

海河巴氏奶依托现代化国有大型牧场的奶源优势、专送渠道和低温杀菌工艺，体现出更高的营养、健康价值和“鲜、纯”产品特点。海河瓶装巴氏奶在天津区域快速发展，年末销量已达日均 8.5 万瓶，在天津巴氏奶市场占据了绝对的优势地位。

【市场消费】据城调队资料，2013 年天津市城镇居民奶制品消费量：鲜奶（包括巴氏奶和 UHT 奶）21.48 千克 / 人、酸奶 2.49 千克 / 人、奶粉 0.42 千克 / 人；农村居民人均鲜奶购买量 8.90 千克 / 人；2013 年乳制品人均消费支出 218.5 元。

【奶源基地】2013 年底天津市存栏数 300 头以上的奶牛养殖小区（场）共 147 个（养殖小区 77 个、规模化牧场 61 个、牧场化改造小区 9 个），其中：存栏规模 300~500 头的奶牛养殖小区（场）32 个，存栏规模500~1000头的奶牛养殖小区（场）70个，存栏规模千头以上的奶牛养殖小区（场）45个。天津市奶牛养殖小区（场）机械化挤奶率达100%，全市共有机械化挤奶设备181台套，TMR自动搅拌机91台套，69个养殖场安装使用信息化管理系统软件，78个养殖场配备了保温水槽。

天津市近两年以发展现代都市型畜牧业为指导思想，结合国家奶牛规模养殖场标准化改造、畜牧业设施提升工程等项目的实施，使天津奶牛养殖规模化程度不断提升，奶牛养殖方式正由传统粗放型饲养管理方式逐步向集约化、标准化、现代化、精细化饲养管理方式过渡。一是继续推进奶牛标准化规模养殖。2013年经筛选，全市有8个存栏500头以上的奶牛养殖场（小区）列入2013年度国家奶牛标准化规模养殖场（小区）建设项目实施单位，其中，奶牛存栏500~999头的项目2个，1 000头以上的项目6个。国家下达项目投资计划3 165万元，落实国家补贴资金1 200万元，在牛舍标准化改造、粪污治理、水、电、路、防疫、挤奶等配套设施方面进行重点建设。二是实施畜牧业设施提升工程。2013年建奶牛精细养殖园区2个，补贴资金800万。三是继续实施国家奶牛良种补贴项目。落实国家补贴资金240万元，改良能繁母牛8万头。四是继续实施奶牛生产性能测定项目。落实国家补助资金105万元，完成对全市1.5万头奶牛的生产性能测定任务。

2013年全市优质饲草产业发展取得新成效。优质饲草种植面积稳步增加，规模化生产水平进一步提升，奶牛优质饲草使用率进一步提高。全市优质饲草种植面积达到13.8万亩，实施了4万亩高产优质苜蓿示范建设工作，建设优质苜蓿示范基地7个，苜蓿种植面积达到2.4万亩，推广全株青贮玉米种植11万亩，建设500亩以上标准化生产示范基地12个，全株玉米青贮饲料生产量32.5万吨，实施优质饲草燕麦种植示范，示范面积0.4万亩。

天津市市区两级畜牧兽医管理部门精心组织进行常规防疫和检疫的同时，切实强化优先防治病种的免疫和监测，坚持按程序实施口蹄疫强制免疫。2013年开展了口蹄疫O型、亚洲I型和A型三个亚型的免疫工作；同时启动布鲁氏菌病防治计划，按全面免疫、分类管理、分场试点净化、调运监管、限期达标的技术路线开展净化工作。全年累计免疫奶牛61.53万头次，群体免疫密度达到90%以上，应免奶牛免疫密度达到100%。继续开展奶牛结核病检疫净化，检疫奶牛12万头次，检疫结果全部阴性。

【奶农组织】天津具规模的合作社有武清区武原奶农合作社，已吸收42个奶牛养殖场和小区加入合作社，存栏奶牛3.7万头，占武清区奶牛75%左右。合作社具有与乳品加工企业沟通顺畅、有效协调生鲜乳销售价格、饲草饲料统一采购、统一结算等优势。2013年不断扩大奶业合作社服务能力，投资建设年产5万吨的饲料厂。

【奶业科技】一是奶业基础研究进入新阶段。天津农学院动物科学与医学学院通过实施“天津市千人计划”，引进专家——加拿大萨斯喀彻温大学农业与生物资源学院俞培强教授，来津与该院张学炜教授一起合作，开展饲料营养评价和奶牛分子营养代谢调控等基础研究，取得了丰硕成果。2013年初步建立起奶牛饲料营养评价方法体系，在农学院建立了饲料营养生化实验室。同时，在美国、英国畜牧领域知名杂志发表SCI论文26篇；完成天津市引智项目“加拿大奶牛养殖配套技术引进与示范项目”1项；成功申请天津市农委农业科技成果转化“加拿大奶牛饲料评价及牧场管理关键技术引进与推广” 项目1项，提高了天津在奶牛饲料营养评价基础领域研究的国际知名度。二是奶牛养殖和原料奶生产领域获得新突破。以天津嘉立荷牧业有限公司为产业化龙头企业，发挥国有企业集团管理优势，在奶牛品种培育、繁殖技术、饲料品控、饲养管理、挤奶送奶、疫病防控、生物安全、粪污处理和环境保护方面，形成了一整套的管理标准、技术标准和工作标准，并将成熟的技术制作成光盘，作为企业的培训教材。同时，在技术创新和成果转化、高端奶生产和域外扩张领域均迈出了新步伐。2013年获得4项科技大奖，分别是：“奶牛饲料资源高效利用与营养调控关键技术研究与应用”获得国家教育部科技进步一等奖，“奶牛饲料资源高效利用与生态养殖关键技术研究及示范”获得农业部一等奖，“畜禽健康养殖关键技术集成示范与推广”获得全国农牧渔业丰收二等奖，“大规模奶牛群年单产9 000千克综合技术集成示范”获得北辰区科技进步三等奖。

天津梦得牧业集团综合实力快速提升。天津梦得牧业集团与中国农业大学、中国农科院以及国家奶牛产业技术体系专家紧密合作，使集团技术水平得到快速提升。2013年，新上科技项目多项，与中国农科院合作完成的“优质乳生产的奶牛营养调控与规范化饲养关键技术及应用项目”获得了国家科技进步二等奖。

【技术培训】2013年天津市奶业技术培训以提高奶业从业人员素质为目标，围绕现代畜牧业建设、重大动物疫病防控和畜产品质量安全监管等主要任务，开展基层奶业技术推广骨干人员培训、实用技术普及培训、奶牛养殖专业技术培训、农民职业资格教育培训等。一是结合现代奶牛设施化项目的实施、集成现代奶牛设施化生产关键技术等项目，采取“以点带面”的模式，设立10个科技示范户作为关键技术推广点，开展技术推广工作；二是结合科技下乡服务活动、可视化为农服务节目，围绕科学养殖、奶牛福利等热点问题，以设施化项目技术内容为重点，采取科教指导小组入户指导、聘请专家现场指导、电话咨询服务、电视媒体宣传等多种方式组织开展了技术推广工作；三是围绕奶牛品种登记、荷斯坦青年公牛后裔测定、奶牛实用技术、奶牛养殖场管理等内容先后举办了《天津市奶牛品种登记系统软件应用操作培训班》《天津市奶牛养殖实用技术培训班》《示范奶牛场生产管理规范解读》和“优质原料奶生产技术集成专业技术人才知识更新工程高级研修班”等一系列培训班，培训人员达 800 人次。对提高奶牛标准化规模养殖技术的应用和普及发挥积极的作用。四是加强合作交流。2013 年，在天津市农委的大力支持下，天津市畜牧局、农学院与加拿大阿尔伯塔大学、萨斯喀彻温大学合作，特别邀请国内外奶牛行业知名专家来津指导交流。相继举办了“第一届中加奶牛健康养殖及资源循环利用研讨会”，“天津农学院－萨斯喀彻温大学奶业学术研讨会”，会议围绕奶牛健康养殖和资源循环利用等热点问题展开了激烈讨论和充分交流，取得圆满成功。

【政策法规】2013 年继续实施的国家补贴政策：奶牛良种补贴政策、奶牛标准化规模养殖场改造补贴政策、奶牛生产性能测定补贴政策等。市级扶持政策：继续实施畜牧业设施提升工程扶持政策等。区县级补贴政策：天津市武清区在奶牛良种补贴方面实行了“双补政策”，既每支奶牛冷冻精液在国家补贴 15 元的基础上，区里再补贴 25 元。

【质量监管】2013 年，天津奶业坚持生产发展和质量安全两手抓。实现了生鲜乳质量安全监管常态化。一是继续每月开展一次生鲜乳质量安全监督监测，确保对全市 154 个生鲜乳收购站、187 辆运输车每季度监督抽样覆盖率 100%，实现了对每个监管对象检查的全覆盖，做到不漏一站，不漏一车。二是重点规范了生鲜乳留存奶样瓶的使用。2013 年针对留存奶样容易混淆、遗漏、奶样易变质等相关问题，天津市奶业发展服务中心统一规范了留存奶样瓶的使用，相继订购发放留存奶样瓶 17 000 个。三是强化监测。重点加大了生鲜乳生产、运输环节的抽检力度、抽检频次和监测项目范围，对全市所有生鲜乳收购站每月开展一次生鲜乳质量安全监督监测工作，并做到每季度全覆盖监测。四是创新监管模式。2013 年启动生鲜乳运输车辆 GPS 定位系统项目，适时跟踪监控生鲜乳运输车的运行轨迹。2013 年相继在嘉立荷牧场完成了 16 个视频采集系统和 4 个运输车 GPS 定位系统的安装工作。

同时各部门协同合作进一步加强了乳品质量安全的监督管理。一是充分利用“放心奶”工程，天津市技术监督局、市农委畜牧局联合监管。加强了对奶牛养殖小区和乳品加工企业的检查检测力度，从奶源到产品实现批批检测。二是为确保乳制品质量安全，促进各个环节规范管理，2013 年天津市实施了示范奶牛场生产管理规范（GB12/T 458–2012）、示范乳制品企业生产管理规范（GB12/T 459–2012）、乳制品销售管理规范（GB12/T 460–2012）三个地方标准。

【奶业大事】4 月 15 日，天津市质量技术监督局联合市工商局、市农委畜牧兽医局召开了“放心奶”三项推荐性地方标准新闻发布会。三项地方标准分别是示范奶牛场生产管理规范（GB12/T 458–2012）、示范乳制品企业生产管理规范（GB12/T 459–2012）、乳制品销售管理规范（GB12/T 460–2012）。

5 月 11~15 日，在天津市农委和天津市外专局支持和加拿大阿尔伯塔大学与萨斯喀彻温大学的合作下，由天津农学院和天津市畜牧局主办，在天津锦龙国际酒店召开了“第一届中加奶牛健康养殖及资源循环利用研讨会”。

10 月 25 日，召开“天津市奶业协会第六届会员代表大会”。中国奶业协会常务副会长魏克佳，国家奶牛产业技术体系首席科学家李胜利等出席了会议，选举天津市畜牧业发展服务中心副主任王志华为会长，天津市奶业发展服务中心主任孟庆江为秘书长，选举天津梦得集团有限公司于静总经理等 15 人为副会长，大会还选举副秘书长 4 名，常务理事 26 名。

2013 年天津市政府启动了“美丽天津一号工程”，按照总体要求，从 2013 年开始，天津利用 3 年时间，通过种养一体、生态养殖、循环利用、沼气工程、污水纳管和达标排放 6 种模式，对全市 718 家规模养殖场粪污进行综合治理。2013 年天津市启动规模奶牛养殖场粪污治理工程项目 39 个，涉及奶牛数 4.2 万头。

（天津市奶业发展服务中心，罗杰）

河　北　省

【奶畜养殖】截至 2013 年 12 月底，河北省奶牛存栏 205.9 万头，同比减少 2%；牛奶总产量 694.9 万吨，同比减少 1.1%。奶业生产布局不断向优势区域集中，形成了石家庄、唐山、保定、张家口四大奶业优势区域，奶牛存栏占河北省总量的 79.8%，奶类总产量占河北省总量的 82.4%。黑龙港流域饲草饲料资源丰富，奶业发展潜力较大，正在积极培育成为奶业发展新的增长点。

河北省生鲜乳收购价格自 2013 年 5 月中旬起开始攀升，到 2013 年 12 月份，与奶农平均结算价格由 3.37 元 / 千克上涨到 4.08 元 / 千克，涨幅达 21%。牧场生鲜乳收购价格由 3.94 元 / 千克上涨到 5.1 元 / 千克，涨幅达 29.4%。奶牛户养殖收益逐步回升，生鲜奶收购显现供求趋紧。

【乳品加工】2013 年，河北省取得《生产经营许可证》的乳品加工企业 40 家，日加工能力 1.36 万吨，其中隶属蒙牛、伊利、三元、君乐宝四大集团的 19 家企业日加工能力 9 400 吨，占河北省日加工能力的 69%，产能进一步集中。全省现有奶粉加工企业 13 家，年生产能力 10.26 万吨，其中生产婴幼儿奶粉的乳品企业仅有河北三元食品有限公司一家，年生产能力 1.3 万吨。

2013 年河北省 35 家规模以上乳品企业，乳制品产量 298.12 万吨，同比增长 9.1%；其中液体乳产量 274.38 万吨，同比增长 10.13%，乳粉产量 3.48 万吨，同比增长 27.79%。

【奶源基地】河北省存栏 50 头以上奶牛规模养殖率达到 100%，300 头以上规模养殖场 502 个，奶牛存栏占河北省 31.6%；300 头以上奶牛小区 1 242 个，奶牛存栏占河北省 66.4%；300 头以上养殖场（区）存栏奶牛占河北省奶牛数量的 97.97%。河北省有 933 个奶牛小区实行“四统二分”(统一配种、统一防疫、统一饲养、统一挤奶，分牛计量、分户核算)饲养模式，占河北省约 67%，有 920 个奶牛场（区）推广全混合日粮机械饲喂，占河北省约 46%，加快了奶业生产方式优化升级。

河北省共有生鲜乳收购站（奶站）1 805 个，同比减少 39 个，规模不断扩大，档次不断提高。河北省所有奶站均取得《生鲜乳收购许可证》，所有生鲜乳专用运输车辆持有《生鲜乳准运证明》，所有奶站均与乳品企业签定生鲜乳购销合同，全部由乳品企业派员监管。河北省各市均启动了价格协调机制，定期发布交易参考价格。河北省有 700 多个奶站实现了网络化视频监管，占河北省奶站的 40%，正在加快推进。

河北省鼓励和引导乳品加工企业通过自建、收购、控股等不同形式，吸收奶牛养殖场（区）成为乳品加工企业自有奶源基地，建立产业利益联盟，实现一体化经营。

【奶农组织】河北省有奶农专业合作组织近 1 000 家。奶农专业合作社是由养殖大户、家庭牧场和农民专业合作社等组建的一种农业新型主体，在一定程度上提高了奶业组织化专业化程度，在奶牛的规模养殖、科学管理、统一的技术指导与服务，以及生鲜乳的集中收购、贮运和销售等方面都发挥了积极作用，来共同面对市场，增强话语权，提高竞争力。

河北省奶业协会紧紧围绕奶业发展的重点、难点、热点等问题，认真贯彻“服务、自律、维权、协调”的基本职能，积极落实“服务行业、服务会员、服务奶农、服务政府”的根本宗旨，为河北省奶业健康持续发展积极贡献力量。

【政策法规】2013 年 9 月 23 日，经河北省政府常务会议审议通过，印发了《河北省人民政府关于加快河北省乳粉业发展的意见》（冀政〔2013〕57 号）（以下简称“意见”），确定了河北奶粉业发展的目标。

发展目标。到 2017 年，全省奶粉产能达到 20 万吨(其中婴幼儿配方奶粉 10 万吨），质量抽检合格率 100%。培育 2~3 个奶粉“中国驰名商标”。建设生产奶粉用标准化规模奶牛场 600 个，存栏泌乳牛 25 万头，平均单产 7 吨，生鲜乳蛋白含量 3.2% 以上、乳脂率 3.8% 以上。

奶粉用奶牛场建设目标。配备全混合日粮饲喂机械、奶牛卧床、牛舍冷风机、粪污无害化处理设施，防疫条件和动物无害化处理设施达到标准要求。全部饲喂苜蓿等优质牧草和全株青贮玉米，采用优质冻精选种选配，全部实施生产性能测定，与省内奶粉企业签订生鲜乳收购合同。新建养殖场要同步建设高标准奶站，现有奶站要配齐设施设备，安装视频网络监控系统和生鲜乳运输车辆卫星定位系统。婴幼儿配方奶粉生产企业自建或建立利益联盟的奶源要达到 100%。

扶持政策。2014~2017 年，每年安排 4.225 亿元，重点支持奶粉企业发展、建设优质奶源和饲草基地、完善奶牛场粪污处理设施 3 类项目。其中省财政每年安排奶粉业发展专项资金 1.2 亿元，整合现有项目资金 3.025 亿元（工业企业技改资金中安排 0.8 亿元、争取国家产业振兴或从省战略新兴产业资金中安排 0.8 亿元，奶牛标准化规模养殖建设资金中安排 0.405 亿元、振兴奶业苜蓿发展行动资金 0.42 亿元，环境保护资金中安排 0.6 亿元）。

【质量监管】河北省在省级、13 个地市和 75 个县成立了畜产品监管机构，建立了 1 个省级、13 个地市级和 60 个县级监测中心，初步形成了以省为主体、市为骨干、县为基础的畜产品质量安全检验监测网络，生鲜乳三聚氰胺及皮革水解物检出率保持零记录。

严格按照《乳品质量监督管理条例》的要求，遵循宁缺毋滥的原则，加强发证管理；在已发证的奶站中，推行规范化管理。从硬件完善到设备配置，从人员配备到操作规范，从制度建设到档案记录，从生鲜乳装车运输到销售交接手续等方面严格管理，堵塞漏洞、一丝不苟。通过奶站规范化管理，推进奶站视频监管系统建设，开展奶站专项整治和生鲜乳违禁物质专项整治行动，建立实施诚信体系，为乳品安全提供保障。

（河北省奶业协会，李进恒　李贺峰）

附表 1　奶牛养殖场（小区）名录

序号	名称	养殖场	小区	全群存栏（头）	成母牛存栏（头）	奶畜品种	成母牛单产（吨/年）	年总产（吨）	是否参加DHI	是否应用TMR
1	张家口塞北现代牧场有限公司	√		289 770	168 023	荷斯坦	8.6	120 000	否	是
2	衡水赛科星澳源良种繁育有限责任公司	√		8 000	2 100	荷斯坦、娟珊	8.1	16 000	是	是
3	恒天然牧场	√		12 000	6 000	荷斯坦牛	8.5	51 000	是	是
4	华夏畜牧（三河）有限公司	√		8 630	2 776	荷斯坦牛	10.9	30 397	是	是
5	华夏畜牧（三河）有限公司鸿星分场	√		3 226	1 160	荷斯坦牛	11.6	13 549	是	是
6	滦县新绿洲生态农业发展有限公司	√		5 500	3 800	荷斯坦、娟珊	9	33 000	是	是
7	芦台新华奶牛场		√	1 100	500	荷斯坦牛	8	4 000	是	是
8	滦县军英牧场		√	1 500	800	荷斯坦牛	6	4 800	是	是
9	河北乐源牧业（行唐）	√		900	500	荷斯坦牛	6	3 000	是	是
10	新澳牧业有限责任公司	√		1 000	600	荷斯坦牛	7	4 200	是	是
11	河北完达山贝兰德奶牛场	√		1 200	600	荷斯坦牛	5	300	是	是
12	河北红山乳业有限公司	√		900	400	荷斯坦牛	5	2 000	否	否
13	正定县惠农奶牛养殖专业合作社		√	2 000	800	荷斯坦牛	5	4 000	否	否
14	晋州市周家庄农牧业有限公司		√	1 000	500	荷斯坦牛	6	3 000	是	是
15	辛集润翔乳业有限公司	√		1 000	500	娟珊牛	7	3 500	是	是
16	保定双丰牧业有限公司		√	900	500	荷斯坦牛	6	3 000	是	是
17	定州伊人牧业有限公司	√		2 000	800	荷斯坦牛	6	4 800	是	是
18	阜城银海奶牛养殖专业合作社	√		1 200	600	荷斯坦牛	6	3 600	是	是
19	衡水武强和谐奶业有限公司	√		900	500	荷斯坦牛	6	3 000	是	是
20	河北绿奥乳业有限公司		√	1 200	500	荷斯坦牛	7	3 300	是	是
21	秦皇岛际牧牛业研繁基地有限公司	√		1 200	600	荷斯坦牛	7	4 200	是	是
22	丰宁思源农业有限公司	√		2 500	1 500	荷斯坦	7.5	11 250	是	是
23	京北缘天然农牧有限责任公司	√		2 000	1 200	荷斯坦	7.5	9 000	是	是
24	沽源盛丰奶牛养殖合作社		√	600	400	荷斯坦牛	6	2 400	否	否
25	张家口长城乳业有限公司左卫奶牛养殖基地	√		522	217	中国荷斯坦	7	1 519	是	是
26	张家口长城乳业有限公司左卫奶牛养殖小区		√	550	270	中国荷斯坦	5.5	1 485	否	否

石家庄市

【奶畜养殖】2013年石家庄市奶牛存栏38.78万头，奶类总产量112.91万吨，奶牛品种主要是荷斯坦牛，主要分布在行唐、正定、藁城、栾城、元氏、灵寿、鹿泉等18个县、市（区），与2012年相比，奶牛存栏减少1.56万头，减少了3.9%，奶产量减少1.85万吨，减少了1.6%。

主要受2012年奶业形势的影响，消费市场下滑，影响了奶牛养殖积极性，出现了弃牛打工，奶牛当肉牛卖的现象，造成2013年奶牛存栏下降，奶产量减少。

【奶源基地】2013年石家庄市奶牛养殖户共559户。其中：年存栏100~199头规模的163个，存栏25196头，约占总农户的29.15%；200~499头规模81个，存栏34 298头，约占总农户的14.31%；500~999头规模243个，存栏210 103头，约占总农户的43.47%；1 000头以上规模72个，存栏132 849头，约占总农户的12.88%；从奶牛规模养殖情况看，饲养户数逐步趋减，规模养殖场逐步增加，呈现出规模化牛场养殖。石家庄市从2009年就全部实现了小区式规模养殖，但小区式规模养殖饲养管理粗放，奶牛单产水平低，养殖方式落后，奶品质参差不齐，为了提高奶牛的养殖效益，建立奶牛高产核心群，2013年按照《河北省农业厅关于2013年抓好奶业联盟工作的指导意见》精神，开始强力推进奶牛规模化养殖，加快养殖方式的转变和生产结构的调整，力促石家庄奶业向现代奶业转型升级。首先，积极引导乳品加工企业以自建、收购、参股形式建立乳品企业自已的奶源基地。支持鼓励现有的奶牛养殖小区通过买断、控股、入股等方式向规模养殖场转型。力争三年内实现40%的奶牛养殖小区过渡到牧场模式。对暂不具备转型条件的小区采取“四统二分”的养殖模式（统一配种、统一防疫、统一饲养、统一挤奶、分牛计量、分户核算），力争年内实现“四统二分”饲养模式的奶牛规模垂直比例达到60%，2013年石家庄市已有33家奶牛养殖小区完成了向牧场的转型建设，有214家奶牛养殖小区实现了“四统二分”的养殖模式。其次，以科技为支撑，大力推广奶牛养殖新技术，重点推广了TMR（全混合日粮）、奶牛卧床、自动饮水等先进技术。目前石家庄市有80家奶牛养殖场区应用了TMR（全混合日粮）、有26家使用了奶牛卧床、有73家应用奶牛自动饮水技术，大大提高了奶牛饲养管理水平和养殖效益。第三，提高了奶牛的生产性能。逐步建立和完善了种畜禽生产供应、配种服务、质量测定、良种推广四位一体的畜禽良种繁育体系，加快产业结构的调整，大力推广使用奶牛优质冻精和良种奶牛胚胎移植技术，着力培育高产奶牛核心群。2013年，石家庄市有9家奶牛养殖小区达到高产奶牛核心群标准，成为石家庄市奶牛养殖样板和发展方向。

【奶站管理】2013年石家庄市共有奶站354家，全部实行奶站和奶牛养殖场区一体化建设，全部取得了生鲜乳收购许可证，全部与乳品加工企业签订了由农业部和国家工商总局制定的生鲜乳收购合同示范文本，实现了生鲜乳收购合同化管理，全部安装了视频监控网络系统。在奶站监管上，强化奶站的制度化建设和规范化管理。严格落实奶站和奶牛小区管理的“八项要求、十项管理制度和一项技术操作规程”。实行畜牧部门驻站监管，2013年354家奶站全部由畜牧部门人员驻站监管。严格《生鲜乳收购许可证》《生鲜乳准运证》两证发放管理。实行市县两级两证备案制度，对没有备案的奶站，一律不予换发新证。加强奶站视频监控网络系统的规范运行，充分发挥网络系统的监管作用，提高网络系统的利用率，提高奶站的监管水平。

【生鲜奶价格】2013年受国内外乳粉市场影响，从3月开始，石家庄市生鲜乳市场出现了供不应求的现象，各乳品加工企业开始争抢奶源。生鲜乳收购价格持续走高。1~12月份，在石家庄市收奶的六家乳品加工企业（蒙牛、伊利、三元、君乐宝、明旺、光明）给奶站每千克生鲜奶的平均价格分别是：3.54元、3.54元、3.56元、3.62元、3.84元、3.99元、4.03元、4.18元、4.82元、4.90元、4.94元、4.94元。12月比1月份每千克鲜奶增加1.4元，增长了39.54%。奶站给奶农的结算的平均价格分别是3.05元、3.05元、3.05元、3.08元、3.15元、3.25元、3.30元、3.37元、3.59元、3.72元、3.87元、3.89元。比1月份增长了27.54%，奶价的持续走高，提高了奶农的养殖收益，激发了奶农的养殖积极性。

【乳品加工】在石家庄市收购鲜奶的大型乳品企业主要有6家（蒙牛、伊利、君乐宝、河北三元、光明、明旺），其中君乐宝乳业有限公司、河北三元食品有限公司和明旺乳业有限公司在石家庄市建场，日处理生鲜奶的能力总计达到2000吨。君乐宝乳业产品主要以酸奶为主，系列产品达到70%，其他产品（主要是液态奶）达到30%。

【技术培训】随着奶牛养殖规模化的发展，奶牛规模化标准化养殖技术的普及和应用越来越重要，为了适应奶业转型升级的需要，石家庄市充分发挥技术人员的优势，大力开展行业培训和新技术推广，多次举办了奶牛良种繁殖、育种及养殖技术培训会。就当前的奶业扶持政策、饲养管理技术、奶牛疾病防治、牧场管理等专题开展培训和讲座，还应邀在河北省电台农业广播节目主讲《牛奶品质鉴别大讨论》；应国家奶牛产业技术体系石家庄站邀请到鹿泉为奶农讲课，解决实际问题，积极利用“科技下乡”这个活动平台，组织专家和科技人员进入县、乡、村及奶牛养殖场（区）向广大养殖场（户）宣讲奶牛养殖技术和疫病防治知识，现场发放宣传资料万余份，科技书籍500册，为提高奶牛标准化规模养殖技术发挥了作用。

【繁殖改良】石家庄市新建了市良种精液配送中心和种畜禽质量检测中心，石家庄市有500个乡（场）配种站点，初步形成了“市－县－乡－（场）”三级配种服务网络，近年来，通过实施畜禽良繁体系建设项目，石家庄市基本形成了种畜禽生产供应、配种服务、质量检测三位一体的畜禽良种繁育体系。

【饲料生产】石家庄市地处冀中平原，饲草资源丰富，青贮玉米种植150万亩，其中全株玉米38万亩，紫花苜蓿种植1万亩，饲料生产企业322家，加工能力达到305万吨。总产值80亿元，饲料产业的稳定发展为奶业提供了优质的饲草料保障。大中型规模化奶牛养殖场绝大多数使用玉米青贮和苜蓿干草等粗饲料，并且引用TMR机械饲喂，提高了生鲜乳的品质和质量安全。部分养殖区使用玉米秸秆和其他农作物秸秆饲喂，很少使用苜蓿干草和全株玉米青贮，饲养管理粗放，生鲜乳的品质和质量安全不能保证。2013年石家庄市以“振兴奶业苜蓿发展行动”为契机，大力推广苜蓿种植计划，目前元氏、平山、新乐三县正在项目建设中，总体进展良好，这一项目的实施，将为石家庄市奶业的稳步发展提供更多更好的饲草料保障。

【疫病防治】绝大部分奶牛养殖场区每年进行常规的程序免疫和消毒，在畜牧兽医部门组织下开展春秋两季口蹄疫免疫和检测及奶牛结核病和布病的防检疫和净化工作，2013年没有重大的动物疫情发生。规模化牛场的常规疾病仍以乳房炎、消化不良、酸中毒和肢蹄病等常见病为主。总体上看大中型奶牛养殖场区都能遵循“以防为主、防重于治”的原则，对常见多发病能做到“早发现，早治疗”，养殖方式和养殖理念有明显提高。部分养殖小区由于缺乏奶牛饲养管理和疾病防治技术知识，奶牛常见疾病发生率较高，饲养效益较低。近年来，石家庄市加大了兽药饲料养殖环节投入品的监管。大力推广奶站饲料、兽药统一招标采购供应模式。2013年底全部奶站实现了饲料、兽药统一招标采购。做到兽药使用可追溯，确保了养殖环节的用药安全。

【奶农组织】目前奶农合作社有291家，奶牛存栏占石家庄市奶牛存栏的80%，做得比较有特色的是石家庄三元佳奇奶业联合社，三元佳奇农牧有限公司从2011年底开始推行奶牛托管，于2013年6月改制完成，提高了奶牛养殖效益。2013年8月份，三元佳奇又联合其他4家奶牛场（区）组建了奶联社，是石家庄市首个组建运行的奶联社，他的成立进一步提高了奶农“话语权”和生鲜乳品质。现奶联社共存栏奶牛3500头，日产生鲜奶20多吨，平均单产6千克/天，最高单产35千克/天。

【政策法规】继2008年“婴幼儿奶粉”事件后，石家庄市委、市政府出台了一些奶业资金扶持政策，实现了散养入区，挤奶进厅，站企挂勾的工作目标，对稳定奶业市场，转变生产方式起到积极的促进作用，但与现代奶业的发展需求相比还相差甚远。在激烈的市场竞争夹缝中很难生存。为了重塑河北奶业，振兴民族经济，河北省人民政府于2013年9月份出台了《关于加快全省乳粉业发展的意见》，为全面贯彻落实省乳粉业发展意见，打造石家庄市一流的奶业强市，石家庄市政府于2013年12月21日印发了《关于加快全市乳粉业发展的实施意见》，意见明确规定从2014年到2017年，石家庄市共安排资金2.68亿元，用于支持石家庄市乳粉企业的发展，配套建设优质奶源和饲草基地，完善奶牛养殖场粪污处理设施。省市意见的出台，对石家庄市乳粉生产企业是个巨大鼓舞，同时也向整个行业传递着积极信息，极大地激发出奶农的养殖热情。

（石家庄市畜牧水产局奶办，陈素梅）

唐山市

【奶畜养殖】唐山市是全国农区养奶牛最多的区域，到2013年底，全市奶牛存栏47.15万头，生鲜奶产量197万吨，成年母牛平均产奶量6吨以上。唐山市奶业已形成以丰润、滦南、滦县、丰南、迁安、开平、汉沽、乐亭等县区为重点的优势产业带，在这个区域内，奶牛养殖量、生鲜奶产量均占全市总量的80%以上，其中芦台天成奶牛场是河北省奶牛平均单产最高的奶牛养殖场，该场成年母牛平均单产可达11吨以上（此数据是经省奶牛DHI生产性能测定中心测定后评定的），还涌现了滦县首农新绿洲现代牧场有限公司、恒天然（玉田）牧场有限公司等一批优质高产牧场。

2013年6月份以来，奶源供应紧张，原料奶价格不断上升，2013年11月份，唐山市生鲜乳价格4.2~4.8元/千克，同比上涨30%左右。

【乳品加工】唐山市辖区内有5家乳品加工企业，分别为位于丰润区的蒙牛乳业（唐山）有限责任公司，其拥有9条无菌灌装生产线，2条TBA/22型无菌灌装生产线、3条TBA19/125S生产线、1条A3-200S生产线、1条TBA8/1000B生产线、1条A3-250高速利乐钻生产线，1条A3SPEED-125生产线，主要生产液体奶系列，包括纯牛奶、乳饮料和儿童奶系列，目前日均产量990吨；位于滦南县的蒙牛乳业（滦南）有限责任公司，其拥有世界最先进的无菌灌装机制造商瑞典利乐公司提供的生产线26条（其中22型机2条，TFA3型机6条和百利包生产线15条，康美包3条），同时可以生产纯牛奶、花色奶、乳饮料三个不同品种的产品。日处理生鲜奶量600多吨，日产量791吨，2013年产量为21.53万吨；位于汉沽管理区的唐山市三元食品有限公司，其主导产品为奶粉和液体奶，其中奶粉年生产能力0.6万吨，液体奶年生产能力6.6万吨，生产许可证核定产品范围为乳制品【液体乳（调制乳、灭菌乳）、乳粉（全脂乳粉）】；位于迁安市的迁安三元食品有限公司，主要生产设备为具有世界先进水平的瑞典利乐－拉伐公司生产的管式超高温灭菌机3套，500利乐枕无菌包装机2台，百利包包装机4台，超高温液态奶生产线6条及为调剂奶源余缺而建设的奶粉生产线1套，百利包无菌灌装生产线2条，利乐公司A3柔性利乐砖高速包装设备1套及附属设施。公司主要生产的产品有：超高温灭菌乳及含乳饮料。产品品种主要有：纯牛奶、早餐奶、巧克力牛奶等调制乳及纤果汇乳饮料。日加工液态奶150吨，产品全部由北京三元食品配送销售；位于滦县的滦县伊利乳业有限责任公司，其目前共有灌装生产线19条，生产品种包括纯牛奶、营养舒化奶、优酸乳等，日产681吨超高温灭菌奶和年产5 000吨奶粉。正在滦县投资建设年产45万吨乳制品生产基地项目（滦县伊利二期项目），计划采用瑞典、德国等国际先进生产技术和设备，主要生产“金典奶、营养舒化奶、QQ星儿童奶、学生奶”等伊利高端系列产品。

【奶源基地】2013年唐山全市共有奶牛养殖场（区）412个，全部实现了规模养殖，100%实现机械化挤奶。其中：奶牛年存栏数100~199头的场（户）3个，年存栏数402头；200~499头的场（户）79个，年存栏数30 994头；500~999头的场（户）190个，年存栏数149 914头；年存栏数1 000头以上的场（户）140个，年存栏数290 264头。

为进一步加强奶源基地建设，唐山市积极创新奶牛小区养殖方式，由实物合作向资本合作转变，鼓励奶牛小区通过买断、控股、入股等方式，实现标准化统一饲养，引导暂不具备转型条件的小区采取“四统二分”的模式，改变“集中式散养”的状况。所有奶牛养殖场（区）要比照生产乳粉用标准化奶牛场的要求，配备全混合日粮饲喂机械、奶牛卧床、牛舍冷风机、粪污无害化处理设施，防疫条件和动物无害化处理设施达到标准要求。大力发展苜蓿和全株玉米种植，建立稳固的奶牛专用优质饲草基地。加强奶牛口蹄疫、布病、结核病等重大动物疫病防控，落实各项保障措施，提升奶源基地建设水平。鼓励和引导乳品加工企业通过自建、收购、控股等不同形式，与奶牛场建立不同形式的利益联结机制，吸收奶牛养殖场（区）成为乳品加工企业自有奶源基地，建立产业利益联盟，实现一体化经营。鼓励乳品加工企业根据企业经营状况和奶牛养殖成本状况，进行合理利润返还，培育忠诚客户，建立稳定和谐的产销关系。

【奶农组织】唐山市及各县区奶业协会自主地开展有益于加强行业管理的各类活动，发挥行业协会协调、服务、维权、自律的功能，强化行业管理、规范行业秩序、提供社会化服务，对唐山的乳业发展起到了辅助推动作用。但是由于唐山市奶业协会及部分县奶业协会挂靠农牧局，应有作用还未充分发挥出来，随着协会组织的不断健全，其辅助于党委、政府，受益于企业、奶农的桥梁纽带作用会更加明显。

2013年4月，市农牧局经过多方协调联系，成功组织滦县、丰南、遵化、玉田、迁安、汉沽等县（市、区）26家奶牛养殖大户赴华夏畜牧（三河）有限公司（简称华夏）参观学习。2014年3月市农牧局与国家奶牛产业技术体系、河北省奶牛创新团队在开滦大酒店联合举办了奶牛养殖技术培训班。此次培训邀请德国奶牛饲养管理专家Thosmas Foester、美国奶牛犊牛养殖专家Richard Dumm、加拿大Shucong LI博士、河北农业大学李建国教授等国内外专家就现代犊牛饲养技术、犊牛初乳管理、高产泌乳奶牛饲养技术新进展、现代牧场管理—清洗与消毒、提高奶牛生产性能的技术措施等内容做了专题报告。唐山市大中型奶牛养殖场场长及技术人员102人参加培训。2013年市农牧局共组织五次下乡进村活动，发放各类宣传资料25 000余份，科技实用书籍1 200余册，受益奶农2 500余人次。

【质量监管】质量安全监控检测体系是乳制品质量安全的重要保障。一是在养殖环节加大新技术引进力度，特别加强奶牛疫病监测、饲养环境监控、奶牛品质检测、饲草饲料等投入品的监测，确保原料奶质量安全。二是加强对生鲜乳的日常监测，尤其是加大对随意变更交奶企业的奶站的抽检力度，防止在交奶变更过程中发生掺杂使假等影响奶源质量事件，确保生鲜乳质量安全。三是在乳品加工环节加强原料奶进厂检测和出厂质量检验，严把产品出厂关，决不允许问题产品流向市场。四是加大乳制品流通环节质量监管力度，严格监督乳制品经营者，切实履行索票索证和进货合账制度，严厉打击经销假冒伪劣乳制品的违法行为，切实维护乳制品市场消费安全。

【奶站管理】2013年底唐山市共有奶站376个，全部发放了《生鲜乳收购许可证》和《生鲜乳准运证明》。全部奶站六项制度齐全、各项记录完备、挤奶、冷却、储藏、运输设施符合规定要求，且全部采用了封闭式管道挤奶方式，生鲜奶运输执行“两证一单”制度。加强对奶站的监督管理，完善原料奶价格形成机制，定期发布收购指导价格，使原料奶定价公平合理、有据可依。完善生鲜乳购销机制，乳粉企业要与配套奶站签订和执行购销合同，加强企业自律，维护正常的生鲜乳收购秩序，严厉打击收购散奶、降低收奶标准、抢奶等不正当竞争行为。对不履行合同规定，随意变更交奶企业的奶站和蓄意扰乱收购秩序的乳品企业，采取媒体通报、取消申请国家扶持项目资格、加强质量安全监管、列入黑名单等措施加以惩罚。乳粉企业对合同奶站要全程监督，保证生鲜乳质量。加快建设奶站视频网络监控系统和生鲜乳运输车辆GPS定位系统，实现生鲜乳生产、运输环节的全程信息化监管。

【疫病防治】市、县奶业主管部门坚持“加强领导、密切配合、依靠科学、依法防控”的方针，进一步健全重大疫情预警、预报网络，加强集中监测、动态监测和疫情应急监测工作，重大动物疫病防控取得明显成效。奶牛养殖场（区）认真落实防疫措施，有效预防和控制了动物疫病的流行或蔓延。

（唐山市农牧局畜牧处，杨建兴）

山　西　省

【奶畜养殖】2013年，全省奶牛存栏42.21万头，同比增长0.24%，在全国排名前10位。品种全部为荷斯坦牛，主要分布于山西省的北部和中部地区，包括朔州、大同、忻州、晋中、太原等5市，其奶牛存栏38万头，占总存栏数的90%。奶牛存栏3 000头以上的县（市、区）26个，其中，山阴县、应县、朔州市朔城区、阳高县、大同市南郊区、忻州市忻府区、祁县、怀仁县、晋中市榆次区、平遥县、浑源县、定襄县、太原市小店区、天镇县、大同县、翼城县、广灵县、太谷县、右玉县、繁峙县、新荣区、清徐县、灵丘县、阳曲县、平鲁区、尖草坪区的奶牛存栏数占总存栏数的88%。

2013年，全省奶山羊存栏13.6万只，比上年同期下降19%。主要品种为洪洞奶山羊，是莎能公羊及少部分吐根堡公羊与当地山羊杂交育成的地方品种。奶山羊主要分布于大同、晋中、临汾、运城等4市，其存栏数占总存栏数的97%。奶山羊存栏2 000只以上的县（市、区）有洪洞县、霍州市、平遥县、广灵县、万荣县、曲沃县、临汾市尧都区、灵丘县、河津县、临猗县、浮山县、祁县和祁县等12个县（市、区），共存栏12万只，占全省的88%。

2013年，山西省奶类总产量达到121.75万吨，比2012年增长2.03%。其中牛奶产量119.28万吨，同比增长1.7%；羊奶2.47万吨，同比增长24.0%。朔州市奶类产量达到50万吨以上。

截至2013年12月，全省运营的生鲜乳收购站464个，其中乳品企业开办27个，奶畜养殖场开办233个，奶农合作社开办204个；生鲜乳运输车辆229辆，其中乳制品企业自有7辆，生鲜乳收购站自有148辆，租用74辆，日收购运输生鲜乳1 201.5吨。

【乳品加工】2013年，全省经过省经信委和省质监部门重新核查许可生产的乳制品生产企业共17个，其中16个盈利、1个亏损，销售额42.88亿元。液态奶产量48.67万吨，干乳制品产量4.77万吨，奶粉产量4.32万吨。

18个乳制品获证生产企业在各市的分布为，太原市3个、大同市1个、晋中市1个、朔州市7个、晋城市1个、长治市2个、阳泉市1个；婴幼儿配方乳品企业2个，均在朔州市，分别为山西古城乳业集团、山西雅士利乳业有限公司。

全省乳制品种类包括巴氏杀菌奶、UHT奶、奶粉和酸奶，由于乳制品销售市场逐渐好转，巴氏杀菌奶、酸奶的产量有所增长；中小型乳制品加工企业主要生产巴氏杀菌奶，部分企业还生产酸奶和乳酸饮料奶。

【市场消费】2013年，全省生鲜乳收购价平均为3.72元/千克，平均交售价格为4.12元/千克，分别比2012年增加0.45元/千克和0.52元/千克，增长13.6%和14.4%。其中，规模牛场收购站生鲜乳的交售价格为4.4元/千克左右，效益较高。

山西省奶类人均占有量33.7千克。城镇居民家庭平均每人全年糕点、奶及奶制品消费性支出为308.62元，占食品消费性支出构成的2.34%。山西省市场销售乳制品的品牌主要为本土品牌古城和外来品牌伊利、蒙牛、夏进等；巴氏杀菌奶主要有入户、商超和奶吧销售三种形式，平均价格为12元/千克，市场消费量呈越来越大的趋势。

【奶源基地】省外乳品企业在晋组建的公司没有开展奶源基地建设，本省的多数乳品企业自建有部分奶源基地，如古城乳业集团、阳曲县瑞美乳业、长治市牧村乳业、长治市九牛寨乳业等，山西维尔生物乳制品公司有参股奶牛养殖基地。

2013年底，饲养100头以上的规模养殖（场）户存栏奶牛18.6万头，规模养殖率44%，较上年提高6%。全省不同规模奶牛养殖场户、奶牛存栏、牛奶产量情况分别为：存栏1~19头的有5.21万户，存栏19.72万头，产奶51.17万吨；存栏20~49头的有742个场户，存栏量2.48万头，产奶7.76万吨；存栏50~99头的有198个场户，存栏量1.41万头，产奶3.98万吨；存栏100~199头的有101个场户，存栏量1.59万头，产奶4.75万吨；存栏200~499头的有217个场户，存栏量7.40万头，产奶21.61万吨；存栏500~999头的有90个场户，存栏量5.76万头，产奶17.10万吨；存栏1000头以上的有27个场户，存栏量3.85万头，产奶12.93万吨。全省千头以上奶牛养殖户和存栏量分别比2011年提高17%和28%。

按规模养殖与挤奶方式分类，全省分为奶牛养殖场、奶牛养殖小区、奶牛散养集中机械挤奶和奶牛分散饲养无机械挤奶四种情况。全省机械挤奶率达到72%，其中奶牛场和养殖小区实行机械挤奶的占63%，散养奶牛集中进站机械挤奶的占9%。

【生产性能测定】2013年，农业部下达山西省DHI项目经费49万元，测定任务7 000头牛。全年测定奶牛17 065头，有效测定15 249头，其中6次以上有效数据6 721头牛。参测牛场46个，完成6次以上测定的牛场数40个，占86.96%，环比下降10.5%左右。主要原因是牛场基础数据缺失，造成扩大测定范围难度加大，以及为重点稳定参测牛场，对新增牛场力度减弱。加强DHI结果应用，指导生产实践，全年共走访参测牛场112场次，平均一个参测牛场走访2.4次。加大DHI技术推广的力度。举办全省DHI技术培训班，邀请农业部、全国畜牧总站、中国奶协、山西省畜牧兽医局、山西农业大学、山西省畜牧兽医研究所和国内奶牛领域的领导专家，为全省一百余个规模奶牛场进行了DHI技术和相关知识的培训。发放宣传资料1 000余份。举办了“山西省DHI技术交流会”，组织DHI参测场进行技术交流，明确了DHI技术推广的思路。调动了全省规模奶牛场参加测定的积极性。

【政策法规】奶牛良种补贴。2013年，中央财政在山西省安排奶牛良种补贴资金540万元用于奶牛良种补贴，改良18万头，发放冻精36万份，其中省内18万份，省外招标18万份。全年共改良奶牛18万头，平均每头奶牛年增产约300千克，增产直接经济效益0.54亿元。山西畜牧良种补贴项目通过分级工作、协同管理的机制实施。一是组织全省各级畜牧部门认真调查摸底，依据奶牛资源分布状况和生产实际，拟定奶牛的品种改良目标，确定了2013年度奶牛良补项目实施区域。二是根据全省的奶牛育种目标和规划，依据有关要求和规定，严格选择有资质的政府采购单位，通过招投标选购优质冻精。三是制定了2013年度奶牛良种补贴实施方案，规范了冻精发放程序，强化品种改良技术服务，加大了政策宣传力度。冻精补贴实行台帐管理，建立冻精发放数据库。乡镇兽医站冷配点建立了冻精发放登记册，附养殖户签名；配种员建档立卡，健全了配种、产犊等相关信息记录档案。

奶牛标准化规模养殖场（小区）建设。2013年中央投资2 300万元在山西省进行奶牛标准化规模养殖场（小区）建设。项目性质为改扩建，建设内容以养殖场（小区）水、电、路、粪污处理、防疫、挤奶、质量检测、生产性能测定采样等配套设施设备及饲草料基地为主。共建设22个养殖场（小区），其中存栏奶牛300~499头规模的养殖场（小区）12个，每个补助80万元；存栏奶牛500~1 000头规模的养殖场（小区）9个，每个补助130万元；存栏奶牛1 000头以上规模的养殖场（小区）1个，每个补助170万元。

【质量监管】2013年，山西省共完成生鲜乳检测7 331批次。其中，配合农业部完成检测1 008批次（专项计划808批次、异地抽检200批次），抽检生鲜乳收购站乳样654批次、运输车乳样354批次；省级完成检测3 563批次（省级配套监测计划400批次、市际交叉检查抽样检测163批次、下发三聚氰胺现场快速检测试纸条3 000条）；市、县两级畜牧部门自行监测2 760批次。检测范围覆盖全省所有奶牛养殖及生鲜乳生产收购区域，样品涉及全省80个县（市、区），检测项目包括三聚氰胺、皮革水解物、碱类物质、β－内酰胺酶、硫氰酸钠5种违禁添加物，检测结果全部符合有关规定要求。

监管责任强化。山西省各级畜牧兽医部门成立了生鲜乳质量安全专项整治行动领导组，加强生鲜乳质量安全的组织领导，强化质量安全管控。省级与市县相关部门签订了“生鲜乳质量安全监管责任状”，把监管责任分解到各级各部门和责任人。质量安全责任主体明确，监管责任强化。各级制订了生鲜乳质量安全专项整治实施方案，整治目标和工作任务得到细化，明确了生产经营责任主体和监管部门责任人员，避免形成监管盲区。

质量安全监控加强。安排部署生鲜乳质量安全监管工作，加强生鲜乳质量安全监测，重点对专供生产婴幼儿奶粉和城市奶吧的生鲜乳收购站、运输车开展了市际间生鲜乳质量安全交叉检查抽样检测工作，受检的生鲜乳质量全部符合有关规定要求。市级生鲜乳质量安全检测力度加大。太原市、晋中市和吕梁市共投入41万元，采购三聚氰胺、碱类物质、β－内酰胺酶快速测试纸等检测用品，长治市加大了检测范围和频次，按季度检测。全省市、县两级利用快速检测法检测生鲜乳2 760批次，结果均符合相关规定要求。

专项整治力度加大。开展生鲜乳质量安全专项整治，按照监管责任对辖区内的生鲜乳收购站、运输车辆检查排除隐患，填写检查记录、查处记录，实现痕迹化管理，对有问题的提出整改要求，整改无效的予以取缔，严厉打击非法收购运输“黑窝点”。全省累计出动执法人员6 887人次，检查生鲜乳收购站1 802站次，查处问题18起，责令整改26起，吊销证照（车）23个。

制度建设完善。健全完善《饲料和生鲜乳质量安全定期巡查制度》《饲料和生鲜乳质量安全监管责任包干制度》《饲料和生鲜乳质量安全隐患举报奖励制度》，依据各项制度维护正常的生鲜乳生产经营秩序。修订完善《生鲜乳质量安全突发事件应急处置预案》，提高应急处置能力，确保处置工作科学规范、及时有效。

宣传与培训加强。全省各级畜牧兽医主管部门利用各种宣传形式，向广大市民、奶畜养殖者宣传生鲜乳质量安全相关法规和规章制度。全省利用媒体宣传15次，举办咨询宣传66次，印发宣传材料22万份。加强奶业从业人员法制观念与技术素质的培训力度。全省各级奶业管理部门举办各类培训141场次，培训1.1万人次。

【奶业大事】3月12日~16日和8月5日~9日，农业部食品质量监督检验测试中心（佳木斯）赴山西省忻州市、朔州市、太原市、晋中市对全省生鲜乳质量安全状况进行异地采样抽检工作。

6月27日~28日，在山西省忻州市举办生鲜乳质量安全监管制度标准及奶业法规培训班，对各市奶办主任、奶牛大县奶业负责人及部分奶站负责人进行了集中培训。

10月9日，召开全省饲料和生鲜乳质量安全专项整治会议，部署开展为期一个月的饲料和生鲜乳质量安全专项整治市际间交叉检查工作。

11月22日~12月9日，山西省分五期举办了全省生鲜乳收购站标准化建设与管理培训班，对市级奶办主任、县畜牧部门分管局长及所有奶站负责人共600余人进行了全覆盖培训。

（山西省农业厅饲料奶站管理办公室，侯晋兰）

太 原 市

【奶畜养殖】2013年太原市奶牛存栏2.08万头，其中成年母牛1.17万头，存栏量比2012年减少0.06万头。奶牛品种为荷斯坦牛，主要分布于阳曲县、清徐县、小店区和晋源区，其存栏量占全市存栏总量的95%。2013年全市奶类总产量9.53万吨。

2013年生鲜乳收购均价为4.1元/千克(该数据为市农委调查结果)，比上年提高5.1%，春夏秋冬四季的生鲜乳价格分别为3.6元/千克、3.3元/千克、4.5元/千克和4.8元/千克。

【乳品加工】2013年全市共有乳品加工企业3个，日处理生鲜奶能力1 820吨，乳品企业销售总额6.76亿元，年利税1 920万元。分别为山西维尔生物乳制品有限公司：日处理生鲜奶能力20吨，销售总额4 500万元，年利税320万元；阳曲瑞美乳业有限公司：日处理生鲜奶能力300吨，销售总额1 300万元；蒙牛乳业（太原）有限公司：日处理生鲜奶能力1 500吨，销售总额5.18亿，年利税1 600万元。

【市场消费】2013年全市城镇居民人均消费乳制品（折合成原料奶）41千克/人(该数据为市农委调查结果)，其中：鲜奶25千克/人，奶粉0.7千克/人，奶粉消费量比去年有所提高，酸奶17.5千克/人。

【奶源基地】2013年全市有奶牛养殖场（小区）43个，其中100头以上规模养殖小区和养殖场35个，500头以上的规模养殖场5个，1 000头以上规模养殖场4个，全市95%的泌乳牛进入奶厅挤奶。全市36个生鲜乳收购站和25个运输车辆全部持证经营，建立了质量安全等相关规章制度和投入品登记、生鲜乳生产、收购等记录档案。

【质量监管】为全面提高生鲜乳质量安全水平，2013年全市生鲜乳质量安全工作本着属地管理、各负其责、强化责任、相互配合、整体推进的原则，进一步健全制度、完善措施、落实责任、强化监管，加强监测，全方位加强生鲜乳生产、收购及运输环节的监管。采取的具体措施：一是加强组织领导，落实监管责任。年初，市农委与10个县（市、区）农委、畜牧（局、中心）签订了《太原市2013年饲料生鲜乳质量安全监管责任书》，将目标责任分解到各县区、乡镇和养殖场，全面落实生鲜乳质量安全监管责任。做到监管责任到人，监管任务到人，实现监管工作全覆盖。二是加强监测力度，杜绝非法添加。制定了《2013年全市生鲜乳质量安全监测工作计划》，对各县（市、区）进行了安排部署。按时完成了国家和省级监测计划的145批次生鲜乳的抽样任务，全年共检测生鲜乳样品780多个，增加了生鲜乳的监测频率、扩大了监测范围、加大了检测力度，保障了生鲜乳安全。三是强化收购站监管，推进诚信体系建设。对生鲜乳收购站开展了多次全面检查，对不符合规定的限期整改，对经限期整改还不符合规定的，列入生鲜乳收购站质量安全“黑名单”，对在工作中发现违反生鲜乳质量安全有关规定的，依法严肃查处，并将其列为重点监督对象，加大检查力度，增加抽检频率，生鲜乳收购站的开办主体2年内不得申请各级畜牧部门管理的奶业类项目。四是加强对鲜奶吧奶源和奶牛散养户监管。2013年集中时间集中力量，对鲜奶吧奶源基地进行了严格检查，全年检查奶吧奶源基地40余家次。加强了对鲜奶吧奶源基地的日常管理工作，对鲜奶吧奶源实行定期抽检制度，制定监测计划，严格对鲜奶吧奶源进行生鲜乳质量安全检测，检测鲜奶吧奶源生鲜乳样品80余份。加大对奶牛散养户的监管工作，积极推进标准化奶牛养殖小区和标准化奶站建设，鼓励奶牛散养户入驻奶牛养殖小区。加大对奶牛散养户生鲜乳抽检力度，从源头上杜绝生鲜乳质量安全隐患。五是认真开展生鲜乳违禁物质专项整治行动。以奶站和运输车为重点，加强日常检查和隐患排查，强化不定期巡查和督导检查，建立常态化监管工作制度，认真开展了违禁添加物质专项抽检，对奶站和运输车实施全覆盖抽检和后续跟踪抽检，特别是强化对生鲜乳中三聚氰胺、β－内酰胺酶、硫氰酸钠等5项违禁添加物的监测，及时发现和消除隐患。全年共检查奶牛养殖企业156家次，出动执法人员171人次，监测生鲜乳样品117个，合格率100%。对记录不完善、环境卫生不达标的16个奶站下达了整改通知，限期整改；对2个不符合标准的奶站作出了暂扣“生鲜乳收购许可证”的处罚。六是加大培训宣传力度，确保生鲜乳饲料安全。对奶牛养殖户开展奶牛饲养管理技术培训，培训人数400人次；对检测人员开展生鲜乳质量安全检测技术培训，培训人数90人次；对监管人员进行管理培训，培训人数110人次。利用报纸、广播等宣传媒体以及深入奶牛养殖户家中进行法律法规宣传，印发宣传资料12 000余份，现场指导13场160余人次。通过宣传培训，提高了奶业从业人员的素质，也提升了监管人员的监管能力和水平，保证了全市生鲜乳质量安全。

【饲草饲料】2013年全市人工牧草种植面积10 500亩，其中：苜蓿面积2 250亩，专用青贮玉米面积8250亩。

奶牛配合饲料生产企业4个，年产奶牛配合饲料18 820吨。其中：山西易大饲料厂每小时生产能力10吨，年产奶牛配合饲料6 000吨；山西康牧饲料生物科技有限公司每小时生产能力10吨，年产奶牛配合饲料1 010吨；山西腾雄飞饲料厂年每小时生产能力26吨，年产奶牛配合饲料11 280吨；山西广联畜禽有限公司每小时生产能力10吨，年产奶牛配合饲料530吨。

【政策法规】享受国家奶牛良种补贴政策，组织实施奶牛良种繁育改良，全年改良良种奶牛12 513头，完成了全年目标任务，良种覆盖面达100%，为奶牛优质、高产、高效打下了坚固基础。科学管理牛群，开展奶牛生产性能（DHI）测定，为牧场管理者提供管理信息，提出治疗方案和管理措施，为改善牧场的现状起到积极作用。全市参加奶牛生产性能测定的牧场和园区达10家，测定奶牛头数达1 500头，比去年增加1 200头，增幅20%，圆满完成全年目标任务。

（太原市乳品监察管理站，陈新慧）

内蒙古自治区

【奶畜养殖】近年来，内蒙古按照加快现代奶业发展的思路，积极优化奶业生产布局，加快生产结构调整，优质奶源生产基地实力不断增强。2013年，全区奶牛存栏313万头，其中荷斯坦牛存栏205万头，占奶牛总存栏的65.5%。牛奶产量767.3万吨。奶业形成了以嫩江、西辽河、黄河三大流域和呼伦贝尔、锡林郭勒等为主的“五大牛奶生产区域。荷斯坦牛存栏万头以上旗县区44个，存栏合计191.6万头，占全区荷斯坦牛总存栏的93%。牛奶产量10万吨以上旗县区26个，牛奶产量占全区牛奶总产量的77%。

【乳品加工】2013年内蒙古共有乳制品加工企业61家，比2011年减少4家，产业集中度进一步提高。全区销售收入500万元以上乳业企业实现销售收入1 059.7万元，比上年增长17.3%。全区乳制品产量300.9万吨，比上年减少7.69%，约占全国总产量的11%。其中液态奶产量273万吨、干乳制品产量27.9万吨。伊利、蒙牛两大乳企年营业总额分别达到477.79亿元、433.6亿元，实现净利润32.01亿元和16.3亿元，分列国内行业前两位。乳制品生产以高温灭菌奶和奶粉为主，具有保质期长、运输保存成本低的特点，价格和品质在消费者中认可度较高。风味酸奶、奶酪、奶皮等地区特色乳制品加工历史悠久，文化底蕴深厚，产品风味独特，营养价值高，蕴含着巨大的市场消费潜力。

【奶源基地】2013年，内蒙古存栏50头以上奶牛规模化养殖比率为66.3%，与2008年相比提高49.5个百分点。100头以上荷斯坦牛规模养殖占存栏比重的52.9%，比2008年提高46个百分点。全区奶牛存栏300头以上规模牧场857个，其中存栏300~499头的450个，占52.5%；存栏500~999头的231个，占26.9%；存栏1 000~3 000头的150个，占17.5%；3 000头以上的26个，占3%。企业自建牧场奶牛存栏约占全区荷斯坦牛存栏总量的8.2%。区内荷斯坦牛良种覆盖率达到100%，荷斯坦泌乳牛平均单产达到5吨以上，规模养殖场荷斯坦牛年平均单产达到7吨以上。奶牛生产性能测定得到进一步推广应用，DHI参测牧场奶牛存栏达到25.3万头。据行业监测，2013年内蒙古生鲜乳价格，散户平均价格2.8元/千克，小区平均价3元/千克，牧场平均价3.5~3.8元/千克；受季节性供求矛盾影响，第4季度呼伦贝尔等地生鲜乳价格最高达到6元/千克。

在国家“奶业振兴苜蓿发展行动”带动下，内蒙古奶牛饲养模式逐步由“秸秆+精料“向“青贮+优质饲草+精料”转变，奶牛养殖与苜蓿产业发展相互促进、互利共赢的局面正在形成。据不完全统计，在国家和自治区项目带动下，2013年全区吸引近10亿元社会资本投资苜蓿生产，新增苜蓿种植面积269万亩，其中新增水田面积40余万亩，水田面积占比重首次突破10%。奶牛存栏超万头的44个旗县区当年新增苜蓿种植面积118万亩，泌乳牛头均苜蓿面积达到0.92亩。目前，全区交售的牛奶乳蛋白率平均在2.95%以上，因乳蛋白含量低而拒收现象大大下降。据DHI跟踪检测显示，参测牧场乳蛋白率和乳脂率分别达到3.37%和3.64%，分别比2008年高0.25个和0.31个百分点，比国家标准高出0.57个和0.54个百分点。参测泌乳牛产奶量高于7吨的占69.9%。按目前乳品企业对规模养殖场乳蛋白率提高1个百分点增加0.05元，乳脂率提高1个百分点增加0.03元，一头奶牛单产提高650千克计算，至少比2008年增加收入1900元。

【质量监管】截至2013年12月，内蒙古共有生鲜乳收购站1774个。其中乳制品企业开办的177个，占9.9%；奶牛养殖场开办的533个，占30.2%；奶农合作社开办的1064个，占59.9%。所有生鲜乳收购站全部持证经营，纳入监管范围。全年抽检生鲜乳样品3 000批次，三聚氰胺检测结果全部合格，没有发现人为向牛奶中添加违禁物质的违法行为。内蒙古借助盟市现有饲料检测机构和旗县农牧业综合执法大队，加强监管体系建设，开展联合执法，较好地解决执法力量薄弱、取证难、执法难、执行难等问题。奶牛主产旗县区全部由农牧业综合执法大队承担生鲜乳收购、运输执法检查任务，行政许可、执法检查、质量检测三位一体的质量监管体系逐步建立健全。市场监管方面，内蒙古根据奶源分布和加工企业布局，按照方便奶牛养殖者、促进规模化养殖的原则，对生鲜乳收购站和运输车辆进行科学规划，对新建的收购站严格审核，严格控制无奶源或奶源不足的生鲜乳收购站建设，争抢奶源等扰乱市场秩序的行为得到有效遏制。内蒙古农牧业厅印发了《关于加强对乳制品生产企业拒收生鲜乳管理的通知》，加强对不合格生鲜乳无害化处置、报告、通报、登记等环节的管理，堵塞了监管漏洞，避免了不合格生鲜乳回流等问题的发生。

【政策法规】2013年，内蒙古自治区人民政府印发了《专项推进奶牛标准化规模养殖场建设实施方案》。《方案》明确，坚持“企业主导、政府扶持、社会参与、农民自愿”的基本原则，重点支持荷斯坦牛存栏1万头以上的44个主产旗县，以中小规模养殖户和散养户向适度规模养殖转变为主攻方向，加快推进中小养殖户的规模化改造。结合国家和自治区奶牛标准化养殖建设项目，加大政策扶持，引导社会资本参与奶牛标准化养殖建设。鼓励乳品企业和社会资本开展奶源基地建设，引导乳品加工企业把奶源基地作为企业的“第一车间”，推进自控奶源基地建设。争取通过3年努力，散养奶牛100%入小区，企业奶源基地自控生鲜乳达到加工能力的70%。截至2013年，国家对内蒙古奶牛标准化规模养殖场建设累计投入资金5.5亿元，扶持改扩建奶牛规模养殖场801个，其中2013年改扩建231个，建设资金重点用于改善棚圈、粪污处理、防疫及饲草料基地等配套设施。配合国家奶牛规模化养殖扶持政策，2013年内蒙古本级财政当年安排预算内奶牛标准化规模养殖场建设专项资金6 000万元，集中用于中小规模养殖户和散养户通过新改扩建达到100头以上存栏规模，加快推进标准化规模养殖进程。配合奶牛良补政策，内蒙古实施了“百万奶牛高产创建工程”，加大种公牛站、人工授精站点建设，配备必要的液氮运输车、液氮罐、输精及精液质量检测设备，加强配种站点建设。到2013年已具备年产奶牛冷冻精液600万支的生产能力，除满足自身需求外还能向外省提供冷冻精液450万支。

结合地区实际，内蒙古自治区发改委、农牧业厅出台了《关于加强生鲜乳收购价格管理的指导意见》。成立了由政府相关部门、奶牛养殖者、乳制品加工企业、行业协会、奶站等相关主体组成的生鲜乳价格协调委员会，制定生鲜乳收购交易参考价，定期发布。生鲜乳交易参考价由社会平均生产成本加合理利润构成，用于指导乳制品生产加工企业与奶牛养殖者之间的生鲜乳交易定价行为。当生鲜乳市场价格发生剧烈波动时，启动政府指导价管理。生鲜乳收购政府指导价由盟市发改委会同农牧业局按法定程序和要求制定发布。《意见》的实施，有利于完善生鲜乳价格形成机制，调动奶牛养殖者生产积极性，维护养殖者和乳制品加工企业的合法权益，促进奶业持续健康发展。

（内蒙古自治区农牧业厅，杜哲）

辽 宁 省

【奶畜养殖】截至2013年末，全省奶牛存栏30.5万头，牛奶产量120.9万吨，同比分别下降5.5%、3.1%。主要养殖区域分布在沈阳市的沈北新区、新民市、苏家屯区、于洪区、东陵区，大连市的金州区、旅顺口区，锦州市的凌海市、义县、太和区，阜新市的阜新蒙古族自治县、彰武县，铁岭市的铁岭县、银州区，盘锦市的盘山县，葫芦岛市的连山区等16个县（市、区）。2013年乳品出口额为89.3万美元，同比增长76.7%。

【奶源基地】辽宁省奶牛以荷斯坦牛为主。主要情况如下：

1. 奶牛良种补贴。2013年国家安排辽宁省奶牛良种补贴任务20.7万头，补贴资金621万元，辽宁省按“全部覆盖、应补尽补”原则，在13个市（大连市计划单列除外）的80个县（市、区）继续实施奶牛良种补贴项目。为满足养殖场（户）对奶牛后代生产性能快速提高的需求，辽宁省畜牧业经济管理站按照养殖户需求招标采购高质量、高价位的奶牛冻精，高价位奶牛冻精中标后，农户以每剂优惠15元价格购买冻精，减少了农民负担，发挥了补贴资金的引导作用。

2. 奶牛生产性能测定。2013年国家安排辽宁奶牛生产性能测定资金56万元，测定奶牛8 000头，项目实施单位分别为辽宁省畜牧业经济管理站和沈阳乳业有限责任公司。截至2013年12月底，辽宁省畜牧业经济管理站共检测规模奶牛场46家，每月实际测定样品数达7 000个以上，累计上报中国奶协数据8万余条；沈阳乳业有限责任公司共参测奶牛场41家。

3. 规模养殖场改扩建。2013年全省落实国家发改委奶牛标准化养殖场（小区）建设项目23个。

4. 疫病防控。2013年全省开展了布鲁氏菌病监测净化工作，普检奶牛235 861头次，阳性率为0.17%。

5. 生鲜乳收购价格。2013年，全省生鲜乳收购价格持续上涨，1月份奶价为3.4元/千克，到12月份上涨至4.2元/千克，与去年同期相比，增长3.3~8.4%。

6. 养殖户奶牛养殖年净收入。经测算，年产6吨奶牛头均获利3 000元左右，处于合理水平。

【政策法规】1. 法制建设。根据《饲料和饲料添加剂管理条例》有关规定，制定了《辽宁省饲料和饲料添加剂委托生产备案管理规定》《辽宁省饲料检测机构管理办法》《辽宁省动物源性饲料生产企业验收标准》，进一步规范饲料委托生产备案、饲料质量安全检测机构管理、规范动物源性饲料生产企业的验收等工作。

《辽宁省畜禽产品质量安全管理条例（草案）》由辽宁省第十二届人民代表大会常务委员会第五次会议于2013年11月29日审议通过，自2014年3月1日起施行。

2. 地方标准。辽宁省畜产品安全监察所制定了《生鲜乳收购站建设规范》(DB21/T2086–2013)。

3. 政策扶持。辽宁辉山集团继续承担国家“振兴奶业苜蓿发展行动”2万亩高产优质苜蓿示范片区项目建设任务，在凌海市种植。辽宁省畜牧兽医局按照农业部、财政部要求，严格组织项目申报，切实做好项目的跟踪督察，强化项目管理，严格组织项目验收，保证项目实施效果。项目建设单位较好地完成了项目建设任务，取得了良好的建设成效。

全省有7个县实施国家秸秆养畜示范项目，项目建设进展顺利。各级畜牧主管部门继续加强秸秆资源饲料化开发利用工作，秸秆饲料化利用工作已进入常态化，已被广大牛羊饲养场户普遍接受和应用。各地青（黄）贮壕利用较好，尤其是畜牧小区建设的青（黄）贮壕得到了很好利用。奶牛养殖场户利用全株玉米制作青贮的积极性不断提高。据统计，全省秸秆饲料化利用率达到51%，比上年提高0.6个百分点。

【质量监管】2013年全省共监测生鲜乳样品7 092批次，合格率100%，其中：监测三聚氰胺1 899批次，碱类物质1 182批次，皮革水解物831批次，β–内酰胺酶990批次，硫氰酸钠310批次。监测抗菌素中磺胺类805批次，β内酰胺类258批次，氟喹诺酮类106批次，氯霉素47批次，四环素40批次。黄曲霉毒素M1 40批次，淀粉212批次，营养物质372批次。全年各级畜产品安全监督机构共出动监督执法人员2 969人次，检查生鲜乳收购站1 099家次，未发生生鲜乳质量安全事件。

【奶业大事】2013年6月7日，全国振兴奶业苜蓿发展行动现场会在辽宁省锦州凌海市召开，与会代表参观了辽宁辉山集团苜蓿种植基地。农业部高鸿宾副部长对辽宁省苜蓿示范区项目建设和苜蓿产业化发展水平给予了高度评价。

（辽宁省畜牧业经济管理站，林广宇）

附表1　辽宁省乳品加工企业明细表

企业名称	年加工能力（吨）	实际加工量（吨）	产值（万元）
辽宁伊利乳业有限责任公司	200 000	80 000	51 133
蒙牛乳业（沈阳）有限责任公司	201 600	179 767	110 829.37
沈阳乳业有限责任公司	320 000	300 000	146 000
大连三寰乳业有限公司	100 000	27 200	10 220
大连心乐乳业	30 000	40 000	8 000
辽宁优格生物科技股份有限公司	35 000	65 000	40 000
完达山鞍山乳品有限公司	100 000	50 000	36 223
鞍钢实业集团乳业有限公司	20 000	9 967	5 171
抚顺市恒享乳业有限公司	50 000	22 000	5 000
本溪木兰花乳业有限公司	30 000	11 373	5 622
本溪市阳光乳业有限公司	10 000	10 000	9 000
丹东市派波乳业	30 000	15 000	7 000
丹东市港龙乳业	10 000	5 000	2 000
东港市升泰乳业有限公司	30 000	21 000	8 500
锦州双八乳业有限公司	30 000	18 000	7 000
锦州益多乐乳业有限公司	30 000	10 000	6 000
锦州康乐乳业有限公司	60 000	55 000	9 000
辽宁省想不老食品有限公司	1 800	1 800	25 000
蒙牛阜新中转奶台	21 900	15 250	2 268
伊利乳业有限公司	200 000	50 000	28 000
阜新绿山羊奶乳业有限公司	1 200	300	240
辽阳市奔月食品有限公司	7 300	2 555	700
新依露乳业	20 000	3 000	4 000
铁岭市大牛乳品有限公司	100 000	20 000	20 000
振海乳制品厂	50 000	20 000	8 000
建平县蒙特乳制品有限公司	4 000	110	300
辽宁澳珍乳业有限公司	36 000	7 500	570
龙港区中牛牧业有限公司	20 000	15 000	7 500

附表 2　辽宁省主要规模养殖场名录

养殖场名称	养殖规模	养殖品种	养殖场名称	养殖规模	养殖品种
沈阳市沈北新区隆顺奶牛场	712	荷斯坦	康乐乳业公司奶牛小区	620	荷斯坦
国望养殖场	130	荷斯坦	双赢奶牛养殖场	300	荷斯坦
关沟奶牛养殖场	105	荷斯坦	阳光牧业奶牛养殖小区	700	荷斯坦
苏家屯拉他泡奶牛合作社	250	荷斯坦	高家奶牛养殖专业合作社	600	荷斯坦
沈阳佩良牧场	110	荷斯坦	北山种畜场奶牛小区	420	荷斯坦
苏家屯区亿众牧场	260	荷斯坦	田源牧业	600	荷斯坦
沈阳市圣达园牧场	60	荷斯坦	黑山县东盛奶牛场	300	荷斯坦
王玉昌养牛场	350	荷斯坦	刘恩召奶牛养殖场	100	荷斯坦
王伟奶牛场	120	荷斯坦	大石桥市群升养殖场	150	荷斯坦
馨秋实牧业	103	荷斯坦	东六官山牧场	243	荷斯坦
鑫佰亿奶牛养殖场	400	荷斯坦	奶旺奶牛养殖小区	286	荷斯坦
海江奶牛养殖小区	500	荷斯坦	二郎山牧场	260	荷斯坦
晟楠养殖场	400	荷斯坦	阜新市东昊牧业有限公司	227	荷斯坦
东岭奶牛场	238	荷斯坦	阜新隆源牧业养殖场	250	荷斯坦
贵才奶牛养殖场	380	荷斯坦	阜新市高新区会明奶牛养殖场	116	荷斯坦
辽中县永波奶牛场	500	荷斯坦	阜新牧源良种奶牛繁育有限公司	539	荷斯坦
金源养殖牧场	530	荷斯坦	宇华奶牛专业合作社	450	荷斯坦
辽宁优格乳奶源基地	460	荷斯坦	彰武梓馨奶牛养殖场	306	荷斯坦
佳鑫牧业	600	荷斯坦	力辉奶牛养殖小区	208	荷斯坦
宝丰肉牛繁育中心	400	荷斯坦	新邱新蒙畜禽养殖专业合作社	350	荷斯坦
辽宁佳和牧业有限公司	800	荷斯坦	阜新市海州区润天奶牛养殖场	218	荷斯坦
卧龙奶牛场	1 000	荷斯坦	彰武县后新秋旺园奶牛养殖场	150	荷斯坦
四方牧业	220	荷斯坦	沙拉镇金河牧佳养殖场	400	荷斯坦
爱民奶牛场	600	荷斯坦	阜蒙县庭泽奶牛养殖专业合作社	160	荷斯坦
木兰花养牛场	1 000	荷斯坦	碱锅村奶牛养殖小区	109	荷斯坦
朝阳生态养殖场	120	荷斯坦	阜蒙县亚美奶牛养殖专业合作社	409	荷斯坦
和顺奶牛场	132	荷斯坦	阜蒙县翔丰养殖场	644	荷斯坦
北方牧业有限公司	300	荷斯坦	海纹奶牛养殖专业合作社	216	荷斯坦
宽甸良种奶牛发展有限公司	500	荷斯坦	彰武县兴隆山乡长青牧场	240	荷斯坦
丹东市振安区鑫虹养殖场	143	荷斯坦	阜蒙县宗华奶牛牧场	204	荷斯坦
黑山县鑫源养殖场	300	荷斯坦	阜蒙县于寺镇建军奶牛养殖小区	516	荷斯坦
黑山县白金奶牛养殖场	500	荷斯坦	阜蒙县丽梅奶牛养殖场	150	荷斯坦

（续）

养殖场名称	养殖规模	养殖品种	养殖场名称	养殖规模	养殖品种
阜蒙县沙拉镇朝代村奶牛小区	409	荷斯坦	北票市华丰牧业养殖有限公司	800	荷斯坦
彰武县三合牧业有限公司	204	荷斯坦	建平沙海安兴牧业有限公司	600	荷斯坦
伊吗图牛旺旺生态牧场	200	荷斯坦	福源奶牛小区	100	荷斯坦
阜蒙县世兴奶牛养殖场	101	荷斯坦	张振礼奶牛小区	100	荷斯坦
阜新镇西扣膜村奶牛小区	208	荷斯坦	盘锦乳泉奶牛养殖有限公司	108	荷斯坦
阜蒙县国强肉牛养殖专业合作社	128	荷斯坦	大洼县曦然奶牛养殖专业合作社（三、四区）	200	荷斯坦
阜蒙县王府镇兴隆奶牛养殖场	203	荷斯坦	小铎奶牛养殖小区	300	荷斯坦
阜新艾友旺源奶牛生态牧场	240	荷斯坦	抚顺四方牧业科技发展有限公司	512	荷斯坦
阜新意达牧业发展有公司	640	荷斯坦	新庄崔丽奶牛小区	259	荷斯坦
阜蒙县利晟源牧业有限公司	302	荷斯坦	新庄东斌奶牛小区	150	荷斯坦
阜蒙县十家子镇海山岱村张本志奶牛小区	224	荷斯坦	沈阳市路红奶牛养殖场	135	荷斯坦
吉鑫奶牛生态牧场	102	荷斯坦	山友奶牛专业合作社	260	荷斯坦
辽阳双牛奶牛养殖专业合作社	658	荷斯坦	光辉宏忱奶牛场	480	荷斯坦
马家昌盛奶牛养殖场	410	荷斯坦	沈北新区尹家乡奶牛养殖有限公司	890	荷斯坦
铁岭市大牛公司生态奶牛场二期	635	荷斯坦	沈阳市武顺牧业有限公司	864	荷斯坦
铁岭县鑫荣养殖场	500	荷斯坦	沈阳千源牧业有限公司	880	荷斯坦
老四平镇徐家村绿野奶牛合作社	520	荷斯坦	福顺养牛场	600	荷斯坦
铁岭县中大牧业养殖基地二期	200	荷斯坦	新民市大柳屯镇奶牛养殖合作社	1 100	荷斯坦
天源奶牛场	400	荷斯坦	富佳奶牛场	500	荷斯坦
清河区兴盛牧场	500	荷斯坦	东关奶牛小区	121	荷斯坦
铁岭县蔡牛镇圣禾牧场	200	荷斯坦	东方牧场	416	荷斯坦
昌图县三江口李国富奶牛小区	300	荷斯坦	沈阳大兴牧业养殖场	478	荷斯坦
超凡养殖场	150	荷斯坦	新城堡奶牛养殖小区	113	荷斯坦
铁岭县新台子镇广旭牛场	200	荷斯坦	沈阳市圣达园牧场	130	荷斯坦
清河区张相镇尹家奶牛小区	120	荷斯坦	大连奶牛场石坎奶牛畜牧小区	700	荷斯坦
铁岭县新台子井权养殖场	100	荷斯坦	卧龙奶牛场	630	荷斯坦
三家乡祝繁奶牛小区	400	荷斯坦	贺国军牛场	100	荷斯坦

吉　林　省

【奶畜养殖】2013年，吉林省奶牛存栏22万头，主要品种为荷斯坦牛和乳用西门塔尔牛，其中成母牛13.6万头，牛奶产量47.6万吨。荷斯坦牛主要分布在吉林省中西部地区，长春、吉林、四平、白城、松原等5个地区，乳用西门塔尔牛主要分布在松原市，以上地区奶牛存栏占全省总数的96%。吉林省中西部作为奶牛养殖集中区域，集中趋势更加突出。奶牛养殖散户逐步退出，规模养殖比重不断加大。2013年奶牛养殖业产值20.46亿元，占全省畜牧养殖业总产值的1.71%。

【乳品加工】2013年，吉林省正常生产的规模以上乳制品生产企业6个。生产婴幼儿配方乳粉的企业有3个，全部采用湿法工艺生产。乳制品总产量9万吨，销售收入10.2亿元，利润近8000万元。其中：巴氏杀菌奶0.7万吨，超高温灭菌（UHT）奶2.2万吨；酸奶1.7万吨，乳饮料3.2万吨；奶粉1.3万吨。

【市场消费】2013年，吉林省人均奶类占有量17.3千克，乳制品消费量人均10千克左右，消费支出约120元。在商场和超市内销售的乳制品主要品牌有伊利、蒙牛、飞鹤、辉山、龙丹、完达山、雀巢和光明等，还有本省的广泽、春光等乳企生产的产品。销售的主要产品有UHT奶、奶粉、酸奶、巴氏杀菌奶、含乳饮料等，以UHT奶消费量最大。入户销售的乳制品主要有巴氏杀菌奶和酸奶。

【奶源基地】2013年，吉林省存栏规模100头以上的奶牛数量占比34%。2013年末，吉林省有生鲜乳收购站280个，乳品企业开办的10个，养殖场开办的67个，奶农专业合作社开办的203个。生鲜乳收购站全部持证收购，生鲜乳收购站管理制度健全。全省生鲜乳收购站全部有集中机械挤奶厅，机械挤奶比例100%。全混合日粮（TMR）技术正逐步推广，全省应用TMR技术的规模养殖场34个。2013年国家奶牛良种补贴资金390万元，补贴的奶牛冻精包括荷斯坦牛和乳用西门塔尔牛2个品种。奶牛标准化规模养殖场（小区）建设项目中央投资2 500万元。全省秸秆产量3 700万吨，整株青贮玉米产量726万吨。苜蓿种植面积29.67万亩，平均亩产330千克左右，总产量近10万吨。吉林省各级动物防疫机构比较健全。针对奶牛主要开展A型口蹄疫免疫。2013年继续推行奶牛健康证制度，对奶牛布病、结核病实施常态化检疫监测，同时加强扑杀净化，严格流通环节监管措施。奶牛粪污处理方式以堆积发酵后还田为主，少数养殖场（小区）建设了生物有机肥、燃料块和沼气等无害化处理设施。2013年乳企收购生鲜乳价格平均为3.8元/千克，养殖户饲养一头泌乳牛年净收入3 000元以上。

【奶农组织】2013年，吉林省有奶农合作社270个，各级协会组织8个。吉林省畜牧业管理局在全省范围内组织开展了奶牛养殖技术培训。2013年5月至7月，共举办7期培训，有600多名奶农和技术推广机构的技术人员参加了培训。主要对荷斯坦牛良种繁育、品种改良技术、饲养管理、原料奶生产和质量控制、全混合日粮（TMR）配制、青贮饲料调制、疫病防控、养殖环境污染防控等多个方面进行了培训。

【政策法规】吉林省出台了多项促进奶业持续健康发展的政策。从2009年开始，针对新建（改扩建）奶牛标准化规模养殖场（小区）制定了以奖代补政策，对达到标准的每个养殖场（小区），省财政给予补助，长春市、四平市、敦化市等市、县级财政视财力也予以补助，在养殖场（小区）建设用地、用电等方面给予优惠。

【质量监管】一是开展生鲜乳违禁物质专项监测工作。加强对生鲜乳质量的安全监测。全年计划抽检520批次，实际完成抽检536批次，超额完成3.1%。检测结果均合格。组织开展了生鲜乳收购站标准化管理现场检查和生鲜乳运输车现场检查，检查结果均达标。二是开展生鲜乳违禁物质专项整治行动。以奶牛主产区和奶牛养殖大县为重点区域，对生鲜乳收购站和生鲜乳运输车进行了全面地逐项检查。三是开展生鲜乳收购站安全生产大检查、大整改活动。制定下发了《开展生鲜乳收购站安全生产大检查、大整改实施方案》，从6月至9月，对生鲜乳收购站开展安全生产大检查、大整改活动。采取生鲜乳收购站自查自纠，县级畜牧主管部门督促落实，省、市督导检查的方式，进行全面检查整改，保障生鲜乳生产和质量安全。四是开展婴幼儿配方乳粉奶源质量安全专项整治。2013年11月至12月，组织开展婴幼儿配方乳粉奶源质量安全专项整治行动。全面清查婴幼儿配方乳粉奶源情况，并进行了婴幼儿配方乳粉奶源质量监测，抽检生鲜乳86批次，检测抗生素类、铅、汞、三聚氰胺等10项16个参数，检测结果均符合规定。

【奶业大事】2013年8月，敦化市政府与浙江贝因美科工贸股份有限公司签订建设万头奶牛生态牧场框架协议，计划投资10亿元。主要投资建设：高标准现代化有机牧场；建3万吨乳制品加工厂；建设婴幼儿健康食品厂。

（吉林省畜牧业管理局，迟桂凤）

附表 1　吉林省奶牛养殖场（小区）名录

序号	名　称	养殖场	小区	全群存栏（头）	成母牛存栏（头）	奶畜品种	成母牛单产（吨/年）	年总产（吨）	是否参加DHI	是否应用TMR
1	镇赉县瑞信达原生态牧业有限公司	√		13 000	7 000	荷斯坦	10	43 200	√	√
2	九台市营城万头奶牛生态园	√		6 085	3 800	荷斯坦	7.5	28 500		√
3	白城市恒利源乳业有限公司养殖场	√		1 085	690	荷斯坦	8	3 000	√	√
4	洮南市科园奶牛养殖小区		√	1 299	716	荷斯坦	6.1	4 367.6		
5	洮南市万宝镇奶牛养殖小区		√	1 025	546	荷斯坦	6.1	3 330.6		
6	洮南市中绿奶牛养殖场	√		1 060	432	荷斯坦	6.1	2 604		√
7	榆树市保寿镇团山村奶牛养殖场	√		1 050	380	荷斯坦	6	2 600		√

备注：请在养殖场或小区列中选择打勾（√）；如参加 DHI 或应用 TMR，请在相应表格中打勾。

附表 2　吉林省乳制品生产企业名录

序号	名　称	许可证号码	年收购原奶量（吨）	平均支付价格（元/千克）	其中：自有奶源量（吨）	年乳制品产量（吨）	其中：巴氏杀菌奶（吨）	UHT奶（吨）	酸奶（吨）	奶粉（吨）	奶油（吨）	奶酪（吨）	乳饮料（吨）	整体设计加工能力（吨/年）	产品销售区域	年销售收入（万元）	利润（万元）
1	白城龙丹乳业科技有限公司	QS2208 0501 2004 QS2208 0502 0002	14 112	3.9	2 160	4 500				4 500				180 000	全国	15 000	1 500
2	吉林飞鹤艾倍特乳业有限公司	QS2208 0501 2001 QS2208 0502 0003	9 026.78	4.19	124	320 2 830				320 2 830				100 000	全国各地	9 235.5 4 384.39	74.4 1 154.06
3	敦化美丽健乳业有限公司	QS2224 0501 2003 QS2224 0502 0001	22 162	3.89	3 612.7	4 750				4 750				60 000	安徽	32 286.3	379.3
4	广泽乳业有限公司	QS2200 0501 0029	52 524.6	4.27	27 347.1	68 998.5	2 188	21 981	####	0	0	41.54	30 630	300 000	东北三省	35 133	4 284
5	吉林市娃哈哈启力乳品有限公司	QS2202 0501 2002	1 883.43	4.07		224.975				224.98				72 000	东北	793.71	−156.24
6	吉林市春光乳业有限责任公司	QS2202 0501 0731 QS2202 0601 3413	7 300	4.3	5 475	9 100	4 920		2 380				1 800	13 140	吉林市及周边	5 551 102 384	505

备注：自有奶源指来自自建和参建（控股、参股）牧场（小区）的原奶。

黑龙江省

【奶畜养殖】黑龙江是全国奶业大省，由于饲草饲料资源丰富，在发展奶业方面具有得天独厚的自然条件，产业发展基础雄厚，连续多年奶牛存栏和牛奶产量保持平稳增长。2012年末，由于散养户养殖比较效益不高，原料奶价格偏低、牛肉价格走高等因素，驱使散养户加快奶牛淘汰退出养殖，奶牛存栏量减少。到2013年，由于新西兰等乳制品主要出口国受天气影响，牛奶减产，导致进口奶粉数量减少。奶牛存栏量和奶粉进口量“双减”，造成黑龙江省原料奶供应趋紧，奶价持续上涨，奶牛养殖进入了盈利的黄金时期，黑龙江省奶业进入“散户加快退出，规模养殖场不断兴起”的转型时期。

1. 奶牛存栏及奶产量。据国家调查总队的数据显示，截至2013年末，黑龙江省奶牛存栏191.67万头，同比下降5.2%；奶产量518.23万吨，同比下降2.45%。双城、杜蒙、安达、肇东、富裕等17个重点县存栏占全省存栏总数的60%。奶牛养殖业经过震荡调整、重组优化，奶牛总体生产性能和牛奶品质进一步提高。

2. 原奶价格。2013年一季度后，国产乳制品出现购销两旺，产品在市场供不应求，原料奶供应出现紧张态势，特别是三、四季度进入生鲜乳生产淡季后，奶源不足与产能过剩矛盾日趋突出，乳品企业收奶价格也随之一路上涨，涨幅同比高达45%。通过黑龙江省奶业协会调查和固定监测点数据显示，到2013年末，黑龙江省规模化奶牛场的平均价格为4.70元/千克；最高达到5.80元/千克；奶牛养殖小区为4.10元/千克；散户到生鲜乳收购站集中榨奶的平均价格也达到3.80元/千克，高奶价也催生了成母牛和犊牛价格大幅增长。成母牛价格达到22 000元以上。母犊牛价格也达到1 000元左右。由于肉牛价格持续走高，淘汰奶牛及公犊牛的收益进一步提高，过去用于生产血清的公犊牛，已转入肉用实施育肥。

3. 奶牛养殖成本。2013年7~9月，黑龙江省多地出现连续强降雨，造成羊草和青贮大面积受灾减产，羊草价格上涨至300元/吨，青贮价格上涨至200元/吨，虽然精饲料主要原料玉米和豆粕价格稍有下降，但饲料总体成本上涨。据黑龙江省奶业协会监测显示，黑龙江省饲养一头单产5吨的奶牛平均效益在3 500元左右，牛群结构好、管理规范的规模化牧养场可达7 000元以上。一头单产5吨的奶牛养殖成本在17 370元左右，其中饲料成本在13 200元左右，配种费成本120元，医疗费成本200元，水电煤费成本150元，奶牛年折旧成本1 500元，牛舍年折旧成本400元，人工费年成本1 200元，犊牛奶费年成本1 200元，犊牛年收入600元，千克奶生产成本达3.47元，比2012年上涨了0.26元。

4. 规模养殖。据黑龙江省畜牧兽医局统计，黑龙江省存栏30~49头的奶牛户5 816个，年存栏量240 699头，产奶量为729 654.3吨；存栏50~99头的奶牛户2 872个，年存栏量为218 377头，产奶量为621 734吨；存栏100~199头的奶牛场户为1 342个，年存栏量为221 453头，奶产量为643 450吨；存栏200~499头的奶牛场户为325户，年存栏量为107 548头，奶产量为319 868吨；存栏500~999头的奶牛场有73个，年存栏数为67 832头，奶产量为193 957吨；存栏1 000头以上的奶牛场有33个，年存栏量为84 027头，奶产量268 946.9吨。黑龙江省进入减量提质的关键时期，为进一步引导加速规模化进程，2013年，黑龙江省政府补贴建设45个泌乳牛存栏1 200头规模的现代化示范奶牛场，按1 200头泌乳牛为一个计算单位进行补贴，每个牧场建成投产后补贴1 300万元，补助比例约为建设成本的50%，在此基础上2014年增加补贴资金13亿元。通过大力度的政策推动，加速了黑龙江省规模化的发展进程。

【乳品加工】近年来，由于国内外市场对乳制品的需求以及规模化奶牛场的兴起，随着产业规模和加工能力的不断扩大，黑龙江省乳制品的多样化、品牌化得到不断提升，不但培育了飞鹤、完达山、龙丹、红星、金星、摇篮等国内名牌，还引进了光明、雀巢、伊利、蒙牛和贝因美等国内外知名乳企，产品覆盖全国市场，部分销往东南亚和东欧市场。截至2013年，全省有规模以上乳品加工企业64家，占全国644家的1/10，年加工生鲜奶能力达到1 004万吨。乳制品产量达213.74万吨，同比增加9.87%，液奶产量150.3万吨，同比增加5.2%。黑龙江省规模以上乳品加工企业在数量、产能、奶粉产量和婴幼儿配方奶粉产量四项指标上均居全国第一。由于原料奶的紧张，奶价居高不下，造成乳制品生产成本增加，乳品企业及时调整市场产品结构，减少百利包等利润较低的乳制品，增加生产附加值较高的产品，2013年黑龙江省乳制品加工利润持续增长，乳品企业总体盈利情况较好。

【良种建设】黑龙江省人工授精站点总数达到4 000个，全省奶牛的冻配率达到100%。本地的冻精生产企业–黑龙江博瑞遗传有限公司，其荷斯坦种公牛在国家奶牛良种补贴公牛育种值排名中一举夺冠。面对高奶价和奶牛数量的减少，多数规模化奶牛场采用性控冻精快速扩繁奶牛群，同时为抵御奶业行业的波动，在黑龙江省政府的支持下建立了多家乳肉兼用牛良种场，以控制奶价波动而产生的风险。2013年进入奶牛生产性能测定体系的奶牛场总数达到153个规模场，参测奶牛达到12万头，居全国首位，目前黑龙江省优质荷斯坦牛存栏居全国第一位。

【标准化生产】开展国家级畜禽标准化养殖场创建活动，确定了12个养殖场参加创建。在奶牛示范场引进以色列阿菲金公司、SCR公司、加拿大亚达公司奶牛饲养管理技术，提高奶牛单产，发挥示范带动作用。全省已有5家奶牛场单产水平接近或超过10吨，完达山良种奶牛场单产水平已达10.5吨。飞鹤原生态牧业公司在香港成功挂牌上市，融资25亿元人民币在黑龙江省继续扩大奶源基地建设。

【疫病防控】2013 年，黑龙江省启动实施《全省中长期动物疫病防治规划》，奶牛疫病确保了“内疫不发生、外疫不传入”，一是扎实开展强制免疫工作，确保免疫密度和免疫质量；二是加大边境地区防控力度，提高监测预警能力；三是做好检疫工作，大力推进病死畜禽无害化处理和动物检疫网络出证新方式，积极推进动物防疫可追溯体系建设，屠宰检疫率和产地检疫开展面达到 100%。四是开展执业兽医注册和执业助理兽医备案工作，规范管理动物诊疗机构，对全省乡村兽医开展培训，提高乡村兽医的诊疗能力。

【饲料生产】黑龙江是我国最大的商品粮生产基地，享有“北大仓”的美誉。目前，全省有 1.8 亿亩耕地，粮食生产能力稳定在 3 千万吨左右，年产作物秸秆 5 千多万吨，有 6 500 万亩草原以及大量的草山草坡。2013 年，黑龙江省人工草地保留面积达到 540 万亩，其中苜蓿留床面积 87 万亩，紫花苜蓿保有面积达到 66.2 万亩，青贮饲料贮量 1 335 万吨，秸秆黄贮饲料产量 2612 万吨。这些为黑龙江省奶牛业的发展提供丰富的饲料资源保障。

【奶农组织】在乳品加工企业发展壮大的同时，黑龙江省奶业组织化程度和社会化服务能力也进一步提高。2013 年，全省拥有市、县、镇、村和农场等各级奶业（奶牛）协会 70 家，各类奶业专业合作社发展到 1 100 多个，增强了市场经济条件下奶农的话语权，奶农的主体作用得到充分发挥，推动了农企“风险共担、利益均沾”经营机制的形成。同时黑龙江省政府、省奶业协会和其他企事业单位积极组织开展奶业技术培训，年培训总期数超过 30 期，培训人数达 3 000 人次。

【质量监管】黑龙江省畜牧兽医局 2013 年共组织开展了 4320 批次生鲜乳质量安全及理化指标专项监测任务，其中生鲜乳中违禁添加物专项监测 3 400 批次（国家级 2 800 批次、省级 600 批次），生鲜乳质量安全异地抽检 600 批次，《生乳》国标安全指标监测 200 批次，生鲜乳中菌落总数和部分理化指标监测 120 批次。监测结果表明，三聚氰胺、黄曲霉毒素 M_1、皮革水解物、碱类物质、硫氰酸钠、铅、铬、汞等项指标合格率均为 100%，β－内酰胺酶合格率为 99.91%，黑龙江省生鲜乳质量安全总体状况良好。

【奶业大事】1 月 29 日，黑龙江省畜牧兽医局组织召开应对新西兰奶粉双氰胺事件的座谈会。新华社有关领导、省内教学及科研单位专家、行业协会和乳品企业的代表参加了座谈会。与会专家及代表就国内乳制品状况、黑龙江省奶业的优势、国外进口乳制品现状、消费者的困惑等分别结合本专业特征及本企业情况做了精彩发言，同时委托新华社向国家相关部门转达扶持奶业发展的意见和建议。

2 月 26 日，黑龙江省富裕县制定出台了《2013 年推进奶业发展的工作意见》，突出大型牧场、规模牛场和合作社建设三个重点，加大地方政府和乳企的政策支持和补贴力度，推动县域奶业的发展，此举也为全省其他地区的发展积累经验和树立典型。

4 月 15~16 日，由黑龙江省奶业协会组织牵头，省内 60 家规模化奶牛场共同发起成立了黑龙江省奶牛技术联盟，联盟启动大会在哈尔滨市隆重召开，主要任务是：为全省奶牛养殖业搭建技术交流与科技服务的平台，为省内规模牧场（奶牛小区）提供专项调研、管理咨询、项目评估、科技成果转化对接、技术培训，人才交流考察学习等融为一体的综合服务。

7 月 26 日，黑龙江省工商局公布第二季度流通环节婴幼儿配方乳粉及进口乳粉专项抽样检验结果，结果显示所检验产品 100% 合格。本次抽检婴幼儿配方乳粉样品 60 个品牌 12 个品种，共计抽样 720 批次，其中省内 349 批次，省外 353 批次，进口 18 批次，检测结果全部合格。进口乳粉专项抽检 30 个品牌，共计 120 批次，检测结果全部合格。检测项目包括：三聚氰胺、铅、亚硝酸盐、钙、铁、锌、钠、脂肪、蛋白质、细菌总数、大肠菌群、金黄色葡萄球菌、阪崎肠杆菌、黄曲霉毒素 M_1 等 14 项。

11 月 6 日，黑龙江省政府副省长吕维峰到牡丹江市红星乳业集团调研，深入生产车间，听取了婴幼儿奶粉项目建设情况汇报，并就项目建设中遇到的问题与企业一道谋思路、找对策、定措施。

11 月 26 日，黑龙江原生态牧业成功在香港主板挂牌，公司股份以 2.70 港元定价。原生态牧业有克东和平原生态牧场、克东瑞信达原生态牧场、甘南瑞信达原生态牧场和镇赉瑞信达原生态四个牧场，共存栏奶牛近 4 万头，日产生鲜奶超过 530 吨。

（黑龙江省奶业协会，张维银 阿晓辉）

附表 1　黑龙江省奶牛养殖场（小区）名录

序号	名　称	养殖场	小区	全群存栏（头）	成母牛存栏（头）	奶畜品种	成母牛单产（吨/年）	年总产（吨）	是否参加 DHI	是否应用 TMR
1	哈尔滨杏林牧业发展有限公司	√		1 568	726	荷斯坦	8.3	5 827	√	√
2	八五七朝阳奶牛场	√		833	455	荷斯坦	7.6	3 792	√	√
3	汤原县天元牧业有限公司		√	680	510	荷斯坦	5.5	2 530		√
4	富锦市头兴牧业	√		782	402	荷斯坦	7	2 715	√	√
5	松花江奶牛场	√		1 872	960	荷斯坦	7	6 720	√	√
6	齐梅良种乳牛繁育科研基地	√		714	363	荷斯坦	6.9	2 504	√	√
7	八五一一农场完达山良种奶牛场	√		1 200	610	荷斯坦	10	5 800	√	√
8	富锦市天野牧业有限责任公司	√		781	437	荷斯坦	6.7	3 320	√	√
9	富裕县鸿顺奶牛养殖基地		√	401	238	荷斯坦	5.2	1 650		√
10	哈尔滨良种奶牛繁育中心	√		520	243	荷斯坦	6.5	1 570	√	√
11	哈尔滨市道里区三合盛畜牧场	√		492	217	荷斯坦	6	2 000		√
12	双城市嵘森牧业有限公司	√		1 200	510	荷斯坦	7	3 200	√	√
13	安达市友谊养牛专业合作社		√	1 460	600	荷斯坦	5.8	3 300		√
14	双城市联兴乡俊丰奶牛养殖场	√		500	420	荷斯坦	6.3	2 000		√
15	哈尔滨市绿洲畜牧有限责任公司		√	860	600	荷斯坦	5.5	3 000		√
16	肇东市海城乡岚旭奶牛养殖专业合作社	√		320	160	荷斯坦	5.5	800		√
17	肇东市东跃畜牧有限公司	√		530	330	荷斯坦	5.5	1 815		√
18	肇东市杨林奶牛养殖场	√		270	190	荷斯坦	5.5	1 050		
19	杜蒙旺源牧业有限公司	√		320	190	荷斯坦	6	1 100		
20	杜蒙县广宇牧业有限公司	√		300	180	荷斯坦	6.8	1 200		
21	双城克奥牧业有限公司	√		500	300	荷斯坦	6	1 610		√
22	文臣养殖场	√		450	290	荷斯坦	6	1 740	√	√

备注：请在养殖场或小区列中选择打勾；如参加 DHI 或应用 TMR，请在相应表格中打勾。

附表 2　黑龙江省乳制品生产企业名录

序号	名　称	许可证号码	年收购原奶量（吨）	平均支付价格（元/千克）	其中：自有奶源量（吨）	年乳制品产量（吨）	其中：巴氏杀菌奶（吨）	UHT 奶（吨）	酸奶（吨）	奶粉（吨）	奶油（吨）	奶酪（吨）	乳饮料（吨）	整体设计加工能力（吨/年）	产品销售区域	年销售收入（万元）	利润（万元）
1	双城雀巢公司		289 000	3.69		78 000				46 000				660 000		430 000	
2	完达山乳业公司八五一一分公司		170 000	3.41		71 000		63 000		200				300 000		76 200	
3	黑龙江省飞鹤（克东）乳业有限公司		49 316	4.41		297 000		3 400		33 400				365 000		297 000	
4	林甸伊利乳业有限责任公司		124 500	4.31		178 200		140500					37 700	237 000		115 753	
5	蒙牛乳业（齐齐哈尔）有限公司		126 454	4.48		128 700		128700						230 000		89 210	
6	黑龙江省光明松鹤乳品有限责任公司		95 000	3.9		71 000		63 000		2 000				300 000		76 200	
7	大庆乳品有限责任公司		17 400	3.8		3 600				3 600				108 000		400 000	
8	哈尔滨双城娃哈哈食品饮料有限公司		7 182	4.369		115 700							45 900	71 500		33 200	
9	哈尔滨市龙丹利民乳业有限公司		11 759	3.8		14 384		14 384						90 000		7 558	

备注：自有奶源指来自自建和参建（控股、参股）牧场（小区）的原奶。

上 海 市

【奶畜养殖】上海市2013年奶牛存栏7.37万头，同比增长1.53%，其中成乳牛存栏3.89万头，同比增长1.21%。生鲜奶总产量33.38万吨，比上年增长4.43%，成乳牛平均单产8 702.46千克，比上年增长3.9%，最高的牧场成乳牛平均单产达到11 024千克（2012年为10 801千克）。上海市有奶牛场104家，其中：光明食品（农场局）奶牛总头数46 047头，占全市62.46%，郊区奶牛总头数27 680头，占全市37.54%。

【乳品加工】2013年上海共有乳品加工企业11个，日处理生鲜奶能力总计达905吨，其中外资2个、合资企业6个、地方自建企业3个。主要乳制品种类有巴氏杀菌奶、UHT奶、奶粉、酸奶、奶酪。

【市场消费】上海市2013年城镇居民人均奶制品（折合成原料奶）消费量39千克/人，各种乳制品消费量：鲜奶28千克/人，奶粉0.8千克/人，酸奶9.5千克/人，奶酪0.7千克/人。

据农调队资料，全市2013年农村居民人均奶制品（折合成原料奶）消费37千克/人，各种乳制消费量：鲜奶27千克/人，奶粉1千克/人，酸奶9千克/人。

2013年光明学生饮用奶生产公司全年销售突破3亿元，与去年同期销售收入相比翻了一番。目前，学生饮用奶供应全国22个省、市、自治区，日均供应学生饮用奶近130万盒，最高日供应份数达150万盒。

【奶源基地】2013年，上海市奶牛存栏数7.37万头。郊区全部实现奶牛规模化生产，全市现有规模化奶牛场104家，其中少于100头的奶牛场2家，101~200头的奶牛场19家，201~500头的奶牛场43家，500~1 000头的19家，1 000头以上的21家。奶牛场全部实施机械化管道挤奶，机械化挤奶率100%。

【奶农组织】上海奶农合作社共6家。2013年上海市奶协举办培训共7次，人数达600多人。如3月21日生产和专家委员会与奉贤奶管站共同举办了“奶牛生产经营决策管理”培训班，到会人员达50人次；7月13日联合育种繁殖专业委员会与先马士（上海）有限公司共同举办《奶牛繁殖与饲养管理新技术研讨会》，参会人员70余人；5月30日，奶协和上海乳品检测中心配合市畜牧兽医办举办了全市奶牛场生乳质量安全管理培训，市畜牧兽医办李建颖主任到会讲话，市动物疫病预防控制中心、市动物卫生监管所主要领导到会讲课，参训人员达170余人次；8月7日到忆南奶牛场调研，对传统奶牛场改造提出合理化建议；8月至9月，与市乳品质量监督检验站、市奶牛研究所一道，对全市规模化奶牛养殖场集中开展“奶牛饲养工职业技能培训”，历时30天，96个课时，分别为奉贤、金山、崇明和牛奶集团奶牛场的饲养工进行培训，参训人数达240名。

奶牛繁殖育种专业委员会2013年新增母犊登记数13 924头，另外完成九个牧场902头良种母牛登记数，每月对奶牛单产优胜（前20名）、奶牛体细胞优胜（小于50万）进行排名及年度前三名排名，年终表彰了22名育种推广、繁殖工作及单产优胜和奶牛体细胞优胜单位，同时对生乳质量安全、上海DHI国际化，性控冻精使用注意事项等进行了专题培训，参训人员达150余人。成功举办第六届长三角奶业大会暨第四届南方论坛。9月10~12日，第六届长三角奶业大会暨第四届南方奶业论坛在上海松江开元名都大酒店召开，同时举办了奶业展销会。论坛以“‘责任、合作、共赢’”为主题，首次由协会与企业联合举办，有600多名业内中外专家、学者、奶牛场管理者和技术人员参加了会议，中国奶协、江、浙、皖、闽、鲁奶协领导和市农委、松江区、市畜牧兽医办领导出席了会议。会议还签署了《生鲜乳质量安全诚信承诺书》，会议主题鲜明，内容新颖，奶农参会人数多，受到参会人员的好评。

【政策法规】为进一步完善生鲜乳价格形成机制，确保上海生鲜乳高产、优质、安全，促进上海奶业健康、可持续发展，2013年奶协在市畜牧兽医办公室、市发改委价督处的具体指导下，先后组织人员分别到区县各奶牛养殖场调研听取意见，2013年上半年组织调研了四个区县，听取了30多个奶农意见，形成了工作调研报告；下半年组织调研了四个区县，下发调查表近50份，对分类奖励办法基本统一了认识。另外针对今年百年一遇的高温，奶农代表提出的合理化建议，奶协不仅及时向市农委、市发改委、市光明食品集团反映，还分别于8月23日、10月9日、10月21日、11月12日、12月2日、12月10日先后召开了6次部分奶农代表参加的座谈会，讨论了光明乳业对三季度生鲜奶实行高温补贴、对明年奶价协商机制及2014年奶价实行分类奖励办法基本统一了思想，形成了会议纪要。

【品种改良】2013年共改良牛群4.3万头，使用冷冻精液11.18万剂，胚胎移植120枚（上海奶牛育种中心实际数）；上海奶牛育种中心共生产胚胎0枚、冷冻精液215万剂；胚胎120枚、冷冻精液3万剂。

【饲草饲料】2013年上海鼎牛饲料有限公司人工牧草种植面积24 200亩（包括海丰），其中苜蓿草200亩；专用青贮玉米种植面积24 000亩（玉米、麦类各一季），有青贮窖60个左右，年产奶牛TMR等各类饲料30万吨；上海光明荷斯坦牧业有限公司人工牧草种植面积6 680亩，其中苜蓿草0公顷；专用青贮玉米种植面积6 680亩（玉米、麦类各一季），有青贮窖30个左右。

【质量监管】上海市畜牧兽医办公室、上海奶业行业协会召开生鲜乳质量监管和属地化管理总结会议，加强对生鲜乳收购站、运输车辆的管理，发放生鲜乳管理告知书，签订质量安全承诺书。召开全市奶牛场质量安全管理培训大会，对郊区奶农进行生鲜乳质量安全和法制教育。根据市食安办要求，开展了肉及肉制品专项治理行动，共计出动执法人员 1 649 人次，检查养殖场(户)及相关单位 983 家次，发放宣传资料 402 份。

【奶业大事】1 月 16~17 协会组织全体员工去安徽练江牧场学习考察有机奶生产基地。

2 月 26 日在光明乳业召开第六届第三次理事会，会议通过新增会员 13 家，增补理事 3 家，增补副会长 5 家。

4 月 19 日美国威斯康星州州长斯科特 · 沃克先生率威斯康星州商贸友好代表团访华，代表团包括威斯康星州政府及企业代表等 40 余人。上海奶协秘书长协同上海光明荷斯坦牧业有限公司高级畜牧师张幸开和上海延华生物科技有限公司采购总监萧木根接待了访华团一行。

4 月 26 日上海奶业行业协会秘书长朱从余和副秘书长曹明是参加了 2013 上海国际婴幼儿营养食品及用品展览会并发表讲话。

4 月 27 日根据上海市社团局关于规范化建设规定和要求，上海奶业行业协会对各项指标进行了充分准备，经社团局专家评审，得 969 分获 AAAAA 级社会团体证书。

4 月分别召开各区县奶农座谈会。座谈内容：听取生鲜乳价格形成机制修改意见和建议。

4 月上海奶业行业协会上报 6 位专家至中国奶业专家库。

4 上海奶业行业协会评选出 5 位优秀奶业工作者，并上报中国奶协批准并颁奖证。

5 月 30 日 在诺宝中心会议室举办奶牛场质量安全管理培训，奶协秘书长朱从余主持了会议，市畜牧办主任李建颖出席并讲话，本次培训人员达 220 余人。

5 月 11 日上海良种母牛登记，登记母牛为 902 头。

6 月 1~3 日上海奶业行业协会参加了在江西南昌市召开的第四届中国奶业大会。

6 月 7 日经市发改委、市农委畜牧办研究决定，在本市开展进一步完善生鲜乳价格形成机制的专项调研。

7 月 13 日在上海南汇汇苑宾馆举办《奶业繁殖与饲养管理技术研讨会》，奶协秘书长朱从余出席了会议，培训人员达 80 余人次。

8 月上海奶业行业协会“SDA”标识向中国商标总局申请注册商标“SDA”并获得注册商标证书。

8 月中国学生奶办、上海学生奶办专家对上海忆南奶牛场、星一、星二、香花等奶牛场作为学生饮用奶奶源基地建设进行复审工作，积极参与《国家“学生饮用奶计划”推广管理办法（试行）》征求意见工作。

8 月 29 日 ~ 9 月 27 日上海奶协和上海市奶牛研究所等单位，在本市奶牛养殖行业内分期分批集中开展“奶牛饲养工职业技能培训”。培训时间历时一个月，220 余人接受培训。

9 月 10~12 日在上海松江开元名都大酒店召开第六届长三角奶业大会暨第四届南方奶业论坛，参会人数达 600 多人。

11 月 1 日经上级党组织同意，协会党支部召开的决议，吸收 1 名积极分子为中国共产党预备党员。

12 月 16 日在上海光大会展中心召开 2013 年上海市奶牛育种繁殖年会。由上海奶业行业协会育种繁殖专业委员会、上海光明荷斯坦牧业有限公司、上海奶牛育种中心有限公司主办。

2014 年 1 月 3 日完成了第七批学生奶源基地验收工作。

2014 年 1 月 7 日在上海奶业行业协会召开奶价协调会议；会议内容：1）关于 2013 年 7、8、9 三个月每千克生奶收购价实施补贴 0.10 元 /kg 的意见；2）关于 2014 年奶价机制协商的意见；3）关于 2014 年牧场分类计价（奖励）办法的意见。

2014 年 1 月 8 日沪奶协 [2014] 第 1 号文件：2014 年 1 月 1 日起生鲜乳收购价 4.42 元 /kg,（不含优质优价）；实施牧场分类计价（奖励）办法（试行一年）。

2014 年 1 月 8 日在上海花冠营养乳品公司召开乳品加工委员会例会。

2014 年 1 月 10 日在上海晨冠乳业有限公司召开会长、副会长年会，听取朱秘书长关于协会 2013 年工作汇报及 2014 年工作报告。

（上海奶业行业协会，朱从余　季爱华）

附表 1　2013 年上海奶牛规模养殖分布

养殖规模	饲养头数	占比 %	养殖规模	饲养头数	占比 %
50~100 头	101	0.13	501~1 000 头	12 985	17.61
101~200 头	2 988	4.05	1 000 头以上	44 173	59.92
201~500 头	13 480	18.29	合计	73 727	100

附表 2　2013 年上海市原料奶按质论价体系（1~12 月）

基准价价格计算 按物价局成本测算 +7%，2013 年 1 月 1 日起至 12 月 31 日 每千克收购价 4.10 元 计算方法：脂肪含量 × 脂肪单价 + 蛋白含量 × 蛋白单价 = 每千克生奶价格				
1% 脂肪单价（元）	1% 蛋白单价（元）	标准价（元）	脂肪比例	蛋白比例
0.568	0.778	4.10	45%	55%
细菌数计价标准				
细菌数范围	每千克奖（元）	每千克扣（元）		
<10 万 /mL	奖 0.04			
10~40 万 /mL	不奖不扣			
40~200 万 /mL		>40 万扣 0.04；>100 万扣 0.08		
体细胞数计价标准				
体细胞数范围	每千克奖（元）	每千克扣（元）		
≤ 25 万 /mL	奖 0.10			
≤ 50 万 /mL	奖 0.05			
50~75 万 /mL	不奖不扣			
>75 万 /mL		扣 0.05		
>100 万 /mL		扣 0.10		
冰点				
−0.500~−0.504	扣 0.04			
−0.505~−0.507	扣 0.02			
−0.508~−0.549	不奖不扣			
>−0.549	可以拒收			
≤ −0.500	可以拒收			

其他指标：

●牛奶抗生素残留量检测为阴性的判为“合格奶”；若为阳性，判为“不合格奶”。

●牛奶黄曲霉毒素 M_1 残留量≥ 0.5mg/kg 的，判为“不合格奶”。

●牛奶亚硝酸盐含量 >0.2mg/kg 的，判为“不合格奶”。

●重金属，农药残留超标，拒收。

江　苏　省

【奶畜养殖】据《江苏统计年鉴》，2013 年末，江苏省奶牛存栏 20.41 万头，同比减少 0.49 万头，降幅为 2.34%；牛奶总产量 59.89 万吨，同比减少 1.41 万吨，降幅为 2.30%。据对全省 47 家乳品加工企业的 85 个牧场调查统计，2013 年末存栏 69 888 头，牛奶产量 386 099 吨，同比增加 16.8%，成母牛平均单产 7 419 千克，同比增加 7.38%。据对全省 19 家省级奶牛生态健康养殖示范基地的调查统计，2013 年末存栏成母牛 12 430 头，其中年单产超过 10 吨的高产母牛 1 890 头，占 15.20%，分布在 9 个牧场。

2013 年江苏省生鲜乳收购价格总体呈持续上升势头，全年平均收购价为 4.15 元 / 千克，比上年上涨 0.59 元 / 千克，涨幅为 16.58%。从季节来看，春、夏、秋平均奶价分别为 3.73 元 / 千克、3.99 元 / 千克、4.35 元 / 千克，比去年同期分别上涨 0.26 元 / 千克、0.44 元 / 千克、0.70 元 / 千克。

【乳品加工】2013 年，江苏省共有 47 家乳品加工企业通过食品生产许可条件审查，其中乳制品生产企业 46 家，乳粉及婴幼儿配方乳粉企业 1 家。日处理能力达 500 吨以上的企业有 4 家，1 000 吨以上的企业有 2 家。拥有南京奶业集团、徐州维维集团、江苏梁丰食品集团等 3 家国家级产业化龙头企业，徐州绿健、江苏君乐宝、常州红梅、江苏春晖、双喜乳业（苏州）、淮安快鹿、扬大康源、镇江长江、江苏太子等 9 家省级产业化龙头企业。2013 年江苏省乳制品总产量 119.17 万吨（不含乳饮料），同比增长 6.81%；乳品加工总产值为 142.40 亿元，同比增长 6.17%；乳品销售额 141.45 亿元，同比增长 6.51%；年上交税额 8.03 亿元，同比减少 5.86%；企业年利润 13.31 亿元，同比减少 3.06%。在各类乳制品中，巴氏杀菌乳产量为 44.59 万吨，UHT 奶产量为 39.52 万吨，酸奶产量为 32.11 万吨，强化营养奶产量为 1.35 万吨，果味奶产量为 1.32 万吨，奶粉产量为 0.04 万吨，其他乳品产量为 0.24 万吨。巴氏奶、UHT 奶、酸奶产量位居前三位，分别占乳制品总产量的 37.41%、33.16% 和 26.95%，合计占全省乳制品总产量的 97.52%。其中巴氏奶由 2012 年的第三位跃居为第一位。

【奶源基地】据江苏省畜牧业务部门统计，2013 年末，全省存栏奶牛 20 头以上的规模养殖场(户)621 个，存栏奶牛占全省总量的 94.81%，牛奶产量占全省牛奶总产量的 95.24%。存栏奶牛 100 头以上的大中型规模养殖场（户）279 个，存栏奶牛占全省总量的 87.90%，牛奶产量占全省牛奶总产量的 88.03%（表 4-7）。

表 4–7　2013 年江苏省奶牛规模养殖情况

规模（头）	场（户）数		年存栏量		牛奶产量	
	数量（个）	所占比重（%）	数量（头）	所占比重（%）	数量（吨）	所占比重（%）
1~4	350	18.49%	959	0.46%	3 729.04	0.45%
5~19	922	48.71%	9 899	4.75%	34 140.14	4.16%
20~99	342	18.07%	14 335	6.88%	59 212.31	7.22%
100~199	64	3.38%	9 421	4.52%	34 963.92	4.26%
200~499	122	6.44%	37 766	18.14%	155 233.1	18.93%
500~999	55	2.91%	37 427	17.97%	154 264.2	18.81%
1 000 以上	38	2.01%	98 432	47.27%	378 601.2	46.16%

适应土地资源布局和环境保护的新要求，江苏省奶业生产逐步形成以徐宿淮、江南、沿海、扬泰等为主体奶业经济带，2013 年末，奶牛存栏量分别占全省总量的 52.99 %、17.37%、14.63% 和 6.57%。徐州市年末奶牛存栏 66 241 头，继续保持全省奶牛养殖第一大市的地位，但存栏量减少 6 075 头，降幅 8.40%。南京、无锡、徐州、常州、苏州、连云港 6 市年末奶牛存栏减少，其中南京市奶牛存栏 13 482 头，存栏减少 7 570 头，降幅 35.96%，居全省首位（表 4–8）。

表 4–8　2013 年江苏省各市奶牛存栏情况

市别	奶牛存栏（头）	同比增加（头）	增幅（%）	市别	奶牛存栏（头）	同比增加（头）	增幅（%）
南 京	13 482	-7 570	-35.96	淮 安	7 475	363	5.10
无 锡	6 798	-1 009	-12.92	盐 城	14 541	1 666	12.94
徐 州	66 241	-6 075	-8.40	扬 州	3 912	175	4.68
常 州	4 577	-687	-13.05	镇 江	6 218	103	1.68
苏 州	22 687	-229	-1.00	泰 州	9 761	287	3.03
南 通	7 258	215	3.05	宿 迁	36 632	3 824	11.66
连云港	8 657	-277	-3.10	全省合计	208 239	-9 214	-4.24

2013 年江苏省奶牛存栏超过 2 000 头以上的县（市、区）27 个，其中有 10 个县奶牛存栏超过 5 000 头，该 10 个县的奶牛存栏占全省总量的 56.53%。徐州铜山区、宿迁泗洪县、徐州睢宁县、盐城大丰市宿迁泗阳县奶牛存栏超过 1 万头，位居全省前 5 位（表 4–9）。

表 4–9　2013 年全省存栏奶牛 2000 头以上的县（市、区）

序号	县别	奶牛存栏（头）	序号	县别	奶牛存栏（头）
1	徐州铜山区	37 200	7	太仓市	5 786
2	泗洪县	15 000	8	淮安淮阴区	5 760
3	睢宁县	12 100	9	江阴市	5 733
4	大丰市	11 512	10	南京江宁区	5 700
5	泗阳县	11 000	11	徐州云龙区	4 500
6	宿迁宿城区	7 900	12	苏州相城区	4 413

（续）

序号	县别	奶牛存栏（头）	序号	县别	奶牛存栏（头）
13	常熟市	4 347	21	沭阳县	2 732
14	南京六合区	3 998	22	常州武进区	2 718
15	泰兴市	3 985	23	徐州贾汪区	2 670
16	张家港市	3 888	24	句容市	2 570
17	丰县	3 867	25	昆山市	2 544
18	连云港徐圩新区	3 780	26	镇江丹徒区	2 212
19	新沂市	3 326	27	兴化市	2 199
20	南京浦口区	2 950			

【奶农组织】2013 年江苏省奶业协会大力加强技术培训，提升规模奶牛场生产管理水平，指导企业参与奶牛生态健康养殖示范创建工作。4 月 16 日、10 月 18 日，联合南京农业大学动物科技学院，分两批在新沂市和昆山市举办奶牛生态健康养殖技术培训班，邀请专家就 TMR、DHI、奶牛乳房炎防控、抗热应激等热点技术问题进行交流，全省奶牛规模养殖场、乳品企业、相关主产区技术推广部门和科研院校等单位的技术负责同志参加了培训。截至 2013 年末通过“江苏省生态健康养殖示范基地”考核验收的奶牛养殖场总数达 139 家。在此基础上，开展农业部畜禽养殖标准化示范创建，共有 19 家奶牛养殖场通过验收。12 月 6 日，江苏省奶业协会第六次会员代表大会在扬州召开。大会听取了第五届理事会工作报告，选举产生了第六届理事会。

【政策法规】2013 年，江苏省有 28 个奶牛场承担了国家奶牛标准化规模养殖场（小区）建设项目，计划总投资 9 100 万元，其中中央投资 3 310 万元，企业自筹 5 790 万元。积极推进奶牛养殖生产方式转变，规模养殖结构继续优化，标准化生产水平进一步提升。对 12 万头成年荷斯坦及娟珊母牛实施良种补贴，按照每头能繁母牛 2 支冻精，每支良种冻精补贴 15 元标准，补贴冻精 24 万支，国家财政补贴资金 360 万元。继续实施奶牛保险政策，每头奶牛保费 240 元，各级财政保费补贴比例不低于 80%，其中，中央财政补贴 40%，省级财政对苏南、苏中、苏北地区补贴比例分别为 10%、20%、30%，差额部分由市、县级财政给予补贴。2013 年，全省投保奶牛 6.99 万头，保费 1 556 万元。

【质量监管】加强生鲜乳质量安全监测与监督执法，严格落实进货查验、监督抽检、从重处罚、异地抽检、收购站“黑名单”等五项制度，重点防范非法收购站（点）出现反弹。据统计，全省各级畜牧兽医行政主管部门累计出动执法人员 5 900 多人次，对全省 95 个生鲜乳收购站、120 辆运输车辆、39 家乳品生产企业进行了检查，省市两级对奶站、运输车辆的检查覆盖率达 100%，全省奶站、运输车辆检查合格率达 100%。全省共抽样监测生鲜乳 3 000 多批次，其中省级例行监测 1 560 批次，抽样监测合格率为 100%。

【奶业大事】12 月 6 日，江苏省奶业协会第六次会员代表大会在扬州召开，大会对《江苏省奶业协会章程》进行了修改，选举产生了第六届理事会。对江苏省现代奶业建设中作出突出贡献的 19 位先进个人给予了表彰。

（江苏省农委畜牧兽医局，方昳）

附表 1　江苏省乳制品生产企业及主要产品

序号	市别	企业名称	产品名称	证书编号
1	南京	南京卫岗乳业有限公司	乳制品 [液体乳 (巴氏杀菌乳、调制乳、灭菌乳、发酵乳)]	QS3200 0501 0043
2		南京光明乳品有限公司	乳制品 [液体乳 (巴氏杀菌乳、调制乳、灭菌乳、发酵乳)]	QS3200 0501 0041
3		南京金阳光乳品有限公司	乳制品 [液体乳 (巴氏杀菌乳、调制乳、灭菌乳、发酵乳)]	QS3200 0501 0336
4	苏州	双喜乳业（苏州）有限公司	乳制品 [液体乳（巴氏杀菌乳、调制乳、灭菌乳、发酵乳）]	QS3200 0501 0767
5		江苏梁丰食品集团有限公司	乳制品 [液体乳（巴氏杀菌乳、调制乳、灭菌乳、发酵乳）]	QS3200 0501 1696
6		伊利苏州乳业有限责任公司	乳制品 [液体乳（巴氏杀菌乳、发酵乳）、其他乳制品（干酪）]	QS3205 0501 1499
7		明治乳业（苏州）有限公司	乳制品 [液体乳（巴氏杀菌乳、发酵乳）、其他乳制品（奶油）]	QS3205 0501 0008
8		张家港云之兰奶业有限公司	乳制品 [液体乳（巴氏杀菌乳、调制乳、发酵乳）]	QS3205 0501 0002
9		惠氏营养品（中国）有限公司	乳粉（调制乳粉） 婴幼儿配方乳粉	QS3200 0501 0001 QS3200 0502 0002
10	无锡	江阴市美天奶业有限公司	乳制品 [液体乳（巴氏杀菌乳、调制乳、灭菌乳、发酵乳]	QS3202 0501 0506
11		无锡奔牛生物科技有限公司	乳制品 [其他乳制品（炼乳（全脂加糖炼乳、调制加糖炼乳）]	QS3202 0501 1279
12		无锡市马山牛奶有限公司	乳制品 [液体乳（巴氏杀菌乳、发酵乳）]	QS3202 0501 0375
13		无锡市天资乳品饮料厂	乳制品 [液体乳（巴氏杀菌乳、调制乳、 发酵乳]	QS3202 0501 0321
14	徐州	徐州绿健乳业有限责任公司	乳制品 [液体乳（巴氏杀菌乳、调制乳、发酵乳）乳粉（全脂乳粉）]	QS3203 0501 0585
15		江苏君乐宝乳业有限公司	乳制品 [液体乳 (调制乳、灭菌乳、发酵乳)]	QS3203 0501 0586
16	徐州	徐州君乐宝国润乳业有限公司	乳制品 [液体乳（灭菌乳、调制乳）]	QS3203 0501 0007
17		徐州卫岗乳品有限公司	乳制品 [液体乳 (巴氏杀菌乳、调制乳、灭菌乳、发酵乳)]	QS3203 0501 0587
18		徐州市凯舜乳业有限公司	乳制品 [乳粉 (全脂乳粉、调制乳粉)]	QS3203 0501 0006
19		维维乳业有限公司	乳制品 [液体乳 (巴氏杀菌乳、调制乳、灭菌乳、发酵乳)]	QS3200 0501 0038
20	连云港	连云港新希望乳业有限公司	乳制品 [液体乳（巴氏杀菌乳、发酵乳）]	QS3207 0501 1301
21		江苏三元双宝乳业有限公司	乳制品（液体乳）[巴氏杀菌乳、调制乳、发酵乳、灭菌乳]	QS3207 0501 0458
22		连云港东农乳业有限公司	乳制品（液体乳）[巴氏杀菌乳、调制乳、发酵乳]	QS3207 0501 0992
23		连云港益乐盟特乳品厂	乳制品（液体乳）[巴氏杀菌乳、发酵乳]	QS3207 0501 1149
24	淮安	江苏翔宇乳业有限公司	乳制品 [液体乳（巴氏杀菌乳、酸乳）]	QS3208 0501 1758
25		淮安快鹿牛奶有限公司	乳制品 [液体乳（巴氏杀菌乳、酸乳）]	QS3200 0501 0159
26		淮安市兴立乳业有限公司	乳制品 [液体乳（巴氏杀菌乳、酸乳）]	QS3208 0501 1255
27		淮安旺旺食品有限公司	乳制品 [液体乳（灭菌乳）]	QS3208 0501 0001
28	盐城	盐城市健桥乳业有限公司	乳制品 [液体乳 (巴氏杀菌乳、发酵乳)]	QS3209 0501 0658
29		盐城市泰来神奶业有限公司	乳制品 [液体乳 (巴氏杀菌乳、发酵乳)]	QS3209 0501 0735
30		东台市宇航奶业有限公司	乳制品 [液体乳 (巴氏杀菌乳、发酵乳)]	QS3200 0501 0046

（续）

序号	市别	企业名称	产品名称	证书编号
31	扬州	扬州市华兴乳业有限公司	乳制品［液体乳（巴氏杀菌乳、调制乳）	QS3210 0501 0334
32		扬州市润扬乳业有限公司	乳制品（液体乳）［巴氏杀菌乳、调制乳、发酵乳］	QS3210 0501 0733
33		扬州市扬大康源乳业有限公司	乳制品（液体乳）［巴氏杀菌乳、调制乳、发酵乳］、乳粉	QS3200 0501 0040
34	镇江	镇江市长江乳业有限公司	乳制品（液体乳（巴氏杀菌乳，调制乳，发酵乳））	QS3211 0501 0228
35		丹阳市练湖乳品有限公司	乳制品（液体乳（巴氏杀菌乳，调制乳，发酵乳））	QS3211 0501 0324
36		丹阳市康力乳制品有限公司	乳制品（液体乳（巴氏杀菌乳、调制乳、发酵乳))	QS3211 0501 0232
37	泰州	泰州卫岗乳品有限公司	乳制品［液体乳(巴氏杀菌乳、调制乳、发酵乳)]	QS3200 0501 0044
38		靖江市马洲乳业有限公司	乳制品［液体乳(巴氏杀菌乳、调制乳、发酵乳)]	QS3212 0501 0237
39		泰州市金力乳品有限公司	乳制品［液体乳(巴氏杀菌乳、调制乳、发酵乳)]	QS3212 0501 0236
40		江苏太子乳业有限公司	乳制品［液体乳(巴氏杀菌乳、调制乳、发酵乳)]	QS3212 0501 1256
41	南通	南通红梅乳业有限公司	乳制品［液体乳(巴氏杀菌乳、调制乳、灭菌乳、发酵乳)]	QS3200 0501 0507
42	常州	常州红梅乳业有限公司	乳制品［液体乳(巴氏杀菌乳 调制乳 灭菌乳 发酵乳)，乳粉（牛初乳粉）］	QS3200 0501 0158
43		江苏春晖乳业有限公司	乳制品［液体乳(调制乳、灭菌乳、发酵乳)]	QS3204 0501 0319
44		常州优蕾营养乳品有限公司	乳制品［液体乳(发酵乳)]	QS3204 0501 1777
45	宿迁	蒙牛乳业宿迁有限公司	乳制品［液体乳(灭菌乳、调制乳)]	QS3213 0501 0002
46		江苏志威乳业有限公司	乳制品［乳粉（全脂乳粉、调制乳粉）］	QS3213 0501 1785
47		宿迁市可璐清实业有限公司	乳制品［液体乳(发酵乳)]	QS3213 0501 1117

附表 2 江苏省千头以上奶牛场名单

序号	养殖场名称	现存栏量（头）	所属区县
1	南京伊利	2 185	六合区
2	南京卫岗乳业有限公司第一牧场	1 885	浦口区
3	南京卫岗乳业淳化牧场	1 070	江宁区
4	铜山区张集维维农牧公司	21 000	铜山区
5	铜山区张集维维农牧公司	21 000	铜山区
6	徐州绿健公司乳牛场	2 900	铜山区
7	徐州绿健公司乳牛场	2 900	铜山区
8	徐州成丰畜牧有限公司	2 000	铜山区
9	徐州成丰畜牧有限公司	2 000	铜山区
10	君乐宝奶牛养殖基地	1 930	丰县
11	徐州永浩奶牛有限公司	1 500	睢宁县

（续）

序号	养殖场名称	现存栏量（头）	所属区县
12	徐州卫岗牧业有限公司	1 250	新沂市
13	雪花奶牛场	1 200	睢宁县
14	徐州市绿色源泉奶牛场	1 200	云龙区
15	双庙奶牛养殖小区	1 519	武进区
16	红梅乳业	1 311	钟楼区
17	梁丰集团	2 567	张家港市
18	向阳乳业	2 230	昆山市
19	南通红梅乳业	1 069	如皋市
20	三元双宝奶牛分公司	2 150	徐圩新区
21	益多牧业有限公司	1 140	东海县
22	淮安杰隆牧业	1 290	淮阴区
23	快鹿七牧场	1 213	淮阴区
24	光明集团奶业有限公司	10 393	大丰市
25	泰来神奶业有限公司	1 097	亭湖区
26	大丰罗南奶牛养殖公司	1 000	大丰市
27	扬大康源乳业有限公司	1 238	邗江区
28	镇江市长江乳业有限公司	1 216	丹徒区
29	泰州卫岗	1 108	海陵区
30	蒙牛诺干牧业	7 000	泗洪县
31	鸿山奶业	3 945	宿城区
32	锡原牧业	2 900	泗阳县
33	嘉欣牧业	2 100	泗阳县
34	甘露奶牛场	1 700	泗洪县
35	锡诚奶业	1 620	泗阳县
36	卫岗奶牛厂	1 586	泗洪县
37	锡玉奶牛场	1 395	宿城区
38	鸿兴奶牛场	1 310	宿城区
39	鸿光奶业	1 285	沭阳县
40	长安牧场	1 250	宿城区
41	恒达牧业	1 180	泗阳县
42	宿迁金娥（金鑫）奶牛养殖中心	1 092	泗洪县
43	荷斯坦奶牛场	1 050	泗阳县

附表 3　2013 年江苏省奶牛生产情况

项目	年末存栏（万头）	牛奶产量（吨）	项目	年末存栏（万头）	牛奶产量（吨）
南京市	1.75	86 155	淮安市	0.75	31 698
无锡市	0.67	28 560	盐城市	1.45	64 917
徐州市	6.75	259 218	扬州市	0.19	10 428
常州市	0.52	21 292	镇江市	0.85	22 120
苏州市	2.20	95 060	泰州市	0.92	45 855
南通市	0.79	24 541	宿迁市	2.47	31 803
连云港市	0.44	21 542	全省合计	20.41	598 912

注：数据来源《江苏统计年鉴》。

浙　江　省

【奶畜养殖】2013 年浙江省奶牛存栏 6.23 万头（统计局数据为 5.18 万头），比 2012 年下降 8.55%，其中成母牛存栏量为 3.74 万头；共有养殖户 2 494 户；牛奶总产量 20.6 万吨（统计局数据为 18.21 万吨）、平均单产 5 500 千克、最高单产超过 9 000 千克；浙江省奶牛分布区域化明显，全省 80% 的奶牛饲养主要集中在金华、杭州、温州、宁波等四大城市的城区及附近郊县。其中金华市为浙江省奶牛生产最集中的地区，2013 年底存栏量为 2.93 万头，占全省奶牛存栏量的 47.1%左右。随着浙江省“三改一拆”、“五水共治”等行动的深入推进，禁限养范围扩大，全省养殖空间逐年减少。预计 2014 年浙江省奶牛存栏将继续呈下降态势，生鲜乳价格则趋向于理性回归。

【乳品加工】浙江省有获得生产许可证的乳制品及婴幼儿配方乳粉生产企业 19 家，其中婴幼儿乳粉企业 3 家。乳制品以巴氏杀菌乳、UHT 奶和酸奶为主。总体来看，全省乳品加工厂小而散，省内几家主要乳品厂加工能力都不大，设计日处理生鲜奶能力在 1 200 吨左右，且很大一部分曾是贴牌加工，自有品牌市场占有率低。

【市场消费】随着消费者对乳品营养认识的不断加深，巴氏杀菌奶、酸奶的消费量在逐年上升，尤其是高端消费群体在逐年增加，并集中在光明、新希望双峰、一鸣、一景、现代牧业等品牌。在超市销售的主要是光明、新希望双峰、现代牧业等品牌，以每 2 磅巴氏杀菌奶的价格为例，光明 15~16 元、新希望双峰 14~15 元、现代牧业 13~14 元；一鸣乳业品牌主要以奶吧形式销售，深受年轻消费者青睐；一景乳业品牌以配送为主；光明、新希望双峰乳业超市、配送兼顾。从本市乳制品消费市场发展趋势看，超高温灭菌奶消费可能平稳或呈下降态势。

【奶源基地】2013 年浙江省奶牛存栏 100 头以上规模养殖比例为 61%，与上年基本持平。存栏 49 头以下的有 2 286 个场（户），存栏奶牛 18 073 头，年产奶 50 398.9 吨；50~99 头的有 103 个场（户），存栏奶牛 6 231 头，年产奶 18 435.7 吨；100~499 头的有 83 个场（户），存栏奶牛 15 590 头，年产奶 51 654.9 吨；500~999 头的有 13 个场（户），存栏奶牛 8 846 头，年产奶 33 661.5 吨；1 000 头以上的有 9 个场（户），存栏奶牛 13 580 头，年产奶 51 112 吨。

为提高奶业生产机械化水平，减少原料奶生产过程污染，将奶牛养殖场（户）的挤奶和设施化养殖机械纳入农机具购置补贴范围。具体补贴目录和办法，由省财政厅会同省农业厅参照农业部确定的目录制定。截至 2013 年底，全省 96%以上的规模化奶牛养殖场、养殖小区均已实现机械化挤奶，大规模养殖场安装了管道挤奶机，小规模的也购买了手推式挤奶机，基本结束了手工挤奶时代。奶源质量得到有效保障。

全省农牧结合的生态化奶牛养殖模式已基本形成。奶牛养殖场（小区）建设按照粪污排泄量与外部消纳量相适应的原则，以及按照土地的拥有量和有效承载能力，发展种草养牛。奶牛场种植青贮玉米、黑麦草等青饲料，以奶牛场产生的粪尿做肥料，生产的牧草供奶牛生产优质牛奶，实现了畜牧业循环经济。

全省乳制品企业根据生鲜乳中乳蛋白、乳脂含量以及体细胞和细菌数来制定相应的收购价格，2013 年主要乳制品企业生鲜乳收购平均价格为 4.9 元 / 千克。据对主产区金华市 25 个产奶牛比例为 50%~65%的奶牛养殖场（户）跟踪调查，2013 年上半年养殖效益保持中等水平，扣除人工、水电、折旧、饲料、兽药、防疫及后备牛培育成本等，头均利润 2 000~3 000 元，其中产奶牛比例超过 60%的利润达到 3 000~4 000 元。三季度由于高温等因素影响，导致奶牛中暑死亡和牛奶产量下降，其损失基本冲抵上半年的盈利，也严重影响了第四季度牛奶产量及全年效益。

【奶农组织】全省有奶农协会、奶农合作社共9个，包含农户456人，存栏奶牛超过7 000头。为提高全省奶牛养殖水平，5月底协会组织会员单位技术骨干参加在南昌召开的第四届中国奶业大会暨首届中国奶牛繁殖（南昌）论坛；7月中旬带领部分奶牛场技术骨干参观考察山东奥亚奶牛场、山东奥克斯奶牛育种中心；针对2013年奶牛疾病多发的问题，分别于4月、10月邀请北京太平洋育种公司丛国有、山东奥克斯生物技术有限公司杨宏军进行奶牛重大疫病防控技术培训，取得很好的效果，解决了部分养殖场认为疫苗免疫无效的观念，提高了免疫防控传染病的认识；为使养殖技术规范更贴近主产区金华本地生产实际，在开展奶牛生产调查与技术论证的基础上，协会参与完成《金华市奶牛场饲养管理技术规程》《奶牛散栏式饲养管理规范》的编写、修订工作；2013年协会再次与上海市奶业协会、江苏省奶业协会合作，在上海成功举办了“第六届长三角奶业大会”，会议邀请了国外专家授课，现场指导，同时还举行了奶业沙龙等相关活动，深受广大学员喜爱；2013年以来，奶业受环境整治、饲料价格上涨、连续高温天气等影响，奶牛养殖量、牛奶产量双双下降，致使生鲜奶收购价格上涨。针对奶价持续上扬态势，协会高度关注，联系主产区金华、杭州、温州等地部分养殖场、奶站，调查奶业生产和生鲜乳收购情况，经过调查分析，省奶协向省政府有关领导汇报了浙江奶业发展现状及迫切需要解决的问题，得到了省政府领导的充分肯定，并批示省发改委、省物价局等有关单位会商答复。

【政策法规】为加快培育优质奶牛后备资源，促进奶业持续健康发展，根据中央、省扶持奶业发展政策和财政农业专项资金管理有关规定，浙江省于2011年制定《浙江省后备母牛补贴资金管理办法》。对奶牛养殖场（户）自繁自养，按规定落实免疫措施和登记编号。经监测奶牛结核病、布氏杆菌病呈阴性并在12月份存栏的优质后备母牛，由财政按每头500元的标准给予一次性补贴。2013年，全省确定了835个奶牛养殖场（户）的26 792头后备奶牛享受补贴1 339.6万元，其中省财政资金825.15万元，地方财政514.45万元。

2013年奶牛良种补贴政策按照每头生产母牛2支冻精，每支冻精补贴15元的标准补贴，中央财政安排资金120万元，省财政安排资金90万元，通过政府采购公开招标程序，全年采购奶牛冷冻精液11万支，继续推进奶牛饲养良种化。

【质量监管】为落实生鲜乳质量安全监管措施和责任机制，浙江省按照农业部组织开展《2013年农产品质量安全专项整治方案》的要求，在全省深入开展生鲜乳违禁物质专项整治行动。健全监管机制，加大监督抽检和违法行为打击力度，起草了《关于开展2013年生鲜乳质量安全监测工作的通知》中涉及奶站和运输车监管的内容，提出了全年奶业监管的重点工作要求。根据《农业部加强婴幼儿配方奶粉奶源建设和奶站监管通知》精神，下发了《关于加强奶源基地建设和奶站监管的通知》，要求各地严格奶站及运输车辆的资质条件，强化奶站和运输车辆监督检查，打击奶源环节违法违规行为。截至目前，浙江省有奶站94家，其中乳品企业自建26家，养殖场建设34家，合作社建设34家，全部持证经营。有生鲜乳运输车99辆，全部核发准运证。

【奶业大事】8月20日，浙江省奶牛业协会第四届会员代表大会在杭州召开，61名会员代表参加了会议。省畜牧兽医局副局长范克强、省民政厅民间组织管理局调研员张建明，省农业厅人事处黄妙根等有关领导到会祝贺。大会进行了换届选举，产生了新一届常务理事及会长、副会长等协会领导班子。审议通过了省奶牛业协会第三届理事会工作报告、财务报告、《浙江省奶牛业协会章程》修改稿以及新的《浙江省奶牛业协会会费管理办法》。同期召开了浙江省奶牛业协会第四届理事会第一次理事会议。

（浙江省奶业协会，杨金勇）

附表 1　1 000 头以上奶牛养殖场（小区）名录

序号	名　称	养殖场	小区	全群存栏（头）	成母牛存栏（头）	奶畜品种	成母牛单产（吨/年）	年总产（吨）	是否参加DHI	是否应用TMR
1	浙江省杭江奶牛场	√		2 500	1 400	荷斯坦	7.3	10 200	是	是
2	临安正兴牧业有限公司	√		1 100	500	荷斯坦	7.2	3 556	是	是
3	杭州双峰牧业有限公司	√		1 250	750	荷斯坦	7	5 100	是	是
4	宁波牛奶集团十八牧场	√		2 963	1 337	荷斯坦	8.5	11 096	是	是
5	浙江凤山奶牛养殖有限公司	√		1 030	690	荷斯坦	7.1	4 800	是	是
6	宁波牛奶集团十八牧场	√		2 087	883	荷斯坦	7.5	6 622	是	是
7	金华市一康农业发展有限公司	√		1 945	865	荷斯坦	8	6 920	是	是
8	浙江荷斯坦牧业有限公司	√		1 172	468	荷斯坦	9	4 212	是	是

备注：请在养殖场或小区列中选择打勾；如参加 DHI 或应用 TMR，请在相应表格中打勾。

附表 2　乳制品生产企业名录

序号	名　称	许可证号码	年收购原奶量(吨)	平均支付价格（元/千克）	其中：自有奶源量（吨）	年乳制品产量（吨）	其中：巴氏杀菌奶（吨）	UHT奶（吨）	酸奶（吨）	奶粉（吨）	奶油（吨）	奶酪（吨）	乳饮料（吨）	整体设计加工能力（吨/年）	产品销售区域	年销售收入（万元）	利润（万元）
1	浙江省杭江牛奶公司乳品厂	QS3300 0501 0050 QS3300 0601 0121	29 000	4.66	12 150	31 851	12 412	3 391	15 993				55	50 000	浙江	23 637	350
2	杭州新希望双峰乳业有限公司	QS330005010051	22 000	5.1	5 100	32 000	24 000	4 800	3 200	0	0	0	0	20	杭州、嘉兴、宁波等	40 000	200
3	宁波市牛奶集团有限公司	330005010049	25 550	5.1	10 696	35 000	22 400	3 500	5 600				3 500	100 000	浙江省内	56 410	5 789.17
4	浙江一鸣食品股份有限公司	QS330005010674	23 725	4.5	7 498	45 000	12 600	0	10 800	0	0	0	21 600	54 000	江、浙、闽三省	40 271	733
5	绍兴市一景乳业有限公司	QS330605011129	6 682	4.45	6 682	6 798.7	4 448.7	0	2 350	0	0	0	0	36 000	绍兴地区及周边	9 800	350
6	浙江金华市佳乐乳业有限公司	QS3300 0501 0047	26 270	3.75	10 000	31 929	885	16 316	4 971	/	/	/	9 757	100 000	浙江省及周边省市	26 174	219

备注：自有奶源指来自自建和参建（控股、参股）牧场（小区）的原奶。

安 徽 省

【奶畜养殖】2013年全省奶牛存栏12.79万头，同比增长17.1%，生鲜奶产量25.3万吨，同比增长5.2%。奶牛增长数量和生鲜奶产量近年增幅较大。其中成母牛7.4万头，当年新增母牛4.1万头。全省新扩建奶牛场8家，省外引进优质荷斯坦牛2 740头。奶牛养殖主要分布在蚌埠、合肥、马鞍山、淮南、阜阳、六安、滁州、宿州、淮北、亳州、芜湖等地。生鲜奶收购价在3.2~4.2元/千克。但现代牧业和伊利乳业生鲜奶定价高于社会平均价。全省奶牛业产值41亿元，约占畜牧业总产值4.5%。2013年全省奶牛存栏量达到近年来峰值，未来奶牛增长速度将会放缓，但牛奶产量还有较大的增长空间。奶牛的标准化、规模化程度较高，产业集中度明显增强。蚌埠、阜阳等地奶牛增速明显，奶牛业由城郊型向农区型转变的趋势明显。

【乳品加工】全省共有乳品加工企业13个，年奶制品加工能力达到105万吨，产品主要分为冰淇淋、乳酸饮料、奶茶、鲜纯牛奶、常温奶、酸奶、奶粉等。安徽因地理位置优越，市场需求量大，乳制品加工有较好的发展前景。国内主要乳制品生产厂商在安徽建有生产基地。本地乳制品企业近年来也不断创新产品，针对消费需求，增加花色品种，增强市场占有率。现代牧业公司肥东牧场和蚌埠牧场建设有液态奶生产线，其中肥东牧场已经投产销售液态奶。未来，安徽乳制品加工企业仍然有增长的潜力。

【市场消费】全省人均奶类占有量3.7千克，人均乳制品消费量略高于占有量，城市居民人均食品支出增长9.5%，农村居民消费支出比上年增长4.1%。本地乳制品市场主要销售的品牌有蒙牛、伊利、光明、现代牧业、益益、白帝、和平、卫岗等，消费的品种主要是巴氏杀菌奶、常温奶和酸奶。婴幼儿奶粉品牌主要以省外产为主。对酸奶和脱脂奶的需求呈现上升趋势。

【奶源基地】全省存栏100头以上的规模奶牛场129个，存栏奶牛数为12.7万头，占全省奶牛存栏总数的99.1%。存栏300头以上的规模奶牛场55个，存栏奶牛数为11.22万头，占全省奶牛存栏总数的86.8%。全部实现机械挤奶。全混合日粮（TMR）技术应用较为广泛，使用全混日粮的规模牛场达到50多家，占总牛头数的80%以上。全省有8家企业常年开展奶牛生产性能测定（DHI），测定的牛群数占总存栏的80%。全省建设高产奶牛核心群10 000头。奶牛良种补贴实现了全覆盖。奶业机械购置补贴数量较少。中央、省级和市县财政共安排500万元用于规模养殖场改扩建补助。全省苜蓿种植面积9.5万亩，青贮玉米种植面积60万亩。苜蓿单产超过900千克，总产9万吨。奶牛开展“两病检测”，疫病防控实现制度化。粪污染处理：大型规模养殖场分别采取固液分离和沼气发电式处理方式，沼液采取达标排放和农田利用等方式；中小型养殖企业主要采取干湿分离和梯级净化等方式处理和利用；部分养殖企业缺乏必要的设施设备，仍有直排粪污的现象。生鲜乳的价格仍然是加工企业定，根据乳脂率、蛋白含量和菌落总数分级确定价格，全年收购均价3.7~3.8元/千克，测算投资回报率仅为6%，平均养殖一头奶牛年收入1 040.5元。

【奶农组织】省级建立了奶牛协会，挂靠省动物卫生监督所。主要从事奶牛养殖技术咨询培训、调研和争端调处。省内奶牛养殖主要以企业和规模养殖场为主，奶农合作社发育不良，缺乏养殖户社员。省畜牧技术推广站负责全省奶农培训和技术推广工作，建立了70多人的奶牛养殖技术指导员，发布奶牛养殖主推技术，重点推广奶牛性控冻精技术、TMR饲喂技术、DHI技术等，本年度开始启动奶牛综合养殖信息平台建设，推广应用性控冻精2 000枚。省级举办技术培训班2次，培训市县技术人员80人次，养殖场技术人员40人次。

【政策法规】本年度地方未出台奶业法规和奶业发展规划。开展了奶牛养殖效益调查和性控冻精推广应用效果评估。继续执行奶牛养殖扶持政策，实现建场省给引牛财政奖补。阜阳市出台政策按照省里标准按照1:2的比例进行奖补。

【质量监管】生鲜乳和乳制品监管纳入省级农畜产品质量监管。按照部省制定的计划，全年开展生鲜乳质量安全监管4次，共抽测生鲜乳4批180个样品，全年检测结果均符合国家标准，未发现三聚氰胺、水解蛋白等违禁物品，生鲜乳质量较好。全省奶站29家，比上年减少3家。主要是企业内部设立，没有外部销售等行为，省级开展过一次整治活动，奶站质量安全制度和卫生监管制度齐全。

【奶业大事】2013中国安徽（合肥）农交会期间举办了招商引牛政策发布会，阜阳市出台政策鼓励奶牛业发展。省里继续发布启动2012年度奶牛财政奖补申报核查和验收工作，全省安排2 000万元财政资金用于上年度引牛和建场补贴。现代牧业蚌埠公司存栏奶牛达到3.8万头，接近满负荷状态，全球单一区域内奶牛存栏最大的养殖场在省内建成，现代牧业在省内奶牛养殖总量达到6.3万头，占全省奶牛总养殖量的一半。安徽省农委开展了《我省不同规模奶牛场养殖效益调查报告》，分析全省规模养殖场养殖赢利标准下限为200头养殖量。受持续高温影响，夏季部分奶牛养殖场出现奶牛热应激现象，部分养殖场奶牛死亡率超过1%。

（安徽省畜牧技术推广总站，郑久坤　方国跃）

附表1　安徽省300头以上规模奶牛养殖场

养殖企业	养殖规模（万头）	地　点
现代牧业有限公司	6.4	当涂牧场0.82万头 肥东牧场1.88万头 五河牧场3.8万头
安徽伊尔牧业有限公司	0.9	淮南大通区
蚌埠市和平乳业有限公司	0.5	龙子湖区蚂蚁山
合肥伊利牧业有限责任公司	0.6	长丰县造甲乡
利辛县安徽正源牧业有限公司	0.2	利辛县永兴镇
安徽华园奶牛养殖有限责任公司	0.13	六安市裕安区
安徽九牛牧业有限公司牧场	0.06	长丰县陶楼乡
歙县上海牛奶练江鲜奶有限公司	0.1	歙县桂林镇
长丰县宏立奶牛场	0.05	长丰县杜集乡
肥东汇丰奶牛养殖有限公司	0.05	肥东县八斗镇
滁州市奶业公司第一牧场	0.09	南谯区沙河镇
芜湖市卫岗乳品有限公司奶牛场	0.07	芜湖市三山区
六安市亿牛乳业有限公司	0.06	金安区三十铺镇
淮南市梅玲牧业有限公司	0.05	大通区孔店乡
安徽万牛园牧业有限公司	0.06	全椒县武岗镇
安徽富源牧业科技有限公司	0.06	颖泉区中市办事处
合肥桂和农牧渔发展有限公司	0.04	肥东县牌坊乡
安徽天牧乳业有限公司	0.06	萧县永固镇
怀远县龙腾奶牛养殖有限公司	0.07	怀远县龙亢农场
安徽省无为高沟乳业公司	0.03	无为县高沟镇
淮南市犇鑫牧场	0.05	大通区九龙岗镇
安徽白帝乳业有限公司四牧场	0.06	长丰县下塘镇
谯城区三福奶牛养殖有限公司	0.05	谯城区魏岗镇
肥东新邦奶牛养殖有限公司	0.05	合肥肥东县
合肥鑫华养殖有限公司	0.04	肥东县牌坊乡
六安市天润乳业有限公司	0.05	金安区三十铺镇
霍邱县朱氏牧业有限公司	0.04	霍邱县石店镇
六安市润牛奶牛养殖有限公司	0.03	霍邱花园镇
霍邱县荣硕奶牛养殖有限公司	0.03	霍邱县彭塔乡

（续）

养殖企业	养殖规模（万头）	地　点
安徽大地奶牛养殖有限公司	0.04	六安市金安区
亳州市谯城区智纯牛场	0.05	谯城区魏岗镇
谯城区广发养殖专业合作社	0.04	谯城区魏岗镇
谯城区三福奶牛养殖有限公司	0.05	谯城区魏岗镇
长丰县阳光牧业有限公司	0.03	长丰县三十头乡
合肥玉高牧业有限公司	0.03	长丰县双墩镇
长丰县兴皖奶牛养殖合作社	0.04	长丰县双墩镇
合肥金弘牧业有限公司	0.04	合肥市长丰县
合肥纪元农牧业发展有限公司	0.03	合肥市长丰县
安徽达诺乳业有限公司	0.03	全椒县武岗镇
定远县绿康乳业有限公司	0.04	定远县永康镇
阜南民族犇鑫生态养殖有限公司	0.05	阜南县中岗镇
颍上县苏皖奶牛繁养有限公司	0.07	颍上县六十铺镇
安徽曦强乳业集团黄里奶牛场	0.05	淮北市相山区
淮北嘉隆奶牛养殖有限公司	0.03	淮北市相山区
淮北市杜集区华润牛业有限公司	0.04	淮北市杜集区
宿州市华夏乳业有限公司	0.03	宿州市埇桥区
宿州市圣邦牧业有限公司	0.04	埇桥区曹村
安徽强农牧业有限公司	0.05	凤台县岳张集镇
怀远县荒白山奶牛场	0.04	怀远县马城镇
怀远县中山奶牛养殖场	0.03	怀远县马城镇
固镇县百旺奶牛养殖有限公司	0.02	固镇县连城镇
临泉县韦臣大地农业发展有限公司	0.09	临泉县韦寨镇
临泉县恒利源奶牛养殖专业合作社	0.04	临泉县城关镇
临泉县三禾奶牛养殖有限公司	0.03	临泉县黄岭镇
六安市裕成奶牛有限公司	0.03	裕安区单王乡张祠村

附表 2　安徽省乳品加工企业名单

序号	企业名称	日处理能力（吨）	2013 年加工总量（万吨）	地　点
1	蚌埠和平乳业公司	15	0.5	安徽省蚌埠市朝阳路 670 号
2	蚌埠福淋乳业公司	5	0.2	安徽省蚌埠市燕山路东段南侧
3	蒙牛乳业（马鞍山）公司	1 300	24	安徽省马鞍山市经济技术开发区红旗南路 123 号
4	合肥伊利乳业有限责任公司	900	32	安徽省合肥市双凤工业园区双凤大道 169 号
5	安徽新希望白帝乳业有限公司	230	6	合肥长丰双凤经济开发区金蓉路 33 号
6	现代牧业（肥东）有限公司	300	6	合肥市肥东县白龙镇现代牧场
7	淮南益益乳业公司	300	7.5	淮南市经济技术开发区
8	安徽华园乳业公司	30	0.8	六安市佛子岭路 61 号
9	淮北羲强乳业公司	220	3.4	淮北市凤凰山经济开发区凤翔路 1 号
10	安徽达诺乳业有限公司	400	3.5	滁州市全椒县城东综合经济开发区内
11	滁州市乳品加工厂	50	0.5	安徽省滁州市环山路 8 号
12	上海乳品七厂有限公司	100	0.2	安徽省黄山市歙县上海市练江牧场
13	芜湖卫岗乳业公司	50	0.7	安徽省芜湖市经济技术开发区武夷山路
	合计	3 900	85.3	

福 建 省

【奶畜养殖】2013 年全省奶牛存栏 4.98 万头，比上年下降 2.5%。奶牛出栏 4 048 头，比上一年增加 7%。主要分布在南平市的延平区、建瓯市、建阳市，以及顺昌、邵武、浦城、政和等县区；莆田市辖区以及仙游县；泉州市的南安市、漳州市、漳浦县；福州市的福清市、长乐市、闽侯县等 14 个县（市、区）。其中，南平市奶牛存栏量占全省奶牛存栏量的一半以上。全省 2013 年奶水牛主要分布在南平市、漳州市、长泰县、华安县、龙海市、南靖县、晋江市、漳浦县、平和县 9 个县（市、区）。奶山羊存栏 0.3 万只，主要分布在涵江区、永定县、长汀县、上杭县、永安县、同安县等 11 个县（市、区）。2013 年全省奶类总产量 15.39 万吨，其中牛奶 15.02 万吨，羊奶 0.37 万吨。

【乳品加工】全省乳品企业分为液态奶和奶粉两大类，液态奶企业有长富、澳牛、宏宝露、大乘、闽牛、台农、久牧等，奶粉企业有明一、晨冠、贝登等。奶业是目前全省畜牧业的短板，2013 年福建全省牛奶产量 15.02 吨，比上年下降 0.7%；羊奶产量 0.37 万吨，比上年上涨 4.6%。

福建天蓝地绿水净奶质好，具有生产巴氏鲜奶的明显优势，主要体现在“三高一没有”，一是规模化程度高。全省存栏 500 头以上规模奶牛场所占比重高达 70.51%，南平高达 97%，规模化率位居全国前列，其中南平市有三家国家级奶牛标准化示范牧场，分别是南平市长源牧业有限公司、建阳市吉翔牧业有限公司和建阳市嘉远生态农业科技有限公司；二是单产高。全省规模奶牛场成乳牛平均年单产超 6 吨，其中建阳市吉翔牧业有限公司和建阳市嘉远生态农业科技有限公司两公司成乳牛平均年单产超 9 吨，生产水平在我国南方高温高湿地区位居前列。三是卫生安全性高。南平市规模奶牛场推行机械挤奶，生鲜乳冷链贮藏与运输，乳品生产自动化，使生鲜乳菌落总数常年保持在 10 万个 / 毫升以下，大大低于 200 万个 / 毫升国家标准，达到欧盟标准。四是奶牛“两病”没有。福建省是奶牛结核病、布鲁氏菌病的清净区，布鲁氏菌病坚持不打苗，每年开展两次官方监测，已基本达到净化标准。

福建省巴氏杀菌乳具有区域优势，而巴氏杀菌乳首先要求原料奶必须来自健康奶牛，品质要高，牛奶从挤出到生产，必须在 24 小时内完成，全程 2℃ ~6℃冷藏。其次，必须来自规模牧场的奶源，而不是个体散养的奶源。规模牧场，有专业畜牧兽医，有机械化挤奶，有好的冷藏设备、检测条件。

【市场消费】2013 年福建省奶类产量 15.39 万吨，牛奶产量 15.02 吨，羊奶产量 0.37 吨，其中，作为消费主力的巴氏鲜奶销量占前三位的设区市分别为福州、厦门、南平，其中福州约占全省市场的 40% 多，而厦门、南平约占 12%~14% 之间；第二梯队的为泉州、三明、漳州，占比约在 6%~9% 之间；居后的是莆田、宁德、龙岩，占比约在 4%~5% 之间。泉州作为经济总量和人口都比较大的地区，落在第二梯队，并与第一梯队的城市存在较大的差距，主要是受消费观念制约。

福建长富乳品有限公司投资 10 多亿元在武夷山脉建设 30 多个现代化牧场，拥有优质纯净的奶源。2013 年，长富拥有合作奶源牧场 12 个。经 15 年努力，构建起了挤奶、贮藏、运输、销售“冷链一条龙”的完善配送体系。2013 年，长富在福建及周边省份设立数百家配送服务中心，数十辆大型的冷藏配送车每天往返于各地，将巴氏鲜奶运送到各个配送服务中心及所属上千个终端售奶点。巴氏鲜奶从生产到送达城市，不超过 24 小时。

【奶源基地】2013 年，台农（厦门）农牧集团的南安裕农农牧有限公司新建奶山羊基地，规划投资 1 亿。占地 200 亩，草地 2 000 多亩，羊舍 17 栋，可容纳 6 000 头羊，现有奶山羊 2 500 头，未来可扩建至 10 000 头；牛舍 6 栋，能容纳母牛 550 头。引进日本的挤奶设备，奶山羊挤奶厅一次能容纳 300 头羊挤奶。

11 月 28 日，由 7 个规模牧场以股份制形式入股的福建首家奶牛专业合作社——福牛奶牛专业合作社在南平市西芹镇成立，福牛结合中国国情以及福建省奶牛养殖规模化的特点，开创了国内首家“统一采购、统一加工、统一配送、统一防疫”四统一的牧场联合体。目前，福牛已拥有 8390 头总存栏奶牛头数，其中泌乳牛 4807 头，预计生鲜奶总产量可达 3.6 万吨，平均单产可接近 8 吨。

明一国际集团在建宁县投资奶源基地建设，前期已征用两块土地共计 3500 亩计划建设两个牧场，各能容纳 3 000 头荷斯坦牛的规模，前期已引进新西兰荷斯坦奶牛 500 头。

【奶农组织】福建省奶业协会是福建省唯一的奶农组织，至 2012 年成立以来，作为上联政府、下接企业的社会团体，2013 年协会努力做好政府和企业的桥梁和纽带，进一步发挥好行业协会中介组织作用，分别在推进福建巴氏鲜奶发展、落实奶牛品种改良政策、深入开展行业调研活动、加强奶业行业宣传力度、开展奶牛养殖技术培训、支持福建奶源基地建设、引导乳品企业发展壮大以及加强福建奶业对外交流等方面做出了应有的贡献，特别在“确保乳品质量的安全、让老百姓喝上放心奶”等方面积极工作，取得了一定的成绩。

2013 年 8 月 19 日，由福建省奶业协会与台湾乳业协会联合主办的第二届海峡两岸巴氏鲜奶发展论坛在福建人民会堂举行。本届论坛以 " 加强两岸乳业合作，携手引领消费潮流 " 为主题，两岸专家与企业界人士围绕乳品政策导向、消费观念、市场营销、奶源质量以及巴氏鲜奶产业前景进行了交流探讨。论坛上，首次发布了福建巴氏鲜奶发展白皮书。

2013 年 12 月 12~15 日，福建省奶业协会参加中国奶业协会在广西桂林举办的《国家“学生饮用奶计划”推广管理办法》征求意见座谈会，汇报了福建省“学生饮用奶计划”工作开展情况，并就中国奶业协会起草的国家“学生饮用奶计划”推广管理办法、中国学生饮用奶印制规范以及中国学生饮用奶标志许可使用注册文号规范，进行了广泛讨论与研究。

【政策法规】福建严格按照《生鲜乳生产收购管理办法》和《生鲜乳收购站标准化管理技术规范》要求，进一步强化了奶站的标准化管理和建设，切实维护了全省生鲜乳生产收购和运输秩序。全省现有生鲜乳收购站28个，分别是南平24个、福州、三明、厦门、泉州各1个，所有奶站都办理了收购许可证。全省共有运奶车14部，全部核发生鲜乳运输许可证，全省奶站及运奶车100%纳入监管。一是加强生鲜乳收购站标准化建设。积极推进奶站标准化、规范化建设，督促各地开展生鲜乳收购站标准化建设管理专项检查，做好抽样、检测工作，确保生鲜乳收购站标准化建设质量。二是加强生鲜乳收购站标准化建设监管。全面落实生鲜乳收购许可证核发工作，做到依法持证经营。三是做好奶站和运输车统计上报工作，及时掌握信息动态变化情况。

【质量监督】福建省农业厅相继下发了《福建省农业厅办公室关于开展2013年生鲜乳质量安全监测工作的通知》（闽农厅办[2013]39号）、《福建省农业厅关于开展2013年生鲜乳违禁物质专项整治行动的通知》（闽农厅办〔2013〕102号）等文件，要求各市、县、区农业（畜牧兽医）部门进一步落实生鲜乳质量安全责任，细化措施与分工，加强部门间协调配合，深入开展生鲜乳违禁物质专项整治，扎实做好生鲜乳质量安全各环节监管，推进建立生鲜乳质量安全监管长效机制。

全省各地采取切实有效措施，在继续保持对奶站和运输车常态化监管的同时，以奶农专业合作社和奶畜养殖场开办的奶站为重点强化日常检查和不定时巡查。2013年全省共出动监督执法人员936人次，检查奶牛养殖场、生鲜乳收购站、运奶车451场（站、次、车）。

严格按照《生鲜乳生产收购管理办法》和《生鲜乳收购站标准化管理技术规范》要求，进一步强化了奶站的标准化管理和建设，切实维护了全省生鲜乳生产收购和运输秩序。全省现有生鲜乳收购站27个，分别是南平24个、福州、三明、厦门各1个，所有奶站都办理了收购许可证。全省共有运奶车14部，全部核发生鲜乳运输许可证，全省奶站及运奶车100%纳入监管。

加强检查，强化生鲜乳质量安全监测与执法联动。一是根据《福建省农业厅办公室关于开展2013年生鲜乳质量安全监测工作的通知》（闽农厅办[2013]39号）安排，抽检了72批次生鲜乳样品，检测项目为三聚氰胺、皮革水解物和β-内酰胺酶、黄曲霉毒素M_1和抗生素（青霉素类）药残，合格率为100%，没有发现违法行为。二是部署下发了《福建省农业厅办公室关于开展生鲜乳收购站监督检查和质量安全执法抽检的通知》（闽农厅办[2013]252号），要求11月25~28日对全省每个生鲜乳收购站开展一次监督检查，并对全省每个生鲜乳收购站收购的生鲜乳进行执法抽检，检测三聚氰胺等项目。三是在开展生鲜乳专项监测的同时，全省把生鲜乳监测抽样工作和监督执法紧密结合起来，抽样工作由生鲜乳执法机构承担，在抽样的同时对生鲜乳收购站和奶牛养殖场进行检查，对检查中发现的违法违规行为立即进行查处整改。

【奶业大事】2月20日，福建省奶业协会第一届二次会员代表大会暨新春茶话会在福州市隆重召开，同时举办年会以及联谊活动。会议正式代表68人，参加会议人数100多人。

3月，福建省奶业协会和广东省奶业协会、广西省奶业协会、湖南省奶业协会合作，开始编写《南方奶业》杂志。

5月7日~8日，福建省奶业协会在福建省南平市举办"福建省2013年奶牛饲养技术培训班"，参会代表有奶牛养殖企业、牧场主、乳品企业牧业部负责人、市县乡畜牧站技术员等相关人员90多人。

6月1日，福建省奶业协会与福建省食安办、福建省农业厅合作出版了《饮奶安全与健康》3万册。同时，在六一儿童节暨世界牛奶日当天，与各大乳品企业在城市广场、超市卖场等公共场所举办宣传活动，并现场赠送《饮奶安全与健康》。

6月17日，协会参与省食安办、省质监局、省农业厅、省卫生厅、省水产厅、省科技厅、省环保厅、省食药局等相关单位在福州西湖启动的2013年食品质量安全周仪式上，协会赠送科普书籍《饮奶安全与健康》300本，并现场向市民解答饮奶安全知识。

8月19日，由福建省奶业协会与台湾乳业协会联合主办的第二届海峡两岸巴氏鲜奶发展论坛在福建人民会堂举行。本届论坛以"加强两岸乳业合作，携手引领消费潮流"为主题，两岸专家与企业界人士围绕乳品政策导向、消费观念、市场营销、奶源质量以及巴氏鲜奶产业前景进行了交流探讨。论坛上，首次发布了福建巴氏鲜奶发展白皮书。

9月13日~15日，福建福州举办了中国乳品工业协会第十九次年会暨第十三次乳品机械精品展示会。此次会议由中国乳品工业协会主办，明一国际营养品集团股份公司、上海晨冠乳业有限公司承办，有来自国内外乳品企业、乳品机械、乳品加工相关会员单位及代表600多人参加会议。

9月28日，国产婴幼儿奶粉新品发布会在京召开。工信部和中乳协向出席会议的国内外乳企、各大媒体及消费者，重点推荐了六家国家级主推品牌，福建省最大的奶粉企业明一国际营养品集团股份公司生产的"天籁"婴幼儿奶粉入列其中之一。

11月28日，福建第一个奶牛专业合作社——福牛奶牛专业合作社成立。南平市福牛奶牛专业合作社是由7个大型牧场以股份制形式入股，在自愿、平等、民主、互利原则的基础上组建的。此模式是借鉴国外的成功经验，结合我国的国情以及福建省奶牛养殖规模化的特点。同时建成了全国首家的专业合作社奶牛用品超市，把挤奶配件、防疫药品、消毒用品、配种器械等集合起来，大大便利了牧场以及养殖户。此外，福牛还提供养殖育种、疾病防控等专业技术服务和培训。

（福建省奶业协会，吴大新　吴妍）

附表 1 奶牛养殖场（小区）名录

序号	名 称	养殖场	小区	全群存栏（头）	成母牛存栏（头）	奶畜品种	成母牛单产（吨/年）	年总产（吨）	是否参加 DHI	是否应有 TMR
1	南平市长源牧业有限公司	√		1 496	848	荷斯坦	7.5	6 061	是	是
2	南平市丰旺畜牧养殖有限公司	√		707	445	荷斯坦	6.9	3 064	是	是
3	建瓯市富雅饲草饲料有限公司	√		1 045	680	荷斯坦	6.9	4 554	是	是
4	南平市绿盛牧业有限公司	√		1 015	604	荷斯坦	6.4	4 185	是	是
5	建瓯市小雅牧业有限公司	√		945	484	荷斯坦	5.9	2 861	否	否
6	顺昌县富泉农业发展有限公司	√		1 616	851	荷斯坦	7.8	6 349	否	是
7	南平市富洋牧业有限公司	√		1 158	687	荷斯坦	6.9	4 885	否	是
8	南平禾原牧业有限公司	√		1 600	898	荷斯坦	8.5	7 218	是	是
9	福建省南平市南山生态园有限公司	√		1 029	603	荷斯坦	7.9	4 700	否	是
10	福建省南平市荣发牧业有限公司	√		915	535	荷斯坦	6.4	3 523	否	是
11	建阳市嘉远牧业有限公司	√		1 619	814	荷斯坦	8.5	6 616	否	是
12	建阳市吉翔牧业有限公司	√		1 589	800	荷斯坦	9.1	7 337	是	是
13	福建省闽牛乳业有限公司	√		650	340	荷斯坦	6	2 000	否	否
14	南平市延平区常坑生态牧业有限公司	√		610	323	荷斯坦	5.7	1 800	否	否
15	南平市延平区大横生态牧业有限公司	√		581	272	荷斯坦	6	1 650	否	否
16	福建宏宝露一牧	√		1 000	650	荷斯坦	7.3	4 745	否	是
17	福建宏宝露三牧	√		480	300	荷斯坦	6	1 800	否	是
18	长乐营前奶牛场	√		190	100	荷斯坦	6	600	否	否
19	澳牛乳业福清一牧	√		1 400	950	荷斯坦	5	4 800	是	否
20	澳牛乳业福清二牧	√		1 090	740	荷斯坦	5	3 600	是	否
21	澳牛乳业建阳 28 牧	√		1 750	1 200	荷斯坦	5	6 200	是	是
22	澳牛乳业浦城牧场	√		1 300	900	荷斯坦	6	5 500	是	否
23	澳牛乳业政和牧场	√		600	400	荷斯坦	5	1 900	是	否
24	福建南安市裕农牧业有限公司	√		372	278	荷斯坦	7.2	2 000	是	否
25	厦门久牧乳业有限公司	√	√	662	340	荷斯坦	4.5	1 530	否	否
26	南平市三田牧业有限公司	√		1 060	700	荷斯坦	7.8	5 500	否	是

附表 2　乳制品生产企业名录

序号	名　称	许可证号码	年收购原奶（吨）	平均支付价格（元/千克）	其中：自有奶源量（吨）	年乳制品产量（吨）	其中：巴氏杀菌乳（吨）	UHT 奶（吨）	酸奶（吨）	奶粉（吨）其他乳粉	奶油（吨）	奶酪（吨）	乳饮料（吨）	整体设计加工能力（吨/年）	产品销售区域	年销售收入（万元）	利润（万元）
1	福建长富乳品有限公司	QS3507 0501 0058	61 715	4.56	61 715	68 260	37 304	24 201	6 753	2	/	/	119 222	210 000	福建省内及广东、浙江、江西周边	58 994.89	5 820.65
2	明一国际营养品集团有限公司	QS3500 0502 1771 QS3500 0501 1770	25 885.5	4.4	25 885.5	23 800	/	/	/	23 800	/	/	/	50 000	全国	232 392	27 112
3	福建省闽牛乳业有限公司	QS3504 0501 0662	16 500	4.8	5.5	3 500	2 000	300	700	/	/	/	500	43 000	三明地区	3 304	总 496 净 196
4	福建大乘乳品有限公司	QS3507 0501 0141 QS3507 0601 0303	4 200	5.35	3 450	6 500	2 500	1 900	100	0	0	0	2 000	30 000	全省	4 000	50
5	福鼎市晨冠乳业有限公司	QS3500 0501 1579	/			2 070.7				2 070.7				5 000	上海	16 096	68
6	贝登（福建）婴幼儿营养品有限公司	QS3500 0502 0096 QS3500 0501 1773	/	/	/	1 395	/	/	/	1 395	/	/	/	5 000	全国	19 251	550
7	福建宏宝露乳业股份有限公司	QS3501 0501 0350	12 874	5.6	12 874	25 683	2 936	6 214	4 176	/	/	/	12 357	32 000	福建	21 553	1 939
8	福建澳牛乳业有限公司	QS3507 0501 0270	9 125	5.6	9 125	11 428	/	8 988	/	/	/	/	2 440	17 000	福建	14 703	1 323
9	台农（厦门）农牧有限公司	QS3502 0501 0459 QS3502 0601 3096	2 000	5.2	2 000	2 300	1 800	/	/	/	/	/	500	35 000	福建广东浙江	4 000	320
10	厦门久牧乳业有限公司	QS3500 0501 1769	600	2.4	600	540	400	/	10	/	/	/	130	3 600	厦门漳州泉州	620	50

江　西　省

2013年，江西省紧紧围绕保供给、保安全、保生态“三保”目标，坚持走规模化、标准化、生态化、品牌化“四化”道路，积极推进生鲜乳收购站和奶牛养殖场（小区）标准化建设，组织开展生鲜乳质量安全监管，规范奶牛养殖、生鲜乳生产、收购和运输行为，重点检查婴幼儿配方乳粉奶源和奶站，有效保障生鲜乳质量安全，促进江西省奶业持续健康发展。

【奶畜养殖】奶业发展稳中有降。2013年全省奶牛存栏3.54万头，同比下降0.84%，生鲜奶产量12.71万吨，同比下降0.41%。全省存栏奶牛50~100头的规模养殖121个，100~500头的规模养殖场（小区）45个，存栏500~1 000头的规模养殖场（小区）5个，存栏1 000头以上的规模养殖场（小区）2个。江西省奶牛养殖方式仍以1~10头的饲养为主，存栏500头以上的仅有7家。而且管理比较粗放，生产水平较低，采取人工挤奶和手推式挤奶机占较大比重。目前江西省只有阳光、牛牛、英雄等少数企业采用了挤奶厅集中机械挤奶，仅占到全省奶牛数量的15%左右。江西省奶牛良种补贴项目严格实行招投标制度，全部冻精按规定和程序发放，详实登记备案，管理规范。2013年项目任务是补贴荷斯坦奶牛2.7万头、冻精5.4万支，实际分发5.4万支，完成100%，补贴乳用西门塔尔牛2万头、冻精4万支，实际发放4万支，完成100%。

【奶源基地】奶业发展区域化更加明显，奶牛生产基地主要集中在于都县、新建县、英雄开发区、青云谱区、南昌县、东乡县、进贤县、吉州区、芦溪县、奉新县等10个县（区），奶牛存栏占全省的90%以上。奶牛良种补贴政策惠及所有奶牛养殖户，2013年全省共补贴荷斯坦牛2.7万头，乳肉兼用西门塔尔牛2万头，通过良种冻精的推广，奶牛单产达到5 600千克，水平提高近5个百分点。江西省严格奶牛场的登记备案制度，规范建立奶牛档案，并通过畜牧业管理信息平台，不断完善奶牛规模养殖场数据库，加强对养殖环节的监管。2013年江西省开展了奶牛电子耳标信息化管理试点，目前已完成南昌市经济技术开发区英雄乳业集团示范牧场和抚州市阳光东乡红星乳业有限公司共计1 200余头试点奶牛的戴标、信息采集及上传工作。同时严格开展奶牛疫病监测及疫病净化工作，对奶牛养殖场（户）的布病、结核病进行全面监测和净化，全年检测布病3 438份、结核3 355份，对“两病”检测出的阳性牛119头全部进行了无害化处理。养殖规模见表4-10：

表4-10　江西省养殖规模情况

指标名称	场（户）数	年存栏数	牛奶产量	指标名称	场（户）数	年存栏数	牛奶产量
年存栏数1~4头	277	682	2 565.7	年存栏数100~199头	24	3 050	10 688
年存栏数5~9头	228	1 748	7 151.06	年存栏数200~499头	23	9 254	26 013
年存栏数10~19头	105	1 452	5 714.02	年存栏数500~999头	5	3 514	15 826
年存栏数20~49头	125	3 739	15 835.4	年存栏数1 000头以上	2	4 622	13 995
年存栏数50~99头	97	7 224	28 271				

注：本表只统计荷斯坦奶牛和黄牛改良后用于产奶的牛，不包括改良后用于产奶的水牛、牦牛。

【质量监管】江西省强化责任落实，明确专人负责生鲜乳质量安全监管工作，奶站与生鲜乳销售企业以及奶农都签订了责任书，层层把关，层层落实责任。通过开展生鲜乳质量安全监管，对生鲜乳收购站（点）、设施设备和管理制度等进行定期和不定期的监督检查，对达不到标准化建设规范的，采取整改措施，使奶站建设条件得到完善，基本达到标准化建设的要求。全省现有8个奶站，全部分布在奶牛重点产区，其中5个属于乳品企业自建，2个属于养殖场兴建，1个属于奶农专业合作社兴建。8个奶站日收奶量100吨左右。8个奶站全部核发生鲜乳收购许可证，共有9辆生鲜乳运输车，全部核发了准运证明。根据《农业部办公厅关于做好2013年农产品质量安全专项整治方案的通知》要求，江西省结合实际制定整治方案，在自查的基础上，认真开展生鲜乳违禁物质专项整治。同时根据农业部办公厅《关于加强婴幼儿配方乳粉奶源建设和奶站监管的通知》要求，江西省组织相关人员对省内四家婴幼儿配方奶粉生产企业进行了现场督查。经查，江西金薄金生态科技有限公司、江西美庐集团有限公司和江西雄鹰乳业有限公司3家企业采用干法工艺加工婴幼儿配方奶粉，江西英雄乳业股份有限公司1家企业采用湿法工艺加工婴幼儿配方奶粉。2013年共抽检生鲜乳样品50批，其中生鲜乳收购站样品37批，运输车样品13批，合格率100%；现场检查8家生鲜乳收购站和9辆生鲜乳运输车，经综合判定全部达标。另外，江西省直接到奶牛养殖场抽检生鲜奶196年批次，结果全部合格。

【市场消费】2013年底调查，江西省生鲜奶收购价格12月平均为4.16元/千克，环比上涨2.46%。城镇居民乳品消费鲜奶平均每人12.94千克，金额64.7元；奶粉0.71千克，金额68.52元；酸奶2.63千克，金额

21.09元；其它乳制品38.61元（表4–11）。

表4–11 城镇居民乳品消费情况

品种	数量（千克/人）	金额（元/人）
鲜奶	12.94	64.7
奶粉	0.71	68.52
酸奶	2.63	21.09
其它乳制品		38.61

【奶业大事】2013年6月1~3日，第四届中国奶业大会在江西南昌召开。为协助做好第四届中国奶业大会筹备及会务工作，江西省奶业协会召开了一次专题常务理事会，研究布置第四届奶业大会对接工作，并及时向江西省农业厅汇报协调大会相关事宜。会议期间主要做了以下几项工作：一是做好全省奶业宣传与展示工作；二是组织全省优秀乳品加工企业和协会会员单位积极参与本次奶业大会；三是全力配合中国奶业协会做好奶业大会的组织和会务接待工作；四是由省奶业协会秘书处牵头成立联络小组，做好大会的协调联络工作。

（江西省畜牧技术推广站，宁财　吴志坚）

山　东　省

山东省是全国产粮大省，农作物秸秆丰富，为畜牧业发展奠定了资源基础，2013年按照中央农村经济工作会议提出的大力发展农业现代化，着力强化现代农业基础支撑精神，山东省加大现代农业奶牛产业发展力度，促使奶业发展总量逐步增长，规模化不断提升，现代农业奶牛产业样板得到建立，乳品加工企业、生产基地、生鲜乳收购、运输、生鲜乳检验检测、奶牛生产性能测定（DHI）技术服务等产业化配套服务功能完善，现代奶业产业化体系逐渐建立，奶业生产水平得到提升，生鲜乳质量安全得到保障。

【奶畜养殖】据行业统计，2013年山东省奶牛存栏152.5万头，成母牛89.8万头，其中娟姗牛0.09万头，其它为荷斯坦牛。牛奶产量534.9万吨，平均单产5.9吨，奶类产量占肉蛋奶总产的22%；奶山羊存栏141.4万只，主要品种为崂山奶山羊和文登奶山羊。全省奶牛主要分布在历城、莱西、莱阳、临朐、岱岳区、高青、文登等44个重点县，配套实施了基础改造，现代信息技术手段，良种技术应用等，各县奶牛饲养管理和单产水平不断提高，形成区域化布局合理，规模化养殖、标准化生产水平提高，科学化管理普及，产业化经营规范，社会化服务到位的现代奶业生产格局。

一是现代奶业发展较快。通过政府引导、政策激励，加快了现代奶业生产步伐，2013年在宁阳、广饶、历城区等13个县实施了现代农业奶牛产业项目改造提升现代化牧场70个，在全省范围内实施了奶牛场（区）标准化改扩建项目，对57个大型牧场实施了现代化的装备，TMR饲喂、数字化管理和优质荷斯坦奶牛改良等技术应用，建起奶业管理信息化平台，在全国率先实现了养殖场与省级平台的互联互通、资源共享，促进规模化标准化生产进程，奶牛规模化养殖比重达到70%以上，加速了全省奶业现代化、信息化进程，加快了产业现代化的转型升级步伐。存栏奶牛千头以上的牧场140多个。

二是乳品质量安全水平不断提升。按照《乳品质量安全监督管理条例》要求，加强了生鲜乳收购站的规范管理，明确主体，依照许可条件严格审核，颁发《生鲜乳收购许可证》，使全省生鲜乳收购站依法经营。同时做好生鲜乳质量安全日常监管工作，全省建立实施生鲜乳收购站信用档案及“黑名单”公告和通报制度、奶畜养殖和生鲜乳收购运输环节生产经营记录和进货查验制度、生鲜乳质量安全异地抽检制度等5项制度，开展了专项执法检查，未出现违禁投入品添加事件，2013年农业部下达山东省生鲜乳违禁物监测任务900批，省局下达监测任务840批，共1740批，目前所检测样品合格率均为100%，保障全省奶业健康发展。

三是奶业生产良种繁育体系建立。2013年全省从良种推广、繁育技术培训、种畜禽场的建立、畜牧执法等进行完善，建立起畜牧业良种繁育体系，促进全省奶牛良种化程度的提高。2013年实施国家奶牛良种补贴项目，补贴成母牛53万头，精液106万支，经公开招标奥克斯生物技术有限公司等9个良种供应单位中标，较上一年增加1个；肉牛良种补贴项目，补贴成母牛8万头，精液16万支，山东省种公牛站等3个中标供精单位中标；山东省乳肉兼用牛项目在招远、莱阳等15个县实施，补贴成母牛8万头，精液16万支2个中标供精单位中标。全省建设山东省种畜禽质量监督站，山东省种公牛站有限责任公司、奥克斯生物技术有限公司、先马氏（山东）畜牧有限公司3个种公牛站，70多个县级改良中心，1 200个乡镇冷配点，培育家畜繁殖工2 000多人，良种繁育体系建立。省种畜禽质量监督站对良种供精单位精液进行随机抽检，2013年抽检结果合格。

四是科技服务支撑奶业发展。为做好全省奶业的指导服务，省奶牛场技术服务团队，结合现代农业（奶牛）产业资金项目实施，开展了奶业生产技术、信息化管理、法律法规等多方面培训，每年全省累计举办培训班200余期，培训人员20 000余人/次。大力推广了高产奶牛繁育技术、优质饲草生产与加工利用关键技术等，积极开展奶牛生产性能测定、良种登记，实施品种改良，奶牛单产进一步提高。参测牛场年均提高150千克左右，按每千克奶利润0.60元计，每头牛年增收80多元。

【乳品加工】全省有知名乳品加工企业74家，如佳宝、得益、亚奥特、蒙牛、伊利等，主要产品为液态奶、冰淇淋、奶粉、奶酪、奶油、乳清制品以及其他干乳制品。2013 年，全省乳制品产量 274.7 万吨。其中液态奶产量 231.6 万吨，占 84.3%，销售收入 239.3 亿元，利润总额 24.37 亿元。

【市场消费】2013 年全省人均奶类占有量 46.3 千克；城镇居民年人均消费乳制品（折合为液态奶）32.69 千克，其中鲜奶 23.91 千克，酸奶 5.9 千克，奶粉 0.36 千克。城镇居民人均乳品消费年支出 273.89 元，人均乳品消费年支出占食品支出 5.16%。全省商场、超市出售的乳制品平均价格分别为：巴氏杀菌乳 13.90 元 / 千克、超高温灭菌乳 11.76 元 / 千克、酸奶 15.30 元 / 千克、婴幼儿奶粉 265.48 元 / 千克、其他奶粉 193.6 元 / 千克，入户巴氏杀菌奶 11.76 元 / 千克，超高温灭菌乳 13.32 元 / 千克。

【奶源基地】2013 年全省奶牛存栏 200~499 头的牧场有 568 个，奶牛存栏 20.29 万头，占总存栏的 13.3%；500~999 头的牧场有 349 个，奶牛存栏 25.37 头，占总存栏的 16.7%；1 000 头以上牧场 148 个，奶牛存栏 37.89 头，占总存栏的 24.8%。存栏千头以上牧场新增 10 多处，规模化养殖比例逐年增长。生鲜乳收购价格平均 3.52 元 / 千克，冬季稍高，年均提高约 1.5 个百分点；四季度由于各种原因牛奶平均价格涨至 4.51 元 / 千克，个别牧场到 5.2 元 / 千克，散户或小区奶价 3.8~3.9 元 / 千克。奶农养殖效益基本稳定，年产 6 吨的奶牛，年平均盈利 3 000 元 / 头。完成秸秆青贮 1 850 万吨（鲜重），其中全株玉米青贮 920 万吨，占青贮总量的 49%。

一是采取多种形式，建设安全的奶源基地。全省奶业生产经过几年的发展，为保障奶源基地的乳品质量安全，通过政府引导，企业自律，奶农管控，形成了多种奶源基地建设模式。乳品加工企业自建基地，比例约 21%；乳品加工企业控股参股或租赁基地的比例约 40%，乳品加工企业同养殖场户签订购销合同，比例约 30%，其他如乳品企业通过建设奶站，服务周边牧场逐渐发展为基地的约占 9%。

二是政策配套服务，提升奶源基地建设水平。为加快奶源基地建设，保障生鲜乳质量安全，山东省实施了奶牛良种工程项目，良种覆盖率 100%，现代农业奶牛产业及改扩建项目，奶牛粪污处理技术推广，奶牛精细化饲养管理示范推广等发展基地的措施，带动基地环境建设和饲养管理水平提高，规模牧场机械化挤奶比例达到 95% 以上，TMR 技术应用达到 80% 以上。东营澳亚集团建设万头现代化牧场 3 处，德州东君乳业建设万头现代化牧场 1 处，亚奥特乳品企业建设奶源基地 80 处。

三是加强基地服务管理，保障奶业生产安全。为加强奶源基地的规范管理，畜牧部门加强技术指导和培训工作，定期对基地牛群健康进行检查，开展口蹄疫的强制免疫，布病结核病的净化工作，奶业基地投入品使用进行监督管理，按照山东省《畜禽养殖管理办法》要求，养殖场要建立投入品及畜禽生产档案，严禁违禁物质添加，构筑起奶业健康监管的第一道防线。2013 年，全省检测各类牛样品免疫抗体合格率均在 85% 以上，均未监测到病原学阳性样品，全面实施了口蹄疫的强制性免疫，应免疫牛率达到 100%。7~8 月经历了高温高湿的自然灾害，一少部分设施陈旧，防暑降温没有做到位的牧场出现了牛只病毒性高热病，经过专家诊疗得到控制。

【奶农组织】全省在增加畜牧合作社数量的同时，逐步把重点转向规范提升合作经济运行上。在内部，从发起运行到制度程序进行深入规范，涌现出一批合作组织典型，提升了发展水平；在外部，努力将产业发展与整顿、畜牧加工企业、畜牧产销相对接，拓展发展空间，切实发挥作用的合作组织比例大幅提高。全省各地针对近年来出现的“畜禽良种场 + 饲料厂 + 养殖场户 + 加工企业 + 担保公司 + 技术服务”综合带动畜禽养殖的组织形式，深入加强指导规范，普及速度加快。全省发展奶农合作组织 420 个，社员 1 万多，实施了合作养殖、开展了相互参股，利益联结紧密，产销渠道畅通。

【政策法规】各项政策的出台促进产业的发展，各种规章制度的制定规范了行业的发展，山东省围绕农业现代化生产步调，出台政策，扶持奶业发展，促进全省现代农业奶牛产业的提档升级。2013 年，实施了奶牛产业各类生产建设补助项目，奶牛标准化场（区）改扩建设项目省以上资金 6 330 万元；现代农业奶业产业项目省以上资金 8 100 万元、秸秆养畜项目省以上资金 3 042 万元、良种补贴项目资金 1 790 万元等。实施了 DHI（奶牛生产性能测定）项目，争取国家资金 168 万元，年测定成母牛 2.4 万头，开展了测定技术的推广服务工作，牧场奶牛单产提高近 500 千克，增效明显。项目的实施对奶牛产业种质资源改良，规模牧场基础设施改扩建，粪污无害化处理、畜牧数字信息化系统等方面进行投入改造建设，促进奶牛产业生产规模扩大，生产设施化提升，示范带动作用明显。探索建立畜牧业政策性保险，建立完善保险运行机制，发挥保险的经济补偿、资金融通功能。东营市在全国首创奶牛质押贷款融资，大地乳业与东营恒丰银行、联合利华保险公司达成了质押贷款融资业务，成功融资 2 000 万元，优化畜禽养殖业投资环境，推进现代畜牧业发展。

【质量监管】一是加强奶站监管责任的落实。2013 年省局下发了生鲜乳监管责任分解落实的文件，按照职责分工，通过实行进站监管、不定期巡查、定期抽查、专项检查，将奶站设施设备运行清洁、档案记录等纳入日常监管范围，力求实现奶站监督管理制度化、经常化，并明确无重大事故发生。二是开展奶站质量执法监督工作。全省各级畜牧兽医主管部门出动执法人员 5000 多人次，重点围绕生鲜乳收购站许可证、设施设备、检测能力、人员素质、质量安全保障制度、记录存档、运输车辆等方面排查隐患，规范了生产经营行为。三是开展生鲜乳质量安全监测工作。按照全国生鲜乳质量安全监测计划的要求，组织人员开展质量安全监测工作，对生鲜乳收购站、运输车的样品进行采样，加强对三聚氰胺项目、皮革水解蛋白和碱类物质等违法添加物质的检验，从生乳环节强化了监督，抽检合格率达到99%。全省731个生鲜乳收购站其中，乳品企业开办106个、养殖场开办284个、合作社开办341个；403辆运输车全部实现持证经营。

【奶业大事】3月12~15日，根据农业部奶业管理办公室安排，由中国奶业协会副会长魏克佳带队一行5人到山东进行奶牛养殖基地情况调研，实地考察了济南佳宝乳业、淄博得益乳业、东营大地乳业基地、澳亚牧场、柏拉蒙牧场。

4月22~25日，由农业部奶业管理办公室、国家奶牛产业体系、省畜牧兽医局主办的第42期国家奶牛“金钥匙”技术示范现场会在潍坊大酒店召开，全国奶牛产业方面专家及各地负责奶牛生产技术人员、现代奶业项目县和奶牛养殖大县、标准化示范场技术负责人约300多人参加会议，省畜牧兽医局科技处张绍存处长出席会议。专家团队分组对昌乐、寒亭四家奶牛养殖专业合作社进行了实地考察，积极开展咨询服务和技术指导。

7月29日，农业部副部长于康震一行到枣庄市进行现代畜牧业调研，省政府副省长赵润田、省畜牧兽医局局长冯继康等陪同考察了山东祥和乳业有限公司。

8月15~16日在青岛市召开了2013现代奶业技术暨鲜奶吧发展经验交流大会。来自山东、新疆、河北、黑龙江等10余个省（市、区）的200多名奶农代表参会，农业部奶业管理办公室副主任邓荣臻出席会议。

12月18~19日由国家公益性行业（农业）科研专项奶山羊课题组、山东省畜牧协会奶业分会、陕西省奶山羊产业技术体系及山东省现代农业产业技术体系羊创新团队联合主办的首届中国奶山羊产业高层论坛在青岛举行。

9月12日，在东营签订澳亚乳制品加工项目、澳亚新户万头奶牛项目。澳亚乳制品加工项目总投资约8亿元，计划日处理生鲜奶规模1 000吨，年销售收入约20亿元。澳亚新户万头奶牛项目投资8 000万美元，占地面积1 800余亩，奶牛总存栏量2万头。

（山东省畜牧兽医局畜牧科技处，王丰强 柴士名）

青 岛 市

【奶畜养殖】全市奶牛存栏11.99万头，其中莱西8.5万头，即墨1.55万头，平度0.67万头，胶州0.59万头，市区（城阳、黄岛、崂山）0.68万头。牛羊奶总产量37.64万吨，奶业产值与2011年同比增长1.3%。莱西、即墨仍是奶牛养殖的主要产区，奶牛存栏总量持续增长，规模化养殖比例逐年提升，牛羊奶产量稳中有升。

【乳品加工】全市获得乳制品、婴幼儿配方乳粉生产许可的企业7家，其中迈高乳业（青岛）有限公司、圣元营养食品有限公司和青岛索康营养科技有限公司获准生产婴幼儿配方乳粉（干法工艺）。青岛市获证乳制品生产企业名单见附表。

【市场消费】通过当地乳制品消费市场调查，超市乳品主要有伊利、蒙牛、光明、新希望、迎春乐等品牌，灭菌乳价格5.8~6.7元/500g，发酵乳价格6.6~8.0元/500g，巴氏杀菌乳价格6.2~6.5元/500g，婴幼儿配方乳粉价格66.3~195.6元/500g。巴氏杀菌乳入户以现制现售的鲜奶吧为主，现制售鲜奶8~10元/500g。

【奶源基地】全市规模化养殖所占比重逐年提高，50头以上的规模奶牛场存栏量占全市总存栏量的1/3。2013年，继续实施畜禽养殖标准化示范场创建工作，每个奶牛标准化示范场补助50万元。目前全市拥有青岛奥特奶牛原种场、青岛福仕奶业有限公司、青岛绿源奶牛良种繁育中心、青岛榕昕牧业有限公司和青岛佳顺养殖有限公司国家级奶牛标准化示范场5个。青岛市奶牛不同存栏规模所占比例见图4-1。

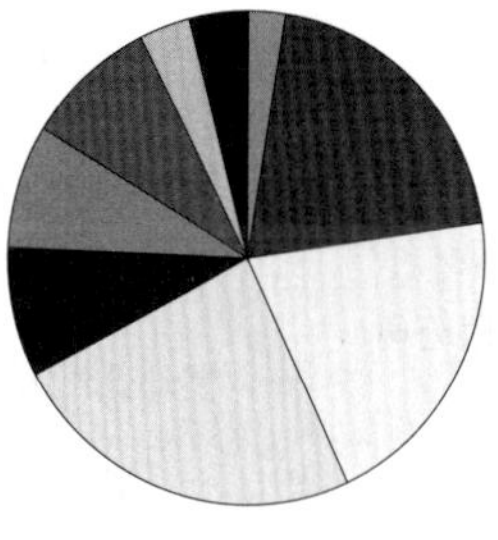

图4-1 青岛市奶牛不同存栏规模所占比例

大部分规模奶牛场采用机械挤奶、全混合日粮（TMR）饲喂工艺，参加生产性能测定（DHI）的奶牛场14家。奶业机械TMR搅拌车等设备获得农机购置补贴。疫病防控情况总体良好，未发生重大疫情。粪污处理方式以堆肥发酵为主，沼气厌氧发酵所占比重很小。

【奶农组织】青岛市奶业协会由青岛市民间组织管理局批准注册，成立于1992年。协会由青岛市行政区域内从事奶牛养殖、乳品加工和相关产业及科研院校单位及个人，自愿申请参加组成的群众性经济、技术协作、非营利性的行业组织，是社会团体法人。青岛市奶业协会第四届理事会现有常务理事人数16人，理事43人。2013年，新发展2个副会长单位，2个理事单位。同时，开展“商道酬信”活动，推荐5家单位为青岛市行业协会诚信企业，授予5个单位为奶业协会行业自律单位。

【政策法规】2012年10月，青岛市畜牧兽医局和市财政局《关于印发2012年奶牛性控冻精补贴项目实施方案的通知》（青牧字[2012]23号）。通过项目实施，补贴奶牛1万头，性控冻精2万支，每支冻精补贴150元，进一步提高奶牛品质，加快奶牛良种化进程。

2012年和2013年，青岛市畜牧兽医局和市财政局联合印发《青岛市扶持现代畜牧业示范园区创建工作实施方案》的通知，扶持奶牛设施化养殖示范园区创建，要求奶牛存栏规模达到500头以上，补助资金不超过150万元，提高奶牛养殖设施化水平，促进奶牛集约化养殖示范园区的建设。

同时，继续实施奶牛标准化养殖示范场和奶牛养殖“退户进区”建设项目，实施制定的青岛市地方标准《DB3702/T 166-2011 奶牛档案记录》和山东省地方标准《DB3702/T 166-2011 奶牛全混合日粮 (TMR) 饲养技术规范》，加快奶牛标准化、规模化建设进程。

【质量监管】制定生鲜乳和乳制品监管制度，加强奶站日常监督管理，规范生鲜乳收购许可证、准运证发放，对生鲜乳收购站和运输车定期进行审核。

【奶业大事】8月15日，在青岛召开2013（青岛）现代奶业技术暨鲜奶吧发展经验交流大会。

5月8日，开展全市奶牛改良项目培训，建立青岛市奶牛信息管理平台和微信公众平台。

（青岛市畜牧兽医局畜牧研究所，王建华）

附表　青岛市获证乳制品生产企业名单

序号	企业名称	产品名称	许可生产产品
1	青岛雀巢有限公司	乳制品	液体乳（调制乳）、其他乳制品（炼乳、奶油）
2	青岛新希望琴牌乳业有限公司	乳制品	液体乳（巴氏杀菌乳、灭菌乳、调制乳、发酵乳）
3	青岛迎春乐食品有限公司	乳制品	液体乳（巴氏杀菌乳、灭菌乳、调制乳、发酵乳）
4	青岛开开加食品有限公司	乳制品	液体乳（巴氏杀菌乳、调制乳、灭菌乳、发酵乳）
5	迈高乳业（青岛）有限公司	乳制品	乳粉（调制乳粉）
		婴幼儿配方乳粉	婴幼儿配方乳粉（干法工艺）
6	圣元营养食品有限公司	乳制品	乳粉（调制乳粉）
		婴幼儿配方乳粉	婴幼儿配方乳粉（干法工艺）
7	青岛索康营养科技有限公司胶州分公司	乳制品	乳粉（调制乳粉）
		婴幼儿配方乳粉	婴幼儿配方乳粉（干法工艺）

烟　台　市

【奶畜养殖】截至2013年底，烟台市奶牛存栏10.76万头，奶山羊存栏73.63万只。奶类总产量56.95万吨，其中牛奶产量42.49万吨。奶牛养殖主要集中在莱阳、牟平两个市区，奶业产值占畜牧业产值的比重为12.15%。全市坚持以规模化促标准化、以标准化提升规模化的总体思路，加快奶牛养殖方式转变，加大科技创新力度，大力推进奶牛标准化规模养殖，促进了全市奶牛业持续健康发展。目前全市规模化奶牛场生产管理主要呈现以下特点：

一是奶牛品种日趋良种化。近年来，奶牛场的负责人越来越认识到优良的品种对于奶牛场效益的重要性，在引进奶牛、使用冻精等方面不断增加投入，奶牛品种改良步伐加快，规模奶牛场奶牛单产水平不断提高，奶牛良种化迅速推进。据调查，全市规模奶牛场全部饲养荷斯坦牛，平均单产6 550千克，比2005年全市平均单产提高了650千克。山东荷斯坦奶牛繁育中心是全市奶牛存栏量最大、奶牛单产水平最高的奶牛场，现存栏奶牛1 800头，年均单产7 600千克，牛全部引自美国、澳大利亚和新西兰等国家。

二是饲养管理日趋精细化。在稳定奶牛品种的基础上，规模奶牛场更加注重应用分群饲养、TMR饲喂、机械挤奶、铺设牛床等精细化饲养管理技术，以提高奶牛单产水平。据调查，全市规模奶牛场全部采用分群饲养和机械挤奶；有91%的规模奶牛场使用鱼骨式挤奶机，有9%的规模奶牛场使用并列式挤奶机；有85%的规模奶牛场使用TMR搅拌车饲喂；有50%的规模奶牛场铺设牛床。精细化饲养管理技术的普遍应用，不但提高了奶牛饲养管理水平，而且提高了奶牛生产性能和生鲜乳质量安全水平。

三是饲料营养日趋优质化。优质粗饲料对提高奶牛单产水平和生鲜乳质量有着重要的作用。据调查，全市规模奶牛场中，有94%的奶牛场泌乳牛饲喂优质苜蓿、羊草和青贮玉米等粗饲料，其中有65%的奶牛场使用进口苜蓿，少数经济实力稍弱的规模奶牛场选择国内优质羊草和青贮等粗饲料饲喂奶牛。

四是粪污处理日趋无害化。畜禽粪污的处理再利用是畜禽粪污无害化的重要途径，随着牛群规模的扩大和人力成本的增加，各规模奶牛场对环境保护的重视程度进一步提高，加大了粪污无害化处理力度。据调查，目前全市有90%以上的规模奶牛场对粪污进行了沼气处理，约有5%的规模奶牛场进行了有机肥生产，尽管短期内还不能看到粪污处理带来的经济效益，但社会效益、生态效益十分显著，有力解决了粪污污染环境问题。

【乳品加工】截至2013年底，全市共有乳品加工企业4家，年生产乳制品1.21万吨，乳品加工主要以液态奶加工为主，面向市民订购，采取送奶入户、入单位（宾馆）、入奶吧、入超市等方式销售，经济效益比较可观。

【市场消费】2013年，全市人均奶类占有量为87.6kg，乳及乳制品人均消费量为48kg。从商场和超市调查来看，全市主要销售有乳制品类别、品牌和价格为：（1）巴氏杀菌奶：淄博得益14.5元/950mL，三元鲜牛奶14.9元/980mL。（2）超高温灭菌奶：蒙牛纯牛奶5元/485mL，济南佳宝纯牛奶2.3元/181mL，三元纯牛奶2.8元/227mL，伊利纯牛奶2.9元/240mL。（3）酸奶：济南佳宝14.9元/1.45kg，淄博得益17.5元/1.1千克，蒙牛22.8元/1.8kg。（4）婴幼儿奶粉：贝因美268元/908g，飞鹤298元/900g，雀巢248元/800g，伊利178元/900g。（5）其他奶粉：伊利成人奶粉29.8元/400g，荷兰乳牛128元/900g，飞鹤中老年79元/900g。（6）入户奶：巴氏杀菌奶2.5~2.8元/243mL，酸奶2.2~2.5元/150g。

【奶源基地】全市存栏50头以下、50~199头和200头以上奶牛养殖量分别占养殖总量的59.4%、19.5%和24.8%。全市存栏奶牛100头以上的规模奶牛场全部采用机械挤奶和使用优质冻精，大多数奶牛场选择国家奶牛良种补贴冻精，个别有实力的奶牛场选购国外进口或性控冻精；约30%的规模牛场开展生产性能测定（DHI）工作。2013年，我市牟平区实施了现代奶业项目，争取中央资金600万元；牟平区和蓬莱市实施了规模奶牛场改扩建项目，争取中央资金335万元；12个县市实施了奶牛良种补贴项目，争取中央资金135万元。全市规模奶牛场坚持开展布病和结核病的监测与净化，并认真做好口蹄疫疫病防控工作。全市有95%以上的规模奶牛场利用粪污生产沼气或有机肥。生鲜乳乳企（液态奶）收购价格平均在每千克5元左右，养殖户和奶牛场产奶牛头年纯收入大约在1万~1.3万元。

【奶农组织】全市共有奶业合作社65个，每年面向奶农采取多种方式开展奶业技术培训和指导。一方面，整合科研院所和畜牧部门的技术骨干，组建了畜牧兽医技术专家顾问团，积极为奶农开展各类技能培训，2013年专门举办奶牛标准化养殖及疫病防治技术培训班18次，培训农民2 000多人；召开现场观摩会3次，现场培训农民200多人。另一方面，认真搞好技术咨询服务工作，各专业合作社均设立了咨询服务公开电话，2013年共回复各类咨询近2 000个，涉及奶牛供应、兽药饲料使用、生鲜乳及饲料市场价格、牧草种子供应及种植技术、奶牛饲养场建设和饲养管理技术等问题，及时帮助会员解决疑难问题。

【质量监管】全市共有生鲜乳收购站36个，其中乳品加工企业开办13个，奶牛养殖场开办7个，奶农专业合作社开办16个。在生鲜乳质量安全监管方面，一是制定生鲜乳质量安全专项整治方案，突出奶牛养殖大县、城际交界区等奶牛养殖重点区域监管，重点治理了非法收购生鲜乳、倒买倒卖不合格生鲜乳，恶意争抢奶源及生鲜乳在跨市区运输、中转站转运、拼车装运、长途贩运等过程中的违法违规行为。二是加强生鲜乳质量安全监测，2013年省、市、县三级共抽检生鲜乳样品547批次，检测合格率达到100%。三是狠抓监管措施落实，严格落实生鲜乳收购站审批准入、强化生产和运输车日常监管、明确质量安全主体责任等关键措施，着力提升生鲜乳质量安全。四是严格依法行政，深入开展了以查处非法使用三聚氰胺、水解皮革蛋白为重点的专项整治活动，严厉打击了生鲜乳收购站和运输车无证经营，生鲜乳生产、收购、运输过程中各类违法添加行为。

（烟台市畜牧局生产科，刘玉华）

东 营 市

【奶畜养殖】2013年底，东营市奶牛存栏8.93万头，其中成母牛3.61万头，牛奶总产量23.84万吨，奶业产值占畜牧业产值比重达15%。奶牛养殖主要分布在东营区的胜利街道、文汇街道、龙居镇；河口区的仙河镇、孤岛镇、新户镇；广饶县的丁庄镇、大王镇、陈官乡、稻庄镇；垦利县的黄河口镇、永安镇、垦利街道办、兴隆街道办、胜坨镇以及东营市农业高新技术产业示范区、市现代畜牧业示范区和黄河三角洲济南军区综合训练基地一带。

一是牛群结构优化。东营市先后从澳大利亚、新西兰引进高产奶牛4万头，并大力推广高产奶牛冻精及奶牛性控冻精，高产奶牛覆盖率达到98%，全市奶牛年平均单产达6.5吨，其中年单产水平达到10吨的奶牛养殖场3家，年单产水平达到7.5吨的有15家。二是现代化水平高。有5家奶牛场安装了博美特、奶业之星等数字化管理系统，12家使用了奶牛发情自动监测系统；25家通过了无公害认证；95%的奶牛场使用了TMR饲喂系统，规模奶牛场全部实现了机械化挤奶。三是实现了牛奶的可追溯。奶牛场普遍建立了饲养档案，涵盖了包括生产、投入品、免疫检疫、消毒等17项内容，要求奶牛场必须规范记录，完整保存，实现了牛奶生产全过程的可追溯。四是奶源质量好。全市奶牛场普遍建立了饲养档案，100%的规模牧场饲喂全株青贮玉米。五是奶业发展潜力大。澳亚集团第4处万头牧场已于5月1日开工，投产后，奶牛存栏规模达2万头，年可实现产值5亿元。澳亚集团正在推进建设的乳制品加工项目计划投资8亿元，日处理生鲜乳500吨，项目达产后，年可实现产值40亿元；山东大地乳业旗下日处理800吨生鲜乳的乳品加工厂山东恩泽乳业，奶粉生产线已投产，液态奶生产线计划上半年投产运营；大地乳业正在规划建设的40个存养500头的奶牛场,已完成前期论证,其中2个场区已于4月份开工建设。

【乳品加工】目前,全市乳品加工生产企业1家,即山东恩泽乳制品有限公司,隶属于山东大地乳业公司。该公司以生产奶粉为主,年生产奶粉近4 000吨,销售区域仅限山东各地。公司日加工量为500吨生鲜奶的液态奶加工项目计划上半年投产运行,计划走高端品牌奶的发展路子。

下一步东营市将以澳亚集团现代万头牧场建设为突破口,引进一批实力雄厚、技术先进、效益良好、管理科学的奶牛养殖企业集团,增强原料奶供应能力。在此基础上,加强与蒙牛、伊利、光明等行业龙头企业对接,吸引来东营市建立加工企业,力争到2015年再引进落地1~2家世界知名乳制品加工企业,打造黄河三角洲新兴奶业产业基地。

【市场消费】2013年,全市人均奶类占有量128.5千克,乳制品消费量人均68.7千克/年,人均乳制品年消费支出338.3元,巴氏杀菌奶主要品牌为蒙牛、伊利、得益、胜大鲜奶、大地乳业,价格分别为14元/千克、13元/千克、12元/千克、16元/千克。酸奶主要品牌为蒙牛、伊利、得益,价格为18元/千克,婴幼儿奶粉:品牌有多美滋优衡多幼儿奶粉217元(规格900克)、雀巢超级能恩2奶粉339元(规格900克);中老年奶粉:伊利中老年奶粉900克98元。随着消费观念的转变,人们越来越重视营养和健康,对乳制品质量要求越来越高,乳制品生产拥有广阔的消费群体和市场空间。目前,全市已有东方、胜大、世洪福、柏拉蒙、阳光、绿源等鲜奶吧100余家,鲜奶日销量可达5吨以上。

【奶源基地】全市奶牛场规模化养殖占比达98%,其中,存栏100头以上标准化规模奶牛场43处,存栏规模300头以上的奶牛场39处,1 000头以上奶牛场7处,万头以上奶牛场4处。全市奶牛机械化挤奶比例达100%,全混合日粮(TMR)技术应用达75%,实施生产性能测定(DHI)的占75%。奶牛良种补贴,每使用一支细管,补贴饲养场户15元。奶牛场每年开展三次疫苗接种,接种疫苗既有政府免费提供的A型灭活疫苗和O-亚I型2价灭活疫苗,也有各养殖场根据自身需要自行采购的疫苗。消毒工作规范,措施严格,消毒物资充足,科学消毒灭源,保障了养殖场区清净无疫。密切监控布病和结核病等威胁奶牛产业的重大疾病,主动建立全市统一格式的养殖档案,规范养殖。澳亚、大地等4家万头奶牛场的粪便用来生产有机肥和用于沼气发电,其他奶牛场粪便经过发酵后施往农田。生鲜乳收购价为4.3~5.5元/千克,养殖户每头产奶牛年净收入8 000元左右。

【奶农组织】全市现建有奶农合作社和协会等组织10个,2013年举办奶农培训班20期,培训农民1 200余人次。

【政策法规】一是加强政策引导。根据《2013年东营市现代畜牧业发展奖励办法》,重点扶持标准化奶牛养殖场,按照扶持项目及标准要求,对符合要求的标准化奶牛养殖场奖励20万元。

同时各县区也加大了政策扶持力度,东营区对固定资产投资1 000万元以上的畜牧养殖场,按照固定资产投资的10%给予补贴。河口区2013年出台的《关于实施富民工程持续增加农民收入的意见》,对苜蓿、青贮玉米等规模化种植予以财政补贴,鼓励扩大优质牧草和饲料作物种植面积,为规模化奶牛养殖提供了重要保障。广饶县规划2014年~2015年,依托大王镇、丁庄镇两大奶牛产业园区,辐射带动稻庄镇、李鹊镇和陈官乡等区域。在稳定现有存栏规模的基础上,重点促进现有奶牛场标准化改造、粪污无害化处理和综合利用能力提升,加强奶源基地建设和支撑服务体系建设。

二是加快推进现代奶业项目建设。广饶县2011年承担了现代奶牛产业项目,该项目实施周期3年,每年省财政补贴资金600万元。目前项目已建成,大幅提升了全县生鲜乳生产能力、产品质量和监测检验能力。

【质量监管】东营市对奶牛场实行严格的专人监管,主要监管制度及措施有:一是官方兽医定期监管。全市规模饲养场全部落实监管兽医,严格落实畜牧投入品市场准入制度,对奶牛场的进出栏、防疫、消毒、投入品、用药、诊疗等情况进行全面监管。二是签订责任书。监管单位分别与奶牛场签订了动物免疫责任书、畜产品质量安全保证书等,落实监管责任。2013年生鲜乳生产、收购、运输环节抽检结果显示,全市生鲜乳质量全部合格。三是加强生鲜乳收购、运输等事项的审批。对符合条件的生鲜乳收购企业和生鲜乳运输车辆核发生鲜乳收购许可证和生鲜乳运输许可证,目前,东营市共有奶站36处。四是健立健全收购、检测、销售记录和生鲜乳交接单。监管单位对奶站“三表一单”使用和存档情况进行严格监督检查。

【奶业大事】4月19日,《东营市奶牛质押贷款管理办法》正式出台,为创新金融机构融资产品,拓宽企业融资渠道,探索解决畜牧养殖企业融资难题,东营市金融工作办公室、东营市畜牧局、东营市保险行业协会研究决定,在全市开展奶牛质押贷款业务试点。7月份,山东大地乳业有限公司与恒丰银行完成我市首笔2 000万元奶牛直达贷款。

6月13日,《2013年东营市现代畜牧业发展奖励办法》正式出台,对2013年建成投产,实现存栏成年奶牛1 000头以上的奶牛标准化养殖园,经验收合格,每处奖励20万元。

6月25日,山东省发展和改革委员会批复东营市2013年奶牛标准化规模养殖场(小区)建设项目,争取中央投资250万元。

(东营市畜牧局生产科,仲崇岳)

淄博市

【奶畜养殖】淄博市奶畜养殖以奶牛为主，截至2013年底奶牛存栏6.06万头，年产奶量19.41万吨，奶业年产值占畜牧业产值的30%。淄博市立足奶牛业发展基础，以集约型、规模化奶牛养殖为重点，突出区域发展优势，通过加大投入、整合资源、创新机制、强化监管，调动广大奶农积极性，强力推进奶牛养殖方式转变，配套建设奶牛产业技术支撑服务和组织运营体系，逐步形成了现代化奶牛生产模式和产业体系，逐步发展了以高青、临淄、桓台为中心的奶牛核心产业区，奶牛业产出水平、产品质量和综合效益显著提高，形成了以奶牛产业带动畜牧产业、畜牧产业拉动现代农业、现代农业促动社会主义新农村建设的良好局面。

【乳品加工】山东得益乳业有限公司是一家有着四十多年专业乳品加工历史，集牧草种植、奶牛饲养及技术研究、乳品研发、生产加工、乳品销售、物流配送为一体的现代化乳品企业，是山东省乳品行业首家“农业产业化国家重点龙头企业”。公司由高新区得益乳品工业园、高青绿色AA工程独资示范牧场和102处合作牧场、小区组成。公司日加工处理生鲜奶能力750吨，共生产4大系列100多个品种的牛奶产品。产品先后被评为“无公害食品”和“国家绿色食品”，荣获“中国名牌”、“中国驰名商标”等一系列荣誉称号。2007年公司实现销售额4.29亿元，利税2422万元，盈利1436万元。多年来，公司始终坚持以新鲜营养的巴氏奶作为公司发展的主导方向，在奶源建设、市场网络、科技水平、生产规模等综合实力方面跃居山东乳业第一。

山东得益乳业有限公司是山东省乳品行业唯一的“农业产业化国家重点龙头企业”，公司位于山东省淄博高新技术开发区，占地36万平方米，是集奶牛养殖、饲草种植、饲料加工、科研开发、乳品加工、销售为一体的现代化乳品企业。公司拥有集生产、物流、科技、办公为一体的现代化得益乳品工业园，引进美国、法国、荷兰等国际一流的液态奶生产线100余条，日处理生鲜奶的能力达到750吨。巴氏奶处理能力位居山东第一、业内五强。得益牌乳制品现有鲜牛奶、酸牛奶、UHT奶和乳酸菌饮料四大系列100多个品种，先后荣获“山东省质量免检产品”“山东名牌”国家质量技术监督局“无公害食品”“绿色食品”“中国名牌”等称号。

【奶源基地】淄博市奶畜养殖以集约化、规模化、标准化、生态化的现代养殖模式为发展方向，规模化、标准化养殖场（区）全面取代散养模式，合理引导建设生鲜乳收购站。目前淄博市共有生鲜乳收购站75家，全部采用机械挤奶，逐步推进TMR技术、DHI体系的应用，大力开展奶牛良种补贴、奶业机械购置补贴、规模养殖场改扩建补助，逐年扩大苜蓿和青贮玉米种植面积，完善各级疫病防控体系，强化重大动物疫病防控能力，督促养殖场（区）严格开展奶畜排泄物、污染物无害化处理，生鲜乳年均收购价格4.5元/千克左右，养殖户养殖奶牛年净收入6 000元/头。

【奶农组织】淄博市现有奶农合作社46家，其中，高青县组织成立了奶业协会。2013年淄博市畜牧兽医局组织了规范养殖培训18场，生鲜乳质量安全培训班2场，培训奶业生产从业人员1 000余人次。

【质量监管】淄博市畜牧兽医局认真贯彻落实《乳品质量安全监督管理条例》《生鲜乳生产收购管理办法》，以加强生鲜乳质量安全为目的，以严格审批准入为前提，以日常监督巡查、随机检查、集中整治等措施为手段；以探索乳企抓管理、政府抓监督，推进乳企、奶站、养殖场一体化经营等新模式为创新，以严格的监督执法为保障，全力构建生鲜乳质量安全长效监管机制，着力打造绿色安全奶源基地。2013年对全市77家奶站开展生鲜乳质量安全专项整治行动2次，生鲜乳安全生产隐患排查1次，规范了生鲜乳收购站的经营行为；并对生鲜乳收购站抽样检测500余个批次，配合国家农业部、省畜牧兽医局开展生鲜乳抽样检测289个批次，抽检样品全部合格，有效地监督了生鲜乳生产、收购、运输三个关键环节，保障了生鲜乳质量安全。

【奶业大事】5月10日～20日组织畜产品质量安全培训班9场。

5月30日在高青县举办生鲜乳质量安全培训班。

4~7月开展全市生鲜乳质量安全隐患排查整治。

9月召开全市第二次生鲜乳质量安全培训班。

10月内蒙古蒙牛乳业(集团)股份有限公司山东奶源二处（高青中转站）投入运营。

（淄博市畜牧兽医局畜产品质监科，薛乐全）

河南省

【奶畜养殖】河南是畜牧大省，也是奶业大省，奶业发展势头良好。**一是奶牛存栏和奶产量稳步增长。**2013年，全省奶牛存栏100.7万头，比2012年增长0.1%；奶产量328.8万吨，与2012年基本持平，奶牛存栏和奶类产量分别位居全国第6位和第4位；奶业产值119.9亿元，占畜牧业产值的4.92%。全省万头以上奶牛大县20个，其中2万头以上大县9个，3万头以上大县6个。**二是规模养殖发展较快。**全省奶牛存栏200头以上的养殖场633个，其中1 000头以上的113个、5 000头以上奶牛场7个，规模养殖比重达到87%。已形成了郑州、洛阳、新乡、焦作、南阳、商丘、平顶山等奶业优势区。**三是奶牛生产水平持续提高。**继续在全省开展奶牛单产提升行动，大力推广优质牧草、全混合日粮、性控冻精和生产性能测定等一系列新技术，全省奶牛平均单产持续提升，养殖企业的效益和竞争力日益增强。

【乳品加工】河南乳品加工业不断发展壮大。伊利、蒙牛、三元、光明等国内知名品牌落户河南投资建厂。花花牛、科迪、巨尔和三色鸽等地方品牌企业不断扩大加工规模。2013年乳制品产能385万吨。据20家大型乳品生产企业的统计，2013年乳制品产量103.62万吨，其中巴氏杀菌奶16.42万吨，UHT奶32.45万吨，酸奶17.22万吨，奶粉0.16万吨，乳饮料37.37万吨。河南人均占有牛奶量达到31.2千克。市场消费以常温奶为主，巴氏奶和酸奶等低温、短保质期产品消费呈增长趋势。

【奶源基地】重视奶源基地建设，狠抓标准化规模奶牛场建设，整合各类政策扶持资金，重点支持乳品龙头企业自建或参建奶源基地、小区向牧场转型、奶牛养殖大县、200头以上新建或扩建规模奶牛场项目，不断扩大奶牛群体规模，提高标准化规模水平。全省规模养殖比例87%，其中100~199头存栏比重2.8%、200~499头存栏比重11.7%、500~999头存栏比重14.5%、1000头以上存栏比重25.4%。全省集中机械化挤奶率99.1%。积极探索养殖小区牧场化转型升级。联合蒙牛、伊利等乳品加工企业，普瑞纳等投入品企业，举办了全省奶牛养殖小区向牧场化转型交流会，全省120个奶牛养殖小区参加。开展高产奶牛示范场和核心群育种场创建，下达了《关于创建高产奶牛标准化示范场的通知》和《关于创建奶牛核心育种场的通知》，创建了23个省级高产奶牛标准化示范场和9个奶牛核心育种场。利用国家良补资金推广荷斯坦牛冻精72万剂，推广奶水牛冻精6万剂；开展奶牛生产性能测定3.5万头，参测149个场；开展奶牛品种登记5万头；推广高产奶牛性控冻精2万剂；全省规模奶牛养殖场全株玉米青贮使用率73%，TMR使用率45%，紫花苜蓿使用率36%，43%的产奶牛单产超7吨。

生鲜乳价格稳中有升，全年乳企平均收购价格3.63元/千克，呈现上半年价格低、下半年价格快速升高的态势。养殖户奶牛养殖净收入为2500~4500元/头，奶牛场为4500~6000元/头。

【奶农组织】河南省奶业协会于2013年9月通过自愿申报、专家评审等公开公正程序评出了河南省十佳奶牛养殖场10个。获得称号的单位是：河南中荷奶业科技发展有限公司、河南省鼎元种牛育种有限公司、平顶山市汝源奶业有限公司、郑州昌源乳业有限公司、郑州绿麒麟奶牛养殖有限公司、河南源源乳业集团合源养殖有限公司、开封市禹王乳业有限公司、河南佳源养殖有限公司、焦作澳德澜牧业有限公司、河南维尔牧业有限公司。

与美国谷物协会举办了中美奶业技术论坛。全年累计培训奶牛从业人员3 000多人次，现场诊断210个奶牛场区，指导23个奶牛场开展高产示范场创建，9个核心群育种场创建，编写出版了《奶牛疾病防治手册》，开展技术承包60多个场区。

【政策法规】利用国家奶牛标准化规模养殖场（小区）建设项目资金9 830万元，扶持94个奶牛养殖场（区）进行标准化改造，其中乳制品加工农业产业化龙头企业自建、参建项目47个。

继续推进河南省千万吨奶业跨越工程，实施3 300万元奶业发展专项资金项目，其中2 700万元扶持60个200头以上规模奶牛养殖场区新建、扩建，600万元用于单产提升行动、核心育种场创建、生产性能测定、性控冻精推广等。

【质量监管】组织开展了全省生鲜乳生产收购环节专项整治，重点整治运输车辆异地办证、规范生鲜乳收购许可证收购范围、落实无害化处理制度等，检查生鲜乳收购站2 564站次，生鲜乳运输车辆1 294车次。开展了全省生鲜乳质量安全法律知识竞赛，参赛人员1 552人。分区划片组织了法规知识轮训，培训11期，培训人员1 559人。省级安排了100万元专项经费开展生鲜乳质量安全风险预警监测。全年共完成国家和省两级生鲜乳抽检检测任务1 714批次，三聚氰胺检测合格率100%。16个奶牛养殖场、16个生鲜乳收购站被评为河南省放心奶工程示范单位。

【奶业大事】3~7月，开展了全省生鲜乳生产收购环节专项整治。

4月19日，省奶业协会联合美国谷物协会在郑州举办了中美奶业科技论坛，150多名养殖场区技术骨干参加论坛。

6月，组织全省生鲜乳质量安全法律法规知识竞赛，全省各级奶业监管人员、执法人员，生鲜乳生产、收购、运输各环节从业人员，乳品加工企业奶源部门工作人员等1 552人参加竞赛。

7月10日，河南济源伊利乳业有限公司竣工投产。项目总投资5.7亿元，设计年加工液态奶39万吨、年产值26亿元。

9月22日，省畜牧局组织召开了首次全省奶牛核心育种场创建工作会议，启动了全省奶牛核心育种场创建工作。

9至10月，省畜牧局分11个片区，对全省所有行政管理、综合执法人员，规模奶牛养殖场、生鲜乳收购站、生鲜乳运输车辆主要负责人、乳制品生产企业奶源部负责人等集中进行了法律知识轮训，培训人员1 559人。

（河南省畜牧局奶业办公室，宋洛文）

附表 1　奶牛养殖场（小区）名录

序号	名　称	养殖场	小区	全群存（头）	成母牛存栏（头）	奶畜品种	成母牛单产（吨 / 年）	年总产（吨）	是否参 DHI	是否应用 TMR
1	原阳县福源奶牛有限公司	√		1 100	610	澳洲荷斯坦	5	3 050	√	√
2	河南省黄河岸边乳业有限公司		√	1 300	700	荷斯坦	5	3 500	√	√
3	卫辉市牧丰奶牛养殖有限公司		√	1 200	600	荷斯坦	6	3 600		√
4	卫辉市永利奶牛养殖有限公司		√	1 180	580	荷斯坦	6.5	3 770		
5	新乡市康源奶牛有限公司		√	1 860	850	荷斯坦	5.5	4 675		√
6	原阳县聚宝养殖农民专业合作社		√	1 100	750	黑白花	6	2 190		√
7	新乡市牧野区绿营奶业农民专业合作社		√	1 100	700	荷斯坦	7.2	2 600		
8	卫滨区水鲜园奶牛养殖场	√		1 052	710	荷斯坦	5	3 550	√	√
9	新乡市津都奶业有限公司	√		2 700	1 300	荷斯坦	10	13 000		√
10	汤阴县中升农牧科技有限公司奶牛养殖场	√		1 200	600	荷斯坦	7	4 200	√	√
11	开封市禹王乳业有限公司	√		1 120	580	荷斯坦	7.6	4 408	√	√
12	尉氏县花源养殖专业合作社		√	1 100	700	荷斯坦	7.8	4 000	√	
13	开封县范村乡百永发奶牛养殖场		√	1 260	860	荷斯坦	8	6 880		√
14	开封县飞扬奶牛养殖农民专业合作社		√	1 000	1 000	荷斯坦	7.5	7 500		√
15	周口金丝猴食品有限公司奶牛养殖南小区		√	1 621	1 005	奶牛	6.2	6 100	√	√
16	周口金丝猴食品有限公司奶牛养殖北小区		√	2 008	1 342	奶牛	6.1	8 000	√	√
17	周口金丝猴食品有限公司奶牛养殖东小区		√	1 262	672	奶牛	6.3	4 200	√	√
18	河南源源乳业集团思源养殖有限公司	√		4 730	2 120	荷斯坦	7	14 800	√	√
19	济源市克井虎尾河奶牛养殖场	√		1 100	700	澳洲荷斯坦	6.9	3 000	√	√

（续）

序号	名　称	养殖场	小区	全群存（头）	成母牛存栏（头）	奶畜品种	成母牛单产（吨/年）	年总产（吨）	是否参 DHI	是否应用 TMR
20	济源市永兴牧业有限公司奶牛场	√		1 000	500	荷斯坦	7.6	3 800	√	√
21	济源市瑞丰实业有限公司	√		1 500	750	荷斯坦	7.32	5 490	√	√
22	济源市惠龙牧业有限公司	√		1 200	800	荷斯坦	6.6	5 280		√
23	焦作多尔克司示范乳业有限公司	√		12 970	6 200	荷斯坦	8	33 000	√	√
24	河南裕泰生物技术有限公司	√		1 200	700	荷斯坦	7.3	5 100	√	√
25	中牟县众和奶牛养殖专业合作社		√	1 550	1 085	荷斯坦	6.3	6 835		√
26	中牟县雁鸣湖乡朱固奶牛场		√	1 045	732	荷斯坦	6.7	4 900		√
30	中牟县科牧奶牛养殖有限公司		√	1 100	770	荷斯坦	6.3	4 851		
31	郑州市绿牧养殖有限公司		√	1 100	780	荷斯坦	6.2	4 836		
32	郑州绿麒麟奶牛养殖有限公司	√		1 200	600	荷斯坦	8.5	5 100	√	√
33	中牟九龙镇奶牛养殖示范场		√	1 100	600	荷斯坦	7.4	4 440		
34	河南绿源富民畜禽有限公司		√	1 400	840	荷斯坦	7.2	6 048		
35	郑州科达农牧业科技发展有限公司		√	1 400	850	荷斯坦	6.9	5 865		√
36	河南汇康源牧业有限公司		√	1 700	1 050	荷斯坦	7.5	7 875		√
37	郑州天润畜禽养殖有限公司		√	2 000	1 250	荷斯坦	7.6	9 500		√
38	中牟县绿源奶牛养殖有限公司（辛寨）		√	1 300	780	荷斯坦	7.7	6 006		√
39	中牟县绿源奶牛养殖有限公司（太平庄）		√	1 500	900	荷斯坦	7.4	6 660		
40	河南省泰煜农牧业有限公司	√		1 000	600	荷斯坦	8	4 800		√
41	中牟县惠达牧业发展有限公司		√	1 750	1 100	荷斯坦	7.6	8 360		√
42	中牟盛发奶牛养殖场		√	1 200	730	荷斯坦	7.2	5 256		√

（续）

序号	名　称	养殖场	小区	全群存（头）	成母牛存栏（头）	奶畜品种	成母牛单产（吨/年）	年总产（吨）	是否参 DHI	是否应用 TMR
43	河南瑞亚牧业有限公司	√		2 800	1 780	荷斯坦	8	14 240	√	√
44	中牟县万滩标准化高产奶牛养殖示范园		√	2 200	1 520	荷斯坦	7.8	11 856		√
45	郑州市多彩牧业有限公司		√	1 000	550	荷斯坦	6.7	3 685		√
46	中牟县富源牧业有限公司	√		1 800	1 100	荷斯坦	8.2	9 020		√
47	郑州市红孩儿奶牛养殖有限公司	√		1 200	700	荷斯坦	8.1	5 670	√	
48	郑州欣欣牧业发展有限公司		√	1 150	650	荷斯坦	7.3	4 745		
49	中牟县万胜牧业有限公司		√	1 100	650	荷斯坦	7.8	5 070		√
50	郑州昌源乳业有限公司	√		1 300	430	荷斯坦	8.2	3 526	√	√
51	郑州市惠济区薛岗奶牛养殖者专业合作社		√	1 600	950	荷斯坦	5.8	5 510		√
52	郑州市惠济区东长奶牛养殖者合作社		√	1 100	680	荷斯坦	5.9	4 012		√
53	郑州市龙涵奶牛养殖有限公司		√	1 200	600	荷斯坦	5.9	3 540		√
54	中牟县东盛乳业		√	2 000	800	荷斯坦	6.3	5 040		√
55	郑州万滩锦华牧业有限公司		√	2 600	1 820	荷斯坦	6.5	11 830		√
56	河南花花牛集团牧业有限公司	√		1 041	380	荷斯坦	7.5	2 850	√	
57	河南科迪生物工程有限公司	√		14 860	6 810	荷斯坦	6	40 800		
58	睢县麒麟乳业有限公司		√	1 580	1021	荷斯坦	5	5 105		
59	虞城县西站新区奶牛小区		√	1 460	651	荷斯坦	5.1	3 320		
60	河南维尔牧业有限公司	√		1 200	530	加系、澳系	9.2	4 200	√	
61	河南佳源养殖有限公司	√		1 800	910	荷斯坦	7.6	6 816	√	
62	河南三剑客奶业有限责任公司奶牛养殖基地		√	1 080	600 头	奶牛	7	4 200	√	

（续）

序号	名　称	养殖场	小区	全群存（头）	成母牛存栏（头）	奶畜品种	成母牛单产（吨/年）	年总产（吨）	是否参 DHI	是否应用 TMR
63	程宇奶牛养殖有限公司		√	1 365	1 085	黑白花	6	8 680	√	
64	灵宝瑞亚牧业有限公司	√		2 320	1 000	黑白花	6.5	6 500		
65	三门峡天谷农业有限公司	√		1 430		荷斯坦				
66	郏县发展牧业有限公司	√		2 500	1 500	荷斯坦	7.3	10 950	√	
67	郏县乳源牧业有限公司	√		3 500	2 000	荷斯坦	6.5	13 000	√	
68	河南源源乳业集团有限公司	√		1 550	930	荷斯坦	7.5	7 000	√	
69	河南源源乳业集团合源养殖有限公司	√		1 380	828	荷斯坦	7.6	6 300	√	
70	平顶山市汝源奶业有限公司	√		1 620	1 300	荷斯坦	7.5	9 750	√	
71	河南伊源乳业有限公司	√		2 300	1 610	荷斯坦	7	9 000	√	
72	郏县三鼎奶牛养殖场		√	2 500	1 450	荷斯坦	6.5	9 420		
73	新蔡富宇牧业有限公司		√	1 086	780	荷斯坦	6.5	1 800		
74	南阳市富园农牧有限公司	√		1 500	820	荷斯坦	6.2	5 084	√	
75	南阳市黄河飞龙牧业有限公司	√		1 080	710	荷斯坦	6.5	4 615	√	
76	恒天然农牧业有限公司	√		1 000	810	荷斯坦	7	3 500	√	
77	洛阳巨尔牧业有限公司	√		1 021	502	荷斯坦牛	7.5	3 765	√	
78	洛阳生生乳业有限公司第一牧场	√		2 000	1 200	荷斯坦	8.5	10 200	√	
79	偃师市兴民奶牛养殖有限公司	√		4 481	2 385	荷斯坦	6.5	15 502.5		
80	洛阳市慧泉乳业有限公司	√		2 542	1 428	荷斯坦	7	9 996		

附表 2 乳制品生产企业名录——乳制品生产企业名录

序号	名　称	许可证号码	年收购原奶量（吨）	平均支付价格（元/千克）	其中：自有奶源量（吨）	年乳制品产量（吨）	其中：巴氏杀菌奶（吨）	UHT 奶（吨）	酸奶（吨）	奶粉（吨）	奶油（吨）	奶酪（吨）	乳饮料（吨）	整体设计加工能力（吨/年）	产品销售区域	年销售收入（万元）	利润（万元）
1	新乡市三元食品有限公司	QS4107 0501 1751		4.35	0	38 000		18 000					20 000	150 000	河南、安徽	17 000	–490
3	开封市禹王乳业有限公司	QS4102 0501 0938	4 408	0	4 408	4 000	2 000		2 000					95 000	开封	2 000	120
4	河南宝乐奶业有限公司	QS4116 0501 0678		4	8 000	35 000			1 000				34 000	35 000	广东省、江苏省、重庆市、沈阳市等	5 000	500
5	蒙牛乳业（焦作）有限公司	QS4108 0501 0385		4.5	0	330 000	0	270 000	12 381	0	0	0	47 347	487 000	河南、安徽、山东、江苏	174 466	5 885
6	焦作市博农乳业有限责任公司	QS4108 0501 0382 QS4108 0601 0835		4.2	6 500	24 350	5 622	1 396	11 532				5 800	30 000	豫北、晋南	11 263	828
7	河南花花牛乳业有限公司	QS4100 0501 1561		3.98	27 557	96 000	2 000	10 000	68 000				16 000	60 000	河南	15 000	100
8	郑州妙可奶业有限公司	QS4101 0501 0627		2.9		1 600				1600				12 000	全国	5 700	120
9	河南科迪生物工程有限公司	411425（2014）011		3.2	36 500	91 700	31 000	500	2 600				57 900	150 000	全国	95 000	8 200
10	河南佳源乳业股份有限公司	QS4100 0601 0266	3500	4.2	24 000	5 500		4 000	500				1 000	8 000	河南	6 484	327
11	河南三剑客奶业有限责任公司	QS411 1000 0001 9150		3.9	3 000	74 000		2 000	9 000		0	0	63 000	90 000	全国	20 000	500

（续）

序号	名称	许可证号码	年收购原奶量（吨）	平均支付价格（元/千克）	其中：自有奶源量（吨）	年乳制品产量（吨）	其中：巴氏杀菌奶（吨）	UHT奶（吨）	酸奶（吨）	奶粉（吨）	奶油（吨）	奶酪（吨）	乳饮料（吨）	整体设计加工能力（吨/年）	产品销售区域	年销售收入（万元）	利润（万元）
12	漯河市永利食品有限公司	QS4111 0501 1786	3 000	4.5		27 000		3 000					24 000	109 500	河南、山东、四川、江苏、安徽、云南、贵州、福州、山西	22 000	1 968
13	西峡县新太阳乳业有限责任公司	411323（2013）001	1 000	4.5	1 000	1 000	500		300	0	0	0	200	1 200	南阳市	500	50
14	南阳农校绿白乳制品厂	QS4113 0501 0774	450	4	450	500	300		200					2 000	南阳市	300	40
15	河南三色鸽乳业有限公司	QS4113 0601 5762		4.3	600	16 645	400	5 397	3000				7 848	30 000	郑州市、南阳市及周边地市	14 000	600
16	河南伊利乳业有限公司	QS4104 0501 1562		4.2		43 000			43 000					100 000	河南、湖南、湖北、江西、陕西	40 000	
17	洛阳巨尔乳业有限公司	QS4100 0501 0256		3.9	10 021	35 251	7 715	9 908	8 339				9 289	260 000	洛阳	21 941	606
18	洛阳生生乳业有限公司	QS4103 0501 0222		3.8	10 200	14 600	7 000	300	7 000	0	0		300	108 000	豫西	8 500	300
19	洛阳阿新奶业有限公司	QS4100 0501 0257	3 800	3.8	2 800	4 050	700	0	3 300	0	0	0	50	36 500	洛阳及周边	3 200	90
20	济源伊利乳业有限公司	QS4118 0501 0001/ QS4118 0601 0030		4.9	43 000 178 036	194 000 1 036 196	10 7000 164 237	0 32 4501	0 172 152				87 000 373 734	390 000	河南、山东、湖北	260 000	7 500

备注：自有奶源指来自自建和参建（控股、参股）牧场（小区）的原奶。

郑 州 市

【奶畜养殖】2013年全市奶牛存栏10.14万头，其中成母牛6.3万头；奶山羊存栏6.7万头，奶类总产量49.94万吨，其中牛奶产量48.72万吨，畜牧业总产值107.6亿元。郑州市奶牛养殖主要集中在中牟县、荥阳市、惠济区等县（市）区，奶业生产呈现以下特点：一是奶牛存栏有上升趋势。2013年全市奶牛存栏10.14万头，比2012年的9.3万头增加了8 390头，2013年奶牛存栏比2012年增加了9.1%。二是规模化养殖水平逐年提高。2013年，全市100头以上规模奶牛场（区）达到76个，入区奶牛6.23万头，占全市奶牛存栏的61.4%。全市有生鲜乳收购站74家，规模场(区)奶牛机械化挤奶率达到100%。三是奶牛单产水平有较大提升。据统计，2013年，全市成母牛平均单产达到6 243千克，比2005年的4 500千克，提高了38.7%。

【乳品加工】2013年全市有乳品加工企业4家(郑州光明山盟乳业公司已拆迁，正在建新厂)，年设计加工能力29.7万吨，实际年加工鲜奶10.28万吨，其中奶粉产量0.2万吨，液态奶10.08万吨。其产品主要有奶粉、酸牛奶、百利包、学生奶（花色奶）、百利包纯奶、利乐纯奶、利乐酸酸乳、利乐酷酸乳、百利包红枣饮料、百利包高钙饮品等。

【乳品消费】2013年全市人均占有牛奶量达到60千克。

通过对大商超市等商场乳制品销售情况进行调查，其销售乳制品种类及价格如下：

1. 纯牛奶、酸牛奶类。市场上销售的纯牛奶和酸牛奶主要来自河南花花牛乳业公司、蒙牛公司、伊利公司及郑州光明山盟公司。

花花牛纯牛奶，每袋200mL，售价1.5元；花花牛利乐酸每袋250mL，售价1.8元；花花牛早餐奶每袋200mL，售价1.5元。

伊利纯牛奶每盒250mL，售价3元；伊利原味酸奶每瓶450 g，售价14.9元；伊利纯牛奶利乐包24×250mL，售价65元。

蒙牛纯牛奶：无菌砖，规格20×250mL，售价55元；无菌枕，规格16×240 mL，售价42元；百利包，规格16×220mL，售价33元；酸牛奶，160 g×1袋，售价2.0元。

光明酸牛奶袋装180 g，售价2元；光明健能原味酸奶100 g×6盒，售价12.9元；山盟袋装酸奶180 g，售价2元。

2. 婴幼儿奶粉类。销售的产品主要有：雅士利、圣元优博、雀巢、多美滋等品牌。

雅士利α金装幼儿奶粉900 g，售价245元；雅士利婴儿配方奶粉900 g，售价349元；雅士利安贝慧奶粉800 g，售价298元；

圣元优博一段奶粉900 g，售价208元；圣元优博二段奶粉900 g，售价188元。

雀巢公司生产主要产品：雀巢力多精金装奶粉一段900 g，售价218元，二段售价210元；雀巢超级能恩一段900 g，售价398元，二段售价380元，三段售价349元；雀巢特别能恩400 g，售价165元。

多美滋优衡900 g，售价218元；多美滋优阶900 g，售价268元。

【奶源基地】全市100头以上规模奶牛场（区）达到76个，入区奶牛6.23万头，占全市奶牛存栏的61.4%。76个规模场中，其中，存栏1 000头以上场（区）25个，存栏奶牛3.76万头，占规模奶牛场奶牛存栏的60.3%；500~999头场（区）20个，存栏奶牛1.36万头，占规模奶牛场奶牛存栏的21.8%；300~499头场（区）25个，存栏奶牛1万头，占规模奶牛场奶牛存栏的16.1%；200~299头场(区)3个，存栏奶牛640头，占规模奶牛场奶牛存栏的1.0%；100~199头场(区)3个，存栏奶牛495头，占规模奶牛场奶牛存栏的0.8%。

2013年接受省局分配国家奶牛良补细管9万支，根据细管冻精质量，每支细管国家给种公牛站补贴价格不等。全市苜蓿种植面积2.21万亩，年青贮量达到163万吨(全株、黄贮)，青贮玉米种植面积达8.15万亩，青贮技术在奶牛场(区)得到普及。从2005年起，全市开始总结推广新郑佳利奶牛场奶牛全混合日粮饲喂的经验，全市目前有43个场（区）使用TMR饲喂技术。

2013年全市有3个奶牛场（区）实施河南省千万吨奶业工程改扩建项目，项目总投资629万元，其中省财政补助资金210万元，自筹资金419万元，建成各种牛舍16 336平方米。

2013年全市生鲜乳收购站交售给乳品加工企业奶价统计情况。蒙牛（焦作）公司收购价4.02元/kg，平顶山(伊利)公司收购价3.7元/kg，三元乳业公司收购价3.99元/kg，河南花花牛乳业公司收购价3.73元/kg。

规模奶牛场养殖效益调查情况。每头泌乳牛按年产生鲜奶平均6.0吨计算，每千克生鲜奶的综合生产成本（包括人工、饲料、治疗等费用）按3.5元计，除产牛犊外，按目前生鲜奶销售平均价格4.0元/kg计，每头产奶牛年出售牛奶净收入为3 000元。

【奶农组织】2003年11月成立郑州市奶业协会，现有会员单位73个，会员120人，协会每年举办二期培训班，培训人员达250人次。

【政策法规】2012年市人民政府出台奶业发展意见，即郑州市人民政府办公厅《关于贯彻落实豫政办[2011]110号文件精神实施千万吨奶业跨越工程的意见》（郑政办[2012]84号）。

【质量监管】全市有生鲜乳收购站74个，其中奶牛养殖场开办的奶站28个，奶牛养殖合作社开办的奶站45个，乳品加工企业开办的奶站1个。

对生鲜乳收购站的管理主要采取以下几项措施：一是开展为期3个月的生鲜乳生产收购专项整治活动，制定整治方案，对已办证的74个收购站重新审核生鲜乳收购许可证，重点审查收购范围、有效期；按照“属地办证”的要求，已为39台生鲜乳运输车辆办理了准运证，注销12台本地办证的异地车辆准运证。

二是对所有生鲜乳收购站实行行政许可，由县级畜牧部门核发《生鲜乳收购许可证》，严禁无证收购。三是实行生鲜乳收购站监管责任制，每个生鲜乳收购站都明确了监管责任人和领导责任人，并将监管责任人在生鲜乳收购站进行公示，接受群众监督。四是落实生鲜乳收购站管理制度，强化日常管理，做好七项生产记录。五是加强定期巡查和不定期检查，省、市坚持每年开展2次拉网式检查和抽检，要求监管人员每月至少到生鲜乳收购站检查一次，发现问题，将下发整改通知书限期整改。

2013年市质量中心抽检奶样670批次，检测项目：三聚氰胺、庆大霉素和链霉素，检测结果全部合格。

（郑州市畜牧局奶业管理处，马淑玲）

洛 阳 市

【奶畜养殖】2013年全市奶牛存栏15.8万头，位居全省首位，其中成母牛6.48万头；奶山羊存栏2.47万只，奶类总产量43.1万吨，其中牛奶产量39.8万吨，奶业产值21亿元，占畜牧业总产值134.6亿元的15.6%。奶业已成为洛阳市发展速度最快、产业化程度最高的畜牧产业。洛阳市奶牛养殖主要集中在偃师市、孟津县、高新区、嵩县和龙区等县（市）区，奶业生产呈现以下特点：一是奶牛存栏稳步上升。2013年全市奶牛存栏15.8万头，比2012年的12.7万头增加24.4%。二是生鲜乳质量安全有保障。全市有生鲜乳收购站68家，小区奶牛机械化挤奶率达到100%。2013年，共组织4次拉网式检查和2次督查，对奶站“三证一单”使用和存档情况进行监督检查，县级畜牧部门也抽调人员进行了监督检查，市畜产品质量检测中心全年共抽查生鲜乳327样品份，经检测化验全部合格。三是奶牛单产水平有较大提升。2013年，全市成母牛平均单产达到6 040千克，比2012年提高320千克。全市单产7吨以上的奶牛小区（场）达到12家。四是新技术不断得到推广应用。针对奶牛单产较低、效益不高的现状，主要做了几项工作。一是积极落实奶牛良种补贴政策，2012年洛阳市发放高产奶牛冻精10.98万剂；二是加大性控冻精的推广力度，引进优质性控冻精1万剂，加速品种改良；三是推广优质牧草和全株玉米。2013年全市奶牛场苜蓿饲喂量超过往年，种植苜蓿的积极性空前高涨，全市苜蓿种植面积达到2万多亩，300头以上规模场全部饲喂全株玉米青贮，规模场全部使用了TMR机；四是积极推行DHI技术，全市参加测定奶牛超过4 000头；五是加强技术培训，提高奶牛养殖者生产管理水平。

【乳品加工】全市有乳品加工企业3家，年设计加工能力36万吨，实际年加工生鲜奶21万吨，其产品主要有巴氏奶、酸牛奶、学生饮用奶等，年销售收入6.1亿元。

【乳品消费】2013年全市人均占有牛奶量达到81.4千克。通过对大商超市等商场乳制品销售情况进行调查，其销售乳制品种类及销售价格如下：

1. 纯牛奶、酸牛奶类。市场上销售的纯牛奶和酸牛奶主要来自蒙牛公司、伊利公司及洛阳巨尔乳业有限公司和洛阳生生乳业有限公司。本地加工企业的早餐低温奶和发酵型酸奶销量每年都在逐步增加，学生饮用奶和常温保存的长效奶销量增幅较小。

巨尔纯牛奶，每袋2.1元/200mL；巨尔白马寺牌酸奶每袋2.1元/200mL；瓶装酸奶每瓶2.1元；学生饮用奶每盒1.8~2.0元/200mL。

生生低温纯牛奶，每袋2.2元/200克；常温纯牛奶，每袋1.4元/200克；生生牌酸奶每袋2.2元/200克；瓶装酸奶每瓶2.2元。

伊利纯牛奶（枕），41.6元/16×240mL；金典纯牛奶（砖），65元/16×250mL；金典有机奶（砖），76元/12×250mL；利乐砖，54元/20×250mL；伊利纯牛奶利乐包30.4元16×200mL。

蒙牛纯牛奶：特仑苏有机奶，76元/12×250mL；特仑苏精选纯奶，60元/12×250mL；百利包，35元/16×200mL；酸牛奶，66元200mL×12瓶。

光明莫利斯安，69.6元/12×200mL。

夏进纯牛奶，72元/24瓶×195mL；麦香牛奶，28.8元18袋×200mL；益酸乳，28元/20×250mL。

2. 婴幼儿奶粉类。销售的产品主要有：雅士利、圣元优博、雀巢及多美滋等品牌。

雅士利α金装幼儿三段奶粉198元/1200 g；雅士利金装幼儿奶粉228元/900 g；雅士利安贝慧1段奶粉338元/800 g.

圣元优博一段奶粉248元/900 g；圣元优博二段奶粉228元/900 g。

雀巢公司生产主要产品：雀巢力多精金装奶粉一段175元/900 g，二段165元；雀巢超级能恩一段益生菌配方259元/900 g，二段223元；雀巢特别能恩金盾105元/400 g。

多美滋优衡三段209元/900 g；多美滋精确营养婴儿奶粉214元/900 g。

【奶源基地】2013年，全市有19个奶牛场实施国家标准化奶牛场创建项目，争取到国家创建资金1 670万元，同时有7个场实施省千万吨奶业工程改扩建项目，争取到省级改扩建资金335万元。共得上级扶持资金

2 005 万元。

2013 年上半年生鲜乳收购价格保持稳定，平均收购价为 3.5 元 / 千克；由于奶源紧张，下半年平均收购价格上涨到 3.9 元 / 千克；9 月份开始生鲜乳价格进一步上涨到 4.2 元 / 千克，个别产量加大，指标较好的规模场达到 4.8 元 / 千克。

通过对规模奶牛场养殖效益进行调查，每头泌乳牛按年产生鲜奶平均 6.0 吨计算，每千克生鲜奶的综合生产成本（包括人工、饲料、治疗等费用）为 3.5 元，除产牛犊外，按目前生鲜奶销售平均价格 3.8 元 /kg 计，每头产奶牛年出售牛奶净收入 2 500 元左右。

从生产发展情况看，奶牛单产提升行动初见成效。据调查，2013 年新购 TMR 机 16 台，全市有 83% 的规模场使用全日粮混合技术，同时规模场使用进口苜蓿、优质羊草、全株青贮数量增加，饲养效果明显。通过添购奶牛自动饮水器、增加卧床等设备提高奶牛福利；增加 TMR 搅拌机、增加苜蓿、羊草等提高奶牛饲料质量；狠抓饲养管理，提高生产水平。从养殖效益情况看，随着奶牛单产的不断提升，奶牛养殖效益持续增加，奶农投资奶牛和扩大规模的信心进一步增强，奶业发展态势良好。奶牛生产将进入一个饲养成本和奶价相对增长平衡时期。对于一些管理水平好的规模养殖场来说效益将有所上升。奶牛养殖小区，需要进一步寻求规模饲养的新模式，在整体上提高饲喂管理水平，提升奶牛单产，提高养殖效益。

河南省畜牧局将养殖小区转型建设作为一项重要工作来抓，洛阳市也加强了转型工作的组织领导，专门列出财政预算资金 50 万元，对积极进行小区转型升级的养殖场区给予奖励。目前，通过托管、购买、控股、入股等方式向规模养殖场转型，逐渐达到牧场的标准和要求。

【奶农组织】目前，洛阳市、偃师市和孟津县都成立了奶业协会，共举办 19 期培训班，培训人员达 710 人次。

【政策法规】 2005 年，洛阳市人民政府出台《关于强力推进奶业产业化经营的意见》(洛政〔2005〕34 号)；明确了诸多优惠政策和措施。市财政每年拿出不少于 600 万元资金扶持奶业发展，其中 400 万元用于规模场（区）建设补贴，100 万元用于良种繁育体系建设，100 万元用于龙头企业贷款贴息。并规定每建成一个标准化奶牛养殖场（区），市财政给予 20 万元资金补贴。同时要求扶贫资金、以工代赈资金、农业结构调整资金、农业综合开发资金都要向奶业产业化倾斜。2010 年，市政府又研究出台了《农作物秸秆综合利用实施意见》，对奶牛场开展玉米秸秆青贮每吨给予 5 元补贴，对购买青贮机械，除享受国家农机补贴外，市县财政再给予 10% 补贴，对连片种植饲料玉米、优质牧草 500 亩以上的，每亩奖励 100 元。此外，市财政每年还拿出 60 万元专项资金，用于优秀奶公牛引进更新，拿出 50 万元资金用于奶牛性控技术推广。偃师、孟津、嵩县和洛龙区也先后出台了扶持奶牛养殖的一系列优惠政策。洛龙区对新增奶牛，每头给予 600 元奖励，新建一个标准化奶牛养殖场（区），区财政补贴 10 万元，乡财政补贴 5 万元。嵩县政府对新建标准化奶牛场给予 50 万元奖励。2013 年，市县财政共拿出 320 万元用于奶业生产奖励。2013 年，接受省局分配国家奶牛良补细管 10.98 万支，每支细管国家给种公牛站补贴 15 元，推广使用优质性控冻精 10000 剂，加速品种改良。年青贮量达到 160 万吨，青贮技术在奶牛场(区)得到普及。

【质量监管】全市有生鲜乳收购站 63 个，其中奶牛养殖场开办的奶站 36 个，奶牛养殖合作社开办的奶站 17 个，乳品加工企业开办的奶站 10 个。生鲜乳运输车辆 24 台，生鲜乳收购许可证和车辆准运证持证率 100%，实现了牛奶 100% 来自规模化养殖场（区）和 100% 机械化挤奶，形成了从挤奶、储存到运输加工全过程封闭运行。

对生鲜乳收购站的管理主要采取以下几项措施：一是对所有生鲜乳收购站实行行政许可，由县级畜牧部门核发《生鲜乳收购许可证》，严禁无证收购。二是实行生鲜乳收购站监管责任制，每个生鲜乳收购站都明确了监管责任人和领导责任人，并将监管责任人在生鲜乳收购站进行公示，接受群众监督。三是落实生鲜乳收购站管理制度，强化日常管理，做好七项生产记录。四是建成畜产品质量检测中心和畜牧兽医行政执法大队，建立抓质量检验、抓规范建设、抓日常监管的联动机制，确保生鲜乳质量安全。加强定期巡查和不定期检查，全市坚持每年开展 4 次拉网式检查和抽检。要求监管人员每月至少到生鲜乳收购站检查一次，发现问题，下发整改通知书限期整改。

（洛阳市畜牧局，雷海伟）

湖　北　省

【奶畜养殖】2013 年湖北省奶牛存栏 12.7 万头，其中荷斯坦牛 8.6 万头（产奶牛 5.3 万头）；改良奶水牛 4.1 万头。牛奶总产量 24.44 万吨，其中荷斯坦牛总产量 24.2 万吨；奶水牛总产量 0.24 万吨。湖北省荷斯坦牛主要分布在武汉、黄冈、宜昌、咸宁、襄阳等 10 市；奶水牛主要分布在武汉、襄樊、荆门、随州、孝感等 6 个市，其中最大的奶水牛养殖企业湖北劲牛牧业有限公司，存栏奶水牛 1 752 头（产奶牛 650 头）。2012 年，湖北省畜禽育种中心已从澳大利亚引进 45 头地中海奶水牛育成牛，现已有 18 头母牛产犊。湖北省奶业特点：起步晚，起点高，规模化、标准化程度达 95%，机械挤奶 100%。但由于受地形气候环境的影响单产量低。为进一步推动全省高产奶牛饲养管理水平的提升，湖北奶业转变思想观念，走科技兴奶、依法制奶的路子。

【乳品加工】随着湖北省奶业标准化、规模化水平不断提升，生产总量稳步增长，使乳品加工企业也得到了迅速发展。湖北省现有乳品加工企业20余家。2013年，湖北省牛奶深加工能力进一步增强，加工设计总规模达157万吨，实际年加工量达142.06万吨，年产值达110.5亿元，固定资产达48亿元，年销售收入106.7亿元，年利润达9.8亿元。

黄冈伊利乳业有限责任公司乳制品加工园区主要产品有液奶、冷饮、优酸乳和PET（瓶装乳饮料）四大系列，主打产品有雪糕、冰棒、冰淇淋以及原味儿童乳饮料、水果味伊利优酸乳、原味果之优等100多种；湖北友芝友（蒙牛）乳业有限责任公司以生产鲜奶及各式酸（奶）乳饮料为主，目前拥有屋顶奶、杯奶、低温袋奶、瓶奶、百利包、利乐枕、三角包、高速枕等系列100多个品种；武汉光明乳业有限公司主要产品有光明盒装、单杯装、四连杯装、玻璃瓶装酸奶，盒装、玻璃装、袋装鲜奶及各种花色牛奶，百利包纯奶及各种花色奶等几十个品种；武汉九州乳业有限公司主要生产巴氏杀菌乳、发酵乳、牛奶布丁、含乳饮料等四大类40余个系列高端品种；武汉维维乳业有限公司目前的产品涵盖灭菌乳、调制乳、饮料三大系列20多个品种；蒙牛乳业（当阳）有限责任公司主要产品为冰淇淋；宜昌喜旺、均瑶、娃哈哈等主要生产鲜牛奶、酸牛奶、奶粉、乳酸饮料、含乳饮料等；襄阳丽波乳业主要生产鲜牛奶、酸牛奶、乳饮料；湖北俏牛儿目前以鲜奶吧为主，主要有鲜奶、液体酸奶和冰淇淋等。2013年湖北劲牛牧业有限公司在华中农业大学的帮助下，成功研究出巴氏杀菌全脂水牛奶生产工艺，为生产高档优质乳制品奠定了基础。

【市场消费】2013年湖北省乳制品市场消费，人均鲜奶占有量20千克左右。消费支出约300元，占总支出的2.1%。主要乳制品超市销售价格：光明莫斯利安巴氏杀菌热处理风味酸味奶，规格200×6（1.2千克）的31.8元、杯装100克 ×8的11.9元；汉口老酸奶，规格140克的4.5元；友之友风味酸牛奶，规格1.6千克的每盒22元、益生菌发酵乳原味，规格1.1千克的每盒16.9元、屋顶酸奶，规格950克的每盒14.6元、规格460克的每盒7.5元、规格180克的每盒3.5元；蒙牛无糖桶装酸奶，规格1.2千克的每盒24.5元、蒙牛红枣桶装酸奶，规格1.2千克的每盒25.5元、原味酸奶，规格100克 ×8的每盒15元、老蒙友酸奶，规格140克的每盒5.5元；武汉九州乳业巴氏杀菌乳高端产品纯珍，规格980毫升的每盒28元；常规品种3.6屋顶鲜奶，规格980毫升的每盒14.8元；俏牛儿鲜奶吧主要产品有奶昔、冰激凌、双皮奶、奶茶、蛋挞、米汉堡、酸奶等，鲜奶6元/250g， 酸奶7元/230g。总体有涨价的趋势。

【奶源基地】2013年全省共存栏荷斯坦牛8.6万头，养殖场（户）69家，其中规模1万头以上1家，存栏奶牛1.3万头，占总数16%；5 000~9 999头2家，存栏奶牛1.4万头，占总数9.9%；1 000~4 999头15家，存栏奶牛3.4万头，占总数44%；500~999头24家，存栏奶牛1.97万头，占总数24%；200~499头8家，存栏奶牛0.32头，占总数3.2%；100~199头11家，存栏奶牛0.23万头，占总数1.9%；50~99头8家，存栏奶牛0.07万头，占总数0.9%。2013年，湖北省推广应用全混合日粮（TMR）技术的奶牛牧场有69家，推广应用面100%。每个牧场建设了现代化挤奶大厅，形成了特有的“一场一厅（站）”模式，机械化挤奶100%。

生产性能测定。2013年湖北省参加DHI的奶牛场有20个，其中万头规模奶牛场1个，5 000头规模奶牛场2个，参测奶牛数量达到1.62万头，约占全省泌乳奶牛存栏量的50%；连续参测6次以上的牛只达到1.02万头，占农业部下达年度生产任务（测定荷斯坦牛5 000头）的204.8%；全年共计检测奶样达到97704头份，有效数据达到70%以上。2013年，全省参测奶牛日均产奶量达到23.74kg，比2012年的平均水平提高了1.6kg。

良种补贴。2013年湖北省36个县市实施奶牛良种补贴项目，其中荷斯坦牛良种补贴22个县市，奶水牛良补补贴14个县市。通过公开招标发放冻精21万支，其中荷斯坦牛冻精6万支、奶水牛15万支，改良荷斯坦牛3万头、奶水牛5万头，项目总投资240万元，奶牛良种补贴实现了全覆盖。享受奶牛规模养殖场改扩建项目中央资金800万元，改扩建奶牛规模养殖场7家。

粪污处理方式。主要采取有机肥加工厂、沼气和农田利用等方式。

饲草饲料。2013年湖北省饲草料资源，草地改良年末保留面积140万亩，“三化”草地治理保留面积82.5万亩。2013年全省人工种草保留面积达到232万亩，其中配套种植专用青贮玉米、青贮小麦15万亩，一年内种植两茬玉米，一茬青小麦，牧场青贮饲料主要由农民专业合作社提供。农民专业合作社采取订单合同形式，与牧场建立青贮玉米产销对接关系。农闲田地种草面积达到150万亩，主要解决奶牛养殖场冬季青饲料；全省利用农作物秸秆约720万吨，农作物秸秆饲料化利用率达到30%。

疫病防治。2013年湖北省奶牛疫病防治工作注重季节、地方病的防治，坚持疫病防治的经常化、制度化。产房、病牛舍每天清扫后消毒，牛舍、运动场每季度一次大消毒，场区每半年一次大消毒，每年春季对奶牛进行驱虫，每年春、夏、秋进行大范围灭蚊蝇，隔离牛舍每次隔离结束后，进行清扫、消毒；对疑似传染病的病牛，进入牛场隔离牛舍饲养。所有死亡牛只需根据《国家动物防疫法》在当地政府指定地点进行无害化处理。外购牛只必须持有法定单位的健康检疫证明，并隔离观察检疫，确认无传染病时方可并群。

【奶农组织】2013年湖北省奶牛养殖户（小区）69家，其中奶农养殖合作社开办7个。湖北省奶牛养殖协会主要以奶牛养殖牧场业主、乳品加工龙头企业、畜牧技术推广单位为会员，共有36个会员单位。2013年，省奶牛养殖协会联合全国畜牧总站、国家现代奶业技术体系、国家现代肉牛产业技术体系、中国国际人才交流协会、以色列外交部国际合作中心、华中农业大学和湖北省DHI中心先后举办培训会8场次，培训省内奶业主管部门工作人员、科研院所技术人员、奶业企业技术骨干和管理人员580多人次。

【政策法规】2013年，省畜牧主管部门制定了《湖北省奶业跨越式发展规划（2012~2016年）》。为确保乳品质量安全，按照《农业部关于印发〈2013年农产品质量安全专项整治方案〉的通知》，湖北省农业厅向各市、州、县（区）农业（畜牧兽医、水产）局（委）和厅直属有关单位印发了2013年湖北省农产品质量安全专项整治方案的通知，省畜牧兽医局也制定了《2013年生鲜乳质量安全监测方案》并负责组织对重点地区、重点对象开展生鲜乳违禁物质专项整治工作。2013年，黄冈市政府扶持奶牛发展实行贷款贴息扶持政策。市政府向省政府争取5 000万元购牛贴息贷款，每年贴息300万，连续贴息三年；县（市、区）政府对每个规模牧场支持购牛基金不少于100万元；继续实行奶牛牧场奖补政策。新建千头以上规模奶牛牧场，按实际存栏成年奶牛，由黄冈市政府给予每头奖补1 000元，由县（市、区）政府配套奖补1 000元；落实奶牛保险政策。严格做到"应保尽保，应赔尽赔"等政策。宜昌市加强鲜奶吧生鲜乳直供牧场的监督管理，确保生鲜乳质量安全，制定下发了《宜昌市鲜奶吧生鲜乳直供牧场审查管理规范》。

【质量监管】2013年湖北省生鲜乳监测工作采取定期与不定期相结合的方式，共进行了不同规范、不同形式的5次现场检查，其中拉网式检查2次，240批次的抽样监测，按照农业部的标准，检测结果均合格，合格率为100%。湖北省畜牧兽医局和省动物卫生监督机构负责奶牛牧场生产环节质量监管，各地区市与奶牛牧场业主签订了重大动物疫病防控和生鲜乳质量安全承诺书，省奶办制定统一下发了收购站收购记录、检测记录、销售记录和生鲜乳交接单等8个记录本，建立了产品可追溯机制。生鲜奶运输实行全程GPS监控管理，到达加工厂进行严格检测，不合格的及时销毁，保证了全市生鲜乳质量安全。

2013年湖北省登记在册的生鲜乳收购站（点）共50个，其中奶农养殖合作社开办7个，奶畜养殖场开办32个，乳制品生产企业开办11个。通过对50个奶站开办主体和生鲜乳收购许可证原件进行查验，合作社全部在工商部门登记，奶畜养殖场具有动物防疫合格证，各生鲜乳站收购许可证全部有效。全省共有生鲜乳运输车58台，其中乳制品企业自有15台，租有43台。通过对58台运输车生鲜乳准运证、生鲜奶运输罐等进行查验，均随车携带有效生鲜乳准运证原件，运输车生鲜奶运输罐隔热、保温、防腐蚀、密封、罐内分区隔离，符合生鲜乳运输要求。

【奶业大事】2月份，为进一步推动湖北省高产奶牛饲养管理水平的提升，与以色列驻中国上海——以色列阿菲金公司联系并达成协议，引进以色列阿菲金牧场技术和管理系统。扬子江生态牧业有限公司建设适合南方气候特点的高端奶牛示范牧场，经2年的养殖，单产可达到10吨以上。2012年，全省畜禽育种中心已从澳大利亚引进45头地中海奶水牛育成牛。2013年初，再次从意大利引进地中海冷冻精液为其配种，现已有15头母牛产犊，泌乳初期的日均产奶量平均达到9kg，头胎年产奶可达2 800~3 000kg，第3胎可达3 500kg。预计至2014年底，45头母牛可产公牛20头以上，可为湖北乃至全国水牛杂交改良提供优秀品种资源。

2013年，湖北省新建千头以上奶牛规模示范场6家（其中扩建1家），目前已有3家完成了基本建设及部分荷斯坦牛的引进，其余3家将于2014年全部完工，预计总投资10亿元以上，可新增荷斯坦牛饲养能力3万头以上。

11月9日，黄冈市政府在黄梅县召开全市推进百亿奶业建设现场会，黄冈市委书记刘雪荣主持会议并讲话，市长陈安丽安排部署工作。

（湖北省畜牧兽医局，王健）

武　汉　市

【奶畜养殖】武汉市奶业生产主要以奶牛为主，基本无其他类型奶畜。2013年底本市奶牛存栏为7 226头，品种以荷斯坦牛为主，主要分布在黄陂区、蔡甸区和江夏区，全年总产奶量约2.55万吨，奶业产值约占畜牧业产值比重2%，主要存在规模养殖场和养殖小区两种养殖形式，其中规模养殖场3个，存栏奶牛4 054头；养殖小区4个，存栏奶牛3 172头。

全市奶牛管理在国内居中等水平。规模奶牛场管理好一些，配备有硕士和本科、大专学历的管理人员和技术人员，使用先进的TMR饲养技术，科技含量相对较高，各项制度较健全，能够利用当地资源配制饲料，精料以预混料、玉米、豆粕为主，配以青贮玉米秸秆和羊草、苜蓿草等粗料以及糟渣类饲料，单产可达6~7吨；养殖小区内的养殖户仍然采用传统的粗放式饲养方式，饲养技术相对落后，资金投入较少，饲料单一。精料主要以玉米、豆粕为主，粗料以青菜、青草和未经处理的干稻草为主，饲料搭配不尽合理，生产水平较低，单产只有4~5吨。在繁育方面，均采用人工授精的繁殖方式，规模养殖场主要使用自购的国外冻精，养殖小区以政府良种补贴配发的冻精为主。目前，全市7个养殖场（小区）已有6个配置了挤奶厅，一个养殖小区仍在使用手推式挤奶车。

2013年全市乳品企业共收购生鲜乳约11万吨，其中本市收购的生鲜乳为2.4万吨，只占收购总量的21.8%，其余近80%的生鲜乳均是从武汉市外收购。由此可见，武汉市本地奶源存在重大缺口，发展奶牛养殖潜力巨大。

【乳品加工】1. 乳品企业。本市现有湖北友芝友（蒙牛）、武汉光明、武汉维维和九州乳业等4家乳制品加工企业，年设计加工能力为52万吨，2013年实际共生产加工乳品及乳制品约32万吨，共实现销售收入近18亿元，上交税收8 600万元。4家乳品企业2013年共收购生鲜乳约11万吨，其中本市约2.4万吨，市外收购生鲜乳约8.6万吨。

湖北友芝友（蒙牛）乳业有限责任公司。一期位于东西湖区海口工业园，共35条生产线，日加工生鲜奶能力400吨；二期工程位于东西湖区东流港工业园区，占地235亩，为蒙牛全球样板工厂模式，共31条生产线，日加工生鲜奶能力700吨。

公司产品完全以生鲜奶为原料，以生产鲜奶及各式酸（奶）乳饮料为主，目前拥有屋顶奶、杯奶、低温袋奶、瓶奶、百利包、利乐枕、三角包、高速枕等系列100多个品种，目标销售区域以武汉为中心辐射方圆500公里区域。

武汉光明乳业有限公司。经过共三期的扩产，日生产能力可达360吨，现生产的主要产品有光明盒装、单杯装、四连杯装、玻璃瓶装酸奶，盒装、玻璃装、袋装鲜奶及各种花色牛奶，百利包纯奶及各种花色奶等几十个品种。

武汉九州乳业有限公司。分二期建设，其中一期工程已全部建成，拥有日生产能力50吨生产线，生产巴氏杀菌乳、发酵乳、牛奶布丁、含乳饮料等四大类40余个系列高端品种。

武汉维维乳业有限公司。目前公司的产品涵盖灭菌乳、调制乳、乳饮料三大系列20多个品种，产品远销湖南、河南、江西、广西等地区及湖北周边中小学校。

2. 发展趋势。目前，奶源缺乏已成为限制乳品企业发展的一个重要因素。武汉市本地奶源存在巨大缺口，乳品企业被迫从外地购入生鲜乳，从而造成企业在运输、人工等方面成本的增加；另外，由于生鲜乳收购量与企业生产加工能力的不匹配，造成生产设备的闲置或低负荷运转，降低了企业生产效益。如何解决生鲜奶来源问题，成为各大乳品企业的一个重要课题。乳品企业合理布局，加强自身奶源基地建设，将是解决奶源问题的有效方法。

为保证奶源供应，武汉光明乳业有限公司全资投资了武汉光明生态示范奶牛场有限公司，建设存栏3 000头的奶牛基地。项目总投资达1.3亿元，项目地点位于东西湖区辛安渡农场，规划占地3 000亩，预计年产生鲜乳近1.5万吨，能够极大程度缓解武汉光明奶源紧张的问题。目前该奶牛基地已正式投产。

【奶源基地】1. 基本情况。目前武汉市奶牛规模养殖100%，有规模养殖场和养殖小区两种形式，无散养。其中，100~499头规模养殖场1个，1 000头以上规模养殖场2个；100~499头规模养殖小区1个，500~999头规模养殖小区2个，1 000头以上规模养殖小区1个；机械挤奶比例100%。3个规模养殖场均采用了全混合日粮（TMR）技术和开展了生产性能测定（DHI）工作。奶牛良种补贴方面，主要以冻精补贴形式为主，全年共补贴冻精11 000支。

2. 奶牛饲养效益。管理相对规范的规模奶牛场，管理人员多，投入大，设备齐全，成本相对偏高，但奶牛单产高，生产的原料奶质量较好。2014年上半年奶价在5.5元/千克左右，每头产奶牛的利润约在3 000元左右；养殖小区内的奶农由于饲养管理水平较差，饲料质量低，奶牛单产低，原料奶质量也受影响，奶价在4.7元/千克，每头产奶牛的利润约在2 000元左右。

成母牛目前市场价格在1.5万元左右，育成牛价格在1万左右，母犊牛价格约在5 000~8 000元，育肥用公犊牛大概在3000元。

3. 疫病防控及粪污处理情况。各养殖场（小区）均有完备的消毒、免疫、监测以及无害化处理等防疫制度，做好了奶牛口蹄疫的免疫、监测工作，同时加强了奶牛布病、结核病的监测和净化，2013年全市奶牛未发生重大动物疫情。

粪污处理方面，粪便主要通过制作有机肥和田地、林地消纳等方式处理；污水主要通过沉淀池、沼气池等方式处理，做到达标排放。

【质量监管】武汉市目前有3个奶牛养殖场，4个奶牛养殖小区，7个生鲜乳收购站。2013年完成生鲜乳收购、运输环节抽样检测259批次，合格率100%；同时，本市还分别接受了农业部25个批次和省畜牧兽医局19个批次的生鲜乳质量安全随机抽检检测，合格率均为100%；通过本站及省育种中心，完成了三个规模奶牛养殖场11 419批次的生鲜乳DHI监测工作。

生鲜乳质量安全监管措施主要包括：

一是做好生鲜乳抽检工作。年初下达监测方案，制定工作计划，明确监管任务，切实抓好生鲜乳生产、收购和运输环节的抽检和监管工作，确保生鲜乳质量安全。

二是把好责任追溯关。加强生鲜乳收购站的资料记录和台帐的监管，指导生鲜乳收购站建立并完善每日检测记录、消毒记录、清洗记录、车辆运输记录、收购销售台帐等以及各项管理制度和卫生制度。

三是建立健全生鲜乳收购站巡查工作。每月对每个生鲜乳收购站进行一次巡查，并做好巡查记录，对发现存在的问题及时责令生鲜乳收购站改正。

四是加强奶牛卫生防疫状况检查，做好对存栏奶牛的疫病免疫和监测工作。

五是严格落实食品安全主体责任制。明确生鲜乳收购站是乳品质量安全的第一责任人，与各收购站签订《生鲜乳收购站质量安全监管责任书》，督促生鲜乳收购站建立健全生鲜乳收购环节的各项安全指标检测制度。

【奶业大事】2013年，武汉光明乳业有限公司为保证奶源供应，全资投资了武汉光明生态示范奶牛场有限公司。光明乳业武汉生态示范奶牛场项目位于东西湖区辛安渡办事处，规划占地3 000亩，设计规模3 000头，项目总投资达1.3亿元，计划2013年底基本完工并于2014年投入使用，投产后的牧场可年产生鲜乳1.5万吨，能够极大程度缓解武汉光明奶源紧张的问题。示范牧场内的奶牛将采用国内外最优秀的良种资源，整个牧场将全部采用电脑智能化管理，引进转盘式挤奶台、TMR饲喂技术、生鲜乳快速制冷等世界最先进设备和技术，并将投入1 000多万元对粪污进行无害化处理，做到零排放、无污染，合理实现规模化、标准化、集约化和生态化养殖。目前该牧场已正式投产。

（武汉市奶业办公室，张东升）

黄 冈 市

【奶畜养殖】2013年，黄冈市存栏荷斯坦牛4.01万头，其中，成母牛存栏2.38万头。全市牛奶总产量13.83万吨。黄冈市奶牛养殖分布在11个县市区，重点产区是麻城、武穴、黄州、黄梅4个县市区。全市奶业生产环节总产值6.78亿元，占畜牧业总产值比重3.67%。主要特点：乳品加工龙头企业与奶牛牧场建立紧密型产销对接关系，每个牧场建有现代化挤奶大厅，加工企业原奶收购运输实行“厂对场”直达，没有中间环节介入。有利于加强乳品质量安全监管，有利于推行生鲜乳优质优价制度，促进了奶牛养殖企业提升生鲜乳质量，保障了原奶质量安全。

【乳品加工】黄冈伊利乳业有限责任公司乳制品加工园区占地面积20公顷，累计投资13.57亿元，总建筑面积7.98万平方米。建成了日产1 200吨超高温奶、日产280吨冷饮和日产300吨PET无菌瓶装饮料等29条生产线，设计加工能力达到43.8万吨/年。主要产品有液态奶、冷饮、优酸乳和PET（瓶装乳饮料）四大系列，主打产品有雪糕、冰棒、冰激凌以及原味儿童乳饮料、水果味伊利优酸乳、原味果之优等100多种。2013年，黄冈伊利乳业有限责任公司加工奶类产品40万吨，实现产值25亿元。

【奶源基地】2013年，黄冈市建成投产的千头以上奶牛场27个，规模养殖比重100%。其中，万头奶牛场1个，5 000头规模牧场2个，3 000头规模牧场1个，2 000头规模牧场3个，1 000头规模牧场20个。奶牛场建设总投资达到8.24亿元。2013年，全市推广应用全混合日粮（TMR）技术的奶牛场有27家，推广应用面100%。每个牧场均建设了现代化挤奶大厅，形成了特有的“一场一厅（站）”模式，机械化挤奶率100%。开展生产性能测定（DHI）的奶牛场有9家，奶牛良种补贴实现了全覆盖，享受奶牛规模养殖场改扩建项目的牧场2家。黄冈市奶牛场生产的生鲜奶统一供应黄冈伊利乳业有限责任公司，原奶收购严格执行生乳国家标准（GB19301-2010），实行优质优价制度，乳品企业收购均价达到4.9元/千克。

【奶农组织】黄冈市奶牛养殖协会主要以奶牛养殖牧场主、乳品加工龙头企业、畜牧技术推广单位为会员，共有30多个会员单位。2013年，组织奶牛牧场主赴外地考察学习2次，组团参加中国奶协举办的奶业发展大会1次，举办奶牛养殖技术培训交流等共3次。

【奶牛改良】黄冈市奶牛品种主要为荷斯坦牛，全部采用良种冻精配种。2013年，全市共使用国家良种补贴冻精3万支，奶牛场自行采购的优质奶牛冻精约1.2万支，奶牛良种冻精覆盖率100%。部分奶牛场引进了娟珊牛冻精，开展了奶牛杂交改良试验。2013年，全市利用娟珊牛冻精杂交改良荷斯坦牛达到400头。

【政策法规】2013年，黄冈市政府扶持奶牛发展的政策有四个方面：一是实行贷款贴息扶持政策。市政府向省政府争取5 000万元购牛贴息贷款，每年贴息300万，连续贴息三年。二是大别山产业发展基金扶持政策。县（市、区）政府对每个规模牧场支持购牛基金不少于100万元。三是继续实行奶牛场奖补政策。新建千头以上规模牧场，按实际存栏成年奶牛，由黄冈市政府给予每头奖补1 000元，由县（市、区）政府配套奖补1 000元。四是落实奶牛保险政策。严格做到“应保尽保，应赔尽赔”。

【质量监管】黄冈市动物卫生监督机构负责牧场生产环节质量监管，与牧场主签订重大动物疫病防控和生鲜乳质量安全承诺书，规范填写收购记录、检测记录、销售记录和生鲜乳交接单，建立了产品可追溯机制。严格实行生鲜乳收购许可证和生鲜乳运输车辆管理制度，运奶车与牧场实行相对固定。牧场生鲜乳直接进入冷链贮藏，由伊利物流公司专用冷藏运奶车直接运送到加工园区。生鲜奶运输实行全程GPS监控管理，到达加工厂进行严格检测，不合格生鲜奶及时销毁，保证了全市生鲜乳质量安全。2013年，黄冈市共抽检产地生鲜乳样本59个和运输车辆生鲜乳样本5个，经湖北省畜禽产品检测中心检测全部合格。

【饲草饲料】2013年，黄冈市配套种植专用青贮玉米和青贮小麦共4.5万亩。一年内种植两茬玉米，一茬青小麦。牛场青贮饲料主要由农民专业合作社提供。农民专业合作社采取订单合同形式，与牛场建立青贮玉米产销对接关系。黄梅县宏达饲料玉米种植合作社通过流转土地，连片种植青贮玉米、小麦5 000亩，耕地、播种、施肥、收割、运输等全部实行机械化作业，每亩年产12吨青贮饲料，固定供应武穴市伊利、黄梅现代等大型牛场。

【牧场建设】2013年12月，黄冈市黄梅现代乳业有限公司万头规模牧场三期工程竣工。三期工程总投资1.4亿元，全部采用国际先进水平的LPCV智能化、封闭式恒温牛舍，恒温牛舍面积9万平方米，可新增养殖6 500头奶牛。连同一二期4 000头规模牧场，黄梅现代乳业有限公司奶牛养殖规模将达到1万头。2013年，湖北（黄冈）扬子江乳业有限公司与以色列阿菲金公司合作建设中以（湖北）高端示范牧场项目正式启动。引进的以色列阿菲金全套智能化管理系统于4月份上线运行，实现了依靠科技数据养牛，促进了牧场经营管理理念转变，奶牛生产效率明显提高，为奶牛高产高效健康养殖提供了技术支撑。

【奶业大事】11月9日，黄冈市政府在黄梅县召开全市推进百亿奶业建设现场会，黄冈市委书记刘雪荣主持会议并讲话，市长陈安丽安排部署工作。会议要求，要狠抓牧场建设，提升规模效益，强力推进全市百亿奶业建设；要做到一手抓规模，一手抓效益，通过扩大养殖规模，提升市场竞争力；要着力引进专业管理人才和技术人才，提升产业整体效益；各地要加强领导，落实党委一把手负责制，充分整合优势资源，打造"巨人"产业，努力实现百亿奶牛产业发展目标。

（湖北省黄冈市畜牧局，金本华）

湖　南　省

【奶畜养殖】2013年，湖南省奶牛存栏2.84万头，其中成母牛为1.89万头，牛奶总产量7.86万吨；全省奶畜种类均为荷斯坦奶牛，成母牛平均单产4 155千克。与2012年比较，奶牛存栏数增加498头，成母牛数增加776头，增幅分别为1.75%和4.28%，牛奶总产量减少1 454吨，平均单产略有下降。奶牛养殖涉及全省6个地级市23个县（区），主要奶源基地分布在邵阳市城步县、常德市和长沙市周边，奶牛存栏数分别为11 860头、6 402头、2 036头，占全省奶牛存栏数的比例分别为41.79%、22.56%、7.17%。全省共有生鲜奶收购站8个，年度收购生鲜奶4.21万吨。本年度奶牛养殖业总产值为3.53亿元，约占全省畜牧业的比重为0.49%；整体发展趋势平稳，经济效益向好，主要表现为奶牛存栏数基本持平，奶类产量略有下降，牛奶价格提升；主要特点是规模化养殖场（小区）所占比重有所增长。

【乳品加工】2013年，湖南省乳制品加工以及涉奶生产企业共16家，乳制品总产量38.45万吨（折合为原料奶），其中生产奶粉5.31万吨、液态奶20.93万吨，乳饮料产量11.2万吨。与上年度比较，乳品总产量增加了7168吨，增幅为1.9%；奶粉产量略有下降；液态奶产量增加3.59万吨，增幅为27.1%。全省乳品销售收入42.36亿元，利税总额5.42亿元，年末从事乳品加工业人数为3 400人左右。本年度全省乳制品加工业的主要特点是液态奶的生产和销售呈现良好的增长势头，但由于下半年奶源价格上涨，导致生产成本上升，乳品加工行业的利润出现了下降的趋势。

【市场消费】2013年湖南省城镇居民人均奶制品（折合成原料奶）消费量17.3千克，农村居民人均奶制品（折合成原料奶）消费量6.4千克；城镇和农村人年均奶类消费支出分别为242.2元和89.6元。市场消费的本省液态奶品牌有"光明""南山""宾家乐""派派""金健"　"优氏"　"湘密"　"南山草原"；主要奶粉品牌有"澳优"　"南山"　"倍慧"　"南仔"，产品价格和规格见表4-12。乳制品市场消费的特点是液态奶消费量快速增长，奶粉消费量基本趋稳，且主要以婴幼儿奶粉为主；城镇居民消费以酸奶、巴氏杀菌奶等低温乳制品为主，农村居民消费以常温奶、乳饮料等产品为主；发展趋势是乳制品消费呈现增长的发展态势，其中液态奶尤其是酸奶和巴氏杀菌奶的消费量快速增长（表4-12）。

表4-12　湖南省市场主要销售的品牌和价格

	巴氏杀菌奶	超高温灭菌奶	酸　奶	婴幼儿奶粉	其他奶粉
品牌	光明、南山、宾佳乐、派派、金健、优氏	南山、宾佳乐、派派、金健、优氏、湘密、南山草原	光明、南山、宾佳乐、派派、金健、优氏	澳优、倍慧、南山	南山、南仔
规格	200~250mL	200~250mL	120~150mL	900g	900g
价格	2.6~3.8元	2.5~3.8元	2.8~34.0元	188~288元	156~248元

【奶源基地】2013年湖南省奶牛存栏规模在49头以下的有439个场（户），存栏数为14 612头，占全省存栏总数的51.5%；存栏奶牛在50~99头的有32个场（户），存栏总数为2148头，所占比重为7.6%；存栏奶牛在100~499头的场（小区）13个，存栏总数为3 340头，所占比重为11.8%；存栏奶牛在500~999头的规模化场（小区）4个，存栏总数为2 650头，所占比重为9.3%；存栏奶牛在1 000头以上的规模养殖场4个，存栏总数为5 627头，占全省的比重为19.8%。全省有生鲜乳收购站8个，其中政府、企业合建的7个，合作社建设1个。全省有生鲜乳运输车辆7台，机械化挤奶率达到100%，全混合日粮技术在2家规模化牛场推广使用，参与奶牛生产性能（DHI）测定的规模化牧场为6家，参测成母牛头数达2 100头。

2013年，在财政补贴扶持方面，由中央财政支持的良种补贴共招标采购奶牛冻精3.6万支，基本对能繁母牛良种补贴实现了全覆盖；将挤奶机械、TMR设备纳入了农业机械购置补贴范畴；全省立项支持奶牛标准化规模场（小区）建设项目16个，财政补助资金1 600万元。湖南省奶牛养殖以天然草场资源和人工牧草为主，2013年青贮玉米种植面积约7 800亩，平均单产为2.88吨，总产量2.25万吨。疫病防控方面，全省各级动物疫病防检部门全力抓好奶牛疫病防控工作，100% 的奶牛养殖场（户）开展了奶牛“两病”检疫工作；按要求定期注射疫苗；无重大疫病发生。

在粪污处理上，散养户主要采用粪污直接还田(地)，规模化养殖场采用粪便生产有机肥和简单处理后种植牧草。2013 年全省生鲜乳平均收购价格为 4.25 元 / 千克，其中规模场奶价平均达 4.50 元 / 千克，散养户奶价平均为 4.00 元 / 千克，主要乳制品企业收购奶源的价格和标准见表 2。经济效益方面，规模化场（小区），按成母牛计算，年均效益为 3 000~4 000 元 / 头，小规模养殖户年均效益为 3 000~3 500 元 / 头；牛奶价格及养殖效益相对比较稳定（表 4-13）。

表 4-13　主要乳制品企业奶源收购标准和价格

养殖模式	基础价格	收购标准
规模化场	4.2 元 /kg	指标要求：蛋白质≥ 2.95%、脂肪≥ 3.1%、微生物≤ 50 万。
养殖小区	4.0 元 /kg	计价标准：蛋白、脂肪每增加 0.1% 加 0.03 元 /kg，微生物每减少 10 万增加 0.02 元 /kg。
散养户	3.8 元 /kg	

【奶农组织】全省成立了 1 个省级奶业协会和 1 个县级行业协会，4 个奶牛养殖合作社；目前，参与协会和合作社的会员和成员共 183 名。2013 年全省共组织相关的培训班、学习班 3 次，培训奶牛养殖户和相关技术人员 278 人次。

【政策法规】为促进全省奶业健康、持续发展，2013 年出台了相关的政策、法规等文件 3 项，分别为《湖南省 2013 年生鲜乳违禁物质专项整治方案》《湖南省畜牧水产局 2013 年生鲜乳质量安全监测计划》和《湖南省畜牧水产局转发农业部办公厅关于加强婴幼儿配方乳粉奶源建设和奶站监管的通知》；制订了湖南省地方标准《荷斯坦奶牛繁殖技术操作规程》。

【质量监管】为深入开展乳品质量监管工作，加强生鲜乳违禁物质专项整治行动，2013 年湖南省将生鲜乳质量安全监管工作实行三结合：行政监管与乳品加工企业自管相结合，日常监管与突出检查相结合，项目实施与执法监管相结合。对全省所有生鲜乳收购站派驻专业人员实施生鲜乳质量监管，保证站站有人管，责任到人。奶牛养殖市、县畜牧主管部门通过发放资料、悬挂横幅、张贴标语等多种形式，加大对《食品安全法》《农产品质量安全法》《乳品质量安全管理条例》等法律法规和生鲜乳质量安全意识的宣传力度。

通过各种新闻媒体，加强宣传的同时，向社会公布专项整治举报电话，广泛接受媒体与社会的监督。通过新闻媒体加强食品安全宣传，提高人们法规意识、质量安全意识，积极引导大众安全消费。湖南省畜禽水产品质量安全检验检测中心抽调技术人员组成检查抽样小组，严格按照《农业部生鲜乳质量安全监测工作规范》对生鲜乳收购站和运输车进行抽样，现场检查，全年抽样监测生鲜乳样品 60 批次，其中农业部监测 30 批次，生鲜乳收购站 16 批次，运输环节 14 批次；省监测 30 批次，主要检测项目为黄曲霉毒素 M_1、甲砜霉素和铅。现场检查全部达标，样品检测合格率为 100%。

【奶业大事】企业兼并重组。由湖南亚华乳业有限公司、湖南南山种畜牧草良种繁育场（简称南山牧场）和两位自然出资人共同组建湖南南山牧业有限公司，于 2013 年 5 月 24 日登记注册，10 月 16 日投入生产，注册资本 3 000 万元，位于城步苗族自治县南山牧场，主要涉及奶牛养殖和乳制品加工。湖南亚华乳业有限公司控股成立湖南东华士乳业有限公司，于 2013 年 11 月 20 日登记注册，公司位于长沙市望城区雷锋大道，主要生产加工液态奶，经营品牌为“南山”“宾佳乐”。

重大活动。2013 年“湖南奶业发展论坛”于 10 月 16 日在城步苗族自治县南山牧场举行，由湖南省奶业协会主办。中国奶业协会副秘书长刘琳，湖南省畜牧水产局党组副书记、副局长方向阳出席活动并作重要讲话。有来自国内奶业界 10 位知名专家和湖南省内奶业企业、奶牛养殖场、大中专院校和科研单位近 200 人参加，论坛分专题讲座、技术培训和献计献策三个环节，取得了很好的效果。

重大项目。2013 年湖南省申报并实施了“奶牛标准化规模养殖场（小区）建设项目”16 个，分布于奶业相对集中的邵阳市、常德市和长沙市；累计投入建设资金达 4 000 万元，其中财政补贴资金 1 600 万元。

（湖南省奶业协会，刘海林）

广　东　省

【奶畜养殖】据农业部门统计，截至 2013 年底，广东存栏荷斯坦牛 5.92 万头（其中奶水牛 0.6 万头），成母牛 3.15 万头，牛奶总产量 17.15 万吨，成母牛平均单产 5 436 千克 / 头。奶牛主要分布在珠江三角洲地区，前五位分别是：广州市 1.72 万头，惠州市 0.91 万头，清远市 0.77 万头，肇庆市 0.57 万头，深圳市 0.41 万头，约占全省 21 个地级市奶牛存栏总量的 82.5%。

【乳品加工】2013 年广东有液态奶乳品加工企业 28 家，液态奶产量 56.47 万吨，产品销售收入 173.15 亿元，利润总额 14.35 亿元。

【市场消费】2013 年广东城镇居民乳制品消费支出 246.06 元 / 人，其中广州市为 365.29 元 / 人，包括鲜奶 149.85 元 / 人，奶粉 129.03 元 / 元，酸奶 45.48 元 / 人，其他乳制品 40.93 元 / 人。2013 年全省进口鲜奶 1.19 万吨，酸奶 0.61 万吨，奶粉 14.78 万吨，乳清 4.51 万吨，炼乳 0.49 万吨，奶油 1.03 万吨，干酪 1.03 万吨。

【奶源基地】广东奶牛规模化养殖水平高，其中奶牛存栏在1000头以上的养殖比重达61.1%，500~999头的占14.7%，200~499头的占9.9%，100~199头的占6.4%，1~99头的占8.0%。

奶牛规模化养殖水平高，极大地促进了机械化和标准化发展，百分百实现机械挤奶，生鲜奶的质量和卫生指标均好于国家标准的要求：蛋白质含量均在2.95%以上（绝大部分在3.0%~3.3%），细菌卫生指标全部在20万以下（绝大部分在5万以下，有的甚至只有几千）；生鲜奶的购销，全部实行订单生产：即于每年11月至12月间，广东省奶业协会主持召开几次生鲜奶购销沟通协调会（包括奶农之间、乳品企业之间、奶农与乳品企业之间），并于12月底前在行业内发布生鲜奶购销参考价，同时组织奶农与乳品加工企业共同签订下一年度的生鲜奶购销合同，明确规定生鲜奶供应的时间、数量、质量、价格、检测方法与奖罚条款等等。这样，奶农就可以专心地养健康牛，出优质奶，不用担心市场销路；而乳品加工企业也可以全力做好乳品加工与市场开发，不用担心奶源问题。

生鲜奶实行优质优价，2013年生鲜奶价格从5 000~5 700元/吨不等，平均价约5 400多元。生鲜奶除每天供港50多吨外，全部用于生产液体奶（包括巴氏鲜奶、纯牛奶和酸奶等），没有用于奶粉加工。

2013年广东省扶持奶牛养殖业发展的主要措施有：

奶牛良种补贴。2013年共实施奶牛良种补贴3.11万头，每头能繁母牛补贴两支（奶水牛有3支）冷冻精液共30元，补贴资金93.153万元，全部由中央财政支付。

优质后备母牛饲养补贴。对享受奶牛良种补贴改良后的优质后备母牛给予饲养补贴，每头一次性补贴500元。2013年共实施优质后备母牛饲养补贴8 698头，补贴资金434.9万元。省级财政对东西两翼和粤北地区以及江门开平市的优质后备母牛饲养补贴给予补助（其中江门开平市补助70%），省与各级地方财政分别负担补贴资金的60%和40%；珠三角地区所需资金全部由各级地方财政自行解决。

奶牛场标准化建设。2013年对奶牛存栏量在300头以上的养殖场实施标准化改扩建项目3个，分成两个档次：300~499头的1个，建设补助资金80万元/个；1 000头以上的2个，建设补助资金160万元/个。补助资金共400万元，全部由中央财政支付。

奶牛生产性能测定项目。2013年继续实施奶牛生产性能测定项目2 000头，每头补助测定经费70元，补助资金共14万元，全部由中央财政负责。

筹建国家华南亚热带良种奶牛繁育中心。经农业部批准，广东省计划在广州风行发展集团有限公司建立“国家亚热带良种奶牛繁育中心”，目前正在抓紧实施中。

【奶农组织】在协会第六届理事会的带领下，2013年广东省奶业协会主要完成了以下工作：

把《广东奶业》更名为《南方奶业》。为增强对南方地区奶业技术信息的交流与指导，经研究同意将原由广东省奶业协会主办的《广东奶业》杂志更名为《南方奶业》，更名后的《南方奶业》由广东、广西、福建和湖南等四省区的奶业协会共同主办。

充分发挥行业桥梁纽带作用。受省农业厅的委托，认真做好2013年广东生鲜乳收购站统计监测汇总工作；完成对乳品企业和养殖场相关情况统计汇总和调研；认真做好2013年广东省生鲜奶购销价格协调工作，预计2013年生鲜奶价格将在2012年的基础上上浮9%；认真履行政府与企业之间、企业之间和会员之间的沟通工作，搞好行业自律，维护会员合法权益。

认真开展技术培训研讨。2013年3月27日，举行“奶牛疾病防控技术研讨会”；5月16日，举办“热应激情况下奶牛疾病防治技术研讨会”；8月23日，举办“规模化奶牛场传染病防控和检测技术研讨会”；9月9日，举办“青贮制作与营养管理技术研讨会”；12月5日，举办“2013年度牧场管理与技术研讨会”等。

积极组织考察交流活动。2013年3月5日，组织乳品企业参观第二十届中国国际包装工业展览会。6月19日，组织乳品企业和奶牛场参观广州国际物流设备与信息化展览会；6月25至7月1日，组织广东、广西和福建三省奶业同行赴台湾地区进行为期7天的奶业参观考察；9月1日，协会组团赴新疆参观考察种公牛站。

开展“世界牛奶日”公益宣传活动。2013年6月1日，举行世界牛奶日宣传户外活动，现场举行形式多样的科学饮奶知识问答抽奖、游戏互动、文艺表演等，并派发乳品消费指南宣传手册，充分展示了广东省独具特色的奶业文化和特色，吸引了众多市民和少年儿童参与。6月15日，在广州维多利酒店举行“安全放心奶，粤牛越健康”为主题的网络宣传互动会。现场市民就关心的问题与参会嘉宾进行了形式多样的互动和交流，同时，嘉宾还在线与网友进行了互动。通过网络的放大效应和网民关注的话题，进一步宣传了广东的奶业文化和特色。

【质量监管】截至2013年底，全省共建立生鲜奶收购站50个，其中：广州市17个，惠州市10个，深圳5个，清远市4个，珠海市3个，韶关、肇庆和江门市各2个，佛山、梅州、湛江、揭阳和汕头市各1个，全部实行持证经营。

为保障奶制品安全，印发了《关于开展2013年生鲜乳质量安全监测工作的通知》（粤农函[2013]116号）和违禁物质专项治理行动实施方案，通过对生鲜乳收购站进行监督检查，随机抽取生鲜乳样品进行检测，组织部署监督抽检工作，扎实开展专项整治行动。同时要求各级畜牧管理部门坚决取缔不合格奶站，严厉打击非法收购运输行为。整治采取了各市自查和重点督查相结合的方式，对生鲜乳收购站、运输车和奶源基地等进行了重点检查，对生鲜乳生产收购记录和进货查验制度落实等涉及生鲜乳质量安全的重点环节进行细致查阅，同时组织相关质检部门对生鲜乳进行现场随机抽样并检查。

在本次整治行动中，共检查50个生鲜乳收购站（检查率100%）、218个奶牛养殖场、255份生鲜乳样品，检测包括三聚氰胺、皮革水解蛋白、碱类物质、硫氰酸钠、β类酰胺酶等指标，所检样品全部合格。

（广东省奶业协会，陈三有　刘建营）

广西壮族自治区

【奶畜养殖】1. 广西奶业生产稳步增长。2013年年末广西奶牛存栏9.30万头，增长5.99%，其中成年母牛存栏5.32万头，增长3.01%。其中：荷斯坦牛存栏2.34万头、成年母牛1.22万头，分别增长25.13%和持平；奶水牛存栏6.96万头，成年母牛4.09万头，分别增长1.00%和4.60%；荷斯坦牛奶产量6.07万吨，基本持平；水牛奶产量3.49万吨，比上年增加1900吨，增长5.76%。

2013年奶产量9.56万吨，基本持平。2013年广西奶类产值为6.17亿元(其中水牛奶3.14亿元)。

2. 优势区域和规模养殖继续扩大。广西奶业发展逐步形成两大优势区域。荷斯坦牛已形成以南宁、柳州、来宾、贵港、防城港、北海、贺州七市为中心的产区，2013年荷斯坦牛存栏2.22万头，占广西荷斯坦牛总数的94.97%；奶水牛已向规模场或小区养殖方向发展，形成了以钦州、北海、玉林、南宁、来宾五市为主体的奶水牛产区，2013年这个产区奶水牛存栏6.71万头，占广西存栏总数的96.36%，养殖奶水牛的农户达1.67万户，占广西养殖总数1.78万户的93.67%，存栏50头以上的规模养殖场(小区)56个，存栏奶牛2.37万头，占广西存栏总数的34.08%。

3. 生鲜乳价格上升快。2013年荷斯坦牛奶收购价格5.00元/千克，上涨31.58%；水牛奶价格9.00元/千克，上涨12.50%。饲养年产1.6吨的奶水牛年可获利4000元左右。

4. 奶业发展趋势。广西奶业的特色是水牛奶。奶水牛业已发展成为广西农业经济的一个特色产业，是广西农村经济的一个新的增长点，奶农每养殖一头奶水牛平均每年可获利4 000元左右。广西各级政府都非常重视奶水牛业发展，出台有关政策，加大发展力度。今后广西奶水牛业发展环境会越来越好，生产发展会稳步推进。

【乳品加工】2013年广西获得食品生产许可证的乳制品企业18家，其中婴幼儿配方乳粉企业1家。2013年全广西乳制品产量为9.56万吨(其中水牛奶乳制品3.48万吨)，其中液态乳9.18万吨，占95.63%；乳粉产量（含婴幼儿配方乳粉）3 838吨，占4.37%。2013年广西乳制品企业的产值总量约24.78亿元(其中水牛奶乳制品产值1.73亿元)。

主要产品为液态奶（巴氏杀菌乳、灭菌乳、调制乳和发酵乳）、乳饮料。18家乳制品企业是：广西皇氏甲天下乳业股份有限公司、广西石埠乳业有限公司、南宁童乐乳业有限公司、广西大学农大食品厂、广西壮牛乳业有限公司、广西畜牧研究所乳品厂、广西灵山百强水牛奶乳业有限公司、广西柳州三元天爱乳业有限公司、柳州市康小乐牛奶有限公司、广西皇氏甲天下乳业股份有限公司来宾分公司、北海贝因美食品营养有限公司、合浦南国乳品厂、广西玉林市桂牛水牛奶业有限公司、崇左市天添乳品厂、广西普生三凤乳业有限公司、广西农垦西江乳业有限公司、广西百色壮牛牧业有限公司、广西明旺食品有限公司。

其中加工水牛乳制品的企业主要有广西皇氏甲天下乳业股份有限公司、广西壮牛乳业有限公司、广西灵山百强水牛奶乳业有限公司，2013年实际加工水牛奶产品14万吨，主要有巴氏杀菌奶、酸奶、UHT奶、乳饮料等21个品种，包装有瓶装、杯装、袋装、听装和利乐包装等，部分产品和奶酪远销香港、北京、上海等地。

【市场消费】2013年广西总人口5 023万人，奶产量9.56万吨，人均奶类占有量为1.90千克。

【奶源基地】2013年年底，广西存栏奶牛100头规模以上的奶牛养殖小区（场）共78个，存栏奶牛4.22万头，奶牛品种主要有荷斯坦奶牛、奶水牛和娟姗牛。其中钦州市29个、南宁市28个、来宾市4个、玉林市4个、柳州市6个、贵港市3个、北海市1个、防城港市1个、桂林市1个、贺州市1个。存栏规模100~300头的小区（场）28个，300~500头规模24个，500~1000头规模18个，1 000头规模以上8个；属于乳品企业自建的奶牛养殖小区（场）共23个，私营公司办的13个，个体42个（表4-14和表4-15）。

表4-14　2013年奶牛饲养情况

规模（头）	场（户）数	年存栏数（头）	占总奶牛存栏比例(%)	机械购置补贴	规模养殖场改扩建补助	备注
1 ~ 5	14 977	37 459	40.28			
6 ~ 20	700	11 760	12.65	无	无	
21 ~ 100	33	1 525	1.64	无	无	
101 ~ 300	28	4 873	5.24	无	无	

（续）

规模（头）	场（户）数	年存栏数（头）	占总奶牛存栏比例 (%)	机械购置补贴	规模养殖场改扩建补助	备注
301 ~ 500	24	9 970	10.72	无	80 万元	
501 ~ 1 000	18	12 407	13.34	无	130 万元	
1 000 头以上	8	14 998	16.13	无	340 万元	
合计	15788	92 992				

表 4-15　奶业产业化水平

	单位	2013 年
奶农户总数	万户	1.5
平均规模	头 / 户	2.50
养殖小区和规模场	个	811
规模化养殖比例	%	59.72
机械化挤奶比例	%	55.65

2013 年广西认真抓好奶牛良种补贴工作。建立健全奶牛（荷斯坦牛和奶水牛）系谱档案和耳标制度，核查核准补贴奶牛数，核查核准补贴种公牛数和冷冻精液补贴数。2013 年共补贴荷斯坦牛 1.5 万头、45 万元（每头补贴 30 元，实际是每头补贴冻精 30 元，即 2 支冻精），奶水牛 28 万头、500 万元（每头补贴 30 元，实际是每头补贴冻精 30 元，即 3 支冻精）。

2013 年广西通过种植高产优质牧草、冬闲田种植黑麦草、果园间套种豆科牧草和利用玉米秆、甘蔗叶、菠萝渣、酒糟等加大粗饲料开发利用，加上部分调进北方地区优质干草，较好地解决了奶牛业粗饲料问题。全年推广单一高产牧草 12 万亩，实施林果间套种牧草 8.5 万亩、冬闲田种草 10 万亩；科学利用秸秆饲料 700 万吨，同比增长 1.45%。2013 年广西认真抓好奶牛疫病防控工作。主要是健全和完善各级动物防疫监督机构，加强动物防控体系建设，强化动物疫病（主要是口蹄疫、结核病、布氏菌病）的免疫、监测和净化，保障人畜健康；加强省际公路动物防疫监督检查；制定养殖场和奶牛防疫制度，实行防疫工作制度化；大力推广和普及奶牛健康养殖技术、牛病防治技术，加强区外、境外牲畜及其运输车辆进入我区的管理，严防疫情传入。由于措施到位，2013 年广西奶牛养殖业无重大疫情发生。

【奶农组织】广西奶农合作社和协会的建设处于起步阶段，没有新的进展。2013 年，广西各级畜牧部门在政策法规、饲养管理、饲料营养、疫病防治等方面，组织奶农开展了一系列有关培训，效果显著。据统计，2013 年举办了政策普法培训班 32 期，培训人员达 3 200 多人次。举办奶牛人工授精、科学饲养技术和水牛性控冻精技术培训班 35 期，累计培训学员 3 154 人次。举办生鲜乳监督管理培训班 17 期，培训人数 850 人次，发放宣传资料 3 620 份。

【政策法规】广西水产畜牧兽医局和广西财政厅于 2013 年 5 月 16 日印发了《关于印发 2013 年发展奶水牛产业专项资金项目申报指南的通知》（桂渔牧财 [2013]97 号）文件。该文件提出要按照《广西 2013 年发展奶水牛产业专项资金项目申报指南》认真申报有关项目，并按有关要求努力实施好广西 2013 年《发展奶水牛产业专项资金项目》。

一、实施发展奶水牛产业专项资金项目的目标

按照广西壮族自治区党委、自治区人民政府《关于打造千百亿元产业推进农业产业化的意见》（桂发〔2011〕2 号）以及《广西壮族自治区国民经济和社会发展第十二个五年（2011~2015 年）规划纲要》《广西奶水牛产业优先发展规划大纲（2011~2015 年）》和《广西农民人均纯收入倍增计划》精神，为加快转变农业发展方式，建立健全现代农业产业体系，大力发展现代农业，力争用 3~5 年时间，把广西奶水牛产业培育为超 100 亿元的优势特色农业产业，确保实现农民人均纯收入倍增目标。

二、发展奶水牛产业专项资金重点项目

2013 年发展奶水牛产业专项资金重点支持种源基地建设和规模养殖示范基地建设，具体项目包括：水牛品改技术推广、杂交母牛饲养合作社试点、地中海水牛冻精推广试点、水牛种公牛购买、胚胎生物技术示范应用、小规模奶水牛养殖户栏舍扩建、新购奶水牛贷款贴息等 7 个环节。其中：对水牛品改技术推广、杂交母水牛饲养合作社试点、地中海水牛冻精推广试点、购买纯种水牛种公牛等 4 类项目采取专项补助方式支持；对胚胎生物技术示范应用、规模养殖场栏含建设采取先建后补方式支持；对新增奶水牛贷款采取贴息方式支持。

（一）种源基地建设

水牛品改技术推广。（1）选项条件：专项补助自治区畜禽品种改良站。（2）建设内容：对全区 14 个市级中转站予以支持，主要用于区内运送液氮和冻精 3 采购液氮 77 万升、液氮罐 350 个、输精枪 2 000 支、外套管 100 万支，开展技术培训、绩效评估等。（3）补贴标准：安排水牛品改技术推广专项补助经费 366 万元。

杂交母牛饲养合作社试点。在 2012 年全年配种母水牛超过 500 头的 56 个站点中选择 6 个站点推进杂交母水牛饲养合作社建设试点。（1）选项条件：站点配种员有较强的组织号召能力，已有或拟组建杂交母水牛饲养合作社，养殖农户有较高的合作意识和诚信守法意识，奶水牛开发企业愿意出资与该站点共同组建合作社。（2）建设内容：选建6个杂交母水牛饲养合作试点，合作饲养集聚杂交母牛1 200头。（3）补贴标准：每个试点补助10万元，其中：饲养杂交母水牛补助500元/头，组织中介费50元/头。

地中海水牛冻精推广试点。在全年配种母水牛超过500头的56个站点中选择5个站点，选用地中海水牛冻精配种母牛和杂交母水牛定向回收试点。（1）选项条件：站点配种员有较强的组织号召能力，养殖农户有较高的合作意识和诚信守法意识，冻精供应企业愿意出资与该站点共建站点（合作社）并负责保价回收杂交小牛。（2）建设内容：选建5个地中海水牛冻精推广试点，每个试点配种母牛600头，共配种母牛3 000头，冻精供应企业认领杂交小牛。（3）补贴标准：每配种1头母牛补助167元。

购买水牛种公牛。（1）选项条件：区内奶水牛养殖业主或品种改良站点。（2）建设内容：向区内社会提供合格纯种水牛种公牛60头。（3）补贴标准：每购1头纯种水牛种公牛补助1万元。

胚胎生物技术示范应用。由自治区水牛研究所择优选择1个奶水牛开发企业，利用自治区水牛研究所胚胎移植受体牛场，建设河流型水牛繁育基地和良种水牛胚胎生产基地。（1）选项条件：奶水牛开发企业愿意出全资经营管理胚胎移植受体牛场，承诺回收饲养利用胚胎移植技术所生牛犊，与自治区水牛研究所签订有具体合作协议。（2）建设内容：在自治区水牛研究所胚胎移植受体牛场，使用胚胎移植技术生产河流型纯种水牛100头。（3）补贴标准：每新生并留养1头纯种水牛补助1万元。

（二）规模养殖示范基地建设

在2012年养殖有奶水牛的14个县（市、区3名单附后）中选择2~4个县作为挤奶水牛规模养殖重点县进行重点扶持。

入选重点县条件：农民投入发展积极性高且有养殖奶水牛基础，县政府重视并落实所需财政配套资金，有奶水牛开发企业进驻设厂或设站收奶，奶水牛开发企业愿意投资建设奶源基地，县水产畜牧兽医局有管理协调能力等。

小规模奶水牛养殖户栏舍扩建。（1）建设内容：在挤奶水牛饲养重点县，支持奶水牛开发企业帮扶120个有奶水牛养殖基础的农户新建6 000个标准化奶水牛养殖栏位，每户新建栏位牛位50个。（2）补贴标准：建设奶水牛养殖标准化栏位，补助1 350元/牛位，企业自建栏舍享受同等财政补助政策。

新购奶水牛贷款贴息等。（1）建设内容：对奶水牛开发企业或养殖户新购奶水牛贷款给予贴息支持。（2）补贴标准：按中国人民银行一年期流动资金贷款基准利率对贷款给予全额贴息补贴，一年一结算。

经广西水产畜牧兽医局和广西财政厅组织有关专家对申报项目评审和公示后，最后确定实施的项目有20个，其中栏舍扩建项目10个、贷款贴息项目7个、地中海水牛冻精推广试点项目2个、杂交母水牛饲养合作社试点项目1个，这些项目均完成了2013年建设任务，促进了广西奶水牛产业稳步增长。

【质量监管】至2013年底，全区持有生鲜乳收购许可证的生鲜乳收购站共32个，其中乳制品企业奶站24个，养殖场奶站5个，合作社奶站3个；分布如下：南宁市14个、钦州市6个、来宾市1个、柳州市3个、桂林市1个、北海市1个、防城港市1个、崇左市1个、玉林市2个、贵港市1个、百色市1个；已核发生鲜乳运输许可证的运输车辆共29辆，其中乳制品企业自有24辆，其他5辆。

2013年，为确保广西生鲜乳质量安全，根据《农业部关于开展2013年生鲜乳质量安全监测工作的通知》（农牧发[2013]1号）和《农业部关于印发2013年农产品质量安全专项整治方案的通知》（农质发[2013]5号）要求，广西水产畜牧兽医局下达了《广西壮族自治区水产畜牧兽医局关于印发2013年广西生鲜乳质量安全监测计划的通知》（桂渔牧发[2013]22号），进一步建立健全生鲜乳质量安全监管机制，加大监管力度，落实监管措施，对奶站和运输车实现了常态化监管，全面完成了生鲜乳质量安全监管各项工作任务。广西各级畜牧部门严格按照中央和自治区有关文件精神与要求抓好生鲜乳收购站监督检查工作。从各地抽检情况看，所有抽检生鲜奶样品和奶牛场（户）自配饲料样品都未发现有三聚氰胺等有害物质，生鲜乳中三聚氰胺检测合格率100%，奶牛场（户）自配饲料中三聚氰胺检测合格率100%。

2013年广西在生鲜乳质量监管方面主要把好四关。

一是加强领导，进一步落实生鲜乳质量安全责任。广西水产畜牧兽医局高度重视生鲜乳质量安全监管工作，列为2013年部门绩效考核重点工作之一，制定并印发了《关于印发<自治区水产畜牧兽医局关于贯彻自治区加强食品安全工作行动计划的实施方案(2013–2015年)>的通知》（桂渔牧发[2013]8号）和《关于印发<2013年自治区水产畜牧产品质量安全监管工作方案>的通知》（桂渔牧发[2013]9号），贯彻落实《广西水产畜牧产品质量安全“黑名单”管理制度》，要求各级畜牧兽医部门在当地政府的统一领导下，认真履行生鲜乳质量安全监管职责，落实监管措施，加大监管力度，严厉打击违法违规行为。各市、县（区）制定相应监测计划的实施方案，建立健全相关工作机制，组织专门力量，明确分工，责任落实到具体单位、具体环节和个人。监测机构严格遵守相关工作规范，确保抽样、送样、异议处理等程序合法。

二是贯彻落实国务院关于加强婴幼儿配方乳粉质量安全工作部署。根据《国务院办公厅转发食品药品监管总局等部门关于进一步加强婴幼儿配方乳粉质量安全工作意见的通知》（国办发〔2013〕57 号）和《农业部办公厅关于加强婴幼儿配方乳粉奶源建设和奶站监管的通知》（农办牧〔2013〕33 号）文件精神，组织开展相关工作。第一，广西食安办牵头含广西水产畜牧兽医局在内的多部门联合对北海贝因美营养食品有限公司开展专项督查工作。该公司是广西唯一一家生产婴幼儿配方乳粉企业，其奶粉来源于黑龙江省，在广西仅开展加工分装工作，不进行生鲜乳收购。督查结果表明，该公司奶粉来源标识明确，来源合法，经工商等部门现场检查，未发现不良生产经营活动。其次，6 月 28 日及时组织了广西水产畜牧兽医局 11 个部门相关人员学习了李克强总理在国务院第 10 次常务会议的讲话精神、国务院副总理汪洋主持召开的研究加强婴幼儿配方乳粉质量安全有关工作会议精神和广西壮族自治区人民政府李康副主席相关批示。分析研究了当前广西奶牛养殖及生鲜乳收购存在的问题，并将会议内容传达各市。要求各市加强对现有规模奶牛场、生鲜乳收购站、运输车的监督工作，要有针对性地对饲料等投入品进行抽样监测、对生产过程进行更进一步的规范管理。第三，逐步推广标准化饲养管理模式。2013 年共投资 550 万元完成 4 个奶牛标准化规模养殖场（小区）建设项目，新增 2 家国家级标准化畜禽养殖（奶牛）示范场、3 家自治区级标准化畜禽养殖（奶牛）示范场。通过项目实施带动，推动了广西奶牛标准化规模养殖发展。

三是强化监督检查，严格检查标准。一是按《农业部关于开展 2013 年生鲜乳质量安全监测工作的通知》（农牧发 [2013]1 号）要求，6 月底，积极配合农业部畜禽产品质量监督检验测试中心（武汉）完成在广西的生鲜乳质量安全异地抽检任务，共抽取 30 批样本，检测结果由抽检方上报农业部。二是根据广西水产畜牧兽医局印发的《关于开展 2013 年上半年生鲜乳收购站和运输车辆现场检查工作的通知》（桂渔牧办函 [2013]42 号）和《关于开展 2013 年下半年生鲜乳收购站和运输车辆现场检查工作的通知》（桂渔牧办函 [2013]145 号）要求，分别于 4 月 10 日至 5 月 10 日、8 月 28 日至 9 月 20 日，组织开展上半年和下半年全区生鲜乳收购站、生鲜乳运输车拉网式全覆盖检查，检查主要采取现场检查、现场抽取奶样方式进行，严格执行农业部制定的检查内容和标准进行检查。检查中在营的 32 家生鲜乳收购站均持有生鲜乳收购许可证和生鲜乳交接单，标准化管理达标。实行生鲜乳运输的运输车均持有生鲜乳准运证、生鲜乳交接单，驾驶员携带有效的健康证明。上半年和下半年对我区牛奶产区生鲜乳收购站和生鲜乳运输环节 66 批样品的抽样检测工作，检测结果均符合规定。

从监督检查结果来看，2013 年生鲜乳收购站和运输车未发现有非法添加违禁物质的行为，未发生生鲜乳质量安全事故。生鲜乳收购站标准化程度有所提高，相关质量安全制度健全，记录规范完整，人员素质、操作规范以及质量安全意识等方面都有所提高。

四是加强例行监测，提高安全意识。到 2013 年 12 月，广西有关市、县共安排监测资金 57.7 万元，对生鲜乳收购站、运输车进行例行检查，共出动执法人员 1 317 人次，检查奶站、养殖场 238 次，检查运输车 163 车次，抽检 766 批次，结果均符合规定。同时，各市县有针对性地开展相关培训，已举办培训班 17 期，培训人数 850 人次，发放宣传资料 3 620 份。其中南宁市为进一步加强乳品质量安全，在原有监测任务的基础上进行追加，增加投入资金 26 万元。从 9 月开始到年底，计划增加三聚氰胺、皮革水解蛋白、碱类物质、青霉素残留、四环素残留等五个项目快速检测共 1 000 份、例行检测共 200 份，截至 10 月底共完成 522 份快速检测任务，其中三聚氰胺快速检测 306 份，皮革水解蛋白、青霉素残留、碱类物质、四环素残留快速检测各 54 份，检测结果全部为阴性。通过技术培训和不定期取样监测，使奶牛养殖者、奶站经营者知晓法律规章和国家标准规定，进一步提高了生产者、经营者的质量安全意识，自觉依法规范生产和经营。

【奶业大事】广西壮族自治区首次设立《发展奶水牛产业专项资金项目》，扶持金额 3 000 万元 / 年。

（广西壮族自治区水产畜牧兽医局，唐善生　郑威）

海　南　省

【奶畜养殖】海南省目前奶牛养殖及乳制品加工企业主要包括 2 家奶牛场。其中海南艾森牧业有限公司位于澄迈县老城经济开发区，现存栏奶牛 550 头，年产奶量 1 305 吨。海南艾森乳业有限公司位于海口市秀英区。三亚雪古丽现代生态农业综合开发有限公司位于三亚市，现存栏奶牛 488 头，年产奶量约 995 吨，两家乳品生产企业主要生产酸奶、巴氏杀菌乳等产品。海南省八一总场泓姆奶水牛畜牧有限公司奶水牛存栏量 301 头，但未规模生产。预计 2015 年可达 350 头，生产水牛奶 300 吨。

2013 年全省常住人口 895.28 万人，全年牧业产值 230 亿元，其中牛奶产量 2 300 吨，与上年持平。原料奶市场零售价格 1.2 万元 / 吨，工业销售产值 0.40 亿元，占全年牧业产值的 0.17%。2013 年海南人均占有本地牛奶量为 0.26 千克，消费支出约为 150 元。

【奶源基地】规模养殖 100%，机械挤奶比例 100%。由于气候原因，海南省奶牛养殖主要以自繁自养自己加工为主，大量婴幼儿奶粉主要依赖进口和从外省调入。养殖成本高、产奶量少、价格高企、发展速度缓慢成为海南省奶牛养殖的瓶颈。随着养殖企业的下一步发展壮大，奶牛养殖会限制在一定规模，但适合海南气候的奶水牛养殖会得到进一步的发展，成为适合高端消费人群消费的亮点。

【质量监管】2013年海南省全面梳理了近年来中央和地方有关奶业发展的相关文件，组织相关企业进行学习，并按计划对艾森乳业有限公司和三亚雪古丽现代生态农业综合开发有限公司两家生鲜乳和乳制品生产企业生产的产品进行了全面的抽查，抽查结果表明：全省的生鲜乳和乳制品未出现明显的安全风险。

（海南省农业厅畜牧处，刘云）

重 庆 市

【奶畜养殖】2013年荷斯坦牛存栏1.53万头，娟姗牛存栏160头；奶产量5.12万吨。奶牛养殖主要分布区域是长寿区、万州区、渝北区、巴南区、黔江区、万盛区、南川区、北碚区、荣昌县、垫江县、巫溪县、开县和巫山县。奶业产值2.83亿元，占畜牧业产值的0.6%。重庆市奶业发展具有以下特点。

存栏减少，发展缓慢。2013年存栏1.53万头，同比下降了16.3%；牛奶产量5.12万吨，同比减少24.5%。主要原因：一是“两病牛”净化和自然淘汰，淘汰比新增多，存栏量大幅下降；二是奶牛养殖投资成本大、风险高、受土地限制和环境污染压力制约，难以选择到合适的场地建场，也鲜有人愿意投资养奶牛；三是重庆的气候环境和饲料来源制约了奶牛养殖发展，重庆夏季长高温高湿气候将持续3个月，产奶量下降30%以上。草料主要靠外调增加了养殖成本，也严重制约奶牛养殖发展。所以近几年来重庆奶牛养殖一直发展缓慢，数量和产量都减少。

奶价上涨，效益增加。由于奶源紧缺，两大乳品企业抢购奶源，纷纷提高原奶收购价，平均奶价达到4.6元/千克，较2012年增加了0.9元/千克。奶价提高增加了养牛效益，小规模养殖户和小区养殖户每头成母牛收益在0.7万~0.8万元，规模养殖场每头成母牛收益在0.5万~0.6万元。

资金短缺，制约扩大。养牛有效益了，养殖户想扩大养牛规模，但缺资金，融资难，没有抵押资产，奶牛又不能作为抵押物在银行贷款。通过农业担保公司贷款，手续费和利息超过奶农的承受能力。一些奶农向私人高息借款以扩大再生产或维持现有规模。

乳品企业减少支持，本地发展艰难。2009年，重庆天友乳业股份有限公司经市发改委审批在重庆地区实施7万头奶牛发展计划。至此，天友公司启动发展规划，耗费大量的人力物力支持奶牛养殖，但经过几年的努力，重庆奶牛始终发展缓慢，未见大的起色。于是天友公司减少了对本地奶牛发展的支持，将奶牛基地外延到四川达州、绵阳、银川、昆明、贵阳等地区。

【乳品加工】**加工能力：**重庆有2家乳品加工企业，加工厂3家，年加工能力60万吨。2013年在本市生产各类乳制品24.26万吨，其中巴氏杀菌乳2.20万吨、灭菌乳6.30万吨、酸牛乳5.00万吨、乳饮料11.52万吨、奶粉0.16万吨。

加工特点：本地乳品加工企业立足本地市场，以液态奶生产为重点，紧紧抓住本地鲜奶市场份额，努力拓展鲜奶销售，但受来自市外和国外品牌激烈竞争的影响，本地乳制品销售分担的市场份额有所减少，占本地消费市场份额的33.5%。重庆天友乳业股份有限公司已经发展成一家大型乳业集团公司，是西南地区最大的乳品加工企业，已跨入全国同行业6强，年销售收入逾20亿。加工缺奶源，原料奶生产远远满足不了加工的需要，仍然是乳品加工企业面临的问题，乳品企业提高了原料奶收购价以保现有奶源和刺激发展，原料奶成本上涨导致生产成本增加，加工企业面临压力。

【市场消费】**消费情况：**据重庆市统计局定点调查，2013年重庆城镇居民人均消费各类乳制品（奶粉折合成鲜奶）38.25千克，消费金额为348.96元，较2012年略有减少。农村居民人均消费乳制品6.5千克，较2012年显著提高。

消费特点：受近几年乳制品行业丑闻影响，消费者对乳制品的选择十分谨慎，对品牌的选择成为首选。国内知名品牌乳制品进入重庆市场的主要品种是灭菌乳，加上灭菌乳方便购买、携带和保存，因此成为消费主流，灭菌乳的消费量远高于其他乳制品。但同时选择以巴氏杀菌奶和酸牛奶为主的鲜奶消费人群也在逐渐增加。从总体消费情况看，消费者对乳制品知识仍然知之甚少，加大乳制品知识的宣传和引导消费仍然任重道远，同时本地鲜奶消费市场也蕴藏着巨大潜力。网络上不时出现诋毁乳制品营养价值的文章带来负面影响，让一些消费者对乳制品营养价值产生了怀疑而放弃饮用乳制品，改为饮用豆制品。从统计局城调队定点调查的数据显示，2013年本市乳制品消费量较2012年不但没增加还略有下降（表4-16）。

表4-16 乳制品市场价格

规格	品 种	250mL	500mL	1 000mL	高端产品（1 000mL）
超市价格（元）	巴氏杀菌奶	8.5		18.9	20.0
	超高温灭菌奶	5.5			
	原味酸牛奶	5.6			30.0
	果粒酸牛奶	7.0	8.5		32.0
	乳饮料	3.6			
订户价（元）	巴氏杀菌奶	3.5			
	瓶装酸牛奶	3.6			

【奶源基地】**规模养殖。**乳品加工企业在本市建有11个奶源基地。基地奶牛养殖经过规范和发展有所集中，规模养殖化程度提高，基地散养户全部进入养殖

小区集中饲养。20头以下散养比例占26.5%，20~49头规模比例为9.5%，50~99头规模比例为4.0%，100~499头规模比例为23.2%，500头以上规模比例为36.8%。全市有养殖小区15个，养殖小区、奶牛公寓的模式适合非奶牛主产区养殖模式，一是分散投资降低了进入奶牛养殖业的门槛；二是与大型规模场相比规模较小，降低了养殖风险。

机械化挤奶。规模养殖比例的提高、农机补贴政策和乳品企业对原料奶卫生指标要求的提高，提高了机械化挤奶程度，达到89.8%，除自产自销零售奶的少数奶农使用手工挤奶外，交售给乳品企业的奶农全部使用手推车挤奶，规模牛场使用管道式和鱼骨式挤奶机挤奶。

全混合日粮应用。重庆天友乳业公司和光大乳业公司自有规模牛场全部使用TMR饲喂，大多数私营养殖小区和小规模牛场未使用TMR饲喂，TMR饲喂比例为33.7%。

生产性能测定。2010年建立了1个奶牛生产性能测试站，一直开展工作。2012年有3 020头成年母牛参加生产性能测试，占全市成年母牛的28.6%。

奶牛良种补贴。2013年得到农业部奶牛良种补贴资金45万元，采购冻精3万剂，全市所有成年母牛实行免费冻精供应，改良面达到100%。

奶牛场改扩建补助。2013年得到农业部奶牛场改扩建项目补贴500万元，分别对4个奶牛场实施了改建和扩建。改扩建内容包括牛舍、粪污处理系统、场区道路、草料库、挤奶厅等的改造和扩建。

牧草种植。2013年全市种植黑麦草51万亩，单产1 015千克/亩，总产量51.77万吨；紫花苜蓿9万亩，单产1 034千克/亩，总产9.31万吨；牛鞭草2万亩，单产868千克/亩，总产1.74万吨；青贮玉米8万亩，单产994千克/亩，总产7.95万吨。

疫病防控。2013年7月，重庆市颁布了《重庆市动物防疫条例》，对动物疫病的预防、动物疫情的报告与处置、动物检疫和监督管理、保障措施以及相应的法律责任作了详尽的规定，进一步促进了动物的防疫工作。奶牛疫病防控重点是口蹄疫强制免疫，结核杆菌病和布氏杆菌病的检疫和扑杀。A型口蹄疫强制免疫，规模养殖场按国家规定的免疫程序进行免疫，散养牛场在春秋两季各实施一次集中免疫，对新补栏的家畜及时免疫，犊牛90日龄进行初免，免疫率达到100%。春秋两季对奶牛人畜共患病实施了普查，普查率达到100%，对"两病"牛实施了强制扑杀。2013年3~8月全市开展《重庆市规模养殖场动物防疫监管专项整治行动方案》，20头以上的奶牛养殖场作为重点检查整治对象，检查规模养殖场动物疫病防控存在的突出问题、规范动物防疫行为。整治动物强制免疫违法行为、动物调运违法行为、动物疫病监测违法行为、病死动物无害化处理违法行为、《动物防疫条例》违法行为。

粪污处理。粪污处理主要有三种模式。①干粪还田、沼气发酵：散养户主要采取干粪人工搜集后直接还田，粪水经沼气发酵后排放。②干湿分离、沼气发酵：中小型规模牛场和养殖小区基本上采用干粪和粪水用干湿分离机分离后，干粪堆储发酵后出售或还田，粪水沼气发酵后还田。③"气–热–电–肥"联产沼气：大型牛场采用干湿分离机对粪便进行分离后，干粪制作有机肥，粪水采用大型沼气"气–热–电–肥"工程进行多级降解后沼渣生产有机肥、沼气发电，废水用于农作物灌溉。

养殖收入及生鲜乳价。生鲜乳收购价实行以质计价和按存栏牛规模分级计价。2013年提高了收奶价，每千克收购价平均提高了0.45元，收购基础价为4.0~4.3元/千克，加上指标超标准奖励价，平均收奶价约为4.6元/千克。奶价提高使养殖收益增加，散养户和养殖小区1头成母牛效益可达0.7万~0.8万元，规模牛场1头成母牛效益在0.5万~0.6万元。

【奶农组织】全市有奶农合作社12个。奶农合作社的建立促进了奶牛集中养殖规模化进程，在饲料采购、技术服务、技术交流与培训、配种繁殖、疫病控制、粪污处理、牛奶交售等养殖环节起到了一定作用。但有的奶农合作社仍然结构比较松散，没有经济利益联结，没有起到应有的作用。

【政策法规】奶牛养殖生产用地继续执行简化手续，优先审批，纳入农业用地范畴。贷款优惠：市级农业担保公司和区县级农业担保公司对奶牛养殖贷款担保和提供低息贷款。税收优惠：继续执行奶牛养殖免税、乳品加工享受西部地区税收优惠政策，企业所得税减半。资金支持：农业部奶牛良种冻精补贴45万元，招标采购冻精3万剂，免费为奶牛场（户）供应冻精。国家财政资金500万支持4个标准化奶牛养殖场和养殖小区改扩建。

【质量监管】乳品企业严把原料奶生产关。牢固树立"质量安全是奶业发展生命线"的质量安全理念，认真抓原料奶质量安全管理工作。一是开展专题培训。加强对食品质量安全法律法规和质量管理制度的学习，提高养牛从业人员的质量安全意识和操作技能，开展相关培训146次，参培人员2 253人次，基本实现了养牛者全覆盖。二是质量管理重心前移。通过设立片区质量专管员、开展入户巡检等制度，将质量管理由后期检测推进到产房、牛舍、奶厅、运输等环节，加强从奶牛投入品到生鲜乳生产、收购、贮存、运输等过程全方面监管。通过以上措施，奶牛场、户交售的原料奶合格率达到99.8%，全年未出现重大质量安全事故。

质量安全监管机构加强生鲜乳质量监管。对全市11个区县的13个生鲜乳收购站、26辆运输车辆连续抽检了120批次的生鲜乳样品，三聚氰胺全部未检出，没有检出皮革水解蛋白，所检样品全部合格。开展了农业部布置的生鲜乳中违禁添加物专项监测，检测三聚氰胺，合格率为100%。其中增加了10批次检测皮革水解蛋白和碱类物质，合格率为100%。在重庆辖区内开展生鲜乳质量安全监测，检测了三聚氰胺和皮革水解蛋白、碱类物质，未发现添加三聚氰胺等违禁药品的违法行为，检测合格率达 100%。

【奶业大事】市委书记孙政才调研光大巴南牧场：2013 年 4 月 17 日，市委书记孙政才到重庆光大集团乳业有限公司巴南牧场视察调研，详细了解了牛奶价格和奶农收入情况。他指出，要坚持以农业产业化为发展方向，以农民为本，以农民增收为中心，以城乡一体化发展为抓手，大力发展都市现代农业和休闲观光农业，促进农业转型升级和效益提升。特别指出，乳品行业要把食品安全放在首位，严把质量关，生产出让消费者放心满意的产品。

天友乳业公司荣获“2013 重庆制造业 100 强”称号：2013 年 9 月 25 日，由重庆市企业联合会、重庆市企业家协会、重庆市工业经济联合会联合评选，重庆天友乳业股份有限公司荣获“2013 重庆制造业企业 100 强”称号。

天友乳业公司通过诚信管理体系认证：2013 年 10 月 18 日，重庆天友乳业股份有限公司荣获重庆市食品安全促进会颁发的诚信管理体系（QB/T4111-2010）认证证书。至此，天友公司自 2000 年启动质量管理体系以来，逐步建立并形成了整合型的管理体系，已通过包括 ISO9001 质量管理体系、ISO22000 食品安全管理体系、乳制品 HACCP 体系、牧场 GAP 管理体系、生产厂 GMP 管理体系、ISO14001 环境管理体系、OHSAS18001 职业健康安全管理体系和诚信管理体系八大体系认证。

（重庆市农业委员会畜牧处，凌虹　罗建）

附表 1　奶牛养殖场（小区）名录

序号	名　称	养殖场	小区	全群存栏（头）	成母牛存栏（头）	奶畜品种	成母牛单产（吨/年）	年总产（吨）	是否参加 DHI	是否应用 TMR
1	重庆光大集团有限公司牧场	√		1 594	1 110	荷斯坦、娟姗	6.9	7 620	是	是
2	重庆市天友百特畜牧有限公司	√		751	510	荷斯坦	7.2	3 670	是	是
3	重庆市天友纵横牧业发展有限公司两江奶牛养殖场	√		781	508	荷斯坦	7.03	3 550	是	是
4	重庆市天翼牧业发展有限公司	√		738	487	荷斯坦	6.8	3 310	是	是
5	重庆市天友纵横牧业发展有限公司北碚牧场	√		532	360	荷斯坦、娟姗	7.22	2 600	是	是
6	万州区王臣奶牛场	√		120	85	荷斯坦	6.53	554	否	否
7	万盛经济技术开发区万东奶牛养殖小区		√	353	227	荷斯坦	6.58	1 490	否	否
8	云阳林久奶牛养殖场	√		120		荷斯坦			否	否
9	重庆市荣昌县倍发牧业公司		√	135	58	荷斯坦	6.62	383	否	否
10	重庆是荣昌县宏西奶牛公司		√	125	75	荷斯坦	6.48	480	否	否
11	荣昌百盛奶牛养殖小区		√	180	110	荷斯坦	6.08	668	否	否
12	开县英华奶牛场	√		432	65	荷斯坦	5.98	388	否	是
13	巫溪县文鑫农牧有限责任公司	√		429	252	荷斯坦	6.53	1 650	否	否

（续）

序号	名称	养殖场	小区	全群存栏（头）	成母牛存栏（头）	奶畜品种	成母牛单产（吨/年）	年总产（吨）	是否参加DHI	是否应用TMR
14	重庆一牛农业发展有限公司		√	1 607	1 090	荷斯坦	6.22	6 780	否	否
15	垫江新曲奶牛专业合作社		√	563	330	荷斯坦	6.35	2 100	否	否
16	垫江文顺奶牛合作社		√	320	190	荷斯坦	6.82	1 290	否	否
17	垫江县农福生态奶牛养殖专业合作社		√	334	212	荷斯坦	6.46	1 370	否	是
18	垫江县勤有奶牛专业合作社		√	180	122	荷斯坦	6.1	746	否	否
19	垫江永大牧业有限公司		√	118	58	荷斯坦	6.9	400	否	否
20	长寿区李文兵奶牛场		√	316	215	荷斯坦	6.23	1 340	否	否
21	重庆百润乳制品有限责任公司		√	151	102	荷斯坦	6.05	618	否	否
22	巫山县迪力奶牛场	√		151	88	荷斯坦	6.02	530	否	否

备注：请在养殖场或小区列中选择打勾；如参加 DHI 或应用 TMR，请在相应表格中打勾。

四 川 省

【奶类生产】2013 年末四川省中国荷斯坦及改良牛存栏 21.94 万头（表 4-17），其中中国荷斯坦牛 19.24 万头，乳用西门塔尔牛 2.5 万头，娟姗奶牛 4 000 头，改良奶牛（娟荷 / 西荷）0.16 万头。此外西门塔尔兼用牛及改良牛存栏 46 万头，摩拉 / 尼里改良水牛 6 万头，其中奶水牛 0.1 万头；三州牧区挤奶牦牛 110 万头，奶山羊 1.2 万只。全省规模奶牛养殖小区和奶牛场 276 个，51 个存栏奶牛 200~1 000 头标准化规模养殖小区（场）得到规模标准化改扩建，其中中央财政投资改造 33 个，地方投资改造 18 个；7 个规模场通过 GAP 评定，14 个奶牛场被评为标准示范场；7 个规模牧场 2013 年通过学生饮用奶奶源基地升级计划审查，全省共计 10 个牧场成为学生饮用奶奶源基地示范牧场；无公害畜牧产品场 12 个。机械化挤奶比例达到 58%；荷斯坦牛 20 头以上的规模养殖所占比重上升到 54.8%，2013 年奶牛养殖 5 头以下的散养农户有六分之一左右的逐步退出奶牛养殖，呈现小规模分散养殖向适度规模养殖集中发展趋势。

2013 年全省奶类产量 70.6 万吨，与上年同比有所下降。在牛奶产量中高原牧区牦牛奶产量 21 万吨，但牧区大部分牦牛奶牧民自己加工食用，可用于商品加工的牦牛奶产量低。全省可用于加工的商品生鲜牛奶 56 万吨，平均日供生鲜奶 1 500 吨。每天从陕西、宁夏等外省区运回生鲜奶 200 吨用于加工奶制品。牦牛奶生产主要分布阿坝、甘孜两州。中国荷斯坦奶牛及改良奶牛养殖和牛奶产量主要分布在眉山、成都、绵阳、南充、达州、凉山、雅安、资阳、自贡等 9 市州。其中眉山市为四川省及西南地区的奶业大市，眉山市奶牛存栏 7.3 万头，年产生鲜乳 20 万吨，奶牛存栏量和奶产量占全省三分之一以上。

【乳品加工】四川省 2011 年 1 月重新备案审查，31 家企业具备奶制品生产条件核准。新希望、菊乐、雪宝、伊利、蒙牛等 20 家企业已通过审核换发乳制品生产许可证。四川乳制品加工企业主要分布在成都市特大城市经济圈，城郊型性质明显。全省乳制品加工企业日处理生鲜乳能力 5 500 吨，年加工能力 195 万吨。获准乳制品加工许可企业的产品主要为常温液态奶，巴氏杀菌奶、调制液体奶、发酵酸奶等产品。全省液态奶产销量达 81.86 万吨，酸奶产量 4 万吨。乳粉加工为调剂生产，年产量 1 万吨。另外还生产大批量含乳制品。四川阿坝若尔盖高原之宝婴幼儿奶粉生产许可证在审批程序中，2013年底前四川奶加工企业无婴幼儿奶粉生产产品上市。四川省现有乳制品加工许可24家企业中（含后续批次审批许可证），四川新希望、四川菊乐、成都伊利、四川蒙牛、四川雪宝、四川杨森、凉山三牧7家主要企业成为年产值过亿元企业，其中超过10亿元年产值的3家；产值5亿元以上的2家；产值1亿元以上的2家。产值合计达54.22亿元。四川省乳制品及含乳制品产值突破100亿元。

【市场消费】四川省年人均本地奶类占有量9.0千克。人均奶类消费量28千克，其中成都市人均奶类消费量50千克，人均奶类食品消费支出达到376元，占食品消费支出的6.1%。奶制品消费城镇居民以液态奶为主，农村居民以固体奶制品为主，婴儿奶粉消费以国外和合资品牌为主，含乳饮料夏秋季消费市场较好。

乳制品国产主要品牌为新希望、菊乐、雪宝、蒙牛、伊利、天友、完达山、光明、银桥、三元等。液态奶中超高温灭菌奶（含纯牛奶、各型调味牛奶）占据市场80%。单价1~1.2万元/吨；利乐砖250mL的常温奶5~5.8元/盒；工厂生产的低温巴氏杀菌奶500mL装单价9.6~12/盒；950mL、980mL、1000mL装单价15.9~19.8元/盒。纸杯装发酵酸奶180mL、190mL、200mL装单价3.5~5.3元/杯，塑杯装老酸奶180mL单价5元/杯（瓶）。城市鲜奶屋奶吧牧场直销低温巴氏杀菌奶、发酵酸奶模式发展迅速，数量从2012年不足10家发展到全省200余家，杯装单价500mL为18.00元。2013年全年乳制品价格上涨幅度超过25%。

【奶源基地】2013年奶牛散养农户有六分之一退出奶牛养殖，同时，社会行业业主和乳制品加工企业加大了奶源基地的建设，四川新希望、四川普州、四川省雪宝、四川省杨森乳业开工建设自有奶源基地1 000~5 000头的规模奶牛场。几家矿产、房地产公司、投资公司开始投资奶牛养殖业。四川普州奶业公司从澳大利亚进口的1 500头奶牛已入住四川安岳牛场，四川新希望青白江5 000头规模场已建成，2 000头乌拉圭进口奶牛将于2014年春季启运回国。全省青粗饲料主要为青贮玉米，黑麦草、牛鞭草和作物秸秆，全省青贮玉米和牧草种植面积达到12万亩；TMR主要在23家规模化奶牛养殖场运用。

奶牛疫病防治全部纳入各地畜牧兽医部门归口管理，奶牛场对口蹄疫防控普遍采用春秋两季规范预防，个别牧场对效价不达标个体牛采用补防注射一次疫苗。做到了定期防疫。对“两病”严格按规定检疫防控，基本实现全年无重大疫情，口蹄疫和结核、布病情况稳定（表4–17）。

表4–17　2013年四川省奶牛（荷斯坦）规模养殖基本情况

存栏数	1~4	5~19	20~99	100~199	200~499	500~9 999	合计
头　数	69 320	29 850	26 900	35 700	26 060	31 570	219 400
场（户）数	17 324	3 260	680	177	65	34	21 440

注：以上数据不含西门塔尔及改良牛、改良水牛及挤奶牦牛。

【生鲜奶价格】2013年四川省鲜奶价格受供求关系影响上涨较大，主要乳品企业对奶站的生鲜乳收购价格由2012年的3.20~3.80元/千克上涨到2013年底的4.8~5.2元/千克。企业收购标准采用GB 19301—2010食品安全国家标准《生乳》。标准收购价根据生鲜乳质量浮动范围5%；规模牧场的收购价为5.4~5.8元/千克。鲜奶屋（鲜奶吧）对标准化牧场牛奶收购价6元/千克，收购标准使用GB19301—2010生乳，但菌落总数含量要求10万个/mL,体细胞要求40万/mL以下。根据蛋白、脂肪含量分等级定价格。全年生鲜奶价格涨幅超过30%。

【粪污处理】四川省奶牛场粪污处理以循环经济利用模式为主，其模式为固形牛粪机械或人工清运——养殖蚯蚓——有机肥；牛场污水——沼气——沼气利用+肥源利用。2013年底，四川省奶牛场蚯蚓养殖面积达到218家，蚯蚓田面积1 500亩。蚯蚓有机肥市场价600元/吨，蚯蚓市场价1.5万元/吨。奶牛养殖业带动了蚯蚓产业，四川省牛粪蚯蚓养殖有机肥循环利用成为国内最具规模和特色的产业之一。

【奶站管理】2013年奶站数量减少8家。经过整顿，全省年末正常经营生鲜乳收购站91家，其中乳品企业开办61家、奶畜养殖场开办7家、奶农合作社开办23家；生鲜乳运输车87辆。奶站严格按标准审批，全省奶站实现了持证经营，规范运作管理。

【奶农组织】四川省奶业协会建立较早，当年归四川省农牧厅农场局管理，四川省机构改革分设四川省农业厅和四川省畜牧食品局后，奶业协会仍由农业厅管理，奶协工作体系未能有效集合现有技术链资源开展工作，给四川奶业技术体系工作带来了很多脱节现象。四川省绵阳、成都、眉山3个市成立了奶业（牛）协会，1个市（眉山市）成立有奶农协会。奶农合作社46个。四川省科技厅为支持四川省大专院校、奶牛育种中心、技术推广单位相关专家进行产业技术整合，在四川新希望乳业组建了“四川省乳业工程技术研究中心”和“四川省奶业产业技术创新联盟”，持续开展四川奶产业链工程技术研究，其创新示范作用带动四川奶业持续健康发展。四川省在成都、眉山、绵阳、德阳、泸州、雅安、达州、凉山、资阳等9个奶业主产市举办奶牛技术培训11期。奶牛良种补贴中标单位协作举办多次技术培训。

【政策法规】四川省为发展畜牧产业专门编制了"四川省眉山、资阳、遂宁丘区三市畜牧业发展规划"，规划中将眉山市作为奶业发展重点市。四川省奶业发展提出了大中城市奶业区和川西高原牧区奶业的发展计划。眉山、成都、绵阳、泸州、南充、凉山、资阳（简阳）等市州分别提出了奶业发展规划，出台了相应扶持政策。中央对促进奶业健康持续发展的优惠政策得到全面落实：

1. 在四川省全面实行奶牛冻精普惠制，全省统一招标、分发。

2. 完善奶牛重大疫病防治和扑杀政策。将布病、结核病牛列入畜禽疫病扑杀补贴范围；

3. 建立奶牛政策性保险制度，政府对参保奶农给予60% 的保费补贴；

4. 支持奶牛标准化规模养殖，年存栏 200 头以上的奶牛场（小区），中央补助 80 万 ~170 万元，省市地方给以相应基础投资补贴。

5. 将牧业机械和挤奶机械购置纳入财政农机具购置补贴范围。

6. 推行奶牛贷款担保风险财政补助，支持金融、担保机构加强对奶业发展的信贷支持。

为促进奶业标准化发展，四川省行业主管部门编制了《奶牛场建设》《收奶站管理规范》《奶牛养殖小区建设规范》《四川省学生饮用奶奶源基地奶牛饲养规范》《奶牛青贮饲料生产制作规范》等 15 个奶业标准。

【质量监管】为加强畜牧产品的质量监管，四川省畜牧食品局设立了畜产品质量安全监管处，全权负责牛奶等畜产品监管。认真落实生鲜乳收购站月巡查制度、监管日志制度和巡查、日志、检测三结合制度，切实加强生鲜乳收购站的日常监管。县级畜牧部门每月对辖区内生鲜乳收购站开展一次巡查，同时快速检测三聚氰胺和黄曲霉毒素 M_1 并形成检查记录；驻站监督员每日对所负责生鲜乳收购站进行检查并形成监管日志，每周开展一次三聚氰胺快速检测。2013 年，全省各市、县级畜牧兽医部门和生鲜乳收购站驻站监督员抽取生鲜乳，快速检测生鲜乳三聚氰胺 4 956 批次、比上年增加60%。检测黄曲霉毒素 M_1 3 563 批次，比上年增加 3 倍，检测合格率 100%。全年对奶站、奶运车规范运营和管理进行监督检查，结果符合要求。

根据农业部《关于开展 2013 年生鲜乳质量安全监测工作的通知》（农牧发〔2013〕1 号）和《四川省2013 年生鲜乳质量安全监测计划》要求，进一步加强生鲜乳质量安全监测，重点监测三聚氰胺、黄曲霉毒素 M_1、皮革水解物、抗生素残留和奶牛"两病"等指标。省级各检测单位实验室检测革皮水解物、黄曲霉毒素 M_1、四环素、氯霉素共 459 批次，结果均未检出；检测铅、铬、汞、β－内酰胺酶、氨基糖苷类药物残留、庆大霉素药物残留、大环内酯类药物残留、磺胺类药物残留、链霉素残留、硫氰酸钠、碱类物质共 2 437 批次，结果均符合农业部规定。

奶牛饲料全部纳入省饲料总站监管，全年奶牛饲料市场平稳，未测出违规添加物。

【奶业大事】2013 年中国香港商人周坚、李方同等投资 5 亿元到资阳市安岳县建设规模 1 万头奶牛基地，已具备投产条件，从澳大利亚进口的 1 500 头奶牛已入住安岳县普州奶牛场。

新希望青白江区 5 000 头奶牛基地已进入最后完工阶段，从乌拉圭进口的 1 500 头奶牛已完成出口地检疫，2014 年上半年将运抵四川。

新希望乳业郫县安德镇川菜产业园区投资 5.7 亿元人民币，年产量 19.27 万吨液态奶的加工项目前期规划环评完成，2014 年将开工建设。

（四川省畜牧总站，李自成、朱秋云）

成　都　市

【奶畜养殖】2013 年成都市存栏奶牛 2.81 万头，奶产量为 11.01 万吨。奶牛主要分布在邛崃、金堂、彭州、郫县、新都、双流、崇州等 7 个区（市）县，存栏奶牛 2.44 万头，占全市奶牛存栏的 86.74%。其他区市县存栏 3 740 头，占全市奶牛存栏的 13.26%。存栏 100 头以上的奶牛养殖场（小区）24 个，存栏奶牛 1.88 万头，占全市奶牛存栏的 66.7%。邛崃市和金堂县为奶源基地县（表 4–18，表 4–20）。

表 4–18　2013 年主要奶牛养殖县 奶业生产情况

县（区）名称	奶牛存栏（头）	牛奶产量（吨）
新都区	2 674	12 272
金堂县	2 802	19 212
双流县	2 007	9 634
郫　县	2 396	9 690
彭州市	3 315	10 945
邛崃市	9 675	34 270
崇州市	1 505	5 903
其他区县	3 740	8 214
合　计	28 114	110 140

【奶站管理】2013 年全市共有 21 个收奶站，其中乳品加工企业奶站有 13 个，养殖场奶站 1 个，合作社奶站 7 个。奶站全年共收购原料奶 58 847.26 吨，收购均价为 3.25 元 / 千克，交售均价为 3.45 元 / 千克。规模化牧场奶均价 5.40 元 / 千克。全年监测检查奶站 92 站次，出动执法车辆 78 车次，出动执法人员 426 人次，抽检926 批次，整改收奶站 3 个（表 4–19）。

表 4-19　成都市 2013 年度 21 个收奶站收奶情况

月份	养殖场数	与收奶站相关的成乳牛数（头）	收奶量（吨）	平均收购价（元 / 千克）	平均交售价（元 / 千克）
1	851	13 779	5 021.46	3.05	3.25
2	858	13 755	5 172.22	3.03	3.27
3	870	13 663	4 961.7	3.04	3.26
4	840	13 812	4 997.59	3.10	3.34
5	802	13 529	4 882.92	3.15	3.37
6	803	13 066	4 725.66	3.22	3.44
7	790	12 931	4 965.31	3.28	3.48
8	807	13 077	4 818.61	3.33	3.52
9	785	13 005	4 643.62	3.37	3.53
10	780	13 149	4 671.10	3.46	3.64
11	733	12 868	4 641.61	3.47	3.66
12	768	13 354	5 345.46	3.51	3.69
合计			5 8847.26	3.25	3.45

【乳品加工】成都市有新希望、四川菊乐、成都伊利、成都光明乳业、成都金蒙乳业、成都明旺乳业、成都娃哈哈昌盛等 7 家乳品加工企业。年加工能力 120 万吨，年产值达 45 亿。获准乳制品加工企业的产品主要为常温液态奶，产量 45 万吨。酸奶年产量 2.5 万吨。巴氏奶产量有较大发展。7 家企业液态奶的产量占全省乳制品企业产销量的 65%。其中年产值超过 10 亿的 1 家；产值 5~10 亿元的 4 家；产值 1~5 亿元的 2 家。

【市场消费】据城调队资料，2013 年成都市城镇居民人均奶制品消费 376 元，占人均食品消费支出的 6.1%，人均奶制品消费为 50 千克。液态奶制品的均价为 7.5 元 / 千克。

（成都市动物疫病预防控制中心，周立新；
四川省畜牧总站，李自成）

表 4-20　2013 年奶牛存栏 100 头以上养殖企业（小区）情况

序号	企业（小区）名称	养殖品种	存栏量（头）			单产水平千克 / 年 · 头
			成乳牛	后备牛	合计	
1	彭州市丰乐奶牛养殖有限公司	荷斯坦	198	107	305	5 600
2	彭州市傲旺奶牛养殖农民专业合作社	荷斯坦	208	112	320	5 500
3	彭州市何氏奶牛养殖农民专业合作社	荷斯坦	288	192	480	5 800
4	彭州市三界奶牛养殖场	荷斯坦	335	175	510	5 700
5	成都菊乐生态养殖有限公司	荷斯坦	400	430	830	6 000
6	成都市均乔农业科技开发有限公司	荷斯坦	120	80	200	5 800
7	成都市兴众农业科技有限公司	荷斯坦	140	80	220	5 800
8	金堂恒隆奶牛养殖小区	荷斯坦	68	230	298	5 600
9	金堂县三星镇奶牛养殖小区	荷斯坦	172	138	310	5 200

（续）

序号	企业（小区）名称	养殖品种	存栏量（头）			单产水平 千克/年·头
			成乳牛	后备牛	合计	
10	成都共发奶牛养殖小区	荷斯坦	128	132	260	5 600
11	金堂鸿运奶牛养殖小区	荷斯坦	663	227	890	5 500
12	邛崃福美源奶牛场	荷斯坦	100	70	170	4 500
13	成都市宅奶百鋆养殖有限公司	荷斯坦	240	60	300	4 500
14	邛崃市永华养殖有限公司	荷斯坦	226	80	306	4 500
15	邛崃市海山林农牧发展有限公司	荷斯坦	470	360	830	4 500
16	邛崃市大鹏奶牛养殖场	荷斯坦	240	80	320	4 200
17	成都市优源奶牛专业合作社	荷斯坦	120	80	200	5 000
18	成都市天达奶牛养殖场	荷斯坦	460	240	700	6 000
19	成都市天达奶牛养殖场	荷斯坦	140	60	200	5 000
20	成都市吉丰生态农业有限公司	荷斯坦	110	20	130	6 000
21	成都学忠农业发展有限公司	荷斯坦	200	160	360	6 000
22	成都伊利农牧发展有限公司	荷斯坦	0	630	630	0
23	成都伊利农牧发展有限公司杨坝牧场	荷斯坦	2 177	1 604	3 781	8 000
24	成都伊利农牧发展有限公司榆树牧场	荷斯坦	3 600	2 620	6 200	8 100
合计	24 个		10 803	7 969	18 750	

贵 州 省

【奶畜养殖】2013 年贵州省奶牛存栏 1.88 万头，其中成母牛 0.97 万头，全部为中国荷斯坦牛，主要分布在贵阳市，遵义市、黔南州和黔东南州 3 个市（州）亦有分布，具体包括清镇、开阳、息峰、修文、都匀、凯里、汇川、红花岗、独山等县（市、区）。全年牛奶总产量 5.45 万吨。乳品加工企业年销售收入 6.83 亿元，占畜牧业总产值 1.4%。

【乳品加工】全省主要乳品加工企业有 5 个，年处理生鲜奶能力 15.3 万吨，均为地方自建企业。乳品企业总销售额 6.8 亿元，利润 0.28 亿元。2013 年乳制品产量 6.83 万吨，其中：巴氏杀菌奶 3.44 万吨，UHT 奶（超高温灭菌乳）1.29 万吨，酸奶 1.61 万吨，乳饮料 0.49 万吨。从消费趋势来看，与去年同期比较，UHT 奶增加 74%，酸奶增加 16%，巴氏杀菌奶和乳饮料持平。

【市场消费】2013 年，全省城镇人均消费鲜奶制品 14.07 千克，比 2012 年增加 28.85%，乳制品当地市场主要销售的品牌及产品包括“山花”“好一多”“贵草”等地方品牌乳品以及“伊利”“蒙牛“天友”的超高温灭菌奶和“天友”巴氏杀菌奶、酸奶等。本地乳业未生产配方奶粉。

【奶源基地】2013 年全省奶牛养殖户共 265 个。其中：1~4 头规模 183 个，占 69.06%；5~9 头规模 44 个，占 16.60%；10~19 头规模 18 个，占 6.79%；20~49 头规模 5 个，占 1.89%；50~99 头规模 1 个，占 0.38%；100~199 头规模 3 个，占 1.13%；200~499 头规模 3 个，占 1.13%；500~999 头规模 3 个，占 1.13%；1 000 头以上规模 5 个，占 1.89%。

全省奶牛规模养殖程度较高，小规模养殖户虽数量多，但存栏奶牛少，占比不高，规模养殖场（户）奶牛存栏数占比重较高，存栏奶牛 200 头以上的规模养殖户占 92.28%，存栏 1 000 头以上的养殖户存栏奶牛占 80.38%。全省牛奶主产区贵阳市 100% 实现机械化挤奶，贵阳三联乳业和贵州好一多乳业有限公司所属集群牧场全部使用 TMR 饲喂技术、奶牛场环境控制技术，并开展了 DHI 工作。实施国家农业部奶牛良种补贴项目，奶业机械购置补贴在公司带动的农户和合作社中实施，300 头以上规模养殖场获奶牛养殖场（小区）建设项目补助。在饲草供应方面，全省青贮饲料全部为本地供应，贵阳市青贮玉米种植面积2.6万亩，总产量9.1万吨，苜蓿种植比较零星，2013年建设一套干草加工生产线，开始了苜蓿规模化种植，总面积1 000亩，单产5 000千克。疫病防控采取预防为主，粪污处理采取干湿分离、雨污分流、无害化处理还田的方式。贵阳市采取奶牛进小区饲养、公司管理的方式进行原奶生产，生鲜乳收购单价为3.8元/千克，养殖户每头奶牛年净收入2 000元，企业生鲜乳收购标准严格按照国家标准执行。

【奶农组织】全省有奶牛养殖协会1个，包含农户53户，2013年末存栏奶牛804头。

【政策法规】2013年获批实施了奶牛养殖场（小区）建设项目、农业部奶牛良种补贴项目。

【质量监管】全省共有5个奶站，其中乳制品生产企业开办4个，养殖场建设1个，均已取得《生鲜乳收购许可证》。质量安全监管方面，狠抓中央有关精神和农业部相关工作要求的贯彻落实，制定全省2013年生鲜乳质量安全监测工作计划，明确了生鲜乳及运输车辆监管组织工作、抽检数量及送样时间、监测对象和要求、监测方式、工作进度等内容，检测项目包括：三聚氰胺、碱类物质和皮革水解物、β-内酰胺酶等，检测合格率100%。

（贵州省农业委员会，廖正录　谢劲松）

附表1　奶牛养殖场（小区）名录

序号	名　称	养殖场	小区	全群存栏（头）	成母牛存栏（头）	奶畜品种	成母牛单产（吨/年）	年总产（吨）	是否参加DHI	是否应用TMR
1	卫城奶牛场	√		1 540	778	中国荷斯坦	6.5	3 794	√	√
2	坪山奶牛场	√		1 379	680	中国荷斯坦	7.5	454	√	√
3	龙岗奶牛场	√		2 569	1 568	中国荷斯坦	7.5	4 984	√	√
4	开阳三合奶牛基地		√	88	46	中国荷斯坦	6	320		
5	息烽青山奶牛养殖小区		√	107	53	中国荷斯坦	6.5	400		
6	清镇民联奶牛养殖小区		√	433	219	中国荷斯坦	6.5	534		
7	贵州好一多谷堡奶牛养殖基地	√		3 866	2 663	中国荷斯坦	7	13 200	√	√
8	贵州好一多六桶奶牛养殖基地	√		3 661	2 383	中国荷斯坦	7	11 800	√	√
9	遵义市乳制品公司1号基地		√	240	180	中国荷斯坦	5	900		
10	遵义市乳制品公司2号基地		√	130	60	中国荷斯坦	5	300		
11	海龙基地		√	500	400	中国荷斯坦	5	2 000		
12	程顶基地		√	100	80	中国荷斯坦	5	400		
13	贵州省草地技术试验推广站	√		569	290	中国荷斯坦	4.2	1 218		
14	贵州省草地技术试验推广站打羊乡养殖小区		√	235	144	中国荷斯坦	5.3	782		
15	黔东南州永丰牛奶场	√		250	114	中国荷斯坦	6.3	718.2		

附表 2　乳制品生产企业名录

序号	名　称	许可证号码	年收购原奶量(吨)	平均支付价格(元/千克)	其中：自有奶源量(吨)	年乳制品产量(吨)	其中：巴氏杀菌奶(吨)	UHT 奶(吨)	酸奶(吨)	奶粉(吨)	奶油(吨)	奶酪(吨)	乳饮料(吨)	整体设计加工能力(吨/年)	产品销售区域	年销售收入(万元)	利润(万元)
1	贵阳三联乳业有限公司	QS5201 0501 0885 乳制品 QS5201 0601 5381 饮料	40 524	5	9 232	42 575	18 626	10 360	9 881				3 708	58 400	贵州省	41 950	515
2	贵州好一多乳业股份有限公司	QS5201 0501 0527	25 000	5.33	25 000	20 075	12 848	1 787	5 200				240	73 000	贵州省	21 848	2 016
3	遵义市乳制品公司	QS5203 0501 0415	2 382	3.61	391	3 119	1 800		310				1 009	12 000	遵义	2 560	56
4	贵州省草地技术试验推广站	QS5227 0501 0001 乳制品 QS5227 0601 1720 饮料	2 000	3.8	1 218	1 800	1 200		600					6 000	贵阳、黔南地区	1 100	6
5	黔东南州永丰牛奶场	QS5226 0501 0003 乳制品	718.2	4	0	800		720	80					3 600	黔东南州内	800	200

备注：自有奶源指来自自建和参建（控股、参股）牧场（小区）的原奶。

云 南 省

【奶畜养殖】2013年云南省奶畜（中国荷斯坦牛、奶水牛、奶山羊）存栏总数63.49万头，奶类总产量73.34万吨。荷斯坦牛存栏21.24万头，其中成母牛14.37万头，主要分布在昆明市（晋宁县、宜良县、石林县、嵩明县、寻甸县）、大理州（洱源县、大理市、弥渡县、祥云县、剑川县）、红河州（个旧市、弥勒县），牛奶产量68.74万吨。奶水牛存栏1.04万头，主要分布在德宏州（芒市、盈江县、陇川县）、保山市（腾冲县）、大理州（大理市、巍山县、鹤庆县、剑川县）、文山州（广南县），水牛奶产量1.0万吨。奶山羊存栏41.19万只，主要分布在昆明市（石林县）、曲靖市（陆良县）、红河州（开远市、弥勒县），山羊奶产量3.96万吨。云南省奶业产值54.39亿元，占畜牧业产值的2.95%。荷斯坦牛养殖规模化程度逐年提高，主要采用集中饲养，统一挤奶的模式，使奶业成为当地农民的主要收入来源。

云南奶业特色明显，具有中国荷斯坦牛、奶水牛、乳肉兼用型西门塔尔牛、牦牛和奶山羊多元化发展的较为完善的奶业生产、加工和销售体系。2013年云南省奶业生产的总体趋势表现为"稳中有升"，成效明显。继续推进荷斯坦牛的标准化规模养殖，提高效益，积极探索适合该省的产业化发展模式。

【乳品加工】云南省2013年有乳品加工企业16家，其中昆明5家（包括石林县羊奶加工企业1家），大理州5家，红河州4家（包括弥勒县羊奶加工企业1家），德宏州1家（水牛奶加工），楚雄州1家。

云南省2013年乳品年加工能力约为101.34万吨。乳制品总产量46.99万吨，其中巴氏杀菌奶4.81万吨，UHT奶21.0万吨，酸奶7.29万吨，含乳饮料13.41万吨，奶粉0.63万吨。全省乳品加工产值达32.2亿元。

乳品加工呈现多样化，鲜奶（巴氏杀菌奶）、酸奶发展势头良好。各乳品企业更加重视奶源基地建设，大力引进国外优秀荷斯坦牛，建设标准化奶牛场。作为奶业发展的新模式，云南省"鲜奶吧"产业发展缓慢，任重道远。

【市场消费】云南省2013年人均奶类占有量约为16.5千克，年人均奶制品（折合成生奶）消费量15.56千克，其中液态奶12.5千克，奶粉0.35千克。

云南省主要的乳制品品牌有省外的蒙牛、伊利、光明等，省内的雪兰、欧亚、蝶泉、来思尔、海子、七彩云、云牛、多喝、乍甸、祥祥等。当地市场主要销售的品牌和价格：（1）全脂灭菌乳：伊利：2.8元/250mL，蒙牛：2.8元/250mL，新希望雪兰：2.6元/200mL，蝶泉：3.5元/243mL。（2）酸奶：蒙牛冠益乳：13.9元/400g，蒙牛大果粒酸乳：8.5元/260g，蒙牛优益C乳酸菌乳饮品：7.9元/340mL；伊利每益添乳饮料：6.9元/350mL，伊利大果粒酸乳：8.5元/200g；新希望雪兰活润发酵乳：14.5元/950g，新希望雪兰儿童发酵乳：3.5元/120g；来思尔芦荟果粒酸奶：2.8元/125g，来思尔畅存活性乳饮料：6.5元/340mL，来思尔原味老酸奶：5元/180g；欧亚酸酪奶：5元/139g，欧亚风味酸乳：2.3元/150g。（3）婴幼儿奶粉（一阶段）：合生元290元/900g，雀巢能恩：348元/800g，美赞臣：240元/900g，惠氏：220元/900g，多美滋：248元/800g，伊利：176元/900g，伊利孕妇奶粉134元/900g，伊利欣活配方奶粉110.6元/900g，伊利中老年奶粉79.8元/900g，雀巢中老年奶粉88元/850g，安怡高钙低脂奶粉109元/800g。

消费者偏爱酸奶，其次是巴氏杀菌奶，奶粉消费群体主要为婴儿和老年人。巴氏杀菌乳（鲜奶）发展势头良好，市场消费量逐年增加。乳制品遵循大众消费特点，尽量使其多样化，口味与营养俱佳。

【奶源基地】云南省存栏1 000头以上规模养殖场7个，500头以上9个，100头以上54个，奶站211个，运输车辆有148辆。机械化挤奶比例达37%，全混合日粮（TMR）技术应用占规模养殖场的10%。

生产性能测定（DHI）：2013年已在32个养殖场完成4.5203万份奶牛生产性能测定（DHI）数据，上报中国奶牛数据处理中心数据4.3931万份，出具DHI报告420份，牧场管理数据153份。

奶牛良种补贴项目：2013年全省荷斯坦牛完成13.5万头（占任务总数的96.4%）；改良本地水牛为奶水牛良种补贴完成12万头（占任务总数的92.30%）。2013年补助13个规模养殖场1 200万元。苜蓿种植面积近50万亩，亩产12吨，总产达到600万吨；青贮玉米种植面积约10万亩，亩产5吨，总产达50万吨。

疫病防控主要由动物卫生监督所监督管理，以防为主、防治结合，将强制免疫和疫情监测结合，每年至少进行一次两病检疫及扑杀净化工作，两次疫苗注射，确保100%的免疫密度，并实施动物标识管理，引种检疫、产地检疫、交通运输检疫等。粪污处理方式：①沼气工程模式：在相关政府部门的引导和支持下，规模奶牛场普遍采用沼气工程技术；②还田模式：奶牛粪便污水还田作肥料为传统而经济有效的处置方法，家庭分散户养牛粪便污水处理均采用该法；③自然处理模式：主要采用氧化塘、土地处理系统或人工湿地等自然处理系统对养殖场粪便污水进行处理。

在国家食品安全标准－生奶（GB19301-2010）基础上，云南乳企生奶收购按质论价（脂肪、蛋白质含量，细菌数、酸度等）。2013年度荷斯坦牛奶收购价为：昆明片区4~4.5元/千克，大理片区3.5~4.5元/千克，平均收购价较上年度增加1元/千克。水牛奶生奶收购价为8~10元/千克；山羊奶收购价为5~6元/千克，奶价持续上涨。

荷斯坦牛养殖户养殖年净收入3 500元/头，奶水牛年净收入4 000元/头。

【奶农组织】奶业协会：云南省奶业协会、昆明市奶业协会，大理州奶业协会以及奶业主产县市的奶牛协会。奶农培训：云南省农业厅、云南省奶业协会、云南省现代农业奶牛产业技术体系组织了3次全省范围的“奶牛养殖与原料奶质量安全培训班”。昆明市、大理州农业局及其奶业协会组织了5次“奶牛养殖及原料奶质量安全培训班”。

【政策法规】云南省奶业发展规划：坚持数量与质量并重，建立健全荷斯坦牛良种繁殖档案，强化饲料安全监测力度，积极鼓励和引导奶农与企业建立合理的利益关系，实现品质良种化、生产标准化、经营规模化，提升奶业水平、市场竞争能力和综合经济效益，促进奶业持续健康发展。建立荷斯坦牛、奶水牛、乳肉兼用型西门塔尔牛、牦牛和奶山羊多元化发展的较为完善的奶业生产、加工和销售体系；建成促进农民增收和推动社会主义新农村建设的主要支撑产业；建设成为云南农业的支柱产业，中国南方的鲜奶供应基地，面向东南亚的重要奶制品出口地。主要通过提高奶畜存栏数和生产水平、原料奶产量和产值、乳品质量安全，全面规范生鲜乳收购站以及合理奶业发展布局来实现。

云南省奶业扶持政策：2013年规模养殖场补助1 200万元，补助13个场；昆明市创建标准化荷斯坦牛示范场项目，2013年新增1家标准化养殖示范场，扶持补助资金300万元；奶牛良种补贴项目得到持续健康发展。

【质量监管】日常监管：质量监管主要由乳品加工企业每批次自检，省、市、县级质检局、动物卫生监督机构抽检，2013年未发生质量安全事件。奶站监管：目前全省共有奶站175个，生鲜乳运输车辆112辆，覆盖荷斯坦牛89 657头，2013年奶站生产收购情况基本正常，没有出现质量问题，有的奶站自制的生鲜奶收购登记卡内容详尽，很受养殖户欢迎。目前乳制品质量由于有稳定优质的奶源做后盾，加之乳品企业生产规范，质检监督有力，乳制品质量稳定，在各相关生产、加工、销售环节没有发现国家违禁物品添加情况，乳制品销售市场供不应求。专项监管：云南质监、农业部门以及奶业协会共同严管乳中黄曲霉毒素，生奶质量得到进一步提高，未发生黄曲霉毒素引起的安全事件。

【奶业大事】昆明市开展的荷斯坦牛标准化养殖示范场创建活动初显成效，目前已建成标准化示范场5个，使昆明奶业发展进一步走上标准化、规模化、现代化发展道路。“云南省奶业技术创新战略联盟”成立，2013年7月3日，来自全省16个奶业企业（包括奶牛养殖、饲料饲草、乳品加工）、4个管理部门、2个研究机构、1所高校的23家联盟成员单位在云南农业大学茶苑专家楼举行签字仪式，标志着“云南省奶业技术创新战略联盟”正式成立，云南省科技厅法规处、农村处的项目主管到会指导，会议选举云南省奶业协会会长毛华明教授为联盟理事长，协会秘书长黄艾祥教授为联盟秘书长。

昆明雪兰牛奶有限责任公司8 000~10 000头荷斯坦牛陆良生态牧场项目第一期建设竣工；新希望云南邓川蝶泉乳业有限公司3 000头荷斯坦牛生态牧场建设项目竣工；云南皇氏来思尔乳业有限公司加工厂二期建设项目竣工投产。

（云南省奶业协会，黄艾祥）

附表1 奶牛养殖场（小区）名录

序号	州市	名　称	养殖场	小区	全群存栏（头）	成母牛存栏（头）	奶畜品种	成母牛单产（吨/年）	年总产（吨）	是否参加DHI	是否应用TMR
1	昆明市普宁县	孙家坝奶牛合作社		√	805	483	荷斯坦奶牛	4.03	1 946.4	√	—
2		月表奶牛合作社		√	1 248	873	荷斯坦奶牛	4.38	3 823.7	√	—
3		绿源奶牛合作社		√	565	392	荷斯坦奶牛	4.56	1 787.5	√	—
4		现代奶牛合作社		√	648	453	荷斯坦奶牛	4.19	1 898.0	√	—
5		昆明市晋宁县联盟奶牛合作社	√		1 300	580	荷斯坦奶牛	4.6	2 668	√	
6		十里奶牛合作社		√	1 156	809	荷斯坦奶牛	4.19	3 389.7	√	—
7		华达奶牛合作社		√	415	290	荷斯坦奶牛	4.74	1 730.0	√	—

（续）

序号	州市	名　称	养殖场	小区	全群存栏（头）	成母牛存栏（头）	奶畜品种	成母牛单产（吨/年）	年总产（吨）	是否参加DHI	是否应用TMR
8		兴隆奶牛农民专业合作社		√	1 585	1 109	荷斯坦奶牛	4.01	4 447.0	√	—
		昆明市晋宁县尼摩合标准化奶牛场	标准化		350	240	荷斯坦奶牛	4.5	1 080	√	√
9		昆明市晋宁县宏尚养殖场	√		1 200	650	荷斯坦奶牛	4.5	2 925	√	
10	嵩明县	昆明市嵩明县龙街合作社	√		150	80	荷斯坦奶牛	4.8	384	√	
11		苗源养殖专业合作社		√	545	381	荷斯坦奶牛	4.16	1 584.9	—	—
12		昆明市嵩明县明新奶牛合作社	√		1 500	650	荷斯坦奶牛	4.8	3 120	√	
13		昆明市嵩明县犇腾奶牛专业合作社	√		500	400	荷斯坦奶牛	4.5	1 800		
14		昆明市嵩明县牧兴奶牛养殖专业合作社	√		1 800	900	荷斯坦奶牛	4.8	4 320	√	
15		昆明市嵩明县金国奶牛养殖专业合作社	√		1 020	605	荷斯坦奶牛	4.58	1 449.6	√	
16		会新奶牛养殖专业合作社		√	1 560	1 092	荷斯坦奶牛	4.35	4 750.2	√	—
17		兴瑞合奶牛养殖有限公司		√	1 360	952	荷斯坦奶牛	4.2	3 998.4	√	—
18		小街富达奶牛养殖基地	√		385	269	荷斯坦奶牛	4.5	1 212.7	√	√
19		昆明天晨奶牛养殖有限公司			360	252	荷斯坦奶牛		1 134.0		
		昆明市嵩明县东达养殖场	√		300	250	荷斯坦奶牛	4	1 000	√	
20		昆明市嵩明县大家利生态奶牛养殖基地	√		203	85	荷斯坦奶牛	3.81	156	√	

（续）

序号	州市	名　称	养殖场	小区	全群存栏（头）	成母牛存栏（头）	奶畜品种	成母牛单产（吨/年）	年总产（吨）	是否参加DHI	是否应用TMR
21	石林县	石林映山畜牧有限公司	√		1 156	809	荷斯坦奶牛	4.62	3 737.5	√	√
		昆明市石林县春草原农产品专业合作社	√		175	150	荷斯坦奶牛	6.1	54.25		
22		昆明雪兰石林生态牧场	√		2 100	1 470	荷斯坦奶牛	8.03	11 804.1	√	√
23	宜良县	马应华奶牛养殖场	√		1 105	773	荷斯坦奶牛	4.38	3 385.7	√	
24		昆明市宜良县云南绿盛美地农牧发展有限公司	标准化		320	120	荷斯坦奶牛	7.17	301.29	√	√
25		昆明市宜良县胜利奶牛养殖专业合作社	√		495	198	荷斯坦奶牛	4.73	676.66	√	
26		瓦窑奶牛合作社		√	348	243	荷斯坦奶牛	4.25	1 035.3	√	
27		古城镇车田村奶初源奶牛合作社		√	685	479	荷斯坦奶牛	4.3	2 061.8	√	—
		昆明市宜良县古城新村奶牛养殖专业合作社	√		280	120	荷斯坦奶牛	4.27	324		
		昆明市宜良县锦秀奶牛养殖专业合作社	√		323	248	荷斯坦奶牛	5.5	389.114		
28		古城镇摆依村奶牛合作社			137	78	荷斯坦奶牛		457.0		
		南羊镇苗家营森琦奶牛合作社		√	115	80	荷斯坦奶牛	4.4	354.2	√	—
		昆明市宜良县狗街合作社	√		1 500	800	荷斯坦奶牛	4.8	3 840		
		昆明市宜良县华达奶牛合作社	√		600	300	荷斯坦奶牛	4.8	1 440	√	

（续）

序号	州市	名　称	养殖场	小区	全群存栏（头）	成母牛存栏（头）	奶畜品种	成母牛单产（吨/年）	年总产（吨）	是否参加DHI	是否应用TMR
		昆明市宜良县木希奶牛养殖专业合作社	√		202	101	荷斯坦奶牛	4.88	444	√	
		昆明市宜良县南羊镇苗家营森琦奶牛合作社	√		115	80	荷斯坦奶牛	4.4	354.2		
		昆明市宜良县鑫磊奶牛养殖场	√		108	52	荷斯坦奶牛	5.34	132		
29		九乡阿格里		√	350	245	荷斯坦奶牛	4.5	1 102.5	√	—
	寻甸县	昆明市寻甸县唐牛牧业有限公司山顶牧场	标准化		100	50	荷斯坦奶牛	5.8	290	√	√
	呈贡县	昆明市呈贡县新发奶牛养殖专业合作社	√		408	302	荷斯坦奶牛	4.12	871.426		
30	五华区	五华区众维奶牛专业合作社	√		320	193	荷斯坦奶牛	4.6	1 100.0	√	√
	昆明市合计				29 897	18 686			84 760.14		
41	玉溪市通海	玉溪市通海县云江奶牛养殖场	√		1 500	700	荷斯坦奶牛	5	3 500		
42		曲陀关奶牛园区			1 368	586	荷斯坦奶牛		2 300		
43	澄江	双光奶牛养殖专业合作社			523	467	荷斯坦奶牛		560.4		
44		玉溪市澄江县明顺养殖场	√		350	300	荷斯坦奶牛	4	1 200		
45		红良养殖专业合作社			207	187	荷斯坦奶牛		248.4		
46	峨山	棚打奶牛场			227	201	荷斯坦奶牛		542.7		
	玉溪市合计				4 175	2 441			8 351.5		
47	曲靖市麒麟区	曲靖市靖源养殖专业合作社	√		540	205	荷斯坦奶牛	5.49	564		

（续）

序号	州市	名　称	养殖场	小区	全群存栏（头）	成母牛存栏（头）	奶畜品种	成母牛单产（吨/年）	年总产（吨）	是否参加 DHI	是否应用 TMR
48	陆良县	陆良县中科牧业生物技术有限公司			269	160	荷斯坦奶牛		800		
	陆良县	云南新希望牧业科技有限公司陆良牧场	√		2 450	1 715	荷斯坦奶牛	9.1	15 606.5	√	√
	曲靖市合计				3 259	2 080			18 906.6		
50	大理州大理市	大理市感通牛场	√		280	180	澳荷/娟姗	6	305.79	√	
51		大理欧亚风景牧场	√		280	230	澳荷/娟姗	6	1610	√	√
52		大理市清碧溪奶牛养殖场	√		125	100	澳荷	6	256.02	√	
53		大理金泰奶牛养殖场	√		280	190	澳荷	6	287.41	√	√
54		大理市托牛所			109	76	荷斯坦奶牛		510		
		峰松牧场	√		87	42	澳荷	5	115.35		
55	祥云县	云南欧亚乳业有限公司禾甸标准化奶牛养殖场	√		260	220	荷斯坦奶牛		1430	√	√
56		祥云县富邦奶牛场（沙龙镇东邑村）			360	250	荷斯坦奶牛		1000		
57		欧亚祥云千头养殖场	√		830	530	荷斯坦奶牛		3710	√	√
58		祥云县天沐牧业有限公司（乳肉兼用）			300	210	荷斯坦奶牛				
59	弥渡县	弥渡县金润奶牛养殖场	√		420	146	澳荷	6.6	1 067.88	√	
60		大理神野乳业奶牛养殖场	√		360	300	澳荷	5.5	1 001.81	√	√
61		弥渡县信达乳牛养殖合作社			152	138	荷斯坦奶牛		825		

（续）

序号	州市	名　称	养殖场	小区	全群存栏（头）	成母牛存栏（头）	奶畜品种	成母牛单产（吨/年）	年总产（吨）	是否参加DHI	是否应用TMR
62		小牧童奶牛养殖专业合作社			134	126	荷斯坦奶牛		717		
63	洱源县	云南新希望蝶泉乳业有机牧场	√	√	1500	1500	荷斯坦奶牛	8	5 400	√	√
64		金河奶牛养殖场	√		100	48	荷斯坦奶牛		288	√	
65		洱源县惠农奶牛养殖专业合社			500		荷斯坦奶牛				
66		新型奶牛养殖合作社			300		荷斯坦奶牛				
67	剑川县	大理银河乳业有限责任公司良种奶牛繁育基地			465	200	荷斯坦奶牛	6.1	912	√	
	大理州合计				6 842	4 486			7 286.26		
68	楚雄州楚雄市	楚雄州汇东乳业有限公司			316	235	荷斯坦奶牛		971		
	楚雄州合计				316	235			971		
69	文山州富宁县	富宁县云奔奶牛专业合作社			14	4	荷斯坦奶牛		6.5		
	文山州合计				14	4			6.5		
70	丽江市玉龙县	白沙奶牛养殖小区		√	337	273	荷斯坦奶牛		1 735		
71		拉市奶牛养殖小区		√	62	53	荷斯坦奶牛		697		
73	永胜县	益多乳业公司			62	40	荷斯坦奶牛		170		
	丽江市合计				461	366			2 602		
74	红河州弥勒	弥勒葫芦岛基地	√		1 870	1 550	荷斯坦奶牛	5	7 750		
75		弥勒东风奶源基地	√		320	280	荷斯坦奶牛	5	1 400		
76		弥勒新安奶源基地	√		870	760	荷斯坦奶牛	5	3 800		

（续）

序号	州市	名 称	养殖场	小区	全群存栏（头）	成母牛存栏（头）	奶畜品种	成母牛单产（吨/年）	年总产（吨）	是否参加DHI	是否应用TMR
77		弥勒龙潭哨奶源基地	√		420	375	荷斯坦奶牛	5	1 875		
79		弥勒者圭奶源基地	√		320	300	荷斯坦奶牛	5	1 500		
80		弥勒小那奶源基地	√		280	260	荷斯坦奶牛	5	1 300		
81		弥勒大那奶源基地	√		330	268	荷斯坦奶牛	5	1 340		
82		弥勒金山奶源基地	√		780	750	荷斯坦奶牛	5	3 750		
		弥勒东红奶源基地	√		115	100	黑白花奶牛	5	500		
83		弥勒菠萝旧奶源基地	√		310	285	荷斯坦奶牛	5	1 425		
84		弥勒朋普奶源基地	√		276	253	荷斯坦奶牛	5	1 265		
85	个旧	个旧乍甸莲锅塘	√		385	360	荷斯坦奶牛	5	1 800		
		云南乍甸乳业有限责任公司奶牛养殖小区	√		1 114	724	黑白花奶牛	6.5	4 706	√	√
		沙坝牛奶养殖场		√	500	325	黑白花奶牛	6.5	2 112.5		
		个旧市罗科寺奶牛养殖场		√	260	169	黑白花奶牛	6.5	1 098.5		
		鸡街镇隆盛奶牛专业合作社		√	2 000	1 300	黑白花奶牛	6.5	8 450		
		鸡街镇福家营奶牛养殖场		√	513	333	黑白花奶牛	6.5	2 131.2		
		个旧市天美农业庄园有限责任公司	√		800	520	黑白花奶牛	6.5	3 380		
		红河县	√		500	320	黑白花奶牛	6.5	2 080		
		个旧乍甸散养农户	√		2 000	1 810	荷斯坦奶牛	5	9 050		
	红河州合计				13 963	11 042		110.5	60 713.2		
	总计				59 284	39 554			183 366.2		

附表2 奶水牛养殖场（小区）名录

序号	州市	名称	养殖场	小区	全群存栏（头）	成母牛存栏（头）	奶畜品种	成母牛单产（吨/年）	年总产（吨）	是否参加DHI	是否应用TMR
1	红河州弥勒	东风奶牛养殖小区		√	88	63	奶水牛		0		
	红河州合计				88	63			0		
2	大理市大理市	云南省乳用奶水牛原种场			65	45	奶水牛		35	√	
3	巍山县	大仓镇幸福奶水牛标准化规模养殖小区		√	305	280	奶水牛		291	√	
4		大仓镇小河奶水牛标准化规模养殖小区		√	211	120	奶水牛		250	√	
5		大仓镇小河西片奶水牛标准化规模养殖小区			305	175	奶水牛		240	√	
	大理州合计				886	620			816		
6	文山州广南县	广南县谷多水牛乳业有限公司			631	580	奶水牛		194.05	√	
7		广南县馥明乳业基地			50	45	奶水牛				
8		广南县奔奔奶水牛养殖有限公司			23	23	奶水牛		14.2		
	文山州合计				704	648			208.25		
9	保山市腾冲县	巴福乐槟榔江水牛良繁公司奶水牛养殖场	√		623	525	奶水牛		950	√	
10		明光麻栎奶水牛标准化规模养殖场	√		550	501	奶水牛		560		
11		云南省禾顺公司养殖场	√		512	417	奶水牛		410		

（续）

序号	州市	名 称	养殖场	小区	全群存栏（头）	成母牛存栏（头）	奶畜品种	成母牛单产（吨/年）	年总产（吨）	是否参加DHI	是否应用TMR
12		滇滩任安体奶水牛养殖场	√		207	163	奶水牛		60		
13		腾越云山奶水牛标准化规模养殖小区		√	262	208	奶水牛		210		
14		界头新大街奶水牛标准化规模养殖小区		√	250	232	奶水牛		230		
15		界头沙坝奶水牛标准化规模养殖小区		√	220	201	奶水牛		185		
16		曲石秧草塘奶水牛标准化规模养殖小区		√	205	187	奶水牛		160		
17		固东利民奶水牛标准化规模养殖小区		√	236	202	奶水牛		176		
18		荷花乡羡多村奶水牛标准化规模养殖小区		√	234	168	奶水牛		120		
19		曲石箐桥奶水牛标准化规模养殖小区		√	230	206	奶水牛		169		
20		腾越盈水奶水牛标准化规模养殖小区		√	210	162	奶水牛		127		
21		界头大园子奶水牛标准化规模养殖小区		√	206	176	奶水牛		147		
22		马站兴隆奶水牛养殖小区		√	228	180	奶水牛		36		

（续）

序号	州市	名 称	养殖场	小区	全群存栏（头）	成母牛存栏（头）	奶畜品种	成母牛单产（吨/年）	年总产（吨）	是否参加DHI	是否应用TMR
23		中和奶水牛标准规模养殖小区		√	251	186	奶水牛		98		
24		腾越黄坡奶水牛养殖小区		√	126	97	奶水牛		48		
25		腾冲县界头贡山奶水牛养殖小区		√	146	105	奶水牛		30		
	保山市合计				4696	3916			3716		
26	德宏州	法帕一社奶水牛养殖小区		√	90	85	摩拉水牛	1.3	30.9	√	√
27		朝阳奶水牛养殖小区（法帕二社）		√	66	51	摩拉水牛	1.2	29.8	√	√
28		赵苍达奶水牛养殖小区		√	80	76	摩拉水牛	1.5	30.1	√	√
29		风平仔旺奶水牛养殖场	√		40	38	摩拉水牛	1.1	28.5	√	√
30		芒岗奶水牛			167	154	摩拉水牛	1.3	50.5	√	√
31		芒丙奶水牛养殖小区		√	95	90	摩拉水牛	1.6	48.7	√	√
32		芒丙散养户			10	9	摩拉水牛	1.2	18.4	√	√
33		芒丙散养户			9	6	摩拉水牛	1.6	19.6	√	√
34		勐稳奶水牛养殖小区		√	66	55	摩拉水牛	1.5	30.5	√	√
35		轩岗拉哏专业合作社	√		140	125	摩拉水牛	1.6	59.7	√	√
36		新村奶水牛养殖小区		√	44	38	摩拉水牛	1.4	36.2		
37		山野开发种畜场	√		109	84	摩拉水牛	1.3	40.8		
39		芒杏奶水牛养殖小区		√	43	38	摩拉水牛	1.8	35.8		

（续）

序号	州市	名 称	养殖场	小区	全群存栏（头）	成母牛存栏（头）	奶畜品种	成母牛单产（吨/年）	年总产（吨）	是否参加DHI	是否应用TMR
41		香菜塘新村奶水牛养殖小区		√	40	37	摩拉水牛	1.4	40.4	√	√
42		宏发奶水牛养殖专业合作社	√		198	186	摩拉水牛	1.6	70.4	√	√
43		散养户			8	5	摩拉水牛	1.5	10	√	√
44		街坊奶水牛养殖小区		√	50	44	摩拉水牛	1.6	45.9		
45		红成奶水牛养殖小区		√	44	35	摩拉水牛	1.2	39.9	√	√
46		昌洪奶水牛养殖小区		√	55	39	摩拉水牛	1.3	45.3	√	√
47		文明奶水牛养殖小区		√	60	45	摩拉水牛	1.4	50	√	√
48		恩辉奶水牛养殖小区		√	45	30	摩拉水牛	1.5	40	√	√
49		红成奶水牛养殖小区		√	40	38	摩拉水牛	1.2	28.4	√	√
50		昌洪奶水牛养殖小区		√	40	37	摩拉水牛	1.6	40	√	√
51		文明奶水牛养殖小区		√	50	30	摩拉水牛	1.3	41.6	√	√
52		恩辉奶水牛养殖小区		√	48	29	摩拉水牛	1.2	30.9	√	√
53		遮岛吉祥奶水牛养殖小区		√	60	51	摩拉水牛	1.3	40.8	√	√
54		桥发欧盟养殖场	√		17	15	摩拉水牛	104	19.9		
	德宏州合计				1 714	1 470			1 003		
	总计				6 374	5 247			4 740.25		

西藏自治区

【奶畜养殖】2013年末，西藏奶牛存栏11.13万头，同比增加0.22万头，品种为荷斯坦、西门塔尔和娟姗牛；当地黄牛存栏为98.79万头，主要分布在拉萨市、日喀则地区、山南地区的河谷地带，林芝和阿里地区也有分布。2013年，西藏奶类产量为32.52万吨，其中牛奶产量为26.51万吨，比上年同期增加2.6%。

2013年，牛奶价格为6~10元/千克，平均价格比上年同期略有增加，其中：阿里地区价格最高。主要原因是物价上涨，奶牛养殖成本增加，导致生鲜乳价格上涨。全区目前对原料奶收购无地方保护价。农户养殖奶牛平均纯收入达5000元/头。

【乳品加工】目前，全区上规模的乳品加工企业仅有高原之宝牦牛乳业股份有限公司。现注册资本为1.3389亿元，总投资已达6个亿，为西藏自治区批准成立的第十家股份制企业，是西藏目前规模最大、最具现代化水平的乳制品加工企业。目前公司已通过ISO9001国际质量体系认证和ISO14001国际环境体系认证、乳制品HACCP安全管理体系认证、乳制品诚信管理体系认证、乳制品GMP认证，并建立了我国西南地区第一家二维码质量可追溯体系，同时“有机认证”正在筹划中。已形成了“基地+高附加值深加工+高效营销网络”的绿色产业链条，是绿色、环保、资源型企业。公司产品包括婴幼儿配方奶粉、乳粉、纯奶、酸奶、饮料五大系列、十八个品种，已远销全国30多个省市及香港地区。公司已成为中国牦牛奶第一品牌，中国西部藏区第一乳业品牌，并获得亚洲名优名牌产品称号。高原之宝牦牛奶婴幼儿配方奶粉2013年9月成为工信部和中国乳制品工业协会第一批推荐的全国六大婴幼儿配方奶粉推荐品牌之一。已连续12年被评为“农业产业化国家重点龙头企业”。2010年，受中国乳制品工业协会委托，由高原之宝牵头起草的牦牛奶系列产品行业标准，于2012年12月31日通过审定，在全国颁布执行。2014年1月，公司自主研发的“牦牛奶婴儿配方奶粉”“牦牛奶较大婴儿配方奶粉”“牦牛奶幼儿配方奶粉”3项发明，获国家知识产权局受理专利申请。“高原之宝”产品包装已取得“外观设计专利证书”。

公司在西藏地区收购的牛奶主要有牦牛奶、犏牛奶，共收购生鲜牛奶6 231吨。其中拉萨市1 114吨，日喀则地区1 523吨，山南地区1 681吨，那曲地区1 913吨；支付生鲜奶款4 175万元，带动18 617户农牧民增收致富。2013年乳制品产量6 828吨，工业总产值15 012万元，主营业务收入14 969万元，利润总额4 998万元，上缴税金1 265万元。

【市场消费】拉萨市2013年城镇居民人均奶制品消费量为32千克，农牧民奶及奶制品消费量为130千克/人。据调查，伊利高钙奶在拉萨商超价为3.8元/250mL、纯牛奶3.08元/250mL；金典有机奶6.58元/250mL；蒙牛特伦苏6元/250mL；高原之宝纯牛奶4.6元/200mL、牦牛酸牛奶2.8元/138mL、牦牛奶粉480元/454g、婴儿配方牦牛奶粉458元/454g。

【奶源基地】2013年，西藏奶牛存栏11.3万头，改良黄牛存栏98.79万头。全区共有日喀则地区种畜场等7家奶牛选育场，共存栏奶牛2280头。全区奶牛存栏1~4头的有58560个场（户），存栏5~9头的有4805个场（户），存栏10~19头的有32个场（户），存栏20~49头的有2个场（户），存栏200~499头的有2个场（户），存栏500~999头的有3个场（户）。

2013年共改良黄牛17.5万头，使用冷冻精液35万剂。

全年开展两次结核检疫、一次布病检疫，口蹄疫按照免疫程序进行免疫，并开展血清学检测。

2013年全区人工种草11.5万亩，牧草品种多为紫花苜蓿、燕麦和披碱草；利用农田种植青饲玉米6.5万亩。

【重大项目】面对农牧区经济结构战略性调整和全面建成小康社会的现实需要，自治区党委、政府做出了稳定提升草原畜牧业、大力发展农区畜牧业的战略决策，把黄牛改良作为农区畜牧业发展的重要突破口，力求实现黄牛改良的大推进、农区畜牧业的大突破，带动全区畜牧业的大发展，为此，自治区制定了《西藏农区黄牛改良规划（2013年—2020年）》，计划投资57 780万元，维修改造、新建黄牛改良配种点，改扩建液氮生产厂，完善奶牛选育场建设，配套牛舍和人工饲草地建设，并积极开展育种研究。计划到2020年完成黄牛改良150万头，其中存栏优质改良成年母牛36万头，成年母牛平均单产水平提高到2吨以上，奶类产量年均增加1.25万吨，“十三五”末全区奶类产量达到42万吨。

【扶持政策】完善日喀则地区种畜场（日喀则地区奶牛良种繁育中心）、林芝地区种畜场（林芝地区农牧科技推广服务中心家畜繁育推广站）、山南地区乃东县白荣奶牛扩繁场、山南地区隆子县奶牛扩繁基地等4个奶牛选育场基础设施建设，每个选育场自治区政府支持340万元。在7个选育场开展优质奶牛选育推广350头，每头自治区财政补助3 000元。

【奶农组织】近年来，随着奶业的发展，全区奶业合作组织发展迅速，目前注册的有100家左右。奶业合作组织在帮助奶农搞好饲养管理、繁殖育种、防疫灭病及开展技术交流和饲养技术培训工作等方面，发挥了桥梁和纽带作用，极大地促进了当地奶业的发展。但由于扶持合作组织的资金渠道少、投资量小、合作组织自身水平和能力有限及利益联结机制还不完善等原因，目前全区的奶业合作组织发展还不尽如人意。

【质量监管】全年用于原料奶质量安全检测资金10万元。质量安全监测由自治区农畜产品质监中心负责，各地（市）农牧局负责抽样和检测，并每年开展2次生鲜乳质量安全监督检查。各地（市）质监局、食品监督局、工商局等部门定期、不定期对乳制品生产企业及合作社进行检查，对于检验不合格的责令其限期整改。

（西藏自治区农牧厅，曹仲华）

陕 西 省

【奶类生产】2013 年，陕西省奶牛存栏 46.5 万头，奶类产量 188.6 万吨，其中牛奶产量 141.1 万吨。牛奶产量居全国第六位。奶产品总产值 99.1 亿元，占畜牧产值 643.7 亿元的 15.4%。

陕西省奶牛主要分布在关中地区 5 市 1 区（即西安市、宝鸡市、咸阳市、铜川市、渭南市和杨凌示范区），存栏奶牛占陕西省总存栏的 94.5%。奶牛存栏前 10 名大县依次为泾阳县、临潼区、陇县、武功县、乾县、千阳县、临渭区、合阳县、岐山县和眉县，2013 年底 10 个县区奶牛存栏、奶类产量分别占陕西省的 62.6% 和 56.1%。

陕西省奶山羊主要分布在关中地区，奶山羊存栏和羊奶产量分别占陕西省的 96.4% 和 98.5%。奶山羊存栏前 10 名大县依次是富平县、泾阳县、三原县、淳化县、临渭区、凤翔县、临潼区、蒲城县、蓝田县、陇县，2013 年底 10 个县区奶山羊存栏和羊奶产量分别占陕西省的 69.9% 和 72.4%。

陕西是一个奶牛、奶山羊双奶源结合的奶业省份。近年来，省委、省政府高度重视，把奶业作为畜牧业的主导产业，加大资金投入，强化科技支撑，抓良种、建基地，推模式、转方式，强龙头、促加工，积极推进奶业转型升级，奶业生产水平大幅度提升、发展能力不断增强。一是优势产区加快形成。2013 年，关中地区奶牛存栏和牛奶总产量均占到全省总量的 94%，奶羊存栏占全省存栏的 100%，乳品企业 95% 以上布局关中，形成了奶牛、奶羊双奶源结合，乳品企业合理布局，国有、集体和个人多元化经营，生产、加工和销售一体化发展的产业格局。二是良种化水平不断提高。2010 年以来，先后从澳大利亚引进高产奶牛 2.45 万头，并采用性控精液配种，加快良种扩繁，奶牛良种化水平不断提高。三是生产方式发生重大变化。以千头奶牛场和标准化示范县建设为重点，大力推进奶牛规模化养殖，采取整县推进的方法，组织实施了千阳、陇县、合阳和铜川市 4 个奶牛标准化养殖示范县（市）建设，促进了奶牛规模化养殖的快速发展。目前，全省建成万头奶牛场 1 个、千头奶牛场 42 个、100 头以上的标准化奶牛养殖场（小区）574 个。

【乳品加工】2013 年，全省 46 家乳品企业主营收入 155.5 亿元，较上年增长 22.06%；实现利税总额 9.5 亿元，较上年增长 27.45%；乳品总产量为 184 万吨，较上年增长 5.9%；其中液体乳总产量为 164 万吨，较去年增长 3.9%；乳粉总产量为 19.8 万吨，较上年增长 30.3%。乳制品产量与去年相比，陕西省液态奶 2013 年仍然保持全国第五位，奶粉由去年第四位跃升至全国第三位。全省羊乳产业在全国羊乳产业格局中，具有举足轻重的影响，羊乳制品产销量全国第　，市场份额占全国 85% 以上，婴幼儿羊奶粉更是独树一帜，去年产量为 5 万吨左右，销售收入在 60 亿元，占全省乳企销售收入的半壁江山。

【市场消费】2013 年，我省人均奶类占有量 50.5 千克，城镇家庭居民人均乳品消费 273.3 元，农村家庭居民人均乳品消费量 5.6 千克。

陕西省市场销售的乳制品主要有银桥、蒙牛、伊利、光明、多鲜等品牌，利乐包每箱（16 袋）约 40 元，银桥乳业生产的 900 克罐装婴儿奶粉价格从 80~350 元不等。市场消费以常温奶为主，主要是保存时间较长，但酸奶和巴氏杀菌乳销售量逐年增加。随着人们生活习惯的改变和对乳品的进一步认识，酸奶和巴氏杀菌乳的销量将会逐年增加。

【奶源基地】根据行业统计数字显示，养殖场存栏 100 头以上的奶牛占陕西省总存栏量的 38.8%，其中存栏 100~199 头占 6.8%，存栏 200~499 头占 15.5%，存栏 500~999 头占 7.1%，存栏 1 000 头以上占 9.4%。陕西省奶牛全部实现机械化挤奶，奶山羊机械化挤奶约占 20%，大部分是集中拉羊挤奶（集中拉羊挤奶站必须具有固定场地、固定设施、固定容器，在固定时间由代购员现场监督进行生鲜羊乳收购）。

TMR 使用。目前，全省千头奶牛场已基本实现 TMR 饲喂，500 头以上的标准化养殖场和新建养殖场也逐步实现 TMR 饲喂。

DHI 技术。2013 年，陕西省参加奶牛生产性能测定的规模牛场（小区）共 48 家，全年测定牛只 28 883 头，比上年增长 3.5%；全年测定样品总计 162 610 头次，比上年增加 11.8%，月均测定样品 13 550 头份，月发送解读报告 48 份，形成有效系谱记录 9 019 个，比上年增加 2.4%。从测定结果来看，2013 年整个参加 DHI 牛场（小区）平均乳脂率、乳蛋白率、脂蛋比全部符合标准。与 2012 年相比，测定奶牛单产水平提高了 405.48 千克，体细胞下降了 4 万 /mL。

良种补贴。2013 年在省级畜牧专项资金中安排 100 万元，健全 10 个奶牛重点县良补项目配种站点，配备冻精储存和检测设备。2013 年共确定北京奶牛中心等 15 家企业为陕西省畜牧良种补贴供精单位，其中奶牛良种补贴供精单位 14 家，合同采购优质冻精细管 68.4 万支，受配能繁母牛 34.2 万头。肉牛良种补贴供精单位 5 家，合同采购优质冻精细管 40 万支，受配能繁母牛 20 万头。

畜牧机械。近几年，陕西省农业机械管理局每年征求陕西省畜牧兽医局有关畜牧机械补贴情况，其中奶牛场所用机械已全部纳入补贴范围，主要有：机械化挤奶机（鱼骨、转盘）每台补贴 0.16 万 ~ 12 万元，贮奶罐每个补贴 1.6 万 ~ 2.8 万元，冷藏罐每个补贴 0.8 万 ~ 4.5 万元，

TMR 饲喂机每台补贴 3 万 ~ 5 万元，青饲料收获机每台补贴 0.4 万 ~ 12 万元。

改扩建补助。继千阳奶牛标准化示范县建设之后，陕西省又在陇县、合阳、铜川市推进奶牛标准化养殖示范县（市）建设，省财政安排 1000 万元，主要用于奶牛养殖场基础建设和设备购置，平均每个养殖场补助 80 万元。

饲草种植。2013 年陕西省省级财政安排 1 000 万元在 10 个奶牛重点县种植青贮专用玉米，全面实施全株青贮，发展专业化商品饲草生产，据监测，专用青贮玉米较普通玉米亩产多 2 吨左右。另外，实施国家高产优质苜蓿示范建设项目，种植优质苜蓿 2 万亩，亩产干草 800 千克以上。

养殖效益。上半年，陕西省牛奶价格基本稳定，每千克约 3.35 元。下半年因恒天然“肉毒杆菌”事件等因素影响，进口奶粉数量减少，国内奶源供应偏紧，生鲜乳收购价格大幅上涨，每千克约 3.6 元。但大型牧场收购价格从上半年每千克 4.5 元增长到 5.5 元左右，收购标准参照生乳国标。从 45 个奶牛监测户数据分析，6~12 月份每头奶牛养殖收入平均为 270 元 / 月左右，较上半年增加 45 元 / 月。

合作组织。陕西省共有奶牛合作社 293 个，奶牛协会 19 家。2013 年共开展各类培训约 500 场次，培训奶农 3 万余人次（表 4–21）。

表 4–21　陕西省奶牛专业合作社（协会）情况

项 目	全省	西安	宝鸡	咸阳	铜川	渭南	延安	榆林	汉中	安康	商洛	杨凌	韩城
合作社(个)	293	71	71	50	1	75	2	14	0	0	0	8	1
协会（个）	19	1	12	0	0	4	1	0	0	0	0	0	0

扶持政策。①省级财政专项安排 1 500 万元扶持铜川、陇县、合阳开展奶牛标准化养殖示范市县建设，重点支持奶牛规模养殖现场、标准化养殖小区建设和青贮饲料推广。②省级财政专项安排 1 000 万元用于陕西省奶牛中心二期扩建。

【质量监管】生鲜乳监管已成为常态监管，确保每年每个奶站和每辆生鲜奶运输车至少检查一次。全省共有生鲜乳收购站 795 个，其中乳品企业开办 194 个，占奶站总数的 24.5%；养殖场开办 255 个，占奶站总数的 32%；合作社开办 346 个，占奶站总数的 43.5%。2013 年共抽检生鲜乳样品 1 540 批次，均未检出三聚氰胺、硫氰酸根离子、皮革水解蛋白、碱类物质及 β – 内酰胺酶等违禁物质。

（陕西省畜牧兽医局，王鹏飞）

甘 肃 省

2013 年，甘肃省奶业总体保持平稳发展。家庭散养加快退出，规模养殖快速跟进；品种改良步伐加快，饲料生产稳步推进，疫病防控措施严格，奶农合作社健康发展；生鲜乳收购站运营规范，乳品质量安全水平明显提升；奶业发展更加健康稳定、更加可持续发展。

【奶畜存栏】2013 年全省奶牛（含杂种牛）存栏 20.34 万头，比上年 18.92 万头增长了 7.5%，其中荷斯坦奶牛 16.21 万头，比上年 14.94 万头增长了 8.5%。奶牛主要分布在兰州、临夏、张掖、酒泉、定西、白银、武威、天水、嘉峪关等市（州）的临夏、甘州、临泽、榆中、红古、七里河、会宁、景泰、靖远、肃州、安定、临洮等 17 个县（区），其奶牛存栏数占总存栏数的 85% 以上。全省牦牛存栏数 130 万头，主要是藏系牦牛，其中地方特有良种天祝白牦牛约 6.02 万头。牦牛主要分布在甘南、张掖和武威等 3 个市（州）的玛曲、夏河、碌曲、卓尼、天祝和肃南等 10 个县，其牦牛存栏数占总存栏数的 95% 以上。奶山羊存栏约 11.25 万只，只要分布在天水、陇南、平凉和定西等市，绝大多数是不具规模的农户分散饲养，品种以莎能奶山羊、关中奶山羊为主。2013 年和 2012 年相比，奶牛存栏呈现持续上升势头，尤其是荷斯坦牛数量显著增加。这主要是相继建成的一批标准化规模奶牛场投入了生产，加上肉牛市场价格上扬的强力拉动，奶牛群体在市场调节中重组优化，老弱病残及低产牛作为肉牛育肥上市，杂种牛比重下降，存栏奶牛质量显著改善，奶牛平均单产稳步提高。

【奶类产量】2013 年全省奶类总产量 56.18 万吨，比上年增长了 2.76 万吨，增长了 5.20%。其中：牛奶总产 55.88 万吨，比上年增长了 4.91 万吨，增长了 9.24%。牛奶产量来自奶牛主产区的临夏、甘州、临泽、榆中、红古、七里河、会宁、景泰、靖远、肃州、安定、临洮等 17 个县（区），其产量占全省的 85% 以上。牛奶中含牦牛奶 8.12 万吨，主要产自高原牧区的甘南藏族自治州和张掖市肃南县，成年母牦牛年单产在 250 千克左右。山羊奶年产量约 3 万多吨，形成商品的山羊奶不足 0.3 万吨，主要产自天水、陇南、平凉和庆阳市的农区。奶类总产量上升的主要因素是奶牛养殖重组优化后数量增加和质量的改善，个体产奶量的提高，据甘肃省奶业协会调查数据显示：2010 年、2011 年、2012 年、2013 年成年荷斯坦母牛年平均单产分别为 5 032 千克、5 175 千克、5 244 千克、5 500 千克（图 4–2）。

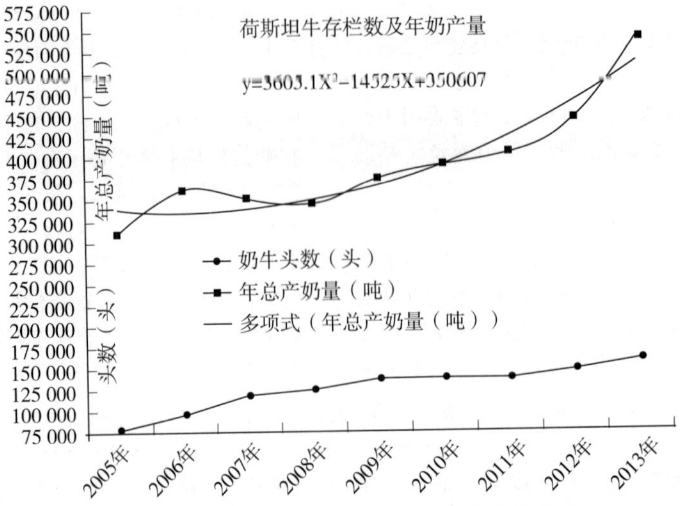

图4–2　2005—2013年荷斯坦牛存栏及奶产量

【生鲜奶价格】2013 年生鲜乳价格从年初开始持续上扬，特别是 6 月份以后快速飙升，生鲜乳收购站平均售价由年初的每千克 3.80 元，一路攀升到了每千克 4.95 元，上涨了 30.26%。个别标准化规模牛场的奶价每千克已超过 6 元。奶价的持续上涨，一方面反映了目前的“奶荒”在持续，规模化牛场饲养管理水平的提高，牛奶质量明显改善，充分体现了优质优价的原则。另一方面也给乳品企业带了压力，乳企会因此大量采用进口奶粉，从而给奶牛养殖带了恐慌（图 4–3）。

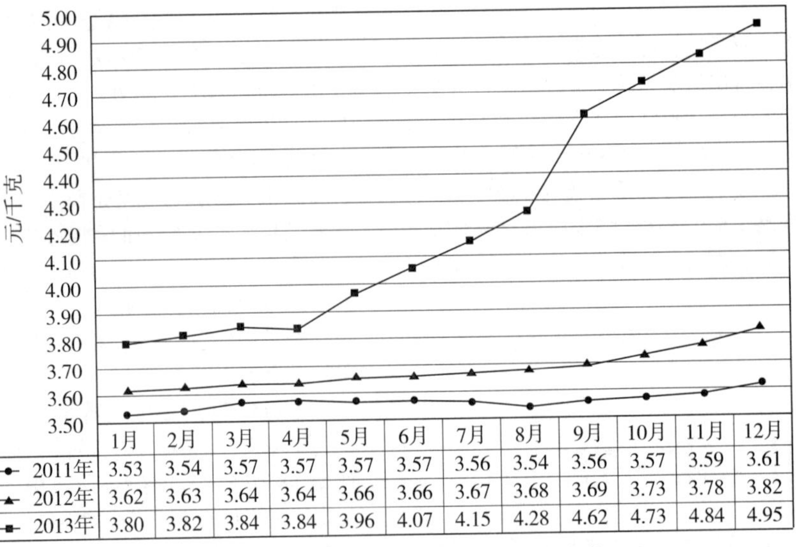

	1月	2月	3月	4月	5月	6月	7月	8月	9月	10月	11月	12月
2011年	3.53	3.54	3.57	3.57	3.57	3.57	3.56	3.54	3.56	3.57	3.59	3.61
2012年	3.62	3.63	3.64	3.64	3.66	3.66	3.67	3.68	3.69	3.73	3.78	3.82
2013年	3.80	3.82	3.84	3.84	3.96	4.07	4.15	4.28	4.62	4.73	4.84	4.95

图4–3　2011—2013年生鲜乳平均收购价走势

【规模养殖】据甘肃省奶业协会调研统计，2013 年全省奶牛养殖户 1.2 万个，存栏奶牛 20.3 万头，年牛奶总产量 55.9 万吨。其中：1~5 头规模的农户 1.1 万个，存栏奶牛 3 万头，奶产量 4.1 万吨；6~20 头规模农户 705 个，存栏奶牛 4.2 万头，奶产量 10.4 万吨；21~100 头规模农户 597 个，存栏奶牛 2.52 万头，奶产量 7.1 万吨；101~200 头规模农户 64 个，存栏奶牛 1.8 万头，奶产量 5.2 万吨；201~500 头规模农户 31 个，存栏奶牛 1.73 万头，奶产量 5.4 万吨；501~1 000 头规模农户 27 个，存栏奶牛 2.34 万头，奶产量 7.6 万吨；1 001~2 000 头规模农户 13 个，存栏奶牛 2.9 万头，奶产量 10.1 万吨；2 001 头以上规模农户 5 个，存栏奶牛 1.84 万头，奶产量 6 万吨（表 4–22）。与 2012 年相比，2013 年标准化规模养殖快速飙升，散户大幅度退出和标准化规模养殖的逐步增加，这主要是受肉牛价格的拉动和散户牛奶市场的快速退出的影响。从规模化构成看，占奶农总数 1.17% 的百头以上规模化农户，饲养着全省 52.13% 的奶牛，生产了全省 61.47% 牛奶。规模养殖的快速攀升，有力地推动着奶业生产方式的变革。

表 4-22　奶牛规模养殖情况

项　目		百头以下（≤ 100）			百头以下（≥ 100）		
		场户数（个）	存栏量（头）	奶产量（吨）	场户数（个）	存栏量（头）	奶产量（吨）
2012 年	数量	24 650	127 447	262 982	135	61 876	145 424
	比重	99.5%	67.3%	64.4%	0.5%	32.7%	35.6%
2013 年	数量	11 863	102 168	215 300	140	111 263	323 275
	比重	98.8%	47.9%	38.5%	1.2%	52.1%	61.5%

【奶站管理】2013 年，甘肃省畜牧业产业管理局按照《甘肃省奶牛散养户生鲜乳生产收购管理技术规范》，指导奶业重点县区建档立制，有效地规范了奶站的生产经营行为，所有生鲜乳收购站全部达到了“五有一符合”的设站条件。目前生鲜乳收购站有 74 个比上年减少 2 家。其中：乳品加工企业开办的 28 家，奶牛养殖场(户)开办的 37 家，奶农合作社开办的 9 家，74 家生鲜乳收购站运营基本平稳，日生鲜奶流量 1 005.2 吨，其中：挤奶量 750.1 吨，日收购量 255.1 吨。统计显示，由于小规模散户的退出，分散在养殖场以外的收奶站数量及收奶量在骤减，原奶流量主要来自规模化奶牛场的机械化挤奶站。

【品种改良】奶牛品种改良主要是采用细管冻精及人工授精技术实施，良种主要是引进国内外良种高产奶牛和优质冻精，高产奶牛引进主要来自澳大利亚和新西兰，2013 年引进数量 3 600 多头。冻精主要来自北京奶牛中心、蒙牛赛克星、加拿大 SEMEX(先马士)、上海光明荷斯坦等服务企业。国家奶牛良种补贴主要是通过统一招标采购并通过省、市、县畜牧兽医技术推广体系在散户牛群中应用，当年招标采购冻精 26 万支，授配改良 13 万头。以往担心统一招标采购的冻精质量难以保证而通过社会化奶牛良种服务企业自主采购种源的牛场，今年也逐渐扩大了对国家良种补贴招标采购的奶牛冻精的应用，但通过社会化奶牛良种服务企业自主自费采购种源的规模牛场仍然不少。

【疫病防控】2013 年省、市、县畜牧兽医技术推广体系，精心组织开展了常规的防疫和检疫，进行了结核和布病的防检疫工作，绝大部分牧场都能定时进行严格常规防疫和程序性的消毒工作，因而没有出现大面积疑似疫病和疫病的发生，但年初在周边省区零星出现的疑似疫病，在个别牛场也有零星发病，由于处置及时，措施得力，持续时间短暂，未出现大面积流行。规模化牛场的常规疾病仍以乳房炎、肢蹄病、酸中毒和消化不良等常见病为主。总体上看大中型牧场都能做到“以防为主、防重于治” 的原则，对常见多发病能做到“早发现，早治疗”。散养户由于缺乏奶牛饲养管理和疾病防治技术和知识，奶牛常见疾病发生率较高，得不到科学及时防治，导致饲养效益不高，甚至亏损赔钱，直至退出奶牛养殖行业。值得注意的是部分新建规模化牛场在引种过程中由于缺乏奶牛引种技术，依然存在携带或者潜在发生疫病风险的可能。

【饲料生产】甘肃作为全国草业大省，饲料生产稳步推进，2013 年人工种草面积达到 2 327 万亩，其中多年生牧草留床面积 1958 万亩，苜蓿留床面积 950 万亩，发展高产优质标准化苜蓿商品草生产基地 60 万亩，当年苜蓿商品干草产量约 15 万吨。草产品加工企业发展到 60 多家，草产品加工能力 160 万吨。同时，种草与养畜紧密结合，提高了人工种草的经济效益和比较效益，草产业对畜牧业的支撑能力进一步增强。甘肃作为全国面积最大的紫花苜蓿饲草生产基地，2013 年实施国家奶牛优质苜蓿标准化高产创建项目，新增紫花苜蓿留床面积 80 000 亩。草产业的稳定发展为奶业提供了丰富的优质饲草料保障。规模化牧场的粗饲料绝大多数使用的是青贮和苜蓿青干草，并且引用 TMR 机械饲喂，奶牛享受着比较好的福利待遇，牛奶质量和安全有保障。

【乳品加工】2013 年乳品市场回暖，消费增加，奶源紧张、奶价上涨。全省原有乳制品及婴幼儿配方乳粉生产企业 41 户，分布于 11 个市州。2012 年省质检部门对所有乳品加工企业进行了全面的整顿和重新审核认证。经过认证合格的乳品加工企业共有乳品加工企业 25 个（含 2 户婴幼儿配方乳粉生产企业），都能严格执行原辅料进货验收把关制度，生鲜乳采购渠道正规、稳定，原料奶全部来自登记备案的标准化规模养殖场（小区）和正规生鲜乳收购站，生鲜乳收购许可证、生鲜乳准运证和生鲜乳交接单等“两证一单”齐全。2013 年乳品企业日处理生鲜奶的能力总计达到了 2 800 吨，总销售额在 15.1 亿元以上。产品主要以本地巴氏杀菌奶、UHT 奶、奶粉、酸奶和干酪素。实际上规模的企业主要有兰州庄园乳业有限责任公司、兰州伊利乳业有限责任公司、兰州雪顿生物乳业有限公司、甘南州燎原乳业有限责任公司、酒泉市乐为尔乳业有限责任公司等 10 余家。据初步统计，2013 年收购原奶量 27.12 万吨，平均支付价格 4.51 元 / 千克，其中：自有奶源量 10 万吨。年乳制品产量 30.5 万吨，其中：巴氏杀菌奶 1.91 万吨，UHT 奶 13.06 万吨，酸奶 4.13 万吨，奶粉 4 452 吨，乳饮料 11.29 万吨。整体设计加工能力 11.4 万吨 / 年。年销售收入 15.07 亿元，年利润 1.5 亿元。呈现出乳企稳定，利润上升的良好势头。

【奶农组织】目前奶农合作社有12个，包含农户550户，存栏奶牛12 860头。实际经营管理比较规范的上规模的奶业合作社有张掖市甘州区的前进奶业合作社和下寨乡奶业合作社两个，这两个奶牛养殖合作社是以融资入股方式成立的新型奶业合作社，虽然刚刚起步，但发展步伐稳健，合作社立足新农村小康建设，高起点规划、高标准建设，高技术生产，目前存栏优良品种荷斯坦牛8 200多头。张掖市甘州区前进奶牛合作社可谓独树一帜，按照“公司＋专业合作社＋农户＋支部”的发展模式，由农民集资入股创办的集体经济企业，下属前进奶牛专业合作社、汇源奶牛专业合作社及绿洲奶牛繁育农民专业合作社三个合作社，截至目前注册资金达1.4亿元，资产总额达3.41亿元。入社的会员686人，从业人员320人，其中管理人员58人，技术人员72人。与伊利集团、蒙牛乳业有限公司建立长期合作关系，产品价格与销售市场十分稳定，经济效益显著。2013年5月7日甘州区前进奶牛专业合作社3万头奶肉牛产业化项目正式开工，这是甘州区前进奶牛专业合作社和四方力欧畜牧科技股份有限公司合作在现有基础上建设的现代化、集约化、规模化集奶牛养殖和肉牛育肥相结合的生态化万头牧场。项目总投资10亿元，占地32 000亩，其中：养殖区2 000亩，优质牧草种植区30 000亩。项目目标规模3万头。其中万头奶牛养殖场2处，万头肉牛养殖场1处。但总的来看，奶农合作社组织建设在起步阶段，需要政府部门的重视和支持。

【技术培训】随着奶牛养殖规模化的发展，奶牛标准化养殖技术的普及和应用越来越重要，甘肃奶牛规模化养殖起步晚，但起点高发展快，标准化规模养殖技术应用不普及，尤其是新建的一些牛场，绝大多数是矿产、建筑等行业老板转型投资的，主体责任人缺乏奶牛养殖知识和技能，在引牛、饲养管理、疫病防控等方面出现了很多问题，甚至在引进的牛群中零星发生了疫情，形势还是很严峻的。对此，省奶业协会邀请配合中国奶业协会、国家奶牛产技术体系、体系兰州试验站、疾病控制功能研究室等业务相关单位，进一步加强了规模化奶牛养殖技术培训和技术推广服务。一是开展奶牛养殖技术培训。以提高标准化养殖技术水平、普及安全用药知识为目标，组织开展奶牛养殖技术培训，重点加强动物防疫、科学饲养、投入品管理、粪污综合利用等技术以及相关管理法规的培训学习。二是加快标准化关键技术的推广。重点推广应用高产奶牛繁殖新技术、全混合日粮（TMR）饲喂技术、DHI技术、奶牛养殖环境污染治理技术，秸秆青贮和优质牧草生产加工调制技术等，加强奶牛人工授精、选种选配等技术服务。

【政策法规】甘肃是贫困欠发达地区，财政相对困难，省政府和市州政府对奶业发展出台了一些资金扶持政策，主要有：一是以牛羊产业大县建设为主要内容的草食畜牧业行动计划；二是以金融支持“联村联户 为民富民”行动为主要内容的“双联惠农贷款”，即：从2012年起，农行甘肃分行将连续五年每年安排60亿元专项信贷规模，省财政部门采取全额全程贴息的办法，支持农户、农民专业合作组织和企业发展农牧产业，加快脱贫致富步伐；三是中央财政现代农业生产发展资金项目；四是振兴奶业苜蓿发展行动；五是2013年6月出台了《甘肃省草食畜牧业和设施蔬菜产业发展贷款贴息管理办法》农民专业合作社（养殖小区）养殖规模。为饲养基础肉牛（奶牛）100头以上或年出栏肉牛300头以上的养牛户，发放额度不超过300万元，未享受其它贴息政策的贷款给予的贴息补助等等。这些支持政策的实施有力地推动了甘肃省草食畜牧业的稳定健康发展。但奶牛养殖是高投入、高成本、周期长的产业，相对产业而言奶产业扶持的资金犹如杯水车薪，与产业发展的需求相差甚远。金融信贷部门对奶业的贷款额度小、周期短、门槛高、农牧民维持和扩大再生产举步维艰。因此建议省市县各级政府部门，以省委省政府启动的草食畜行动计划为契机，抓住牛羊产业大县项目建设和中央现代农业发展资金这一历史机遇，把资金向奶业发展予以倾斜。金融部门在确保资金安全回收的前提下，也应该适当降低贷款门槛，适当放大贷款额度，延长回收周期，扶持奶牛场改善基础设施和高产奶牛良种的更新换代，提升甘肃奶牛业的发展水平。

【奶业大事】3月19~20日，白银市奶业协会一届二次会议暨专家讲座在万盛大酒店举行。秘书长杨小军主持了会议，会长万生乾报告了协会成立一年来的工作运行情况和白银市奶产业发展情况并就存在的问题和下一步工作进行了部署。副市长卜发生先生和省农牧厅副厅长姜良先生到会并发表了重要讲话。国家奶牛产业技术体系首席科学家李胜利教授应邀出席了会议并就国家奶业产业形势、奶牛标准化规模养殖技术作了专题讲座。

5月7日，甘州区甘肃前进奶牛专业合作社3万头奶肉牛产业化项目开工奠基仪式在甘州区石岗墩农场正式举行。张掖市委、市政府、市人大、市政协、省农牧厅的领导和甘州区委、区政府、区人大、区政协的领导出席奠基仪式并为项目开工培土奠基。该项目是甘州区前进奶牛专业合作社和四方力欧畜牧科技股份有限公司合作在现有基础上建设的现代化、集约化、规模化奶牛养殖和肉牛育肥相结合的生态化万头牧场。项目总投资10亿元，占地32 000亩，其中：养殖区2 000亩，优质牧草种植区30 000亩。项目目标规模3万头奶肉牛养殖场。其中10 000头奶牛养殖场2处，1万头肉牛养殖场1处。

5月29日，为进一步解决农户贷款难、贷款利息高的问题，逐步形成财政分级与农户共担利息的机制，规范贷款贴息管理，促进甘肃省草食畜牧业和设施蔬菜产业发展，实现农业增效、农民增收，甘肃省农牧厅、甘肃省财政厅、甘肃省扶贫开发办、甘肃省政府金融办、人行兰州中心支行、甘肃省银监局联合制定了《甘肃省草食畜牧业和设施蔬菜产业发展贷款贴息管理办法》(甘农牧发〔2013〕176号），省级整合一定支农资金，县级政府安排相应配套资金，对经办银行给农户发放额度不超过30万元（含）、农民专业合作社（养殖小区）发放额度不超过300万元（含），且贷款年利率按人民银行公布的国家基准利率上浮最高不超过20%，用于发展肉牛（含奶牛）、肉羊和设施蔬菜生产，未享受其他贴息政策的贷款给予的贴息补助。

6月1~3日，甘肃省奶业协会组织乳品企业、规模化奶牛养殖场、奶业合作社的管理人员85人团参加了第四届中国奶业大会暨第十一届中国国际奶业展览会，并考察了南昌周边部分规模化奶牛养殖企业。

6月2日中国奶业协会表彰了全国优秀奶业工作者，白银鑫昊工贸有限公司董事长苏风积、兰州牧工商有限责任公司董事长刘琪平、甘肃省畜牧业产业管理局科长沈启云等3名同志获此殊荣。

6月初甘南州燎原乳业有限责任公司、酒泉市乐为尔乳业有限责任公司、酒泉市好牛乳业食品有限责任公司、兰州庄园牧场有限公司永登瑞兴牧场有限公司等4家千头规模奶牛场项目（自建奶源基地）相继开工建设。

7月24~25日，在中国奶业协会召开了2013年全国重点奶业企业信息监测工作会议上甘肃省秦王川奶牛试验场荣获2012—2013年度重点乳品加工企业信息监测工作先进单位称号。

8月4~5日，国家奶牛产业技术体系兰州试验站、疾病控制研究室和甘肃省奶业协会联合在兰州饭店举办了甘肃省规模奶牛场经营管理技术培训班，来自全省规模化奶牛场的管理和技术人员80余人参加了培训。

9月4~5日，国家奶牛产业技术体系在白银市举办了国家奶牛技术体系技术培训班，为甘肃规模化奶牛场培训技术人员120多人。

10月初，白银鑫昊工贸有限公司5 000头高产奶牛养殖场项目在白银区武川乡开工建设。

10月30~11月1日，美国农业部在兰州饭店举办了“美国农业部新兴市场(EMP)项目论坛”，来自甘肃、宁夏、新疆、四川等地区奶农近200人参会接受了前沿技术的培训。

11月18~19日，蒙牛乳业和随缘药业在兰州金城宾馆举办了规模化奶牛场技术研讨会，为甘肃培训技术主管60多人。

11月6日，甘肃华清农牧科技有限公司千头规模高产奶牛养殖场项目在皋兰县黑石乡开工建设。

12月2日，省发改委下达奶牛标准化规模养殖场(小区)建设项目2013年中央预算内投资计划，涉及兰州市榆中县、七里河区奶牛标准化规模养殖场（小区）改扩建项目等4项，计划总投资876万元，其中中央预算内投资370万元，企业自筹506万元。项目建成后，将有效提高兰州市奶牛标准化规模养殖水平，促进奶牛生产稳定发展，保障市场供应。

（甘肃省奶业协会，沈启云）

附表　2013年甘肃规模化奶牛养殖场（小区）名录

序号	奶牛养殖场（小区）名称	养殖场	小区	全群存栏（头）	成母牛存栏（头）	奶畜品种	成母牛单产（吨/年）	年总产（吨）	是否参加DHI	是否应用TMR
1	明良奶牛养殖合作社		√	5 952	3 300	荷斯坦	4.3	14 190		√
2	甘肃祁牧乳业有限责任公司	√		4 945	3 200	荷斯坦	7.5	24 000		√
3	甘肃荷斯坦奶牛繁育示范中心	√		3 350	1 840	荷斯坦	7.5	13 800		√
4	庄园乳业瑞达牧场		√	2 620	1 510	荷斯坦	7.2	10 872		√
5	临泽县沙河镇富民奶牛养殖合作社		√	2 380	1 200	荷斯坦	6.5	7 800		√
6	好牛乳业食品有限责任公司奶站合作社		√	2 331	1 360	荷斯坦	4.5	6 120		√
7	甘肃华瑞农业股份有限公司		√	2 300	560	荷斯坦	5.6	3 136		√
8	白银鑫昊工贸公司四龙养殖示范园	√		2 230	1 000	荷斯坦	9.6	9 600		√
9	张掖市甘州区绿洲奶牛繁育农民专业合作社		√	2 040	1 000	荷斯坦	7.8	7 800		√
10	天水嘉信畜牧有限公司	√		1 703	1 055	荷斯坦	7	7 385		√
11	乐为尔乳业有限责任公司奶站合作社		√	1 635	1 601	荷斯坦	7	11 207		√
12	古象奶业有限责任公司		√	1 590	1 572	荷斯坦	5	7 860		√
13	临泽县蓼泉镇下庄村奶牛养殖小区		√	1 564	320	荷斯坦	6.5	2 080		√
14	临泽县林牧科技示范园奶牛养殖小区		√	1 500	430	荷斯坦	7.5	3 225		√
15	酒泉雄鹏乳业有限责任公司		√	1 355	836	荷斯坦	5.2	4 347		√
16	张掖市甘州区前进奶牛专业合作社		√	1 350	850	荷斯坦	6	5 100		√
17	兰州雪顿乳业晏家坪奶牛养殖合作社		√	1 230	530	荷斯坦	5.3	2 809		√
18	白银大富乳业奶牛场	√		1 230	450	荷斯坦	5.9	2 655		√
19	张掖市甘州区汇源奶牛农民专业合作社		√	1 200	750	荷斯坦	6.4	4 800		√
20	临洮县兴达乳业公司	√		1 200	773	荷斯坦	6.4	4 947		√
21	武威荣华新型农业股份有限公司	√		11 500	9 000	荷斯坦	新建	新建		√
22	甘肃农垦天牧乳业有限公司	√		3 000		荷斯坦	新建	新建		√
23	会宁县康之源养殖有限公司	√		1 130	720	荷斯坦	7	5 040		√
24	临夏泉乳奶牛养殖小区		√	1 120	732	荷斯坦	4.1	3 001		√
25	临夏金牛乳业公司奶牛养殖小区		√	1 069	689	荷斯坦	4	2 756		√
26	甘肃国鼎农业科技有限公司刘川养殖场		√	1 050	540	荷斯坦	6.6	3 564		√

（续）

序号	奶牛养殖场（小区）名称	养殖场	小区	全群存栏（头）	成母牛存栏（头）	奶畜品种	成母牛单产（吨/年）	年总产（吨）	是否参加DHI	是否应用TMR
27	武威市凉州区和平镇生泉奶牛养殖专业合作社		√	1 041	465	荷斯坦	4.6	2 139		√
28	甘肃秦王川奶牛场试验场	√		1 016	490	荷斯坦	7.5	3 675		√
29	榆中县宝裕奶牛养殖专业合作社		√	1 000	420	荷斯坦	5.5	2 310		√
30	会宁农园养殖有限公司	√		876	510	荷斯坦	6.4	3 264		√
31	武威市凉州区柏树奶牛养殖专业合作社		√	862	510	荷斯坦	5.5	2 805		√
32	兰州市七里河区天方乳业奶牛养殖小区		√	820	420	荷斯坦	4.4	1 848		√
33	榆中瑞丰牧场有限公司	√		810	520	荷斯坦	4.3	2 236		√
34	甘肃天水清水县宇新牧业有限公司	√		800	430	荷斯坦	5.5	2 365		√
35	靖远县一正农业科技有限公司	√		785	420	荷斯坦	4.5	1 890		√
36	定西市安定区兴牧养殖场	√		780	630	荷斯坦	0.8	504		√
37	金川集团有限公司服务分公司居佳乳品厂	√		773	457	荷斯坦	5.3	2 422		√
38	会宁千胜乳业有限责任公司	√		730	370	荷斯坦	7.4	2 738		√
39	临夏市明良奶牛养殖小区		√	624	326	荷斯坦	6.1	1 989		√
40	甘肃凯悦科技生物有限公司	√		620	347	荷斯坦	3.6	1 249		√
41	临夏市泉乳乳品有限责任公司奶牛养殖小区		√	615	345	荷斯坦	7.5	2 588		√
42	会宁金铃养殖有限公司奶牛场	√		610	295	荷斯坦	11.2	3 304		√
43	甘肃省天辰牧业有限公司	√		600	320	荷斯坦	6.2	1 984		√
44	甘肃国鼎农业科技有限公司大红沟奶牛场	√		550	300	荷斯坦	4.5	1 350		√
45	兰州博壮良种奶牛养殖专业合作社（红古区）		√	540	236	荷斯坦	6.8	1 608		√
46	景泰县常兴农牧有限公司	√		530	80	荷斯坦	5.6	448		√
47	酒泉玉门市华油乳品公司奶牛养殖小区		√	530	290	荷斯坦	5.2	1 508		√
48	景泰县恒丰牧业有限公司奶牛场		√	503	270	荷斯坦	7.2	1 944		√
49	定西育强牧业有限公司	√		500	300	荷斯坦	5.1	1 530		√
50	北塬奶牛养殖小区		√	463	272	荷斯坦	5.3	1 442		√
51	兰州市城关区城关奶牛场	√		458	287	荷斯坦	4.7	1 349		√
52	临洮县华加奶牛专业合作社		√	458	291	荷斯坦	5.4	1 572		√
53	临洮县和谐奶牛专业合作社		√	428	282	荷斯坦	5.6	1 579		√

酒　泉　市

【奶畜存栏】2013 年，全市奶牛存栏 1.55 万头，其中荷斯坦牛 1.26 万头；奶牛主要分布各县市区城郊，肃州区主要分布在果园乡、泉湖乡、上坝镇、总寨镇、银达镇，其奶牛存栏数占牛总存栏数的 21%。全市奶山羊存栏 4 000 只，主要品种为萨能山羊及其后代；其中，萨能山羊存栏 2 650 只，波尔山羊 340 只。萨能山羊主要分布在七个县市区，各个乡镇都有零星分布，其奶山羊存栏数占山羊总存栏数的 0.36%。牦牛存栏 1 400 头，主要品种为当地黑牦牛，主要分布在肃北县的党城湾镇、盐池湾乡、石包城乡和马宗山乡，其牦牛存栏数占总存栏数的 85%。肃州区有少量分布，主要分布在沿山片的清水镇、丰乐乡、金佛寺镇，其牦牛存栏数占总存栏数的 15%。

【奶类产量】2013 年，全市奶类总产量 3.35 万吨，比去年同期增长 6%，其中商品奶类（企业收购）1.6 万吨，与上年持平。奶类总产量中牛奶 2.6 万吨，比上年增长 8.6%,；羊奶 0.16 万吨，与上年持平。原料奶收购价格：2013 年，各县（市、区）全年的平均奶价为 6.4 元 / 千克，同比增加 12%。

【乳品加工】2013 年，全市共有乳品加工企业 4 个，日处理生鲜奶的能力总计达到 60 吨，乳品企业总销售额为 3 600 万元。全市巴氏杀菌奶的产量为 1.5 万吨、酸奶的产量为 1.2 万吨。其中，好牛乳业年巴氏奶产量 0.8 万吨，酸奶 0.6 万吨；乐为尔乳业年巴氏奶产量 0.4 万吨，酸奶 0.3 万吨；雄鹏乳业年巴氏奶产量 0.3 万吨，酸奶 0.3 万吨。

【市场消费】据城调队资料，2013 年全市城镇居民人均奶制品（折合成液态奶）消费量 95.9 千克 / 人。其中，鲜奶 70.8 千克 / 人，奶粉 2.5 千克 / 人，酸奶 5.1 千克 / 人；据农调队资料，2013 年全市农村居民人均奶制品（折合成液态奶）消费 72.2 千克 / 人。其中，鲜奶 57.1 千克 / 人，奶粉 1.7 千克 / 人，酸奶 1.5 千克 / 人。

【奶源基地】2013 年，全市奶牛存栏 1~5 头的有 329 个场（户）、6~20 头的有 129 个场（户）、21~100 头的有 18 个场（户）、101~200 头的有 2 个场（户）、201~500 头的有 1 个场（户）、501~1 000 头的有 1 个场（户）、1 000 头以上 0 个场（户）；奶牛养殖小区 3 个，奶牛存栏 460 头。标准化规模养殖场 2 个，奶牛存栏 803 头。2013 年机械化挤奶达到 20%。2013 年共改良各种牛群 13 260 头，冷冻精液 10 000 剂。在疫病防控上，开展春秋两季集中注射 O 型口蹄疫苗，免疫密度和耳标佩戴率均达到 100%，连续多年未发生重大动物疫情。

【饲草饲料】人工牧草种植面积 4 700 公顷，其中苜蓿草 6 000 公顷；专用青贮玉米种植面积 5 200 公顷，有青贮窖 4 894 个，共 69 400 立方米。

【支持政策】省政府出台了农业保险保费补贴政策，其中：每头奶牛收取保险费180元的标准（中央财政补贴90元、省财政补贴54元、县财政补贴18元、农户承担18元）

（酒泉市畜牧兽医局）

嘉峪关市

【奶牛养殖】2013年底全市奶牛存栏5 699只，以荷斯坦奶牛为主；2013年牛奶总产2.2万吨，比上年增长11.1%；2013年机械化挤奶站每千克牛奶价格稳定在4.9元以上。

【乳品加工】乳品加工企业1个，为甘肃祁牧乳业有限责任公司。2013年生产巴氏杀菌奶2 443吨、酸奶934吨。2013年销售收入1.4亿元，资产总额1.94亿元，利税总额1 352.53万元。

【奶源基地】全市奶牛散养户、规模养殖场共14个；奶牛1~5头6户，存栏18头；6~20头7户，存栏60头；标准化规模养殖场1个，奶牛存栏5621头。2013年，人工牧草种植面积2.4万亩，品种主要有紫花苜蓿、箭舌豌豆、毛苕子等。奶牛冻配改良5 054头。为保障奶牛及乳品质量安全，2013年进一步加大对人畜共患传染病的监测力度，按照《甘肃省2012~2014年主要动物疫病防控行动方案和中长期动物疫病防治规划》的要求，继续对全市所有奶牛进行了布病和结核病的监测净化。全年奶牛“结核病和布氏杆菌病”共监测9 866头份，其中：结核病4933头、布病4933份，没有检出阳性奶牛。

（嘉峪关市畜牧兽医局）

张掖市

【奶类生产】2013年，全市奶牛（含杂种牛）存栏达4.19万头，其中，荷斯坦奶牛存栏2.97万头，占奶牛存栏数的70.3%。奶类总产量达9.54万吨，同比增长44%，其中：牛奶9.28万吨，牦牛奶0.26万吨。全年平均牛奶价为5.6元/千克，同比增长20%。

【发展特征】一是规模养殖发展迅速。2013年底，全市建成百头以上奶牛养殖场（小区）14个，存栏30 113头，占存栏总量的71.8%；千头以上奶牛养殖场(小区)7个，存栏27 407头，占存栏总量的65.4%。近几年，奶牛养殖户减少74%，但奶牛存栏量增加40%，奶牛规模养殖发展迅速。二是奶站建设管理规范。目前，全市建成机械化挤奶生鲜乳收购站12个，主要分布在甘州、临泽和民乐三县区。其中：养殖场自建1个，乳品企业自建7个，合作社自建4个。现有奶站平均日收奶162吨，机械化挤奶水平达100%，奶站生鲜奶主要由临泽雪莲乳业公司、兰州伊利和兰州蒙牛三家公司收购，销路畅通。三是乳品加工规模不断扩大。临泽雪莲公司乳品加工工厂是张掖市唯一的一家乳品加工企业，2005年利用外国政府贷款引进世界先进的芬兰伊莱克斯德公司软包装生产设备，新建万吨液态奶生产线一条，生产线设计生产能力年处理生鲜奶3.6万吨，现生产能力为当班8小时处理生鲜奶35吨，具有超高温灭菌奶、巴氏杀菌奶、酸牛奶、乳酸饮料生产线四条，可生产三大系列15个品种。2009~2010年新建日处理生鲜奶200吨奶粉生产线一条，具备年生产配方奶粉、全脂奶粉、脱脂奶粉等系列产品6 000吨的能力。四是奶业社会贡献能力增强。2013年，全市奶产量达9.54万吨，按全市131万人口计算，人均牛奶消费72.6千克，奶牛养殖业产值达4.56亿元，与2012年相比分别增加79%和62%。奶牛养殖业占牧业总产值的12.76%，农民人均从奶业获得收入307元，占农民纯收入的3.6%，奶业社会贡献能力不断增强。

（张掖市畜牧兽医局）

武威市

【奶类生产】2013年底，全市存栏奶牛1.45万头（其中成年奶牛0.94万头），年产奶1.27万吨。奶牛品种主要是荷斯坦，还有少量的乳肉兼用的西门塔尔牛。全市共有奶牛养殖场（户）1 882个，其中，存栏奶牛1~5头的养殖场户1 233个，存栏奶牛4 861头；存栏奶牛6~20头的养殖场户604个，存栏奶牛6 821头；存栏奶牛21~100头的养殖场户42个，存栏奶牛1 652头；存栏奶牛101~200头的养殖场户1个，存栏奶牛106头；存栏奶牛201~500头的养殖户1个，存栏奶牛287头；存栏奶牛501~1 000头的养殖场户1个，存栏奶牛810头。存栏牦牛10.2万头（其中成年母牦牛2.4万头），年产牦牛奶0.88万吨（其中，商品奶0.19万吨）。

【生奶收购】武威市现有收奶站3家，均位于凉州区，据调查三个奶站日均收奶42.5吨，2013年每千克收购价平均为3.05元/千克，春夏秋冬季奶价分别是2.7元/千克、2.7元/千克、3.2元/千克、3.4元/千克。除奶站外，其它收奶市场平均价为4.5元/千克，春夏秋冬季奶价分别是4元/千克、4元/千克、5元/千克、5元/千克。

【饲草生产】2013年，武威市天然草场面积2 617.67万亩，其中可利用草场面积2 260.19万亩。全市共种植牧草69.08万亩，其中多年生牧草改良种植24.21万亩，一年生牧草44.87万亩，新建青贮池728个31.05万立方米，累计达到2 796个130.68万立方米；购置秸秆加工调制机械1 667台（套），累计达到19 831台（套）；秸秆总量达249万吨，秸秆综合利用量达187.5万吨，其中青贮（黄贮）氨化126.05万吨、粉碎加工61.45万吨。

（武威市畜牧兽医局）

白 银 市

【奶类生产】2013 年底奶牛存栏 2.16 万头，（其中规模养殖场存栏 1.97 万头，同比增长 25.6%），其中荷斯坦牛 2.0688 万头，主要分布的是会宁县的柴门乡、中川乡、河畔乡、郭城镇、靖远县的北滩乡、东升乡、景泰县的红水镇、一条山镇、漫水滩乡、白银区的王岘镇、四龙镇和平川区的黄峤乡，其奶牛存栏数占总存栏数的 95%。奶山羊存栏 0.98 万只，主要品种是关中奶山羊，主要分布在靖远县、景泰县、会宁县和平川区。2013 年白银市共发放草食畜牧业贷款 10.3 亿元，其中一大部分的资金用于奶产业发展。2013 年奶类总产量 5.8932 万吨，同比增长 26.46%，奶类总产量中牛奶 5.80 万吨，占总产量 98%，羊奶 0.09 万吨。牛奶主要产自规模化奶牛养殖场，散养户饲养的奶牛所产牛奶主要以分散零售形式供给城乡居民。2013 年全年的平均奶价为 4.38~4.8 元 / 千克，同比增加 14%，春夏秋冬季奶价分别是 3.9 元 / 千克、4.0 元 / 千克、4.5 元 / 千克、5.1 元 / 千克，比去年同期增加 -0.05 元 / 千克、0.18 元 / 千克、0.65 元 / 千克、1.25 元 / 千克。

【乳品加工】2013 年本地共有乳品加工企业 1 个（鑫昊工贸有限公司），日处理生鲜奶的能力 8 吨，年销售收入 14 200 万元，利润 5 960 万元。年乳制品产量 2 972 吨，其中巴氏杀菌奶 2 180 吨，酸奶 792 吨。

【市场消费】据城调队资料，2013 年白银市城镇居民人均奶制品（折合成液态奶）消费量 45 千克 / 人，其中，鲜奶 29 千克 / 人，奶粉 0.5 千克 / 人，酸奶 2.27 千克 / 人；据农调队资料，2013 年白银市农村居民人均奶制品（折合成液态奶）消费 25 千克 / 人，其中，鲜奶 22 千克 / 人，奶粉 0.2 千克 / 人，酸奶 0.9 千克 / 人。

【奶源基地】2013 年，本地区奶牛存栏 1~5 头的有 34 个场（户）、6~20 头的有 84 个场（户）、21~100 头的有 25 个场（户）、101~200 头的有 1 个场（户）、201~500 头的有 6 个场（户）、501~1 000 头的有 10 个场（户）、1 000 头以上 6 个场（户）。养殖小区 5 个，奶牛存栏 2 000 头，标准化规模养殖场 23 个，奶牛存栏 19 702 头；其中靖远县新建 5 个，奶牛存栏 967 头。2013 年末共有奶站 16 个，其中养殖场建设的 16 个。本地区 2013 年本地区机械化挤奶达到 100%。2013 年共改良各种牛群 1.12 万头，使用冷冻精液 9 800 剂，共进口奶牛 4 950 头。2013 年共检疫奶牛 8 909 头。

【饲草饲料】2013 年全市完成人工种草 85.14 万亩，种植多年生牧草 56.65 万亩，一年生牧草 28.49 万亩，多年生牧草累计留床面积达到 233.45 万亩，其中紫花苜蓿草 215.95 万亩。完成秸秆饲料化利用 169.13 万吨，秸秆饲料利用率达到 58%，加工青贮饲料 65.26 万吨，其中玉米全株青贮 16.693 万吨。奶牛配合饲料的生产企业 12 个，年产奶牛配合饲料 0.5 万吨。

【支持政策】一是在落实国家政策性保险的基础上（保费每头 180 元，保额 3 000 元，投保奶牛 12 238 头），启动了奶牛商业保险（保费每头 200 元，保额 5 000 元，投保奶牛 6 441 头），市财政补贴保险费 64.41 万元，大大降低了养殖风险。二是靖远县下发落实《靖远县关于进一步加强草食畜牧业发展的实施意见》、《靖远县加快发展草食畜牧业建设牛羊产业强县扶持奖励办法》。三是 2014 年上半年市政府将出台奶产业发展的扶持政策。

（白银市畜牧兽医局）

临 夏 州

【奶类生产】2013 年，临夏州奶牛存栏 35 419 头，其中荷斯坦牛 32 669 头，乳用西门塔尔牛 2 750 头，荷斯坦牛存栏数占总存栏数的 92%；主要分布在临夏县、临夏市。奶山羊存栏 2 100 只，主要品种为关中奶山羊、萨能奶山羊，分布在全州各县。临夏州奶类总产量 11.19 万吨；牛奶产量 11.12 万吨，比去年同期增长 8.6%。羊奶 720 吨，比上年增长 3.6%。临夏州 2013 年全年的平均奶价为 3.8 元 / 千克，同比增加 11.8%，春夏秋冬季奶价分别是 3.8 元 / 千克、3.8 元 / 千克、3.8 元 / 千克、3.8 元 / 千克，比去年同期增加 0.4 元 / 千克、0.4 元 / 千克、0.4 元 / 千克、0.4 元 / 千克。

【乳品加工】2013 年临夏州共有乳品加工企业 3 个，日处理生鲜奶的能力总计达到 10 吨，乳品企业总销售额为 2 544 万元。临夏金牛乳业有限责任公司的销售额为 1 180 万元，利税 28 万元；临夏州燎原乳业有限责任公司的销售额为 864 万元，利税 54 万元；和政县华龙乳制品有限公司销售额为 500 万元，利税 87 万元。2013 年临夏州奶粉产量为 1 250 吨，同比增长 13.75%。

[市场消费] 据统计局调查分析，2013 年居民消费人均奶制品（折合成液态奶）消费量 11.4 千克 / 人，其中，鲜奶 3.8 千克 / 人，奶粉 0.8 千克 / 人，酸奶 1.2 千克 / 人。

【奶源基地】2013 年，临夏州奶牛存栏 1~5 头的 10 289 户，6~20 头的 370 个户，21~100 头的有 16 个场（户），101~200 头的有 26 个场，201~500 头的有 10 场，501~1 000 头的 3 个场，1 001~2 000 头的有 2 场，2 001~3 000 头的有 1 个场。其中：奶牛养殖小区 4 个，奶牛存栏 1717 头。2013 年末共有奶站 10 个，其中养殖场建设的 5 个，乳品企业自建的 3 个，合作社建设 2 个。2013 年全州奶牛改良 2.55 万头，使用冷冻精液 5.1 万剂。2013 年新建青贮窖池 16.32 万立方米，青贮窖总量达到 110 万立方米。

（临夏州畜牧兽医局）

定 西 市

【奶类生产】2013年奶牛存栏1.2927万头，其中荷斯坦牛1.1471万头，西门塔尔牛4.8万头，改良牛6.5万头；主要分布在安定、临洮、陇西等县区。牦牛存栏数1.2万头，主要品种为甘南牦牛，主要分布在渭源、漳县、岷县等县。2013年奶类总产量4.46万吨，比去年同期增长12%，其中商品奶类（企业收购）2.42万吨，同比增长6%。奶类总产量中牛奶4.32万吨，羊奶0.14万吨，牦牛奶0.053万吨，分别比上年增长6%、2%、1.3%。2013年全年的平均奶价为4.5元/千克，同比增加15%，春夏秋冬季奶价分别是4元/千克、4.4元/千克、4.8元/千克、5元/千克，比去年同期增加0.2元/千克、0.5元/千克、0.8元/千克、1元/千克。其中奶源集中的几个典型地区的价格，与去年相比，生鲜奶单价提高了0.5元。

【乳品加工】2013年本地共有乳品加工企业2个，日处理生鲜奶的能力达到67吨，乳品企业总销售额为6066万元。

【奶源基地】2013年，奶牛存栏1~5头的有50个场（户）、6~20头的有144个场（户）、21~100头的有28个场（户）、101~200头的有4个场（户）、201~500头的有5个场（户）、501~1 000头的有2个场（户）、1 000头以上3个场（户）；奶牛养殖小区15个，奶牛存栏9 504头；标准化规模养殖场10个，奶牛存栏8 672头。2013年末共有奶站5个，其中养殖场建设的5个，奶站平均日收奶38吨。2013年本地区机械化挤奶达到100%。2013年共改良各种牛群65 000头，使用冷冻精液97 500剂。人工牧草种植面积288 324公顷，其中苜蓿草158 426公顷；专用青贮玉米种植面积147 886公顷，有青贮窖15 000个，共2 163 300立方米。

（定西市畜牧兽医局）

平 凉 市

【奶类生产】2013年，平凉市奶牛存栏3 440头，同比下降66.9%。奶牛主要分布在六县二区的乡镇及城周边，其中崆峒区存栏1924头，占存栏总数的55.93%；泾川存栏220头，占6.4%；灵台存栏21头，占0.61%；崇信存栏35头，占1.02%；华亭存栏156头，占4.53%；庄浪存栏413头，占12%；静宁存栏534头，占15.52%；平凉工业园区存栏127头，占3.69%。奶类总产量11583.45吨，同比下降31.5%。2013年人均占有奶5.5千克。同比下降7.7%。

【乳品加工】平凉市先后有乳品加工企业共6家，其中有4家在2013年已停产。主要原因是规模相对较小、实力不足，创新能力弱、产品科技含量低、附加值低，新产品少，经济效益不好，企业知名度不高、市场竞争力弱、抵御市场风险的能力不强等问题。

【奶源基地】2013年，平凉市共有奶牛养殖户328户，其中1~5头的有132户，占40.2%；6~20头的有176户，占53.7%；21~100头的有19户，占5.8%；101~200头的有1个，占0.3%。2013年共引进良种奶牛200头。实施国家奶牛良种补贴项目，年内累计完成授配4 507头，使用细管冻精7 300多支。2013年，平凉市人工牧草种植面积20 000公顷，其中苜蓿草7 300公顷；专用青贮玉米种植面积80 666公顷，建青贮窖1 957 900立方米。玉米秸秆加工利用率达70%以上。

（平凉市畜牧兽医局）

天 水 市

【奶类生产】截至2013年底全市奶牛存栏5 577头（其中成年母牛4 421头），奶类产量2.33万吨，人均奶类占有量6.4千克。全市现有奶牛场养殖场（户）457个，存栏奶牛5 577头。全市现有大型奶牛养殖场3个，存栏奶牛2 670头。现有乳品收购站1个，有鲜乳运输车6辆，正常使用车辆4辆。

【乳品加工】全市现有麦积区的嘉乐乳业和甘谷县力源乳业两家地方自建的乳品加工企业，日处理生鲜奶能力达到20吨以上，年产值分别在300万元以上，产品有灭菌奶、酸奶、奶饮料等。

【奶源基地】全市现有奶牛规模养殖场（户）457个，存栏奶牛5 577头。其中1~5头的276户，存栏910头；6~20头的规模户170户，存栏1606头，21~100头的规模户8户，存栏391头；201~500头的1户，存栏奶牛210头，501~1 000头的规模户1户，存栏670头；1 000头以上的1户，存栏奶牛1 790头。日均产奶量达53.85吨，所产生鲜牛奶以送货上门或自取的方式销售给当地居民，牛奶价格稳定在每千克7.7元左右，不存在外销的情况。2013年完成牛冻配改良8.53万头（其中奶牛冻配0.44万头），使用冷冻精液8 800剂；人工牧草种植面积51.84万亩，其中紫花苜蓿15.84万亩；新建青贮池566个，共13.95万立方米，秸秆饲料化利用55.6万吨。

（天水市畜牧兽医局）

青 海 省

【奶类生产】2013 年青海省荷斯坦牛存栏 22.60 万头，比上年增长 1.48%，其中成年母牛 14.05 万头。主要分布在西宁市 11.54 万头、海东市 7.23 万头、海北州 1.60 万头、黄南州 0.35 万头、海南藏族自治州 1.40 万头、海西藏族自治州 0.46 万头。牦牛存栏 414.41 万头，其中成年母牛 212.40 万头。主要分布在西宁市 4.85 万头、海东市 9.08 万头、海北州 46.30 万头、黄南州 60.31 万头、海南藏族自治州 67.20 万头、海西藏族自治州 10.46 万头、果洛州 79.86 万头、玉树州 132.95 万头。

2013 年青海省奶类总产量为 36.17 万吨，比上年增长 6.04%。其中，荷斯坦牛奶产量 21.19 万吨，比上年增长 6.06%；牦牛奶产量 14.98 万吨，比上年增长 5.94%。荷斯坦牛主产区的奶产量：西宁市 12.40 万吨、海东市 5.55 万吨。牦牛奶主产区海北州 1.76 万吨、黄南州 2.39 万吨、海南藏族自治州 3.07 万吨、海西藏族自治州 0.68 万吨、果洛州 3.04 万吨、玉树州 3.61 万吨。

【乳品加工】2013 年青海省较大规模的乳品加工企业年销售收入达 64 982.55 万元、乳制品年总产量为 73 138.6 吨。其中：巴氏杀菌奶 2 984.4 吨、UHT 奶 28 251.6 吨、酸奶 17 959.7 吨、奶粉 12 000 吨、乳饮料 11 942.9 吨。

【市场消费】2013 年青海省市场上主要销售的乳制品品牌为圣湖、小西牛、天露、伊利、蒙牛、光明、庄园等。

【奶源基地】2013 不同规模养殖场（户）数量及其生产情况（见表 4–23）。

表 4–23 不同规模养殖场（户）数量及其生产情况

指标名称单位	场（户）数（个）	年存栏数（头）	产奶量（吨）
年在栏 1~9 头	96 140	196 344	149 365.89
年存栏 10~19 头	685	9 600	12 952.7
年存栏 20~49 头	174	4 723	8 618.5
年存栏 50~99 头	24	1 686	3 730
年存栏 100~199 头	18	2 489	5 866.8
年存栏 200~499 头	14	3 904	9 333.1
年存栏 500~999 头	3	2 024	6 803
年存栏 1000 头以上	3	5 020	15 240

标准化规模养殖场认定：2013 年通过青海省级认定的奶牛标准化规模养殖场（小区）4 个，2013 年生鲜乳收购年均价为 3.6 元 / 千克。

【良种补贴】畜禽良种工程建设。按照国家良种补贴项目扩大覆盖面的原则，大力推进畜禽良种工程建设。2013 年青海省引进良种奶牛 2 000 头，青海省级财政补助资金 600 万元；扶持建设了 20 个牛改站（点），资金 200 万元；奶牛良种补贴项目补贴荷斯坦牛冻精 20 万剂、乳用西门塔尔牛冻精 10 万剂、牦牛冻精 8 万剂，已发放荷斯坦牛冻精 18.3 万剂，使用荷斯坦牛冻精 16.2 万支，受配母牛 9.2 万头，受惠农户 6.31 万户；乳用西门塔尔牛冻精发放 8.9 万剂、使用冻精 6.3 万剂，受配母牛 3.2 万头，受惠农户 2.30 万户；牦牛冻精 7.83 万剂、使用冻精 4.3 万剂，受配母牛 2.2 万头，受惠牧户 1.46 万户。

【饲草饲料】2013 年，青海省生产各类饲料产品总量达到 25.79 万吨，其中：配合饲料类 12.95 万吨，饲料原料菜子饼 12.43 万吨，用于非反刍动物的肉骨粉 1.2 万吨，饲料添加剂 0.83 万吨。

2013 年青海省种植玉米、苜蓿等饲草料共计 62.74 万亩，其中青贮玉米种植面积为 8.9 万亩、总产量为 55.78 万吨；苜蓿种植面积为 28.69 万亩、总产量为 67.28 万吨。

【疫病防治】严格执行国家相关法律法规规定，按属地管理原则，由动物卫生监督部门责任人和各养殖场签订了防疫工作承包责任书，对养殖场防疫合格证书发放进行严格审批。每年春、夏、秋季进行牛口蹄疫苗免疫接种；定期开展布病和结核病的检测工作及奶牛常见病的防治，共检测奶牛结核病、布病等样品 15.88 万头（份）。

【奶源建设】根据青海省财政厅《关于下达 2013 年农区规模养殖场补助资金的通知》精神，2013 年规模养殖场改扩建项目总投资 439.475 万元，其中青海省级支农资金 290 万元、自筹 149.475 万元。

2013 年根据“省级支农资金农区奶牛良种补贴”项目，引进荷斯坦牛 2 000 头，省级财政补助 3 000 元 / 头，共补贴资金 600 万元。

【政策法规】青海省政府印发了《青海省中长期动物疫病防治规划（2012—2020 年）》，制订了《生鲜乳收购站管理技术规范》《动物饲养场基本建设规范》《牛产地检疫技术规范》等青海省地方标准。

【质量监管】① 根据《青海省 2013 年生鲜乳质量安全监测工作实施方案》，对西宁市及辖县、海东市、海南州和海北州 4 个州 8 个县（市）48 家生鲜乳收购站的生鲜乳进行了抽样检测工作，共抽检生鲜乳样品 169 批，其中：生鲜乳收购站（贮奶罐）抽样 119 批，生鲜乳运输车抽样 50 批，检测三聚氰胺、革皮水解物、β – 内酰胺酶、碱类物质四项指标。检测结果均为合格，合格率 100%。② 奶站管理及其质量监管所采取的主要措施。一是进一步落实生鲜乳质量安全责任。积极建立生鲜乳质量安全监管工作机制，落实责任制。各地建立了严格的监管责任制度，制订了具体实施方案，积极主动全面开展全省生鲜乳质量安全监管工作。

省奶业管理办公室同各州（地、市）农牧局签订了生鲜乳质量安全监管责任书，各地也逐级签订了责任书，各生鲜乳收购站和奶畜养殖场（小区）负责人与县（市、区）主管单位签订了质量安全承诺书。二是积极开展生鲜乳质量安全宣传。对州（地、市）、县（市、区）级畜牧行政主管部门的管理人员、业务单位的技术人员及各生鲜乳收购站驻站监督员开展专业知识和法律法规的培训，提高监管和执法的责任意识和监管能力；对乳品企业、规模养殖小区（场）、现有生鲜乳收购站人员培训，重点增强他们掌握法律法规所规定的各项制度的能力，增强守法自觉性，履行乳品安全第一责任者的责任；面向广大群众宣传教育，努力营造乳品法制化管理的良好氛围。三是强化生鲜乳收购站和运输车许可管理。为严格审核生鲜乳收购站和运输车资质条件，严把准入门槛确保发证收购站和运输车达到法规要求，青海省畜牧厅及时完善和修订了《生鲜乳收购经营许可行政审批办事指南》和《生鲜乳准运证明行政审批办事指南》，严格审核条件、规范发证程序，切实做到"谁发证、谁负责、谁监管"，对全省 48 个生鲜乳收购站和 22 辆运输车的许可证全部进行了换发和网上公示，并逐一建档备案。同时，对已取缔收购站的设备设施采取收回和封存措施。四是加强生鲜乳质量安全监测。以青海省兽药饲料监察所为技术依托，组织力量对所有生鲜乳收购站的收购环节和运输环节进行质量检测，对全省奶牛养殖场、生鲜乳收购站和乳品生产企业进行了抽样检测，检测三聚氰胺、皮革水解蛋白、碱类物质三项指标。检测合格率为 100%。五是强化生鲜乳质量安全监督执法。进一步落实了青海省生鲜乳收购站驻站监督员制度，对全省 48 名生鲜乳收购站驻站监督员进行了集中培训，提高了监管水平。同时，青海省农牧厅统一印制了《青海省生鲜乳收购站生鲜乳收购、检测记录档案》《青海省生鲜乳收购站生鲜乳销售记录档案》《青海省生鲜乳收购站消毒记录档案》和《青海省生鲜乳收购站生鲜乳运输交接单》等标准文本，进一步建立和完善了档案管理及生鲜乳质量安全追溯系统。③ 2013 年青海省有生鲜乳收购站 48 家，其中乳品加工企业开办的 24 家，奶牛养殖场（户）开办的 14 家，奶农合作社开办的 10 家。

（青海省畜牧总站，张惠萍）

附表 1 奶牛养殖场（小区）名录

序号	奶牛养殖场（小区）名称	养殖场	小区	全群存栏（头）	成母牛存栏（头）	奶畜品种	成母牛单产（吨 / 年）	年总产（吨）	是否参加 DHI	是否应用 TMR
1	大通长宁中发牛羊育肥基地	√		181	100	中国荷斯坦牛	2.2	220		
2	大通县海园奶牛养殖专业合作社	√		320	117	中国荷斯坦牛	2.1	245.7		
3	大通县应龙奶牛养殖专业合作社	√		280	112	中国荷斯坦牛	2.12	237.44		
4	塔尔镇王庄村海山奶牛养殖场	√		60	32	中国荷斯坦牛	2.2	70.4		
5	大通宝元奶牛养殖专业合作社	√		170	70	中国荷斯坦牛	2.05	143.5		
6	大通县福惠奶牛养殖专业合作社	√		220	156	黑杂	2.3	358.8		
7	青海绿草原肉肉奶牛养殖基地	√		137	112	中国荷斯坦牛	2.82	336.3		
8	玉盛奶牛养殖场	√		230	180	中国荷斯坦牛	3.7	600		
9	湟源县拓鑫奶牛养殖场	√		200	120	中国荷斯坦牛	2.8	340		
10	青海圣源牧场	√		1 120	690	中国荷斯坦牛	4.5	3 120	√	
11	湟源县全林牛羊养殖专业合作社	√		172	150	中国荷斯坦牛	3	600		
12	湟源县立达奶牛养殖专业合作社		√	160	90	中国荷斯坦奶牛	3	270		

（续）

序号	奶牛养殖场（小区）名称	养殖场	小区	全群存栏（头）	成母牛存栏（头）	奶畜品种	成母牛单产（吨/年）	年总产（吨）	是否参加DHI	是否应用TMR
13	湟源三江乳源奶牛养殖场	√		100	80	中国荷斯坦牛	3	240		
14	湟源蒙古道联众奶牛养殖场		√	67	40	中国荷斯坦牛	2	80		
15	湟源云祥奶牛养殖场	√		350	114	中国荷斯坦牛	3.2	360		
16	新辉奶牛养殖合作社		√	300	120	中国荷斯坦牛	3.2	385		
17	源波奶牛养殖专业合作社	√		200	90	中国荷斯坦牛	3	270		
18	有绿奶牛养殖专业合作社	√		53	23	中国荷斯坦牛	3.7	85		
19	泉兴奶牛养殖场	√		36	27	中国荷斯坦牛	3	81		
20	青海春源畜牧有限公司	√		680	540	中国荷斯坦牛	6	3 680	√	√
21	青海圣亚高原牧场	√		1 860	1 400	中国荷斯坦牛	6	5 000	√	√
22	青海藏地堂奶牛养殖基地	√		340	280	中国荷斯坦牛	5.8	1 130		√
23	青海互邦农业开发有限责任公司奶牛场	√		360	280	中国荷斯坦牛	5.8	1 130		√
24	进前牛业公司奶牛场	√		280	220	中国荷斯坦牛	5.6	840		√
25	沙珠玉乡达连海奶站		√	120	52	中国荷斯坦牛	5.5	286		
26	宁夏吴忠小西牛奶牛养殖基地	√		2 000	1 400	中国荷斯坦牛	9	6 100		√
27	乐都良种奶牛繁育基地	√		2 000	1 200	中国荷斯坦牛	7	8 400	√	√
28	贵德天露良种奶牛繁育中心	√		1 000	600	中国荷斯坦牛	6.5	3 900	√	√
29	马聚垣奶牛养殖小区		√	730	360	中国荷斯坦牛	7.5	2 700		√
30	民和忠杰养殖场		√	210	160	中国荷斯坦牛	6	960		

附表 2　乳品加工企业名录

序号	名　称	许可证号码	年收购原奶量（吨）	平均支付价格（元/千克）	其中：自有奶源量（吨）	年乳制品产量（吨）	其中：巴氏杀菌奶（吨）	UHT 奶（吨）	酸奶（吨）	奶粉（吨）	奶油（吨）	奶酪（吨）	乳饮料（吨）	整体设计加工能力（吨/年）	产品销售区域	年销售收入（万元）	利润（万元）
1	青海天露乳业有限责任公司	QS6301 0501 0422	16 489.4	3.8	4446.9	19 179.6	2 744.4	13 611.6	2 757.7				65.9	100 000	北京、上海、成都、广州及西宁周边地区	13 070.4	298.1
2	青海雪峰牦牛乳业有限责任公司	QS6325 0501 0420	14 400	4.5	2520	13 537			2 580				10 957	60 000	青海、甘肃等	8 297.4	878.45
3	民和县湟乳乳制品有限责任公司	QS6321 0501 0901	15 000	4.6	10 000	15 000			3 000	12 000					青海、甘肃等	3 880	200
4	青海青海湖乳业有限责任公司	QS6300 0501 1543	22 500	5.2	12 000	16 800	240	13 440	2 400				720	61 200	全国	11 657.22	3 580.09
5	青海小西牛生物乳业股份有限公司	QS6301 0501 0857	2 500	4.2	6 100	2 400		1 200	1 000				200	100 000	全国	22 000	1 800
6	湟源县天源乳制品有限公司	QS6300 0501 1542	2 000	4.4		2 022			2 022					2 500	青海省	2 095	410
7	青海好朋友乳业有限公司	QS6301 0501 0858	4 200	4.5	4200	4 200			4 200					6 000	青海省	3 982.53	628

备注：自有奶源指来自自建和参建（控股、参股）牧场（小区）的原奶。

西　宁　市

【奶畜养殖】2013年西宁市荷斯坦牛存栏11.54万头，年产奶量12.56万吨，奶类产量占全省总产量的42.99%。2013年通过省级认定的奶牛规模养殖场（小区）4个。奶牛养殖逐步向规模化、标准化、现代化方向发展。

【乳品加工】2013年，西宁市共有酸奶系列、液奶系列、奶粉系列等近30个品种，拥有天露、小西牛、青海老酸奶等乳品品牌达10余个。为适应市场的需求，提高竞争率和市场占有率，乳制品企业向提高现代化水平，产品多样化，以达到提高市场占有率为主要目的的趋势发展。

【市场消费】2013年西宁市奶产量12.56万吨/年，奶业消费支出呈逐年递增趋势，乳制品销售市场上的青海省内主要品牌为圣湖、小西牛、天露，省外品牌以伊利、蒙牛、光明等为主。其中成品液态奶规格多为220毫升百利包包装或纸盒包装，价格在1.7~2.8元，酸奶产品因品牌和风味不同，价格差异较大。

鲜奶消费人群以中小学生和老年人为主，城镇和农村的牛奶消费存在着较大差距，大部分生鲜乳及乳制品消费仍以城镇居民为主。牛奶消费已经开始从奶粉向液态奶消费转变和过度，居民家庭的冰箱及商场的冷链设施已比较普及和趋向完善，以及加上液态奶具有饮用方便等特点，其增长势头更快更猛，加之它的营养性和新鲜度，更能吸引消费者而取得他们的信赖，因此它将更加成为大众型的产品而存有更大的市场前景。同时酸牛奶将在未来相当一个时期内，成为液态奶的发展方向和市场的亮点；特别是带有活性益生菌、活性乳酸菌的酸牛奶、发酵型乳饮品产品等甚具市场发展潜力；风味型的调味奶仍将保持较大的市场份额。

【奶源基地】近年来随着国家和省市各级政府对奶源基地建设的重视，规模养殖场改扩建的补助资金也明显增加。2013年青海省级财政补助资金600万元，西宁市共引进荷斯坦牛2 000头；青贮玉米种植面积10 500亩，单产9 500千克，总产量9 975万千克；苜蓿种植9 900亩，单产800千克，总产量792万千克。

【疫病防控】各养殖场高度重视疫病防控，县、乡两级动物防疫机构实行技术承包和指导，疫苗采购列入计划，制定相应的免疫程序，并积极配合省市动物防疫部门开展“布病”“结核病”监测等。粪污处理方式多采用沼气池或堆积发酵处理。生鲜乳收购年均价格为3 750元/吨。养殖户每头牛年净收入4 360元，奶牛场净收入因受其饲养管理、种群规模等影响不尽相同，平均每头牛净收入4 216元/头。

【奶农组织】重点培育扶持辐射带动能力强，特色优势明显的龙头企业；加快农民专业合作经济组织建设，使其上规模，上档次，不断壮大经纪人队伍，提高养殖业生产的组织化程度，湟源县发展专业合作社76个，湟中县发展奶牛养殖协会6个、牛羊营销协会22个。年开展奶农培训班102期，培训奶牛养殖大户、规模养殖场（小区）等5 600人次。

【质量监管】根据青海省农牧厅下达的生鲜乳检测抽样任务，在西宁市范围内开展生鲜乳抗生素残留及三聚氰胺等专项监测送样工作，在生鲜乳收购站及奶牛养殖场随机抽取样品92份，经检验全部合格。在不定期随机检查过程中，未发现在奶牛养殖过程中使用违禁药物和非法添加物的违法行为。同时严厉打击在生鲜乳收购、运输环节违法添加有毒有害物质的行为。

按照标准化生产要求，完善内部管理制度，建立健全食品安全控制、质量管理、场内卫生环境管理等内部质量安全保证体系，规范兽药、饲料、养殖、生鲜乳收购站等生产经营企业的行为。建立完善的运行机制，技术人员在养殖生产技术、配合饲料应用、动物疫病防治、健康档案建立、规范养殖行为等方面给予指导，县动物卫生监督加大执法工作力度，落实工作责任制，突出依法行政和规范执法行为。加强规模养殖场户自身的畜产品质量安全日常监管和整治工作，从业人员持健康证上岗，坚决杜绝患有人畜共患病的人从事畜牧业生产。

（西宁市农牧局，吕奇鹏）

海　东　市

【奶畜养殖】2013年，海东市牛存栏28.98万头，占草食畜存栏的14.68%，其中奶牛存栏7.23万头，黄牛12.67万头、牦牛9.08万头，分别占牛存栏数的24.95%、43.72%和31.33%。成年母牛存栏15.57万头，其中奶牛4.36万头、黄牛7.26万头、牦牛3.95万头。

2013年奶类总产量5.79万吨，同比增长3.95%。其中牦牛奶产量0.24万吨，荷斯坦牛奶产量5.55万吨。

【乳品加工】2013年年底，海东市主要的乳品加工企业仅有民和县湟乳乳制品有限责任公司。主要生产全脂乳粉、脱脂乳粉及配方乳粉等，年销售额3 880万元，利润200多万元。其中年收购原料奶量为1.50万吨，平均支付价格为4.6元/千克，产品销售区域主要是青海省和甘肃省地区。

【市场消费】2013年海东市城镇居民人均奶制品消费量16.77千克/人，人均消费支出117.4元/人，按海东市2013年牛奶产量5.55万吨，人均提供牛奶消费量0.04千克，按每千克7元计，海东市生产牛奶的人均消费量支出为0.28元，自给率0.23%。随着城乡居民收入和生活水平的提高，对牛奶制品的需求会越来越高。一些较为大型的乳品企业将会通过“公司+基地+农户”的组织经营模式，建立坚实的原料奶生产基地，改变小规模分散经营的局面，使全市乳业生产资源配置日趋合理。乳和乳制品会成为城市居民每天的生活必需品，成为目前市场消费的热点。

海东市自产自销的乳制品品牌主要为湟乳乳制品，酸奶均价为 12.16 元 / 千克，900g 灌装奶粉为 65 元 / 桶，300g 袋装奶粉为 15 元 / 袋。

【奶源基地】近年来随着政府扶持力度的增大，虽然奶牛规模化养殖兴起，但海东市奶牛饲养仍以小规模生产，分散的农户饲养为主，户均饲养规模在 3~5 头，饲养奶牛规模在 20 头以上的规模经营比重很小。2013 年全市奶牛规模养殖场（小区）共有 1999 户，存栏量为 1.42 万头，其中互助县规模养殖场（小区）有 542 户，存栏量为 0.35 万头，化隆县规模养殖场（小区）有 515 户，存栏量为 0.33 万头。

【疫病防治】严格执行国家相关法律法规规定，按属地管理原则由动物卫生监督部门责任人和各养殖场签订了防疫工作承包责任书，专门监督所承包养殖场的疾病防控工作，对养殖场防疫合格证书发放进行严格审批，各养殖场严格按照相关粪污处理的规章制度对产生的粪污进行发酵处理，在保障防疫工作的同时实现了废弃物循环利用的双重目标。

【饲草饲料】2013 年种植饲草料面积为 52.45 万亩，其中种植青贮玉米 6.55 万亩、总产量为 45.70 万吨；苜蓿 19.23 万亩、总产量为 59.98 万吨。

【奶农组织】民和县成立了奶牛养殖协会，各级奶业合作组织积极开展工作，发挥桥梁和纽带作用，帮助奶农和规模场搞好日常饲养管理、繁殖育种、疫病防控等工作，积极开展技术交流与饲养管理技术培训工作，促进了全市奶业的发展。目前奶牛养殖面临的主要问题就是经费不足，利益联结机制还不完善，协会组织还不够规范等。

【政策法规】2013 年标准化牛改点建设项目完成了 7 个；实施了奶牛良种补贴政策，即每头奶牛每年补助良种细管冻精 2 枚（每枚 15 元，共 30 元）；2013 年农区奶牛良种补贴项目全市计划引进奶牛 750 头，补贴资金 225 万元，每头补贴 3 000 元，完成引进奶牛 600 头；认真落实草原生态保护奖补机制，加强饲草料建设与草原保护。

【质量监管】各级政府和乳品企业都加大了对原料奶质量的控制，各部门加强了对奶牛养殖小区和乳品加工企业的检查检测力度，乳品加工企业配备了先进的检测设备，不合格的牛奶拒收，合格的牛奶还要根据脂肪、蛋白、干物质、微生物等主要指标定级，做到优质优价。对于不合格的牛奶要分析原因，属于掺杂使假者，严厉处罚，企业帮助奶农找原因，加以改进。

各级质监、食品监督局、工商局等部门定期、不定期对乳制品生产企业进行检查，从生鲜乳生产、收购、加工等环节进行督促检查，对检查中发现问题的奶站从生鲜奶生产，收购，销售记录及档案，鲜奶检测等方面存在的问题要求整改，对于整改后仍然检验不合格的进行处罚，并限期整改，如果整改还不合格则停产。

（海东市畜牧兽医站，李智花）

宁夏回族自治区

【奶类生产】2013 年全区荷斯坦奶牛存栏 52 万头（其中，成母牛 31 万头），居全国第 9 位；成母牛年均单产 6 800 千克，居全国第 4 位；牛奶总产量 157 万吨，占全国牛奶总产量的 4.45%，居全国第 9 位；人均鲜奶占有量 245 千克，居全国第 2 位。形成了以银川、吴忠市为奶业核心区，中卫、石嘴山市为奶业发展区的产业格局。核心区奶牛存栏、牛奶产量分别占全区总量的 88% 和 89%。

【乳品加工】2013 年全区在产乳品加工生产企业 18 家。其中，日加工处理生鲜奶能力 200 吨以上的企业 9 家。年加工能力 195 万吨，实际加工生鲜奶 141 万吨，形成了高端液态奶、特色乳品和优质奶粉 3 种类型的加工基地。年生产液态奶 54 万吨，酸奶 8.1 万吨，奶粉 2.5 万吨。

【市场消费】2013 年全区居民人均奶类（折合成原料奶）占有量为 245 千克，居全国第 2 位。主要乳制品品牌及产品：夏进（纯牛奶、奶粉、酸奶、乳酸菌饮料）、金河（纯牛奶、酸奶、奶酪）、贺兰山（酸奶）、北方（纯牛奶、酸奶）、蒙牛（纯牛奶、酸奶、冰淇淋）、伊利（纯牛奶、酸奶、冰淇淋）、雪泉（纯牛奶、奶粉、酸奶）、红果（奶粉）。

【奶源基地】2013 年全区奶牛养殖场（户）18 547 个，奶牛存栏 10 头以下的场（户）10 983 个，存栏 7.6 万头；10~19 头的场（户）5702 个，存栏 9.6 万头；20~49 头的场（户）1034 个，存栏 5.1 万头；50~99 头的场（户）485 个，存栏 4.3 万头；100~199 头的场（户）135 个，存栏 2.5 万头；200~499 头的场（户）96 个，存栏 4.5 万头；500~999 头的场（户）77 个，存栏 6.9 万头；1 000 头以上的场（户）35 个，存栏 11.5 万头。2013 年，全区继续组织实施国家奶牛良种补贴项目，引进推广优质荷斯坦牛冻精 37.80 万支（每支补贴 15 元），优质冻精应用普及率达到 100%。机械挤奶在规模奶牛场（小区）普及应用，全混合日粮（TMR）饲喂技术在 138 个规模奶牛场（小区）应用推广，生产性能测定（DHI）技术在 48 个规模奶牛场（小区）应用推广。种植以紫花苜蓿为主的多年生牧草 585 万亩、青贮玉米 38 万亩，重点示范推广了全株玉米青贮、苜蓿半干青贮、饲草包膜青贮等先进技术。2013 年加工全株玉米青贮 124 万吨、苜蓿草捆等 12.5 万吨、苜蓿半干青贮 2.3 万吨。全区规模奶牛养殖场生鲜乳收购价为 4.20~5.00 元 / 千克，奶牛园区生鲜乳收购价格为 3.80~4.20 元 / 千克，散户生鲜乳收购价格为 3.40~3.60 元 / 千克。

【奶农组织】全区现有奶农专业合作社 101 家。通过政策扶持，规范了生产、经营、服务行为。奶农专业合作社在协调奶企双方利益，做好奶农生产、技术、资金、信息、销售等服务方面发挥了积极作用，进一步促进了奶农合作组织的发展。同时，“龙头企业＋合作社＋奶农”产、加、销一体化的紧密利益共同体逐步建立。

【政策法规】加快奶牛“出户入场”，支持企业、农户新建奶牛标准化规模养殖场，并通过收购、托管、租赁、入股等方式接纳散养奶牛入场，完善奶企利益联结机制，实行“统一管理、统一饲养、统一繁育、统一防疫、统一检测、统一销售”。新建奶牛标准化规模养殖场棚圈面积达到2500平方米以上，存栏奶牛200头以上，符合《宁夏标准化奶牛场建设规范》（DB64/T759-2012），按照棚圈建设面积，每平方米一次性补助200元，主要用于水电路、挤奶设施等基础设施配套。建设高产种子母牛繁育基地，支持标准化奶牛养殖场，引进国外高质量冻精，实施性控胚胎移植，开展智能化精准养殖，打造种子奶牛（成母牛年均单产9 000千克以上）繁育基地。对种子母牛存栏达到300头以上的奶牛场，每场一次性补助10万元。开展乳肉兼用牛新品种养殖示范，支持扬黄灌区、奶业新发展区规模肉牛养殖场，开展乳肉兼用牛新品种养殖示范，对新建的乳肉兼用牛新品种示范场，基础母牛存栏达到200头以上，每个示范场一次性补助20万元，主要用于引进乳肉兼用牛种公牛冻精、配套挤奶设备、完善基础设施等。

【质量监管】全区贯彻落实《乳品质量安全监督管理条例》《奶业整顿和振兴规划纲要》精神，继续深入开展生鲜质量安全监督管理，492家奶站、346辆生鲜乳运输车辆全部纳入日常监管。奶站负责人严格做好奶站监管记录、生鲜奶销售记录、卫生消毒记录、生产投入品记录。大型乳品加工企业对奶源基地实行驻站员管理制度，加强对奶牛养殖投入品使用、饲养管理、规范化挤奶和卫生消毒等生产环节的全程监控，确保生鲜乳质量安全。2013年完成生鲜乳违禁添加物专项监测571批，合格564批，合格率98.8%,7批碱类物质不合格。现场检查运输车149辆达标，1辆不达标。现场检查收购站422家达标，1家不达标。针对奶站以及不达标车辆下达了限期整改的要求，并责令当地监管部门进行监督。加强生鲜乳收购站许可管理，严格审核资质和条件，关停不合格奶站83家，新增奶站23家。同时，加强现场执法力度，奶站管理进一步规范，全区未发生一起生鲜乳质量安全事故，显著提升了生鲜乳质量安全水平。

【奶业大事】2013年4月15~16日，河南省畜牧局奶业管理办公室一行7人来我区开展奶业发展情况调研，召开了座谈会，针对开展奶牛品种登记、选种选配、生产性能测定工作中存在的问题进行了讨论和交流。

2013年8月3日，由中国奶业协会、全国畜牧总站主办，宁夏畜牧工作站承办的全国奶牛养殖技术专题——生产性能测定（宁夏）培训班在银川召开。中国奶业协会副会长兼秘书长谷继承、宁夏农牧厅首席兽医师晁向阳、全国畜牧总站奶业与畜产品加工处处长刘海良以及中国奶业协会、农牧厅相关领导等出席了开班仪式。来自区内各市县畜牧中心（站）和奶牛场的技术人员约150余人参加了培训。

2013年12月20日上午，宁夏奶业协会第二届会员代表大会在银川召开。会议选举产生了由143名理事组成的新一届理事会，选举毛荣业为第二届理事会会长、罗晓瑜为协会秘书长。

（宁夏畜牧工作站，黄霞丽　洪龙）

附表1　奶牛养殖场（小区）名录

序号	名　称	养殖场	小区	全群存栏（头）	成母牛存栏（头）	奶畜品种	成母牛单产（吨/年）	年总产（吨）	是否参加DHI	是否应用TMR
1	夏进奶牛养殖园区		√	2 475	1 485	荷斯坦	7.50	11 138	√	√
2	富农奶牛养殖园区		√	2 200	1 320	荷斯坦	7.50	9 900	√	√
3	五里坡富农牧场	√		2 020	1 212	荷斯坦	8.50	10 302		√
4	新林奶牛养殖园区二、四区		√	1 910	1 146	荷斯坦	7.00	8 022		√
5	义明养殖场	√		1 876	1 126	荷斯坦	7.50	8 442	√	√
6	五里坡万银牧场	√		1 870	1 122	荷斯坦	9.50	10 659		√
7	金宇浩鑫奶牛生态牧场	√		4 542	2 725	荷斯坦	7.00	19 076		√

（续）

序号	名　称	养殖场	小区	全群存栏（头）	成母牛存栏（头）	奶畜品种	成母牛单产（吨/年）	年总产（吨）	是否参加DHI	是否应用TMR
8	雪泉牛场	√		1 481	889	荷斯坦	6.80	6 042		√
9	新林奶牛养殖园区一、三区		√	1 219	731	荷斯坦	7.00	5 120		√
10	马莲渠千头奶牛养殖园区		√	1 215	729	荷斯坦	6.80	4 957		√
11	瞿靖镇奶牛养殖园区		√	1 116	670	荷斯坦	7.00	4 687		√
12	金牛牧业奶牛养殖场	√		1 100	660	荷斯坦	7.00	4 620		√
13	永康奶牛养殖场	√		1 100	660	荷斯坦	7.00	4 620		√
14	广武生态移民千头奶牛场	√		1 000	600	荷斯坦	7.00	4 200		√
15	吴忠市牧原奶牛合作社牧场	√		980	588	荷斯坦	6.80	3 998		√
16	玉柱园区		√	926	556	荷斯坦	7.50	4 167		√
17	夏进园区		√	908	545	荷斯坦	6.80	3 705		√
18	建福祥奶牛养殖场	√		886	532	荷斯坦	7.00	3 721		√
19	庄园牧场	√		870	522	荷斯坦	7.50	3 915		√
20	利通区油粮桥5队园区		√	825	495	荷斯坦	6.80	3 366		√
21	塞上牧场	√		816	490	荷斯坦	7.50	3 672	√	√
22	庙梁沟奶牛养殖场	√		800	480	荷斯坦	7.00	3 360		√
23	汝鑫奶牛养殖场	√		786	472	荷斯坦	7.00	3 301		√
24	利牛奶牛养殖场			783	470	荷斯坦	7.5	3 524	√	√
25	宁夏澳利优奶牛养殖有限公司	√		2 250	1 100	荷斯坦	7.1	7 800	√	√
26	宁夏翔达牧业科技有限公司	√		3 214	1 420	荷斯坦	7.2	10 200	√	√

（续）

序号	名 称	养殖场	小区	全群存栏（头）	成母牛存栏（头）	奶畜品种	成母牛单产(吨/年）	年总产（吨）	是否参加DHI	是否应用TMR
27	宁夏塞上阳光牧场	√		1 150	680	荷斯坦	7.6	5 100	√	√
28	维维二场	√		1 060	700	荷斯坦	7.1	4 900	√	√
29	宁夏祥益牧业有限公司	√		1 500	800	荷斯坦	9	5 050	√	√
30	银川玖加玖农牧公司	√		1 360	850	荷斯坦	9	6 000	√	√
31	宁夏骏华月牙湖养殖公司	√		1 480	1 140	荷斯坦	9.45	10 100	√	√
32	宁夏德广养殖有限公司	√		1 100	580	荷斯坦	9	5 000	√	√
33	贺兰县中地生态牧场	√		5 624	700	荷斯坦	8.7	5 600		√
34	宁夏上陵牧业有限公司奶牛场	√		2 080	900	荷斯坦	8.7	7 825	√	√
35	贺兰县汇丰源奶牛场	√		1 800	260	荷斯坦	8.5	2 220		√
36	贺兰县欣荣奶牛养殖专业合作社奶牛场	√		1 800	708	荷斯坦	7.9	5 571	√	
37	忠良农业开发公司奶牛场	√		1 920	820	荷斯坦	8.8	6 899	√	√
38	贺兰县合欣奶牛场	√		1 105	410	荷斯坦	8.2	3 120	√	√
39	贺兰青松乳业有限公司奶牛场	√		1 235	542	荷斯坦	8.5	4 526	√	√
40	洪广营农林生态养殖场	√		1 400	560	荷斯坦	7.9	4 044	√	√
41	宁夏四正生物公司奶牛场	√		1 140	402	荷斯坦	8.1	3 020	√	√

附表 2　乳制品生产企业名录

序号	名　称	许可证号码	年收购原奶量（吨）	平均支付价格（元/千克）	其中：自有奶源量（吨）	年乳制品产量（吨）	其中：巴氏杀菌奶（吨）	UHT 奶（吨）	酸奶（吨）	奶粉（吨）	奶油（吨）	奶酪（吨）	乳饮料（吨）	整体设计加工能力（吨/年）	产品销售区域	年销售收入（万元）	利润（万元）
1	宁夏伊利乳业有限责任公司		21 9300	4.8	219 300	214 800	/	162 800	52 000	/	/	/	/	292 000	区外、区内	148 157	
2	宁夏夏进乳业集团股份有限公司		109 000	4.8	109 000	141 700	/	141 700	/	/	/	/	/	164 250	区外、区内	73 986	
3	吴忠市雪泉乳业有限公司		34 000	4	8 580	6 800	7 000	/	4 000	2 600	/	200	/	109 500	区外、区内	11 000	
4	宁夏红果乳业有限公司		19 000	4	19 000	2 000	/	/	/	2 000	/	/	/	73 000	区外、区内	6 460	
5	吴忠市银湖乳业有限公司		7 000	4.2	7 000	500	/	/	/	500	/	/	/	58 400	区外、区内	1 250	
6	宁夏金荣乳业有限公司		1 700	4	1 700	180	/	/	/	180	/	/	/	36 500	区外、区内	450	
7	吴忠恒枫乳业有限公司		36 500	4	36 500	3 883	/	/	/	3 883	/	/	/	127 750	区外、区内	9 708	
8	宁夏伊友乳业有限公司		5 475	4	5 475	576	/	/	/	576	/	/	/	65 700	区外、区内	1 440	
9	宁夏蓝天乳业有限公司		29 200	4	29 200	3 074	/	/	/	3 074	/	/	/	36 500	区外、区内	7 685	
10	青铜峡众乐乳业有限公司		21 900	4	21 900	2 305	/	/	/	2 305	/	/	/	36 500	区外、区内	5 763	
11	银川市金河乳业有限公司		46 280	4.37	6 000	40 168	140	20 000	20 000	/	/	28	/	4 000	区外、区内	17 258	
12	宁夏夏进昊尔乳品有限公司		26 118	4.1	17 118	20 000	20 000	/	/	/	/	/	/	24 000	区外、区内	1 699	
13	宁夏熊猫乳品有限公司		16 000	4	16 000	1 360	/	/	/	1 360	/	/	/		区外、区内	3 670	
14	宁夏北方乳业有限公司		80 000	4.2	11 730	33 000	15 000	15 000	3 000	/	/	/	/	9 000	区外、区内	7 120	
15	宁夏明旺乳业有限公司		44 054	3.85	38 161	5 300	/	/	/	5 300	/	/	/	210	区外、区内	18 549	
16	蒙牛乳业（银川）有限公司		220 050	4.4	220 050	158 000	/	158 000	/	/	/	/	/		区外、区内	21 058	
17	宁夏银川平吉堡乳品厂		1 840	3.9	1 840	1 800	/	/	1 800	/	/	/	/		区外、区内	1 167	
18	中宁县黄河乳制品有限公司		30 000	3.5	5 500	3 200	/	/	/	3 200	/	/	/	72 000	区外	17 500	260
	合 计		947 417		774 054	638 646	42 140	497 500	80 800	24 978		228				353 919	

备注：自有奶源指来自自建和参建（控股、参股）牧场（小区）的原奶

银 川 市

【奶类生产】2013年全市荷斯坦牛存栏16.2万头(其中，成母牛8.4万头)，牛奶总产量48万吨，成母牛年均单产6 900千克。成母牛年均单产9吨以上的奶牛场有8个，10吨以上的有3个。目前，银川市已成为"西部地区重要的优质奶源生产基地和乳品加工基地"。

【乳品加工】2013年全市有乳品加工企业7家，全年生产巴氏奶3.5万吨、UHT奶19.3万吨、奶粉0.67万吨、酸奶2.48万吨。主要乳品加工企业：蒙牛乳业（银川）有限公司、宁夏明旺乳业有限公司、宁夏北方乳业有限公司、银川市金河乳业有限公司、宁夏银川市平吉堡乳品厂、宁夏熊猫乳品有限公司、宁夏夏进昊尔乳品有限公司。

【市场消费】2013年全市居民人均奶制品（折合成原料奶）占有量218千克。主要乳制品品牌及产品：金河（纯牛奶、酸奶、奶酪）、贺兰山（酸奶）、北方（纯牛奶、酸奶）、蒙牛（纯牛奶、酸奶、冰淇淋）、伊利（纯牛奶、酸奶、冰淇淋）。

【奶源基地】2013年全市奶牛存栏49头以下的场（户）2530个，50~99头的场（户）240个，100~499头的场（户）87个，500~999头的场（户）46个，1 000头以上的场（户）26个。全市人工种植苜蓿8.0万亩，青贮玉米13.8万亩，秸秆加工调制总量93.3万吨（其中，全株玉米青贮49.9万吨）。全株玉米青贮技术在全市广泛应用，全混合日粮饲喂技术逐步推开，规模养殖场实现了机械化挤奶，原料奶各项指标明显提高。规模奶牛养殖场生鲜乳收购价为4.20~5.0元/千克，较散养户收购价高0.40~0.80元/千克。

【奶农组织】2013年有市、县、乡、村四级奶业协会及合作社26个，为奶牛养殖场（户）技术人员提供各类技术咨询，举办技术培训班11次，培训技术人员342人次。

【政策法规】2013年银川市推行一系列扶持政策，加快奶产业发展。主要内容有：发挥奶产业专家团队服务功能，确立了8项奶牛健康养殖主推技术，并在标准化规模场及示范园区中推广应用；开展性控冻精和性控胚胎移植工作，解决影响产业发展的关键问题；启动实施"振兴奶业苜蓿发展行动"，引导奶牛养殖企业、养殖大户、专业合作社，通过土地流转等形式，建设优质高产苜蓿种植基地和全株玉米青贮基地，配套应用大型青贮收获加工设备，提高优质饲草加工质量，使草产业与奶产业紧密连接，保障奶牛优质粗饲料供给；开展生态移民村奶牛托管模式推广工作，在移民地区采取政府买牛，迁入移民户均分配1头奶牛，由辖区养殖企业托管经营，每户每年获得2 800元收益，达到促进产业发展，稳定移民收入的目的；扶持建设现代化奶业示范园区2个，开展标准化规模养殖示范场创建活动，共创建10个标准化奶牛示范场，财政补贴100万元；蒙牛、伊利、夏进等重点企业通过借款、担保贷款等形式，支持其奶源基地的规模养殖场建设。

【质量监管】2013年全市共有奶站148家，生鲜乳运输车辆129辆。为加强对生鲜乳收购站的监督管理，保证生鲜乳质量安全，促进奶业健康发展，根据国务院《乳品质量安全监督管理条例》和农业部《生鲜乳生产收购管理办法》等有关法律、法规，结合实际，制定了《银川市生鲜乳收购站管理办法》，提升了银川市奶牛养殖场（小区）标准化、规模化、集约化水平；同时制定了银川市《奶牛规模养殖场消毒技术规程》和《生鲜牛乳质量安全监测采样技术规程》两部地方农业规程，在全市奶牛养殖场、生鲜乳站全面推广实施，为加强生鲜乳收购站日常监管和标准化管理奠定基础。

【奶业大事】2013年6月，完成银川市8 000支优质奶牛性控冻精、500枚性控胚胎招投标工作，并开展相关分配和移植工作；

2013年9月，制定了2部银川市农业标准规范，即《奶牛规模养殖场消毒技术规程》《生鲜牛乳质量安全监测采样技术规程》，并于9月17日发布实施；

2013年11月，完成银川市奶牛标准化规模养殖示范场创建验收，并对10个达标企业下达100万元财政补贴资金。

（银川市农牧局，林克川）

吴 忠 市

【奶类生产】2013年吴忠市荷斯坦牛存栏17.3万头， 牛奶总产量51.5万吨，成年母牛年平均单产6 800千克，生鲜奶销售收入22亿元，占畜牧业产值的24%。

【乳品加工】吴忠市现有乳品企业10家（利通区9家、青铜峡市1家）。日处理生鲜奶能力2 700吨，实际日处生理鲜奶1 940吨。其中，液态奶生产企业3家，日处理生鲜奶1 240吨；奶粉生产企业8家，日处理生鲜奶700吨。主要乳品加工企业：宁夏伊利乳业有限责任公司，日处理生鲜奶950吨；宁夏夏进乳业集团股份有限公司，日处理生鲜奶550吨；吴忠恒枫乳业有限公司，日处理生鲜奶280吨；吴忠市蓝天乳业有限公司，日处理生鲜奶80吨；吴忠市众乐乳业有限公司，日处理生鲜奶60吨。

【市场消费】2013年吴忠市居民人均奶制品（折合成原料奶）占有量394千克。主要乳制品品牌及产品：夏进（纯牛奶、酸奶、乳酸菌饮料）、伊利（纯牛奶、酸奶）、雪泉（纯牛奶、奶粉、酸奶）、恒枫（奶粉）、红果（奶粉）。

【奶源基地】2013年吴忠市100~499头的场（园区）94个，存栏量6.5万头，产奶量23.5万吨；500~999头的场（园区）31个，存栏量2.8万头，产奶量12.6万吨；1000头以上的场（园区）14个，存栏量2.7万头，产奶量13万吨。全株玉米青贮技术在全市广泛应用，全混合日粮饲喂技术逐步推开，规模养殖场实现了机械化挤奶，原料奶各项指标明显提高。规模奶牛养殖场生鲜乳收购价为4.3~4.60元/千克，较散养户收购价高0.5~0.7元/千克。

【奶站管理】2013吴忠市有324家生鲜奶收购站（利通区254家、青铜峡市67家、盐池县2家、红寺堡开发区1家）。利通区成立了奶业执法大队，负责本辖区的奶站监管。行政主管部门建立健全奶站管理制度，奶站负责人做好奶站监管记录、生鲜奶销售记录、卫生消毒记录、生产投入品记录，大型乳品加工企业对奶源基地实行驻站员管理制度，加强对奶牛养殖投入品使用、饲养管理、规范化挤奶和卫生消毒等生产环节的全程监控，确保生鲜乳质量安全。

【良种补贴】2013年吴忠市组织实施国家奶牛良种补贴项目，引进国内优质荷斯坦牛冻精17.5万支，补贴资金262.5万元；引进性控冻精和国外优质奶牛冻精1.5万支。

【饲草饲料】2013年吴忠市人工种草面积136.58万亩（其中，苜蓿127.08万亩），青贮玉米种植面积18.05万亩。重点示范推广了全株玉米青贮和饲草包膜青贮等技术，100头以上规模奶牛场全株玉米青贮推广应用率达到100%。

【质量监管】围绕生鲜乳生产、收购和运输三个关键环节，加强生鲜乳质量安全的监管力度，通过生鲜乳收购站标准化管理和日常监管，确保生鲜乳质量安全。

（吴忠市畜牧水产技术推广服务中心　袁国军）

新疆维吾尔自治区

【奶畜养殖】2013年年底，新疆奶牛存栏293.78万头，奶类总产量325.09万吨，其中牛奶产量306万吨。主要品种有荷斯坦牛、西门塔尔牛和新疆褐牛，其中荷斯坦牛76.7万头，主要分布在天山北坡各城镇郊区；西门塔尔牛53.7万头，在南北疆均有分布；新疆褐牛83.7万头，主要分布在塔城、伊犁及阿勒泰地区。形成了以天山北坡、伊犁河谷、塔额盆地、额尔齐斯河谷、焉耆盆地为重点的奶业产业带，其生产的鲜奶及乳制品占全区总产量的80%以上。

【乳品加工】2013年，新疆共有乳品加工企业53家，整体设计年加工能力243万吨，实际年加工量约70万吨。主要品种有UHT奶、奶粉、酸奶、巴氏奶及其它产品等。2013年乳制品产量43万吨，其中液态奶32.68万吨（巴氏杀菌奶产量2.66万吨，UHT奶22.57万吨，酸奶7.45万吨），增长0.9%；奶粉产量4.16万吨，下降9.52%；其他乳品产量6.16万吨，增加1.15%；全年工业销售产值37.4亿元，利润总额2.6亿元，企业资产总额35亿元。

【市场消费】全区2013年人均奶类占有量146.8千克/人，城镇居民人均奶制品（折合成液态奶）消费量35.6千克/人，其中鲜乳品25.9千克/人，奶粉0.21千克/人，酸奶5.4千克/人，其它乳制品2.4千克/人。乳品消费继续呈上升趋势（各品种乳制品情况见表4-24）。

表4-24　主要乳制品、品牌、规格、价格

主要乳制品	主要品牌	规格（毫升）	价格（元/吨）
巴氏奶	西域春、盖瑞、佳丽	220、243、400、442、488	7 500
UHT	西域春、盖瑞、佳丽、新农、花园、瑞缘	200	7 500
酸奶	西域春、盖瑞、佳丽、新农、花园		15 000
奶粉	海贝尔、安得贝、天山雪、SWT、唐布拉		29 000

【奶源基地】规模养殖。积极推进奶牛规模养殖，2013年共争取中央预算内资金3 880万元，扶持建设43个奶牛标准化规模养殖场（小区），进一步提高了奶牛规模化养殖比例。2013年，全区奶牛规模化养殖场（小区）2 906个（存栏50头以上），存栏37.8万头。其中存栏50~99头2506个；存栏100~499头420个；存栏500头以上43个，存栏1 000头以上37个。全区20头以上养殖大户7 500余户，奶牛存栏31.1万头。规模养殖占全区奶牛总存栏的27.2%，规模养殖场良种覆盖率达到100%（表4-25）。

良种补贴。全区有区、地、县、乡四级畜禽改良推广机构954个，奶牛良种繁育场11个，牛人工配种站（点）3 000余座；规模养殖场良种覆盖率达到100%。根据国家农业部、财政部《2013年畜牧良种补贴项目实施指导意见》（农办财〔2013〕46号）精神，2013年，落实国家畜牧良种补贴项目资金7 874万元。其中：补贴奶牛肉牛优质冻精231.6万剂，发放补贴资金2 514万元；补贴优秀活体种公羊6.3万只，种公牛（牦牛、褐牛）1 600头，发放补贴资金5 360万元。在国家补贴的基础上，自治区补贴新疆褐牛1 000头，补贴资金300万元。2013年，全区共落实国家及自治区畜牧良种补贴资金共计8 174万元。

饲草料情况。新疆有耕地面积440万公顷，人均占有耕地0.19公顷，另外有可利用牧草地面积4 800万公顷。2013年产饲料玉米385万吨、作物秸秆黄贮248万吨、青贮玉米650万吨，推广高产优质苜蓿饲草种植达到15万亩，为新疆奶业的发展创造了有利条件。

疫病防治情况。奶牛疫病防控以预防为主，一是每年春秋两季注射牛口蹄疫苗；二是对布病、结核病等人畜共患病以全群检疫净化为主，对规模养殖场（小区）每年开展2次检疫净化，对阳性畜进行无害化处理；散养户做到一年一次两病检疫。三是积极采取重大动物疫病防疫与动态免疫抗体监测。

粪污处理。我区奶牛养殖场（小区）粪污主要采取堆粪场堆放发酵或化粪池存贮发酵，主要用于农田种植。

生鲜乳收购价格。全区2013年生鲜乳平均收购价格为2.6~4.8元/千克，主要乳企收购价格（表4-24）。

表4-25 主要规模养殖场情况

序号	名称	养殖场	全群存栏（头）	成母牛存栏（头）	奶畜品种	成母牛单产（吨/年）	年总产（吨）	是否参加DHI	是否应用TMR
1	呼图壁县种牛场畜牧五场	√	3 051	1 620	荷斯坦	8.6	13 600	√	√
2	呼图壁县种牛场畜牧四场	√	3 025	1 915	荷斯坦	8.6	15 000	√	√
3	呼图壁县种牛场畜牧三场	√	2 600	1 195	荷斯坦	8.9	8 250	√	√
4	呼图壁县种牛场畜牧一场	√	2 963	1 620	荷斯坦	9.5	15 000	√	√
5	呼图壁县种牛场畜牧二场	√	2 200	1 100	荷斯坦/西门塔尔	8.5	8 500	√	√
6	新疆西部牧业股份有限公司良繁中心牛场	√	2 200	1 260	荷斯坦	6.9	7 000	√	√
7	昌吉市新峰奶牛养殖专业合作社	√	1 802	992	荷斯坦	6.7	6 500	√	√
8	新疆南达乳业有限公司奶牛场	√	2 310	1 210	荷斯坦	6.7	8 100	√	√
9	新疆维维西部农牧科技有限公司	√	1 260	602	荷斯坦	7.5	4 500		√
10	哈密市长河集团长青牛场	√	1 190	910	荷斯坦	6.6	5 900		

【奶农组织】2013年，全区奶农专业合作组织305个，自治区奶业协会通过各地协会组织业内人士赴内地参加各类奶业会议及培训，参会人员达90余人次。与畜牧科技资料编译室合作，出版发行6期《新疆畜牧业》奶业专刊。全区共举办奶业培训26期，培训3 591人次，发放宣传、培训资料20 000余份。其中，自治区举办奶业政策法规、信息平台建设、学生饮用奶质量安全、生鲜乳检测等培训班7期，培训450人次；配合农业部奶业管理办公室、国家奶牛产业技术体系、中国农业科学院农业信息研究所等单位举办奶牛技术示范培训班3期，培训500余人次；各地州市举办培训班16期，培训2641人次。通过各层次培训活动，加强了交流与学习，提高了奶业从业者生产与管理水平。

【政策法规】项目建设。在国家政策推动下，全区争取了国家《生鲜乳第三方检测及质量安全监管体系建设项目》《标准化奶站管理技术示范项目》《奶业数字化监管溯源项目》《生鲜乳质量安全监管项目》《奶牛DHI中心建设项目》等项目，落实项目资金达970万元，自治区配套资金350万元。2013年，实施高产优质苜蓿示范建设项目3.4万亩，争取项目资金2 040万元。各项目的实施，加快了生鲜乳收购站、奶牛养殖场提升改造，提高了全区奶牛标准化规模化养殖水平。

扶持政策。全区是全国唯一以财政补贴形式推进“学生饮用奶计划”的省份。每年全区财政补贴资金约1.5亿元，其中自治区财政补贴资金6千余万元，2013~2014学年享受学生饮用奶计划优惠政策的学生人数为80.51万人。通过“学生营养改善计划”政策饮用牛奶的中小学生达到76万人。两项“计划”享受政府财政补贴饮用牛奶的中小学生156.51万人，占全疆义务教育阶段在校中小学生的48.9%。

【质量监管】奶站情况。2013年底全区生鲜乳收购站共计301个，其中，乳品生产企业开办的生鲜乳收购站121个，占总数的40.2%、奶畜养殖场开办的生鲜乳收购站28个，占总数的9.3%、奶农合作社开办的生鲜乳收购站152个，占总数的50.5%。生鲜乳运输车辆306辆，其中收购站自有92辆，占30.1%；乳制品企业自有86辆，占28.1%，租用128辆，占41.8%。所有站、车均在网上进行了公示，“两证一单”发放率达到100%。

监管情况。一是加强机构建设。目前，全区独立设置奶业管理机构共3个地（州、市），内设奶业监管机构的地（州、市）和县（市）44个，编制57人，实有110人。二是完善监管制度。制定下发了《自治区奶业行政执法巡查规定》等相关文件，规范了各地奶业执法工作，有效推动了奶业监管制度化建设。三是各地州监管体系进一步加强。如昌吉州将畜产品质量安全工作纳入畜牧兽医年度目标管理进行考核，制定了考核办法和评分标准。州、县设立畜产品质量安全管理科（室），做到职责清楚、分工明确。四是强化质量安全监管。全区制定了年度生鲜乳质量安全监管计划和实施方案，印发了《关于开展2013年生鲜乳质量安全监管工作的通知》（新牧字[2013]8号）等一系列奶业管理相关文件，进一步强化生鲜乳生产、收购、运输等重点环节监管，重点监测违禁添加等违法行为。组织开展两次全区生鲜乳质量安全督导检查。现场检查生鲜乳收购站167个、运输车120辆、抽检奶样177批次；配合农业部完成生鲜乳违禁添加交叉检查，现场检查收购站12个，运输车10辆；配合农业部完成质量安全异地抽检2次，抽样217批次。在春节及两会期间对辖区内奶畜养殖场、生鲜乳收购站和运输车辆开展了一次拉网式检查，确保春节及两会期间生鲜乳质量安全；在夏秋两季乳品加工企业生产高峰期，针对乳企原料奶短缺、奶价上涨、奶源供应趋于紧张的情况，进一步强化生鲜乳生产、收购、运输等重点环节监管，开展巡查工作。全区共出动执法人员2 752人次，检查收购站1 371站次、运输车1 098辆次。责令整改19起，关停取缔收购站31家，自行关闭96家，新建12家；查扣运输车4辆。五是加强质量安全监测。根据农业部2013年生鲜乳质量安全监测工作计划，全区加强了生鲜乳、学生饮用奶奶源及产品的抽检和监测，重点监测国家公布的三聚氰胺、β－内酰胺酶、黄曲霉毒素M_1、抗生素和碱类物质等违禁物质。全区共抽检生鲜乳12 587批次，其中，自治区乳品质量监测中心检测320批次，检测结果合格率96%；自治区兽药饲料监察所完成生鲜乳质量安全监测任务834批次，检测结果合格率99.6%；各地州市完成自治区下达监测任务2 153批次，自行抽检9 280批次，检测结果合格率98%。

【奶业大事】1月11日，自治区奶业办公室参加全国畜牧总站在成都召开的2013年畜牧业科技成果推介会联络员工作会议。

3月15日，自治区奶业管理工作会议在乌鲁木齐市召开。

3月份，配合中国奶业协会开展新疆奶源基地建设情况调研。为中国奶业协会提供全区奶源基地建设情况调研材料和数据。

4月19~22日，组织全区特色奶企业参加全国畜牧总站与中国饲料工业协会在成都举办的2013中国饲料工业展览会暨畜牧业科技成果推介会。

5月7~8日，在自治区畜牧科技培训中心举办了《2013年全区奶业管理政策法规培训班》。

5月6~30日，分3个组对全疆31家学生饮用奶奶源基地进行了复验。

5月9~15日，组成三个检查组，分别由畜牧厅副厅长王俊勋、巡视员于晓光、奶办书记向天江带队，对呼图壁种牛场、喀什南达乳业公司等7家高产优质苜蓿示范建设项目建设单位进行了实地检查。

5月14~17日，自治区奶办派业务科人员参加了全国奶业管理办公室召开的生鲜乳收购站管理系统试点工作座谈会。

5月23日，下发了《关于开展2013年生鲜乳质量安全督导检查的通知》。组成3个检查组于2013年6月18日～6月30日，对全区9个地（州、市）进行督导检查。

5月份，组织会员单位参加农业部中国畜牧业协会举办的第十一届中国畜牧博览会。

6月1~3日，中国奶业协会主办的第四届中国奶业大会暨第十一届中国国际奶业展览会在南昌成功举办。自治区畜牧厅党组成员、副厅长王俊勋，自治区奶业办公室主任、自治区奶业协会秘书长齐新林带领各地州38名代表，组成新疆代表团参加了会议。

6月8~10日，由农业部奶业管理办公室、国家奶牛产业技术体系、新疆维吾尔自治区畜牧厅联合主办，新疆农业大学、国家奶牛体系呼图壁综合试验站（呼图壁种牛场）、新疆维吾尔自治区奶业协会、伊犁哈萨克自治州畜牧兽医局联合承办的国家奶牛“金钥匙”技术示范现场会2013年第4期（总第44期）在新疆伊宁市召开。新疆北疆片区各地（州、市）、县（市）奶业主管部门相关人员、奶牛养殖场（养殖小区、养殖户）负责人、奶站站长、奶牛场（养殖小区）技术人员（营养师、兽医师、育种员、TMR机操作工等共200余人参加了会议。

6月20~24日，配合农业部奶及奶制品质量监督检验测试中心（北京），在昌吉市、石河子市、沙湾县和乌鲁木齐市完成了114批次生鲜乳的抽样工作。

7月18~22日，完成自治区31家学生饮用奶奶源基地复验结果评估、意见反馈和相关文件的会签工作。

8月16日，组织项目评审专家组对各地（州、市）上报的2013年高产优质苜蓿示范建设项目实施方案进行评审；8月20日报农业部。

9月11~29日，自治区奶办开展全区下半年生鲜乳质量安全督导检查工作，对伊犁哈萨克自治州等8个地州市进行了检查，其余7个地州市进行了自查。自治区检查组现场检查76个生鲜乳收购站，达标率97%；现场检查29辆生鲜乳运输车，达标率100%；抽取样品52批次，违禁添加物检测合格率100%。

10月20~30日，自治区奶办组织开展了全区奶业生产现状调查，形成调研报告，为自治区下一步出台奶业相关政策提供依据。

10月29~31日，由农业部奶业管理办公室、国家奶牛产业技术体系、新疆维吾尔自治区畜牧厅联合主办的2013年奶牛金钥匙工程新疆培训班在新疆喀什市举办。全区150余人参加了培训。

（新疆维吾尔自治区奶业办公室，齐新林　胡永青）

附表　主要乳品企业生产销售情况

序号	名　称	许可证号码	年收购原奶量（吨）	平均支付价格（元/千克）	其中：自有奶源量（吨）	年乳制品产量（吨）	其中：巴氏杀菌奶（吨）	UHT奶（吨）	酸奶（吨）	奶粉（吨）	奶油（吨）	奶酪（吨）	乳饮料（吨）	整体设计加工能力（吨/年）	产品销售区域	年销售收入（万元）	利润（万元）
1	新疆西域春乳业有限责任公司	QS6500 0501 0394	62 000	4.2	42 000	62 000	8 500	27 000	26 500	0	0	0	0	250 000	乌鲁木齐、昌吉	44 000	5 300
2	新疆乳旺乳业有限公司	QS6590 0501 1616	81 000	3.8		9 800				9 800				115 200	内地	32 000	1 500
3	昌吉市麦趣尔集团股份有限公司	灭菌乳 QS6500 0501 0392/ 乳饮料 QS6500 0601 1723	30 100	3.7	5 000	30 000	0	28 000	850	0	0	0	10 000	50 000	全疆	27 000	4 200
4	新疆天润生物科技有限公司	QS6501 0501 0003	29 000	4.1	19 000	29 500	6 200	16 300	5 500	290	0	0	1 500	90 000	新疆	18 500	1 505
5	石河子花园乳业有限公司	QS6590 0501 0709（奶粉、液奶） QS6590 0501 3367（乳酸菌饮料）	28 500	4.1	12 000	23 120		11 320	8 600	1 100			2 100	144 000	疆内	19 500	950
6	新疆维维天山雪乳业有限公司	QS6523 0501 0712	25 000	3.8	7 000	24 300	5 000	11 000	3 500	3 300	0	0	2 000	100 000	乌鲁木齐、昌吉	20 150	1 800
7	新疆南达乳业有限公司	QS6531 0501 1011	21 000	4.3	8 000	18 050	100	14 100	3 500	350	0	0	0	90 000	新疆、广东、浙江	13 500	1 500
8	石河子娃哈哈启力乳业公司	QS6590 0501 0005	29 000	3.6	8 000	3 510				3 510				72 000	内地	9 500	105
9	新疆伊源乳业股份有限公司	QS6540 0501 1424	27 000	3	7 000	6 170	120	1 800	1 800	2 800			150	100 000	伊宁	6 500	50

新疆生产建设兵团

【奶畜养殖】2013年新疆生产建设兵团（以下简称兵团）奶牛存栏20.3万头，其中：荷斯坦牛16.3万头，西门塔尔牛1.6万头，新疆褐牛2.4万头。存栏成年母牛12.7万头，牛奶年总产48.8万吨。兵团土种及杂交改良牛存栏22.9万头，绝大多数为本地黄牛及杂交后代，主要分布在第四师、第五师、第九师、第十师等四个师，其土种牛存栏数占兵团土种牛总存栏数的70%以上。

奶牛主要分布在第一师、第七师、第八师、第十二师等四个师，2013年四个师奶牛存栏11.7万头，占兵团奶牛总存栏的57.6%，牛奶总产37.1万吨，占兵团的76%。其中，第一师区域奶牛存栏2.2万头，牛奶产量6.6万吨，分别占兵团总量的10.8%、13.5%，成母牛平均单产6.1吨；第七师区域奶牛存栏2.8万头，牛奶产量10.2万吨，分别占兵团总量的13.9%、20.9%，成母牛平均单产7.4吨；第八师区域奶牛存栏5.8万头，牛奶产量17.2万吨，分别占兵团总量的28.5%、35.2%，成母牛奶牛平均单产7.7吨；第十二师区域奶牛存栏0.9万头，牛奶产量3.1万吨，分别占兵团总量的4.4%、6.3%，成母牛平均单产6.4吨。

2013年兵团奶业总产值36.1亿元，占兵团畜牧业产值的25.2%。其中原料奶产值18.1亿元，占畜牧业产值的13.1%。原料奶加工企业收购价格1~6月份较低，为2.5~3.3元、7~12月份较高，为3.0~4.7元，下半年奶价上涨主要受全国奶价上涨推动。第一、二、四、六师区域奶价较低，第七、八、十二师区域奶价较高，生鲜奶平均收购价格3.7元。生鲜乳收购实行优质优价，标准主要依据加工企业标准。

近几年兵团奶牛业开始从数量快速扩张阶段过渡到数量、质量和效益并重的阶段，逐步形成以第八师、第七师、第十二师和第一师为代表的奶牛优质生产区域，奶牛业不断向规模化、优质化和效益最大化方向发展。

【乳品加工】2013年兵团辖区共有乳制品加工企业17家（含1家婴幼儿配方乳粉生产企业），日加工处理生鲜奶能力总计2701吨，年加工能力达到90万吨以上。产品主要包括大包装工业奶粉、巴氏杀菌奶、UHT奶、酸奶、奶酪等，大包装工业奶粉销往内地，液态奶主要在疆内销售。2013年实际加工生鲜奶30.5万吨，生产奶粉2.6万吨、UHT奶6.1万吨、巴氏奶2.1万吨、酸奶2.8万吨、奶酪等0.1万吨。乳品企业年产值14亿元。兵团区域内规模较大的乳企有石河子花园乳业、新疆天润农垦乳业、新农乳业、石河子娃哈哈启力乳业、石河子乳旺乳业、石河子伊利乳业等六家，其中石河子花园乳业、新疆天润农垦乳业和新农乳业为兵团控股上市乳品企业，石河子花园乳业是新疆区域内唯一婴幼儿配方奶粉生产许可企业。近年来兵团奶业不断进行兼并重组，将会组成1~2个大型龙头乳品企业，形成产品优势，增加市场竞争力。

【市场消费】2013年兵团人均奶类占有量182千克，人均奶类消费37千克。其中纯牛奶28千克，酸奶8千克，奶粉1千克。人均用于奶类消费支出约为490元，牛奶人均消费约占兵团家庭人均纯收入的4.7%。兵团乳品品牌主要有天润佳丽、新疆盖瑞、花园乳业、新农乳业等。新疆花园乳业和新疆天润乳业市场主要产品销售价格和规格如下：

新疆花园乳业：液态奶主要产品为花园乳业纯牛奶、规格为200mL/袋，每箱20袋，有百利包和利乐枕两种包装，价格为37元/箱、40元/箱。奶粉有500克淡奶粉，价格为60元/盒；400g甜奶粉价格为40~50元/袋；400g淡奶粉价格为40~50元/袋；400g婴幼儿粉1段价格为98元/盒；400g婴幼儿粉2段价格为88元/盒；400g婴幼儿粉3段价格为78元/盒。

新疆天润乳业利乐枕系列：白金木糖纯牛奶250mL×12包70元/箱；兵团牧场纯牛奶250mL×12包60元/箱；天润牧场纯牛奶250mL×12包60元/箱；奶咖200mL×12包40元/箱；植物巢醇纯牛奶250mL×12包98元/箱；小小盖瑞200mL×12包45元/箱；香蕉牛奶250mL×12包55元/箱；芒果牛奶250mL×12包55元/箱；椰子牛奶250mL×12包55元/箱。

【奶源基地】2013年兵团奶牛养殖户共12 109个。其中：1~29头规模11617户，约占总养殖场户的96%；30~100头规模348户，约占总养殖场户的2.8%；100~199头规模29户，约占总养殖场户的0.24%；200~499头规模52户，约占总养殖场户的0.42%；500~99头规模26户，约占总养殖场户的0.22%；1 000头规模以上的37户，约占总养殖场户的0.32%。存栏规模达100头以上荷斯坦奶牛场（小区）144个，总存栏量达到10.4万头，奶牛规模化养殖总体水平达到51%以上。从奶牛养殖规模情况看，呈现出规模化牛场趋增和散户趋减的态势。配备TMR饲喂机械94台套，青贮玉米收割机100台，苜蓿收获机械159台，清粪机械97套，机械化挤奶设备140余套。机械化集中挤奶比例达到80%以上。部分规模化养殖场拥有污粪无害化处理设施。

通过落实重大动物疫病防控责任，一年3次集中免疫和月月补免，奶牛重大疫病得到有效控制，奶牛乳房炎、子宫内膜炎等发病率逐年下降。对奶牛布病、结核病，实行一年两次两病检测，发现阳性畜进行无害化扑杀处理，净化了奶牛养殖环境。

2013年饲草基地建设达到了147.5万亩，其中正复播青贮玉米面积达到53万亩（复播完成22万亩），较2012年增加25万亩，苜蓿种植面积94.5万亩，新增12.5万亩。万亩高产优质饲草种植示范田建设，青贮玉米平均亩产达到了7.5吨以上，最高达到了9吨/亩；苜蓿（干草）产量测定平均亩产达到1.5吨，最高达到1.9吨，与种植户结算价格为：青贮0.29元/千克，苜蓿1.25元/千克。

奶牛品种改良主要通过人工授精技术，2013实际使用奶牛冻精26.8万剂，使用性控冻精5000剂，参配母牛12.5万头。当年申请国家奶牛良种补贴资金520万元，统一采购良补冻精39万剂，其中荷斯坦28万剂，西门塔尔5万剂，褐牛4万剂，肉牛2万剂。良补冻精主要采购厂家包括：北京奶牛中心、上海光明荷斯坦、秦皇岛全农精牛、江苏省奶牛中心、天山畜牧、河南省鼎元、天津奶牛中心、山东省种公牛站等8个厂家。

【奶站管理】截至12月底有生鲜乳收购站188家，均为发证奶站，2013年新建6个奶站，因奶源不足关停27个规模较小的奶站。奶站全部机械集中挤奶，其中，开办主体为加工企业的71个，奶畜养殖场的95个，奶农合作社的12个，奶牛养殖小区的10个。生鲜乳收购站主要分布在一、二、四、五、六、七、八、十、十二师，其中农八师有奶站130个，占总奶站数量的69.1%，农七师有奶站19个，占比10.1%，农一师有奶站11个，占比6%，农四师有奶站8个，占比4.2%，农十二师有奶站7个，占比3.7%，其他师则有奶站1~5个不等，合计占比7%。现有奶站运输车96辆，均取得准运证。

现有奶站挤(收)奶厅、贮奶间、化验室、设备间等基础设施齐全，更衣室、办公室较全。冷藏、冷却、低温贮运等设备配套。拥有简单的化验、计量、检测仪器设备，乳糖、乳脂肪、乳蛋白、乳比重计等测定仪器拥有率较高。

【质量监管】2013年兵团重点抓生鲜乳收购站标准化管理，生鲜乳运输车质量安全监管，生鲜乳质量监测、生鲜乳质量安全集中整治和婴幼儿配方乳粉奶源建设和奶站监管五项工作。目前兵团生鲜乳收购站标准化达标率达到90%以上，生鲜乳运输车合格率100%，188个奶站全部纳入动态监管范围。2013年完成生鲜乳抽样监测208批次，其中收购站抽检151批，运输环节抽检57批。对生鲜乳中三聚氰胺、碱类物质和硫氰酸钠三个项目进行了监测，合格率为100%。

【政策规划】从2011年起，兵团每年从预算内农业产业化专项扶持资金中安排500万元，用于支持兵团奶牛优势发展区域奶业生产。其中每年补贴优质牧草和高产饲料作物种子费用200万元，补助贷款贴息100万元，补助奶农合作社或奶业协会100万元，补助挤奶厅挤奶设备购置或基本建设100万元。各师和团场在奶牛养殖建设用地、保留饲草地面积、奶牛养殖贷款、新建奶牛养殖小区水、电、路及棚圈基本建设补助、生鲜乳收购等方面也出台了一系列扶持奶业发展优惠政策。兵团2013年实施了良种母牛购置补贴工作，每头补贴0.3万元，补贴头数0.5万头，共补贴资金1500万元。

兵团计划用5~7年时间，至2020年，奶牛养殖规模由20万头增加至50万头(近两年拟进口奶牛8万头)，牛奶总产实现200万吨，其中生产婴幼儿配方奶粉计划达到20万吨。奶牛规模化养殖水平达到80%以上，配套饲草料基地建设达到120万亩。

【奶业大事】2013年6月兵团重组、整合第十二师天润乳业、第七师澳利亚牧业公司、西安银桥乳业奎屯分公司、131团天澳牧业公司成立了“新疆生产建设兵团乳业集团有限责任公司”。第十二师以现金方式出资，第七师以澳利亚牧业公司、奎屯银桥乳业公司的实物资产出资成立合资公司，第十二师占51%股权，七师占49%股权，第七师提供10万亩耕地作为饲草料保障基地。“新疆生产建设兵团乳业集团有限责任公司”收购西安银桥乳业奎屯分公司70%股权，131团天澳牧业公司注册资金一亿元人民币，“新疆生产建设兵团乳业集团有限责任公司”以现金方式入股，占股权总额的70%，131团天澳牧业公司以实物资产入股，占股权30%。计划打造一个具有较高品牌知名度和新疆市场占有率，集原料奶生产、乳制品加工、市场销售、产品研发等为一体的大型兵团奶业企业集团。

2013年6月，兵团西部牧业股份有限公司在石河子举办了新疆“乳业发展高峰论坛”暨首届“牛奶节”，中国奶业协会名誉会长刘成果及相关企业负责人、专家等出席开幕仪式。“牛奶节”活动包括奶牛养殖设施展、乳制品生产商产品展、“天山牧场，精彩瞬间”摄影展、写生画牛大赛、乳业发展高峰论坛、“花园婴幼儿配方奶粉上市”等内容。

2013年6月，第八师花园乳业获得新疆质监局颁发的婴幼儿配方奶粉生产许可证，这也是新疆目前唯一获得婴幼儿配方奶粉生产资质的企业。花园乳业当年生产婴幼儿配方奶粉3500吨，婴幼儿配方奶粉、功能性奶粉、有机奶和功能奶等高端产品已陆续投放市场。

(新疆生产建设兵团，杨华　刘根俊)

附表1　2013年主要规模养殖场情况

养殖场名称	品种	总存栏（头）	成乳牛存栏（头）	后备母牛存栏（头）	养殖场名称	品种	总存栏（头）	成乳牛存栏（头）	后备母牛存栏（头）
一师四团奶牛养殖一场	荷斯坦	1 160	768	312	一师新农奶牛养殖二场	荷斯坦	1 410	863	351
一师四团奶牛养殖二场	荷斯坦	1 205	510	288	一师新农奶牛养殖三场	荷斯坦	1 333	365	384
一师十团奶牛养殖场	荷斯坦	1 450	840	508	二师30团良繁中心奶牛场	荷斯坦	1 200	1 100	318
一师新农奶牛养殖一场	荷斯坦	1 286	810	342	二师30团职工股份制牛场	荷斯坦	1 136	335	50

（续）

养殖场名称	品种	总存栏（头）	成乳牛存栏（头）	后备母牛存栏（头）	养殖场名称	品种	总存栏（头）	成乳牛存栏（头）	后备母牛存栏（头）
七师 124 团祥盛通	荷斯坦	1 148	639	313	八师三牛场	荷斯坦	1 160	803	245
澳利亚牧业有限公司一牧场	荷斯坦	1 120	651	469	八师娃哈哈 2 场	荷斯坦	1 186	960	396
澳利亚牧业有限公司四牧场	荷斯坦	1 477	791	686	八师 134 团牛场	荷斯坦	1 789	1 073	417
澳利亚牧业有限公司五牧场	荷斯坦	1 461	864	597	八师 141 团牛场	荷斯坦	1 772	628	789
澳利亚牧业有限公司六牧场	荷斯坦	1 045	633	412	八师 147 团牛场	荷斯坦	1 064	626	350
澳利亚牧业有限公司八牧场	荷斯坦	1 063	549	514	五一农场奶牛一场	荷斯坦	1 020	554	466
八师西牧一场	荷斯坦	1 700	700	1000	五一农场奶牛二场	荷斯坦	1 040	561	479
八师西部牧业中心牛场	荷斯坦	1 986	996	404	三坪农场一连奶牛小区	荷斯坦	1 206	750	456
八师五牛场	荷斯坦	1 285	800	229	天润公司沙湾牛场	荷斯坦	1 000	560	440

附表 2　2013 年兵团奶业加工情况统计

企业名称	日处理鲜奶能力（吨）	实际年处理鲜奶量（吨）	奶粉产量（吨）	UHT 奶产量（吨）	巴氏奶产量（吨）	酸奶产量（吨）	其它	企业产值（万元）
兵团合计	2 701	305 171	26 034	61 000	20 525	28 373	1 200	141 167
新农乳业	400	28 481	1 690	9 500	5 025	435		16 242
伊犁永旺乳业有限公司	50	16 064	2 008					7 396
七十一团牛牛乳业	30	7 936	992					1 750
昭苏县天雪乳品厂	20	4 704	588					1 882
伊力特乳业	100	5 011	626			3		1 886
84 团北疆乳业	1	62	0	0	0	62	0	51
大草原乳业	5	84				84		133
高泉天天乳业	160	3 480	435					1 960
银桥奎屯乳业公司	300	8 896	1 112					4 020
石河子伊利乳业	200	60 688	7 586					23 270
石河子乳旺乳业	320	43 416	5 427					17 293
石河子明珠乳业有限公司	200	18 608	2 326					7 100
石河子花园乳业	400	38 760	947	16 000	10 000	19 184	200	17 501
新疆天润农垦乳业	300	51 659	388	34 500	5 500	7 555	1000	31 936
石河子娃哈哈启力有限公司	200	15 032	1 879					6 546
新疆香格尔食品有限公司	10	2 050		1 000		1 050		1 845
十师一八八团银桥乳业阿勒泰有限公司	5	240	30					356

黑龙江农垦

【奶类生产】2013年黑龙江农垦总局管辖区（以下简称垦区）奶牛存栏16.57万头（成年母牛9.15万头），全部为荷斯坦牛，牛奶总产量85.12万吨。牛奶产量、养殖分布区和主要产区主要分布在牡丹江管理局、九三管理局、齐齐哈尔管理局、北安管理局、宝泉岭管理局、绥化管理局。垦区奶业产值34.32亿元，占畜牧业总产值比重15.13%，垦区畜牧业继续保持稳定发展的良好态势。

【乳品加工】2013年共有乳品加工企业3个，其中完达山为最主要的品牌。2013年黑龙江垦区企业总共生产奶产品32.86万吨，其中生产液态奶30.03万吨、奶粉2.83万吨。

【奶源基地】2013年继续推广奶肉牛优质冻精配种技术，奶牛全混合日粮（TMR）饲养技术，奶牛性控冻精及胚胎移植应用技术，奶牛生产性能测定（DHI）及应用技术，高能量全株玉米青贮生产应用及玉米湿贮技术，苜蓿草生产应用技术，肉牛品种改良和快速育肥技术，粪污无害化处理技术，动物疫病综合防治技术等畜牧实用技术。奶牛冻精配种率达到100%，良种化率达100%，九三局从澳大利亚引进良种奶牛1.96万头。大力推广以单体牛场自用式、奶牛小区建立TMR配送中心式和专业饲料公司在农场建立TMR配送中心式等为重点的TMR技术推广组织经营模式，目前，垦区拥有各类TMR搅拌机（车）175台。2013年垦区奶牛生产性能测定参测牧场16个，实际参测奶牛为8 057头，参测牧场305天平均产奶量由2012年的6 674千克提高到7 720千克，平均体细胞数控制在40万以下。利用国家对发展苜蓿产业的扶持政策，加大了苜蓿生产应用技术的推广，和平、绿色、四方山农场承担了农业部高产优质苜蓿示范建设项目，示范面积1万亩。总局补贴50个规模养殖场区进行粪污处理及资源化利用技术推广。

为持续推进“北大荒乳肉兼牛”新品种培育、发展苜蓿种植和规模养殖场粪污处理，2013年总局本级安排资金4 967万元，用于50个规模养殖场粪污处理，5万亩苜蓿种植，以及畜产品质量安全检测和新品种培育的技术支撑。

2013年垦区全年无重大动物疫情发生，垦区下发了《2013年黑龙江垦区动物疫病监测计划》和《流行病学调查方案》，2013年5月和10月，垦区分别派出2个督导检查组，开展了春季和秋季重大动物疫病防控工作督导检查，重点检查春秋防工作完成情况、畜禽集中强制免疫密度和免疫抗体水平情况，同时对每个管理局选择3个农牧场，现场采集牛、猪、羊、禽血清，进行免疫抗体检测。

2013年建设人工苜蓿改良草场1万亩，发放人工苜蓿草场核心示范区建设项目补助资金900万元。2013年，我们通过创新垦区苜蓿产业发展区域布局和草原流转方式，突破苜蓿良种化、节水喷灌和收获机械装备现代化等核心技术瓶颈，全力推进苜蓿标准化规模生产，同时组织重点农场在绿色草原牧场召开了苜蓿生产现场会。2013年垦区苜蓿种植面积达8万亩，其中高标准节水灌溉高产优质苜蓿核心示范区面积3万亩。2013年各管理局共种植青贮玉米57万亩，主要品种为阳光1号和中原单32、龙福208，制作高质量全株玉米青贮204万吨。

2013年，奶牛养殖效益稳定，发展势头强劲。在黑龙江省生鲜乳政府指导价和市场参考价双轨定价机制作用下，以完达山乳业为龙头的乳制品加工企业生鲜乳收购价格稳中有降，奶牛养殖效益好于去年，奶业呈加速转型和快速发展阶段。完达山乳业生鲜乳收购价保持在3.41~4.8元/千克。由于饲料原料和人员工资的上涨，导致饲料和生鲜乳成本有所增加，目前，玉米、豆粕价格比年初分别增长200元/吨和100元/吨，人工成本同比上涨30%以上，生鲜乳的生产成本散户在3.3元/千克左右，规模场在3.6元/千克左右，受生鲜乳以质论价影响，饲养一头单产6吨奶牛，散户效益在2 000元左右。规模养殖场由于单产和奶价高，效益可达6 000元以上，垦区8 511农场千牧养殖场，泌乳牛单产已达11吨以上，泌乳牛头均效益达10 000元以上。

【奶农组织】奶农合作社45个、奶业协会1个举办培训班79次，培训2 791人次，发放宣传培训资料2 3650份。

【政策法规】通过实施黑龙江省现代示范奶牛场建设项目，2013年九三局新建标准化奶牛场20个，建设总投资9.2亿元，省财政补贴资金1.3亿元，总建筑面积30万平方米，饲养奶牛2.48万头，目前20个现代示范奶牛场土建工程基本结束，7 000头澳牛已进入牛场。

【质量监管】2013年垦区制定下发了《2013年垦区畜产品质量安全监管工作实施方案》，并分别与九个管理局签订了畜产品质量监管责任状。同时，各管理局和农牧场也层层签订质量安全责任状，明确任务，责任到人。为确保监管工作落到实处，总局于2016年6月派出两个督查组对九个分局及所属23个农牧场进行了督导检查，实地抽查养殖小区、奶站、饲料厂、兽药饲料经营店、管理区兽医服务站等。通过检查看总体情况较好，未发现突出的畜产品质量安全问题。全面完成了国家、省和垦区三级生鲜乳、兽药和饲料质量安全抽检任务。全年总局进行两次生鲜乳质量安全监测，完成407个生鲜乳样监测，监测密度达到100%。其中生鲜收购站样品308个，生鲜乳运输车辆样品99个，三聚氰胺合格率为100%。同时垦区将监督监测关口前移，加大了垦区饲料及养殖环节“瘦肉精”例行监测力度，抽检饲料和生猪、肉牛尿样样品1 000个，对奶牛饲料进行了三聚氰胺监测，对生猪饲料、肉牛饲料和生猪、肉牛尿样进行了盐酸克伦特罗监测。所检1 000个样品中，三聚氰胺、盐酸克伦特罗合格率均为100%。处于历史最好水平。

（黑龙江省农垦总局畜牧兽医局，周兴民　王京航）

政策法规

ZHENGCE FAGUI

【国务院发布】

全国人民代表大会常务委员会关于修改《中华人民共和国商标法》的决定

（2013年8月30日第十二届全国人民代表大会常务委员会第四次会议通过）

第十二届全国人民代表大会常务委员会第四次会议决定对《中华人民共和国商标法》作如下修改：

一、将第四条第一款、第二款合并，修改为：“自然人、法人或者其他组织在生产经营活动中，对其商品或者服务需要取得商标专用权的，应当向商标局申请商标注册。”

二、将第六条修改为：“法律、行政法规规定必须使用注册商标的商品，必须申请商标注册，未经核准注册的，不得在市场销售。”

三、在第七条中增加一款，作为第一款：“申请注册和使用商标，应当遵循诚实信用原则。”

四、将第八条修改为：“任何能够将自然人、法人或者其他组织的商品与他人的商品区别开的标志，包括文字、图形、字母、数字、三维标志、颜色组合和声音等，以及上述要素的组合，均可以作为商标申请注册。”

五、将第十条第一款第一项至第三项修改为：“（一）同中华人民共和国的国家名称、国旗、国徽、国歌、军旗、军徽、军歌、勋章等相同或者近似的，以及同中央国家机关的名称、标志、所在地特定地点的名称或者标志性建筑物的名称、图形相同的；

“（二）同外国的国家名称、国旗、国徽、军旗等相同或者近似的，但经该国政府同意的除外；

“（三）同政府间国际组织的名称、旗帜、徽记等相同或者近似的，但经该组织同意或者不易误导公众的除外”。

将第一款第七项修改为：“（七）带有欺骗性，容易使公众对商品的质量等特点或者产地产生误认的”。

六、将第十一条第一款第二项中的“仅仅”修改为“仅”。

将第一款第三项修改为：“（三）其他缺乏显著特征的。”

七、在第十三条中增加一款，作为第一款：“为相关公众所熟知的商标，持有人认为其权利受到侵害时，可以依照本法规定请求驰名商标保护。”

八、将第十四条修改为：“驰名商标应当根据当事人的请求，作为处理涉及商标案件需要认定的事实进行认定。认定驰名商标应当考虑下列因素：

“（一）相关公众对该商标的知晓程度；

“（二）该商标使用的持续时间；

“（三）该商标的任何宣传工作的持续时间、程度和地理范围；

“（四）该商标作为驰名商标受保护的记录；

“（五）该商标驰名的其他因素。

“在商标注册审查、工商行政管理部门查处商标违法案件过程中，当事人依照本法第十三条规定主张权利的，商标局根据审查、处理案件的需要，可以对商标驰名情况作出认定。

“在商标争议处理过程中，当事人依照本法第十三条规定主张权利的，商标评审委员会根据处理案件的需要，可以对商标驰名情况作出认定。

“在商标民事、行政案件审理过程中，当事人依照本法第十三条规定主张权利的，最高人民法院指定的人民法院根据审理案件的需要，可以对商标驰名情况作出认定。

“生产、经营者不得将‘驰名商标’字样用于商品、商品包装或者容器上，或者用于广告宣传、展览以及其他商业活动中。”

九、在第十五条中增加一款，作为第二款：“就同一种商品或者类似商品申请注册的商标与他人在先使用的未注册商标相同或者近似，申请人与该他人具有前款规定以外的合同、业务往来关系或者其他关系而明知该他人商标存在，该他人提出异议的，不予注册。”

十、将第十八条修改为："申请商标注册或者办理其他商标事宜，可以自行办理，也可以委托依法设立的商标代理机构办理。

"外国人或者外国企业在中国申请商标注册和办理其他商标事宜的，应当委托依法设立的商标代理机构办理。"

十一、增加一条，作为第十九条："商标代理机构应当遵循诚实信用原则，遵守法律、行政法规，按照被代理人的委托办理商标注册申请或者其他商标事宜；对在代理过程中知悉的被代理人的商业秘密，负有保密义务。

"委托人申请注册的商标可能存在本法规定不得注册情形的，商标代理机构应当明确告知委托人。

"商标代理机构知道或者应当知道委托人申请注册的商标属于本法第十五条和第三十二条规定情形的，不得接受其委托。

"商标代理机构除对其代理服务申请商标注册外，不得申请注册其他商标。"

十二、增加一条，作为第二十条："商标代理行业组织应当按照章程规定，严格执行吸纳会员的条件，对违反行业自律规范的会员实行惩戒。商标代理行业组织对其吸纳的会员和对会员的惩戒情况，应当及时向社会公布。"

十三、增加一条，作为第二十一条："商标国际注册遵循中华人民共和国缔结或者参加的有关国际条约确立的制度，具体办法由国务院规定。"

十四、将第十九条、第二十条合并，作为第二十二条，修改为："商标注册申请人应当按规定的商品分类表填报使用商标的商品类别和商品名称，提出注册申请。

"商标注册申请人可以通过一份申请就多个类别的商品申请注册同一商标。

"商标注册申请等有关文件，可以以书面方式或者数据电文方式提出。"

十五、将第二十一条改为第二十三条，修改为："注册商标需要在核定使用范围之外的商品上取得商标专用权的，应当另行提出注册申请。"

十六、将第二十三条改为第四十一条。

十七、将第二十七条改为第二十八条，修改为："对申请注册的商标，商标局应当自收到商标注册申请文件之日起九个月内审查完毕，符合本法有关规定的，予以初步审定公告。"

十八、增加一条，作为第二十九条："在审查过程中，商标局认为商标注册申请内容需要说明或者修正的，可以要求申请人做出说明或者修正。申请人未做出说明或者修正的，不影响商标局做出审查决定。"

十九、将第三十条改为第三十三条，修改为："对初步审定公告的商标，自公告之日起三个月内，在先权利人、利害关系人认为违反本法第十三条第二款和第三款、第十五条、第十六条第一款、第三十条、第三十一条、第三十二条规定的，或者任何人认为违反本法第十条、第十一条、第十二条规定的，可以向商标局提出异议。公告期满无异议的，予以核准注册，发给商标注册证，并予公告。"

二十、将第二十 条改为第二十二条。

二十一、将第三十二条改为第三十四条，修改为："对驳回申请、不予公告的商标，商标局应当书面通知商标注册申请人。商标注册申请人不服的，可以自收到通知之日起十五日内向商标评审委员会申请复审。商标评审委员会应当自收到申请之日起九个月内做出决定，并书面通知申请人。有特殊情况需要延长的，经国务院工商行政管理部门批准，可以延长三个月。当事人对商标评审委员会的决定不服的，可以自收到通知之日起三十日内向人民法院起诉。"

二十二、将第三十三条改为第三十五条，修改为："对初步审定公告的商标提出异议的，商标局应当听取异议人和被异议人陈述事实和理由，经调查核实后，自公告期满之日起十二个月内做出是否准予注册的决定，并书面通知异议人和被异议人。有特殊情况需要延长的，经国务院工商行政管理部门批准，可以延长六个月。

"商标局做出准予注册决定的，发给商标注册证，并予公告。异议人不服的，可以依照本法第四十四条、第四十五条的规定向商标评审委员会请求宣告该注册商标无效。

"商标局做出不予注册决定，被异议人不服的，可以自收到通知之日起十五日内向商标评审委员会申请复审。商标评审委员会应当自收到申请之日起十二个月内做出复审决定，并书面通知异议人和被异议人。有特殊情况需要延长的，经国务院工商行政管理部门批准，可以延长六个月。被异议人对商标评审委员会的决定不服的，可以自收到通知之日起三十日内向人民法院起诉。人民法院应当通知异议人作为第三人参加诉讼。

"商标评审委员会在依照前款规定进行复审的过程中，所涉及的在先权利的确定必须以人民法院正在审理或者行政机关正在处理的另一案件的结果为依据的，可以中止审查。中止原因消除后，应当恢复审查程序。"

二十三、将第三十四条改为第三十六条，修改为："法定期限届满，当事人对商标局做出的驳回申请决定、不予注册决定不申请复审或者对商标评审委员会做出的复审决定不向人民法院起诉的，驳回申请决定、不予注册决定或者复审决定生效。

"经审查异议不成立而准予注册的商标，商标注册申请人取得商标专用权的时间自初步审定公告三个月期满之日起计算。自该商标公告期满之日起至准予注册决定做出前，对他人在同一种或者类似商品上使用与该商标相同或者近似的标志的行为不具有追溯力；但是，因该使用人的恶意给商标注册人造成的损失，应当给予赔偿。"

二十四、将第四章章名修改为"注册商标的续展、变更、转让和使用许可"。

二十五、将第三十八条改为第四十条，修改为："注册商标有效期满，需要继续使用的，商标注册人应当在期满前十二个月内按照规定办理续展手续；在此期间未能办理的，可以给予六个月的宽展期。每次续展注册的有效期为十年，自该商标上一届有效期满次日起计算。期满未办理续展手续的，注销其注册商标。

"商标局应当对续展注册的商标予以公告。"

二十六、将第三十九条改为第四十二条，增加两款，作为第二款、第三款："转让注册商标的，商标注册人对其在同一种商品上注册的近似的商标，或者在类似商品上注册的相同或者近似的商标，应当一并转让。

"对容易导致混淆或者有其他不良影响的转让，商标局不予核准，书面通知申请人并说明理由。"

二十七、将第四十条改为第四十三条，第三款修改为："许可他人使用其注册商标的，许可人应当将其商标使用许可报商标局备案，由商标局公告。商标使用许可未经备案不得对抗善意第三人。"

二十八、将第五章章名修改为"注册商标的无效宣告"。

二十九、将第四十一条、第四十三条合并，改为第四十四条、第四十五条，修改为：

"第四十四条已经注册的商标，违反本法第十条、第十一条、第十二条规定的，或者是以欺骗手段或者其他不正当手段取得注册的，由商标局宣告该注册商标无效；其他单位或者个人可以请求商标评审委员会宣告该注册商标无效。

"商标局做出宣告注册商标无效的决定，应当书面通知当事人。当事人对商标局的决定不服的，可以自收到通知之日起十五日内向商标评审委员会申请复审。商标评审委员会应当自收到申请之日起九个月内做出决定，并书面通知当事人。有特殊情况需要延长的，经国务院工商行政管理部门批准，可以延长三个月。当事人对商标评审委员会的决定不服的，可以自收到通知之日起三十日内向人民法院起诉。

"其他单位或者个人请求商标评审委员会宣告注册商标无效的，商标评审委员会收到申请后，应当书面通知有关当事人，并限期提出答辩。商标评审委员会应当自收到申请之日起九个月内做出维持注册商标或者宣告注册商标无效的裁定，并书面通知当事人。有特殊情况需要延长的，经国务院工商行政管理部门批准，可以延长三个月。当事人对商标评审委员会的裁定不服的，可以自收到通知之日起三十日内向人民法院起诉。人民法院应当通知商标裁定程序的对方当事人作为第三人参加诉讼。

"第四十五条已经注册的商标，违反本法第十三条第二款和第三款、第十五条、第十六条第一款、第三十条、第三十一条、第三十二条规定的，自商标注册之日起五年内，在先权利人或者利害关系人可以请求商标评审委员会宣告该注册商标无效。对恶意注册的，驰名商标所有人不受五年的时间限制。

"商标评审委员会收到宣告注册商标无效的申请后，应当书面通知有关当事人，并限期提出答辩。商标评审委员会应当自收到申请之日起十二个月内做出维持注册商标或者宣告注册商标无效的裁定，并书面通知当事人。有特殊情况需要延长的，经国务院工商行政管理部门批准，可以延长六个月。当事人对商标评审委员会的裁定不服的，可以自收到通知之日起三十日内向人民法院起诉。人民法院应当通知商标裁定程序的对方当事人作为第三人参加诉讼。

"商标评审委员会在依照前款规定对无效宣告请求进行审查的过程中，所涉及的在先权利的确定必须以人民法院正在审理或者行政机关正在处理的另一案件的结果为依据的，可以中止审查。中止原因消除后，应当恢复审查程序。"

三十、删除第四十二条。

三十一、增加一条，作为第四十六条："法定期限届满，当事人对商标局宣告注册商标无效的决定不申请复审或者对商标评审委员会的复审决定、维持注册商标或者宣告注册商标无效的裁定不向人民法院起诉的，商标局的决定或者商标评审委员会的复审决定、裁定生效。"

三十二、增加一条，作为第四十七条："依照本法第四十四条、第四十五条的规定宣告无效的注册商标，由商标局予以公告，该注册商标专用权视为自始即不存在。

"宣告注册商标无效的决定或者裁定，对宣告无效前人民法院做出并已执行的商标侵权案件的判决、裁定、调解书和工商行政管理部门做出并已执行的商标侵权案件的处理决定以及已经履行的商标转让或者使用许可合同不具有追溯力。但是，因商标注册人的恶意给他人造成的损失，应当给予赔偿。

"依照前款规定不返还商标侵权赔偿金、商标转让费、商标使用费，明显违反公平原则的，应当全部或者部分返还。"

三十三、增加一条，作为第四十八条："本法所称商标的使用，是指将商标用于商品、商品包装或者容器以及商品交易文书上，或者将商标用于广告宣传、展览以及其他商业活动中，用于识别商品来源的行为。"

三十四、将第四十四条改为第四十九条，修改为："商标注册人在使用注册商标的过程中，自行改变注册商标、注册人名义、地址或者其他注册事项的，由地方工商行政管理部门责令限期改正；期满不改正的，由商标局撤销其注册商标。

"注册商标成为其核定使用的商品的通用名称或者没有正当理由连续三年不使用的，任何单位或者个人可以向商标局申请撤销该注册商标。商标局应当自收到申请之日起九个月内做出决定。有特殊情况需要延长的，经国务院工商行政管理部门批准，可以延长三个月。"

三十五、删除第四十五条。

三十六、将第四十六条改为第五十条，修改为："注册商标被撤销、被宣告无效或者期满不再续展的，自撤销、宣告无效或者注销之日起一年内，商标局对与该商标相同或者近似的商标注册申请，不予核准。”

三十七、将第四十七条改为第五十一条，将其中的“可以并处罚款”修改为“违法经营额五万元以上的，可以处违法经营额百分之二十以下的罚款，没有违法经营额或者违法经营额不足五万元的，可以处一万元以下的罚款。”

三十八、将第四十八条改为第五十二条，修改为：“将未注册商标冒充注册商标使用的，或者使用未注册商标违反本法第十条规定的，由地方工商行政管理部门予以制止，限期改正，并可以予以通报，违法经营额五万元以上的，可以处违法经营额百分之二十以下的罚款，没有违法经营额或者违法经营额不足五万元的，可以处一万元以下的罚款。”

三十九、增加一条，作为第五十三条：“违反本法第十四条第五款规定的，由地方工商行政管理部门责令改正，处十万元罚款。”

四十、将第四十九条改为第五十四条，修改为：“对商标局撤销或者不予撤销注册商标的决定，当事人不服的，可以自收到通知之日起十五日内向商标评审委员会申请复审。商标评审委员会应当自收到申请之日起九个月内做出决定，并书面通知当事人。有特殊情况需要延长的，经国务院工商行政管理部门批准，可以延长三个月。当事人对商标评审委员会的决定不服的，可以自收到通知之日起三十日内向人民法院起诉。”

四十一、增加一条，作为第五十五条：“法定期限届满，当事人对商标局做出的撤销注册商标的决定不申请复审或者对商标评审委员会做出的复审决定不向人民法院起诉的，撤销注册商标的决定、复审决定生效。

“被撤销的注册商标，由商标局予以公告，该注册商标专用权自公告之日起终止。”

四十二、删除第五十条。

四十三、将第五十二条改为第五十七条，第一项改为两项，作为第一项、第二项，修改为：“（一）未经商标注册人的许可，在同一种商品上使用与其注册商标相同的商标的；

“（二）未经商标注册人的许可，在同一种商品上使用与其注册商标近似的商标，或者在类似商品上使用与其注册商标相同或者近似的商标，容易导致混淆的。”

增加一项，作为第六项：“（六）故意为侵犯他人商标专用权行为提供便利条件，帮助他人实施侵犯商标专用权行为的。”

四十四、增加一条，作为第五十八条：“将他人注册商标、未注册的驰名商标作为企业名称中的字号使用，误导公众，构成不正当竞争行为的，依照《中华人民共和国反不正当竞争法》处理。”

四十五、增加一条，作为第五十九条：“注册商标中含有的本商品的通用名称、图形、型号，或者直接表示商品的质量、主要原料、功能、用途、重量、数量及其他特点，或者含有的地名，注册商标专用权人无权禁止他人正当使用。

“三维标志注册商标中含有的商品自身的性质产生的形状、为获得技术效果而需有的商品形状或者使商品具有实质性价值的形状，注册商标专用权人无权禁止他人正当使用。

“商标注册人申请商标注册前，他人已经在同一种商品或者类似商品上先于商标注册人使用与注册商标相同或者近似并有一定影响的商标的，注册商标专用权人无权禁止该使用人在原使用范围内继续使用该商标，但可以要求其附加适当区别标识。”

四十六、将第五十三条改为第六十条，修改为：“有本法第五十七条所列侵犯注册商标专用权行为之一，引起纠纷的，由当事人协商解决；不愿协商或者协商不成的，商标注册人或者利害关系人可以向人民法院起诉，也可以请求工商行政管理部门处理。

“工商行政管理部门处理时，认定侵权行为成立的，责令立即停止侵权行为，没收、销毁侵权商品和主要用于制造侵权商品、伪造注册商标标识的工具，违法经营额五万元以上的，可以处违法经营额五倍以下的罚款，没有违法经营额或者违法经营额不足五万元的，可以处二十五万元以下的罚款。对五年内实施两次以上商标侵权行为或者有其他严重情节的，应当从重处罚。销售不知道是侵犯注册商标专用权的商品，能证明该商品是自己合法取得并说明提供者的，由工商行政管理部门责令停止销售。

“对侵犯商标专用权的赔偿数额的争议，当事人可以请求进行处理的工商行政管理部门调解，也可以依照《中华人民共和国民事诉讼法》向人民法院起诉。经工商行政管理部门调解，当事人未达成协议或者调解书生效后不履行的，当事人可以依照《中华人民共和国民事诉讼法》向人民法院起诉。”

四十七、将第五十五条改为第六十二条，将第一款第二项中的“帐簿”修改为“账簿”。

增加一款，作为第三款：“在查处商标侵权案件过程中，对商标权属存在争议或者权利人同时向人民法院提起商标侵权诉讼的，工商行政管理部门可以中止案件的查处。中止原因消除后，应当恢复或者终结案件查处程序。”

四十八、将第五十六条第一款、第二款改为第六十三条，修改为：“侵犯商标专用权的赔偿数额，按照权利人因被侵权所受到的实际损失确定；实际损失难以确定的，可以按照侵权人因侵权所获得的利益确定；权利人的损失或者侵权人获得的利益难以确定的，参照该商标许可使用费的倍数合理确定。对恶意侵犯商标专用权，情节严重的，可以在按照上述方法确定数额的一倍以上三倍以下确定赔偿数额。赔偿数额应当包括权利人为制止侵权行为所支付的合理开支。

“人民法院为确定赔偿数额，在权利人已经尽力举证，而与侵权行为相关的账簿、资料主要由侵权人掌握的情况下，可以责令侵权人提供与侵权行为相关的账簿、资料；侵权人不提供或者提供虚假的账簿、资料的，人民法院可以参考权利人的主张和提供的证据判定赔偿数额。

“权利人因被侵权所受到的实际损失、侵权人因侵权所获得的利益、注册商标许可使用费难以确定的，由人民法院根据侵权行为的情节判决给予三百万元以下的赔偿。”

四十九、增加一条，作为第六十四条，第一款为：“注册商标专用权人请求赔偿，被控侵权人以注册商标专用权人未使用注册商标提出抗辩的，人民法院可以要求注册商标专用权人提供此前三年内实际使用该注册商标的证据。注册商标专用权人不能证明此前三年内实际使用过该注册商标，也不能证明因侵权行为受到其他损失的，被控侵权人不承担赔偿责任。”

将第五十六条第三款改为第六十四条第二款，修改为：“销售不知道是侵犯注册商标专用权的商品，能证明该商品是自己合法取得并说明提供者的，不承担赔偿责任。”

五十、将第五十七条改为第六十五条，修改为：“商标注册人或者利害关系人有证据证明他人正在实施或者即将实施侵犯其注册商标专用权的行为，如不及时制止将会使其合法权益受到难以弥补的损害的，可以依法在起诉前向人民法院申请采取责令停止有关行为和财产保全的措施。”

五十一、将第五十八条改为第六十六条，修改为：“为制止侵权行为，在证据可能灭失或者以后难以取得的情况下，商标注册人或者利害关系人可以依法在起诉前向人民法院申请保全证据。”

五十二、增加一条，作为第六十八条：“商标代理机构有下列行为之一的，由工商行政管理部门责令限期改正，给予警告，处一万元以上十万元以下的罚款；对直接负责的主管人员和其他直接责任人员给予警告，处五千元以上五万元以下的罚款；构成犯罪的，依法追究刑事责任：

“（一）办理商标事宜过程中，伪造、变造或者使用伪造、变造的法律文件、印章、签名的；

“（二）以诋毁其他商标代理机构等手段招徕商标代理业务或者以其他不正当手段扰乱商标代理市场秩序的；

“（三）违反本法第十九条第三款、第四款规定的。

商标代理机构有前款规定行为的，由工商行政管理部门记入信用档案；情节严重的，商标局、商标评审委员会并可以决定停止受理其办理商标代理业务，予以公告。

“商标代理机构违反诚实信用原则，侵害委托人合法利益的，应当依法承担民事责任，并由商标代理行业组织按照章程规定予以惩戒。”

五十三、将第六十二条改为第七十一条，将其中的“行政处分”修改为“处分”。

本决定自2014年5月1日起施行。

《中华人民共和国商标法》根据本决定作相应修改并对条文顺序作相应调整，重新公布。

（稿件来源：国务院公报）

中华人民共和国商标法

（1982年8月23日第五届全国人民代表大会常务委员会第二十四次会议通过 根据1993年2月22日第七届全国人民代表大会常务委员会第三十次会议《关于修改中华人民共和国商标法的决定》第一次修正 根据2001年10月27日第九届全国人民代表大会常务委员会第二十四次会议《关于修改中华人民共和国商标法的决定》第二次修正 根据2013年8月30日第十二届全国人民代表大会常务委员会第四次会议《关于修改中华人民共和国商标法的决定》第三次修正）

目 录

第一章 总 则
第二章 商标注册的申请
第三章 商标注册的审查和核准
第四章 注册商标的续展、变更、转让和使用许可
第五章 注册商标的无效宣告
第六章 商标使用的管理
第七章 注册商标专用权的保护
第八章 附 则

第一章 总 则

第一条 为了加强商标管理，保护商标专用权，促使生产、经营者保证商品和服务质量，维护商标信誉，以保障消费者和生产、经营者的利益，促进社会主义市场经济的发展，特制定本法。

第二条 国务院工商行政管理部门商标局主管全国商标注册和管理的工作。

国务院工商行政管理部门设立商标评审委员会，负责处理商标争议事宜。

第三条 经商标局核准注册的商标为注册商标，包

括商品商标、服务商标和集体商标、证明商标；商标注册人享有商标专用权，受法律保护。

本法所称集体商标，是指以团体、协会或者其他组织名义注册，供该组织成员在商事活动中使用，以表明使用者在该组织中的成员资格的标志。

本法所称证明商标，是指由对某种商品或者服务具有监督能力的组织所控制，而由该组织以外的单位或者个人使用于其商品或者服务，用以证明该商品或者服务的原产地、原料、制造方法、质量或者其他特定品质的标志。

集体商标、证明商标注册和管理的特殊事项，由国务院工商行政管理部门规定。

第四条 自然人、法人或者其他组织在生产经营活动中，对其商品或者服务需要取得商标专用权的，应当向商标局申请商标注册。

本法有关商品商标的规定，适用于服务商标。

第五条 两个以上的自然人、法人或者其他组织可以共同向商标局申请注册同一商标，共同享有和行使该商标专用权。

第六条 法律、行政法规规定必须使用注册商标的商品，必须申请商标注册，未经核准注册的，不得在市场销售。

第七条 申请注册和使用商标，应当遵循诚实信用原则。

商标使用人应当对其使用商标的商品质量负责。各级工商行政管理部门应当通过商标管理，制止欺骗消费者的行为。

第八条 任何能够将自然人、法人或者其他组织的商品与他人的商品区别开的标志，包括文字、图形、字母、数字、三维标志、颜色组合和声音等，以及上述要素的组合，均可以作为商标申请注册。

第九条 申请注册的商标，应当有显著特征，便于识别，并不得与他人在先取得的合法权利相冲突。

商标注册人有权标明“注册商标”或者注册标记。

第十条 下列标志不得作为商标使用：

（一）同中华人民共和国的国家名称、国旗、国徽、国歌、军旗、军徽、军歌、勋章等相同或者近似的，以及同中央国家机关的名称、标志、所在地特定地点的名称或者标志性建筑物的名称、图形相同的；

（二）同外国的国家名称、国旗、国徽、军旗等相同或者近似的，但经该国政府同意的除外；

（三）同政府间国际组织的名称、旗帜、徽记等相同或者近似的，但经该组织同意或者不易误导公众的除外；

（四）与表明实施控制、予以保证的官方标志、检验印记相同或者近似的，但经授权的除外；

（五）同“红十字”、“红新月”的名称、标志相同或者近似的；

（六）带有民族歧视性的；

（七）带有欺骗性，容易使公众对商品的质量等特点或者产地产生误认的；

（八）有害于社会主义道德风尚或者有其他不良影响的。

县级以上行政区划的地名或者公众知晓的外国地名，不得作为商标。但是，地名具有其他含义或者作为集体商标、证明商标组成部分的除外；已经注册的使用地名的商标继续有效。

第十一条 下列标志不得作为商标注册：

（一）仅有本商品的通用名称、图形、型号的；

（二）仅直接表示商品的质量、主要原料、功能、用途、重量、数量及其他特点的；

（三）其他缺乏显著特征的。

前款所列标志经过使用取得显著特征，并便于识别的，可以作为商标注册。

第十二条 以三维标志申请注册商标的，仅由商品自身的性质产生的形状、为获得技术效果而需有的商品形状或者使商品具有实质性价值的形状，不得注册。

第十三条 为相关公众所熟知的商标，持有人认为其权利受到侵害时，可以依照本法规定请求驰名商标保护。

就相同或者类似商品申请注册的商标是复制、摹仿或者翻译他人未在中国注册的驰名商标，容易导致混淆的，不予注册并禁止使用。

就不相同或者不相类似商品申请注册的商标是复制、摹仿或者翻译他人已经在中国注册的驰名商标，误导公众，致使该驰名商标注册人的利益可能受到损害的，不予注册并禁止使用。

第十四条 驰名商标应当根据当事人的请求，作为处理涉及商标案件需要认定的事实进行认定。认定驰名商标应当考虑下列因素：

（一）相关公众对该商标的知晓程度；

（二）该商标使用的持续时间；

（三）该商标的任何宣传工作的持续时间、程度和地理范围；

（四）该商标作为驰名商标受保护的记录；

（五）该商标驰名的其他因素。

在商标注册审查、工商行政管理部门查处商标违法案件过程中，当事人依照本法第十三条规定主张权利的，商标局根据审查、处理案件的需要，可以对商标驰名情况作出认定。

在商标争议处理过程中，当事人依照本法第十三条规定主张权利的，商标评审委员会根据处理案件的需要，可以对商标驰名情况作出认定。

在商标民事、行政案件审理过程中，当事人依照本法第十三条规定主张权利的，最高人民法院指定的人民法院根据审理案件的需要，可以对商标驰名情况作出认定。

生产、经营者不得将“驰名商标”字样用于商品、商品包装或者容器上，或者用于广告宣传、展览以及其他商业活动中。

第十五条 未经授权，代理人或者代表人以自己的名义将被代理人或者被代表人的商标进行注册，被代理人或者被代表人提出异议的，不予注册并禁止使用。

就同一种商品或者类似商品申请注册的商标与他人在先使用的未注册商标相同或者近似，申请人与该他人具有前款规定以外的合同、业务往来关系或者其他关系而明知该他人商标存在，该他人提出异议的，不予注册。

第十六条 商标中有商品的地理标志，而该商品并非来源于该标志所标示的地区，误导公众的，不予注册并禁止使用；但是，已经善意取得注册的继续有效。

前款所称地理标志，是指标示某商品来源于某地区，该商品的特定质量、信誉或者其他特征，主要由该地区的自然因素或者人文因素所决定的标志。

第十七条 外国人或者外国企业在中国申请商标注册的，应当按其所属国和中华人民共和国签订的协议或者共同参加的国际条约办理，或者按对等原则办理。

第十八条 申请商标注册或者办理其他商标事宜，可以自行办理，也可以委托依法设立的商标代理机构办理。

外国人或者外国企业在中国申请商标注册和办理其他商标事宜的，应当委托依法设立的商标代理机构办理。

第十九条 商标代理机构应当遵循诚实信用原则，遵守法律、行政法规，按照被代理人的委托办理商标注册申请或者其他商标事宜；对在代理过程中知悉的被代理人的商业秘密，负有保密义务。

委托人申请注册的商标可能存在本法规定不得注册情形的，商标代理机构应当明确告知委托人。

商标代理机构知道或者应当知道委托人申请注册的商标属于本法第十五条和第三十二条规定情形的，不得接受其委托。

商标代理机构除对其代理服务申请商标注册外，不得申请注册其他商标。

第二十条 商标代理行业组织应当按照章程规定，严格执行吸纳会员的条件，对违反行业自律规范的会员实行惩戒。商标代理行业组织对其吸纳的会员和对会员的惩戒情况，应当及时向社会公布。

第二十一条 商标国际注册遵循中华人民共和国缔结或者参加的有关国际条约确立的制度，具体办法由国务院规定。

第二章 商标注册的申请

第二十二条 商标注册申请人应当按规定的商品分类表填报使用商标的商品类别和商品名称，提出注册申请。

商标注册申请人可以通过一份申请就多个类别的商品申请注册同一商标。

商标注册申请等有关文件，可以以书面方式或者数据电文方式提出。

第二十三条 注册商标需要在核定使用范围之外的商品上取得商标专用权的，应当另行提出注册申请。

第二十四条 注册商标需要改变其标志的，应当重新提出注册申请。

第二十五条 商标注册申请人自其商标在外国第一次提出商标注册申请之日起六个月内，又在中国就相同商品以同一商标提出商标注册申请的，依照该外国同中国签订的协议或者共同参加的国际条约，或者按照相互承认优先权的原则，可以享有优先权。

依照前款要求优先权的，应当在提出商标注册申请的时候提出书面声明，并且在三个月内提交第一次提出的商标注册申请文件的副本；未提出书面声明或者逾期未提交商标注册申请文件副本的，视为未要求优先权。

第二十六条 商标在中国政府主办的或者承认的国际展览会展出的商品上首次使用的，自该商品展出之日起六个月内，该商标的注册申请人可以享有优先权。

依照前款要求优先权的，应当在提出商标注册申请的时候提出书面声明，并且在三个月内提交展出其商品的展览会名称、在展出商品上使用该商标的证据、展出日期等证明文件；未提出书面声明或者逾期未提交证明文件的，视为未要求优先权。

第二十七条 为申请商标注册所申报的事项和所提供的材料应当真实、准确、完整。

第三章 商标注册的审查和核准

第二十八条 对申请注册的商标，商标局应当自收到商标注册申请文件之日起九个月内审查完毕，符合本法有关规定的，予以初步审定公告。

第二十九条 在审查过程中，商标局认为商标注册申请内容需要说明或者修正的，可以要求申请人做出说明或者修正。申请人未做出说明或者修正的，不影响商标局做出审查决定。

第三十条 申请注册的商标，凡不符合本法有关规定或者同他人在同一种商品或者类似商品上已经注册的或者初步审定的商标相同或者近似的，由商标局驳回申请，不予公告。

第三十一条 两个或者两个以上的商标注册申请人，在同一种商品或者类似商品上，以相同或者近似的商标申请注册的，初步审定并公告申请在先的商标；同一天申请的，初步审定并公告使用在先的商标，驳回其他人的申请，不予公告。

第三十二条 申请商标注册不得损害他人现有的在先权利，也不得以不正当手段抢先注册他人已经使用并有一定影响的商标。

第三十三条 对初步审定公告的商标，自公告之日起三个月内，在先权利人、利害关系人认为违反本法第十三条第二款和第三款、第十五条、第十六条第一款、第三十条、第三十一条、第三十二条规定的，或者任何人认为违反本法第十条、第十一条、第十二条规定的，可以向商标局提出异议。公告期满无异议的，予以核准注册，发给商标注册证，并予公告。

第三十四条 对驳回申请、不予公告的商标，商标局应当书面通知商标注册申请人。商标注册申请人不服的，可以自收到通知之日起十五日内向商标评审委员会申请复审。商标评审委员会应当自收到申请之日起九个月内做出决定，并书面通知申请人。有特殊情况需要延长的，经国务院工商行政管理部门批准，可以延长三个月。当事人对商标评审委员会的决定不服的，可以自收到通知之日起三十日内向人民法院起诉。

第三十五条 对初步审定公告的商标提出异议的，商标局应当听取异议人和被异议人陈述事实和理由，经调查核实后，自公告期满之日起十二个月内做出是否准予注册的决定，并书面通知异议人和被异议人。有特殊情况需要延长的，经国务院工商行政管理部门批准，可以延长六个月。

商标局做出准予注册决定的，发给商标注册证，并予公告。异议人不服的，可以依照本法第四十四条、第四十五条的规定向商标评审委员会请求宣告该注册商标无效。

商标局做出不予注册决定，被异议人不服的，可以自收到通知之日起十五日内向商标评审委员会申请复审。商标评审委员会应当自收到申请之日起十二个月内做出复审决定，并书面通知异议人和被异议人。有特殊情况需要延长的，经国务院工商行政管理部门批准，可以延长六个月。被异议人对商标评审委员会的决定不服的，可以自收到通知之日起三十日内向人民法院起诉。人民法院应当通知异议人作为第三人参加诉讼。

商标评审委员会在依照前款规定进行复审的过程中，所涉及的在先权利的确定必须以人民法院正在审理或者行政机关正在处理的另一案件的结果为依据的，可以中止审查。中止原因消除后，应当恢复审查程序。

第三十六条 法定期限届满，当事人对商标局做出的驳回申请决定、不予注册决定不申请复审或者对商标评审委员会做出的复审决定不向人民法院起诉的，驳回申请决定、不予注册决定或者复审决定生效。

经审查异议不成立而准予注册的商标，商标注册申请人取得商标专用权的时间自初步审定公告三个月期满之日起计算。自该商标公告期满之日起至准予注册决定做出前，对他人在同一种或者类似商品上使用与该商标相同或者近似的标志的行为不具有追溯力；但是，因该使用人的恶意给商标注册人造成的损失，应当给予赔偿。

第三十七条 对商标注册申请和商标复审申请应当及时进行审查。

第三十八条 商标注册申请人或者注册人发现商标申请文件或者注册文件有明显错误的，可以申请更正。商标局依法在其职权范围内作出更正，并通知当事人。

前款所称更正错误不涉及商标申请文件或者注册文件的实质性内容。

第四章 注册商标的续展、变更、转让和使用许可

第三十九条 注册商标的有效期为十年，自核准注册之日起计算。

第四十条 注册商标有效期满，需要继续使用的，商标注册人应当在期满前十二个月内按照规定办理续展手续；在此期间未能办理的，可以给予六个月的宽展期。每次续展注册的有效期为十年，自该商标上一届有效期满次日起计算。期满未办理续展手续的，注销其注册商标。

商标局应当对续展注册的商标予以公告。

第四十一条 注册商标需要变更注册人的名义、地址或者其他注册事项的，应当提出变更申请。

第四十二条 转让注册商标的，转让人和受让人应当签订转让协议，并共同向商标局提出申请。受让人应当保证使用该注册商标的商品质量。

转让注册商标的，商标注册人对其在同一种商品上注册的近似的商标，或者在类似商品上注册的相同或者近似的商标，应当一并转让

对容易导致混淆或者有其他不良影响的转让，商标局不予核准，书面通知申请人并说明理由。

转让注册商标经核准后，予以公告。受让人自公告之日起享有商标专用权。

第四十三条 商标注册人可以通过签订商标使用许可合同，许可他人使用其注册商标。许可人应当监督被许可人使用其注册商标的商品质量。被许可人应当保证使用该注册商标的商品质量。

经许可使用他人注册商标的，必须在使用该注册商标的商品上标明被许可人的名称和商品产地。

许可他人使用其注册商标的，许可人应当将其商标使用许可报商标局备案，由商标局公告。商标使用许可未经备案不得对抗善意第三人。

第五章 注册商标的无效宣告

第四十四 条已经注册的商标，违反本法第十条、第十一条、第十二条规定的，或者是以欺骗手段或者其他不正当手段取得注册的，由商标局宣告该注册商标无效；其他单位或者个人可以请求商标评审委员会宣告该注册商标无效。

商标局做出宣告注册商标无效的决定，应当书面通知当事人。当事人对商标局的决定不服的，可以自收到通知之日起十五日内向商标评审委员会申请复审。商标评审委员会应当自收到申请之日起九个月内做出决定，并书面通知当事人。有特殊情况需要延长的，经国务院工商行政管理部门批准，可以延长三个月。当事人对商标评审委员会的决定不服的，可以自收到通知之日起三十日内向人民法院起诉。

其他单位或者个人请求商标评审委员会宣告注册商标无效的，商标评审委员会收到申请后，应当书面通知有关当事人，并限期提出答辩。商标评审委员会应当自收到申请之日起九个月内做出维持注册商标或者宣告注册商标无效的裁定，并书面通知当事人。有特殊情况需要延长的，经国务院工商行政管理部门批

准，可以延长三个月。当事人对商标评审委员会的裁定不服的，可以自收到通知之日起三十日内向人民法院起诉。人民法院应当通知商标裁定程序的对方当事人作为第三人参加诉讼。

第四十五　条已经注册的商标，违反本法第十三条第二款和第三款、第十五条、第十六条第一款、第三十条、第三十一条、第三十二条规定的，自商标注册之日起五年内，在先权利人或者利害关系人可以请求商标评审委员会宣告该注册商标无效。对恶意注册的，驰名商标所有人不受五年的时间限制。

商标评审委员会收到宣告注册商标无效的申请后，应当书面通知有关当事人，并限期提出答辩。商标评审委员会应当自收到申请之日起十二个月内做出维持注册商标或者宣告注册商标无效的裁定，并书面通知当事人。有特殊情况需要延长的，经国务院工商行政管理部门批准，可以延长六个月。当事人对商标评审委员会的裁定不服的，可以自收到通知之日起三十日内向人民法院起诉。人民法院应当通知商标裁定程序的对方当事人作为第三人参加诉讼。

商标评审委员会在依照前款规定对无效宣告请求进行审查的过程中，所涉及的在先权利的确定必须以人民法院正在审理或者行政机关正在处理的另一案件的结果为依据的，可以中止审查。中止原因消除后，应当恢复审查程序。

第四十六条　法定期限届满，当事人对商标局宣告注册商标无效的决定不申请复审或者对商标评审委员会的复审决定、维持注册商标或者宣告注册商标无效的裁定不向人民法院起诉的，商标局的决定或者商标评审委员会的复审决定、裁定生效。

第四十七条　依照本法第四十四条、第四十五条的规定宣告无效的注册商标，由商标局予以公告，该注册商标专用权视为自始即不存在。

宣告注册商标无效的决定或者裁定，对宣告无效前人民法院做出并已执行的商标侵权案件的判决、裁定、调解书和工商行政管理部门做出并已执行的商标侵权案件的处理决定以及已经履行的商标转让或者使用许可合同不具有追溯力。但是，因商标注册人的恶意给他人造成的损失，应当给予赔偿。

依照前款规定不返还商标侵权赔偿金、商标转让费、商标使用费，明显违反公平原则的，应当全部或者部分返还。

第六章　商标使用的管理

第四十八　条本法所称商标的使用，是指将商标用于商品、商品包装或者容器以及商品交易文书上，或者将商标用于广告宣传、展览以及其他商业活动中，用于识别商品来源的行为。

第四十九　条商标注册人在使用注册商标的过程中，自行改变注册商标、注册人名义、地址或者其他注册事项的，由地方工商行政管理部门责令限期改正；期满不改正的，由商标局撤销其注册商标。

注册商标成为其核定使用的商品的通用名称或者没有正当理由连续三年不使用的，任何单位或者个人可以向商标局申请撤销该注册商标。商标局应当自收到申请之日起九个月内做出决定。有特殊情况需要延长的，经国务院工商行政管理部门批准，可以延长三个月。

第五十条　注册商标被撤销、被宣告无效或者期满不再续展的，自撤销、宣告无效或者注销之日起一年内，商标局对与该商标相同或者近似的商标注册申请，不予核准。

第五十一条　违反本法第六条规定的，由地方工商行政管理部门责令限期申请注册，违法经营额五万元以上的，可以处违法经营额百分之二十以下的罚款，没有违法经营额或者违法经营额不足五万元的，可以处一万元以下的罚款。

第五十二条　将未注册商标冒充注册商标使用的，或者使用未注册商标违反本法第十条规定的，由地方工商行政管理部门予以制止，限期改正，并可以予以通报，违法经营额五万元以上的，可以处违法经营额百分之二十以下的罚款，没有违法经营额或者违法经营额不足五万元的，可以处一万元以下的罚款。

第五十三条　违反本法第十四条第五款规定的，由地方工商行政管理部门责令改正，处十万元罚款。

第五十四条　对商标局撤销或者不予撤销注册商标的决定，当事人不服的，可以自收到通知之日起十五日内向商标评审委员会申请复审。商标评审委员会应当自收到申请之日起九个月内做出决定，并书面通知当事人。有特殊情况需要延长的，经国务院工商行政管理部门批准，可以延长三个月。当事人对商标评审委员会的决定不服的，可以自收到通知之日起三十日内向人民法院起诉。

第五十五条　法定期限届满，当事人对商标局做出的撤销注册商标的决定不申请复审或者对商标评审委员会做出的复审决定不向人民法院起诉的，撤销注册商标的决定、复审决定生效。

被撤销的注册商标，由商标局予以公告，该注册商标专用权自公告之日起终止。

第七章　注册商标专用权的保护

第五十六条　注册商标的专用权，以核准注册的商标和核定使用的商品为限。

第五十七条　有下列行为之一的，均属侵犯注册商标专用权：

（一）未经商标注册人的许可，在同一种商品上使用与其注册商标相同的商标的；

（二）未经商标注册人的许可，在同一种商品上使用与其注册商标近似的商标，或者在类似商品上使用与其注册商标相同或者近似的商标，容易导致混淆的；

（三）销售侵犯注册商标专用权的商品的；

（四）伪造、擅自制造他人注册商标标识或者销售伪造、擅自制造的注册商标标识的；

（五）未经商标注册人同意，更换其注册商标并将该更换商标的商品又投入市场的；

（六）故意为侵犯他人商标专用权行为提供便利条件，帮助他人实施侵犯商标专用权行为的；

（七）给他人的注册商标专用权造成其他损害的。

第五十八条 将他人注册商标、未注册的驰名商标作为企业名称中的字号使用，误导公众，构成不正当竞争行为的，依照《中华人民共和国反不正当竞争法》处理。

第五十九条 注册商标中含有的本商品的通用名称、图形、型号，或者直接表示商品的质量、主要原料、功能、用途、重量、数量及其他特点，或者含有的地名，注册商标专用权人无权禁止他人正当使用。

三维标志注册商标中含有的商品自身的性质产生的形状、为获得技术效果而需有的商品形状或者使商品具有实质性价值的形状，注册商标专用权人无权禁止他人正当使用。

商标注册人申请商标注册前，他人已经在同一种商品或者类似商品上先于商标注册人使用与注册商标相同或者近似并有一定影响的商标的，注册商标专用权人无权禁止该使用人在原使用范围内继续使用该商标，但可以要求其附加适当区别标识。

第六十条 有本法第五十七条所列侵犯注册商标专用权行为之一，引起纠纷的，由当事人协商解决；不愿协商或者协商不成的，商标注册人或者利害关系人可以向人民法院起诉，也可以请求工商行政管理部门处理。

工商行政管理部门处理时，认定侵权行为成立的，责令立即停止侵权行为，没收、销毁侵权商品和主要用于制造侵权商品、伪造注册商标标识的工具，违法经营额五万元以上的，可以处违法经营额五倍以下的罚款，没有违法经营额或者违法经营额不足五万元的，可以处二十五万元以下的罚款。对五年内实施两次以上商标侵权行为或者有其他严重情节的，应当从重处罚。销售不知道是侵犯注册商标专用权的商品，能证明该商品是自己合法取得并说明提供者的，由工商行政管理部门责令停止销售。

对侵犯商标专用权的赔偿数额的争议，当事人可以请求进行处理的工商行政管理部门调解，也可以依照《中华人民共和国民事诉讼法》向人民法院起诉。经工商行政管理部门调解，当事人未达成协议或者调解书生效后不履行的，当事人可以依照《中华人民共和国民事诉讼法》向人民法院起诉。

第六十一条 对侵犯注册商标专用权的行为，工商行政管理部门有权依法查处；涉嫌犯罪的，应当及时移送司法机关依法处理。

第六十二条 县级以上工商行政管理部门根据已经取得的违法嫌疑证据或者举报，对涉嫌侵犯他人注册商标专用权的行为进行查处时，可以行使下列职权：

（一）询问有关当事人，调查与侵犯他人注册商标专用权有关的情况；

（二）查阅、复制当事人与侵权活动有关的合同、发票、账簿以及其他有关资料；

（三）对当事人涉嫌从事侵犯他人注册商标专用权活动的场所实施现场检查；

（四）检查与侵权活动有关的物品；对有证据证明是侵犯他人注册商标专用权的物品，可以查封或者扣押。

工商行政管理部门依法行使前款规定的职权时，当事人应当予以协助、配合，不得拒绝、阻挠。

在查处商标侵权案件过程中，对商标权属存在争议或者权利人同时向人民法院提起商标侵权诉讼的，工商行政管理部门可以中止案件的查处。中止原因消除后，应当恢复或者终结案件查处程序。

第六十三条 侵犯商标专用权的赔偿数额，按照权利人因被侵权所受到的实际损失确定；实际损失难以确定的，可以按照侵权人因侵权所获得的利益确定；权利人的损失或者侵权人获得的利益难以确定的，参照该商标许可使用费的倍数合理确定。对恶意侵犯商标专用权，情节严重的，可以在按照上述方法确定数额的一倍以上三倍以下确定赔偿数额。赔偿数额应当包括权利人为制止侵权行为所支付的合理开支。

人民法院为确定赔偿数额，在权利人已经尽力举证，而与侵权行为相关的账簿、资料主要由侵权人掌握的情况下，可以责令侵权人提供与侵权行为相关的账簿、资料；侵权人不提供或者提供虚假的账簿、资料的，人民法院可以参考权利人的主张和提供的证据判定赔偿数额。

权利人因被侵权所受到的实际损失、侵权人因侵权所获得的利益、注册商标许可使用费难以确定的，由人民法院根据侵权行为的情节判决给予三百万元以下的赔偿。

第六十四条 注册商标专用权人请求赔偿，被控侵权人以注册商标专用权人未使用注册商标提出抗辩的，人民法院可以要求注册商标专用权人提供此前三年内实际使用该注册商标的证据。注册商标专用权人不能证明此前三年内实际使用过该注册商标，也不能证明因侵权行为受到其他损失的，被控侵权人不承担赔偿责任。

销售不知道是侵犯注册商标专用权的商品，能证明该商品是自己合法取得并说明提供者的，不承担赔偿责任。

第六十五条 商标注册人或者利害关系人有证据证明他人正在实施或者即将实施侵犯其注册商标专用权的行为，如不及时制止将会使其合法权益受到难以弥补的损害的，可以依法在起诉前向人民法院申请采取责令停止有关行为和财产保全的措施。

第六十六条 为制止侵权行为，在证据可能灭失或者以后难以取得的情况下，商标注册人或者利害关系人可以依法在起诉前向人民法院申请保全证据。

第六十七条 未经商标注册人许可，在同一种商品上使用与其注册商标相同的商标，构成犯罪的，除赔偿被侵权人的损失外，依法追究刑事责任。

伪造、擅自制造他人注册商标标识或者销售伪造、擅自制造的注册商标标识，构成犯罪的，除赔偿被侵权人的损失外，依法追究刑事责任。

销售明知是假冒注册商标的商品，构成犯罪的，除赔偿被侵权人的损失外，依法追究刑事责任。

第六十八条 商标代理机构有下列行为之一的，由工商行政管理部门责令限期改正，给予警告，处一万元以上十万元以下的罚款；对直接负责的主管人员和其他直接责任人员给予警告，处五千元以上五万元以下的罚款；构成犯罪的，依法追究刑事责任：

（一）办理商标事宜过程中，伪造、变造或者使用伪造、变造的法律文件、印章、签名的；

（二）以诋毁其他商标代理机构等手段招徕商标代理业务或者以其他不正当手段扰乱商标代理市场秩序的；

（三）违反本法第十九条第三款、第四款规定的。

商标代理机构有前款规定行为的，由工商行政管理部门记入信用档案；情节严重的，商标局、商标评审委员会并可以决定停止受理其办理商标代理业务，予以公告。

商标代理机构违反诚实信用原则，侵害委托人合法利益的，应当依法承担民事责任，并由商标代理行业组织按照章程规定予以惩戒。

第六十九条 从事商标注册、管理和复审工作的国家机关工作人员必须秉公执法，廉洁自律，忠于职守，文明服务。

商标局、商标评审委员会以及从事商标注册、管理和复审工作的国家机关工作人员不得从事商标代理业务和商品生产经营活动。

第七十条 工商行政管理部门应当建立健全内部监督制度，对负责商标注册、管理和复审工作的国家机关工作人员执行法律、行政法规和遵守纪律的情况，进行监督检查。

第七十一条 从事商标注册、管理和复审工作的国家机关工作人员玩忽职守、滥用职权、徇私舞弊，违法办理商标注册、管理和复审事项，收受当事人财物，牟取不正当利益，构成犯罪的，依法追究刑事责任；尚不构成犯罪的，依法给予处分。

第八章 附 则

第七十二条 申请商标注册和办理其他商标事宜的，应当缴纳费用，具体收费标准另定。

第七十三条 本法自1983年3月1日起施行。1963年4月10日国务院公布的《商标管理条例》同时废止；其他有关商标管理的规定，凡与本法抵触的，同时失效。

本法施行前已经注册的商标继续有效。

畜禽规模养殖污染防治条例

第一章 总 则

第一条 为了防治畜禽养殖污染，推进畜禽养殖废弃物的综合利用和无害化处理，保护和改善环境，保障公众身体健康，促进畜牧业持续健康发展，制定本条例。

第二条 本条例适用于畜禽养殖场、养殖小区的养殖污染防治。

畜禽养殖场、养殖小区的规模标准根据畜牧业发展状况和畜禽养殖污染防治要求确定。

牧区放牧养殖污染防治，不适用本条例。

第三条 畜禽养殖污染防治，应当统筹考虑保护环境与促进畜牧业发展的需要，坚持预防为主、防治结合的原则，实行统筹规划、合理布局、综合利用、激励引导。

第四条 各级人民政府应当加强对畜禽养殖污染防治工作的组织领导，采取有效措施，加大资金投入，扶持畜禽养殖污染防治以及畜禽养殖废弃物综合利用。

第五条 县级以上人民政府环境保护主管部门负责畜禽养殖污染防治的统一监督管理。

县级以上人民政府农牧主管部门负责畜禽养殖废弃物综合利用的指导和服务。

县级以上人民政府循环经济发展综合管理部门负责畜禽养殖循环经济工作的组织协调。

县级以上人民政府其他有关部门依照本条例规定和各自职责，负责畜禽养殖污染防治相关工作。

乡镇人民政府应当协助有关部门做好本行政区域的畜禽养殖污染防治工作。

第六条 从事畜禽养殖以及畜禽养殖废弃物综合利用和无害化处理活动，应当符合国家有关畜禽养殖污染防治的要求，并依法接受有关主管部门的监督检查。

第七条 国家鼓励和支持畜禽养殖污染防治以及畜禽养殖废弃物综合利用和无害化处理的科学技术研究和装备研发。各级人民政府应当支持先进适用技术的推广，促进畜禽养殖污染防治水平的提高。

第八条 任何单位和个人对违反本条例规定的行为，有权向县级以上人民政府环境保护等有关部门举报。接到举报的部门应当及时调查处理。

对在畜禽养殖污染防治中作出突出贡献的单位和个人，按照国家有关规定给予表彰和奖励。

第二章 预 防

第九条 县级以上人民政府农牧主管部门编制畜牧业发展规划，报本级人民政府或者其授权的部门批准实施。畜牧业发展规划应当统筹考虑环境承载能力以及畜禽养殖污染防治要求，合理布局，科学确定畜禽养殖的品种、规模、总量。

第十条 县级以上人民政府环境保护主管部门会同农牧主管部门编制畜禽养殖污染防治规划，报本级人民政府或者其授权的部门批准实施。畜禽养殖污染防治规划应当与畜牧业发展规划相衔接，统筹考虑畜禽养殖生产布局，明确畜禽养殖污染防治目标、任务、重点区域，明确污染治理重点设施建设，以及废弃物综合利用等污染防治措施。

第十一条 禁止在下列区域内建设畜禽养殖场、养殖小区：

（一）饮用水水源保护区，风景名胜区；

（二）自然保护区的核心区和缓冲区；

（三）城镇居民区、文化教育科学研究区等人口集中区域；

（四）法律、法规规定的其他禁止养殖区域。

第十二条 新建、改建、扩建畜禽养殖场、养殖小区，应当符合畜牧业发展规划、畜禽养殖污染防治规划，满足动物防疫条件，并进行环境影响评价。对环境可能造成重大影响的大型畜禽养殖场、养殖小区，应当编制环境影响报告书；其他畜禽养殖场、养殖小区应当填报环境影响登记表。大型畜禽养殖场、养殖小区的管理目录，由国务院环境保护主管部门商国务院农牧主管部门确定。

环境影响评价的重点应当包括：畜禽养殖产生的废弃物种类和数量，废弃物综合利用和无害化处理方案和措施，废弃物的消纳和处理情况以及向环境直接排放的情况，最终可能对水体、土壤等环境和人体健康产生的影响以及控制和减少影响的方案和措施等。

第十三条 畜禽养殖场、养殖小区应当根据养殖规模和污染防治需要，建设相应的畜禽粪便、污水与雨水分流设施，畜禽粪便、污水的贮存设施，粪污厌氧消化和堆沤、有机肥加工、制取沼气、沼渣沼液分离和输送、污水处理、畜禽尸体处理等综合利用和无害化处理设施。已经委托他人对畜禽养殖废弃物代为综合利用和无害化处理的，可以不自行建设综合利用和无害化处理设施。

未建设污染防治配套设施、自行建设的配套设施不合格，或者未委托他人对畜禽养殖废弃物进行综合利用和无害化处理的，畜禽养殖场、养殖小区不得投入生产或者使用。

畜禽养殖场、养殖小区自行建设污染防治配套设施的，应当确保其正常运行。

第十四条 从事畜禽养殖活动，应当采取科学的饲养方式和废弃物处理工艺等有效措施，减少畜禽养殖废弃物的产生量和向环境的排放量。

第三章 综合利用与治理

第十五条 国家鼓励和支持采取粪肥还田、制取沼气、制造有机肥等方法，对畜禽养殖废弃物进行综合利用。

第十六条 国家鼓励和支持采取种植和养殖相结合的方式消纳利用畜禽养殖废弃物，促进畜禽粪便、污水等废弃物就地就近利用。

第十七条 国家鼓励和支持沼气制取、有机肥生产等废弃物综合利用以及沼渣沼液输送和施用、沼气发电等相关配套设施建设。

第十八条 将畜禽粪便、污水、沼渣、沼液等用作肥料的，应当与土地的消纳能力相适应，并采取有效措施，消除可能引起传染病的微生物，防止污染环境和传播疫病。

第十九条 从事畜禽养殖活动和畜禽养殖废弃物处理活动，应当及时对畜禽粪便、畜禽尸体、污水等进行收集、贮存、清运，防止恶臭和畜禽养殖废弃物渗出、泄漏。

第二十条 向环境排放经过处理的畜禽养殖废弃物，应当符合国家和地方规定的污染物排放标准和总量控制指标。畜禽养殖废弃物未经处理，不得直接向环境排放。

第二十一条 染疫畜禽以及染疫畜禽排泄物、染疫畜禽产品、病死或者死因不明的畜禽尸体等病害畜禽养殖废弃物，应当按照有关法律、法规和国务院农牧主管部门的规定，进行深埋、化制、焚烧等无害化处理，不得随意处置。

第二十二条 畜禽养殖场、养殖小区应当定期将畜禽养殖品种、规模以及畜禽养殖废弃物的产生、排放和综合利用等情况，报县级人民政府环境保护主管部门备案。环境保护主管部门应当定期将备案情况抄送同级农牧主管部门。

第二十三条 县级以上人民政府环境保护主管部门应当依据职责对畜禽养殖污染防治情况进行监督检查，并加强对畜禽养殖环境污染的监测。

乡镇人民政府、基层群众自治组织发现畜禽养殖环境污染行为的，应当及时制止和报告。

第二十四条 对污染严重的畜禽养殖密集区域，市、县人民政府应当制定综合整治方案，采取组织建设畜禽养殖废弃物综合利用和无害化处理设施、有计划搬迁或者关闭畜禽养殖场所等措施，对畜禽养殖污染进行治理。

第二十五条 因畜牧业发展规划、土地利用总体规划、城乡规划调整以及划定禁止养殖区域，或者因对污染严重的畜禽养殖密集区域进行综合整治，确需关闭或者搬迁现有畜禽养殖场所，致使畜禽养殖者遭受经济损失的，由县级以上地方人民政府依法予以补偿。

第四章 激励措施

第二十六条 县级以上人民政府应当采取示范奖励

等措施，扶持规模化、标准化畜禽养殖，支持畜禽养殖场、养殖小区进行标准化改造和污染防治设施建设与改造，鼓励分散饲养向集约饲养方式转变。

第二十七条 县级以上地方人民政府在组织编制土地利用总体规划过程中，应当统筹安排，将规模化畜禽养殖用地纳入规划，落实养殖用地。

国家鼓励利用废弃地和荒山、荒沟、荒丘、荒滩等未利用地开展规模化、标准化畜禽养殖。

畜禽养殖用地按农用地管理，并按照国家有关规定确定生产设施用地和必要的污染防治等附属设施用地。

第二十八条 建设和改造畜禽养殖污染防治设施，可以按照国家规定申请包括污染治理贷款贴息补助在内的环境保护等相关资金支持。

第二十九条 进行畜禽养殖污染防治，从事利用畜禽养殖废弃物进行有机肥产品生产经营等畜禽养殖废弃物综合利用活动的，享受国家规定的相关税收优惠政策。

第三十条 利用畜禽养殖废弃物生产有机肥产品的，享受国家关于化肥运力安排等支持政策；购买使用有机肥产品的，享受不低于国家关于化肥的使用补贴等优惠政策。

畜禽养殖场、养殖小区的畜禽养殖污染防治设施运行用电执行农业用电价格。

第三十一条 国家鼓励和支持利用畜禽养殖废弃物进行沼气发电，自发自用、多余电量接入电网。电网企业应当依照法律和国家有关规定为沼气发电提供无歧视的电网接入服务，并全额收购其电网覆盖范围内符合并网技术标准的多余电量。

利用畜禽养殖废弃物进行沼气发电的，依法享受国家规定的上网电价优惠政策。利用畜禽养殖废弃物制取沼气或进而制取天然气的，依法享受新能源优惠政策。

第三十二条 地方各级人民政府可以根据本地区实际，对畜禽养殖场、养殖小区支出的建设项目环境影响咨询费用给予补助。

第三十三条 国家鼓励和支持对染疫畜禽、病死或者死因不明畜禽尸体进行集中无害化处理，并按照国家有关规定对处理费用、养殖损失给予适当补助。

第三十四条 畜禽养殖场、养殖小区排放污染物符合国家和地方规定的污染物排放标准和总量控制指标，自愿与环境保护主管部门签订进一步削减污染物排放量协议的，由县级人民政府按照国家有关规定给予奖励，并优先列入县级以上人民政府安排的环境保护和畜禽养殖发展相关财政资金扶持范围。

第三十五条 畜禽养殖户自愿建设综合利用和无害化处理设施、采取措施减少污染物排放的，可以依照本条例规定享受相关激励和扶持政策。

第五章 法律责任

第三十六条 各级人民政府环境保护主管部门、农牧主管部门以及其他有关部门未依照本条例规定履行职责的，对直接负责的主管人员和其他直接责任人员依法给予处分；直接负责的主管人员和其他直接责任人员构成犯罪的，依法追究刑事责任。

第三十七条 违反本条例规定，在禁止养殖区域内建设畜禽养殖场、养殖小区的，由县级以上地方人民政府环境保护主管部门责令停止违法行为；拒不停止违法行为的，处3万元以上10万元以下的罚款，并报县级以上人民政府责令拆除或者关闭。在饮用水水源保护区建设畜禽养殖场、养殖小区的，由县级以上地方人民政府环境保护主管部门责令停止违法行为，处10万元以上50万元以下的罚款，并报经有批准权的人民政府批准，责令拆除或者关闭。

第三十八条 违反本条例规定，畜禽养殖场、养殖小区依法应当进行环境影响评价而未进行的，由有权审批该项目环境影响评价文件的环境保护主管部门责令停止建设，限期补办手续；逾期不补办手续的，处5万元以上20万元以下的罚款。

第三十九条 违反本条例规定，未建设污染防治配套设施或者自行建设的配套设施不合格，也未委托他人对畜禽养殖废弃物进行综合利用和无害化处理，畜禽养殖场、养殖小区即投入生产、使用，或者建设的污染防治配套设施未正常运行的，由县级以上人民政府环境保护主管部门责令停止生产或者使用，可以处10万元以下的罚款。

第四十条 违反本条例规定，有下列行为之一的，由县级以上地方人民政府环境保护主管部门责令停止违法行为，限期采取治理措施消除污染，依照《中华人民共和国水污染防治法》、《中华人民共和国固体废物污染环境防治法》的有关规定予以处罚：

（一）将畜禽养殖废弃物用作肥料，超出土地消纳能力，造成环境污染的；

（二）从事畜禽养殖活动或者畜禽养殖废弃物处理活动，未采取有效措施，导致畜禽养殖废弃物渗出、泄漏的。

第四十一条 排放畜禽养殖废弃物不符合国家或者地方规定的污染物排放标准或者总量控制指标，或者未经无害化处理直接向环境排放畜禽养殖废弃物的，由县级以上地方人民政府环境保护主管部门责令限期治理，可以处5万元以下的罚款。县级以上地方人民政府环境保护主管部门作出限期治理决定后，应当会同同级人民政府农牧等有关部门对整改措施的落实情况及时进行核查，并向社会公布核查结果。

第四十二条 未按照规定对染疫畜禽和病害畜禽养殖废弃物进行无害化处理的，由动物卫生监督机构责令无害化处理，所需处理费用由违法行为人承担，可以处3000元以下的罚款。

第六章 附 则

第四十三条 畜禽养殖场、养殖小区的具体规模标准由省级人民政府确定，并报国务院环境保护主管部门和国务院农牧主管部门备案。

第四十四条 本条例自2014年1月1日起施行。

中国食物与营养发展纲要（2014—2020年）

近年来，我国农产品综合生产能力稳步提高，食物供需基本平衡，食品安全状况总体稳定向好，居民营养健康状况明显改善，食物与营养发展成效显著。但是，我国食物生产还不能适应营养需求，居民营养不足与过剩并存，营养与健康知识缺乏，必须引起高度重视。为保障食物有效供给，优化食物结构，强化居民营养改善，特制定本纲要。

一、总体要求

（一）指导思想。

以邓小平理论、“三个代表”重要思想、科学发展观为指导，顺应各族人民过上更好生活的新期待，把保障食物有效供给、促进营养均衡发展、统筹协调生产与消费作为主要任务，把重点产品、重点区域、重点人群作为突破口，着力推动食物与营养发展方式转变，着力营造厉行节约、反对浪费的良好社会风尚，着力提升人民健康水平，为全面建成小康社会提供重要支撑。

（二）基本原则。

坚持食物数量与质量并重。实施以我为主、立足国内、确保产能、适度进口、科技支撑的国家粮食安全战略。在重视食物数量的同时，更加注重品质和质量安全，加强优质专用新品种的研发与推广，提高优质食物比重，实现食物生产数量与结构、质量与效益相统一。

坚持生产与消费协调发展。充分发挥市场机制的作用，以现代营养理念引导食物合理消费，逐步形成以营养需求为导向的现代食物产业体系，促进生产、消费、营养、健康协调发展。

坚持传承与创新有机统一。传承以植物性食物为主、动物性食物为辅的优良膳食传统，保护具有地域特色的膳食方式，创新繁荣中华饮食文化，合理汲取国外膳食结构的优点，全面提升膳食营养科技支撑水平。

坚持引导与干预有效结合。普及公众营养知识，引导科学合理膳食，预防和控制营养性疾病；针对不同区域、不同人群的食物与营养需求，采取差别化的干预措施，改善食物与营养结构。

（三）发展目标。

食物生产量目标。确保谷物基本自给、口粮绝对安全，全面提升食物质量，优化品种结构，稳步增强食物供给能力。到2020年，全国粮食产量稳定在5.5亿吨以上，油料、肉类、蛋类、奶类、水产品等生产稳定发展。

食品工业发展目标。加快建设产业特色明显、集群优势突出、结构布局合理的现代食品加工产业体系，形成一批品牌信誉好、产品质量高、核心竞争力强的大中型食品加工及配送企业。到2020年，传统食品加工程度大幅提高，食品加工技术水平明显提升，全国食品工业增加值年均增长速度保持在10%以上。

食物消费量目标。推广膳食结构多样化的健康消费模式，控制食用油和盐的消费量。到2020年，全国人均全年口粮消费135公斤、食用植物油12公斤、豆类13公斤、肉类29公斤、蛋类16公斤、奶类36公斤、水产品18公斤、蔬菜140公斤、水果60公斤。

营养素摄入量目标。保障充足的能量和蛋白质摄入量，控制脂肪摄入量，保持适量的维生素和矿物质摄入量。到2020年，全国人均每日摄入能量2200—2300千卡，其中，谷类食物供能比不低于50%，脂肪供能比不高于30%；人均每日蛋白质摄入量78克，其中，优质蛋白质比例占45%以上；维生素和矿物质等微量营养素摄入量基本达到居民健康需求。

营养性疾病控制目标。基本消除营养不良现象，控制营养性疾病增长。到2020年，全国5岁以下儿童生长迟缓率控制在7%以下；全人群贫血率控制在10%以下，其中，孕产妇贫血率控制在17%以下，老年人贫血率控制在15%以下，5岁以下儿童贫血率控制在12%以下；居民超重、肥胖和血脂异常率的增长速度明显下降。

二、主要任务

（一）构建供给稳定、运转高效、监控有力的食物数量保障体系。稳定耕地面积，加快高标准农田建设，积极调整农业结构，提高粮食等重要农产品综合生产能力。大力发展畜牧业，提高牛肉、羊肉、禽肉供给比重。大力发展海洋经济，保障水产品供应。广辟食物资源，因地制宜发展杂粮、木本粮油等生产。大力发展农产品储藏、保鲜等产地初加工。积极推进物联网等信息技术应用，加强市场网络和配送服务体系建设，加快形成安全卫生、布局合理的现代食物市场流通体系。加强农产品数量安全智能分析与监测预警，健全中央、地方和企业三级食用农产品收储体系，增强宏观调控能力。更加积极地利用国际农产品市场和农业资源，有效调剂和补充国内食物供给。

（二）构建标准健全、体系完备、监管到位的食物质量保障体系。建立最严格的覆盖全过程的食物安全监管制度，健全各类食物标准，落实地方政府属地管理和生产经营主体责任，规范食物生产、加工和销售行为。加快推进原料标准化基地建设，集中创建一批园艺作物标准园、畜禽养殖标准化示范场、水产标准化健康养殖示范场和农业标准化示范县。完善投入品管理制度，加强农产品质量安全监管，推进农产品质量安全监管示范县创建活动。推进食物生产、加工和流通企业诚信制度建设，加大对失信企业惩处力度，增强企业诚信经营意识。加强食物安全信息共享与公共管理体系建设，健全快速反应机制，加强应急处置，强化舆论监督和引导。

（三）构建定期监测、分类指导、引导消费的居民营养改善体系。建立健全居民食物与营养监测管理制度，加强监测和信息分析。对重点区域、重点人群实施营养干预，重视解决微量营养素缺乏、部分人群油脂摄入过多等问题。开展多种形式的营养教育，引导居民形成科学的膳食习惯，推进健康饮食文化建设。

三、发展重点

（一）重点产品。

1. 优质食用农产品。全面推行食用农产品标准化生产，提升“米袋子”和“菜篮子”产品质量。大力发展无公害农产品和绿色食品生产、经营，因地制宜发展有机食品，做好农产品地理标志工作。积极培育具有地域特色的农产品品牌，严格保护产地环境。

2. 方便营养加工食品。加快发展符合营养科学要求和食品安全标准的方便食品、营养早餐、快餐食品、调理食品等新型加工食品，不断增加膳食制品供应种类。强化对主食类加工产品的营养科学指导，加强营养早餐及快餐食品集中生产、配送、销售体系建设，推进主食工业化、规模化发展。发展营养强化食品和保健食品，促进居民营养改善。加快传统食品生产的工业化改造，推进农产品综合开发与利用。

3. 奶类与大豆食品。扶持奶源基地建设，强化奶业市场监管，培育乳品消费市场，加强奶业各环节衔接，推进现代奶业建设。充分发挥我国传统大豆资源优势，加强大豆种质资源研究和新品种培育，扶持国内大豆产业发展，强化大豆生产与精深加工的科学研究，实施传统大豆制品的工艺改造，开发新型大豆食品，推进大豆制品规模化生产。

（二）重点区域。

1. 贫困地区。采取扶持与开发相结合的方式，提高贫困地区居民的食物消费水平。创新营养改善方式，合理开发利用当地食物资源。动员社会各界参与扶贫开发，采取营养干预措施，实现贫困人口食物与营养的基本保障和逐步改善。

2. 农村地区。加快农村经济社会发展，增加农民收入。加强农村商贸与流通基础设施建设，将城镇现代流通业向广大农村地区延伸，推进“万村千乡”市场工程，开拓农村食物市场，方便农村居民购买食物。

3. 流动人群集中及新型城镇化地区。改善外来务工人员的饮食条件，加强对在外就餐人员及新型城镇化地区居民膳食指导，倡导文明生活方式和合理膳食模式，控制高能量、高脂肪、高盐饮食，降低营养性疾病发病率。

（三）重点人群。

1. 孕产妇与婴幼儿。做好孕产妇营养均衡调配，重点改善低收入人群孕妇膳食中钙、铁、锌和维生素A摄入不足的状况，预防中高收入人群孕妇因膳食不合理而导致的肥胖、巨大儿等营养性疾病。大力倡导母乳喂养，重视农村地区6个月龄至24个月龄婴幼儿的辅食喂养与营养补充，加强母乳代用品和婴幼儿食品质量监管。

2. 儿童青少年。着力降低农村儿童青少年生长迟缓、缺铁性贫血的发生率，做好农村留守儿童营养保障工作。遏制城镇儿童青少年超重、肥胖增长态势。将食物与营养知识纳入中小学课程，加强对教师、家长的营养教育和对学生食堂及学生营养配餐单位的指导，引导学生养成科学的饮食习惯。强化营养干预，加大蛋奶供应，保障食物与营养需求。

3. 老年人。研究开发适合老年人身体健康需要的食物产品，重点发展营养强化食品和低盐、低脂食物。开展老年人营养监测与膳食引导，科学指导老年人补充营养、合理饮食，提高老年人生活质量和健康水平。

四、政策措施

（一）全面普及膳食营养和健康知识。加强对居民食物与营养的指导，提高全民营养意识，提倡健康生活方式，树立科学饮食理念。研究设立公众“营养日”。开展食物与营养知识进村（社区）入户活动，加强营养和健康教育。发布适宜不同人群特点的膳食指南，定期在商场、超市、车站、机场等人流集中地发放。发挥主要媒体对食物与营养知识进行公益宣传的主渠道作用，增强营养知识传播的科学性。加大对食物与营养事业发展的投入，加强流通、餐饮服务等基础设施建设。

（二）加强食物生产与供给。全面落实“米袋子”省长负责制和“菜篮子”市长负责制，强化地方人民政府的食物安全责任。加大对食用农产品生产的支持力度，保护农民发展生产的积极性。加大对食物加工、流通领域的扶持力度，鼓励主产区发展食物加工业，支持大中城市食品加工配送中心建设，发展共同配送、统一配送。加强农业生态环境保护，有效治理面源污染。支持到境外特别是与周边国家开展互利共赢的农业生产和进出口合作。

（三）加大营养监测与干预。开展全国居民营养与基本健康监测工作，进行食物消费调查，定期发布中国居民食物消费与营养健康状况报告，引导居民改善食物与营养状况。加大财政投入，改善老少边穷地区的中小学校和幼儿园就餐环境。

（四）推进食物与营养法制化管理。抓紧进行食物与营养相关法律法规的研究工作，适时开展营养改善条例的立法工作。针对食物与营养的突出问题，依法规范食物生产经营活动，开展专项治理整顿，营造安全、诚信、公平的市场环境。创新食物与营养执法监督，提高行政监管效能。弘扬勤俭节约的传统美德，形成厉行节约、反对浪费的良好社会风尚。

（五）加快食物与营养科技创新。针对食物、营养和健康领域的重大需求，引导企业加大食物与营养科技投入，加强对食物与营养重点领域和关键环节的研究。加强对新食物资源开发和食物安全风险分析技术的研究，在科技创新中提高食物安全水平。加强食物安全监测预警技术研究，促进食物安全信息监测预警系统建设。深入研究食物、营养和健康的关系，及时修订居民膳食营养素参考摄入量标准。

（六）加强组织领导和咨询指导。由农业部、卫生计生委牵头，发展改革委、教育部、科技部、工业和信息化部、财政部、商务部、食品药品监管总局、林业局等部门参加，建立部际协调机制，做好本纲要实施工作。继续发挥国家食物与营养咨询委员会的议事咨询作用，及时向政府提供决策咨询意见。省级人民政府要根据本纲要确立的目标、任务和重点，结合本地区实际，制定当地食物与营养发展实施计划。

国务院关于地方改革完善食品药品监督管理体制的指导意见

国发〔2013〕18 号

各省、自治区、直辖市人民政府，国务院各部委、各直属机构：

按照党的十八大、十八届二中全会精神和第十二届全国人民代表大会第一次会议审议通过的《国务院机构改革和职能转变方案》，决定组建国家食品药品监督管理总局，对食品药品实行统一监督管理。为确保食品药品监管工作上下联动、协同推进，平稳运行、整体提升，现就地方改革完善食品药品监督管理体制提出如下意见。

一、充分认识改革完善食品药品监督管理体制的重要意义

食品药品安全是重大的基本民生问题，党中央、国务院高度重视，人民群众高度关切。近年来，国家采取了一系列重大政策举措，各地区、各有关部门认真抓好贯彻落实，不断加大监管力度，我国食品药品安全保障水平稳步提高，形势总体稳定趋好。但实践中食品监管职责交叉和监管空白并存，责任难以完全落实，资源分散配置难以形成合力，整体行政效能不高。同时，人民群众对药品的安全性和有效性也提出了更高要求，药品监督管理能力也需要加强。改革完善食品药品监管体制，整合机构和职责，有利于政府职能转变，更好地履行市场监管、社会管理和公共服务职责；有利于理顺部门职责关系，强化和落实监管责任，实现全程无缝监管；有利于形成一体化、广覆盖、专业化、高效率的食品药品监管体系，形成食品药品监管社会共治格局，更好地推动解决关系人民群众切身利益的食品药品安全问题。

各地区要充分认识改革完善食品药品监管体制的重要性和紧迫性，切实履行对本地区食品药品安全负总责的要求，抓紧抓好本地区食品药品监管体制改革和机构调整工作。

二、加快推进地方食品药品监督管理体制改革

地方食品药品监管体制改革，要全面贯彻党的十八大和十八届二中全会精神，以邓小平理论、“三个代表”重要思想、科学发展观为指导，以保障人民群众食品药品安全为目标，以转变政府职能为核心，以整合监管职能和机构为重点，按照精简、统一、效能原则，减少监管环节、明确部门责任、优化资源配置，对生产、流通、消费环节的食品安全和药品的安全性、有效性实施统一监督管理，充实加强基层监管力量，进一步提高食品药品监督管理水平。

（一）整合监管职能和机构。为了减少监管环节，保证上下协调联动，防范系统性食品药品安全风险，省、市、县级政府原则上参照国务院整合食品药品监督管理职能和机构的模式，结合本地实际，将原食品安全办、原食品药品监管部门、工商行政管理部门、质量技术监督部门的食品安全监管和药品管理职能进行整合，组建食品药品监督管理机构，对食品药品实行集中统一监管，同时承担本级政府食品安全委员会的具体工作。地方各级食品药品监督管理机构领导班子由同级地方党委管理，主要负责人的任免须事先征求上级业务主管部门的意见，业务上接受上级主管部门的指导。

（二）整合监管队伍和技术资源。参照《国务院机构改革和职能转变方案》关于“将工商行政管理、质量技术监督部门相应的食品安全监督管理队伍和检验检测机构划转食品药品监督管理部门”的要求，省、市、县各级工商部门及其基层派出机构要划转相应的监管执法人员、编制和相关经费，省、市、县各级质监部门要划转相应的监管执法人员、编制和涉及食品安全的检验检测机构、人员、装备及相关经费，具体数量由地方政府确定，确保新机构有足够力量和资源有效履行职责。同

时，整合县级食品安全检验检测资源，建立区域性的检验检测中心。

（三）加强监管能力建设。在整合原食品药品监管、工商、质监部门现有食品药品监管力量基础上，建立食品药品监管执法机构。要吸纳更多的专业技术人员从事食品药品安全监管工作，根据食品药品监管执法工作需要，加强监管执法人员培训，提高执法人员素质，规范执法行为，提高监管水平。地方各级政府要增加食品药品监管投入，改善监管执法条件，健全风险监测、检验检测和产品追溯等技术支撑体系，提升科学监管水平。食品药品监管所需经费纳入各级财政预算。

（四）健全基层管理体系。县级食品药品监督管理机构可在乡镇或区域设立食品药品监管派出机构。要充实基层监管力量，配备必要的技术装备，填补基层监管执法空白，确保食品和药品监管能力在监管资源整合中都得到加强。在农村行政村和城镇社区要设立食品药品监管协管员，承担协助执法、隐患排查、信息报告、宣传引导等职责。要进一步加强基层农产品质量安全监管机构和队伍建设。推进食品药品监管工作关口前移、重心下移，加快形成食品药品监管横向到边、纵向到底的工作体系。

三、认真落实食品药品监督管理责任

（一）地方政府要负总责。地方各级政府要切实履行对本地区食品药品安全负总责的要求，在省级政府的统一组织领导下，切实抓好本地区的食品药品监管体制改革，统筹做好生猪定点屠宰监督管理职责调整工作，确保职能、机构、队伍、装备等及时划转到位，配套政策措施落实到位，各项工作有序衔接。要加强组织协调，强化保障措施，落实经费保障，实现社会共治，提升食品药品安全监管整体水平。

（二）监管部门要履职尽责。要转变管理理念，创新管理方式，建立和完善食品药品安全监管制度，建立生产经营者主体责任制，强化监管执法检查，加强食品药品安全风险预警，严密防范区域性、系统性食品药品安全风险。农业部门要落实农产品质量安全监管责任，加强畜禽屠宰环节、生鲜乳收购环节质量安全和有关农业投入品的监督管理，强化源头治理。各地可参照国家有关部门对食用农产品监管职责分工方式，按照无缝衔接的原则，合理划分食品药品监管部门和农业部门的监管边界，切实做好食用农产品产地准出管理与批发市场准入管理的衔接。卫生部门要加强食品安全标准、风险评估等相关工作。各级政府食品安全委员会要切实履行监督、指导、协调职能，加强监督检查和考核评价，完善政府、企业、社会齐抓共管的综合监管措施。

（三）相关部门要各负其责。各级与食品安全工作有关的部门要各司其职，各负其责，积极做好相关工作，形成与监管部门的密切协作联动机制。质监部门要加强食品包装材料、容器、食品生产经营工具等食品相关产品生产加工的监督管理。城管部门要做好食品摊贩等监管执法工作。公安机关要加大对食品药品犯罪案件的侦办力度，加强行政执法和刑事司法的衔接，严厉打击食品药品违法犯罪活动。要充分发挥市场机制、社会监督和行业自律作用，建立健全督促生产经营者履行主体责任的长效机制。

四、确保食品药品监督管理体制改革有序推进

食品药品安全工作社会关注度高，各方面对体制改革的期待高，各地区、各有关部门务必精心组织、周密部署，加快推进步伐，取得让人民群众满意的实效。

（一）加强领导，扎实推进。省级政府负责制定出台体制改革工作方案和配套措施，统筹本地区食品药品监管机构改革工作。地方各级政府要成立食品药品监管机构改革领导小组，主要领导亲自负责。食品药品日常监管任务繁重，要尽可能缩短改革过渡期。省、市、县三级食品药品监督管理机构改革工作，原则上分别于2013年上半年、9月底和年底前完成。国务院各有关部门要支持地方政府的工作，不干预地方政府的改革措施。

（二）协调配合，平稳过渡。改革过渡期间，食品安全各环节的监管责任和药品监管责任仍由原系统承担，并按既定部署做好相关工作。各有关部门要顾全大局，相互支持，密切配合，做好人、财、物的划转工作。要有针对性地做好干部职工的思想政治工作，确保思想不乱、队伍不散、工作不断，确保各项工作上下贯通、运转顺畅，及时处理食品药品安全突发事件，实现与新建机构食品药品安全监管工作的平稳过渡。

（三）严肃纪律，强化指导。地方各级政府、各有关部门要严格执行有关编制、人事、财经纪律，严禁在体制改革过程中超编进人、超职数配备领导干部、突击提拔干部，严防国有资产流失。对违反规定的，要追究有关人员的责任。中央编办、国家食品药品监督管理总局要及时掌握和研究解决地方机构改革过程中出现的新情况、新问题，加强协调指导、督促检查，加大支持力度，为地方改革创造良好条件。

（四）加强宣传，营造氛围。地方各级政府、各有关部门和新闻单位，要开展多种形式的宣传教育活动，大力宣传食品药品安全形势和政策，让广大干部群众充分了解改革的目的意义、目标任务、重大措施，进一步统一思想、凝聚共识，形成全社会支持改革、参与改革的良好舆论环境。

做好食品药品安全工作事关重大，影响深远。实现食品药品安全的长治久安，必须形成社会共治的格局。地方各级政府要以此次体制改革和机构调整为契机，在明确监管部门职责、加强监管能力建设、充实基层监管力量、落实好属地管理责任的同时，推动制定地方性法规，强化食品药品生产经营者的法律责任，

夯实食品药品安全基础，确保本地区食品药品安全。要深刻认识食品药品安全监管工作的艰巨性和长期性，多措并举、标本兼治、统筹推进，着力提高食品药品产业整体素质，创造公平法治诚信市场环境，加快构建符合国情、科学合理的食品药品安全体系，全面提升食品药品安全水平。

国务院

2013年4月10日

（此件公开发布）

2013年食品安全重点工作安排

2012年，各地区、各有关部门按照国务院的部署，深入开展食品安全治理整顿，强化日常监管，严惩重处食品安全违法犯罪，消除了一大批食品安全隐患，保持了食品安全形势总体稳定向好。但制约我国食品安全的突出矛盾尚未根本解决，问题仍时有发生。为进一步提高食品安全保障水平，根据《国务院关于加强食品安全工作的决定》（国发〔2012〕20号）和国务院关于地方改革完善食品药品监督管理体制的有关精神，现就2013年食品安全重点工作作出如下安排：

一、全面排查隐患，深化治理整顿

（一）深入开展风险隐患排查整治。各地区、各有关部门要集中力量全面组织开展食品安全风险隐患大排查大整治，在种植、养殖、屠宰、生产、流通、餐饮以及进出口等各环节广泛排查各类食品安全风险隐患，深挖带有行业共性的隐患和“潜规则”。重点排查列入《食品中可能违法添加的非食用物质和易滥用的食品添加剂名单》的物质。强化进口食品检验检疫和监督管理，坚决依法处理不合格食品，防止不合格食品进入流通和消费领域。在此基础上，建立风险隐患清单，实施整治督办制度，坚决清理整顿不符合食品安全条件的生产经营单位，坚决取缔“黑工厂”、“黑作坊”和“黑窝点”，切实净化食品市场和消费环境，有效防范系统性、区域性食品安全风险。

（二）开展饲料农药兽药专项整治。全面加强对饲料、农药和兽药生产经营企业的监管，严格执行许可准入制度。严厉打击在饲料中添加激素类药品或其他禁用药品、在农药兽药中添加违禁物质等违法生产销售行为。以蔬菜、水果、茶叶种植基地和畜禽、水产品养殖场（小区）为重点，严厉查处使用禁用农药兽药或其他违禁物质、超范围超剂量使用农药兽药、将人用药品用于动物、不执行休药期规定等违法违规行为。

（三）开展私屠滥宰和“注水肉”等违法违规行为专项整治。严格屠宰行业准入，加强定点屠宰企业资格证牌使用管理。规范屠宰检疫和肉品品质检验行为，落实“两章两证”（即肉品品质检验合格章、生猪检疫合格验讫章、肉品品质检验合格证、动物检疫合格证明）制度，严惩重处只收费不检疫等违法行为，严厉打击销售未经检疫检验或检疫检验不合格肉品的违法行为。坚决取缔私屠滥宰窝点。严惩收购加工病死畜禽、向畜禽注水或注入其他物质等违法违规行为。加强对农贸市场和超市等生鲜肉经营场所、肉制品加工企业和餐饮服务单位等生鲜肉采购单位的监督检查，督促落实进货查验、索证索票制度。

（四）开展保健食品专项整治。完善保健食品生产、经营行政许可制度，整顿、关闭不符合规定的保健食品生产经营单位。以减肥、辅助降血糖、缓解体力疲劳类保健食品为重点开展整治，对生产环节非法添加药物成分的，依法吊销相关批准证明文件；涉嫌犯罪的，依法移交公安机关立案侦查。严厉查处套用、冒用批准文号、违法发布广告等行为。

（五）开展食品标签标识问题专项整治。进一步细化完善食品标签标识管理规定，着力解决食品标签标识不规范问题。强化食品出厂检验、流通环节食品标签标识检查，严厉打击篡改生产日期、伪造产地、违法涂改标签、伪造冒用食品生产经营许可证及“三品一标”（即无公害农产品、绿色食品、有机农产品和农产品地理标志）标识等违法行为。

（六）切实巩固治理整顿成果。各地区、各有关部门要继续严厉打击食品非法添加和滥用食品添加剂行为，进一步深化乳制品、酒类、调味品、食品包装材料、“地沟油”等综合治理和专项整治。扩大食品安全监督检查、市场巡查、执法抽检的频次、范围，督促企业规范内部管理，切实巩固各项治理整顿成果。及时总结治理整顿经验，细化完善监管措施，健全长效机制。

二、严惩违法犯罪，加强应急处置

（一）进一步加大打击惩处力度。各级监管部门要认真履行职责，坚持重典治乱，切实提高对食品安全违法行为的惩处力度。公安机关要进一步巩固“打四黑除四害”专项行动成果，严厉打击在饲料、农药兽药、保健食品中非法添加违禁物质和为谋财有危害食品安全等违法犯罪行为，强化刑事责任追究。建立健全公安机关和监管部门之间案件移交、立案等衔接机制，提高办案效率。地方各级人民政府要积极支持公安机关明确机构和人员负责打击食品安全违法犯罪工作。地方各级食品安全综合协调机构要协调有关方面加快完善技术鉴定相关制度，明确技术鉴定机构，积极为公安机关提供技术支持并协调解决鉴定费用。

（二）强化食品安全应急处置。各地区、各有关部门要根据政府机构改革和职能转变要求，完善各级各类食品安全预案，建立各级人民政府及相关部门共同参与的协调联动工作平台，明确部门应急处置职责。制定食品安全事故调查处理办法，规范事故调查处理流程，提高事故查处效率。各地要积极组织开展应急演练，切实提高快速响应能力。发生食品安全事故后，及时启动应急预案，有序开展事故调查、危害控制、医疗救治、分析评估、信息发布等工作，确保食品安全事故在第一时间得到有效处置，最大限度地减少损失和危害。

（三）加强舆情监测和信息发布。各地区、各有关部门要全面建立食品安全舆情监测制度，密切监测舆情特别是网络舆情，强化信息通报。完善食品安全信息发布机制，加强信息发布前的相互沟通，确保信息的科学性、准确性和及时性，重大食品安全信息统一归口发布。针对人民群众关心的食品安全热点问题，及时、客观、准确发布权威信息，回应社会关注。

三、加强能力建设，夯实基层基础

（一）健全食品安全监管体制机制。要按照有关规定，加快改革完善食品安全监管体制，切实加强地方各级食品安全监管机构能力建设，确保职能、机构、队伍、装备及时划转到位，保障机构人员编制和工作经费，建立健全工作机制，提升工作水平。地方各级人民政府要切实负起责任，全面梳理查找监管漏洞和盲区，结合实际逐项明确细化监管分工和要求，特别是要针对群众反映强烈的监管职责不清问题，尽快明确监管责任主体和要求。建立健全部门间、区域间食品安全监管联动机制，强化跨部门、跨区域信息通报和案件协查，及时彻底查处不合格产品。全面落实食品安全有奖举报制度，完善投诉举报机制，充分发挥群众监督作用。

（二）健全基层食品安全监管体系。推进食品安全工作重心下移，力量配置下移，强化基层食品安全管理责任，确保县级人民政府食品安全监管责任到位，乡镇、街道食品安全管理责任到位。充分发挥基层派出机构及乡镇农产品质量安全监管公共服务机构的作用，加快构建覆盖社区（村）的协管员队伍。加强乡镇、街道与监管部门的沟通协作，密切协管员队伍与监管执法队伍的衔接配合，全面推行基层食品安全网格化监管，加快形成分区划片、包干负责的基层食品安全工作责任网。

（三）完善相关法律法规。推动食品安全法、保健食品监督管理条例、餐厨废弃物管理及资源化利用条例等法律法规的制修订，强化相关法律法规的衔接，完善监管执法依据，加大惩处力度。明确食品安全刑事案件侦办中的行为定性、案件管辖、证据规格等法律适用问题，特别是行政执法证据在刑事诉讼中的运用问题。推动地方加快畜禽屠宰、食品生产加工小作坊和食品摊贩管理等方面的立法工作。

（四）加快食品安全标准建设。健全标准审评程序和制度，增强标准制定的透明度。

2013年底前，基本完成食品相关标准的清理，完善食品中致病微生物、食品添加剂使用、食品生产经营规范、农药兽药残留等方面的标准，制修订蜂蜜、食用植物油等产品标准和配套检验方法标准。各地要结合实际做好食品安全地方标准的制修订和企业标准的备案工作，省级人民政府有关部门依照规定向社会公布备案的食品安全企业标准。加强食品安全标准的宣传培训及跟踪评价，及时做好标准的解读工作。

（五）做好风险监测评估工作。组织实施国家食品安全风险监测计划，强化农产品质量安全例行监测，加强农产品产地环境监测。按照“统一计划实施、统一经费渠道、统一数据库、统一结果分析”的要求，建立统一的食品安全风险监测体系。逐步规范食源性疾病监测、报告工作，在优势农产品主产区建立食用农产品质量安全风险监测点，初步建成统一的风险监测数据库。加快国家食品安全风险评估中心建设，加强评估基础数据采集和相关研究，重点围绕食品安全突出问题开展风险评估。进一步完善《食品中可能违法添加的非食用物质和易滥用的食品添加剂名单》、《保健食品中可能非法添加的物质名单》、《饲料、养殖中禁用药物和物质清单》。

（六）加强检验检测能力建设。按照“提高现有能力水平、按责按需、填平补齐、避免重复建设、实现资源共享”的原则，统筹各级食品安全检验能力，特别是最急需、最薄弱环节以及中西部地区和基层的食品安全检验能力建设。组织开展县级食品检验资源整合试点，推动县域内食品安全检验人员和设备的统筹使用，检验经费的统一归口管理，检验建设项目的统筹规划安排，检验任务的统一部署实施，提高基层整体检验水平。支持农贸市场检验检测站建设，补助检验检测经费。严格检验机构管理，规范委托检验行为。规范食品快速检测试剂及设备的技术认定，明确生产资质要求。继续推动提升食品企业检测水平。

（七）推进食品安全监管信息化建设。根据国家重大信息化工程建设规划，充分利用现有信息化资源，按照统一的设计要求和技术标准，建设国家食品安全信息平台，2013年底前，完成主系统和子系统的总体规划和设计。统筹规划建设食品安全电子追溯体系，统一追溯编码，确保追溯链条的完整性和兼容性，重点加快婴幼儿配方乳粉和原料乳粉、肉类、蔬菜、酒类、保健食品电子追溯系统建设。

四、加强诚信建设，落实主体责任

（一）督促企业强化内部管理。各级监管部门要严格督促食品生产经营单位强化内部管理，建立健全质量安全管理体系，保障食品安全投入，配备专、兼职安全管理人员，严格落实进货查验、出厂检验、食品安全事故报告等制度。强化农民合作社、农业产业化龙头企业、农产品批发市场等生产经营主体的农产品质量安全管理责任。2013年底前，督促所有规模以上食品生产企业和相应的经营单位设置食品安全管理机构，明确分管负责人。推进食品安全责任强制保险制度试点，开展食品生产企业首席质量官制度试点。

（二）加强食品安全诚信体系建设。制定进一步加强食品安全信用体系建设工作的指导意见，完善诚信信息共享机制和失信行为联合惩戒机制。建立实施“黑名单”制度，公布失信食品企业名单，促进行业自律。加快规模以上乳制品、肉类食品加工企业和酒类流通企业诚信管理体系建设。加强对食品相关行业协会的监督指导，充分发挥行业协会作用。

（三）大力开展食品安全宣传。将食品安全纳入公益性宣传范围，列入国民素质教育内容和中小学相关课程。打造一批精品科普栏目、节目、宣传片，利用报刊、广播、电影、电视、互联网、手机等各类媒介，深入宣传党和政府抓食品安全工作的决心、部署和成效，普及食品安全知识，提高全社会的食品安全意识、认知水平和应对风险能力。组织好2013年食品安全宣传周等重大宣传活动。支持新闻媒体开展舆论监督。加强对食品安全监管先进人物和诚信经营典型的宣传，发挥示范引导作用。

（四）强化食品安全培训。各级监管部门要制定年度培训计划，开展食品安全法律法规、业务技能、工作作风等方面的培训，提高监管人员的责任意识和业务素质。加强对协管员队伍的基础知识培训。强化对食品从业人员的职业道德和专业知识培训。各级食品安全监管人员、各类食品生产经营单位负责人、主要从业人员全年接受不少于40小时的食品安全集中培训。

五、加强组织保障，严格责任追究

（一）加强组织领导。地方各级人民政府要进一步落实食品安全属地管理责任，切实加强对本地区食品安全工作的统一领导和组织协调，主要负责人要亲自抓，分管负责人要直接负责，逐级落实工作责任。建立稳定的食品安全资金投入保障机制，将食品安全监管人员经费及行政管理、风险监测、监督抽检、标准制修订、应急处置、科普宣教等各项工作经费纳入财政预算，强化对经费的统筹分配和使用，进一步向基层倾斜，提高资金使用效率。进一步加大食品安全科技研发投入，集中力量开展重大科技攻关。积极开展农产品质量安全监管示范县（市）等各类示范创建工作。

（二）强化协调配合。各地区、各有关部门要密切配合，通力协作，形成全程监管合力。各级监管部门要认真履行职责，切实提高执行力，确保监管到位，坚决杜绝有案不查、推诿扯皮等问题。各级食品安全综合协调机构要加强综合协调和监督指导，及时解决工作中的重点难点问题，开展督促检查，确保各项工作扎实推进。

（三）强化考核评价。进一步完善食品安全绩效评价指标体系，逐级健全督查考核制度，加强对地方政府、监管部门食品安全工作的考核。将信息通报、行政执法、违法行为处理等列入对监管部门履职情况考核的内容。将食品安全纳入社会管理综合治理考核、政府绩效考核内容。发生重大食品安全事故的地方在文明城市、卫生城市等评优创建活动中实行一票否决。

（四）严格责任追究。健全食品安全责任追究制，细化责任追究对象、方式、程序。县级以上地方各级政府要督促各监管部门建立具体到单位、人员、岗位的责任制。监察部门要依法依纪严肃追究重大食品安全事件中失职渎职责任。

关于进一步加强婴幼儿配方乳粉质量安全工作的意见

食品药品监管总局 工业和信息化部 公安部 农业部
商务部 卫生计生委 海关总署 工商总局 质检总局

婴幼儿配方乳粉是广大婴幼儿的主要食品，其质量安全直接关系下一代的健康成长，关系亿万家庭的幸福和国家民族的未来。党中央、国务院高度重视婴幼儿配方乳粉质量安全工作，近年来出台了一系列政策措施，各地区、各有关部门积极开展整治工作，婴幼儿配方乳粉质量安全总体水平不断提升，但影响产品质量安全的因素依然存在，影响消费者对国产乳粉的信心。为切实保障婴幼儿配方乳粉质量安全，现就进一步加强婴幼儿配方乳粉质量安全工作，提出以下意见。

一、工作目标

认真贯彻《中华人民共和国食品安全法》《乳品质量安全监督管理条例》和《国务院办公厅关于进一步加强乳品质量安全工作的通知》（国办发〔2010〕42号）精神，把保障婴幼儿配方乳粉质量安全工作放在更加突出的位置，严格落实地方政府食品安全责任和企业主体责任，全面实现生产经营者对婴幼儿配方乳粉质量安全承担首负责任；坚持治标与治本并举、整治与建制相结合，严打违法违规行为，健全长效监管机制，实现婴幼儿配方乳粉从源头到消费全过程监管；坚持调动社会各方力量，充分发挥社会监督作用，构建婴幼儿配方乳粉社会共管共治格局。通过强化监管、综合施策，全面提高我国婴幼儿配方乳粉质量安全水平，维护人民群众切身利益，提振消费信心，促进乳品产业振兴和健康持续发展。

二、工作重点

（一）参照药品管理办法严格管理。严格婴幼儿配方乳粉生产企业许可条件，参照药品管理的措施，进一步提高企业生产设备设施、原辅料把关、生产过程控制、检验检测能力、人员素质条件、环境条件控制和自主研发能力等方面的要求。全面实施《粉状婴幼儿配方食品良好生产规范》（GB23790-2010），并加强对执行情况的检查审核。建立婴幼儿配方乳粉产品配方、原辅料使用和包装标签备案制度。推行婴幼儿配方乳粉电子信息化管理，加快实现产品全程可查询、可追溯。开展婴幼儿配方乳粉生产企业再审核再清理工作，对奶源质量无保障和生产技术、设备设施、检验检测条件落后的企业实行停产整顿，经整顿仍不能达标的，坚决予以淘汰。国家有关监管部门应及时公布并实时更新取得许可的婴幼儿配方乳粉生产企业、进口商及产品名录，方便消费者识别真伪。严格婴幼儿配方乳粉新建和扩建项目的核准。加强婴幼儿配方乳粉经营单位许可管理，严格审核经营条件，在食品流通许可项目和注册登记项目中实行分类单项审核和管理。

（二）落实企业首负责任。奶畜养殖者和奶站要全面落实乳品质量安全制度，严格饲料、兽药的科学使用和管理。奶站和婴幼儿配方乳粉企业要严格执行生鲜乳收购、贮存、运输制度和不合格生鲜乳主动报告及无害化处理制度，严格生鲜乳质量检验，防止不合格生鲜乳流入市场。

婴幼儿配方乳粉生产企业须具备自建自控奶源，对原料乳粉和乳清粉等实施批批检验，确保原料乳（粉）质量合格。严格执行原辅料进货查验、生产过程控制、产品出厂全项目批批检验、销售记录和问题产品召回等制度，建立完善电子信息记录系统。设置食品安全管理机构，配备专职食品安全管理人员，落实从业人员上岗培训和定期培训制度。任何企业不得以委托、贴牌、分装方式生产婴幼儿配方乳粉，不得用同一配方生产不同品牌的婴幼儿配方乳粉，不得使用牛、羊乳（粉）以外的原料乳（粉）生产婴幼儿配方乳粉。

婴幼儿配方乳粉经营单位应当购入和销售经监管部门批准企业生产的合格产品和列入监管部门公示目录的合格产品，严格执行向供货者索票索证制度。配备食品安全管理人员，严格落实从业人员上岗培训和定期培训制度。实行婴幼儿配方乳粉专柜专区销售，试行药店专柜销售。对距保质期不足1个月的婴幼儿配方乳粉，应及时采取醒目提示或提前下架等处理措施。对不合格和过期、变质婴幼儿配方乳粉，应当采取退市和无害化处理措施，防止问题产品再次流入市场。

向中国出口婴幼儿配方乳粉的出口商或其代理商和进口商应当严格按照规定备案。进口商必须保证其进口的婴幼儿配方乳粉符合我国食品安全国家标准，进口报检时必须提供对应生产日期或生产批次的婴幼儿配方乳粉检测报告，严格执行进口和销售记录制度。

婴幼儿配方乳粉生产经营单位和进口商必须落实质量安全责任追究制度，建立先行赔偿和追偿制度，按照“谁生产谁负责、谁销售谁负责”的原则进行赔偿。探索建立食品安全责任保险制度，保护消费者合法权益。

（三）强化监督监管。加强对奶畜养殖的规范指导和技术培训，推进奶牛标准化规模养殖。严格饲料、饲料添加剂、兽药的生产经营准入和资质审核，加强日常监管。强化对生鲜乳收购站、运输车辆的日常检查、交叉互检和巡查，坚决取缔不合格奶站和运输车辆。以抗生素、重金属、有毒有害物质为重点，加强生鲜乳质量安全监测与监督执法，确保生鲜乳质量安全。

加强对婴幼儿配方乳粉生产经营单位的监督检查，重点开展企业持续保持许可条件、生产过程记录和备案制度执行情况查验，组织对生产企业检验能力进行考核。进一步规范婴幼儿配方乳粉标签标识，加大对包装、标签标识和进口婴幼儿配方乳粉相关进口证单等的监督检查力度，防止非法产品流入市场。严格监督经营单位查验供货者的许可证和食品合格的证明文件，建立查验记录制度。加强对母婴用品专营店销售婴幼儿配方乳粉的监管。加快制定规范网络销售婴幼儿配方乳粉行为的管理制度。加强对婴幼儿配方乳粉广告宣传的监管。进一步健全完善生产经营单位食品安全信用档案，及时公布违法违规单位“黑名单”。

严格实行境外婴幼儿配方乳粉生产企业注册管理，严禁未注册企业向境内出口婴幼儿配方乳粉。严格审核报检资料，对进口报检时产品距保质期不足3个月的婴幼儿配方乳粉不予受理。严禁进口大包装婴幼儿配方乳粉到境内分装。进口婴幼儿配方乳粉的中文标签须在入境前直接印制在最小销售包装上，不得在境内加贴，对无中文标签标识的产品，一律作退货或销毁处理。

建立并实施婴幼儿配方乳粉风险监测和定期监督抽检制度。婴幼儿配方乳粉抽检应覆盖全部企业、全部品种，抽检标准、程序和结果要及时向社会公布。加强对检验机构的监督检查，提高检验能力和水平，保证检验结果准确可靠。

（四）加大打击惩处力度。严厉查处倒卖和非法收购不合格生鲜乳等违法违规行为，加大对生鲜乳非法收购运输“黑窝点”的打击力度。严厉打击非法添加非食用物质、超范围超限量使用食品添加剂和篡改生产日期、涂改标签标识等违法行为。严厉查处未取得生产、经营许可和营业执照生产销售婴幼儿配方乳粉的违法行为。严厉打击仿冒知名婴幼儿配方乳粉注册商标、特有包装装潢以及伪造产地等虚假表示、虚假宣传行为。严厉打击走私婴幼儿配方乳粉、原料乳粉和乳清粉行为。坚持重典治乱，始终保持严惩重处婴幼儿配方乳粉违法犯罪的高压态势。强化行政执法与刑事司法的衔接，依法及时移送涉嫌犯罪案件，按照《最高人民法院、最高人民检察院关于办理危害食品安全刑事案件适用法律若干问题的解释》的规定，快审快判相关刑事案件。对违法行为的处罚情况和结果应及时向社会公布。

（五）建立社会监督机制。鼓励和支持消费者参与婴幼儿配方乳粉质量安全监督，畅通投诉渠道，落实有奖举报，保护举报人合法权益。发挥媒体的监督作用，及时核查处置媒体和消费者反映的违法违规行为和质量安全隐患，依法查处捏造虚假信息造谣惑众行为。推动乳品行业协会等社会团体积极开展维护消费者权益、促进行业自律、引导市场消费等方面工作，支持消费者协会、科技协会等社会组织开展婴幼儿配方乳粉质量安全知识和婴幼儿喂养知识的宣传教育，在媒体开办食品安全科普类专题栏目。

（六）完善相关保障措施。加大扶持婴幼儿配方乳粉产业发展的力度，通过财政补贴、落实税收优惠政策等形式鼓励企业技术改造和提升检验检测能力。鼓励和支持企业兼并重组，提高产业集中度，推动企业规范化、规模化、现代化发展。加强婴幼儿配方乳粉检验检测和电子信息化管理等技术支撑能力的经费保障。督促经营单位取消对婴幼儿配方乳粉营销的不合理收费。进一步健全婴幼儿配方乳粉监管法规制度，完善婴幼儿配方乳粉等乳品标准体系。规范信息发布，未经国家专门检验检测机构复核，不得发布婴幼儿配方乳粉的检验检测结果等信息，确保相关信息真实准确。

三、工作要求

（一）加强组织领导。地方各级政府对本地区婴幼儿配方乳粉质量安全负总责。要组织成立专门领导小组，制定具体实施方案，细化工作目标和措施，明确职责分工和工作要求。食品药品监管体制调整期间，要加强协调指挥，确保各项工作任务顺利落实。各地区、各有关部门要认真检查《国务院办公厅关于进一步加强乳品质量安全工作的通知》（国办发〔2010〕42号）的落实情况，根据本意见精神进一步做好各项工作。

（二）强化责任落实。建立质量安全监管责任制和责任追究制，按照层级管理、属地管理、区域负责的工作思路，明确各级地方政府、监管部门的责任，落实工作机构和监管力量，形成横向到边、纵向到底的安全责任网。

（三）加强信息报送。各省级监管部门要注重收集工作情况，总结工作经验，及时向本级政府食品安全委员会办公室报送相关信息，重大情况要抄报上级相关监管部门。同时，加强部门间的沟通协调，对工作中发现的隐患问题和风险信息要及时通报，协力处置，形成监管合力。

【农业部发布】

关于废止部分规章和规范性文件的决定

根据《国务院关于加强法治政府建设的意见》（国发〔2010〕33号）和《国务院关于严格控制新设行政许可的通知》（国发〔2013〕39号）要求，农业部对规章和规范性文件进行了全面清理，决定废止6部规章、16件规范性文件。

一、废止的规章

1. 全国乡镇农机管理服务站管理办法（试行）（1992年9月30日[1992]农（机）字8号公布）

2. 农机成人教育暂行规定（1993年8月21日〔1993〕农（机）字5号公布，1997年12月25日农业部令第39号、2004年7月1日农业部令第38号修订）

3. 渔船修造厂认可办法（1994年11月28日〔1994〕农（渔检）字2号公布，2007年11月8日农业部令第6号、2010年11月26日农业部令2010年第11号修订）

4. 乡镇企业登记备案规定（1997年12月29日农业部令第25号公布）

5. 渔业污染事故调查鉴定资格管理办法（2000年4月12日农渔发〔2000〕7号公布，2004年7月1日农业部令第38号修订）

6. 农业部实施行政许可责任追究规定（2004年6月28日农业部令第36号公布）

二、废止的规范性文件

1. 农业部、财政部《关于农村合作经济组织会计证管理工作若干问题的通知》（1991年12月4日〔1991〕农（经）字12号公布）

2. 农业部、教育部、国家质量技术监督局、国家轻工业局关于印发《国家“学生饮用奶计划”暂行管理办法》的通知（2000年10月13日农垦发〔2000〕6号公布）

3. 农业部关于印发中国学生饮用奶标志使用暂行管理办法及使用规范的通知（2000年10月20日农垦发〔2000〕7号公布）

4. 农业部、教育部、国家质量技术监督局、国家轻工业局关于印发《学生饮用奶生产定点企业申报认定暂行办法》的通知（2001年1月5日农垦发〔2001〕1号公布）

5. 农业部印发《关于加强乡镇企业信用管理工作的意见》的通知（2002年10月8日农企发〔2002〕17号

公布）

6. 农业部公告第453号（将红火蚁确定为中华人民共和国进境植物检疫性有害生物和全国农业植物检疫性有害生物）（2005年1月17日公布）

7. 农业部关于印发《膜下滴灌设备补助试点资金管理办法》的通知(2005年5月18日农财发〔2005〕32号公布）

8. 农业部关于印发《中华农业英才奖暂行办法》的通知（2005年7月13日农人发〔2005〕7号公布）

9. 农业部办公厅关于加强高致病性禽流感等重大动物疫病疫苗出口管理的通知（2006年5月15日农办医〔2006〕18号）

10. 农业部关于印发《乡镇企业内部信用管理规范》的通知（2006年8月15日农企发〔2006〕3号公布）

11. 农业部公告第977号(单一饲料产品目录(2008))(2008年1月23日公布）

12. 农作物种子质量检验机构考评员考核管理办法（2008年12月15日农农发〔2008〕16号公布）

13. 农业部公告第1201号（要求国内一旦发现猪感染甲型H1N1流感并发生疫情，临时采取一类动物疫病的预防控制措施）（2009年5月7日公布）

14. 农业部公告1412号（关于第16届亚运会境外兽医服务人员执业的暂行规定）(2010年6月22日公布）

15. 畜禽标识质量检验办法（2010年7月16日农办医〔2010〕66号公布）

16. 农业部公告第1919号（动物感染H7N9禽流感病毒临时采取一类动物疫病预防控制措施）（2013年4月4日公布）

农业部关于贯彻实施《中华人民共和国农业技术推广法》的意见

2013-01-04

十一届全国人民代表大会常务委员会第二十八次会议审议通过了《中华人民共和国农业技术推广法》（以下简称农业技术推广法），已于2013年1月1日起施行。为做好农业技术推广法的贯彻实施工作，现提出如下意见。

一、健全国家农业技术推广机构

（一）依法完善国家农业技术推广机构设置。根据农业生态条件、产业特色、生产规模、区域布局及农业技术推广工作需要，依法设立各级国家农业技术推广机构。县级以上机构要突出动植物良种繁育、作物栽培、土壤改良与肥料施用、植物保护、畜牧（草原）、水产、动物防疫、农业机械化等重点专业的技术推广工作，科学设置。乡级国家农业技术推广机构可按乡镇设置，也可按区域设置；可按行业（专业）设置，也可综合设置。要处理好乡级农业技术推广机构与其他农业公共服务机构的关系，确保技术、人才和设施设备资源发挥最大效能。对于县以上主要从事行政管理、执法监督或技术支持性业务，同时承担本区域内部分行业或专业农业技术推广职能的机构，其技术推广工作要依照农业技术推广法管理。

（二）明确国家农业技术推广机构职责。根据职能分工，将农业技术推广法第十一条规定的公益性职责细化分解，落实到每个国家农业技术推广机构。国家农业技术推广机构在履行好公益性职责的同时，要参与制订本级农业技术推广计划并组织实施，按照当地政府和农业部门以及上级农业技术推广机构的部署，实施农业技术推广规划和项目，组织开展农业技术推广工作，协调指导好其他农业技术推广组织的推广服务活动，切实发挥在农业技术推广工作中的主导作用。县级以上农业技术推广机构要做好本区域农业技术推广工作的组织与指导，组织开展跨区域重大农业技术的引进、集成、试验、示范；乡级农业技术推广机构要按照上级有关部署，宣传贯彻农业法律法规及强农惠农富农政策，进村入户开展技术推广服务工作，指导并支持村级农业技术服务站点、农民技术人员开展农业技术推广活动。切实把基层农业技术机构的经营性职能分离出去，按市场化方式运作。

（三）规范国家农业技术推广机构名称和标识。按照突出职能、易于识别的原则，会同有关部门进一步规范国家农业技术推广机构的名称和标识。按照“行政区划名称+行（专）业名称+通用名称”的形式，对乡级国家农业技术推广机构名称予以统一。按乡镇设立的机构以“站”或“中心”为通用名称；跨乡镇设立并承担两个以上乡镇相关行业全部技术推广工作的机构可称“区域站”；设置在某一乡镇并辐射带动周边其他乡镇农业技术推广机构开展业务工作的机构称“中心站”。按行业设置的机构以“农业技术推广（或畜牧兽医、草原工作、水产技术推广、农业机械化技术推广等）”为行（专）业名称；综合设置的机构以“农业技术推广”或相关专业组合为行（专）业名称。行政区划名称统一为乡级农业技术推广机构所在乡镇名称，其中区域站、中心站使用驻在地的乡镇专名。规范后的乡级国家农业技术推广机构名称，应逐步达到在同一省份、同一行业范围内的统一。农业部将统一设计发布国家农业技术推广机构标识，各级农业技术推广机构要将标识置于明显位置。

（四）理顺国家农业技术推广机构管理体制。各省级农业部门要根据地方农业技术推广工作特点，会同有关部门研究提出完善乡镇农业技术推广机构管理体制的意见，加强县级农业部门对乡镇农业技术推广工作的管理和指导。乡镇农业技术推广机构以县级农业部门管理为主的地区，要进一步巩固改革成果，稳定管理体制。乡镇农业技术推广机构以乡镇政府管理为主的地区，要明确县级农业部门在农业技术推广计划制定、组织实施、工作考核以及人员调配、岗位聘用和晋升等方面的指导职责，落实乡镇农业技术推广工作责任，确保乡镇推广机构及农技人员有效履行职责。继续深化乡镇农业技术推广机构管理体制改革，实现管人与管事的有机统一，发挥县乡服务机构的整体功能。

（五）科学核定国家农业技术推广机构人员编制。协调配合机构编制、财政等部门科学确定国家农业技术推广机构人员编制，确保公益性职能的有效履行。编制确定要根据当地农业产业特点和规模、工作职责任务、服务对象数量与分布、服务半径与服务手段、交通状况等因素综合考虑。其中种植业、畜牧兽医（草原）、渔业技术推广机构人员编制分别以所服务区域农作物播种面积和主要作物种植比例、畜禽养殖量与规模养殖比重（或草原管护面积）、水产养殖面积与水面结构比例等为依据。农业机械化技术推广机构人员编制以种养方式、种类构成及农机保有量为依据。承担农产品质量检验检测服务的人员编制要以服务区域的农产品种类、规模与质量要求为依据。

（六）合理设置国家农业技术推广机构的岗位。根据农业技术推广服务工作需要和人员编制情况，按照因事设岗、以岗管人、优化组合的原则，设置国家农业技术推广机构岗位，明确岗位名称、职责任务、任职条件，实现农技人员由身份管理向岗位管理的转变。严格按照法律规定控制岗位比例，乡级推广机构的岗位应当全部为专业技术岗位。乡级推广机构岗位设置要围绕当地特色主导产业和共性服务需求，突出作物栽培、植物保护、养殖技术、草原管护、动物防疫、农机化服务、农产品质量安全服务、农情信息、生态监测保护等重点岗位，同时兼顾各行业发展需要和个性化服务需求，做到突出重点、统筹兼顾、全面履责。人员编制不足的机构，要加强岗位整合和人员协作，实行一岗多职或双重系列交叉设岗。加快实施农业技术推广服务特设岗位计划，选拔一批大学生到乡镇担任特岗人员。

二、加强国家农业技术推广队伍建设

（七）强化农技推广人员聘用管理。建立公开招聘、竞争上岗、择优录用的人员聘用制度，按核定编制配齐技术人员，签订聘用合同，明确责任义务。根据规定权限和程序，以定编、定岗、不定人的方式，探索实行人员动态管理，逐步建立总体稳定、留优汰劣、人尽其才的人员进、管、出新机制，不断优化队伍结构。严格农技人员上岗条件，新进人员应当具备全日制普通高校相关专业大专以上学历，并符合岗位职责要求。省级农业部门要会同人事部门抓紧制定完善新进农技人员的专业技术水平考核办法，以及特定地区聘用中专学历或其他具有相应专业技术水平人员的办法。现有人员未达到法律规定专业技术水平的，要通过继续教育，在规定时间内达到要求。

（八）建立农技推广人员培训长效机制。科学制定培训规划和年度计划，统筹安排农技人员培训工作，实现农技人员培训制度化。坚持按需培训，突出农业先进技术、政策法规、推广方法以及农业经营管理、农产品市场营销等方面的知识技能培训，着力培养业务精、素质高、能力强的复合型农技推广人才。遵循成人继续教育规律，创新培训方式，运用现代培训手段，采取多种形式，提高培训实效。依托农业科研、教学、推广机构，建立一批农技人员培训基地。加强培训督导，明确工作责任，保证培训质量。鼓励支持在职农技人员攻读推广硕士，到农业院校、科研院所进行专业研修深造，提高专业水平和学历层次。

（九）完善农技人员职称评聘制度。加快推进农技人员职称评定制度改革，分层分类、科学合理制定农技人员职称评定标准。对在县、乡镇、村从事农业技术推广工作的专业技术人员，要充分考虑实际情况，合理把握其学历资历、成果奖项、论文论著等条件，重点考评业务工作水平和推广服务实效，注重业内与群众认可。在全国农业技术推广研究员评审中，将推荐比例向县乡基层倾斜；对符合条件的乡镇农技人员要优先推荐；对县级以下农技人员职称外语不做硬性要求。逐步达到县级都有农技推广研究员、重点乡镇有具有高级职称的农技人员。

三、创新国家农业技术推广机构工作运行机制

（十）全面推行农业技术推广责任制度。推行农业技术推广工作目标管理，将各项推广职能分解成具体任务，细化量化并落到每个机构、每个岗位、每名农技人员。实行县级农业技术推广首席专家负责制，按照县域农业主导产业及重点专业设置首席专家，负责制定并组织实施重大农业技术推广计划，开展关键农业技术的引进、集成、示范和推广，研究解决农业生产技术难题，指导农业灾害应急处置。分类组建县级技术指导员队伍，按首席专家的部署落实农业技术推广计划，联系和指导乡镇农技人员、核心示范户和农业生产经营组织，开展关键农业技术推广工作。明确乡镇农技人员工作责任，通过包村联户等方式，联系村级农业技术服务站点、农民技术人员、科技示范户和试验示范基地，确保农业技

术推广服务全覆盖。将农业技术推广机构和每名农技人员的服务区域和服务内容向社会公开，向服务对象作出服务时限、服务质量等承诺。督促农技人员制定工作计划，填写工作台账，撰写工作总结，强化工作考勤和督查，确保职责有效履行。鼓励各地积极探索其他有效落实农业技术推广责任制的方式和办法。

（十一）健全农业技术推广工作考评机制。建立工作考评制度，科学制定考评方案，细化实化考核指标，坚持定量考核与定性考核相结合，平时考核与年度考核相结合。对农业技术推广机构的考评，要注重公益性职责履行、工作目标实现、农业技术推广项目实施、向社会提供公益性服务的质量和效果等。对农技人员的考评，要以推广服务工作实绩为基础，以岗位职责、聘任合同、年度工作目标、服务对象满意程度为依据，结合日志记录、制度执行等情况，做到专业能力与工作表现并重、工作数量与质量并重、标准统一与岗位差异兼顾。对乡镇农业技术推广机构实行县级农业部门、乡镇政府、服务对象三方考评。对乡镇农技人员全面推行所在单位、县级农业部门、乡镇政府、服务对象综合考评，根据不同管理体制状况，科学确定考核权重，突出把农民的满意程度作为考评的重要指标。

（十二）建立农业技术推广工作激励机制。将农技推广人员的考评结果作为绩效工资兑现、职务职称晋升、岗位调整、合同续聘解聘、技术指导补贴发放、学习培训和评先评优的主要依据，将农业技术推广机构绩效考评结果与全体人员尤其是机构负责人的个人绩效挂钩，做到按绩取酬、奖勤罚懒。坚持全国农牧渔业丰收奖奖励制度，完善推荐、评审程序和标准，鼓励各地依法设立农业技术推广奖，对在农业技术推广中做出贡献的单位和个人给予奖励，评奖指标向基层和生产一线倾斜。建立责任追究制，对不依法履行推广服务职责的农技推广机构和农技人员，要依法追究相应责任。

四、促进多元化农业技术服务组织发展

（十三）引导农业科研教学单位成为农业技术推广的重要力量。完善农业科研评价机制，将试验示范、推广应用成效以及科研成果的应用价值评估等内容作为相关研究工作的重要评价指标，吸收农业技术推广机构、农业企业和基层农技人员作为验收评价的重要主体。鼓励各地根据农业生产需要设立农业技术推广专项，支持符合条件的农业科研院所、涉农学校参与农业技术推广。农业科研教学单位要切实把科研、教学人员从事农业技术推广服务工作实绩作为工作考核、职称评定的重要依据。推行推广教授、推广型研究员制度，鼓励科研教学人员深入基层开展农业技术培训和指导服务，解决农业生产一线的实际问题。大力推行专家大院、科普大集、院（校）地共建、科技特派员等模式，引导科研院所、高等学校建立农业科技园区和试验示范基地，集成、熟化、推广农业技术成果。

（十四）充分发挥农民专业合作社、涉农企业、群众性科技组织及其它社会力量的作用。加快推进多元化农业服务组织发展，完善资金扶持、业务指导、订购服务、定向委托、公开招标制度，落实税收、信贷优惠政策，多渠道鼓励和支持农民专业合作社、涉农企业为农民提供农资统供、统耕统种统收、病虫害统防统治、农产品统购统销等各种形式的农业产前、产中、产后全程服务，提高农民应用先进技术的组织化程度。支持符合条件的农民专业合作社、涉农企业参与国家或地方重大农业技术推广项目的实施。积极引导和扶持农村专业技术协会等群众性科技组织发展，发挥其在农业技术推广中的作用。支持农垦系统进一步健全和完善适合自身实际的农业技术推广体系。鼓励农场、牧场、渔场面向社会开展农业技术推广服务活动。

（十五）加强村农业技术服务站点和农民技术人员队伍建设。以村集体经济组织、农民专业合作社、科技示范户、农民技术人员等为依托，采取民办公助、技物结合、动态管理的方式，积极稳妥推进村农业技术服务站点建设。强化站点布局、建设标准、人员选配等方面的规划与指导，拓展服务内容，规范服务行为，推行标准化管理。积极推进村级动物防疫员、农技员、植保员队伍建设，落实工作责任，符合条件的按规定授予技术职称。加大投入力度，对协助开展公益性农技推广活动的村农业技术服务站点可给予一定经费支持，对选配的农民技术人员按规定落实工作补助。切实发挥基层国家农业技术推广机构的技术支撑作用，建立基层农技人员与村农业技术服务站点和农民技术人员对接机制，加强技术培训、指导与考核，协助解决生产技术难题。协调村民委员会和村集体经济组织，通过提供办公场所和试验示范基地、资助活动经费、加强信息宣传等方式，帮助和推动村农业技术服务站点和农民技术人员开展工作。

五、加强农业技术推广与应用

（十六）注重农业技术推广活动的统筹协调。立足农业农村经济发展实际，将重大农业技术推广工作作为重点内容列入当地经济社会、农业农村、科学技术发展规划与计划，会同地方有关部门共同组织实施。运用行政工作协调、重大项目集聚、市场机制引导等手段，努力打破部门、地域、行业、单位界限，统筹配置农业技术推广服务资源，推进农业科研教学单位、国家农业技术推广机构、农民专业合作社、涉农企业等的联合协作，形成产学研紧密结合、公益性推广与经营性推广优势互补、专项服务与综合服务良性互动的农业技术推广工作新机制。在有关规划部署、任务落实、政策支持、监督考核、总结宣传中，将各类农业技术推广主体一同考虑，充分调动各方参与农业技术推广工作的积极性。

（十七）创新农业技术推广方式方法。坚持主导品种、主推技术推介制度，每年遴选发布一批适于当地推广应用的主导品种和先进实用技术。大力推行“专家—农技人员—科技示范户”、农民田间学校等服务模式，

组织农业科技人员在关键农时季节深入田间地头开展技术服务，实现对农业大县、重点乡村全覆盖，提高技术入户率和到位率。依托重大项目工程，大力示范推广防灾增产、节本增效、生态环保、安全优质等重大关键技术。加快各种现代农业示范区和农业示范基地建设，强化与国家现代农业产业技术体系、地方创新团队的有机衔接，主动承接其各类项目、计划的研发成果。充分利用传统媒介，积极运用信息网络和现代通讯传播手段，提高推广服务效率。

（十八）规范农业技术推广行为。 认真做好农业技术推广应用前的试验示范，确保技术的先进性、适用性和安全性。坚持农业技术应用的自愿原则，不得强迫农民和农业生产经营组织采用新品种、新技术。坚持公益性推广与经营性推广分类管理，国家农业技术推广机构要切实依法履行公共服务职责，推广农业技术一律实行无偿服务；其他各类单位和个人以政府订购、定向委托、实施项目等形式承担公益性服务的，不得额外向农民收费；支持农业科研教学单位、企业及其科技人员依法开展有偿技术服务，依法保护知识产权。加强农业技术推广事故的责任鉴定和损失评估，为惩处违法行为、保护农民权益提供依据。

（十九）提高农民应用先进技术的能力。 加大各类农村实用人才培养计划实施力度，依托重大工程项目，扩大培训规模，提高补助标准。深入实施农村劳动力培训阳光工程，加快培养农村技能服务型和生产经营型人才。按照农时季节需求，运用多种方式，广泛开展农业先进实用技术普及性培训。加强政策引导，加大投入力度，加快试点进度，大力培育新型职业农民。积极探索解决农民接受非全日制中等职业教育享受国家助学和免学费政策，鼓励农民以半农半读形式，就地就近接受职业教育。

六、落实农业技术推广保障措施

（二十）建立农业技术推广经费投入的长效机制。 积极争取地方政府和有关部门的支持，发挥政府在农业技术推广投入中的主导作用，保证财政预算内用于农业技术推广的资金按规定幅度逐年增长。将国家农业技术推广机构的人员经费、基本运转经费等各项支出依法纳入同级财政预算给予保证。深入实施中央财政重大农业技术推广项目，推动大幅度增加农业防灾减灾稳产增产关键技术补贴。鼓励各地设立农业技术推广专项资金，对地区性重大农业技术推广给予补助。积极鼓励和引导社会资金的投入，推动全社会用于农业技术推广的资金持续稳定增长。

（二十一）提高基层农技人员工资待遇。 认真贯彻国家事业单位工作人员收入分配制度改革方案，推动地方有关部门保障县乡农技人员的工资福利待遇，包括基本工资、津贴补贴、绩效工资、社会保险缴费、住房公积金等。落实乡镇农技人员工资上浮和固定政策，按规定发放有毒有害保健、畜牧兽医医疗卫生和艰苦边远地区工作等津补贴，切实提高基层农技人员的工资待遇水平。按规定将农技人员的养老、医疗、失业等各项社会保险支出纳入当地社会保障体系，为他们扎根基层、服务基层提供保障。

（二十二）落实基层国家农业技术推广机构工作经费。 加强基层农技推广体系改革与建设补助资金的使用管理和绩效考核，完善中央财政对基层农业技术推广工作经费的补助机制。各地农业部门要抓紧会同有关部门根据当地实际状况，以所服务区域的农作物播种面积、畜禽养殖量、草原管护面积、水产养殖面积、农机保有量等为依据，结合产业结构、地域范围等因素，研究提出县乡农业技术推广机构履行法定公益性职责所需工作经费测算参考标准和额度，明确省以下各级财政承担比例并依法纳入预算，用于试验示范、咨询服务、检验检测、农民培训、下乡交通等日常业务工作支出，保障基层农业技术推广工作持续有效开展。将基层农业技术推广工作实绩作为分配中央财政补助资金和测算安排地方财政工作经费的重要参照指标，充分发挥资金的引导激励作用。

（二十三）改善基层农业技术推广工作条件。 加快实施乡镇农技推广机构条件建设项目，抓紧落实地方配套资金、建设用地及其他相关配套政策，为推广机构建设业务用房，配置检验检测、技术推广、农民培训设备及交通工具等。加强项目建设和资金管理，规范工程招投标和设备采购程序，落实工作责任，确保建设质量和进度。鼓励有条件的地区加大地方财政投入，扩大投资规模，提高建设标准。对县以上财政投资形成的基层农业技术推广机构固定资产，要抓紧办理产权手续，建立固定资产台账，未经建设审批机关及国有资产管理部门同意，任何单位不得随意变更用途或擅自处置。推动地方财政设立专门资金，用于基层农技推广服务设施设备的更新完善。

七、营造贯彻实施农业技术推广法的良好氛围

（二十四）切实加强组织领导。 各级农业部门作为农业技术推广工作主管部门，要切实发挥牵头作用，把贯彻实施农业技术推广法摆上更加突出的位置，加强组织领导，制定工作方案，明确目标任务，落实工作责任。要加强与编制、人事、发改、财政、科技、教育等部门的沟通协调，积极争取落实有关政策，加强对农技推广工作的扶持。要加强与农业科研机构、相关学校的联系，强化联合协作，形成工作合力。要加强调查研究，及时解决农业技术推广法贯彻实施中出现的新问题。各级农业科研教学单位要积极配合，面向“三农”需要，立足自身实际，创新服务模式，主动参与农业技术推广工作。新疆生产建设兵团农业部门和农业部直属垦区，要组织所属农业技术推广单位做好农业技术推广法贯彻实施的各项工作。

（二十五）广泛开展学习宣传活动。 各级农业部门、

有关单位要组织广大农业科技人员，深入学习法律条文尤其是各项新规定，把握立法目的和精神实质，做到准确理解法律、自觉遵守法律、严格执行法律，夯实贯彻实施农业技术推广法的主体基础。要充分利用各类新闻媒体，向社会广泛宣传农业技术推广法的重要意义和规定要求，宣传农业技术推广工作成效，宣传长期扎根农村、服务农民的农技人员典型，引导社会各界更加关心、理解和支持农业技术推广事业，营造贯彻实施农业技术推广法的社会氛围。

（二十六）抓紧完善地方性法规规章。各省农业部门要按照法律规定和中央的统一部署，会同林业、水利等部门，积极争取地方党委、人大、政府和有关部门的支持，抓紧启动农业技术推广法实施办法的制修订工作，并纳入省级立法计划。要立足当地农业农村发展实际，抓紧研究相应政策措施，在农业技术推广法的基本框架下，对农业技术推广机构人员编制、管理体制、上岗条件、经费保障等方面规定进行细化实化，进一步强化农业技术推广的法制保障。

（二十七）加强法律实施的监督检查。各地农业部门要以农业技术推广法贯彻实施为契机，依靠和运用法律手段加快推进农业技术推广各项工作，全力维护农业技术推广单位、农技人员和农民群众的合法权益。积极配合各级人大、政府，以基层农业技术推广机构建设、公益性职责履行、保障措施落实等情况为重点，加强对贯彻实施农业技术推广法情况的督导检查，对发现不符合法律规定的行为依法予以查处和纠正，着力打造学法知法、懂法用法、依法行政、依法推广的良好局面。农业部将适时组织对农业系统贯彻实施农业技术推广法情况的督导检查。

中华人民共和国农业技术推广法

（1993 年 7 月 2 日第八届全国人民代表大会常务委员会第二次会议通过 根据 2012 年 8 月 31 日第十一届全国人民代表大会常务委员会第二十八次会议《关于修改〈中华人民共和国农业技术推广法〉的决定》修正）

目　录

第一章 总则
第二章 农业技术推广体系
第三章 农业技术的推广与应用
第四章 农业技术推广的保障措施
第五章 法律责任
第六章 附则

第一章　总　则

第一条　为了加强农业技术推广工作，促使农业科研成果和实用技术尽快应用于农业生产，增强科技支撑保障能力，促进农业和农村经济可持续发展，实现农业现代化，制定本法。

第二条　本法所称农业技术，是指应用于种植业、林业、畜牧业、渔业的科研成果和实用技术，包括：

（一）良种繁育、栽培、肥料施用和养殖技术；

（二）植物病虫害、动物疫病和其他有害生物防治技术；

（三）农产品收获、加工、包装、贮藏、运输技术；

（四）农业投入品安全使用、农产品质量安全技术；

（五）农田水利、农村供排水、土壤改良与水土保持技术；

（六）农业机械化、农用航空、农业气象和农业信息技术；

（七）农业防灾减灾、农业资源与农业生态安全和农村能源开发利用技术；

（八）其他农业技术。

本法所称农业技术推广，是指通过试验、示范、培训、指导以及咨询服务等，把农业技术普及应用于农业产前、产中、产后全过程的活动。

第三条　国家扶持农业技术推广事业，加快农业技术的普及应用，发展高产、优质、高效、生态、安全农业。

第四条　农业技术推广应当遵循下列原则：

（一）有利于农业、农村经济可持续发展和增加农民收入；

（二）尊重农业劳动者和农业生产经营组织的意愿；

（三）因地制宜，经过试验、示范；

（四）公益性推广与经营性推广分类管理；

（五）兼顾经济效益、社会效益，注重生态效益。

第五条　国家鼓励和支持科技人员开发、推广应用先进的农业技术，鼓励和支持农业劳动者和农业生产经营组织应用先进的农业技术。

国家鼓励运用现代信息技术等先进传播手段，普及农业科学技术知识，创新农业技术推广方式方法，提高推广效率。

第六条　国家鼓励和支持引进国外先进的农业技术，促进农业技术推广的国际合作与交流。

第七条　各级人民政府应当加强对农业技术推广工作的领导，组织有关部门和单位采取措施，提高农业技术推广服务水平，促进农业技术推广事业的发展。

第八条　对在农业技术推广工作中做出贡献的单位

和个人，给予奖励。

第九条 国务院农业、林业、水利等部门（以下统称农业技术推广部门）按照各自的职责，负责全国范围内有关的农业技术推广工作。县级以上地方各级人民政府农业技术推广部门在同级人民政府的领导下，按照各自的职责，负责本行政区域内有关的农业技术推广工作。同级人民政府科学技术部门对农业技术推广工作进行指导。同级人民政府其他有关部门按照各自的职责，负责农业技术推广的有关工作。

第二章 农业技术推广体系

第十条 农业技术推广，实行国家农业技术推广机构与农业科研单位、有关学校、农民专业合作社、涉农企业、群众性科技组织、农民技术人员等相结合的推广体系。

国家鼓励和支持供销合作社、其他企业事业单位、社会团体以及社会各界的科技人员，开展农业技术推广服务。

第十一条 各级国家农业技术推广机构属于公共服务机构，履行下列公益性职责：

（一）各级人民政府确定的关键农业技术的引进、试验、示范；

（二）植物病虫害、动物疫病及农业灾害的监测、预报和预防；

（三）农产品生产过程中的检验、检测、监测咨询技术服务；

（四）农业资源、森林资源、农业生态安全和农业投入品使用的监测服务；

（五）水资源管理、防汛抗旱和农田水利建设技术服务；

（六）农业公共信息和农业技术宣传教育、培训服务；

（七）法律、法规规定的其他职责。

第十二条 根据科学合理、集中力量的原则以及县域农业特色、森林资源、水系和水利设施分布等情况，因地制宜设置县、乡镇或者区域国家农业技术推广机构。

乡镇国家农业技术推广机构，可以实行县级人民政府农业技术推广部门管理为主或者乡镇人民政府管理为主、县级人民政府农业技术推广部门业务指导的体制，具体由省、自治区、直辖市人民政府确定。

第十三条 国家农业技术推广机构的人员编制应当根据所服务区域的种养规模、服务范围和工作任务等合理确定，保证公益性职责的履行。

国家农业技术推广机构的岗位设置应当以专业技术岗位为主。乡镇国家农业技术推广机构的岗位应当全部为专业技术岗位，县级国家农业技术推广机构的专业技术岗位不得低于机构岗位总量的百分之八十，其他国家农业技术推广机构的专业技术岗位不得低于机构岗位总量的百分之七十。

第十四条 国家农业技术推广机构的专业技术人员应当具有相应的专业技术水平，符合岗位职责要求。

国家农业技术推广机构聘用的新进专业技术人员，应当具有大专以上有关专业学历，并通过县级以上人民政府有关部门组织的专业技术水平考核。自治县、民族乡和国家确定的连片特困地区，经省、自治区、直辖市人民政府有关部门批准，可以聘用具有中专有关专业学历的人员或者其他具有相应专业技术水平的人员。

国家鼓励和支持高等学校毕业生和科技人员到基层从事农业技术推广工作。各级人民政府应当采取措施，吸引人才，充实和加强基层农业技术推广队伍。

第十五条 国家鼓励和支持村农业技术服务站点和农民技术人员开展农业技术推广。对农民技术人员协助开展公益性农业技术推广活动，按照规定给予补助。

农民技术人员经考核符合条件的，可以按照有关规定授予相应的技术职称，并发给证书。

国家农业技术推广机构应当加强对村农业技术服务站点和农民技术人员的指导。

村民委员会和村集体经济组织，应当推动、帮助村农业技术服务站点和农民技术人员开展工作。

第十六条 农业科研单位和有关学校应当适应农村经济建设发展的需要，开展农业技术开发和推广工作，加快先进技术在农业生产中的普及应用。

农业科研单位和有关学校应当将其科技人员从事农业技术推广工作的实绩作为工作考核和职称评定的重要内容。

第十七条 国家鼓励农场、林场、牧场、渔场、水利工程管理单位面向社会开展农业技术推广服务。

第十八条 国家鼓励和支持发展农村专业技术协会等群众性科技组织，发挥其在农业技术推广中的作用。

第三章 农业技术的推广与应用

第十九条 重大农业技术的推广应当列入国家和地方相关发展规划、计划，由农业技术推广部门会同科学技术等相关部门按照各自的职责，相互配合，组织实施。

第二十条 农业科研单位和有关学校应当把农业生产中需要解决的技术问题列为研究课题，其科研成果可以通过有关农业技术推广单位进行推广或者直接向农业劳动者和农业生产经营组织推广。

国家引导农业科研单位和有关学校开展公益性农业技术推广服务。

第二十一条 向农业劳动者和农业生产经营组织推广的农业技术，必须在推广地区经过试验证明具有先进性、适用性和安全性。

第二十二条 国家鼓励和支持农业劳动者和农业生产经营组织参与农业技术推广。

农业劳动者和农业生产经营组织在生产中应用先进的农业技术，有关部门和单位应当在技术培训、资金、物资和销售等方面给予扶持。

农业劳动者和农业生产经营组织根据自愿的原则应用农业技术，任何单位或者个人不得强迫。

推广农业技术，应当选择有条件的农户、区域或者工程项目，进行应用示范。

第二十三条 县、乡镇国家农业技术推广机构应当组织农业劳动者学习农业科学技术知识，提高其应用农业技术的能力。

教育、人力资源和社会保障、农业、林业、水利、科学技术等部门应当支持农业科研单位、有关学校开展有关农业技术推广的职业技术教育和技术培训，提高农业技术推广人员和农业劳动者的技术素质。

国家鼓励社会力量开展农业技术培训。

第二十四条 各级国家农业技术推广机构应当认真履行本法第十一条规定的公益性职责，向农业劳动者和农业生产经营组织推广农业技术，实行无偿服务。

国家农业技术推广机构以外的单位及科技人员以技术转让、技术服务、技术承包、技术咨询和技术入股等形式提供农业技术的，可以实行有偿服务，其合法收入和植物新品种、农业技术专利等知识产权受法律保护。进行农业技术转让、技术服务、技术承包、技术咨询和技术入股，当事人各方应当订立合同，约定各自的权利和义务。

第二十五条 国家鼓励和支持农民专业合作社、涉农企业，采取多种形式，为农民应用先进农业技术提供有关的技术服务。

第二十六条 国家鼓励和支持以大宗农产品和优势特色农产品生产为重点的农业示范区建设，发挥示范区对农业技术推广的引领作用，促进农业产业化发展和现代农业建设。

第二十七条 各级人民政府可以采取购买服务等方式，引导社会力量参与公益性农业技术推广服务。

第四章 农业技术推广的保障措施

第二十八条 国家逐步提高对农业技术推广的投入。各级人民政府在财政预算内应当保障用于农业技术推广的资金，并按规定使该资金逐年增长。

各级人民政府通过财政拨款以及从农业发展基金中提取一定比例的资金的渠道，筹集农业技术推广专项资金，用于实施农业技术推广项目。中央财政对重大农业技术推广给予补助。

县、乡镇国家农业技术推广机构的工作经费根据当地服务规模和绩效确定，由各级财政共同承担。

任何单位或者个人不得截留或者挪用用于农业技术推广的资金。

第二十九条 各级人民政府应当采取措施，保障和改善县、乡镇国家农业技术推广机构的专业技术人员的工作条件、生活条件和待遇，并按照国家规定给予补贴，保持国家农业技术推广队伍的稳定。

对在县、乡镇、村从事农业技术推广工作的专业技术人员的职称评定，应当以考核其推广工作的业务技术水平和实绩为主。

第三十条 各级人民政府应当采取措施，保障国家农业技术推广机构获得必需的试验示范场所、办公场所、推广和培训设施设备等工作条件。

地方各级人民政府应当保障国家农业技术推广机构的试验示范场所、生产资料和其他财产不受侵害。

第三十一条 农业技术推广部门和县级以上国家农业技术推广机构，应当有计划地对农业技术推广人员进行技术培训，组织专业进修，使其不断更新知识、提高业务水平。

第三十二条 县级以上农业技术推广部门、乡镇人民政府应当对其管理的国家农业技术推广机构履行公益性职责的情况进行监督、考评。

各级农业技术推广部门和国家农业技术推广机构，应当建立国家农业技术推广机构的专业技术人员工作责任制度和考评制度。

县级人民政府农业技术推广部门管理为主的乡镇国家农业技术推广机构的人员，其业务考核、岗位聘用以及晋升，应当充分听取所服务区域的乡镇人民政府和服务对象的意见。

乡镇人民政府管理为主、县级人民政府农业技术推广部门业务指导的乡镇国家农业技术推广机构的人员，其业务考核、岗位聘用以及晋升，应当充分听取所在地的县级人民政府农业技术推广部门和服务对象的意见。

第三十三条 从事农业技术推广服务的，可以享受国家规定的税收、信贷等方面的优惠。

第五章 法律责任

第三十四条 各级人民政府有关部门及其工作人员未依照本法规定履行职责的，对直接负责的主管人员和其他直接责任人员依法给予处分。

第三十五条 国家农业技术推广机构及其工作人员未依照本法规定履行职责的，由主管机关责令限期改正，通报批评；对直接负责的主管人员和其他直接责任人员依法给予处分。

第三十六条 违反本法规定，向农业劳动者、农业生产经营组织推广未经试验证明具有先进性、适用性或者安全性的农业技术，造成损失的，应当承担赔偿责任。

第三十七条 违反本法规定，强迫农业劳动者、农业生产经营组织应用农业技术，造成损失的，依法承担赔偿责任。

第三十八条 违反本法规定，截留或者挪用用于农业技术推广的资金的，对直接负责的主管人员和其他直接责任人员依法给予处分；构成犯罪的，依法追究刑事责任。

第六章 附 则

第三十九条 本法自公布之日起施行。

2013年度动物及动物产品兽药残留监控计划

根据《兽药管理条例》的规定，为做好2013年度动物及动物产品兽药残留监控工作，取得积极成效，特制定本计划。

一、组织实施

各省（区、市）兽医主管部门负责《2013年度动物及动物产品兽药残留监控计划》的组织实施，并在完成本计划的同时，制定并组织实施本辖区残留监控计划，监控数量不得低于本计划的20%。

中国兽医药品监察所、省级兽药监察所和我部指定的残留检测机构按照《2013年度动物及动物产品兽药残留监控承担单位和监测重点》(附录1)承担检测任务。

水产品中兽药残留监控计划由渔业行政主管部门组织实施，我部指定的水产品质检机构承担相应检测任务，抽样、检测结果报送及发布、阳性结果查处程序及要求按《产地水产品质量安全监督抽查工作管理暂行规定》执行。

二、抽检要求

（一）抽检活动严格执行《官方取样程序》和《兽药残留抽样检测技术操作要点》(附录2，以下简称《操作要点》)，并按要求填报抽样信息（附录3）。

（二）畜禽样品从动物养殖场、屠宰厂抽取。其中进行鸡、鸡蛋和尿液中禁用药物检测的，从养殖场抽取的样品数量应占抽样总数的三分之一以上。牛奶样品从奶牛养殖（户）、生鲜乳收购站抽取。

（三）科学确定抽样方式。全年均匀抽样，不得采取某一时段集中抽样、集中或分期分批检测方式。除后续跟踪抽样外，不应对同一采样点重复抽样。

（四）兽药残留检测按照《残留检测方法和限量标准》（附录4）执行，确证方法按照我部发布的方法或参照国际公认的方法执行。

不得擅自变更检测方法和检测限，若确需对本计划已确定的检测限、检测方法进行调整，应事先向全国兽药残留专家委员会办公室（以下简称残留办）提交申请材料，并经核准后再进行检测。

（五)筛选方法采用经我部备案的残留检测试剂盒。对于已发布了确证方法、并以筛选方法或定量方法检测出的阳性样品，应进一步进行确证检测，并以确证检测结果作为上报数据。

（六）各地要严格执行检测结果报告制度，按要求填报检测结果汇总表（附录5）。

（七）各地要严格执行阳性（超标）样品报告制度和阳性（超标）样品追溯制度。在检测出阳性样品后的10个工作日内将检测报告报送抽样单位、同级兽医主管部门。及时启动后续跟踪抽样、检测程序，后续跟踪抽样比例为1∶5，即每发现一个阳性样品，对被抽样单位连续跟踪抽样2次，每次5个样品。后续跟踪抽样检测样品数列入辖区残留监控计划。后续追踪检测结果按要求填报表格（附录6）。

三、结果处理

各地要进一步强化超标产品的后续处理，其中，省级兽医主管部门要做好督办工作，样品来源所在地兽医主管部门接到农业系统和出入境检验检疫机构反馈的残留超标检测报告后，按《中华人民共和国动物及动物源食品中残留物质监控计划》（农牧发[1999]8号）启动追溯程序。

（一)根据残留超标样品反馈信息溯源动物养殖场，对养殖场用药情况进行核查，重点检查用药记录和库存兽药产品。

（二）发现养殖用药不规范，未执行休药期等问题要提出改正措施，并监督整改。

（三）发现假劣、违禁兽药要收缴销毁，并通报标称企业所在地省级兽医主管部门和本地省级兽医主管部门。

（四）对使用违禁兽药的动物及其产品要监督养殖场和屠宰企业进行无害化处理。

（五）标称企业所在地省级兽医主管部门要依法对生产企业组织核查、处理。本地省级兽医主管部门要对进入本辖区的同批产品依法组织清缴。

（六）处理结果报省级兽医主管部门，并做好调查处理记录，记录存档2年以上。对出入境检验检疫机构的残留超标检测报告的处理结果按原渠道及时反馈。

四、工作要求

（一）承担抽样和检测任务的单位要密切配合，及时沟通情况，按照《操作要点》的要求完成检测样品的抽样、登记、保存、交接和检测工作。

（二）承担检测任务单位于4月底、6月底、9月20日和11月30日前将检测结果分析报告、填写后的附表3、附表5和附表6的纸质材料和电子版分次上报残留办。

（三）残留办负责兽药残留检测结果汇总和监控计划执行情况的总结上报工作。阶段性工作总结和全年工作总结分别于2013年7月15日和12月10日前上报我部兽医局。

（四）各地要高度重视本计划组织落实工作，在做好协调、督促检查的同时，对承担抽样、检测单位给予必要支持。要加强领导，落实责任，强化措施，充分发挥兽药残留监控效能，保障动物产品安全。同时，将工作中存在的问题和建议及时反馈我部兽医局和残留办。

附件：

兽药残留抽样检测技术操作要点

1　2013 年国家兽药残留监控计划分为 4 个时段执行，每个时段约 70 天。各地要严格执行本时段抽样、本时段检测的总体要求，不得采取全年监控计划集中在一个时段完成或一次抽样、集中或分时段检测的做法。

2　国家残留监控计划抽样数量、检测品种必须按照下达的计划执行。

3　抽样办法：

3.1　畜禽产品抽样由具有官方兽医资格的单位承担。

3.1.1　养殖场抽样（尿样、蛋、奶）

3.1.1.1　根据动物饲养基数计算抽样数量，进行鸡、鸡蛋、尿液中化合物检测的，必须至少有三分之一的样品来源于养殖场。

猪尿样

动物数量（样本数）	抽样数（个）
<500	3
501~1 000	7
1 001~5 000	10
5 001~10 000	12
>10 000	15

牛奶

动物数量（样本数）	抽样数（个）
<50	5
51~100	8
101~500	12
>500	15

家禽（蛋）

动物数量（样本数，只）	抽样数（个）
<1 000	1
1 001~5 000	3
5 001~10 000	5
>10 000	8

3.1.1.2　一个样品的组成及取样量

· 尿样

收集清晨饲喂前的尿液 100 ～ 200 mL。

· 初级产品

蛋：从产蛋架上抽取，取样量不少于 10 枚；

奶：从全场混合奶中取，取样量不少于 1000 mL。

3.1.2　屠宰厂抽样（动物组织）

3.1.2.1　根据屠宰动物数计算抽样个数方法

家畜（猪、羊、牛）

屠宰量（样本数，头）	抽样数（个）
<100	5
101~500	8
501~2 000	10
>2 000	15

家禽（鸡）

屠宰量（样本数，只）	抽样数（个）
<1 000	1
1 001~5 000	3
5 001~10 000	5
>10 000	8

3.1.2.2　一个组织样品的组成如下表

动物品种	肌肉	肝
牛	300~500 克	400~500 克（取整叶）
羊	300~500 克	400~500 克（取整叶）
猪	300~500 克	400~500 克（取整叶）
鸡	300~500 克	200~500 克（取 6 只鸡全肝）

3.1.3　取样：取样时不得将待取样品和已取样品进行任何洗涤处理，取样时用不锈钢手术剪或手术刀割取样品，戴一次性塑料手套操作。

3.1.4　样品分割：抽样后要求由官方兽医在现场将样品分成两份，一份送检，一份留存被抽样单位。

3.1.5　样品包装：用清洁干燥的塑料袋包装，外附标签，放入塑料盒内后用胶带密封，在盒外贴上抽样封条，再用塑料袋密封（标签和抽样封条应按规定内容填写，并盖上抽样单位公章）。样品的包装、标签和封条要统一。

3.1.6　样品保存：取样过程中应采取低温保温措施，取样后应立即将样品放在 −20℃以下保存。

3.1.7　送样：将样品盒放入干净容器（如硬纸板箱、塑料泡沫箱）中密封装运，并采取保温措施（温度控制在 0−5℃），填写送样单一并送检。

3.2　蜂蜜抽样办法：蜂产品抽样由检测单位承担。70% 样品从蜂蜜加工厂抽取，30% 样品从蜂场抽取，每个样品量为 1000 克。抽样时间由承担检测任务单位根据蜂蜜生产情况确定，样品流转程序参照本办法执行。

4 抽样单填写说明。

样品编号：格式为 [动物品种代码]/[样品种类代码]/[抽样日期]。代码如下：

动物品种	牛	羊	猪	鸡	鱼	蜂蜜
代　码	B	O	P	C	F	Be

样品种类	肌肉	肝	尿液	蛋	奶	蜂蜜
代　码	M	L	U	E	Mi	Hb

例：2010 年 7 月 10 日抽取的牛肝样品第一份，其编号为：B/L/100710−1。

样品名称：所取样品的种类及部位。例：全肝，背脊肉等。

动物品种：所取样品动物的名称。

年　龄：牛、羊按年计，猪按月计，鸡按日计。

抽样基数：抽样当天的出栏率（养殖场）、屠宰量（屠宰厂）、存货量（冷库）。

样本数量：所取样品的重量或体积。

批　号：样品所在批的批号，若无，则填“无”。

保存情况：运输前所采取的保存方式、保存温度及持续时间。

封装情况：样品在运输过程中所采用的大容器封装。

运输情况：所采用的样品运输方式和运输过程中的温度及持续时间。

5 送样单填写说明

送样单编号：由抽样单位根据本单位当年残留监控抽样来编号，一个样品一份送样单，编号格式为 [邮政编码前 4 位] 年月日序号，如北京 2010 年 8 月 10 日送出的第 6 份样，则送样单编号为 [1000]2010/08/10/06。

样品编号：同抽样单中的编号。

样品名称：同抽样单中的内容。

样品数量：所取样品的重量或体积。

包封情况：指包装单个样品用的容器（盒、塑料袋）。

保存情况：同抽样单中的内容。

运输情况：同抽样单中的内容。

检验项目：指要检测残留的药物品种。

6 样品流转程序

6.1 官方兽医抽取样品并将所取样品分成 2 份，1 份样品留被抽样单位保存，1 份样品送检，并填写抽样单一式三份，分别由抽样单位、被抽样单位（随留样保存）和残留办保存；

6.2 抽样单位填写送样单一式二份，由抽样单位送样人签名后保存一份，另一份随样品送到检验单位；

6.3 检验单位业务管理部门收样后填写样品入库单并保存样品，再将样品重新编号送检验室检验（随送检单），检测室收样后由室负责人安排检测，检验员应在接样后 15 天内完成检测，并填写检验记录。检测采用双盲法，即检验员不得知道样品的来源地和样品编号；

6.4 检验室出具原始报告到检验单位业务管理部门，由检验单位业务管理部门最后出具检验结果汇总表，报残留办。

7 检验标准：执行农业部公布的残留检测方法或国际公认的残留检测方法标准。

8 检测技术参数的考核：在检测样品前必须进行技术参数考核试验。其中，外标法要进行标准曲线（一般要求 5~6 个浓度，并且要覆盖 1/2MRL，MRL，2MRL），回收率试验（设立 1/2MRL，MRL，2MRL 3 个浓度）和变异系数测定（一般要重复 3~5 次回收率试验），得到在本试验室操作条件下的各项参数，以后检样时只设 1 个阳性添加进行考察即可。对有残留限量的药物在计算检测结果时，要按平均回收率折算（本检测实验室获得的平均回收率），对于禁用药物则不必折算。内标法也要进行回收率和变异系数考察。检测时必须设立阴性和阳性添加对照组。

9 检测报告制度

9.1 检验员向检验单位业务管理部门出具每一份样品的检验报告，并应附残留量计算方法。

9.2 承担检测任务单位负责编制残留检测结果分析报告和填报检验结果汇总表工作。其中检测结果分析报告应包括本计划和辖区计划执行情况、残留超标样品来源分析、与 2011 年和 2012 年残留趋势比较分析、存在问题和建议等。检验结果汇总表中“检测结果”一栏应按以下填写方式，即：未检出的（低于检测限），以 ND 表示；检出残留物质的，需填写具体检测数据。检测结果汇总一律采用 A4 纸横排打印。

9.3 检测阳性结果必须在 10 个工作日内报送抽样单位和残留办，由抽样单位组织跟踪调查处理，书面调查处理意见需报残留办备案。

9.4 检测分析报告和检测结果汇总表纸质材料和电子件分四次上报残留办。上报时间分别为 × 月 × 日、× 月 × 日、× 月 × 日和 × 月 × 日。各地关于监控计划的各种意见和建议可随结果分析报告一同报上，来年检测项目意向最迟随第三次结果通报残留办。

农业部公告第 1905 号

根据《兽药管理条例》和《兽药注册办法》规定，经审查，批准华中农业大学等 6 家单位申报的牛分枝杆菌 ELISA 抗体检测试剂盒等 2 种兽药产品为新兽药，现核发《新兽药注册证书》，并发布产品试行规程、质量标准、说明书和标签，自发布之日起执行。

特此公告。

农业部

2013 年 2 月 22 日

附件：

新兽药注册目录

新兽药名称	研制单位	类别	新兽药注册证书号	备注
牛分枝杆菌 ELISA 抗体检测试剂盒	华中农业大学、武汉科前动物生物制品有限责任公司、武汉中博生物股份有限公司	二类	（2013）新兽药证字 7 号	注册
藿蜂注射液	南京农业大学、扬中牧乐药业有限公司、湖南农大动物药业有限公司	三类	（2013）新兽药证字 8 号	注册

关于新型收获机械管理有关问题的批复

河南省农业机械管理局：

《关于加强玉米收获机等新型收获机械安全管理请示的函》（豫农机监函［2012］22 号）收悉。经研究，现就新型收获机械的监管问题答复如下：

根据《联合收割机及驾驶人安全监理规定》（农业部令第 72 号），联合收割机是指各类自走式联合收割机和悬挂式联合收割机。判定谷物收获机械、玉米收获机械、棉麻收获机械、果实收获机械等新型收获机械是否实施牌证管理，应当看其是否属于自走式和悬挂式。自走式收获机械应当经农机安全监理机构登记并领取号牌、行驶证后，方可投入使用；悬挂式收获机械配套的拖拉机已领有号牌、行驶证的，准予投入使用。

农业部

2013 年 3 月 5 日

农业部公告第 1916 号

根据《兽药管理条例》和《兽药注册办法》规定，经审查，批准北京生泰尔生物科技有限公司等 4 家公司申报的柴胡口服液为新兽药，现核发《新兽药注册证书》，并发布产品质量标准、说明书和标签，自发布之日起执行。

批准中牧实业股份有限公司等 2 家公司申报的口蹄疫 O 型、亚洲 1 型二价灭活疫苗（OS 株 +JSL 株）变更注册，并发布修订后的产品试行规程、质量标准、说明书和标签，自发布之日起执行。

特此公告。

农业部

2013 年 3 月 28 日

附件：

新兽药注册目录

新兽药名称	研制单位	类别	新兽药注册证书号	备注
柴胡口服液	北京生泰尔生物科技有限公司，爱迪森（北京）生物科技有限公司、北京普尔路威达兽药有限公司、北京华夏本草中药科技有限公司	三类	（2013）新兽药证字 18 号	注册
口蹄疫 O 型、亚洲 1 型二价灭活疫苗（OS 株 +JSL 株）	中牧实业股份有限公司、乾元浩生物股份有限公司	三类	（2007）新兽药证字 35 号	变更注册：生产工艺由细胞转瓶培养变更为无血清培养基悬浮培养

农业部公告第 1923 号

根据《兽药管理条例》和《兽药注册办法》规定，经审查，批准新疆天康畜牧生物技术股份有限公司等 4 家单位申报的口蹄疫 O 型、A 型、亚洲 1 型三价灭活疫苗等 2 种兽药产品为新兽药，现核发《新兽药注册证书》，并发布产品试行规程、质量标准、说明书和标签，自发布之日起执行。

批准浙江汇能动物药品有限公司申请的那西肽预混剂变更注册，并发布修订后的质量标准、说明书和标签，自发布之日起执行。此前发布的同品种兽药质量原标准同时废止。

特此公告。

农业部

2013 年 4 月 12 日

附件：

新兽药注册目录

新兽药名称	研制单位	类别	新兽药注册证书号	备 注
口蹄疫 O 型、A 型、亚洲 1 型三价灭活疫苗（OHM/02 株 +AKT- Ⅲ株 + Asia1KZ/03 株）	新疆天康畜牧生物技术股份有限公司、新疆维吾尔自治区畜牧科学院兽医研究所	三类	（2013）新兽药证字 19 号	注册
阿莫西林硫酸黏菌素可溶性粉	山西恒丰强动物药业有限公司、上海恒丰强动物药业有限公司	五类	（2013）新兽药证字 20 号	注册
那西肽预混剂	浙江汇能动物药品有限公司	三类	（98）新兽药证字 07 号	变更注册：增加规格 1 000g:20g（2 000 万单位）、1000g:40g（4 000 万单位）、1 000g:80g（8 000 万单位）

农业部公告第 1931 号

根据《中华人民共和国畜牧法》和《家畜遗传材料生产许可办法》的规定，经考核评审和质量检测合格，批准长春新牧科技有限公司等 2 个单位从事牛冷冻精液生产经营，现核发《种畜禽生产经营许可证》（生产经营范围见附件 1，各单位验收合格种公牛名单见附件 2），有效期为 3 年。同意秦皇岛全农精牛繁育有限公司等两个单位《种畜禽生产经营许可证》法定代表人变更，新颁发的《种畜禽生产经营许可证》，除法定代表人调整外，其他内容均不变（见附件 3）。自本公告颁发之日起，原许可证自动失效。

特此公告。

农业部

2013 年 4 月 22 日

关于下达 2013 年畜禽牧草种质资源保护项目资金的通知

各有关单位：

根据《财政部关于批复农业部 2013 年部门预算的通知》（财预 [2013] 168 号），经审核，现将 2013 年畜禽牧草种质资源保护项目资金下达你单位（详见附件），主要用于开展畜禽遗传资源保护与管理、良种繁育体系建设、开展牧草种质资源完善保种等方面。请列入 2013 年度政府收支分类科目 2130135 “农业资源保护与利用”。

各项目承担单位要设置“畜禽牧草种质资源保护项目资金”明细账（财务核算实行统一管理而不单独建账核算的单位，应建立辅助备查账），严格按照项目实施方案及有关财务制度执行，专款专用，合理列支相关费用。如项目资金拨付到项目主管部门，请项目主管部门在收到资金后 15 日内，将资金转拨项目承担单位。

项目主管部门要做好组织实施和监督检查工作，并于 2013 年 12 月 31 日前将项目执行情况、资金使用情况（分别按项目内容和经济分类进行分析）报送我部财务司和畜牧业司。

农业部

2013 年 5 月 6 日

农业部公告第 1942 号

2013 年全国草品种审定委员会审定通过了 9 个草品种。现予公告。

农业部

2013 年 5 月 15 日

附件：

2013年全国草品种审定委员会审定通过的草品种名录

序号	品种名称	品种类别	申报单位	申报者	适宜区域
1	牡丹江秣食豆	野生栽培品种	东北农业大学	崔国文、胡国富、王明君、殷秀杰、陈雅君	适宜在东北北部及内蒙古东北部种植。
2	松嫩秣食豆	地方品种	黑龙江省畜牧研究所	李红、罗新义、杨曌、黄新育、杨伟光	适宜在东北、内蒙古东部等类似地区种植。
3	泰特Ⅱ杂交黑麦草	引进品种	四川省金种燎原种业科技有限责任公司、凉山彝族自治州畜牧兽医科学研究所、四川农业大学	李鸿翔、傅平、王同军、姚明久、张新全	适宜在长江流域及以南，在海拔800～2500m，降水800～1500mm，年平均气温10℃～25℃的温暖湿润地区。
4	淮扬金花菜	地方品种	扬州大学、扬中市绿野秧草专业合作社	魏臻武、曹德明、武自念、李伟民、雷艳芳	适宜在长江中下游地区种植。
5	长白稗	野生栽培品种	吉林省农业科学院	于洪柱、徐安凯、王志锋、刘卓、栾博宇	适宜在黄河以北地区的农区、草原、轻中度盐碱化土地等区域种植。
6	陇东达乌里胡枝子	野生栽培品种	甘肃创绿草业科技有限公司、甘肃农业大学草业学院	曹致中、马彦军、于林清、柴永青、邹伟	适宜黄土高原半干旱、半湿润地区和北方类似地区种植。
7	甘农7号紫花苜蓿	育成品种	甘肃创绿草业科技有限公司、甘肃农业大学草业学院	曹致中、徐智明、吕文坤、赵春花、柳茜	适合我国北方温带地区，尤其适合在西北内陆绿洲灌区和黄土高原地区推广种植。
8	康巴老芒麦	野生栽培品种	甘孜藏族自治州畜牧业科学研究所、甘孜州康定情歌牧人有限公司	龙兴发、蒋忠荣、李太强、朱连发、杨秀全	适宜在川西北高原寒温带草甸地域及其类似生境地区种植。
9	都柳江马蹄金	野生栽培品种	四川农业大学、贵州省草业研究所、温江区天府草坪园艺场	干友民、付薇、刘伟、彭燕、邱常兵	适宜在我国西南区海拔2000m以下平原、低山丘陵及其他类似生态地区种植。

农业部公告第 1945 号

根据《兽药管理条例》规定，我部组织完成了四川金科药业有限责任公司提出的促黄体素释放激素 A3 质量标准的修订工作，现予发布（见附件）。自发布之日起执行，原我部发布的同品种兽药质量标准同时废止。

特此公告

农业部

2013 年 5 月 22 日

附件：

促黄体素释放激素 A_3
Cu Huangtisu Shifang Jisu A_3
Luteinizing Hormone Releasing Hormone A_3

本品为人工合成的促黄体素释放激素 A_3，按无水物计算，含 C64H82N18O13 不得少于 80.0%。

【性状】本品为白色或类白色粉末；略臭，几乎无味。

本品在水中溶解。

【鉴别】（1）取本品适量，加水制成每 1mL 中含 0.5mg 的溶液，取该溶液 5 滴，置冰浴中冷却，加 1% 对氨基苯磺酸溶液 5 滴，1mol / L 盐酸溶液 5 滴，5% 亚硝酸钠溶液 5 滴，摇匀，在冰浴中放置 5 分钟，加碳酸钠试液 15 滴，摇匀，溶液即显橙红色。

(2) 取本品适量，加水制成每 1mL 中含 40μg 的溶液，照紫外 - 可见分光光度法（附录 26 页）测定，在 280nm 波长处有最大吸收。

(3) 在含量测定项下记录的色谱图中，供试品溶液主峰的保留时间应与对照品溶液主峰的保留时间一致。

【检查】水分 取本品适量，照水分测定法（附录 79 页第一法 A）测定，含水分不得过 7.0%。

【异常毒性】取本品，加氯化钠注射液制成每 1mL 中含 25μg 的溶液，依法检查（附录 129 页），按静脉注射法给药，应符合规定。

【含量测定】照高效液相色谱法(附录 36 页)测定。

色谱条件与系统适用性试验 用十八烷基硅烷键合硅胶为填充剂；0.1mol / L 磷酸溶液（用三乙胺调节 pH 值至 3.0）- 乙腈 - 甲醇 (70:20:10) 为流动相；流速为每分钟 0.9mL；检测波长 230nm。理论板数按促黄体素释放激素 A_3 峰计算，应不低于 4000。

测定法 取本品适量，精密称定，加流动相使溶解并定量稀释成每 lmL 中约含 5μg 的溶液，精密量取 10μl 注入液相色谱仪，记录色谱图；另取促黄体素释放激素 A_3 对照品，同法测定，按外标法，以峰面积计算，即得。

【作用与用途】激素类药。能促使动物垂体前叶释放促黄体素 (LH) 和促卵泡素 (FSH)，用于治疗奶牛排卵迟滞，卵巢静止、持久黄体、卵巢囊肿及早期妊娠诊断：也可用于鱼类的诱发排卵。

【贮藏】遮光、密闭，在凉暗处保存。

【制剂】注射用促黄体素释放激素 A_3

【有效期】3 年

农业部公告第1948号

根据《中华人民共和国畜牧法》和《家畜遗传材料生产许可办法》的规定，经考核评审和质量检测合格，批准内蒙古赛科星繁育生物技术股份有限公司等4个单位从事牛冷冻精液生产经营，现核发《种畜禽生产经营许可证》(生产经营范围见附件1,各单位验收合格种公牛名单见附件2)，有效期为3年。自本公告颁发之日起，原许可证自动失效。

特此公告。

农业部

2013年5月24日

附件1:

农业部《种畜禽生产经营许可证》颁发目录(201305)

许可证编号	单位名称	生产经营范围	有效期
(2013)001503	内蒙古赛科星繁育生物技术股份有限公司	荷斯坦牛、娟姗牛、西门塔尔牛、安格斯牛、和牛冷冻精液	2013.05.24–2016.05.24
(2013)001504	山东盛能奶牛胚胎工程有限公司	荷斯坦牛、西门塔尔牛、安格斯牛冷冻精液	2013.05.24–2016.05.24
(2013)001505	徐州恒泰牧业发展有限公司	西门塔尔牛、夏洛来牛、利木赞牛、海子水牛冷冻精液	2013.05.24–2016.05.24
(2013)001506	南京利农奶牛育种有限公司	荷斯坦牛、褐牛、夏洛来牛、海子水牛冷冻精液	2013.05.24–2016.05.24

附件2:

各单位验收合格种公牛名单

一、内蒙古赛科星繁育生物技术股份有限公司

序号	品　种	公牛号	来　源	外貌等级	冻精检测
1	荷斯坦牛	1550 3330	澳大利亚ABS	特级	合格
2	荷斯坦牛	1550 3679	澳大利亚ABS	一级	合格
3	荷斯坦牛	1550 3763	澳大利亚ABS	特级	合格
4	荷斯坦牛	1550 3832	澳大利亚ABS	特级	合格
5	荷斯坦牛	1550 3863	澳大利亚ABS	特级	合格
6	荷斯坦牛	1550 4055	澳大利亚ABS	特级	合格
7	荷斯坦牛	1550 4080	澳大利亚ABS	特级	合格
8	荷斯坦牛	1550 4217	澳大利亚ABS	特级	合格
9	荷斯坦牛	1550 4369	澳大利亚ABS	特级	合格
10	荷斯坦牛	1550 4523	澳大利亚ABS	特级	合格
11	荷斯坦牛	1550 4748	澳大利亚ABS	特级	合格
12	荷斯坦牛	1550 4883	澳大利亚ABS	特级	合格

（续）

序号	品　种	公牛号	来　源	外貌等级	冻精检测
13	荷斯坦牛	1550 4884	澳大利亚 ABS	一级	合格
14	荷斯坦牛	1550 5520	澳大利亚 ABS	特级	合格
15	荷斯坦牛	1550 5562	澳大利亚 ABS	一级	合格
16	荷斯坦牛	1550 5570	澳大利亚 ABS	特级	合格
17	荷斯坦牛	1550 5604	澳大利亚 ABS	特级	合格
18	荷斯坦牛	1550 5607	澳大利亚 ABS	特级	合格
19	荷斯坦牛	1550 5930	澳大利亚 ABS	特级	合格
20	荷斯坦牛	1550 5940	澳大利亚 ABS	特级	合格
21	荷斯坦牛	1550 6022	澳大利亚 ABS	特级	合格
22	荷斯坦牛	1550 6044	澳大利亚 ABS	一级	合格
23	荷斯坦牛	1550 6127	澳大利亚 ABS	特级	合格
24	荷斯坦牛	1550 6359	澳大利亚 ABS	特级	合格
25	荷斯坦牛	1550 6702	澳大利亚 ABS	特级	合格
26	荷斯坦牛	1550 6761	澳大利亚 ABS	特级	合格
27	荷斯坦牛	1550 7811	澳大利亚 ABS	特级	合格
28	荷斯坦牛	15510145	澳大利亚 ABS	特级	合格
29	荷斯坦牛	15510187	澳大利亚 ABS	一级	合格
30	荷斯坦牛	15510205	澳大利亚 ABS	一级	合格
31	荷斯坦牛	15510224	澳大利亚 ABS	特级	合格
32	荷斯坦牛	15510240	澳大利亚 ABS	一级	合格
33	荷斯坦牛	15510888	澳大利亚 ABS	一级	合格
34	荷斯坦牛	15510960	澳大利亚 ABS	特级	合格
35	荷斯坦牛	15510962	澳大利亚 ABS	特级	合格
36	娟姗牛	1550 7022	澳大利亚	一级	合格
37	娟姗牛	1550 7073	澳大利亚	一级	合格
38	娟姗牛	1550 7212	澳大利亚	特级	合格
39	娟姗牛	1550 3889	澳大利亚 ABS	特级	合格
40	西门塔尔牛	1550 8X64	澳大利亚 ABS	特级	合格
41	西门塔尔牛	1550 9X02	澳大利亚 ABS	特级	合格
42	西门塔尔牛	1550 9X75	澳大利亚 ABS	特级	合格
43	西门塔尔牛	15510X06	澳大利亚 ABS	特级	合格
44	西门塔尔牛	15510X32	澳大利亚 ABS	特级	合格
45	西门塔尔牛	15510X59	澳大利亚 ABS	特级	合格
46	西门塔尔牛	15510X71	澳大利亚 ABS	特级	合格
47	安格斯牛	1550 9A04	澳大利亚 ABS	特级	合格
48	安格斯牛	1550 9A62	澳大利亚 ABS	特级	合格
49	安格斯牛	1550 9A66	澳大利亚 ABS	特级	合格
50	和牛	1550 8H10	澳大利亚 ABS	特级	合格
51	和牛	1550 8H13	澳大利亚 ABS	特级	合格
52	和牛	15510H76	澳大利亚 ABS	一级	合格
53	和牛	15510H80	澳大利亚 ABS	一级	合格

二、山东盛能奶牛胚胎工程有限公司

序号	品　种	公牛号	来　源	外貌等级	冻精检测
1	荷斯坦牛	3740 5001	澳大利亚	一级	合格
2	荷斯坦牛	3740 5002	澳大利亚	一级	合格
3	荷斯坦牛	3740 5003	澳大利亚	特级	合格
4	荷斯坦牛	3740 5004	澳大利亚	特级	合格
5	荷斯坦牛	3740 5005	澳大利亚	特级	合格
6	荷斯坦牛	3740 5037	美国胚胎移植	一级	合格
7	荷斯坦牛	3740 5053	美国胚胎移植	一级	合格
8	荷斯坦牛	3740 6001	澳大利亚	特级	合格
9	荷斯坦牛	3740 6003	澳大利亚	特级	合格
10	荷斯坦牛	3740 7001	澳大利亚	特级	合格
11	荷斯坦牛	3740 7002	澳大利亚	特级	合格
12	荷斯坦牛	3740 7003	澳大利亚	特级	合格
13	荷斯坦牛	3740 7004	澳大利亚	特级	合格
14	荷斯坦牛	3740 7005	澳大利亚	特级	合格
15	荷斯坦牛	3740 7006	澳大利亚	特级	合格
16	荷斯坦牛	3740 8001	澳大利亚	特级	合格
17	荷斯坦牛	3740 8003	澳大利亚	特级	合格
18	荷斯坦牛	3740 8100	澳大利亚	特级	合格
19	荷斯坦牛	3740 8106	澳大利亚	一级	合格
20	荷斯坦牛	3740 8114	澳大利亚	一级	合格
21	荷斯坦牛	3740 8120	澳大利亚	特级	合格
22	荷斯坦牛	3741 0001	澳大利亚	特级	合格
23	荷斯坦牛	3741 0005	澳大利亚	特级	合格
24	荷斯坦牛	3741 0012	澳大利亚	特级	合格
25	荷斯坦牛	3741 0013	澳大利亚	一级	合格
26	荷斯坦牛	3741 0014	澳大利亚	一级	合格
27	荷斯坦牛	3741 0015	澳大利亚	特级	合格
28	荷斯坦牛	3741 0016	澳大利亚	一级	合格
29	荷斯坦牛	3741 0017	澳大利亚	一级	合格
30	荷斯坦牛	3741 0018	澳大利亚	特级	合格
31	荷斯坦牛	3741 0019	澳大利亚	特级	合格
32	荷斯坦牛	3741 0020	澳大利亚	一级	合格
33	荷斯坦牛	3741 0021	澳大利亚	一级	合格
34	荷斯坦牛	3741 0022	澳大利亚	特级	合格
35	安格斯牛	3741 0003	澳大利亚	特级	合格
36	安格斯牛	3741 0004	澳大利亚	特级	合格
37	安格斯牛	3741 0006	澳大利亚	特级	合格
38	安格斯牛	3741 0009	澳大利亚	特级	合格
39	安格斯牛	3741 0010	澳大利亚	一级	合格
40	安格斯牛	3741 0011	澳大利亚	特级	合格
41	西门塔尔牛	3741 0002	澳大利亚	一级	合格
42	西门塔尔牛	3741 0007	澳大利亚	特级	合格
43	西门塔尔牛	3741 0008	澳大利亚	特级	合格

三、徐州恒泰牧业发展有限公司

序号	品　种	公牛号	来　源	外貌等级	冻精检测
1	西门塔尔牛	3219 9967	加拿大	一级	合格
2	西门塔尔牛	3210 2265	黑龙江齐齐哈尔种畜场	一级	合格
3	西门塔尔牛	3210 4817	黑龙江齐齐哈尔种畜场	一级	合格
4	西门塔尔牛	3210 4825	黑龙江齐齐哈尔种畜场	一级	合格
5	西门塔尔牛	3210 4839	黑龙江齐齐哈尔种畜场	特级	合格
6	西门塔尔牛	3210 5557	新疆呼图壁种牛场	一级	合格
7	西门塔尔牛	3210 6671	新疆呼图壁种牛场	特级	合格
8	西门塔尔牛	3211 0159	黑龙江齐齐哈尔种畜场	一级	合格
9	西门塔尔牛	3211 0929	黑龙江齐齐哈尔种畜场	特级	合格
10	西门塔尔牛	3211 0931	黑龙江齐齐哈尔种畜场	特级	合格
11	西门塔尔牛	3211 1092	四川省阳平种牛场	一级	合格
12	西门塔尔牛	3211 1097	四川省阳平种牛场	一级	合格
13	西门塔尔牛	3211 1098	四川省阳平种牛场	一级	合格
14	西门塔尔牛	3211 1138	四川省阳平种牛场	一级	合格
15	西门塔尔牛	3211 1140	四川省阳平种牛场	一级	合格
16	西门塔尔牛	3211 1143	四川省阳平种牛场	一级	合格
17	夏洛来牛	3210 5523	长春新牧公司	特级	合格
18	夏洛来牛	3210 5525	长春新牧公司	特级	合格
19	夏洛来牛	3210 5541	长春新牧公司	一级	合格
20	夏洛来牛	3210 7713	长春新牧公司	特级	合格
21	夏洛来牛	3210 7727	长春新牧公司	特级	合格
22	夏洛来牛	3210 7737	长春新牧公司	特级	合格
23	夏洛来牛	3210 8011	长春新牧公司	特级	合格
24	夏洛来牛	3210 8015	长春新牧公司	特级	合格
25	夏洛来牛	3210 8017	长春新牧公司	特级	合格
26	海子水牛	3210 9075	江苏省东台市种畜场	特级	合格
27	海子水牛	3210 9213	江苏省东台市种畜场	特级	合格
28	海子水牛	3210 9217	江苏省东台市种畜场	特级	合格
29	海子水牛	3210 9234	江苏省东台市种畜场	一级	合格
30	海子水牛	3211 0045	江苏省东台市种畜场	一级	合格
31	利木赞牛	3210 5533	长春新牧公司	特级	合格
32	利木赞牛	3210 7017	长春新牧公司	特级	合格
33	利木赞牛	3210 8041	长春新牧公司	一级	合格

四、南京利农奶牛育种有限公司

序号	品　种	公牛号	来　源	外貌等级	冻精检测
1	荷斯坦	3220 3482	澳大利亚	特级	合格
2	荷斯坦	3220 4003	南京卫岗	一级	合格
3	荷斯坦	3220 4004	南京卫岗	特级	合格
4	荷斯坦	3220 4028	澳大利亚	特级	合格
5	荷斯坦	3220 4058	澳大利亚	一级	合格
6	荷斯坦	3220 4060	北京锦绣大地	特级	合格
7	荷斯坦	3220 4099	澳大利亚	一级	合格

（续）

序号	品　种	公牛号	来　源	外貌等级	冻精检测
8	荷斯坦	3220 7023	新疆天山畜牧	特级	合格
9	荷斯坦	3220 7042	安徽精英	特级	合格
10	荷斯坦	3220 7065	新疆天山畜牧	特级	合格
11	荷斯坦	3220 7078	新疆天山畜牧	特级	合格
12	荷斯坦	3220 8030	新疆天山畜牧	特级	合格
13	荷斯坦	3220 9001	安徽精英	特级	合格
14	荷斯坦	3220 9013	安徽精英	特级	合格
15	荷斯坦	3220 9014	安徽精英	一级	合格
16	荷斯坦	3220 9027	南京卫岗	特级	合格
17	荷斯坦	3221 1003	山东奥克斯	特级	合格
18	荷斯坦	3221 1005	山东奥克斯	一级	合格
19	荷斯坦	3221 1011	山东奥克斯	特级	合格
20	荷斯坦	3221 1016	山东奥克斯	特级	合格
21	褐牛	3220 7862	新疆天山畜牧	一级	合格
22	褐牛	3220 8879	新疆天山畜牧	特级	合格
23	褐牛	3220 8884	新疆天山畜牧	特级	合格
24	褐牛	3220 9886	新疆天山畜牧	特级	合格
25	褐牛	3221 0894	新疆天山畜牧	特级	合格
26	夏洛来	3220 6710	新疆天山畜牧	特级	合格
27	夏洛来	3220 9702	新疆天山畜牧	特级	合格
28	海子水牛	3220 5001	江苏射阳县种牛场	特级	合格
29	海子水牛	3220 5009	江苏东台市种畜场	一级	合格
30	海子水牛	3220 6005	江苏射阳县种牛场	一级	合格
31	海子水牛	3220 7001	江苏射阳县种牛场	特级	合格
32	海子水牛	3220 7003	江苏射阳县种牛场	特级	合格
33	海子水牛	3220 7005	江苏射阳县种牛场	特级	合格
34	海子水牛	3220 8005	江苏东台市种畜场	一级	合格
35	海子水牛	3220 8013	江苏东台市种畜场	一级	合格
36	海子水牛	3220 8023	江苏东台市种畜场	一级	合格
37	海子水牛	3220 8043	江苏东台市种畜场	特级	合格
38	海子水牛	32210069	江苏东台市种畜场	一级	合格

农业部公告第 1965 号

根据《中华人民共和国畜牧法》和《家畜遗传材料生产许可办法》的规定，经考核和质量检测合格，同意白城市翔牧肉奶牛中心、延边畜牧开发有限公司等 2 个单位《种畜禽生产经营许可证》生产经营范围变更，现核发《种畜禽生产经营许可证》（生产经营范围见附件 1，新增合格种公牛名单见附件 2）。自本公告颁发之日起，原许可证自动失效。

农业部

2013 年 7 月 23 日

附件 1：

农业部《种畜禽生产经营许可证》颁发目录（201305）

单位名称	许可证编号	原生产经营范围	生产经营范围	有效期
白城市翔牧肉奶牛中心	（2012）001503	荷斯坦、西门塔尔、夏洛来牛冷冻精液	荷斯坦、西门塔尔、夏洛来、安格斯牛冷冻精液	2012.01.06–2015.01.05
延边畜牧开发集团有限公司	（2012）001502	西门塔尔、利木赞、夏洛来、德国黄牛、延边牛、延黄牛冷冻精液	西门塔尔、利木赞、夏洛来、德国黄牛、延边牛、延黄牛、安格斯牛冷冻精液	2012.01.06–2015.01.05

附件 2：

新增合格种公牛名单

（一）白城市翔牧肉奶牛中心

序号	品　种	公牛号	来　源	外貌等级	冻精检测
1	安格斯牛	2221 0129	澳大利亚	特级	合格
2	安格斯牛	2221 0130	澳大利亚	特级	合格
3	安格斯牛	2221 1096	澳大利亚	特级	合格

（二）延边畜牧开发集团有限公司

序号	品　种	公牛号	来　源	外貌等级	冻精检测
1	安格斯牛	2231 0128	澳大利亚	特级	合格

农业部公告第 1977 号

根据《中华人民共和国畜牧法》和《家畜遗传材料生产许可办法》的规定，经考核评审和质量检测合格，批准新疆天山畜牧生物工程股份有限公司等 4 个单位从事牛冷冻精液生产经营，现核发《种畜禽生产经营许可证》（生产经营范围见附件 1，各单位验收合格种公牛名单见附件 2），有效期为 3 年。自本公告颁发之日起，原许可证自动失效。

特此公告。

农业部

2013 年 8 月 6 日

附件：

农业部《种畜禽生产经营许可证》颁发目录（201308）

许可证编号	单位名称	生产经营范围	有效期
2013 001507	新疆天山畜牧生物工程股份有限公司	荷斯坦牛、西门塔尔牛、褐牛、安格斯牛、夏洛来牛、利木赞牛冷冻精液	2013.08.06–2016.08.06
2013 001508	湖南光大牧业科技有限公司	摩拉水牛、利木赞牛、安格斯牛、西门塔尔牛冷冻精液	2013.08.06–2016.08.06
2013 001509	大庆市银螺乳业有限公司	荷斯坦牛、西门塔尔牛冷冻精液	2013.08.06–2016.08.06
2013 001510	安徽天达畜牧科技有限责任公司	西门塔尔牛、安格斯牛、和牛、摩拉水牛冷冻精液	2013.08.06–2016.08.06

关于组织开展农业标准化实施示范项目考核验收工作的通知

农办质【2013】46 号

各省、自治区、直辖市及计划单列市农业（农牧、农村经济）、畜牧、农垦、渔业厅（局、委、办），新疆生产建设兵团农业局：

为不断总结和完善农业标准化实施示范的成功经验和模式，强化全国农业标准化示范县的辐射带动作用，进一步推动农业标准化工作，我部决定今年继续组织开展农业标准化实施示范项目考核验收工作。现将有关事项通知如下。

一、考核验收范围

本次考核验收范围为 2006–2012 年未通过考核验收的农业标准化实施示范项目（具体名单见附件 1）。2012 年新启动的农业标准实施示范项目根据自愿的原则参加本次考核验收。

二、考核验收依据和重点

考核验收工作主要依据年度项目批准文件和《农业标准化实施示范项目指南》、《农业标准化实施示范项目实施方案》、《农业标准化实施示范项目考核验收规范》（见附件 2）开展。考核验收的重点是对项目实施过程中的组织管理、制度建设、标准集成转化与培训、核心示范区（乡镇）建设、品牌培育等方面进行考核评价。

三、考核验收工作安排

考核验收工作由省级农业（畜牧、农垦、渔业）行政主管部门组织开展。期间，部农产品质量安全监管局将组织检查组赴部分省（区、市）对考核验收工作进行检查。

各示范项目所在县（市、区）农业行政主管部门要按照《农业标准化实施示范项目考核验收规范》完成自查，形成自查报告，并以县级人民政府名义向省级农业（畜牧、农垦、渔业）行政主管部门提出考核验收申请。省级农业（畜牧、农垦、渔业）行政主管部门组成考核验收工作组，通过情况汇报、资料审查、现场检查、座谈交流、考核评定等方式进行考核验收，填写《农业标准化实施示范项目考核验收评价表》（见附件 3），并于 2013 年 11 月 15 日前将本地区、本行业的考核验收报告（具体要求见考核验收规范第十六条）和各示范县（场）的全套考核验收材料（具体要求见考核验收规范第十五条）一份报部农产品质量安全监管局，材料寄送至部农村社会事业发展中心。

凡农业标准化实施示范项目考核验收评价表综合评价结论为“通过”的示范项目，由农业部授予全国农业标准化示范县（市、区、场）称号并颁发证书和牌匾。2011—2012 年的示范项目考核验收综合评价为“不通过”的，可延期一年，经自查通过，再次提出验收申请；2010 年（含）以前的示范项目，本次未申请或考核验收未通过的，今后不再组织考核验收。

四、考核验收相关要求

考核验收工作遵循科学规范、严谨细致、实事求是、公开公正的原则开展。各级农业（畜牧、农垦、渔业）

行政主管部门要高度重视，严格按照《农业标准化实施示范项目考核验收规范》要求，按时按质组织实施考核验收工作。期间，特别要重视总结农业标准化实施示范的典型经验，仔细查找示范县（场）创建中存在的问题，研究提出下一步大力推进农业标准化工作的对策措施和建议。

考核验收工作中有任何意见和建议，请及时与部农产品质量安全监管局或部农村社会事业发展中心联系。

五、联系方式（略）

农业部办公厅

2013年9月9日

附件1：

2013年考核验收的农业标准化实施示范项目名单（2006-2012年共162个）

序号	省级农业行政主管部门	示范项目承担单位	示范项目创建内容	项目资金（万元）	项目年份
			1. 北京市		
1	北京市农场局	北京三元绿荷奶牛养殖中心	国家级奶牛标准化示范场	50	2011
2	北京市农业局	北京市房山区农业局	国家级食用菌标准化示范县	50	2011
3	北京市农业局	北京市平谷区农业局	全国生猪标准化示范县	50	2012
			2. 天津市		
1	天津市农垦集团总公司	天津市红光农场	国家级奶牛标准化示范农场	20	2006
			3. 河北省		
1	河北省水产局	河北省阜平县畜牧水产局	国家级中华鳖标准化示范县	50	2011
2	河北省农业厅	河北省唐山市汉沽区农业局	国家级芦笋标准化示范县	50	2011
3	河北省农业厅	河北省黄骅市农业局	全国蔬菜标准化示范县	50	2012
4	河北省农业厅	河北省丰宁县农业局	全国食用菌标准化示范县	50	2012
			4. 山西省		
1	山西省农业厅	山西省祁县畜牧兽医局	国家级肉牛标准化示范县	20	2006
2	山西省农业厅	山西省朔州红旗牧场	国家级玉米标准化示范农场	20	2006
3	山西省农业厅	山西省新绛县农业委员会	国家级西红柿、茄子标准化示范县	50	2011
4	山西省农业厅	山西省和顺县畜牧局	全国和顺肉牛标准化示范县	50	2012
			5. 内蒙古自治区		
1	内蒙古自治区农牧业厅	内蒙古自治区太仆寺旗农牧业局	国家级西芹标准化示范县	50	2011
2	内蒙古自治区农牧业厅	内蒙古自治区喀喇沁旗农牧业局	全国番茄、青椒、甘蓝标准化示范县	50	2012
			6. 辽宁省		
1	辽宁省农村经济委员会	辽宁省清原县农村经济发展局	国家级水稻标准化示范县	20	2006
2	辽宁省农村经济委员会	辽宁省凌源市农村经济委员会	国家级蔬菜标准化示范县	20	2007
3	辽宁省农村经济委员会	辽宁省大石桥市农村经济委员会	国家级蔬菜标准化示范县	20	2008
4	辽宁省农垦局	辽宁省葫芦岛市大台山果树农场	国家级苹果标准化示范场	50	2011
5	辽宁省农村经济委员会	辽宁省北票市农村经济局	国家级蔬菜标准化示范县	50	2011
6	辽宁省农村经济委员会	辽宁省北镇市农村经济发展局	全国蔬菜标准化示范县	50	2012
7	辽宁省畜牧兽医局	辽宁省阜蒙县畜牧兽医局	全国生猪标准化示范县	50	2012

（续）

序号	省级农业行政主管部门	示范项目承担单位	示范项目创建内容	项目资金（万元）	项目年份
		7. 吉林省			
1	吉林省农业委员会	吉林省集安市绿色食品发展局	国家级人参标准化示范县	20	2006
2	吉林省牧业管理局	吉林省德惠市牧业管理局	国家级肉牛标准化示范县	20	2007
3	吉林省农业委员会	吉林省洮南市农业局	国家级辣椒标准化示范县	20	2009
4	吉林省农业委员会	吉林省敦化市农业局	国家级蔬菜标准化示范县	50	2011
5	吉林省农业委员会	吉林省公主岭市农业局	全国蔬菜标准化示范县	50	2012
		8. 黑龙江省			
1	黑龙江省农垦总局	黑龙江省格球山农场	国家级有机蔬菜标准化示范场	50	2011
2	黑龙江省农业委员会	黑龙江省哈尔滨市阿城区农业局	国家级蔬菜标准化示范县	50	2011
3	黑龙江省畜牧兽医局	黑龙江省望奎县畜牧兽医局	国家级生猪标准化示范县	50	2011
4	黑龙江省畜牧兽医局	黑龙江省林甸县畜牧兽医局	全国奶牛标准化示范县	50	2012
5	黑龙江省农业委员会	黑龙江省绥化市北林区水产局	全国水产品标准化示范县	50	2012
6	黑龙江省农垦总局	黑龙江省红旗农场	全国蔬菜标准化示范农场	50	2012
		9. 上海市			
1	上海市农业委员会	上海市南汇区农业委员会	国家级水蜜桃标准化示范县	20	2006
2	上海市农业委员会	上海市海丰农场	国家级异育银鲫标准化示范场	50	2011
3	上海市农业委员会	上海市金山区农业委员会	全国金山玉露蟠桃标准化示范县	50	2012
		10. 江苏省			
1	江苏省农业机械管理局	江苏省吴江市人民政府	国家级水稻机械化标准化示范县	20	2006
2	江苏省海洋与渔业局	江苏省兴化市水产局	国家级青虾标准化示范县	20	2006
3	江苏省海洋与渔业局	江苏省宝应县水产局	国家级中华绒螯蟹标准化示范县	20	2007
4	江苏省海洋与渔业局	江苏省兴化市水产局	国家级河蟹标准化示范县	50	2010
5	江苏省海洋与渔业局	江苏省苏州市相城区农业局	国家级中华绒螯蟹、青虾标准化示范县	50	2011
6	江苏省农业委员会	江苏省海门市农业局	国家级蔬菜、西甜瓜、海门山羊标准化示范县	50	2011
7	江苏省农业委员会	江苏省宜兴市农林局	全国茶叶标准化示范县	50	2012
		11. 浙江省			
1	浙江省农业厅	浙江省诸暨市农业局	国家级茶叶、生猪标准化示范县	50	2010
2	浙江省海洋与渔业局	浙江省舟山市普陀区海洋与渔业局	国家级三疣梭子蟹、南美白对虾标准化示范县	50	2011
3	浙江省农业厅	浙江省平湖市农业经济局	国家级蘑菇、西瓜标准化示范县	50	2011
4	浙江省农业厅	浙江省嘉兴市南湖区农业经济局	全国葡萄、水蜜桃标准化示范县	50	2012
		12. 安徽省			
1	安徽省农业委员会	安徽省濉溪县农林委员会	国家级蔬菜标准化示范县	50	2011
2	安徽省农业委员会	安徽省绩溪县农业委员会	全国茶叶标准化示范县	50	2012
		13. 福建省			
1	福建省海洋与渔业局	福建省长乐市海洋与渔业局	国家级鳗鲡标准化示范县	50	2010

（续）

序号	省级农业行政主管部门	示范项目承担单位	示范项目创建内容	项目资金（万元）	项目年份
2	福建省海洋与渔业局	福建省建瓯市畜牧兽医水产局	国家级鳗鲡标准化示范县	50	2011
3	福建省农业厅	福建省大田县茶叶局	国家级茶叶标准化示范县	50	2011
4	福建省农业厅	福建省云霄县农业局	全国枇杷标准化示范县	50	2012
14. 江西省					
1	江西省农业厅	江西省婺源县茶叶局	国家级茶叶标准化示范县	50	2011
2	江西省农业厅	江西省鄱阳县水产局	全国黄颡鱼标准化示范县	50	2012
15. 山东省					
1	山东省畜牧兽医局	山东省莒南县畜牧局	国家级蛋鸡、生猪标准化示范县	50	2011
2	山东省农业厅	山东省烟台市福山区农业局	国家级大樱桃标准化示范县	50	2011
3	山东省农业厅	山东省泰安市岱岳区农业局	全国蔬菜标准化示范县	50	2012
4	山东省农业厅	山东省莱芜市莱城区农业局	全国生姜标准化示范县	50	2012
5	山东省农业厅	山东省威海市农业局	全国苹果标准化示范县	50	2012
6	山东省畜牧兽医局	山东省莱阳市畜牧兽医局	全国生猪标准化示范县	50	2012
16. 河南省					
1	河南省农业厅	河南省滑县农业局	国家级蔬菜标准化示范县	50	2011
2	河南省畜牧局	河南省宝丰县畜牧局	国家级生猪标准化示范县	50	2011
3	河南省畜牧局	河南省淮阳县畜牧局	全国肉鸡标准化示范县	50	2012
4	河南省农业厅	河南省西峡县农业局	全国蔬菜标准化示范县	50	2012
17. 湖北省					
1	湖北省农业厅	湖北省嘉鱼县农业局	国家级蔬菜、斑点叉尾鮰标准化示范县	50	2011
2	湖北省农业厅	湖北省襄阳市农业委员会	国家级蔬菜标准化示范县	50	2011
3	湖北省农业厅	湖北省团风县农业局	全国荸荠、马铃薯标准化示范县	50	2012
4	湖北省农业厅	湖北省广水市农业局	全国大蒜、优质桃标准化示范县	50	2012
18. 湖南省					
1	湖南省农业厅	湖南省耒阳市农业局	国家级水稻标准化示范县	20	2006
2	湖南省农业厅	湖南省龙山县农业局	国家级大头菜标准化示范县	20	2007
3	湖南省农业厅	湖南省沅江市农业局	国家级辣椒标准化示范县	20	2007
4	湖南省农业厅	湖南省浏阳市农业局	国家级蔬菜标准化示范县	20	2008
5	湖南省农业厅	湖南省古丈县茶叶局	国家级茶叶标准化示范县	20	2009
6	湖南省农业厅	湖南省岳阳县畜牧水产局	国家级水产品标准化示范县	50	2011
7	湖南省农业厅	湖南省湘阴县农业局	国家级茶叶标准化示范县	50	2011
8	湖南省农业厅	湖南省桃源县农业局	全国茶叶标准化示范县	50	2012
9	湖南省农业厅	湖南省常德市农业局	全国蔬菜、南方葡萄标准化示范县	50	2012
19. 广东省					
1	广东省海洋与渔业局	广东省珠海市金湾区海洋与渔业局	国家级罗非鱼标准化示范县	20	2007
2	广东省农垦总局	广东省茂名市广垦名富果业有限公司	国家级番石榴、红杨桃标准化示范场	50	2011
3	广东省农业厅	广东省连州市农业局	国家级水晶梨标准化示范县	50	2011

（续）

序号	省级农业行政主管部门	示范项目承担单位	示范项目创建内容	项目资金（万元）	项目年份
4	广东省农业厅	广东省普宁市水果蔬菜局	全国青梅标准化示范县	50	2012
5	广东省海洋与渔业局	广东省茂名市茂南区水产局	全国罗非鱼标准化示范县	50	2012
		20. 广西壮族自治区			
1	广西壮族自治区农业厅	广西象州县水果生产领导小组办公室	国家级杂交柑标准化示范县	20	2006
2	广西壮族自治区水产畜牧兽医局	广西北海市铁山港区水产畜牧局	国家级对虾标准化示范县	20	2006
3	广西壮族自治区水产畜牧兽医局	广西灵山县畜牧水产局	国家级奶水牛标准化示范县	20	2007
4	广西壮族自治区水产畜牧兽医局	广西北海市银海区水产畜牧兽医局	国家级对虾标准化示范县	20	2008
5	广西壮族自治区水产畜牧兽医局	广西博白县水产畜牧兽医局	国家级生猪标准化示范县	20	2009
6	广西壮族自治区水产畜牧兽医局	广西防城港市防城区渔牧兽医局	国家级对虾标准化示范县	20	2009
7	广西壮族自治区水产畜牧兽医局	广西农垦国有立新农场	国家级柑橘标准化示范场	50	2011
8	广西壮族自治区水产畜牧兽医局	广西合浦县水产畜牧兽医局	国家级对虾、罗非鱼标准化示范县	50	2011
9	广西壮族自治区农垦局	广西农垦国有源头农场	全国柑桔标准化示范农场	50	2012
10	广西壮族自治区农业厅	广西田阳县农业局	全国番茄标准化示范县	50	2012
		21. 海南省			
1	海南省农业厅	海南省文昌市畜牧兽医局	国家级文昌鸡标准化示范县	20	2006
2	海南省农垦总局	海南省国营乌石农场	国家级绿橙标准化示范农场	20	2006
3	海南省农垦总局	海南省国营南滨农场	国家级香蕉标准化示范农场	20	2007
4	海南省农业厅	海南省保亭县农业局	国家级苦瓜标准化示范县	20	2007
5	海南省农业厅	海南省乐东黎族自治县农业局	国家级香蕉标准化示范县	20	2008
6	海南省农业厅	海南省海口市农业局	国家级南瓜标准化示范县	20	2009
7	海南省海洋与渔业厅	海南省文昌市海洋与渔业局	国家级罗非鱼标准化示范县	20	2009
8	海南省农业厅	海南省澄迈县农业局	国家级瓜菜标准化示范县	50	2010
		22. 重庆市			
1	重庆市农业委员会	重庆市忠县果业局	国家级柑橘标准化示范县	20	2007
2	重庆市农业委员会	重庆市巴南区农牧渔业局	国家级四大家鱼标准化示范县	20	2008
3	重庆市农业委员会	重庆市永川区农业委员会	国家级水产品标准化示范县	50	2011
4	重庆市农业委员会	重庆市丰都县畜牧兽医局	全国肉牛标准化示范县	50	2012
		23. 四川省			
1	四川省畜牧食品局	四川省资阳市雁江区畜牧食品局	国家级生猪标准化示范县	20	2007
2	四川省农业厅	四川省崇州市农村发展局	国家级李子标准化示范县	20	2007
3	四川省农业厅	四川省米易县农牧局	国家级蔬菜标准化示范县	50	2011
4	四川省农业厅	四川省金堂县农村发展局	全国脐橙标准化示范县	50	2012
5	四川省畜牧食品局	四川省射洪县畜牧食品局	全国生猪标准化示范县	50	2012

（续）

序号	省级农业行政主管部门	示范项目承担单位	示范项目创建内容	项目资金（万元）	项目年份
24. 云南省					
1	云南省农业厅	云南省元谋县农业局	国家级番茄标准化示范县	20	2006
2	云南省农业厅	云南省通海县农业局	国家级蔬菜标准化示范县	20	2007
3	云南省农业厅	云南省大理市畜牧事业局	国家级奶牛标准化示范县	20	2007
4	云南省农业厅	云南省丘北县农业局	国家级辣椒标准化示范县	20	2007
5	云南省农业厅	云南省江川县农业局	国家级蔬菜标准化示范县	20	2008
6	云南省农业厅	云南省晋宁县农业局	国家级蔬菜标准化示范县	20	2008
7	云南省农业厅	云南省屏边县农业局	国家级朝天椒标准化示范县	20	2009
8	云南省农业厅	云南省永平县畜牧事业局	国家级黑山羊标准化示范县	20	2009
9	云南省农业厅	云南省建水县农业局	国家级小米辣、葡萄、酸石榴标准化示范县	50	2010
10	云南省农业厅	云南省丘北县农业局	国家级丘北辣椒标准化示范县	50	2011
25. 贵州省					
1	贵州省农业委员会	贵州省凤冈县农林畜牧局	国家级茶叶标准化示范县	50	2011
2	贵州省农业委员会	贵州省都匀市农村工作局	全国茶叶标准化示范县	50	2012
26. 西藏自治区					
1	西藏自治区农牧厅	西藏拉萨市城关区农牧局	国家级无公害蔬菜标准化示范县	20	2006
2	西藏自治区农牧厅	西藏堆龙德庆县农牧局	国家级蔬菜标准化示范县	20	2007
3	西藏自治区农牧厅	西藏乃东县农牧局	国家级藏鸡标准化示范县	20	2008
4	西藏自治区农牧厅	西藏扎囊县农牧局	国家级油菜标准化示范县	20	2009
5	西藏自治区农牧厅	西藏自治区拉萨市堆龙德庆县农牧局	全国无公害蔬菜标准化示范县	50	2012
27. 陕西省					
1	陕西省农业厅	陕西省西乡县茶叶局	国家级茶叶标准化示范县	20	2008
2	陕西省农业厅	陕西省西安市临潼区农林局	国家级奶牛标准化示范县	20	2008
3	陕西省农业厅	陕西省洛川县苹果产业管理局	国家级苹果标准化示范县	50	2011
4	陕西省农业厅	陕西省商洛市丹凤县农业局	全国海兰蛋鸡标准化示范县	50	2012
28. 甘肃省					
1	甘肃省农牧厅	甘肃省武山县蔬菜事业管理局	国家级蔬菜标准化示范县	50	2011
2	甘肃省农牧厅	甘肃省静宁县农牧局	全国苹果标准化示范县	50	2012
29. 青海省					
1	青海省农牧厅	青海省民和县农牧局	国家级荷斯坦奶牛标准化示范县	20	2006
2	青海省农牧厅	青海省循化县农林局	国家级辣椒标准化示范县	20	2006
3	青海省农牧厅	青海省门源县农牧局	国家级蔬菜标准化示范县	20	2007
4	青海省农牧厅	青海省互助土族自治县农业局	国家级马铃薯标准化示范县	20	2007
5	青海省农牧厅	青海省湟中县农牧局	国家级猪肉标准化示范县	20	2007
6	青海省农牧厅	青海省湟中县畜牧局	国家级奶牛标准化示范县	20	2008
7	青海省农牧厅	青海浩门农场	国家级油菜标准化示范县	20	2008
8	青海省农牧厅	青海省大通县农牧局	国家级牦牛标准化示范县	20	2009

（续）

序号	省级农业行政主管部门	示范项目承担单位	示范项目创建内容	项目资金（万元）	项目年份
9	青海省农牧厅	青海省湟源县畜牧局	国家级奶牛标准化示范县	20	2009
10	青海省农牧厅	青海省贵德县农牧和科技局	国家级奶牛标准化示范县	20	2009
11	青海省农牧厅	青海省大通县农牧局	国家级甘蓝、胡萝卜标准化示范县	50	2010
12	青海省农牧厅	青海省民和县畜牧局	国家级奶牛标准化示范县	50	2011
13	青海省农牧厅	青海省河南县有机畜牧业开发中心	全国欧拉型藏羊、高原牦牛标准化示范县	50	2012
			30. 宁夏回族自治区		
1	宁夏回族自治区农垦事业管理局	宁夏国营南梁农场	国家级枸杞标准化示范农场	20	2006
2	宁夏回族自治区农垦事业管理局	宁夏贺兰山农牧场	国家级奶牛标准化示范县	20	2009
3	宁夏回族自治区农牧厅	宁夏中卫市海原县农牧局	国家级肉牛标准化示范县	50	2011
4	宁夏回族自治区农牧厅	宁夏中卫市农牧局	全国西瓜标准化示范县	50	2012
			31. 新疆维吾尔自治区		
1	新疆维吾尔自治区农牧业机械管理局	新疆塔城市农牧机械管理局	国家级玉米标准化示范县	20	2007
2	新疆维吾尔自治区农业厅	新疆玛纳斯县农业局	国家级酿酒葡萄标准化示范县	50	2011
3	新疆维吾尔自治区农业厅	新疆沙湾县农业局	全国辣椒标准化示范县	50	2012
4	新疆维吾尔自治区畜牧厅	新疆尉犁县畜牧兽医局	全国肉牛标准化示范县	50	2012
			32. 新疆生产建设兵团		
1	新疆生产建设兵团农业局	新疆伊宁县七十团	国家级鲜食葡萄标准化示范场	50	2011
2	新疆生产建设兵团农业局	新疆生产建设兵团农十三师红山农场	全国肉羊标准化示范农场	50	2012
			33. 大连市		
1	大连市农村经济委员会	大连市庄河市农村经济发展局	国家级食用菌标准化示范县	50	2011
2	大连市农村经济委员会	大连市普兰店市农村经济发展局	全国番茄标准化示范县	50	2012
			34. 青岛市		
1	青岛市海洋与渔业局	青岛市胶南市海洋与渔业局	国家级大菱鲆标准化示范县	20	2006
2	青岛市农业委员会	青岛市胶南市农业局	国家级蓝莓标准化示范县	50	2011
3	青岛市农业委员会	青岛市莱西市农业局	全国新高梨标准化示范县	50	2012
			35. 宁波市		
1	宁波市海洋与渔业局	宁波市余姚市农林局（余姚市海洋与渔业局）	全国中华鳖标准化示范县	50	2012
			36. 厦门市		
1	厦门市海洋与渔业局	厦门市翔安区农林水利局	国家级水产品标准化示范县	50	2010

附件 2:

农业标准化实施示范项目考核验收规范

第一部分 总 则

第一条 为科学有序、公平公正地开展农业标准化实施示范项目的考核验收（以下简称考核验收）工作，特制定本规范。

第二条 本规范主要依据 2012 年《农业标准化实施示范项目申报指南》和《农业标准化实施示范项目资金管理暂行办法》制定。

第三条 本规范适用于 2006-2012 年未通过考核验收的农业标准化实施示范项目（以下简称示范项目）。

第二部分 原则和依据

第四条 考核验收工作遵循科学规范、严谨细致、实事求是、公正公开的原则。

第五条 省级农业行政主管部门组织成立考核验收组。考核验收组由农业标准化、农产品质量安全监管、检测、认证及农业技术推广等方面具有高级专业技术职称的 3~5 名专家组成，现场考核验收工作由考核验收组组长主持。

第六条 考核验收组应根据《农业标准化实施示范项目实施方案》和本规范，对照《农业标准化实施示范项目考核验收评价表》（见附件 3）内容进行考核验收。

第七条 参与考核验收的专家及工作人员要严格按照相关工作程序和要求，认真做好考核验收工作；严禁借考核验收工作之便游山玩水，收受相关单位的馈赠。

第八条 农业标准化实施示范项目承担单位及相关工作人员，应积极配合考核验收工作，及时提供真实准确的资料和信息。

第三部分 内容与重点

第九条 组织管理。重点考核示范县（场）是否建立了农业标准化领导小组和相应的工作机构，机构职能设置是否健全合理，是否发挥了相应的领导和管理职能，中央和地方的资金投入是否到位，资金使用是否科学合理。

第十条 制度建设与监管。重点考核示范县（场）是否依法建立并执行了统一的农药、兽药、饲料及饲料添加剂等农业投入品合理使用制度和监管措施，核心示范区（乡镇）推行投入品连锁配送和定点销售情况，防范和杜绝违禁药物及添加剂的使用的作法与效果；规模化生产主体是否已经建立可追溯的销售档案记录；是否已经建立并实施了产地环境（包括生产用水）和产品质量安全动态监测制度、信息定期通报与报告制度，是否有质量安全突发事件预警应急处置措施。

第十一条 标准集成转化与培训。重点考核按照目标市场要求所依托的国家标准、行业标准、地方标准的收集是否完善；是否对上述标准进行了集成转化，建立了贯通产前、产中、产后全过程的生产控制技术规范和管理规程，并编制了通俗易懂的“明白纸”或者操作手册；是否开展了示范产品生产、经营、管理人员农业标准化知识培训及相关宣传活动，培训人次及覆盖率是否符合农业标准化实施示范项目指南要求。

第十二条 核心示范区（乡镇）建设。重点考核示范载体是否发挥其引导作用，是否满足核心示范规模对示范载体的承载需求；核心示范区是否在“三品与标”有效认证期，核心示范区（乡镇）建设规模和效果是否与《农业标准化实施示范项目实施方案》相符，通过对非核心示范区标准化种植、养殖规模增量的考核，评价辐射带动的实际效果。

第四部分 组织、程序及要求

第十三条 本次考核验收工作由省级农业行政主管部门在项目单位自查的基础上组织开展，部农产品质量安全监管局将组织检查组赴部分省（区、市）进行检查。

第十四条 县级农业行政主管部门开展考核验收自查，符合条件后，形成自查验收报告和自查《农业标准化实施示范项目考核验收评价表》，由县级人民政府向业务对口省级农业行政主管部门上报，同时提交验收申请。

第十五条 自查验收报告包括：自查验收工作总结、示范项目实施工作总结报告、标准收集与转化的体系文本、标准化实施制度汇编、典型生产记录档案复印件、财务决算表（包括地方配套）以及其它有必要附加的材料。

示范项目实施工作总结报告要求重创新作法、重经验与教训、重实效、重数据，具体内容参照本规范第三部分“内容与重点”的有关要求编制。

第十六条 省级农业行政主管部门根据县级人民政府提出的验收申请，对本省（区、市）本行业示范项目进行验收，并向农业部农产品质量安全监管局报送考核验收报告。考核验收报告包括考核验收工作总结、农业标准化实施示范项目考核验收评价表和农业标准化实施示范项目考核验收结果汇总表。

第十七条 农业部农产品质量安全监管局组织相关行业专家成立检查验收组对部分省（区、市）进行检查验收。受检省份农业行政主管部门推荐检查验收示范项目并配合组织检查验收。为避免重复工作，农业部检查验收与省级考核验收可合并进行，检查验收组直接向农业部农产品质量安全监管局提交“检查验收报告”。

第十八条 考核验收工作一般采取座谈、资料审查和现场考察相结合的方式，基本程序如下：

一、示范项目考核验收座谈会。县级负责和参与示范项目实施的有关人员参加会议。议程一般为：1、考核验收组组长介绍考核验收工作意义与安排；2、示范项目承担单位做示范项目实施工作总结报告；3、就示范项目实施工作总结报告进行研讨；4、根据示范项目承担单位提供的核心示范区（乡镇）分布图和标准化依托单位清单，确定现场检查内容。

二、资料审查。考核验收组审查示范项目实施的相关文件，包括标准收集与转化体系材料、管理制度、培训教材与培训记录、生产记录、品牌培育等资料。

三、现场检查。对核心示范区（乡镇）及依托单位的农业标准化实施情况及实际效果进行现场检查。

四、考核评定。考核验收组填写《农业标准化实施示范项目考核验收评价表》，给出综合评价。

五、考核验收意见与建议交流研讨会。考核验收组以会议形式向示范项目的承担单位及主要负责同志反馈考核验收情况，交流相关问题，并就进一步工作提出建议，形成考核验收报告。

第五部分 验收结论与后续工作

第十九条 考核验收采取单项考核与综合评价相结合的方法。综合评价分为“通过”和“不通过”（详见附件3的说明）。

第二十条 综合评价为“通过”的示范项目，由农业部授予“全国农业标准化示范县（场）”称号，颁发证书和牌匾。

第二十一条 2012年的示范项目自愿参加本次考核验收。2011、2012年的示范项目考核验收综合评价为“不通过”的，可延期一年，经自查通过，再次提出验收申请；2010年（含）以前的示范项目，本次未申请或考核验收未通过的，今后不再组织考核验收。

第二十二条 本规范自颁布之日起施行。

农业部公告第1991号

根据《中华人民共和国畜牧法》和《家畜遗传材料生产许可办法》的规定，经考核评审和质量检测合格，批准内蒙古天和荷斯坦牧业有限公司、通辽京缘种牛繁育有限责任公司、陕西秦申金牛育种有限公司等3个单位从事牛冷冻精液生产经营，现核发《种畜禽生产经营许可证》（生产经营范围等详见附件1，各有关单位验收合格种公牛名单详见附件2），有效期为3年。同意山东省种公牛站有限责任公司《种畜禽生产经营许可证》生产经营范围变更，现核发《种畜禽生产经营许可证》（生产经营范围等详见附件3，新增合格种公牛名单详见附件4）。自本公告颁发之日起，原许可证自动失效。

特此公告。

农业部

2013年9月18日

农业部公告第1999号

根据《兽药管理条例》和《兽药注册办法》规定，我部组织修订了口蹄疫O型、亚洲1型二价灭活疫苗标签和说明书，现予发布，自发布之日起执行。此前已批准的同品种产品标签和说明书，生产企业可继续使用至2014年3月1日。2014年3月1日前使用原标签和说明书生产的疫苗产品，在产品有效期内可继续销售使用。

此前发布的同品种产品试行规程和质量标准中与此次发布说明书内容有不一致的，以此次发布的说明书内容为准。

特此公告。

农业部

2013年9月30日

农业部公告第 2005 号

根据《中华人民共和国畜牧法》和《家畜遗传材料生产许可办法》的规定，经考核评审和质量检测合格，批准江西省天添畜禽育种有限公司和许昌市夏昌种畜禽有限公司 2 个单位从事牛冷冻精液生产经营，现核发《种畜禽生产经营许可证》（生产经营范围等详见附件 1，各有关单位验收合格种公牛名单详见附件 2），有效期为 3 年。同意洛阳市洛瑞牧业有限公司《种畜禽生产经营许可证》法定代表人变更，新颁发的《种畜禽生产经营许可证》除法定代表人调整外，其他内容均不变（见附件 3）。自本公告颁发之日起，原许可证自动失效。

特此公告。

农业部

2013 年 10 月 14 日

农业部公告第 2045 号

为加强对饲料添加剂的管理，保障饲料和养殖产品质量安全，促进饲料工业持续健康发展，根据《饲料和饲料添加剂管理条例》，现公布《饲料添加剂品种目录（2013）》（以下简称《目录（2013）》），并就有关事宜公告如下。

一、《目录（2013）》是在《饲料添加剂品种目录（2008）》（以下简称《目录（2008）》）的基础上修订的，增加了部分实际生产中需要且公认安全的饲料添加剂品种（或来源）；删除了缩二脲和叶黄素；将麦芽糊精、酿酒酵母培养物、酿酒酵母提取物、酿酒酵母细胞壁 4 个品种移至《饲料原料目录》；对部分品种的适用范围以及部分饲料添加剂类别名称进行了修订；将 20 个保护期满的新产品品种正式纳入《附录一》，将《目录（2008）》发布之后获得饲料和饲料添加剂新产品证书的 7 个产品纳入《附录二》。

二、《目录（2013）》由《附录一》和《附录二》两部分组成。凡生产、经营和使用的营养性饲料添加剂和一般饲料添加剂，均应属于《目录（2013）》中规定的品种。凡《目录（2013）》外的物质拟作为饲料添加剂使用，应按照《新饲料和新饲料添加剂管理办法》的有关规定，申请并获得新产品证书。

三、饲料添加剂的生产企业需办理生产许可证和产品批准文号。其中《附录二》中的饲料添加剂品种仅允许所列申请单位或其授权的单位生产。

四、生产源于转基因动植物、微生物的饲料添加剂，以及含有转基因产品成分的饲料添加剂，应按照《农业转基因生物安全管理条例》的有关规定进行安全评价，获得农业转基因生物安全证书后，再按照《新饲料和新饲料添加剂管理办法》的有关规定进行评审。

五、本公告自 2014 年 2 月 1 日起施行。2008 年 12 月 11 日公布的《饲料添加剂品种目录（2008）》（农业部公告第 1126 号）同时废止。

农 业 部

2013 年 12 月 30 日

附件 1：

饲料添加剂品种目录（2013）

类别	通用名称	适用范围
氨基酸、氨基酸盐及其类似物	L-赖氨酸、液体L-赖氨酸（L-赖氨酸含量不低于50%）、L-赖氨酸盐酸盐、L-赖氨酸硫酸盐及其发酵副产物（产自谷氨酸棒杆菌、乳糖发酵短杆菌，L-赖氨酸含量不低于51%）、DL-蛋氨酸、L-苏氨酸、L-色氨酸、L-精氨酸、L-精氨酸盐酸盐、甘氨酸、L-酪氨酸、L-丙氨酸、天（门）冬氨酸、L-亮氨酸、异亮氨酸、L-脯氨酸、苯丙氨酸、丝氨酸、L-半胱氨酸、L-组氨酸、谷氨酸、谷氨酰胺、缬氨酸、胱氨酸、牛磺酸	养殖动物
	半胱胺盐酸盐	畜禽
	蛋氨酸羟基类似物、蛋氨酸羟基类似物钙盐	猪、鸡、牛和水产养殖动物
	N-羟甲基蛋氨酸钙	反刍动物
	α-环丙氨酸	鸡
维生素及类维生素	维生素A、维生素A乙酸酯、维生素A棕榈酸酯、β-胡萝卜素、盐酸硫胺（维生素B1）、硝酸硫胺（维生素B1）、核黄素（维生素B2）、盐酸吡哆醇（维生素B6）、氰钴胺（维生素B12）、L-抗坏血酸（维生素C）、L-抗坏血酸钙、L-抗坏血酸钠、L-抗坏血酸-2-磷酸酯、L-抗坏血酸-6-棕榈酸酯、维生素D2、维生素D3、天然维生素E、dl-α-生育酚、dl-α-生育酚乙酸酯、亚硫酸氢钠甲萘醌（维生素K3）、二甲基嘧啶醇亚硫酸甲萘醌、亚硫酸氢烟酰胺甲萘醌、烟酸、烟酰胺、D-泛醇、D-泛酸钙、DL-泛酸钙、叶酸、D-生物素、氯化胆碱、肌醇、L-肉碱、L-肉碱盐酸盐、甜菜碱、甜菜碱盐酸盐	养殖动物
	25-羟基胆钙化醇（25-羟基维生素D3）	猪、家禽
	L-肉碱酒石酸盐	宠物
矿物元素及其络（螯）合物 1	氯化钠、硫酸钠、磷酸二氢钠、磷酸氢二钠、磷酸二氢钾、磷酸氢二钾、轻质碳酸钙、氯化钙、磷酸氢钙、磷酸二氢钙、磷酸三钙、乳酸钙、葡萄糖酸钙、硫酸镁、氧化镁、氯化镁、柠檬酸亚铁、富马酸亚铁、乳酸亚铁、硫酸亚铁、氯化亚铁、氯化铁、碳酸亚铁、氯化铜、硫酸铜、碱式氯化铜、氧化锌、氯化锌、碳酸锌、硫酸锌、乙酸锌、碱式氯化锌、氯化锰、氧化锰、硫酸锰、碳酸锰、磷酸氢锰、碘化钾、碘化钠、碘酸钾、碘酸钙、氯化钴、乙酸钴、硫酸钴、亚硒酸钠、钼酸钠、蛋氨酸铜络（螯）合物、蛋氨酸铁络（螯）合物、蛋氨酸锰络（螯）合物、蛋氨酸锌络（螯）合物、赖氨酸铜络（螯）合物、赖氨酸锌络（螯）合物、甘氨酸铜络（螯）合物、甘氨酸铁络（螯）合物、酵母铜、酵母铁、酵母锰、酵母硒、氨基酸铜络合物（氨基酸来源于水解植物蛋白）、氨基酸铁络合物（氨基酸来源于水解植物蛋白）、氨基酸锰络合物（氨基酸来源于水解植物蛋白）、氨基酸锌络合物（氨基酸来源于水解植物蛋白）	养殖动物
	蛋白铜、蛋白铁、蛋白锌、蛋白锰	养殖动物（反刍动物除外）
	羟基蛋氨酸类似物络（螯）合锌、羟基蛋氨酸类似物络（螯）合锰、羟基蛋氨酸类似物络（螯）合铜	奶牛、肉牛、家禽和猪
	烟酸铬、酵母铬、蛋氨酸铬、吡啶甲酸铬	猪
	丙酸铬、甘氨酸锌	猪
	丙酸锌	猪、牛和家禽
	硫酸钾、三氧化二铁、氧化铜	反刍动物
	碳酸钴	反刍动物、猫、狗
	稀土（铈和镧）壳糖胺螯合盐	畜禽、鱼和虾
	乳酸锌（α-羟基丙酸锌）	生长育肥猪、家禽
酶制剂 2	淀粉酶（产自黑曲霉、解淀粉芽孢杆菌、地衣芽孢杆菌、枯草芽孢杆菌、长柄木霉 3、米曲霉、大麦芽、酸解支链淀粉芽孢杆菌）	青贮玉米、玉米、玉米蛋白粉、豆粕、小麦、次粉、大麦、高粱、燕麦、豌豆、木薯、小米、大米
	α-半乳糖苷酶（产自黑曲霉）	豆粕
	纤维素酶（产自长柄木霉 3、黑曲霉、孤独腐质霉、绳状青霉）	玉米、大麦、小麦、麦麸、黑麦、高粱

（续）

类别	通用名称	适用范围
	β－葡聚糖酶（产自黑曲霉、枯草芽孢杆菌、长柄木霉3、绳状青霉、解淀粉芽孢杆菌、棘孢曲霉）	小麦、大麦、菜籽粕、小麦副产物、去壳燕麦、黑麦、黑小麦、高粱
	葡萄糖氧化酶（产自特异青霉、黑曲霉）	葡萄糖
	脂肪酶（产自黑曲霉、米曲霉）	动物或植物源性油脂或脂肪
	麦芽糖酶（产自枯草芽孢杆菌）	麦芽糖
	β－甘露聚糖酶（产自迟缓芽孢杆菌、黑曲霉、长柄木霉3）	玉米、豆粕、椰子粕
	果胶酶（产自黑曲霉、棘孢曲霉）	玉米、小麦
	植酸酶（产自黑曲霉、米曲霉、长柄木霉3、毕赤酵母）	玉米、豆粕等含有植酸的植物籽实及其加工副产品类饲料原料
	蛋白酶（产自黑曲霉、米曲霉、枯草芽孢杆菌、长柄木霉3)	植物和动物蛋白
	角蛋白酶（产自地衣芽孢杆菌）	植物和动物蛋白
	木聚糖酶（产自米曲霉、孤独腐质霉、长柄木霉3、枯草芽孢杆菌、绳状青霉、黑曲霉、毕赤酵母）	玉米、大麦、黑麦、小麦、高粱、黑小麦、燕麦
微生物	地衣芽孢杆菌、枯草芽孢杆菌、两歧双歧杆菌、粪肠球菌、屎肠球菌、乳酸肠球菌、嗜酸乳杆菌、干酪乳杆菌、德式乳杆菌乳酸亚种（原名：乳酸乳杆菌）、植物乳杆菌、乳酸片球菌、戊糖片球菌、产朊假丝酵母、酿酒酵母、沼泽红假单胞菌、婴儿双歧杆菌、长双歧杆菌、短双歧杆菌、青春双歧杆菌、嗜热链球菌、罗伊氏乳杆菌、动物双歧杆菌、黑曲霉、米曲霉、迟缓芽孢杆菌、短小芽孢杆菌、纤维二糖乳杆菌、发酵乳杆菌、德氏乳杆菌保加利亚亚种（原名：保加利亚乳杆菌）	养殖动物
	产丙酸丙酸杆菌、布氏乳杆菌	青贮饲料、牛饲料
	副干酪乳杆菌	青贮饲料
	凝结芽孢杆菌	肉鸡、生长育肥猪和水产养殖动物
	侧孢短芽孢杆菌（原名：侧孢芽孢杆菌）	肉鸡、肉鸭、猪、虾
非蛋白氮	尿素、碳酸氢铵、硫酸铵、液氨、磷酸二氢铵、磷酸氢二铵、异丁叉二脲、磷酸脲、氯化铵、氨水	反刍动物
抗氧化剂	乙氧基喹啉、丁基羟基茴香醚（BHA）、二丁基羟基甲苯（BHT）、没食子酸丙酯、特丁基对苯二酚（TBHQ）、茶多酚、维生素E、L-抗坏血酸-6-棕榈酸酯	养殖动物
	迷迭香提取物	宠物
防腐剂、防霉剂和酸度调节剂	甲酸、甲酸铵、甲酸钙、乙酸、双乙酸钠、丙酸、丙酸铵、丙酸钠、丙酸钙、丁酸、丁酸钠、乳酸、苯甲酸、苯甲酸钠、山梨酸、山梨酸钠、山梨酸钾、富马酸、柠檬酸、柠檬酸钾、柠檬酸钠、柠檬酸钙、酒石酸、苹果酸、磷酸、氢氧化钠、碳酸氢钠、氯化钾、碳酸钠	养殖动物
	乙酸钙	畜禽
	焦磷酸钠、三聚磷酸钠、六偏磷酸钠、焦亚硫酸钠、焦磷酸一氢三钠	宠物
	二甲酸钾	猪
	氯化铵	反刍动物
	亚硫酸钠	青贮饲料
着色剂	β－胡萝卜素、辣椒红、β－阿朴-8'－胡萝卜素醛、β－阿朴-8'－胡萝卜素酸乙酯、β，β－胡萝卜素-4，4-二酮（斑蝥黄）	家禽
	天然叶黄素（源自万寿菊）	家禽、水产养殖动物
	虾青素、红法夫酵母	水产养殖动物、观赏鱼
	柠檬黄、日落黄、诱惑红、胭脂红、靛蓝、二氧化钛、焦糖色（亚硫酸铵法）、赤藓红	宠物
	苋菜红、亮蓝	宠物和观赏鱼

（续）

类 别	通用名称		适用范围
调味和诱食物质 4	甜味物质	糖精、糖精钙、新甲基橙皮苷二氢查耳酮	猪
		糖精钠、山梨糖醇	养殖动物
	香味物质	食品用香料 5、牛至香酚	
	其他	谷氨酸钠、5’－肌苷酸二钠、5’－鸟苷酸二钠、大蒜素	
粘结剂、抗结块剂、稳定剂和乳化剂	α－淀粉、三氧化二铝、可食脂肪酸钙盐、可食用脂肪酸单／双甘油酯、硅酸钙、硅铝酸钠、硫酸钙、硬脂酸钙、甘油脂肪酸酯、聚丙烯酸树脂Ⅱ、山梨醇酐单硬脂酸酯、聚氧乙烯 20 山梨醇酐单油酸酯、丙二醇、二氧化硅、卵磷脂、海藻酸钠、海藻酸钾、海藻酸铵、琼脂、瓜尔胶、阿拉伯树胶、黄原胶、甘露糖醇、木质素磺酸盐、羧甲基纤维素钠、聚丙烯酸钠、山梨醇酐脂肪酸酯、蔗糖脂肪酸酯、焦磷酸二钠、单硬脂酸甘油酯、聚乙二醇 400、磷脂、聚乙二醇甘油蓖麻酸酯		养殖动物
	丙三醇		猪、鸡和鱼
	硬脂酸		猪、牛和家禽
	卡拉胶、决明胶、刺槐豆胶、果胶、微晶纤维素		宠物
多糖和寡糖	低聚木糖（木寡糖）		鸡、猪、水产养殖动物
	低聚壳聚糖		猪、鸡和水产养殖动物
	半乳甘露寡糖		猪、肉鸡、兔和水产养殖动物
	果寡糖、甘露寡糖、低聚半乳糖		养殖动物
	壳寡糖（寡聚 β-(1-4)-2- 氨基 -2- 脱氧 -D- 葡萄糖）（n=2~10）		猪、鸡、肉鸭、虹鳟鱼
	β-1，3-D- 葡聚糖（源自酿酒酵母）		水产养殖动物
	N,O- 羧甲基壳聚糖		猪、鸡
其他	天然类固醇萨洒皂角苷（源自丝兰）、天然三萜烯皂角苷（源自可来雅皂角树）、二十二碳六烯酸（DHA）		养殖动物
	糖萜素（源自山茶籽饼）		猪和家禽
	乙酰氧肟酸		反刍动物
	苜蓿提取物（有效成分为苜蓿多糖、苜蓿黄酮、苜蓿皂甙）		仔猪、生长育肥猪、肉鸡
	杜仲叶提取物（有效成分为绿原酸、杜仲多糖、杜仲黄酮）		生长育肥猪、鱼、虾
	淫羊藿提取物（有效成分为淫羊藿苷）		鸡、猪、绵羊、奶牛
	共轭亚油酸		仔猪、蛋鸡
	4，7- 二羟基异黄酮（大豆黄酮）		猪、产蛋家禽
	地顶孢霉培养物		猪、鸡
	紫苏籽提取物（有效成分为 α－亚油酸、亚麻酸、黄酮）		猪、肉鸡和鱼
	硫酸软骨素		猫、狗
	植物甾醇（源于大豆油 / 菜籽油，有效成分为 β－谷甾醇、菜油甾醇、豆甾醇）		家禽、生长育肥猪

注：
1. 所列物质包括无水和结晶水形态；
2. 酶制剂的适用范围为典型底物，仅作为推荐，并不包括所有可用底物；
3. 目录中所列长柄木霉亦可称为长枝木霉或李氏木霉；
4. 以一种或多种调味物质或诱食物质添加载体等复配而成的产品可称为调味剂或诱食剂，其中：以一种或多种甜味物质添加载体等复配而成的产品可称为甜味剂；以一种或多种香味物质添加载体等复配而成的产品可称为香味剂；
5. 食品用香料见《食品安全国家标准 食品添加剂使用卫生标准》（GB 2760）中食品用香料名单。

【海关总署发布】

关于对原产于新西兰的11个税则号列项下的农产品实施特殊保障措施

海关总署公告2013年第4号

根据《中华人民共和国政府和新西兰政府自由贸易协定》，中国对原产于新西兰的11个税则号列项下的农产品实施特殊保障措施。2013年1月24日，海关总署在互联网站（www.customs.gov.cn）上公布了实施特保措施管理的固状和浓缩非固状乳及奶油（税则号列：0402 1000、0402 2100、0402 2900和0402 9100）进口数量已接近2013年触发标准的情况。至2013年1月28日，上述农产品进口申报数量已达到75367.401吨，超过2013年71 060.895吨的特保措施触发标准。因此，自2013年1月29日起，对上述协定项下进口的原产于新西兰的上述农产品按最惠国税率征收进口关税。对于在途农产品的税率适用和其他有关事宜，按照海关总署公告2008年第91号的规定执行。

特此公告。

海关总署

2013年1月28日

关于对原产于新西兰的12个税号的农产品实施特殊保障措施

海关总署公告2013年第9号

根据《中华人民共和国政府和新西兰政府自由贸易协定》，中国对原产于新西兰的12个税号的农产品实施特殊保障措施。2013年2月26日，海关总署在对外网站（www.customs.gov.cn）公布了实施特保措施管理的黄油和其他从乳中提取的脂和油（税则号列：0405 1000、0405 9000）进口数量已接近2013年触发标准的情况。至2013年3月4日，上述农产品进口申报数量已达到12 104.511吨，超过2013年11 997吨的特保措施触发标准。因此，自2013年3月5日起，对上述协定项下进口的原产于新西兰的上述农产品按最惠国税率征收进口关税。对于在途农产品的税率适用和其他有关事宜，按照海关总署公告2008年第91号的规定执行。

特此公告。

海关总署

2013年3月4日

关于对原产于新西兰的12个税号的农产品实施特殊保障措施

海关总署公告2013年第11号

根据《中华人民共和国政府和新西兰政府自由贸易协定》，中国对原产于新西兰的12个税号的农产品实施特殊保障措施。2013年3月8日，海关总署在对外网站（www.customs.gov.cn）公布了实施特保措施管理的乳酪（税则号列：0406 1000、0406 3000、0406 9000）进口数量已接近2013年触发标准的情况。至2013年3月14日，上述农产品进口申报数量已达到4751.514吨，超过2013年4595吨的特保措施触发标准。因此，自2013年3月15日起，对上述协定项下进口的原产于新西兰的上述农产品按最惠国税率征收进口关税。对于在途农产品的税率适用和其他有关事宜，按照海关总署公告2008年第91号的规定执行。

特此公告。

海关总署

2013年3月14日

关于2013年度自新西兰进口有关农产品数量和2014年度进口触发水平数量的公告

海关总署公告2013年第72号

根据《中华人民共和国政府和新西兰政府自由贸易协定》和海关总署公告2008年第91号，我国对自新西兰进口的四大类12个税号农产品（以下简称有关农产品）实施特殊保障管理措施。现将2013年度有关农产品适用协定税率进口数量和2014年度进口触发水平数量予以公布（详见附件）。

有关农产品进口时仍按照海关总署公告2008年第91号的规定办理相关手续。

特此公告。

附件：2013年度有关农产品适用协定税率进口数量和2014年度进口触发水平数量情况表

海关总署

2013年12月17日

附件：

2013 年年底有关农产品适用协定税率进口数量和 2014 年进口触发水平数量情况表

单位：吨

分类	税号	产品描述	2013 年度适用协定税率进口数量			2014 年度适用协定税率可进口数量	
			本年度触发水平数量	累计进口数量	以在途方式进口数量	本年度触发水平数量	本年度实际可进口的触发水平数量
	0401 2000	脂肪含量〉1% 但《6% 未浓缩及未加糖的乳及奶油					
一	0401 4000	6%〈脂肪含量《10% 未浓缩及未加糖的乳及奶油	1 659	2 792.395	1 133.395	1 742	608.605
	0401 5000	脂肪含量〉10% 未浓缩及未加糖的乳及奶油					
	0402 1000	脂肪含量《1.5% 固状乳及奶油					
二	0402 2100	脂肪含量〉1.5% 未加糖固状乳及奶油	121 247	148 788.673	27 541.673	127 309	99 767.327
	0402 2900	脂肪含量〉1.5% 加糖固状乳及奶油					
	0402 9100	浓缩但未加糖的非固状乳及奶油					
三	0405 1000	黄油	11 997	12 148.095	151.095	12 597	12 445.905
	0405 9000	其他从乳中提取的脂和油					
	0406 1000	鲜乳酪（未熟化或未固化的）					
四	0406 3000	经加工的乳酪，但磨碎或粉化的除外	4 595	4 793.594	198.594	4 824	4 625.406
	0406 9000	其他乳酪					

说明：1. 协定指《中华人民共和国政府和新西兰政府自由贸易协定》；

2. 2013 年度适用协定税率累计进口数量 =2013 年度适用协定税率实际进口数量 +2012 年度以在途方式进口数量；

3. 2013 年度以在途方式进口数量 =2013 年度适用协定税率累计进口数量 − 2013 年度触发水平数量；

4. 2014 年度实际可进口的触发水平数量 =2014 年度协定所规定年度触发水平数量 − 2013 年度以在途方式进口数量。

【食品药品监督管理总局发布】

关于进一步加强婴幼儿配方乳粉生产监管工作的通知

食药监食监一〔2013〕121号

各省、自治区、直辖市质量技术监督局、食品药品监督管理局：

为认真贯彻落实《国务院办公厅转发食品药品监管总局等部门关于进一步加强婴幼儿配方乳粉质量安全工作意见的通知》（国办发〔2013〕57号，以下简称《通知》），切实加强婴幼儿配方乳粉生产监管工作，现将有关事项通知如下：

一、进一步提高对婴幼儿配方乳粉质量安全工作重要性的认识

婴幼儿配方乳粉质量安全是基本民生问题，关系经济发展与社会和谐稳定，关系国家形象，对经济转型升级、提高经济增长质量具有重要意义。国务院第10次常务会议专题研究婴幼儿配方乳粉质量安全工作，提出解决婴幼儿配方乳粉质量安全问题已刻不容缓，要全力以赴打一场提高婴幼儿配方乳粉质量安全的攻坚战，重塑消费者对国产乳粉的信心。这充分表明了党中央、国务院对食品安全工作的高度重视。各级食品安全监管部门一定要把思想统一到国务院的部署上来，深刻认识进一步加强婴幼儿配方乳粉质量安全工作的重要性和紧迫性，把学习贯彻落实《通知》作为当前的一项重要任务，千方百计做好婴幼儿配方乳粉生产监管工作，保障婴幼儿配方乳粉质量安全。

二、加强组织领导，落实监管责任

各级食品安全监管部门要结合本地区婴幼儿配方乳粉生产和监管工作实际，按照《通知》要求，积极向当地政府汇报，成立婴幼儿配方乳粉质量安全专门领导小组，切实加强组织领导。要按照层级管理、属地管理、区域负责的工作思路，研究制定具体工作方案，细化工作目标和措施。要进一步明确和细化各级食品安全监管部门的监管职责，主动防范、及早介入，使婴幼儿配方乳粉监管工作真正落实到基层，力争将风险隐患消除在萌芽阶段，守住不发生质量安全问题的底线。

三、加强监督检查，落实企业质量安全首负责任

各级食品安全监管部门要根据《通知》要求，组织开展对婴幼儿配方乳粉生产企业的监督检查工作，掌握企业生产状况和产品质量安全情况，要求企业认真查找在质量安全控制和管理制度落实等方面存在的问题隐患，督促企业及时采取有效措施整改防范。同时，要督促企业设置食品安全管理机构，配备专职食品安全管理人员，完善落实各项质量安全管理制度，建立健全质量安全责任制和责任追究制，真正担负起婴幼儿配方乳粉质量安全首要责任，坚决防范企业因管理松懈、利益驱动等原因发生质量安全问题。

四、进一步加强监督抽检和风险排查工作

各级食品安全监管部门要按照《通知》和《国务院办公厅关于进一步加强乳品质量安全工作的通知》（国办发〔2010〕42号）要求，进一步严格婴幼儿配方乳粉生产监管和风险排查工作，强化日常监管和监督抽检等工作，加大对企业质量安全控制重点环节、关键环节和薄弱环节的监管力度。发现企业存在质量安全问题或隐患的，要及时依法从严处理。

五、认真抓好当前婴幼儿配方乳粉质量安全监管工作

为落实《通知》要求，总局将制定出台一系列加强婴幼儿配方乳粉监管工作的制度和措施。同时，总局将加大检验、监测力度，对查出的问题予以通报。当前，地方食品药品监管体制改革正在深入推进，婴幼儿配方乳粉生产监管工作任务繁重，责任重大。各地监管部门要从大局出发，在思想上不懈怠、监管上不放松、工作上不缺位，切实加强组织领导，强化监管责任，保障工作措施落实到位。坚决防止因思想不重视、责任不落实、措施不具体、监管不到位等情况导致婴幼儿配方乳粉质量安全事件发生，务必确保婴幼儿配方乳粉质量安全，重塑消费信心。

国家食品药品监督管理总局

2013年8月2日

关于禁止以委托、贴牌、分装等方式生产婴幼儿配方乳粉的公告

为了规范婴幼儿配方乳粉生产经营活动，加强婴幼儿配方乳粉质量安全监管，根据《中华人民共和国食品安全法》及其实施条例等法律法规和《国务院办公厅转发食品药品监管总局等部门关于进一步加强婴幼儿配方乳粉质量安全工作意见的通知》(国办发〔2013〕57号)，现就禁止以委托加工、贴牌、分装等方式生产婴幼儿配方乳粉，公告如下：

一、婴幼儿配方乳粉生产企业不得接受其他单位和个人委托，为其生产婴幼儿配方乳粉。

任何单位和个人不得通过合同或者约定，委托婴幼儿配方乳粉生产企业为其加工、制作婴幼儿配方乳粉。

二、婴幼儿配方乳粉生产企业不得为其他品牌持有人或代理人生产婴幼儿配方乳粉，不得冒用他人品牌和包装生产婴幼儿配方乳粉。

三、婴幼儿配方乳粉生产企业不得在国内生产其仅在境外注册商标和企业名称、地址的婴幼儿配方乳粉，不得在国内生产标注为境外企业名称、地址的婴幼儿配方乳粉。

四、任何单位和个人不得采购或进口婴幼儿配方乳粉直接进行装罐、装袋、装盒，或者改变包装、标签生产婴幼儿配方乳粉。

五、婴幼儿配方乳粉生产企业不得使用相同的原料、辅料构成的同一种配方，生产不同产品名称的婴幼儿配方乳粉。

六、婴幼儿配方乳粉生产企业不得使用除牛、羊乳及其乳粉、乳成分制品（包括乳蛋白、乳糖等）以外的其他动物乳和乳制品生产婴幼儿配方乳粉。

七、违反本公告要求的，由县级以上地方食品药品监督管理部门依法予以查处；涉嫌犯罪的，移送司法机关依法追究其刑事责任。

本公告自发布之日起实施。

国家食品药品监督管理总局

2013年11月27日

关于发布婴幼儿配方乳粉生产企业监督检查规定的公告

为进一步加强婴幼儿配方乳粉生产企业监督检查，督促婴幼儿配方乳粉生产企业落实质量安全责任，保障婴幼儿配方乳粉质量安全，依据《中华人民共和国食品安全法》及其实施条例、《乳品质量安全监督管理条例》等法律法规和《国务院办公厅转发食品药品监管总局等部门关于进一步加强婴幼儿配方乳粉质量安全工作意见的通知》（国办发〔2013〕57号），国家食品药品监督管理总局制定了《婴幼儿配方乳粉生产企业监督检查规定》。各地食品药品监督管理部门要督促企业认真贯彻落实，于2014年5月31日前整改落实到位。在此基础上，按照本公告规定对婴幼儿配方乳粉生产企业严格监督检查。执行中如遇问题，请及时向国家食品药品监督管理总局反映。

特此公告。

国家食品药品监督管理总局

2013年11月27日

婴幼儿配方乳粉生产企业监督检查规定

第一章 总 则

第一条 为进一步加强婴幼儿配方乳粉生产企业监督检查，督促婴幼儿配方乳粉生产企业落实质量安全责任，保障婴幼儿配方乳粉质量安全，依据《中华人民共和国食品安全法》及其实施条例、《乳品质量安全监督管理条例》、《国务院办公厅转发食品药品监管总局等部门关于进一步加强婴幼儿配方乳粉质量安全工作意见的通知》（国办发〔2013〕57号）等法律法规，制定本规定。

第二条 食品药品监督管理部门采取约谈企业负责人、查阅企业记录、调取企业生产控制资料、询问企业员工、检查生产现场、检验企业产品及所用原辅料、调查企业利益相关方等方式，依法对婴幼儿配方乳粉生产企业实施监督检查，适用本规定。

第三条 国家食品药品监督管理总局负责制定婴幼儿配方乳粉质量安全监督检查规章制度，并对省级食品药品监督管理部门实施监督检查工作进行指导和检查。

县级以上地方食品药品监督管理部门在其职权范围内负责本行政区域内婴幼儿配方乳粉生产企业监督检查工作，上级食品药品监督管理部门对下级食品药品监督管理部门开展的监督检查工作进行指导和检查。

第四条 婴幼儿配方乳粉生产企业应当接受县级以上地方食品药品监督管理部门依法进行的监督检查，并为其监督检查提供便利条件。

鼓励婴幼儿配方乳粉生产企业聘请食品安全社会专业机构，定期对本单位食品安全管理体系进行评价。

第五条 监督检查工作应当遵循科学公正、公开透明、程序合法、便民高效的原则。

第二章 企业质量安全责任

第六条 婴幼儿配方乳粉生产企业应当对其生产的婴幼儿配方乳粉质量安全负责。

第七条 婴幼儿配方乳粉生产企业应当保持资质一致性。重点落实下列责任：

（一）保证婴幼儿配方乳粉企业营业执照、生产许可证有效，证照一致；保证企业实际生产婴幼儿配方乳粉的场所、生产婴幼儿配方乳粉的品种等与许可证书内容一致。

（二）在生产许可证有效期内，企业生产条件、检验设备、生产技术或者工艺发生变化的，应当按规定向当地食品药品监督管理部门报告。

第八条 婴幼儿配方乳粉生产企业应当建立企业内部质量安全管理制度，设立质量安全管理机构和配备专职质量安全管理人员，明确岗位质量安全规范、质量安全责任。企业法定代表人是婴幼儿配方乳粉质量安全的责任人。企业法定代表人负责或者授权企业质量安全管理人员全权负责婴幼儿配方乳粉质量安全，并以书面文件形式授权其对婴幼儿配方乳粉质量安全负责。质量安全管理人员应当符合规定的条件要求，并按规定实行上岗培训和定期培训。

第九条 婴幼儿配方乳粉生产企业应当具备专业研发机构、研发技术装备和研发人员，能够自主研发婴幼儿配方乳粉，能够跟踪评价婴幼儿配方乳粉的营养和安全，研究生产过程中存在的风险因素，提出防范措施，有效控制产品易出现的质量安全问题。

第十条 婴幼儿配方乳粉生产企业应当具备自建自控奶源，建立并落实原辅料采购查验制度，重点落实下列责任：

（一）以生牛乳为原料的企业，应当具有自建自控奶源基地，并逐步做到生鲜乳全部来自企业全资或控股建设的养殖场且质量合格；生鲜乳生产、收购、贮存、运输、销售过程中禁止添加任何物质；建立生鲜乳进货查验制度，记录自建自控牧场生鲜乳的逐批检测情况；对不合格生鲜乳应主动报告主管部门采取销毁或者采取无害化处理措施；防止不合格生鲜乳流入市场。

（二）以原料乳粉为原料的企业，应当确保原料质量可控；应当严格执行原料乳粉、乳清粉批批检验，确保原料质量安全；生产0–6个月龄婴儿食用的婴儿配方乳粉应当使用灰分符合规定要求的乳清粉、乳清蛋白粉。

（三）建立原辅材料供销商审核制度和进货验证制度，应当记录供货方的资质及合格产品检验报告。

（四）建立原辅材料进货台账，应当记录每批采购的原辅料供货者的名称、联系方式、进货名称、数量、日期等内容。

（五）建立食品营养强化剂进货台账和使用记录，应当保证购进的食品营养强化剂与使用记录一致。

（六）记录各种购进原辅料的贮存、保管、领用出库等情况。

第十一条 婴幼儿配方乳粉生产企业应当建立并落实生产过程控制制度。重点落实下列责任：

（一）记录生产车间或场地清洁卫生情况；

（二）按生产工艺的要求，防止人流、物流交叉污染，防止原料、半成品、成品交叉污染；

（三）做好产品投料记录，包括名称、使用数量、投料人、投料批准人等；

（四）做好生产设备、设施维护保养和清洗消毒记录；

（五）做好其他关键质量控制点的质量控制记录，主要包括杀菌有效性、杂菌污染防止情况等；

（六）生产车间、原料库、辅料库、成品库需要变化的，应当做好变化记录；

（七）对车间、库房的湿度、温度、空气清洁度，应当做好监测记录；

（八）产品入库单、出库单、库存情况记录，应当与进货、销售台账相符；

（九）岗位操作人员卫生健康应当符合要求。

第十二条 婴幼儿配方乳粉生产企业应当建立并落实产品出厂批批检验制度。重点落实下列责任：

（一）有质量检验机构和专业检验人员，检验机构配备的设备能够满足法规和标准规定的检验项目需求，并定期与第三方检验机构进行检验能力比对；检验人员具备相应的资质条件要求，并经培训考核合格。

（二）做好出厂产品的原始检验数据和检验报告记录，包括检验产品的名称、规格、数量、生产日期、生产批号、执行标准、检验结论、化验员、审核人、检验合格证号或检验报告编号、检验时间等内容。

（三）企业的检验设备、计量器具应依法经检定合格或者校准，相关辅助设备及化学试剂应完好齐备，并在有效使用期内。

（四）检验项目应与企业所执行的标准及标签明示的项目一致。

（五）企业不得委托其他检验机构实施产品出厂检验。

第十三条 婴幼儿配方乳粉的产品配方、原辅料使用、产品包装及标签应当符合国家食品药品监督管理总局有关备案的规定，其产品标识标注内容应当符合法律、法规、规章及食品安全标准规定要求。

第十四条 婴幼儿配方乳粉生产企业应当遵守国家食品药品监督管理总局《关于禁止以委托、贴牌、分装等方式生产婴幼儿配方乳粉的公告》要求。

第十五条 婴幼儿配方乳粉生产企业应当建立并落实不合格品管理制度。重点落实下列责任：

（一）做好对采购的不合格食品原辅材料、食品添加剂、食品相关产品的处理记录；

（二）做好不合格产品的处理记录。

处理记录应当有批准人、监督人、经手人的签字，以及处理过程的文字、图片等证明资料。

第十六条 婴幼儿配方乳粉生产企业应当建立并落实不安全婴幼儿配方乳粉召回制度，记录对不安全婴幼儿配方乳粉自主召回、被责令召回的执行情况，包括：企业通知召回的情况；实际召回的情况；对召回产品采取补救、无害化处理或销毁的情况，整改措施的落实情况；向当地食品药品监督管理部门报告召回及处理情况。

第十七条 婴幼儿配方乳粉生产企业应当建立消费者投诉处理制度，认真落实婴幼儿配方乳粉先行赔偿责任，做好消费者投诉的处理记录，包括投诉者姓名、联系方式、投诉的食品名称、数量、生产日期或生产批号、投诉的质量安全问题、企业采取的处理措施、处理结果等。

第十八条 婴幼儿配方乳粉生产企业应当制定食品安全事故处置方案，定期检查各项食品安全防范措施的落实情况。发生食品安全事故的，企业应当妥善处置食品安全事故，建立并保存处置食品安全事故的记录。

第十九条 婴幼儿配方乳粉生产企业应当建立完善产品可追溯制度和电子信息记录系统，实现产品全程可查询、可追溯；应当妥善保管所有与婴幼儿配方乳粉相关的原辅料采购、生产、检验、销售等可追溯性原始记录，至少保存2年。

第二十条 婴幼儿配方乳粉生产企业应当主动收集企业内部发现的和国家发布的与企业相关的婴幼儿配方乳粉风险监测和监督抽检信息，并作出反应，同时应建立和保存相关记录。

第三章 监督检查程序

第二十一条 县级以上地方食品药品监督管理部门应当制定本行政区域内婴幼儿配方乳粉生产企业年度监督检查计划，并报上一级食品药品监督管理部门备案。

县级以上地方食品药品监督管理部门可以根据上级食品药品监督管理部门的工作部署以及食品安全风险监测信息、企业食品安全信用档案记录、监管工作需要等情况，对婴幼儿配方乳粉生产企业年度监督检查计划作出调整并备案。

第二十二条 食品药品监督管理部门对婴幼儿配方乳粉生产企业实施现场检查，应当有2名以上工作人员参加，并出示有效证件。根据监督检查需要，食品药品监督管理部门可以聘请技术专家参与检查工作，可以邀请消费者代表、人大代表、政协委员、媒体记者等人员现场视察、观摩。

食品药品监督管理部门前往企业实施监督检查时，应出具《婴幼儿配方乳粉生产企业监督检查通知书》（附件1）。

食品药品监督管理部门可以聘请食品安全社会专业机构，对企业实施监督检查。

第二十三条 食品药品监督管理部门可以根据监督检查工作需要，依照有关规定对产品进行抽样检验。

第二十四条 被检查企业应当指定有关人员配合食品药品监督管理部门检查工作，如实提供有关资料，回答相关询问，协助核查企业生产条件和抽取样品。

婴幼儿配方乳粉生产企业应当积极配合食品药品监督管理部门的监督检查工作，不得以暴力、威胁或者其他方式阻挠监督检查。

第二十五条 监督检查人员应当按《婴幼儿配方乳粉生产企业核查表》（附件2）有关事项，如实记录监督检查结果。检查人员应当就检查情况与被检查单位参加人员交换意见。监督检查结论由监督检查人员和被检查企业法人代表或其授权的人员签字。被检查单位对检查结果有异议的，可以签署异议。监督检查人员应当就监督检查结论向本单位汇报。

被检查单位拒绝签字的，由监督检查人员书面记录后存档。

第二十六条 需要当地人民政府或者相关部门支持、配合监督检查工作的，食品药品监督管理部门应当提出工作建议，并以书面形式报告当地人民政府或者告知有关部门。

第四章　监督检查结果处理

第二十七条 县级以上地方食品药品监督管理部门应当将监督检查情况记入企业食品安全信用档案。

第二十八条 县级以上地方食品药品监督管理部门应当依法向社会公开监督检查结果。

第二十九条 县级以上地方食品药品监督管理部门在监督检查中发现婴幼儿配方乳粉生产企业违反有关法律法规规定的，应当依照有关法律法规规定予以处理。

第五章　监督检查工作要求

第三十条 参与婴幼儿配方乳粉生产企业监督检查的工作人员，应当遵守国家法律、法规及本规定，履职尽责、秉公执法、不徇私情。

第三十一条 监督检查人员进入洁净区域检查时，应当遵守企业安全卫生防护措施等制度要求。

第三十二条 有下列行为之一的，按照法律、法规规定进行处理，对监管工作人员按干部管理权限对相关责任人依法依规处理；构成犯罪的，依法追究刑事责任：

（一）未按规定开展监督检查造成不良后果或恶劣影响的；

（二）隐瞒监督检查信息的；

（三）阻碍、干涉监督检查工作的；

（四）在监督检查中伪造或者指使他人伪造记录的；

（五）擅自向外透露企业商业秘密的；

（六）利用监督检查工作向企业勒索、卡要或参与有偿活动的。

第三十三条 未依照本规定履行职责或者滥用职权等失职、渎职行为，造成严重后果的，依照《乳品质量安全监督管理条例》第六十二条有关规定，由纪检监察机关或者任免机关对主要负责人、直接负责的主管人员和其他直接责任人员给予记大过或者降级的处分；情节严重的，给予撤职或者开除的处分；构成犯罪的，依法追究刑事责任。

第三十四条 对依照本规定履行婴幼儿配方乳粉质量安全监督检查职责，保障婴幼儿配方乳粉质量安全做出突出成绩的单位和个人，由上级食品药品监督管理部门予以奖励。

第六章　附　则

第三十五条 企业可以聘请食品安全社会专业机构对本单位食品安全管理体系进行定期评价，评价结果报食品药品监督管理部门。具体管理办法另行规定。

第三十六条 本规定由国家食品药品监督管理总局负责解释。

关于发布婴幼儿配方乳粉生产许可审查细则（2013版）的公告

为了严格婴幼儿配方乳粉生产企业许可条件，强化企业生产许可审查，提升婴幼儿配方乳粉质量安全水平，依据《中华人民共和国食品安全法》及其实施条例、《乳品质量安全监督管理条例》、《食品生产许可管理办法》和《国务院办公厅转发食品药品监管总局等部门关于进一步加强婴幼儿配方乳粉质量安全工作意见的通知》（国办发〔2013〕57号），国家食品药品监督管理总局组织制定了《婴幼儿配方乳粉生产许可审查细则（2013版）》。婴幼儿配方乳粉生产企业的生产许可证有效期届满换证审查、生产许可条件变更审查和新建企业生产许可审查，按照本细则执行。

特此公告。

国家食品药品监督管理总局

2013年12月16日

附件：

婴幼儿配方乳粉生产许可审查细则（2013 版）

一、适用范围

本细则适用于企业申请使用牛乳或者羊乳及其加工制品（乳清粉、乳清蛋白粉、脱脂乳粉、全脂乳粉等）和植物油为主要原料，加入适量的维生素、矿物质和其他辅料，按照法律法规及标准所要求的条件，加工制作供婴幼儿（0~36 月龄）食用的婴儿配方乳粉（0~6 月龄，1 段）、较大婴儿配方乳粉（6~12 月龄，2 段）和幼儿配方乳粉（12~36 月龄，3 段），对企业生产条件的审查及其许可生产产品的检验。

婴幼儿配方乳粉的申证单元为 1 个，其类别编号为 0502。生产许可产品名称须注明婴幼儿配方乳粉（湿法工艺、干法工艺、干湿法复合工艺）。生产许可证附页须注明获得许可生产的婴儿配方乳粉、较大婴儿配方乳粉和幼儿配方乳粉的具体品种明细。

仅有包装场地、工序、设备，没有完整生产工艺条件的，不予生产许可。仅生产婴幼儿配方乳粉基粉，不生产婴幼儿配方乳粉最终产品的，不予生产许可。采用干湿法复合工艺生产，其采用湿法工艺生产的基粉和添加部分配料的干混，应在同一个厂区完成。本细则发布之日起，不再受理新建企业以基粉为原料，采用干湿法复合工艺异地生产婴幼儿配方乳粉的生产许可申请。

在一定的过渡期内，对于集团公司所属采用湿法工艺生产基粉的工厂和添加部分配料干混生产婴幼儿配方乳粉的工厂不在同一地区的，应按照干湿法复合工艺一并审查。

本细则所称基粉，是指以牛乳或者羊乳及其加工制品（乳清粉、乳清蛋白粉、脱脂乳粉、全脂乳粉等）为主要原料，加入部分或不加入营养素和其他辅料，通过湿法工艺生产的婴幼儿配方乳粉的半成品。

本细则中引用的文件、标准通过引用成为本细则的内容。凡是引用文件、标准，其最新版本（包括所有的修改单）适用于本细则。

二、生产许可条件审查

（一）管理制度审查

按照《中华人民共和国食品安全法》及其实施条例、《乳品质量安全监督管理条例》《国务院办公厅关于进一步加强乳品质量安全工作的通知》（国办发〔2010〕42 号）、《国务院办公厅转发食品药品监管总局等部门关于进一步加强婴幼儿配方乳粉质量安全工作意见的通知》（国办发〔2013〕57 号）等有关法律法规及《食品生产许可审查通则》的规定，对企业建立食品质量安全管理制度的情况进行审核。主要审核以下内容：

1. 食品质量安全管理制度

（1）婴幼儿配方乳粉生产企业应严格执行危害分析与关键控制点（HACCP）体系、粉状婴幼儿配方食品良好生产规范（GMP）等国家标准，并按照国家标准要求建立运行质量管理体系。（2）应设置独立的食品质量安全管理机构，配备专职的婴幼儿配方乳粉质量安全管理人员，负责食品质量安全管理制度的建立、实施和持续改进。（3）企业法定代表人是婴幼儿配方乳粉质量安全的责任人。建立并实行食品质量安全受权人制度，企业法定代表人负责或授权企业食品质量安全管理人员全权负责质量安全，并以文件形式授权其对婴幼儿配方乳粉产品质量安全负责，承担婴幼儿配方乳粉生产和出厂放行责任。

2. 主要生产原料管理制度

（1）主要原料为生牛乳的，其生牛乳应全部来自企业自建自控的奶源基地，并逐步做到生牛乳来自企业全资或控股建设的养殖场。按照国家有关规定，建立生乳进货批批检测记录制度，每批生乳应有检验报告，表明符合《食品安全国家标准 生乳》（GB 19301）的质量、安全要求，并严格执行索证索票制度，做好记录。生乳的各项质量安全指标应符合相关食品安全国家标准规定。主要原料为全脂、脱脂乳粉的，企业应对其原料质量采取严格的控制措施。应建立原料供应商审核制度，原料供应商相对固定并定期进行审核评估。对采购的全脂、脱脂乳粉进行批批检验，确保符合《食品安全国家标准 乳粉》（GB 19644）规定的质量、安全要求。（2）乳清粉、乳清蛋白粉应实施批批检验，确保符合相关食品安全国家标准的规定。生产 0~6 个月龄的婴儿配方乳粉，应使用灰分≤ 1.5% 的乳清粉，或者使用灰分≤ 5.5% 的乳清蛋白粉。（3）食用植物油应符合相应的国家标准规定，并明确所使用各种植物油的种类。不得使用氢化油脂。（4）维生素、微量元素等营养强化剂、食品添加剂应进行进货查验，确保产品质量安全。（5）包装材料应清洁、无毒且符合国家相关规定。在特定贮存和使用条件下不影响婴幼儿配方乳粉的安全和产品特性。包装材料不得重复使用。（6）生产用水的水质应符合生活饮用水卫生标准。（7）生产婴幼儿配方乳粉使用的原辅料和包装标签应按规定进行备案。（婴幼儿配方乳粉生产所需主要原辅料及包材涉及的主要标准见附件 1）

3. 原辅料采购制度

（1）原辅料供应商审核办法、原辅料验收规定及不合格原辅材料拒收、报废、返厂处理办法等。（2）原辅料供应商的确定及变更应进行质量安全评估，并经质量安全管理机构批准后方可采购。应和采购的主要原辅料供应商签订质量协议，在协议中应明确双方所承担的质量责任。（3）对原辅料供应商的审核至少应包括：

供应商的资质证明文件、质量标准、检验报告。如进行现场质量审核的，还应包括现场质量审核报告。（4）质量安全管理机构应组织对生乳、全脂（脱脂）乳粉、乳清粉、乳清蛋白粉、植物油（脂肪粉）、维生素及微量元素等主要原辅料供应商或者生产商的质量体系进行现场质量审核。（5）进货验证制度要包含对进厂的原辅料进行验证、检验、记录、报告以及接收或拒收的处理意见和审批手续等内容。（6）采购制度应保证原料、辅料符合相应的食品安全国家标准、地方标准和企业标准的规定。不得使用乳或乳制品以外的动物性蛋白质（允许使用的食品添加剂除外）或其他非食品原料制成的产品作为生产原料。（7）采用进口原辅料，应审核进口原辅料供应商、贸易商的资质证明文件、每批原料质量标准、产品出厂的检验数据和报告、出入境检验检疫部门出具的相关证明。（8）采购制度应依照有关规定保证对购入的含乳原料批批进行三聚氰胺等项目检验。

4. 技术标准、工艺文件及记录管理制度

（1）与生产相关的现行有效的国家标准文本和经备案有效的企业标准文本。（2）技术标准、工艺文件、台账、生产过程和关键控制点等的管理规定。（3）对工艺要求、工艺记录和配料表等不定期检查其有效性。生产过程中要定期对生产过程各工序的关键质量控制点进行监控和检查。（4）企业建立的台账和生产过程的重要记录包括：进货验收记录、进货台账、环境场所清洁记录、生产设备清洗消毒记录、库房保管记录、生产投料记录、关键控制点控制记录、出厂检验记录、产品检验留样记录、不合格产品处置记录、不合格原料处理记录、产品销售记录、不合格产品召回记录、退货处置记录、从业人员健康检查记录、学习培训记录、消费者投诉受理记录、风险收集记录、食品安全事故处置记录、检验设备使用记录、停产复产记录、产品出厂放行记录等。有关记录保存3年。

5. 产品配方管理制度

（1）婴幼儿配方乳粉的产品配方应保证婴幼儿的安全，满足营养需要，不应使用危害婴幼儿营养与健康的物质。（2）企业应组织生产、营养、医学等专家对婴幼儿配方乳粉产品配方进行安全、营养等方面的综合论证。（3）保留完整的配方设计、论证文件等资料。（4）婴幼儿配方乳粉的产品配方应按规定进行备案。

6. 过程管理制度

（1）按照《食品安全国家标准 粉状婴幼儿配方食品良好生产规范》（GB 23790）建立防止微生物污染、化学污染、物理污染的控制制度。（2）企业的质量检验机构每周均应采用《食品安全国家标准 粉状婴幼儿配方食品良好生产规范》（GB 23790）附录A中监控指南和评价措施，确保生产婴幼儿配方乳粉的清洁作业区沙门氏菌、阪崎肠杆菌和其他肠杆菌得到有效控制。（3）进入清洁作业区的人员应进行定期或不定期的体表微生物检查。（4）清洁作业区的员工工衣为连体式或一次性工衣，并配备帽子、口罩和工作鞋。准清洁作业区、一般作业区的员工工衣为符合要求的工衣，并配备帽子和工作鞋。指定区域使用的工衣和工作鞋不能在指定区域以外的地方穿着。生产人员在未消毒和更换工作服前，不得进行婴幼儿配方乳粉的加工、生产。（5）所有设备和工器具必须定期清洗或消毒；接触湿物料的设备和工器具使用前后应清洗，接触干物料的设备和工器具使用前后应用干法清扫（必要时采用湿法清洗）。（6）包装材料应当由专人按照操作规程发放，并采取措施避免混淆和差错，确保用于生产的包装材料正确无误。在包装操作前，应对即将投入使用的包装材料标识进行检查，避免包装材料被误用，并予以记录，内容包括包装材料对应的产品名称、数量、操作人及日期等。（7）设备故障、停电停水等特殊原因中断生产时，对生产产品的处置办法，保证对不符合标准的产品按不合格产品处置。

7. 检验管理制度

（1）建立原辅料检测、过程检验和成品检验的管理制度，应有原辅料、半成品和成品的不合格判定规定，并有相关处理办法。（2）婴幼儿配方乳粉出厂应全项目逐批自行检验。出厂检验合格的产品应当保留检验报告，并做好检验记录；检验不合格的产品不得出厂；检验报告保存3年。产品需留样，留样数量应满足复检要求并保存至保质期满。（3）检验合格的婴幼儿配方乳粉应标注检验合格证号，检验合格证号可追溯到相应的出厂检验报告。（4）企业应对婴幼儿配方乳粉全项目检验能力进行验证，每年至少1次。

8. 产品防护管理制度

（1）有效防止生产加工中婴幼儿配方乳粉污染、损坏或变质。（2）确保采购的不合格原辅材料、加工中发现的风险因素、出厂检验发现的不安全食品等情况得到有效控制；能根据购入原辅料的实际情况，对使用的所有原辅材料中可能出现的掺杂使假物质进行必要的检测。（3）主动收集国家发布的食品安全风险监测和评估信息，采取有效措施，防范风险。

9. 物料储存和分发制度

（1）仓储区应有足够的空间，确保分区有序存放待检验、合格、不合格、退货或召回的原辅料、包装材料和成品等各类物料和产品。（2）仓储区的设计和建造应确保良好的仓储条件，并有通风和照明设施。仓储区应能满足物料或产品的贮存条件（如温湿度、避光）和安全贮存的要求，并进行检查和监控。（3）接收、发放和发运区域应能保护物料、产品免受外界天气（如雨、雪）的影响。（4）接收区的布局和设施应能确保到物料在进入仓储区前可对外包装进行必要的清洁。（5）所有物料储存场所应有明显的分区标识，仅限经批准的人员出入。（6）不合格、退货或召回的物料或产品应隔离存放。（7）每个批次物料的发放和使用应当确保其可追溯性和物料的平衡。（8）遵循“先进先出”和“近效期先出”的原则制定物料的使用计划。（9）确定物料处于合格状态方可分发。（10）应当有可追溯的清晰的发放记录，包括相应的物料名称、代码、批号以及其他信息，如包装号等，经收发双方核实并在相应的记录上签字确认。

10. 人员管理制度

（1）技术人员、操作人员上岗培训、考核办法。（2）重要工段设定相适应的生产、质量、检验技术人员及岗位责任。（3）定期进行乳制品质量安全、加工技术、质量管理、法律法规和职业道德培训的计划。（4）生产加工人员安全防护措施，并保证当直接接触原料及产品的生产加工人员患有法律法规规定的有碍食品安全的疾病时，应调离生产、工作岗位。（5）应制定实验室人员培训计划。培训计划应包括专业知识、专业技能以及有关生物、化学安全和防护、救护知识的培训。

11. 信息化管理、产品追溯及召回制度

（1）应至少对以下影响婴幼儿配方乳粉产品质量的关键工序或关键点形成的信息建立电子信息记录系统。湿法工艺需记录：原辅料验收、配料、均质、杀菌、喷雾干燥、包装等信息。干法工艺需记录：原辅料验收、杀菌、配料、干混、包装等信息。干湿法复合工艺需记录其湿法工艺和干法工艺中相对应的关键工序或关键点的信息。（2）企业应建立产品信息网站查询系统，提供标签、外包装、质量标准、出厂检验报告等信息，方便消费者查询。（3）产品追溯制度应确保对产品从原料采购到最终产品及产品销售都有记录，确保所有环节都可有效追溯。（4）应建立产品召回制度。出厂产品的召回制度应包含《食品安全国家标准 粉状婴幼儿配方食品良好生产规范》（GB 23790）标准中的相关内容，有实施召回电子信息系统的管理规定。（5）应对召回的产品在有关部门监督下采取补救、无害化处理、销毁等措施，并向食品药品监管部门报告食品召回和处理情况。（6）应建立消费者投诉处理机制。对消费者提出的意见、投诉，企业相关管理部门应作记录并查找原因，妥善处理。

12. 研发能力

（1）婴幼儿配方乳粉生产企业应建立自主研发机构，配备相应的专职研发人员。（2）研发机构至少能够完成以下任务：研发新的婴幼儿配方乳粉产品；跟踪评价婴幼儿配方乳粉的营养和安全；确定产品保质期；研究生产过程中存在的风险因素，提出防范措施。（3）研发机构应有相适应的场所、设备、设施及资金保证。

（二）场所核查

按照《食品生产许可审查通则》和《食品安全国家标准 粉状婴幼儿配方食品良好生产规范》（GB 23790）的要求，对照企业提交的申请材料，现场核查以下场所要求。

1. 企业厂房选址和设计、内部建筑结构、辅助生产设施应当符合相关标准的规定。

2. 有与企业生产能力相适应的生产车间和辅助设施。采用湿法工艺的生产车间一般包括收乳车间、原料预处理车间、加工车间、半成品贮存及成品包装车间等。采用干法工艺的生产车间一般包括前处理车间、混合车间、灌装车间等。辅助设施包括检验室、原辅料仓库、材料仓库、成品仓库等。

3. 生产车间和辅助设施的设置应按生产流程需要及卫生要求，有序而合理布局。同时，应根据生产流程、生产操作需要和清洁度的要求进行隔离，防止交叉污染。

4. 车间内应区分清洁作业区、准清洁作业区和一般作业区。清洁作业区包括湿法工艺的出粉口区域，干法工艺的配料和混合区域、包材暂存间、半成品贮存、充填及内包装车间等。准清洁作业区包括原料预处理车间、其他加工车间和干法工艺的拆包和隧道杀菌区域等。一般作业区包括收乳间、原料仓库、包装材料仓库、外包装车间及成品仓库等。

5. 企业应定期对清洁作业区进行空气质量监测，每年应请有资质的第三方检验机构进行检测并出具空气洁净度的检测报告。清洁作业区内部隔断、地面应采用符合生产卫生要求的材料制作；空气应进行杀菌消毒或净化处理，并保持正压。干法生产车间清洁作业区内生产时应禁止用水。

6. 生产车间地面应平整，易于清洗、消毒和保持清洁。

7. 更衣室应设在车间入口处，并与洗手消毒室相邻。洗手消毒室内应配置足够数量的非手动式洗手设施、消毒设施和感应式干手设施。清洁作业区的入口应设置二次更衣室，进入清洁作业区前设置消毒设施。

8. 生产区域内的卫生间应有洗手、消毒设施，应易保持清洁且不得与生产、包装或贮存等区域直接连通。

（三）设备核查

应核查《食品生产许可证申请书》中申报生产能力和企业拥有的生产设备数量、参数的适应程度。

1. 生产设备通用要求

（1）婴幼儿配方乳粉生产企业应具备与《食品生产许可证申请书》中生产能力相适应的生产设备。（2）设备台账、说明书、档案应保管齐全；制定相关程序对生产和检验设备状态标识，指定专人进行管理、记录齐全，确保仪器设备状态、标识信息准确。应对生产设备、共用设备、固定管道设施、计量检验设备等运行状态进行标识管理，明确各种状态及标识的定义，并定期对标识进行检查和维护。（3）所有接触婴幼儿配方乳粉产品的原料、过程产品、半成品的容器和工器具必须为不锈钢或其他无毒的惰性材料制作，不得使用竹木质工具和容器。干法生产应采用拆卸、清理方便的设备，保证无异物及油污混入风险。（4）盛装废弃物的容器不得与盛装产品与原料的容器混用，应有明显标识。（5）直接接触生产原材料的易损设备，如玻璃温度计，必须有安全护套。（6）流化床应使用过滤、除湿后的洁净低温空气。吹入干燥塔的空气应进行过滤处理，定期检查、更换过滤设备，达到生产要求。排出干燥塔的气体应经过除尘处理。（7）设备维护保养完好，其性能与精度符合生产规程要求。设备维修计划、维修记录齐全。（8）设备清洗后需要进行验证，保证设备卫生条件符合生产要求。（9）清洁作业区的空气净化处理应采用初效、中效、高效过滤器（亚高效空气过滤器）三级过滤。（10）清洁作业区洁净度应在厂房确认阶段或工艺设备安装完毕或因其他原因重新建立清洁作业区（如清洁作业区内大型维修后）时，在静态和动态两种状态下均应检测。日常运行中，清洁作业区的空气洁净度检测和监测按照下表进行。

婴幼儿配方乳粉生产清洁作业区动态标准控制表

项目	内容	检测方法	控制要求	监控频次
微生物最大允许数	浮游菌	GB/T 16293	≤ 200 cfu/m^3	1 次 / 周
	沉降菌	GB/T 16294	≤ 100 cfu/4h(φ90mm)	1 次 / 周
	表面微生物	参照 GB 15982 采样，按 GB 4789.2 计数	≤ 50cfu/ 皿 (φ55mm)	1 次 / 周
压差	清洁作业区与非清洁作业区之间	通过压差计测量	≥ 10Pa	2 次 / 班
换气次数	通过测定风速验证换气次数	通过风速仪测定	≥ 12 次 /h	更换高效过滤器时或 1 次 / 月
温度	–	通过温度表测定	16–25° C	2 次 / 班
相对湿度	–	通过湿度表测定	≤ 65%	2 次 / 班

说明：换气次数通过风速进行转换后测定。计算公式为：N=3600SV/A，监测时通过风速计算。其中，N= 换气次数，次 /h；S= 风口通风面积，m2；A= 车间容积，m3；V= 测得风口平均风速，m/s。

2. 必备的生产设备及要求

（1）湿法生产婴幼儿配方乳粉必备的生产设备

设备名称	基本条件	最低参数或特殊要求
1. 储奶设备	保证工厂所需生乳低温储存	带有自动恒温系统或保温系统，储存能力总和不应小于 30t。（不使用生乳为原料的工艺不要求必备此设备）
2. 净乳设备	离心式净乳机	总处理能力不应小于 5t/h，并有备用零件。（不使用生乳为原料的工艺不要求必备此设备）
3. 巴氏杀菌设备	–	总处理能力不应小于 5t/h。（不使用生乳为原料的工艺不要求必备此设备）
4. 清洗设备	全自动 CIP 清洗设备	要求全自动控制，应覆盖浓缩前的生产线，无死角。
5. 配料设备	–	应配套电子称（秤）或流量计等计量装置，配料设备应采用高剪切罐或真空混料罐等设备。
6. 均质设备	两段高压均质机	处理能力不应小于 5t/h，并有备用零件。
7. 制冷设备	氨或氟制冷机组或其他等效设备	在标准工况条件下制冷量在 54 kw 以上设备。
8. 浓缩设备	真空浓缩蒸发器	蒸发能力不小于 2400kg/h，且杀菌温度自动控制，能够进行 CIP 清洗。
9. 高压泵	–	处理能力不应小于 1000 kg/h，并有备用零件。
10. 喷雾干燥设备	立式喷雾干燥设备	单塔水分蒸发能力 500 kg/h 以上，配备流化床进行干燥和冷却。
11. 密闭输送设备	–	符合食品级要求的密闭、无尘、自动化连续式或批次式输送设备。
12. 密闭暂存设备	食品级材质；物料下料均匀流畅	清理检修方便、配手动或自动取样装置。
13. 金属检测设备	在线或成品检测	自动控制，能检测出≥球径 2mm 金属。
14. 包装设备	全自动包装机设备	带有自动质量计量和校正系统的全自动包装机。
15. 洁净空调系统	清洁作业区车间面积满足生产需要	清洁作业区洁净度满足婴幼儿配方乳粉生产清洁作业区动态标准控制要求。

（2）干法生产婴幼儿配方乳粉必备的生产设备

设备名称	基本条件	最低参数或特殊要求
1. 隧道杀菌设备	紫外线杀菌及其他杀菌设施	隧道杀菌设备为连续、封闭式，杀菌后进入净化空气环境。
2. 投料设备	人工或自动投料	配套除尘装置，投料产生的粉尘应避免混入生产环境。

（续）

设备名称	基本条件	最低参数或特殊要求
3. 筛分设备	在线连续筛分	食品级不锈钢筛网，方便拆卸，清理及更换筛网。
4. 密闭输送设备	–	符合食品级要求的密闭、无尘、自动化连续式或批次式输送设备。
5. 计量配料设备	质量计量	自动或半自动称重计量。
6. 预混设备	批次或连续混合	混料过程为封闭、无尘、自动化操作。
7. 混合设备	批次或连续混合	混料过程为封闭、无尘、自动化操作；至少保障 1:1000 的两种物料混合均匀，加工能力 2000kg/h 或以上。
8. 密闭暂存设备	食品级材质；物料下料均匀流畅	清理检修方便、配手动或自动取样装置。
9. 金属检测设备	在线或成品检测	自动控制，能检测出≥球径 2mm 金属。
10. 包装设备	全自动包装机设备	带有自动质量计量和校正系统的全自动包装机。
11. 洁净空调系统	清洁作业区车间面积满足生产需要	清洁作业区洁净度满足婴幼儿配方乳粉生产清洁作业区动态标准控制要求。

（3）干湿法复合工艺生产婴幼儿配方乳粉应具备湿法工艺全部的生产设备和干法工艺必需的生产设备。

3. 必备的检验设备

检验设备的数量应与企业生产能力相适应。应审查企业提交的检验设备与生产能力相适应的书面报告。

国家卫生计生行政部门有关食品安全公告和食品安全国家标准（含企业标准）所规定的所有适用于婴幼儿配方乳粉的检验项目，企业都应具有相应的检验设备。相关食品安全国家标准修订或更改，企业应及时购置对应的检验仪器设备。《食品安全国家标准 婴儿配方食品》（GB 10765）、《食品安全国家标准较大婴儿和幼儿配方食品》（GB 10767）涉及的检验方法参见附件 2、附件 3。

企业可以使用快速检验设备，但应保持检测结果准确。企业使用的快速检测方法及设备应定期与食品安全国家标准规定的检验方法进行比对或者验证。检验结果呈阳性时，应使用食品安全国家标准规定的检验方法进行确认。

（四）设备布局、基本工艺流程、关键控制点及清场要求

1. 设备布局

设备的布局应当符合工艺、清洗的需要。

2. 基本工艺流程

（1）湿法工艺流程：

全脂、脱脂乳粉

↓

原料乳→净乳→杀菌→冷藏→标准化配料→均质→杀菌→浓缩→喷雾干燥→流化床二次干燥→包装

（2）干法工艺流程：

原辅料→备料→进料→配料（预混）→投料→混合→包装

（3）干湿法复合工艺流程：

干湿法复合工艺流程应包括除终产品包装外的全部湿法工艺流程和相应的干法工艺流程。

企业调整产品工艺流程及设备时，应提交必要性和安全性报告。

应注意核查国家禁止使用或明令淘汰的生产工艺和设备。

3. 关键控制点技术要求

（1）湿法工艺的过程要求

①生乳的运输和贮存。生乳在挤奶后 2 小时内应降温至 0—4℃。采用保温奶罐车运输。运输车辆应具备完善的证明和记录。生乳到厂后应及时进行加工，如果不能及时处理，应有冷藏贮存设施，并进行温度及相关指标的监测，做好记录。②产品配料。采用婴幼儿配方乳粉相关标准要求的原辅料，经核对有关信息后，去除外包装除尘净化后输送到配料车间。原辅料应使用高剪切罐或真空混料罐等配料设备充分溶解。食品添加剂及食品营养强化剂应设专人负责管理，设置专区存放，并对添加剂及营养强化剂的名称、进货时间、批号等进行严格核对，准确称量并做好记录。复合维生素和复合微量元素应按照产品要求采用不同的容器溶解，按要求添加，避免产生反应。③杀菌和浓缩。进料温度、真空度、蒸汽压力、杀菌温度应控制在设备参数范围内，并记录。④喷雾干燥和冷却降温。喷雾干燥工序应严格控制蒸汽、水的使用，以减少有害微生物的繁殖。应采用流化床进行冷却降温，不可采用人工筛粉、粉车凉粉等将半成品裸露在清洁作业区的作业。冷却后的产品应采用粉仓等密闭暂存设备储存。⑤产品包装。严格控制人流、物流、气流的走向，防止污染。应采用自动包装机对产品进行包装。为了避免生产过程中因设备破损或磨损等产生的异物混入产品，在产品包装之前应进行金属检测或包装后配备 X 射线检测器等在线检测金属异物，并配备剔除设备，保证包装后的产品不含有金属和其他异物。包装后的产品应取样并进行密封性测试及全项目检测，合格后方可出厂。

（2）干法工艺的过程要求

①备料。应对原辅料的名称、规格、是否合格、外包装无污染等进行确认。备料区域与进料区域之间应设立独立的缓冲处理区域，配备相应的风淋和杀菌系统，做到物料外包装的除尘与杀菌。②进料。拆包过程中，

应注意内袋对外袋碎屑及线绳的静电吸附，定期对拆包进料区域进行卫生清理，检查物料内袋有无破损，发现破损或物料结块等异常，应做退料处理。物料除去外包装后经过杀菌隧道进入清洁作业区。③配料（预混）。维生素、微量元素或其他营养素等物料配方须由专门配方管理人员录入管理，并由相关人员进行配方的复核，确保配方录入准确。配料过程应确保物料称量与配方要求一致，称量结束后需对物料的名称、规格、日期等进行标识。预混前需根据预混配方对物料品种、重量等进行复核，确保投料准确。预混结束后对已预混物料的名称、规格、日期等进行标识。整个配料（预混）生产及领用应建立相关记录，确保产品生产信息的可追溯。④投料。投料前需确保投料区域环境及设备符合相关清场标准，并与进料人员就原料品种、数量进行沟通，对要投入原料的标识、数量与投料单进行核对，确保投料准确。投料人员需定期对手部及本区域环境和设备进行消毒，避免物料污染。物料投入输送系统需经过振动筛，剔除物料中可能混杂的异物进入投料系统内。过筛的物料输送到相关储粉仓或混合设备。⑤混合。混合过程应实现全过程自动化控制，无异常不需要人工干预。混合工艺应保证物料的混合均匀性。混合后的半成品不能裸露在清洁作业区内，应采用粉仓等密闭暂存设备储存。⑥包装。同湿法工艺对应要求。

（3）干湿复合工艺过程要求

干湿复合工艺应符合湿法工艺、干法工艺中对应的关键点要求。

（4）清场

为了防止婴幼儿配方乳粉生产中不同批次、不同配方、不同品种之间的交叉污染或混淆，各生产工序在生产结束后、更换品种或批次前，应对现场进行清场并进行记录。记录内容包括：工序、品名、生产批次、清场时间、检查项目及结果等，清场负责人及复查人应在记录上签名。

（五）人员核查

1. 企业负责人、质量安全管理人员、生产管理人员和质量安全受权人

企业负责人、质量安全管理人员、生产管理人员、质量安全受权人应有食品及相关专业本科以上学历，经专业理论和实践培训合格，应掌握婴幼儿配方乳粉有关的质量安全知识，了解应承担的责任和义务，并且无违反《中华人民共和国食品安全法》规定的不良记录。质量安全受权人主要承担产品放行的责任，确保每批已放行产品的生产、检验均符合国家相关法规和食品安全标准。在产品放行前，质量安全受权人必须出具产品放行审核记录，并纳入批记录。

2. 生产技术人员及检验人员

生产技术人员应有食品及相关专业大专以上学历，经专业理论和实践培训合格，并至少在乳制品企业具有3年以上婴幼儿配方乳粉生产经验。

实验室从事检测的人员应至少具有食品、化学或相关专业专科以上的学历，或者具有10年以上检测工作经历，并获得食品检验职业资格证书。实验室负责人应具有食品、化学或相关专业本科以上学历，并具有3年以上相关技术工作经历。要求每个检验项目至少2人以上具有独立检验的能力。

3. 生产操作人员

生产操作人员的数量应适应企业规模、工艺、设备水平。具有一定的技术经验，掌握生产工艺操作规程，按照技术文件进行生产，熟练操作生产设备。特殊岗位的生产操作人员资格应符合有关规定。

4. 人员健康证明

婴幼儿配方乳粉生产的现场人员，应例行健康检查，具有卫生计生部门颁发的健康证明，方可从事生产。

三、生产许可产品检验

（一）抽样和封样

按照《食品生产许可审查通则》和本细则的要求，在企业的成品库内按照下列规定进行抽样，并对该产品进行封存。

按企业所申报婴幼儿配方乳粉产品的申证单元和产品适用的年龄段，对企业申请的每一个品种（按申请产品标准）随机抽取1个包装规格的产品进行许可检验。

抽样基数不少于200个销售包装。500g以下包装的抽样数量为16个销售包装；500g以上包装的抽样数量为12个销售包装。

所抽取的样品应分成2份，500g以下包装的样品1份为10个作为检验用样品，1份为6个作为备查样品；500g以上包装的样品，1份为8个包装作为检验用样品，1份为4个包装作为备查样品。

样品经确认无误后，由抽样人员与被抽样单位负责人在抽样单上签字、盖章，当场封存样品，并加贴封条。封条上应当有抽样人员签名、抽样单位盖章及封样日期。抽样人员应当告知申请者有资格承担该产品发证检验任务的检验机构名称及联系方式，由申请者自主选择。申请者应在规定时间内把封好的样品送到选定的检验机构。

（二）检验项目

检验项目按产品适用的《食品安全国家标准 婴儿配方食品》（GB 10765）、《食品安全国家标准 较大婴儿和幼儿配方食品》（GB 10767）、企业标准及国家卫生计生行政部门的相关公告内容进行检验。

四、其他要求

婴幼儿配方乳粉生产企业应符合乳制品工业产业政策。

附件：1. 婴幼儿配方乳粉生产所需主要原辅料及包材涉及的主要标准

2.《食品安全国家标准 婴儿配方食品》（GB 10765）规定的检测项目与方法

3.《食品安全国家标准 较大婴儿和幼儿配方食品》（GB 10767）规定的检测项目与方法

附件 1：

婴幼儿配方乳粉生产所需主要原辅料及包材涉及的主要标准

序号	国家标准	（原辅料）标准名称	序号	国家标准	（原辅料）标准名称
1	GB 19301	生乳	15	GB 25558	食品添加剂 磷酸三钙
2	GB 19644	乳粉	16	GB 25559	食品添加剂 磷酸二氢钙
3	GB 11674	乳清粉和乳清蛋白粉	17	GB 25595	乳糖
4	GB 317	白砂糖	18	GB 9683	复合食品包装袋卫生标准
5	GB 14963	蜂蜜	19	GB 9687	食品包装用聚乙烯成型品卫生标准
6	GB 1535	大豆油	20	GB 9688	食品包装用聚丙烯成型品卫生标准
7	GB 1534	花生油	21	GB 9689	食品包装用聚苯乙烯成型品卫生标准
8	GB 10464	葵花籽油	22	GB/T 191	包装储运图示标志
9	GB 19111-2003	玉米油	23	GB 13432	预包装特殊膳食用食品标签通则
10	GB 2716-2005	食用植物油卫生标准	24	GB 7718	预包装食品标签通则
11	GB 26687	复配食品添加剂通则	25	GB 2760	食品添加剂使用标准
12	GB 25542	食品添加剂 甘氨酸（氨基乙酸）	26	GB 14880	食品营养强化剂使用标准
13	GB 25543	食品添加剂 L- 丙氨酸	27	GB 5749	生活饮用水卫生标准
14	GB 25550	食品添加剂 L- 肉碱酒石酸盐			

本表为婴幼儿配方乳粉生产所需主要原辅料及包材涉及的主要标准，供参考。

附件 2：

《食品安全国家标准 婴儿配方食品》（GB10765）规定的检测项目与方法

序号	检测项目	检测项目	方法标准
1	感官要求	色泽	按照对应标准
2		滋味，气味	按照对应标准
3		组织状态	按照对应标准
4		冲调性	按照对应标准
5	热量	热量	按照对应标准
6	蛋白质	蛋白质	GB 5009.5
8		乳清蛋白占蛋白质比例	-
9	脂肪	脂肪	GB 5413.3
10		亚油酸	GB 5413.27
11		α－亚麻酸/（mg）	GB 5413.27
12		亚油酸与 α－亚麻酸比值	GB 5413.27
13		月桂酸与肉豆蔻酸（十四烷酸）总量与总脂肪酸比值	GB 5413.27
14		反式脂肪酸与总脂肪酸比值	GB 5413.36
15		芥酸与总脂肪酸比值	GB 5413.27

（续）

序号	检测项目	检测项目	方法标准
16	碳水化合物	碳水化合物	按 GB 10765 中 4.3.2 表 2 执行
17		乳糖占碳水化合物比值	GB 5413.5
18	维生素指标	维生素 A	GB 5413.9
19		维生素 D	GB 5413.9
20		维生素 E	GB 5413.9
21		维生素 K	GB 5413.10
22		维生素 B_1	GB 5413.11
23		维生素 B_2	GB 5413.12
24		维生素 B_6	GB 5413.13
25		维生素 B_{12}	GB 5413.14
26		烟酸（烟酰胺）	GB 5413.15
27		叶酸	GB 5413.16
28		泛酸	GB 5413.17
29		维生素 C	GB 5413.18
30		生物素	GB 5413.19
31	矿物质指标	钠	GB 5413.21
32		钾	GB 5413.21
33		铜	GB 5413.21
34		镁	GB 5413.21
35		铁	GB 5413.21
36		锌	GB 5413.21
37		锰	GB 5413.21
38		钙	GB 5413.21
39		磷	GB 5413.22
40		钙磷比	GB5413.21、GB5413.22
41		碘	GB 5413.23
42		氯	GB 5413.24
43		硒	GB 5009.93
44	可选性成分	胆碱	GB/T 5413.20
45		肌醇	GB 5413.25
46		牛磺酸	GB 5413.26
47		左旋肉碱	–
48		二十二碳六烯酸（% 总脂肪酸）	GB 5413.27
49		二十碳四烯酸（% 总脂肪酸）	GB 5413.27
50		二十二碳六烯酸与二十碳四烯酸的比值	GB 5413.27
51		二十碳五烯酸与二十二碳六烯酸的比值	GB 5413.27
52	水分	水分	GB 5009.3
53	灰分	乳基粉状产品	GB 5009.4
54	杂质度	乳基粉状产品	GB 5413.30
55		乳基液态产品	GB 5413.30
56	污染物限量	铅	GB 5009.12
57		硝酸盐（以 $NaNO_3$ 计）	GB 5009.33
58		亚硝酸盐（以 $NaNO_2$ 计）	GB 5009.33

（续）

序号	检测项目	检测项目	方法标准
59	真菌毒素	黄曲霉毒素 M_1	GB 5413.37
60	微生物限量	菌落总数	GB 4789.2
61		大肠菌群	GB 4789.3 平板计数法
62		金黄色葡萄球菌	GB 4789.10 平板计数法
63		阪崎肠杆菌	GB 4789.40 计数法
64		沙门氏菌	GB 4789.4
65	三聚氰胺	三聚氰胺	GB 22388 卫生部 2011 年第 10 号公告
66	标签	食品标签	GB 7718、GB 13432

本表按照《乳品质量安全监督管理条例》及食品安全国家标准 GB 10765 汇总，供参考。

附件 3:

《食品安全国家标准 婴儿配方食品》（GB10765）规定的检测项目与方法

序号	检测项目	检测项目	方法标准
1	感官要求	色泽	按照对应标准
2		滋味，气味	按照对应标准
3		组织状态	按照对应标准
4		冲调性	按照对应标准
5	热量	热量	按照对应标准
6	蛋白质	蛋白质	GB 5009.5
7	脂肪	脂肪	GB5413.3
8		亚油酸	GB5413.27
9	维生素指标	维生素 A	GB 5413.9
10		维生素 D	GB 5413.9
11		维生素 E	GB 5413.9
12		维生素 K	GB 5413.10
13		维生素 B_1	GB 5413.11
14		维生素 B_2	GB 5413.12
15		维生素 B_6	GB 5413.13
16		维生素 B_{12}	GB 5413.14
17		烟酸（烟酰胺）	GB 5413.15
18		叶酸	GB 5413.16
19		泛酸	GB 5413.17
20		维生素 C	GB 5413.18
21		生物素	GB 5413.19

（续）

序号	检测项目	检测项目	方法标准
22	矿物质指标	钠	GB 5413.21
23		钾	GB 5413.21
24		铜	GB 5413.21
25		镁	GB 5413.21
26		铁	GB 5413.21
27		锌	GB 5413.21
28		钙	GB 5413.21
29		磷	GB 5413.22
30		钙磷比	/
31		碘	GB 5413.23
32		氯	GB 5413.24
33	可选性成分	胆碱	GB/T 5413.20
34		肌醇	GB 5413.25
35		牛磺酸	GB 5413.26
36		左旋肉碱	
37		二十二碳六烯酸（% 总脂肪酸）	GB 5413.27
38		二十碳四烯酸（% 总脂肪酸）	GB 5413.27
39		硒	GB 5009.93
40		锰	GB 5413.21
41	水分	水分（限粉状产品）	GB 5009.3
42	灰分	粉状产品 /(%)	GB 5009.4
43	杂质度	粉状产品（添加蔬菜水果产品除外）	GB 5413.30
44	污染物限量	铅	GB 5009.12
45		硝酸盐（以 $NaNO_3$ 计）（添加蔬菜水果产品除外）	GB 5009.33
46		亚硝酸盐（以 $NaNO_2$ 计）	GB 5009.33
47	真菌毒素	黄曲霉毒素 M_1	GB 5413.37
48	微生物限量	菌落总数	GB 4789.2
49		大肠菌群	GB 4789.3 平板计数法
50		沙门氏菌	GB 4789.4
51	三聚氰胺	三聚氰胺	GB 22388 卫生部 2011 年第 10 号公告
52	标签	食品标签	GB 7718 GB 13432

本表按照《乳品质量安全监督管理条例》及食品安全国家标准 GB 10767 汇总，供参考。

关于进一步加强婴幼儿配方乳粉销售监督管理工作的通知

食药监食监二〔2013〕251 号

各省、自治区、直辖市食品药品监督管理局，新疆生产建设兵团食品药品监督管理局：

为深入贯彻落实《国务院办公厅转发食品药品监管总局等部门关于进一步加强婴幼儿配方乳粉质量安全工作意见的通知》（国办发〔2013〕57 号，以下简称《通知》）精神，根据《中华人民共和国食品安全法》及其实施条例、《乳品质量安全监督管理条例》等法律法规的规定，以及《国务院办公厅关于进一步加强乳品质量安全工作的通知》（国办发〔2010〕42 号）要求，参照药品经营质量管理规范以及相关管理办法，现就进一步加强婴幼儿配方乳粉销售监督管理工作通知如下：

一、加强督促和引导，严格落实婴幼儿配方乳粉经营者责任和义务

（一）督促婴幼儿配方乳粉经营者落实食品安全管理责任和义务

经营者购进婴幼儿配方乳粉应建立并严格执行进货查验和查验记录制度。一是要比照名录。经营者购进婴幼儿配方乳粉，应与食品药品监管等部门公布的生产企业和产品名录等信息进行比照、核查。二是要查验供货商的经营资格文件。购进婴幼儿配方乳粉前，经营者要对供货商的许可证、营业执照原件进行查验，并对查验情况进行记录。三是要索取票证。经营者应要求供货商提供加盖生产企业或供货商印章的生产企业食品生产许可证和营业执照复印件、加盖供货商印章的供货商食品生产经营许可证和营业执照复印件、供货商供货发票等票据、食品批次检验报告等文件资料。四是要查验食品标签标识。经营者应对标签中标注的食品名称、生产企业名称、经销企业名称、保质期等信息进行查验。五是要如实记录。经营者应当建立完备的婴幼儿配方乳粉进货查验记录，进货查验记录必须如实记载婴幼儿配方乳粉的名称、适用的年龄段、生产企业名称（进口婴幼儿配方乳粉为进口商或进口代理商名称）、商标、规格、批号、生产日期、保质期、供货者名称及联系方式、数量、价格、进货日期、检验报告编号及出具单位等内容。六是要自觉抵制不合规产品。经营者对在比照名录、查验文件资料以及食品标签标识时发现下列情况之一的婴幼儿配方乳粉应予以拒收或退货，不得购入和销售，并同时向当地食品安全监管部门报告：不在监管部门批准的生产企业名录之内的企业生产的；企业以委托、贴牌、分装方式生产的；无相应批次全项目检验报告（包括法定食品检验机构的检验报告和企业自检机构出具的检验报告）或进口无中文标识的；同一生产企业用同一配方生产的不同品牌的；牛、羊乳及其乳粉、乳成分制品以外的其他动物乳和乳制品生产的。

经营者应按照标签上注明的储存条件储存、销售婴幼儿配方乳粉，定期检查库存和卖场乳粉。经营者应当对发现的不符合食品安全标准和过期、变质的婴幼儿配方乳粉，及时采取退市、清理和无害化处理或销毁等措施，防止问题产品流入市场。

经营企业应当配备食品安全管理人员。经营企业配备的食品安全管理人员应具备食品质量安全管理方面的资质并在销售场所进行公示。经营者应建立健全并严格执行从业人员上岗培训和定期培训制度，全面落实每年 40 个小时的培训要求，对从业人员进行食品安全法律法规和相关专业知识培训，并建立培训档案。培训档案中应当记录培训时间、地点、内容及接受培训的人员。

（二）实行婴幼儿配方乳粉专柜专区销售

商场、超市、食品店和药店等经营者对婴幼儿配方乳粉要实行专柜专区销售。经营者要在销售场所划定专门的区域或柜台、货架摆放、销售婴幼儿配方乳粉；经营者要在销售区域或柜台、货架处显著位置设立销售专柜或专区提示牌，注明“婴幼儿配方乳粉销售专区（或专柜）”字样，提示牌规格可根据经营者设立的专柜或专区的空间大小而定，但均应采取“绿底 + 白字（黑体）”式样。经营者要及时对销售的婴幼儿配方乳粉进行清理，对发现的包装破损、腐败、变质或超过保质期的婴幼儿配方乳粉要立即停止经营、登记造册，并依法及时采取无害化处理或销毁等方式予以处置；经营者要对距离保质期不足一个月的婴幼儿配方乳粉及时采取醒目提示或提前下架等处理措施；经营企业要由专人负责婴幼儿配方乳粉专柜专区的食品安全工作。

（三）引导婴幼儿配方乳粉经营者落实社会责任

婴幼儿配方乳粉经营者应当严格落实质量安全责任追究制度，建立先行赔偿和追偿制度，按照“谁销售、谁负责”的原则对消费者进行赔偿。

二、加强婴幼儿配方乳粉流通许可管理，严格审核和许可

（一）严格审核许可

各地食品安全监管部门要严格按照《中华人民共和国食品安全法》等法律法规和有关食品安全标准设定的经营条件，对婴幼儿配方乳粉经营许可申请人实施单项现场核查，严格审核许可申请人经营条件；在食品流通许可项目中，对婴幼儿配方乳粉销售实行专门分类单项审核和管理，对不符合条件要求的一律不得予以许可。对因严重食品违法犯罪被列入“黑名单”的婴幼儿配方乳粉生产经营单位所有被追究责任的经营管理和从业人员应当建立检索名录。上述人员中除依法不得从事食品药品生产经营者外，其他人员申请从事经营婴幼儿配方乳粉应当从严审查，不符合经营婴幼儿配方乳粉条件和要求的，一律不得审核批准。

（二）组织开展许可规范清理行动

各地食品安全监管部门要对已经取得食品流通许可的流通环节婴幼儿配方乳粉经营者进行逐户复查、规范和清理，对经营条件不符合食品安全标准和相关要求，或在核准地址以外的场所储存、销售婴幼儿配方乳粉的经营者，要依法规范一批、清理一批、查处一批。

三、强化日常监督管理，严格规范经营者销售行为

（一）严格许可条件保持情况的监督管理

各地食品安全监管部门要进一步加大对婴幼儿配方乳粉经营者许可条件保持情况的监管力度。对不能持续达到许可条件的，一律注销婴幼儿配方乳粉经营许可项目。严格监督经营者按照婴幼儿配方乳粉包装或标签标识上标明的运输、储存和销售条件要求或相关食品安全标准运输、储存和销售婴幼儿配方乳粉。经营者储存、销售婴幼儿配方乳粉，应当采取必要的冷藏、防冻、防潮、避光、通风、防虫、防鼠等措施，保证婴幼儿配方乳粉质量安全。对经营条件不符合婴幼儿配方乳粉标签标识标注事项要求或国家食品安全标准和有关要求的，要依法及时予以查处。

（二）严格监督经营者落实进货查验和查验记录制度

各地食品安全监管部门要对经营婴幼儿配方乳粉的批发企业、商场、超市、药店、母婴用品店和食品店进行重点监督检查，严格检查进货查验和查验记录等情况。对发现销售不是监管部门批准的企业生产，或未列入监管部门产品公示目录内的婴幼儿配方乳粉的要立即检查，发出消费警示，并追查来源、坚决依法打击。要切实防止以委托、贴牌、分装等方式，或使用牛、羊乳及其乳粉、乳成分制品以外的其他动物乳和乳制品生产的婴幼儿配方乳粉进入市场。同时，对销售无对应批次全项目检验报告婴幼儿配方乳粉或无中文标识的进口婴幼儿配方乳粉的，一律责令停止经营，依法从严查处并监督经营者作退货或销毁处理。

（三）健全完善婴幼儿配方乳粉经营者食品安全信用档案

各地食品安全监管部门应当全面建立婴幼儿配方乳粉经营者食品安全信用档案。婴幼儿配方乳粉经营者食品安全信用档案可采用电子或纸质媒介，对经营者许可证的颁发、监督检查结果、违法行为查处等情况，区分良好信用信息和不良信用信息进行全面记载。

（四）强化婴幼儿配方乳粉监督抽检和风险监测

各地食品安全监管部门要强化婴幼儿配方乳粉监督抽检、风险监测和快速检测工作，针对食品安全风险因素科学设定检验项目，参照药品“飞行检查”方式进行突击性抽检，增加对婴幼儿配方乳粉的抽样检验数量和频次。对监督抽检中发现销售不符合食品安全标准，或违法添加三聚氰胺等非食用物质和超范围使用食品添加剂的婴幼儿配方乳粉的，要及时依法从严查处。对风险监测发现的问题样品，要及时组织核查处置。

四、加强部门协作配合，严厉查处违法行为

各地食品安全监管部门要继续以婴幼儿配方乳粉为重点，深入开展流通环节乳制品专项整治执法行动，严厉打击非法添加非食用物质、超范围超限量使用食品添加剂、生产经营不符合食品安全标准的婴幼儿配方乳粉和篡改生产日期、涂改标签标识等违法行为，严厉查处未取得生产、经营许可和营业执照生产加工、销售婴幼儿配方乳粉的违法行为。要强化行政执法与刑事司法的有效衔接，对涉嫌犯罪的，及时依法移送公安机关。同时，要在当地政府的统一领导和协调下，加强与卫生计生、质监、进出口检验检疫、公安、商务、工商行政管理等部门的协作配合，开展联合执法检查，加大打击销售假劣、侵权假冒婴幼儿配方乳粉，以及虚假宣传、违法广告、标签标识违规违法等行为的监管执法力度。对在工作中发现的经营单位对婴幼儿配方乳粉营销实行不合理收费，以及其他隐患问题和风险信息等，要及时通报相关部门，切实形成监管合力。

各省级食品安全监管部门要于每年12月5日前，将本年度婴幼儿配方乳粉销售监管工作的情况，书面报送国家食品药品监管总局食品安全监管二司。

国家食品药品监督管理总局

2013年12月18日

关于贯彻婴幼儿配方乳粉生产许可审查细则严格生产许可工作的通知

食药监食监一〔2013〕253号

各省、自治区、直辖市食品药品监督管理局（质量技术监督局），新疆生产建设兵团食品药品监督管理局（质量技术监督分局）：

为贯彻落实《国务院办公厅转发食品药品监管总局等部门关于进一步加强婴幼儿配方乳粉质量安全工作意见的通知》（国办发〔2013〕57号），严格婴幼儿配方乳粉生产企业许可条件，总局制定发布了《婴幼儿配方乳粉生产许可审查细则（2013版）》（总局2013年第49号公告，以下简称《细则》）。现就贯彻落实《细则》，开展婴幼儿配方乳粉生产许可工作通知如下：

一、认真组织学习《细则》，准确把握内容要求

《细则》是实施婴幼儿配方乳粉生产许可的重要依据，是贯彻落实国务院加强婴幼儿配方乳粉质量安全工作部署的重要措施。《细则》参照药品管理的办法和措施，进一步严格婴幼儿配方乳粉生产许可条件，重点提高了企业质量安全管理、原辅料质量、产品配方、产品追溯、检验检测和自主研发能力等方面的要求。

各省级局要组织食品安全监管人员和企业有关人员认真学习，全面理解把握《细则》的内容和要求，着重学习《细则》中调整和新增加的内容，确保婴幼儿配方乳粉生产许可工作顺利进行。

二、严格生产许可，规范婴幼儿配方乳粉生产

各省级局要按照《细则》内容和婴幼儿配方乳粉质量安全监管的要求，认真组织开展婴幼儿配方乳粉生产许可有效期届满换证审查和再审核工作。

（一）严格审查时间。要统筹安排，督促本地所有取得婴幼儿配方乳粉生产许可的企业按照要求及时提出审查申请，于2014年5月31日之前完成换证审查和再审核工作，并及时公布通过审查换发生产许可证的企业和产品名录。

（二）严格延期审查。对暂不能达到《细则》要求、不能按时提出审查申请的企业，以及未通过换证审查和再审核取得生产许可的企业，经省级局批准，可给予2年的停产整改时间，保留原生产许可证编号。

（三）严格组成审查组。总局统一组织婴幼儿配方乳粉生产许可审查员培训、考核和注册。各省级局要根据企业规模和审查工作量等情况成立审查组，每个审查组应从经总局注册的婴幼儿配方乳粉生产许可审查员中选取3～5名人员组成，并指定审查组长。各省级局要指派负责婴幼儿配方乳粉质量安全工作的监管人员参与审查工作。

（四）严格产品配方和标签管理。通过生产许可审查的企业应及时将产品配方和包装、标签式样报送当地省级局。按照《细则》有关生产0～6个月龄婴儿配方乳粉使用乳清粉和乳清蛋白粉的质量要求及产品分段要求，企业需要更改配方或改变产品名称、包装、标签的，给予1年的整改过渡期。

（五）严格发证检验。生产许可审查抽取的检验样品，应送经总局考核确定的婴幼儿配方乳粉生产许可检验机构进行发证检验。检验机构要严格按照婴幼儿配方乳粉国家标准和产品配方等进行检验，并准确、及时地出具检验报告，报送相关省级局和总局。

（六）严格干湿法复合工艺审查。对采用干湿法复合工艺生产婴幼儿配方乳粉的集团公司，其采用湿法工艺生产基粉的工厂和添加部分配料干混生产婴幼儿配方乳粉的工厂不在同一个厂区的，要对基粉工厂和婴幼儿配方乳粉工厂一并组织审查。对基粉工厂和婴幼儿配方乳粉工厂不在同一省（区、市）的，由婴幼儿配方乳粉工厂所在地省级局会同基粉工厂所在地省级局组成联合审查组进行审查。同时，增加对基粉储存、运输、使用管理制度的审查，确保基粉质量安全。基粉仅限集团公司内部工厂使用。

审查通过后，由工厂所在地省级局分别发证。对婴幼儿配方乳粉工厂发放婴幼儿配方乳粉生产许可证，在生产许可证书副页中注明所使用的基粉规格及其工厂名称；对基粉工厂发放乳制品生产许可证，在生产许可证书副页中注明基粉规格和使用的工厂名称。

对集团公司内部既生产婴幼儿配方乳粉又生产基粉的工厂，发放婴幼儿配方乳粉生产许可证，在生产许可证副页中注明生产的基粉规格和使用的工厂名称。

对集团公司所属基粉工厂和婴幼儿配方乳粉工厂不在同一个厂区的，各省级局根据集团公司申请，原则上

给予3年的整改过渡期。

对使用基粉添加部分配料干混生产婴幼儿配方乳粉的企业，其基粉不是企业内部工厂提供的，不予生产许可审查。

三、加强组织领导，确保工作质量

（一）加强组织领导。各省级局要充分认识婴幼儿配方乳粉生产许可工作的严肃性和重要性，严格按照法律法规的规定和总局的要求，结合实际情况，制定换证审查和再审核工作方案，严格审查程序，统一审查要求，确保婴幼儿配方乳粉生产许可工作取得实效。黑龙江省、内蒙古自治区、广东省、陕西省局要成立换证审查和再审核工作领导小组，切实加强统一领导和组织协调。

（二）强化监督管理。换证审查和再审核期间，各省级局应加强对婴幼儿配方乳粉生产企业的监督检查，加大对停产整改企业和处于过渡期企业的监管力度，要求企业严格落实主体责任，保证婴幼儿配方乳粉质量安全。

（三）加强督导检查。各省级局要加强对婴幼儿配方乳粉生产许可换证审查和再审核工作的督促指导，及时组织研究解决工作中的问题。总局将适时组织食品安全监管人员、纪检监察人员和专家等组成督查组，对各地开展婴幼儿配方乳粉生产许可工作进行督导检查。

国家食品药品监督管理总局

2013年12月24日

【质量监督检验检疫总局发布】

进出口乳品检验检疫监督管理办法

第一章　总　则

第一条　为了加强进出口乳品检验检疫监督管理，根据《中华人民共和国食品安全法》(以下简称食品安全法)及其实施条例、《中华人民共和国进出口商品检验法》及其实施条例、《中华人民共和国进出境动植物检疫法》及其实施条例、《国务院关于加强食品等产品安全监督管理的特别规定》(以下简称特别规定)、《乳品质量安全监督管理条例》等法律法规规定，制定本办法。

第二条　本办法所称乳品包括初乳、生乳和乳制品。

本办法所称初乳是指奶畜产犊后7天内的乳。

本办法所称生乳是指从符合中国有关要求的健康奶畜乳房中挤出的无任何成分改变的常乳。奶畜初乳、应用抗生素期间和休药期间的乳汁、变质乳不得用作生乳。

本办法所称乳制品是指由乳为主要原料加工而成的食品，如：巴氏杀菌乳、灭菌乳、调制乳、发酵乳、干酪及再制干酪、稀奶油、奶油、无水奶油、炼乳、乳粉、乳清粉、乳清蛋白粉和乳基婴幼儿配方食品等。其中，由生乳加工而成、加工工艺中无热处理杀菌过程的产品为生乳制品。

第三条　国家质量监督检验检疫总局（以下简称国家质检总局）主管全国进出口乳品检验检疫监督管理工作。

国家质检总局设在各地的出入境检验检疫机构（以下简称检验检疫机构）负责所辖地区进出口乳品检验检疫监督管理工作。

第四条　进出口乳品生产经营者应当依法从事生产经营活动，对社会和公众负责，保证食品安全，诚实守信，接受社会监督，承担社会责任。

第二章　乳品进口

第五条　国家质检总局依据中国法律法规规定对向中国出口乳品的国家或者地区的食品安全管理体系和食品安全状况进行评估，并根据进口乳品安全状况及监督管理需要进行回顾性审查。

首次向中国出口乳品的国家或者地区，其政府主管部门应当向国家质检总局提供兽医卫生和公共卫生的法律法规体系、组织机构、兽医服务体系、安全卫生控制体系、残留监控体系、动物疫病的检测监控体系及拟对中国出口的产品种类等资料。

国家质检总局依法组织评估，必要时，可以派专家组到该国家或者地区进行现场调查。经评估风险在可接受范围内的，确定相应的检验检疫要求，包括相关证书和出证要求，允许其符合要求的相关乳品向中国出口。双方可以签署议定书确认检验检疫要求。

第六条　国家质检总局对向中国出口乳品的境外食品生产企业（以下简称境外生产企业）实施注册制度，注册工作按照国家质检总局相关规定执行。

境外生产企业应当经出口国家或者地区政府主管部门批准设立，符合出口国家或者地区法律法规相关要求。

境外生产企业应当熟悉并保证其向中国出口的乳品符合中国食品安全国家标准和相关要求，并能够提供中国食品安全国家标准规定项目的检测报告。境外生产企业申请注册时应当明确其拟向中国出口的乳品种类、品牌。

获得注册的境外生产企业应当在国家质检总局网站公布。

第七条 向中国出口的乳品，应当附有出口国家或者地区政府主管部门出具的卫生证书。证书应当证明下列内容：

（一）乳品原料来自健康动物；

（二）乳品经过加工处理不会传带动物疫病；

（三）乳品生产企业处于当地政府主管部门的监管之下；

（四）乳品是安全的，可供人类食用。

证书应当有出口国家或者地区政府主管部门印章和其授权人签字，目的地应当标明为中华人民共和国。

证书样本应当经国家质检总局确认，并在国家质检总局网站公布。

第八条 需要办理检疫审批手续的进口乳品，应当在取得《中华人民共和国进境动植物检疫许可证》后，方可进口。

国家质检总局可以依法调整并公布实施检疫审批的乳品种类。

第九条 向中国境内出口乳品的出口商或者代理商应当向国家质检总局备案。申请备案的出口商或者代理商应当按照备案要求提供备案信息，对信息的真实性负责。

备案名单应当在国家质检总局网站公布。

第十条 检验检疫机构对进口乳品的进口商实施备案管理。进口商应当有食品安全专业技术人员、管理人员和保证食品安全的规章制度，并按照国家质检总局规定，向其工商注册登记地检验检疫机构申请备案。

第十一条 进口乳品的进口商或者其代理人，应当持下列材料向海关报关地的检验检疫机构报检：

（一）合同、发票、装箱单、提单等必要凭证。

（二）符合本办法第七条规定的卫生证书。

（三）首次进口的乳品，应当提供相应食品安全国家标准中列明项目的检测报告。首次进口，指境外生产企业、产品名称、配方、境外出口商、境内进口商等信息完全相同的乳品从同一口岸第一次进口。

（四）非首次进口的乳品，应当提供首次进口检测报告的复印件以及国家质检总局要求项目的检测报告。非首次进口检测报告项目由国家质检总局根据乳品风险监测等有关情况确定并在国家质检总局网站公布。

（五）进口乳品安全卫生项目（包括致病菌、真菌毒素、污染物、重金属、非法添加物）不合格，再次进口时，应当提供相应食品安全国家标准中列明项目的检测报告；连续5批次未发现安全卫生项目不合格，再次进口时提供相应食品安全国家标准中列明项目的检测报告复印件和国家质检总局要求项目的检测报告。

（六）进口预包装乳品的，应当提供原文标签样张、原文标签中文翻译件、中文标签样张等资料。

（七）进口需要检疫审批的乳品，应当提供进境动植检疫许可证。

（八）进口尚无食品安全国家标准的乳品，应当提供国务院卫生行政部门出具的许可证明文件。

（九）涉及有保健功能的，应当提供有关部门出具的许可证明文件。

（十）标注获得奖项、荣誉、认证标志等内容的，应当提供经外交途径确认的有关证明文件。

第十二条 进口乳品的进口商应当保证其进口乳品符合中国食品安全国家标准，并公布其进口乳品的种类、产地、品牌。

进口尚无食品安全国家标准的乳品，应当符合国务院卫生行政部门出具的许可证明文件中的相关要求。

第十三条 进口乳品的包装和运输工具应当符合安全卫生要求。

第十四条 进口预包装乳品应当有中文标签、中文说明书，标签、说明书应当符合中国有关法律法规规定和食品安全国家标准。

第十五条 进口乳品在取得入境货物检验检疫证明前，应当存放在检验检疫机构指定或者认可的监管场所，未经检验检疫机构许可，任何单位和个人不得擅自动用。

第十六条 检验检疫机构应当按照《中华人民共和国进出口商品检验法》规定的方式对进口乳品实施检验；进口乳品存在动植物疫情疫病传播风险的，应当按照《中华人民共和国进出境动植物检疫法》规定实施检疫。

第十七条 进口乳品经检验检疫合格，由检验检疫机构出具入境货物检验检疫证明后，方可销售、使用。

进口乳品入境货物检验检疫证明中应当列明产品名称、品牌、出口国家或者地区、规格、数/重量、生产日期或者批号、保质期等信息。

第十八条 进口乳品经检验检疫不合格的，由检验检疫机构出具不合格证明。涉及安全、健康、环境保护项目不合格的，检验检疫机构责令当事人销毁，或者出具退货处理通知单，由进口商办理退运手续。其他项目不合格的，可以在检验检疫机构监督下进行技术处理，经重新检验合格后，方可销售、使用。

进口乳品销毁或者退运前，进口乳品进口商应当将不合格乳品自行封存，单独存放于检验检疫机构指定或者认可的场所，未经检验检疫机构许可，不得擅自调离。

进口商应当在3个月内完成销毁，并将销毁情况向检验检疫机构报告。

第十九条 进口乳品的进口商应当建立乳品进口和销售记录制度，如实记录进口乳品的入境货物检验检疫证明编号、名称、规格、数量、生产日期或者批号、保质期、出口商和购货者名称及联系方式、交货日期等内容。记录应当真实，记录保存期限不得少于2年。

检验检疫机构应当对本辖区内进口商的进口和销售记录进行检查。

第二十条 进口乳品原料全部用于加工后复出口的，检验检疫机构可以按照出口目的国家或者地区的标准或者合同要求实施检验，并在出具的入境货物检验检疫证明上注明“仅供出口加工使用”。

第二十一条 检验检疫机构应当建立进口乳品进口商信誉记录。

检验检疫机构发现不符合法定要求的进口乳品时，可以将不符合法定要求的进口乳品进口商、报检人、代理人列入不良记录名单；对有违法行为并受到处罚的，可以将其列入违法企业名单并对外公布。

第三章 乳品出口

第二十二条 国家质检总局对出口乳品生产企业实施备案制度，备案工作按照国家质检总局相关规定执行。

出口乳品应当来自备案的出口乳品生产企业。

第二十三条 出口生乳的奶畜养殖场应当向检验检疫机构备案。检验检疫机构在风险分析的基础上对备案养殖场进行动物疫病、农兽药残留、环境污染物及其他有毒有害物质的监测。

第二十四条 出口生乳奶畜养殖场应当建立奶畜养殖档案，载明以下内容：

（一）奶畜的品种、数量、繁殖记录、标识情况、来源和进出场日期；

（二）饲料、饲料添加剂、兽药等投入品的来源、名称、使用对象、时间和用量；

（三）检疫、免疫、消毒情况；

（四）奶畜发病、死亡和不合格生乳的处理情况；

（五）生乳生产、贮存、检验、销售情况。

记录应当真实，保存期限不得少于2年。

第二十五条 出口生乳奶畜养殖不得使用中国及进口国家或者地区禁用的饲料、饲料添加剂、兽药以及其他对动物和人体具有直接或者潜在危害的物质。禁止出口奶畜在规定用药期和休药期内产的乳。

第二十六条 出口乳品生产企业应当符合良好生产规范要求，建立并实施危害分析与关键控制点体系（HACCP），并保证体系有效运行。

第二十七条 出口乳制品生产企业应当建立下列制度：

（一）原料、食品添加剂、食品相关产品进货查验制度，如实记录其名称、规格、数量、供货者名称及联系方式、进货日期等；

（二）生产记录制度，如实记录食品生产过程的安全管理情况；

（三）出厂检验制度，对出厂的乳品逐批检验，并保存检验报告，留取样品；

（四）乳品出厂检验记录制度，查验出厂乳品检验合格证和质量安全状况，如实记录产品的名称、规格、数量、生产日期、保质期、生产批号、检验合格证号、购货者名称及联系方式、销售日期等。

上述记录应当真实，保存期不得少于2年。

第二十八条 出口乳品生产企业应当对出口乳品加工用原辅料及成品进行检验或者委托有资质的检验机构检验，并出具检验报告。

第二十九条 出口乳品的包装和运输方式应当符合安全卫生要求。

对装运出口易变质、需要冷冻或者冷藏乳品的集装箱、船舱、飞机、车辆等运载工具，承运人、装箱单位或者其代理人应当按照规定对运输工具和装载容器进行清洗消毒并做好记录，在装运前向检验检疫机构申请清洁、卫生、冷藏、密固等适载检验；未经检验或者经检验不合格的，不准装运。

第三十条 出口乳品的出口商或者其代理人应当按照国家质检总局的报检规定，向出口乳品生产企业所在地检验检疫机构报检。

第三十一条 检验检疫机构根据出口乳品的风险状况、生产企业的安全卫生质量管理水平、产品安全卫生质量记录、既往出口情况、进口国家或者地区要求等，制定出口乳品抽检方案，按照下列要求对出口乳品实施检验：

（一）双边协议、议定书、备忘录确定的检验检疫要求；

（二）进口国家或者地区的标准；

（三）贸易合同或者信用证注明的检验检疫要求。

均无上述标准或者要求的，按照中国法律法规及相关食品安全国家标准规定实施检验。

出口乳品的生产企业、出口商应当保证其出口乳品符合上述要求。

第三十二条 出口乳品经检验检疫符合相关要求的，检验检疫机构出具《出境货物通关单》或者《出境货物换证凭单》，并出具检验检疫证书；经检验检疫不合格的，出具《出境货物不合格通知单》，不得出口。

第三十三条 出口乳品出境口岸检验检疫机构按照出境货物换证查验的相关规定，检查货证是否相符。查验合格的，凭产地检验检疫机构出具的《出境货物换证凭单》换发《出境货物通关单》；查验不合格的，由口岸检验检疫机构出具不合格证明，不准出口。

产地检验检疫机构与口岸检验检疫机构应当建立信息交流机制，及时通报出口乳品在检验检疫过程中发现的卫生安全问题，并按照规定上报。

第三十四条 出口乳品生产经营者应当建立产品追溯制度，建立相关记录，保证追溯有效性。记录保存期限不得少于2年。

第三十五条 出口乳品生产企业应当建立样品管理制度，样品保管的条件、时间应当适合产品本身的特性，数重量应当满足检验要求。

第三十六条 检验检疫机构发现不符合法定要求的出口乳品时，可以将其生产经营者列入不良记录名单；对有违法行为并受到处罚的，可以将其列入违法企业名单并对外公布。

第四章　风险预警

第三十七条　国家质检总局和检验检疫机构应当收集和整理主动监测、执法监管、实验室检验、境外通报、国内机构组织通报、媒体网络报道、投诉举报以及相关部门转办等乳品安全信息。

第三十八条　进出口乳品生产经营者应当建立风险信息报告制度，制定乳品安全风险信息应急方案，并配备应急联络员；设立专职的风险信息报告员，对已发现的进出口乳品召回和处理情况等风险信息及时报告检验检疫机构。

第三十九条　检验检疫机构应当对经核准、整理的进出口乳品安全信息提出初步处理意见，并按照规定的要求和程序向国家质检总局报告，向地方政府、有关部门通报。

第四十条　国家质检总局和直属检验检疫局应当根据进出口乳品安全风险信息的级别发布风险预警通报。国家质检总局视情况可以发布风险预警通告，并决定采取以下措施：

（一）有条件地限制进出口，包括严密监控、加严检验、责令召回等；

（二）禁止进出口，就地销毁或者作退运处理；

（三）启动进出口乳品安全应急处置预案。

检验检疫机构负责组织实施风险预警及控制措施。

第四十一条　向中国出口乳品的国家或者地区发生可能影响乳品安全的动物疫病或者其他重大食品安全事件时，国家质检总局可以根据中国法律法规规定，对进口乳品采取本办法第四十条规定的风险预警及控制措施。

国家质检总局可以依据疫情变化、食品安全事件处置情况、出口国家或者地区政府主管部门和乳品生产企业提供的相关资料，经评估后调整风险预警及控制措施。

第四十二条　进出口乳品安全风险已不存在或者已降低到可接受的程度时，应当及时解除风险预警通报和风险预警通告及控制措施。

第四十三条　进口乳品存在安全问题，已经或者可能对人体健康和生命安全造成损害的，进口乳品进口商应当主动召回并向所在地检验检疫机构报告。进口乳品进口商应当向社会公布有关信息，通知批发、销售者停止批发、销售，告知消费者停止使用，做好召回乳品情况记录。

检验检疫机构接到报告后应当进行核查，根据进口乳品影响范围按照规定上报。

进口乳品进口商不主动实施召回的，由直属检验检疫局向其发出责令召回通知书并报告国家质检总局。必要时，国家质检总局可以责令召回。国家质检总局可以发布风险预警通报或者风险预警通告，并采取本办法第四十条规定的措施以及其他避免危害发生的措施。

第四十四条　发现出口的乳品存在安全问题，已经或者可能对人体健康和生命安全造成损害的，出口乳品生产经营者应当采取措施，避免和减少损害的发生，并立即向所在地检验检疫机构报告。

第四十五条　检验检疫机构在依法履行进出口乳品检验检疫监督管理职责时有权采取下列措施：

（一）进入生产经营场所实施现场检查；

（二）查阅、复制、查封、扣押有关合同、票据、账簿以及其他有关资料；

（三）查封、扣押不符合法定要求的产品，违法使用的原料、辅料、添加剂、农业投入品以及用于违法生产的工具、设备；

（四）查封存在危害人体健康和生命安全重大隐患的生产经营场所。

第四十六条　检验检疫机构应当按照有关规定将采取的控制措施向国家质检总局报告并向地方政府、有关部门通报。

国家质检总局按照有关规定将相关进出口乳品安全信息及采取的控制措施向有关部门通报。

第五章　法律责任

第四十七条　进口乳品经检验检疫不符合食品安全国家标准，擅自销售、使用的，由检验检疫机构按照食品安全法第八十五条、第八十九条的规定，没收违法所得、违法生产经营的乳品和用于违法生产经营的工具、设备、原料等物品；违法生产经营的乳品货值金额不足1万元的，并处2000元以上5万元以下罚款；货值金额1万元以上的，并处货值金额5倍以上10倍以下罚款；情节严重的，吊销许可证。

第四十八条　进口乳品进口商有下列情形之一，由检验检疫机构依照食品安全法第八十七条、第八十九条的规定，责令改正，给予警告；拒不改正的，处2000元以上2万元以下罚款；情节严重的，取消备案：

（一）未建立乳品进口、销售记录制度的；

（二）进口、销售记录制度不全面、不真实的；

（三）进口、销售记录保存期限不足2年的；

（四）记录发生涂改、损毁、灭失或者有其他情形无法反映真实情况的；

（五）伪造、变造进口、销售记录的。

第四十九条　进口乳品进口商有本办法第四十八条所列情形以外，其他弄虚作假行为的，由检验检疫机构按照特别规定第八条规定，没收违法所得和乳品，并处货值金额3倍的罚款；构成犯罪的，依法追究刑事责任。

第五十条　出口乳品出口商有下列情形之一，未遵守食品安全法规定出口乳品的，由检验检疫机构按照食品安全法第八十五条、第八十九条的规定，没收违法所得、违法生产经营的乳品和用于违法生产经营的工具、设备、原料等物品；违法生产经营的乳品货值金额不足1万元的，并处2000元以上5万元以下罚款；货值金额1万元以上的，并处货值金额5倍以上10倍以下罚款；情节严重的，取消出口乳品生产企业备案：

（一）未报检或者未经监督、检验合格擅自出口的；

（二）出口乳品经检验不合格，擅自出口的；

（三）擅自调换经检验检疫机构监督、抽检并已出具检验检疫证明的出口乳品的；

（四）出口乳品来自未经检验检疫机构备案的出口乳品生产企业的。

第五十一条 出口乳品生产经营者有本办法第五十条所列情形以外，其他弄虚作假行为的，由检验检疫机构按照特别规定第七条规定，没收违法所得和乳品，并处货值金额3倍的罚款；构成犯罪的，依法追究刑事责任。

第五十二条 有下列情形之一的，由检验检疫机构责令改正，有违法所得的，处以违法所得3倍以下罚款，最高不超过3万元；没有违法所得的，处1万元以下罚款。

（一）进口乳品进口商未在规定的期限内按照检验检疫机构要求处置不合格乳品的；

（二）进口乳品进口商违反本办法第十八条规定，在不合格进口乳品销毁或者退运前，未采取必要措施进行封存并单独存放的；

（三）进口乳品进口商将不合格进口乳品擅自调离检验检疫机构指定或者认可的场所的；

（四）出口生乳的奶畜养殖场奶畜养殖过程中违规使用农业化学投入品的；

（五）出口生乳的奶畜养殖场相关记录不真实或者保存期少于2年的；

（六）出口乳品生产经营者未建立追溯制度或者无法保证追溯制度有效性的，

（七）出口乳品生产企业未建立样品管理制度，或者保存的样品与实际不符的；

（八）出口乳品生产经营者违反本办法关于包装和运输相关规定的。

第五十三条 进出口乳品生产经营者、检验检疫机构及其工作人员有其他违法行为的，按照相关法律法规的规定处理。

第六章 附 则

第五十四条 进出口乳品进出口商对检验检疫结果有异议的，可以按照《进出口商品复验管理办法》的规定申请复验。

第五十五条 饲料用乳品、其他非食用乳品以及以快件、邮寄或者旅客携带方式进出口的乳品，按照国家有关规定办理。

第五十六条 本办法由国家质检总局负责解释。

第五十七条 本办法自2013年5月1日起施行。

关于实施《进出口乳品检验检疫监督管理办法》有关要求的公告

2013年第53号

国家质检总局2013年1月24日公布的《进出口乳品检验检疫监督管理办法》（国家质检总局令第152号，以下简称《办法》），将于2013年5月1日起实施。为进一步明确《办法》的相关内容，保证《办法》顺利实施，现将有关事项公告如下。

一、国家质检总局将根据国家法律法规及食品安全国家标准变化情况，对适用《办法》的乳品范围进行调整，并在国家质检总局网站公布。《办法》第二条中规定的乳粉包括牛初乳粉；乳基婴幼儿配方食品包括基粉原料。特殊医学用途婴幼儿配方食品不适用《办法》。

二、国家质检总局对向中国出口乳品的境外食品生产企业实施注册制度。国家质检总局将公布境外乳品生产企业注册的相关规定，并给予企业一定的过渡期以完成注册工作。在过渡期内，未完成注册的境外乳品生产企业仍可以按《办法》要求继续向我国出口乳品。

三、需要办理检疫审批手续的进口乳品（见附件1），应当按照《进境动植物检疫审批管理办法》（国家质检总局令第25号）规定办理检疫审批手续。国家质检总局可以确定、调整需要办理检疫审批的进口乳品种类并在国家质检总局网站公布。

四、无论《办法》实施之前是否有进口记录，自《办法》施行之日起从境外启运的某一产品从某一口岸第一次进口，均视为首次进口。该产品从同一口岸（指同一直属局辖区）进口的后续批次，视为非首次进口。境外生产企业、产品名称（包括产品品牌）、配方、境外出口商、境内进口商等信息完全一致的产品视为同一产品。

五、首次进口的乳品，进口商或者其代理人报检时应提供相应产品的食品安全国家标准中列明的项目的检测报告，包括标准中引用的食品中污染物和真菌毒素的标准。

非首次进口的乳品，进口商或者其代理人报检时应当提供首次进口时提供的检测报告和报检单的复印件，以及国家质检总局规定项目（见附件2）的检测报告。非首次进口检测报告项目由国家质检总局根据乳品风险监测等有关情况调整、确定，并在国家质检总局网站公布。

首次进口的婴幼儿配方食品基粉原料（乳基预混料），进口商或者其代理人报检时应当提供对应产品标准规定的微生物、污染物和真菌毒素项目的检测报告。非首次进口的基粉原料应当提供微生物项目的检测报告。

上述检测报告应与进口乳品的生产日期或生产批号一一对应。

六、为进口乳品出具检测报告的检测机构，可以是境外官方实验室、第三方检测机构或企业实验室，也可以是境内取得食品检验机构资质认定的检测机构。

七、进口乳品的进口商或者其代理人在报检时如不能提供《办法》所要求的检测报告，应当提交书面材料说明理由并承诺在一定期限内补充提交符合《办法》规定的检测报告。检验检疫机构审核材料后可先接受报检，并在收到进口商或者其代理人补充提交的检测报告后，对进口乳品实施检验。其间进口乳品应当按照办法第十五条规定，存放在检验检疫机构指定或者认可的监管场所。

八、进口乳品安全卫生项目不合格的，再次进口时，进口商或者其代理人应当连续5批（指5个不同生产批次或生产日期）提供相应食品安全国家标准中列明的项目（包括标准中引用的污染物和真菌毒素项目）的检测报告。如检测不合格项目为非法添加物，则检测报告应当包括该项目。

九、进口乳品标签上标注获得的国外奖项、荣誉、认证标志等内容，应当提供经外交途径确认的有关证明文件。外交途径确认是指经我国驻外使领馆或外国驻中国使领馆确认。

十、进口乳品的进口商应通过面向公众的媒体（包括企业官网）及时公布进口乳品的种类、产地、品牌等信息。

十一、需做销毁或退运处理的不合格进口乳品，进口商完成销毁或退运后，应在5个工作日内将销毁或退运情况向检验检疫机构报告。

附件：1. 需要办理检疫审批手续的进口乳品种类

2. 非首次进口乳品检测项目列表

国家质量监督检验检疫总局

2013年4月15日

附件1:

需要办理检疫审批手续的进口乳品种类

1. 生乳（是指从健康奶畜乳房中挤出的无任何成分改变的常乳）

涉及HS编码：04 0120 0000

2. 生乳制品（是指直接以生乳为主要原料，未经过热处理杀菌过程的乳制品）

涉及HS编码：04 0310 0000、04 0610 0000、04 0620 0000、04 0630 0000、04 0640 0000、04 0690 0000

3. 巴氏杀菌乳（是指仅以生牛/羊乳为原料，经过巴氏杀菌等工序制得的液体产品）

涉及HS编码：04 0110 0000、04 0120 0000

[注]上述HS编码仅指需要办理检疫审批手续的进口乳品种类涉及的HS编码，并不指使用该HS编码的所有进口食品均需办理检疫审批手续，还应依据产品的加工工艺进行综合判定。

附件 2：

非首次进口乳品检测项目列表

乳品种类	检测项目
巴氏杀菌乳	蛋白质
	脂肪
	酸度
	黄曲霉毒素 M_1
	菌落总数
	大肠菌群
	金黄色葡萄球菌
	沙门氏菌
灭菌乳	蛋白质
	脂肪
	酸度
	黄曲霉毒素 M_1
	商业无菌
调制乳	蛋白质
	脂肪
	黄曲霉毒素 M_1
	商业无菌（适用采用灭菌工艺生产的产品）
	菌落总数（适用其他未采用灭菌工艺生产的产品）
	大肠菌群（适用其他未采用灭菌工艺生产的产品）
	金黄色葡萄球菌（适用其他未采用灭菌工艺生产的产品）
	沙门氏菌（适用其他未采用灭菌工艺生产的产品）
发酵乳	蛋白质
	脂肪
	酸度
	黄曲霉毒素 M_1
	大肠菌群
	金黄色葡萄球菌
	沙门氏菌
	酵母
	霉菌
	乳酸菌数（不适用发酵后经热处理的产品）
干酪	黄曲霉毒素 M_1
	大肠菌群
	金黄色葡萄球菌
	沙门氏菌
	单核细胞增生李斯特氏菌
	霉菌（不适用霉菌成熟干酪）
	酵母菌（不适用霉菌成熟干酪）
再制干酪	脂肪
	黄曲霉毒素 M_1
	菌落总数
	大肠菌群
	金黄色葡萄球菌
	沙门氏菌
	单核细胞增生李斯特氏菌
	霉菌
	酵母
稀奶油、奶油、无水奶油	脂肪
	酸度（不适用无水奶油）
	商业无菌（适用以罐头工艺或超高温瞬时灭菌工艺生产的稀奶油）
	菌落总数（不适用于以发酵稀奶油为原料的产品）
	大肠菌群
	金黄色葡萄球菌
	沙门氏菌
	霉菌
炼乳	蛋白质
	脂肪
	酸度
	黄曲霉毒素 M_1
	商业无菌（适用淡炼乳和调制淡炼乳）
	菌落总数（适用加糖炼乳和调制加糖炼乳）
	大肠菌群（适用加糖炼乳和调制加糖炼乳）
	金黄色葡萄球菌（适用加糖炼乳和调制加糖炼乳）
	沙门氏菌（适用加糖炼乳和调制加糖炼乳）

（续）

乳品种类	检测项目
乳粉	蛋白质
	脂肪
	复原乳酸度（不适用调制乳粉）
	黄曲霉毒素 M_1
	菌落总数（不适用于添加活性菌种（好氧和兼性厌氧益生菌）的产品）
	大肠菌群
	金黄色葡萄球菌
	沙门氏菌
	亚硝酸盐
乳清粉和乳清蛋白粉	蛋白质
	乳糖（不适用乳清蛋白粉）
	黄曲霉毒素 M_1
	金黄色葡萄球菌
	沙门氏菌
牛初乳粉	蛋白质
	免疫球蛋白（IgG）
	脂肪
	复原乳酸度
	铅
	亚硝酸盐
	黄曲霉毒素 M_1
	酵母
	霉菌
	菌落总数
	大肠菌群
	金黄色葡萄球菌
	沙门氏菌

乳品种类	检测项目
乳基婴幼儿配方食品	蛋白质
	脂肪
	维生素 A
	维生素 D
	维生素 E
	维生素 K_1
	维生素 B_1
	维生素 B_2
	维生素 B_6
	维生素 B_{12}
	叶酸
	泛酸
	生物素
	胆碱（不适用未添加的产品）
	肌醇（不适用未添加的产品）
	牛磺酸（不适用未添加的产品）
	左旋肉碱（不适用未添加的产品）
	钙
	磷
	碘
	硒（不适用未添加的较大婴儿和幼儿配方食品）
	铁
	铜
	锌
	商业无菌（适用液态婴幼儿配方食品）
	菌落总数（不适用于添加活性菌种（好氧和兼性厌氧益生菌）的产品）
	大肠菌群
	沙门氏菌
	阪崎肠杆菌（适用 0~6 个月婴儿配方食品）
	金黄色葡萄球菌（适用婴儿配方食品）
	硝酸盐（不适用添加蔬菜和水果的较大婴儿和幼儿配方食品）
	亚硝酸盐
	铅
	黄曲霉毒素 M_1

关于公布《进口食品境外生产企业注册实施目录》的公告

2013年第62号

根据《中华人民共和国食品安全法》及其实施条例、《中华人民共和国进出口商品检验法》及其实施条例，以及《进口食品境外生产企业注册管理规定》（质检总局第145号令），现将《进口食品境外生产企业注册实施目录》予以公布。其中，进口乳品境外生产企业注册实施的过渡期，为本公告发布之日起至2014年5月1日。

附件：进口食品境外生产企业注册实施目录

国家质量监督检验检疫总局

2013年4月28日

附件：

进口食品境外生产企业注册实施目录

序号	名称	定 义	备 注	
01	肉类	动物屠体的任何可供人类食用部分	包括胴体、脏器、副产品以及以上述产品为原料的制品，不包括罐头产品	
02	水产品	供人类食用的水生动植物产品及其制品	包括水母类、软体类、甲壳类、棘皮类、头索类、鱼类、两栖类、爬行类、水生哺乳类动物等水生动物产品及其制品，以及藻类等海洋植物产品及其制品，不包括活水生动物及水生动植物繁殖材料	
03	乳品	乳品包括初乳、生乳和乳制品。 初乳是指奶畜产犊后7天内的乳。生乳是指从符合中国有关要求的健康奶畜乳房中挤出的无任何成份改变的常乳。产犊后七天的初乳、应用抗生素期间和休药期间的乳汁、变质乳不得用作生乳。 乳制品是指由乳（包括生乳、复原乳或者其他仅经过杀菌过程的液体乳）加工而成的食品。	消毒乳	巴氏杀菌乳
				灭菌乳
				调制乳
				其他消毒乳，如非热处理杀菌处理的膜过滤除菌、超高压杀菌处理等。
			发酵乳制品	发酵乳（酸乳）
				发酵风味乳（风味酸乳）
			乳粉	全脂乳粉
				部分脱脂乳粉
				全脂加糖乳粉
				脱脂乳粉
				调味乳粉（全脂、脱脂）
				配方乳粉
				营养强化配方乳粉
				其他乳粉
			奶油	黄油
				稀奶油
				其他奶油
			炼乳	加糖炼乳
				无糖炼乳
				其他炼乳

（续）

序号	名称	定 义		备 注
			奶酪	干酪
				硬质干酪
				其他奶酪
			乳清粉	脱盐乳清粉
				乳清粉
				其他乳清粉
				乳清浓缩蛋白
			乳基婴幼儿配方食品	乳基婴儿配方食品
				乳基较大婴儿、幼儿配方食品
			其他乳与乳制品	干酪素；其他制品

关于公布2013年22种产品质量国家监督抽查结果的公告

2013年第80号

根据《中华人民共和国产品质量法》和《产品质量监督抽查管理办法》的规定，质检总局对国内生产的日用消费品、建筑装饰装修材料、农业生产资料、工业生产资料等22种产品质量进行了国家监督抽查，现将抽查结果予以公布。

质检总局已责成相关省（市、区）质量技术监督部门按照有关法律法规，对本次抽查中不合格的产品及其生产企业依法进行处理。

特此公告。

国家质量监督检验检疫总局

2013年6月26日

附件：

铡草机（青饲料切碎机）产品质量国家监督抽查结果

2013年第二季度，共抽查了辽宁、黑龙江、山东、河南、湖北、湖南、四川、云南、陕西、甘肃10个省51家企业生产的51批次铡草机（青饲料切碎机）产品。

本次抽查依据GB 7681-2008《铡草机 安全技术要求》、NY 1025-2006《青饲料切碎机安全使用技术条件》等标准的要求，对铡草机（青饲料切碎机）产品的安全要求、安全标志、使用说明书中安全注意事项、动刀片质量差、动（定）刀片硬度、生产率、单位草长千瓦时产量、噪声、轴承温升9个项目进行了检验。

抽查发现12批次产品不符合标准的规定，涉及安全要求、安全标志、动（定）刀片硬度、动刀片质量差、使用说明书中安全注意事项、噪声项目。具体抽查结果见附件。

附：铡草机（青饲料切碎机）产品质量国家监督抽查产品及其企业名单（略）

关于暂停智利可食性禽产品及相关地区肉类产品进口的公告

2013年第106号

近日，智利农牧局通报证实，其境内La arboleda和San Pedro地区的2个禽肉样品中检出二噁英，智利正调查污染原因并已暂停上述2个地区的禽肉出口。为有效防止境外有害物质污染食品流入境内，切实保护国内消费者身体健康和公共安全卫生，根据《中华人民共和国食品安全法》和《出入境检验检疫风险预警及快速反应管理规定》以及国家其他有关法律法规规定，现公告如下：

一、即日起，暂停智利可食性禽产品进口。对在途和已到港尚未放行的上述2个地区的可食性禽产品进行销毁或退运处理，其他地区的可食性禽产品进口时需提供无二噁英的检测报告。对已放行的上述2个地区的可食性禽产品由进口商进行召回。

二、即日起，暂停智利上述2个地区的可食性猪产品进口。对在途和已到港尚未放行上述2个地区的可食性猪产品进行销毁或退运处理，其他地区的可食性猪产品进口时需提供无二噁英的检测报告。对已放行的上述2个地区的可食性猪产品由进口商进行召回。

三、即日起，智利乳制品进口时需提供无二噁英的检测报告。

国家质量监督检验检疫总局

2013年7月26日

关于公布2013年23种产品质量国家监督抽查结果的公告

2013年第116号

根据《中华人民共和国产品质量法》和《产品质量监督抽查管理办法》的规定，质检总局对国内生产的日用消费品、建筑和装饰装修材料、工业生产资料等23种产品质量进行了国家监督抽查，现将抽查结果予以公布。

质检总局已责成相关省质量技术监督部门按照有关法律法规，对本次抽查中不合格的产品及其生产企业依法进行处理。

特此公告。

国家质量监督检验检疫总局

2013年8月27日

附件：

食品用复合塑料包装膜、袋产品质量国家监督抽查结果

2013年第三季度，共抽查了北京、天津、河北、辽宁、吉林、黑龙江、上海、浙江、安徽、福建、江西、山东、河南、湖北、湖南、广东、广西、陕西、甘肃19个省、自治区、直辖市160家企业生产的160批次食品用复合塑料包装膜、袋产品。

本次抽查依据GB/T 10004-2008《包装用塑料复合膜、袋 干法复合、挤出复合》、GB/T 18192-2008《液体食品无菌包装用纸基复合材料》、GB 18454-2001《液体食品无菌包装用复合袋》、GB/T 18706-2008《液体食品保鲜包装用纸基复合材料》、GB 19741-2005《液体食品包装用塑料复合膜、袋》、QB/T 1871-1993《双向拉伸尼龙(BOPA)/低密度聚乙烯(LDPE)复合膜、袋》、QB 2197-1996《榨菜包装用复合膜、袋》等标准的要求。对食品用复合塑料包装膜、袋产品的拉断力、拉伸强度、断裂标称应变、断裂伸长率、内层塑料剥离强度、剥离力、层间剥离力、封口剥离力、封合强度、热合强度、抗摆锤冲击性能、耐介质性、耐热性、袋的跌落性能、袋的耐压性能、水蒸气透过量、透氧率、氧气透过量、感官、脱色试验（冷餐油或无色油脂、浸泡液、乙醇）、高锰酸钾消耗量（水）、蒸发残渣（4%乙酸、正己烷、

65% 乙醇）、甲苯二胺、苯类溶剂残留量、溶剂残留总量、重金属（以 Pb 计）等 30 个项目进行了检验。

抽查发现 14 批次产品不符合标准的规定，涉及剥离力、层间剥离力、水蒸气透过量、透氧率、氧气透过量、苯类溶剂残留量、溶剂残留总量项目。具体抽查结果见附件。

附：食品用复合塑料包装膜、袋产品质量国家监督抽查产品及其企业名单（略）

关于加强进口婴幼儿配方乳粉管理的公告

2013 年第 133 号

为贯彻落实国务院关于进一步加强婴幼儿乳粉质量安全工作的部署，现就有关要求公告如下。

一、本公告所称婴幼儿配方乳粉指婴儿配方乳粉、较大婴儿和幼儿配方乳粉。

二、对华出口婴幼儿配方乳粉的境外生产企业应按照《进出口乳品检验检疫监督管理办法》（质检总局令第 152 号）、《进口食品境外生产企业注册管理规定》（质检总局令第 145 号）及《质检总局关于公布〈进口食品境外生产企业注册实施目录〉的公告》（质检总局公告 2013 年第 62 号）的规定，办理注册。自 2014 年 5 月 1 日起，未经注册的境外生产企业的婴幼儿配方乳粉不允许进口。

三、进口婴幼儿配方乳粉，其报检日期到保质期截止日不足 3 个月的，不予进口。

四、严禁进口大包装婴幼儿配方乳粉到境内分装，进口的婴幼儿配方乳粉必须已罐装在向消费者出售的最小零售包装中。

五、自 2014 年 4 月 1 日起，进口婴幼儿配方乳粉的中文标签必须在入境前已直接印制在最小销售包装上，不得在境内加贴。产品包装上无中文标签或者中文标签不符合中国法律法规和食品安全国家标准的，一律按不合格产品做退货或销毁处理。

除另有说明外，本公告之各项要求自发布之日起实施。

国家质量监督检验检疫总局

2013 年 9 月 23 日

关于公布 2013 年 36 种产品质量国家监督抽查结果的公告

2013 年第 159 号

根据《中华人民共和国产品质量法》和《产品质量监督抽查管理办法》的规定，质检总局对国内生产的日用消费品、建筑装饰装修材料、农业生产资料、工业生产资料等 36 种产品质量进行了国家监督抽查，现将抽查结果予以公布。

质检总局已责成相关省质量技术监督部门按照有关法律法规，对本次抽查中不合格的产品及其生产企业依法进行处理。

特此公告。

国家质量监督检验检疫总局

2013 年 11 月 29 日

附件 1：

玉米联合收割机产品质量国家监督抽查结果

2013年第四季度，共抽查了河北、山西、江苏、山东、河南、陕西等6个省26家企业生产的26批次玉米联合收割机产品。

本次抽查依据GB 10395.1-2009《农林拖拉机和机械 安全技术要求 第1部分：总则》等标准规定的要求，对玉米联合收割机产品的安全距离，挂装式茎秆切碎器，运动部件，制动性能，后视镜及喇叭，环境噪声，耳位噪声，热表面，粮箱和粮箱螺旋输送器，灭火器，操纵机构，操作者工作台，梯子、扶手，割台固定机构，电气设备与蓄电池，排气口，剪切与挤压部位，发动机的起动和停机，玉米摘穗台，割台传动系分离机构，驾驶室紧急出口，座位，驾驶室内部空间尺寸，照明设备，密封性能，标志，使用说明书安全要求内容等27个项目进行了检验。

抽查发现6批次产品不符合标准的规定，涉及环境噪声，耳位噪声，安全距离，发动机的起动和停机，梯子、扶手，使用说明书安全要求内容等项目。具体抽查结果见附件。

附：玉米联合收割机产品质量国家监督抽查产品及其企业名单（略）

附件 2：

饲料粉碎机产品质量国家监督抽查结果

2013年第四季度，共抽查了河北、辽宁、山东、湖南、广西、四川等6个省、自治区49家企业生产的49批次饲料粉碎机产品。

本次抽查依据GB/T 6971-2007《饲料粉碎机试验方法》、GB/T 9480-2001《农林拖拉机和机械、草坪和园艺动力机械 使用说明书编写规则》等标准规定的要求，对饲料粉碎机产品的安全要求、生产率、吨料电耗、噪声、轴承温升、锤片（扁齿）质量差、锤片（扁齿）硬度、安全标志、使用说明书中安全注意事项等9个项目进行了检验。

本次抽查49批次饲料粉碎机产品全部符合标准的规定。具体抽查结果见附件。

附：饲料粉碎机产品质量国家监督抽查产品及其企业名单（略）

【卫生和计划生育委员会发布】

关于低聚果糖使用有关问题的复函

国卫办食品函〔2013〕118号

中国生物发酵产业协会：

你协会《关于低聚果糖使用的请示》（中生发协〔2013〕16号）收悉。经研究，现函复如下：

低聚果糖是常用的食品配料，也是列入《食品营养强化剂使用标准》（GB14880-2012）的食品营养强化剂。低聚果糖用于婴幼儿食品及调制乳粉，应当符合《食品营养强化剂使用标准》（GB14880-2012）的规定。低聚果糖作为食品配料用于其他食品时，应当符合相应食品的标准。

专此函复。

国家卫生计生委办公厅

2013年8月1日

关于酪蛋白酸盐有关问题的复函

国卫办食品函〔2013〕517 号

中国乳制品工业协会：

你协会《关于酪蛋白酸盐作为普通食品原料的请示》（中乳协〔2013〕88 号）收悉。经研究，现函复如下：

根据《食品添加剂使用标准》（GB2760-2011）的规定，酪蛋白酸钠（酪朊酸钠）是允许使用的食品添加剂。生产使用食品添加剂酪蛋白酸钠应当符合相关法律法规和标准的规定。对于酪蛋白酸钠以外的其他酪蛋白酸盐，如需开发用于食品生产经营，应当按照使用目的和相关规定进行安全性评估并审查批准。

专此函复。

国家卫生计生委办公厅

2013 年 12 月 20 日

【多部委联合发布】

关于调整学生饮用奶计划推广工作方式的通知

农垦发 [2013] 3 号

各省、自治区、直辖市学生饮用奶计划主管部门：

为推动我国乳品消费和奶业发展，提高青少年营养健康水平，2000 年，由农业部、原国家发展计划委员会、教育部、财政部、原卫生部、原国家质量技术监督局和原国家轻工业局等 7 部委局联合启动实施了国家“学生饮用奶计划”。13 年来，通过强化宣传引导、加强监督管理和提升奶源质量安全水平等一系列措施，学生饮用奶从无到有、从城市到乡镇，推广范围不断扩大。目前，日平均供应学生饮用奶 1800 万份以上，创建学生饮用奶奶源示范基地 165 家。“学生饮用奶计划”的顺利开展，对改善和提高中小学生营养健康水平、促进我国乳品消费和奶业发展都起到了积极作用。

目前，实施“学生饮用奶计划”的形势发生了新的变化，必须调整和创新其工作方式方法。一是我国正步入建设现代奶业新阶段，牛奶年产量达到 3744 万吨，乳品消费持续增长。二是 2011 年国务院启动了农村义务教育学生营养改善计划，已明确将牛奶作为学生营养改善的食品之一，学生营养改善工作已经得到各级政府和全社会的高度重视和关注。三是食品安全、乳品监管等方面的法律法规日趋健全，我国食品安全保障水平显著提高。四是中央对转变政府职能提出了新要求。去年 9 月份取消了学生饮用奶生产企业资格认定的非行政许可审批工作。

为进一步转变政府职能，充分利用市场机制和依靠社会力量，经研究，对“学生饮用奶计划”工作提出如下意见。

一、将“学生饮用奶计划”推广工作整体移交给中国奶业协会。中国奶业协会应按照食品安全、奶业管理等相关法律法规要求，制定相关推广和管理办法，继续推进“学生饮用奶计划”的实施。

二、撤销学生饮用奶计划部际协调小组及其办公室，原有实施“学生饮用奶计划”的有关规章制度自动废止。

三、学生饮用奶作为一般乳制品，统一纳入相关职能部门的生产和质量监管，确保学生饮用奶产品的质量安全。

各地各级“学生饮用奶计划”主管部门，应按照以上意见要求，结合本地实际，认真贯彻落实。要制定相关政策，采取适当措施，做好“学生饮用奶计划”工作调整期间的各项工作，避免对学生营养改善工作和企业生产经营等产生不良影响。要切实加强对学生饮用奶的生产、加工、销售、饮用等关键环节的监督监管，杜绝出现监管真空。对目前正在开展的“学生饮用奶计划”有关工作，应按照要求完成，并做好相关衔接工作，保证“学生饮用奶计划”工作稳妥有序开展。

农业部　国家发展和改革委员会　教育部

财政部　国家卫生和计划生育委员会

国家质量监督检验检疫总局　国家食品药品监督管理总局

2013 年 09 月 5 日

食品药品违法行为举报奖励办法

第一章　总　则

第一条　为鼓励社会公众积极举报食品药品违法行为，及时发现、控制和消除食品药品安全隐患，严厉打击食品药品违法犯罪行为，确保食品药品安全，根据《中华人民共和国药品管理法》《中华人民共和国食品安全法》《医疗器械监督管理条例》《国务院关于加强食品等产品安全监督管理的特别规定》等法律、法规，制定本办法。

第二条　本办法适用于各级食品药品监督管理部门，对自然人、法人和其他组织以来信、走访、网络、电话等方式，举报属于其监管职责范围内的药品、医疗器械、保健食品、化妆品在研制、生产、流通和使用环节违法行为，经查证属实并依法作出处理后，根据举报人的申请，予以相应物质及精神奖励的行为。

餐饮服务环节食品安全的投诉举报奖励，按照各省（区、市）制定的食品安全有奖举报管理规定执行。

第三条　省级以下（含省级）食品药品监督管理部门为举报奖励部门，按照属地管理、分级负责的原则，实施奖励的告知、受理、评定和发放等工作。

上级食品药品监督管理部门受理的跨地区的举报，最终由两个或两个以上地区食品药品监督管理部门分别查处的，由受理举报的上级食品药品监督管理部门认定举报奖励部门。

第二章　奖励条件

第四条　举报奖励应当同时符合以下条件：

（一）有明确的举报对象、具体的举报事实及证据；

（二）举报内容事先未被食品药品监督管理部门掌握；

（三）举报内容经查证属实并已依法作出处理。

第五条　有下列情形之一的，不属于举报奖励范围：

（一）食品药品监督管理部门工作人员及其直系亲属或其授意他人的举报；

（二）假冒伪劣产品的被假冒方及其委托代理人或利害关系人的举报；

（三）属于申诉案件的举报；

（四）其他不符合法律、法规规定的奖励情形。

第六条　举报奖励的实施应遵循以下原则：

（一）举报奖励对象原则上限于实名举报，对匿名举报并查处的案件，在结案后能够确定举报人真实身份，且举报人愿意领取奖励的，应当给予奖励。

（二）同一案件由两个以上举报人分别举报的，奖励第一时间举报人。其他举报人提供的举报内容对案件查处有帮助的，可酌情给予奖励。

（三）两人以上（含两人）联名举报同一案件的，按同一举报奖励，奖金由举报人协商分配。

（四）同一举报人在各级食品药品监督管理部门举报同一案件的，由办理该案件的食品药品监管部门奖励，不给予重复奖励。

第三章　奖励标准

第七条　举报奖励根据举报证据与违法事实查证结果，分为三个等级：

一级：提供被举报方的详细违法事实、线索及直接证据，协助查处工作，举报内容与违法事实完全相符。

二级：提供被举报方的违法事实、线索及部分证据，不直接协助查处工作，举报内容与违法事实相符。

三级：提供被举报方的违法事实或线索，不能提供相关证据或协助查处工作，举报内容与查办事实基本相符。

第八条　举报奖励标准应根据举报案件的货值金额、等级以及案件性质等因素综合评定，具体奖励标准如下：

（一）属于一级举报奖励的，按案件货值金额的4% ~ 6%给予奖励；按比例计算奖励金额不足500元的，按500元奖励。

（二）属于二级举报奖励的，按案件货值金额的2% ~ 4%给予奖励；按比例计算奖励金额不足300元的，按300元奖励。

（三）属于三级举报奖励的，按案件货值金额的1% ~ 2%给予奖励；按比例计算奖励金额不足100元的，按100元奖励。

（四）货值金额无法计算，但举报情况属实，可视情况给予100 ~ 2000元的奖励。

第九条　每起案件的奖励原则上不超过30万元。对在全国有较大影响的大案要案的举报，奖励数额可由国家食品药品监督管理局会同省级食品药品监督管理部门视具体情况另定。

第十条　所需奖励资金由地方财政部门纳入预算安排，食品药品监督管理部门要会同财政部门制定资金使用管理办法，加强管理，并接受审计、监察等部门的监督。

第四章　奖励程序

第十一条　举报奖励部门应在作出行政处罚决定之日起15个工作日内，告知符合本办法奖励条件的举报人申请举报奖励。

第十二条　举报人应在接到举报奖励告知之日起30个工作日内提出奖励申请。无正当理由逾期未提出奖励申请的，视为放弃奖励权利。

第十三条　举报奖励部门在收到奖励申请后，应在30个工作日内进行审查，符合奖励条件的，作出奖励决定并书面通知举报人。特殊情况可适当延长举报奖励决定期限，但延长期限不得超过10个工作日。

第十四条 实名举报人应在接到奖励通知之日起30个工作日内，由本人或委托他人凭奖励通知及有效身份证明领取奖金。

无正当理由逾期未领取奖金的，视为举报人放弃奖励。

第十五条 举报人无法现场领奖且无委托人的，应及时说明情况并提供银行账号，由举报奖励部门将奖金汇至指定账户。

第五章 监督管理

第十六条 各级食品药品监督管理部门应建立健全举报奖励档案。包括举报记录、立案和查处情况、奖励申请、奖励通知、奖励领取记录、资金发放凭证等。

第十七条 参与举报奖励工作的人员必须严格执行保密制度，未经举报人同意，不得以任何方式透露举报人身份、举报内容和奖励等情况，违者依法承担相应责任。

第十八条 举报人故意捏造事实诬告他人，或者弄虚作假骗取奖励，构成违法犯罪的，依法承担相应责任。

第十九条 食品药品监督管理部门工作人员在办理举报奖励过程中有玩忽职守、徇私舞弊行为，依法追究其行政责任；构成犯罪的，依法移送司法机关处理。

第六章 附 则

第二十条 省、自治区、直辖市食品药品监督管理部门和财政部门可依据本办法，制定本行政区域内的食品药品举报奖励办法，并报国家食品药品监督管理局和财政部备案。

第二十一条 本办法由国家食品药品监督管理局和财政部负责解释。

第二十二条 本办法自颁布之日起施行。2003年11月27日国家食品药品监督管理局和财政部联合发布的《举报制售假劣药品有功人员奖励办法》同时废止。

关于解除蒙古国西部7省口蹄疫禁令的公告

2013年第24号

根据风险评估结果，自本公告发布之日起，对蒙古国西部巴彦乌勒盖省（Bayan-Ulgii）、乌布苏省(Uvs)、科布多省（Khovd）、扎布汗省（Zavkhan）、戈壁阿尔泰省(Govi-Altai)、库苏古尔省(Khuvsgul)、巴彦洪格尔省(Bayankhongor)7个省份口蹄疫非免疫无疫区状况予以认可，允许进口来自上述蒙古国7省符合中国检验检疫要求的偶蹄动物及其产品。

原国家出入境检验检疫局2000年公告第10号、农业部和国家质量监督检验检疫总局2001年联合公告第156号关于蒙古国上述7省的口蹄疫禁令同时终止。

国家质量监督检验检疫总局 农业部

2013年2月8日

关于防止蒙古国口蹄疫传入我国的公告

2013年第104号

2013年7月9日，蒙古国工业与农业部向OIE紧急报告，7月4日至7日，巴彦乌勒盖盟（Bayan-Ulgii）的2家农场发生口蹄疫，血清型尚待鉴定，涉及的易感动物有417头牛、280只绵羊和614只山羊，其中15头牛发病，发病动物已被销毁。诊断性质为临床诊断和实验室检验，感染来源尚不清楚。为防止该病传入我国，保护我国畜牧业安全和人体健康，根据《中华人民共和国进出境动植物检疫法》等有关法律法规的规定，现公告如下：

一、禁止直接或间接从蒙古国输入偶蹄动物及其产品，停止签发从蒙古国进口偶蹄动物及相关产品的《进境动植物检疫许可证》。

二、自本公告发布之日起启运的来自蒙古国的偶蹄动物及相关产品，一律作退回或销毁处理。

三、禁止邮寄或旅客携带来自蒙古国的偶蹄动物及相关产品，一经发现，一律作退回或销毁处理。

四、在途经我国或在我国停留的国际航行船舶、飞机和火车等运输工具上，如发现有来自蒙古国的偶蹄动物及相关产品，一律作封存处理。其交通员工自养自用的偶蹄动物，必须装入完好的笼具中，其废弃物、泔水等，一律在出入境检验检疫机构的监督下作无害化处理，不得擅自抛弃。

五、对海关、边防等部门截获的非法入境的来自蒙古国的偶蹄动物及相关产品，一律在出入境检验检疫机构监督下作销毁处理。

六、凡违反上述规定者，由出入境检验检疫机构依照《中华人民共和国进出境动植物检疫法》等有关规定处理。

七、各出入境检验检疫机构、各级动物疫病预防控制机构、动物卫生监督机构要分别依照《中华人民共和国进出境动植物检疫法》和《中华人民共和国动物防疫法》等有关规定，密切配合，做好检疫、防疫和监督工作。

本公告自发布之日起执行。

国家质量监督检验检疫总局 农业部

2013年7月22日

农业部　卫生和计划生育委员会第1927号公告

根据《中华人民共和国食品安全法》规定，《牛奶中左旋咪唑残留量的测定 高效液相色谱法》等29项标准业经食品安全国家标准审评委员会审定通过。经农业部、卫生和计划生育委员会审查批准，现发布为中华人民共和国食品安全国家标准，自2014年1月1日起实施。

特此公告。

附件：《牛奶中左旋咪唑残留量的测定 高效液相色谱法》等29项兽药残留检测方法标准目录

农业部

国家卫生和计划生育委员会

2013年9月16日

附件：

《牛奶中左旋咪唑残留量的测定 高效液相色谱法》等29项兽药残留检测方法标准目录

序号	标准名称	标准编号
1	食品安全国家标准 牛奶中左旋咪唑残留量的测定 高效液相色谱法	GB 29681-2013
2	食品安全国家标准 水产品中青霉素类药物多残留的测定 高效液相色谱法	GB 29682-2013
3	食品安全国家标准 动物性食品中对乙酰氨基酚残留量的测定 高效液相色谱法	GB 29683-2013
4	食品安全国家标准 水产品中红霉素残留量的测定 液相色谱－串联质谱法	GB 29684-2013
5	食品安全国家标准 动物性食品中林可霉素、克林霉素和大观霉素多残留的测定 气相色谱－质谱法	GB 29685-2013
6	食品安全国家标准 猪可食性组织中阿维拉霉素残留量的测定 液相色谱－串联质谱法	GB 29686-2013
7	食品安全国家标准 水产品中阿苯达唑及其代谢物多残留的测定 高效液相色谱法	GB 29687-2013
8	食品安全国家标准 牛奶中氯霉素残留量的测定 液相色谱－串联质谱法	GB 29688-2013
9	食品安全国家标准 牛奶中甲砜霉素残留量的测定 高效液相色谱法	GB 29689-2013
10	食品安全国家标准 动物性食品中尼卡巴嗪残留标志物残留量的测定 液相色谱－串联质谱法	GB 29690-2013
11	食品安全国家标准 鸡可食性组织中尼卡巴嗪残留量的测定 高效液相色谱法	GB 29691-2013
12	食品安全国家标准 牛奶中喹诺酮类药物多残留的测定 高效液相色谱法	GB 29692-2013
13	食品安全国家标准 动物性食品中常山酮残留量的测定 高效液相色谱法	GB 29693-2013
14	食品安全国家标准 动物性食品中13种磺胺类药物多残留的测定 高效液相色谱法	GB 29694-2013
15	食品安全国家标准 水产品中阿维菌素和伊维菌素多残留的测定 高效液相色谱法	GB 29695-2013
16	食品安全国家标准 牛奶中阿维菌素类药物多残留的测定 高效液相色谱法	GB 29696-2013
17	食品安全国家标准 动物性食品中地西泮和安眠酮多残留的测定 气相色谱－质谱法	GB 29697-2013
18	食品安全国家标准 奶及奶制品中17β－雌二醇、雌三醇、炔雌醇多残留的测定 气相色谱－质谱法	GB 29698-2013
19	食品安全国家标准 鸡肌肉组织中氯羟吡啶残留量的测定 气相色谱－质谱法	GB 29699-2013

（续）

序号	标准名称	标准编号
20	食品安全国家标准 牛奶中氯羟吡啶残留量的测定 气相色谱－质谱法	GB 29700－2013
21	食品安全国家标准 鸡可食性组织中地克珠利残留量的测定 高效液相色谱法	GB 29701－2013
22	食品安全国家标准 水产品中甲氧苄啶残留量的测定 高效液相色谱法	GB 29702－2013
23	食品安全国家标准 动物性食品中呋喃苯烯酸钠残留量的测定 液相色谱－串联质谱法	GB 29703－2013
24	食品安全国家标准 动物性食品中环丙氨嗪及代谢物三聚氰胺多残留的测定 超高效液相色谱－串联质谱法	GB 29704－2013
25	食品安全国家标准 水产品中氯氰菊酯、氰戊菊酯、溴氰菊酯多残留的测定 气相色谱法	GB 29705－2013
26	食品安全国家标准 动物性食品中氨苯砜残留量的测定 液相色谱－串联质谱法	GB 29706－2013
27	食品安全国家标准 牛奶中双甲脒残留标志物残留量的测定 气相色谱法	GB 29707－2013
28	食品安全国家标准 动物性食品中五氯酚钠残留量的测定 气相色谱－质谱法	GB 29708－2013
29	食品安全国家标准 动物性食品中氮哌酮及其代谢物多残留的测定 高效液相色谱法	GB 29709－2013

关于进一步规范母乳代用品宣传和销售行为的通知

食药监食监一〔2013〕214号

各省、自治区、直辖市食品药品监督管理局、卫生厅局（卫生计生委）、工商行政管理局、质量技术监督局，新疆生产建设兵团食品药品监督管理局、卫生局、质量技术监督分局：

为切实保障婴幼儿身体健康，进一步规范母乳代用品宣传和销售行为，按照《中华人民共和国母婴保健法》及其实施办法、《母乳代用品销售管理办法》等规定，现就有关事项通知如下：

一、严格婴儿配方食品质量安全和标签监管

婴儿配方食品是重要的母乳代用品。食品药品监管部门、工商行政管理部门、质量技术监督部门要在认真抓好婴儿配方食品特别是婴儿配方乳粉质量安全的基础上，按照《母乳代用品销售管理办法》和食品安全国家标准规定，加大婴儿配方食品标签标识的日常检查力度，督促婴儿配方食品生产企业依法进行标识标注，督促婴儿配方食品经营单位落实进货查验和查验记录制度。婴儿配方食品标签标识上，应用醒目的文字标注说明母乳喂养优越性的宣传标语，不得印有婴儿图片，不得使用“人乳化”、“母乳化”或类似名词。

二、严禁医疗机构及其人员宣传和销售母乳代用品

卫生计生行政部门要加强对医疗机构及其人员的监督管理，加强医德医风建设，巩固爱婴医院成果，大力推进母乳喂养，维护儿童健康。如有需要，医院应从零售渠道购买母乳代用品，并保留购物小票和发票。严禁医疗机构接受母乳代用品生产经营单位的馈赠和赞助，不得收取回扣、获取利益。严禁母乳代用品生产经营单位在医疗机构做各种形式的推销宣传。严禁医疗机构及其人员向孕妇及其家庭宣传、推销母乳代用品。母乳是婴幼儿的最佳营养来源，母乳喂养是确保婴幼儿健康最为有效方式之一。积极倡导、促进母乳喂养，实行“早接触、早开奶、早吸吮”，为孕产妇及其家庭提供母乳喂养的必要帮助与指导 。

三、规范母乳代用品广告宣传

工商行政管理部门要依法加强对母乳代用品广告的监管检查，加大对发布虚假违法母乳代用品广告特别是虚假违法婴儿配方食品广告的打击力度。严肃查处违反《中华人民共和国广告法》、《食品广告发布暂行规定》等相关规定，含有明示或暗示替代母乳，使用哺乳妇女和婴儿的形象等违法内容的婴儿配方食品广告，切实保障文明诚信的广告市场秩序。

四、加大违法违规行为的惩处力度

监管部门要高度重视，落实监管责任，加大违法违规案件查处力度，做到有举必查、违法必究、执法必严。

（一）食品药品监管部门、工商行政管理部门和质量技术监督部门对日常检查中发现婴儿配方食品生产经营单位和广告宣传单位存在问题的，依法从严处理，并及时通报有关部门。

（二）卫生计生行政部门对违反有关规定的医疗机构及其人员，依据《医疗机构人员违纪违规问题调查处

理暂行办法》和《医疗机构从业人员行为规范》等有关规定，从严查处。情节严重的，降低医疗机构评审等次，追究相关责任。

（三）婴儿配方食品生产经营单位应当严格执行《母乳代用品销售管理办法》等法律法规，不得违规推销宣传婴儿配方食品。监管部门发现母乳代用品特别是婴儿配方食品宣传和销售活动中存在商业贿赂的，应移交相关部门依法处置；构成犯罪的，应根据《最高人民法院、最高人民检察院关于办理商业贿赂刑事案件适用法律若干问题的意见》相关条款，移交司法机关依法追究刑事责任。

五、工作要求

（一）监管部门要加强组织领导，明确责任，建立长效监管机制。加大对婴儿配方食品生产经营单位、医疗机构及其人员、广告宣传单位的监督检查力度，严禁出现违法违规宣传和销售母乳代用品。及时总结推广典型做法和经验，形成长效监管机制。

（二）监管部门要密切配合，通力协作，形成工作合力。进一步加强部门间、区域间监管执法联动，强化跨部门、跨地区信息通报和案件协查，严惩母乳代用品的违规宣传和销售行为。

（三）监管部门要畅通投诉举报渠道，向社会公开投诉方式，鼓励社会各界投诉举报母乳代用品违规宣传和销售行为，及时核查处置违法违规行为。

国家食品药品监督管理总局
国家卫生和计划生育委员会
国国家工商行政管理总局
2013 年 10 月 17 日

农业部、国家质量监督检验检疫总局第 2013 号联合公告

为防止动物传染病、寄生虫病传入，保护我国畜牧业和渔业生产和公共卫生安全，根据《中华人民共和国进出境动植物检疫法》和《中华人民共和国动物防疫法》规定，农业部和国家质量监督检验检疫总局组织制定了《中华人民共和国进境动物检疫疫病名录》（以下简称“名录”），现予发布。名录自发布之日起生效，1992年6月8日农业部发布的《中华人民共和国进境动物一、二类传染病、寄生虫病名录》（（1992）农（检疫）字第12号）同时废止。

农业部和国家质量监督检验检疫总局将在风险评估的基础上对名录实施动态调整。

特此公告。

农业部　国家质量监督检验检疫总局
2013 年 11 月 28 日

附件：

中华人民共和国进境动物检疫疫病名录
List of Quarantine Diseases for the Animals Imported to the People's Republic of China

一类传染病、寄生虫病（15 种）
List A diseases

口蹄疫 Foot and mouth disease
猪水泡病 Swine vesicular disease
猪瘟 Classical swine fever
非洲猪瘟 African swine fever
尼帕病 Nipah virus encephalitis
非洲马瘟 African horse sickness
牛传染性胸膜肺炎
Contagious bovine pleuropneumonia
牛海绵状脑病 Bovine spongiform encephalopathy
牛结节性皮肤病 Lumpy skin disease
痒病 Scrapie
蓝舌病 Bluetongue
小反刍兽疫 Peste des petits ruminants
绵羊痘和山羊痘 Sheep pox and Goat pox
高致病性禽流感 Highly pathogenic avian influenza
新城疫 Newcastle disease

二类传染病、寄生虫病（147 种）
List B diseases

共患病（28 种）Multiple species diseases
狂犬病 Rabies
布鲁氏菌病 Brucellosis
炭疽 Anthrax
伪狂犬病 Aujeszky's disease（Pseudorabies）
魏氏梭菌感染 Clostridium perfringens infections
副结核病 Paratuberculosis (Johne's disease)
弓形虫病 Toxoplasmosis
棘球蚴病 Echinococcosis
钩端螺旋体病 Leptospirosis
施马伦贝格病 Schmallenberg disease
梨形虫病 Piroplasmosis

日本脑炎 Japanese encephalitis
旋毛虫病 Trichinosis
土拉杆菌病 Tularemia
水泡性口炎 Vesicular stomatitis
西尼罗热 West Nile fever
裂谷热 Rift Valley fever
结核病 Tuberculosis
新大陆螺旋蝇蛆病（嗜人锥蝇）
New world screwworm （Cochliomyia hominivorax）
旧大陆螺旋蝇蛆病（倍赞氏金蝇）
Old world screwworm (Chrysomya bezziana)
Q 热 Q Fever
克里米亚刚果出血热
Crimean Congo hemorrhagic fever
伊氏锥虫感染（包括苏拉病）
Trypanosoma Evansi infection (including Surra)
利什曼原虫病 Leishmaniasis
巴氏杆菌病 Pasteurellosis
鹿流行性出血病
Epizootic hemorrhagic disease of deer
心水病 Heartwater
类鼻疽 Malioidosis

牛病（8 种）Bovine diseases

牛传染性鼻气管炎 / 传染性脓疱性阴户阴道炎
Infectious bovine rhinotracheitis/Infectious pustular vulvovaginitis
牛恶性卡他热 Malignant catarrhal fever
牛白血病 Enzootic bovine leukosis
牛无浆体病 Bovine anaplasmosis
牛生殖道弯曲杆菌病 Bovine genital campylobacteriosis
牛病毒性腹泻 / 粘膜病
Bovine viral diarrhoea/Mucosal disease
赤羽病 Akabane disease
牛皮蝇蛆病 Cattle Hypodermosis

马病（10 种）Equine diseases

马传染性贫血 Equine infectious anaemia
马流行性淋巴管炎 Epizootic lymphangitis
马鼻疽 Glanders
马病毒性动脉炎 Equine viral arteritis
委内瑞拉马脑脊髓炎 Venezuelan equine encephalomyelitis
马脑脊髓炎（东部和西部）
Equine encephalomyelitis (Eastern and Western)
马传染性子宫炎 Contagious equine metritis
亨德拉病 Hendra virus disease
马腺疫 Equine strangles
溃疡性淋巴管炎 Equine ulcerative lymphangitis

猪病（13 种）Swine diseases

猪繁殖与呼吸道综合征
Porcine reproductive and respiratory syndrome
猪细小病毒感染 Porcine parvovirus infection
猪丹毒 Swine erysipelas
猪链球菌病 Swine streptococosis
猪萎缩性鼻炎 Atrophic rhinitis of swine
猪支原体肺炎 Mycoplasmal hyopneumonia
猪圆环病毒感染 Porcine circovirus infection
革拉泽氏病（副猪嗜血杆菌）
Glaesser' s disease（Haemophilus parasuis）
猪流行性感冒 Swine influenza
猪传染性胃肠炎 Transmissible gastroenteritis of swine
猪铁士古病毒性脑脊髓炎（原称猪肠病毒脑脊髓炎、捷申或塔尔凡病）Teschovirus encephalomyelitis(previously Enterovirus encephalomyelitis or Teschen/Talfan disease)
猪密螺旋体痢疾 Swine dysentery
猪传染性胸膜肺炎 Infectious pleuropneumonia of swine

禽病（20 种）Avian diseases

鸭病毒性肠炎（鸭瘟）Duck virus enteritis
鸡传染性喉气管炎 Avian infectious laryngotracheitis
鸡传染性支气管炎 Avian infectious bronchitis
传染性法氏囊病 Infectious bursal disease
马立克氏病 Marek's disease
鸡产蛋下降综合征 Avian egg drop syndrome
禽白血病 Avian leukosis
禽痘 Fowl pox
鸭病毒性肝炎 Duck virus hepatitis
鹅细小病毒感染（小鹅瘟）Goose parvovirus infection
鸡白痢 Pullorum disease
禽伤寒 Fowl typhoid
禽支原体病（鸡败血支原体、滑液囊支原体）
Avian mycoplasmosis（Mycoplasma Gallisepticum, M. synoviae）
低致病性禽流感 Low pathogenic avian influenza
禽网状内皮组织增殖症 Reticuloendotheliosis
禽衣原体病（鹦鹉热）Avian chlamydiosis
鸡病毒性关节炎 Avian viral arthritis
禽螺旋体病 Avian spirochaetosis
住白细胞原虫病（急性白冠病）Leucocytozoonosis
禽副伤寒 Avian paratyphoid

羊病（4 种）Sheep and goat diseases

山羊关节炎 / 脑炎 Caprine arthritis/encephalitis
梅迪 – 维斯纳病 Maedi–visna
边界病 Border disease
羊传染性脓疱皮炎
Contagious pustular dermertitis （Contagious Echyma）

水生动物病（44 种）Aquatic animal diseases

鲤春病毒血症 Spring viraemia of carp

流行性造血器官坏死病 Epizootic haematopoietic necrosis
传染性造血器官坏死病 Infectious haematopoietic necrosis
病毒性出血性败血症 Viral haemorrhagic septicaemia
流行性溃疡综合征 Epizootic ulcerative syndrome
鲑鱼三代虫感染 Infection with Gyrodactylus Salaris
真鲷虹彩病毒病 Red sea bream iridoviral disease
锦鲤疱疹病毒病 Koi herpesvirus disease
鲑传染性贫血 Infectious salmon anaemia
病毒性神经坏死病 Viral nervous necrosis
斑点叉尾鮰病毒病 Channel catfish virus disease
鲍疱疹样病毒感染
Infection with abalone herpes-like virus
牡蛎包拉米虫感染 Infection with Bonamia Ostreae
杀蛎包拉米虫感染 Infection with Bonamia Exitiosa
折光马尔太虫感染 Infection with Marteilia Refringens
奥尔森派琴虫感染 Infection with Perkinsus Olseni
海水派琴虫感染 Infection with Perkinsus Marinus
加州立克次体感染
Infection with Xenohaliotis Californiensis
白斑综合征 White spot disease
传染性皮下和造血器官坏死病
Infectious hypodermal and haematopoietic necrosis
传染性肌肉坏死病 Infectious myonecrosis
桃拉综合征 Taura syndrome
罗氏沼虾白尾病 White tail disease
黄头病 Yellow head disease
螯虾瘟 Crayfish plague (Aphanomyces astaci)
箭毒蛙壶菌感染 Infection with Batrachochytrium Dendrobatidis
蛙病毒感染 Infection with Ranavirus
异尖线虫病 Anisakiasis
坏死性肝胰腺炎 Necrotizing hepatopancreatitis
传染性脾肾坏死病 Infectious spleen and kidney necrosis
刺激隐核虫病 Cryptocaryoniasis
淡水鱼细菌性败血症 Freshwater fish bacteria septicemia
对虾杆状病毒病 Baculovirus penaei disease
鮰类肠败血症 Enteric septicaemia of catfish
迟缓爱德华氏菌病 Edwardsiellasis
小瓜虫病 Ichthyophthiriasis
黏孢子虫病 Myxosporidiosis
指环虫病 Dactylogyriasis
鱼链球菌病 Fish streptococcosis
河蟹颤抖病 Trembling disease of Chinese mitten crabs
斑节对虾杆状病毒病 Penaeus monodon baculovirus disease
鲍脓疱病 Pustule disease
鳖腮腺炎病 Abolone viral mortality
蛙脑膜炎败血金黄杆菌病
Chryseobacterium meningsepticum of frog (Rana spp)

蜂病（6 种）Bee diseases

蜜蜂盾螨病 Acarapisosis of honey bees
美洲蜂幼虫腐臭病 American foulbrood of honey bees
欧洲蜂幼虫腐臭病 European foulbrood of honey bees
蜜蜂瓦螨病 Varroosis of honey bees
蜂房小甲虫病（蜂窝甲虫）
Small hive beetle infestation(Aethina tumida)
蜜蜂亮热厉螨病 Tropilaelaps infestation of honey bees

其他动物病（14 种）Diseases of other animals

鹿慢性消耗性疾病 Chronic wasting disease of deer
兔黏液瘤病 Myxomatosis
兔出血症 Rabbit haemorrhagic disease
猴痘 Monkey pox
猴疱疹病毒 I 型（B 病毒）感染症
Cercopithecine Herpesvirus Type I(B virus) infectious diseases
猴病毒性免疫缺陷综合征 Simian virus immunodeficiency syndrome
埃博拉出血热 Ebola haemorrhagic fever
马尔堡出血热 Marburg haemorrhagic fever
犬瘟热 Canine distemper
犬传染性肝炎 Infectious canine hepatitis
犬细小病毒感染 Canine parvovirus infection
水貂阿留申病 Mink aleutian disease
水貂病毒性肠炎 Mink viral enteritis
猫泛白细胞减少症（猫传染性肠炎）
Feline panleucopenia (Feline infectious enteritis)

其他传染病、寄生虫病（44 种）Other diseases

共患病（9 种）Multiple species diseases
大肠杆菌病 Colibacillosis
李斯特菌病 Listeriosis
放线菌病 Actinomycosis
肝片吸虫病 Fasciolasis
丝虫病 Filariasis
附红细胞体病 Eperythrozoonosis
葡萄球菌病 Staphylococcosis
血吸虫病 Schistosomiasis
疥癣 Mange

牛病（5 种）Bovine diseases

牛流行热 Bovine ephemeral fever
毛滴虫病 Trichomonosis
中山病 Chuzan disease
茨城病 Ibaraki disease
嗜皮菌病 Dermatophilosis

马病（4 种）Equine diseases

马流行性感冒 Equine influenza
马鼻腔肺炎 Equine rhinopneumonitis

马媾疫 Dourine
马副伤寒（马流产沙门氏菌）
Equine paratyphoid (Salmonella Abortus Equi.)

猪病（3 种）Swine diseases

猪副伤寒 Swine salmonellosis
猪流行性腹泻 Porcine epizootic diarrhea
猪囊尾蚴病 Porcine cysticercosis

禽病（6 种）Avian diseases

禽传染性脑脊髓炎 Avian infectious encephalomyelitis
传染性鼻炎 Infectious coryza
禽肾炎 Avian nephritis
鸡球虫病 Avian coccidiosis
火鸡鼻气管炎 Turkey rhinotracheitis
鸭疫里默氏杆菌感染（鸭浆膜炎）
Riemerella anatipestifer infection

绵羊和山羊病（7 种）Sheep and goat diseases

羊肺腺瘤病 Ovine pulmonary adenocarcinoma
干酪性淋巴结炎 Caseous lymphadenitis
绵羊地方性流产（绵羊衣原体病）Enzootic abortion of ewes(Ovine chlamydiosis)
传染性无乳症 Contagious agalactia
山羊传染性胸膜肺炎 Contagious caprine pleuropneumonia
羊沙门氏菌病（流产沙门氏菌）
Salmonellosis(S.abortusovis)
内罗毕羊病 Nairobi sheep disease

蜂病（2 种）Bee diseases

蜜蜂孢子虫病 Nosemosis of honey bees
蜜蜂白垩病 Chalkbrood of honey bees

其他动物病（8 种）Diseases of other animals

兔球虫病 Rabbit coccidiosis
骆驼痘 Camel pox
家蚕微粒子病 Pebrine disease of Chinese silkworm
蚕白僵病 Bombyx mori white muscardine
淋巴细胞性脉络丛脑膜炎 Lymphocytic choriomeningitis
鼠痘 Mouse pox
鼠仙台病毒感染症 Sendai virus infectious disease
小鼠肝炎 Mouse hepatitis

【中国奶协公告】

中国奶业协会公告

第 1 号

为了继续推进国家“学生饮用奶计划”的实施，根据《农业部、国家发展和改革委员会、教育部、财政部、国家卫生和计划生育委员会、国家质量监督检验检疫总局、国家食品药品监督管理总局关于调整学生饮用奶计划推广工作方式的通知》(农垦发 [2013]3 号)，中国奶业协会制定了《国家“学生饮用奶计划”推广管理办法（试行）》，现予公布，自 2014 年 1 月 1 日起施行。

特此公告。

附件：国家“学生饮用奶计划”推广管理办法(试行)

2013 年 12 月 30 日

附件：

国家“学生饮用奶计划”推广管理办法

（试行）

目 录

第一章　总　则
第二章　推广运行
第三章　专用标志
第四章　生产企业
第五章　注册程序
第六章　质量管理
第七章　实施学校
第八章　附　则
附录 1　中国学生饮用奶标志印制规范
附录 2　中国学生饮用奶标志许可使用注册文号规范

第一章　总　则

第一条　为了继续推进国家“学生饮用奶计划”的实施，根据《农业部、国家发展和改革委员会、教育部、财政部、国家卫生和计划生育委员会、国家质量监督检验检疫总局、国家食品药品监督管理总局关于调整学生饮用奶计划推广工作方式的通知》(农垦发 [2013]3 号)，制定本办法。

第二条　国家“学生饮用奶计划”（以下简称学生饮用奶计划）原由农业部等七个国务院有关部门联合启动实施，是以改善中小学生营养状况、促进中小学生发育成长、提高中小学生健康水平为目的，在全国中小学校实施的学生营养改善专项计划。

第三条　“学生饮用奶（SCHOOL MILK）”，系指经中国奶业协会许可使用中国学生饮用奶标志的专供中小学生在校饮用的牛奶制品。

现阶段推广以生牛乳为原料加工，不使用、不添加复原乳及营养强化剂的超高温灭菌乳；以生牛乳为主要原料加工，不使用、不添加复原乳及营养强化剂的灭菌调制乳。

第四条　学生饮用奶应符合“安全、营养、方便、价廉”的基本要求。学生饮用奶产品包装上必须印制中国学生饮用奶标志。学生饮用奶直供中小学校，不准在市场销售。

第五条　学生饮用奶统一纳入国家相关职能部门的生产和质量监督管理，确保学生饮用奶产品质量安全。学生饮用奶生产企业及其原料奶供应场和配送企业、实施学校必须遵守《中华人民共和国食品安全法》等相关法律法规。

第六条　推广“学生饮用奶计划”，遵循“安全第一、质量至上、严格准入、有序竞争、规范管理、稳妥推进”的原则，利用市场机制运作。学生饮用奶生产企业、中小学校和相关社会团体应通过各种形式宣传普及学生饮奶营养健康知识。

第二章　推广运行

第七条　中国奶业协会负责“学生饮用奶计划”的推广管理。

各地各级“学生饮用奶计划”主管部门确定承担学生饮用奶计划工作的机构负责本辖区的推广工作。

实施“学生饮用奶计划”的中小学校负责本校学生饮奶营养健康知识教育及学生饮用奶计划组织工作。

第八条　鼓励和支持乳制品生产企业履行社会责任，参与“学生饮用奶计划”的推广和学生饮奶营养健康知识普及活动，拓展学生饮用奶计划实施学校和学生数量。

第九条　鼓励社会组织、科研院校、传播媒体等机构以及学生家长和社会各界热心公益人士参与“学生饮用奶计划”的推广和学生饮奶营养健康知识的普及传播活动，共同推进“学生饮用奶计划”的实施。

第十条　中国学生饮用奶计划网（http://www.schoolmilk.gov.cn）是中国奶业协会主办的“学生饮用奶计划”官方网站，提供“学生饮用奶计划”推广公共服务信息，发布相关公告等资讯。

第十一条　中国奶业协会建立国家学生饮用奶计划推广管理信息系统，实施推广工作的电子信息化管理。学生饮用奶生产企业应按照本办法和管理信息系统的要求，指定专人按时填报相关信息。

第十二条　根据社会发展需要，适时调整“学生饮用奶计划”推广对象和增加学生饮用奶产品种类。实施调整前应先行试点，稳妥推进。相关规定由中国奶业协会另行制定。

第十三条　“学生饮用奶计划”的推广应与农村义务教育学生营养改善计划或其他涉及牛奶制品进校的项目相衔接，宣传中国学生饮用奶标志产品，扩大“学生饮用奶计划”的实施范围。

第十四条　各级承担“学生饮用奶计划”推广工作的机构应积极争取政府及有关部门的政策等支持。

对在“学生饮用奶计划”推广工作中做出突出成绩的单位和个人，中国奶业协会予以表彰。

第三章　专用标志

第十五条　中国学生饮用奶标志是经原学生饮用奶计划部际协调小组审定、农业部公布，用以标识在学校推广的学生饮用奶的专用标志。

第十六条　中国学生饮用奶标志由示意奶滴上的“学”字图案、“中国学生饮用奶”和“SCHOOL MILK OF CHINA”中英文字体以及红绿白三种颜色组成。

第十七条　中国学生饮用奶标志依法在国家版权局登记。中国奶业协会是中国学生饮用奶标志的所有者，依法拥有标志的许可使用权。

第十八条　中国奶业协会对符合本办法规定的申请生产学生饮用奶的企业，许可其使用中国学生饮用奶标志，签订许可使用合同并予以公告。

第十九条　中国学生饮用奶标志的许可使用资格有效期为三年，自核准注册之日起计算。期满后经再注册，可继续使用中国学生饮用奶标志。

第二十条　许可使用中国学生饮用奶标志的生产企业，可将标志用于产品包装、公益宣传和广告。

标志印制要求按附录1《中国学生饮用奶标志印制规范》执行。

第二十一条　有下列情形之一的，终止其使用中国学生饮用奶标志资格，注销其称号证书，并予以公告：

（一）被吊销食品生产许可证；

（二）被吊销企业法人营业执照；

（三）发生重大食品安全事故；

（四）不规范使用标志、经指出仍不改正；

（五）取得资格一年内没有生产学生饮用奶产品；

（六）没有按照要求填报信息、经指出仍不填报；

（七）自行退出学生饮用奶生产。

第二十二条　未经中国奶业协会许可，任何单位和个人无权使用中国学生饮用奶标志。对于违反者，中国奶业协会有权依法追究其法律责任。

第四章　生产企业

第二十三条　中国奶业协会对使用中国学生饮用奶标志的生产企业实行注册管理，对学生饮用奶产品品种信息、原料奶供应场、学生饮用奶供应地区和学校及学生数量实施备案。

第二十四条　申请使用中国学生饮用奶标志的企业以生产工厂（公司）为注册主体。企业必须取得工商部门核发的企业法人营业执照，取得国家授权的食品药品监督管理部门或质量技术监督部门核发的生产液态奶类乳制品的食品生产许可证。

第二十五条　申请企业必须具备《中华人民共和国食品安全法》和《乳品质量安全监督管理条例》及相关法律法规、国家食品安全标准规定的生产场所、设施设备、质量检测人员、管理制度和质量保证体系等基本条件。

第二十六条　申请企业还应符合下列要求：

（一）日处理（两班）生牛乳能力200吨以上；

（二）全面实施《乳制品良好生产规范》（GB 12693）；

（三）通过ISO 9001质量管理体系认证、危害分析与关键控制点（HACCP）管理体系认证。

第二十七条　申请企业不得以委托（代加工）、贴牌方式生产学生饮用奶。

第二十八条　申请企业必须有自建或稳定可控的奶源基地，生牛乳产量和质量应满足学生饮用奶生产要求。学生奶奶源升级计划奶源示范基地场、通过良好生产规范（GAP）认证的奶牛场优先作为学生饮用奶原料奶供应场。

第二十九条　供应原料奶的奶牛场必须符合《乳品质量安全监督管理条例》、《奶牛场卫生规范》(GB 16568) 的规定，同时应符合下列要求：

（一）奶牛场泌乳牛存栏在200头以上；

（二）实行机械挤奶和在位清洗 (CIP)，生牛乳不锈钢制冷罐贮藏和保温运输；

（三）生牛乳在符合《生乳》（GB 19301）规定的基础上，菌落总数≤20万CFU/mL，嗜冷菌≤1万CFU/mL，耐热芽孢菌≤100CFU/mL，体细胞≤50万/mL。

第三十条　申请企业应建有专业配送服务系统。配送服务系统可企业自身组建或委托专业物流企业配送。应有专用配送车辆和专职配送人员，做到定时、定点配送。配送车辆应为厢式货车，保持清洁、定期消毒。

第三十一条　申请企业应设有专职部门或专职人员负责学生饮用奶工作，建立包括原料奶供应、包装材料采购、加工生产、配送服务等生产管理制度，承担学生饮用奶在学校内储藏、保管、发放等产生的相关费用。

第三十二条　经中国奶业协会组织审核，符合本办法条件的申请企业准予注册，许可使用中国学生饮用奶标志，授予“中国学生饮用奶生产企业”证书、标牌，核发中国学生饮用奶标志许可使用注册文号，并予以公告。

注册文号规定按本办法附录2《中国学生饮用奶标志许可使用注册文号规范》执行。

第三十三条　经核准注册的学生饮用奶生产企业搬迁，应重新申请注册。企业名称或法人发生变更的，原料奶供应场发生变更的应在中国奶业协会备案。

第五章　注册程序

第三十四条　申请中国学生饮用奶标志的企业，登陆中国学生饮用奶计划网站设置的国家学生饮用奶计划推广管理信息系统窗口，在线填写《中国学生饮用奶标志许可使用申请表》，并按规定要求提交相关材料（扫描件）。

第三十五条　申请企业需提交下列材料：中国学生饮用奶标志许可使用申请表、生产工厂（公司）所在省（自治区、直辖市）负责学生饮用奶计划工作机构的推荐函、食品生产许可证、企业法人营业执照、实施《乳制品良好生产规范》制度目录、ISO 9001 质量管理体系认证证书、危害分析与关键控制点（HACCP）管理体系认证证书、学生饮用奶生产管理制度、学生饮用奶产品质量安全承诺书、安全事故处置应急预案、申请前 6 个月内每个月 1 份工厂自检原料奶检测报告、学生饮用奶生产线主要技术参数。

第三十六条 经网络管理系统在线预审形式审查合格后，申请企业提交纸质版申请材料一份装订成册提交中国奶业协会。

第三十七条 中国奶业协会对申请企业提交的材料组织审核，必要时现场考核。

对首次申请的企业须进行现场考核。

第三十八条 经审核，符合中国学生饮用奶标志使用资格条件的企业，在中国学生饮用奶计划网站公示 7 天，如无异议，核准注册。

第三十九条 生产企业在中国学生饮用奶标志许可使用资格有效期满后如继续生产学生饮用奶产品，应在期满前 6 个月向中国奶业协会申请再注册。

第六章　质量管理

第四十条 政府相关职能部门对学生饮用奶实施生产和质量监督管理。生产企业必须遵守国家有关法律法规和食品安全标准，诚信自律，承担产品质量安全主体责任，接受政府相关职能部门的监督管理。

第四十一条 学生饮用奶产品纯牛奶执行《灭菌乳》（GB 25190）中超高温灭菌乳的规定，调制乳执行《调制乳》（GB 25191）中灭菌调制乳的规定，但禁止使用或添加复原乳和营养强化剂。

第四十二条 学生饮用奶产品采用无菌包装材料包装，单件净含量规格为 125 毫升、200 毫升、250 毫升。

第四十三条　学生饮用奶产品标识执行《预包装食品标签通则》（GB7718）的规定。同时在单件包装上按本办法规定印制中国学生饮用奶标志，并注明“不准在市场销售”字样。

第四十四条 学生饮用奶生产企业应对所生产的学生饮用奶每批产品进行质量检测，同时建立产品质量档案，以备查验。

第四十五条 学生饮用奶生产企业应按照保证食品安全的要求贮存、运输和配送产品，定期检查库存产品，及时清理破损、变质或者超过保质期的产品。对距离保质期 30 天到期的产品不得配送到校。

第四十六条 学生饮用奶生产企业发现其生产的产品有问题时，未出厂的产品应立即封存，已配送到校的应立即通知学校，召回产品，并记录召回和通知情况。召回的产品按国家有关规定采取销毁、无害化处理等措施。

第四十七条 学生饮用奶生产企业应制定食品安全事故处置预案，定期检查本企业安全防范措施的落实情况，及时消除食品安全事故隐患。如发生食品安全事故，应立即协助学校及有关部门予以处置，防止事态扩大。

第四十八条 学生饮用奶生产企业应建立学生饮用奶产品追溯管理制度，保证产品可追溯。

鼓励学生饮用奶生产企业实施《食品工业企业诚信管理体系（CMS）》（QB/T 4111）。

第七章　实施学校

第四十九条 实施“学生饮用奶计划”的学校应向学生进行饮奶营养健康知识教育，普及饮奶知识，开展适应学生年龄的有关饮奶与健康的活动，培养学生养成科学的饮奶习惯。

第五十条 实施“学生饮用奶计划”的学校应组织学生饮用具有中国学生饮用奶标志的产品，在“中国学生饮用奶生产企业”中招标选定供奶企业，并签订供货合同，明确双方的权利与义务。

第五十一条 实施“学生饮用奶计划”的学校应建立相关管理制度并制定食品安全事故应急处置预案，指定专人负责。供奶企业应配合学校对相关人员进行奶品保存、饮用等知识的培训，使其掌握操作流程。

第五十二条 学校应做好奶品接收、储存、发放、饮用管理，禁止露天暴晒。对当日送校当日饮用的，应及时分发；对集中配送分日饮用的，应有专门储藏房间，并保持环境清洁和保障安全。

第五十三条 实施“学生饮用奶计划”的学校自行确定课间饮用、加餐饮用或正餐饮用等方式，但要在教师的监督下集体饮用，开启包装后一次性饮完。教师应指导学生正确饮奶并检查异常情况，监督指导回收废包。

第五十四条　学生饮奶出现异常情况后，学校应立即启动应急处置预案，迅速组织救治，停止饮用该批次牛奶，就地封存该批次产品，同时通知供奶企业，报告所在地食品药品监督管理部门和教育行政部门。

第五十五条 在事故尚未定性前，学校应及时做好学生抚慰工作，配合有关部门调查取证，不擅自发表事故性质言论。在确定事故原因后，学校应当及时消除事故带来的负面影响，消除学生及其家长的疑虑，恢复正常秩序。

第八章　附　则

第五十六条 凡推广、生产、配送、组织消费学生饮用奶的单位或个人，必须遵守本办法。

第五十七条 《中国学生饮用奶标志印制规范》和《中国学生饮用奶标志许可使用注册文号规范》作为本办法的附录，具有同等效力。

第五十八条 未经中国奶业协会同意，不得以国家“学生饮用奶计划”名义组织或从事相关活动。

第五十九条 本办法由中国奶业协会负责解释。

第六十条 本办法自 2014 年 1 月 1 日起施行。

附件 1:

中国学生饮用奶标志印制规范

为统一中国学生饮用奶标志的印制，根据《国家“学生饮用奶计划”推广管理办法（试行）》的规定，制定本规范。

一、中国学生饮用奶标志

1.1 中国学生饮用奶标志由示意奶滴上的“学”字图案、“中国学生饮用奶”和“SCHOOL MILK OF CHINA”中英文字体以及红绿白三种颜色组成（简称学字标），其比例关系、色相、最小尺寸约定详见图 1、图 2。

P0185
P0355

图 1 学字标图案
（可供直接复制使用）

P0185

图 2 学字标图案
–三色柔版印刷
（可供直接复制使用）

1.2 学字标图案的标准色相为红色 P0185 和绿色 P0355。

1.3 学字标图案外环为红色和反白字“SCHOOL MILK OF CHINA 和中国学生饮用奶”。标志中间反白示意奶滴内的“学”字为绿色，详见图 1，在单件包装盒（袋）上采用三色柔版印刷时为红色，详见图 2。

1.4 学字标图案中间反白示意奶滴内的“学”字为宋体，中文“中国学生饮用奶”字体为黑体（Hei Regular），英文“SCHOOL MILK OF CHINA”字体为 ARIAL。

1.5 中国学生饮用奶标志在所有设计应用中的最小尺寸为宽 43mm，其中学字标直径 15mm，学字标与右侧文字间距 1mm。根据包装形式和容量不同，标志可等比例放大或缩小。

1.6 中国学生饮用奶标志四周留出至少 2mm 的净空间，以保证标志不致被切割到。

1.7 中国学生饮用奶标志应首选印制在白底色上；印制在有色材料上时，其它底色不得影响标志的标准色相；印制在深色底色上时，应选用反白版本。

1.8 中国学生饮用奶标志原则上设计于包装正面的左上角；出现在三角包形包装上时，则居中在包装正面的下方。详见图 3、图 4、图 5。

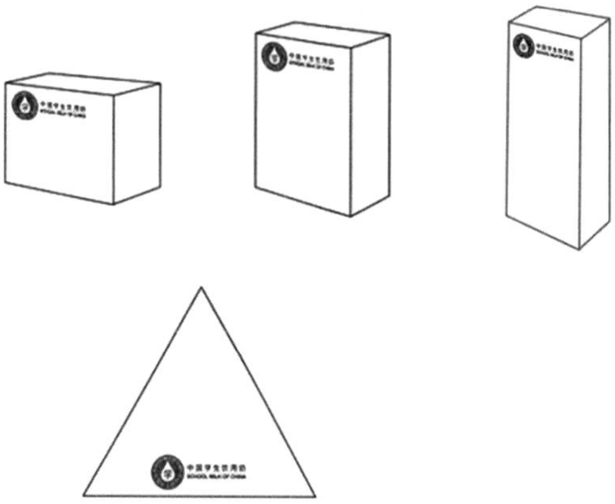

图 3 学生饮用奶标志在盒装、三角包上的使用位置

图 4 学生饮用奶标志在软包装上的位置

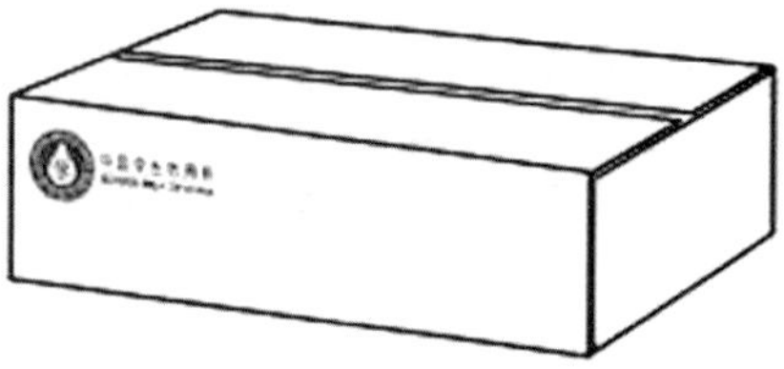

图 5 学生饮用奶标志在外包装箱上的位置

二、学生饮用奶产品名

2.1 产品中文名为“学生饮用奶”。

2.2 产品英文名为“SCHOOL MILK”。

2.3 文字字体和大小可根据包装设计需要灵活变化。

2.4 产品名位置设计于包装正面的明显处。

三、商品代码

3.1 需要印制商品代码的请执行国家有关规定。

3.2 商品代码位置设计于包装侧面，具体位置可根据包装设计需要相应调整。

详见图6、图7、图8、图9。

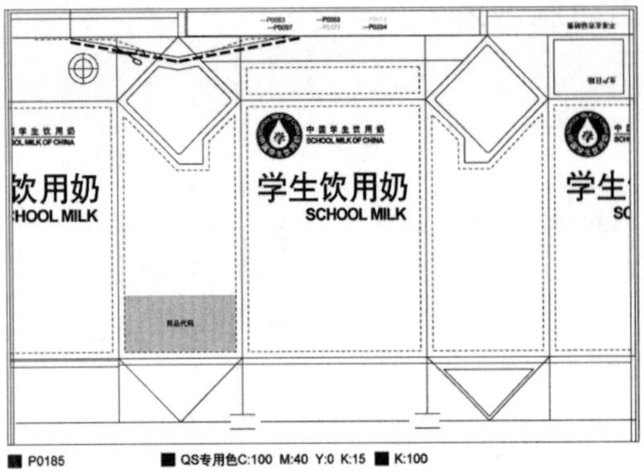

图6 学生饮用奶无菌砖包装设计示意

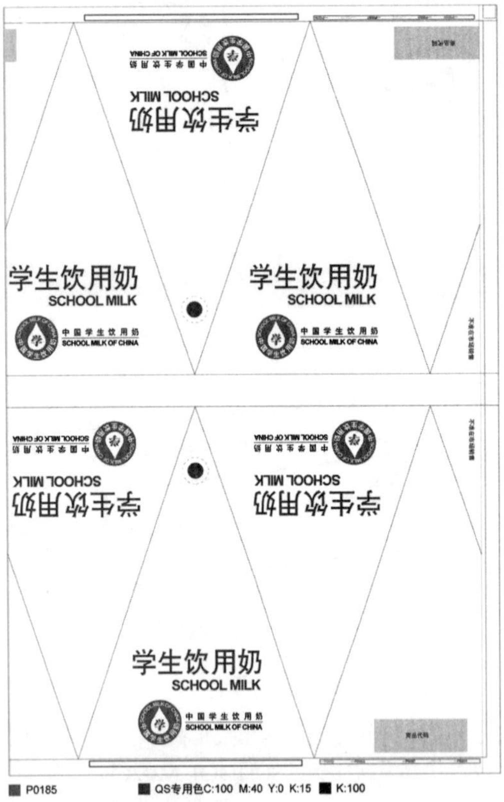

图7 学生饮用奶无菌三角型包装设计示意

图8 学生饮用奶无菌枕型整幅印刷包装设计示意

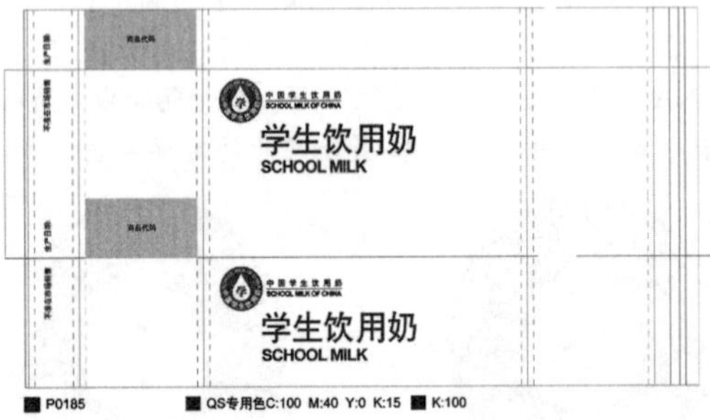

图9 学生饮用奶无菌枕型非整幅印刷包装设计示意

四、中国学生饮用奶标志许可使用注册文号标注

4.1 注册文号的文字使用的字号不得小于6.5pt。

4.2 注册文号的文字字体为黑体（Hei Regular），英文字体为ARIAL。

4.3 生产企业只有一个注册文号时，文号标注在包装侧面的企业名称之后。

4.4 生产企业（集团公司）有多个注册文号时，文号标注在包装侧面的相应企业名称之后，且在每一文号前依次以代码(A)、(B)、(C)……方式标注，详见图10。

产品种类：全脂灭菌纯牛乳
配料：生牛乳
产品标准号：GB5000.0
保质期：常温密闭条件下6个月
中国乳业集团（黑龙江）有限公司
（A）SMC010001
产地及地址：黑龙江省XX市XX县
食品生产许可证号：
QS1500 0500 0200
中国乳业集团（上海）有限公司
（B）SMC010002
产地及地址：上海市XX路XX号
食品生产许可证号：
QS1500 0500 0201

图10 学生饮用奶标志许可使用注册文号标注示意

4.5 在产品生产日期旁须喷绘生产企业相应的注册文号代码。

五、“不准在市场销售”标注

5.1 “不准在市场销售”标注文字颜色使用 QS 专用色 C:100,M:40,Y:0,K:15

5.2 “不准在市场销售”标注的文字字体为黑体(Hei Regular)。

5.3 “不准在市场销售”标注的文字使用的字号不得小于 6.5pt，详见图 11。

5.4 “不准在市场销售”标注应首选印制在白底色上；印制在有色材料上时，其它底色不得影响标志的标准色相；印制在深色底色上时，应选用反白版本，详见图 12。

5.5 “不准在市场销售”标注位置靠近生产日期。

图 11 “不准在市场销售”标注
——在白色底色上的应用
（可供直接复制使用）

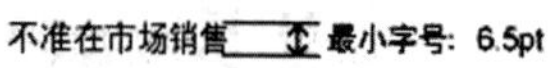

图 12 “不准在市场销售”标注
——在深色底色上的应用
（可供直接复制使用）

附件 2：

中国学生饮用奶标志许可使用注册文号规范

为统一中国学生饮用奶标志许可使用注册文号格式，根据《国家“学生饮用奶计划”推广管理办法（试行）》的规定，制定本规范。

一、定义

中国学生饮用奶标志许可使用注册文号是对在中国奶业协会核准注册的学生饮用奶生产企业的编号。

二、格式

中国学生饮用奶标志许可使用注册文号由 3 位英文字母和 6 位阿拉伯数字共 9 位字符组成：SMCXXXXXX。

三、含义

SMC 为 SCHOOL MILK OF CHINA（中国学生饮用奶）缩写；

SMC 后依次第一、二位数字为生产企业所在省（自治区、直辖市）行政区划代码的前两位数字；

第三、四位数字为生产企业许可使用标志首次注册年份；

第五、六位数字为生产企业许可使用标志首次注册序号。

4 省（自治区、直辖市）行政区划代码

中国学生饮用奶标志许可使用注册文号采用的各省、自治区、直辖市行政区划代码见下表：

代码	省（自治区、直辖市）	代码	省（自治区、直辖市）
11	北京市	42	湖北省
12	天津市	43	湖南省
13	河北省	44	广东省
14	山西省	45	广西壮族自治区
15	内蒙古自治区	46	海南省
21	辽宁省	50	重庆市
22	吉林省	51	四川省
23	黑龙江省	52	贵州省
31	上海市	53	云南省
32	江苏省	54	西藏自治区
33	浙江省	61	陕西省
34	安徽省	62	甘肃省
35	福建省	63	青海省
36	江西省	64	宁夏回族自治区
37	山东省	65	新疆维吾尔自治区
41	河南省		

科学技术

KEXUE JISHU

2013年国家现代奶业发展科技工程进展情况

“现代奶业发展科技工程”项目是由国家科技部立项，主要针对我国奶业存在的实际生产和技术问题，以奶业转型和提升现代奶业产业化科技水平为目标，重点开展奶业规模化健康养殖关键技术研究及其产业化示范，解决制约我国奶业发展的关键技术问题及生产方式，力争在奶牛遗传改良、营养调控、优质粗饲料开发与利用、群发性疾病防治以及原料奶质量控制等领域接近或达到世界先进水平，从而提升我国奶业科技自主创新能力，构建我国奶业科技创新体系和优质安全的生产模式，促进传统奶业向优质、安全、高效和节能生产方式转变，增强我国奶业整体实力和乳制品国际竞争力。

一、奶牛良种繁育体系及高效扩繁关键技术研究

通过基因组选择育种技术，完成种公牛遗传评估技术的全面优化，初步建立起以测定日模型为基础的生产性能遗传评定体系，不断优化参考群体，完成5 000头核心母牛群的建立，对180头种公牛进行遗传评定，选配种子母牛500头，已形成年自主培育100头后备种公牛的能力。

通过对在群种公牛及核心母牛群的隐性遗传缺陷有害基因检测，提高种公牛合理利用的安全性，减少流产率、死胎率，提高犊牛成活率，为遗传物质及种牛质量安全提供技术保障。 通过对在群种公牛及核心母牛群的亲子鉴定技术，明确种公牛及母牛群血缘关系，保障了自主选育种公牛的亲子血缘关系的准确性。

二、奶牛营养调控与粗饲料高效利用关键技术研究

针对奶牛热应激，确定了烟酰胺添加剂和柴胡提取物缓解奶牛热应激的效果极其适宜添加量；针对泌乳高峰期奶牛，测定了6种精饲料和3种粗饲料组合情况下的可代谢葡萄糖（MG）值。开展了后备牛MP、代谢葡萄糖MG需要量、干物质、物理有效中性洗纤维peNDF需要量、可吸收Ca、P需要量的研究。

研究获得高蛋白、低粗纤维的苜蓿新品种1个（甘农7号），选育出抗旱、耐寒、耐盐苜蓿新材料4个，筛选出耐旱、耐寒、耐盐优良苜蓿种质资源31份。提出改善奶牛生产性能和乳蛋白含量的日粮营养调控技术；确定脂肪酸合成的限制性模式；通过添加延胡索酸和植物精油降低奶牛甲烷排放的日粮营养调控方法，构建不同日粮模式下甲烷菌群落多样性的产甲烷菌mcrA文库6个。

三、奶牛健康养殖重要疾病防控关键技术研究

设计出奶牛乳房炎4种主要病原菌的特异性引物；初步设计出多重PCR的反应系统和反应条件；建立了3种牛呼吸道病的检测方法；初步建立了牛轮状病毒抗原和抗体ELISA检测法；初步建立了髓过氧化物酶间接ELISA方法（地标）；构建了口蹄疫3A、3B表位串联肽(3ABF)蛋白；建立了一种检测血清的间接ELISA方法，研制了牛结核抗体ELISA试剂盒；完善了牛结核IFN-γ检测试剂盒检测方法，完成了牛结核IFN-γ检测方法以及国家标准的送审稿撰写和申报；完成了治疗奶牛不发情中药制剂“催情助孕液”的临床试验、质量标准制订和中试生产工艺研究；开展了奶牛乳房炎亚单位疫苗研究，构建了重组金葡菌蛋白IsdA、IsdB、TRAP、GapC、ClfA、ClfB、FnbPA和三种链球菌（无乳、乳房和停乳）重组共同抗原蛋白GapCL的表达载体；筛选出有良好免疫保护效果的金葡菌TRAP蛋白、IsdB蛋白和链球菌的共同抗原蛋白GapCL，构建了融合蛋白表达载体pET-32a-GapC1-IsdB3-TRAP，制备了二批灭活多联苗进行了免疫试验。

四、原料乳质量安全监控关键技术研究

完成了原料乳中蛋白质风险影响分析，建立了非蛋白氮指标测定方法，建立了非蛋白物质掺杂综合识别技术；开展了蛋白质指标的微观控制体系－氨基酸模式的建立研究；完成了不同地区厂家不同批次的原料淡奶粉中脂肪酸含量的分析；开展了原料乳中碳水化合物风险指标体系的研究，开展了高效液相色谱－示差法分析原料乳中4种糖分掺伪的研究和原料乳中抗生素风险指标体系的研究；采用快速检测试纸条对主要12类抗生素进行检测；从原料乳各环节、环境研究其重要微生物如阪歧肠杆菌等分布和污染规律。

五、东北农区奶牛规模化健康养殖生产技术集成与产业化示范

完善奶牛的阶段饲养技术和管理措施；开展苜蓿种质资源筛选评价，粗饲料组合效应评定和高效利用研究工作；开展玉米纤维饲料无机硫转化的研究工作。在示范牛场开展主要传染病、代谢病、乳房炎、肢蹄病的发病情况调查及其血液理化参数检测；优化群体监测技术，检测牛口蹄疫、牛布鲁氏菌病、病毒性腹泻粘膜病等抗体阳性牛，筛查带毒（菌）牛；开展了示范场犊牛腹泻病原流行病学调查和病原检测技术的优化。开展了不同规模牛场粪便堆肥资源化利用方式初步评价，槽式堆肥工艺、露天式条垛堆肥工艺比较分析；开展了温室型犊牛舍的设计与建造和寒冷地区冬季奶牛饮用热水问题的研究，进行了牛舍内温湿度及有害气体监测系统的研发；进行了原料乳基础指标、危害物质检测技术研究；开展了奶车 GPS 定位系统管理的研究和挤奶存储质量在线监控与无线远程传输装置研究。

六、华北农区及北方大城市奶牛健康养殖生产技术集成及产业化示范

构建与开发奶牛良种繁育综合数字化管理服务平台技术；建立以生产性能测定（DHI）、繁殖配种、日粮营养和疾病记录为一体的奶牛养殖综合数据库；建立优质种子母牛隐性缺陷基因检测及群体净化技术。建立奶牛常用饲料原料营养成分数据库，为优化奶牛日粮，提高牛群生产水平和改善牛群健康状况奠定基础。开发新型饲料原料－超薄高膨化率压片玉米；通过对饲料蛋能平衡指标的研究，开发新型饲料配方，优化奶牛日粮精粗比例，提高了氮的利用效率，降低了环境污染。收集奶牛基础数据，建立准确完善的数据库；建立了智能化推拉顶棚牛舍，并在 2 个规模化牧场应用，较去年同期头日产提高 4.11kg。建立完整的液态乳信息采集体系；建立了膜技术联合超高压杀菌的小试生产线；初步确定了一套可行的超高压杀菌的关键工艺；根据微生物污染特点建立了牧场原料乳的监控关键点。实施亚临床低血钙诊断综合防治；开展副结核流行病学调查，建立 PCR 确诊方法，初步制定防控技术方案。继续实施 BVD 清除计划，开展 IBR 流行病学调查，全面推广口蹄疫三联苗，确定布病疫苗免疫及野毒感染抗体鉴别方法。

七、西北农区奶牛健康养殖生产技术集成及产业化示范

示范推广规范化人工采精和人工授精技术，完善冷冻精液稀释液配方和冷冻工艺，精子冷冻—解冻后活率平均达到 50%，优化性精子分离和胚胎移植技术；完善胚胎体外生产和早期胚胎性别鉴定技术；推广优秀公牛细管冻精 60 万支，示范区内选育高产奶牛核心群达 2 000 头，平均产奶量达到 8 000 千克，改良低产奶牛 20 万头，年总繁殖率 80% 以上。建立核心示范场 1 个；提出饲料配方和饲养工艺 1 套及奶牛饲料添加剂及精料配合料配方 2~3 种，年产配合饲料 15 万吨，示范区内配合饲料入户率 90%，饲料报酬提高 20%；建立苜蓿生产基地 6 万公顷、青贮玉米基地 25 万公顷，生产有机肥 500 吨。

八、南方大城市奶牛健康养殖生产技术集成及产业化示范

通过先进饲养模式技术集成，实现奶牛现代化饲养技术升级。开展了奶牛电脑信息化管理技术研究“奶牛精准饲喂系统”的研发；进一步从 SNP、基因及基因集（生物代谢通路、信号传导通路、调控网络以及过程、组分、功能等）等多个层次进行研究，开发了候选基因集关联分析的统计模型和相应算法，模拟和应用研究均证实该方法的有效性，为更系统、更深入地揭示复杂性状的分子遗传机制提供了新思路和方法。进行特殊保健功能益生菌的分离筛选，奶牛青贮饲料添加剂开发，环境工程缓解热应激技术研究和酶对于传统干酪风味质构的影响工作。

九、牧区及农牧交错带奶牛健康养殖技术集成及产业化示范

制定标准化操作规程等规范和制度 1 ～ 2 项，培育高产核心牛群达到 7 000 头。示范区奶牛存栏头数达到 6 万头，其中基础母牛头数达 3.75 万头，奶牛良种登记达到 11 000 头，GAP 认证牧场达到 7 个。开展牧区及农牧交错区奶牛养殖区高产优质苜蓿和青贮玉米丰产试验；开展秸秆饲料与农副产品的高效利用及加工技术和奶牛碳、氮和磷营养减排调控技术的研究；开展农牧交错区不同饲养方式奶牛疾病调查和防治的研究；进行蒙药组方优化，奶牛营养代谢病、子宫内膜炎防治新技术的研究；构建 1 套原奶质量安全管控体系。开展酵母及酵母矿物质试验和开展 1 种天然功能奶试验。

十、南方农区奶牛健康养殖生产技术集成与产业化示范

建立 600 头高产耐热母牛核心群和 10 头后备种公牛群；进行了西门塔尔牛与荷斯坦牛的杂交试验；在 17 个规模场应用防暑降温设备与技术；建立奶牛标准化健康养殖标准 5 项，创建 10 个标准化健康养殖示范奶牛场；在 17 个规模场应用奶牛隐性乳房炎等防控新技术；全面建立了原料奶安全生产监控和来源溯踪系统。建立日处理能力 10 吨、30 吨和 50 吨的废弃物处理示范基地 6 个。

（科技部农村科技司，许永泰）

2013年度国家奶牛产业技术体系建设情况

国家奶牛产业技术体系（以下简称“奶牛体系”）建设依托单位是中国农业大学，李胜利教授为首席科学家。奶牛体系下设26位岗位科学家（112名团队成员）、23个综合试验站（86名团队成员）；综合试验站涵盖115个示范县、247个示范辐射牛场、345名技术推广骨干。奶牛体系岗位的设置综合考虑了成员研究领域、知识层次、年龄结构以及奶牛场示范辐射效应，基本保证了我国奶业研究的主要大学和科研单位都有岗位科学家，优势产区设有试验站的布局，为构建国家奶牛科研与推广的产业技术体系打下了坚实基础。

奶牛体系紧紧围绕奶牛饲料资源高效利用与健康养殖关键技术、奶牛场标准化规模饲养关键技术、奶牛场重大疫病防控和净化技术体系三大重点任务及“十二五”规划的主要任务开展工作，并将每项任务都分配给相应的岗位科学家和站长，岗位科学家负责所在区域综合试验站的技术示范，综合试验站为岗位科学家提供科研基地和调研等科研活动的便利条件。

2013年，奶牛体系在重大技术突破、技术培训与示范推广、应急事件处理、行业咨询与宣传方面取得了重大进展。

一、基本情况

2013年，奶牛体系按照农业部部署，积极推进体系建设，成效显著。其中，取得新技术13项，新产品14项，新装置3项，新标准17项，计算机软件1项，专利41项，论文330篇，其中SCI 72篇，著作15部，进行成果鉴定5项，获得省部级奖励18项，试验站与科学家对接286次，培训389场，培训近15 000人次。

二、针对农业生产技术需求开展的科研工作成效

1. 完善收集奶牛育种数据的管理和遗传评估系统，进行新一轮遗传评估。通过全国生产性能数据收集平台，增加2012年收集的全国奶牛育种数据，对于产奶量、乳脂率、乳蛋白率性状进行了新一轮的遗传评估。2013年5月向农业部提交了常规评估结果和基因组估计育种值；确定的良补标准为2007年1月1日以后出生，已开展后测。中国奶牛基因组选择性能指数（GCPI）>1 100入选良补。2013年共选择出荷斯坦基因组选择青年公牛以GCPI入选215头、以CPI指数入选荷斯坦种公牛554头；比2012年入选公牛少35头。

2. 继续开展乳肉兼用牛杂交研究。继续开展蒙贝利亚牛和荷斯坦牛的乳肉杂交生产试验，组织300头奶牛品种间杂交试验，完成对照群体及已出生杂交群体生产性能测定以及血样采集工作。2013年在对接试验站实施了450次品种间杂交配种，出生杂种个体310头；截至2013年11月，获得了部分个体一胎和二胎的泌乳性能数据。初步总结2009年~2013年数据，一胎泌乳持续力好于二胎，一胎平均日产奶量23.7 kg、乳脂率3.99%、乳蛋白率3.29%；二胎平均日产奶量25.7 kg、乳脂率4.06%、乳蛋白率3.18%。

3. 继续完善中国奶牛饲养标准。体系营养与饲料研究室7位专家在2013年继续开展关于奶牛饲料采样和饲料营养成分分析与营养价值评定工作。目前基础数据库不断扩充完善，正在进行饲料配方软件及饲料数据库开发，不断丰富完善的饲料营养价值数据库将作为奶牛养殖企业制定日粮配方的重要参考依据。

（1）常用粗饲料营养价值评定：完成全株玉米青贮、全株小麦青贮、苜蓿青贮、苜蓿干草、羊草、玉米黄贮、玉米秸秆、谷草、小麦秸秆、四川谷草、四川熊猫全株玉米青贮、重庆倍发稻草、四海羊草等20种粗饲料营养价值评定及瘤胃降解率评定。按照CNCPS体系评定了黄贮、苜蓿、小麦秸、啤酒糟等8份饲料样品的小肠可消化氨基酸流量。

（2）蛋白质饲料原料营养价值评定：分别采集了来自全国不同产地不同品种的豆皮、豆粕、膨化大豆、DDGS、棉籽粕、未破碎全棉籽、加拿大双低油菜品种、高油油菜新品种榨油后副产品菜籽粕共8种饲料样品，对饲料样品的干物质、粗蛋白、氨基酸瘤胃降解规律进行了研究。按照CNCPS体系评定了豆粕、小麦、压片玉米、甜菜颗粒粕等11份饲料样品的小肠可消化氨基酸流量。

4. 奶牛粗饲料二代GI数据库的补充完善。GI技术是一项集理论与实践应用于一体的粗饲料品质评定和发展应用的成套技术，具有综合评定、系统集成的特点，该项技术的产生和发展对粗饲料的推广应用及其品质提升及日粮优化饲养设计技术都具有重要意义。到目前共建立78种奶牛粗饲料二代GI数据库，这将为我国粗饲料的科学利用与品质评价提供基础数据。

5.“奶牛饲料资源高效利用与生态养殖关键技术研究及示范”获2013年中华农业科技奖一等奖；“奶牛场标准化规模饲养关键技术示范与推广”获全国农牧渔业丰收奖农业技术推广合作奖；“奶牛高效及生态饲养关键技术研究与示范推广”通过成果鉴定。围绕奶牛饲料营养价值评定和营养需要量、饲料资源高效利用、营养调控、饲养管理、环境减排等关键技术和产业问题，奶牛营养与饲料研究室和综合试验站进行联合攻关，取得以下几项具有产业价值的研究成果：在奶牛围产期营养、小肽吸收与代谢、磷的需要量和减排等方面取得了

理论创新。建立了甲烷减排和缓解奶牛分娩应激技术，蒺藜皂甙和水溶性维生素需要量研究居国际领先。构建了环境安全型和资源节约型饲料配方技术体系。在SF6示踪呼吸测热、奶牛收尿、TMR质量测定手段和评价方法上取得了创新。同时集成奶牛饲料营养价值评定、血液相关指标、乳成分以及粪尿营养指标的关联研究成果，建立了奶牛营养代谢监测体系和牛群饲养管理效果评价体系。与国内奶牛养殖企业建立了密切的技术合作关系，通过技术试验、示范和推广以及国家奶牛产业技术体系综合试验站的辐射带动，新增经济效益15.26亿元，显著减少了氮、磷和甲烷的环境排放量。培育了“归原”和“缘天然”两个有机奶知名品牌；1个示范基地获中国有机生产认证（CQC-OP）奶牛场认证、5个获中国良好农业规范认证、9个评为农业部奶牛标准化示范场，1个获国家学生奶奶源升级计划奶源示范基地认证。培训奶业从业人员1.5万人次。

6. 起草制定两项行业标准。（1）制定农业部行业标准《标准化养殖场 奶牛》。经过调研、标准起草、征求意见、专家预审等阶段，标准文稿经过多次修改，于2013年7月23日，由全国畜牧业标准化技术委员会组织专家对农业行业标准《标准化养殖场 奶牛》进行审定，标准起草组进一步修改完善标准文本、编制说明，形成标准报批稿上报农业部主管部门。标准规定了奶牛标准化养殖场的基本要求、选址与布局、生产设施与设备、管理与防疫、废弃物处理、生产水平和质量安全等内容。标准适用于奶牛规模养殖场的标准化生产。

（2）农业行业标准《奶牛热应激评价技术规范》获得颁布实施。热应激是全世界面临的公认难题，如何准确的评价热应激程度，根据热应激的程度采取有效的措施，减少高温高湿环境对奶牛生产的危害。是当前奶业科研工作者亟待解决的难题。2013年度，环境控制研究室制定的《奶牛热应激评价技术规范》获得全国畜牧业标准化技术委员会颁布实施，标志着我国在奶牛热应激应用研究上取得了一定进展。

7. 建立了300 ~ 350 kg育成牛日粮中各种蛋白需要量模型。育成牛的科学饲养是奶牛场高产的基础，本研究为我国奶牛饲养标准的修订提供参考。300 ~ 350 kg育成牛阶段日粮各种蛋白需要量模型：

CP（g/d）=5.62W0.75 +595.31 △ W；

RDCP（g/d）=3.90W0.75 +418.04 △ W；

RDP（g/d）=2.50 W0.75+266.19 △ W (R=0.9429)。

IDCP（g/d）=3.60 W0.75+384.94 △ W。

W动物空腹体重（kg）；△ W，日增重（kg/d）。

8. 泌乳反刍动物小肠可消化氨基酸理想比例。目前仅有泌乳奶牛的小肠可消化Met和Lys需要推荐量，尚缺少其他必需氨基酸（EAA）的推荐量。前期研究表明，单一EAA缺乏可引起乳腺血流量和乳腺缺失EAA提取率升高，因而应提高该EAA的泌乳转化效率。基于这些研究结果，我们提出了测定单一EAA缺失条件下最大泌乳转化效率，获得小肠可消化EAA理想比例，进而确定各EAA泌乳需要推荐量的研究思路。本年度以泌乳奶山羊为模型，测定了10种EAA的最大泌乳转化效率，得到了初步的理想比例如下：

EAA	Lys	Met	Leu	Phe	Ile	Arg	Trp	Thr	His	Val
比例（%）	12.0	5.5	27.4	11.9	14.4	16.7	2.7	1.9	5.5	2.1

9. 奶牛场重大疫病防控和净化技术进展。

（1）“牛主要病毒病病原、诊断与防控技术研究”成果通过鉴定。口蹄疫是奶牛养殖业的头号杀手，牛轮状病毒腹泻严重影响犊牛健康，传染性鼻气管炎及病毒性腹泻粘膜病均可引起多种临床疾病，同时二者都产生免疫抑制，干扰口蹄疫等疫苗免疫，导致免疫失败，加剧了主要传染病的危害，严重制约奶牛业的持续健康发展。针对上述问题，开展了“牛主要病毒病病原、诊断与防治技术研究”，取得成果如下：摸清了主要病毒病的基本流行情况，建立并集成了主要病毒病的病原基因、抗原、抗体的检测方法7种；开展检测净化工作，防止BVD和IBR的传播。获得了国内外首例抗口蹄疫RNAi的转基因奶牛。研制的牛轮状病毒灭活疫苗对新生犊牛具有保护作用。精确定位NSP4基因毒力位点，获得了候选减毒疫苗株。优化疫苗免疫程序，起草并推广标准化、规模化奶牛场口蹄疫防控关键技术规程企业标准。集成牛主要病毒病的病原、诊断及防控技术研究成果，建立综合防控体系并示范推广。鉴定委员会认为该成果的总体水平达到国际先进，部分水平居国际领先，一致同意通过技术成果鉴定。

（2）开展气溶胶及奶样检测技术研究，为口蹄疫预报预警提供支持。气溶胶是口蹄疫传播的重要途径，在未出现口蹄疫临床症状的牛场进行气溶胶中FMDV的检测，将为评估牛场是否存在口蹄疫持续感染或隐性带毒牛提供技术支持，同时也为牛场提供预报预警信息；2013年初步建立了气溶胶RT-PCR检测技术，在未出现口蹄疫临床的牛场的气溶胶中检测到了病毒，并从牛群中发现了持续感染及隐性感染牛。

奶样的采取较为方便和快捷，更重要的是，在奶样中出现口蹄疫病毒的时间可早于临床症状4天左右，若能及早发现奶样中含有FMDV的感染牛，及时处理，可将疫情扑灭在萌芽状态下，避免FMD的流行。2013年建立了针对FMDV的奶样RT-PCR，A型、O型和Asia1型FMDV的敏感度均可以检测到百分之一个TCID50。

10. 研制完成奶牛高效安全新兽药。

（1）防治奶牛乳房炎“乳宁散”的研制。完成了防治奶牛乳房炎“乳宁散”的质量标准制定、毒理学试验、临床有效性评价和安全评价、抗炎药理试验和该药物对隐性乳房炎奶牛血清TNF-α、IL-8及自由基代谢的影响、临床批件的撰写和报批工作以及临床扩大试验。

（2）完成了胎衣不下药物“宫衣净酊”的研制。完成了胎衣不下药物“宫衣净酊”的工艺优化、优化工艺的产品疗效试验、质量标准制定、毒理学试验、临床药效试验，正在撰写临床批件的报批材料。

（3）子宫内膜炎防治药物“益蒲灌注液”的研制。根据2012年新兽药申报专家意见，2013年对子宫内膜炎药物“益蒲灌注液”材料修订后通过审核，已获得国家新兽药证书。

三、在农业生产中的培训服务情况

2013年，奶牛体系全面贯彻落实体系任务书要求，以“技术覆盖全部产业、培训覆盖全部主产县、展示覆盖全部示范基地”为主要目标，继续深入推进农业科技快速进村、入养殖场，采取现场指导、技术示范、座谈走访、小型培训以及大型培训班等多形式、多样化的培训方式，开展了奶牛场高级人才研修班、金钥匙现场示范会、牛精英计划（学生培养项目）以及基层骨干农技人员和养殖场（大户）培训活动，主要围绕饲养管理、疾病治疗及防控，繁殖育种，原料奶质量控制，牛舍设计等内容展开，奶牛体系26位岗位科学家和23个综合试验站2013年共计培训380余次，培训岗位人员10 000余名。

1. 金钥匙培训成为国内奶业科技示范和培训的知名品牌。“金钥匙”培训由奶牛体系与农业主管部门通力打造，重在“宣传政策、传授技术、答疑解惑、现场诊断、操作示范”。“金钥匙”培训作为一个完全的公益性培训，自2009年开办以来，已连续运行4年，成为国内奶业科技示范和培训的知名品牌。截至2013年12月，已在我国奶牛产业优势区域和奶业新兴发展地区的16个省（或直辖市）举办了50期《奶牛“金钥匙”技术示范现场会》，累计完成专题技术报告360余个，走访牛场近200个。2013年培训基层技术人员2 500名左右。

2. 奶牛场高级人才研修班逐步创建中国奶业的“黄埔军校”。现代奶牛场高级人才研修班着眼于我国奶牛养殖业向规模化、标准化、效益化发展转型中对国内大型企业急需的职业化场长和高级专业技术人才的需求，致力于创建中国奶业的“黄埔军校”。研修班分四个模块：第一模块为基础理论学习模块，邀请国内外顶尖专家，按照奶业产业链的关键技术环节展开系统理论培训。第二模块为现场实训模块，学员在奶牛体系综合试验站跟从岗位主管实习1~3月。第三模块为理论案例教学模块，针对学员在生产中遇到的重点和难点问题，提出技术应对和处理措施。第四模块为实习论文模块。学员根据自己的岗位，完成论文的设计和写作，进行现场答辩，通过答辩的获得结业资格。2013年举行了第二届和第三届现代奶牛场高级人才研修班，共计70人次。目前结业学员任职于国内大型养殖企业的重要岗位。

3. 全国农技推广骨干人才培训。2013年受全国畜牧总站委托，组织了1期全国农技推广骨干人才培训，培训了来自全国各省市畜牧局的农技骨干89名，培训内容涉及畜牧业发展现状与趋势、畜牧技术推广体系改革与建设、构建新型的畜牧业技术推广体系等工作，奶牛、肉牛、生猪、蛋鸡、肉鸡、肉羊等主推技术，以及粪污处理、疫病防控技术和牧草产业现状与发展趋势等内容。通过培训，学员们开拓了思路，了解了当前全国畜牧业生产形势和发展趋势，掌握了当前畜牧行业的主推技术，并与现代农业产业技术体系畜牧领域的科学家们建立了直接联系。也对畜牧技术推广工作中存在的现实问题发表了自己的见解和建议，并提出了解决对策。

4. 继续开展牛精英计划，培养学生实践动手能力。牛精英计划（Elite Cattlemen Program，ECP）由奶牛体系、肉牛体系、中国农业大学肉牛研究中心和中美奶牛研究中心共同支持创立。ECP的主要目的是建立在读学生与养牛业相关单位的纽带，培养学生实际动手能力，为牛产业培养高级专业人才；主要培养对象为研究生和本科生（大三、大四）。ECP指导教师团队由17位来自中国农业大学和3位来自美国从事奶肉牛教学与科研的教授，以及25位来自国内外奶肉牛产业的企业家组成。2013年继续开展了多项“走出去、请进来”的活动。组织学生参加了EMP奶业技术峰会、2013奥特奇中国高产奶牛技术年会等；邀请美国威斯康星大学Sylvia Kehoe博士为学生讲授《高级奶牛营养与管理》（英文授课，为期半个月），美国康奈尔大学Chuck Guard博士等开展牧场信息化管理与牧场解决方案系列报告；接待美国威斯康星大学雷河分校和澳大利亚阿德雷德大学代表团访问交流；组织学生前往北京绿荷牛业奶牛场、中地种畜顺义牧场、东营澳亚牧场和北京奥耐尔公司驻场实习。由于工作成绩突出，2013年喜获中国农业大学创新奖。ECP为农业部即将推进的优质化、规模化、合作化、机械化的奶源建设储备人才，实现“学生成长，企业成功、奶业发展”的多赢局面。

5. 岗位科学家和试验站加强实用技术推广。体系岗位科学家和站长与示范基地建立固定对接关系，定期走访、小型座谈、大型培训、现场指导，加强与示范基地的紧密联系，推进岗位科学家和试验站新技术的示范应用和推广。2013年体系功能研究室、岗位科学家和站长组织和参加的培训会和现场指导100多次，培训人数超过5 000人次。

针对各自情况，不同的岗位和试验站摸索出了适合本岗位和本试验站的培训模式。例如，伊利综合试验站利用依托于伊利集团的辐射网络，建立了“集团技术中心－事业部技术服务处－分公司技术服务部”的三级技术服务体系，形成了针对性和专业性强的综合技术培训服务模式，每月定期举行。兰州综合试验站充分调动发挥10个辐射场技术骨干，在场内开展口传身授的技术指导，切实提高示范基地辐射场的自我发展能力和辐射带动能力，从而建立了“大户带小户、小户带农户”的科技示范体系。鞍山综合试验站每年邀请体系岗位科学家定期对该场进行技术指导，特别是与育种与繁殖研究室建立了紧密的对接培训机制，通过专家的指导，鞍山综合试验站建立了乳肉兼用奶牛的核心群，在当地树立了良好的典型，辐射带动效果明显。

四、农业生产应急服务和决策咨询情况

（一）应急服务

1. 积极应对网传“专家称国内液态奶60%以上都由奶粉冲兑”事件。2013年7月20日，新浪、搜狐、腾讯等网络媒体相继报道了“专家称国内液态奶60%以上都由奶粉冲兑”的新闻。针对该事件，奶牛体系首席科学家李胜利教授组织体系加工研究室针对该事件进行了认真调研和分析，对相关言论进行了针对性回应，使公众能够理性客观地对待网络言论。

2. 积极应对“恒天然奶粉事件”。新西兰恒天然集团2013年8月2日向新西兰政府通报称，其生产的3个批次浓缩乳清蛋白(WPC80)中检出肉毒杆菌，受污染的乳清蛋白粉总量达40吨左右，牵涉8家客户，包括三家动物饲料公司、三家饮料公司和两家乳制品生产商。针对该事件，奶牛体系积极跟进事态发展，充分调研，就恒天然奶粉事件对国内乳业市场产生的影响进行了深入分析，并为农业部奶办提供技术建议。

3. 针对台湾乳品含违禁物质报道的分析。2013年11月份，台湾一份周刊公布调查结果，针对台湾市售9款乳品进行脂溶性物质分析后发现，市场占有率前四大乳品生产企业合计超过七成的鲜乳，含有违禁物质。对此，国家奶牛产业技术体系首席科学家李胜利教授组织体系相关岗位科学家针对该事件进行了认真调研，并就此事对国内乳业的影响进行分析。认为大陆市场对各类违禁物质实行严格监管，该事件对国内乳品市场的影响有限。同时分析了事件对国内乳业的启示：应加大对乳品的监管力度，严禁不合格乳制品流入大陆市场。

4. 快速应对黑龙江连续降雨，降低对奶牛养殖造成的损失。2013年入汛以来，受持续强降雨和尼尔基、丰满水库泄洪以及俄罗斯境内结雅河来水等因素影响，黑龙江省经历多次强降雨过程，遭遇百年一遇的特大洪灾，对种植业和畜牧业造成了严重影响。国家奶牛产业技术体系首席科学家李胜利教授、哈尔滨综合试验站和哈尔滨农垦综合试验站对当地的调研，详细了解受灾情况后，为将连续降雨对奶牛养殖的损失降到最低，及时完成应急报告——《连续降雨对黑龙江省奶牛养殖业的影响及应对措施》，通过试验站的示范辐射作用使指导材料通过网络以及纸质媒介下发到各个示范基地，指导示范基地及时预防以及善后，避免连续降雨对奶牛养殖业的损失。

5. 2013年河南省奶牛群发生严重热应激情况及干预措施。2013年7月下旬和8月前半月，河南省出现了持续极度炎热的天气，很多奶牛场的奶牛都出现了严重热应激现象。部分奶牛场因为奶牛出现热应激而导致零星死亡。奶牛营养与环境研究团队与郑州综合试验站联合，启动了调查研究与技术指导。通过对郑州、商丘、汝州、南阳、洛阳等地的奶牛场进行调查，判断出“因为极度炎热而导致奶牛零星死亡”的现象主要有两种情况：一是热应激引起的日射病死亡，二是发生流行热疾病。

（二）决策咨询和宣传

1. 积极参加奶业行业会议，提供行业发展与技术咨询。2013年积极参与农业部举行的各种行业分析会议，配合农业部完成各种调研活动，向行业主管部门提供国内饲料资源利用情况、奶牛养殖情况、奶业发展现状和趋势以及国际贸易情况，为主管领导了解国内和国际奶业动态、把握全国局势提供了第一手资料和数据，深受领导好评。同时，奶牛体系办公室每月都整理分析奶业发展动态，将奶业形势分析的内容整理成文章材料，发表在2013年的工作简报上，增加了领导及公众对当前我国奶业形势的了解，加大了奶牛体系的宣传力度。

作为农业部奶办和奶协的技术支持，积极配合完成各项行业咨询和应急性事件的分析：广泛征求体系岗位科学家对于《企业生产婴幼儿配方乳粉许可条件审查细则（2013版）》的意见并报送农业部奶办；完成中国家庭牧场调研并形成书面报告；调研国内不合格生鲜乳处理现状，形成《不合格生鲜乳处理暂行规定》。参与全国标准化验收以及培训工作，督导检查苜蓿项目建设情况等。首席科学家李胜利教授因在奶牛生产实践中做出重大贡献，被中国农业大学授予“2013年社会服务突出贡献奖”。

2. 积极加强与国内外奶业的交流与合作。2013年奶牛体系积极加强与国内奶牛科研院所和养殖企业的交流，参与各种行业会议。同时积极促进与地方体系的合作，与北京、宁夏、内蒙古、青海等地方体系加强日常工作交流和信息共享，将体系简报定期发送给各地方首席。

2013年，先后考察了美国、澳大利亚、新西兰、加拿大等国家的畜牧业和奶业，并和这些国家畜牧业和奶业方面的政府官员和专家进行了交流和座谈，商讨了在畜牧业和奶业领域开展具体合作的内容和方案，加深了相互了解，增强了与这些国家的交流与合作。

与荷兰瓦赫宁根大学及研究中心（WUR）和荷兰皇家菲仕兰坎皮纳乳业公司（RFC）共同设立的中荷奶业发展中心，李胜利教授担任中心主任，中心将借鉴和分享中荷在奶业研究、乳品生产及奶业政策法规方面的经验，围绕提高牛奶产量、奶制品质量及安全展开科学

研究和技术推广工作。

3. 多渠道扩大体系科研成果的宣传以及示范。奶业经济研究室定期编辑和发行《中国奶业经济月刊》《中国奶业贸易月刊》《国际奶业市场动态周报（双周）》《中国奶业经济调查研究》，主要收集国内外奶业生产、加工及行业发展动态、奶业国际贸易、政策和趋势等相关信息，目前已成为农业部、各奶业优势省区主管领导、企业家和学者了解我国奶业和国际奶业发展、贸易情况的案头参考资料，受到政府、协会、企业界的广泛赞誉，电子版发行量逐期增加。

体系在中国畜牧杂志和荷斯坦DM开辟了专栏，每期都会刊登一篇文章。刊登在中国畜牧杂志的文章内容主要是科学研究试验，主要对象是奶业专家学者；刊登在荷斯坦DM上的文章主要是具有应用性的关键生产技术，主要对象为奶牛场场长和技术员。2013年，中国畜牧杂志和荷斯坦DM体系专栏各发表12篇体系文章。

体系的另一个宣传途径是工作简报，内容以国家奶业政策、国内和国际奶业发展动态、体系工作动态、岗位科学家和站长的科研成果为主，这也是体系向产业展示其科研进展与工作动态的一条有效途径。2013年奶牛体系完成简报6期，每期纸质版和电子版的定向发行量约800人次（册）。

（国家奶牛产业技术体系首席科学家办公室，李胜利、姚琨、曹志军、都文、毕研亮、夏建民）

2013年度牧草产业技术体系工作总结

2013年，在农业部科教司和畜牧业司的正确领导和大力支持下，国家牧草产业技术体系严格按照体系任务书计划安排，在全体系人员的共同努力下，围绕技术研发、示范推广、联合创新等方面展开工作，经过体系人员一年的辛苦努力，扎实有效地在育种与种子繁育、栽培与草地管理、病虫害防控、加工利用、机械设备、产业经济六个方面取得阶段性或突破性成果，超额完成2013年体系的各项任务指标，促使牧草产业不断发展。

一、科技培训

2013年，为了提高基层生产者的牧草生产技能，全面提升草产业的工艺技术水平，牧草产业技术体系结合我国现阶段牧草生产特点与技术现状，针对产业发展迫切的技术需求，组织体系全体人员精心策划了大量的技术培训活动，推广普及了多项实用技术成果，为基层生产者解决了大量生产技术难题。

（一）思路清、机制全、效果好

牧草体系总结几年来的经验，2013年度体系培训工作的目标思路更加清晰，运行机制日趋完善，各类培训活动全面开展，取得了一定的成效，获得了良好的群众口碑。

1. 通过科学家岗位、综合试验站、基层技术推广部门间的协作、交流，逐步形成了多渠道的新型培训模式与机制。主要有岗站之间联合开展专题培训、试验站与当地主管部门、技术推广站之间共同进行座谈交流以及产业体系之间联合举办培训等。

2. 进一步完善了“基地+合作社（或企业）+农户”培训模式。针对培训过程中普遍存在的受众群体技术接纳程度参差不齐、技术需求不明确等问题，牧草体系在以综合试验站为主导的培训模式基础上，创建了“基地+合作社（或企业）+农户”培训模式。该模式可充分整合和利用体系、地方行业主管部门、合作社（企业）各自在技术、统筹和组织等方面的优势，提高培训活动的成效。通过合作社（企业）或行业主管部门广泛征求、归纳基层生产者的技术需求，向体系提出培训要求，然后由体系组织专家，由合作社（企业）和行业主管部门共同组织基层生产者，当地试验站负责提供技术指导和材料发放的合作方式，以试验示范基地为场地开展相关培训。2013年，牧草产业技术体系联合行业主管部门（如地方畜牧局等）、合作社（企业）对种养殖农户开展多场技术培训和现场观摩。

3. 2013年度“牧草产学研联合行动计划”继续实施，重点从技术服务、人才培训等方面与牧草生产企业展开全方位合作，并建立了长效合作机制，与企业间的合作愈加密切。

4. 针对牧草产业与相关产业间存在交叉、衔接等现实情况，2013年度牧草产业技术体系与奶牛、肉牛、生猪、谷子糜子等产业技术体系开展了培训合作。结合不同地区的实际技术难题，与其他体系协同开展了一系列技术服务活动，为培养综合型的基层技术人才探索了新的培训模式，奠定了良好的人才培养基础。

5. 牧草产业技术体系开展多种形式的培训活动，受众反馈良好，利用培训活动进行技术推广以及构建的专家——生产者交流平台，已逐步成为基层草业生产者提高技术水平和效益的重要渠道。通过牧草产业技术体系的技术培训活动，促进了新型技术向基层生产者的普及，提高了牧草生产水平，促进了农牧民生产效益的提高。技术服务工作为草业企业的经营决策、工艺技术革新提供了强有力的技术支撑，推动了草业企业总体技术水平的提升。基于培训工作创造的社会价值，2013年度，大量的草业企业和基层生产者积极与牧草产业技术体系就技术培训、技术普及建立了长效互通机制，获得了良好的技术服务效果。

（二）目标明、方式活、惠及广

2013年度，重点围绕牧草品种选择与良种繁育、牧草丰产栽培、草地生物灾害监测及防治、牧草病虫鼠害防治技术、牧草青贮加工、收获和贮藏以及种草养畜等一系列牧草生长及后期利用阶段所涉及的关键技术问题，共开展了科技培训服务活动400余次，服务对象超过22 573人。

1. 牧草产业技术体系技术培训特色讲堂——“草堂-行”系列培训活动秉持“流动的牧草大课堂”的宗旨，2013年度继续发挥技术培训的中坚作用。2013年先后在陕西彬县、云南芒市、新疆塔里木和山东东营开展了“草堂-咸阳行”、“草堂-德宏行”、“草堂-新疆建设兵团行”和“草堂-东营行”四场技术培训活动，累计培训600余人次。本年度的培训活动中，安排不同专家依据各地对牧草生产技术的需求特点进行了集中授课，传授牧草生产、加工等关键技术。专家们采用通俗易懂的语言并借用多媒体辅助，讲授了品种筛选、栽培技术、病虫害防治、牧草收获、加工机械等牧草生产的核心知识和适用技术，现场互动问答效果良好。“草堂-行”培训基本达到了解决当地牧草生产技术问题，凝聚体系力量，发挥岗站联合优势的目的。

典型事例一：“草堂——咸阳行”

2013年5月19日至21日，作为国家牧草产业技术体系“草堂-行”系列活动之一，“草堂-咸阳行”在陕西彬县全面展开。体系专家们为彬县农业科技人员和养殖专业户开展牧草生产技术培训，现场调研并指导彬县牧草种植情况。“草堂-咸阳行”活动由国家牧草产业技术体系咸阳综合试验站和彬县人民政府共同承办。国家牧草产业技术体系相关专家、国家牧草产业技术体系咸阳综合试验站站长、水土保持研究所林草生态研究室主任程积民研究员全程参加了活动。他在现场培训会上介绍了咸阳综合试验站的发展概况和“人工草地建植技术、黄土高原人工草地建植的现状及发展趋势”的讲授。与会专家、领导和各基地县的技术骨干、示范县牧草种植户、养殖户代表等还赴咸阳综合试验站山地苜蓿示范种植基地进行了实地调研考察，听取了程积民及在站科研人员的现场指导。

除国家牧草产业技术体系相关专家外，共有来自彬县各乡镇代表、各乡镇养殖专业户以及西北农林科技大学等科教单位150余人参加了“草堂-咸阳行”培训活动。培训内容还包括：中国农业科学院草原研究所孙启忠研究员所做的我国农区牧草种植现状及发展趋势的讲授；中国农业科学院北京畜牧兽医研究所杨青川研究员所做的苜蓿品种育种及陕西苜蓿品种选择的讲授；中国农业大学孙洪仁副教授所做的陕北半干旱区和风沙区苜蓿草地的水肥管理技术的讲授；中国农业大学王德成教授所做的山地苜蓿的收获机械与技术的讲授；中国农业大学玉柱教授所做的适合陕西牧草种植区的牧草青贮技术的讲授；中国农业大学李志强副教授所做的草食家畜的绿色养殖技术的讲授等。各乡镇代表和各乡镇养殖专业户纷纷表示，聆听了全国牧草系统的专家们关于牧草生产技术的系列培训后，全面认识和学习了牧草生产及开发利用技术，极大地提升了他们的牧草种植、管理、开发和利用等专业技能，具有极强的实用性。除现场培训外，与会专家还就彬县牧草产业发展问题进行了探讨，提出了发展思路，即扩大牧草种植面积，打造苜蓿核心产业区，逐步形成苜蓿种植-牧草加工-草畜养殖的牧草产业链，不断提升产业化水平。

典型事例二：“草堂——德宏行”

2013年6月24至26日，国家牧草产业技术体系“草堂-德宏行”培训活动在云南省德宏州芒市举办。德宏综合试验站及德宏州农业局领导给予了高度重视，德宏州农业局局长谢波、云南省草地动物科学研究院院长黄必志出席开幕式并致辞；孙洪仁副教授和玉柱教授分别代表体系首席张英俊教授讲话并向德宏州畜牧站赠送了科技书籍。德宏州、县畜牧站技术人员及养殖专业户40余人参加了此次培训会。国家牧草体系办公室针对德宏试验站提出的急需解决的技术难题，派出了强大的技术团队。长期工作在边陲的技术人员十分珍惜本次国家层面的培训，认真听讲，积极互动交流，受益匪浅。会中参观了傣佳肉牛养殖场的放牧草地、青贮制作、肉牛养殖及产品加工。专家团就热区草地建设的草种选择，草地持久利用，草地管理，王草、甘蔗梢青贮制作和饲喂技术等进行了现场指导并与学员进行了深入的探讨。与会领导、学员一致期待体系对边疆热区草业发展给予更高的关注，输入更多更新的技术，使草业在“云南山地牧业发展”和国家“桥头堡”建设中做出积极的贡献。

典型事例三：“草堂——塔里木行”

2013年7月13日至14日在体系办指导安排下，在新疆建设兵团农业局的大力支持下，体系专家孙启忠研究员、杨青川研究员、玉柱教授、孙洪仁副教授、朱进忠教授5人参加了在石河子大学举办的“草堂－新疆兵团行”活动，参会人员67人，他们分别来自国家牧草产业体系塔里木综合试验站、示范县（团场）、兵团第六、七、八、九师，团场的苜蓿生产技术人员和苜蓿种植户，13日专家一下飞机不辞辛苦，直接带领学员到第八师147团二连实地调研指导考察，14日岗位科学家结合实际分别围绕新疆苜蓿高产栽培技术、品种选择、收获加工贮藏、测土施肥技术、地下滴灌技术作了5个精彩的报告，学员积极发言互动交流，反应热烈，希望针对兵团、新疆滴灌苜蓿生产提供更多更直接的指导，时间虽短，但学员受益匪浅，希望多举办此类培训，提高兵团苜蓿种植户生产和管理水平。

典型事例四：“草堂——东营行”

2013年8月17日至19日，国家牧草产业技术体系“草堂”（Grass Forum）培训活动在山东省东营市顺利召开。本次“草堂——东营行”培训会的主题是“提高黄河三角洲地区牧草产业技术水平，加快推进优质牧草生产、加工、利用技术的推广步伐”。国家牧草产业技术体系相关专家、东营综合试验站团队成员、东营市畜牧局和滨州市畜牧局牧草技术推广干部以及黄河三角洲地区牧草企业和大型奶牛养殖企业技术人员共计近百人参加会议。

培训会由国家牧草产业技术体系东营试验站站长盛亦兵研究员主持，东营市畜牧局张建民副局长、山东省农业可持续发展研究所宋志义副所长、体系代表孙洪仁副教授分别致辞，草田轮作与耕作制度岗位科学家师尚礼教授、豆科牧草育种岗位科学家杨青川研究员、土壤肥料与施肥岗位科学家李向林研究员、青贮技术岗位科学家团队成员刘庭玉副教授、青贮设施与机械岗位科学家团队成员付作立博士先后针对山东苜蓿草地适宜轮作制度、东营滨州地区适宜种植苜蓿品种选择、山东苜蓿施肥技术、苜蓿干草与青贮调制技术、苜蓿收获机械与配置等问题开展了技术培训，并现场一一回答了与会企业代表提出的生产难题。培训会期间发放相关培训材料400余份。

培训会后，与会专家先后参观了山东大地牧草科技有限公司的苜蓿和青贮玉米生产基地、东营试验站核心试验区、大汶流草场等牧草基地，实地调查了部分地块牧草遭受水灾的情况，并针对水灾后生产恢复、苜蓿雨季青贮等问题展开了现场培训。

通过本次“草堂——东营行”培训会，切实解决了黄河三角洲地区牧草生产中遇到的瓶颈和困难，给该地区乃至山东省牧草生产技术带来了巨大的进步。

2. 为了提高技术指导的实践性以及对突发技术问题的应急性处理能力，本年度加大了现场答疑、观摩考察、实践操作等现场指导方式的技术培训工作力度。通过直观的操作性指导，使得生产工艺、关键技术环节的传授更加便于基层生产者接受与掌握，避免了抽象性，提高了技术培训的后效作用，同时在应对突发性技术问题过程中，现场指导大大提高技术推广应用的效果。通过上述互动式的培训模式，拉近了授课专家与基层生产者的距离，能够充分调动生产者接纳新知识、新技术的主动性和积极性，提高培训质量和效率。据统计，2013 年度体系共开展田间指导和现场答疑 578 次，服务人数达 11 003 人。

3. 为了弥补培训会、专家现场指导等技术培训活动在时间和空间上的空白，巩固和提高现场培训的效果，2013 年度更加重视技术服务资料的撰写和发放工作，力图实现培训工作的全时空覆盖。2013 年，阿坝综合试验站《四川牧区人工种草》科普读物第一版印刷 3 万册，免费赠送给四川牧区 34 个牧区县及乡镇图书室。为牧区的农牧民群众、种植养殖大户和基层草原技术人员提供种草技术，为四川牧区人工种草技术推广和四川牧草产业发展提供了有效途径。同时，在“草堂行”培训过程中为农牧民发放《山东苜蓿施肥技术》《苜蓿草产品生产技术手册》《草田轮作技术》和《苜蓿收获和青贮机械技术》等手册及口袋书 600 余册；岗位科学家和试验站站长也通过其他培训途径向学员发放技术资料 15 000 余份。这些材料的及时发放，为普及和提高广大农牧民朋友、种植养殖大户及基层草原技术人员的生产管理水平提供了宝贵的技术指导，深受人们欢迎。

4. 2013年度，在牧草产业技术的社会化普及方面开展了一系列工作。继续推进科普刊物的发行和推广工作，持续向产业更新和推介新型技术成果；加大了在报纸、电视、广播等传统媒体的技术推广服务力度，扩大了服务受众的数量；借助现代化信息手段的深入普及，利用网络、智能手机等新平台，拓展了技术服务的手段和范围，开展了有益的尝试。

赤峰综合试验站站长乌艳红在2013年5月6日作为阿鲁科尔沁旗草产业科研服务平台的代表，接受了内蒙古日报、内蒙古电视台、内蒙古电台、赤峰日报、赤峰电视台、赤峰电台、红山晚报等多家主流媒体的采访并录制推广节目。

恩施综合试验站结合全省“冬闲田种草”，借助湖北“垄上行”频道，讲解了冬闲田种草的意义、草种选择、高产栽培技术，做到了家喻户晓，提高了牧草体系的影响力。

青贮技术与加工岗位利用电台节目—在中央电台科技之声栏目农博士在线节目中宣传和扩大了青贮技术的普及面和影响面，为提高民众的普遍性认知迈出了媒体宣传的重要一步。

表6-1　2013年度牧草体系科技服务工作统计表

	形式	次数	对象	人数
室内培训	理论授课	67	综合试验站辐射带动县（乡）基层干部、农业技术推广人员；企业技术人员、牛羊养殖专业户、牧草种植示范户等	6 589
	专题讲座	138	主管畜牧业和农业科技推广的干部、基层科研人员和技术推广人员	6 240
	座谈讨论会	106	示范市（县）畜牧推广中心、农牧局、草原工作站领导，各县负责人，企业管理者，养殖户、农牧民代表	2 572
	共计	311		15 401
田间指导	现场答疑	269	当地草原站、农牧局等推广部门技术人员、乡村干部，企业技术负责人、牛羊养殖专业户、牧草种植示范户及农牧民代表	4 060
	观摩考察	154	草原工作站技术骨干、基层农技人员、农民企业负责人、农校实习生及牧草种植大户	4 106
	实践操作	155	当地畜牧局技术人员、农牧民及相关企业	2 837
	共计	578		11 003
业务咨询	发放技术手册	138	主管畜牧业干部、基层技术人员、种草示范户、羊牛养殖户、草业与乳业生产企业技术负责人	15 043
	提供种子及相关技术信息	220	基层技术骨干、农民合作社、企业技术人员	11 347
	共计	358		26 390
媒介宣传	刊登科普读物	35	《大众日报》、《青岛晚报》、《内蒙古日报》、《赤峰日报》等	
	录制农牧业推广节目	17	广播电台听众、电视节目观众、网站受众	

二、示范带动

2013 年，牧草体系依托 22 个综合试验站，共示范牧草生产技术 64 项，示范面积 101.08 万亩，平均增产 18% 以上。其中牧草标准化生产技术中示范了粮（果）草间套作、节水灌溉、病虫鼠害防除、干草调制、青贮加工等技术 38 项，示范面积 85.81 万亩；饲草高产栽培技术 10项，示范面积9.41 万亩；机械化生产技术 5项，示范面积1.6万亩；草地稳产技术示范5项，示范面积3.48万亩；牧草种子生产示范技术 6 项，示范面积 7817 亩。

1. 积极寻求与政府、企业合作，建立牧草高产优质规范种植示范基地。咸阳综合试验站在国家牧草产业技术体系技术指导与资金支持下，与地方政府结合，在陕西北部指导养殖户充分利用退耕地和山坡地、撂荒地进行苜蓿规范化种植，目前种植基地面积已发展到 3 000 亩，同时，结合区域农村经济状况、农民种植习惯和土壤肥力较低的特点，提出山地苜蓿每年 1、2 茬刈割，3 茬放牧利用，4 年耕翻的种植体系。目前，该种植体系已得到地方政府和农民的广泛认同，正向示范－推广方面发展，这将推进陕西畜牧业的发展。此外，咸阳综合试验站与定边绿洲草业公司和国营陕西大荔朝邑农场合作建立 3 000 亩苜蓿高产栽培示范基地，2013 年春季进行播种，同时建立牧草加工基地一个，生产能力达到 5 000 吨 / 年。试验站从技术方面进行全面指导，并将该示范基地作为该区域的亮点，将在栽培、施肥、刈割、晾晒等方面形成栽培管理技术体系。陕西推广筛选及选育的优质苜蓿达 10 000 亩。

盐池综合试验站通过系统试验研究，研发出宁夏北部灌区苜蓿高效施肥技术，为多家种植企业制定了测土配方施肥技术方案，示范面积 2 万余亩，通过产业部门技术辐射推广 23 万亩。通过施肥技术示范应用，大大增强了牧草种植企业对苜蓿施肥和科学管理的意识和水平。同时，试验站和区草原工作站大力推广苜蓿根瘤菌接种技术，建立了苜蓿根瘤菌接种制度，使得 2013 年新种苜蓿地基本全部接种根瘤菌，面积 114 亩。

除此之外，体系在王草、象草、黑籽雀稗、盈江危地马拉、臂形草、狗尾草、多花黑麦草和狗牙根等多种禾本科牧草示范推广效果显著，其中多花黑麦草示范面积 5000 亩，狗牙根示范推广面积达 10 000 亩。

2. 建立优良牧草种子生产基地。盐城综合试验站采用合理的栽培管理措施对多花黑麦草营养生长进行调控，通过利用生长调节剂、降低株高、适时迟播、减少播种量等技术，种子收获率提高 20% 以上，大大提高种子产量。2013 年建立多花黑麦草等种子核心试验示范田 300 亩，高产示范面积达 6 400 亩，以国内第一个育成品种“长江 2 号多花黑麦草”为核心，建立稳定种源基地 5 000 亩，满足长江流域种草养畜需要。

咸阳综合试验站为解决引进种子适应性差和供种不稳定等问题，在旬邑县、彬县和淳化建立了以紫花苜蓿、红豆草为主的优良牧草种子生长示范基地。从地块选择－整地－选种－种植－管理－收获－脱粒－晾晒－包装－销售均采用规范化生长与管理，经过 3 年的运行，生态、经济和社会效益显著，已具备为推广区苜蓿和红豆草的种植提供优质牧草种子的能力。2013 年试验站在旬邑县底庙镇已建立红豆草种子基地 100 亩，种子产量 2 500 kg/hm^2。试验站为了扩大紫花苜蓿、红豆草的种植面积和种植规范，对已经收获的种子，分别分配到 3 个辐射县，计划建立塬地、山地优良紫花苜蓿种子和红豆草种子基地 100 亩；种子生产比大田增产 20% 以上；并形成一套高产栽培技术；辐射应用范围：长武、彬县、淳化、永寿等县 300 亩。德宏试验站在小哨种植狗尾草牧草生产示范田 3.4 hm^2，收获牧草种子 960 千克，生产青干草 34 500 千克；小哨基地已成为云南草业生产、科研示范的窗口，是集基础研究、推广中试、研究生培养、牧草种质资源保存评价等为一体的产、学、研基地，年接待学生实习、省内外参观考察 1000 余人次。

3. 草产品加工技术的推广与应用，社会效益显著。恩施综合试验站在奶牛养殖新区湖北黄冈积极推广全混合日粮（TMR）技术，此地区受养猪习惯影响，绝大部分奶牛采用传统的精、粗分饲的饲喂方式，不符合现代牧业发展趋势，在此情况下，TMR 技术在规模化奶牛养殖小区的推广和应用具有重要的理论及现实意义。恩施综合试验站也开展了南方农区奶牛健康养殖生产技术集成与产业化示范、长江中游奶牛高效安全生产配套技术集成中试、奶牛标准化健康养殖关键技术的研究与示范等工作。各试验站还开展全株玉米青贮、干草制作等示范推广。

4. 建立病虫草害防治示范区，凸显经济效益。国家牧草产业技术体系在中国农业科学院植物保护研究所科研中试基地（廊坊、锡林郭勒）分别建立了长期监测点提供检测预警服务，在宁夏、山东、吉林建立了病虫草害防治示范区，应用牧草病虫草害区域化监测预警技术，成功预测了苜蓿主产区（宁夏、山东）及天然草地（吉林）等地区牧草病虫草害发生程度、发生区域和需要防治的区域、面积，准确率达 95% 以上，2013 年示范面积达 26 万亩，挽回经济损失超过 3 000 万元，经济效益十分显著。共筛选了高效低毒化学制剂 9 种，植物源农药 1 种，研制生物农药 3 种，并形成了生物防治为主、农业防治和化学防治为辅的绿色防治技术体系，为牧草病虫草害的防控工作提供技术指导。

5. 针对自然灾害技术集成示范，取得社会和生态效益。资阳综合试验站针对控制四川农区紫色丘陵区旱坡耕地水土流失，开展了饲草栽培模式系列研发试验，集成了丘陵区旱坡耕地粮草高效栽培模式及保土种植技术。2013 年上半年遭遇持续干旱气候，课题组集成的“四川坡耕地水土、养分流失及防治技术”包括“横坡分带间耕节水保肥轻简耕作方法”，在四川农区丘陵区坡耕地推广应用区域，极大地降低了牧草的减产，经济效益损失降低到8%左右，而同条件坡耕地农作物种植模式，经济效益损失在20%左右。2013年下半年遭遇持续涝灾，课题组集成的“饲草植物篱保土种植技术”在四川农区推广应用区域，坡耕地土壤水土流失减少23%左右，大大降低了牧草损失，在同条件下坡耕地农作物栽培模式，水土流失严重，农作物减产严重。以上技术在四川绵阳、南充、宜宾、巴中、资阳、自贡等地市累计推广应用2 683.2万亩，尤其在2013年特殊气候影响下，取得了显著的社会和生态效益。

三、重大技术

2013年，牧草体系在各个岗位和综合试验站对任务中的瓶颈技术继续展开攻关突破，在牧草育种与种子生产、栽培管理、病虫害防治、机械与草产品加工等各个方面取得了成效。

牧草育种与种子生产。牧草体系在多年生牧草、高粱属饲草种质资源的收集、评价、创新研究达到国内领先水平。共引进多年生牧草种质资源220份，入国家基因库218份，收集甜高粱、苏丹草等材料1 200余份，其中80%是全国牧草饲料种质资源（材料）库没有的。在新疆采集野生牧草种子282份；完成600余份多年生牧草材料的区域生态适应性、生产、抗逆评价工作。“华中地区草种质资源收集、评价及创新利用”经鉴定达国际先进水平。

2013年，长白稗、牧科草木樨1号、甘农9号紫花苜蓿、中兰2号紫花苜蓿、陆地中间偃麦草等5个新品种通过国家和地方审定。公农白花草木犀、公农黄花草木犀、德宏翅果菊、中苜7号、“艾丽斯”白三叶、“自由”红三叶、“绵阳”箭舌豌豆和“川紫1号”紫云英等8个新品种进入了国家牧草品种区试网。建立准格尔苜蓿等原种生产田1000余亩。种子生产质量检测通过国际种子检验协会（International Seed Testing Association，简称ISTA）的评审，获得可签发ISTA授权的橙色证书，为我国草种产业化发展创造有利条件。

栽培管理。集成“棉草（饲用黑麦）复种”，“冬小麦套种草木樨”，“苜蓿田冬休季复种冬牧70黑麦的模式”，“农区果草优化配置模式”等粮（果）草间套作模式，成效显著。集成“苜蓿草、虫、肥一体化管理技术”“紫花苜蓿水肥耦合管理”“苜蓿寒作技术”“黑麦草标准化关键技术”等多套实用栽培管理技术；形成“舍饲－放牧”结合型肉牛羊养殖模式、“农牧交错带地区羔羊育肥技术”等饲养技术4套；获得“川西北牧区沙化草地改良灌木栽植技术”“川西北牧区沙化草地改良草种补播技术”“改良草地刈割＋放牧合理利用技术”“黑麦草＋鸭茅＋白三叶混播草地放牧优化管理模式”“高寒草甸草原改良建设打贮草场技术”等10项草地稳产技术。

草产品加工。2013年，分离乳酸菌株160余株，开发出通过商品化中试验验证的乳酸菌制剂2个。集成优化“高水分苜蓿果渣混合青贮（窖贮）技术”“优化集成川西北老芒麦青贮技术”“老芒麦裹包青贮轻简实用技术”“苜蓿蛋白型营养舔砖制备技术”“高原苜蓿青贮裹包技术”“高原快速干燥型苜蓿草束技术”“苜蓿空心圆草捆技术”，总结提出了“牧区培育天然打贮草场与农区建立苜蓿蛋白饲草基地”耦合的“农牧互补”模式，实现了苜蓿种植空间的拓展和产业综合效益的提高，有效保障了牧区家畜饲草供给与营养平衡。

病虫草害防治。发现两种严重降低牧草产量和品质的新病害，茎点霉叶斑病（Phoma sp.）和大茎点霉叶斑病（Macrophoma sp.），完成了多地苜蓿害虫发生规律研究，集成牧草病虫草害防治技术6项，筛选了9种化学农药、3种高效生防菌株和1种植物源农药。建立牧草害虫防治示范区4个，面积26万亩。

牧草机械。利用3D列印技术研制苜蓿播种机，可以在短时间内、无需模具的情况下制造所设计的窝眼轮式排种器和镇压辊，并在真实的工作环境中进行试验，通过试验分析、优化参数，提供最优方案，设计周期非常短，设计效率极高，实现苜蓿播种机的精密播种。9GYZ-1.2和9GYZ-2.1两型自走式苜蓿刈割压扁机2013年先后在河北黄骅、河北衡水、宁夏彭阳、山东无棣等多地进行推广演示试验，累计作业面积达100hm^2，作业及增产增收效果得到了当地农户和相关农牧企业的一致认可。9ZDJ-2.0型自走式苜蓿青贮收获机研制成功，有利于推动青贮饲料由原来的自给自足模式向商品化运营转变。此外，9QFB-2.4型破土切根施肥补播复式机、9PDQ-2.2型草地平地机、9QS－2.2型马莲碎根机以及9QPY-2.2型狼毒剔除机通过检测鉴定。以上机型作业内容涵盖草地复壮改良、草地耕整、草地施肥补播、草原有害杂草剔除，实现了牧草生产工艺全覆盖、机械化作业成系列。

其中对产业发展影响较大的重大技术突破有如下几项：

1. 获得抗蓟马“甘农9号”紫花苜蓿。新品种抗蓟马“甘农9号”紫花苜蓿于2013年4月通过甘肃省草品种审定委员会审定登记（甘肃省审品种：GCS002）。建立了以田间受害指数为标准的苜蓿抗蓟马评价鉴定体系，研究了蓟马危害后，苜蓿不同器官氮、磷、钾、钙、丙二醛、可溶性蛋白含量及苜蓿光合生理的响应，揭示了苜蓿对蓟马危害的补偿机制；探索出营养元素分配、利用与苜蓿抗蓟马的关系；确定丙二醛含量作为一个评价苜蓿品种抗蓟马指标并申请专利“一种大批量饲养牛角花齿蓟马的方法”（申请号：2008 1018 0442.3）。对开展苜蓿抗虫品种选育、抗虫机制研究、新品种的评价鉴定及抗虫品种的推广具有指导意义。

2. 集成黄淮海平原雨季苜蓿安全减灾生产技术。针对黄淮海平原苜蓿生产中遇到的雨季晾晒干草困难和高温下苜蓿生长出现“夏眠”、虫害等问题，苜蓿青贮是最好的解决办法，但由于降雨造成苜蓿田湿度太大导致青贮机械无法进地收获，经过3年的初步研究，通过季节性套作青贮玉米这一栽培技术使这一问题得到彻底解决，这将是苜蓿栽培学的突破。苜蓿田夏季套种青贮玉米复种技术：在华北地区苜蓿刈割第二茬草后，一般为6月中下旬，在条播苜蓿田行间隔行种植一行青贮玉米，生长至9月下旬，青贮玉米至蜡熟期，将苜蓿和套种的青贮玉米一同收割青贮利用。之后苜蓿继续生长直至立冬后停止生长，正常越冬。第二年苜蓿前两茬草仍单收利用。到第二茬草刈割后再套播青贮玉米。条播苜蓿田行距一般为30厘米，也改为20/40厘米种植，隔宽行播种青贮玉米，行距60厘米，亩株数4 000株，播种方法同平播玉米。

3. 初步建立了羊草优质高产的生产技术体系。经过两年的体系联合实验，分别在黑龙江绥化、吉林大安、内蒙古海拉尔和锡林浩特建立改良羊草草地、实现优质高产目标的试验示范区，通过系统的设计和测定，研究了灌水、施肥和切根的联合效果，最终确定了返青期灌水、施氮4kg/亩、磷肥0.5kg/亩、40厘米双向切根等综合效果较好的技术体系，可以收获2茬，羊草产量最高达200kg/亩，保证产量和质量双优的目标。

4. 研制抗小花棘豆疫苗。以小花棘豆为代表的有毒有害植物数量逐渐增加，导致天然草地不断退化，严重影响牧区畜牧生产发展。针对这一问题，牧草体系合成了苦马豆素人工抗原SW-BSA；建立了SW-BSA实验动物免疫程序，通过小鼠和家兔的免疫实验，合成的SW-BSA可有效诱导抗苦马豆素抗体的产生，对采食小花棘豆的羊有较好的保护作用，从而使家畜免受小花棘豆毒素的危害，“变废为宝”，对防治家畜中毒和草地进一步退化具有重要意义。

5. 建立我国主要栽培牧草生态适宜性模型并开发牧草适宜性评价与引种决策支持系统软件。牧草生态适宜性评价模型根据不同牧草的生物学特性，模型研制经过10年的沉淀，使用不同指标进行区域尺度的多次修订，最终获得了一套可以准确拟合专家经验的模型参数系统，在此基础上完成了39张不同多年生牧草的生态适宜性分布图，并提出一、二年生牧草生态适宜性概况。此基础上，研制了基于县级行政区划的牧草引种数据库。并针对计算机用户和手机用户，进行了基于PC和Android系统的牧草适宜性评价与引种决策支持系统软件开发。软件基于ArcGIS Engine + MicroSoft DotNet开发技术，研制了牧草适宜性评价模块、牧草引种决策模块。

6. 开发荒漠灌区苜蓿“全膜覆土精量穴播”耕作技术。牧草体系草田轮作与耕作制度岗位与甘肃杨柳青饲草饲料公司合作，联合研发出了适于荒漠灌区的“采用黑色塑料膜全膜覆土，精量穴播的苜蓿优质高产种植技术”。该技术具有：（1）播期提前10~15天；（2）出苗率整齐一致，成苗率高；（3）播种第二年返青早；（4）枯黄期延后，生长期延长；（5）杂草少；6）压盐碱；（7）减少水分蒸发，每亩每年节约160 t水；（8）土壤湿润期长，利于根瘤菌结瘤和根瘤成熟固氮、减少氮肥施用量；（9）省农药等优点。应用该技术播种当年收割2茬，第二年收割4茬，比传统种植方法多收割1茬，且实现了收获期提前与草质量的提高，经济和生态效益十分显著。同时，研制了相应的“全膜覆土精量穴播种植苜蓿播种机”（专利申请号：2013 1009 3186.5）。

7. 形成苜蓿栽培地下渗灌生产技术体系。经过3年的试验与生产实践，形成了“苜蓿栽培地下渗灌生产技术体系”，经大田生产验证与传统的漫灌方式相比，其节水效率、增产效果明显，2013年滴灌较漫灌增产21.6%，节水率达到50.8%，大幅提高，显示出了研发成果的优势与生产中应用的潜力。同时，围绕苜蓿地下渗灌技术，开展了多项技术环节改进的研发工作，已形成了苜蓿地下渗灌技术规程，在规程中，有多项技术属于改进与创新，使得技术更适合生产应用。改进的主要技术有：前茬灭茬防除杂草技术，人工断带技术，机械开挖支管沟技术，毛管等距连接旁通技术，单向连接支管技术，轮灌出苗技术和苜蓿地下滴灌布管机的研制。

8. 构建不同区域草畜平衡模式。构建了我国不同区域草原夏季放牧调控－冬春补饲技术模式19项，实现了牧草供给与家畜需求以月份为基础的能量和营养平衡，出版专著《草畜平衡模式研究与示范》。比如新疆山地草原：春、夏、秋草场放牧基础母羊，羔羊舍饲饲养；有水冬草场改为夏场。青藏高原：4+3天然草地划区轮牧模式（冬春草场2个、夏秋草场4个、割草场1个）。制定标准4项。

四、其他课题

1. 完成中国工程院《国家食物安全可持续发展战略研究》重大咨询项目。完成中国工程院《国家食物安全可持续发展战略研究》重大咨询项目－养殖产业（动物源食品）课题组的《牧草产业可持续发展战略研究》的调研报告，内容包括牧草产业战略地位、牧草产业现状、牧草产业发展潜力分析、实现我国牧草产业可持续发展的战略构想和实现我国牧草产业可持续发展的重大建议等内容。该报告是在全体系完成的《中国现代农业产业可持续发展战略研究－牧草产业》分册的基础上完成的，凝聚了全体系的智慧结晶。

2. 协助农业部制定规划。完成农业部草原监理中心委托的“落实和完善草原承包经营制度研究”的研究工作，参加了其委托的对新疆伊犁和昌吉以及内蒙古阿拉善的调研，提交了“落实和完善草原承包经营制度研究”总报告，已初步设立了农业部全国畜牧总站委托的我国牧草经济价值和生态价值测算方法和指标体系，确定了测算方法；撰写了“关于畜牧领域培育畜牧业新型经营主体和发展家庭牧场建议”的报告；承担了农业部畜牧业司委托的“现代畜牧业评价指标体系研究”，已设立了指标体系及各指标权重，完成了农业部畜牧业司委托的“我国畜牧业宏观战略性研究规划（2013-2020）”，在规划中也加入了草原和牧草的部分，为加快农业产业结构调整，推进畜牧业转型和升级提供政策参考。

3.《中国牧草主产区产业发展报告》和《牧草产业技术研究综述》顺利出版。《中国牧草主产区产业发展报告》（2009~2012）共收录全国19个省区25个报告。《报告》从国家牧草产业发展趋势、布局以及政策建议和技术等内容谈起，勾勒出我国牧草产业发展的整体框架。并对牧草主产区的自然气候特点、牧草产业现状、产业技术集成和存在的问题等几个方面进行阐述，力求简明扼要且全面地介绍我国各牧草主产区的发展状况。本书没有对各牧草主产区牧草产业发展提出建议，旨在引导读者发挥，和我们一道认真思考，面对目前中国牧草产业现状该如何可持续健康发展。《牧草产业技术研究综述》为国家牧草产业技术体系岗位科学家共同之作，介绍牧草育种、种子扩繁、牧草栽培与草地管理、牧草病虫害防控、牧草加工与利用、牧草机械和牧草产业经济等6个方面的国内外研究进展。这本书的出版对国家牧草产业技术体系研究内容的进一步凝练和拓展具有重要指导意义。

4. 圆满完成酒泉卫星发射中心苜蓿示范田建设任务。牧草体系首席科学家张英俊、草田轮作与耕作制度岗位科学家师尚礼联合酒泉大业公司、美国陶氏上海公司，经过连续一年半时间的艰苦奋战，完成了酒泉卫星发射中心118亩苜蓿示范田的建植任务，达到了高产示范田的标准，于2013年6月27日，移交给中心军需部门进行日常管理。此次任务执行过程中克服了重重困难，突破多个技术瓶颈，建立了行业协作运行、技术与经费保障机制等，是牧草体系在应急条件下开展产业服务的一次考验和练兵。

此次任务的实施面对发射中心地处荒漠中心的特殊气候，撂荒盐碱地土壤贫瘠、盐碱厚重、地面不平、土层耕层板结松散渗漏不均、渠系被风沙填埋、水井出水量不足，含盐量高，河水距离远、野马野骆驼为害、劳动力匮乏、基地中心管理部门责权分离、农业项目不受重视、无专项经费和最基本的农具及机械等一系列问题。专家组从品种、种植、灌溉、施肥、抗盐、除草、防虫等多个环节集成创新应用多种技术措施，实行连续、集中的生产管理手段，调动和协调多方力量开展工作，两岗位共投入21.6万元。此次任务虽困难和压力巨大，但也积累了不少经验，获得了不少技术与管理机制方面成果。

5. 在全体系开展经费自查和抽查。自2013年9月接到农业部关于开展现代农业产业技术体系经费使用和管理情况检查工作的通知后，牧草体系积极展开工作，对所有在任和退出体系的岗位和试验站进行自查和抽查，共收到牧草体系44名聘任人员的自查报告，包括年度经费使用情况表（2008—2013年）和体系经费使用和管理情况分析报告，共44份，收到已退出体系的专家自查报告2份，并对本体系10%岗位专家和10%试验站长进行了经费抽查，具体抽查方法是由执行专家组推荐，按照区域性分布进行合理安排。体系研发中心依托单位中国农业大学高度重视现代产业技术体系经费使用和管理检查工作，最终由体系秘书配合中国农业大学委派的专职财务人员开展了经费检查工作，检查工作已于11月20日结束，基本未发现违反产业体系经费管理制度的问题。

6. 全面开展牧草标准化生产技术联合攻关试验。今年，8项体系联合攻关试验全面展开，旱作苜蓿标准化生产关键技术研究试验方案、青藏高原草地稳产与持续利用关键技术研究试验方案等在各试验站展开，试验由各负责人统一协调开展。

2013年“草田耕作联合试验”在确保牧草企业规模化、机械化生产效益的前提下，引入短期轮作改良更新草地，引入复种、混作提高牧草产量、质量和生态功能，确定了苜蓿产业带、西北燕麦和南方饲草生产区18个综合试验站的必做试验。限定了紫花苜蓿与小麦、玉米、燕麦的轮作，苜蓿与无芒雀麦、燕麦与箭筈豌豆的混作，水稻、小麦后复种黑麦草等各区域主要作物模式，规范了指标测定的标准，体现联合试验的整体性。试验总体目标更加明确，进展也趋于顺畅，获得了重要的阶段性数据和初步结论。

在共性试验基础上，在国内首次展开紫花苜蓿秋眠级和越冬指数评价，以美国的11个秋眠级标准品种和6个越冬指数标准品种为对照，按照North American Alfalfa Improvement Conference提供的秋眠级评价及越冬指数分级评价标准方法，在代表我国不同生态区的呼伦贝尔综合试验站、塔里木综合试验站、鄂尔多斯综合试验站、衡水综合试验站等9个地方开展苜蓿秋眠性适应性评价，为我国紫花苜蓿秋眠级区划及紫花苜蓿引种奠定基础。

7. 推动牧草产业行业标准的制定。在全体系专家的共同努力下，牧草体系2013年共有10项标准通过畜牧业标准委员会审定，已上报报批稿，标准涵盖了栽培管理、病害防治、加工利用以及机械设备研发等各个方面，对实现我国牧草生产的标准化、规范化具有重大的指导意义，此外，由草田轮作和耕作制度岗位、衡水综合试验站、恩施综合试验站、黔南综合试验站、盐池综合试验站等编写的18项地方标准获得颁布，并已通过各省质量技术监督局发布实施，还有16项地方标准已完成起草并申报。

8. 合力编撰“十二五”国家重点图书《中国现代农业可持续发展战略研究－牧草分册》。为了认真贯彻农业部要求，紧紧抓住我国牧草产业发展的重要机遇期，对体系工作进行系统总结，研究存在问题，谋划发展方向，寻找发展对策，从而进一步推动牧草产业的发展，实现我国牧草产业可持续发展，牧草体系按照年初制定的重点出版任务，确定产业经济研究室王明利研究员拟定编写框架，并联合体系各研究室共同撰写《中国现代农业可持续发展战略研究－牧草分册》。2013年8月份召开的统稿会议，专门就该书内容进行详细研讨，确定修改方案，并由全体系专家反复研究，提供意见建议并进行多轮返修，已将《中国现代农业可持续发展战略研究－牧草分册》提交农业部科教司产业技术处。

9. 面对重大灾害的应急处。2013 年 5 月 9 日，因北方多地 2012 年建植紫花苜蓿未返青，国家牧草产业技术体系启动了应急性工作机制，由首席科学家张英俊教授领队，由病虫防控室李彦忠教授、栽培岗位专家孙启忠研究员、北京正道生态科技有限公司李鸿强经理辗转多地开展大范围实地调查，明确其主要原因是冬春持续干旱、春季冻害以及落后的栽培管理技术等，同时为各企业制定了应急技术方案，强调了提升苜蓿种植技术水平对安全越冬的重要性。

2013 年，全国多地发生霜冻、雪灾、低温、冰雹、暴雨、台风、高温、干旱等重大天气灾害和大面积生物灾害，为此，牧草体系多个岗位和试验站积极应对，贾玉山、刘国道、张泽华、王明利、刘忠宽、刘永志、孙娟、张蓉、盛亦兵、刘洋等多位专家亲临现场技术指导并紧急制订应急防治措施，针对灾害进行补播、培肥地力蓄墒、补灌、排水防涝等技术措施并开展灾后生产恢复、调用库存草料等使灾害损失大大降低。面对宽须蚁蝗、蓟马、盲椿象、蚜虫、苜蓿夜蛾、草地螟和麦牧野螟等危害，采用苦参碱、杂草防控、提早刈割、建封锁带等农业防治、生物防治、化学防治、生态治理等措施，有效控制了虫害危害，挽回草原畜牧业和苜蓿生产企业的损失。仅盐池综合试验站就指导示范基地开展了 5 次虫害防治技术示范，累计面积 4 万亩，平均每亩挽回产量损失 25%。其中，灌溉地示范 3 万亩，挽回产量损失 1 650 万元；旱地示范 1 万亩，挽回产量损失 225 万元，合计 1 875 万元。

五、交流与合作

1. 加强体系技术与文化宣传建设。2013 年 8 月 10 日 -13 日，国家牧草产业技术体系邀请地方农业大学、农科院、牧草知名企业等共计 200 余人，在内蒙古鄂尔多斯成功召开了中国牧草生产技术交流研讨会暨产品展示会。本次会议为充分发挥体系“联合、友谊、创新”的精神，会上，牧草体系多位专家和秋实草业有限公司、百绿草种公司、美国天草公司、宁夏茂盛草业公司等国内外知名牧草企业做了相关技术报告，体系和企业之间进行了广泛深入的交流。这次会议是继前两年会议的基础上，继续深入与企业面对面的交流和探讨产业问题，科学家和企业家欢聚一堂，畅所欲言，共同剖析我国当前牧草产业发展中存在的问题，并探讨解决方案。会上，牧草体系印发《牧草体系技术成果集》光盘，并赠送《中国牧草主产区产业发展报告》和《牧草产业技术研究综述》两大专著，将本体系各位专家自主研发的科研成果、轻简化技术汇聚成册，无偿地与企业共享，旨在更进一步加强科企联系，共同推进产业大发展。

2013 年，与农业部牧草工程技术中心联合出版的《牧草技术与市场》杂志，共出版 9 期杂志，每期印刷数量为 2 000 册，纸质版投递覆盖牧草体系岗位科学家、试验站站长、农业部相关部门单位、各省市草原站、奶业办公室，以及国内大型牛场、草场、草业奶业相关企业单位。电子杂志通过邮件群发国外客户和美国牧草研究人员，挂载中国牧草产业网供读者免费下载。全年专版翻译美国《Hay & Forage Grower》杂志 7 篇文章，独立撰写 34 篇文章（包括部分美国专家文章翻译），实用技术文章及体系调研报告共计 59 篇。

《牧草技术与市场》作为中国第一本面向种植户的以牧草技术为核心的读物，已经顺利走过一年，向种植户、草业奶业工作者提供实用的技术和最新资讯，在国内国外都产生了一定的影响，包括和美国知名杂志的合作，以及和国内苜蓿种子商联合公布苜蓿商品种子报告。

2. 继续加强体系之间联合。2013 年，牧草体系积极与其他产业体系合作，共同组织开展了培训活动，在新疆、四川、云南、山东等地，结合当地牧草产业及养殖业发展实际需求，与肉牛牦牛、生猪、肉羊、肉鸡、玉米等体系专家全面开展具有针对性和实用性的技术培训服务，受到当地群众的欢迎，同时也增进体系间的交流合作。

3. 继续增强牧草体系的国际交流与合作。（1）2013 年 7 月，美国蓝德雷公司向牧草体系捐赠一台 FOSS 近红外分析仪、样品粉碎机和相关设备，该仪器可以检测包括苜蓿干草、苜蓿青贮、玉米青贮等多种草产品的粗蛋白、纤维、粗脂肪等 15 种营养成分，快速简便无污染。实验室可提供每年 6 000 份以上各类牧草样品品质的快速检测，现在牧草品质检测工作已经展开，检测全国各地紫花苜蓿干草、青贮玉米、甜高粱、苏丹草等样品近 3 000 份，近红外快速检测实验室的建立为国内牧草品质的提高奠定了坚实基础。蓝德雷旗下牧草资源国际公司总裁 Matt Fanta 一行 9 月访问牧草产业体系，与张英俊首席、玉柱教授等座谈，就牧草育种、种子生产、草产品检测等多项内容进行了交流并达成合作意向。（2）9 月 15~2 日，国家牧草产业技术体系多位专家受邀参加第 22 届国际草地大会（International Grassland Congress），张英俊首席作了“中国牧草与草地系统发展驱动力”的大会主题报告。会议以“繁荣草原，和谐社会”为主题，设立了大会主题报告、分组讨论和论文展报三个交流部分。大会主题报告，有 9 位科学家交流研究成果，张英俊教授是唯一受邀做主题报告的中国科学家。牧草体系在会议上与来自澳大利亚、法国、美国、日本等多个国家的草地科学研究者 800 多人进行交流座谈，相互学习草产业发展的成功经验，借此契机与国外牧草科研团队建立了友好关系，将为牧草体系今后与国际的合作交流提供桥梁。（3）2013 年，牧草体系多位专家前往美国、澳大利大、新西兰、俄罗斯等国考察访问或参加国际会议，与当地牧草生产企业、科研机构交流，学习经验，为我国牧草发展提供思路和参考。另一方面，邀请国外知名牧草专家威斯康星大学 Dan Undersander 教授、加州大学 Davis 分校 Dan Putam 教授等指导牧草生产技术，为进一步加强牧草产业国际合作交流奠定良好基础。

2013 年，牧草体系岗位科学家和站长参加在澳大利亚悉尼举办的 22 届国际草地大会、赴土耳其参加国际种子检验协会年会等 11 人次，应邀出访加拿大、美国和新西兰等 12 人次，进一步加强了牧草体系与国外牧草科研教学等机构的合作和技术交流。

4. **推动地方牧草产业发展的活动。**为更好、更快提升区域牧草产业发展水平，实现牧草产业发展由数量型向质量效益型转变，沧州综合试验站为河北省牧草产业发展提供《河北省牧草产业发展研究》、《河北省牧草发展优化布局》、《立草为业，积极实现河北省农牧协调发展的新局面》等研究报告，为各级政府在牧草产业发展决策方面提供了重要参考；在领导层、企业层、农民层等各个层面积极宣传牧草生产的质量效益观，让社会各个层面重视牧草产品的质量生产与产品信誉，同时积极牵线搭桥，拓展草产品销售渠道、加大草产品的销售力度。德宏综合试验站针对云南的自然特点，参加了省农业厅组织的牧草产业专题调研，完成了“云南省草业发展规划（2014~2020年）”。昌吉综合试验站围绕新疆维吾尔自治区人民政府出台“关于加快肉羊肉牛产业发展的意见”的总要求，开展大力发展饲草料产业，满足生产发展需求的相关产业规划工作。重点承担了哈密地区牧草产业发展规划的编制工作。同时，就新疆肉羊肉牛产业发展中人工饲草料地的建设方案提交了实施意见，配合自治区的总要求，跟进牧草推广方案。青岛综合试验站向山东省畜牧局递交建议书建议共建山东省“国家和地方畜牧产业体系示范基地”，使国家层面和地方层面最先进的技术和优秀的科学家齐心合力建设同一个基地，发挥优势，弥补不足，双方互通有无，形成强大的技术实力，达到共同联手推动山东省地方产业发展的预期目标，已被采纳。

（国家牧草产业技术体系，张英俊）

2013年度畜禽良种产业技术创新战略联盟工作总结

一、联盟年度工作总结

2013年，畜禽良种产业技术联盟在畜禽新品种自主培育、全基因组选择育种、重要功能基因及分子标记开发利用、性别控制、胚胎工程等方面进行了研发，申请畜禽新品种和配套系3项，获得国家畜禽资源委员审批品种1个，申请发明专利6项，获得发明专利6项。在高产优质蛋鸡新品种选育方面，对5个配套系进行持续选育，其中适应南方气候环境的“京粉2号”配套系2013年通过国家审定，并大面积推广。在鸡蛋品质风味的分子育种方面取得了突破，筛选到导致鸡蛋鱼腥味的关键标记，开发了专用检测技术，并在联盟蛋种鸡企业的育种群中通过分子标记辅助选择逐步剔除该基因，显著提高了鸡蛋品质，取得了很好的经济与社会效益。

联盟单位通过合作创新，开发了奶牛基因组选择关键技术，发展了基因组育种值估计等一系列新的方法，建立了先进的奶牛基因组选择技术平台。自2012年-2013年，已对全国28个种公牛站的1224头青年公牛进行了基因组遗传评估，选出491头青年公牛参与农业部奶牛良种补贴，使优秀公牛冷冻精液可全国范围推广使用，有力地促进了联盟科研成果的转化。此外，广东温氏集团、华南农业大学与中国农业大学合作，根据纯种杜洛克猪系谱，完成了参考群体构成个体的选择及相关性状表型数据库设计，构建了猪功能性状SNP遗传效应图谱，奠定了我国猪基因组选择的基础。

二、年度总体发展情况

1. **创新活动。**按照联盟协议约定，2013年畜禽良种产业联盟组织实施了8项技术创新项目，其中联盟组织承担的国家“十二五”科技支撑项目1项，联盟内自行组织项目7项。其中，联盟奶牛育种企业与大学合作项目“奶牛基因组选择参考群体构建与优化育种方案设计”的实施，旨在通过在北京和上海联合构建中国荷斯坦牛基因组选择参考群并设计相应育种方案，加快企业实施种公牛基因组进程，提高选择准确性，提高联盟企业的竞争力。启动“剔除鸡蛋鱼腥味敏感基因技术开发与利用”项目，开发和利用检测鸡蛋鱼腥味的关键分子标记的技术体系，在联盟蛋种鸡企业的育种群中通过分子标记辅助选择逐步剔除该基因，从而有效提高鸡蛋品质。此外，联盟成员合作承担国家和地方的科技项目26项，围绕联盟协议约定的任务，在畜禽新品种自主培育、全基因组选择育种、重要功能基因及分子标记开发利用等领域开展合作创新。

2. **创新成效。**通过联盟内的产学研合作，联盟在奶牛基因组选择技术、鸡蛋品质分子改良、重要经济性状分子标记开发、高产特色蛋鸡新品种培育、遗传缺陷基因检测等领域均取得了重要进展。奶牛基因组选择技术平台通过了成果鉴定，达到了世界先进水平，2013年开始大规模应用于全国青年种公牛的遗传评定；1个粉壳蛋鸡新品种(京粉2号)通过国家审定，另外启动了白壳蛋鸡、节粮蛋鸡新品系的选育；奶牛蜘蛛腿综合症、凝血因子缺失、繁殖障碍等相关遗传缺陷基因检测技术获得了国家发明专利；与猪产仔数相关的分子标记也申请了国家发明专利。联盟蛋鸡育种企业，将传统育种技术与分子育种技术相结合，培育的粉壳蛋鸡、红壳蛋鸡、节粮蛋鸡、地方特色蛋鸡新品种，目前国内市场占有率已经达到40%，一举扭转了国内蛋鸡种源长期依赖进口的局面。联盟的产学研合作有效提升了企业创新能力，提高了企业核心竞争力，联盟内12家企业2013年主营业务收入达到400亿元。

3. **服务产业。**联盟专家参与制定了《全国蛋鸡遗传改良计划(2012—2020)》，《广东省现代农业产业技术路线图》。联盟成员积极与国内外同行深入交流，制作展板、展台，推广具有自主知识产权的畜禽新品种；利用种猪拍卖会平台展示最新猪育种成果，并着手将该模式在其它畜种中推广；利用国内外畜禽有关会议，新成果，提升技术支持畜禽育种能力；通过举办培训班、开展技术观摩、现场指导、远程视频会议等模式提高技术、成果的覆盖范围。

为加强企业间的交流与合作，促进整个产业更好发展，联盟与成员单位联合组织了2013暨第十二届中国蛋种鸡企业高层论坛；蛋品质国际学术研讨会及培训班；兼用牛育种技术培训研讨班；奶牛DHI专家研讨会；第十七次全国动物遗传育种学术讨论会；中国西部猪业论坛，中国西部鸭业论坛，中国西部鸡业论坛等9次会议、培训活动，有效促进了企业之间以及企业与研究院所和高校的育种新技术交流，加快技术、成果的转化辐射，扩大了联盟的知名度。

为实现创新成果的快速转化和应用，提升人才的技术水平和实践能力，企业与高校院所建立了良好的技术交流和人才培养机制。2013年大学和研究院所为企业培养培训高级技术人才150余人，在联盟组织下，大学及科研院所派遣35人次到企业培训学习，交流技术、方法、经验，巩固了产学研合作基础。

4. 完善组织管理体系。本联盟汇集了猪、鸡、牛、羊等不同畜种的育种企业，这些企业技术需求有一定差异，就此本联盟2013年理事会决定将成立针对不同企业类型的工作组，以提高联盟合作的效率；同时联盟还成立了联络组，由各成员单位推荐一名人员组成，负责日常事务联系、信息定期交汇。

5. 联盟发展中存在的困难、问题和政策建议。由于我国畜禽良种自主培育滞后，对优良种畜进口依赖性大，企业效益普遍低，而育种本身具有一定社会性和公益性，这一产业特点导致了长期以来产学研合作主要以政府项目为纽带。近年来虽然一些大型企业逐渐开始自主培育新品种，但从全行业看企业技术水平和研发经费投入参差不齐，因此联盟内的产学研合作大多是局部性的，联盟组织的技术开发合作集中在有较好技术开发基础的大型企业上。

针对目前类似畜禽良种产业的低效益的农业行业，建立政府加强引导，同时加大支持，鼓励在联盟组织下开展合作创新。

三、典型成果介绍

奶牛全基因组选择技术开发和应用

基于基因组高密度遗传标记的基因组选择，是近年来兴起的动物育种新技术。特别在奶牛育种中，基因组选择技术克服了传统优秀种公牛选育依赖后裔测定、世代间隔长的缺点，使青年公牛实现早期准确选择，育种效率提高近一倍。世界奶业发达国家自2008年起均已大规模实际应用该育种技术。

联盟牵头单位中国农业大学在国内率先开展了基因组选择的理论和方法研究，掌握了关键技术，发展了育种值估计等一系列新的方法，建立了高密度SNP效应估计和基因组育种计算分析平台。同时与联盟内的北京奶牛中心、上海奶牛中心等企业合作，组建了中国荷斯坦牛基因组选择参考群体。该参考群由6 000头母牛和400头公牛组成，其中母牛来自北京和上海地区奶牛群体，共51个公牛家系，分布在50个牛场，公牛来自北京、上海、山东、天津、黑龙江等地的22个公牛站。根据我国奶牛育种的实际情况，提出了我国荷斯坦牛中进行基因组选择实施方案。构建了结合基因组育种值和传统育种值的基因组性能指数(GCPI)以及结合基因组育种值和系谱指数的基因组总性能系谱指数(GTPPI)，可分别用于验证公牛的再评估和青年公牛的选择。2012年~2013年，利用建立的技术平台，已对全国28个种公牛站的1224头青年公牛进行了基因组遗传评估，选出491头青年公牛参与农业部奶牛良种补贴，使优秀公牛冷冻精液可全国范围推广使用，促进了优秀基因的快速传递，缩短了我国奶牛育种世代间隔和育种成本，提高了育种效益，缩小了与国际间的差距。

（来源：中国产业技术创新战略联盟网）

2013年全国奶牛（草食动物）科技入户示范工程实施情况

2013年，全国奶牛（草食动物）科技入户示范工程紧紧围绕奶业转型升级这一中心工作，在部、省、县三级的共同努力下，圆满完成了2013年奶牛（草食动物）科技入户示范工程技术的推介、示范应用、培训和调研督导等工作；同时，积极促进国际奶业新技术、新成果的交流与应用。年度内，奶产品质量与风险评估创新团队入选中国农业科学院创新工程首批团队；“奶业国际联合研究中心”通过科技部评审认定；举办国际和国内相关技术培训6次，培训奶业技术人员2 000余人。

一、做好奶业相关技术的专题培训和调研

3月7日，受农业部奶业管理办公室委托，农业部奶及奶制品质量监督检验测试中心（北京）质检中心主持召开“2013年上半年全国生鲜乳质量安全检测技术培训会”，农业部奶业管理办公室马莹副主任到会指导，来自全国30个省（区、市）41家生鲜乳质量安全监测任务单位的100余位检测技术岗位一线工作人员参加此次培训，会议由郑楠博士主持。本次培训安排了“2013年全国生鲜乳质量安全监测计划解读”“食品检验干法

/湿法消解过程和机理探讨”“液相色谱质谱质谱联用仪在乳中多残留风险因子检测的开发与应用”“液相色谱质谱质谱联用仪在乳品检测中的应用”“高分辨质谱及其在未知物筛查中的应用”和“2013年全国生鲜乳质量安全监测－试剂盒评价结果汇报”6个专题讲座。通过培训让各任务单位进一步明确农业部对生鲜乳质量安全监管工作要求，提高各单位的检测能力，保证生鲜乳监管工作的顺利进行。

5月14日，为进一步加强生鲜乳质量安全监管工作，提高全国生鲜乳质检机构检测能力，受农业部奶业管理办公室委托，农业部奶及奶制品质量监督检验测试中心（北京）组织召开“2013年生鲜乳质量安全监测能力比对考核培训会”。来自全国30个省（区、市）41家生鲜乳质检机构的90余位一线质检工作人员参加此次培训。会上，农业部奶及奶制品质量监督检验测试中心(北京)甄云鹏、畜禽产品检测试中心于雷分别做“2013年生鲜乳质量安全监测能力比对培训”和“2013年生鲜乳检测方法及能力验证说明”的报告，并介绍了此次能力比对考核工作相关要求、注意事项和具体考核指标等内容。培训结束后各质检机构有序领取了本次能力验证比对考核样品，培训会圆满结束。

2013年7月至8月，根据《关于畜禽规模化养殖有关情况调研的通知》（农监测便函【2013】第124号）要求，由中国农业科学院北京畜牧兽医研究所和全国畜牧总站牵头对我国河北省、内蒙古自治区、黑龙江省、山东省、河南省、陕西省、新疆维吾尔自治区和天津市共8个定点监测省（区、市）的432个奶牛养殖场（户）开展了规模化养殖的专题调研，并根据调研数据和畜牧业司奶牛生产监测数据对我国奶牛规模化养殖规模进行了分析和测算，初步提出了界定我国奶牛养殖规模的数量标准。以养殖效益优化为前提分析奶牛养殖的适度规模点，通过比对分析《2012年全国农产品成本收益资料汇编》（国家发展和改革委员会价格司）中关于不同地区不同养殖规模奶牛养殖净利润，可以看出中等规模奶牛养殖的净利润呈现最大化，而本研究中成母牛的盈利在200~499头时最大。

10月25日，第一届生鲜乳质量安全学术研讨会在北京召开。农业部奶业管理办公室主任王锋、副主任马莹，中国疾病预防控制中心陈君石院士出席会议。来自全国30个省（区、市）40余家质检机构、科研院所及相关单位的150余位代表参加会议。会议由农业部奶及奶制品质量监督检验测试中心(北京)郑楠副主任主持。王锋主任在会上强调，奶业是中国的朝阳产业，也是畜牧业中最有潜力和活力的产业，奶业发展水平是国家畜牧业现代化的重要标志，农业部一直把加快发展奶业作为建设现代畜牧业的重点内容加以推进。近年来，国家高度重视乳品质量安全工作，检验检测作为乳品质量安全控制的必要手段，必须依靠足够的科技力量去支撑，去推动，这就需要科技工作者们不断提高自身素质与能力。王主任指出，此次研讨会议的内容涵盖乳蛋白组学技术、生物芯片开发应用、高通量多残留检测方法建立和风险评估预警技术等领域的最新的科研成果，学术价值大，对于促进奶业安全生产、加强生鲜乳质量监测能力建设、提升生鲜乳检验检测水平、保障乳品质量安全具有重要的指导作用。王主任最后强调，研讨会的召开加强了生鲜乳同行间的信息交流与共享，构建了生鲜乳质量安全学术研究网络，为充实奶业生产、乳品质量控制以及教学科研等相关人员提供了最新的、全面的、可共享的研究成果，这些成果在推进奶业转型升级中将发挥积极作用。会上，陈君石院士做了精彩报告。包括质检中心科研人员在内的，来自北京、黑龙江、内蒙古、上海等地区11个单位的13名与会专家围绕生鲜乳质量安全检测技术、研究方法等方面分别作了交流报告，并表示在当前和今后一个时期，会持续不断地加强新方法、新技术的研发，进一步做好相关工作，为生鲜乳质量安全工作提供强有力的技术支撑，为奶业发展保驾护航。

10月26日，农业部奶及奶制品质量监督检验测试中心（北京）受农业部奶业管理办公室委托，举办了2013年全国生鲜乳质量安全检测技术培训会。农业部畜禽产品质量监督检验测试中心和来自全国30个省（区、市）的40余家任务单位的100余名代表参加了会议。此次培训会，围绕生鲜乳中重金属的检测技术开

展。包括“食品中重金属检测技术”、“食品中重金属分析过程、技巧与质量控制”、“ICP-MS在食品检验领域中的分析应用”和“电感耦合等离子体串联质谱ICP-MS/MS新技术及其应用”等4个专题讲座。以北京市理化分析测试中心武彦文副研究员为代表的四名专家针对ICP-MS及其串联质谱技术在食品重金属检测中的应用，食品中重金属检测的具体操作原理与注意事项、检测结果分析与质量控制，以及如何设计食品中重金属

残留检测试验方案等方面同代表进行了深入交流，并进行实例分析。会后，与会代表针对日常重金属检测中出现的问题同专家进行了沟通，平时检测过程中的一些疑问与难点在这次会议后得到了解答。通过本次培训，进一步提高了全国生鲜乳质量安全检测队伍的检测水平，推动了参会单位检测能力的稳步提升。

二、开展国际交流与合作

（一）“奶业国际联合研究中心”通过科技部评审认定。

2013年10月，以中国农业科学院北京畜牧兽医研究所为依托，由中国、美国、加拿大、澳大利亚和巴西等国家的奶业优势科研机构共同参与筹建的“奶业国际联合研究中心”通过国家科技部的评审认定。“奶业国际联合研究中心”的建立，不仅是对研究室过去10年在奶业领域取得重大科研成果的肯定，也将有利于我国奶业的国际合作从人员交流和项目合作向“项目－中心－基地－人才”相结合的战略转变，并成为科技创新、人才培养的国际化平台，以期为促进奶业健康持续发展做出新的重要贡献。创建稳定的交流平台，深入开展国际合作，是推动奶业技术进步的重要途径。

（二）召开第三届“奶牛营养与牛奶质量”国际研讨会。

5月11日~13日，由中国农业科学院北京畜牧兽医研究所、美国奶业协会和中国奶业协会共同主办的第三届“奶牛营养与牛奶质量”国际研讨会在北京隆重召开。这是北京牧医所为了进一步开展国际合作，借鉴国际奶业发展的经验，有力推动中国奶业的技术进步，建立的中国与世界奶业领域国际合作的重要交流平台。

农业部原常务副部长、中国奶业协会名誉会长刘成果，农业部畜牧业司副巡视员、奶业管理办公室主任王锋，科技部国际合作司美大处处长王强，爱尔兰驻华大使戴克兰·凯雷尔（Declan Kelleher），中国农业科学院副院长吴孔明院士，中国奶业协会副会长兼秘书长谷继承，中国农业科学院北京畜牧兽医研究所所 长李明，美国科学院院士戴尔·鲍曼（Dale Bauman），美国奶业科学学会会长罗德尼·肯·麦克加（Rodney Ken McGuffey）教授等专家和嘉宾出席了开幕式，会议由北京牧医所副所长王加启研究员和美国奶业科学学会会长罗德尼·肯·麦克加教授共同主持。

来自中国、美国、英国、加拿大等国家的40位知名专家作了专题报告，来自国内193所大专院校、32个科研院所、64个部或省级乳品质量安全检测机构、34个奶牛技术推广部门、41个系统动物营养研究部门及122个中外乳品企业的领导、专家和科技工作者共计600余人参加了会议。

本届会议的主题是提升奶业效益和牛奶质量安全。会议围绕“奶牛营养与牛奶品质基础研究进展”、“牛奶质量与安全研究进展”、“奶业新技术与新产品进展”和“系统动物营养学进展”4个主题共安排了36场精彩报 告，旨在为世界各国奶业同行、专家提供交流平台，集中探讨学科前沿研究、技术创新\产品研发和未来发展方向，推动各国政府，相关组织和科学家之间的深层次合 作，大力提高我国奶牛营养与牛奶质量研究领域的学术地位，实现全球奶业科研成果共享。

（三）主办中荷奶业饲料饲喂科技研讨会。

6月2日，由中国农业科学院北京畜牧兽医研究所、中国奶业协会、荷兰驻中国大使馆主办的中荷奶业饲料饲喂科技研讨会在南昌国际会展中心拉开序幕。中国奶业协会副会长兼秘书长谷继承、中国农业科学院研究员王加启出席会议。会议由王加启研究员和荷兰驻中国大使馆大使 Marinus Overheul 主持。会上，质检中心郑楠博士做了“生鲜乳质量安全风险评估”的主题报告，从我国生鲜乳质量安全现状入手，全面介绍了牛奶中风险因子的种类并对我国牛奶中风险因子的限量标准与国外的限量标准进行了比较研究。

（全国奶牛（草食动物）科技入户示范工程办公室，王加启 张养东）

2013年我国奶山羊科技发展概况

2011年滚动实施的公益性农业科研专项项目“奶山羊产业技术研究与试验示范”对我国的奶山羊科研工作和产业发展起到了重要的科技支撑作用。此外，陕西、山东、云南等省立项实施的奶山羊项目也对地方奶山羊产业发展提供了难得的发展机遇，提高了奶山羊养殖科技水平。

2007年项目实施以来，我国奶山羊数量和养殖规模持续增加，2012年以来，奶山羊数量保持稳中有升的趋势，2013年全国产奶羊的数量约700余万只，规模化奶山羊场和养殖小区数量持续增加，新建羊奶乳品加工厂的生产和质量检验设备等全面升级，研发新产品的能力持续提高，羊奶产品消费市场不断扩大。在陕西、山东和云南等项目区形成了奶山羊原种场，繁育中心，奶山羊生产基地，种羊场和示范点以及若干乳品加工厂为主的奶山羊产业网络。通过改良提高萨能羊育种场、奶山羊繁育中心种羊品质，增加奶山羊生产基地良种羊数量，在我国初步建成了由原种场、繁育中心、种羊场和生产基地构成的奶山羊产业体系，奶山羊生产基地的养殖规模达到15万只以上，核心群规模达到3万只以上；研究形成了奶山羊生产中的良种扩繁综合技术、公羔舍饲快速育肥技术、阶段饲养技术等6项新技术标准，并通过培训、建示范场等途径全面推广标准化生产技术，奶山羊生产水平明显提高，使得原种场基础母羊群体平均产奶量750 kg以上，其他各级种羊场群体产奶量700 kg以上，项目区内奶山羊生产基地基础母羊平均产奶量提高100 kg以上，改良低产奶山羊100万只以上，9月龄青年羊平均体重增加5 kg，奶山羊平均产羔率达到190%，头均收入增加150元以上；研制开发羊奶新产品4个，建成2条羊奶生产线，已全面投入生产羊奶新产品，消费者评价好。"奶山羊种群扩繁与养殖技术示范推广"获得2009年陕西省农业技术推广成果二等奖；审定登记"文登奶山羊"新品种1个。另外，开展了山羊乳腺脂肪酸代谢的分子机理研究、奶山羊乳房炎发病机理及诊断试剂盒研究、人工授精和胚胎移植技术研究、高原湿热条件下奶山羊饲养工艺的研究。发表论文多篇，申请国家发明专利15项。项目实施过程中先后培养了博士、硕士研究生、本科生300余名，技术骨干近150余名。

项目实施后，参加单位科研条件明显改善，推动了奶山羊产业向规模化、现代化、无害化方向转变；提高了奶山羊个体生产水平和企业效益；扩大了奶山羊群体规模；改变了消费者对羊奶产品的传统认识偏见；拓宽了羊奶产品的销售渠道，增加了养羊户收入，推进了奶山羊产业化进程。

近年来，尽管奶山羊产业得到了长足发展，奶山羊科技水平不断提高，但是与其他畜种相比还相对滞后，奶山羊科技发展主要体现在以下几个方面：

一、奶山羊种羊品质和良种覆盖率提高

陕西省杨凌西北农林科技大学萨能羊原种场和陕西省千阳县种羊场饲养奶山羊1200余只，推广种羊2000多只，为全国各地奶山羊发展提供了优质种源；陕西富平县择优选点配套人工授精器械，建设标准化配种站点40个。山东农业大学课题组建立奶山羊繁育中心2个（崂山奶山羊、萨能奶山羊），存栏适繁母羊650只，优化选种方法，年度选配种羊300只；新建奶山羊人工授精点8处，改良低产奶山羊2万多只，推广优良奶山羊240只；培育审定了"文登奶山羊"新品种1个，丰富了我国奶山羊品种资源。

在云南昆明建立了萨能奶山羊原种场，目前羊场饲养规模达500只，其中萨能奶山羊基础母羊250只；核心群平均产奶量达500 kg以上，经产母羊的产羔率为194%，繁殖成活率93%，推广种羊209只；在石林、泸西建立了3个奶山羊扩繁场，共提供种公羊601只，应用本交和人工授精配种，共改良奶山羊4万余只，进一步提高了产奶羊的质量和产奶量。

在种羊饲养管理中，不断充分完善饲养管理规范，科学饲喂、精心管理，生产水平不断提高，奶山羊育种群基础母羊泌乳期平均产奶量724.8 kg，产羔率176%；奶山羊繁育中心基础母羊平均产奶量634 kg，产羔率165%。

二、奶山羊生产基地建设成效显著

陕西省在千阳县、富平县建成奶山羊生产基地，养殖规模共计20万只以上，陕西富平县完成了对龙泉、张北、街西三个奶山羊养殖示范小区的配套设施建设工作，其中街西小区建成单列式羊舍8栋，建青贮池1 500 m^3，龙泉小区建成单列式羊舍16栋，张北小区建成双列式羊舍6栋，现三个小区入住养羊示范户35户，羊存栏达1 800只，给小区配备消毒柜3台，消毒机3台，搅拌机3台，青贮机具3台，割草机3台，挤奶器2台，冰箱1个，建流动挤奶点2个，机械挤奶站2个。在龙泉的李家和华朱的阎村建成2个存栏600只的奶山羊养殖小区，养殖户已进入小区饲养奶山羊，管理更加规范，有效避免了分散养殖带来的问题。

山东省在文登市和临朐县建成奶山羊生产基地2个，在青岛李沧区建成示范点1个，存栏优质基础母羊1.2万只。

云南省在石林县、陆良县和泸西县建立了奶山羊规范养殖示范点和改良区。

通过加强奶山羊生产基地建设和先进实用技术规范的示范推广，进一步推动了全国奶山羊生产项目区中低产羊的改良工作，成效显著。

三、健全和完善奶山羊良种繁育体系，制订奶山羊养殖技术规范

陕西杨凌西北农林科技大学萨能羊原种场整理分析了2004年以来的生产繁殖记录资料，并做了各项育种参数计算分析。陕西千阳县种羊场将近40年的技术资料及管理经验进行了认真的归纳分析与整理，形成了《奶山羊规模养殖场生产经营管理体会》材料，为奶山羊养殖企业和养殖户提供重要参考。陕西省富平县对示范小区及部分奶山羊示范村的优质奶山羊进行拍照、体尺测定、等级评定、对个体产奶量、配种、产羔、饲喂、防疫等情况进行详细调查登记，建立了奶山羊电子档案，目前已建立个体档案5 000余份。

通过生产实践和科学研究形成了奶山羊良种扩繁综合技术、奶山羊公羔舍饲快速育肥技术、奶山羊同期发情及鲜精人工授精技术、奶山羊阶段饲养技术、舍饲羊疫病综合防治技术等。其中"奶山羊种群扩繁与养殖技术示范推广"获得2009年陕西省农业技术推广成果二等奖。

在陕西省、山东省已经初步形成一套奶山羊标准化养殖技术规范，包括“奶山羊饲养管理技术规范”，“奶山羊公羔快速育肥技术”，“奶山羊全年防疫程序”、“奶山羊乳房炎防治技术”、“奶山羊人工授精技术操作规程”、“青贮饲料制作技术规范”、“奶山羊挤奶小区管理规范”等，这些技术规范的使用，降低了奶山羊的发病率，提高了产奶量，增加了农民收入，对全国奶山羊规范化养殖具有重要的指导作用。

四、完善奶山羊饲养管理和疾病防治体系

对陕西、山东省项目区奶山羊疾病情况进行了流行病学调查，撰写并出版《奶山羊疾病防治技术手册》专著1部。对项目区奶山羊的传染性疫病、寄生虫病以及乳房炎等疾病进行了调查研究，对主要发生的传染病和寄生虫病制定了相应的防治措施和具体的消毒、免疫、驱虫程序。制订了奶山羊全年防疫规范，通过执行防疫程序，奶山羊发病率得到有效控制，已经初见示范成果；制定了奶山羊同期发情、超排处理和人工授精的基本操作规范，已经在萨能羊种羊场、陕西省奶山羊繁育中心、陕西省三原县奶山羊场和陕西省的3个县级奶山羊场开始推广应用；奶山羊羔羊培育方案操作规范和其它一系列奶山羊标准化养殖技术规范，也在奶山羊生产基地示范推广；完成了奶山羊乳房炎检测试剂盒的实验室研制工作；完成了奶山羊乳房炎病原菌的分离鉴定工作，通过大量的生理生化试验和血清型鉴定工作，明确了陕西奶山羊乳房炎病原菌的种类，为下一步研制奶山羊乳房炎疫苗奠定了基础；开展了中草药防治奶山羊乳房炎技术的研究；成功地建立了奶山羊乳房炎人工模型，为下一步研究奶山羊乳房炎发病机理及防控奠定了基础；在陕西省奶山羊养殖场采集了羊口疮病料，从中获得了羊口疮病毒。目前正在进行羊口疮病毒毒力的人工致弱研究，这些疫苗的研制将解决奶山羊集约化养殖的疾病防治难题。

五、建设奶山羊养殖小区，实行机器挤奶，完善组织管理体系

陕西杨凌和千阳、辽宁阜新、河南西峡、山东泰安等已经建成了机器挤奶大厅，山东新上单桶挤奶机2台和挤奶站1处，云南建成了韦斯伐利亚—瑟基2x8/4中置式电子脉动奶山羊挤奶系统。这些机器挤奶设备的投入使用，保证了羊奶质量，为扩大生产规模、解决挤奶工短缺的问题创造了条件，并将成为奶山羊机器挤奶的示范。在去年建成的机器挤奶小区进一步完善小区的组织管理体系，使管理更科学、更高效。

六、重视新型乳制品开发研制，三个羊奶新产品全面上市

羊奶新产品开发是奶山羊产业的核心，课题组投入经费支持羊奶新产品的开发和宣传工作。2009年8月西北农林科技大学、陕西师范大学以及美国兰斯顿大学（Langston University）联合成功举办《羊奶奶酪加工技术培训班》，由美国山羊研究所曾寿山博士主讲，培训奶山羊加工企业技术和管理人员20余人。编制了《羊奶基础知识》宣传资料，普及羊奶及羊奶产品基础知识。

通过对羊奶热稳定性的研究获得了影响羊奶超高温灭菌的技术参数主要是羊奶pH、酪蛋白成分以及乳中盐类平衡；采用酸碱平衡、蛋白平衡和离子平衡技术解决了羊奶在超高温灭菌条件下的沉淀问题。另外还研制了羊奶液态奶专用稳定乳化剂，对羊奶液态奶专用稳定乳化剂的配方、组成进行了初步的研究，为液态羊奶产品开发提供了技术支持。

陕西富平县华通养殖合作社研发的“华通牌”酸羊奶（产品标准：GB2746-1999；生产许可证号QS6105 0501 0246）和青岛鲜和食品有限公司研发的发酵山羊乳（产品标准：GB2746；生产许可证号QS3702 0501 0741）及巴氏杀菌乳（产品标准：GB5408.1；生产许可证号QS3702 0501 0741），已经全面上市，消费者评价好。

七、大力开展奶山羊技术培训与宣传工作

“奶羊网”网站开通后点击率高，网站上的原创信息多次被其他网站引用。“奶羊场综合信息管理系统”平台正在建设之中，建成后将为奶羊养殖企业提供远程实时信息和现代化的管理手段。

针对奶山羊程序化饲养、机械化挤奶、奶山羊人工授精、秸秆青贮等技术开展技术培训120余期，受训人数7000余人次，发放奶山羊程序化饲养技术资料近万余份。撰写完成奶山羊专业书籍《奶山羊健康养殖百问百答》约8万字，含线条图或图片50幅以上。

（罗军，王建民，张笑鹏，张富新）

国际奶业

GUOJI NAIYE

【交流合作】

2013年中国奶业协会国际交流与合作

中国奶业协会作为行业民间组织，始终将开展广泛的民间国际合作交流作为一项重点工作来做，坚持“请进来、走出去”的工作方针，与20多个畜牧业发达国家和地区的奶业协会、养牛团体建立了联系，开展了形式多样的学习、交流和商务考察活动。

一是成功举办第十一届中国国际奶业展览会。 2013年，在南昌成功举办了第十一届中国国际奶业展览会，展览面积2.5万平方米，参展单位259家，包括中国（包括中国香港、中国台湾）、法国、荷兰、美国、德国、澳大利亚、俄罗斯等来自五大洲的十几个国家。在展览规模与去年持平的情况下，国外企业占到了参展企业总数的6.5%，相比2012年的4.86%，有了较大的提升。展览涵盖奶牛养殖、环境保护、牧草饲料、动物保健品、乳品加工、包装材料、检验检测、奶业机械等奶业产业链的各个环节产品展示。法国、美国、荷兰、德国及澳大利亚等国外业内人士专门组团及驻华使馆官员前来参观、交易、洽谈。展会的举办为国内外奶业同仁提供了一个交流经验、分享技术、促进合作的大平台。

二是举办国际奶业研讨会与培训。 第四届奶业大会期间，5月31日，由中国奶业协会、新西兰贸易发展局主办，恒天然集团和新西兰家畜改良公司协办的中国——新西兰奶牛育种专场在江西省南昌市举办。中国奶业协会副会长兼秘书长谷继承出席研讨会并致辞，对中新奶业合作进行了回顾与展望。会议特别邀请了中国农业大学副教授王雅春、新西兰家畜改良公司国际部总经理Jock Richardson、恒天然集团中国牧场总经理Nicola Morris、LIC中国代表处副总经理布日格勒等4位专家，分别做了题为“新西兰奶业及奶牛育种体系”“新西兰家畜改良公司(LIC)来到中国”“恒天然集团和新西兰家畜改良公司在中国的发展”“给牧场算笔账—牧场盈利模式讨论”的专题报告，与来自全国各地的奶业同仁共同探讨奶牛育种技术。6月1日，由中国奶业协会主办的中加奶牛育种合作回顾与展望工作会议在江西省南昌市召开。会议特邀了中国奶业协会副会长、育种专业委员会主任、中国农业大学教授张沅，农业部畜牧业司副巡视员王俊勋，原加方专家现亚达艾格威（唐山）畜牧有限公司总裁罗伯特·华森，项目翻译陆耀华和北京奶牛中心主任乔绿等多位奶牛育种专家到会，进行了精彩的演讲。原加方项目负责人朗尼先生没能亲自到会，还特意为会议制作了精彩的视频资料。各位专家在会上对中加项目进行了深入的总结，回顾了项目的实施过程，为我国今后奶牛育种和DHI工作的发展提供更多的建议和思路，对我国奶业的持续健康发展起到了有力地促进作用。6月2日，由中国奶业协会、中国农业科学院北京畜牧兽医研究所、荷兰驻中国大使馆主办，中国奶业协会饲养饲料与环境专业委员会和全国奶牛科技入户示范工程协办的中荷奶业饲料饲喂科技研讨会在江西省南昌市举办。研讨会由中国奶业协会副会长、中国农业科学院研究员王加启和荷兰驻中国大使馆大使Marinus Overheul主持，中国奶业协会副会长兼秘书长谷继承出席并讲话，研讨会特邀中国农业科学院北京畜牧兽医研究所郑楠博士、荷兰CRV公司Paul Vriesekoop国际总监、荷兰萃欧立公司Mark Kroese经理、荷兰泰高集团Pedro Sayalero San Miguel、荷兰莱力工业国际Marcel van Leeuwen、荷兰奶牛舔砖公司Klaas Leeuw等6位中荷专家，分别作了题为“生鲜乳质量安全控制关键技术”“遗传育种技术提高乳品安全”“如何有效地饲喂奶牛”“奶牛围产期饲养管理要点”“科技与奶牛生产”“舔砖饲喂技术”的报告。

三是组团出访国际发达奶业国家考察学习。 10月17日~27日，由中国奶业协会下属“北京四而博达广告有限公司”与以色列国际学习中心合作组织的“以色列高端牧场管理考察培训班”一行19人赴以色列进行为期10天的考察学习。由中国奶业协会副会长兼秘书长谷继承带队，考察团由国内奶业知名企业负责人、科研院校教授和业界知名人士组成。11月2日~11日，为进一步加强中澳两国在奶牛饲养管理、乳品加工及奶业商贸等领域的交流与合作，由中国奶业协会组织的中国奶业高端商务考察团赴澳大利亚进行为期10天的考察交流。中国奶业协会副会长兼秘书长谷继承任团长，共有来自15家单位的20位代表参加了此次考察活动。

四是参加国际商务活动。5月28日，美国谷物协会与澳亚集团投资控股有限公司合作设立的第二个“中美奶牛管理培训中心”在山东省泰安市举行成立典礼。中国奶业协会副会长兼秘书长谷继承受邀出席成立典礼并致辞。6月13日，中国－丹麦乳品技术合作中心在北京召开第一届专家交流研讨会，中国和丹麦两国政府相关领导、行业协会领导、行业专家等出席此次研讨会，中国奶业协会常务副会长魏克佳出席研讨会并致辞。11月16日，由中国农业大学、荷兰皇家菲仕兰坎皮纳乳业公司及荷兰瓦赫宁根大学共同筹建的“中荷奶业发展中心”在北京启动，首次来华访问的荷兰首相马克·吕特出席了签约仪式。受荷兰王国驻华大使馆邀请，中国奶业协会副会长兼秘书长谷继承出席启动仪式。

通过举办第十一届中国国际奶业展览会、组织国际奶业研讨会与培训、组团出访国际发达奶业国家考察学习，以及参加国际商务活动，加强了协会与奶业发达国家的了解和沟通，为进一步加强中国与其他国家在奶业领域的合作与技术交流奠定了基础。

（中国奶业协会办公室，李栋　毕鉴琨）

澳大利亚奶业考察报告

为进一步加强中澳两国奶业在奶牛饲养管理、乳品加工及商贸等领域的交流与合作，2013年11月2日至11日，由中国奶业协会下属“北京四而博达公司”组织的中国奶业高端商务考察团赴澳大利亚进行了为期10天的考察交流活动。共有来自黑龙江省奶业协会、内蒙古伊利实业集团股份有限公司、西安银桥生物科技有限责任公司、洛阳巨尔乳业有限公司、深圳市晨光乳业有限公司、北京大道之源科技有限责任公司、广东一家人食品有限公司、北京顺阳光农场、高林屯种畜场、柏拉蒙奶牛繁育有限公司、北京农学院、山东省兽药质量检验所、陕西省畜牧技术推广总站、中国科学院地理科学与资源研究所等15家单位的20位代表参加了此次考察活动。

考察期间，中国奶业协会代表团一行与澳大利亚贸易委员会、澳大利亚乳业局、维多利亚州政府、澳大利亚领科集团等单位召开了专题报告会。双方就两国奶业发展情况、澳洲奶业投资环境及相关机构、中国奶业市场需求等话题进行了深入的交流与探讨。报告会间隙，澳大利亚领科集团负责同志和代表团成员就双方较为感兴趣的乳制品贸易和来澳投资建厂等话题交换了意见和看法。同时，代表团一行还参观了吉普斯兰岛地区的牧场、Caldermeade奶牛场，考察了澳大利亚最大的乳制品生产商迈高集团下属的Jelbart奶牛场。代表团成员与农场主及技术人员就奶牛繁育、饲养管理，草场分栏管理及社会化服务等方面的问题进行了交流。此次考察活动，在澳大利亚领科集团的精心安排和支持下，代表团全方位地与澳大利亚奶业各方面的官员、专家、企业家就奶牛饲养管理，乳品加工，政府及行业服务，乳制品贸易及乳制品消费市场开拓等方面的问题进行了深入和广泛的交流，较全面地了解了澳大利亚奶业发展状况，并从中得到了有益的启示，达到了预期目的。在考察中与澳大利亚奶业界的政府机构、专家学者、乳业协会等建立了联系，拓宽了沟通渠道，为今后中澳双方奶业进一步交流与合作奠定了良好的基础。现将有关情况报告如下：

一、澳大利亚奶业概况

澳大利亚地处南半球的澳洲大陆上，总面积776.4万平方公里，现有人口约2230万人，其中农业人口约90万人。全澳农牧业用地4.9亿公顷，其中牧业用地占55%。另外，澳大利亚是世界天然草原面积最大的国家，草地面积达458万平方公里。奶业是澳大利亚农业中一项重要的支柱产业，是仅次于小麦、肉牛的第三大农业产业。得天独厚的地理和气候条件，优良的草场，科学的管理及最新遗传育种技术的广泛运用，使澳大利亚以高效率的方式生产出优质的牛奶，其乳制品在国际市场上具有较强的竞争优势。

1.以放牧为主的奶牛养殖业。2012/13年度，澳大利亚产奶牛总数约为165万头，牛奶总产量为920万吨。奶牛养殖在澳大利亚各州均有着很长的历史，大多集中在沿海地区，其中以维多利亚州为最主要的奶牛饲养和牛奶生产区，该州的奶牛饲养数量占全国65%，其次为新南威尔士和昆士兰州，奶牛饲养数量占全国的22%。澳大利亚的气候和自然资源十分有利于奶业生产，近80%的奶牛是草地放养，牧草生产依靠天然降雨，有部分内陆地区依靠灌溉系统。具体来看，目前不补饲，完全依靠天然降雨的牧场占到牧场总数的30%，生产的牛奶占总产量的18%；不补饲或补饲少量饲料，依靠天然降雨加灌溉的牧场占到总数的50%，生产牛奶占52%；在降雨和灌溉的基础上，补饲谷物等饲料的牧场占16%，生产牛奶占25%；还有2%的牧场采用集中饲养的模式，生产的牛奶占4%。在这种灵活多样的生产模式下，澳大利亚的牛奶生产效率高，质量好，而且成本远低于世界上其他主要的牛奶生产国（图7–1）。

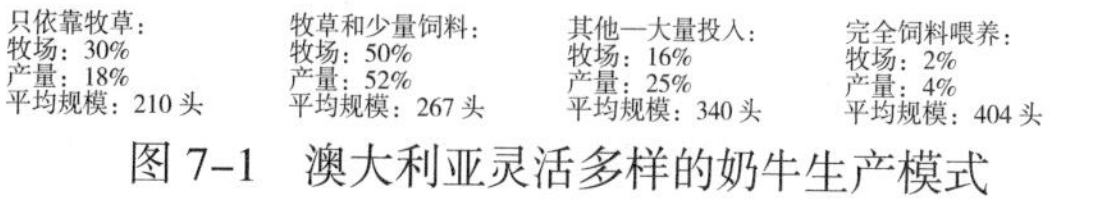

图7–1　澳大利亚灵活多样的奶牛生产模式

2. 乳制品企业和乳制品品种多元化。澳大利亚是一个新兴的移民国家，其开放的市场和多元的文化吸引了众多投资者。这种多元化也体现在奶业生产上。

澳大利亚的牛奶加工企业是多元化的，包括由奶农所拥有的合作社公司、上市公司、私营公司和跨国公司。合作社公司不再占据主导地位，其加工量占牛奶总量的33%左右。最大的合作社公司（双江MG公司）加工的牛奶约占澳大利亚牛奶总量的30%。其他形式的澳大利亚乳品公司也表现得十分活跃，上市公司有瓦伦堡干酪和奶油公司、必佳干酪公司；私营公司有百乐公司、Burra食品公司和Longwarry食品公司；国际化的跨国公司包括恒天然（新西兰）、麒麟（日本）和Lactalis公司（法国）等。这些世界乳业中的巨头通过新建或收购的方式争夺澳大利亚乳制品生产消费市场（表7–1）。

澳大利亚乳制品品种的多元化表现在产品的丰富多样，有奶酪、饮用奶（包括鲜奶和UHT奶）、脱脂奶粉、黄油、全脂奶粉及其他产品(包括酸奶、奶饼干、奶油冻等，见表7–1）。奶酪是最重要的乳制品，其产量占到了乳制品产量的33%，饮用奶和脱脂奶粉是其他两个产量最高的乳制品，分别占到乳制品产量的27%和28%，全脂奶粉占到9%，其他占3%。

表7–1　澳大利亚近年主要乳制品产量（吨）

年度	黄油/黄油混合物	奶酪	脱脂奶粉	全脂奶粉	乳清制品
1989/90	78 053	175 331	130 976	56 476	19 895
1999/00	110 325	373 342	236 322	186 653	66 258
2005/06	92 850	372 816	205 495	158 250	98 436
2006/07	101 666	363 638	191 475	135 364	86 198
2007/08	99 202	360 922	164 315	141 974	82 652
2008/09	109 753	342 603	212 030	147 544	81 136
2009/10	100 134	349 639	190 233	126 024	79 094
2010/11	96 326	338 657	222 484	151 269	61 488
2010/12	100 551	346 530	230 286	140 424	64 645
2012/13	99 035	338 312	224 061	108 838	63 440

注：数据来源于澳大利亚乳业局

3. 旺盛而趋于稳定的乳制品消费。澳大利亚主要消费的乳制品是牛奶、奶粉、奶酪、黄油、黄油混合物及酸奶。澳大利亚奶业的发展，源于旺盛的消费需求。据澳大利亚乳业局的数据，2012/13年度，澳大利亚人均消费牛奶107千克，奶酪13.5千克，黄油3.7千克，酸奶7.2千克，将以上折合成液体奶，年人均消费达到惊人的323.2千克，而发达国家人均乳制品消费量为238千克，世界平均为107千克左右，发展中国家平均为72千克，我国仅为32千克，由此可见，乳制品在澳大利亚餐桌上占有十分重要的地位。近年来，澳大利亚乳制品消费趋于稳定，呈现出一些新的特点，饮用奶消费从全脂牛奶转变到特制的牛奶品种，如减脂和低脂牛奶，同时风味牛奶的市场份额也在增加；干酪消费中非切达干酪的消费不断增加；奶油的消费量一直在减少，这是因为消费者寻求降低饱和脂肪的摄入量。酸奶的消费保持稳定的增长态势，因为它既方便又健康，所以倍受时间紧迫的消费者青睐（表7–2）。

表7–2　澳大利亚近几年主要乳制品的人均消费量(升/千克)

年度	牛奶（升）	奶酪（千克）	黄油（千克）	酸奶（千克）
2008/09(r)	103.8	13.0	4.1	6.8
2009/10(r)	103.8	13.3	3.9	7.2
2010/11(r)	104.5	13.7	3.9	7.3
2011/12(r)	106.1	13.5	3.9	7.4
2012/13(p)	107.0	13.5	3.7	7.6

注：数据来源于澳大利亚乳业局

4. 乳制品贸易具有较强竞争力。澳大利亚是重要的乳品出口国，在国际乳制品贸易方面有较强的竞争力，其牛奶产量仅占全世界产量的2%，出口量占到全球总量的7%，在全球乳品贸易中排名第4，仅次于新西兰(37%)、欧盟(31%)和美国（11%）（图7–2）。近十年来，澳大利亚牛奶总产量中约40%~45%用于出口，与本世纪初50%~60%的出口比例有所下降，主要原因是近几年一系列的干旱使澳大利亚的牛奶总产量出现下降。

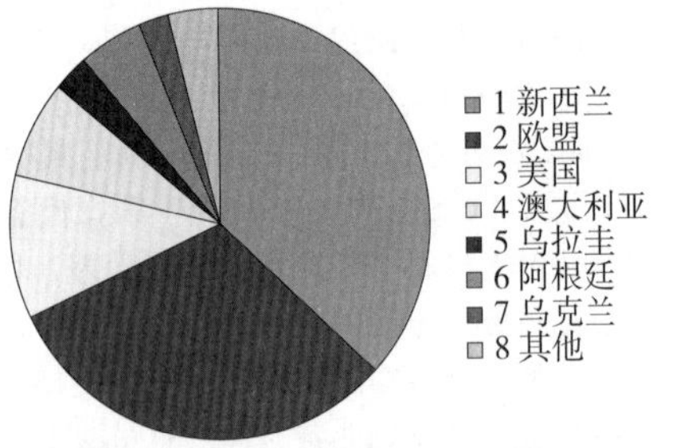

图7–2　世界制品出口量占比情况

2012/13年度澳大利亚乳制品出口总值超过27.6亿澳元。澳大利亚的出口集中在亚洲地区—占出口总量的74%。日本是澳大利亚最重要的出口市场，占出口总值的19%，其次是中国大陆，占出口总值的14%。2012/13年度澳大利亚最大的五个出口市场是日本、中国大陆、新加坡、马来西亚和新西兰。出口增长最快的市场仍然是中国（图7–3）。

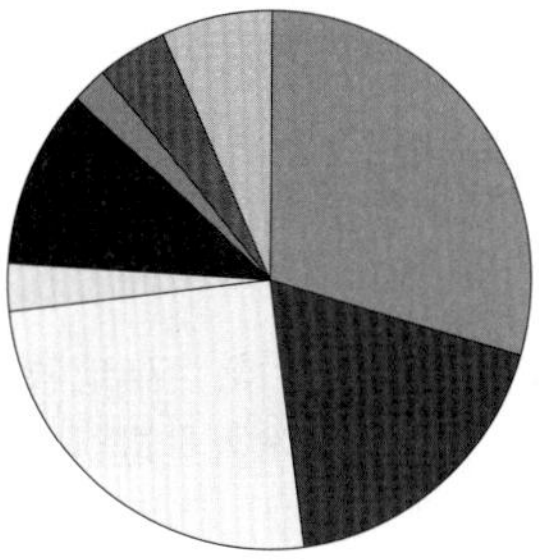

图7-3 澳大利亚乳制品主要出口国家(地区)及金额(21012/13)

二、澳大利亚奶业经验及对我国奶业发展的启示

1. 奶牛生产方式由数量型向质量型转变。在过去30年间，澳大利亚的奶牛场数量减少了三分之二，从1980年的22 000家减少到2012年中的不到6 770家。与奶牛场数量减少形成对比的是，澳大利亚牛奶的总产量却稳步增加，1980年的总产奶量为556.5万吨，到2012年总产奶量增长为920万吨。这是因为奶牛场规模的扩大和奶牛单产水平的提高。1980年，平均畜群规模是每个奶牛养殖场85头奶牛，平均单产为2 848升，2012年平均畜群规模增长到240头奶牛，平均单产达到5 926升。澳大利亚具有良好的自然条件，但其奶业发展并未一味追求数量和规模，而是通过提高生产水平，增加单产，选择与其国情相适应的适度规模。我国资源禀赋条件决定了小规模养殖在一定时期内仍是未来奶业发展的主体，因此我国奶业在未来的发展中要通过改善饲料、改良品种和提高管理水平来增加牛奶的单产，从而实现更少的奶牛场、更适度的规模、更高的牛奶生产率。

2. 利益合理分配的合作社模式保证奶业生产安全高效。澳大利亚奶业生产有两种模式，一是农民拥有的合作社和股份公司进行奶制品的生产与加工，另外一种是奶牛场和独立的乳品企业（包括私营、上市及跨国公司）通过合同收购的方式进行合作。其中奶牛场参股的合作制模式占有重要地位。奶农通过自愿的方式加入合作社，奶农是合作社的股东，合作社则直接创办加工企业。加入合作社后，奶农所生产的牛奶必须全部交给合作社乳品加工厂，合作社的乳品加工厂也有义务收购社员生产的牛奶，这样既可以解除奶农销售牛奶的后顾之忧，又可以使奶农有更多的精力做好奶牛养殖，进而提高牛奶的质量和产量，进而合作社的乳品厂可以获得数量稳定和质量较好的原料奶，协调牛奶的生产加工和乳品销售。奶农合作社使奶农和乳品厂之间的整体利益一致，关系易于协调，为促进奶业生产的优质高效，保证乳品质量安全起到了重要作用。我国奶业发展还处在初期阶段，奶农和乳品加工企业还没有建立紧密的利益链接机制，这为生鲜乳质量安全带来隐患，可借鉴国外的经验，有序提高原料奶生产、乳品加工、市场营销环节的依存度，通过建立奶农合作社、奶牛场入股加工企业及自建乳品企业等方式推进一体化经营，推进利益合理分配的同时保证牛奶生产的优质高效。

3. 种养结合模式推进奶业可持续发展。澳大利亚草原和土地资源丰富，特别是拥有高质量的牧草，适宜的气候和茂盛的牧草使得全年放牧成为可能。以放牧为主或种养结合的生产方式，既保证奶牛饲草饲料、特别是青贮饲料和牧草的供应，发挥奶牛的遗传潜力，又保证合理利用奶牛粪便还田，增加有机肥的施用量，提高作物产量，形成动物、植物、微生物三者平衡的生态农业系统，可谓一举多得。在美国、欧洲等一些奶业发达国家，奶牛生产必须配套饲草饲料地，种养结合的奶牛生产方式十分普遍，即使在土地资源稀缺的荷兰、日本等国家，种草养畜也被十分重视，只不过不同国家根据资源禀赋不同，配套的饲草料地比例不同。我国奶业目前进入到转型时期，特别是当前，随着标准化规模养殖的迅速推进，奶牛粪污处理和环境保护问题越来越突出。因此，在发展现代奶牛养殖业的过程中必须实行农牧结合。我国幅员辽阔，可以针对不同地区的特点进行规划，如在大城市郊区，土地资源紧缺，可考虑发展集约化规模养殖；在农区和牧区，可利用草地、山地和耕地，发展种养结合的奶牛养殖模式，提高奶牛生产的质量效益。

4. 健全的社会化服务体系保证奶业生产稳定有序。澳大利亚的奶业主要实行以牧场主自愿组成的奶牛合作社和各专业协会相结合的行业管理、社会化服务模式，涵盖了奶业的产前、产中和产后三大环节。澳大利亚奶农自愿组成和加入各种类型的合作社，一个农场主往往在不同的经营环节上同时参加几个不同的合作社，平均每个农场主参加2.6个合作社。在这种情况下，农场主便与合作社形成了一种横向的、扇面型的多层经营体制，其行为贯穿于整个产业链的始终。从澳大利亚奶业发展的经验来看，独立且关联的奶牛协作组织已成为奶业产业化良好的组织载体，成为奶业产业链中连接龙头加工企业与奶牛养殖户的纽带，它把分散经营的奶农，通过交换相联合，形成规模经济，使农户获取规模效益，有效地提升了奶业产业化的整体水平。我国奶业近年来发展很快，但为奶业生产服务的专业化协会（组织）、提升奶农话语权的合作社以及研究行业特点和指导行业发展的机构还非常稀缺，可以说，奶业发展的成熟度还不够，这就需要政府、企业和有关单位的重视和努力，通过不断完善和推进与产业发展相匹配的社会化服务体系，促进我国奶业协调有序发展。

（中国奶业协会办公室）

赴以色列高端牧场管理培训班考察报告

为进一步推动国际间奶业交流与合作，学习和借鉴奶业发达国家的经验，10 月 17 日 ~27 日，中国奶业协会下属机构北京四而博达公司与以色列农业培训机构合作组成考察团，由中国奶业协会副会长兼秘书长谷继承任团长，团员分别来自中国奶业协会、北京农学院、天津市畜牧兽医研究所、安徽农业大学、福建农林大学、以色列阿菲金公司、南京卫岗乳业有限公司、西安银桥乳业集团、河南三剑客奶业有限责任公司、翼城县洪康乳业有限公司、华秦源（北京）动物药业有限公司、哈尔滨普凡饲料有限公司、新疆吉木萨尔县润源牧工商发展有限责任公司，共计 20 人赴以色列举办了“以色列高端牧场管理考察培训班”，并对其奶业进行了考察。

在培训和考察过程中，考察团拜会了以色列的农业部农业和农村发展推广服务部、奶业协会，考察了 SION 育种公司、TMR 中心，参观了挤奶机设备及牧场管理系统提供商以色列阿菲金公司、饲料搅拌机制造商 RMH 公司和谢飞因公司综合牧场、戈兰高地牧场等，并同以色列奶业知名专家和牧场技术人员进行了广泛的交流。现将考察情况报告如下：

一、以色列奶业基本情况

以色列国土面积21 500平方公里，其中70%是沙漠。气候炎热，资源贫乏，特别是水资源，不足世界平均水平的 3%。这些因素虽都不利于奶业发展，但以色列人却创造了奶牛单产 11.7 吨以上的世界最高纪录，跃居世界奶业发达国家行列。同时，以色列原料奶年产值达到 7.8 亿美元，占农业总产值的比重超过 10%，奶业已成为以色列农业的重要组成部分和主导产业。

1. 奶牛养殖。以色列泌乳奶牛存栏约 12.5 万头，平均单产 11.7 吨，单产水平居世界之首。年产生鲜乳约 138 万吨，生鲜乳的乳脂率平均为 3.72%，乳蛋白率 3.32%，体细胞数 22 万个 / 毫升（图 7–4）。

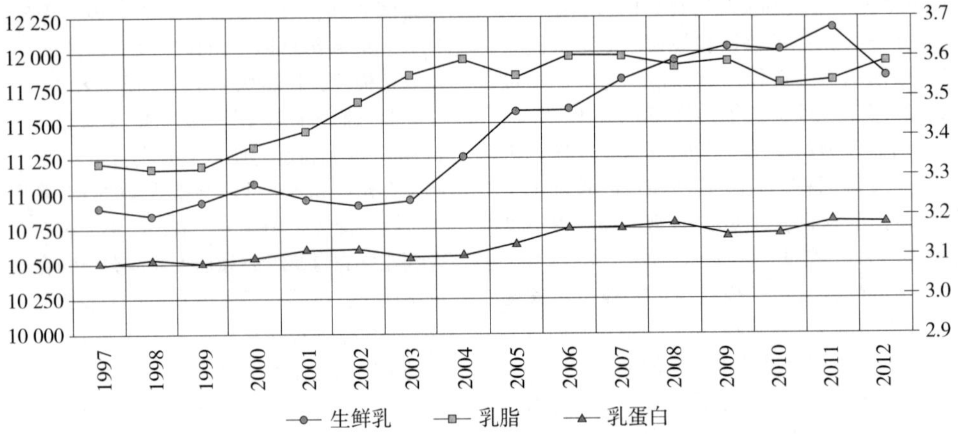

图7–4　1997—2012年泌乳牛单产水平、乳蛋白率和乳脂率变化曲线

以色列拥有奶牛场 850 个，泌乳牛存栏规模平均约 150 头。牧场类型主要有两类：一是基布兹（合作社）奶牛场。基布兹所有的牛场均参与 DHI 体系，占参测奶牛总数的 63%。2012 年，基布兹的泌乳牛平均年产奶量为 12 021 千克。二是莫沙夫（家庭）奶牛场。莫沙夫约 75% 的牛群参与 DHI，占参测总数的 37%，2012 年，莫沙夫参加 DHI 的泌乳牛平均年产奶量为 11 155 千克（图 7–5）。

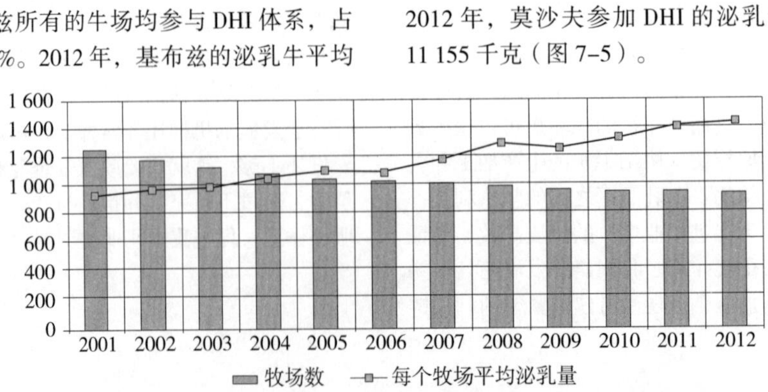

图7–5　2001—2012年奶牛场数量和泌乳牛单产水平变化情况

以色列牛奶生产以配额制为基础，全年总量按月分配。每个农场月度平均配额大约为 141 万升，大农场在 500 万升左右。以色列奶牛养殖没有补贴，而且缴税。因此，牧场在配额许可的变动范围内，都积极采取各种措施，实现增产增效，追求更大经济效益（表 7–3）。

表 7–3　1997–2012 年牛奶产量和配额情况

年份	生产数量（百万升）	配额数量（百万升）	年份	生产数量（百万升）	配额数量（百万升）
1997	1 095	1 085	2005	1 150	1 150
1998	1 126	1 124	2006	1 124	1 130
1999	1 132	1 124	2007	1 166	1 185
2000	1 128	1 140	2008	1 273	1 212
2001	1 174	1 200	2009	1 217	1 220
2002	1 154	1 170	2010	1 252	1 240
2003	1 122	1 150	2011	1 338	1 313
2004	1 146	1 150	2012	1 344	1 318

2. 乳品加工。以色列有 100 个大小不等的乳品加工厂，其中 4 家乳品厂加工了全国 98% 的牛奶。“Tnuva”是最大的乳品加工厂，加工了全国 68% 的牛奶。每年加工奶制品总价值为 26 亿美元。乳制品种类丰富，约有 1 500 种，其市场上也可以看到全球知名品牌。主要有：达能、优诺、穆勒等（表 7–4）。

表 7–4　2009–2012 年主要乳品产量情况

年份	奶油（千吨）	硬质干酪（千吨）	软质干酪（千吨）	酸奶、酸奶饮料等（百万公升）	液态奶（百万公升）
2009	5.3	28.3	92.7	172.4	410.6
2010	5.0	29.0	94.6	179.7	422.0
2011	5.9	30.7	96.2	180.5	424.3
2012	5.9	31.4	97.5	186.6	437.9
12/11	0%	2.28%	1.35%	3.38%	3.21%

3. 奶业消费。以色列乳品消费在逐年增长。2012 年人均乳制品年消费量 176 千克，其中：液态奶 90 千克左右，乳饮料及发酵乳 33 千克，干酪 20 千克，奶油 0.5 千克。走进以色列超市，琳琅满目的乳制品可与全世界的乳制品相媲美。据调研，同其他国家一样，以色列乳品消费者既看重质量又看中价格，乳品销售同样面临优质低价的挑战。

二、以色列奶业发展经验

虽资源和气候都不占优势，但以色列奶业的发展成就令世人瞩目，其经验和举措主要有：

1. 高度重视奶牛育种工作。良种是奶业发展的基础。国内外理论与实践证实，良种及其相关技术对奶牛养殖的贡献率超过 40%。以色列奶牛之所以达到 11 吨以上的高产，重视奶牛育种工作是关键因素之一。

培育了适应性强、高产的以色列荷斯坦牛。以色列荷斯坦牛的培育经过了漫长的过程，它以适应本地气候条件的地方品种大马士革牛为母本，引进荷斯坦为父本，进行级进杂交 3 代，得到含 87.5% 荷斯坦基因的 F3 进行横交固定选育而成。目前，以色列国内 95% 的奶牛均为自繁自育的以色列荷斯坦牛。

以色列荷斯坦奶牛的培育经过了很长的时间。在这漫长的过程中，遗传评估的选择指数特点鲜明、目标明确。上世纪 30 年代主要追求提高奶牛的单产、脂肪和蛋白含量，1996 年开始增加了奶牛健康指标，2002 年又增加了繁殖率、持续力、体细胞、女儿受胎率、长寿性和产犊难易性等指标。目前，以色列 95% 的奶牛均为自繁自育的以色列荷斯坦牛。

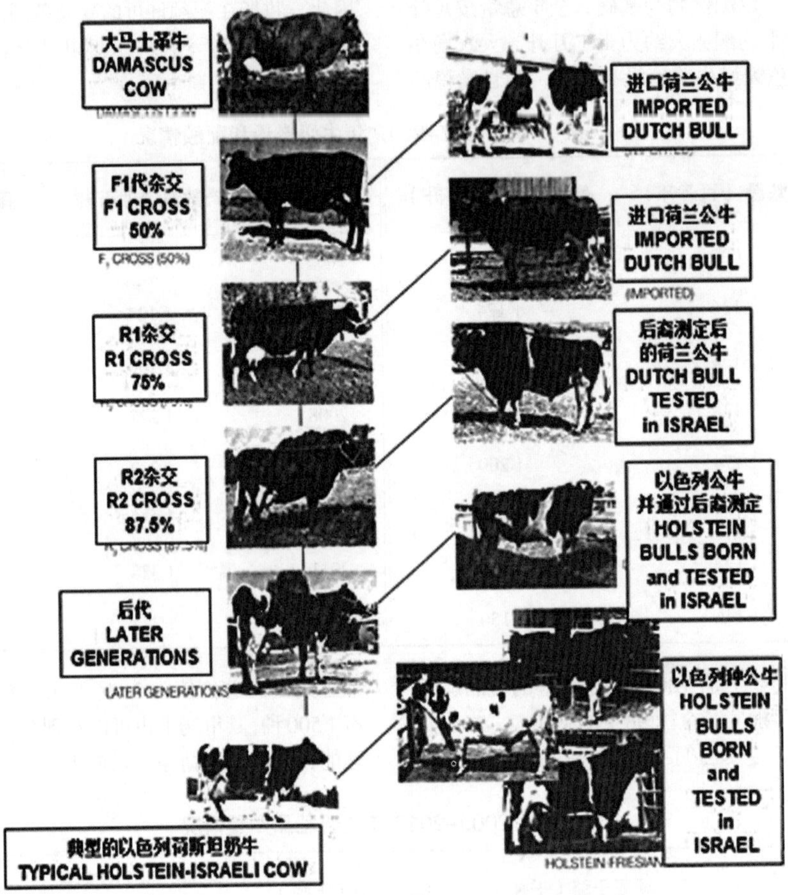

图 7-6　以色列荷斯坦牛的选育过程

加强了核心母牛群建设和后备公牛培育。通过不断的补充和淘汰，以色列组建了存栏 300 头的核心母牛群。每年核心母牛群约提供 150 头公犊，从中选择 50 头后备青年公牛开展后裔测定，每头青年公牛测定 100 头女儿前三个月的生产性能，同时结合奶牛的健康、繁殖率、持续力等性状最终确定优秀种公牛，每头公牛的选择时间在 5 年左右。目前，以色列共有经后裔测定的种公牛 250 头。每年从排名前 28 位的验证种公牛中选取 5 头，制作冻精用于以色列奶牛的繁育和出口（图 7-6）。

健全了繁育服务组织。以色列 Sion 育种中心的 50 多名奶牛人工授精员，分布在全国 31 个区域（按照牧区分布）。根据牧场主要求和数据平台提供的信息，由人工授精员提出选种选配方案，携带冷冻精液及时到奶牛场进行配种，并将配种母牛的编号和生产冷冻精液种公牛的编号以及相关信息录入便携式手提设备中，传输到联网数据库，有效地保证了配种质量和繁育工作的及时性、延续性。

2. 科学搭配日粮营养。日粮是奶牛养殖的物质基础，没有营养全面、均衡的日粮，难以实现奶牛高产、牛奶优质。为突破饲草料资源不足的困局，以色列充分挖掘了各种原料资源，经过有效的处理和调制，为奶牛提供了最完美的“营养餐”。

充分挖掘饲料资源。在以色列奶牛饲养中充分利用农业产品、工业产品及其副产品等各种饲草料资源。粗饲料有两大类：一是青贮饲料，主要是小麦青贮、大麦青贮、玉米青贮，适时收割和合理调制，最终确保小麦和玉米青贮干物质含量分别在 34%~36% 和 37%~38% 范围内。因水资源匮乏，人们更喜爱种植节水小麦，小麦青贮的应用比玉米青贮广泛。二是干草，有带穗的小麦、大麦等禾本科牧草，也有三叶草、全株花生、苜蓿等豆科牧草。带穗小麦干草的蛋白含量高达 9%。由于水资源所限，苜蓿种植量较少，应用也较少，主要用于饲喂犊牛。精饲料种类多样，有小麦、玉米、麦麸、DDGS、大麦籽粒、脂肪（含过瘤胃脂肪）、大豆粕、玉米蛋白饲料、菜籽粕、葵花籽粕、酵母、食盐、尿素、石粉、小苏打、奥奶净（防霉剂）等。另外，许多牧场还因地制宜地饲喂了橘渣、啤酒槽、豆皮、糖蜜、过期饼干和面包、70℃杀菌后的鸡粪（饲喂青年牛）、收过棉花后的棉花茎叶等各种农业、工业副产品。

科学设计日粮配方。与其他国家明显不同，以色列奶牛日粮干物质的粗精料比为 35:65。其中，粗饲料主要是青贮饲料（小麦、玉米）和干草（禾本科、豆科），约占日粮干物质的 35%。其余的饲料都被界定为精饲料，如橘渣、整粒棉、谷物、豆粕、麸皮、DDGS、蛋白饲料及微量元素、缓冲剂、维生素添加剂等统归入精料范畴，占日粮干物质的 65%。在合理的精粗比范围内，依据不同生长阶段和产奶时期的营养需求，通过在线饲料成分分析，科学设计出原料多样、产能较高、成本效益最优的日粮配方。

严格管控日粮配制。为确保日粮营养的全面、均衡和稳定，以色列多数奶牛场均购置全混合日粮（TMR）搅拌设备进行日粮配制和饲喂。其TMR的配送有两种模式：一是大规模牧场自行购买TMR设备、自行配制。部分牧场还为周边小规模牧场配送相应的TMR。二是由TMR中心统一配送。目前，以色列TMR配送中心有24家，每家配送半径300千米，按照奶牛场的分布，合理地布局在全国各地。拉赫氏公司（Lachish Industries）既是以色列最大的TMR设备生产企业，占全以市场份额的95%；也是大型的TMR配送中心，每天生产400吨TMR，供周边万头奶牛饲用。TMR加工中心由电脑系统控制，既可按标准提供日粮，也可为牧场量身定制相应要求的TMR（表7-5）。

配制TMR时重点考虑奶牛体重（或年龄）、奶产量、奶成分、体况评分（BCS）、期望的每组奶牛采食量等。要严格控制原料水分，确保TMR干物质含量达到55%。要控制好搅拌时间，以确保日粮混合精确、均匀、蓬松且纤维长度合理。关于搅拌时间，TMR配送中心搅拌时间35分钟，自走式TMR搅拌时间20分钟。关于切割长度，要短、中、长适宜，可抽样检测或用滨州筛来衡量，最长不能超过8厘米。

表7-5 以色列泌乳奶牛TMR组成（以采食量20千克干物质计）

类型	种类	数量（kg）	类型	种类	数量（kg）
粗饲料30%~35%（10.9~12.7kg）	小麦青贮	8~10	高纤维产品	整粒棉籽	0.5~3.0
	玉米/大麦青贮	5~7		麦麸	0.5~2.5
	小麦干草	1.5~3.0	湿产品（3~8kg）	橘渣	5~8
	豆科干草	0.5~1.0		蛋白饲料	2~4
谷物30%~40%（6~8kg）	玉米	3~5		啤酒糟	2~3
	大麦	1~2		豆皮+混合糖蜜+湿豆纤维	2~3
	黑麦/小麦/燕麦	1~1.5	矿物质、维生素和其他少量添加物质	石粉	0~0.25
	高粱	0~0.5		盐	0.1
饼粕类5%~15%（1~3kg）	大豆粕	0.3~2.0		尿素	0~0.1
	葵花籽粕	0.5~1.5		缓冲剂	0~0.2
谷物副产品7.5%~12.5%（1.5~2.5kg）	蛋白饲料	1~3.5		维生素和微量元素混合物	0.01~0.05
	DDGS	1~2.3	其他	添加剂（酵母、有机矿质等）	0~0.1
				脂肪酸钙盐（过瘤胃脂肪）	0~0.35

3. 实施数据化管理。有数据才能度量，有度量才能提高。通过数据信息管理系统，以色列强化了奶牛饲养管理，实现了奶牛养殖的高产、优质和高效。

以色列多数牧场挤奶机都装备了牛场管理系统，通过系统可时时收集数据、综合分析数据和自动生产数据分析报告。牧场管理者通过每天查阅分析报告，实现了奶牛生产的精细化和标准化管理。如阿菲牧®牛群管理软件，内置各种生产管理报表，外置各种感应单元，感应单元可准确记录奶牛体温、采食、反刍、运动、休息、产奶、配种、治疗等情况。考察中，牧场场长们说他们已离不开电脑，离不开管理系统，没有电脑和报表，管理就无从下手，不知所措（表7-6，图7-7）。

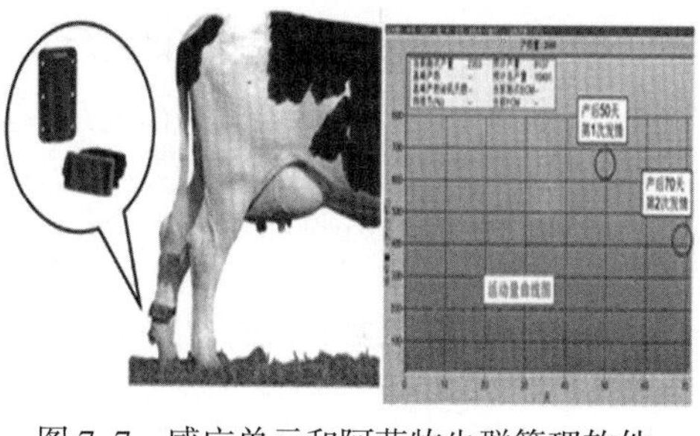

图7-7 感应单元和阿菲牧牛群管理软件

图7-8 阿菲金“魔盒”

以色列每头成母牛佩戴一个计步器，通过时时监测运动情况的变化，可及时发现发情奶牛。牧场挤奶厅安装管理系统，可详细记录挤奶工的操作，可自动控制脱杯、清洗等操作，可准确记录牛奶产量。另外，在计量器和奶管之间安装“魔盒”，可时时检测每头挤奶牛的乳成分、体细胞数、细菌数、导电率等，这些信息直接传递到电脑上，综合分析个体的产能和健康状况。如若体细胞数升高或电导率上升，说明奶牛乳腺被细菌感染（图 7–8）。

表 7–6　牛群管理要点

牛群管理		繁殖	
新产牛监控	204	今日发情牛	20
每周体况评分	130	怀疑流产	--
调入围产前舍	20	乏情牛	71
需调入低产	17	停奶预警	12
后备牛产前 60 天调入干奶舍	24	产犊预警	13
停奶前修蹄	35	需要妊娠的牛	173
产后 180 天修蹄	708	怀孕牛夏检	59
预计断奶	159	停奶前妊娠	28
预淘牛	--	产后 90 天未配牛	59
		产后 180 天未怀孕	279
		16 月龄未配	21
		23 月龄未孕	32

4. 设计、设施和装备兼顾先进和实用。考察以色列的牧场，其设计、设施和装备兼顾两个原则：一是注重先进性。从硬件而言，多数牧场都购置了先进的挤奶器械、TMR 搅拌器械、自动控制装备等。从软件而言，多数牧场都装备了牛场管理系统和其它智能程控软件。二是注重实用性。从设计上，考虑到人工成本较高，无论是土建，还是购置设施和装备都追求自动化和机械化，如今多数牧场除犊牛饲喂和疾病治疗为人工操作外，其余都是机械化操作。又如牛舍地面均是人造的一定坡度，方便粪污的排出和自动固液分离。再如，应对严重的热应激，以色列通过 30 多年的研究和实践，形成了一套行之有效的办法。具体操作是喷湿牛体并强制通风。在开放式牛舍采食区的上方，常常使用小直径风扇（0.6m 左右）可以 360 度左右或上下摇动，在待挤区、挤奶厅和牛床上方常常安装大直径风扇（2m）。介于喷淋和喷雾之间的喷湿，加上 3 m/s（2~3 m/s 为正常范围）的理想风速，散热降温效果显著。从设施上，注重奶牛舒适性，如采用“散栏饲养”，棚顶是活动可调的，可全封闭保温、遮挡风雨；也可敞开不同角度，保证最大程度的采光和通风换气。棚内设采食区（饮水区）和运动休息区，运动休息区较大，且地面经过特殊处理，地面厚度 1 米多，分三层，最底层是石块、中间是砂土、最上面是粉碎的秸秆或稻草，定期翻耕，既可多次利用，保证牛床干燥，又可节省大量人力物力。

5. 实施专业化服务。以色列奶业的社会化分工明确、专业化程度极高。如考察的谢飞因公司综合牧场存栏奶牛 2 500 多头，其中泌乳牛 1 800 头，但工人只有 18 人。究其原因，除机械化程度较高外，最主要的是以色列奶业社会化分工明确、专业化程度极高。在以色列有多个不同的技术服务团队，他们为牧场提供各种服务。如：牧场所有的选种选配工作都由以色列繁育中心（sino 公司）负责；牧场兽医工作由兽医服务公司专业人员每周安排两次对各牧场的牛群进行诊疗；同样，粪污也由专业的沼气公司全权处理，甚至连牛场的苍蝇控制都由专业的灭蝇公司来负责。这些专业服务团队与牧场紧密合作、相互依存，充分体现了分工细化、服务效率高的先进管理理念。

6. 协会积极发挥重要作用。以色列奶业协会组织结构完备，管理内容及覆盖范围较广。以色列奶业协会由政府相关部门、牧场主、乳品加工企业、消费者代表组成。主要负责全国奶业的统计和计划、组织管理奶牛场和乳品加工企业、代表从业者与政府（包括农业部、财政部、卫生部、商业部、工业部等）沟通、倡导和组织业内的各种合作、贯彻实施政府的奶业和市场政策、为奶业提供相关政策咨询、促进对奶业的研究与专业服务、制定行业培训计划、辅助牛群良种改进、辅助保持牛群种群健康、改进牛奶质量、促进乳制品的消费、提升乳制品的公众形象和促进国际合作等职能（图 7–9）。

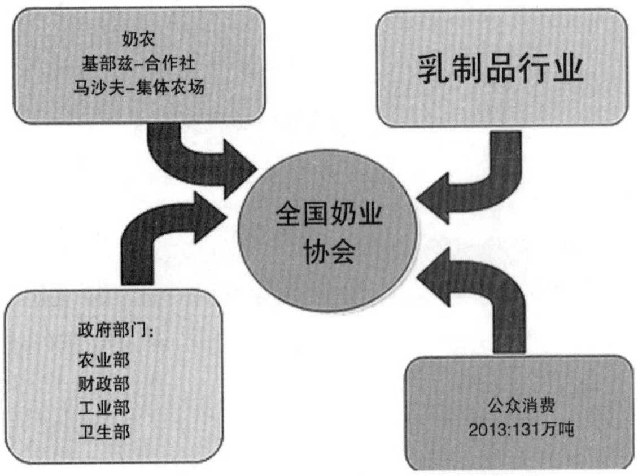

图 7–9　以色列奶业协会构成架构

协会通过立法保障其管理地位和经费来源，按照法规在全国奶业零售价基础上加税 2% 作为奶业行业管理经费，该项税收由奶业协会支配，主要用于行政管理和服务。如此，既可解决行业协会管理行业的经费来源，也明晰了行业协会的责任和义务，充分调动了协会服务产业、服务奶农和奶企的工作积极性。

三、值得进一步交流与合作的地方

探析中以奶业发展，既有很多相似的地方，也有一些各自特色，更有许多值得中国奶业学习和借鉴的做法和经验，进一步加强中以奶业间的交流与合作，对中以两国奶业发展大有裨益。

1. 加强原料奶定价机制的交流。以色列原料奶收购价格由政府、协会、牧场主以及乳品企业一起商定。按照相应法规和制度，定价组织每两年选取 10% 的奶牛场，数量大约100家，调查其平均生产成本，内容包括饲料费、人力费、折旧费、贷款利息等，扣除奶业副产品收入（如淘汰牛收入等），得到原料奶平均净生产成本。依据平均净生产成本，定价组织最终确定年度标准价格。如2012年底的标准价格：乳脂3.7%、乳蛋白3.2%，标准奶价为0.57美元/千克。以色列奶业协会根据实际生产成本每三个月可对基础收购价格微调一次。

收购原料奶时，企业可依据原料奶的品质，在标准奶价的基础上适当浮动。如：体细胞数低于22.5万/毫升加价，22.5万~30万/毫升不奖不扣，高于30万/毫升将扣奶价（又分为不同等级），高于70万/毫升拒收。细菌数低于3万/毫升可加价，3.1~10.0万/毫升不奖不扣，高于10万/毫升将扣奶价（分为不同等级扣）。

多年来，中国奶业对原料奶定价机制建立的呼声较高，建立适宜而科学的原料奶定价机制有助于破解养殖和加工的矛盾，有助于中国奶业持续健康发展。当然中国区域广阔，不可能像以色列制定全国统一的标准奶价，但可学习和借鉴以色列原料奶定价的做法，建立区域性的标准奶价。如北方主产区标准奶价、南方产区标准奶价、西部产区标准奶价等。

2. 进一步加强信息共享。以色列奶业之所以实现了数据化、信息化管理，关键是行业内信息实现了共享。在以色列虽分工明确、高度专业，但大家仍紧密合作，充分共享信息资源。如：以色列奶业数据在本国行业内高度共享，大量有效的信息免费为牧场提供。同时，各牧场的生产数据也通过网络提供给相关科研机构、政府管理部门和奶业协会，用于监测、研究和分析，分析成果再回馈给提供者。通过生产性能测定（DHI）可提供更多、更新信息，这些信息覆盖以色列90%的奶牛。另外，育种体系和兽医服务协会也会向社会提供大量的产量数据。通过对这些信息的综合分析，农场主可更好地选种选配和组织生产；政府也可更好地指导和决策。

目前，中国奶业已步入数据化、信息化的时代，但与之相配套的数据管理系统，牧场管理软件的应用水平和共享合作机制相对滞后。学习和借鉴以色列奶业信息共享机制，指导中国奶业数据化、信息化建设尤为重要。

3. 进一步加强中以奶业技术的交流与合作。以色列奶业发展资源禀赋有限，但却创造了单产11.7吨的记录，其成功的关键是以色列注重管理及技术研究和推广应用。如：育种技术、抗热应激技术、TMR饲喂技术、高度专业化的技术团队等。这些技术与经验通过中以奶业的不断交流，将会很好地指导中国奶业的发展，近年来中以奶业间的交流更加活跃，许多中国奶业考察团奔赴以色列学习，也有很多以色列的专家到中国进行培训和指导，其标志性的交流与合作成果是建立了中以示范牛场，成为技术研究、传播和推广技术与经验的窗口。下一步，协会将加强同以色列奶业协会及相关管理部门、农场主和加工企业间的交流与合作，将更多、更新、更实用的奶业技术引进到中国来，也将中国奶业最新的研究成果介绍到以色列，通过交流与合作，实现中以奶业共赢。

（中国奶业协会信息中心）

【国际概况】

2013 年全球奶业发展概况

2013 年，奶业发展总体状况良好，但受天气状况、干旱等因素的制约，奶业发展呈现出一些新的特色。具体而言，2013 年奶类产量增幅较低，乳制品贸易量增幅较低，都低于往年增长水平，但全球乳品需求保持强劲，导致全球原料奶和乳制品价格异常偏高。因供应偏紧和价格上涨，人均消费数量增长缓慢。

2013 年，奶类总产量达到 782 百万吨，与 2012 年相比增长 1.3%，低于 2.3% 的历史平均水平（图 7–10、图 7–11）。

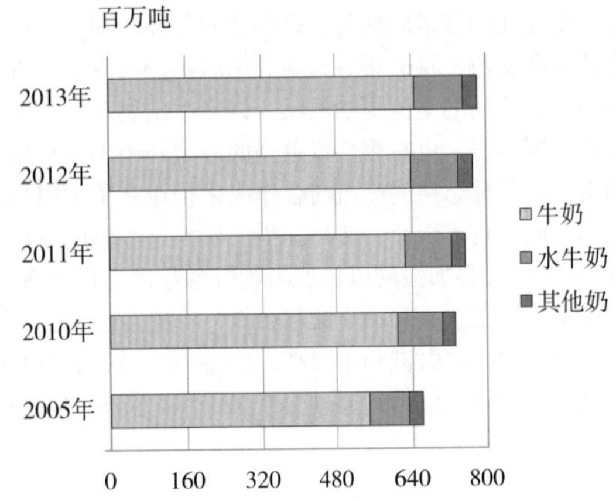

图7–10　全球奶产量（按品种）

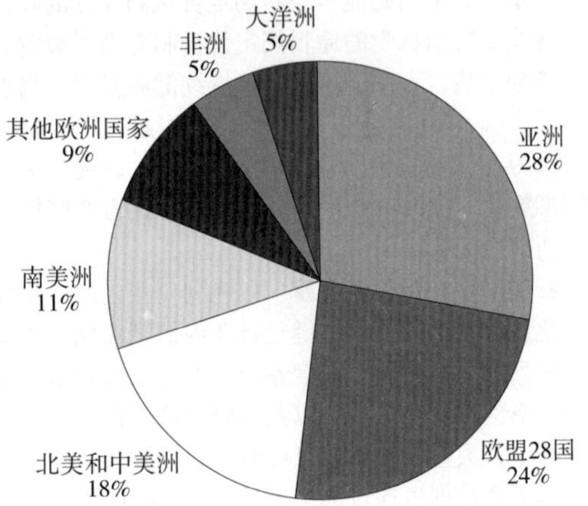

图7–11　全球牛奶产量（按地区份额）

2013 年，全球乳制品产量增长，达到 408 百万吨，但与往年历史水平相比，增幅较低，仅为 1.7%。虽然增幅降低，但多数乳品企业的营业额（以美元计）大幅增长，营业额增长的主要原因是全球乳制品市场价格的增长。为提升自身素质、增强竞争力，乳品企业加快了相互间的合股、兼并，跨国间的合作，使乳品企业变得越来越全球化（图 7–12、图 7–13）。

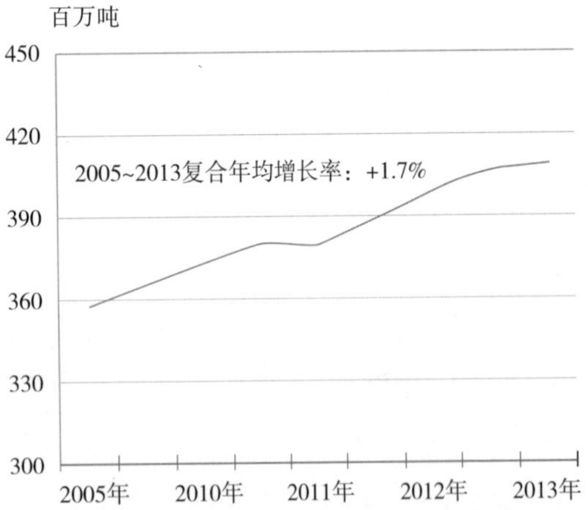

图7–12　全球商品牛奶量[(1)]

[(1)] 选择50个国家

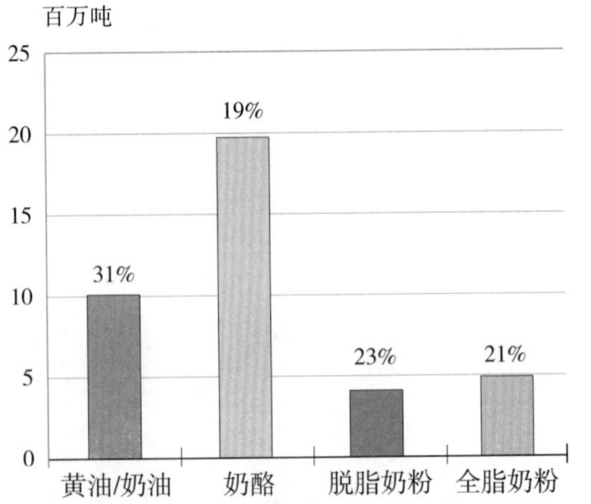

图7–13　2013年全球乳制品产量及比2005年的增幅

2013 年，全球人口预计 71 亿，以奶类当量（折合为原料奶）计，人均可利用的奶类产品消费量为 109.6 千克，与 2012 年的 109.4 千克相比，增长了 0.2 千克，增幅低于往年历史水平，仅有 0.2%（图 7-14、表 7-7）。

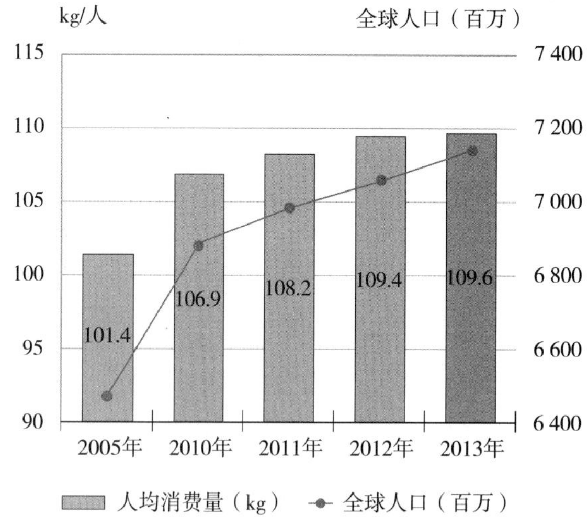

图7-14　2005—2013年全球人均奶类消费量和人口总数

表7-7　2005、2013年全球奶类消费自足率

地区		2005年	2013年
亚洲		92%	92%
欧洲		106%	106%
	欧盟	109%	109%
	欧盟以外欧洲国家	101%	101%
北美洲		102%	102%
南美洲		102%	102%
非洲		84%	84%
中美洲		75%	75%
大洋洲		245%	245%
全球		100%	100%

2013 年，受供应偏紧和价格上涨的影响，全球乳制品贸易增幅收窄，以奶类当量计，总贸易量为 62.9 百万吨，增幅低于 2%（图 7-15、图 7-16）。

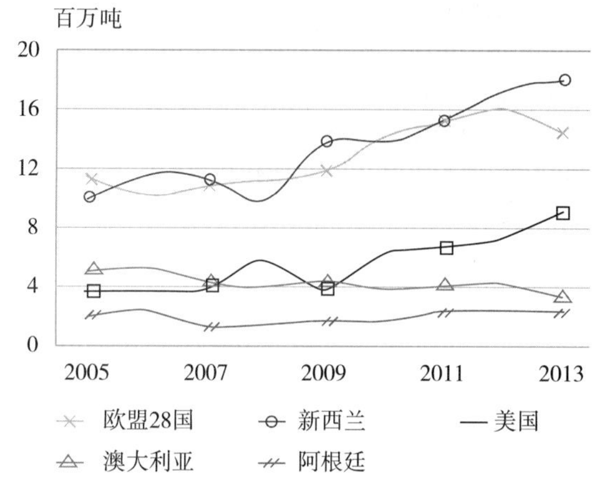

图7-15　2005—2013年全球前5大出口国出口情况[1]

[1] 以奶类当量计

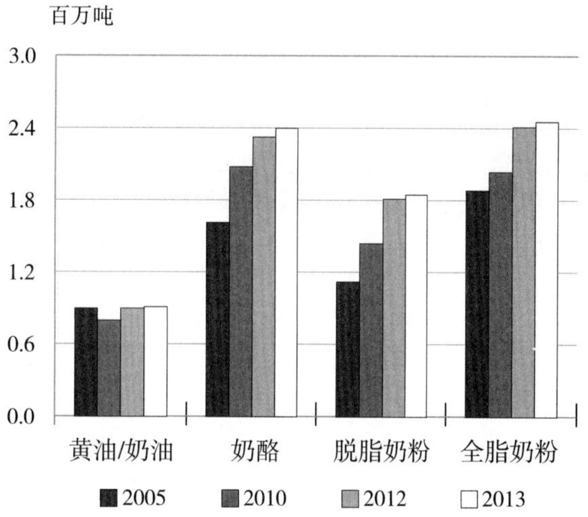

图7-16　2005—2013年全球四大乳制品贸易情况

2013 年，因天气条件、干旱等因素的影响，全球原料奶产量增幅下降，原料奶和乳制品价格偏高。在欧洲、新西兰，以前从没有如今年一样，牧场能得到如此高的原料奶价格。与之相似，美国牛奶价格也相当高，但它仍然低于 2011 年的水平（图 7-17）。

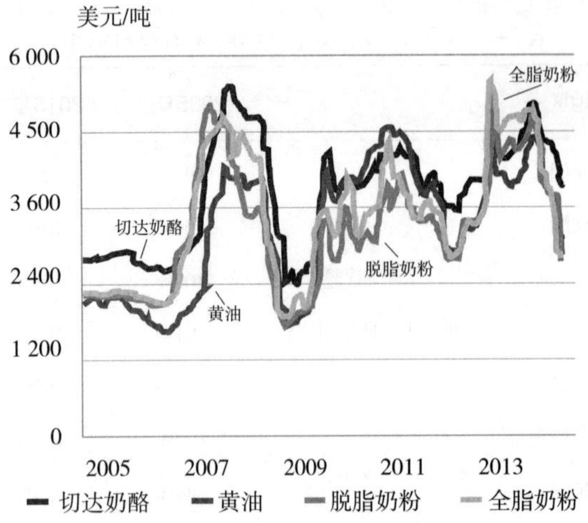

图7-17　2005—2013年全球乳制品价格情况

表7-8　2013年全球原料奶价格

		2013（美元/100kg）	2012/13（%）
阿根廷		36.98	+5.5%
澳大利亚		46.33	+14.6%
巴西		45.42	+6.0%
中国		70.00	+22.3%
欧盟28国		48.49	+15.5%
	法国	44.36	+13.0%
	德国	49.82	+21.2%
	荷兰	56.25	+21.2%
	波兰	40.97	+14.8%
印度(1)		38.21	+0.5%
新西兰(2)		60.41	+30.3%
俄罗斯		47.43	-2.7%
美国		44.09	+8.1%

(1) 混合乳（牛乳及水牛乳），仅为合作牧场数据。
(2) 包括提前支付和后期的分红。

2014年上半年，全球奶类产量增幅高于2013年同期，欧盟牛奶产量显著增长，增幅5.1%；美国增长了1.7%，新的产奶周年大洋洲奶类产量前景看好。基于这种态势，2014年全球奶类产量预计达到805百万吨，意味着比2013年增长3%。但2014年年初市场出现了转折，2月份价格开始下跌。原料奶价格下跌，预期牧场会主动减少牛奶产量，但对2014年基本没有影响，这一影响可能对2015年第二季度的价格产生影响。因此，假定天气状况良好，需求没有剧烈地减少，2015年全球奶类产量预计将有2%的增长。

2014年全球乳制品贸易总量预期增幅将高于往年平均水平。但是，在7月份前实际增长将低于预期。这主要是因为，由于国际政治形势的影响不确定，下半年国际贸易的增长有可能受到遏制。假定关键贸易关系或多或少地实现标准化、规范化，2015年全球乳制品贸易有望恢复到正常，并保持长期以来的增长态势。这就意味着全球乳制品贸易总量额外增加4%，预计首次突破70百万吨（奶类当量）。

国际组织预测，2050年全球人口将达到90亿，下一个十年，食品需求将大大增加。根据经济合作组织/国际粮农组织出版的《2014-2023年全球农业展望》，在2011/13至2023年间，全球乳制品人均消费将增长13.7%。人口增长、收入增加和城镇化水平的提高，发展中国家奶类消费将增幅更大。

2013 年全球原料奶生产情况

一、总体概况

在 2013 年前几个月，世界奶类主产区，如欧盟和美国，原料奶产量持续走低，原因是这年的冬天异常寒冷而漫长。而新西兰又遭遇大旱，加之产奶季节即将结束，也造成了供应量的进一步短缺。从而导致了自 2013 年 3 月下旬以来全球乳制品价格迅速上升。2013 年下半年，随着天气状况好转，原奶价格回升以及相对平稳的饲料价格保证了奶类生产的稳步上升，减缓了乳制品价格的上涨。由于 2013 年原料平均奶价格出乎意料地高，因此，肯定性地刺激了原料奶的生产， 但是仍没能弥补 2013 年上半年的短缺。

主产地区的牛奶生产量增长不足导致所有畜种的奶产量平稳上升了 1.3%（共 1000 万吨），2013 年增长到 782 百万吨。这远远低于 2.3% 的历史平均增长水平。牛奶的产量只增长了 0.9%；水牛奶的产量与前几年的趋势一致，增长 3.3%（图 7-18）。

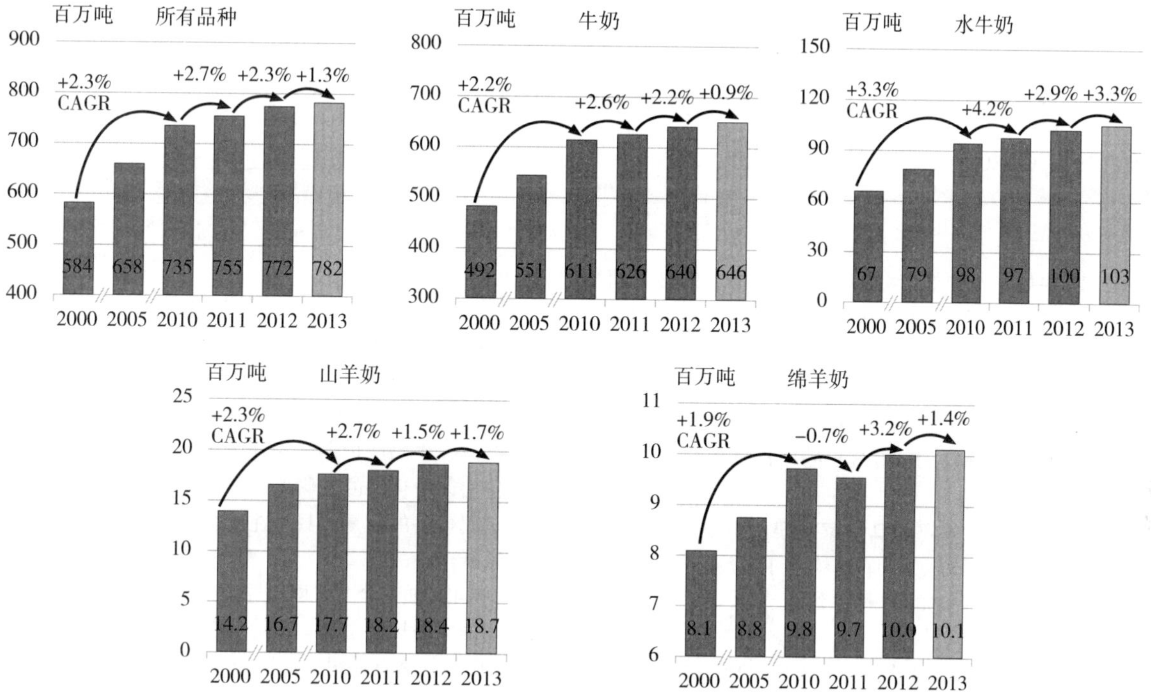

图7-18　2000—2013年全球原料奶产量

注：CAGR为复合年均增长率

二、分品种情况

1. 牛奶。牛奶产量仍然占据着全球原料奶产量的 83%。2013 年的产量增长速度为 0.9%，大大低于历史平均 2.3% 的增幅。除欧盟外，全球所有地区牛奶产量增长幅度降低。欧盟平均年度（2000–2013）牛奶产量增幅是 0.2%，但 2013 年，尽管产奶季开始的晚，增幅还是达到了 0.9%，这是因为下半年的生产条件很有利，如适宜的气候、较高的牛奶价格和更加优惠的饲料价格。特别需要指出的是德国增长 2.7%，荷兰增长 4.6%。

2013 年亚洲牛奶产量增幅大幅度下降，仅增长了 1.9%，而在 2000–2013 年间的趋势为 5.2%。这主要是由于中国 2013 年牛奶产量下降了 5.7%，其总产量 2013 年仅为 3 500 万吨，而自从 2000 年以来年度增长趋势高达 11.7%。

亚洲 1.9% 的增长率仍然高于全球牛奶产量 0.9% 的增长率，这意味着亚洲奶产量的增长使其占全球份额已超过了 28%。南美洲的增长也颇受关注，其份额已占全球产量的 11%，主要由于巴西 3.5% 增速。非洲增长超过了 5%，主要得益于南非 5.4% 的增长。

据报道，大洋洲牛奶产量降低了 1.1%，应指出的是新西兰降低了 1.8%, 而澳大利亚增长了 0.4%(图 7–19、表 7–9）。

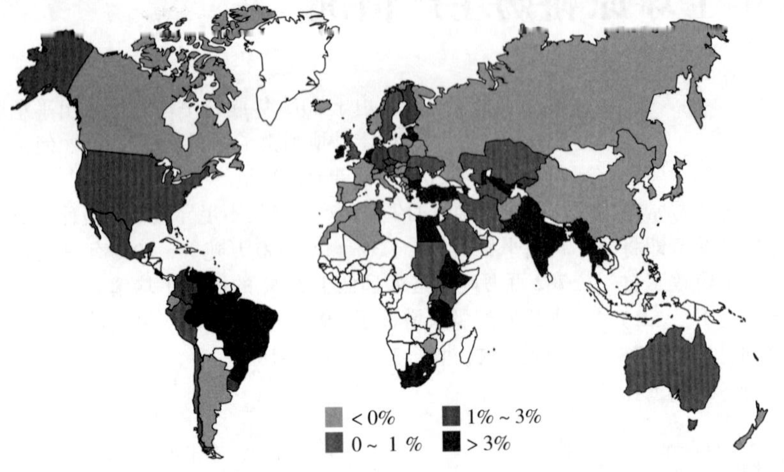

图7-19　2013年全球主要奶业国家原料奶产量增长

资料来源：CNIEL，PZ，FAO，IDF，各国统计

表7-9　主要产奶国（地区）排名

百万吨		2013	年增长率 2012/2013（%）
欧盟28国		154.0	+0.9%
	德国	31.3	+2.7%
	法国	24.4	–1.2%
	英国	13.9	+0.7%
	波兰	12.7	+0.4%
	荷兰	12.4	+4.6%
美国		91.3	+0.3%
印度[1]		63.1	+5.5%
中国		35.3	–5.7%
巴西		34.4	+3.5%
俄罗斯		30.3	–3.9%
新西兰		20.2	–1.8%
土耳其		16.7	+4.2%
巴勒斯坦		14.4	+3.8%
阿根廷		11.5	–1.4%
墨西哥		11.3	+0.4%
乌克兰		11.2	+1.0%

[1] 预测值

2. 水牛奶。水牛奶产量占全球奶类产量的份额超过13%。2013年其产量增幅达3.3%，相当于增长300万吨，远远高于牛奶0.9%的增幅。全球水牛奶的产量是10 300万吨，首次超出了10 000万吨。众所周知，印度和巴基斯坦是水牛奶产量最大的国家，分别占全球产量的69%和24%，其2013年的增长率分别为5.5%和3.0%。

3. 绵羊奶、山羊奶和其他家畜奶。山羊奶约占全球原料奶产量的2.6%，绵羊奶约占1.2%，骆驼奶约占0.4%。上述的品类的增长率均低于往年平均增长趋势。

根据FAO 2012年的数据，山羊奶主要产自亚洲、非洲和欧洲，依次分别占全球山羊奶产量的57%、24%和15%；而绵羊奶主要产自亚洲和欧洲，分别占全球绵羊奶产量的47%和30%；骆驼奶则绝大部分产自非洲（占70%）和亚洲（占28%）。

三、发展预测

1. 2014年和2015年的预测。2014年年初出现了市场的转折点。自2014年的2月份，奶价开始回落，预计可能回落至2011/2012年期间的水平。但乳制品价格坚挺以及牛奶产量也在攀升，而有利的乳制品价格和饲料价格以及良好的气候条件，也就不可能出现产量的降低和奶价格的恢复。只是在这个夏季原料奶生产价格继续走低。

2014年头6个月，欧盟原料奶产量显著增长，增幅5.1%。美国增长达1.7%。北半球的原料奶产量也呈上升趋势，奶业仍然有利润，大洋洲新一季的生产预计良好。

基于前6个月的趋势，2014年原料奶产量预计在805百万吨，意味着比2013年增长3%。我们预计奶农会同时对低的生产价格做出回应，降低原料奶产量将对2015年第二个季度的牛奶价格产生全面的影响。如果气候正常，需求没有大的变化，我们预计2015年牛奶产量增长2%（表7-10）。

表7-10　2014年不同国家原料奶（或供应）产量增长趋势

国　家	2014百万吨	增长2013/2014（%）	时　期	产量或供应量
澳大利亚	4.8	4.5	1月~7月	P
白俄罗斯	3.7	–0.3	1月~7月	P
巴西	6.4	8.9	1月~7月	D
加拿大	4.0	–1.8	1月~7月	D
智利	1.0	–2.5	1月~7月	D
欧盟28国	87.7	5.1	1月~7月	D

（续）

国　家	2014 百万吨	增长 2013/2014（%）	时　期	产量或供应量
日本	3.7	–3.2	1 月 ~ 7 月	P
哈萨克斯坦	3.1	2.2	1 月 ~ 7 月	P
墨西哥	6.5	2.2	1 月 ~ 7 月	P
新西兰	8.4	16.3	1 月 ~ 7 月	P
俄罗斯	18.4	–0.7	1 月 ~ 7 月	P
瑞士	1.8	4.8	1 月 ~ 7 月	D
土耳其	4.6	9.7	1 月 ~ 7 月	D
乌克兰	6.7	1.0	1 月 ~ 7 月	P
美国	55.0	1.7	1 月 ~ 7 月	P
乌拉圭	1.1	–1.9	1 月 ~ 7 月	D

资料来源：CLAL，欧盟统计局，各国统计

2. OECD/FAO 2014–2023 年预测。新兴国家在原料奶产量增长和占全球总产量的比例上均发挥重要的作用，在未来的十年中，原料奶生产平均年度增长估计为 2.0%，但是低于上十年 2.2% 的增长率。印度将超过欧盟，成为最大的原奶生产国。印度生产的奶几乎全部是新鲜消费，只有极少量的用于加工。

2015 年配额制度的取消并不会对整个欧盟原料奶生产产生实质性的影响，但是它会导致一些地区原料奶生产的进一步集中。美国 2014 年农业法案对于市场的影响尚不明显。

与上个十年相比，由于强烈的通货膨胀，日益增长的生产成本和环境制约，新西兰出口量将会减少。但是相比其他的出口商，新西兰生产增长依然保持强势，新西兰额外的生产几乎全部用于出口（图 7–20）。

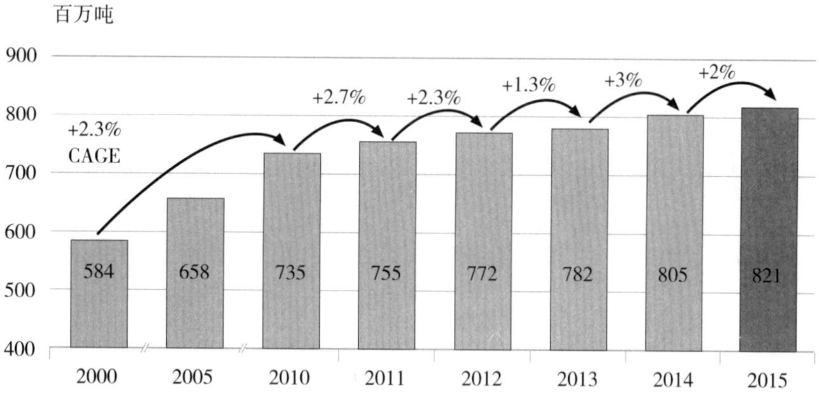

图7–20　2000—2015年原料奶产量展望

注：CAGR为复合年均增长率

2013 年全球乳品加工情况

一、商品牛奶供应

根据 IDF 国家委员会和其他一些机构（超过 50 个国家）的数据显示，2013 年全球商品牛奶供应仅增加了 0.5%。这就意味着与 2012 相比全球牛奶供应增幅急剧下降，大大低于过去十年平均增长 1.9% 的观测数据。造成商品牛奶供应增速放缓的很大一部分原因是世界主要奶牛养殖区域牛奶产量严重不足，例如欧盟、美国和大洋洲。因此，一些地区商品牛奶供应的增幅很小，美国增长了 0.3%，欧盟 0.6%，甚至还有一些地区供应下降，像新西兰就下降了 1.7%。此外，中国的商品牛奶供应也下降了 1.7%，而这个数据近年来一直是保持增长的。造成这种结果的原因是牛奶产量下降。尽管如此，商品牛奶供应缩水量相对要低于牛奶产量下降幅度，表明有相对更多的牛奶转向深加工领域。这也是对政府比以往任何时候更关注质量需求政策的积极回应。

巴西的商品牛奶供应在全球市场发展中一直处于增长行列，这源自于本国牛奶市场的发展，过去几年的牛奶

供应一直保持持续增长，促使其牛奶进一步有序向牛奶联营转移。在非洲，埃及和南非也保持了稳定的增长态势。埃及的增长反映了当地对奶牛养殖的大量投资，用于提高本地的牛奶供应，而南非增长的原因部分是由于南部非洲子区域出口机会的增加。在欧盟，荷兰、爱尔兰、德国和丹麦等西北部国家牛奶供应增长稳定，高于欧盟平均水平，这些国家加大对奶业的投资以扩大生产，是人们对即将到来的牛奶供应配额制度取消（2015）的理性反应。

二、乳品生产概述

虽然 2013 年全球主要奶制品产量较上一年增长幅度放缓，但均保持了增长。这也符合牛奶供应增长放缓的态势。结果显示，增长幅度与过去三年的平均增长率相比处于滞后状态。

鲜乳制品的基础和全球数据缺乏，只有国家统计得出的全球趋势。但是这篇报道收集的数据显示，尽管 2013 年液态奶产量与过去三年的平均增长率相比略低，但也保持了一个相当稳定的增长幅度。尤其是中国和印度等亚洲主要市场销量的强劲增长决定了液态奶产量增长。同时，无论是像美国和欧洲这样的成熟市场，还是像亚洲这样的各种新兴市场，发酵乳制品都保持了持续增长。

奶粉、黄油、奶油和奶酪等奶制品的产量情况反映了 2013 年上半年牛奶供应的短缺状况。这些类别产品的产量都明显低于过去三年的平均水平。尤其是脱脂奶粉，整体发展处于停滞状态，这种情况一方面是由于一些成熟的生产商减产，而另一方面则为新兴生产商的增加所致。在炼乳市场，虽然欧盟和美国这些年在全球市场的影响不太显著，但仍占有相当大的优势。因此，2013 年奶制品产量的增幅下降仅仅反映了欧盟和美国的生产停滞，并没有反映出世界上一些特定国家实际的增长情况（表 7-11~ 表 7-13、图 7-21~ 图 7-22）。

表 7-11　一些国家和地区液态奶和发酵乳制品产量增长情况

国家 / 地区	液态奶		国家 / 地区	发酵乳	
	2013 年（百万吨）	年增长 12/13（%）		2013 年（百万吨）	年增长 12/13（%）
欧盟 28 国	33.5	+0.8	欧盟 28 国	9.6	+2.3
美国	23.4	−2.5	中国	4.4	+8.3
中国	23.4	+8.8	俄罗斯(2)	2.5	0.0
巴西	12.0	+2.5	伊朗(2)	2.3	0.0
印度(1)	11.1	+5.8	美国	2.1	+5.3
俄罗斯(2)	4.9	0.0	土耳其	1.6	+5.1
墨西哥	3.7	−2.6	日本	1.0	+1.8

(1) 仅为合作社的数据　(2) 估测值

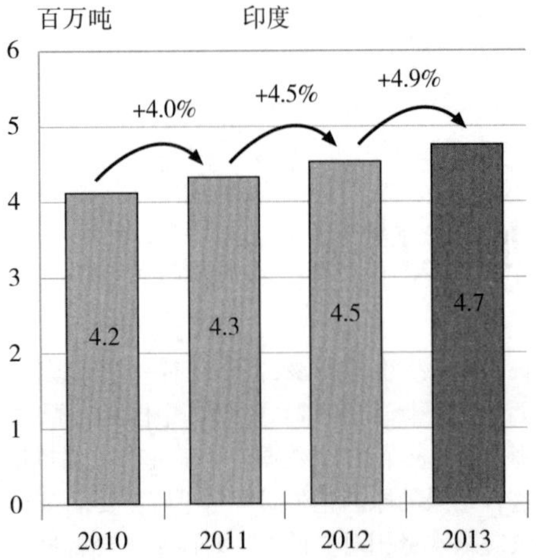

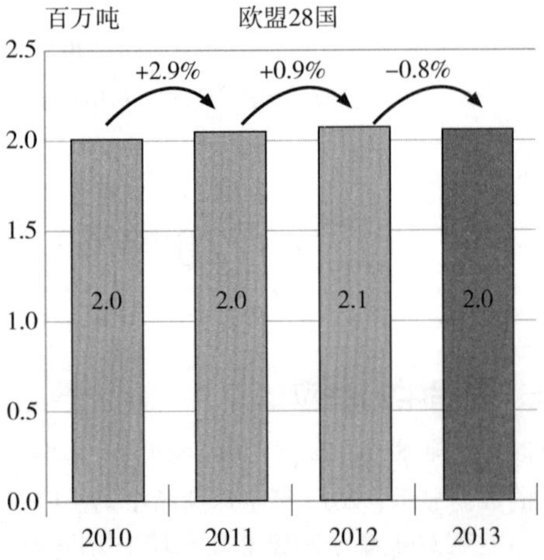

图7-21　2010—2013年黄油和奶油产量增长情况

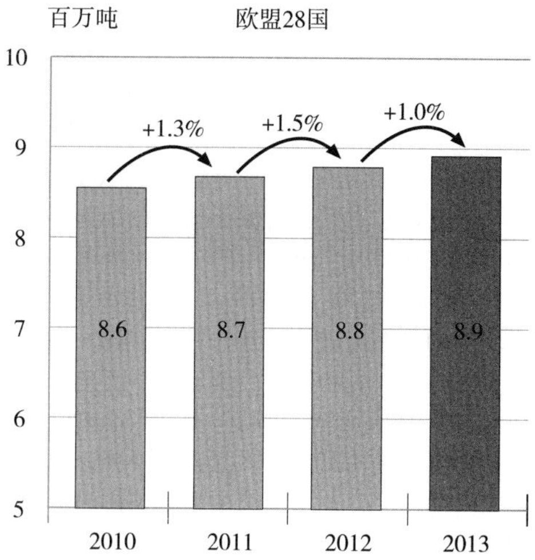

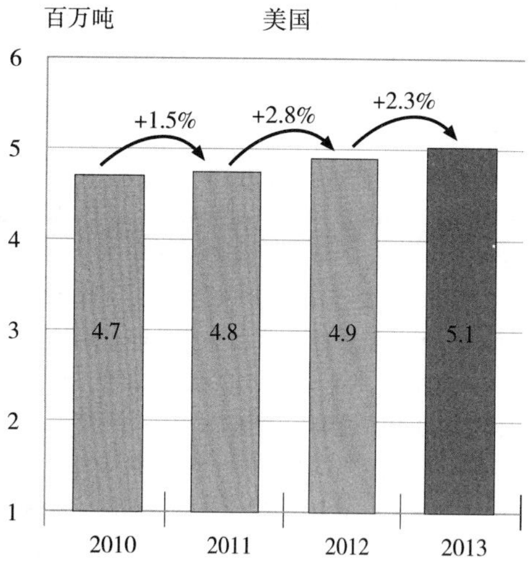

图7-22　2010—2013年奶酪产量增长情况

表 7-12　2013 年一些主要国家和地区黄油和奶油增长情况

国家（地区）	2013（百万吨）	年增长 2012/13（%）
印度	4.7	4.9
欧盟 28 国	2.0	–0.8
美国	0.8	0.4
巴基斯坦[1]	0.7	0.0
新西兰	0.5	–0.4
俄罗斯	0.2	4.2

[1] 预计数

表 7-13　2013 年一些主要国家和地区奶酪增长情况

国家（地区）	2013（百万吨）	年增长 2012/13（%）
欧盟 28 国	8.9	1.0
美国	5.1	2.3
巴西	0.7	3.1
埃及	0.6	12.4
土耳其	0.6	6.4
阿根廷	0.6	2.1
俄罗斯	0.5	3.1

1. 液态奶和鲜乳制品。2013 年全球液态奶产量增加了 2.3%，但这一整体数据不能体现国家之间的巨大差异。除了墨西哥下降了 2.6% 以外，大部分新兴国家市场继续保持稳定增长，其中中国增长了 9%，印度增长了 6%，对全球增长影响最大。埃及产量增加相对最高，从大约 45 万吨增长到 160 万吨，涨幅高达 37%。同时，许多更为发达的经济体产量下降或只是略有增加，例如美国下降了 2.5%，欧盟仅增加了 0.8%，日本下降了 2.2%。

世界上大部分国家和地区发酵乳制品产量保持增长。其中中国增长 8%，欧盟增长 2%，美国增长 5%，对全球发酵乳制品产业发展贡献最大。欧盟成员国之间产量差异非常大，波兰增长了 19%，所占比例最高，因此，对欧盟发酵乳产量平衡增长方面发挥了积极作用。

2. 黄油和其他乳脂制品。全球黄油和其他乳脂制品（奶油、酥油）产量估计可达 1000 万吨左右，其中超过 2/3 为印度（占 47%）和欧盟（占 20%）生产。其他一些主要生产国包括美国（占 8%）、巴基斯坦（占 7%）和新西兰（占 5%）。

2013 年全球产量比 2012 年增加了 2.1%，这个数据显著低于过去几年的平均增长值。

印度是目前全球乳脂制品产业发展的关键性因素。2013 年，该国产量增长接近 5%，超过 470 万吨。与此同时，欧盟产量出现下降，下降幅度为 0.8%，达到 200 万吨。产量下降也极其不平衡，主要为法国、德国和波兰，大部分其他成员国产量保持稳定，略有下降或略有增长。从全球范围来看，2013 年产量增长相对最高的地区是南非（增长 53%）、墨西哥（增长 13%）、哈萨克斯坦（增长 15%）和津巴布韦（增长 29%），尽管这些地区起步处于中等或较低水平。

3. 工业奶酪。2013 年全球奶酪（除再制奶酪外的所有奶酪）产量大约为 2 300 万吨。其中，在乳品加工生产的工业奶酪占奶酪总产量的 80% 以上，其余为农庄或家庭自制产品，还有其他类型奶（绵羊、山羊和水牛奶）生产的奶酪。2013 年全球工业牛奶奶酪产量比 2012 年增长了 1.8%。欧盟和美国在全球奶酪生产中处于主导地位，两个地区的总产量占全球产量的 70% 以上。

除了澳大利亚（下降 10%）和新西兰（下降 5%）两国牛奶供应减少或为影响奶酪产量下降的主要因素以外，2013 年全球所有奶酪主要生产国产量都实现了增长。在出口机会的刺激下，与 2012 年相比，欧盟的总体增长仅有轻微下降。美国情况与此相同。因此，在今年头几个月牛奶产量虽然低迷，但没有真正影响到这些地区用于制作奶酪的牛奶供给量。在埃及，奶酪生产似乎正在从2012年的挫折中强劲复苏，增长超过12%，达到64万吨。全球范围内，韩国虽然起步较低，但数据显示增长率相对最高（增长30%）。

4. 奶粉。2013年全球全脂奶粉产量估测数据大约为490万吨，新西兰和中国的产量几乎占了一半，2012到2013年的增长率为0.9%，低于过去几年的平均值。由于出口机会增加的刺激，大部分全脂奶粉主要生产国的产量都增加了。然而，影响全球产量增长缓慢的最主要因素是中国的产量出现严重负增长（下降了12%），与过去十年中国全脂奶粉产量每年增加5%形成了鲜明的对比。中国全脂奶粉产量下降是2013年全球市场动态变化的主要影响因素，导致了来自中国的需求增加，吸引了其他生产国更多地向中国出口。除了那些传统的全脂奶粉生产国，其他一些国家在2013年也大幅度加紧生产，包括乌拉圭（增长了36%）、白俄罗斯（增长了30%）和美国（增长了24%）。

2013年全球脱脂奶粉产量估测数据大约为410万吨，与2012年相比有轻微的下降（下降0.2%）。在经过过去几年的增长之后，最近一段时间处于停滞状态。欧盟和美国之和超过了全球量的一半，两者均出现产量下降（欧盟 -0.4%，美国 -1.5%）。美国与过去几年持续稳定增长的局面形成了鲜明的对比。欧盟的情况则十分混乱，尤其是法国和波兰产量下降幅度非常大，其他一些成员国（如英国、瑞典和丹麦）产量出现增加。除了这些主要生产国，其他许多国家也减少了脱脂奶粉生产。而另一方面，以下一些国家脱脂奶粉产量则显著增长，如印度增长了9%，白俄罗斯22%，巴西7%（图7–23、图7–24、表7–14、表7–15）。

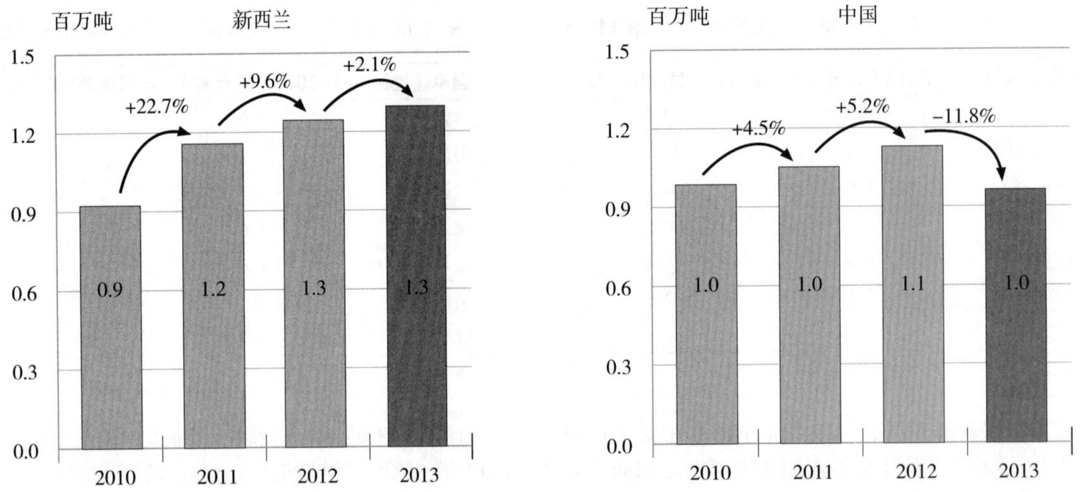

图7–23　2010—2013年全脂和半脱脂奶粉产量增长情况

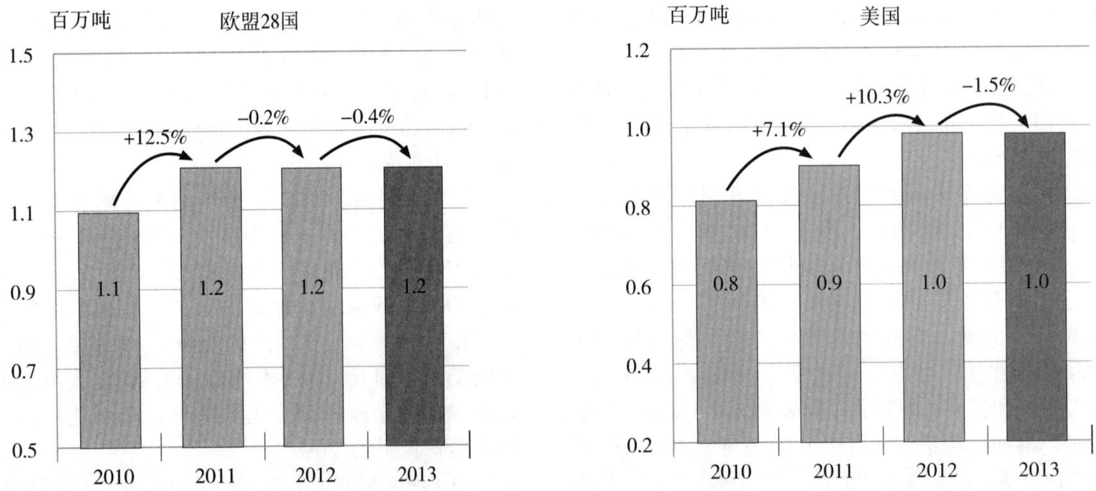

图7–24　2010—2013年脱脂奶粉产量增长情况

表 7-14　2013 年一些主要国家及地区全脂和半脱脂奶粉增长情况

国家（地区）	2013（百万吨）	年增长 2012/13（%）
新西兰	1.3	2.1
中国[(1)]	1.0	2.3
欧盟 28 国	0.8	3.8
巴西	0.5	3.4
阿根廷	0.3	2.1
墨西哥	0.1	11.0

[(1)] 包括婴幼儿配方奶粉

表 7-15　2013 年一些主要国家和地区脱脂奶粉增长情况

国家（地区）	2013（百万吨）	年增长 2012/13（%）
欧盟 28 国	1.2	-0.4
美国	1.0	-1.5
印度[(1)]	0.5	8.9
新西兰	0.4	1.2
澳大利亚[(2)]	0.2	-6.0
巴西	0.2	7.1

[(1)] 奶业年度截至下一年三月　[(2)] 奶业年度截至七月

5. 炼乳。过去三十年间，炼乳生产的地域分布已经发生了很大变化。在八十年代，欧盟、美国和前苏联炼乳产量在全球处于主导地位，现在许多分布在远东（如马来西亚、泰国、新加坡和中国）和南美（如巴西、秘鲁和智利）的国家产量显著增长。联合国粮农组织估测数据显示 2010 年到 2012 年间全球炼乳产量会相当稳定，大约每年为 500 万吨。

欧盟炼乳产量在经历了 2012 年的主要增长之后，在一段时期内出现下降，2013 年产量急剧下滑，下降幅度达 9%。与 2000 年产量相比下降了 20 多万吨，相当于随后很长一段时间内每年平均降低了 1.3%。德国和荷兰两个主要炼乳生产国的发展模式则完全不同。德国除了 2012 年产量增加外，一直处于线性下降状态，而荷兰则与其出口关系密切，从 2000 年到 2012 年，一直保持增长。

除了欧盟，美国和秘鲁也是全球炼乳的两个主要生产国。美国在 2013 年产量略微有所增加，秘鲁则延续了其过去十年的生产发展态势，产量增加了将近 7%，超过 47 万吨，是其 2000 年产量的两倍多（图 7-25、表 7-16）。

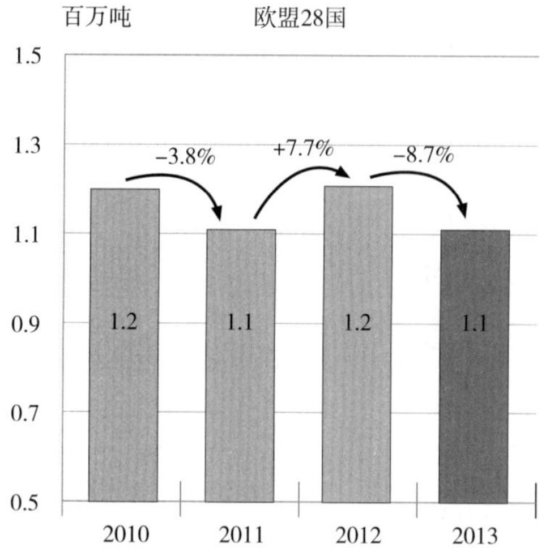

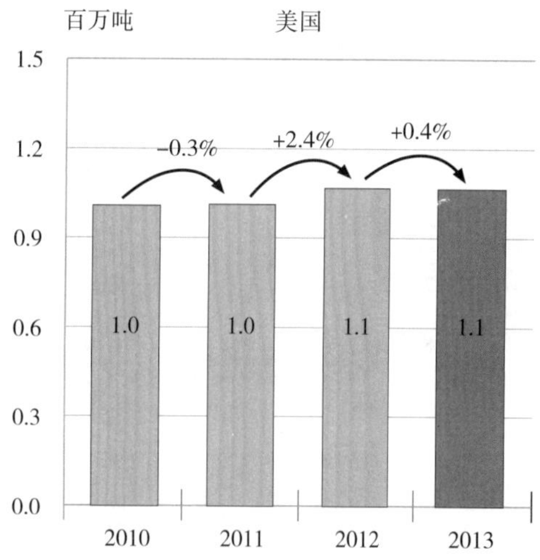

图7-25　2010—2013年炼乳产量增长情况

表 7-16　2013 年一些主要国家及地区炼乳增长情况

国家（地区）	2013（百万吨）	年增长 2012/13（%）
欧盟 28 国	1.1	8.7
美国	1.1	0.4
秘鲁	0.5	6.8
俄罗斯[(1)]	0.3	0.0
巴西[(2)]	0.3	0.0

[(1)] 基于消费和贸易数据估测值
[(2)] 估测值

6. 乳清产品和酪蛋白。液体乳清是生产乳清粉和乳清衍生物的原料，主要来源于工业奶酪生产的副产品（超过总量的 80%），还有很小一部分来源于生产酪蛋白的副产品。因此，乳清的主要生产国大部分位于欧洲、北美和大洋洲等奶酪主产区。欧盟是乳清粉的主要生产商，随着奶酪产量的增加，乳清粉产量也稳步增长，估测数据显示 2013 年产量达到 220 万吨，增长了 5%。美国奶酪产量也实现了增长，但乳清加工的重点正在向具有更多附加值的产品转移，主要表现为乳清粉产量下降，而乳清衍生物产量则进一步稳定增长，例如乳清蛋白浓缩物和分离型乳清蛋白。美国乳清粉和浓缩乳清总产量已经下降到 47.7 万吨，降低了 3%，而乳清蛋白浓缩物和分离型乳清蛋白产量分别增加到 25.5 万吨和 4 万吨，增长率分别为 8% 和 34%。2013 年估测数据显示欧盟酪蛋白产量刚刚超过 15 万吨，比 2012 年略微增长。出口数据显示，新西兰的酪蛋白产量依然比较稳定（表 7-17）。

表 7-17 世界排名前 25 位的乳品企业（乳制品营业额，10 亿美元）[A]

公 司	国家	2011	2012	2013	2012 到 2013 年增长率
1 拉克塔利斯	法国	17.5	20.2	21.2	+ 5%
2 雀巢[B],[C]	瑞士	18.6	19.8	18.7	- 5%
3 达能[B]	法国	15.6	15.0	15.7	+ 4%
4 菲士兰坎皮纳	荷兰	13.4	13.2	15.1	- 4%
5 恒天然[D]	新西兰	15.3	15.8	15.1	- 4%
6 阿拉食品	丹麦	10.3	10.9	13.1	+ 20%
7 美国牛奶公司	美国	13.0	12.1	12.8	+ 6%
8 迪安食品[E]	美国	13.1	11.5	9.0	- 21%
9 萨普托[F]	加拿大	6.8	7.2	8.8	+ 23%
10 伊利	中国	5.8	6.7	7.8	+ 17%
11 蒙牛	中国	5.8	5.7	7.1	+ 24%
12 诺德胡马纳	德国	6.4	5.7	7.1	+ 24%
13 明治乳业[F]	日本	7.4	7.5	6.4	- 15%
14 索迪雅	法国	6.1	5.6	6.1	+ 9%
15 森永乳业[F]	日本	7.4	7.2	6.0	- 16%
16 保健然	法国	5.5	5.2	5.9	+ 12%
17 缪勒[e]	德国	–	–	4.9	
18 施雷伯[e]	美国	–	–	4.5	
19 蓝德雷	美国	4.3	4.2	4.5	+ 8%
20 哥兰比亚	爱尔兰	4.4	3.9	4.4	+ 12%
21 卡夫食品	美国	7.7	3.8	3.9	+ 2%
22 Agropur[H]	加拿大	3.7	3.7	3.7	+ 1%
23 Bel	法国	3.5	3.4	3.6	+ 6%
24 艾美	瑞士	3.1	3.2	3.6	+ 12%
25 蒂勒	挪威	3.5	3.4	3.4	+ 0%

[A] 嘉里、联合利华、百事可乐和亿滋没有排名。
[B] 不包括婴幼儿配方奶粉。
[C] 奶制品和冰淇淋数据在 2013 年重新定义。
[D] 数据截至本年 6 月份。
[E] 包括所有产品数据。
[F] 数据截至下一年 3 月份。
[G] 2012 年 10 月 1 日与亿滋数据分开统计：亿滋乳业数据没有计算到 2012 年的结果中。
[H] 2012 年利润报表发生改变。
[e] 估测值。
来源：法国国家乳制品协会、公司报表、国际新闻

2013 年全球奶业企业发展情况

一、世界奶业巨头发展概述

2013 年，由于全球乳制品价格的上涨，大多数乳品企业的营业额（美元计）增长显著。

2013 年日元贬值了 18%，日本明治（Meiji）乳业株式会社和森永（Morinaga）乳业株式会社因受日元兑美元大幅贬值的影响而成为少数几个营业额出现负增长的公司。新西兰在下半财年遭遇了严重的干旱，恒天然的营业额也下滑不少。恒天然 2013 年在新西兰收购的奶量下降了 1.6%，达到 167 亿升，导致其世界排名被法国达能（Danone）和荷兰菲仕兰坎皮纳（FrieslandCampina）超越，从第 3 位降至第 5 位。美国最大乳业公司迪安食品（Dean Foods）在过去的两年中相继出售了旗下 Morning Star 和 WhiteWave 两个子公司，将其发展重心聚焦于液态奶，从而致使其 2013 年的营业额也出现了下滑。

尽管中国 2013 年的奶产量急剧下滑，但伊利集团和蒙牛集团的营业额再一次保持两位数增长，而这一趋势在过去的几年中一直如此。除中国之外，斯堪的纳维亚半岛的爱氏晨曦（Arla Foods）、德国诺德胡马纳（DMK）以及加拿大萨普托（Saputo）的营业额大幅增长，分别为 20%、24% 及 23%。然而，这三个集团的增长驱力并不相同。2012 年，英国 Milk Link 和德国牛奶公司（MilchUnionHocheifel）合并，Arla Foods 2013 年的牛奶需求量增长了 22%，达到 1 270 万吨，这显然提高了该集团的全球竞争力。与此同时，DMK 的牛奶收购量小幅增长，从 660 万吨增长到 670 万吨，但据欧盟统计局统计，2012 年 12 月 -2013 年 12 月，受益于德国零售市场乳制品价格的异常上涨，DMK 的营业额增长了 9%。Saputo 在 2013 年初收购了 DeanFoods 的乳制品部门 Morning Star，以扩大其在美国的生产分销和产品供应能力，其财年在 2014 年 3 月结束，自收购以来的首个年营业额约为 13 亿美元。

二、2013 年及 2014 年初主要的合股、兼并和收购

1. 大洋洲。一些外资集团在大洋洲的澳大利亚和新西兰巩固整合其奶业市场或设立奶业部门。

在澳大利亚，新西兰恒天然通过收购塔斯马尼亚酸奶企业（Tamar Valley）以巩固其在当地的奶业市场。2014 年 4 月，法国 Lactalis 公司通过其子公司 Parmalat 在澳大利亚购买奶牛并收购果汁生产企业 Harvey Fresh。

2014 年初，加拿大 Saputo 在经过几个月的三角并购重组，最终以 4.6 亿美元控股澳洲乳企 Warrnambool。中国光明乳业收购西澳最知名乳企 Mundella 的奶酪、酸奶部门。2014 年 2 月，香港商人 William Hui 以 7 000 万美元的价格收购澳洲最大私营乳企 United Dairy Power（UDP）。2014 年 6 月，英国 R & R 以 4.1 亿美元收购冰淇淋制造商 Peters Food。

在新西兰，荷兰 FrieslandCampina 集团以约 2 500 万美元购得 Synlait 9.99% 的股份。中国伊利集团和雅士利集团在新西兰投资 1.8 亿美元各自新建婴幼儿配方奶粉工厂。2014 年 5 月，法国 Danone 通过其子公司纽迪希亚（Nutricia）收购了善腾集团 (Sutton Group) 的原料混合、包装及制罐设备以及善腾集团子公司 Gardians 的喷粉装置（图 7-26）。

圣元 Synutra / SODIAAL	2014年圣元投资9 000万欧元与法国最大的乳品公司索迪亚集团（Sodiaal）在Carhaix（法国）建立两座干燥设备。2015年投产。该工厂可年产2.8亿升牛奶。
BIOSTIME 合生元 / Isigny Ste Mère	2013年合生元出资2 000万欧元与法国著名的乳制品生产商Isigny Sainte Mere（ISM）建立婴幼儿配方奶粉厂（年产3万吨）。合生元曾持有法国合作社股份。
澳优 Ausnutria / Hyproca Hyproca Dairy Group BV	2011年澳优收购荷兰第四大奶粉企业Hyproca 51%股权。2013年澳优宣布投资6 700万欧元扩大Hyproca的产能。
BEINGMATE / KERRY	2013年贝因美与爱尔兰Kerry集团达成战略合作协议，投资2 000万欧元在爱尔兰建立婴幼儿配方奶粉加工厂。

图7-26　中国企业在欧洲建立的战略合作

资料来源：法国乳制品协会，国际新闻

2. 欧洲。最近几个月，法国的乳品行业在深入进行重组。2013 年 4 月，索迪雅集团 (Sodiaal) 与布拉蒙的 Fromageries 合并，2014 年 1 月，与 3A、Lacopab 合并。

自此之后，Sodiaal 每年可从 1.4 万奶户收购 46 亿升牛奶，销售额超过 60 亿美元。2013 年，法国西部的 3 个合作社（Agrial, Eurial, Coralis）也开始了合并重组。新合作将成为法国第二大奶牛合作社，可年产 20 亿升牛奶。

法国保健然（Bongrain）集团收购了两家法国企业——婴儿配方奶粉运营商 Sodilac 和奶酪制造商 Berthaut，同时还与法国合作社 Terra Lacta 在两个不同的领域建立了战略合作关系。一方面，Terra Lacta 的羊奶酪和牛奶酪业务从现在开始以一种名为 Fromageries de Lecsure 的全新结构进行整合，由 Terra Lacta（49%）和 Bongrain（51%）共同拥有。另一方面，Terra Lacta 在 Auvergne 区域以外的牛奶收购业务和黄油、奶油、酪蛋白及奶粉加工全部整合到 Bongrain 子公司 CLE。Bongrain 还控股德国有机奶 Sobekke 公司。

法国达能（Danone）将 4 个位于葡萄牙、保加利亚、捷克共和国及加纳利群岛的酸奶厂出售给了美国施雷伯（Schreiber）公司，还把其股份转卖给了子公司 Danone Chiquita Fruits，该公司的业务主要针对欧洲的果汁市场。

法国拉克塔利斯 (Lactalis) 向斯洛文尼亚的子公司 Mlekarne ljublanske 注资 2 500 万美元，使其股份占有比例从 50.3% 增加到 96.5%，同时把旗下的小牛肉企业 Tendriade（每年的销售额为 3 亿美元）出售给了荷兰 VanDrie 集团。最后，法国 Andros 公司买下了西班牙顶级甜品公司 Dhul。

最近，许多外国集团进入法国的乳制品行业。意大利合作社 Granarolo 买下了控股公司 Forum，该公司在法国从事奶酪的加工和分装。奥地利 Rupp 公司从荷兰菲士兰坎皮纳集团 (FrieslandCampina) 手中收购了法国奶酪专业加工公司 Fromagere。

在荷兰，菲士兰坎皮纳集团 (FrieslandCampina) 收购了本土第二大奶酪交易商 Zijerveld（年销售额超过 5 亿美元）以巩固其自身的奶酪业务。瑞士艾美（Emmi）集团从荷兰山羊及绵羊奶制品交易商 AVH 购入 70% 股份。

阿拉食品（Arla Foods）与德国乳制品制造商 MUH、英国 MilkLink 公司在 2012 年进行两次国际合并之后，又在 2014 年 8 月合并了 Belgian 奶牛合作社。

在过去的几个月中，一些英国企业惨遭易主。冰淇淋制造商 R & R 被法国私募股权公司 PAI 以 11.2 亿买入；奶酪原料供应商 Warehouse 被爱尔兰乳品局收购； Nom UK 和 Greencore 集团的甜品厂被德国 Muller Wiseman 收购。

在爱尔兰，从哥兰比亚乳品公司独立并由乳业合作社建立的合资企业——Glanbia Ingredients Ireland 在 2013 年收购了韦克斯福德乳品厂。

在意大利，瑞士艾美（Emmi）集团 2013 年收购了甜点厂 Rachelli。2014 年 3 月，私募股权公司 Charterhouse capital partner 以 4 亿美元收购了努埃瓦卡斯泰利 (Nueva Castelli) 奶酪公司，后者曾在 2013 年年底收购了意大利奶酪公司 Alival。

在瑞士，泰国可尔美 (cremo)2014 年 7 月合并了 Federation Laitiere Valaisanne.

在希腊，隶属于 Marfin 集团的著名奶制品企业 Vivartia 投资 600 万美元以增持其在麦格（Mevgal）奶制品公司的股份，使股份占有比例由 14.8% 增加到 57.8%。

最后，迪拜私募股权公司 Abraaj2014 年 1 月收购了土耳其乳制品公司 Yorsan，该公司 2012 年的销售额超过 1.7 亿美元（图 7-27）。

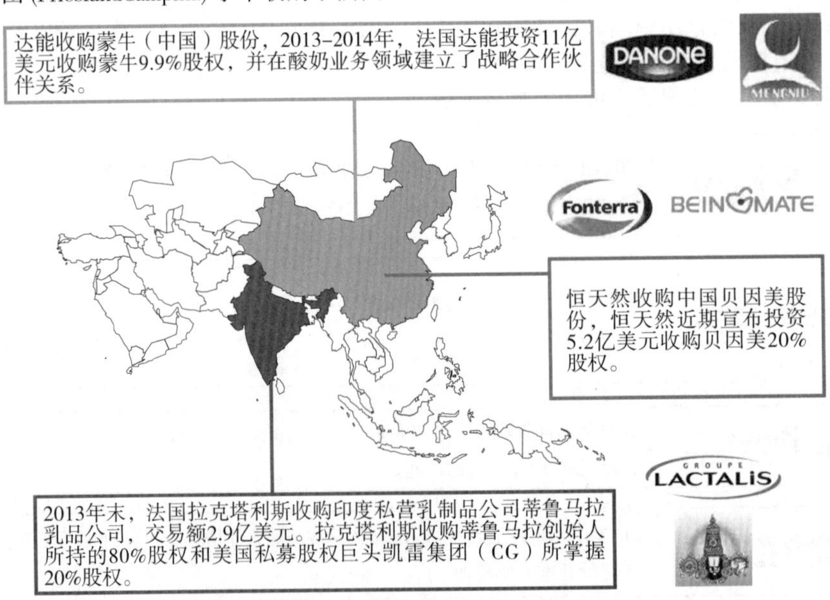

图7-27　2013—2014年西方在新兴区域投资图——以亚洲为例

资料来源：法国乳制品协会，国际新闻

3. 亚洲。一些亚洲集团在海外投资以确保其奶源充足。除了中国伊利、雅士利和光明乳业在大洋洲的攻城略地之外，其他的中国企业也在欧洲寻求产业合作伙伴关系：在法国，圣元 – 索迪雅、合生元 –lsigny sainte–mere；在荷兰，澳优 – 海普诺凯；在爱尔兰，贝因美 –Kerry。同样地，日本森永集团最近宣布将投资一项耗时 7 年共计 20 亿美元的项目，以期增加该集团德国子公司 Meilei 牛奶和乳清蛋白的出口能力。

欧洲和大洋洲并不是亚洲公司仅有的投资开发之地。2014 年 5 月，中国光明食品集团斥资 24 亿美元，就收购以色列最大食品公司特鲁瓦 (Tnuva)56％股权事宜，在以色列特拉维夫达成初步收购协议。

数个新入并购重组之战的企业进军印度。印度烟草巨头 ITC 斥资 2500 美元进军奶业市场，在印度东北部比哈尔邦的 Munger 新建乳制品加工厂。2013 年末，法国拉克塔利斯 (Lactalis) 以 2.9 亿美元收购了印度第二大私营乳制品公司 Tirumala 的大部分股权。

蒙牛集团 2013 年在中国参与了数个重组。首先，蒙牛以 4.1 亿美元购得现代牧业 26.9% 的股权，后者是中国主要的牛奶供应牧场。接着，联合美国 Whitewave 集团收购了婴儿配方奶粉制造商雅士利。最后，法国达能（Danone）融资 11 亿美元获得了蒙牛 9.9% 的股权，并在酸奶领域与蒙牛建立了战略合作伙伴关系。

4. 拉丁美洲。在过去的几个月中，数个美洲品牌乳企加强了本国的国际乳制品基地建设力度。中美洲主要的奶牛合作社——哥斯达黎加 Dos Pinos 收购了 SabMiller 集团旗下的巴拿马乳制品公司 Nevada。2014 年早期，世界最大的炼乳商秘鲁的 Gloria 公司以 8 500 万美元收购了 3 个哥兰比亚乳制品企业：Lechesan, Incolacteos, Conserbas California。2014 年 3 月，拉丁美洲第二大可口可乐生产商墨西哥 Arca Continental 集团以 4 亿美元收购了厄瓜多尔乳制品股份公司 Tonicorp 87% 的股权。

法国拉克塔利斯 (Lactalis)2013 年也斥资 3 300 万美元收购了巴西奶酪制造商 Balkis，以巩固其在拉丁美洲的产业。2014 年夏季，Lactalis 集团加速了扩张步伐，在巴西进行了两大巨型收购：第一个，因 LBR 集团财政困局，以 1.05 亿美元收购了其 14 个乳制品加工厂；第二个，以 8.4 亿美元收购了巴西食品公司全部的乳制品资产。如果反垄断部门介入并证实这两项交易，Lactalis 集团每年在巴西将会加工约 20 亿升牛奶。

5. 北美洲。加拿大奶制品巨头 Agropur 和 Saputo 在过去的几个月中继续扩张。2013 年，Agropur 除了收购美国 Foremost Farms 发酵乳制品厂，还收购了 3 家加拿大乳制品加工企业（Cook’s Dairy, Coast Mountain, Damafro）和 1 家贸易公司（M.Larivee）。2014 年，Agropur 合并了加拿大乳制品加工企业 Dairytown，不但收购了加拿大诺森伯兰乳业合作社，还以 3.45 亿美元收购了加拿大 Sobeys 的乳制品业务部门。最终，Agropur 和总部位于美国的奶酪和乳品配料公司 Davisco Foods International 就其收购 Davisco 乳品加工资产达成了协议。上述收购促使 Agropur 在美国的乳制品加工产能提高了 2 倍，全球牛奶收购量增加了 50%。Davisco 每年生产超过 17 万吨奶酪和 8 万吨乳清蛋白粉。

Saputo 以 6 000 万美元收购了加拿大 Scotsburn 乳业合作社的液体奶业务，但其主要的并购是最近以 4.6 亿美元收购了澳洲乳品公司 Warrnambool。

在美国，乳业合作社 DFA 2014 年收购了美国乳品公司 Maid 和 Oakhurst，合并了奶农合作社 Dairylea。Dairylea 拥有 2 000 多个农场成员，每年可提供 28 亿升原料奶。

2013 年，法国达能（Danone）收购了美国酸奶生产公司 YoCrunch，YoCrunch 每年的销售额为 1.1 亿美元（图 7–28）。

图7–28　2013—2014年西方在新兴区域投资图——以非洲为例

资料来源：法国乳制品协会，国际新闻

6. 非洲。在过去的几个月，法国达能在非洲参与了两次重要的收购。2013 年 6 月，达能与迪拜私募股权公司 Abraaj 以 3 亿美元联合收购了西非第一大冷冻奶制品和果汁生产商和经销商加纳 Fan Milk 公司 49% 的股份。2014 年 7 月，达能收购肯尼亚乳业巨头 Brookside 40% 股权。

2014 年 5 月，南非最大的牛奶采购商 Clover 以 1 800 万美元收购乳品企业 DairyBelle 的酸奶和常温奶业务。

2014 年 9 月，荷兰菲士兰坎皮纳集团（FrieslandCampina）以 1 900 万美元收购了位于阿比让（科特迪瓦首都）的新加坡奥兰（Olam）国际有限公司的乳品加工厂。

2013 年全球乳制品消费情况

一、全球乳制品消费

全球乳制品消费是由全球全部原料奶产量减去库存而得出来的。由于主产国天气条件不利，2013 年，世界牛奶产量增长有限，只增加了 1.3%。全球原料奶产量达到 782 百万吨的水平，与同期相比，乳制品消费需求持续稳定增长。原料奶产量增长有限，乳制品消费需求旺盛，库存逐步降低。因此，2013 年乳制品供给相对趋紧，全球乳制品库存连续第三个年头出现下跌，导致乳制品库存达到较低水平，与 2010 年的峰值水平相比，几乎减半。

目前，全球总人口估计已经达到了 71 亿，以此推算，2013 年人均乳制品消费量为 109.6 千克，与 2012 年相比增长 0.2%，增长率（在 2010-2011 年 1.7%，2012 年 1.1%）低于往年，主要原因是与乳制品消费增长需求相比，2013 年乳制品供给相对不足。总体上，全球人均乳制品消费量在过去的 7 年中已经增长了 8%，增加量为 8.2 千克（图 7-29、图 7-30. 表 7-18）。

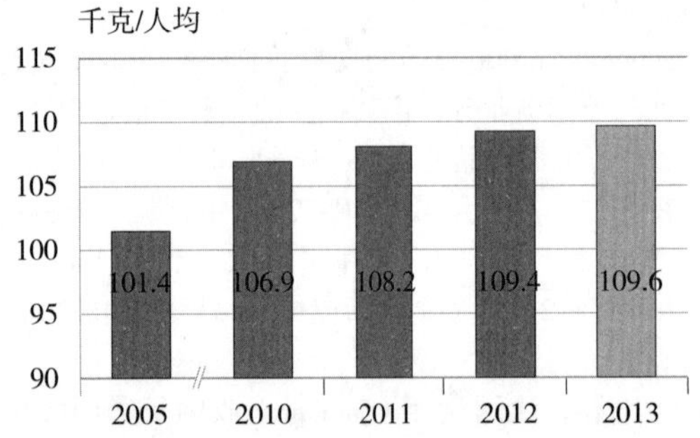

图7-29　2005-2013年全球人均奶类消费量

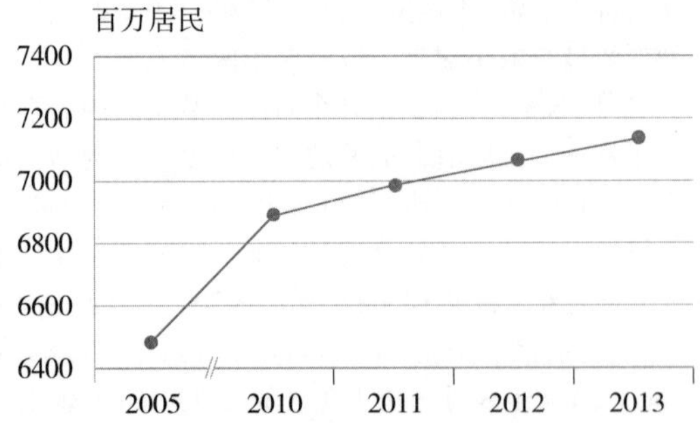

图7-30　2005-2013年全球人口增长趋势

资料来源：参考世界牛奶产量和人口估算（人口资料局）

表 7-18　2013 年全球各大洲乳制品消费

	消费（百万吨）	人均消费（千克 / 年）	占世界生产比例	占世界消费比例	自给率
亚洲	332.3	75.1	38.1%	42.3%	90.5%
欧洲	200.3	270.7	28.1%	26.2%	107.8%
北美洲	91.0	258.4	13.0%	11.9%	109.7%
南美洲	66.0	164.5	8.7%	8.6%	101.6%
非洲	54.2	49.2	6.1%	7.1%	86.8%
中美洲	20.7	101.1	3.2%	2.7%	80.2%
大洋洲	8.3	217.3	3.7%	1.1%	344.7%

资料来源：参考 2014 年 5 月 FAO 食品概览估算

二、地区消费

地区乳制品消费是由该地区原料奶产量加上乳制品贸易量计算而来。在同一区域的不同国家，同一国家的不用区域，乳品消费量都会有很大差异。亚洲是乳制品消费最多的地区，占到全球消费总量的42%；其次是欧洲，占26%。然而，亚洲的人均乳制品消费量仅有75千克，低于其他地区。欧盟的人均乳制品消费量居全球最高，达到271千克。越是乳业发达的地区，比如欧洲、北美和大洋洲，在他们的饮食当中牛奶和乳制品的比例越高。大洋洲则是全球唯一消费量低于净出口量的地区，其70%的乳制品用于出口。

三、乳品消费市场趋势

全球乳品市场趋势研究报告，主要研究世界乳品消费变化和趋势，报告基于若干IDF成员国专家的相关研究，报告于2014年初由IDF市场营销常务委员发布。

报告旨在阐明在一般情况下，全球不同区域，有关食品，特别是乳制品的消费趋势。除了研究乳品消费发展情况外，报告还揭示了促进增长和阻碍消费的关键影响因素。既对市场主要乳制品进行了研究，也研究分析了世界抵制牛奶和抵制肥胖的相关情况。

研究专家来自不同国家（多于12个国家，专家很专业，很著名），在乳制品市场消费发展趋势研究中，已取得第一阶段的初步成果，结果显示，在过去的五年里，乳制品市场消费总体保持增长或保持稳定。

是什么因素促进了或阻碍了乳制品市场消费发展呢？专家认为，影响乳制品市场消费发展的因素有：健康营养的要求，生活方式的改变，快乐，自然，方便，创新，人口增长和收入（尤其是在新兴市场国家）。未来10年，大部分受访国家都预计乳制品市场消费将继续保持增长。

报告研究了不同品种的乳制品市场消费发展趋势

不同国家，液态奶的消费差异较大。那些消费呈现增长的国家显示，液态奶市场消费发展似乎源于大型广告的投资和创新，但实际情况并非如此，而是这些国家都有饮用液态奶的习惯。报告研究了液态奶市场消费发展的有利因素，另一方面，也研究了导致奶类市场消费下降的影响因素，涉及家庭结构的变化（孩子长大或离开家庭，导致人口金字塔的改变，进入老龄化）。这里有“年龄效应”，放弃喝牛奶的孩子越来越年轻，还有“年代效应”，新一代消费的牛奶比他们的前辈更少，乳品市场消费缺乏动力以及对健康的好处受到质疑。

与液态奶市场消费情况相似，影响黄油消费的因素有广告投资、饮食习惯，有对黄油消费的强烈喜好和烹饪时美好味道。在黄油消费方面，出现了一些积极的变化，一些国家黄油消费越来越受欢迎。但也有越来越多的年轻人不喜欢消费牛油，或者年轻一代对黄油的消费数量低于他们的长辈。对健康的关注不利于黄油市场消费的增长，因为黄油含有较高的脂肪，人们担心饮食黄油容易导致肥胖，或增加体内的胆固醇浓度。

与黄油和液态奶市场消费相比，奶酪市场消费状况良好。在过去的5年中，多种有利因素拉动了地区奶酪市场消费的增长。除了上述提到的因素外，特别是该饮食习惯是相应国家的饮食文化的一部分，加之与奶酪强烈关联的对高品质的产品和地位的需求。影响奶酪市场增长的主要障碍是人们的健康状况和经济衰退而奶酪价格较高。

长期以来，酸奶市场消费状况良好。但近期内一些酸奶市场消费成熟国家其消费明显降低，但在酸奶消费处于成长期的市场，因有益健康和良好口感备受消费者喜欢，这些市场加大了广告投入和创新。

所有国家，特别是有着饮奶习惯的经济发展中国家，其乳品市场消费前景乐观。

最后，抵制牛奶和抵制脂肪运动可能会影响乳制品市场消费或乳制品的形象。这样的问题似乎不影响新兴国家，但这些运动在某些地区变得越来越敌对。

四、人均乳制品消费情况

本报告的乳制品消费数据主要基于各个国家的表观消费量平衡表，品种仅涉及液态奶、黄油和奶酪，需要注意的是乳制品消费多种多样，有很多国家都并非只有液态奶、黄油和奶酪，比如印度，采取这种方式计算消费情况就会出现低估的现象，乳制品产量的信息并不是总能体现在这些数据当中。

图7-31、图7-32、图7-33标注了全球各个国家液态奶、黄油和奶酪的人均消费情况。北欧和澳大利亚的人均液态奶消费水平最高。西欧国家的黄油消费最高。欧洲国家和美国的奶酪消费在世界上处于最高水平。

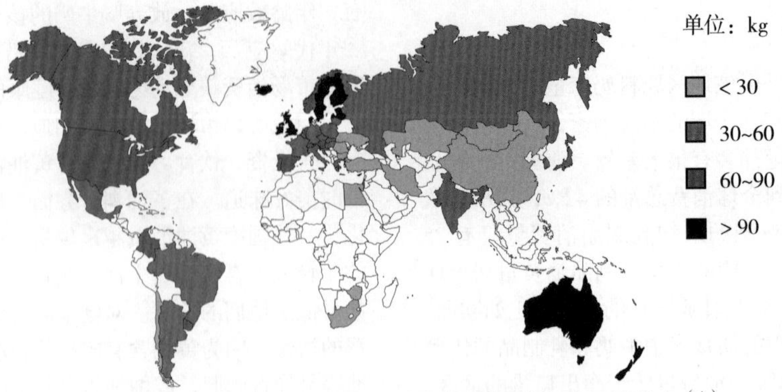

图7-31　2013年全球人均液态奶消费量不同水平区域分布（A）

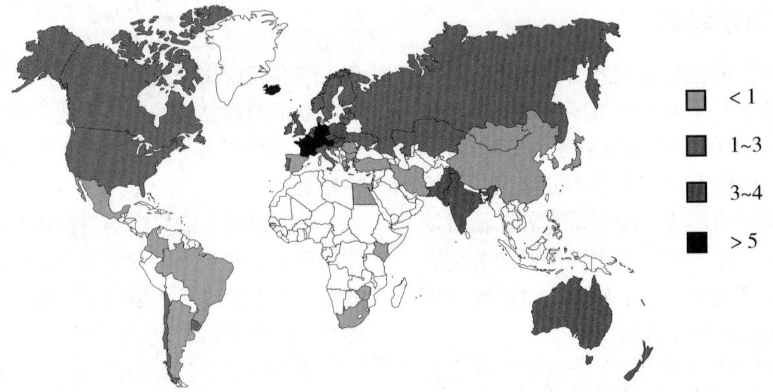

图7-32　2013年全球人均黄油消费量不同水平区域分布

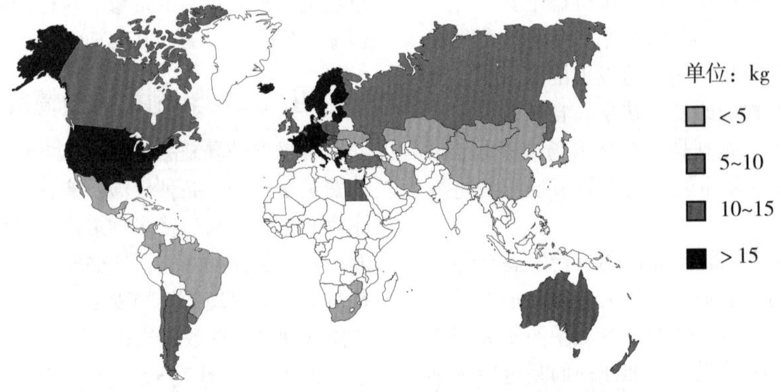

图7-33　2013年全球人均奶酪消费量不同水平区域分布

资料来源：IDF国家委员会，美国农业部，欧盟统计局。

五、未来消费趋势

众所周知，根据国际预测，特别联合国预测，预计在2050年，世界人口将达到90亿，在未来的几十年里，将大大增加对食物的需求。

据经合组织/粮农组织2014—2023农业展望，2011—2013年至2023年之间全球人均乳制品消费将增长13.7%。由于人口增长，收入水平增加和推进城镇化水平，发展中国家乳制品消费应增加更多，奶酪是增长最快的产品，达到年增长1.9%。与之相反，黄油消费数量增长有限并保持稳定，因为黄油相对价格较高，且有植物性脂肪可替代。

在2013年出版的一个题为奶和奶制品对人的营养的报告中，世界粮农组织预测乳制品消费将持续增长，至2030年每年全球奶和奶制品的消费量预期增幅1.3%。不同国家和地区增幅差别较大，发达国家每年增幅0.5%，发展中国家每年增幅2.1%，撒哈拉以南非洲地区高达2.5%。

2050年以前，全球乳制品市场消费仍然呈积极增长态势，年均增幅有可能达到1.1%，之所以增幅有所减缓，主要是消费模式已日益成熟和人口增长逐步放缓。发达国家年均增幅0.3%，发展中国家年均增幅1.7%（表7-19）。

表 7-19 FAO 预测 2005/07-2030/2050 全球人均奶类消费增长率

单位：%

	2005/07-2030	2005/07-2050
发展中国家	2.1	1.7
东亚	2.2	1.5
拉丁美洲和加勒比海	1.5	1.1
近东和北非	1.9	1.6
南亚	2.3	2.0
撒哈拉以南非洲	2.5	2.3
发达国家	0.5	0.3
全球	1.3	1.1

资料来源：2013FAO 人类营养奶和奶制品

2013 年全球乳制品贸易情况

一、全球乳制品贸易扩展减速

2013 年，全球乳制品贸易（不包含欧盟内部贸易）增长减速，总量达到了 6 290 万吨原料奶当量，同比增长不足 2%。这个增幅低于往年的平均年复合增长率。增幅受限主要原因是 2013 年上半年原料奶供应减少，导致乳制品出口大国如新西兰、欧盟以及澳大利亚的整体出口情况受到影响。同时，全球乳制品贸易的原料奶当量占全球原料奶总产量的比重仅稍多于 8%，说明了全球绝大多数的乳制品都在当地消费，没有参与国际贸易。尽管如此，过去的 10 年的贸易增长依然起到重要作用，它填补了消费增长缺口，缓解了由于区域奶类生产和消费不匹配而贸易不平衡的状况。

二、美国的出口大幅增长，亚洲（中国）推动市场

除了炼乳外，各主要乳制品品种贸易的共同增长，促进了全球乳制品贸易的强劲增长。美国及印度加大出口推动了这一增长，白俄罗斯在一定程度上也对其有推进作用。它们的增长有效填补或超过了欧盟、澳大利亚和新西兰出口的缩减，平衡了全球贸易的稳定。但新西兰仍然占领着全球乳制品出口第一大国的位置，而美国对 2013 年贸易增长做出了最大贡献，其市场份额已达到 15% 的空前高度。美国在所有主要品种的乳制品贸易上都取得了实质性的进步，其奶酪出口超过了新西兰成为世界第二大供应商。印度的显著增长，缘于向亚洲和中东等邻国增加了脱脂奶粉的出口。从 2013 年贸易情况图可以看出，从乳品供应来源国看，全球乳制品生产和供应相当集中和脆弱，前 5 国及组织的市场份额超出全球贸易总量的 80%，但需求国却相当分散和广泛。乳制品贸易市场的增长机会越来越决定于中国和中东、东南亚、北非等地区的发展，向后者出口赶上了 2013 年的较高价格水平（图 7-34）。

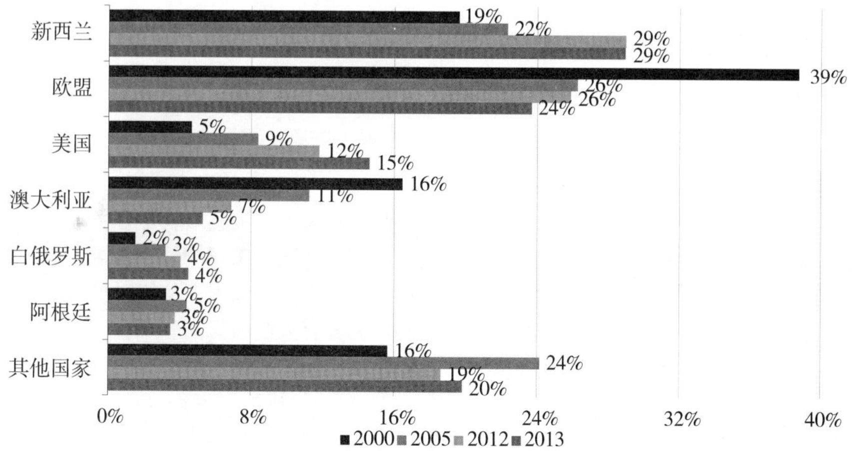

图7-34 2000—2013年全球乳制品市场主要出口国（地区）市场份额（原料奶当量计）

资料来源：PZ/Comtrade 注：各国年度图示排序从上至下依次为2000年，2005年，2012年，2013年

三、贸易量的增长情况（分品种）

1. 奶酪。2012年，奶酪一直是最受欢迎的乳制品品种之一。尽管其增长在2013年受到了一些影响，但是其全球贸易量依然稳定上升，并达到240多万吨（同比增长了2%）。主要出口国情况如图7–35和表7–20，表7–21，最值得注意的是美国的出口增长显著，增加了向很多区域的出口，墨西哥、韩国和日本都是其有价值的市场。因年初奶类产量不足，新西兰加工和出口优先考虑其他产品，美国则填补了这个缺口，大大地缩短了美国与新西兰在出口贸易上的差距。尽管澳大利亚对其主要出口市场——日本的出口降低了11%，但其整体的出口贸易量依然上升了1%。另一方面，欧盟再次巩固了其在奶酪市场上的领先出口国的位置，其总贸易量占全球总贸易量的1/3以上。其中，对俄罗斯、美国等主要市场出口的显著增长，起到了重要作用。荷兰、法国和德国形成了欧盟奶酪出口的中坚力量，其奶酪出口量占据了欧盟出口总量的44%。虽然，在奶酪贸易中，各主要出口国，如俄罗斯、日本和美国，市场份额总体保持稳定，或者呈现防御性发展，其他市场也呈现出增长。在这方面，最显著增长的代表是中国的进口市场，增幅超过1/5。中国进口的大部分奶酪来自于大洋洲。虽然按绝对数量算，中国市场依然是一个适度市场，但它却被认为是极具潜力且其规模值得关注的新市场。

全球奶酪市场的一大特色就是几个主要的奶酪生产国（地区）和出口国（地区）同时也是全球最大的奶酪进口国（地区），比如欧盟、美国、澳大利亚和瑞士（图7–36）。

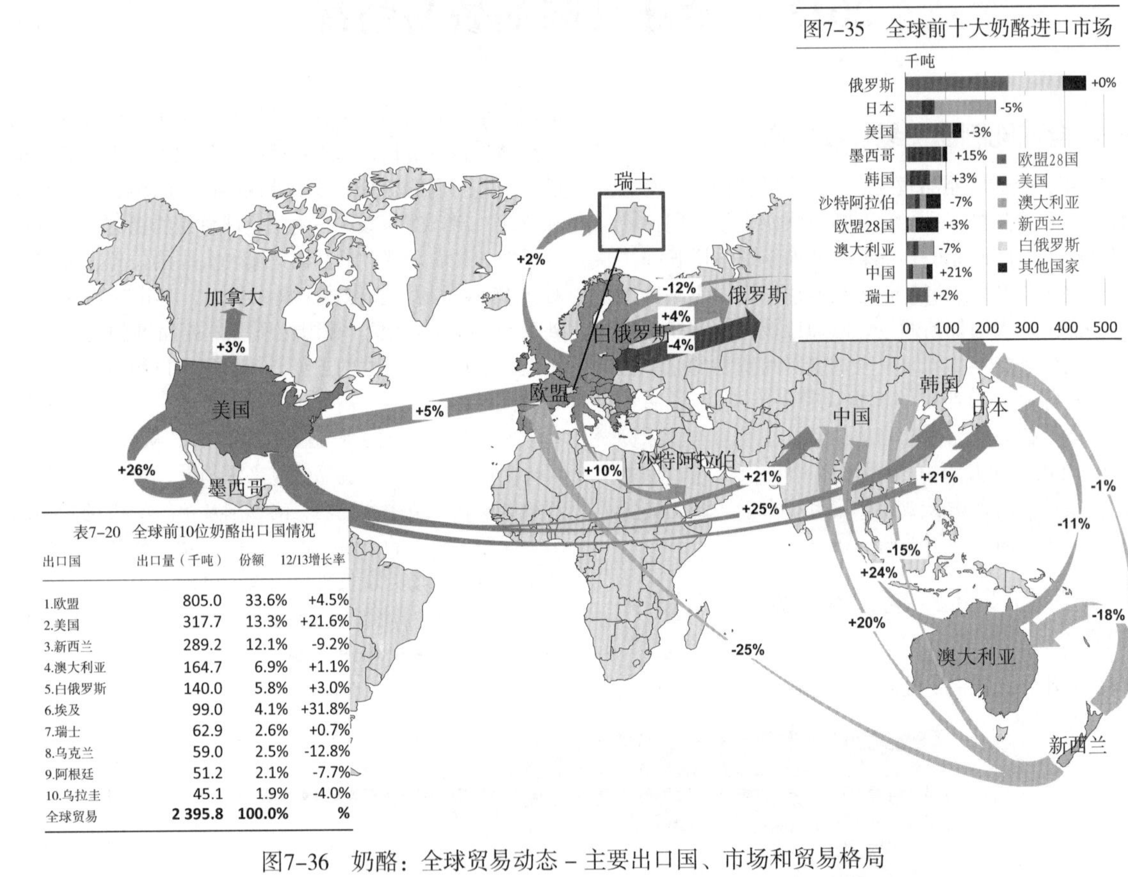

表7–20　全球前10位奶酪出口国情况

出口国	出口量（千吨）	份额	12/13增长率
1.欧盟	805.0	33.6%	+4.5%
2.美国	317.7	13.3%	+21.6%
3.新西兰	289.2	12.1%	-9.2%
4.澳大利亚	164.7	6.9%	+1.1%
5.白俄罗斯	140.0	5.8%	+3.0%
6.埃及	99.0	4.1%	+31.8%
7.瑞士	62.9	2.6%	+0.7%
8.乌克兰	59.0	2.5%	-12.8%
9.阿根廷	51.2	2.1%	-7.7%
10.乌拉圭	45.1	1.9%	-4.0%
全球贸易	2 395.8	100.0%	%

图7–36　奶酪：全球贸易动态－主要出口国、市场和贸易格局

资料来源：PZ/Comtrade

2. 黄油和牛油。世界黄油和牛油贸易在适度增长，增长到了92.1万吨（同期增长了1%）。尽管出口贸易曾有所停滞，但新西兰以长期的优势依然保持着该市场的领先地位。事实上，从供应来源国看，多年来，全球乳脂市场比较集中，其中新西兰贸易量占据全球总量的半数以上。2013年，新西兰的黄油大多出口到欧盟和中国，相反对美国、伊朗和埃及的供应量大幅下降。

与此同时，在五大出口国中，美国是唯一的出口显著增长的国家，其大幅增长主要受益于在高价格水平市场条件下，加强了市场调整增强了竞争。美国出口更多的产品到更广泛的国家，从绝对量上看，乌克兰、土耳其和伊朗都有大幅增长。

全球五大出口国（地区）的市场份额占到了全球贸易量的90%（2012年为86%），再一次表明在这个市场上，乳脂供应呈现出越来越集中的趋势。

目前，俄罗斯依然占据乳脂市场的主导位置，占有国际乳脂贸易的18%。白俄罗斯、欧盟和大洋洲连同南美的小成员国（乌拉圭、阿根廷）一起占据着这个市场。经过多年的发展，中国在世界乳脂市场中排名攀爬到了第2名，表现出其21%的稳定增长。出口到中国的黄油，接近90%来源于新西兰。除了这些国家，其他前10名的乳脂贸易国的市场均下降，除了印度尼西亚以外（图7–38）。

图7–37 全球前十大黄油进口市场

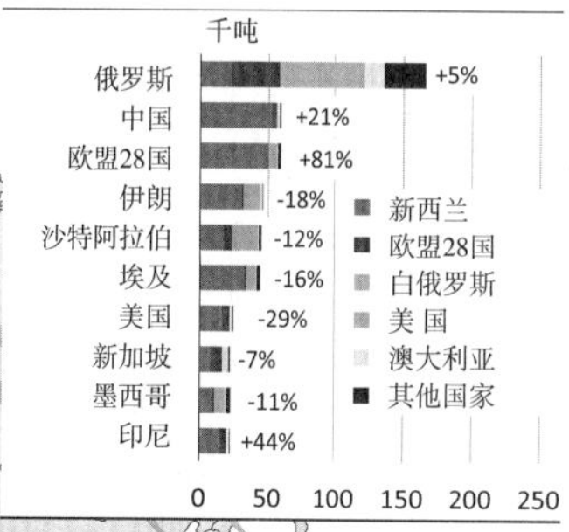

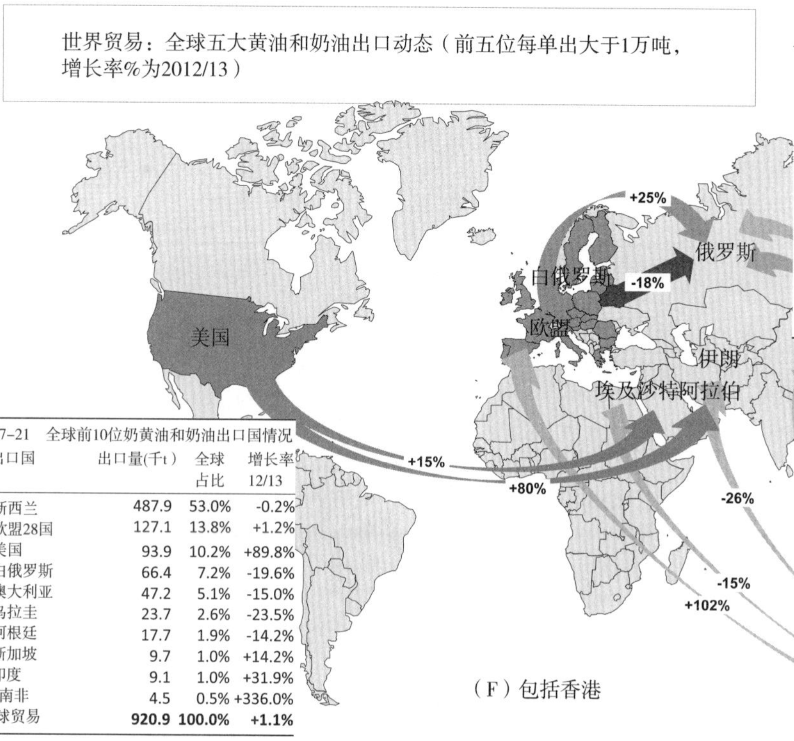

表7–21 全球前10位奶黄油和奶油出口国情况

出口国	出口量(千t)	全球占比	增长率12/13
1.新西兰	487.9	53.0%	-0.2%
2.欧盟28国	127.1	13.8%	+1.2%
3.美国	93.9	10.2%	+89.8%
4.白俄罗斯	66.4	7.2%	-19.6%
5.澳大利亚	47.2	5.1%	-15.0%
6.乌拉圭	23.7	2.6%	-23.5%
7.阿根廷	17.7	1.9%	-14.2%
8.新加坡	9.7	1.0%	+14.2%
9.印度	9.1	1.0%	+31.9%
10.南非	4.5	0.5%	+336.0%
全球贸易	**920.9**	**100.0%**	**+1.1%**

图7–38 黄油和奶油：全球贸易动态－主要出口国、市场和贸易格局

3. 全脂奶粉。2013年，全球脱脂奶粉贸易缓慢增长了2%，再创历史新高，接近了240万吨。其中，近53%都是由新西兰提供的，这使其出口率上升3%，进一步巩固了其全球全脂奶粉市场领导者的地位。

中国在这其中扮演了关键的角色。中国进口量持续增长，目前全脂奶粉已占到全球贸易总量的29%左右。新西兰，是中国最大的全脂奶粉供应国，占有不一般的份额，占其进口总量的88%。近几年来，中国已成为世界乳制品贸易市场的决定性力量。仅2013年，向中国出口的国家就增加了一半，增加了25万吨的额外产量。为避免进口来源地过于单一，除了新西兰，中国还向澳大利亚、欧盟、乌拉圭、阿根廷和美国购买全脂奶粉，进口来源国进一步多元化。

最引人注目的出口国是美国，2013年对阿尔及利亚和中国的出口量翻了一番。之所以如此大幅增长，主要是受国际奶粉市场蓬勃发展的推进，近几年美国加大了奶粉加工领域的各种投资。

其次，全脂奶粉出口显著增长的国家是白俄罗斯和乌拉圭。前者主要是获益于稳定而畅销的俄罗斯市场，而后者则主要向委内瑞拉和中国的出口。另外，巴西主要是由阿根廷和乌拉圭供应，2013年其进口大幅降低，主要是巴西国内奶源增加并得到了很好的利用（图7–40）。

表7-22 全球前10大全脂奶粉出口国（地区）

国家（地区）	出口量（千吨）	全球占比	增长率 12/13
1.新西兰	1 299.3	52.8%	+2.9%
2.欧盟28国	374.1	15.2%	-3.2%
3.阿根廷	181.2	7.4%	-11.0%
4.澳大利亚	92.5	3.8%	-17.6%
5.乌拉圭	73.8	3.0%	+20.2%
6.新加坡	60.4	2.5%	+14.8%
7.白俄罗斯	45.5	1.8%	+37.8%
8.美国	39.7	1.6%	+89.2%
9.智利	19.1	0.8%	+30.0%
10.马来西亚	18.3	0.7%	+30.8%
全球贸易	**2 461.3**	**100.0%**	**+1.7%**

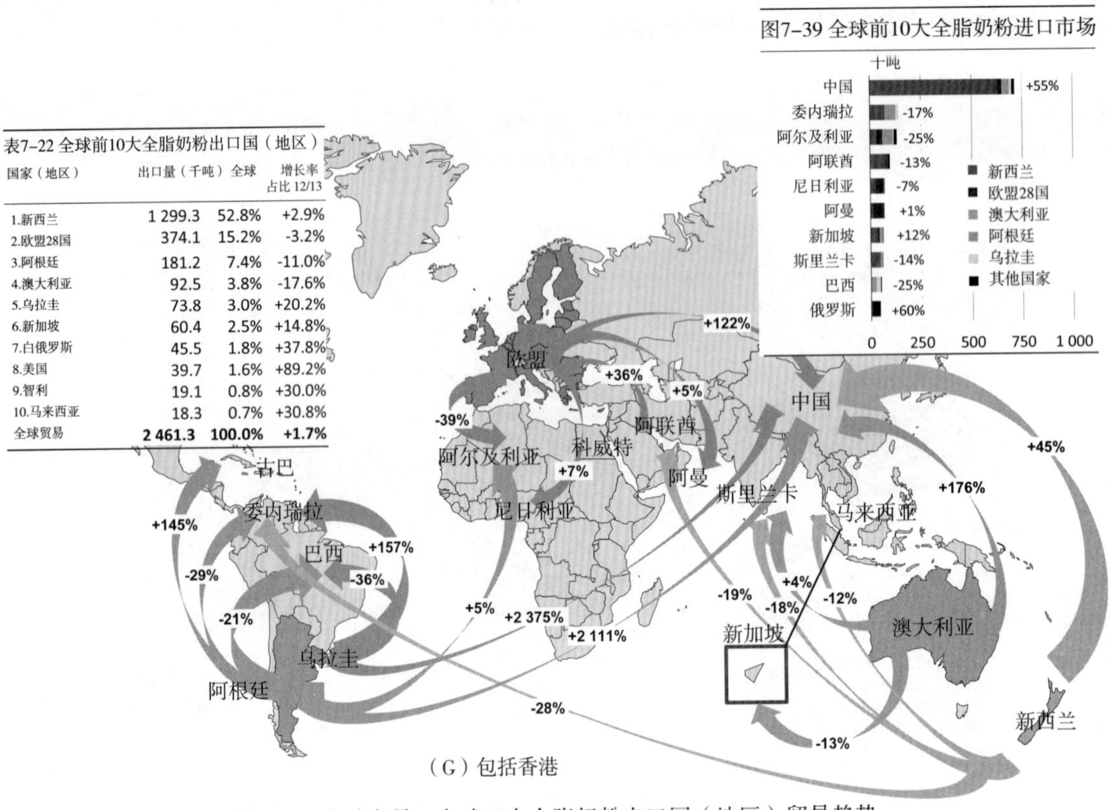

图7-40 全球贸易：全球五大全脂奶粉出口国（地区）贸易趋势

资料来源：PZ / Comtrade

4. 脱脂奶粉。2013 年，全球脱脂奶粉贸易量为 180 万吨，虽然与往年增长率相比有所下降，但与 2012 年相比仍然增长 2.2%。其出口增长的主导因素是美国，尤其是印度在经历出口市场疲弱后，重新焕发活力，增加了出口数量。印度出口目的地是亚洲和中东地区。

美国出口贸易则达到了一个新的历史水平，超过了欧盟这个世界第 1 输出国。美国出口主要紧盯亚洲，并逐步扩大了在亚洲的市场。除了中国，亚洲的菲律宾、印度尼西亚、越南和马来西亚等国也从美国进口越来越多的产品。新西兰脱脂奶粉的出口水平几乎是稳定的，有相当大的份额是出口到中国市场。

与此同时，与澳大利亚一样，欧盟脱脂奶粉出口数量大幅下降。虽然欧盟增加了向中国、尼日利亚、俄罗斯和泰国等主要国家的出口，但出口总量在减少。除了中国和科威特以外，澳大利亚减少了对其他最主要目的地的出口。减少的这些贸易量，在很大程度上由美国和印度出口增长得到补充，而白俄罗斯、马来西亚、南非和阿根廷也在较小程度上起到了补偿作用。

目前为止，中国是最大的脱脂奶粉进口国。2013 年，中国以高达 10.8 万吨的进口量，远超墨西哥成为领先的脱脂奶粉进口市场。尽管新西兰是中国的最大供应商，但是美国、欧盟以及澳大利亚也在同分一杯羹（图 7-42）。

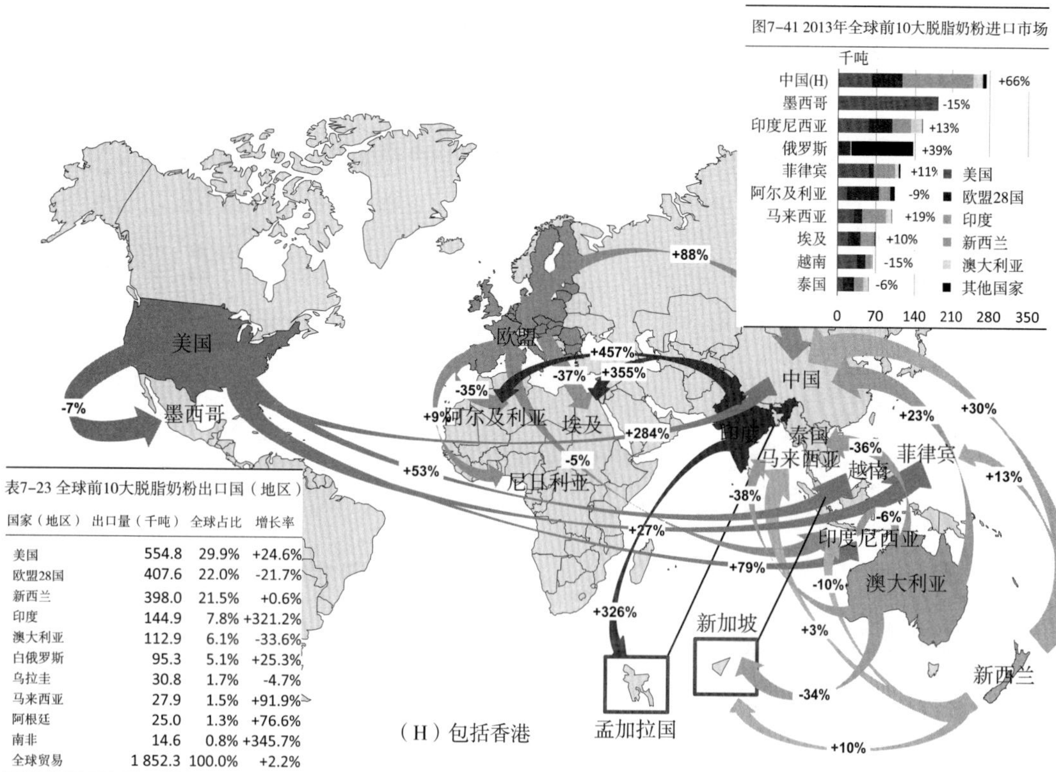

表7-23 全球前10大脱脂奶粉出口国（地区）

国家（地区）	出口量（千吨）	全球占比	增长率
美国	554.8	29.9%	+24.6%
欧盟28国	407.6	22.0%	-21.7%
新西兰	398.0	21.5%	+0.6%
印度	144.9	7.8%	+321.2%
澳大利亚	112.9	6.1%	-33.6%
白俄罗斯	95.3	5.1%	+25.3%
乌拉圭	30.8	1.7%	-4.7%
马来西亚	27.9	1.5%	+91.9%
阿根廷	25.0	1.3%	+76.6%
南非	14.6	0.8%	+345.7%
全球贸易	1 852.3	100.0%	+2.2%

图7-42 全球贸易：全球前5大脱脂奶粉出口国（地区）贸易趋势

5. 乳清粉和乳清制品。2013 年，全球乳清粉和乳清制品贸易继续保持活跃，贸易量上升至 160 万吨，同比增长 7%。出口供应仍然由欧盟和美国主导，他们决定了增长速度并占据了全球贸易量的 2/3。中国市场持续增长的需求，对全球贸易总量的扩展起着不容忽视的作用，但是亚洲各色其他市场以及亚洲以外的市场也为贸易增长提供了机会。最初的供应国白俄罗斯几乎全部产品都是乳清及其制品，与 2012 年相比，出口增长超过了 70%，获得了最大的利润。

欧盟乳清和乳清制品出口地重点仍然牢牢地锁定在亚洲，除了中国以外，还有马来西亚、韩国、新加坡等。同时，对其他几个重要亚洲国家的出口有所减弱，如印度尼西亚、泰国和菲律宾等。除了亚洲以外，俄罗斯和摩洛哥的进口对欧盟乳清和乳清制品增长率的贡献重大。

美国的出口也越来越趋向于中国和其他几个亚洲国家，如日本和印度尼西亚。但是，在北美自由贸易协定的边界（墨西哥、加拿大）附近的贸易依然保持着其非常重要的作用，占据了 2013 年美国总体出口量的 20%。

在稳健增长 20% 后，阿根廷远超瑞士成为乳清蛋白和乳清产品的第五大出口国，其对中国的贸易增长量超过了这一增长幅度，但向其他主要目的的出口，如巴西，在减少。

对于主要出口商来说，中国是最为关键的、最为重要的，在乳清和乳清制品的贸易市场上，中国已成为无可争议的主要买家。同样，其他很多乳制品也是如此，中国也是主要的买家。主要出口商对中国的出口表现出稳定增长 (+ 18%) 并一直保持着远远领先于其他主要的目的地，如俄罗斯、欧盟和马来西亚（图 7-44）。

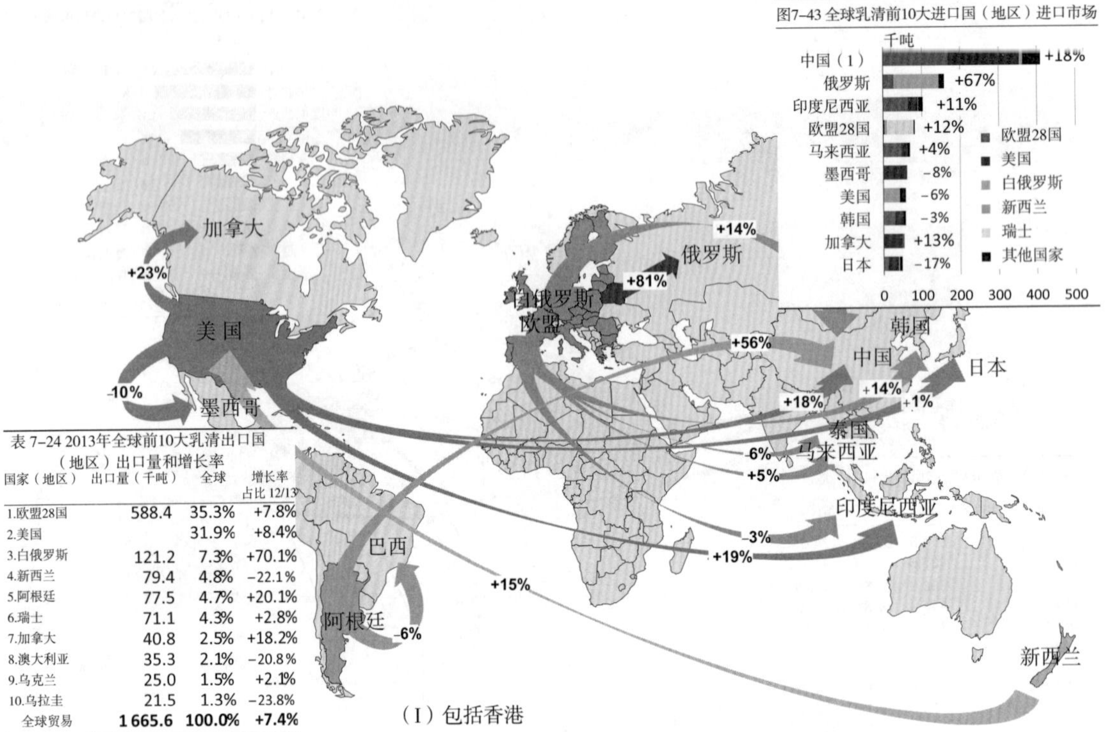

表 7–24 2013年全球前10大乳清出口国（地区）出口量和增长率

国家（地区）	出口量（千吨）	全球占比	增长率 12/13
1.欧盟28国	588.4	35.3%	+7.8%
2.美国		31.9%	+8.4%
3.白俄罗斯	121.2	7.3%	+70.1%
4.新西兰	79.4	4.8%	–22.1%
5.阿根廷	77.5	4.7%	+20.1%
6.瑞士	71.1	4.3%	+2.8%
7.加拿大	40.8	2.5%	+18.2%
8.澳大利亚	35.3	2.1%	–20.8%
9.乌克兰	25.0	1.5%	+2.1%
10.乌拉圭	21.5	1.3%	–23.8%
全球贸易	**1 665.6**	**100.0%**	**+7.4%**

图7–44　全球贸易：全球前5大乳清出口国（地区）贸易趋势

资料来源：PZ/Comtrade

四、2014 年的发展趋势及展望

2014 年上半年，全球乳制品贸易的 6 大贡献国家保持着较为强劲的、平均水平以上的增长率。保持这种增长，主要得益于 2013 年的经济复苏，以及 2013 年下半年和 2014 年春季生产量的恢复性增长，虽然当时价格水平仍相当高。

除了白俄罗斯因牛奶产量下降而贸易有所减少外，所有前 6 大主要出口国总体贸易额在稳步增长。对比不同种类的乳制品贸易，奶粉和黄油的增长尤其显著。截至 6 月份，新西兰同比增加了 11.5 万吨全脂奶粉、增加了近 3.7 万吨黄油。与此同时，欧盟大规模出口了 12.5 万吨脱脂奶粉。除了炼乳，美国其它乳制品的出口增长显著，增长率均保持两位数。这反映了在美国，其奶业产业结构，其导向更关注出口，这一结果在近年来已观察到。虽然，奶酪 6 大主要出口贸易国的出口总量有所减少，但美国却独占了全部的增长，增加了额外的 5 万吨奶酪世界市场 (+ 34%)。

在上半年，根据已经评估的增长水平，预期 2014 年贸易总量会超过往年平均水平。但截至 6 月份，根据其发展状况，增长值预期低于期望值。俄罗斯禁止奶制品从如欧盟等一些主要国家进口以及后来关于乌克兰的政治危机所产生的负面影响，均使得 2014 年下半年贸易的增长在一定程度上受到抑制。此外，从 2014 年春季开始，贸易市场价格衰落，加之 8 月份由于俄罗斯关闭了欧盟产品的边境，使得问题更为严重。综上所述，最终可能会导致贸易量走低。总体而言，先前预测的 2014 下半年仍然会如上半年一样保持两位数增长，是不可能的。尽管如此，2014 年增长预计在 8% 左右。

2015 年，如果在那时能够使关键的贸易关系较为标准化、规范化，那么乳制品贸易可能会重拾起平稳的、长期平均的增长模式。这就意味着贸易额可能会再增加 4%，贸易总量以奶类当量计将达到 7000 万吨。经合组织年度农业前景和联合国粮食与农业组织同样也认为，在未来十年里，奶制品会有一个综合的扩展。不同种类的乳制品，其增长率可能不同。根据经济合作与发展组织和联合国粮食与农业组织的前瞻性评估，黄油和全脂奶粉的平均年增长率依然保持在 0.5% 到 2% 的范围内，而对于脱脂奶粉和奶酪，其增长率将会有所提高，会在 2% 到 3.5% 范围内（图 7–45、图 7–46）。

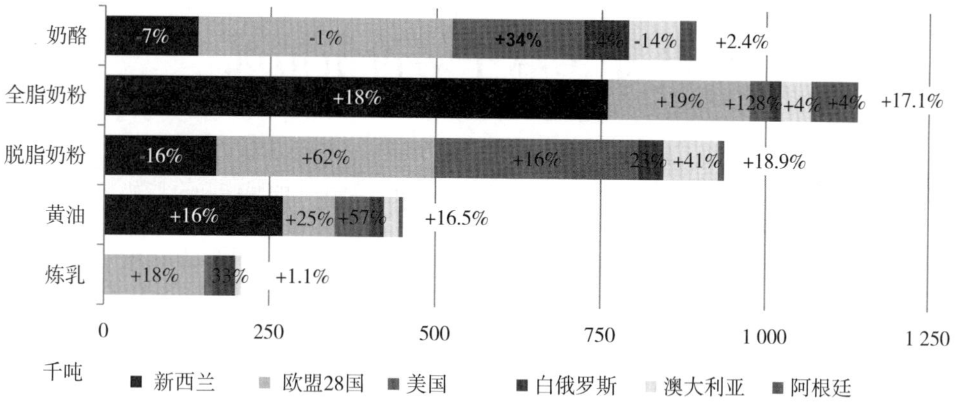

图7-45　2014年1~6月份前6大乳制品主要出口国（地区）出口量及同比增长情况

资料来源：欧盟委员会　注：各品种国别图示从左至右依次为新西兰，欧盟28国，美国，白俄罗斯，澳大利亚，阿根廷

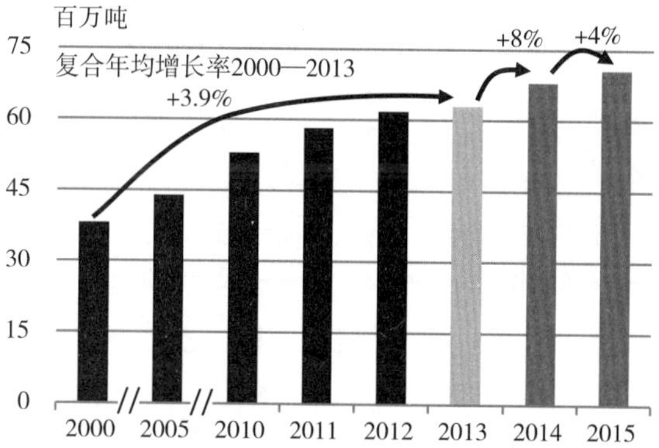

图7-46　2000—2015年全球贸易增长（k）

资料来源：PZ/欧盟委员会

注：（k）2014是以6个月的增长为基础估计的，
2015是以长期增长趋势为基础估计的

2013 年全球牛奶价格情况

一、乳制品市场价格

1. 2013 年市场概况。进入 21 世纪，乳制品价格多年保持低位稳定态势，自 2007 年乳制品价格结束了低位稳定态势开始持续上涨，2013 年也不例外，3 月份，大洋洲的脱脂和全脂奶粉甚至达到纪录高位（图 7-47）。

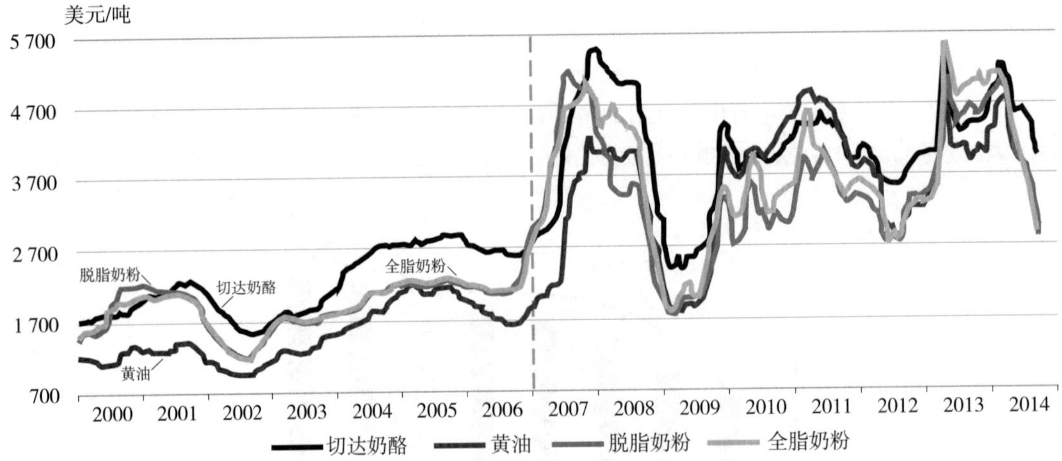

图7-47　2007年前后乳制品价格对比（FOB 大洋洲）

资料来源：美国农业部

除全球，特别是亚洲，对乳制品需求旺盛外，2013 年乳制品的有效产量降低，促使乳制品价格保持较高水平品。如黄油的价格，在大洋洲没低于 3 300 美元 / 吨，在欧洲没低于 4 225 美元 / 吨；脱脂奶粉的价格，在大洋洲没低于 3 425 美元 / 吨，在欧洲没低于 3 500 美元 / 吨；全脂奶粉的价格，在大洋洲没低于 3 325 美元 / 吨，在欧洲没低于 3 925 美元 / 吨；就是切达奶酪的价格在大洋洲也没低于 4 000 美元 / 吨。

2013 年初，奶类主要产区出现了一些不利因素，如欧洲冬季延长，春季变短，引起了 2013 年乳制品行情的动态上涨。

二月末，新西兰严重干旱的报道引发人们的恐惧，世界各地黄油、奶粉和奶酪的价格激增，这导致第一季度黄油的价格上涨了 1 025 美元 / 吨，脱脂奶粉的价格上涨了 700 美元 / 吨，全脂奶粉的价格吸人眼球上涨了 1 625 美元 / 吨。又如，在全球最大的乳品交易网拍卖中，全脂奶粉的价格仅 1~2 周就上涨 20%，3 月底拍卖价格达到 5116 美元 / 吨。奶酪价格受影响程度较小，在第一季度仅上涨了 350 美元 / 吨。

2013 年上半年，除上面提及的，恶劣天气条件导致奶类产量下降外，生产成本变高也导致最终乳制品价格达到纪录高位。

夏季，全球奶类主要产区的北半球，天气和投入都较好，奶类产量大幅增长。但直到年底总量也没有完全恢复，导致了对 2014 年初奶类供应短缺的担忧。另外，前几月份，乳制品买家合同签订仅是短期的、少量的，直到 12 月份，乳品市场都很活跃，在大洋洲价格上涨甚至持续到新乳业年度开始。

最终，因为市场供应稀缺，脱脂奶粉价格全年保持较高纪录水平，全脂奶粉价格与黄油一样，遵循了同样的规律，全年保持高位上涨态势。下半年，全球切达奶酪的价格持续上涨，十二月份平均价格达到 4 900 美元。乳清粉也一样，虽稍上下波动，但全年保持较高价格。

总结 2013 年，从图中可以清楚地看到，乳品市场价格在二月份达到峰值，随之市场恢复正常，下半年一直保持了较高的水平，这是由库存较低和全球乳制品稀缺的大背景造成的。

2. 2014年的发展。2014年初期，因预期需求状况良好，全球日用品价格仍继续稳步上升。但很快价格开始明显下降，之所以如此，主要是人们对北半球生产季节生鲜乳产量预期增长并达到新的高峰。出现这一新的情况，原因之一是生鲜乳生产总量增加和更加便利，另外一个原因是相应的买家减少，奶粉等库存增加。特别是奶粉进口大国中国和黄油及奶酪进口大国俄罗斯，跟以前比，都缺少了购买的积极性。大洋洲的全球乳品贸易价格指数（GDT，拍卖价格变化的百分比的加权平均）快速下降，例如，2014年上半年，价格指数下降8.9%，历经2次，分别是4月1日和7月15日。整体看来，与2月份的峰值相比，7月的低谷GDT下跌了35%。欧洲（美国，较小程度上）市场也经历了这样一个下降，如图7-48所示，据美国农业部统计数据，欧洲的脱脂奶粉7月份低谷时的价格比2月份高峰值下降了900美元/吨，而全脂奶粉下降更多，每吨下降1050美元。奶油的价格早期开始下降，但本期结束其价格以美元计，高于大洋洲的水平。

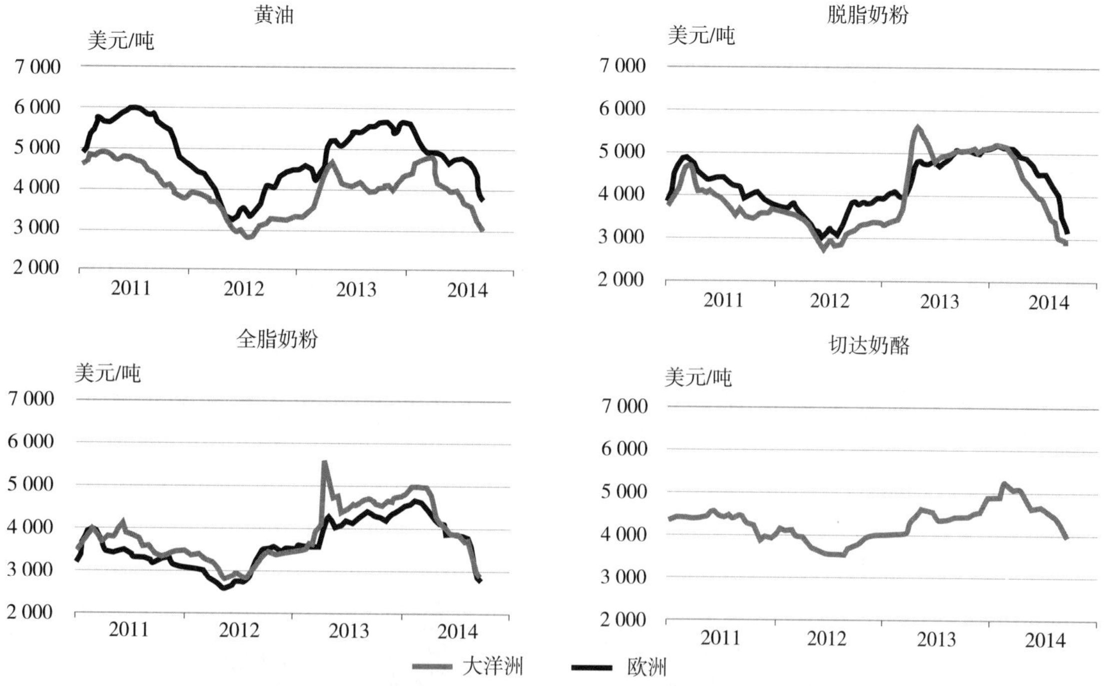

图7-48　2011—2014年大洋洲和欧盟价格

资料来源：美国农业部

2014年年中，乳制品市场价格或多或少地回到年初水平。但8月份，俄罗斯决定减少或禁止从西方进口食品和奶制品，市场重回新一轮不利局面。截至发稿时，市场及价格受禁令等政治影响的效果已经十分明显。例如，禁令后的一个月欧洲黄油的价格下降了700美元/吨（下降15%），脱脂奶粉的价格下降了900美元/吨（下降23%）。

受上述原因影响，2014年下半年乳制品的价格变化充满了不确定性。价格变化总是取决欧洲的库存如何，春季期间是产量增加还是产量下降；亚洲买家积极购买力的回归，当然也包括俄罗斯买家，肯定会是其中的某一或综合组成因素。南半球的季节生产一直是下半年的决定性因素。气候条件（厄尔尼诺）也是一个重要的遵循和影响因素。

3. 中期展望。几年来，多数预测研究显示，未来世界市场将保持持续、动态变化，乳制品市场需求也一样。除非出现重大危机，下一个十年，乳制品市场消费价格将维持在相当高的水平。

例如，经合组织和联合国粮农组织，在2014年联合出版的《2014-2023奶业展望》中指出，尽管2013年高峰后应该出现价格回落或修正，但全球市场上的奶制品价格应保持坚挺。到2023年，在乳制品名目条款中，黄油价格应继续坚挺，平均而言，按当前汇率每吨价格应不低于3 500美元。预期如果没有增加，对脱脂奶粉来说，最终每吨价格将高于3 800美元左右；而对全脂奶粉和奶酪来说，预测显示将呈增长趋势，全脂奶粉每吨高达4 300美元及以上，奶酪则每吨高达4 800美元及以上。

值得注意的是，实际情况可能没有预期那样乐观：除了奶酪的价格应保持稳定外，脱脂奶粉、全脂奶粉和黄油的价格应该缓慢下降，但与2007年的低水平相比可保持一个高水位。

无论如何，现实中总有一些意外的冲击，增大了波动。这些波动，导致的结果提高或降低，很难预料或设想。在众多造成市场不平衡潜在的因素中，一个可能的因素有：

天气情况：不同寻常的温度或强降雨将直接影响原料奶产量，尤其是与喂草系统有关的，尤其涉及的草料系统，或者间接地，饲喂较少数量或较低品质的饲料，结果都将增加原料奶的生产成本。

政策变化：如欧盟将在2015年4月1日取消牛奶生产配额。取消这些限制后，欧盟奶农将做出何种程度的反应，对2015年春天乳制品市场发展是一个很关键性影响因素。

贸易条款，例如新的双边或多边协议，专门的贸易壁垒，临时进口禁令等；

卫生和质量问题；

一般的宏观经济变化。

二、原料奶价格

1. 2013年。2013年的特点是原料奶的价格异常高。平均来看，在今年以前，欧洲及新西兰牧场主从没得到如此高的原料奶价格。同样的是，美国CALSS Ⅲ原料奶价格也相当高，仅次于2011年的峰值水平。

LTO国际奶价比较体系通过对欧盟国家大型乳企支付给牧场主平均标准奶价的计算，给出了计算奶价的方法，按此方法计算，2013年欧洲的平均原料奶价格达到37.95欧元/100千克[A]，比2012年增长11.9%。2013/14年度新西兰恒天然的牛奶价格已经达到了创纪录的水平，现金支付（牛奶价格和股息）为8.50新西元/千克乳固体物（乳固体，脂肪和蛋白质），比2012/13年度增长38%。

2013年美国CALSS Ⅲ牛奶的平均价格为17.99美元/英担[B]，比2012年的17.44美元/英担略高（图7-49~图7-54）。

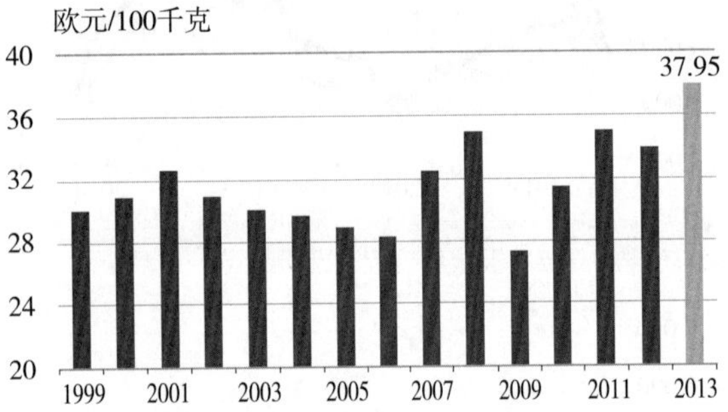

图7-49　1999—2013年欧盟奶价

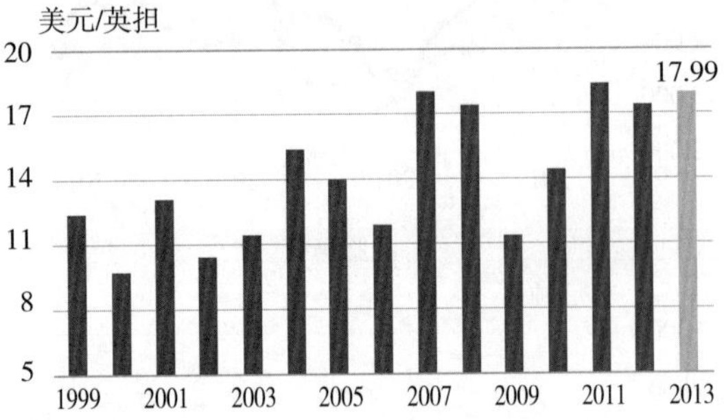

图7-50　1999—2013年美国奶价

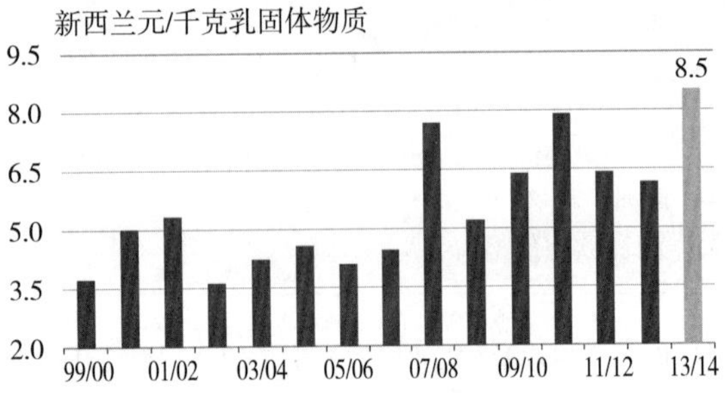

图7-51　1999/2000—2013/2014年度新西兰（恒天然）奶价

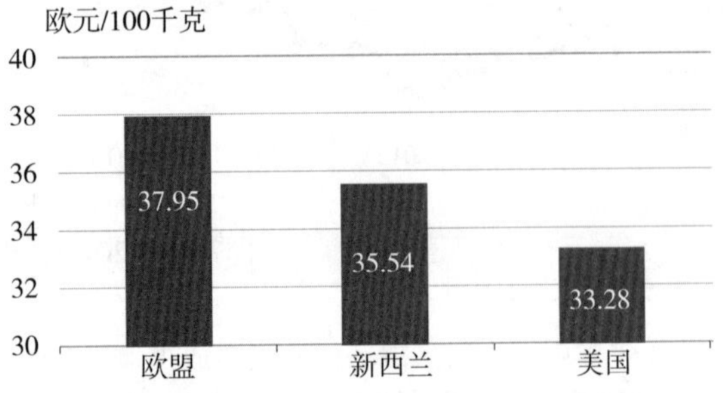

图7-52　原料奶价格比较（乳脂肪4.2%，乳蛋白3.4%，数据来源对三大出口国或地区的统计）

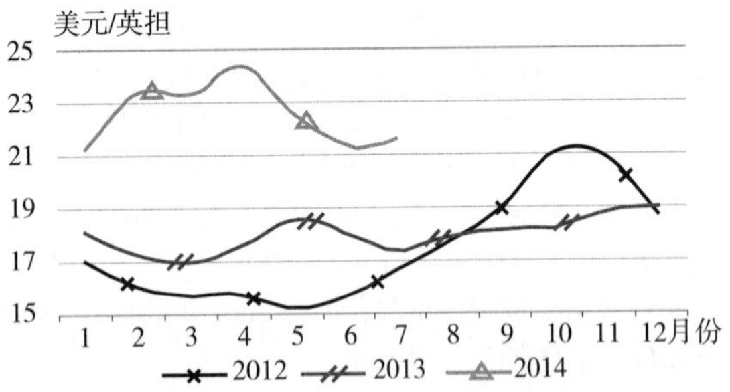

图7-53　2012—2014年各月度美国奶价变化

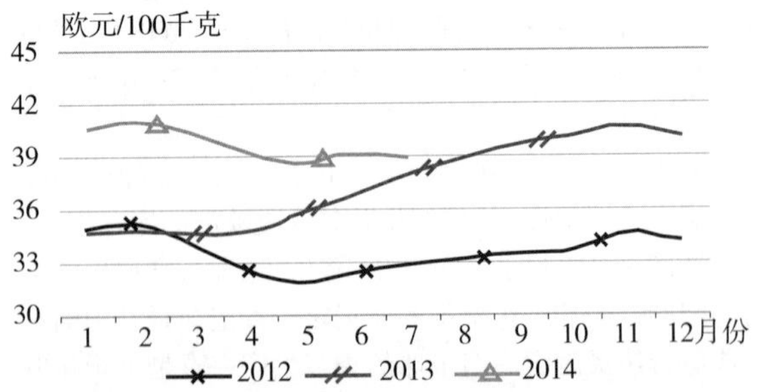

图7-54　2012—2014年各月度欧盟奶价变化

资料来源：LOT国际奶价比较

注：[A]来源于LTO国际奶价比较
[B]1英担（美国）为45.36千克

统一换算为标准原料奶（乳脂率 4.2% 和乳蛋白率 3.4%），以欧元为单位，2013 年年度 100 千克原料奶的可比价格，欧洲平均 37.95 欧元，新西兰平均 35.54 欧元，美国 CALSS Ⅲ平均 33.28 欧元。

2. 2014 年最新情况 。与全球走势不同，在 2014 年第二、三季度，截至写稿结束时，欧洲原料奶价格仍保持较高水平。鉴于奶类市场价格急剧下跌，原料奶价格最新公告，欧洲在 2014 年底价格进一步下滑不可避免。恒天然关于 2014/15 年度的预测，是一个很重要的奶类价格走低的信息。恒天然预测，包括原料奶价格和股息，每千克乳固体物质价格保持在 5.55 新西兰元至 5.65 新西兰元之间，与 2013/14 同期等价相比，下跌 34%。

尽管从长期看，奶类生产前景是乐观的，但 2014 年年底，原料奶价格有可能继续急剧下跌，奶农要有这个思想准备，2015 年年初情况也不容乐观。

在总体价格下跌的前提下，2014 的夏天，美国 CALSS Ⅲ原料奶的价格攀升出人意料，达到一个创纪录的水平。这就为以前黄油价格从没出现过这么大的变化提供了解释。

无论如何，美国是全球乳制品市场的重要出口国，美国牛奶价格如此变化似乎也是合理的，但在一定程度上，它也将遵照全球市场规律出现下降。

虽然 2014 年牛奶价格预期下降，但由于今年上半年价格高，对欧盟和美国的牧场主来说，2014 年牛奶总体价格保持良好，2015 年牛奶价格将从相对较低水平起步。因为需求增加，或者供给减少，秋季牛奶价格可能逆转。然而，逆转需要时间，应在价格下降后，市场做出调节，减少供应后出现。牛奶价格的上涨很大程度上取决于需求的增加。如果上述情况不出现，牛奶价格预期将保持较长时间的较低状态。

3. 对比欧盟原料奶和乳制品市场价格的行情。如何将奶制品市场收益传递给牧场主，可将欧盟牧场的平均原料奶价格与奶制品市场价格行情进行对比[C]。

当然，牛奶价格受各类乳制品价格稳定的影响，乳品企业总试图生产最有利润的产品。黄油和脱脂奶粉，能被加工成完全不易腐败的产品，其价格是乳制品市场价格的指示或调节。因此，在欧盟奶业政策中，以调节或干预为基础，详细说明了各种乳制品的市场价格。

情形相反，如图 7-55 以荷兰为例，牧场原料奶价格变化延迟或弱化于乳制品市场价格，2007 年 1 月到 2009 年中期的变化非常清楚。2009 年中期之后，虽然变化不明显，但牧场原料奶价格的波动总体小于乳制品市场价格的波动。乳制品市场收入来自多个品种的产品，不仅是黄油和脱脂奶粉，似乎乳制品市场价格的高峰并没有对牧场原料奶价格产生显著或突出影响（图 7-55）。

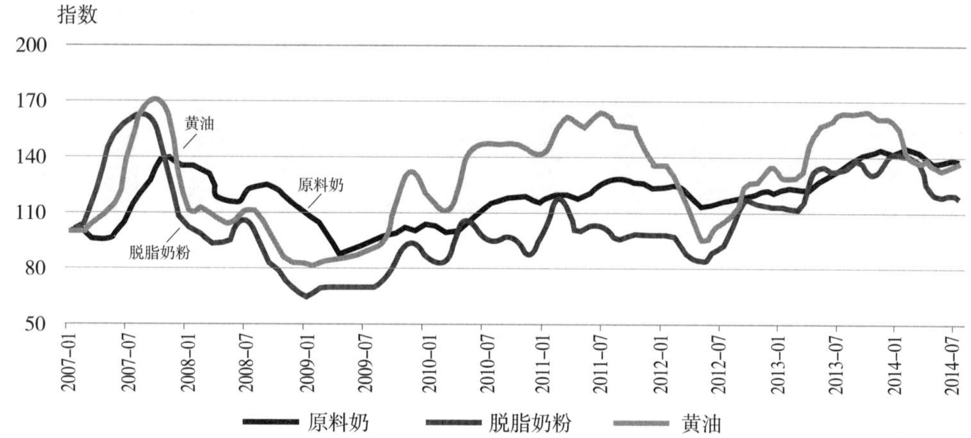

图7-55　欧盟奶价和荷兰价格行情（2007年1月=100）

资料来源：LTO国际奶价比较体系

该图也显示出了一个有趣的问题。2007 年 1 月到 2008 年中期的价格波动明显强于以后几年。这是否能表明，2006 年后欧盟奶业市场变得更加自由和开放？

注：[C] LTO 平均奶价和荷兰官方黄油和脱脂奶粉行情

【各国概况】

2013 年美国奶业发展概况

一、原料奶产量

据美国农业部统计，2013 年美国牛奶产量继续保持增长势头，全年产量达到了 9 127.2 万 t，同比 2012 年增长了 40.6 万 t，涨幅 0.45%，连续第五年实现增长。纵观 2013 年，全年仅 4 个月份出现同比下跌，其中只有 2 月份的跌幅较大，3 月份、11 月份和 12 月份都是微跌。美国的牛奶产量从 2003 年的 7 725.3 万 t 上升到 2013 年的 9 127.2 万 t，10 年间增长了 1 401.9 万 t，增幅达到了 18.1%，年复合增长率达到 1.7%（图 7–56）。

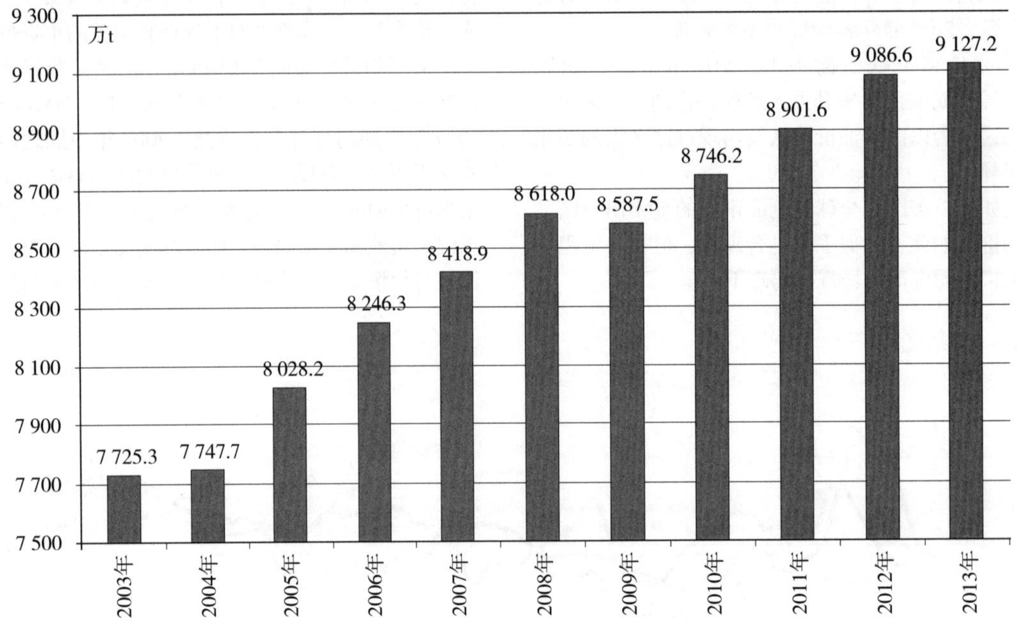

图7–56　2003—2013年美国牛奶产量

二、原料奶收购价格

据美国农业部统计，2013 年原料奶的收购价格仍处于历史较高水平，全年平均原料奶收购价格为 20.01 美元 / 美担，折合人民币 2.71 元 /kg，比 2012 年的 18.51 美元 / 美担上涨了 1.50 美元 / 美担，涨幅为 8.1%。从月度价格上来看，2013 年大部分月份的价格超过 2012 年，但整体上低于 2011 年的水平（图 7–57）。

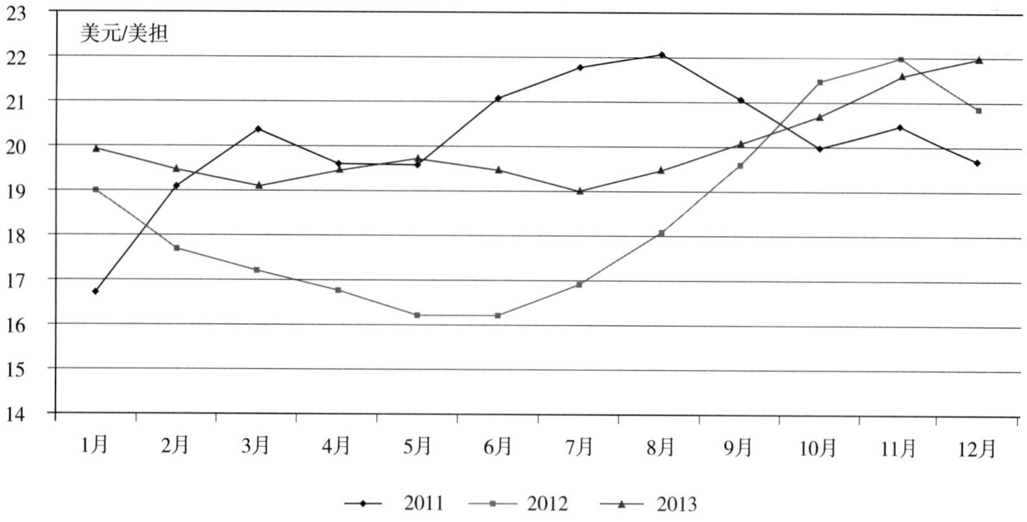

图7-57　2011—2013年美国月度原料奶收购价格

三、玉米价格

美国2013年的玉米价格平均为6.15美元/蒲式耳，折合人民币1.49元/kg，比2012年的平均值6.68美元/蒲式耳下跌了0.53美元/蒲式耳，跌幅为8.0%。从全年来看，2013上半年的价格处于历史高位，下半年由于供给增长开始大幅下跌，年底已经跌到4.41美元/蒲式耳，属于近期较低水平（图7-58）。

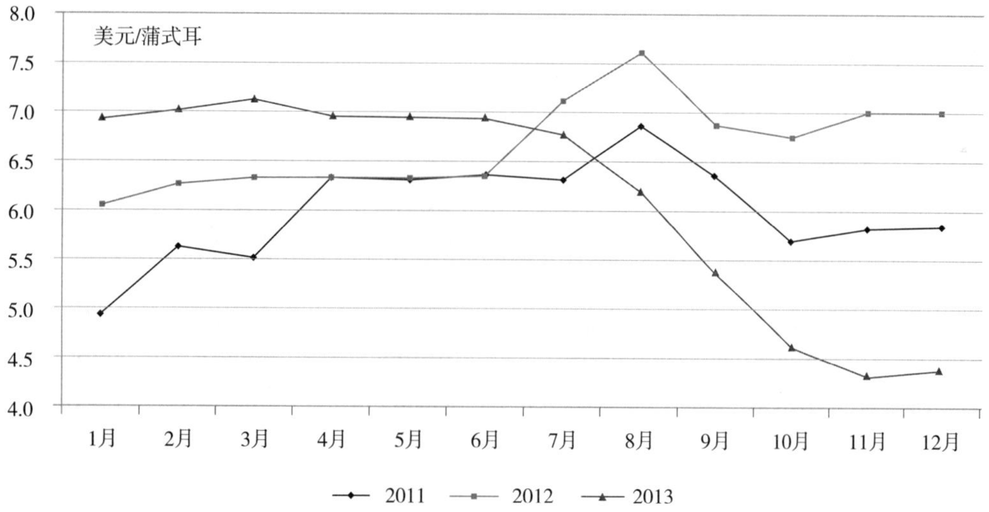

图7-58　2011—2013年美国月度玉米价格

四、奶料比

2013年上半年美国奶料比保持平稳，但从8月份开始，在原料奶收购价格上涨和饲养成本、尤其是玉米价格出现大幅下跌的双重作用下，奶料比开始大幅提高，美国奶农的盈利状况持续好转，到年底奶料比已经涨至2.30，达到近期的一个高位。2013年全年平均值为1.74，同比上涨14.4%。在饲料价格保持平稳和原料奶收购价格上涨的前提下，2014年美国的奶料比有望进一步提升（图7-59）。

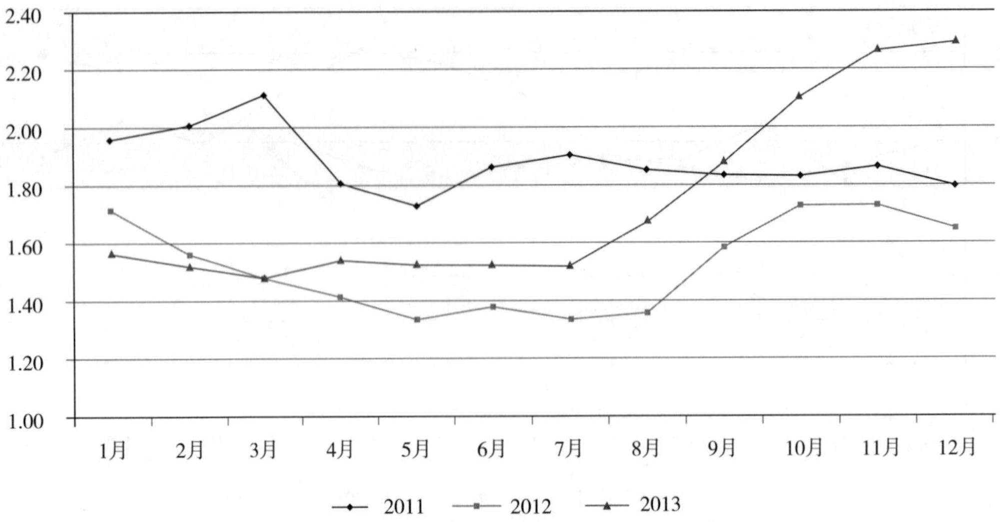

图7-59　2011—2013年美国奶料比

五、脱脂奶粉

脱脂奶粉（包括 Nonfat Dry Milk 和 Skimmed Milk Powder）是美国乳制品生产中最主要的产品之一，也是最重要的出口产品之一，2013 年其国内产量的 58% 用于出口。美国也是我国脱脂奶粉进口的主要来源国。

2013 年美国脱脂奶粉产量保持平稳，产量达到了 95.8 万 t，比 2012 年小幅下降了 2.0 万 t，跌幅为 2.1%，但仍属于历史较高水平。价格则大幅攀升到了 3 793 美元 /t，较 2012 年上涨了 834 美元 /t，涨幅达到 28.2%，创下历史新高。在国际需求增长和美国原料奶增产的前提下，预计 2014 年美国脱脂奶粉产量仍然会出现一定的增长（图 7-60）。

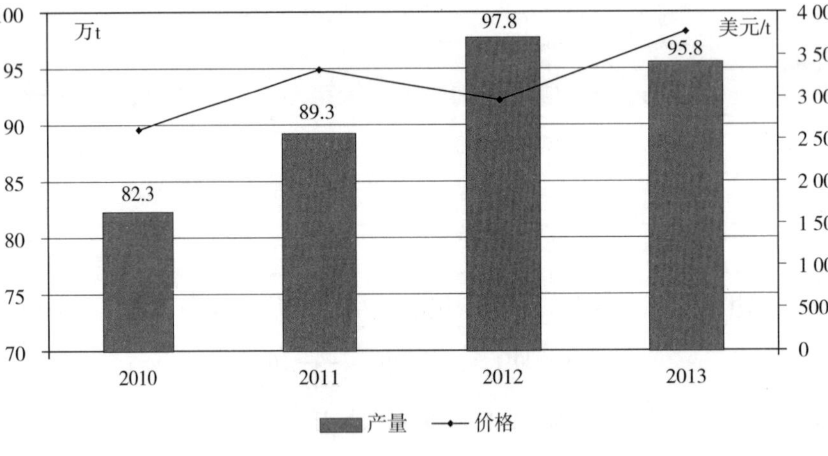

图7-60　2010—2013年美国脱脂奶粉产量及价格

注：美国 NDM 和 SMP 产品很类似，但 SMP 对蛋白含量要求最低 34%，而 NDM 没有这方面的要求；文中价格采用美国西部 FOB 价格，包含特级和 A 级两个品种。

资源来源：USDA

六、奶牛屠宰

美国 2013 年的奶牛屠宰数量为 312.48 万头，比 2012 年增加了 2.35 万头（同比增幅 0.8%），而 2013 年美国奶牛存栏数为 922.0 万头，淘汰率为 33.9%。尽管美国奶牛存栏有所下降，淘汰率高企，但由于泌乳牛单产水平的持续提高，2013 全年牛奶产量增长了 0.45%（图 7-61）。

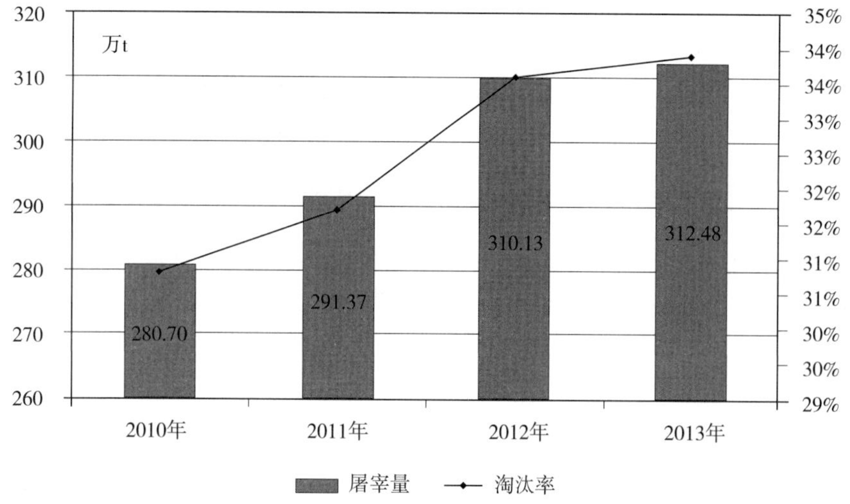

图7-61 2010—2013年美国奶牛屠宰数量及淘汰率

七、苜蓿草出口

中国从美国进口苜蓿草的数量近几年来呈现出惊人的增长速度，在4年前的2009年全年进口数量仅有7.5万t，而2013年就达到了57.5万t，增长了667%，占美国全部苜蓿草出口的比重也从4.8%上升到29.1%（图7-62）。

2013年，美国向中国出口苜蓿草575 282t，同比增长60.2%，向中国出口的数量占美国苜蓿草全部出口量的29.1%。中国是美国苜蓿草出口第二大目的地，第一是阿联酋，第三是日本。

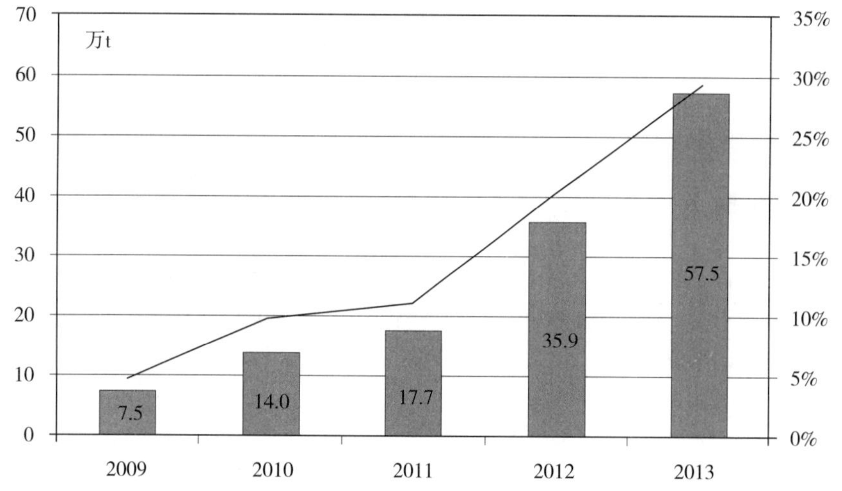

图7-62 2009—2013年中国自美国进口苜蓿草数量及占美国全部出口比重

（中国奶业协会信息中心，陈兵）

2013 年新西兰奶业发展概况

一、原料奶生产

近几年来，由于国际市场需求的拉动，新西兰的原料奶生产一直呈现增长势头，从 2008 年的 1 558.0 万 t 上涨到 2012 年的 2 051.7 万 t，五年间增加了 493.7 万 t，增幅为 31.7%。但 2013 年由于遭受到严重的干旱，新西兰的原料奶产量出现下跌。2013 日历年度新西兰原料奶产量为 2 014.9 万 t，同比减少了 36.8 万 t，跌幅 1.8%。2014 年新西兰的气候条件预计将恢复正常，而旺盛的国际需求和新西兰对南岛的开发有望使新西兰的原料奶产量恢复增长势头（图 7-63）。

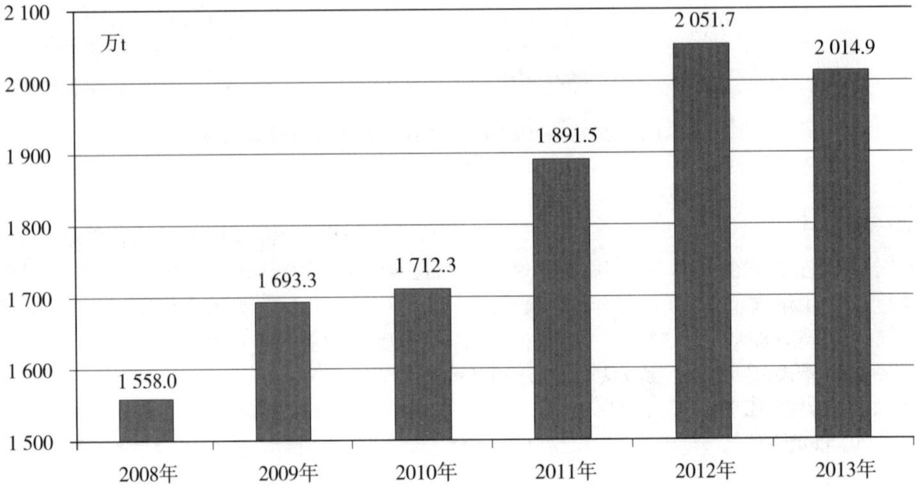

图7-63　2008—2013年新西兰牛奶产量

注：新西兰奶业年度为 6 月 1 日至次年 5 月 31 日

二、原料奶收购价格

新西兰的各大乳企（恒天然控制新西兰 90% 左右的奶源）每个奶业年度（每年的6月1日至次年5月31日）制定一次原料奶收购奶价，中间会做一些调整，因此其价格走势常常表现为阶段性的平稳。

2013 年新西兰的原料奶收购价格平均值为 56.13 新元 /100kg，折合人民币 2.83 元 /kg，比 2012 年的 46.01 新元 /100kg 上涨了 10.12 新元 /100kg，涨幅为 22.0%。从全年的走势来看，1~5 月份，价格保持平稳，6~8 月份大幅上涨，9~12 月份保持在高位（图 7-64，图 7-65）。

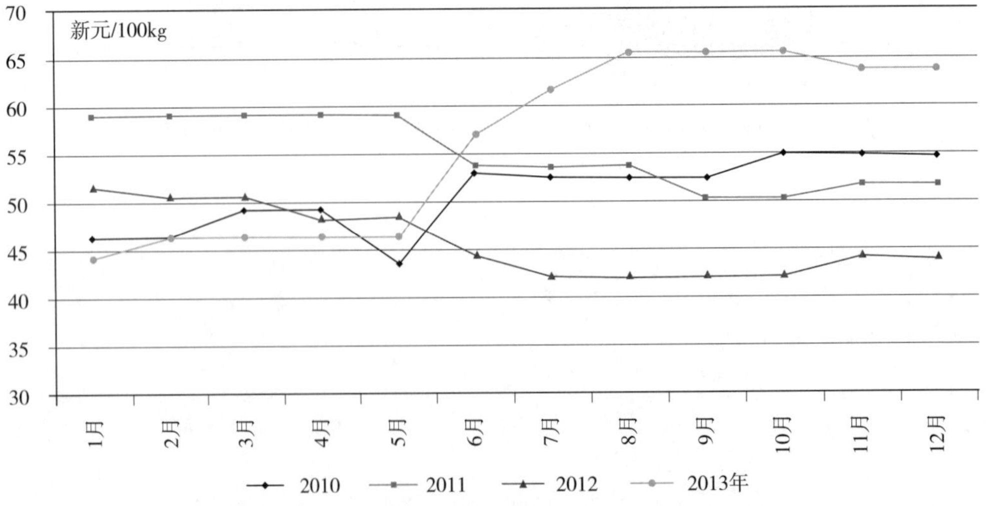

图7-64　新西兰月度原料奶收购价（2010.01—2013.12）

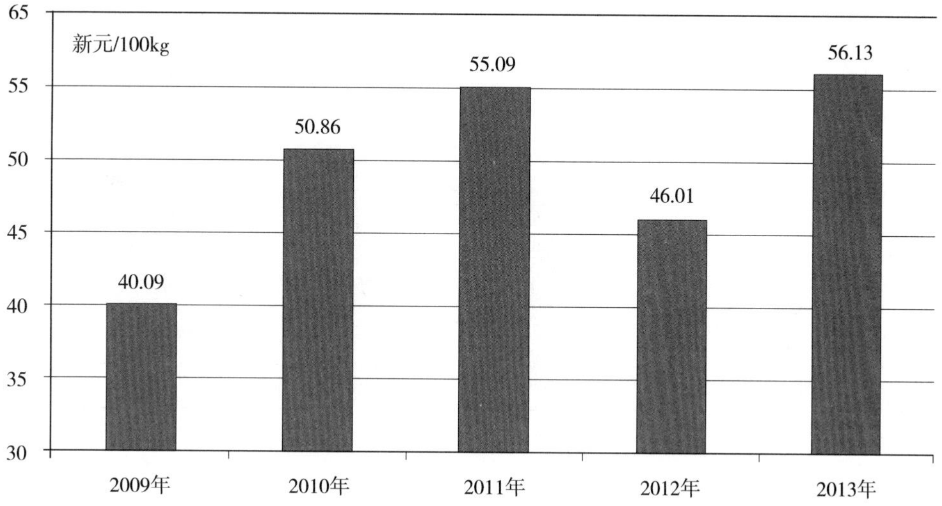

图7-65 2009—2013年新西兰年度原料奶收购价

三、乳制品出口

新西兰绝大部分的原料奶都被制成各种乳制品用于出口，由于地理原因以及乳制品不易长期保存的特点，新西兰出口以干乳制品为主。由于国际乳制品市场需求的不断增长，新西兰乳制品出口数量也一次又一次地刷新纪录。但2013年由于新西兰遭受严重干旱的影响，原料奶产量出现下跌，进而可供出口的乳制品出口不足。

2013年，新西兰乳制品（仅限于海关编码HS0401-0406项下）共出口257.5万t，比2012年减少了15.2万t，跌幅5.6%（图7-66）。

虽然2013年新西兰乳制品出口数量减少，但由于2013年国际乳制品市场的价格大幅上涨，因此出口金额达到了130.52亿新西兰元，比2012年增加了16.41亿新西兰元，增幅为14.4%，占新西兰全部商品出口金额的27.1%，稳居各类商品出口的首位，这一比例比2012年提高了2.4个百分点（图7-67）。

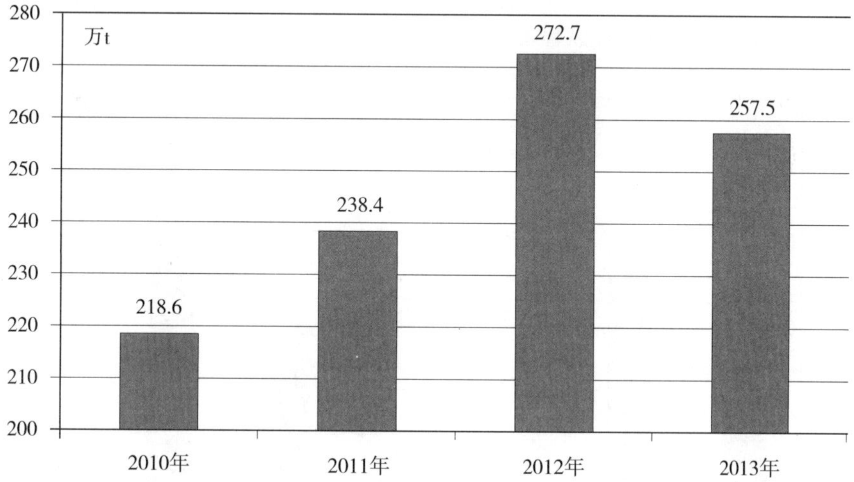

图7-66 2010—2013年新西兰乳制品出口数量

注：数量进行了季节性调整并排除短期不规则变动

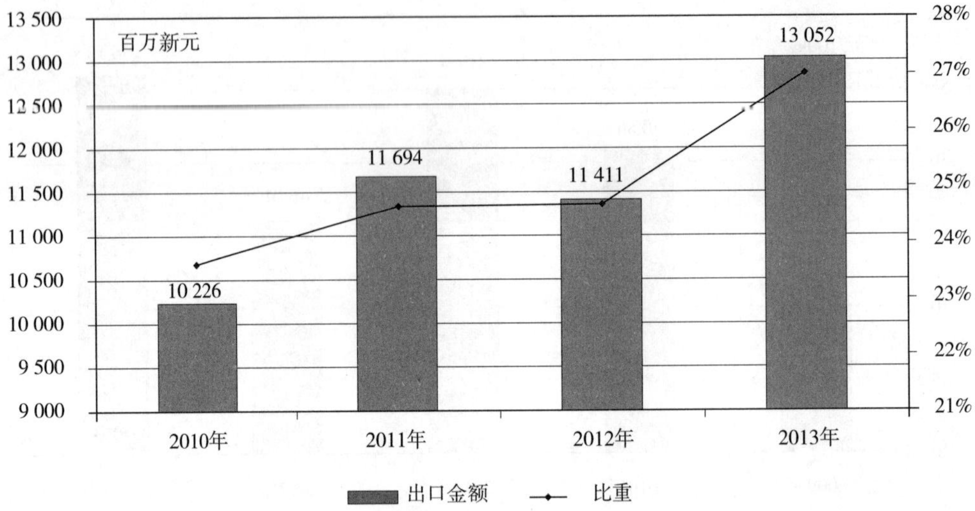

图7-67　2010—2013年新西兰乳制品出口金额及占全部商品出口比例

（中国奶业协会信息中心，陈兵）

2013 年澳大利亚奶业发展概况

一、原料奶产量

2013 年澳大利亚遭受干旱的影响，原料奶产量为 932.3 万 t，比 2012 年减少了 48.1 万 t，跌幅 4.90%，是 2007 年以来的最低位（图 7–68）。从全年来看，1~11 月份的月度产奶量均出现同比下跌，到了 12 月份产量恢复增长，出现 1.4% 的同比涨幅。

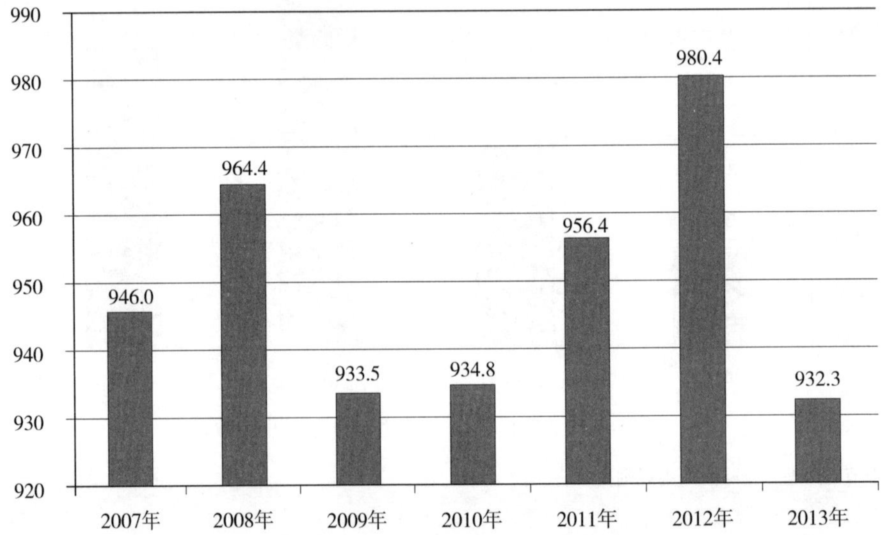

图7–68　2007—2013年澳大利亚原料奶产量

注：澳大利亚奶业年度为 7 月 1 日至次年 6 月 30 日

二、干乳制品生产

由于澳大利亚2013年原料奶产量下跌，造成干乳制品的产量随之下滑，2013年全年澳大利亚共生产干乳制品78.8万t，比2012年减少了6.6万t，跌幅为7.7%。奶酪、脱脂奶粉和全脂奶粉是其最主要的品种，产量分别为29.5万t、20.8万t和12.0万t，所占比重也分别达到了38%、26%和15%，其他干乳制品品种，比如无水奶油、黄油、中脂奶粉和乳清粉的产量和比重相对较小（图7–69）。

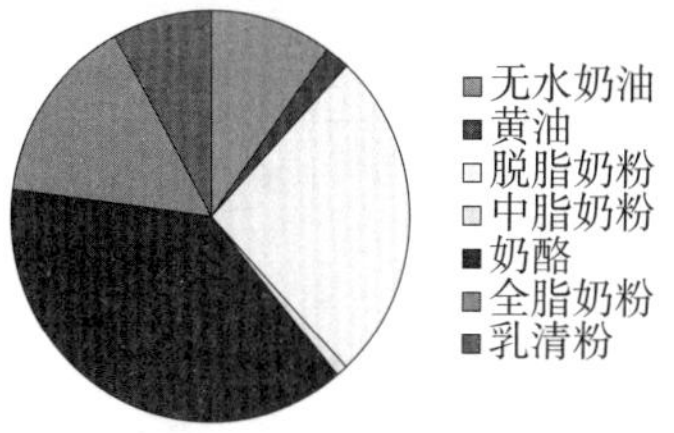

图7–69　2013年澳大利亚干乳制品产量及比重

三、液态奶生产

2013年澳大利亚液态奶产量为24.6亿L，比2012年增加了0.4亿L，增幅为1.7%，由于澳大利亚液态奶主要供其国内消费，并未受到原料奶减产的影响。各类液态奶中，全脂奶和减脂奶是其最主要的品种，产量分别为11.7亿L和6.9亿L，所占比重分别达到了48%和28%，两者合计达到了76%，而其他品种，比如无脂奶、鲜调味奶和UHT奶的产量和比重相对较小（图7–70）。

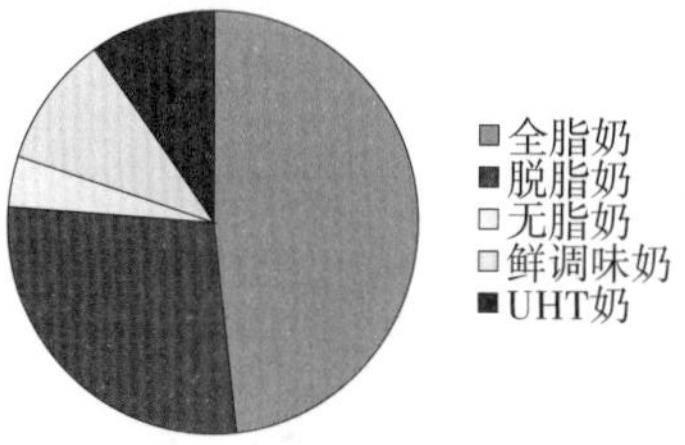

图7–70　2013年澳大利亚液态奶产量及比重

四、乳制品出口

澳大利亚是国际上乳制品出口大国，2013年由于干旱造成原料奶的减产，导致了澳大利亚出口的乳制品也相应减少。2013年澳大利亚共出口各类乳制品752 082t，同比2012年减少了48 785t，跌幅为6.1%；但由于国际乳制品市场价格的上涨，澳大利亚2013年乳制品出口金额上升到29.7亿澳元，同比2012年增加了2.5亿澳元，涨幅为9.2%。

出口量方面，与2012年相比，仅切达奶酪、牛奶和混合物出现同比增长，涨幅分别为6.9%、13.5%和17.0%；其余品种出现下跌，跌幅较大的有脱脂奶粉（跌幅28.7%）、乳清制品（跌幅18.9%）和其他乳制品（跌幅12.5%）（图7–71）。

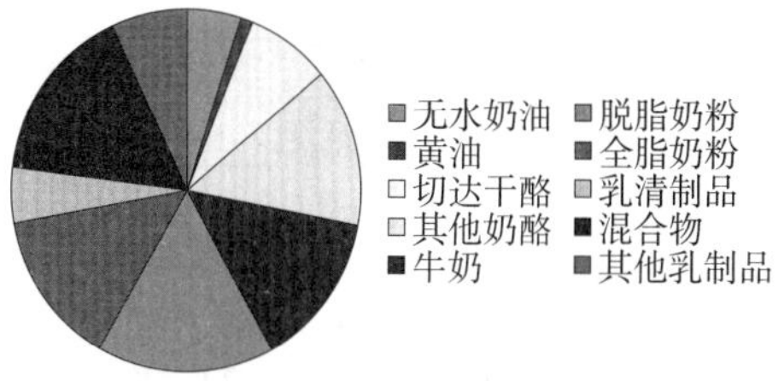

图7–71　2013年澳大利亚乳制品出口数量及比重

出口金额方面，与2012年相比，仅黄油、脱脂奶粉和乳清制品出现小幅下跌（跌幅分别为4.0%、3.8%和2.5%），其余各品种均出现上涨，涨幅较大的有无水奶油（涨幅16.5%）、切达奶酪（涨幅17.6%）、全脂奶粉（涨幅25.6%）和混合物（涨幅18.8%）。

五、奶牛出口

澳大利亚2013年共出口奶牛79 723头，其中出口到中国61 906头，占总量的77.7%，其他主要出口目的地包括：巴基斯坦11 069头（13.9%）、俄罗斯3 595头（4.5%）、印度尼西亚1 514头（1.9%）和马来西亚1 132头（1.4%）等（图7–72，图7–73，图7–74）。

2013年全年澳大利亚奶牛出口总价值（FOB）17 199.4万澳元，平均每头奶牛的出口价格为2 157澳元，按全年汇率5.96折合人民币12 859元/头。

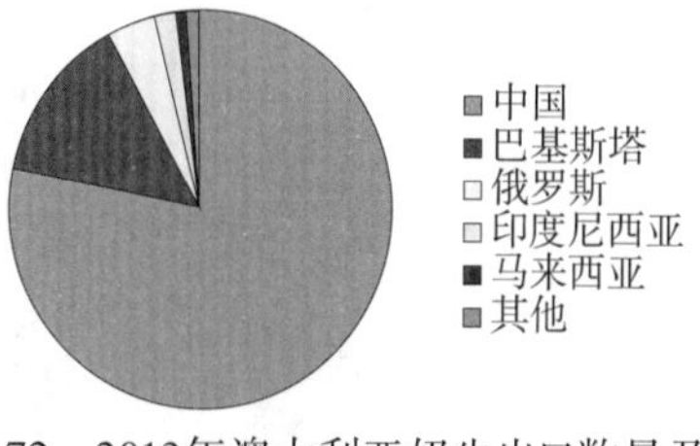

图7–72　2013年澳大利亚奶牛出口数量及比重

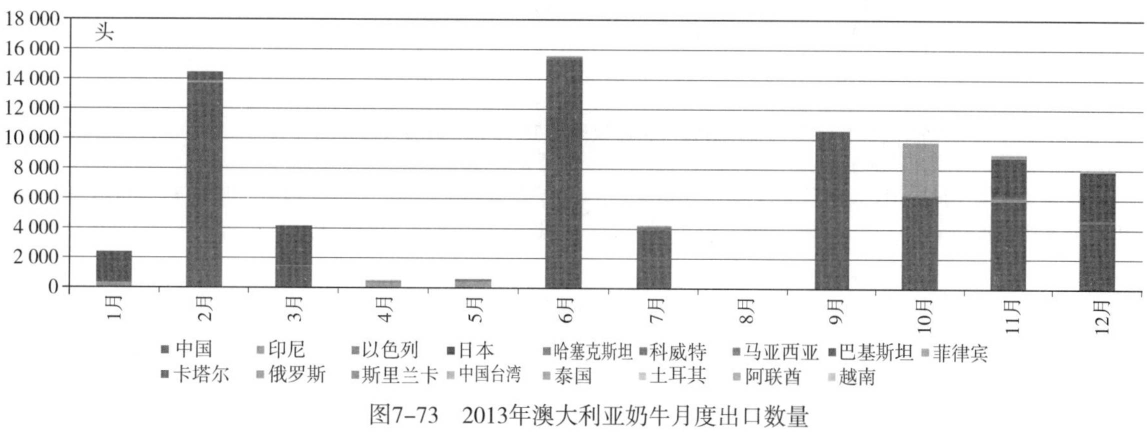

图7–73　2013年澳大利亚奶牛月度出口数量

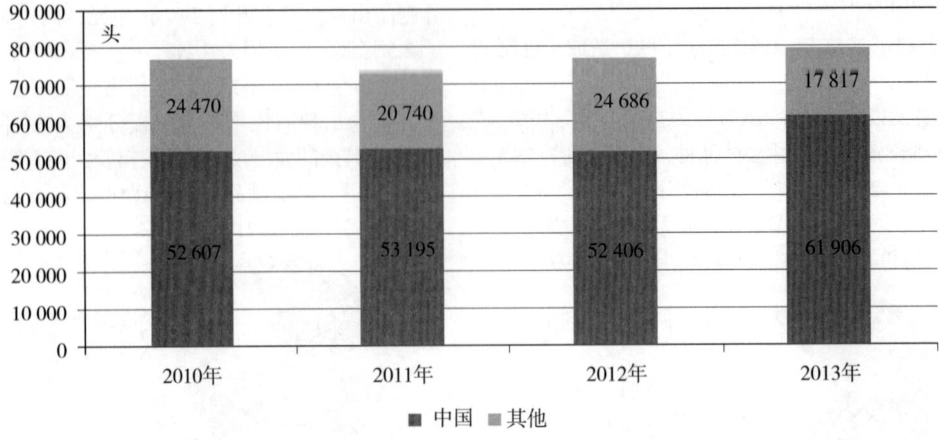

图7-74 2010—2013年中国从澳大利亚进口奶牛数量及比重

（中国奶业协会信息中心，陈兵等）

2013 年欧盟奶业发展概况

一、原料奶收购价格

2013 年欧盟 28 国的原料奶加权平均收购价格为 36.52 欧元 /100kg，按年度汇率 8.17 计算折合人民币 2.98 元 /kg，相比 2012 年的 32.67 欧元 /100kg 上涨了 3.8 欧元 /100kg，涨幅为 11.8%，为近几年的高位（图 7-75）。

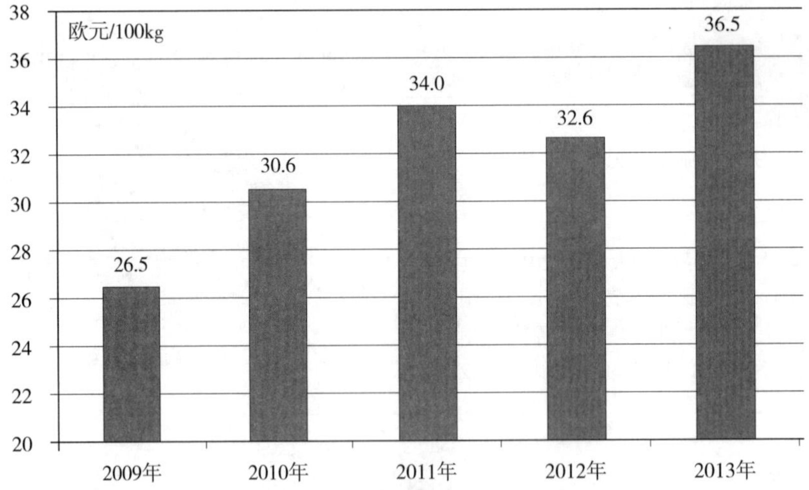

图7-75 2009—2013年欧盟28国原料奶加权收购价格

从月度原料奶加权平均收购价格来看，2013 年的走势在前 5 个月保持平稳，从 6 月份开始一路上涨，年底涨幅有所下降。这与 2013 年国际乳制品市场供给偏紧有一定关系（图 7-76）。

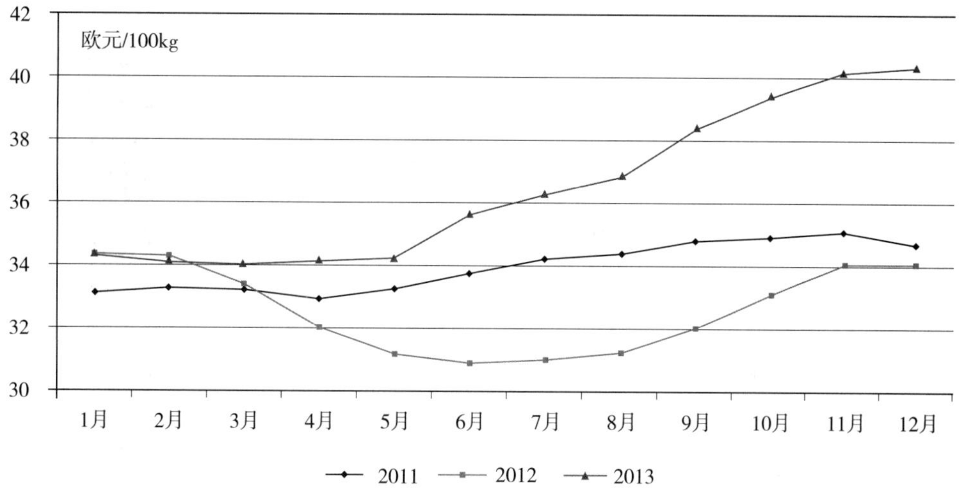

图7-76　欧盟27国原料奶加权收购价格（2011.01—2013.12）

二、主要乳企原料奶收购价格

从欧盟主要乳制品企业原料奶收购价格来看，英国的第一乳业（First Milk）和法国的索迪雅（Sodiaal）全年收购价格始终低于欧盟平均价格，其他几个乳制品企业的收购价格都是围绕着平均价格波动；从价格走势上看，所有欧盟主要乳企都基本与欧盟平均价格走势相同（图 7-77）。

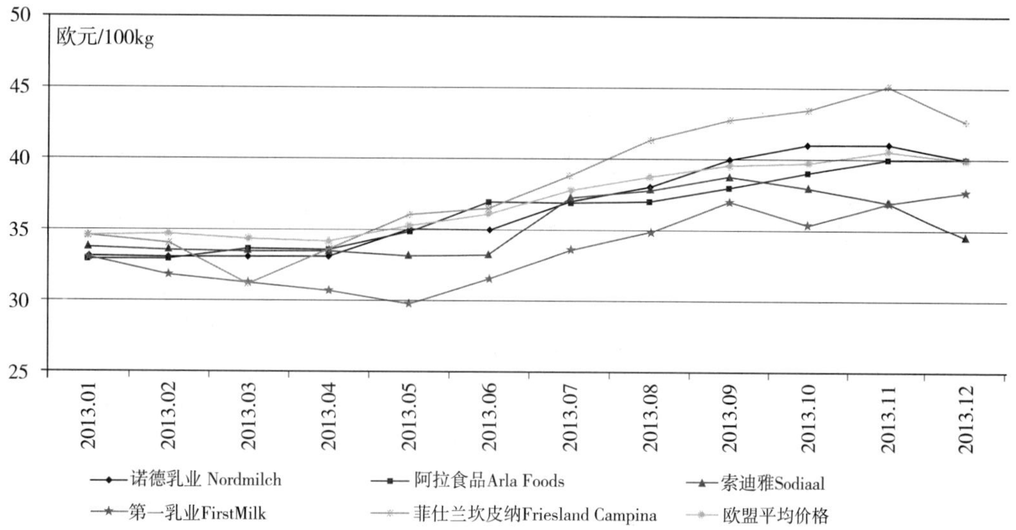

图7-77　2013年欧盟主要乳制品企业原料奶收购价格

三、原料奶生产

在经过 2009 年全球性的奶业危机后，欧盟 28 国的商品牛奶量出现逐年增长势头，2013 年欧盟 28 国的商品牛奶量为 14063.3 万 t，同比 2012 年增加了 92.6 万 t，增幅 0.7%（图 7-78）。

从 2015 年 4 月 1 日起，欧盟将废除牛奶生产配额制度，但目前来看欧盟整体上出现原料奶大幅增产的可能性不大，欧盟内的奶业大国和奶业具有潜力的国家，比如德国、法国、荷兰和爱尔兰等国家可能会出现原料奶产量大幅增长，但一些奶业弱势的国家可能会出现产量下跌的局面。

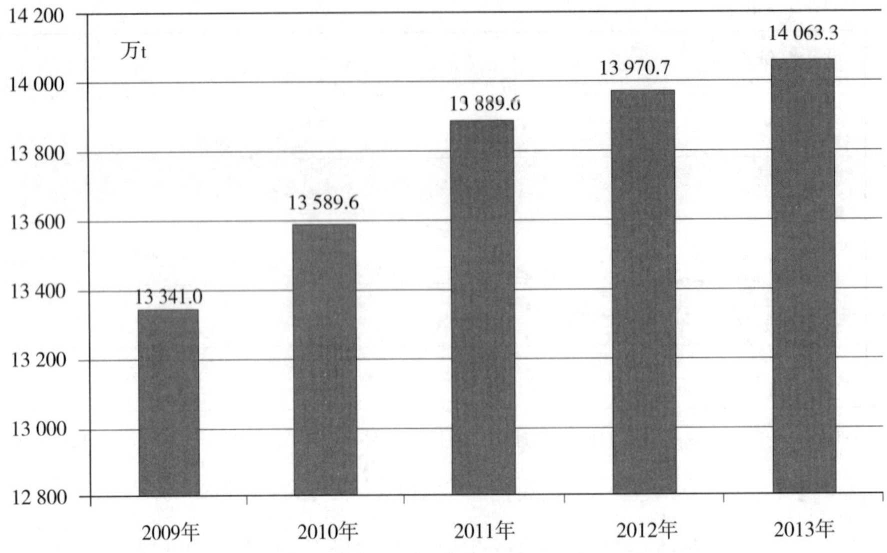

图7-78　2007—2013年欧盟商品牛奶量

注：欧盟的奶业年度为4月1日至次年3月31日

（中国奶业协会信息中心，陈兵等）

2013年丹麦奶业发展概况

丹麦位于欧洲大陆西北端，日德兰半岛上，东靠波罗的海与俄罗斯隔海相望，西濒北海，北面隔斯卡格拉克海峡、卡特加特海峡和厄勒海峡与挪威、瑞典隔海相望，南部毗连德国。丹麦农牧渔业及食品加工业发达，有欧洲"乳酪市场"之称。丹麦农牧业高度发达，农牧结合，以牧为主。农牧业总产值约占国内生产总值的6%，有耕地2.9万平方公里，农场4.2万个。农业科技水平和生产率居世界先进国家之列。农畜产品除满足国内市场外，约65%供出口，占出口总额的9.8%，猪肉、奶酪和黄油出口量居世界前列。

一、奶类生产

1. 奶牛存栏。据LandBrug & Fodevarer资料，2013年泌乳牛存栏56.7万头，比2012年减少了1.2万头。哺乳犊牛9.7万头，比2012年减少了0.3万头。包括其他后备牛，奶牛存栏总量158.3万头，比2012年减少了2.4万头。

2. 牛奶产量。据LandBrug & Fodevarer资料，2013年丹麦牛奶产量502.6万吨，比2012年增长了9.7万吨。

3. 奶牛单产。据LandBrug & Fodevarer资料，2013年丹麦奶牛平均单产9 138千克，比2012年增长了119千克。

4. 牛奶价格。据LandBrug & Fodevarer资料，2014年5月每公斤原料奶的价格平均1.12克朗，折合人民币（1.0584）为1.19元。

5. 牛奶质量。原料奶的乳蛋白率平均3.48%、乳脂率平均4.26%、体细胞数平均21万个/毫升、细菌数平均6 870个/毫升，93.7%的牛奶细菌数低于3万个/毫升，43.3%的体细胞数低于20万个/毫升，82.7%的体细胞数低于30万个/毫升。

6. 养殖状况。丹麦奶牛养殖集中于日德兰岛，全岛产量451.9万吨，占总量的89.9%。丹麦牛奶产量的95.7%来自合作社家庭牧场，4.3%来自独立的个体家庭牧场。全国家庭牧场3 618个，平均饲养规模140多头。丹麦牛奶生产有配额，2013/14年度牧场平均配额1 339吨。在计划分配的3 682个牧场中，配额低于200吨的牧场153个，200~1 000吨的1360个，1 000~2 000吨的1 480个，超过2 000吨的689个。

二、乳品加工

1. 加工固态和液态乳制品比例。丹麦约90%的牛奶加工成固态乳制品，10%加工成液态乳制品，液态奶中主要是低温巴氏鲜奶。

2. 加工企业和加工产品数量。2013年，全国加工企业57家。黄油生产企业12家，生产黄油4.29万吨，其中99.1%产自合作社。奶酪生产企业35家，生产奶酪32.5万吨，87.6%产自合作社。其中，软质奶酪7.66万吨，半软质奶酪1.63万吨，半硬质奶酪11.43万吨，硬质奶酪0.43万吨，鲜奶酪11.34万吨。液态奶生产企业14家，液态奶产量77.16万吨，99.1%来自合作社。

液态奶中纯牛奶（包括半脱脂和脱脂牛奶）49.35万吨，其它液态奶27.81万吨。奶粉产量21.86万吨，其中全脂奶粉6.54万吨、脱脂奶粉4.61万吨、其他奶粉10.7万吨。全国有机奶牧场392个，加工有机黄油产品0.32万吨、奶酪0.43万吨、液态奶17.15万吨。

3. 主要乳品企业的情况。 ARLA即丹麦ARLA乳品公司简称，是丹麦MD Foods和瑞典ARLA两家乳品合作社企业于2000年4月17日正式合并而成，是欧洲最大的乳品集团，成立于1863年，总部位于哥本哈根，至今已有近150年的历史，是欧洲历史最为悠久、规模最大的乳业公司，也是全球最大的有机乳品生产商，可以称之为丹麦奶的代表。有会员农民约14 909户，丹麦7 921户，瑞典6 988户。年加工牛奶71亿公斤，分别为：丹麦40亿公斤、瑞典22亿公斤、英国9亿公斤。MD Foods是丹麦最大的乳品集团，占丹麦乳品市场的90%以上，另外在英国还有乳品加工厂，并在当地有固定的牛奶供货源；瑞典的ARLA公司占本国市场约60%。

2013年荷兰银行发布，Arla年度营业额108亿美元，全球乳业排名第7位（表7-25）。

表7-25　2013年全球乳业20强排行榜

排名	公司	国家	年度营业额（亿美元）	品牌/产品	排名	公司	国家	年度营业额（亿美元）	品牌/产品
1	雀巢（Nestlé）	瑞士	301	雀巢，惠氏	11	联合利华（Unilever）	荷兰/英国	75	黄油，涂抹酱
2	达能（Danone）	法国	194	诺优能，可瑞康	12	伊利（Yili）	中国	65	伊利
3	拉克塔利斯（Lactalis）	法国	180	总统奶酪，左旋肉碱	13	索迪雅（Sodiaal）	法国	58	爱达力
4	恒天然（Fonterra）	新西兰	160	安怡，安满	14	雪印（Snow）	日本	58	雪印
5	富仕兰（FrieslandCampina）	荷兰	135	美素佳儿	15	卡夫食品（Kraft Foods）	美国	57	卡夫乳制品
6	美国奶农（Dairy Farmers of America）	美国	121	液态奶，大包装奶基	16	诺德胡马纳（DMK）	德国	57	胡玛纳有机奶粉
7	阿拉食品（Arla Foods）	丹麦/瑞典	108	蒙牛合作阿拉奶粉	17	蒙牛（Mengniu）	中国	57	蒙牛
8	迪恩食品（Dean Foods）	美国	88	液态奶，奶制品，果汁	18	保健然（Bongrain）	法国	53	百吉福奶制品
9	萨普托（Saputo）	加拿大	84	乳清蛋白，黄油	19	施雷伯食品（Schreiber Foods）	美国	45	奶酪
10	明治乳业（Meiji）	日本	77	明治	20	缪勒（Müller）	德国	42	酸奶，乳制品

三、乳品消费

2013年，丹麦全国消费液态奶总量74.15万吨，人均消费液态奶132.2千克。除液态奶外，还消费一些黄油、奶酪等。

四、乳品贸易

2013年，丹麦全脂奶出口20.6万吨，进口1.5万吨。黄油出口3.7万吨，主要出口欧盟28国，占总出口数量的63%，出口中国192吨。进口黄油1.47万吨。奶酪出口29.31万吨，占生产量的90.2%，主要出口欧盟28国，数量23.49万吨，占出口奶酪数量的80.1%，出口中国664吨。奶酪进口8.05万吨。液态奶出口7.66万吨，进口液态奶7.05万吨。奶粉出口19.21万吨，进口奶粉5.09万吨。

（北京天山凯风畜牧有限公司，信维力、冯番、岳子惠、马丽；
中国奶业协会信息中心，周振峰；丹麦微蝌国际育种公司，
翰森（Hans）

2013年瑞典奶业发展概况

瑞典位于北欧斯堪的纳维亚半岛的东南部，面积约45万平方千米，是北欧最大的国家。东濒波罗的海，西南临北海，约15%的土地在北极圈内。东北部与芬兰接壤，西部与挪威为邻，西南与丹麦隔海相望。全国耕地面积260多万公顷，约占国土面积的6%。农业产值虽不足国内生产总值的2%，但农业科技发达，粮食、肉类、蛋和奶制品自给有余，蔬菜、水果依靠进口，农产品自给率达80%以上。在农业中畜牧业地位突出，畜牧业占农业总产值的80%以上，畜牧业产值主要来源于肉类和乳制品，奶业产值约占农业产值的35%。

一、奶类生产

1. 奶牛存栏。据LRF DAIRY SWEDEN和瑞典农业委员会数据，2013年，瑞典奶牛存栏34.6万头。

2. 牛奶产量。据LRF DAIRY SWEDEN和瑞典农业委员会数据，2013年，瑞典牛奶产量287万吨。

3. 奶牛单产。据LRF DAIRY SWEDEN和瑞典农业委员会数据，2013年，瑞典泌乳牛平均单产8 389千克。

4. 牛奶质量。据LRF DAIRY SWEDEN和瑞典农业委员会数据，2013年，瑞典原料奶（乳脂4.2%、乳蛋白3.4%）的价格平均为3.51克朗/千克，折合人民币为3.01元/千克。

5. 奶牛品种。瑞典主要饲养荷斯坦牛（SLB），平均单产9 869千克；其次是瑞典红牛（SRB），平均单产9 191千克；另外还有瑞典无角牛（SKB）平均单产5 750千克和瑞典娟姗牛（SJB）平均单产8 609千克。

6. 饲养状况。受地理和气候因素的影响，瑞典奶业生产主要集中在中南部，瑞典共有场（户）5 000家，平均饲养奶牛75头。瑞典牛舍分为栓系和散栏两种，栓系占比45%（其中窄卧栏36%、宽卧栏9%）；散栏占比55%，其中有供暖系统40%，无供暖系统15%。瑞典奶业生产记录比较完善，86%的牛奶产量有记录，78%的奶牛有记录。在有记录的奶牛中，95%的奶牛实施人工授精，其中59%的奶牛是奶农个人在场内进行人工授精，初产年龄平均28月龄。在已登记的牛场中，存栏规模50头以下的有1 521个，50~100头的有1 231个，大于100头的757个。

二、乳品加工

2013年，乳制品加工企业19家，产量139.7万吨，其中加工鲜奶86.4万吨、发酵乳（酸奶等）24.8万吨、奶油10.4万吨、奶酪1.7万吨、黄油1.7万吨、奶粉7.4万吨。主要乳品企业有ARLA FOODS、FALKOPINGS MEJERI、GEFLEORTENS MEJERIFORENING等。

三、乳品消费

2013年，人均乳制品消费量折合为液态奶为300多千克。其中，鲜奶92.1千克、发酵乳（酸奶等）35.9千克、奶油13.2千克、黄油2.2千克、奶酪（包括鲜奶酪和加工奶酪）19.8千克。

四、乳品贸易

据瑞典统计局数据，2013年瑞典进口奶粉8 574吨，牛奶和奶油44 957吨，发酵乳制品（酸奶等）95 178吨，奶酪（包括鲜奶酪）119 069吨，黄油8 456吨。出口奶粉69 618吨，牛奶和奶油73 105吨，发酵乳制品（酸奶等）10 109吨，奶酪（包括鲜奶酪）20 161吨，黄油3 265吨。其进出口和贸易国家主要是欧盟内部国家，少量涉及非欧盟国家。

（利拉伐（天津）畜牧有限公司，宗扬；
中国奶业协会信息中心，周振峰）

2013 年挪威奶业发展概况

挪威位于北欧斯堪的纳维亚半岛西北部，西临挪威海，与丹麦隔海相望。东邻瑞典，东北与芬兰和俄罗斯接壤，南同丹麦隔海相望，西濒挪威海。挪威可耕地面积 1 030 万公顷，其中牧草地 660 万公顷。副食基本自给，粮食主要靠进口。挪威农林渔业总产值约占挪威国内生产总值的 1%，从业人口约占总劳动力的 3.3%。

一、奶类生产

据 Geno 提供资料，挪威全国泌乳牛存栏 23 万头，有 13 000 个牧场，牧场平均规模为 24 头。挪威奶牛品种的 97% 为挪威红牛，1% 左右为荷斯坦牛，其它品种 2%。全国牛群的 96% 以上参加生产性能测定（DHI）。依据 2013 年的 DHI 数据，全国平均单产为 7 625 千克、乳脂率 4.19%、乳蛋白率 3.36%，体细胞数 12.1 万。其中，最高产奶牛（牛号 1430 0140-0544）产量为 16 594 千克，体细胞数 6 万，产犊 3 头，受胎率 100%，胎间距 381 天；产量最高的牧场（场号 4170）平均产量 12 755 千克、乳脂率 4.14%、乳蛋白率 3.33%；前 50 牧场平均为 10 913 千克，乳脂率 4.31%、乳蛋白率 3.42%。挪威奶牛在提供以上产奶量的同时，还承担了全国 80% 的牛肉消费。全国每年 30.3 万次产犊，所有犊牛均得到饲养，最终提供牛肉，包括成母牛和青年牛。

二、乳品加工

挪威有 8 家乳品企业，其中缇娜（Tine）公司占有 90% 以上的市场份额，而且所有牧场的原奶均由缇娜专门负责原奶收购的子公司以全国统一价格收购，再以通过公平规则计算的统一价格提供给所有 8 家乳品企业。缇娜有 34 个加工单元，分布在全国。缇娜有 2.5 万个销售点（直接客户、商店、超市等）。缇娜的产品数量有 1 300 个品种。2013 年缇娜加工牛奶 15 亿千克，羊奶 0.25 亿千克。

三、乳品消费

2013 年人均乳品年消费约 290 千克原奶。其中：液态奶 91.0 千克，酸奶（含进口）11.4 千克，奶油与酸奶油 9.7 千克，白乳酪、山羊乳酪、溶化乳酪 18.2 千克，黄油（含调味黄油）2.9 千克，冰淇淋 13.9 千克。液态奶几乎 100% 都是巴氏低温奶，极少超高温灭菌奶（UHT）。

（基诺红牛育种（上海）有限公司，印菲菲；
中国奶业协会信息中心，周振峰）

企业发展

QIYE FAZHAN

【加工企业】

责任在肩　心系于民

——完达山乳业

"质量是基础，品牌是旗帜，责任是荣耀，诚信是基石。"完达山乳业董事长王景海掷地有声，责任在肩、心系于民，让完达山乳业品牌在黑土地飘香并远播。

【喜获众多荣誉】20世纪60年代，老牌国企完达山创造了大颗粒速溶奶粉新工艺并引领中国乳业进入速溶时代；80年代，连续四次摘得中国食品质量最高奖——银质奖章的北大荒人。进入新世纪，完达山乳业捷报频传：连续多年被国家八部委认定为全国农业产业化重点龙头企业，连续两次荣获"亚洲品牌500强"，成为乳业唯一获得第四届"CCTV中国年度品牌奖"，"中国信用典范企业"，"2013品牌中国华谱奖"和"2013品牌中国大奖——最佳质量成就奖"；董事长王景海入选"亚洲品牌管理杰出人物"，"品牌中国年度十大人物"，"2013行业最具影响力人物"，第四届"全国道德模范提名奖"；完达山安力聪婴幼儿配方奶粉成为国家"双提"行动中首批推广国产奶粉品牌，产品连续六次成为全国"两会"代表的专供奶品，2014年6月被世界品牌实验室及独立的评测委员会评测为"2014年（第十一届）中国最具价值品牌"，品牌价值评估为145.36亿元人民币。

【注重奶源建设】中国奶业协会名誉会长刘成果曾多次强调，奶源是乳品加工的第一车间。多年来，完达山秉承奶源先行，创建绿色、生态奶源基地的思路，不断夯实奶源基地建设。完达山乳业坐拥北纬45度和寒地黑土赐予的双重自然优势，孕育出世界顶级黄金奶源带。经检测，完达山奶源基地19项国家生态指标达标率100%，被国家绿色食品管理中心认定为绿色食品乳品生产基地。

近年来，完达山乳业依托黑龙江的资源和地缘优势，全力打造产品质量安全可追溯的绿色乳制品产业链体系，淘汰落后的养殖方式，建设现代化牧场，建立无污染、规模化、现代化生态牧场，创建了集牧草种植、草料加工、奶牛养殖、机械挤奶、低温贮存、冷链运输、粪污处理、生态环保于一体的良性循环的新型生态奶源基地。2013年，利用省政府扶持政策，在农垦九三分局建设10个规模牧场，引进优质奶牛1.96万头，预计2015年陆续产奶；2014年计划在北安、牡丹江、红兴隆分局新建规模牧场44个，引进优质奶牛5万头，运行投产后日产奶量可达1 000吨。

【强化生产管理】在大型牧场，每头奶牛都佩戴一个精致的耳环，它就像人的身份证，记录着奶牛的各种信息。通过整理、分析这些信息，可时时监控奶牛健康、运动和生产。在日粮上，奶牛不再有啥吃啥，而是营养套餐，既有优质苜蓿，也有优质玉米青贮和配合精料。由于实施科学饲养，完达山乳业规模化牧场奶牛平均单产已经超9吨，达到国内先进水平。

在生鲜乳质量管理上，完达山乳业把牧场、小区、奶站作为乳品生产的"第一车间"，保证饲料管理使用、挤奶、储存、运输等每个环节都是可控制的，并实行直接与奶农签订牛奶收购合同，采取原料奶收购"直通车"与"牧场小区规范饲养、集中机械榨乳、快速冷链运输"的管理模式，进一步从源头上保证了牛奶的安全。

在产品质量标准上，完达山乳业积极推进以食品质量安全为中心的全产业链安全管理战略，通过导入GMP(乳制品企业良好生产规范)、HACCP（危害分析与关键点控制）、ISO9001（质量管理体系）、ISO14000（环境管理体系）、OHSAS18001（职业健康安全管理体系）、CMS（诚信管理体系）六大体系认证，实施"5S"现场管理，并制定了优于国家标准的企业内控标准，完善质量与食品安全标准多达1155项100多万字。六大体系认证贯穿完达山产品的整个生产过程，从产品设计生产前的风险防范以及对牧场、饲养、原奶、人员、设施、工艺、物流的要求，到生产作业过程中的标准规范、危机识别和质量控制，再到包装运输的控制和指标，每一个生产环节所涉及的方方面面都得到规范。

【注重科技研发】在科技研发上，完达山乳业近年来投入1亿多元用于改善科技研发条件以及人才的引进和培养方式，通过走自主研发和合作开发之路，始终瞄准世界乳品的前沿技术和智力资源，形成了以博士生为学术带头人、研究生为研究先导、本科生为研究基础的人才架构，建起了博士后科研工作站，注重科技人员的培养和科技水平的提高，与国外多家研发机构共同构建国际化虚拟研发体系，与国内10余所高等院校联合组成科研开发实体，形成产品"研发一代，上市一代，储备一代、构思一代"的良性循环，企业每年都有十几项新产品投放市场。还承担了多项国家、省、市及总局的攻关课题等，已获得省级鉴定验收的科研成果40多项、国家级鉴定验收的科研成果3项，申报发明专利12项，其中有8项已获得国家知识产权局的授权。与美国联合研发的安力聪婴幼儿配方奶粉已通过中山大学的临床试验并获得国家发明专利，成为"双提行动"计划主推的国产品牌。

【实现全程追溯】完达山婴幼儿配方乳粉追溯系统涵盖了奶源、加工、检验、成品出库至物流、市场等产业链全过程。以二维码技术为手段，从源头建立奶源数据化管理系统，使奶站生鲜乳检测与生产工厂实行信息共享，让消费者和政府职能部门根据追溯系统可以查询生鲜奶各种检测结果；在生产环节的配料过程中，原料经检验合格后，逐一赋码，通过PLC中央控制系统，将重要参数自动记录存储，可随时导出与查询；成品包装过程中，公司采用条码赋予产品身份，在单个袋（听）产品的外包装上也附上二维码，定义独立身份；检验部门通过实验室管理系统，实现了当天将全部检验结果上传至信息平台。消费者只要通过智能手机等智能终端扫描产品二维码或登陆政府网站平台进入二维码查询界面，便可实现对产品名称、规格、生产日期、生产者名称、保质期、产品标准代码、生产许可证编号、生产地、适用年龄、产品说明10项信息的一次实时追溯。目前，完达山乳业基本建成实用、便捷、可扩展的产品质量安全信息追溯体系，增强了消费者对国产乳制品质量安全的信心。

责任在肩，心系于民。未来，完达山乳业将继续依托绿色奶源基地，以"技术优势、质量安全、诚信品牌"，为振兴中国乳业做出新的贡献，实现新的跨越。

（黑龙江省完达山乳业股份有限公司　毛亚男）

用一点一滴的行动实现品牌发展

——蒙牛乳业

【经营业绩】2013年蒙牛企业经营情况良好，各项数据持续增长。据年报显示，2013年实现营业收入433.6亿元，比2012年增长20.4%，不含雅士利增长16.3%；实现净利润16.3亿元，比2012年增长25.2%。其中，液体奶收入379.03亿元，比2012年增长17.2%，占整体收入比重较去年下降2.2个百分点；冰淇淋收入30.234亿元，比2012年下降4.7%，占整体收入比重较去年下降1.8个百分点；奶粉收入21.773亿元，比2012年上升393.0%，占整体收入比重较去年上升3.8个百分点；其它乳制品收入2.535亿元，比2012年上升94.6%，占整体收入比重较去年上升0.2个百分点。

2013年蒙牛销售额超过430亿元，连续5年位列世界乳业前20强。目前，蒙牛已经建成了集奶源建生产、乳品加工、销售、研发为一体的乳制品产业链，蒙牛在全国20多个省区市建立了31个生产基地50多个工厂，年产能超过770万吨，产品销售覆盖全国，并远销新加坡、蒙古、中国香港、中国澳门等国家和地区。

【资源整合】近年来，蒙牛着力整合全球优势资源，先后与丹麦Arla–爱氏晨曦、法国Danone（达能）、美国White Wave（白波）、新西兰AsureQuality（安硕）达成战略合作，并联合君乐宝、雅士利、现代牧业、原生态牧业等国内优秀伙伴，快速与国际乳业先进水平接轨，为消费者提供营养健康的食品。目前，蒙牛旗下子品牌涵盖高端品牌、休闲品牌、功能品牌、低温品牌等十几个，其中特仑苏、未来星、焕轻、新养道、优益C、冠益乳、纯甄等品牌多次获得行业相关奖项荣誉。

【质量管理】在管理中，蒙牛对标国际领先企业的质量管理模式，梳理奶源、加工、销售各项生产环节，建立起从"田间到餐桌"全产业链"端到端"质量管理体系，从原料到成品、到经销的每个环节，都标准化管理，让市场上每一包牛奶都能被追溯，确保每一包牛奶的质量安全。蒙牛积极与国际乳企对标，运用国外先进的生产设备和管理技术，通过系统化管理，实现"从田间到餐桌"全程可控和产业链的全面升级。奶源是乳品企业品质控制的第一道关口，稳定奶源供应和提升奶源质量是蒙牛近年的主要工作。蒙牛着力打造集约化、高质量奶源基地，不仅建成了规模化示范牧场赛罕牧场、宿迁牧场，还首创牧场主大学项目提高牧业管理水平，为奶源提供安全管理保障。还通过参股大型牧场、提供委托贷款、预支奶款等方式，加快集约化规模化养殖进程，提升奶源供应的整体水平及质量控制，保证优质奶源长期稳定的供应。

【创建互动体验】为了让消费者身临其境地感受乳

制品生产与消费过程，2014 年，蒙牛六期工厂进行了环境改造升级，增添了多项互动体验，修建了欧洲风情的乳文化长廊，记录着国内外牛奶相关的故事、传说，工厂参观成了一个开阔视野、有无限乐趣的乳都工业旅游项目。在互动区，引进了先进的声控影像仪器，只要在指定区域用不同的音量呼喊，缤纷的水果与顺滑的牛奶就会交融、旋转、滑落；在体感互动区，只要体验者张开嘴巴，就可以“喝”到香醇的牛奶，“吃”到冰爽的雪糕；还可以同蒙牛标志性代言萌偶“大眼萌”进行趣味互动；还有虚拟讲解员逐一向游客介绍蒙牛的产品。

【关爱消费者】蒙牛开展了系列“一点一滴的好”品牌行动，用音乐、快闪等时尚又不失亲切的形式与消费者零距离沟通。2014 年 4 月，蒙牛邀请音乐组合羽泉合力打造了品牌歌曲《一点一滴》，并在蒙牛 3 万多名员工中进行“唱响点滴 - 寻找蒙牛最强音”选拔活动，推出由蒙牛员工演绎的品牌歌曲 MV。7 月开始，总裁孙伊萍带领蒙牛员工走进消费者中间，在成都、大理以及 K113 次列车成昆线上进行了 3 场“一点一滴的好”快闪行动，在唱响品牌歌曲的同时，为人们送去点滴关爱，希望启发人们发现爱，传递爱。由此开始，蒙牛全国各大区事业部也纷纷掀起了各具特色、温暖的快闪行动，得到了消费者的关注和热情参与。此外，蒙牛还联合南都娱乐周刊邀请田亮、陈楚生等明星参与“一点一滴的好”明星公民启动仪式，借明星的影响力号召人们践行一点一滴的随手公益，珍惜身边一点一滴的好。

【创新提升】打造可持续生态圈。围绕共赢理念，打造可持续生态圈，蒙牛将牧场主、供应商以及城市经理人等合作伙伴共同纳入社会责任管理范畴，倡导跨界合作、共享价值的理念，为产业链上各利益相关方搭建发展平台，形成解决社会问题、满足社会需求的整体战略。推出二维码“可追溯”纯牛奶。蒙牛精选牧场纯牛奶，利用二维码技术，实现奶源追踪，让消费者随时掌握精选牧场的精细化管理。**蒙牛“大眼萌香蕉牛奶”萌翻上市。**在电影《神偷奶爸》热映之时，蒙牛与环球影片公司达成合作，将新品“香蕉牛奶”与电影中人气旺盛的卡通形象“小黄人”进行结合，建立属于品牌本身的名称“大眼萌”，将香蕉奶打造成中国时尚年轻群体的新宠饮品。**蒙牛跨界智能科技，打造 M-PLUS 纯牛乳。**M-PLUS 是智能硬件、智能应用和高品质牛奶的组合，通过智能硬件和应用实时监测人体的体征数据和变化曲线，据此指导消费者如何饮用由蒙牛为运动健身爱好者专门定制的纯牛乳，从而为消费者提供“监测、分析、指导”三位一体的健身私教服务。**特仑苏谷粒牛奶。**来自特仑苏专属牧场的金牌奶源，选用澳洲进口燕麦，采用国际最先进的生产工艺，打造全球独有的生产线，为消费者倾力呈现，具有“实粒牛奶、实粒燕麦、实粒品质、实粒营养、实粒加餐”五个“实粒”特点，满足营养与代餐功能的全新牛奶。

【奖项荣誉】蒙牛大眼萌香蕉牛奶获得“广告主品牌奖之营销传播金奖”。2014 年 10 月 26 日，在中国广告协会主办的 2014 中国广告长城奖奖项评选中，蒙牛大眼萌香蕉牛奶的创新营销获得了评委一致认同。蒙牛优益 C 获评香港“惠康超市十大名牌”。2014 年 10 月 23 日，在香港惠康超市一年一度的超市名牌选举颁奖典礼上，蒙牛优益 C 与可口可乐、维他柠檬茶、桂格等九家国际知名品牌一道，荣获“惠康超市十大名牌”。蒙牛焕轻品牌获得“中国健骨工程突出贡献奖”。焕轻品牌是中国首款面向中老年人的高端功能乳品，从配方上满足中老年人身体的钙吸收，帮助我国中老年群体减少因骨质疏松、心血管疾病等带来的健康问题。蒙牛新养道入围“最佳功能性乳制品”奖项评比。土耳其时间 2014 年 6 月 17 日，在伊斯坦布尔的世界乳品创新大会上，新上市的专注于“乳糖不耐受”人群的“零乳糖牛奶”——“蒙牛新养道”，从来自 30 个国家的 160 个竞争产品中脱颖而出，成功入围“最佳功能性乳制品”奖项评比。蒙牛未来星儿童牛奶获得“中国轻工业联合会科学技术进步奖三等奖”、“第五届 CDIE 中国国际乳产品及乳制品博览会金奖”等多个荣誉。蒙牛未来星儿童牛奶是中国第一款专业儿童牛奶，填补了中国儿童牛奶市场的空白。未来星采用了专为儿童设计的营养配方，精选天然的牧场奶源，100% 纯鲜奶制造，强化了多种营养元素，特别添加了 DHA 藻油、牛磺酸和益生元。提高脑细胞的活性，使孩子营养吸收更均衡，身体更健康。特仑苏醇纤牛奶获得“中国轻工业联合会科学技术优秀奖”。作为国内首款关注心脑血管健康的牛奶，特仑苏醇纤牛奶创新组合了植物甾醇脂与膳食纤维，同时满足优质乳蛋白和降低坏胆固醇吸收的双重需求，平衡身心、保护心脑健康，让人们在享受口感醇香的牛奶美味同时平衡胆固醇、平衡机体。特仑苏有机奶获得“第八界中国国际有机博览会金奖”。特仑苏有机奶来自特仑苏专属有机牧场，是按照有机标准生产，从种植、饲养、畜牧管理到生产、加工及运输的各个环节严格执行中国国家标准。并经中国农业部中绿华夏有机食品认证中心全程跟踪一一对位认证，实现了全程无污染、无添加、无农药残留及重金属残留的天然有机承诺。

【年度大事】2014 年 1 月 6 日，雅士利向蒙牛乳业附属合资公司出售雅士利（郑州）营养品有限公司 100% 股权。此次股权转让协议是蒙牛与雅士利继奶粉业务后，在液态奶版块上的又一次合作。

1 月 6 日，蒙牛与北美食品巨头 White Wave Foods 建合资企业，蒙牛乳业与美国白波分别持有 51% 及 49% 的权益。本次合作旨在展开蒙牛在植物蛋白领域的产品战略布局，丰富奶制饮品种类，通过一系列优势资源整合，助推蒙牛国际化步伐的迈进。

2 月 12 日，蒙牛与法国达能签署认购协议，蒙牛向达能定向增加相当于总股本 6.6% 的股份，交易涉及资金总量约 51.53 亿港元（约 6.65 亿美元）。自此，达能持有的蒙牛股本由之前的 4.0% 增至 9.9%，成为蒙牛第二大股东。

4 月 26 日，由中、丹两国农业部牵头成立的首个乳业国家级项目“中国－丹麦乳品技术合作中心”，正式入驻中粮营养健康研究院。丹麦 Arla 将与蒙牛携手，为两国的乳品技术，特别是奶酪研发提供创新平台，研发适合中国人口味的奶酪。

5月，蒙牛乳业联合利乐、纷美、芬美意等合作伙伴，与中国农业大学开展了“大学生营养创新公益项目”，这是一项以培养选拔创新人才、并支持学生实现创业营养梦想为核心的跨界合作。蒙牛不但向农大教育基金会捐赠了100万元“营养梦想基金”，还联合伙伴开创“蒙牛梦想精英班”，为大学生们带去9堂创新案例营销课，全方位的导入创新理念和产品创新研发流程，为90后大学生提供全面接触产业链的机会。除此之外，蒙牛还开展了“我的营养梦想”创新大赛、“创新的青年最美丽”创新实践训练营等一系列活动，并从大学生的创新作品中选拔出了一款产品，蒙牛和伙伴企业全产业链帮助产品实现商业化研发。

6月3日，蒙牛与达能合资的内蒙古蒙牛达能乳制品有限公司营业执照合资变更获批，实体成立，公司进入全面运营阶段。

6月26日，蒙牛与SAP签订了《战略合作协议》，应用SAP的标准流程，集中全力进行公司信息系统的整合和执行。目前，蒙牛SAP系统建设已经取得一些成绩。

7月17日，达能（上海）投资有限公司以2.85亿元人民币的增资款，持有蒙牛包括通辽、清远、眉山等六家低温子公司20%的股权，加上今年4月达能以9.68亿元人民币增资并持有内蒙古蒙牛达能乳制品有限公司20%股权，至此，蒙牛旗下七家子公司现已完成从内资企业向中外合资企业的变更。

7月，蒙牛携手光明日报开展了“镜头中的中国乡村教育”摄影活动，曾拍摄希望工程项目的摄影师解海龙等十位大牌摄影师积极参与，他们的作品用直指人心的力量记录乡村教育现状，激发人们关注乡村教育的发展。

8月3日，在得知云南昭通鲁甸县发生18年来最强地震之时，蒙牛乳业第一时间启动救灾响应机制，发挥在四川汶川、四川雅安、青海玉树等抗震救灾中积累的经验，成立地震应急救援小组，于地震发生当晚，组织并调拨物资支援灾区。

8月20日，蒙牛乳业与SGS(通标标准技术服务有限公司)、LRQA(英国劳氏质量认证有限公司)达成战略合作并签署协议，未来三年，蒙牛将携手两大国际巨头，通过双方的优势互补、资源共享，继续深耕全产业链、全方位、全过程质量管理，实现蒙牛工厂一体化成熟度的发展。

9月10日教师节，取材自蒙牛“我回老家上堂课”集体故事的微电影《最美的课》上线，希望借助影像最直接的力量邀请更多的爱心人士回到乡村老家，为乡村教育贡献更多的力量。

10月10日，由蒙牛乳业联手中华环境保护基金及环保部外经办共同举办的“一点一滴的好・壹块扫霾”环保公益行动再次起航，由环保界人士、植物学教授、画家、大学生群体组成的50名志愿者前往生态环境每况愈下的敦煌阳关，进行了又一次环保体验活动。

2014年雅士利新西兰工厂位于传统的主要奶源区怀卡托地区，占地面积约为7万平方米，仓储面积约为2万平方米，即将在2014年下半年落成。建成后年产能约为5.2万吨，主要负责婴幼配方奶粉成品及半成品的生产。

（内蒙古蒙牛乳业（集团）股份有限公司）

天友乳业　成长跨越世纪

【发展历程】重庆市天友乳业股份有限公司是西南地区最大、综合实力最强，集牧草种植、奶牛养殖、生产加工、冷链物流配送、营销服务于一体的奶业集团。

公司始创于1931年，83年中经历了抗战的洗礼、新中国成立初期的公私合营、改革开放后的股份制改革，现为重庆市农业投资集团控股、大型民营资本参股的混合所有制股份公司。

【企业经营】公司主营乳制品，兼营酒店业务。公司拥有4个国内一流的大型乳制品加工企业，年乳制品加工能力60万吨，产品包括巴氏鲜奶、酸奶、灭菌奶、奶粉、植物蛋白饮料等5大类100余个品种。销售区域主要是重庆，市场份额70%以上，并销往全国10个省市。乳制品加工公司积极发展奶牛养殖，拥有4万头奶牛的养殖基地。

截至2013年，公司总资产12亿元，实现销售收入23亿元，创利税1.5亿元，主要经营指标排名全国前6强。为保障消费者健康、助推“三农”增收、促进重庆市食品经济发展做出了突出贡献。

【质量管理】天友乳业高度重视食品安全和规范管理，引入了卓越绩效经营模式，已先后通过ISO9001质量管理体系、ISO22000食品安全管理体系、乳制品HACCP体系、良好农业规范（GAP）、良好生产规范（GMP）、ISO14001环境管理体系、OHSAS18001职业健康安全管理体系、诚信管理体系共8个体系认证，并在全市率先推行“首席质量官制度”。

规范、良好的运营和管理得到了行业和社会的高度认可，先后荣获“国家级农业产业化重点龙头企业”、“全国农业产业化优秀龙头企业”、“中国学生饮用奶定点生产企业”、“中国乳制品10强企业”、“中国食品工业优秀龙头企业”、“中国十大乳业质量品牌”、“《中国质量万里行》‘诚信·维权’重点保护品牌(单位)”、“全国商务诚信建设试点工作先进企业”，以及“市100户重点增长型企业”、“市30户重点保供企业”、“市‘双十计划’企业”、“市高新技术企业”、“市创新型企业”、“质量效益型先进企业”、“AAA级资信单位”、“市最佳诚信企业”等荣誉。“天友”商标被认定为中国驰名商标，“天友”、“山城”和“百特”三个商标还被评为重庆市著名商标。公司有近10个产品荣获重庆市名牌产品、名牌农产品、高新技术产品和重点新产品，《植物蛋白饮料》、《搅拌酸奶》等4个产品获得重庆市产品标准奖。2014年，天友乳业荣获品牌中国“最佳质量管理奖”、首届“乳业创新奥斯卡”颁奖之“最佳产品推广执行力”大奖。

【奶源建设】公司重视奶源基地建设，坚持走规模化、标准化的道路，按照重庆市政府统一规划部署，自2009年开始，天友乳业斥资数亿元大力实施“重庆市7万头安全奶牛业行动计划”，目前拥有39个现代化的生态牧场，掌控重庆地区95%以上的优质奶源，所有牛奶都来自自有奶源。

2011年，天友乳业的控股大股东—重庆市农投集团就未雨绸缪，投资4.5亿元，在塞上江南宁夏，按国际一流标准建设了行业标杆式的高品质万头奶牛牧场“天宁牧场”。牧场占地1 500多亩，引进了乌拉圭和澳大利亚的优质奶牛和美国胚胎，引进了阿菲金牧场管理平台，提升了牧场运营和管理水平。目前，该牧场年产牛奶量达到6万吨。另外，农投集团与陕西农垦合作，在陕西渭南兴建3个万头牧场，到2017年每年将提供优质鲜奶24万吨。

【加工基地】乳品一厂，位于重庆渝北国家农业科技园区，占地131亩，主要生产巴氏杀菌乳、发酵乳、调制乳、乳饮料等4个系列50多个品种。年生产液态奶及酸奶能力为25万吨。乳品一厂生产线设备、辅助动力设备均采用国际或国内先进设备，自动化程度高。生产用菌种来自欧洲的全球知名企业，检测设施来自美国、德国、台湾地区及国内知名企业。

乳品二厂，位于重庆南坪经济技术开发区大石支路6号，占地77亩，主要生产“天友”牌乳制品、百特系列、学生奶系列、植物蛋白饮料系列、乳饮料等40余个品种，日产能力620吨、年产能力20万吨。公司引进德国康美包生产线、瑞典利乐成套设备、丹麦APV杀菌机等国际先进设备。

四川省天友西塔乳业有限公司，位于宜汉县胡家镇，2007年收购原四川西塔乳业重组而成，占地31亩，是川东地区唯一中型乳品生产企业，公司先后引进德国、瑞典、意大利等具有国际先进水平的乳品加工设备，年加工能力5万吨，主要生产灭菌乳、调制乳、植物蛋白饮料3个系列6个品种的无菌产品。

中宁县黄河乳制品有限公司，位于宁夏中卫市中宁县的新堡镇，公司成立于2007年，占地50余亩，是一家专业从事各类奶粉加工生产和销售的企业，现有两条奶粉生产线，可年产全脂奶粉和婴幼儿奶粉1万吨。

【研究中心】公司拥有“市级企业技术中心”，主要从事乳制品研发、质量管理、技术服务、设备管理、监督检验和技术培训等工作，是西南地区最大的专业性乳品技术中心。该中心位于重庆南岸经济技术开发区，拥有科研场地近1 500平方米，配有多套现代化的精密仪器及高级实验设备，包括超净工作室、丹麦FOSS120乳品分析仪、日本岛津高效液相色谱仪、美国PerKinElmer AAnalyst系列火焰原子吸收光谱仪、美国安捷伦气相色谱仪、海光双道原子荧光光度计、德国Titramate20型自动电位滴定仪、丹麦APV-1000均质机、FOSS凯氏定氮工作站等国内外先进仪器，可充分满足从产品调试、小试、中试到质量安全控制等产品研发全过程的需要，且满足公司原辅材料质量控制及全司产品质量安全的监测。

公司还成立了“第三军医大学·天友乳业乳制品营养与安全研究中心”，与西南大学共建“研究生培养协同创新基地”，2011年被认定为“重庆市乳制品工程技术研究中心”，2012年成立了“市级博士后科研工作站”基地。根据市场需求，通过引进、消化、吸收国内外先进生产工艺，积极加大产品的研发力度，新产品年度贡献率达到20%。

严格按照国家要求，完善乳品质量安全指标的检测，积极配置相关技术设备设施，重点加强对原料、产品质量安全控制，为消费者提供满意放心乳品。公司在奶源地、生产厂、质量安全检测中心建立的三级质量安全检测机构，严格按照国家标准，对每一批次生鲜乳的理化、微生物、重金属、农药残留、兽药残留、非法添加物进行全面检测，每一批次生鲜乳都经过三级检测全部指标合格后，才允许进入加工环节。目前公司还拥有《一种奶饮料及其生产方法》、《一种黑牛奶及其生产方式》两项发明专利，及《一种牛奶盒防倒装置》实用新型专利。

【市场配送】在全程冷链物流建设方面，天友是行业翘楚，打造了西南冷链物流标杆。天友乳业拥有自己的专业友生活冷链物流分公司，主要负责全公司产品的一级配送任务工作。该公司拥有产品运输车158辆，其中专业制冷货运车93辆，专业鲜奶冷藏运输罐车34辆。建设了以重庆主城为核心，覆盖半径600多公里的冷链物流运输网络。每日为3 000多个一级销售（分销）网点进行产品配送，涉及重庆、四川、贵州、湖北、云南等省市，年运输里程逾1 300万公里（相当于每天绕地球赤道一圈）。年冷链物流配送能力逾30万吨，位居西部第一、全国前列。

2013年6月26日，天友乳业新建冷链物流配送中心正式投入运行，它标志着天友冷储物流运营平台整体迈上了一个崭新的台阶。配送中心总建筑面积5 000多平方米，包括3 000多平方米的库房，近2 000平方米的低温分拣作业区，并配套建设了一条具有高技术集成的自动化产品输送链、18个专用低温分发口岸，以及产品物流车辆调度中心等设施。该中心设计年吞吐能力超过30万吨，日发运能力超过1 000吨。配送中心采用专业的冷链管理手段，其中冷库内温度常年恒温2~6℃，分拣作业区恒温8~10℃，配合制冷车的运作，可有效实现对低温产品全程冷链保障；同时，该中心的产品冷藏库与生产车间以自动化产品输送链，结合RFID技术以及WMS管理系统进行连接，发货口采用低温环境的预分拣模式进行作业，并大量采用机械化装卸作业方式，实现了公司冷储物流运作方式的革命性变化。

配送中心本着高起点、高标准、适应未来冷储物流发展的新要求，在产品订单收集、派发等运作方面引进了ERP系统（EAS）、在产品库存及发出环节方面引进了RFID技术及WMS系统（仓储管理系统）、在车辆调派及管理方面建立了以TMS车辆调度信息系统和GPS监控平台为核心的调度中心，对每台货运车辆都已安装了先进的GPS监控系统和MTM车载温度监控系统，实现了对每台货运车辆24小时不间断的有效监控，以及产品收、发、存全程的无盲点可视监控系统等，并且实现了系统间的信息共享、系统兼容和技术集成。

随着企业的不断发展，为适应跨越式发展的需要，提升企业的现代物流管理水平，加强车辆运行状态管理，公司还将打造更加具有专业性、更加符合产业发展规律、更加适应市场需求的西南地区一流的低温冷储物流运营平台。

【市场创新】天友乳业以“品质成就品牌，诚信铸就未来”为企业经营管理理念，经过多年的发展，天友乳业乳制品深度分销到重庆、四川、贵州、云南、湖南、湖北、陕西等西南区域，建立了完善的销售营销网络体系，以“安全健康、新鲜美味”打造产品的核心竞争力，建设了以重庆主城区为中心、覆盖半径达600公里的周边省市销售市场，在重庆、四川、贵州占有了重要的市场份额。形成了以商超、天友健康生活馆、服务中心、社区分销、专卖店为主导，集团消费（团购）、储值奶卡、积分换购、送奶到户和学生饮用奶为补充的立体销售网络。现拥有终端销售网点达22 000个，优质的产品和强大的市场网络为企业的快速发展提供了持续动力。

适应市场形势，天友加强了营销模式和产品目标市场定位的创新，通过营销模式创新提升了天友对重庆市场的占有。

“乳品连锁店销售模式”不但实现了销售业绩的大增，还以此为源头，结合最新IT技术、新媒体技术，开创出更多销售模式，持续为广大消费者提供优质的乳品、便捷的购买网点、贴心的体验服务。从送奶到户到商超自选，从自营健康生活馆到加盟服务中心、社区专卖店，从集团消费到储值奶卡、积分换购，从公开市场的商业奶到学校专有渠道的学生饮用奶，各种销售服务方式的组合，100余种档次不同、风味营养各异的优质产品，为消费者提供了更为灵活多样的消费选择，也在行业中树立了典范。

根据产品的目标定位选择合适的市场、渠道，是天友乳业另一创新所在。在渠道销售上，天友乳业一直采用扁平化分销模式，在各个区县设立经销部或代理商，最后是零售商，减少流通环节，既能保证渠道环节合理的利润空间，又能让广大消费者获得实惠。据国际权威零售调查机构统计，截至目前，天友巴氏鲜奶在重庆市场占有率高达95%，酸奶市场份额高达67%，牢牢保持重庆乳业第一品牌的市场地位。公司计划用3~5年的时间，实现年销售收入60亿元，年利润3亿元，成为具有全国市场竞争力的大型乳品企业，进入全国液态奶行业前5强。

【社会责任】作为国家和重庆市两级农业产业化重点龙头企业，按照政府提出的“龙头企业要利农”的要求，充分发挥龙头企业带动基地建设、农民增收作用，大力实施农业产业化经营。根据企业自身发展实际，天友乳业加强宏观调控，实行计划发展，从多方面给予“三农”扶持和支持。

一是通过发展奶牛养殖，带动了牧场周边种植、加工等相关产业发展。目前，每年制作全株玉米青贮3万余吨，收购青草、稻草、玉米籽3万吨。此外牧场免费为当地农民提供有机肥以及沼液灌溉，改良了土壤，带动了蔬菜、水果、花卉等种植业发展。

二是助推农业产业化发展，带动了“三农”发展。每年公司支付农民奶款、青贮饲料及劳务费超过5亿元，通过农业产业化发展带动5万多农民增收致富。

三是推进学生饮用奶计划。天友乳业是农业部、教育部和质检总局审核认定的全国第一批48家中国学生饮用奶定点生产企业，目前为重庆、四川、云南、湖北、贵州5省（市）56个区县4000余所学校提供学生饮用奶，日供学生奶145万份。因质量安全可靠，得到了各实施区县政府、学校、家长的高度评价。

四是积极参与公益事业。2007年10月，在重庆市扶贫办举办的“携手扶贫、共建和谐”活动中，捐款30万元；08年5月，汶川大地震，公司组织捐款近10万元，捐赠牛奶6.7万件（130多万盒）；2010年4月，公司组织为玉树灾区人民捐款近5万元；2012年赴南岸区乐－融合幼儿园对100多名“特殊”儿童进行慰问，捐赠价值5万元牛奶；2013年4月，四川省雅安市芦山县发生7.0级地震，天友乳业作为乳品行业中最先行动起来的企业，迅速通过雅安地区的经销商，将雅安地区的所有天友产品全部收集起来，第一时间捐赠给当地受灾群众，并自上而下出钱出力出产品，为支援雅安尽心尽力，公司总共为灾区同胞捐赠牛奶2350件，价值人民币10万余元，自发组织捐款近3万元。另外，在重庆的很多社区建设和社会关爱行动中，都能看到天友员工的身影。

【为“百年天友”奋斗】天高任鸟飞，海阔凭鱼跃。回顾83年的发展历程，天友乳业的每一步都走得铿锵有力，掷地有声。若没有敢于担当，甘于奉献的精神，就没有天友83年的品牌沉淀；若不能与民族同呼吸，与群众共命运，就得不到消费者如此执着的信任……天友乳业，一个“真诚亲和，值得信赖，追求卓越”的企业；一个弘扬发展“中国梦”的企业。在未来的征程里，天友乳业不仅会继续关注消费者的“每天健康”，更会做消费者的“一生朋友”。天友乳业，在朝着打造百年天友的道路上昂首迈进！

（重庆市天友乳业股份有限公司，吴双）

2013年伊利乳业发展情况

【经营业绩】2013年公司实现营业收入477.79亿元，较上年同期增长13.78%；归属于上市公司股东的净利润为31.87亿元，较上年同期增长85.61%；实现基本每股收益1.65元，较上年同期增长54.21%。报告期内，公司实现主营业务收入474.54亿元，较上期增加57.18亿元，同比增长13.70%，主要因销量增长而增加收入29.30亿元，因产品结构升级而增加收入17.37亿元，因单价调整而增加收入10.51亿元。具体产品收入变动因素如下：1) 液体乳产品本期实现主营业务收入371.16亿元，较上期增加48.45亿元，同比增长15.01%，因销量增长而增加收入26.11亿元，因金典奶、儿童奶等高端产品的销售份额不断提高，带来的产品结构升级而增加收入12.84亿元，本期通过对部分液体乳产品进行价格调整使收入增加9.5亿元。2）冷饮产品本期实现主营业务收入42.42亿元，较上期减少0.52亿元，同比下降1.20%，因销量增长使得收入增加0.63亿，但由于单价较低冰类产品占总收入的比重增加而导致结构因素使总收入下降了1.15亿元。3）奶粉及奶制品本期实现主营业务收入55.12亿元，较上期增加10.28亿元，同比增加22.92%，通过不断提升金领冠等高端产品的销售份额，带来的产品结构升级使收入增加5.68亿元，因销量增长使收入增加3.59亿元，本期内对部分产品的价格调整而增加收入1.01亿元。4）混合饲料本期实现主营业务收入5.83亿元，较上期减少1.03亿元，同比下降15.07%，主要受养殖户向规模化、集约化的养殖模式转型，使其自配饲料比重增加、外购饲料比重下降，导致了公司饲料销量下降所致。

【人员组成】2013年伊利乳业共有员工共58 639人。从来源看，母公司23 426人、主要子公司35 213人。从专业构成看，生产人员22 557人，占总人数的38.5%；销售人员13 802人，占23.5%；技术人员11 957人，占20.4%；财务人员1 627人、行政人员8 696人，占17.6%。从教育程度看，研究生436人、本科12 272人、大中专30 909人、中专以下15 022人，分别占比0.7%、20.9%、52.7%和25.6%（图8–1，图8–2）。

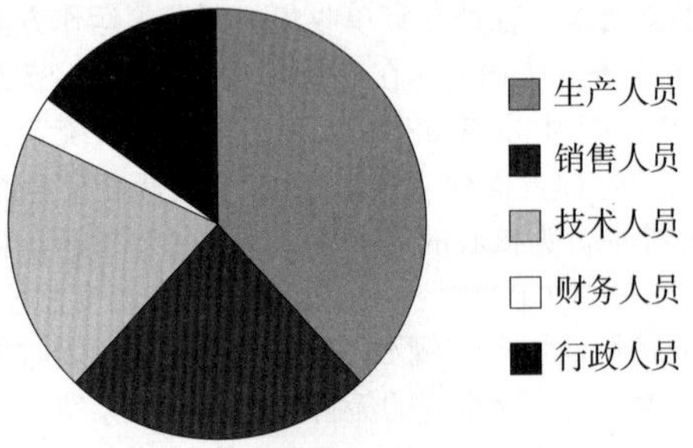

图8–1　专业构成统计图

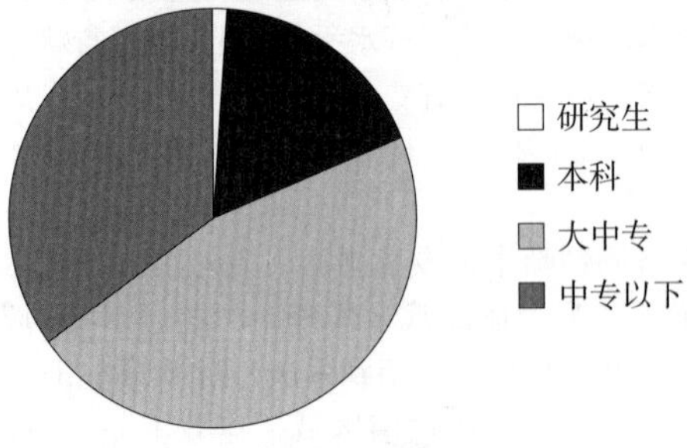

图8–2　教育程度统计图

【研发投入】2013年公司研发支出5 619.67万元，占净资产额的比例为0.34%，占总营业收入的0.12%，占营业成本的0.17%。2013年公司研发支出比2012年增加1 598.43万元，增长率39.44%，增加的主要原因是本期公司进一步完善风险评估、营养研究、工艺开发、产品包装、感官评价等方面的技术创新使得试验费增加，同时持续增加创新中心运行投入使得折旧费以及职工薪酬增加所致。

（中国奶业协会信息中心依据《内蒙古伊利实业集团股份有限公司2013年年度报告》整理）

2013 年三元乳业发展情况

【经营业绩】 据年报信息，2013 年虽奶源短缺、加工成本上涨，但三元乳业团结拼搏，实现营业收入 37.88 亿元，完成年初计划收入 42 亿元的 90.19%，比去年同期增幅 6.6%，实现归属于母公司所有者净利润 –22 654 万元 。收入增长主要因素：一是配方奶粉销售大幅提升，收入同比增长 99.5%；二是通过调整产品价格及产品结构，收入同比有所增长。

【主要工作】

1. 深化治理，管控水平有所提升。（1）以内控建设为内容，完善制度体系。公司持续对制度和流程进行全面梳理，达到职责明确，制度相互制约、相互监督。内控建设顺利通过内部审计和第三方外审，为提高公司经营管理水平和风险防范能力奠定了基础。（2）从组织架构入手，推动企业变化。公司对总部各部室主要职责进行了梳理、完善和调整，结合公司战略目标及整体规划，对区域事业部管理层进行了调整。（3）开展培训竞赛，提高业务技能。全年公司共组织 800 余项培训，受训人员近 4 万人次，成功举办各类专业知识技能竞赛。

2. 树立形象，品牌影响力明显增强。（1）深度策划品牌传播主题。围绕“有爱有缘有三元”的品牌传播主题，举行了“寻找最美送奶工”“三元伴我走天涯”“最美北京爱情故事”等系列活动，进一步加深了社会各界对品牌的忠诚度和对品牌内涵的认知度。（2）积极参与社会活动及行业展会。公司积极投身于雅安地震捐助等社会公益活动，并参加行业各类专业展会 20 余次，增强了品牌影响力。公司获得了“全国食品工业龙头企业”“2013 最佳企业公众形象奖”“最具社会责任奖”“科技创新十强企业”等奖项；三元奶粉成为“中国金袋鼠安全母婴计划”婴幼儿奶粉唯一合作伙伴。（3）扩大组织参观。在 2012 年参观取得良好效果的基础上，继续组织社会各界人士参观三元工业园，全年接待参观人员 5 万人次，扩大了潜在的消费群体。北京工业园相继获得“北京市科普基地”“全国食品科普教育基地”等荣誉称号。

3. 依托平台，科技工作获得新荣誉。 依托国家级企业技术中心和科技创新示范企业平台，促进科研交流，工作取得进展。①拓宽交流视野。不断加大与高校、研究机构在科研人才培养、联合技术攻关上的合作力度，开拓了科技战略视野。②科技工作获得新荣誉。2013 年，三元股份被认定为国家高新技术企业；成为工信部指定建立“食品质量安全可追溯体系”试点的四家乳业之一，为争取国家科技研发、创新资金、企业管理和人才队伍建设的支持取得了先机。加快课题研发，获国家科技进步奖二等奖一项；获首农集团科技进步奖 2 项，申请并立项批准的国家和北京市课题共 5 项。

4. 聚焦“四风”，党建文化持续深入开展。 以宣贯核心价值体系为根本任务，以深入开展党的群众路线教育实践活动为主线，以满足员工精神文化需求为落脚点，开展各项活动，为公司长远发展营造良好氛围。（1）落实党风廉政建设责任制。（2）党的群众路线教育实践活动取得实效。（3）深度传播企业文化。

【人员组成】 2013 年三元乳业共有员工 8 334 人，其中母公司在职员工 4 052 人、主要子公司在职员工 4 282 人。从专业构成看，生产人员 3 496 人、销售人员 2 902、技术人员 392、财务人员 218、行政人员 591、后勤人员 419、其他人员 316，分别占比 42%、35%、5%、2%、5% 和 4%。从教育程度看， 硕士及以上 75 人、大专及本科 2 318 人、大专以下 5 941 人，分别占比 1%、28% 和 71%（图 8–3，图 8–4）。

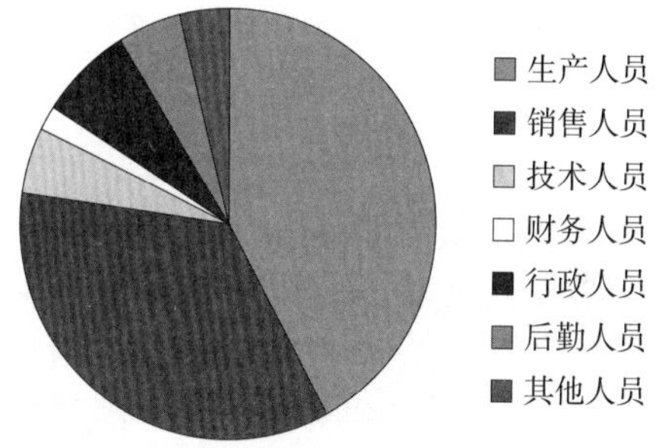

图8–3 人员构成统计

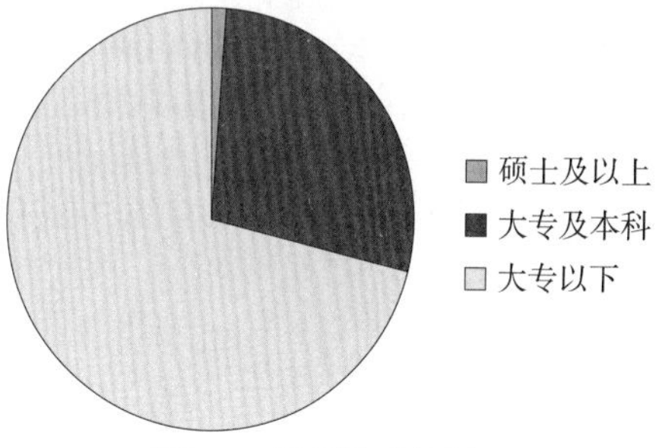

图8–4 学历构成统计

【研发投入】 2013 年三元乳业研发支出 1 136.6 万元，比 2012 年的 1 053.9 万元增加了 82.7 万元，增长了 7.85%。研发支出占净资产总额的 0.68%，占营业收入的 0.30%。

（中国奶业协会信息中心依据《北京三元食品股份有限公司 2013 年年度报告》整理

2013 年光明乳业发展情况

【经营业绩】2013 年是光明乳业 2013—2015 年新三年规划的开局之年，面对国内原料奶价格与国际奶粉价格双双快速增长，优质奶源紧缺，市场竞争激烈等不利因素，公司通过聚焦明星产品，突破重点地区，实现营业收入同比较快增长；通过调整产品结构，积极主动控制费用，提升盈利能力，实现净利润同比较快增长。

据年报信息，2013 年光明乳业实现营业总收入 162.9 亿元，比去年同期增长 18.26%；实现归属于母公司所有者的净利润 4.06 亿元，比去年同期增长 30.43%；加权平均每股收益 0.33 元，比去年同期增长 17.86%。

2013 年公司营业收入比去年同期增长 18.26 %，主要原因是明星产品销售收入较快增长。2013 年，公司以明星产品为核心，以重点地区为突破口，以渠道开拓为主要手段，实现鲜奶、酸奶、常温酸奶等明星产品的较快发展。2013 年，公司明星产品销售收入合计同比增长超过 50%，其中莫斯利安常温酸奶实现销售收入 32.2 亿元，同比增长 106.5%，优倍鲜奶实现销售收入 9 亿元，同比增长 38.3%，畅优系列产品实现销售收入 11.9 亿元，同比增长 35.2%。

2013 年公司在确保以较高增速完成业绩指标的同时，牢记食品安全是企业生命线，采取各项措施打造放心乳制品企业。通过强化食品安全意识，提升客户服务水平，加强危机处理能力，完善全产业链全过程的食品安全管理，为公司顺利完成 2013 年各项业绩指标奠定了坚实的基础。

【人员组成】2013 年光明乳业在职员工 4 080 人，其中母公司 2 993 人、主要子公司 1 087 人。从专业构成看，生产人员 1 182、销售人员 1 710、技术人员 501、财务人员 173、行政人员 93、其他人员 421，分别占比 29%、43%、12%、4%、2% 和 10%。从教育程度看，本科及以上 859 人，占员工总数的 21%；大专 1 195 人，占 29%；高中及中专 1 282 人，占 32%；高中及中专以下 744 人，占比 18%（图 8-5，图 8-6）。

另外，母公司及主要子公司需承担费用的离退休职工有 1 011 人。

【研发投入】为提升公司的科技水准和创新能力，2013 年光明乳业研发支出 4 485.8 万元，比 2012 年增加了 929.9 万元，增长了 26.15%。研发支出占净资产总额的 1.05%，占营业收入总额的 0.28%。

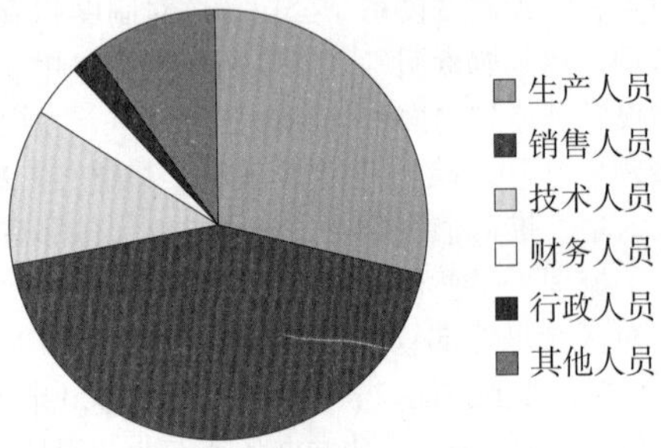

图8-5 人员构成统计

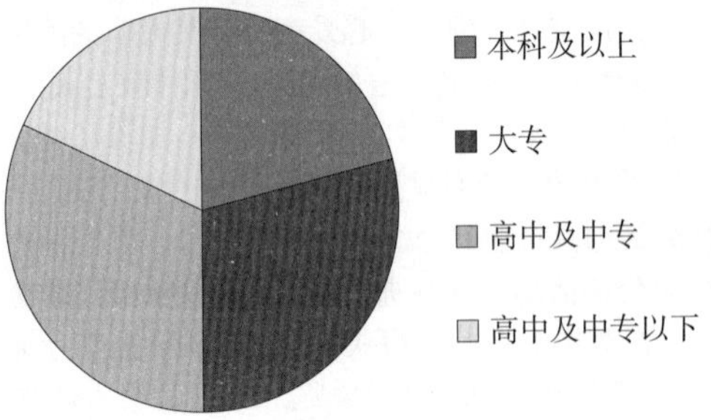

图8-6 学历构成统计

（中国奶业协会信息中心依据《光明乳业股份有限公司 2013 年年度报告》整理）

2013 年贝因美发展情况

【经营业绩】2013 年贝因美再创佳绩。报告期内公司实现营业收入 61.17 亿元，同比增长 14.14%；实现归属于上市公司股东的净利润 7.21 亿元，同比增长 41.54%。

2013 年贝因美生产奶粉 58 967.09 吨，比 2012 年的 48 655.89 吨，增长了 21.19%。生产米粉 2 943.34 吨，比 2012 年的 3 309.99 吨，减少了 11.08%。生产其他相关产品 2 417.62 吨，比 2012 年的 3 267.32 吨，减少了 26.01%。

【主要工作】

1. 抓机遇，迎挑战，营销变革带动业务增长。公司深刻洞察行业变迁、市场趋势，审时度势，果断出击，通过整合营销、事件营销、品类及渠道拓展等策略，提高营销效率，激发团队活力，年内市场占有率稳步提升。

2. 挖需求，扩新品，研发创新带动产品升级。公司着力“做强做大做精做专”配方奶粉业务，坚持“专为中国宝宝研制”的理念，以中国母乳特点为基础，致力于研发符合中国婴童特质的产品，公司创新研发的冠军宝贝系列奶粉多项关键技术于 2013 年 12 月通过中国食品科学技术学会组织的技术评审，冠军宝贝系列婴幼儿配方奶粉的配方、工艺及质量安全控制技术方面处于国内领先水平，多项技术达到国际先进水平。

3. 抓管理，促效益，管理变革带动效率提升。公司推行矩阵式管理模式，以增值创值为导向，以提高组织效能为年度主题，梳理组织职能与岗位职能，建立薪随岗变及双通道发展的机制；重新构建大营销功能体系和大采购管理体系，提高组织效率；优化供应链管理，建立价值链指标管控机制；推进全面预算管理体系建设，进一步健全和优化财务管控机制。通过多方齐抓共管，经营效益得到了明显提升。

4. 抓项目，保投入，项目建设助推发展战略落地。公司稳步推进募集资金项目建设，随着年产 5 万吨配方奶粉工程项目的顺利建成，年产 10 万吨的黑龙江安达工厂已成为亚洲单体最大的高端婴幼儿配方奶粉生产基地；公司继续加大奶源建设投入力度，推进优质奶源保障项目建设，有效保障了公司奶粉供应链的安全可靠；同时公司先后成立爱尔兰公司、奶业公司、儿童奶公司，积极整合各方资源，极大拓展了业务发展空间。

5. 重质量，控风险，质量先行为业务增长保驾护航。公司加强质量策划，重视前端管理，通过建立供应链风险评估机制构架生产管理体系，以 TPM/TQM 项目的实施促进工厂质量管理和风险控制；公司建成的全程管理与追溯系统项目通过了中国工程院和国家工信部的专家评审，实现了供应商、消费者、生产商的追踪追溯，从原料采购、生产、贮存、销售等各环节进行有效记录，集成应用效果显著，在国内处于行业领先水平；同时公司进一步完善食品安全风险监测体系，建立风险评估监测通报和市场投诉分析例会机制，推动质量问题改进，将技术标准、包装标签、新物料纳入常规风险评估工作。

【人员组成】截至 2013 年 12 月 31 日，公司共有在册员工 5 531 人，按专业结构分，有生产人员 1 319 人，占总人数的 23.85%；技术人员 367 人，占 6.64%；销售人员 2 732 人，占 49.38%；财务人员 272 人，占 4.92%；行政人员 841 人，占 15.22%。按教育程度划分，硕士及以上 101 人，占 1.83%；本科 1 166 人，占 21.08%；大专 1 964 人，占 35.51%；高中及以下 2 300 人，占 41.58%（图 8-7，图 8-8）。

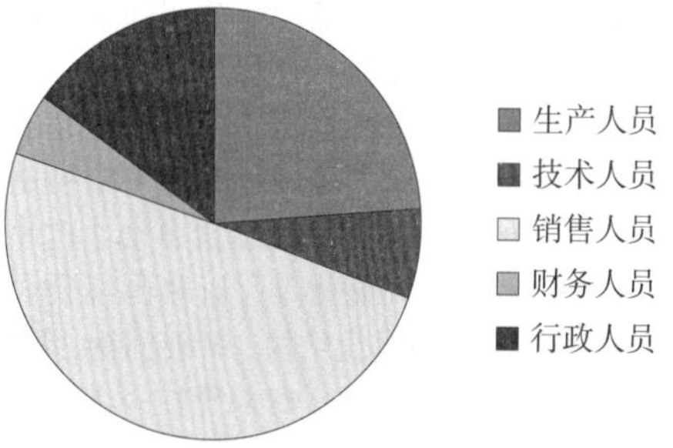

图8-7　人员构成统计

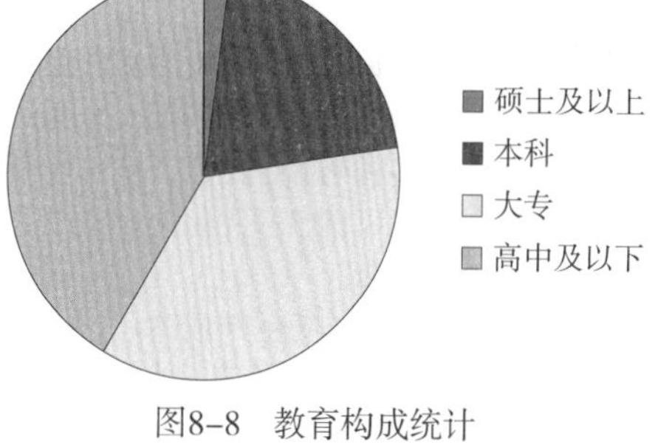

图8-8　教育构成统计

【研发投入】报告期内，公司研发支出 4 948.88 万元，占营业收入 0.81%，占归属于母公司所有者权益的 1.26%。

（中国奶业协会信息中心依据《贝因美婴童食品股份有限公司 2013 年度报告》整理）

2013年皇氏乳业发展情况

【经营业绩】皇氏乳业主营业务为定型包装乳及乳制品生产、加工和销售等。2013年公司实现营业收入99 072.10万元，比上年同期75 426.94万元增长31.35 %（其中主营业务收入83 453 .90万元，比上年同期72 689.04万元增长14.81%）；实现利润总额4 668.37万元，比上年同期4 283.44万元增长8.99 %；实现归属于上市公司股东的净利润3 636.39万元，比上年同期3 264.47万元增长11.39%，期间费用25 162.84万元，比上年同期22 776.13万元增长10.48 %。盈利水平上升的主要原因：北京、上海、深圳等省外市场经调整经营模式后，营销局面正逐步好转；省内市场在扩大或延伸现有渠道规模的同时推行销售网络下沉的策略。

2013年皇氏乳业生产乳制品、食品等10.65万吨，比2012年的9.79万吨增长了9.19%.

【主要工作】报告期内，公司切实按照年初制订的经营计划开展生产经营活动。公司强化质量管理，加强销售管理和渠道建设，优化产品结构，加强部分新产品研发突破，推进标准化管理工作，完善各项管控制度，提高运营效率，较好地完成了年初制订的各项工作目标。2013年度，公司在董事会、监事会、管理层和全体员工的共同努力下，紧紧围绕公司发展战略，推行“聚焦盈利、优化结构、突破创新、管理增效”的管理理念，通过强化食品安全管控，继续深耕市场渠道，调整产品结构，加大新产品研发力度，优化内部管理等手段，推动公司经营业绩与管理工作的全面提升。

1. 夯实奶源基地建设工作，为发展提供保障。2013年度，公司继续加大奶源基地建设的投入力度，在拓展优质奶源基地、鼓励多种奶源合作建设模式等多项措施的实施下，奶源结构得以调整和优化，为公司生产经营的发展提供了有力的保障。

2. 提高产品质量，降低生产成本。2013年度，公司继续完善质量监督管理体系，加强生产各个环节流程的管控，全面落实安全生产责任制，确保产品质量与安全。与此同时，公司积极开展技改工作，提高了生产过程的安全系数和工艺运行的稳定性，实行精细化管理，从而降低企业生产成本，增加企业效益。

3. 提升研发能力，调整产品结构，增强产品市场竞争力。公司研发团队积极推进新产品新技术的开发力度，申请了源于广西巴马长寿村的益生菌鼠李糖乳杆菌的发明专利。公司以丰富产品结构，满足消费者对更营养、更健康、更安全的品质追求为出发点，本年度推出了水牛奶“醇养”常温酸奶、“清养”等系列新产品，市场销售反应良好。结合公司“聚焦盈利”的经营思路，公司对产品进一步梳理，优化产品结构，树立核心单品进行重点推广，公司产品逐渐彰显出品牌高端、概念差异化的明显优势，市场竞争力进一步增强。

4. 积极调整销售策略，强化营销体系建设。2013年度，公司着力调整北京、上海、深圳等省外市场的经营策略，改为“以经销商为主，公司服务为辅”的营销模式，降低省外市场的费用投入，加强广西、云南两大核心市场的投入，省外市场业绩亏损局面得到良好控制，核心市场的增长得到逐步恢复，市场建设有所突破。2013年度，公司在省内区域市场加快冷链体系建设，为更多的销售终端配备必要的冷链设施，低温产品销售快速增长。进一步拓宽公司专卖店在销售渠道中的占比，增强公司品牌的信誉度、知名度与影响力，推进专卖店的销量提升。通过培育区域重点经销商与乡镇市场的渠道开发，全力加快样板市场一体化进程，为2013年乃至未来的销售增长奠定了基础。

5. 开展内控体系建设，提升企业管理水平。为提升企业规范化管理水平，报告期内，公司聘请专业机构全面开展内控体系建设工作，补充和完善各项内部控制制度，加强风险防范和控制，逐步搭建完善的内控体系架构，使公司经营管理水平迈上新的台阶。

【人员组成】截至2013年12月31日，公司共有在册员工1 350人，按专业结构划分，生产人员535人，占员工总数的39.63%；销售人员444人，占32.88%；技术人员235人，占17.41%；财务人员68人，占5.04%；行政人员68人，5.04%。按教育程度划分，硕士及以上9人，占员工总数的0.67%；高中及以下503人，占37.26%；大专626人，占46.37%；本科212人，占15.70%（图8–9，图8–10）。

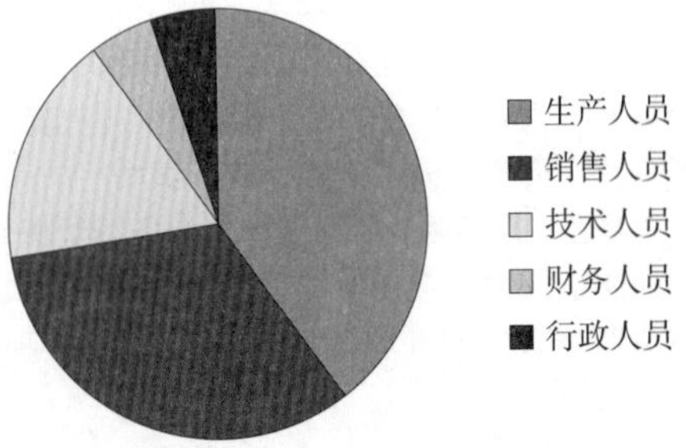

图8–9 人员构成统计

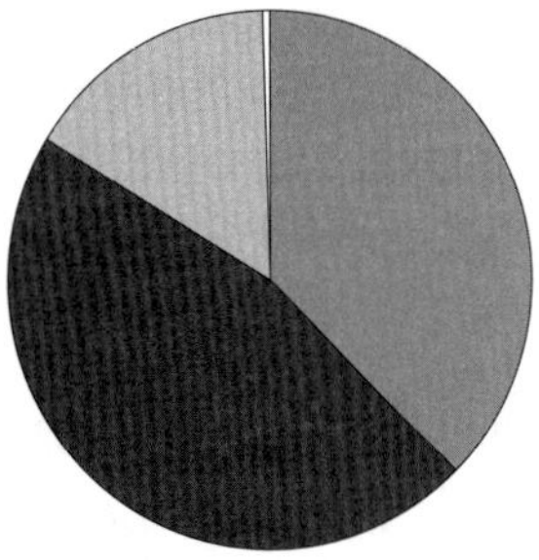

图8-10 教育构成统计

【研发投入】2013年皇氏乳业研发支出金额1 250.13万元，比2012年的1 457.11万元减少了206.98万元，同比下降14.21%。研发支出占当期营业收入的1.26%，占期末净资产的1.38%。

（中国奶业协会信息中心根据《广西皇氏甲天下乳业股份有限公司2013年年度报告》整理）

【养殖企业】

可信赖的奶牛专家

——上海光明荷斯坦牧业有限公司

上海光明荷斯坦牧业有限公司是目前国内奶牛业最大的综合性服务公司，具有近60年奶牛饲养悠久历史，是光明乳业股份有限公司全资子公司，注册资金2亿元人民币。公司从事现代牧业产品的研究、开发、生产、销售等；业务涵盖：牧场管理、奶牛冻精和胚胎、奶牛专用饲料、奶牛专用兽药和器械、奶源组织供应等。多年来，公司秉承“专业、高效、可信赖”的核心理念，以“坚持做中国奶牛业服务的领导者”为目标，聚焦全国奶牛场服务为宗旨，提供多样化的牧业产品，全面解决牧场整体系统方案。公司致力于服务全国快速增长的牧业市场，努力推进奶牛业向规模化、标准化、优质化、产业化和可持续化方向发展，全面提升生鲜乳质量、牧场效益和企业竞争力，积极开拓奶业产业链各个环节的相互促进、共同发展之路，为我国奶业的整体素质和效益提高做出贡献。

一、打造全产业服务链条，突出强势产业

经过近几年的快速发展，公司达到对外销售额、净利润双超的历史最高成绩。主营业务高速发展：第一，牧场饲养管理夯实基础，提高了核心竞争力，在南方高温高湿地区成乳牛年均单产达9.63吨，塑造“光明荷斯坦养牛”在全国奶牛行业的领先地位，继续领跑上海和南方地区奶牛单产水平。第二，饲料产品销售逐年递增，为公司发展增加两翼，销售额每年刷新纪录；第三，冻精业务稳步中求发展，为公司发展提供阶梯，市场份额名列前茅；第四，易耗品事业部蓬勃发展，加大与国内外公司学习合作，积极开发新产品。公司在实现梦想的道路上凝心聚力，使光明“荷斯坦”品牌在奶牛行业中赢得更强的市场竞争力。

同时，公司也重视品牌服务意识，提出“上级”员工为“下级”员工服好务；“职能”部门为“业务”部门服好务；“上游”工序为“下游”工序服好务；“后勤”员工为“一线”员工服好务；“百人”专家为“客户”服好务；“全公司”所有员工为“客户”服好务；建立有影响力的荷斯坦技术服务团队，主动服务、优质服务、高效服务，打造光明荷斯坦的服务水平。

1. 提供饲料技术服务。

原粮业务：客户群从单一奶牛养殖户发展到家禽、养猪和饲料加工企业；销售品种上除重点的进口苜蓿草、玉米、羊草等传统奶牛饲草料之外，还拓展了豆粕、棉粕、甜菜粕、大麦、燕麦草、棉籽等产品；区域上则拓展到苏、浙、沪、粤、闽、皖、豫等省市。

配合料业务：目前公司在华东、华北、西北、东北等地积极拓展奶牛专业配合料市场，已具规模。上海及周边地区已全面发展光明荷斯坦筒仓料，为客户免费安装筒仓，提高奶牛饲料品质，先进先出，保证饲料新鲜安全。目前上海及周边地区的筒仓料业务市场占有率已超过40%。

添加剂、预混料业务：以公司奶牛的饲养管理技术和奶产量的提升作为产品售前的突破点，进而取信于客户，促进添加剂、预混料业务全面快速发展；以完善的技术服务作为产品售后的立足点，积极发展新客户，维系好老客户，提高公司产品的含金量；依托国内外先进技术和科研成果来调整现有产品结构与配方，推陈出新，丰富产品线，提高产品在市场中的竞争力。目前，公司添加剂、预混料产品均得到客户的好评，如奶牛各生理阶段的常规和功能性预混料产品、能量添加剂乳美肥PLUS、奶牛专用脱霉剂普乐菲特等就大受欢迎。

2. 提供冻精技术服务。上海奶牛育种中心通过四十多年扎实工作，积累沉淀了较强的技术实力，建立了较完

善的育种体系。已与荷兰、法国、意大利建立合作关系，继而引进国外优质胚胎，加强公牛自主培育，改良公牛遗传素质。公司培养出一支高学历、高能力、高水平的育种技术服务团队，专门从事外貌鉴定和选种选配技术服务工作，为牧场量身定制专业、高效、可信赖的中长期育种规划。对指定客户牧场免费提供DHI服务，为客户解决困难，满足客户需要。

3. 提供投入品技术服务。兽药、器械等易耗品是公司重点发展的业务，在未来3年，公司将致力于打造奶牛易耗品一站式服务体系。公司拥有近千种奶牛专用兽药、器械、牧场其他用品等完整牧场系列产品。从严格把控采购源头环节，到有效执行供应商评审机制，以内部牧场为使用基地，确保产品的安全性和有效性。我们提供产品整体方案：产后护理技术方案、早孕诊断繁殖方案、牧场标准化修蹄护蹄整体方案、乳房炎预防治疗方案、牧场消毒整体方案等。为了更好地服务牧场，我公司在国内独家代理丹麦古氏高端器械、法国ARDES耳标、美国Biotracking公司早孕检测诊断、丹麦高端修蹄架等。青贮专用黑白膜、乳头药浴液、管道清洗液、产后汤等产品广受好评。研发新产品、开发新合作伙伴、拓宽销售渠道，服务广大牧场是我们锲而不舍坚持的理念，严格按照“科技研发，牧场验证，市场推广”的程序推出新产品，所有新产品都经过专业研发队伍与牧场管理部的共同试验验证。

4. 提供牧场养殖技术服务。推进精细化管理策略，全面提高奶牛生产水平。改进传统青贮制作工艺，为奶牛提供优质粗饲料；不断改良奶牛日粮配方，降低饲料成本；通过千分制评估体系的深入推行，实现牛均盈利最大化。

5. 依托科技和管理，拓展奶源基地，牧场规模在不断的辐射和扩展中。继公司金山种奶牛场之后，2013年公司分别在山东德州和湖北武汉建设两个3000头规模的生态示范奶牛场。在2014年，公司又将启动黑龙江富裕和河南郑州高端大型的牧场建设。这些牧场全部投产以后，将成为光明乳业在华中、华东、东北等地区最高端乳制品生产基地。以“高产、高效、优质、生态、环保”为目标，打造一流生态示范牧场，生产提供最优质的原料奶产品。

二、强化技术进步与产品创新

公司坚持走引进吸收与自主开发并重的技术创新道路。多年来，公司与中国农业科学院、中国农业大学、上海农业科学院、上海交通大学、上海复旦大学等机构保持着紧密的联系。与中国农业科学院、中国农业大学、南京农业大学、上海交通大学等科研院校开展“奶牛全基因组检测”等8个科研项目合作；与吉林大学、南京农业大学、华中农业大学、湖南农业大学等院校联合培养研究生10人；与上海农林职业技术学院定向培养“荷斯坦班”专职技术人才100人。并通过参与加拿大、美国、以色列、荷兰、比利时、瑞典、法国、德国、日本、韩国等国的国际项目，完成了引进、消化、吸收的国产化阶段。同时建成一支高效率、高素质的产品研发队伍，在自主开发能力的建设阶段取得可观成绩。

由公司自主研发的专利产品有10项，先后承担科技部、农业部和上海市科技攻关项目达50多项。公司加大奶牛养殖科技创新力度，科研创新积极推进牧场科技管理水平提升，取得显著成效。近年来，公司取得了一系列荣誉。“荷斯坦”商标品牌荣获“上海市著名商标”、公司荣获“农业产业化上海市重点龙头企业”、公司饲料厂荣获“上海市饲料生产A级企业称号”、研发中心荣获“上海市认定企业技术中心”、国家授权专利2项等。上海奶牛育种中心加入国际“ICAR”组织，成为正式会员，标志着育种技术开始迈出国际化步伐。在国内外各类学术杂志上发表论文80多篇，其中SCI收录1篇，ISTP收录4篇，核心期刊20多篇。2014年第5届中国奶业大会上，公司王建宗、朱凯、朱小马等人3篇文章荣获大会“优秀论文”奖；同时，公司积极组织，精心评选，选送38篇优秀论文，被评为“优秀撰稿单位”。这些荣誉的取得进一步提升了光明荷斯坦品牌的含金量和科技水平。

2011年成立上海光明荷斯坦牧业有限公司检验测试中心。该中心具有相对独立的组织架构和财务结算。检验测试中心自成立以来，全面加强检测能力建设，以饲料质量安全为起点，逐年增加生鲜乳质量安全、牧场环境评估和牧场疫病监控检测项目。为了实现管理的标准化和程序化，中心严格按照ISO17025的标准建立了质量管理体系，确保了检测结果的准确性。2012年11月通过了中国合格评定国家认可委员会（CNAS）的认可评审，检测报告具有“一次检测，全球承认”的认可度和可信度。2013年中心引进了6S管理模式，为质量管理活动提供了优质的管理平台。2014年2月取得了美国国家粗饲料测试协会（NFTA）认证，标志着中心的检测能力达到了国际水平。

建设了国家奶牛产业技术体系上海综合试验站。公司在2007年成立了国家奶牛产业技术体系上海综合试验站。试验站重点解决奶牛生产安全、提高单产和奶牛养殖业效益的技术问题，在基础性研究和重点任务方面，均取得显著成果；积极响应农业部及其他部委的应急性工作，开展了大量的调研工作，为政府决策提供科学依据；参与农业部、中国奶业协会的“奶农学校”培训计划，积极开展基层奶农培训工作，传授实用技术，每年培训辐射基地技术人员超过100人次。

建设了农业部动物遗传育种与繁殖实验室——上海奶牛科学观测实验站。公司成为农业部动物遗传育种与繁殖重点实验室学科群体系中的奶牛科学观测实验站，2013年挂牌启动。该重点实验室按照学科领域、产业需求和区域特点进行规划布局，包括综合性重点实验室、专业性重点实验室和农业科学观测实验站三个层次。基本组织思路是以综合性重点实验室为龙头，专业性重点实验室为骨干，科学观测实验站为延伸，建立层次清晰、分工明确、布局合理的“学科群”，逐步形成支撑和引领现代农业发展的重点实验室体系。

加大自主研发投入，开拓新领域。2008年开始研究开发以奶牛生产性能测定（DHI）为基础的奶牛选种选配软件，先后解决了近交系数计算、牧场量化评分等技术难题，先后完成了近交系数运算、矩阵式动态标准体系维护、泌乳牛生产性能量化评分等功能的程序开发。该软件采用的核心分析方法是国际领先的概率分析法，在牧场智能化管理方面又取得突破性进展。自主开发“上海地区奶牛矩阵式动态标准体系建立及牧场智能化管理系统开发”项目，首次提出并建立了矩阵式动态标准体系、中国荷斯坦奶牛标准泌乳曲线体系、中国原料奶品质标准体系、牧场养殖水平评分方法、我国305天产量预测模型、繁殖保健标准曲线体系。在牧场生产经营中，公司打破传统观念，根据国际先进奶牛业国家的理念，先后研制了围产期奶牛专用饲料。并针对饲料成本不断上涨的趋势，通过实验对双低菜籽粕进行了验证评估，并对双低菜籽粕进行了推广应用，年节约饲料成本250万元。

三、公司经营措施与发展经验

1. 夯实牧场管理基础，持续提升单产水平。公司已在江苏、浙江、上海、天津、湖北等地自主拥有14个奶牛场，奶牛存栏量近2万头。2013年，成乳牛年平均单产达9.63吨，远高于全国平均水平，年上市优质原料奶6.7万吨，平均乳蛋白率3.15%，乳脂肪率3.50%，体细胞数25万个/毫升，生鲜乳质量达到欧美国家先进水平。其中，金山种奶牛场单产超9.8吨，远近闻名的朱桥奶牛场单产高达11吨。2014年，公司牧场将再接再厉让奶牛单产冲刺更高的水平。

2. 饲料产品销售遍布全国，产品结构持续改善。饲料产品是光明荷斯坦公司成立之后重点打造的一个产业，经过产品结构的调整改善，形成了奶牛饲料比较完整的产业链。饲料产品包括添加剂、预混料、配合料及原粮，产品线丰富且清晰，销售网络遍布江苏、上海、浙江、山东、天津、黑龙江、湖北、安徽、新疆等全国各大省市。饲料业务增长快速，呈现量价齐升的良好势头。饲料产品发挥技术、质量、管理三大优势，以“专业、高效、可信赖”为宗旨，坚持以高品位的产品、优质的服务和高超的技术为全国的奶牛业服务。

公司在黑龙江、陕西、天津、浙江等地都建有饲料厂。其中，上海光明荷斯坦牧业有限公司饲料厂是上海唯一一家集奶牛饲料研究、产、供、销于一体的产业单位。拥有精料补充料和预混料两条生产线，能够满足预混合饲料、精料补充料、浓缩饲料、添加剂等4大系统50多个产品的生产任务，年生产、销售饲料10多万吨，其中预混合饲料1万多吨，产品遍及全国各地。2012年又重新进行了生产技术改造，并根据新《饲料和饲料添加剂法规》要求，将新建500吨筒仓料2个，对计算机配料系统等进行设备更新，生产能力得到进一步提升的同时，使维生素、微量元素的配合料更加精确，质量可追溯性更强。

3. 冻精发展势头良好，持续保持市场领先地位。公司拥有上海奶牛育种中心有限公司、内蒙古天和荷斯坦牧业有限公司、陕西秦申金牛育种有限公司三个专业育种公司。目前，上海奶牛育种中心公牛站存栏优秀荷斯坦公牛196头，2014年有69头公牛入围农业部奶牛良种补贴项目，其中验证公牛50头，基因组验证公牛19头。“张飞”、“林冲”、“鲁智深”、“西门庆”等名牛深得牧场喜爱。冻精销售遍布全国31个省、市、自治区，年销售360多万剂，在国家良补项目中继续保持全国领先的份额。2013年10月10日10点10分性控冻精正式投产，创造了从无到有的销售新篇章。

4. 易耗品业务蓬勃发展，积极研发新产品。研发新产品、开发新合作伙伴、拓宽销售渠道，服务广大牧场。公司具有雄厚的“科技研发，牧场验证，市场推广”一体化实力，所有新产品都经过专业研发队伍与牧场管理部的共同试验验证。如开发的“产后汤”，经公司奶牛两年亲身体验，一上市立刻热销。经多年发展，公司与丹麦古氏、法国ARDES等国际公司建立良好的合作关系，与国内多家著名公司建立OEM战略伙伴。公司将继续拓宽合作领域，获得更大的发展。产品营销上积极拓宽策略和渠道，建成国内首家上海光明荷斯坦易耗品网上商城（http://www.hstmall.cn），运行两年效果良好。商城具有价格低、品质优、配送迅速、服务贴心等优点，使奶农在家便可轻松购买到上千种易耗品，便捷的购物方式受到追捧，成为现代牧场采购的首选。

5. 科技创新推动发展。2013年上海光明荷斯坦牧业有限公司及上海奶牛育种中心有限公司积极向农业部和上海市等有关部门申报各类科技项目13个，成功立项10个。获得农业部农技推广“上海地区奶牛生产性能测定”、“生鲜乳质量安全追溯示范创建”、“生鲜牛乳中潜在生物性危害因子的风险评估及预防控制技术体系的研究”，上海市科委“长三角地区生鲜乳质量安全追溯体系关键技术研究及应用”，上海市发改委“上海市饲料质量安全监控平台构建”，上海市财政局“上海市DHI服务发展平台建设”，上海经信委“企业技术中心创新能力建设”等项目，累计获得财政资金2000万元。

6. 人力储备，战略规划。公司非常重视员工发展，建立了完整的培养、考核和激励员工综合发展的体系。公司目前拥有博士7名、硕士25名，本科及大专生288名及推广研究员1人，其中具有高级职称4人，中级职称26人，高效率、高素质科研及技术专家队伍有力地推进了企业人才梯队建设，同时公司为所有员工提供了包括专家、技能师、后备专家、后备干部、管理层等在内的多元化发展道路，在培养高级管理人才、专业技术人才的同时，大力加强高技能人才队伍建设。公司制定了一套包括大学生人才库、实习生计划、职工外读培训、人才后备力量建设等人才开发措施。其中，大学生人才库项目是聘用员工的新途径，通过提早让大学生接触公司（校企合作定向培养大学生是聘用员工的新途径），参与专业部门的工作，实现招聘工作的“过程了解，双向选择”。

上海光明荷斯坦牧业有限公司作为中国奶牛养殖行业的领头企业，正传承和弘扬“专业、高效、可信赖”的企业精神，锲而不舍地为中国奶业的可持续发展作出贡献。

（上海光明荷斯坦牧业有限公司，刘李萍）

2013 年现代牧业发展情况

【经营业绩】截至 2013 年 12 月 21 日，现代牧业营运牧场 22 个，合资公司投资在建牧场 2 个，公司自建牧场 2 个。共饲养奶牛 186 838 头，截至 12 月 31 日的连续 6 个月生产牛奶 372 647 吨，比 2012 年同期的 260 906 吨增加 42.8%。牧场分布全国各个区域，分别是尚志牧场、通辽牧场、赛北牧场（一、二、三、四期）、察北牧场（一、二、三期）、恒盛牧场、和林牧场、汶上牧场、蚌埠牧场（一、二期）、蚌埠牧场（三、四期）、肥东牧场（一、二期）、马鞍山牧场、通山牧场、宝鸡牧场（一期、二期）、洪雅牧场、商河牧场（一、二期）、双城牧场（一期）。

截至 2013 年 12 月 31 日止 6 个月，平均每头奶牛年产奶量 8.51 吨，比去年同期的 7.94 吨增加 7.2%。这是由于有效的畜群管理和通过一代代改善乳牛基因以及更多奶牛达到泌乳高峰期所致。

截至 2013 年 12 月 31 日止 6 个月，现代牧业生产牛奶的 75.7% 交售蒙牛，牛奶销售额 19.01 亿元，比去年同期的 10.93 亿元，增长 73.9%。自有品牌奶销售额增至 2.04 亿元，比去年同期的 0.56 亿元增长 262.9%。

【人员情况】截至 2013 年 12 月 31 日，现代牧业拥有员工 5 288 人，比 2013 年 6 月 30 日的人数增加 6.7%，比 2012 年 12 月 31 日的 4 378 人增加 20.8%。截至 2013 年 12 月 31 日的 6 个月员工福利开支由去年同期的 77.7 百万元，增加 48.8% 至截至 2013 年 12 月 31 日止 6 个月的 115.6 百万元，增加主要由于新畜牧场的员工人数增加和基本薪金普遍上涨及奶牛占乳牛总数比例增加。

（中国奶业会展中心根据《现代牧业 2013 年年度报告》整理）

【服务企业】

走在畜牧行业发展前端的领军企业

——四方力欧

四方力欧畜牧科技股份有限公司（简称“四方力欧”）成立于 2002 年，注册资本 1 亿元人民币，是国家级高新技术企业，总部位于北京市中关村科技园区丰台园。

公司下辖北京四方力欧工程设计有限公司、河北宇尊建筑安装有限公司、定州四方诚信畜牧科技有限公司、四方佰福德（定州）专用车有限公司、四方塔徒唛（定州）农牧设备有限公司，并在河北定州建有世界最大的畜牧装备基地，经过 10 多年的发展，四方力欧已经成长为中国生态牧场建设行业内唯一一家能够提供从牧场设计、装备制造、工程安装、牧场管理咨询全产业链服务的专业企业，拥有专利技术 50 多项，先后设计、建造生态牧场 300 多座，拥有业内唯一一家具有专业资质的牧场设计公司、世界最大的牧场装备制造基地和来自全球多个国家的专业技术团队，在中国生态牧场建设行业具有雄厚的市场实力和品牌优势。

随着企业规模的日益壮大和国际化战略步伐的加快，人才队伍建设和管理始终是四方力欧可持续发展的基点。经过近几年的招募和培养，公司员工规模近达 500 人，其中博士学历 10 人、硕士学历 20 人、本科及大专学历 200 人。为使企业跟上行业发展的步伐，更好地服务于市场和客户，四方力欧先后通过专业机构培训和内部培养，造就了专业型、复合型、特色型、潜能型的综合性人才团队，从而形成了专业人做专业事的机制，并储备了大量潜能型人才，为企业的长远发展奠定了基石。并先后引进了十多位国际上知名的牧场设计、装备制造、牧场工程和牧场管理方面的专家，以便更好的提高团队的眼光、见识和实践能力，同时还和十多个国际上一流的牧场装备企业建立了合作关系，并聘请外籍专家，引进其先进的管理和技术，引进零配件，在自己的工厂组装出世界一流的牧场装备。从 TMR 到挤奶机，从奶罐车到粪污处理设备，经过几年的努力，四方力欧终于可以立足国内，为客户提供世界一流的交钥匙工程。

在 2014 年，为了真正将全产业链服务提升到世界一流水平，四方力欧与基伊埃（上海）牧业科技有限公司建立了深度合作关系，双方将依托彼此的制造能力整合市场营销队伍，共同开发中国市场。双方合作以后，依托基伊埃世界领先的产品和技术以及遍布全球的行业资源，结合四方力欧多年以来的市场努力，以为客户提供最先进的牧场整体解决方案为目标，可以大幅度提升国内生态牧场的设计水准，提高牧场装备的技术水平和制造水平，提升产品质量和服务质量，奶牛养殖业的客户将得到更加优质的产品和服务，从而养出更多的健康好牛，让更多的中国人喝上安全、健康的牛奶。

与此同时，四方力欧与基伊埃于 2014 年 6 月成功参展中国奶业协会举办的第十二届中国国际奶业展览会暨第五届高层论坛。作为本届最大的参展单位，更是以 1 152 平方米的展位面积全新亮相，极具个性的展台装饰效果及明星产品引起了行业领导、媒体的高度关注，并吸引了大批客户与奶业朋友的莅临，为其留下了深刻的印象与好评，充分彰显了四方力欧与基伊埃的品牌知名度与行业影响力。

总而言之，2014 年机遇与挑战并存，四方力欧将积极创新企业发展战略，以创新的营销精神深化品牌形象，以规模化、精细化的生产布局提升品牌产品价值，以做优做大产品辐射范围优化市场渠道，进一步提高品牌竞争力，也为同行业提供良好的借鉴经验。

（四方力欧畜牧科技股份有限公司，回晓琳）

现代化标准牧场建设助推中国奶业大发展

——中博农畜牧科技股份有限公司

【企业经营】中博农畜牧科技股份有限公司是行业领先的现代牧场建设专家，主要市场定位于建设存栏 2000 头以上的现代高端牧场。主营业务是为大型乳企提供现代牧场建设一体化服务，包括牧场选址规划、养殖工艺设计、畜牧设备集成、粪污处理整体解决方案、配套工程施工、管理咨询，以及现代牧场畜牧设备的研发、生产与销售。

2002 年公司正式运营以来，中博农借助于技术、品牌等优势，依托研发创新的现代牧场建设体系，结合各地具体情况，推出了不同类型的牛舍风格。时至今日，中博农从最早的单一规划、建设牧场，开始辐射奶牛设备设计、生产。2010 年由中博农畜牧科技股份有限公司投资近 2 亿元人民币的年产 30 000 套畜牧设备的天津中博农畜牧设备科技有限公司成立，推动中博农进入一个新的发展阶段。

十多年来，中博农的足迹遍布了黑龙江、内蒙古、河北、山东、宁夏、新疆等 20 多个省市及地区，先后规划建造了 200 多座适宜当地环境的标准化规模畜禽养殖场。尤其是在万头规模化牧场建设领域，无论是规模还是数量，都居于行业领先地位。其中包括：镇赉飞鹤 30 000 头原生态牧场、克东 10 000 头牧场、镇赉一牧 10 000 头、黑河中兴牧业 8 000 头、黑龙江贝因美现代牧业 10 000 头、澳亚四牧 14 000 头、澳亚五牧 14 000 头等等。

设计建造是基础，跟踪服务是关键。为加强对乳企或养殖集团的服务，中博农与服务过的黑龙江飞鹤原生态牧业股份有限公司、东营澳亚现代牧场有限公司、内蒙古富源牧业有限公司、内蒙古伊利畜牧发展有限责任公司、黑河中兴牧业有限公司、新疆西部牧业股份有限公司、双城米特利农业发展有限公司、黑龙江贝因美现代牧业有限公司、天津梦得集团有限公司等国内外知名乳业或牧业企业，在技术服务方面加强了合作，建立了长期的合作关系。

【技术创新】作为中国规模化牧场建设领域发展的参与者与见证者，中博农深切体会到了科技对于奶牛养殖带来的深刻变化。

对于前沿技术的储备与更新，始终是中博农发展的头等大事。公司先后组织技术人员出国考察 20 余次，足迹遍布新西兰、澳大利亚、以色列、美国、加拿大、德国、日本、韩国等农牧业发达国家。

相较于“走出去”，公司更是不惜重金实施“引进来”战略。自成立以来，中博农积极接轨国外先进牧场设计理念，结合国内养殖实际，打造本土化牧场建设经典案例。聘请外籍专家通过示范、教学及设计实践，为中博农培养出了一大批优秀技术骨干，如今已成长为中博农项目建设领域的核心成员。

作为国内最早专业从事现代牧场选址规划、养殖工艺设计的企业之一，中博农始终站在国内畜牧科技的最前端，并先后攻克了牧场建设领域的多个技术难点，首次在国内成功研发设计的恒温牛舍和隧道通风牛舍，填补了国内空白，为我国极端天气地区的牛舍建设指明了方向。

2013 年，中博农首次引入“翻转屋面”的牛舍设计理念，其在南昌奶业大会上，一经亮相，即刻赢得了业内关注。

2014 年，为了更好地探讨我国高寒地区奶牛场高密度饲养、集中化管理带来的日常运营及粪污无害化处理难题，中博农邀请了世界顶级农业咨询工程师、牧场设计专家 Jake Martin，加拿大牧场建设专家 Alexandre Dubuc 等一批北美专家在哈尔滨举办了“中·美·加——高寒地区牧场建设与运营国际峰会”，吸引了来自全国 20 多个地区的规模化牧场代表近 500 人参与，成为我们奶业界新的一次盛会。

此外，在配套工程施工方面，中博农更是国内首个引入牧场建设专用摊铺机的企业，摊铺机运用地面快速摊铺技术、防滑拉槽技术等专业施工方法，快速高质地完成满足养殖工艺要求的现代化牧场建设，相对传统工艺减少三分之二的用水量、三分之一的施工时间，且施工质量更高。

“创新引领发展”，为了推动企业持续发展，中博农不断扩大技术队伍、吸纳人才。今天，在中博农庞大的技术队伍中，分布着来自畜牧养殖、环境工程、自动化控制、机械设计、动物营养、疫病防治、农业工程规划设计、工程预决算等方面的专业人才 100 多人。技术人才的互补，为公司的技术创新提供了有利保证。

通过自主研发、原始创新、集成创新等方式，中博农掌握了奶牛标准化养殖场建设的系列核心技术 30 余项，并拥有多项国家专利保护技术。核心技术的达成，为产品创新铺平了道路。

【企业大事】2010 年，中博农参加了由农业部、科技部组织的首届农业科技创新大赛，一举夺得企业成长组第一名，参赛项目《现代农业——规模化牧场建设》入选“十二五”农业领域科技计划项目库。

2010 年，深圳创投和天津创投等风险投资注资中博农，使中博农成为业内第一家获得风险投资的企业。

2012 年，中博农畜牧股份有限公司被认定为第二批北京市农业产业化重点龙头企业。

2013 年，中博农首次引入“翻转屋面”的牛舍设计理念。

2014 年，中博农首次在国内举办“中·美·加——高寒地区牧场建设与运营国际峰会”。

●行业内第一家引进并在国内建成 LPCV（恒温牛舍）的专业公司。

●行业内第一家获得国家专业施工资质的企业。

●行业内第一家在自然通风牛舍基础上开创六列式模式的企业。

●行业内设计建设大规模奶牛场及覆盖奶牛数量最多的专业公司。

（中博农畜牧科技股份有限公司）

高速发展中的先马士中国公司

先马士中国公司，是加拿大先马士（Semex）公司在中国成立的子公司，包括先马士商贸（上海）有限公司和先马士育种（山东）有限公司。

先马士总部位于加拿大安大略省圭尔夫市，是国际奶牛遗传育种主流公司之一，也是进入中国最早的国外育种公司。早期曾代表加拿大政府执行了 1993 年开始的“中加奶牛育种综合项目”，将奶牛生产性能测定（DHI）、奶牛体型外貌鉴定、奶牛个体识别及品种登记、遗传评估模型等奶牛育种与管理体系全面引入中国，同时为中国培训了一大批技术与管理骨干，奠定并加速了中国奶牛育种进程，促进了中国奶业的健康发展。据不完全统计，在项目实施期间，累计培训 6 万多名奶业技术人员，覆盖全国 28 个省市。同时，有 28 个团/组的 200 多人次前往加拿大进行实地学习考察。加方的项目主任朗尼博士（Dr. J. C. Rennie）还被中国政府授予“国际友谊奖”。

先马士公司是全球最大的精液出口公司，2013 年向世界各地销售冻精超过 1200 万支。先马士公司存栏 1 600 头种公牛来自全球五大洲。其中，公牛 Manifold（复印）2014 年 4 月销售冻精超过 100 万支，成为荷斯坦品种的第 49 头“百万公牛”，也使先马士公司以拥有 12 头“百万公牛”而雄踞世界所有育种公司之首。公牛 Facebook（脸谱）2014 年 8 月验证成绩获 InterBull 公布的 TPI 全球排名第一。公司占有加拿大国内 85% 的市场份额，拥有奶牛和肉牛的冻精、胚胎完整的产品链，基因组检测技术全球领先，全球有 110 多家经销商，1 800 名员工工作在世界各地，在 6 个国家建立了自己的后裔测定项目，拥有超过 50 年的牛育种经验，现有 6 家公牛站：加拿大 4 家、匈牙利 1 家、中国 1 家，供应并满足全球客户需求 40 多年。

先马士公司拥有自己的研发中心实验室，每年投资销售额的 3% 用于研发。2012 年发布的与圭尔夫大学联合研究并独家拥有的奶牛健康育种的革命性技术——先马士“免疫大师”（Immunity+）公牛，2013 年美国世界奶业博览会上获创新奖，已销售世界各地。圭尔夫大学的研究表明，这种免疫反应有 25% 的遗传力，与生产性能及体型性状的遗传力相似，比长寿性、产犊难易、女儿繁殖率及一些疾病等性状的遗传力都高，为通过遗传选择对这一性状加以改进提高创造了条件。含有这一基因的“免疫大师”公牛可使牛群整体免疫力普遍提高，获得更多高免疫反应的女儿，并且女儿可将这些高免疫反应传递（遗传）给后代。具有这种高免疫力的奶牛，疾病发病率低（约可减少 19%~30%，比如乳腺炎减少 27%，子宫炎减少 17%，胎衣不下减少 32%）；对疫苗的免疫反应更好（有利于牧场疾病的防控）；初乳的质量更高（使犊牛的存活率更有保障）；牛群的生产寿命更长。综合考虑，使用“免疫大师”公牛所获得的女儿，其疾病发病率将减少 4%~8%，每头女儿将额外增加 80 美元（约合人民币 500 元）的利润。

先马士商贸（上海）有限公司，正式成立于 2011 年 8 月份。主要从事加拿大先马士公司种公牛冻精的进口与销售管理业务、技术服务工作。公司成立当年销售冻精 7.95 万支，2012 年 25.89 万支，2013 年 39.68 万支。自公司成立至今（2014 年 9 月），已累计销售进口冻精超过 100 万支。这是先马士上海公司成立以来取得的第一个阶段性成果；是全国奶业同行大力支持的结果；也是广大客户对先马士品牌、对先马士产品质量信任的结果；更是全体先马士中国员工共同努力拼搏的结果。

公司秉承“平衡育种”及“遗传创造美好生活”的理念，善于发现牧场奶牛存在的需要改良的性状，提供切实可行、兼顾各方的育种方案与选种选配计划，持续改良奶牛基因，为培育高产牛、健康牛、精致牛提供合适的公牛冻精，帮助奶牛养殖者成功、盈利。

先马士畜牧（山东）有限公司，是由先马士公司全资收购原山东盛能奶牛胚胎工程有限公司后于 2013 年 1 月 1 日起正式开始经营管理的一家全新的公牛站。公司坐落于山东临沂市兰山区寨外林场——紧邻沂河的 1 400 亩森林内，风景优美，防疫条件优越。

目前该公牛站存栏种公牛 44 头，其中，荷斯坦品种 37 头，安格斯品种 5 头（红安格斯 3 头、黑安格斯 2 头），以及西门塔尔品种 2 头。公司按照先马士总公司的金牌质量标准，严格执行产品质量管理，公牛生产性能优秀，可靠性高，冻精质量经检验 100% 合格。公司注重国内市场的专业化服务与技术培训，以确保品种改良效果。针对良补项目，已开展技术服务培训 13 场次、培训 990 人次。2013 年奶牛、肉牛良种补贴项目的招投标中，公司在河北、山东、山西、青海、黑龙江等省份中标总数达 18.15 万支。2014 年，公司入围国家奶牛良补项目，入围种公牛 19 头（CPI2 公牛 1 头、CPI3 公牛 13 头，GCPI 公牛 5 头），其中有 3 头公牛进入 CPI3（进口鉴定公牛）指数前 10 名，分别为第 2、第 3、第 7 名。

（先马士中国）

创一流动保企业，做健康生命使者

——东方澳龙

东方澳龙制药有限公司是澳洲高科集团于 2001 年在华投资的中澳合资现代化高科技企业，融科研、制造、销售于一体，主营业务涵盖猪、禽、奶牛、水产、宠物五大领域，主要产品囊括动物保健品、饲料添加剂、消毒剂和宠物药品等多个应用范畴，是华南地区乃至全国水平最高、规模最大的专业动保生产企业之一。

成立十余年来，东方澳龙始终注重企业责任，关爱社会、坚持合作共赢，不断回馈社会，致力于为养殖业提供优质、安全、高效、环保的动保产品，推动绿色、健康养殖业的进步与发展，并为提升人类生活质量和健康水平而竭尽全力，我们是名副其实的“生命健康使者”！

【质量为先】东方澳龙致力于建立从药品的生产源头至市场销售到终端用户使用的全过程的质量监控机制。

2003 年 7 月，公司通过了国家农业部 GMP 认证，获得了当时全国范围内第 26 张 GMP 生产经营牌照，是广东省前 3 家通过 GMP 的兽药生产企业。现已拥有十一条 GMP 生产线，十四种剂型，是全国在设施配备、技术、规模等方面先进的动保企业。

东方澳龙建立了健全、严格的质量保证体系，品控部配备了十多位专业的人员，并拥有高效液相色谱仪、紫外分光光度计、原子吸收光谱等现代化仪器设备。对原料采购、入库储藏、成品入库、销售物流等各项环节均实施严格监控检测，确保产品品质，一如既往地为客户提供安全高效的澳龙产品。

卓越的服务是东方澳龙的核心竞争力之一，经过十多年的发展，已成功从单纯的“生产商”转变为“生产服务型企业”。公司在市场运营上全面推行事业部体制，在组建猪、禽、奶牛、水产四个事业部基础上，搭建一支具有丰富经验的技术服务团队，提出了具有澳龙特色的服务理念，即“坚持好产品 + 优质服务 = 好效果 + 高效益”。

东方澳龙在内部管理上全面推行 6S、ERP、CRM 和 KPI 管理，使企业管理水平规范化、标准化、专业化和国际化。

【技术创新】东方澳龙拥有自主知识产权技术体系，在高浓度长效针剂、固体包合分散技术、微囊包被技术、高浓度纳米级液体多维等多个领域形成国际、国内领先的技术优势，更取得多个技术专利。

东方澳龙致力于成为具有国际影响国内一流的创新型企业。公司通过逐年增加在研究上的投入，由现在占销售收入的 3% 左右提高到 6% 以上，进而实现年均获得 2 个国家新兽药证书和 2 个国家级发明专利的成果，从而成为拥有核心自主知识产权、知名品牌的具有竞争优势和持续发展能力的企业。

东方澳龙在研发创新战略的驱动下，2004 年，公司与中国农大、华南农大、佛山科技学院等开展了实质性的科研合作；同年，公司还被广东省科技厅批准设立省农业科技创新中心。有澳龙特色的“长而宽”的产品链开始形成，并在此基础上提炼出一批技术领先、质量效果确切、市场反响大的拳头产品，有效地支持销售从华南一隅的区域品牌转变为中国动保知名品牌。

2011年，经历长达5年时间的努力，东方澳龙研发的澳富龙子宫注入剂荣获国家农业部颁发的《新兽药注册证书》；2013年，“土霉素子宫注入剂及其制备方法”获得国家发明专利；同年，东方澳龙联合多家业内知名校企共同研发的“复方阿莫西林乳房注入剂”，以及2014年与业内知名企业共同研发的“硫酸头孢喹肟乳房注入剂（泌乳期）”均荣获国家农业部颁发的《新兽药注册证书》。

【市场导向】具有澳龙特色的产品链几乎覆盖全方位的优质、高效、安全、环保绿色产品，大大拓展了用户的选择空间，便于组成高效的产品组合，解决动物的健康问题。

随着我国居民对乳制品的需求继续增加，奶牛养殖业还将持续增长，全国奶牛存栏量还将继续扩大，预计到2015年全国奶牛存栏量将达到1 594万头，规模化和集约化程度也将日趋加深。但是在奶牛养殖业快速发展的同时，奶牛各类疾病发病率尤其是普通病发病率居高不下，已成为影响奶牛养殖效益和产品质量的瓶颈，严重影响着我国奶牛业的健康发展。

东方澳龙作为业内知名的动保企业，着眼于中国奶牛市场现状，从疾病预防和治疗的环节入手，为广大奶牛养殖户带来一大批效果确切、质量可靠的奶牛动保产品。目前广受市场好评的产品有，澳富龙子宫注入剂、澳舒康（复方阿莫西林乳房注入剂）、澳乃康（硫酸头孢喹肟乳房注入剂（泌乳期））、酮泰、蹄泰，以及抗冻成膜型奶牛乳头保护剂“莫冻”等。

公司始终坚持以市场为导向，以满足客户需求为中心，以提供优质产品和服务为手段，以追求共同发展为目标，由此多年来赢得了客户的广泛赞誉。东方澳龙一直致力于在中国建立起一个由经销商、大型养殖企业构成的立体的销售网络，经过多年的耕耘，目前已建立起一个由上千家经销商、上百家大型养殖企业为战略合作伙伴的立体销售网络，并成为正大、温氏、现代牧业，辉山乳业，圣牧高科，蒙牛、伊利、光明乳业，双汇、牧原、中粮、江苏立华，佳和、正邦等众多知名养殖集团的合作伙伴，已成为广大客户的研发中心、制造中心、培训中心和服务中心。同时，东方澳龙产品还远销欧美，拉美，澳洲，东南亚、非洲等多个国家和地区。

东方澳龙始终追求公司和员工的共同发展；致力于顾客与供应商及所有合作伙伴的共赢多赢；倡导良性竞争，不断推动行业的进步与发展，并为提升人类生活质量和健康水平而竭尽全力。

（东方澳龙制药有限公司）

铸民族品牌，惠天下奶农

——北京首农发展有限公司奶牛中心分公司

北京首农畜牧发展有限公司奶牛中心分公司隶属于北京首都农业集团，其前身北京奶牛中心（Beijing Dairy Cattle Center，BDCC）是我国建立早、规模大、综合实力强的奶牛良种繁育及供种基地。截至2014年年底，奶牛中心良种场拥有饲养优秀荷斯坦种子母牛1200头的能力，种公牛站现饲养优秀种公牛260头，中心冻精产销量连续多年名列前茅，为加速我国牛群遗传改良做出了巨大贡献。

作为在国内有着悠久历史的育种企业，中心坚持以“基础做牢、科研做实、品牌作响、市场做大、企业做强”为指导思想，以服务广大奶农为己任，通过发挥自身种源、技术和人才优势，致力于构建我国顶级的高水准、高效率、高可靠性的奶牛育种体系，通过充分发掘北京地区的优势高产奶牛核心群体，向着“打造中国奶牛育种第一品牌”的宏伟目标不断迈进。目前，中心通过引进进口胚胎和核心群自主选育，2014年培育优秀后备公牛60余头，同时对种公牛生产性能、体型外貌、繁殖性能、长寿性等方面的遗传素质开展科学评定，最终培育出遗传性能优秀、稳定且特点丰富的验证公牛群。2014年共有116头优秀种公牛入选农业部良种补贴项目，入选公牛总数再次全国领先。

中心在产品销售中始终坚持“以优质产品打动客户、以科研创新带动销售，以技术服务赢得市场”为辅的销售策略。在市场销售方面，中心结合自身优势和市场需求不断调整产品结构。在以牛冷冻精液为主打产品的基础上，通过不断完善和优化品种来满足不同客户的需求，同时建立起以牛床垫、犊牛岛、兽药器械等奶牛产品销售为主的新增长点，并且以奶牛养殖技术推广、培训、服务为主要手段，使中心在行业内的知名度和影响力不断提升。

在科研创新方面，中心通过依靠现有的“国家奶牛胚胎工程技术研究中心”、“国家引进国外智力成果示范推广基地”、全国奶牛育种行业的首家“博士后科研工作站”和“农业部奶牛遗传育种与繁殖专业重点实验室”等科研平台，引进、吸收国内外先进技术和人才智力。近几年，中心在提高胚胎移植受胎率技术、奶牛选种选配技术、种牛有害基因检测技术、幼畜超排技术、奶牛基因组育种技术、无卵黄稀释液配方等相关技术方面的研究取得了很大进展。2013 年奶牛中心申请国家专利一项，获北京市农业技术推广二等奖 1 项；完成了“奶牛遗传育种与繁殖北京市重点实验室”的申报和挂牌，达到了出成果、出人才、出效益、提高中心整体竞争力的目的。

在对外服务方面，中心坚持开放服务、开放研究，联合开发，立足北京、服务全国的思想，广泛开展技术培训、技术交流、成果推广和生产性能测定服务。中心先后连续承办了“农垦奶牛场现代化管理”、“奶牛场标准化体系建设”、“牛冷冻精液生产与管理技术”等多期培训班，同时每年还在全国各地举办各类生产技术和管理培训班，2014 年累计培训技术人员 5 000 余人次。中心还在农业部、北京市农业局和畜牧兽医总站的支持下，在北京地区重点推广奶牛生产性能测定工作。目前，参测牛场 62 个，覆盖北京地区牛群总规模近 4.2 万头，月检测样本数达 2.6 万个，有效提升了参测牛场的整体管理水平。

面向未来，中心将继续依托优秀的良种资源、一流的科技团队、先进的工艺设施、完善的技术服务，通过选种选配、饲养管理、健康养殖、标准化牧场建设等全方位的专业化技术服务，为实现“全力打造中国奶牛育种第一品牌”的企业愿景和奋斗目标继续努力，并与全国奶业同仁一起为我国奶业发贡献力量。

（北京首农畜牧发展有限公司奶牛中心分公司）

“未来牧场”——基伊埃牧业科技的可持续发展的整体解决方案理念

德国 GEA 集团（基伊埃集团）始意为“全球工程联盟”（Global Engineering Alliance）。始建于 1920 年，1989 年成为上市公司。GEA 集团是世界知名的跨国机械制造集团，旗下拥有基伊埃便利食品技术、牧场科技、机械设备、工程技术、冷冻技术等事业部，共有 250 余家分公司遍布全球。作为一个国际化的技术集团，GEA 集团在其经营领域是市场和技术的领导者，关注于各终端市场的工艺技术和生产工艺所需的组件。GEA 集团是德国法兰克福股市指标股之一（G1A, WKN 660200）。

基伊埃牧业科技隶属于 GEA 集团股份公司，总部设在德国伯嫩。作为机械挤奶的先驱，凭借高质量和创新能力，自 1926 年成功开发出提桶式挤奶机以来，始终是其所经营领域的领跑者。基伊埃牧场科技部旗下拥有 Westfalia/ 韦斯伐里亚、Milfos、Houle 等世界知名品牌，目前在全球 60 多个国家拥有分支机构和代理商，客户遍布 100 多个国家，并有 20 个生产基地。

基伊埃（上海）牧业科技有限公司的前身是韦斯伐里亚公司，成立于 2002 年 12 月，注册在上海市外高桥保税区，于 2011 年 11 月正式更名为：基伊埃（上海）牧业科技有限公司，隶属于 GEA 集团牧场科技部。

基伊埃牧场科技作为集团品牌，自 1926 年以来一直因“未来导向”的技术创新而闻名世界。凭借挤奶机械、粪污处理设备、卫生产品、牛舍设施、自动饲喂、最先进的服务和牧场卫生理念的综合关键竞争力，基伊埃牧业科技为客户提供最新且全面的产品和服务，这些产品和服务适用于各种牛群规模的牧场，能够满足全球客户的不同需求，并与每个牧场的养殖规模和状态相辅相成。基伊埃的产品拥有高度整合的系统、能耗低且坚固耐用，以保证全球范围内牧场运营的盈利性和可持续性。

基伊埃集团为更好地服务于客户，正努力创立“一个基伊埃”概念，旨在缩短集团管理层和客户之间的距离，以便为基伊埃世界范围内的客户提供更快更优质的服务。

基伊埃牧业科技的整体解决方案理念提供综合的产品解决方案和服务，涉及挤奶、冷藏、卫生、服务以及动物和牛位技术。今后基伊埃牧业科技有限公司的焦点将不仅局限于牛奶生产和高质量乳制品，更会放在一个对自然资源负责的高度上。只有节约能源和维护可再生资源的技术才能使可持续的挤奶生产成为可能性，并带来更多效益。从动物利益角度出发并立足于长远，通往“未来牧场”的旅途已经开始。带着推动动物管理和食品生产不断完善的理念，基伊埃牧业科技有限公司正在向全球客户持续推出创新产品（Systems for Milk Production 牛奶生产系统近 5 年 30 项创新，Hygiene 清洗剂产品近 5 年 15 项创新）。

Dairy ProQ 挤奶单元——持续将挤奶流程自动化水平最大化，在固定的时间内，连续自动挤奶。这是一项开创性的发明，世界上首款自动连续挤奶畜栏模块，适用于数个不同类型的挤奶厅。基伊埃的连续挤奶畜栏模块 GEA DairyProQ 将挤奶的所有步骤完全自动化，从开始乳头药浴准备到挤去前奶；从正式挤奶到挤奶后乳头消毒；最后到移去挤奶杯组。这个自动化的过程还包括了不同批次挤奶之间的奶杯及其附属部件的消毒。连续挤奶畜栏模块的独到之处是用一个综合系统可以实现整个过程的自动化。单个的畜栏解决方案确保了挤奶工和奶牛及其乳房全程无需接触，完全可以高度依赖于系统完成。另外，连续挤奶畜栏模块也可以作为半自动的解决方案实施。不管挤奶厅是转盘式的，鱼骨式的还是并列式的，GEA DairyProQ 都可以与之匹配。EA DairyProQ 的高效性能也特别适用于大型牧场。

DairyProView 挤奶流程监控软件——第一台能够综合完整监控挤奶流程的软件。牧场全程挤奶过程的优化变得越来越重要。基伊埃牧场科技发明了一款软件可以将牧场各位置的日常运行可视化，从奶牛畜栏到生牛犊再到挤奶，还有之间的各项活动。该软件保持了各项全面信息的最新，供养牛人做决定，从而优化了牛群管理。通过与基伊埃牛群管理系统德美窗 21 和 CowView 的集成，牧场上牛群的各项活动将实时可视化。该软件可提供准确的信息，例如：各区域奶牛的数量等等。全程监控有利于更系统地安排牧场各区域的工作分配。

GEA Cowview: 不断创新的健康和繁育管理。这个产品创新使得动物定位和单个动物体行为分析被即时跟踪和处理。转发器将每个动物体的位置和活动状态发送到牧场管理人员的个人电脑、平板电脑或者智能手机上。这意味着有史以来第一次牧场工作人员可以获得每个奶牛的位置和行为的完整并持续的分析报告。例如，该软件可以分析出在卧栏中、在走廊中、在饲喂料区域所花的时间和牛走动的距离，从而及时导出每个奶牛的健康状况和发情周期。GEACowView 提供很多便利：通过动物同时定位节省人力，通过可靠的发情监测优化繁殖周期，灵活的工作流程管理，一个早期报警系统来降低健康风险和帮助访问灵活数据。

（基伊埃（上海）牧业科技有限公司）

天津全药舔砖与反刍动物保健

社会使命：不断丰富动物给人类带来的恩惠，不断增加动物对人类的价值，为人类社会幸福做贡献。

共有价值：企业家精神、感谢和真心、治生产业顺正法、追求高专业化团队、追求高品质产品、尊重多彩个性。

天津全药动物保健品有限公司是日本全药工业株式会社于 2001 年 2 月在天津经济技术开发区设立的独资企业。该企业全套引进日本全药工业株式会社的牛用舔砖自动化生产线和日本 GMP 标准的生产和质量管理体系，以天津全药动物保健品公司为其供应世界市场的生产基地，将产品销往世界各地。年生产量达 16 000 吨，生产 20 个以上品种，95% 的产品出口供应国外市场。是亚洲最大的牛用舔砖专业生产基地，也是现今世界上唯一既可以生产牛用食盐舔砖，又可以生产牛用小苏打和牛用糖蜜舔砖的专业企业。全部产品均有其自主技术和知识产权。其食盐舔砖以配方独特、功能性强、品种齐全、质量可靠被日本、韩国市场垂爱，该产品已占据日本同类产品的 80% 以上市场份额，其优良的品质和显著的功效在日本得到了日本农林水产省的动物用药品生产和销售许可。天津全药还是迄今世界上唯一生产牛用小苏打舔砖的企业，给反刍动物以舔砖方式饲喂小苏打，利用效率高、减少浪费，效果显著。特别是对奶牛夏季热应激、偏食、瘤胃酸症和牛蹄保健等效果好，见效快。天津全药生产的高营养浓缩舔砖，是利用可溶性糖的固化技术，生产的具有抗热、抗潮和最大限度保存维生素和微量元素活性的高营养舔砖，是奶牛应激期名副其实的反刍动物用高能量产品，在国外被誉为“牛、羊巧克力”，能促进断奶犊牛的瘤胃和瘤胃绒毛发育、增加高产奶牛临产期和产后的能量补充、缓和奶牛热应激等效果。该产品曾被日本政府和联合国指定为援外救灾物资，用于援助冬季寒冷国家地区的暴风雪（白灾）等对牛、羊家畜灾害期的紧急救援物资，享誉世界。

天津全药动物保健品有限公司立志为 21 世纪的中国畜牧业特别是养牛业的发展做出贡献。天津全药公司 2002 年建成投产，2005 年在北京设立北京销售公司以来，一直致力于以中国奶牛业发展为核心展开活动。有鉴于中国奶牛业起步晚、发展快、形式多样、水平高低不齐等特点，公司制定了普及奶牛饲养知识和技能，培育奶牛饲养理念为核心策略，协助奶牛养殖户、提高牧场生产和经营能力为目的活动计划。与全国几十家相关研究机构合作，研究探讨适合于中国发展的方式方法。每年几十次下乡进村，到小区和牧场直接开展奶牛养殖技术讲座。普及养牛就是养瘤胃，健康的奶牛才能生产高品质牛奶，推广牛性化养牛理念，介绍奶牛舒适度决定牧场盈利状况、积极介绍和推广集约标准化奶牛养殖牧场的奶牛个体护理与保健的舔砖技术等内容。公司有信心与广大奶牛业同仁一道努力，为提高中国奶牛业又好又快发展作出我们的贡献。

（天津全药动物保健品有限公司北京分公司）

大 事 记

DASHIJI

2013 年奶业大事记

1 月

1 日　来自澳大利亚的 3386 头荷斯坦奶牛在江苏南通中集大罐码头到港。这批奶牛由农业部审批，陕西省农业厅引进，总价值 990 多万澳元，折合人民币约 6400 多万元。这批奶牛将在专业隔离检疫区封闭生活 45 天后，运往陕西西安和渭南合阳。

4 日　农业部奶业管理办公室致函中国农业科学院北京畜牧兽医研究所，对反刍动物营养研究室王加启研究团队及其农业部奶及奶制品质量监督检验测试中心（北京）（以下简称牛奶质检中心），在 2012 年能够按照统一部署，认真做好相关组织工作，圆满完成全国生鲜乳监测数据汇总分析、检验检测培训、隐患摸底排查、质量安全风险研究、监测方案制修订等各项任务给予了充分肯定，同时希望中国农业科学院北京畜牧兽医研究所今后进一步发挥技术优势和人才优势，积极参与全国生鲜乳质量安全监测计划，为我国奶业发展再立新功。

7 日　辽宁辉山乳业集团首次推出自营牧场生产的婴幼儿配方奶粉产品。目前，辽宁辉山乳业拥有 52 座现代化自营牧场，13 万头纯种澳洲进口奶牛，13 万亩自种高蛋白苜蓿草场，23 万亩玉米青贮种植基地。从原料乳验收到产品出厂，产品经过百余道检验程序，近 200 项监控指标，各项指标均严于国家标准，部分指标优于欧盟标准。

8 日　青海省政府公布，天露乳业、春源畜牧、民和湟乳三家乳制品生产企业日前重组整合成立了贵德天露良种奶牛繁育有限公司和青海西部牧歌乳制品销售公司，这标志着该省乳制品行业重组整合迈出了实质性步伐。

沈阳出入境检验检疫局公布，沈阳乳业有限责任公司日前通过考核获得《出口食品生产企业备案证书》，取得牛奶产品出口资格。这是辽宁地区首家企业获得纯牛奶出口资格，打破了辽宁省没有液态奶出口的历史记录。

为了更好地履行行业协会职能，充分发挥专家在行业发展中的技术支持作用，中国奶业协会决定建立中国奶业专家库，下发《关于推荐中国奶业专家库专家的通知》。

10 日　农业部公告第 1890 号，根据《国家支持推广的农业机械产品目录管理办法》规定，组织实施了《2012—2014 年国家支持推广的农业机械产品目录》年度调整工作，制定了《2012—2014 年国家支持推广的农业机械产品目录》（2013 年度调整），并予公告。

15 日　为了表彰在现代奶业建设中作出突出贡献的先进个人，发挥先进典型的模范带头作用，激励奶业工作者的积极性和创造性，促进我国奶业持续健康发展，根据《农业部表彰工作管理办法》，中国奶业协会决定开展 2013 年“优秀奶业工作者”评选表彰活动，并下发了《中国奶业协会关于评选优秀奶业工作者的通知》。

17 日　由中国质量协会、全国用户委员会组织开展的 2012 年全国液态奶用户满意度测评活动在北京揭晓结果：2012 年液态奶行业的用户满意度为 75.91 分（满分 100 分），比 2011 年略有提高。其中，在全国性品牌中，伊利位列满意度、品牌美誉度第一；在区域性品牌中，龙丹、辉山、得益三个品牌位列满意度前三位。

由四川省学生饮用奶办公室专家评审组和四川省奶业工程技术中心共同举办的四川省奶源基地发展问题与对策 2013 年研讨会在洪雅县阳坪种牛场召开。四川新希望乳业有限公司、四川菊乐食品有限公司、四川雪宝乳业有限公司、四川省杨森乳业有限公司等学生饮用奶定点企业的负责人、四川阳坪种牛场和眉山市及有关县畜牧局领导等 18 人参加了此次会议。四川省学生饮用奶领导小组专家评审组组长李自成研究员、四川省奶业工程技术中心主任汪家琪博士、眉山市奶业办公室主任蔡健等领导出席了本次会议。

18 日　农业部在杭州召开 2013 年全国农产品质量安全监管工作会议，农业部副部长陈晓华出席会议并讲话。他说，2012 年，奶站整治突出抓了两个“全覆盖”，生鲜乳抽检覆盖全国所有奶站；检测指标覆盖三聚氰胺、β-内酰胺酶等 5 种违禁添加物。2013 年，要加强奶站和饲料监管，严防出现反弹。

20 日　中国农业科学院北京畜牧兽医研究所公布，该所王加启科研团队历时十余年开展的“优质乳生产的奶牛营养调控与规范化饲养技术及应用”研究取得重要成果，并荣获2012年国家科技进步奖二等奖。

21日　中国奶业协会在京召开了驻京常务理事座谈会，中国奶业协会名誉会长刘成果、常务副会长魏克佳、副会长兼秘书长谷继承、农业部畜牧业司司长王智才、农业部农垦局局长李伟国、农业部畜牧业司巡视员陈伟生、农业部农业机械试验鉴定总站副站长朱良、农业部草原监理中心副主任刘连贵等中国奶业协会驻京常务理事及业务主管领导30多人出席了会议。

23日　青海省奶业协会第三届六次常务理事会在青海省畜牧总站召开。省农牧厅首席兽医师、青海省奶业协会理事长焦小鹿同志到会并做了重要讲话，奶业协会秘书长宁金友同志主持会议并做了2012年青海省奶业协会工作总结及2013年工作计划的汇报，通报了2012年会费收取及经费使用情况。省奶协18位常务理事出席了本次会议，各位常务理事对2013年工作重点进行了认真讨论。

25日　瑞典农业大臣埃斯基尔·埃兰德松(Eskil Erlandsso)、瑞典驻华大使罗睿德（Lars Fred é n）、瑞典农村事务部、欧盟协调与国际事务秘书局副局长图马斯·达勒芒（Tomas Dahlman）与利拉伐全球市场营销及传播副总裁Benoit Passard、利拉伐东亚区总裁马克·伐科能（Markku Vauhkonen）、中国农业大学教授、国家奶牛产业技术体系首席科学家李胜利、蒙牛集团总裁助理王艳松、雀巢大中华区鲜奶收购及农业服务总监鄂华德（Robert M. Erhard）、华夏畜牧总裁张家淇等业内高管、专家共同出席了在北京威斯汀酒店举行的“中国奶业发展机遇与挑战”行业研讨会。此次研讨会就中国奶业现状、市场监管、奶制品质量提升、产业效能提高以及中瑞奶业中心二期项目等媒体关注的热点话题与来宾及参会记者作了深入的沟通、探讨。

28日　新西兰驻华大使馆就新西兰奶制品中发现双氰胺（DCD）召开新闻发布会。新西兰大使表示，该国乳制品没有任何食品安全风险存在，也因此不打算公布采用恒天然奶源的中国企业名单。

29日　海关总署公布，中国将对原产于新西兰的固状和浓缩非固状乳及奶油等产品，按最惠国税率征收进口关税。

2月

5日　全球乳制品论坛组织(Global Dairy Platform，简称GDP)代表团造访蒙牛，与蒙牛集团总裁孙伊萍、助理副总裁王艳松就中国乳业发展现状等论题展开座谈。GDP负责人在座谈会上称，中国是全球乳品行业增长最快的国家。

15日　天津市地方标准《示范奶牛场生产管理规范》正式实施，该规范旨在促进天津市奶牛养殖健康发展，保障天津市放心奶源安全。规范对奶牛场建设布局、牛群管理、生鲜乳质量安全控制、疫病防控等示范奶牛场生产管理中的9项环节进行了严格的规范。

17日，为加强兽药残留监控工作，保证动物产品质量安全，农业部制定《2013年度动物及动物产品兽药残留监控计划》，计划中指出，抽检的牛奶样品从奶牛养殖（户）、生鲜乳收购站抽取。

18日　国家质检总局公布在入境口岸约有649批次进口食品化妆品查出质量问题。其中涉及的奶粉有：上海善臣营养食品有限公司从新西兰进口的善臣婴儿配方奶粉1至3阶段，分别被发现标签不合格；铁、镁和左旋肉碱含量不符合国家标准；核苷酸总量、胆碱含量、镁含量标签符合性检测不合格。上海市食品进出口家禽有限公司进口自新西兰的贝姬优选婴幼儿奶粉（第一至第三阶段）、贝唯乐金装1至3段婴儿配方奶粉，标签不合格。此外，如宁波海禾婴幼儿食品有限公司从荷兰进口的海禾儿2阶段较大婴儿配方奶粉，检出沙门氏菌。西班牙的“喜乐宝”幼儿成长配方奶粉3段锌超标。国家质检总局表示，上述问题食品在入境时已做退货或销毁等处理，未进入国内市场销售。

3月

6日　为贯彻落实《国务院关于促进奶业持续健康发展的意见》《奶业整顿和振兴规划纲要》和《乳制品工业产业政策》关于企业建立稳定奶源基地的要求，农业部畜牧业司于3月中下旬组织奶源基地建设情况调研。由中国奶业协会带队，赴全国14个省（自治区、直辖市）进行走访座谈。这14个省（自治区、直辖市）包括北京、天津、上海、山东、河南、山西、内蒙古、黑龙江、新疆、辽宁、陕西、宁夏、安徽、河北。

7日　受农业部奶业管理办公室委托，中国农业科学院北京畜牧兽医研究所牛奶质检中心在京举办了“2013年上半年全国生鲜乳质量安全检测技术培训会”，农业部奶业管理办公室马莹处长到会指导，来自全国30个省（区、市）41家承担生鲜乳质量安全监测任务单位的100余名检测技术岗位一线工作人员参加此次培训。

上海牛奶集团鼎牛饲料公司在崇明岛召开了2013年度供应商会议。中国奶业协会秘书长谷继承、农业部饲料处处长王晓红应邀参加了本次会议。上海牛奶集团董事长、总经理沈伟平，光明食品集团农业发展部总经理黄超，牛奶集团党委书记钱瑞新等领导出席了会议。会上，与会的供应商和鼎牛饲料分别签署了《签定质量安全承诺》与《廉政公约》，为新一年饲料采购系统的安全奠定了坚实的基础。

9日　农业部奶产品质量安全风险评估实验室（北京）技术委员会第一次会议在京召开。农业部农产品质量安全监管局金发忠副局长、黄修柱处长出席会议，中国农业科学院北京畜牧兽医研究所李明所长、韩雪松副所长和来自中国农科院农业质量标准与检测技术研究所、北京大学等6家单位的40余名专家学者参加会议，王加启研究员主持会议。

11日～14日 按照农业部畜牧业司《关于开展奶源基地建设情况调研的通知》，中国奶业协会常务副会长魏克佳、数据中心主任陈绍祜，中国农业大学动物科技学院副教授曹志军，山东省奶业分会秘书长张志民等一行对河南进行了考察，与河南省奶业办公室座谈了整体发展情况，先后对河南花花牛乳业、河南奶牛繁育中心、河南伊利乳业有限公司、河南源源乳业有限公司、洛阳生生乳业有限公司、焦作多尔克司乳业有限公司进行了走访调研，与企业各方面的负责人进行了详细的座谈，了解企业的奶源基地建设和生产情况。

12日 中国奶业协会副秘书长杨秀文、办公室主任李栋，河北省奶业协会副秘书长李贺峰等一行赴上海开展了调研，与上海奶业行业协会进行了座谈，分别走访了瀛博奶牛场、鼎牛饲料有限公司TMR配送中心、上海鼎牛饲料有限公司、上海光明荷斯坦牧业有限公司育种中心、上海光明乳业公司华东生产部乳品二厂。

12日～15日 中国奶业协会名誉会长刘成果、秘书长谷继承、办公室秘书门建清、信息中心主任周振峰，内蒙古奶业协会原秘书长那达木德等一行赴内蒙古开展了乳品企业奶源基地建设情况调研。调研中刘成果名誉会长提出了“走基层、摸实情、寻对策、促转型”的基本要求，调研组先后走访了伊利乳业、蒙牛乳业、奶联社、敕勒川牧场、富源（赛罕）牧场、犇腾（方圣）牧场、奶联社(波林岱)牧场、奶联社(聚鑫)农机合作社、奶联社（波林岱）苜蓿种植合作社、白庙养殖小区、七盛养殖小区，分别了解了企业的发展情况，重点两大乳品企业交流了奶源基地建设的规划、现状、经验。并就调研情况与内蒙古自治区农牧厅、奶业协会进行了广泛地座谈交流。总的来说，收获很多，达到了“走基层、摸实情、寻对策、促转型”的调研目的和要求。

13日～15日 中国奶业协会刘琳副秘书长、信息中心分析师陈兵，国家奶牛产业技术体系奶业经济研究室主任刘玉满研究员等一行，赴安徽省开展相关调研工作。与安徽省畜牧兽医局进行了座谈，董卫星局长简要介绍了安徽奶业发展情况，并分别走访了现代牧业蚌埠牧场、和平乳业有限责任公司、秋实草业有限公司。调研期间，省奶业协会李赛明秘书长陪同。

14日～15日 中国奶业协会副秘书长杨秀文、办公室主任李栋，河北省奶业协会副秘书长李贺峰（第四调研组）赴天津，在天津市奶业协会秘书长孟庆江、副秘书长何茹协调组织下，对天津完达山乳品厂、海河乳业进行了调研，听取了乳企负责人就企业生鲜乳收购、乳制品生产、产品质量控制等情况的介绍。调研人员与武清奶农合作社进行了座谈，来自武清奶协、大老李奶牛场、天津完达山乳品厂及奶农合作社负责人近三十人参加座谈，武清合作社在为社员统一供精、饲料采购、技术服务、TMR饲喂及与乳企谈判方面发挥了重要作用。最后听取了天津农垦奶业—海河乳业和嘉立荷牧业的情况介绍。

15日～18日 中国奶业协会秘书长谷继承、信息中心主任周振峰，内蒙古奶业协会原秘书长那达木德等一行赴辽宁开展了乳品企业奶源基地建设情况调研。辽宁省农垦局李玉晨副局长，辽宁省奶业协会刘兴久秘书长、徐环宇副秘书长等陪同，先后走访了沈阳辉山乳业、铁岭铁牛乳业、本溪木兰花乳业。并与辽宁省畜牧局、辽宁省农垦局、辽宁省奶业协会座谈交流了辽宁省奶业发展情况，了解加快奶源基地建设的经验、问题和建议。

18日～22日 中国奶业协会谷继承秘书长、信息中心主任周振峰，黑龙江省畜牧兽医局奶业管理办公室主任张毅力、省奶业协会秘书长张维银等一行，赴黑龙江省完达山乳业、黑龙江飞鹤乳业、黑龙江省（龙丹）乳业、双城雀巢乳业、黑龙江省贝因美乳业调研。与各企业座谈了乳品企业奶源基地建设的规划、现状、问题和建议。并分别在哈尔滨市、齐齐哈尔市，就今后奶业发展，同相关奶业主管部门交换了意见。

20日 2013中法乳业峰会在深圳市举行。来自法国领事馆、法国工商会、法国最大乳业合作社索地雅集团、国际乳业联合会中国国家委员会、国家乳业工程技术研究中心、国际儿童健康专家等代表500多人参加了会议。法国索地雅集团CEO代表法国乳制品行业向与会代表介绍了法国乳制品发展情况和该集团“牛奶之路”质量保障体系运作的经验。与会代表共同参加了“爱达力”婴幼儿配方奶粉的中国市场启动仪式，索地雅集团正式宣布将通过爱达力品牌开始服务于中国消费者。

20日～21日 中国奶业协第四调研组赴北京三元乳业、伊利集团北京分公司、北京蒙牛乳业北京分公司调研，了解各乳品企业奶源基地建设、乳制品生产情况，与北京市农业局、北京市奶协、三元绿荷养殖中心、北京中地畜牧科技有限公司、北京海华云都生态农业有限公司、顺义奶牛场及奶农组织进行了座谈。

25日 中国奶业协会刘琳副秘书长、信息中心陈兵分析师等一行赴陕西和宁夏进行调研。陕西省畜牧技术推广总站站长、陕西省奶业协会秘书长郭庆宏，副站长毛宏伟、陕西省奶牛DHI测定中心主任逯国梁等陪同，先后拜访了陕西省畜牧兽医局，实地走访了西安银桥乳业、蒙牛乳业(宝鸡)有限公司、现代牧业(宝鸡)有限公司，富平县奶山羊基地，期间还与临潼区、富平县的畜牧主管部门交换了意见。宁夏调研中，宁夏回族自治区农牧厅畜牧局局长康进喜、副局长席永平和宁夏畜牧工作站副站长温万陪同，先后拜访了宁夏农牧厅畜牧局、实地走访了夏进乳业、伊利吴忠分公司、蒙牛乳业（银川）有限公司、宁夏农垦贺兰山奶牛示范场和茂盛草业公司。并与吴忠市、吴忠市利通区孙家滩管委会以及宁夏农垦的相关主管部门座谈。

27日～29日 由农业部畜牧业司组织，中国奶业协会带队的奶源基地建设情况调研组（专家团）走进新疆，走进兵团，调研边疆地区奶业发展和奶源基地建设情况。中国奶业协会名誉会长刘成果、秘书长谷继承、办公室秘书门建清、信息中心主任周振峰，国家奶牛产业体系首席科学家李胜利、国家肉牛牦牛产业技术体系首席科学家曹兵海、国家牧草产业技术体系首席科学家张英俊等参加调研。兵团副司令员孔星隆、副秘书长周国胜，新疆畜牧业厅副厅长王俊勋、新疆奶业协会秘书长齐新林，兵团农业局局长孔军、副局长赵福义、畜牧处处长杨勇等陪同。分别走访了西域春乳业、呼图壁种牛场、新峰奶牛养殖合作社和朗青牧场。并深入兵团，重点考察了五家渠西部噶尔牧业、六师军户肉牛场、香巴拉143团万头肉牛基地、西部牧业花园乳业、明旺乳业、天润乳业，与八师有关人员座谈交流了奶肉产业发展情。调研组认真听取每一处介绍，分析存在问题，进行技术指导，提出发展建议。为推动兵团奶肉业发展，考察结束兵团精心组织了“兵团奶肉业发展研讨会”。调研组各成员都为兵团奶肉业发展提出宝贵的建议。

28日～29日　以中国奶业协会副会长王加启为首的中国奶业协会第四调研组赴河北君乐宝乳业、河北三元乳品厂、河北天成奶牛场等单位调研，了解乳品企业奶源基地建设、奶源供给、奶价、产品检测及饲草料供给、粪污处理情况，河北省奶业协会秘书长袁运生全程陪同。29日下午由河北省畜牧兽医局、河北省畜牧推广站、河北奶协、石家庄市奶协、君乐宝乳业、河北三元乳业、牧场、养殖小区等参加的座谈会在君乐宝乳业召开，河北省畜牧兽医局畜牧草原处处长李进恒从六个方面介绍了河北的奶业情况和下一步工作重点，河北奶协、石家庄市奶协、乳品企业和牧场代表均畅所欲言，最后王加启研究员对此次调研进行了全面总结。

29日　“奶牛基因组高密度SNP分子标记技术开发利用”项目启动会顺利召开。上海市畜牧办李建颖主任及林卫东副主任，项目办石达祺副主任及沈晓晖老师，上海交大农生院俞良莉院长及潘玉春教授，上海奶牛育种中心刘光磊博士等领导出席会议。该项目由上海交通大学、上海光明荷斯坦牧业有限公司及上海奶牛育种中心共同承担，研究内容主要包括：构建参考群体、搭建遗传变异检测平台、构建基因组选择分析平台以及建立全基因组选择应用体系，简称“一个群体、一个体系、两个平台”。

4月

6日　“伊利工厂开放之旅”活动全面启动。伊利集团举办“伊利工厂开放之旅”有三大亮点，即“全年、全国、全民”。“全年”从时间上看，参观活动持续贯穿2013年全年。“全国”从地域上看，北至黑龙江肇东，南至广东佛山，西起宁夏吴忠，东到江苏苏州，本次开放的伊利工厂基本实现了全国性的覆盖。“全民”全国各地的消费者只需上网搜索“参观伊利”或登录伊利官网按照页面提示选择距离最近的伊利工厂，简单几步即可完成预约。

9～11日　为进一步加强与地方协会的联系与合作，充分发挥各级协会的作用，交流和座谈奶源基地建设及协会工作开展情况，中国奶业协会在江西省南昌市召开了全国奶业（乳业）协会秘书长联席会议。来自全国二十四个省（市、自治区）奶业（乳业）协会的秘书长及有关人员共计29人参加会议，会议由中国奶业协会副秘书长刘琳主持，中国奶业协会副会长兼秘书长谷继承出席会议并作重要讲话。

10日　全国生鲜乳质量安全暨奶业处长工作研讨会在西安召开，农业部畜牧业司司长王智才分析了奶业面临的新形势，对奶业生产和生鲜乳质量安全监管工作进行了安排部署。农业部畜牧业司副司长杨振海主持会议，陕西省农业厅党组成员、省畜牧兽医局局长杨黎旭参加会议并代表陕西省农业厅致辞，陕西省畜牧兽医局、河南省畜牧局、山西省农业厅、国家乳制品质量监督检测中心相关负责同志进行了典型发言，农业部奶及奶制品质量监督检验测试中心（北京）负责同志对2012年全国生鲜乳质量安全监测工作情况进行了通报。会议还组织各省分管奶业工作处长、各省质检中心主任（所长）分别进行奶业生产工作研讨交流和生鲜乳质量安全监管工作研讨交流。

13日　央视新闻联播播出了《传统产业迎来物联网时代》，报道了完达山乳业千头奶牛牧场应用物联网技术科学化养殖、运输、加工，最后到包装，只要用手机在包装盒的二维码上轻轻一扫就能够知道这盒奶粉的奶源来自哪个牧场、哪批奶源，实现了产业链全程可追溯，向消费者展示了现在的中国乳业在科学技术上的发展，通过可追溯系统来确保产品质量的应用。

15日　中以现代奶业技术合作中心启动仪式暨第九届中以奶牛养殖技术培训班在京举办。中国奶业协会副会长兼秘书长谷继承，首农集团董事、党委副书记副总经理三元种业党委书记、董事长范学珊，以色列驻华大使马腾，国家奶牛产业技术体系首席科学家、中国农业大学教授李胜利，北京三元种业董事、党委副书记、总经理张振新，北京奶牛中心主任乔绿等出席启动仪式并讲话。大会由北京绿荷牛业总经理李锡智主持。

天津市质监局召开新闻发布会，公布国内首次推出的“放心奶”推荐性地方标准，包括《示范乳制品企业生产管理规范》《乳制品销售管理规范》和《示范奶牛场生产管理规范》三项地方标准，覆盖了乳品生产过程中原料、生产、销售全过程。这三项推荐性地方标准已于2013年2月15日实施。

15日～16日　黑龙江省奶牛技术联盟成立大会在哈尔滨召开，来自全省奶牛主产市县的牛场管理经纪人和相关行业的专家顾问60余人参加了成立大会。与会联盟成员通过了联盟章程等相关文议案，黑龙江省奶协张维银秘书长对本次会议做了总结性发言。成立大会结束后，多位专家顾问和牧场管理者做了专题讲座。

20日　四川雅安20日上午发生7.0级地震，震后不到3个小时，蒙牛乳业向雅安灾区捐赠的2000箱牛奶和2 000箱酸酸乳就已送出。第一笔救援物资送出后，蒙牛乳业决定通过四川省民政厅向雅安地震灾区追加1 000万元现金捐助。同时，“蒙牛志愿者救援队”前往地震灾区，为灾区人民带去救急的10 000箱牛奶。

北京中地种畜股份有限公司在京召开了院士工作站座谈会。同期，为甘肃农垦就发展现代奶牛养殖提供了咨询和研讨。工作站首席专家、中国农业大学李宁院士，工作站饲料营养专家、中国农业大学李胜利教授，工作站遗传育种专家、中心主任昝林森教授，中国奶业协会秘书长谷继承，全国畜牧总站奶业处处长刘海良，中国农学会科技成果评奖处处长边全乐，甘肃省农垦集团总经理何宗仁，中地种畜公司董事长张建设、总经理张开展、副总经理宋乃社、副总经理廉恩臣、经理刘云祥等出席。

由美国威斯康星州州长斯科特·沃克为团长的威斯康星州代表团参观考察了上海牛奶（集团）有限公司崇明生态奶业基地，光明食品集团顾问、牛奶集团监事会主席张永泉，牛奶集团副董事长、党委书记钱瑞新陪同考察。

22日　第42期国家奶牛“金钥匙”技术示范现场会在潍坊大酒店召开。此次会议由农业部奶业管理办公室、国家奶牛产业体系、山东省畜牧兽医局主办，来自全国奶牛产业方面的专家以及全省各地负责奶牛生产技术人员、现代奶业项目县和奶牛养殖大县技术负责人、承担现代奶业项目的奶牛场区技术负责人、标准化示范场技术负责人约300多人参加了会议。潍坊市畜牧局赵学新副局长到会致辞，山东省畜牧兽医局科技处张绍存处长出席会议并讲话。

西安银桥乳业集团向四川省芦山“4·20”7.0级强烈地震地震灾区物资捐赠仪式在银桥乳业高新区工业园举行。捐赠仪式上，银桥乳业领导代表全体员工献爱心将价值100余万元的“秦俑”和“阳光宝宝”奶粉及“银桥”牛奶委托陕西省红十字会转交到受灾群众手中。

陕西关山乳业公司第一车1 000余箱婴幼儿奶粉从宝鸡运出，关山乳业共为雅安灾区捐献“救灾奶粉”2 227箱，价值340万元，其中企业320万元，员工个人捐献20万元，表现出了陕西一个普通企业和广大员工对灾区人民的大爱。

23日　辽宁辉山乳业为缓解雅安灾区奶粉之急，紧急调拨的3 600盒婴幼儿配方奶粉运抵地震灾区。这批奶粉包括金装1段、2段、3段婴幼儿奶粉各1 200盒。

26日　伊利股份发布了2012年财报，至此上市乳企2012年业绩均已出炉。中国乳业前三强中，伊利全年营收4 19.91亿元，蒙牛360.8亿元，光明137.75亿元。三大乳企间差距拉大，标志着乳业出现竞争新格局。

3180头从澳大利亚引进的“娟姗牛”结束在天津港的隔离防疫，入住首农新绿洲农业循环园区二期牧场，这标志着国内最大的“娟姗牛”养殖基地正式投入运营。

27日　在农业部奶业管理办公室的指导下，中国奶业协会在北京组织召开了奶牛生产性能测定2013年第一次工作会议。农业部奶业管理办公室调研员邓荣臻，中国奶业协会副会长兼秘书长谷继承、副秘书长刘琳，中国农业大学教授张沅、张胜利，副教授曹志军，以及来自全国23个DHI测定中心的工作人员近100人参会。

28日　在河北省定州市唐河工业园区四方力欧畜牧科技股份有限公司定州生产基地，举行国内首家农业部农机推广总站养殖机械化技术实验示范基地揭牌仪式。中国奶业协会常务副会长魏克佳，中国工程院院士、华南农大教授罗锡文，农业部农机推广总站、农机鉴定总站，中国农机化协会，农业工程规划设计研究院，中国农业大学，定州市委、市政府等相关领导和专家出席了揭牌仪式。

5月

6日，为了激励奶业工作者的积极性和创造性，促进我国奶业持续健康发展，中国奶业协会根据《农业部表彰工作管理办法》（农人发[2010]8号），对在我国奶业发展过程中作出突出贡献的先进个人进行表彰。经各省（自治区 、直辖市）奶业协会推荐，中国奶业协会组织专家评审，授予了曹福存等97位同志为“全国优秀奶业工作者”。

河北省科技厅和石家庄市科技局组织有关专家对石家庄天泉良种奶牛有限公司承担的河北省重大科技创新项目和石家庄市重大科研课题“良种奶牛高效胚胎生产综合配套技术研究及产业化开发”进行了验收，并对取得的成果进行鉴定。专家组认定，项目研发了奶牛超数排卵技术，育成牛高强度重复超排处理平均达5.17次/头，最高单头牛连续重复超排9次，平均每头次获得体内可用胚胎7.56枚，显著提高了奶牛胚胎生产效率，促进胚胎质量提升。项目总体达到国内领先水平。该项目针对分割取样后的胚胎研发了专门的冷冻保护液，加入聚蔗糖、阿拉伯半乳聚糖显著提高了取样胚胎的冷冻效果，申报发明专利2项。

7日　蒙牛乳业31.75亿港元购现代牧业26.9%股权。

作为甘州区2013年农业重点项目之一的甘肃前进奶牛专业合作社3万头奶肉牛产业化项目开工奠基仪式在甘州区石岗墩农场正式举行。张掖市委、市政府、市人大、市政协、甘肃省农牧厅的领导和甘州区委、区政府、区人大、区政协的领导出席奠基仪式并为项目开工培土奠基。

8日　人保财险河北省张家口市张北县支公司，为张家口市现代牧业（察北）有限公司现代化养殖场的20863头奶牛办理了政策性奶牛保险，提供风险保障1.04亿元，为近年来河北省政策性奶牛保险最大单。

重庆市信息化与工业化融合促进中心公布，该市研发的第三代科技软件甚至可以查到牛奶由哪个奶农提供。重庆市信息化与工业化融合促进中心主任尹超介绍，该市早在2007年就进行了这款软件的第一代研发，到今年已是第三代了。“这样一来，一旦食品出现问题，就可及时发布出现问题的批次，并进行召回，也能在第一时间知道食品出现问题的环节究竟是在加工方式还是在原材料方面。”

9日　内蒙古乌兰察布市凉城县六苏木镇人民政府公布，由内蒙古蒙荣牧业有限公司和以色列阿菲金公司合作投资10亿元在六苏木镇建设的“蒙荣”奶牛牧场一期工程将于今年8月底完工。

11日～13日　由中国农科院北京畜牧兽医所、美国奶业协会和中国奶业协会共同主办的第三届“奶牛营养与牛奶质量”国际研讨会在北京隆重召开。农业部原常务副部长、中国奶业协会名誉会长刘成果先生，农业部奶业管理办公室王峰主任，中国科技部国际合作司王强处长，爱尔兰驻华使馆Declan Kelleher大使，中国农业科学院副院长吴孔明院士，中国奶协副会长兼秘书长谷继承，农科院北京畜牧兽医研究所李明所长，美国科学院Dale Bauman院士，美国奶业科学学会会长Rodney Ken McGuffey教授等专家和嘉宾出席了开幕式，会议由中国农业科学院北京畜牧兽医研究所副所长王加启研究员和美国奶业科学学会会长Rodney Ken McGuffey教授共同主持。来自中国、美国、英国、爱尔兰、阿根廷、加拿大、意大利、比利时、阿根廷和巴西等国家的40位知名专家做了专题报告，国内193所大专院校、32个科研院所、64个部或省级乳品质量安全检测机构、34个奶牛技术推广部门、41个系统动物营养研究部门及122个中外乳品企业的领导、专家和科技工作者共计600余人参加了会议。

12日～15日　天津市“第一届中加奶牛健康养殖及资源循环利用研讨会”在天津农学院召开。研讨会由天津农学院和天津市畜牧兽医局联合主办。本次会议有12位中外专家作学术报告，主要议题是紧紧围绕当前和今后奶业产业链急需解决的关键技术，在奶牛饲料营养与安全评价、现代化牧场生产管理系统开发应用、奶牛重要疾病防治、牛奶质量提升与控制以及奶牛场粪污无害化处理领域充分进行大会交流。

14日　农业部高鸿宾副部长到中国农业科学院北京畜牧兽医研究所考察调研，畜牧业司王智才司长、兽医局黄伟忠副局长、中国农业科学院李金祥副院长、畜牧业司畜牧处左玲玲处长陪同调研。分别视察了基因与细胞工程研究室、动物营养国家重点实验室和农业部奶及奶制品质量监督检验测试中心（北京），看望了科研和检测人员，并对国家畜禽改良研究中心等基建项目进行了实地考察，详细了解了建设进展情况。李金祥副院长向高副部长汇报了中国农业科学院科技创新工程的基本情况。李明所长汇报了研究所近期的科技创新、平台建设、科研成果、人才团队等情况，并介绍了北京畜牧兽医研究所下一步的发展思路。

光明乳业公告称，旗下主打奶粉业务的子公司新西兰新莱特(Synlait Milk)，拟在新西兰证券交易所以IPO方式融资。2010年光明乳业花费3.82亿元认购新莱特2 602.16万股新股，持有新莱特51%股权并成为控股股东。

受农业部奶业管理办公室委托，中国农业科学院北京畜牧兽医研究所牛奶质检中心组织召开“2013年生鲜乳质量安全监测能力比对考核培训会”。来自全国30个省（区、市）41家生鲜乳质检机构的90余位一线质检工作人员参加此次培训。会议由中国农业科学院北京畜牧兽医研究所牛奶质检中心李松励主持。

山东东营仙河澳亚牧场投产暨神州澳亚牧场开工仪式在仙河澳亚牧场举行。中国奶业协会名誉会长刘成果、中国奶业协会常务副会长兼秘书长谷继承出席启动仪式，出席本次仪式的还有山东省畜牧兽医局副巡视员张洪本、山东省东营市市委副书记刘赞杰、山东省东营市农业局局长李士勇、山东省东营市市畜牧局局长黄人运、佳发(JAPFA)集团运营总监陈荣南、佳发(JAPFA)集团主席撒姆斯尔、佳发集团(JAPFA)CEO汉多响、澳亚集团CEO艾格·考林、澳亚中国区总经理杨库等领导和嘉宾，共计200多人参加开工仪式。

15日　中国农业科学院北京畜牧兽医研究所牛奶质检中心邀请爱尔兰乳品专家帕特里克·弗纳翰·福克斯（Patrick Fanahan Fox）教授进行学术交流。牛奶质检中心全体职工及学生参加此次学术报告会，会议由郑楠博士主持。爱尔兰科克大学福克斯教授(Patrick Fanahan Fox)作了题为“牛奶功能性蛋白质”的报告。

15日～17日　农业部与联合国粮农组织（FAO）在北京联合举办动物疫情应急管理培训班，落实中国与FAO新一轮动物卫生领域合作行动计划，提升省级动物疫病预防控制机构突发动物疫情应急处置能力，提高兽医系统重大动物疫病防控水平。农业部兽医局副局长黄伟忠、FAO动物卫生危机管理中心主任道格拉斯出席培训班开幕式并致辞。

16日　北京三元食品股份有限公司公布在“干酪加工关键技术、乳清制品产业化、乳品质量控制”三个方面实现了一系列重大关键技术的突破。该项目是北京市科委为推进首都奶业产业链建设，提升农业企业的科技创新能力而扶持设立的。通过三年的项目实施，解决了干酪加工核心原辅料、加工设备及干酪乳清综合利用的一些关键性技术难题，形成了“政府引导、企业主体、科研院所技术依托”的产学研合作机制，实现了从基础研究、原辅料生产、产品开发与产业化相结合的奶业全产业链一体化模式，为提升我国乳品加工技术水平、打破技术壁垒奠定了坚实的基础。

16日　台农乳业在南安市投资建设的奶牛奶羊养殖项目，首批300只奶羊正式进入养殖基地。550头荷兰登奶牛、5 700只瑞士萨能奶山羊随后也陆续运抵养殖基地。该项目建成后预计年均产量可达8 000吨牛奶、1 800吨羊奶。

18日　安徽省首家乳制品深加工技术创新战略联盟在滁州市成立。该联盟由全椒县本土企业、安徽省农业产业化龙头企业、华东地区最大的全脂乳粉生产加工基地——安徽达诺乳业有限公司领衔组建，安徽农业大学、安徽省农科院、安徽科技学院、滁州学院等高等院校、科研院所和省内外10多家乳制品生产企业参与加盟。

18日～19日　由黑龙江省畜牧兽医局主办、北京修刚畜牧科技有限公司承办的“中国高寒地区牧场标准化运营高峰论坛”在黑龙江省哈尔滨市举行，来自农业部、中国奶业协会、黑龙江省政府、黑龙江省乳品企业、黑龙江省内各大牧场代表以及知名媒体等共计200余人参加了此次论坛。中国奶业协会名誉会长刘成果、副会长兼秘书长谷继承出席论坛并致辞。

20日　蒙牛乳业和达能签署了框架协议，达能中国的酸奶业务将与蒙牛酸奶业务合并（2012年两者销售额合计约40亿人民币，市场份额约21%），蒙牛控股持有80%的股份，达能持股20%。加上达能与中粮的合作投资，两项合作，达能总投资额约26亿人民币。

农业部公告第1944号，奶牛热应激评价技术规范（标准号：NY/T 2363-2013）等99项标准业经专家审定通过，批准发布为中华人民共和国农业行业标准，自2013年8月1日起实施。

22日　广西奶业协会与美国大豆出口协会在广西南宁共同举办“奶牛技术研讨会”。会议邀请美国养牛专家Ryan Murphy博士、具有丰富奶牛场管理经验的华南农业大学动物科学学院杨金波教授，以及美国大豆出口协会技术顾问施学仕博士、益海集团的技术推广经理张国喜经理为主讲嘉宾。广西部分科研单位及大部分规模奶牛养殖场负责人、管理及技术人员共100多人参加了研讨会。研讨会由广西奶业协会秘书长李仕坚主持，广西奶业协会陈学文副会长、美国大豆出口协会畜禽技术主任韩彦明博士出席研讨会开幕式并讲话。

28日，国务院法制办将《食品安全法》修订列入2013年立法1档项目，为充分吸取各食品行业协会食品安全管理工作的经验，分析解决协会在实施《食品安全法》中遇到的问题，切实做好《食品安全法》修订工作，国家食品药品监督管理总局法制司下发《国家食品药品监督管理总局法制司关于征求<食品安全法>修订意见的函》，中国奶业协会参与了修订意见的书面反馈。

6月

1～3日　中国奶业协会主办的第四届中国奶业大会暨第十一届中国国际奶业展览会在江西省南昌举办。大会主题是“加快奶源基地建设”，目的是贯彻落实今年中央一号文件精神和全国农业工作会议、全国畜牧兽医工作会议关于奶业发展的要求，分析当前我国奶业发展面临的新形势，明确今后一个时期加快我国奶业发展的重点任务。农业部副部长、中国奶业协会会长高鸿宾，江西省人民政府副省长谢茹，中国奶业协会名誉会长刘成果，国家首席兽医师于康震出席大会，农业部有关司局和直属单位领导、江西省南昌市人民政府、江西省农业厅以及江西省畜牧兽医局领导参加大会。来自全国各奶业有关行政管理部门、行业协会、奶牛养殖场（户）、奶站、乳品加工企业、奶业机械设备企业、教学科研单位等2000余人参加了奶业大会和展览会。此外，还有澳大利亚、荷兰驻华使馆官员，美国驻华总领事馆官员前来观摩，印度等国外业内人士组团前来参观、洽谈。

7日　全国振兴奶业苜蓿发展行动现场会在锦州市举行，农业部副部长高鸿滨参加会议并讲话，辽宁省副省长刘强出席并致辞。会议期间，农业部领导、各省代表以及参会媒体在辉山乳业集团董事长杨凯的陪同下参观了辉山乳业集团的凌海苜蓿草种植基地、现代化自营牧场以及锦州生产基地。

9日　为适应协会工作需要，更好地为会员服务，经中国奶业协会六届四次理事会会议讨论通过，对协会副会长、常务理事和团体会员进行了调整，1. 调整副会长：中国农垦经济发展中心原主任潘显政调整为现任主任冯广军、内蒙古自治区奶业协会原理事长陶克调整为现任理事长郭健、内蒙古蒙牛乳业（集团）股份有限公司原总裁杨文俊调整为现任总裁孙伊萍、北京三元食品股份有限公司原总经理钮立平调整为现任总经理常毅、利乐中国有限公司原副总裁杨斌调整为现任副总裁邵榴。2. 调整常务理事：黑龙江省奶业协会原秘书长吴和平调整为现任秘书长张维银、上海市奶业行业协会原秘书长陈新调整为现任秘书长朱从余、重庆市天友乳业股份有限公司原总经理邱太明调整为现任总经理刘丹。3. 新增常务理事：农业部农垦局巡视员何子阳。4. 新增团体会员单位：挪威基诺育种与A.L.协会、北京奥耐尔饲料有限责任公司、山东宜生生物科技集团有限公司、基伊埃（上海）牧业科技有限公司、青海省门源县奶皮专业经济协会、湖南湘蜜乳业有限公司、亚美加国际商务（北京）有限公司、内蒙古圣羊乳业有限公司、广东省惠州市趣和农业投资有限公司、山东健源生物科技有限公司、安徽省大明农牧机械有限公司。

10日　新疆首届“牛奶节”暨“食品质量安全周”“乳业发展高峰论坛”在石河子开幕。新疆首届“牛奶节”由新疆石河子市政府主办，兵团农业局、兵团工业和信息化委员会、兵团食品药品监督管理局、兵团质量技术监督局协办，新疆西部牧业股份有限公司承办。中国奶业协会名誉会长（农业部原常务副部长）刘成果，农业部畜牧业司副司长、国家奶业办公室主任、新疆畜牧厅副厅长王俊勋，第八师、石河子市党委常委、副师长谭建新，八师总畜牧师谢静，中国农业大学教授、国家奶牛产业体系首席科学家李胜利、中国农业大学教授、国家奶牛产业体系岗位科学家张利兵，河北农业大学教授、国家肉牦牛产业体系岗位科学家常立风，美国兰斯顿大学农业系系主任教授曾寿山，新疆农垦科学院院长王新华，新疆西部牧业股份有限公司董事长徐义民及新疆各乳品生产单位负责人100余人参加了开幕式。

13日 中国－丹麦乳品技术合作中心在北京召开第一届专家交流研讨会，中国和丹麦两国政府相关领导、行业协会领导、行业专家等出席此次研讨会，中国奶业协会常务副会长魏克佳出席研讨会并致辞。

18日 在2013年“全国食品安全宣传周”上，工业和信息化部发布提高婴幼儿乳粉质量行动方案，提出建设食品安全追溯体系、实行婴幼儿配方乳粉的GMP(药品生产质量管理规范)管理模式，计划于2013年底，在蒙牛、伊利、完达山和三元4家企业开展试点工作，到2014年，该体系将在乳制品行业率先建成。同时，鼓励企业兼并重组，两年内将争取培育形成10家年销售收入超过20亿元的具有自主知识产权的知名品牌和具有国际竞争力的大型企业集团，将行业集中度提高到70%以上。

“全国食品安全宣传周工信部主题日活动”在北京首都大酒店举行。中国扶贫基金会江绍高副会长代表基金会对捐赠乳制品的16家乳企进行了表彰。此次捐赠，蒙牛、伊利、雅士利和光明乳业等16家市场主流品牌乳制品企业向中国扶贫基金会捐赠了价值近两百万款物。所捐物资将全部用在中国扶贫基金会“母婴平安120行动”项目。工信部党组成员、总工程师朱宏任出席活动并讲话，消费品司司长王黎明主持大会。相关省（区、市）工业和信息化主管部门负责人、全国127家婴幼儿配方乳粉企业代表及部分新闻媒体记者等350余人参加了活动。

蒙牛和雅士利国际共同发布并购公告。公告称，蒙牛向雅士利所有股东发出要约收购，并获得后者控股股东张氏国际投资有限公司(张氏国际)和第二大股东凯雷亚洲基金全资子公司CA Dairy Holdings(CA Dairy)接受要约的不可撤销承诺——承诺出售合计约75.3%的股权。蒙牛表示，并购雅士利旨在补齐蒙牛在婴幼儿奶粉方面的“短板”。

新西兰恒天然集团举办的2013安佳中国区烘焙大赛在上海黄浦区M1NT俱乐部落幕。来自全国各大五星级酒店及餐饮行业的六组西点高手通过百分百纯天然的安佳奶油、奶油芝士、黄油、奶酪等安佳全线产品，现场创作出了别具创意的时尚西点，并受到了评委的一致好评。大赛的评委由法国顶级MOF糕点大师Jean-Francois Arnaud、威斯汀大酒店行政总厨Thomas Broger、宜芝多品牌创始人兼董事长蔡秉融及恒天然餐饮服务部顾问主厨赵裕祥先生担任。

20日 为贯彻落实《国务院办公厅转发食品药品监督总局等部门关于进一步加强婴幼儿配方乳粉质量安全工作意见的通知》（国办发【2013】57号），宣传加强婴幼儿配方乳粉质量安全工作的措施及有关知识，国家食品药品监督管理总局办公厅与有关部委共同召开加强婴幼儿配方乳粉质量安全工作媒体座谈会，工业和信息化部、农业部、卫生计生委、质检总局等有关司局负责人参加了此次座谈会，中国奶业协会副会长兼秘书长谷继承参加了此次座谈。

24日 光明乳业发公告称，旗下新莱特公司周一宣布将在新西兰上市，为扩大婴儿配方奶粉融资。据悉，这是中国乳企首次赴新西兰IPO。

中国消费者协会召开“我的餐桌我做主 知情才能保安全”新闻发布会。今后，中消协将定期对婴幼儿奶粉进行比较试验，并公示产品的真实质量状况。

26日 农业部公告第1963号，根据《食品安全法》规定，农业部对无公害食品标准进行了清理，决定废止《无公害食品 生鲜牛乳》（标准编号：NY5045-2008）、《无公害食品 酸牛奶》（标准编号：NY5142-2002）、《无公害食品液态乳》（标准编号：NY5140-2005）、《无公害食品牛奶加工技术规范》（标准编号：NY/T5050-2001）、《无公害食品 乳粉加工技术规范》（标准编号：NY/T5298-2004）等132项无公害食品农业行业标准。自2014年1月1日起停止施行。

26日～28日 《中国奶业史》第七次统稿会议在北京召开，会议对通史卷和专题卷书稿进行了通篇审阅。中国奶业协会常务副会长魏克佳、副秘书长刘琳等出席了统稿会议。

7月

2日～3日 中国奶业协会党支部组织党员及入党积极分子一行共16人赴革命根据地白洋淀、冉庄开展党日活动，进行爱国主义和革命精神教育。

3日 伊利集团与美国最大牛奶公司DFA（Dairy Farmers of America）共同对外宣布，双方已签署合作备忘录，正式达成战略合作伙伴关系。

由黑龙江省奶业协会主办，东北农业大学、省农垦畜牧研究所和飞鹤原生态牧业股份有限公司协办的“国家奶牛产业技术体系黑龙江奶业发展战略论坛”在哈尔滨召开。国家奶牛产业技术体系首席科学家李胜利、黑龙江省奶业协会秘书长张维银、北京普天圣道企业策划有限公司董事长雷永军、国家奶牛产业技术体系黑龙江各试验站的站长出席了会议，黑龙江省主要乳品企业负责人和规模化牧场管理人员共计50余人参加了会议。

4日～7日《中国奶业史》第八次统稿会议在北京召开，会议对通史卷和专题卷部分章节个别问题进行最后一次讨论和集中改写。中国奶业协会常务副会长魏克佳、副秘书长刘琳等出席了统稿会议。

10日 第二届意大利亚士可华东区奶牛营养峰会在上海召开。这次营养峰会是由意大利亚士可化工大药厂和上海冠鹏饲料公司联合主办，到场嘉宾来自华东地区的核心牛场。意大利佩鲁贾大学的终身教授、奶牛生产与管理专家Fantini先生、亚士可公司反刍产品服务经理李辉博士出席峰会。

18日　首届婴幼儿羊奶粉高峰论坛在上海举行。论坛由农业部西北农林科技大学奶山羊研究所、陕西省乳业协会、陕西师范大学食品工程与营养科学学院、陕西农产品加工技术研究院主办，陕西红星乳业有限公司承办。

20日　2013年呼和浩特乳业发展国际论坛在内蒙古自治区呼和浩特市举行，此次论坛的主题为“责任与信任”，论坛由呼和浩特市副市长奇巴图主持，中国奶业协会副秘书长刘琳出席论坛。

22日　内蒙古乳业技术研究院在伊利集团挂牌成立。中国奶业协会副秘书长刘琳、中国奶业协会四而博达广告公司副总经理邵明君应邀出席。内蒙古自治区政府副主席白向群、中国工程院院士孙宝国、呼和浩特市市长秦义、呼和浩特市副市长郝桂娟、中国工程院书记康存耀、伊利集团董事长潘刚为内蒙古乳业技术研究院揭牌。

23日　光明乳业股份有限公司披露，其控股子公司“新莱特”在新西兰证券交易所主板挂牌上市，股票代码“SML”。本次发行股数34 090 910股，每股价格2.2新西兰元，共募集资金7500万新西兰元。发行后总股本146,341,197股，光明乳业公司持有57 247 647股，持股比例39.12%，稳坐大股东地位。

国际乳业巨头法国索地雅（Sodiaal）集团旗下的旗舰品牌肯迪雅（Candia）正式亮相中国。该品牌携手中国独家战略合作伙伴浙江国际贸易集团，在温州香格里拉酒店召开发布会，介绍了坎迪亚与众不同的产品特色。索地雅农业合作社集团是法国第一大乳制品生产商，不仅供应全法60%的乳制品，其独特的“奶农即股东”的治理结构，从根本上保障了“牛奶第一车间”的高品质。

24日～25日　在农业部畜牧业司监测分析处的指导下，中国奶业协会在内蒙古自治区赤峰市组织召开了2013年全国重点奶业企业信息监测工作会议。农业部畜牧业司监测分析处处长辛国昌、中国奶业协会副秘书长杨秀文、内蒙古自治区农牧业厅畜牧处副处长王建龙、赤峰市农牧业局局长李自学等出席开幕式并讲话，会上向荣获信息监测工作先进单位的18家奶牛养殖企业和17家乳品加工企业进行了表彰颁奖。

27日～28日　由农业部奶业管理办公室指导，中国奶业协会、全国畜牧总站、国家奶牛产业技术体系、山西省畜牧兽医局联合主办的全国奶牛养殖技术专题—DHI及后裔测定技术培训班（山西）与国家奶牛“金钥匙”技术培训班同期在山西朔州举办，中国奶业协会常务副会长魏克佳、全国畜牧总站奶业与畜产品加工处处长刘海良等出席开幕式。来自全省各市县畜牧局和奶牛场的技术人员约300余人参加了此次培训班。

30日　伊利金典在北京举行发布会，宣布“金典有机奶全程可追溯”系统正式上线。国际有机农业运动联盟（IFOAM）亚洲理事会副主席、荣誉大使周泽江、中国乳业协会理事陈渝等出席发布会。消费者通过该系统可在金典官网查询到有机牧场、原奶检验、无菌生产、成品检验、认证查询五大环节全过程。

8月

2日　为落实《国务院办公厅转发食品药品监管总局等部门关于进一步加强婴幼儿配方乳粉质量安全工作意见的通知》（国办发〔2013〕57号）要求，方便广大消费者、食品监管部门和社会各界查询信息，鼓励广大消费者和社会各界参与婴幼儿配方乳粉质量安全监督，国家食品药品监督管理总局公布各省级食品监管部门批准取得食品生产许可证的128家婴幼儿配方乳粉生产企业的相关信息。

国家科技部组织专家在上海召开了依托光明乳业股份有限公司建设的“乳业生物技术国家重点实验室”的建设验收会。科技部基地建设处副处级调研员任家荣，基础研究管理中心二处杨晓秋副处长，以及来自山东大学、哈尔滨工业大学、江南大学、上海海洋大学等各个高校、科研院所和企业的9位专家参与了此次验收评审。专家组认真听取了国家重点实验室主任郭本恒博士所做的建设验收汇报，审查了有关资料，现场考察了实验室建设和运行状况，认为实验室紧密围绕国家乳业发展战略目标，开展原料奶及乳制品质量安全控制、新型乳品发酵剂理论与技术、功能性乳品理论与技术和新型干酪及副产物理论与技术四方面的研究工作，实验室定位准确，研究方向明确且重点突出，符合我国乳品行业发展要求，一致同意通过验收。

3日　由农业部奶业管理办公室指导，中国奶业协会和全国畜牧总站联合主办的全国奶牛养殖技术专题——生产性能测定技术（宁夏）培训班在宁夏回族自治区银川市召开。中国奶业协会副会长兼秘书长谷继承、全国畜牧总站奶业与畜产品加工处处长刘海良、中国奶业协会副秘书长刘琳、杨秀文，宁夏农业厅首席兽医师晁向阳、宁夏农牧厅畜牧局局长康进喜出席了开幕式。开幕式由刘海良处长主持。来自区内各市县畜牧局和奶牛场的技术人员约140余人参加了此次培训班。

3日～4日　《中国奶业年鉴》2013卷编纂工作会在宁夏回族自治区银川市召开。《中国奶业年鉴》编辑委员会副主任兼副主编、中国奶业协会副会长兼秘书长谷继承出席会议并讲话，编委、宁夏回族自治区农牧厅首席兽医师晁向阳出席会议并致辞。来自农业部奶业管理办公室、中国奶业协会有关负责人，《中国奶业年鉴》责任编辑、中国农业出版社有关人员，《中国奶业年鉴》编辑部和各地特约编辑共43人参加会议。

4日　国家质检总局公布了4家进口企业名单，这些中国境内进口商进口了可能受到肉毒杆菌污染的新西兰恒天然集团产品。这4家进口企业分别为：杭州娃哈哈保健食品有限公司和杭州娃哈哈进出口有限公司，进口浓缩乳清蛋白 14.475 吨；上海市糖业烟酒（集团）有限公司，进口浓缩乳清蛋白 4.800 吨；多美滋婴幼儿食品有限公司，进口原料乳粉 208.550 吨。

4 日 ~ 5 日　甘肃省规模奶牛场经营管理技术培训班在兰州饭店举办。培训班由国家奶牛产业技术体系兰州试验站、疾病控制研究室主办，来自全省规模化奶牛场的管理和技术人员 80 余人参加了培训。中国农业科学院兰州畜牧与兽药研究所所长、研究员杨志强，甘肃省畜牧业产业管理局副局长、甘肃省奶业协会秘书长何明渊参加了开班仪式并致词。

5 日　新西兰恒天然公司在北京千禧大酒店召开新闻发布会，就部分含肉毒杆菌的乳清蛋白粉流入中国进行说明。出席会议的高管包括：恒天然首席执行官 TheoSpierings、恒天然大中华区和印度区总裁魏柯文（Kelvin Wickham）、恒天然高级法规事务经理王涛。

5 日　国家质检总局接到新西兰驻华使馆通报，新西兰恒天然集团为雅培（上海）贸易有限公司生产的两批次婴幼儿配方奶粉存在被肉毒杆菌污染的风险。产品名称：雅培幼儿喜康力（3 段）900 克 / 罐装，批号分别为：287834K402，287844K402，生产日期均为 2013 年 5 月 2 日　失效日期为 2015 年 10 月 31 日。国家质检总局已要求雅培公司履行主体责任，召回相关产品，切实保护中国消费者健康。

6 日　国家食品药品监督管理总局发布《企业生产婴幼儿配方乳粉许可条件审查细则 (2013 版)(征求意见稿)》，明确要求婴幼儿配方乳粉生产企业有自建控奶源。新的细则征求意见稿参照药品管理全面提高了婴幼儿配方乳粉生产企业生产、管理要求。主要有：一是要求实施 H A C C P 和 G M P 管理体系；二是要求有自建控奶源；三是要求企业有研发能力；四是全面提高了管理要求，特别是原辅材料的采购要求；五是全面提高生产条件的要求，如提高了对生产环境的洁净度要求，生产用水要使用纯化水等。

国家食品药品监督管理总局对外公布“各省级食品监管部门批准取得食品生产许可证”的 128 家婴幼儿配方乳粉生产企业的相关信息。

7 日　国家发改委宣布，合生元等 6 家乳粉企业因违反反垄断法，限制竞争行为共被罚约 6.7 亿元，成为我国反垄断史上开出的最大罚单。合生元因严重违法、不积极整改被处上年销售额 6% 的罚款，约 1.6 亿元。美赞臣被处上年销售额 4%、约 2 亿元罚款。多美滋、雅培、富仕兰、恒天然均处上年销售额 3% 罚款，约 1.7 亿元 0.04 亿元不等。惠氏、贝因美、明治等 3 家企业因配合调查、提供重要证据，并积极主动整改被免除处罚。

9 日　中消协发表对恒天然乳粉受污染事件的意见。中消协表示，对于正在实施问题产品召回的恒天然、多美滋、娃哈哈、可口可乐、雅培等企业，将与消费者一同进行监督。召回企业应通过广泛、有效、明确的告知方式，向消费者告知召回产品的批号、召回的途径、联络方式、赔偿标准等，不得随意设置召回门槛，保证最大限度地方便消费者解决问题产品的召回。

上海机场检验检疫局工作人员在核查进口乳制品报检资料。该局根据国家质检总局《关于进口新西兰乳制品含有肉毒杆菌的警示通报》，重点针对进口新西兰乳制品加强监管，并要求进口商提供肉毒杆菌检测报告。

9 日 ~ 10 日　中国奶业协会、全国畜牧总站和内蒙古家畜改良工作站联合主办的 2013 年全国奶牛后裔测定牧场生产管理与 DHI 技术培训班（内蒙古）在呼和浩特市召开。中国奶业协会副会长兼秘书长谷继承、全国畜牧总站副站长郑友民、全国畜牧总站奶业与畜产品加工处处长刘海良、内蒙古农牧厅副厅长布仁、内蒙古家畜改良工作站站长呼格吉勒图等出席了培训班开幕式，开幕式由刘海良处长主持。来自区内各市县畜牧局和奶牛场的技术人员约 120 余人参加了此次培训班。

10 日　中国羊乳高峰论坛 2013 陕西峰会举行，峰会以“解析中国乳品新政助推陕西羊乳发展”为主题，邀请了多位乳品行业政府主管领导及相关领域专家，与陕西十余家羊奶企业齐聚一堂，共同探讨乳品行业热点问题，解析陕西羊乳企业现状，为陕西羊乳产业发展把脉。

11 日 ~ 13 日　由农业部奶业管理办公室、国家奶牛产业技术体系、黑龙江省畜牧兽医局、黑龙江省农垦总局畜牧兽医局联合主办，黑龙江省奶业协会、东北农业大学动物科学院、东北农业大学动物医学院、黑龙江农垦科学院畜牧兽医研究所、黑龙江飞鹤原生态牧业股份有限公司共同承办的国家奶牛产业技术体系第 46 期“金钥匙”示范现场会在哈尔滨市召开，现场会由黑龙江省奶业协会秘书长张维银主持，黑龙江省畜牧兽医局副局长孙文志在开班仪式上介绍了全省的奶业发展形势，通报近期政府的政策和措施。来自黑龙江省各市县的 160 多名奶牛养殖场（小区）的负责人、技术人员和奶业管理人员参加了培训及相关活动。

12 日　新西兰驻华使馆向国家质检总局通报，新西兰初级产业部经过调查核实，决定将原来暂停消费纽迪西亚公司一段及二段婴幼儿配方乳粉的建议调整为召回该公司 2013 年 5 月 21 日 ~8 月 2 日期间生产的、在新西兰市场销售的两款产品，即：普通装可瑞康一阶段婴儿配方奶粉（0–6 个月）[Nutricia Karicare Stage 1 infant formula （0–6 months）]，可瑞康金装二阶段较大婴儿配方奶粉（6 个月以上）[Nutricia Karicare Gold+ stage 2 Follow on Formula （from 6 months）]。国家质检总局确认我国没有以一般贸易方式进口上述产品。国家质检总局提醒消费者，如有通过网购、邮寄或个人携带等方式从新西兰市场上购买了上述召回范围内的产品，请勿给婴儿食用。另据新西兰初级产业部确认，雅培公司正在中国市场上召回的两个批次的产品不含受肉毒杆菌污染的浓缩乳清蛋白粉。召回原因是这两个批次产品包装所使用的包装线此前包装了含肉毒杆菌污染原料的产品，存在极小的交叉污染风险。

12日～13日　由中国林牧渔业经济学会主办的第十二次全国畜牧业经济高峰论坛在新疆维吾尔自治区昌吉州阜康市举行，来自全国500多名产、学、研、政各界相关专家、学者及政府相关人员代表参加论坛。大会开幕式由中国林牧渔业经济学会副会长王济民主持。昌吉州党委常委李铁明、阜康市委书记李成辉、新疆自治区畜牧厅总畜牧师赵新春、中国农科院农业经济与发展研究所所长秦富、农业部全国畜牧总站党委书记何新天、中国林牧渔业经济学会秘书长刘玉满分别致辞。

15日　山东省2013年现代奶业技术暨鲜奶吧发展经验交流大会在青岛举行。奶业管理办公室副主任邓荣臻、中国奶业协会副秘书长杨秀文、国家食品药品监督管理总局食品安全专家尚振法、山东省畜牧协会奶业分会会长王桂月、山东省畜牧协会奶业分会秘书长张志民及黑龙江、河北、辽宁、河南、昆明等兄弟省市奶业协会的领导参加了大会。

15日～17日　由中国奶业协会和国家奶牛产业技术体系遗传繁育研究室联合主办的"2013年生产性能测定技术推广与服务高级培训班"在北京举办。中国奶业协会副会长兼秘书长谷继承，全国畜牧总站奶业与畜产品加工处副处长孙飞舟，中国奶业协会育种专业委员会主任、中国农业大学教授张沅，国家奶牛产业技术体系首席科学家、中国农业大学教授李胜利出席了本次培训班。培训班开幕式由国家奶牛产业技术体系遗传繁育研究室主任、中国农业大学教授张胜利主持。来自全国奶牛生产性能测定实验室和牛场的相关技术人员等100余人参加了此次培训班。

19日　第二届海峡两岸巴氏鲜奶发展论坛在福建省福州市举行，中国奶业协会副会长兼秘书长谷继承出席并作重要讲话。本次论坛的主题为"加强两岸乳业合作，携手引领消费潮流"，海峡两岸乳业专家汇聚一堂，共同探讨两岸乳业发展方向以及巴氏鲜奶在新的历史时期的发展大计。台湾乳业协会理事长施宗雄、台湾中兴大学动物科学系教授范扬广出席研讨会。

22日　全国食品企业质量安全检测技术示范中心工作会议在兰州召开。工信部消费品工业司司长王黎明，国家食品安全风险评估中心主任刘金峰，已挂牌的五家国家级食品企业质量安全检测技术示范中心负责人，中国仪器仪表学会分析仪器分会及部分食品重点行业协会负责人出席会议。甘肃省工信委副主任周继尧参加会议并致辞。工信部相关负责人就食品重点行业培训教材编制事宜进行了安排。

26日　为进一步发挥中国奶业协会专业技术资源优势，推动奶业行业技术创新，为行业发展提供技术支撑，中国奶业协会在北京召开了专业委员会负责人座谈会。座谈会上，中国奶业协会副会长兼秘书长谷继承强调了筹建奶业专家库的意义和要求，副秘书长刘琳通报了中国奶业专家库筹建情况，各专业委员会负责人汇报了专业委员会工作情况，并就推荐专家进行了逐个审核。

国家发改委发出《2012年西部大开发工作进展情况和2013年工作安排》通知。要求2013年继续加大农业投入，加强优势产区粮食、棉花、油料、糖料、桑蚕等农作物生产，支持生猪、奶牛、肉羊等标准化规模养殖场（小区）建设，鼓励发展林产业、沙产业。

28日　中新网援引法新社报道，新西兰政府官员周三(28日)表示，测试显示此前曾引发消费者恐慌的恒天然问题乳品并未被肉毒杆菌污染，对于消费者的身体健康没有任何危害。这位官员还表示，此结果经过了国内外科研人员的考证。科学家们利用各种不同的方法去测试，均得出肉毒杆菌呈现阴性的结论。

31日　国际贸易学会副会长兼国际品牌管理中心主任许京介绍，北京作为试点城市，包括国内外10个品牌的婴儿奶粉将在10月进入北京金象、同仁堂、全新等药店销售，并以专柜和ATM机自售模式为主。进入药店的奶粉品牌目前限制在10个，国外品牌和国内品牌各5个，包括多美滋、惠氏、雅培、伊利、蒙牛、三元等品牌。

9月

1日　伊利发布半年报。上半年公司营收达240.21亿元，同比增13.41%；净利润17.46亿元，同比增125.06%。截至公告发布日期，伊利股份的市值距上市时已增长了700倍，股价增长近100倍。财报显示，上半年，伊利液体乳收入同比增17.89%。据悉，在荷兰银行近日出炉的《2013年乳业全球20强》报告中，伊利位列12，蒙牛位列15。

4日～5日　国家奶牛产业技术体系第四十七期"金钥匙"技术示范现场会在甘肃省白银市召开。现场会由农业部奶业管理办公室、国家奶牛产业技术体系与甘肃省农牧厅主办，中国农科院兰州畜牧与兽药研究所、国家奶牛体系西安综合试验站、国家奶牛体系兰州综合试验站、甘肃省畜牧业产业管理局、甘肃省奶业协会、白银市畜牧兽医局、白银市奶业协会承办。白银市委副书记宋奋吉、国家奶牛产业技术体系疾病功能研究室主任杨志强和甘肃省畜牧业产业管理局局长王有国出席现场会并致辞。国家奶牛产业技术体系兰州综合试验站站长颉勇刚同志主持了现场会开幕式，来自陕西西安市、甘肃兰州市、白银市、定西市、金昌市、张掖市、天水市和青海省等地奶牛场的技术场长150多人参加了现场示范培训。

10日　中华人民共和国公告第1988号，《种畜禽性能测定中心建设标准奶牛》(标准号：NY/T 2443-2013)、《挤奶机械 质量评价技术规范》（标准号：NY/T 2459-2013）等99项标准业经专家审定通过，批准发布为中华人民共和国农业行业标准，自2014年1月1日起实施。

10日～12日 第六届长三角奶业大会暨第四届南方奶业论坛在上海拉开序幕。大会由上海奶业行业协会、江苏省奶业协会、浙江省奶牛业协会、安徽省奶业协会、上海牛奶（集团）有限公司主办，会议主题为“责任·合作·共赢”，来自各奶业协会、大型牧场、企业、高校和媒体人员共计600余人参会。中国奶业协会副会长兼秘书长谷继承、中国奶业协会副秘书长杨秀文、上海奶业行业协会会长庄国蔚、上海市农业委员会副主任殷欧等领导出席并发表致辞。期间，包括伊利、蒙牛等百余家奶业相关行业企业，共同签署质量安全承诺，向社会公开承诺在奶业产业链各个环节确保质量安全。期间，谷继承秘书长一行考察了上海忆南奶牛场，查看了挪威红牛后代的体型与生产表现。

11日　农业部农垦局下发《关于调整学生饮用奶计划推广工作方式的通知》，通知指出，转变“学生饮用奶计划”工作方式，将工作整体移交中国奶业协会，撤销学生饮用奶计划部际协调小组及其办公室，学生饮用奶作为一般乳制品纳入相关职能部门的生产和质量监管。

由中国食品土畜进出口商会主办的“2013年乳制品产业与贸易发展论坛”在北京举行。商务部、国家食品药品监督管理总局、质检总局、认监委等政府部门、国际组织代表、国内外专家、国内外生产商和贸易商代表出席论坛。

12日　“中国（北京）国际乳制品及进口食品展”在北京展览馆举办。来自新西兰、荷兰、比利时、意大利、澳大利亚、美国、英国、西班牙、德国、波兰、乌克兰、加拿大、中国台湾等20多个国家和地区的品牌参展，参展企业数量达100余家。

山西省商务厅对外发布，新西兰恒天然集团在山西省投资建设大型奶牛养殖场项目于近日正式签约。这个在山西省朔州市应县投资建设的奶牛养殖项目，总投资额13亿元人民币，项目预计2015年8月完成。项目总占地3 500亩，规划建设5～7个奶牛牧场群，每个牧场饲养奶牛5 500头，存栏总量达到3万头左右。

16日　农业部公告第1927号，根据《中华人民共和国食品安全法》规定，《牛奶中左旋咪唑残留量的测定 高效液相色谱法》等29项标准业经食品安全国家标准审评委员会审定通过，其中涉及牛奶的有8项。经农业部、卫生和计划生育委员会审查批准，现发布为中华人民共和国食品安全国家标准，自2014年1月1日起实施。

21日～23日　以“防病治病同步提高，牛肉牛奶协同发展”为主题的第五届全国牛病防制及产业发展大会在郑州农业大学召开。本次会议由华中农业大学及国家肉牛/牦牛产业技术体系疾病控制功能研究室主办，河南农业大学、河南省畜牧兽医学会、河南牧业经济学院承办，国家肉牛/牦牛产业技术体系驻马店综合试验站和河南省农科院畜牧兽医研究所协办。来自全国的牛病防治专家、国家肉牛/牦牛产业技术体系岗位科学家和综合试验站团队、多学科学术带头人以及广大肉牛场等企业的技术骨干和负责人共200余人参加了会议。河南农业大学副校长谭金芳教授为大会致欢迎辞，河南省动物疫病防控中心吴志明主任、河南省畜牧局奶业管理办公室袁道福副主任、华中农业大学动科动医学院院长赵俊龙教授、国家肉牛/牦牛产业技术体系疾病控制功能研究室主任郭爱珍教授等出席大会。

27日　中国新闻网公布，中国质量协会、全国用户委员会完成了第五次全国液态奶消费者满意度测评。在全国性品牌中，伊利满意度得分第一；在区域性品牌中，得益、海河、长富位列满意度得分位列前三。

中国农业大学–瓦赫宁根大学战略合作伙伴协议签署仪式在中国农业大学西校区举行。签署仪式由中国农大姜沛民书记主持，中国农大柯炳生校长介绍了中国农大和荷兰瓦赫宁根大学合作的历史和前景，农业部原副部长刘成果对协议的签署表示祝贺，并对中荷两国奶业的发展与合作前景进行了论述，农业部畜牧业司副巡视员、奶业管理办公室主任王锋介绍了中国奶业的现状和发展前景，荷兰瓦赫宁根大学董事会主席 Aalt Dijkhuizen 以及荷兰菲仕兰坎皮纳中国区负责人 Atze Schaap 代表荷方介绍了各自的情况和合作的意愿。中国奶业协会副会长兼秘书长谷继承、国家奶牛产业技术体系首席科学家李胜利、中国奶业协会“中国奶业终身贡献奖”获得者冯仰廉教授等出席签署仪式。

28日　在农业部与国家开发银行共同推进现代农业发展合作框架下，为推进奶源基地建设，促进现代奶业发展，帮助奶业企业解决融资难的问题，农业部、中国奶业协会携手国家开发银行在北京召开了开发性金融支持奶业发展座谈会。中国奶业协会会长、农业部原副部长高鸿宾，农业部畜牧业司副司长王宗礼，农业部奶业管理办公室主任王锋，国家开发银行评审三局副局长梅世文，中国奶业协会副会长兼秘书长谷继承，国家开发银行评审三局处长李恩勇等领导出席座谈会并讲话。国家开发银行12家分行的负责人和16家奶业企业的负责人近80人参加座谈会。

应伊利、中粮旗下的蒙牛雅士利、完达山、飞鹤、明一、高原之宝等6家企业要求，中国乳制品工业协会在北京组织召开“国产婴幼儿配方奶粉新品发布会”，6家企业首次集体向社会和广大消费者发布各自的新产品，6家企业推介的产品是伊利金领冠珍护、雅士利安贝慧、完达山安力聪、飞鹤星飞帆、明一天籁慧贝以及高原之宝。

30日　西北地区（新疆生产建设兵团）乳制品动员中心通过验收后正式揭牌成立。这是经国家经济动员办公室批准的新疆第一个国家级乳制品动员中心，标志着新疆应急应战后勤保障体系将更加完善。动员中心承建单位是新疆天润生物科技股份有限公司，十二师控股的股份制企业。

10月

5日～6日，中国奶业协会名誉会长刘成果、秘书长谷继承等率团调研考察了内蒙古巴彦淖尔市。内蒙古奶业协会副会长那达木德，巴彦淖尔市农牧业局党组书记、局长奥林虎等陪同。考察团走访了巴彦淖尔市圣牧高科牧业有限公司、内蒙古晶烨农业科技发展有限公司等企业并与企业座谈。

9日　在骆承庠先生90寿辰之际，由学生和弟子自发组织雕塑的骆承庠半身铜像在东北农业大学落成。中国奶业协会名誉会长刘成果，南京农业大学校长周光宏，黑龙江省畜牧兽医局局长祖伟等领导专程出席骆先生90寿辰暨铜像揭幕式。东北农业大学党委书记冯晓、校长包军，骆先生家人和百余名弟子及部分专家学者、东农食品学院师生和国乳中心等代表齐聚一堂，共同祝贺我国乳业泰斗骆承庠先生九十诞辰。中国奶业协会、中国乳制品工业协会等单位向骆老发贺信，祝愿骆先生寿比南山，福乐绵绵。

10日　上海奶牛育种中心经过三个月紧锣密鼓的精心筹备，性控冻精分离设备经过调试和试生产运行后，“性控冻精生产”项目正式投入生产。该项目于2013年7月开始实施，上海奶牛育种中心投资600多万元新建性控冻精制作室一座，建筑面积达到200平方米，洁净度达到30万级。先后引进流式细胞仪、高速冷冻离心机等先进设备30台套，年生产能力达到6万支，XY精子分离率达到93%。同时建立了一套全国最严格的质量管理体系，比常规冻精质量管理体系新增8个控制环节，6个关键控制点。

11日　全国奶牛养殖生产性能测定培训暨河北省奶牛产业创新技术培训班在唐山市开班。中国奶业协会副会长兼秘书长谷继承，河北省畜牧兽医研究所副所长、河北省奶牛产业技术体系首席专家安永福以及来自恒天然中国公司、中国农业大学、北京奶牛中心的专家学者在培训班上作了专题培训。

12日～13日　由北京京正国际展览有限公司、北京孕婴童行业协会联合主办，陕西红星乳业有限公司、西安银桥乳业集团承办，中国婴童网、新华网、新浪网、中国食品报等支持协办的“孕婴童行业强化婴幼儿奶粉销售主渠道恳谈会”在陕西省富平县举行，来自全国各地的二十余家大型孕婴系统及婴幼儿奶粉生产厂家参加了本次恳谈会。

13日　由农业部农机推广中心主办，江苏省农业科学院农业资源与环境研究所承办的秸秆全量利用现场会在泗洪县召开。江苏省政府办公厅，江苏省农委，江苏省农业科学院，宿迁市委、市政府等派员参会。

14日　内蒙古西部地区规模最大的乳制品、牛肉干生产企业——内蒙古蒙元宽食品有限公司一期工程正式投产。该项目位于巴彦淖尔市经济技术开发区内，于2012年5月开工，分两期建设。一期工程总投资9 000万元，占地40 000平方米，建设规模为年产7 200吨系列民族特色食品，主要有奶油系列、奶皮系列、干酪系列、奶白金系列、奶片系列、奶茶系列和牛肉干系列等50多种产品，规模位居自治区同行业前列。

16日　现代奶牛场高级人才研修班在中国农业大学动物科技学院举办开班仪式。农业部奶业管理办公室主任王锋、中国奶业协会秘书长谷继承、国家奶牛产业技术体系首席科学家李胜利、利乐中国副总裁牟晓燕等出席仪式并讲话。

由湖南省奶业协会主办，南山牧业有限公司、南山牧场等单位协办的湖南南山牧业有限公司开业暨湖南奶业发展论坛在南山牧场举行。中国奶业协会副秘书长刘琳，湖南省畜牧水产局副局长方向阳，邵阳市畜牧水产局局长欧阳祝萱，城步县县长杨博理，湖南南山牧业有限公司董事长姚慧，湖南省奶业协会会长徐新明等领导及有关专家到会祝贺，出席开业仪式及发展论坛的还有湖南省南山牧场有关负责同志及技术人员、城步县相关单位领导、奶业相关企业负责人及媒体记者等200余人。

18日　为贯彻落实《农业部、国家发展和改革委员会、教育部、财政部、国家卫生和计划生育委员会、国家质量监督检验检疫总局、国家食品药品监督管理总局关于调整学生饮用奶计划推广工作方式的通知》（农垦发[2013]3号）的精神，经商中国奶业协会，农业部农垦局在四川成都召开“学生饮用奶计划”工作会议，会议主要内容是总结“学生饮用奶计划”工作并衔接“学生饮用奶计划”下一步工作。

17日～27日　由中国奶业协会下属“北京四而博达广告有限公司”与以色列国际学习中心合作组织的“以色列高端牧场管理考察培训班”一行19人赴以色列进行为期10天的考察学习。考察团由中国奶业协会副会长兼秘书长谷继承带队，考察团由国内奶业知名企业负责人、科研院校教授和业界知名人士组成。

25日　天津市奶业协会第六届会员代表大会在天津鑫贸天财酒店召开，中国奶业协会常务副会长魏克佳，国家奶牛产业技术体系首席科学家李胜利，天津市畜牧兽医局副局长樊航奇、副局长王志华等领导出席会议，北京奶业协会、河北奶业协会等相关单位到会祝贺，天津市奶业协会第五届理事会领导、新一届奶业协会理事会会长、副会长候选人及会员代表共计180人参加会议。大会选举天津市畜牧业发展服务中心副主任王志华为会长，选举天津市奶业发展服务中心主任孟庆江为秘书长，选举天津孟得具集团有限公司于静等16人为副会长，大会还选举出副秘书长3名，常务理事（含副会长）26名，理事71名，会员代表64名。

28日　2013英联副产品及添加剂(ABCA)西北地区奶牛技术讲座在宁夏银川黄河明珠大酒店举办，讲座以奶牛养殖技术为主题，紧紧围绕如何提高牛奶产量、牛奶质量、牛体健康等常见的问题进行了探讨。ABCA公司邀请国外行业专家、生产专家、农业院校及研究所的著名教授和研究人员、规模牧场管理者等100余位嘉宾参加。

31日　第十四届上海光明荷斯坦牧业论坛在沪举办。中国奶业协会副会长兼秘书长谷继承、上海市农委畜牧办主任李建颖、上海奶业行业协会秘书长朱从余相继致辞；上海光明荷斯坦牧业有限公司总经理黄黎明致欢迎辞。论坛由上海光明荷斯坦技术服务部经理张晓峰主持。来自全国各地的行业专家、知名牧场及媒体代表、奶农等550多位奶业同仁参加了此次论坛。

11月

1日　3万头规模的现代奶牛养殖项目投资协议书在西安签署。该项目计划首期建设规模为养殖奶牛1万头，建设地址初步定在陕西农垦大荔沙苑农场，占地850亩，建筑面积17万平方米，总投资约4.5亿元。项目由重庆农业投资集团旗下的宁夏天宁牧业发展有限公司与陕西农垦集团公司共同出资建设，计划2014年年底前建成，并引进到位4 000头奶牛。该项目全部达产后，可年产优质生鲜奶6万吨，实现产值4亿元。

2日～11日　为进一步加强中澳两国奶业在奶牛饲养管理、乳品加工及商贸等领域的交流与合作，由中国奶业协会下属“北京四而博达广告有限公司”组织的中国奶业高端技术考察团赴澳大利亚进行为期10天的考察交流。中国奶业协会副会长兼秘书长谷继承任团长，共有来自15家单位的20位代表参加了此次考察活动。

4日～7日　中国奶业协会名誉会长刘成果分别参观了河南洛阳生生乳业有限公司和河北石家庄君乐宝乳业有限公司，座谈了当前奶业发展的形势。

9日　广东温氏集团投入4亿元在广西钟山县公安镇建设奶牛养殖基地，基地内现有从澳大利亚引进的3 200头荷斯坦牛，采用“公司＋基地＋农户”的产业链经营模式，月产原奶450吨。预计到2016年，基地饲养奶牛总量将达1万头以上。

13日　伊利集团与意大利最大的乳品生产商斯嘉达公司(Sterilgarda Alimenti S.p.A .)在上海宣布正式达成战略合作。合作内容涉及奶源、生产及技术等多个方面。这不仅是目前为止中意乳业最大的一单合作，同时，这次合作也被视为中国乳企全面进军欧洲的重要标志。至此，作为我国最大的乳业集团，伊利已经铺开在美洲、大洋洲、欧洲三大洲的“布桩”，“全球织网”的战略清晰可见。

15日　日本明治乳业高调宣布了其在中国的新战略，自12月起在中国部分地区首次推出低温牛奶和酸奶，且定下2020年度销售额7亿元的目标。此前，其在中国并没有这两项业务。就在上个月，明治乳业曾宣布暂时退出中国奶粉市场。

16日　中荷奶业发展中心在北京正式揭牌，由中国农业大学、荷兰瓦赫宁根大学及其研究中心，以及荷兰皇家菲仕兰坎皮纳乳业公司共同设立。

18日　江苏省兴化市经济开发区与华夏畜牧（三河）有限公司正式签约华夏生态奶业项目。该项目总投资6.2亿人民币，注册资本1.24亿人民币，征地126亩，生态奶制品生产线建于兴化经济开发区食品工业园，奶牛养殖基地建于李中镇。2014年7月，奶牛养殖基地将达到6 000头奶牛的养殖规模；2015年5月达到1.2万头奶牛养殖规模。项目全部投产达效后，年实现开票销售8亿元以上、税收4800万元以上。项目包括生态奶制品加工和奶牛养殖基地建设。

20～22日　由农业部奶业管理办公室和国家奶牛产业技术体系主办，内蒙古自治区畜科院、国家奶牛体系奶联综合试验站(内蒙古奶联社)、国家奶牛体系伊利综合试验站(伊利集团)、呼和浩特市土左旗农牧局承办的国家奶牛“金钥匙”技术示范现场会在呼和浩特市土左旗召开。

26日　贝因美发布公告称，拟以自有货币资金3.5亿元在广西壮族自治区北海市投资设立全资子公司贝因美儿童奶有限公司，出资比例为100%。全资子公司的经营范围包括儿童乳制品、含乳饮料和植物蛋白饮料的研发、生产及销售等。

28日　人民日报载文关注乳企全线提价。记者分别采访中国奶业协会秘书长谷继承、北京三元食品有限公司副总经理吕淑琴、北京市顺义区的养殖大户孙燕侠，并分析了奶牛生产成本持续上涨、奶牛数量减少、冬季奶牛进入产奶淡季等多方面原因造成乳产品提价。

农业部、国家质量监督检验检疫总局联合公告第2013号，为防止动物传染病、寄生虫病传入，保护我国畜牧业和渔业生产和公共卫生安全，根据《中华人民共和国进出境动植物检疫法》和《中华人民共和国动物防疫法》规定，农业部和国家质量监督检验检疫总局组织制定了《中华人民共和国进境动物检疫疫病名录》，现予发布。名录中，一类传染病、寄生虫病15种，二类传染病、寄生虫病147种，其他传染病、寄生虫病44种。15种一类传染病、寄生虫病中，涉及奶牛的有口蹄疫、牛传染性胸膜肺炎、牛海绵状脑病、牛结节性皮肤病4种。名录自发布之日起生效，1992年6月8日农业部发布的《中华人民共和国进境动物一、二类传染病、寄生虫病名录》（（1992）农（检疫）字第1 2号）同时废止。

28日～29日　由中德畜牧业技术创新中心主办的中德牛业发展合作项目专业研讨会在京成功举办。研讨会由全国畜牧总站郑友民副站长主持，全国畜牧总站何新天副站长、中国奶业协会谷继承秘书长、中德畜牧业技术创新中心中方项目专家组组长张沅教授、德国驻华大使馆农业参赞蒲曼婷女士、德方中心主任布朗丁先生、德国GFA农业咨询公司项目总监盖克女士等专家领导出席本次研讨会。此外，还有中德双方的项目负责人，项目专家组成员，项目示范单位代表，北京、河北、贵州、山东、河南等省、市畜牧总站领导以及媒体等100余人参会。

29日　在每日经济新闻联合国家金融信息中心主办的“第三届中国上市公司领袖峰会”上，光明乳业获得“最佳管理团队上市公司”殊荣，梁永平副总裁代表公司上台领奖。

北京商报记者从外交部及罗马尼亚当地媒体了解到，继澳大利亚、新西兰、乌拉圭后，罗马尼亚将成为我国新的奶牛进口国。中方与罗方已签署协议，罗马尼亚未来7~10年将向中国出口约50万头当地奶牛，可为罗马尼亚农民带来5亿欧元收入。

12月

2日　中国江西网消息，江西获批建设农业部所属南方唯一的乳品质量安全监督检验中心。根据农业部办公厅“农办计[2013]63号”文，农业部南方乳品质量安全监督检验中心建设项目共投资2 182万元，其中1 586万元用于购置乳品质量安全监督检验检测食品设备。项目建设内容包括改造实验室2 085平方米，购置液－质－质联用仪等仪器设备61台(套)，达到对乳品感官指标、理化指标、微生物指标、有毒有害物质残留量及污染物等5个方面的检测，检测参数300余项，年乳品检测能力8 000批次，产地环境检测2 000批次。该项目建设地址为江西省南昌市高新技术开发区浙大工业园，江西省兽药饲料监察所为该中心的建设单位。

6日　江苏省奶业协会第六次会员代表大会在扬州新世纪大酒店召开。大会听取了第五届理事会工作报告，选举产生了第六届理事会，省政府参事、原省政府秘书长刘立仁同志当选为第六届理事会理事长，省农委副主任王春喜、扬州市政府副秘书长许林灿到会讲话。各会员单位负责人、第六届理事会理事候选人、第五届理事会常务理事共计150多人参加了会议。

9日　清华大学举行的一场《合作乳业与农业现代化》研讨会上，荷兰皇家菲仕兰坎皮纳公司中国区乳业发展总监阿瑟和中国社会科学院研究员党国英分享了荷兰“合作社一体化”的新型乳业经营模式，引起我国农业和乳制品行业专家学者的广泛关注。

第二届中国好鲜奶·新鲜盛典高峰论坛在云南昆明举行。本次论坛由西部乳业发展协作会、云南乳业协会主办，新希望乳业协办。中国奶业协会副会长兼秘书长谷继承，西部乳业发展协作会常务副会长魏荣禄，云南省奶业协会会长毛华明，中国乳制品工业协会副会长、新希望乳业控股公司董事长黄代云及北京三元、天津海河、南京卫岗、新希望乳业、重庆天友、福建长富、西安银桥、新疆西域春、广州风行、深圳晨光、贵州三联、广西壮牛等全国20多家知名乳企负责人和专业人士齐聚一堂，共谋中国鲜奶发展大计。在本届盛典上，与会20多家乳企共同签署并发布了《鲜奶中国梦·2013昆明宣言》，提出“共圆一个梦，中国好鲜奶”的口号，致力于打造中国乳业更完善更全面的鲜奶价值链，让中国消费者能喝上放心的“中国好鲜奶”。

13日～14日　现代奶业发展研讨会在广西桂林举办。研讨会由中国奶业协会主办，《中国奶牛》编辑部、中国奶业协会信息网承办，广西奶业协会、广西皇氏乳业协办。中国奶业协会名誉会长刘成果，常务副会长魏克佳，副会长兼秘书长谷继承，农业部奶业管理办公室副主任邓荣臻，广西壮族自治区水产畜牧兽医局副局长王强等出席并讲话。来自全国各地奶业协会负责人、科研院校的专家学者、奶业信息监测规模企业(养殖、加工)负责人、奶业相关服务企业的负责人等近400人参会。

18日～19日　在青岛举办了首届中国奶山羊产业高层论坛。奶山羊论坛由国家公益性行业（农业）科研专项奶山羊课题组、山东省畜牧协会奶业分会、陕西省奶山羊产业技术体系和山东省现代农业产业技术体系羊创新团队共同主办，由青岛市畜牧兽医研究所、青岛市奶业协会协办，并得到了中国奶业协会、国家奶牛产业技术体系、西北农林科技大学、山东农业大学和山东省畜牧兽医信息中心、大众日报、山东卫视农科频道、中国奶业协会信息网、《中国奶牛》杂志、泰安意美特机械有限公司、淄博盛誉乳品机械有限公司等单位、媒体和企业的支持与赞助。山东省畜牧协会奶业分会常务副会长兼秘书长张志民主持了论坛开幕式，中国奶业协会副会长兼秘书长谷继承、山东省畜牧兽医局科技处处长张绍存、青岛市畜牧兽医局副局长马增茂、泰安意美特机械有限公司总经理董和银等领导出席并致辞。来自全国各地奶业管理、科研、服务和生产一线专家和工作人员近300人参会。

19日　“2014年媒体战略合作伙伴答谢年会暨牧羊首批高级(市场)咨询顾问聘任仪式”在世界级饲料机械产研基地——扬州牧羊科技园举行。此次年会云集了饲料、油脂、养殖、食品加工四大板块的数十家顶尖行业媒体及杂志社的专家。中国奶业协会（《中国奶业年鉴》、《中国奶牛》杂志、中国奶业协会信息网）、《中国油脂》、《国际畜牧》等数十家媒体高层领导均出席本次答谢年会。与会媒体同行与专家就打造行业“开放平台，共筑行业生态价值链”的模式展开互动探讨，牧羊有限公司面向媒体发布2014年以“缔造系统价值”为主题的品牌广告及新的商业合作模式。

20日　国务院食品安全委员会办公室召开乳制品生产企业座谈会，研究部署进一步加强乳品质量安全工作。伊利、蒙牛等8家乳制品骨干企业代表和北京、内蒙古等7个省（区、市）食品安全办负责人参加会议。国家食品药品监督管理总局副局长滕佳材出席会议并讲话。会议传达了国务院领导同志关于加强乳品质量安全工作的重要批示精神，研究分析了今年以来乳品质量安全总体形势，交流总结了各地工作情况和监管经验。国务院食品安全办、农业部分别进行了工作部署，提出了工作要求。会议提出，要创新监管方式，采取不发通知、不打招呼、直奔企业、直插现场的方法，加大对乳制品企业的监督检查。

20日　从新西兰及澳大利亚进口的2 500头良种荷斯坦奶牛年产8 000多吨高品质生鲜奶的湛江燕塘澳新牧场，在遂溪县草潭镇建成并正式投入使用。

21日　圣诞来临之际，明一国际携手福州19楼在“全球单体规模最大的幼儿乳粉制造基地”的明一高新科技园共同开展“明一宝宝圣诞生日会”活动。此次活动是历届宝宝生日会中规模最大、阵容最强的一次，总共有60多个家庭共同参与。

25日　国家食品药品监管总局在友谊宾馆迎宾楼召开婴幼儿配方乳粉生产许可审查细则新闻发布会。国家乳制品质量检验中心姜毓君主任在会上介绍了新版细则的主要内容及要点。新细则要求各地在2014年5月31日前全部完成换证审查和再审核工作。对暂不能达到新细则要求、不能按时提出审查申请的企业，以及未通过换证审查和再审核取得生产许可的企业，经省级食品药品监管部门批准，可给予两年的停产整改时间，保留原生产许可证编号。

农业部公告第2034号，为规范无公害农产品认证工作，推动无公害农产品健康发展，根据《农产品质量安全法》和《无公害农产品管理办法》，决定对无公害农产品认证产品目录进行调整，将生鲜乳中的生鲜牛乳、生鲜羊乳、生鲜马乳等567个食用农产品列入无公害农产品认证产品目录，现予以公告。《实施无公害农产品认证的产品目录》（农业部、国家认证认可监督管理委员会公告第699号）同时废止。

27日　农业部部长韩长赋主持召开部常务会议，听取当前奶业发展、病死动物无害化处理等情况的汇报，研究部署相关工作。会议指出，奶业是我国的新兴产业和朝阳产业，也是畜牧业中最有活力和潜力的产业。奶业发展正处在奶制品消费的快速增长期，同时也是食品安全、奶产品质量安全高度敏感期。满足人们日益快速增长的消费结构调整的要求，必须保证奶产品的质量安全。中央领导高度重视奶业发展，社会各界、国内国际也高度关注，这既是难得机遇，更是沉甸甸的责任。要切实推动奶业发展的转型升级，最核心的就是要从千家万户的生产方式向规模化、标准化的方向转变。当前和今后一个时期，要把奶业质量安全放在重中之重的位置，切实增强工作责任感和紧迫感，出实招，出新招，下大力气提高乳品质量安全水平，推动奶业振兴。

会议强调，要以质量安全为核心，以奶源基地建设为重点，按照“保供给、保安全、严监管、促转型”的思路，加快建设现代奶业，努力确保生鲜乳质量安全和稳定供给。一要加强奶站监管和生鲜乳监测，维护奶源市场秩序，重点加强对婴幼儿配方乳粉奶源基地监管。二要加快推进奶牛标准化规模养殖，推动实施奶牛养殖小区转型升级工程，扶持奶农合作社和家庭牧场发展壮大，帮助扩大养殖规模，改善饲养条件，提高生产水平和养殖效益。三要加强奶牛良种繁育体系建设，提高奶牛单产和生鲜乳质量安全水平。四要深入实施“振兴奶业苜蓿发展行动”，与当地结构调整、生态环境保护结合起来，从源头上提高生鲜乳质量安全水平。五要加强奶牛疫病防控，切实落实免疫、监测、检疫监管等综合防控措施，推动疫病从稳定控制向消灭净化过渡。六要探索密切奶农与奶企利益关系的办法，提高奶农组织化程度。

内蒙古自治区政府召开全区推进奶源基地建设工作座谈会。会议分析了当前内蒙古乳业发展形势，提出了加快推进内蒙古奶源基地建设的具体举措。自治区发改委、农牧业厅与呼和浩特市等5盟市及伊利、蒙牛等内蒙古6家乳业龙头企业共同签署了《内蒙古自治区推进奶源基地建设联合协议书》。自治区副主席王玉明出席会议。自治区发改委、农牧业厅、部分盟市领导及伊利、蒙牛等企业负责人参加了座谈会。

28日　山西煤炭进出口集团有限公司河曲乳品加工有限公司年产九万吨乳制品加工项目工程在河滩奶牛育种有限公司正式开工。项目结合河曲县实际情况，以山煤集团河曲旧县露天煤业为主体，山西河滩奶牛育种有限公司为基础，联合蒙牛集团共同投资成立的股份制企业。总投资13 743万元，一期建设年产3万吨乳制品加工生产线两条，日加工生鲜奶100吨。山西省忻州市市长郑连生、副市长王士桦，河曲县委书记边东圣，河曲县长李旭清，常务副县长贺贵平，副县长高建文，山煤集团董事长郭海等，山煤集团、河滩奶牛育种有限公司员工参加了开工仪式。

29日　针对当前奶源紧张、奶价上涨可能造成质量安全问题的风险隐患，北京市食品药品监督管理局召开全市乳制品生产企业监管工作会。提出将采取“四不两直”的突击监督检查方式严格监管。所谓“四不两直”指的是不发通知、不打招呼、不听汇报、不用陪同和接待，直奔企业、直插现场，增加乳制品生产企业的监督检查力度。食药监部门将加强与农业部门的协调配合和信息通报，实现上下游产业监管的无缝对接，形成有效的监管闭环，从严查处违法违规行为。全市区县食药分局将在2014年配合北京市食品安全监控中心开展本市乳制品三聚氰胺、黄曲霉毒素M1项目专项风险监测。北京三元食品股份有限公司、蒙牛乳业（北京）有限责任公司、内蒙古伊利实业集团股份有限公司北京乳品厂、北京光明健能乳业有限公司、达能乳业（北京）有限公司等5家乳制品骨干企业代表在会上承诺：保障生鲜乳质量安全和市场稳定供应，确保首都乳制品质量安全。

30日　江苏省食品安全办举办乳制品生产企业座谈会，南京卫岗乳业有限责任公司、蒙牛乳业宿迁有限公司、伊利苏州乳业有限责任公司等18家企业集聚南京，共同对维护乳制品质量安全作出公开承诺。截至11月，江苏省流通环节已抽检乳制品32 649批次，其中，婴幼儿乳粉检验30 117批次，合格率为99.99%，乳制品检验 2 532 批次，合格率为 100%。据了解，“0.01%”的未合格率主要是 5 月份有 2 批次“美素丽儿”奶粉的蛋白质含量未达标，另外有奶粉查出细菌菌落略微超标的情况。

河北省威县人民政府与河北乐源牧业有限公司举行万头奶牛养殖基地项目签约仪式。该基地项目总投资 5 亿元，设计存栏规模为 10 000 头奶牛。河北乐源牧业有限公司为石家庄君乐宝乳业有限公司的子公司。为确保产品品质、加强奶源管控，君乐宝启动乐源牧业与万头生态牧场等多个地区的牧场建设项目，未来 5 年内将投资 40 亿元开展奶源基地建设，奶牛规模达 10 万头，日产鲜奶 1 000 吨，实现从原奶生产、加工、销售为一体的全产业链模式。

合生元公告，当日公司与南山奶粉品牌商湖南亚华订立股权转让协议，收购其刚刚成立的长沙营可公司的 100% 股本权益，所涉及的总现金代价为人民币 3.5 亿元。长沙营可主要从事制造婴幼儿配方奶粉产品。于收购事项完成后，广州合生元及合生元健康将分别持有长沙营可的 99% 及 1% 股本权益，长沙营可将成为合生元的间接全资附属公司。

中国奶业协会召开了 2013 年度工作总结和 2014 年工作计划会。中国奶业协会会长高鸿宾、常务副会长魏克佳、秘书长谷继承、副秘书长刘琳、副秘书长杨秀文等协会领导和全体员工出席。谷继承秘书长主持会议，办公室、数据中心、信息中心（含年鉴编辑部）、《中国奶牛》编辑部、四而博达公司五部门分别向大家作了汇报。听取汇报后，高鸿宾会长作了重要讲话，他强调：协会发展重在不断改革和创新。其改革和创新动力来自奶业发展的需求，来自于机构变革的需求，来自于协会发展的需求，是历史的必然和时代的需要。做好未来工作，要系统总结以往经验，要着眼大局、着眼发展，敢于突破和创新。要努力增强协会的“凝聚力、号召力、战斗力”建设，树立行业协会的影响和权威；要秉承“勤、智、诚”的精神，积极发挥“协调、服务、维权、自律”的基本职能，为政府、行业、会员和企业提供最有价值的咨询和服务。要让协会的服务具有引领性、前瞻性，引导和促进奶业健康持续发展。

行业统计

HANGYE TONGJI

【奶业发展趋势走势图】

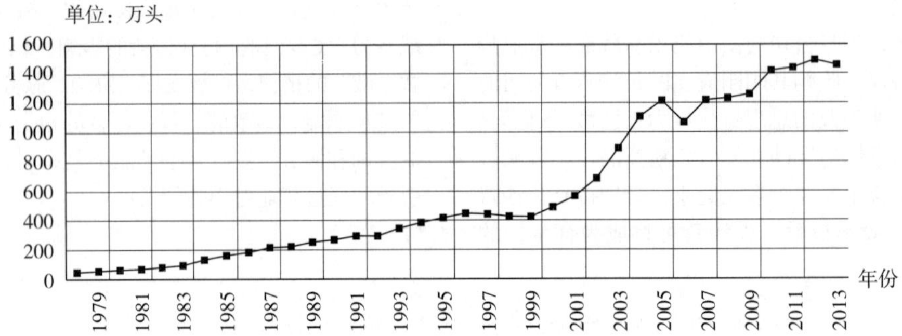

1978—2013年我国奶牛存栏走势图

数据来源：国家统计局

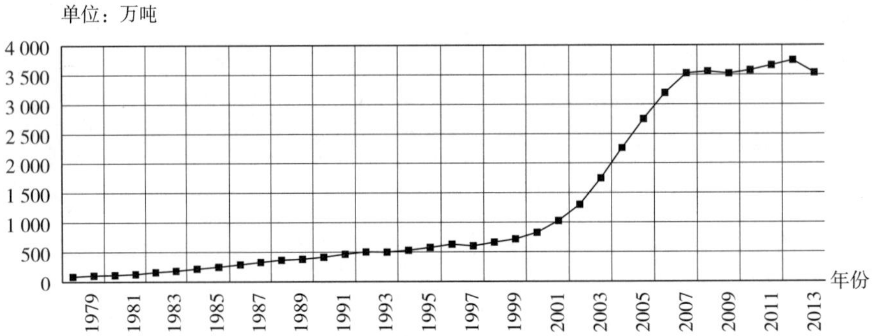

1978—2013年我国牛奶产量走势图

数据来源：国家统计局

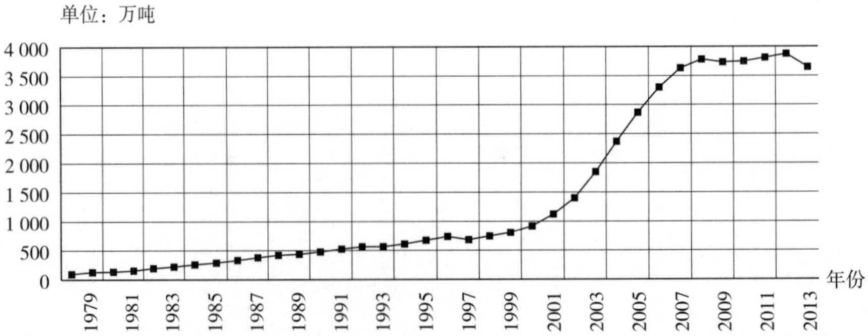

1978—2013年我国奶类总产量走势图

数据来源：国家统计局

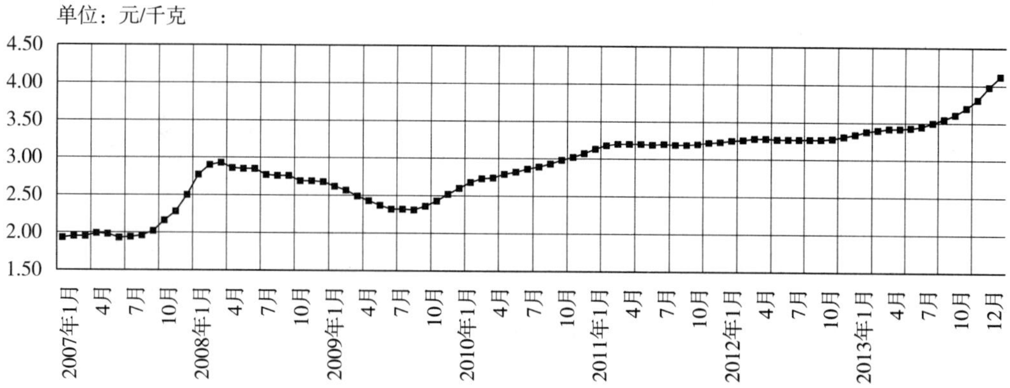

2007—2013年全国主产省生鲜乳价格情况

数据来源：农业部

注：生鲜乳主产省区统计范围是：河北、山西、内蒙古、辽宁、黑龙江、山东、河南、陕西、宁夏、新疆 2013年该10省（区）生鲜乳产量占全国的82.8%

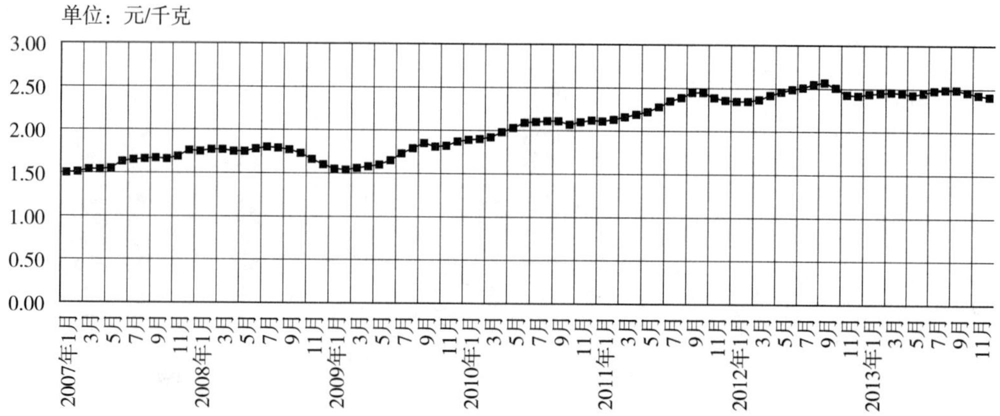

2007—2013年全国玉米价格变动情况

数据来源：农业部

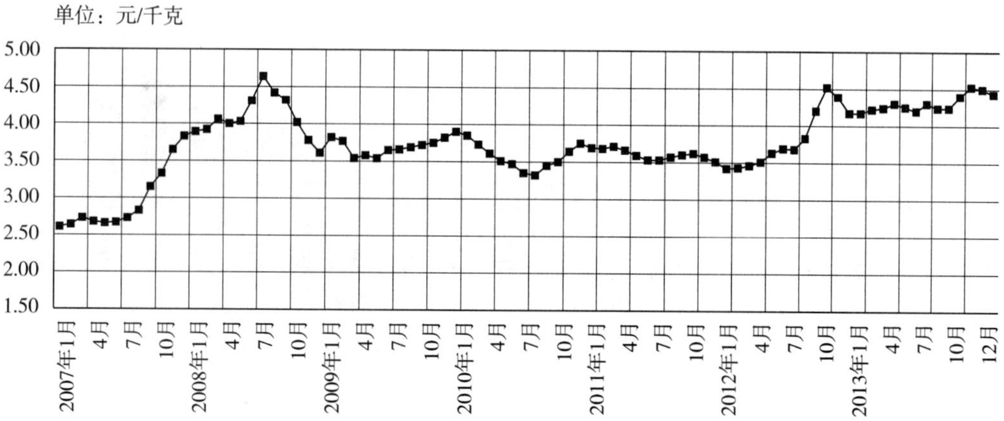

2007—2013年全国豆粕价格变动情况

数据来源：农业部

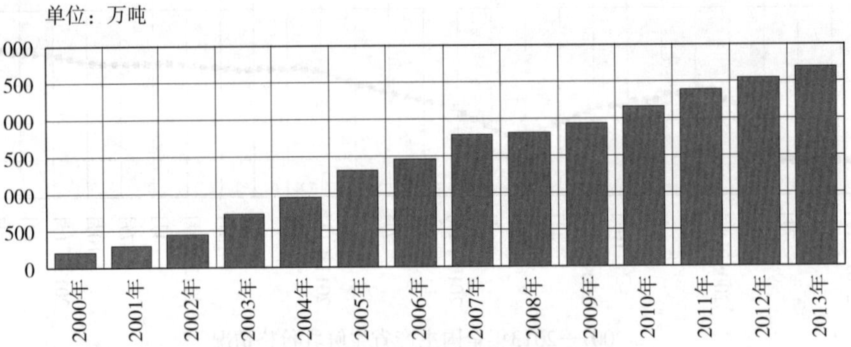

2000—2013年我国乳制品产量走势图

数据来源：国家统计局

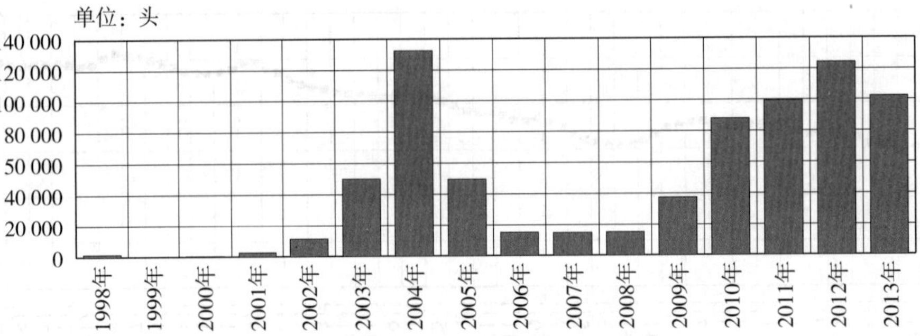

1998—2013年我国改良种用牛进口走势图

数据来源：海关总署

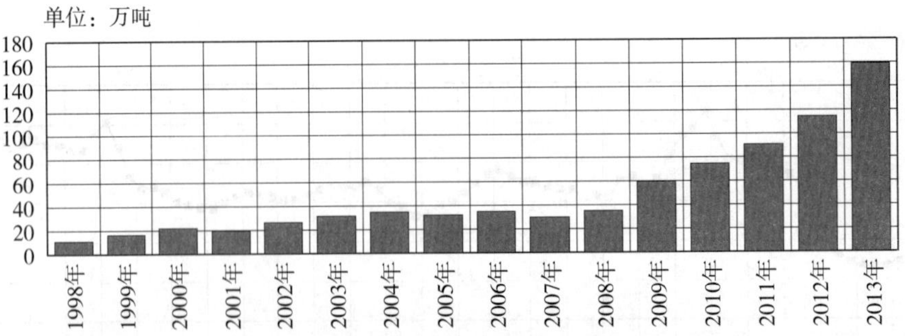

1998—2013年我国乳制品进口走势图

数据来源：海关总署

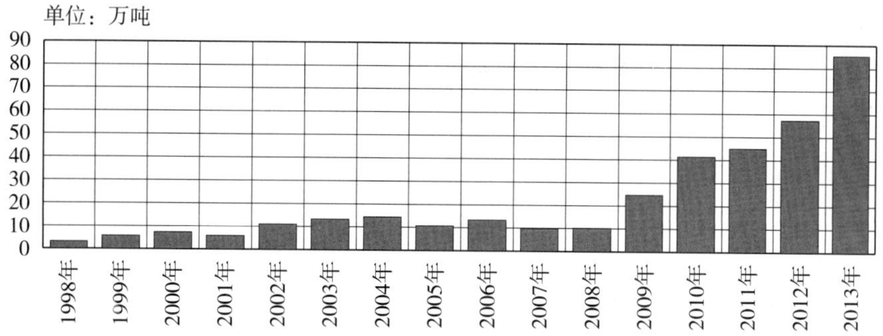

1998—2013年我国奶粉进口走势图

数据来源：海关总署

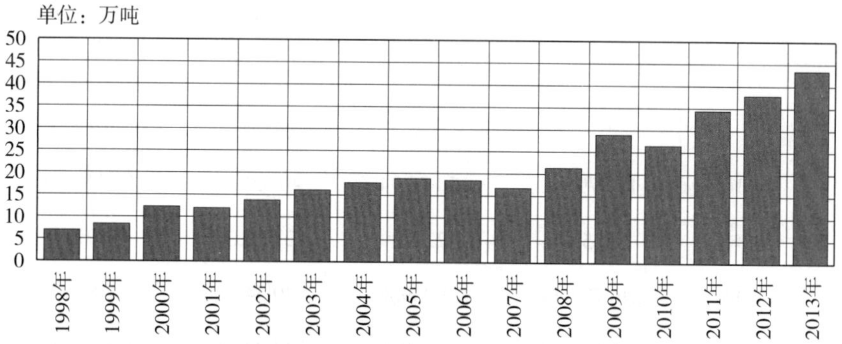

1998—2013年我国乳清进口走势图

数据来源：海关总署

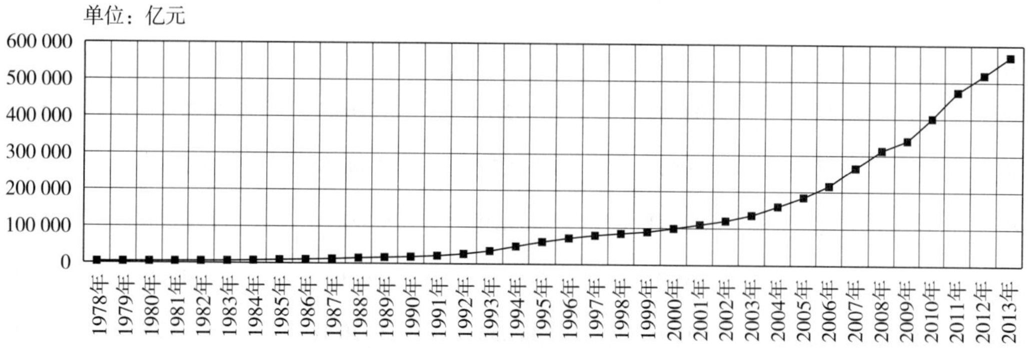

1978—2013年国内生产总值

数据来源：国家统计局

【综合情况】

全国奶业基本情况

项目	单位	2009 年	2010 年	2011 年	2012 年	2013 年
奶畜资源						
奶牛存栏数	万头	1 260.3	1 420.1	1 440.2	1 493.9	1 441.0
原料奶产量						
奶类总产量	万吨	3 734.60	3 748.00	3 810.7	3 875.40	3 649.50
牛奶产量	万吨	3 520.90	3 575.60	3 657.80	3 743.60	3 531.40
乳制品加工						
液态奶产量	万吨	1 641.65	1 845.80	2 060.80	2 146.50	2 335.97
干乳制品产量	万吨	293.47	313.80	326.70	398.60	362.06
乳制品进出口						
其中进口						
鲜奶	吨	12 779.41	15 889.94	40 539.83	93 781.28	184 566.60
酸奶	吨	1 525.84	1 229.15	2 546.06	7 897.10	10 240.72
奶粉	吨	246 787.44	414 039.80	449 541.86	572 875.19	854 415.94
乳清	吨	288 753.81	264 499.03	344 244.02	378 378.65	434 069.55
炼乳	吨	1 732.28	3 266.03	4 913.49	5 514.50	9 265.34
奶油	吨	28 443.69	23 448.93	35 675.52	48 325.96	52 300.67
干酪	吨	16 976.78	22 920.66	28 602.74	38 805.57	47 316.49
其中出口						
鲜奶	吨	20 030.12	22 492.16	25 169.39	27 275.33	25 959.94
酸奶	吨	843.61	1 174.73	850.73	525.94	515.16
奶粉	吨	9 737.53	2 969.70	9 327.20	9 702.58	3 317.68
乳清	吨	316.09	445.54	1149.59	701.79	838.68
炼乳	吨	3 691.95	3 443.52	3 130.18	3 723.25	4 476.78
奶油	吨	2 045.65	3 038.76	3 358.96	2 567.02	824.82
干酪	吨	114.73	196.40	338.87	400.18	118.52
奶畜进口						
种牛进口	头	37 453	87 990	99 348	128 294	102 243

数据来源：国家统计局，海关总署

2009—2013 年全国各地区奶业概况

2009—2013 年北京奶业概况

项　　目	单位	2009 年	2010 年	2011 年	2012 年	2013 年
地区概况						
人口总数	万人	1 755.0	1 961.2	2 018.6	2 069.3	2 114.8
其中：城镇常住人口数	万人	1 491.75	1 685.87	1 740.03	1 783.74	1 825.07
农村常住人口数	万人	263.25	275.37	278.57	285.56	289.73
社会消费品零售总额	亿元	5 309.9	6 229.3	6 900.3	7 702.8	8 375.1
地区生产总值	亿元	12 153.03	14 113.58	16 251.93	17 879.40	19 500.56
乳品企业						
乳品企业数	个	14	15	9	8	6
其中：亏损企业数	个	7	8	5	4	3
产品销售收入	亿元	58.23	64.77	77.19	83.64	97.49
利润总额	亿元	−0.05	1.35	0.73	0.47	−0.44
奶畜资源						
奶牛存栏数	万头	15.8	14.9	15.1	15.1	14.4
原料奶产量						
奶类产量	万吨	67.40	64.10	63.98	65.05	61.46
牛奶产量	万吨	67.39	64.1	64.0	65.05	61.46
乳制品加工						
乳制品产量	万吨	52.20	52.30	58.65	56.58	58.76
其中：液态奶产量	万吨	49.84	49.95	54.87	52.23	55.56
乳制品进口						
液态奶	吨	1 492.09	2 313.76	4 030.56	10 111.75	33 297.32
干乳制品	吨	35 789.09	48 214.74	66 318.76	71 697.25	112 323.91
其中：奶粉	吨	6 457.07	16 213.09	10 247.18	19 124.06	33 049.93
乳清	吨	22 867.73	24 616.29	46 226.98	38 513.08	60 587.94
奶畜进口						
改良种用牛	头	897	2 583	2 272	8 164	13 818

数据来源：国家统计局，海关总署

2009—2013 年天津奶业概况

项　　目	单位	2009 年	2010 年	2011 年	2012 年	2013 年
地区概况						
人口总数	万人	1 228.16	1 293.87	1 355.01	1 413.15	1 472.21
其中：城镇常住人口数	万人	958.09	1 027.79	1 090.78	1 152.42	1 207.36
农村常住人口数	万人	270.07	266.08	264.23	260.73	264.85
社会消费品零售总额	亿元	2 430.8	2 902.6	3 395.1	3 921.4	4 470.4
地区生产总值	亿元	7 521.85	9 224.46	11 307.28	12 893.88	14 370.16
乳品企业						
乳品企业数	个	15	15	14	14	16
其中：亏损企业数	个	8	5	6	5	3
产品销售收入	亿元	16.81	25.33	43.46	39.93	88.01
利润总额	亿元	1.35	0.50	0.16	0.50	6.23
奶畜资源						
奶牛存栏数	万头	15.8	15.7	15.8	15.6	15.1
原料奶产量						
奶类产量	万吨	68.69	69.34	69.39	68.17	68.53
牛奶产量	万吨	68.29	69.0	69.1	67.87	68.24
乳制品加工						
乳制品产量	万吨	33.34	26.58	22.87	43.98	62.55
其中：液态奶产量	万吨	28.89	18.75	21.18	19.82	29.51
乳制品进口						
液态奶	吨	157.44	158.13	739.45	2 231.30	3 849.79
干乳制品	吨	13 9894.26	196 688.11	217 780.08	255 925.32	394 921.91
其中：奶粉	吨	58 077.50	129 515.80	115 180.91	149 507.16	273 066.14
乳清	吨	77 842.47	61 259.35	91 667.35	95 728.53	109 441.02
奶畜进口						
改良种用牛	头	16				

数据来源：国家统计局，海关总署

2009—2013年河北奶业概况

项　　目	单位	2009年	2010年	2011年	2012年	2013年
地区概况						
人口总数	万人	7 033.79	7 185.42	7 240.84	7 287.51	7 332.61
其中：城镇常住人口数	万人	3 024.79	3 157.53	3 302.00	3 410.55	3 528.45
农村常住人口数	万人	4 009.00	4 027.89	3 938.84	3 876.96	3 804.16
社会消费品零售总额	亿元	5 764.90	6 821.80	8 035.50	9 254.03	10 516.75
地区生产总值	亿元	17 235.48	20 394.26	24 515.76	26 575.01	28 301.41
乳品企业						
乳品企业数	个	52	39	32	34	35
其中：亏损企业数	个	19	13	5	7	6
产品销售收入	亿元	115.15	141.86	180.22	201.55	226.72
利润总额	亿元	6.49	6.34	11.78	12.11	12.45
奶畜资源						
奶牛存栏数	万头	167.4	180.8	188.7	196.3	191.2
原料奶产量						
奶类产量	万吨	461.03	449.08	466.94	478.96	465.66
牛奶产量	万吨	451.50	439.80	458.90	470.37	458.00
乳制品加工						
乳制品产量	万吨	196.63	255.44	269.00	272.48	298.12
其中：液态奶产量	万吨	179.84	229.40	259.50	239.58	274.38
乳制品进口						
液态奶	吨	0.50		42.73	80.06	70.40
干乳制品	吨	3 011.23	6 981.52	10 687.00	8 791.94	6 685.18
其中：奶粉	吨	719.65	2 288.93	6 161.10	7 254.19	5 919.45
乳清	吨	2 291.58	4 565.18	4 417.75	1 494.45	677.78
奶畜进口						
改良种用牛	头		3 748	13 595	12 090	8 690

数据来源：国家统计局，海关总署

2009—2013年山西奶业概况

项　目	单位	2009年	2010年	2011年	2012年	2013年
地区概况						
人口总数	万人	3 427.36	3 593.00	3 593.00	3 610.83	3 629.80
其中：城镇常住人口数	万人	1 576.24	1 785.00	1 785.00	1 850.91	1 907.82
农村常住人口数	万人	1 851.12	1 808.00	1 808.00	1 759.92	1 721.98
社会消费品零售总额	亿元	2 809.00	3 903.40	3 903.40	4 506.81	5 139.29
地区生产总值	亿元	7 358.31	11 237.55	11 237.55	12 112.83	12 602.24
乳品企业						
乳品企业数	个	24	20	18	17	17
其中：亏损企业数	个	1	2	2	3	1
产品销售收入	亿元	24.53	38.27	39.06	41.22	42.88
利润总额	亿元	1.13	3.31	2.09	2.38	2.37
奶畜资源						
奶牛存栏数	万头	27.4	28.8	28.0	30.6	32.1
原料奶产量						
奶类产量	万吨	74.08	74.94	75.88	80.99	87.21
牛奶产量	万吨	72.50	73.20	74.60	79.97	86.21
乳制品加工						
乳制品产量	万吨	48.14	50.03	52.46	65.18	53.43
其中：液态奶产量	万吨	43.43	43.66	47.87	60.36	48.67
乳制品进口						
液态奶	吨					
干乳制品	吨	1 881.53	428.53		252.00	
其中：奶粉	吨	1 881.53	428.53		252.00	
乳清	吨					
奶畜进口						
改良种用牛	头		10	1 445		

数据来源：国家统计局，海关总署

2009—2013年内蒙古奶业概况

项　目	单位	2009年	2010年	2011年	2012年	2013年
地区概况						
人口总数	万人	2 422.07	2 470.63	2 481.71	2 489.85	2 497.61
其中：城镇常住人口数	万人	1 293.39	1 372.02	1 405.14	1 437.64	1 466.35
农村常住人口数	万人	1 128.68	1 098.61	1 076.57	1 052.21	1 031.26
社会消费品零售总额	亿元	2 855.30	3 384.00	3 991.70	4 572.55	5 114.16
地区生产总值	亿元	9 740.25	11 672.00	14 359.88	15 880.58	16 832.38
乳品企业						
乳品企业数	个	77	80	71	65	64
其中：亏损企业数	个	13	8	11	14	15
产品销售收入	亿元	311.70	337.87	376.67	332.53	355.70
利润总额	亿元	17.92	47.32	25.45	22.35	35.82
奶畜资源						
奶牛存栏数	万头	227.3	292.5	275.1	263.2	229.2
原料奶产量						
奶类产量	万吨	934.05	945.68	931.44	930.65	778.55
牛奶产量	万吨	903.10	905.20	908.20	910.20	767.30
乳制品加工						
乳制品产量	万吨	379.55	345.36	383.21	325.67	300.92
其中：液态奶产量	万吨	348.49	308.92	309.71	273.39	272.97
乳制品进口						
液态奶	吨	14.03				
干乳制品	吨	2 320.16	20 010.38	27 941.08	33 826.84	73 114.16
其中：奶粉	吨	1 889.68	19 533.75	27 014.08	30 728.38	60 888.31
乳清	吨	290.95	200.20	804.80	2 769.44	2 730.85
奶畜进口						
改良种用牛	头	395	2 278	16 656	11 796	9 495

数据来源：国家统计局，海关总署

2009—2013 年辽宁奶业概况

项　目	单位	2009 年	2010 年	2011 年	2012 年	2013 年
地区概况						
人口总数	万人	4 319.00	4 374.63	4 383.00	4 389.00	4 390.00
其中：城镇常住人口数	万人	2 606.52	2 718.80	2 807.31	2 881.38	2 917.16
农村常住人口数	万人	1 712.48	1 655.84	1 575.69	1 507.62	1 472.85
社会消费品零售总额	亿元	5 812.60	6 887.60	8 095.30	9 346.57	10 581.44
地区生产总值	亿元	15 212.49	18 457.27	22 226.70	24 846.43	27 077.65
乳品企业						
乳品企业数	个	28	23	16	16	22
其中：亏损企业数	个	4	3	2	3	1
产品销售收入	亿元	84.05	97.54	117.86	115.80	128.75
利润总额	亿元	3.87	12.37	7.29	7.79	8.12
奶畜资源						
奶牛存栏数	万头	28.9	32.1	33.1	32.2	30.5
原料奶产量						
奶类产量	万吨	115.64	126.65	131.98	130.20	125.74
牛奶产量	万吨	110.00	121.20	124.50	124.75	120.88
乳制品加工						
乳制品产量	万吨	95.93	101.55	102.88	106.04	96.69
其中：液态奶产量	万吨	51.45	99.58	94.83	105.62	96.57
乳制品进口						
液态奶	吨	125.99	172.46	262.20	1 081.18	2 909.07
干乳制品	吨	28 409.92	23 304.52	25 882.39	39 883.71	54 355.66
其中：奶粉	吨	2 018.19	1 904.44	584.05	2 181.21	5 885.07
乳清	吨	25 743.86	20 430.34	23 868.30	35 790.41	46 348.92
奶畜进口						
改良种用牛	头	5 847	22 142	20 474	21 760	10 312

数据来源：国家统计局，海关总署

2009—2013年吉林奶业概况

项　目	单位	2009年	2010年	2011年	2012年	2013年
地区概况						
人口总数	万人	3 826.00	2 745.28	2 749.41	2 750.40	2 751.28
其中：城镇常住人口数	万人	2 123.43	1 464.82	1 468.18	1 476.96	1 491.19
农村常住人口数	万人	1 702.57	1 280.46	1 281.23	1 273.44	1 260.09
社会消费品零售总额	亿元	3 401.80	3 504.90	4 119.80	4 772.94	5 426.43
地区生产总值	亿元	8 587.00	8 667.58	10 568.83	11 939.24	12 981.46
乳品企业						
乳品企业数	个	10	14	14	13	11
其中：亏损企业数	个	1	2	3	1	1
产品销售收入	亿元	7.97	13.08	22.48	25.09	27.32
利润总额	亿元	−0.03	0.14	1.12	0.74	0.75
奶畜资源						
奶牛存栏数	万头	19.3	19.5	18.0	24.0	23.2
原料奶产量						
奶类产量	万吨	44.50	44.63	46.03	49.80	48.34
牛奶产量	万吨	44.50	43.50	45.24	49.10	47.58
乳制品加工						
乳制品产量	万吨	5.95	6.96	6.88	16.67	16.58
其中：液态奶产量	万吨	5.71	5.99	5.84	15.00	14.10
乳制品进口						
液态奶	吨					
干乳制品	吨	0.60	0.45	4.75	255.95	227.55
其中：奶粉	吨			4.75	255.95	227.55
乳清	吨	0.00				
奶畜进口						
改良种用牛	头	2 950			1 000	

数据来源：国家统计局，海关总署

2009—2013 年黑龙江奶业概况

项　目	单位	2009 年	2010 年	2011 年	2012 年	2013 年
地区概况						
人口总数	万人	3 826.00	3 831.40	3 834.00	3 834.00	3 835.02
其中：城镇常住人口数	万人	2 123.43	2 132.37	2 166.21	2 181.55	2 201.30
农村常住人口数	万人	1 702.57	1 699.03	1 667.79	1 652.45	1 633.72
社会消费品零售总额	亿元	3 401.80	4 039.20	4 750.10	5 491.02	6 251.17
地区生产总值	亿元	8 587.00	10 368.60	12 582.00	13 691.58	14 382.93
乳品企业						
乳品企业数	个	77	74	64	65	62
其中：亏损企业数	个	14	11	14	15	8
产品销售收入	亿元	260.72	306.68	347.39	310.25	334.51
利润总额	亿元	20.55	31.08	22.92	21.70	28.85
奶畜资源						
奶牛存栏数	万头	197.0	205.4	192.7	202.2	191.7
原料奶产量						
奶类产量	万吨	534.69	558.78	550.36	564.99	522.52
牛奶产量	万吨	528.70	552.50	543.10	559.94	518.23
乳制品加工						
乳制品产量	万吨	176.81	183.90	178.28	185.74	213.74
其中：液态奶产量	万吨	111.52	116.93	103.57	134.09	150.31
乳制品进口						
液态奶	吨					6.58
干乳制品	吨	18 657.50	18 093.35	13 186.31	11 456.37	13 833.21
其中：奶粉	吨	6 202.65	5 299.00	2 907.83	1 889.28	3 418.13
乳清	吨	12 051.65	12 643.14	10 228.08	9 527.90	10 415.08
奶畜进口						
改良种用牛	头	11 841	16 955	5 757	3 618	10 074

数据来源：国家统计局，海关总署

2009—2013 年上海奶业概况

项　　目	单位	2009 年	2010 年	2011 年	2012 年	2013 年
地区概况						
人口总数	万人	1 921.00	2 301.92	2 347.46	23 80.43	2 415.15
其中：城镇常住人口数	万人	1 702.01	2 055.51	2 096.28	2 125.72	2 163.97
农村常住人口数	万人	218.99	246.41	251.18	254.71	251.18
社会消费品零售总额	亿元	5 173.20	6 070.50	6 814.80	7 412.32	8 051.96
地区生产总值	亿元	15 046.45	17 165.98	19 195.69	20 181.72	21 602.12
乳品企业						
乳品企业数	个	9	10	8	8	8
其中：亏损企业数	个	3	5	1	0	1
产品销售收入	亿元	100.99	119.24	128.11	150.69	144.02
利润总额	亿元	10.04	13.60	13.16	17.40	1.92
奶畜资源						
奶牛存栏数	万头	3.0	6.7	6.9	6.9	5.8
原料奶产量						
奶类产量	万吨	21.25	24.71	29.08	30.18	26.53
牛奶产量	万吨	23.29	24.70	29.08	30.18	26.53
乳制品加工						
乳制品产量	万吨	40.18	42.30	45.75	58.17	48.92
其中：液态奶产量	万吨	35.89	38.10	40.86	53.07	45.18
乳制品进口						
液态奶	吨	8 549.76	11 858.34	29 119.65	72 073.55	122 891.44
干乳制品	吨	89 709.41	110 753.44	132 897.79	158 208.02	242 290.59
其中：奶粉	吨	26 251.60	47 928.07	60 123.29	71 526.96	140 802.96
乳清	吨	41 552.56	41 814.83	48 454.23	52 386.79	65 478.19
奶畜进口						
改良种用牛	头				122	

数据来源：国家统计局，海关总署

2009—2013年江苏奶业概况

项　目	单位	2009年	2010年	2011年	2012年	2013年
地区概况						
人口总数	万人	7 725.00	7 866.09	7 899.36	7 919.98	7 939.49
其中：城镇常住人口数	万人	4 295.10	4 737.15	4 889.36	4 989.59	5 090.01
农村常住人口数	万人	3 429.90	3 128.95	3 010.00	2 930.39	2 849.48
社会消费品零售总额	亿元	11 484.10	13 606.80	15 988.40	18 331.33	20 796.52
地区生产总值	亿元	34 457.30	41 425.48	49 110.27	54 058.22	59 161.75
乳品企业						
乳品企业数	个	36	33	25	27	26
其中：亏损企业数	个	3	7	5	6	5
产品销售收入	亿元	33.41	40.05	56.79	82.73	98.49
利润总额	亿元	1.26	1.71	2.93	2.98	4.30
奶畜资源						
奶牛存栏数	万头	18.9	22.1	21.5	20.9	20.4
原料奶产量						
奶类产量	万吨	55.40	57.28	59.17	61.30	59.89
牛奶产量	万吨	55.40	57.30	59.17	61.30	59.89
乳制品加工						
乳制品产量	万吨	95.20	100.19	100.25	128.32	141.63
其中：液态奶产量	万吨	93.58	96.35	94.04	109.19	122.44
乳制品进口						
液态奶	吨		70.31	491 219.00	358.69	958.65
干乳制品	吨	7 454.35	16 525.25	30 705.41	29 277.03	32 767.67
其中：奶粉	吨	3 784.38	9 434.45	20 966.47	20 962.44	23 373.46
乳清	吨	1 537.47	6 141.91	8 603.27	7 338.34	8 143.76
奶畜进口						
改良种用牛	头	2 875	5 956	9 869	11 895	13 720

数据来源：国家统计局，海关总署

2009—2013 年浙江奶业概况

项　目	单位	2009 年	2010 年	2011 年	2012 年	2013 年
地区概况						
人口总数	万人	5 180.00	5 442.69	5463.00	5477.00	5498.00
其中：城镇常住人口数	万人	2 999.22	3 355.02	3 403.45	3 461.46	3 518.72
农村常住人口数	万人	2 180.78	2 087.67	2 059.55	2 015.54	1 979.28
社会消费品零售总额	亿元	8 622.30	10 245.40	12 028.00	13 588.34	15 225.54
地区生产总值	亿元	22 990.35	27 722.31	32 318.85	34 665.33	37 568.49
乳品企业						
乳品企业数	个	26	25	18	17	16
其中：亏损企业数	个	6	6	2	1	1
产品销售收入	亿元	23.13	23.24	33.02	44.31	48.03
利润总额	亿元	0.88	1.57	1.38	2.72	1.55
奶畜资源						
奶牛存栏数	万头	6.1	6.1	6.1	5.7	5.2
原料奶产量						
奶类产量	万吨	19.93	20.27	19.91	19.27	18.21
牛奶产量	万吨	19.93	20.30	19.91	19.27	18.21
乳制品加工						
乳制品产量	万吨	34.26	30.76	35.68	42.12	50.03
其中：液态奶产量	万吨	28.96	22.30	26.20	30.17	37.56
乳制品进口						
液态奶	吨	225.58	485.00	540.98	1 068.19	4 102.74
干乳制品	吨	58 919.09	86 456.05	102 879.38	132 708.36	136 324.98
其中：奶粉	吨	39 663.98	74 540.28	81 658.23	107 722.71	114 328.61
乳清	吨	17 950.68	10 401.26	19 084.00	22 233.37	18 216.68
奶畜进口						
改良种用牛	头			434	300	

数据来源：国家统计局，海关总署

2009—2013 年安徽奶业概况

项　目	单位	2009 年	2010 年	2011 年	2012 年	2013 年
地区概况						
人口总数	万人	6 131.00	5 950.05	5 968.00	5 988.00	6 029.80
其中：城镇常住人口数	万人	2 581.15	2 557.71	2 673.66	2 784.42	2 885.86
农村常住人口数	万人	3 549.85	3 392.34	3 294.34	3 203.58	3 143.94
社会消费品零售总额	亿元	3 527.80	4 197.70	4 955.10	5 736.56	6 542.42
地区生产总值	亿元	10 062.82	12 359.33	15 300.65	17 212.05	19 038.87
乳品企业						
乳品企业数	个	15	16	11	12	13
其中：亏损企业数	个	1	2	3	2	2
产品销售收入	亿元	33.61	44.92	49.81	62.71	69.00
利润总额	亿元	2.54	5.68	2.42	2.62	3.17
奶畜资源						
奶牛存栏数	万头	6.8	9.8	10.3	10.8	11.1
原料奶产量						
奶类产量	万吨	20.10	20.48	22.52	24.09	25.34
牛奶产量	万吨	20.10	20.50	22.51	24.09	25.34
乳制品加工						
乳制品产量	万吨	44.52	66.48	79.02	75.23	94.05
其中：液态奶产量	万吨	41.98	60.38	67.15	70.98	89.98
乳制品进口						
液态奶	吨					47.02
干乳制品	吨	3 721.51	3 895.25	5 795.79	14 606.03	8 862.46
其中：奶粉	吨	108.00		3 152.88	6 862.15	3 940.38
乳清	吨	3 613.47	3 895.25	2 642.91	7 644.01	4 812.08
奶畜进口						
改良种用牛	头	3 866	7 941	5 731	17 960	

数据来源：国家统计局，海关总署

2009—2013年福建奶业概况

项　目	单位	2009年	2010年	2011年	2012年	2013年
地区概况						
人口总数	万人	3 627.00	3 689.42	3 720.00	3 748.00	3 774.00
其中：城镇常住人口数	万人	1 864.28	2 106.19	2 161.32	2 233.81	2 293.46
农村常住人口数	万人	1 762.72	1 583.23	1 558.68	1 514.19	1 480.54
社会消费品零售总额	亿元	4 481.00	5 310.00	6 276.20	7 256.54	8 275.35
地区生产总值	亿元	12 236.53	14 737.12	17 560.18	19 701.78	21 759.64
乳品企业						
乳品企业数	个	13	12	8	9	8
其中：亏损企业数	个	1	2	1	2	1
产品销售收入	亿元	12.74	13.54	8.54	11.15	13.16
利润总额	亿元	0.37	0.41	0.66	0.51	0.92
奶畜资源						
奶牛存栏数	万头	5.0	5.0	5.2	5.1	5.0
原料奶产量						
奶类产量	万吨	15.56	15.71	15.79	15.39	15.30
牛奶产量	万吨	15.20	15.40	15.47	15.04	14.93
乳制品加工						
乳制品产量	万吨	15.87	16.74	19.41	22.45	26.44
其中：液态奶产量	万吨	11.63	12.30	16.93	17.34	21.83
乳制品进口						
液态奶	吨	66.66	70.02	3 511.58	1 296.02	1 025.55
干乳制品	吨	22 502.73	24 412.57	31 586.87	29 964.68	44 371.21
其中：奶粉	吨	1 826.99	2 393.00	3 342.88	3 554.15	10 538.31
乳清	吨	19 495.10	20 606.99	25 404.81	23 382.58	31 076.25
奶畜进口						
改良种用牛	头					2 931

数据来源：国家统计局，海关总署

2009—2013年江西奶业概况

项　目	单位	2009年	2010年	2011年	2012年	2013年
地区概况						
人口总数	万人	4 432.16	4 456.78	4 488.44	4 503.93	4 522.15
其中：城镇常住人口数	万人	1 913.81	1 950.00	2 051.22	2 139.82	2 209.97
农村常住人口数	万人	2 518.35	2 506.78	2 437.22	2 364.11	2 312.18
社会消费品零售总额	亿元	2 484.40	2 956.20	3 485.10	4 027.25	4 576.11
地区生产总值	亿元	7 655.18	9 451.26	11 702.82	12 948.88	14 338.50
乳品企业						
乳品企业数	个	8	8	8	8	8
其中：亏损企业数	个	1	1	1	1	1
产品销售收入	亿元	17.54	19.91	21.34	26.77	31.74
利润总额	亿元	1.91	1.12	1.37	1.88	2.34
奶畜资源						
奶牛存栏数	万头	4.0	6.7	7.2	7.6	7.5
原料奶产量						
奶类产量	万吨	11.20	11.85	12.25	12.60	12.25
牛奶产量	万吨	11.20	11.40	11.80	12.60	12.25
乳制品加工						
乳制品产量	万吨	18.71	28.17	28.91	28.51	32.09
其中：液态奶产量	万吨	16.50	25.83	26.27	24.99	27.40
乳制品进口						
液态奶	吨					
干乳制品	吨		147.25	372.30	141.20	1 325.73
其中：奶粉	吨		41.00	372.30	141.20	1 025.90
乳清	吨		106.25			299.83
奶畜进口						
改良种用牛	头					

数据来源：国家统计局，海关总署

2009—2013年山东奶业概况

项　目	单位	2009年	2010年	2011年	2012年	2013年
地区概况						
人口总数	万人	9 470.30	9 579.27	9 637.00	9 684.97	9 733.39
其中：城镇常住人口数	万人	4 576.05	4 762.07	4 910.05	5 077.83	5 231.70
农村常住人口数	万人	4 894.25	4 817.20	4 726.95	4 607.14	4 501.69
社会消费品零售总额	亿元	12 363.00	14 620.30	17 155.50	19 651.94	22 294.84
地区生产总值	亿元	33 896.65	39 169.92	45 361.85	50 013.24	54 684.33
乳品企业						
乳品企业数	个	101	97	83	79	74
其中：亏损企业数	个	8	8	2	6	4
产品销售收入	亿元	156.29	186.96	216.03	281.49	293.25
利润总额	亿元	11.19	15.80	19.01	18.69	24.37
奶畜资源						
奶牛存栏数	万头	83.8	93.3	125.7	129.8	125.0
原料奶产量						
奶类产量	万吨	258.15	271.56	278.95	294.09	281.22
牛奶产量	万吨	236.28	253.10	268.87	283.92	271.43
乳制品加工						
乳制品产量	万吨	202.94	249.64	311.67	320.72	274.73
其中：液态奶产量	万吨	189.24	220.09	286.35	265.67	231.57
乳制品进口						
液态奶	吨	1 194.40	83.14	262.53	2 399.55	6 916.93
干乳制品	吨	59 393.00	43 424.13	45 251.74	54 186.67	46 771.42
其中：奶粉	吨	34 067.04	25 074.66	28 162.23	25 510.35	21 974.56
乳清	吨	24 320.72	17 266.60	14 611.98	24 356.74	19 746.48
奶畜进口						
改良种用牛	头	2 919	10 242	13 592	12 697	12 105

数据来源：国家统计局，海关总署

2009—2013 年河南奶业概况

项　目	单位	2009 年	2010 年	2011 年	2012 年	2013 年
地区概况						
人口总数	万人	9 487.00	9 402.99	9 388.00	9 406.00	9 413.35
其中：城镇常住人口数	万人	3 577.00	3 621.98	3 808.71	3 990.97	4 123.05
农村常住人口数	万人	5 910.00	5 781.02	5 579.29	5 415.03	5 290.30
社会消费品零售总额	亿元	6 746.40	8 004.20	9 453.60	10 915.62	12 426.60
地区生产总值	亿元	19 480.46	23 092.36	26 931.03	29 599.31	32 155.86
乳品企业						
乳品企业数	个	51	49	45	44	43
其中：亏损企业数	个	4	1	1	2	2
产品销售收入	亿元	43.06	56.04	85.01	101.52	120.22
利润总额	亿元	3.84	5.37	7.42	7.61	8.43
奶畜资源						
奶牛存栏数	万头	50.5	98.5	96.1	100.6	100.7
原料奶产量						
奶类产量	万吨	301.28	307.89	321.14	330.43	328.77
牛奶产量	万吨	281.89	290.90	306.60	316.10	316.42
乳制品加工						
乳制品产量	万吨	108.48	132.69	158.70	175.36	193.06
其中：液态奶产量	万吨	88.26	106.45	157.25	145.38	188.61
乳制品进口						
液态奶	吨					181.41
干乳制品	吨	72.60	75.00	263.39	220.16	274.41
其中：奶粉	吨			128.00	193.51	250.00
乳清	吨			96.00		0.02
奶畜进口						
改良种用牛	头	13	45		22	871

数据来源：国家统计局，海关总署

2009—2013 年湖北奶业概况

项　目	单位	2009 年	2010 年	2011 年	2012 年	2013 年
地区概况						
人口总数	万人	5 720.00	5 723.77	5 758.11	5 779.00	5 799.00
其中：城镇常住人口数	万人	2 631.20	2 844.51	2 984.11	3 091.77	3 161.03
农村常住人口数	万人	3 088.80	2 879.26	2 774.00	2 687.24	2 637.97
社会消费品零售总额	亿元	5 928.40	7 013.90	8 275.20	9 562.50	10 885.94
地区生产总值	亿元	12 961.10	15 967.61	19 632.26	22 250.45	24 668.49
乳品企业						
乳品企业数	个	17	16	11	10	11
其中：亏损企业数	个	3	4	2	0	1
产品销售收入	亿元	26.68	33.26	41.00	45.05	55.41
利润总额	亿元	1.64	3.44	1.26	1.60	1.75
奶畜资源						
奶牛存栏数	万头	5.4	6.2	6.2	6.3	6.3
原料奶产量						
奶类产量	万吨	28.30	30.41	34.78	15.74	15.78
牛奶产量	万吨	15.51	14.00	14.22	15.34	15.40
乳制品加工						
乳制品产量	万吨	51.90	57.72	49.07	60.52	77.83
其中：液态奶产量	万吨	47.50	53.10	48.97	60.43	75.40
乳制品进口						
液态奶	吨					392.21
干乳制品	吨	2 523.80	662.85	1 656.43	2 414.26	2 794.66
其中：奶粉	吨	1 259.58	622.65	628.35	1 814.26	2 385.79
乳清	吨	1 264.23	23.40	860.08	600.00	375.00
奶畜进口						
改良种用牛	头		2 492	7 632	45	1 200

数据来源：国家统计局，海关总署

2009—2013 年湖南奶业概况

项　目	单位	2009 年	2010 年	2011 年	2012 年	2013 年
地区概况						
人口总数	万人	6 406.00	6 570.08	6 595.60	6 638.93	6 690.60
其中：城镇常住人口数	万人	2 767.39	2 845.31	2 974.62	3 097.06	3 208.81
农村常住人口数	万人	3 638.61	3 724.77	3 620.98	3 541.87	3 481.79
社会消费品零售总额	亿元	4 913.70	5 839.50	6 884.70	7 921.89	9 018.64
地区生产总值	亿元	13 059.69	16 037.96	19 669.56	22 154.23	24 501.67
乳品企业						
乳品企业数	个	16	18	16	16	17
其中：亏损企业数	个	2	1	3	3	4
产品销售收入	亿元	43.13	37.34	45.42	35.18	44.22
利润总额	亿元	4.87	3.37	2.29	2.06	2.62
奶畜资源						
奶牛存栏数	万头	2.6	13.1	13.2	14.0	14.4
原料奶产量						
奶类产量	万吨	7.67	7.80	8.10	8.50	8.90
牛奶产量	万吨	7.67	7.80	8.10	8.50	8.90
乳制品加工						
乳制品产量	万吨	18.24	18.26	26.98	37.73	38.45
其中：液态奶产量	万吨	13.66	14.59	22.09	17.34	20.93
乳制品进口						
液态奶	吨					
干乳制品	吨	8 085.23	7 998.30	5 062.83	4 213.96	4 482.79
其中：奶粉	吨	5 191.33	7 133.15	5 062.83	4 213.96	3 282.94
乳清	吨	2 893.90	865.15			1 199.85
奶畜进口						
改良种用牛	头					

数据来源：国家统计局，海关总署

2009—2013年广东奶业概况

项　目	单位	2009年	2010年	2011年	2012年	2013年
地区概况						
人口总数	万人	9 638.00	10 432.05	10 504.84	10 594.00	10 644.00
其中：城镇常住人口数	万人	6 110.49	6 903.03	6 985.72	7 140.36	7 212.37
农村常住人口数	万人	3 527.51	3 529.02	3 519.12	3 453.64	3 431.63
社会消费品零售总额	亿元	14 891.80	17 458.40	20 297.50	22 677.11	25 453.93
地区生产总值	亿元	39 482.56	46 013.06	53 210.28	57 067.92	62 163.97
乳品企业						
乳品企业数	个	27	28	23	28	28
其中：亏损企业数	个	6	3	5	6	4
产品销售收入	亿元	88.20	111.15	133.62	147.90	173.15
利润总额	亿元	7.59	13.21	13.75	16.43	14.35
奶畜资源						
奶牛存栏数	万头	5.6	5.4	5.7	5.7	5.8
原料奶产量						
奶类产量	万吨	14.37	14.49	14.51	13.93	14.06
牛奶产量	万吨	14.03	14.20	14.23	13.64	13.76
乳制品加工						
乳制品产量	万吨	41.14	58.12	61.22	56.80	88.84
其中：液态奶产量	万吨	34.37	50.16	52.43	27.97	56.47
乳制品进口						
液态奶	吨	2 466.63	1 907.90	3 688.09	10 866.74	18 051.70
干乳制品	吨	92 846.85	107 159.72	132 000.73	184 210.32	218 337.54
其中：奶粉	吨	57 180.21	71 279.13	82 952.48	118 500.70	147 824.01
乳清	吨	27 871.41	27 180.72	35 526.00	45 692.70	45 081.13
奶畜进口						
改良种用牛	头	5	710		1 378	500

数据来源：国家统计局，海关总署

2009—2013 年广西奶业概况

项 目	单位	2009 年	2010 年	2011 年	2012 年	2013 年
地区概况						
人口总数	万人	4 856.00	4 602.38	4 645.00	4 682.00	4 719.00
其中：城镇常住人口数	万人	1 903.55	1 841.78	1 941.61	2 038.07	2 114.58
农村常住人口数	万人	2 952.45	2 760.59	2 703.39	2 643.93	2 604.42
社会消费品零售总额	亿元	2 790.70	3 312.00	3 908.20	4 516.59	5 133.08
地区生产总值	亿元	7 759.16	9 569.85	11 720.87	13 035.10	14 378.00
乳品企业						
乳品企业数	个	13	13	12	14	16
其中：亏损企业数	个	2	2	1	1	1
产品销售收入	亿元	6.87	12.95	17.88	20.95	27.96
利润总额	亿元	0.75	1.41	1.74	2.04	2.39
奶畜资源						
奶牛存栏数	万头	2.3	4.4	4.4	4.7	4.7
原料奶产量						
奶类产量	万吨	8.07	8.21	8.88	9.36	9.56
牛奶产量	万吨	8.07	8.20	8.88	9.36	9.56
乳制品加工						
乳制品产量	万吨	8.58	11.17	14.33	15.73	27.11
其中：液态奶产量	万吨	7.43	9.50	11.85	13.20	20.83
乳制品进口						
液态奶	吨			396.89	42.76	
干乳制品	吨	13.69	0.11	26.71	55.42	
其中：奶粉	吨	13.50		26.70	55.35	
乳清	吨					
奶畜进口						
改良种用牛	头					96

数据来源：国家统计局，海关总署

2009—2013年海南奶业概况

项　目	单位	2009年	2010年	2011年	2012年	2013年
地区概况						
人口总数	万人	863.55	867.15	877.34	886.55	895.28
其中：城镇常住人口数	万人	424.00	430.85	443.06	457.46	472.17
农村常住人口数	万人	439.55	436.30	434.28	429.09	423.11
社会消费品零售总额	亿元	537.50	639.30	759.50	870.84	992.89
地区生产总值	亿元	1 654.21	2 064.50	2 522.66	2 855.54	3 146.46
乳品企业						
乳品企业数	个	3	3	0	0	0
其中：亏损企业数	个	0	2	0	0	0
产品销售收入	亿元	0.45	0.45	0.33	0.37	0.40
利润总额	亿元	0.03	0.01	0.02	0.05	0.03
奶畜资源						
奶牛存栏数	万头	0.1	0.2	0.9	0.9	0.1
原料奶产量						
奶类产量	万吨	0.36	0.19	0.19	0.23	0.23
牛奶产量	万吨	0.18	0.20	0.19	0.23	0.23
乳制品加工						
乳制品产量	万吨	0.42	0.46	0.40	0.42	0.45
其中：液态奶产量	万吨	0.42	0.46	0.40	0.42	0.45
乳制品进口						
液态奶	吨					
干乳制品	吨	207.46	127.85	36.65	25.22	21.17
其中：奶粉	吨	96.47	104.18	16.78	25.22	21.17
乳清	吨	13.60				
奶畜进口						
改良种用牛	头	8				

数据来源：国家统计局，海关总署

2009—2013 年重庆奶业概况

项　目	单位	2009 年	2010 年	2011 年	2012 年	2013 年
地区概况						
人口总数	万人	2 859.00	2 919.00	2 919.00	2 945.00	2 970.00
其中：城镇常住人口数	万人	1 474.96	1 606.03	1 606.03	1 678.06	1 732.70
农村常住人口数	万人	1 384.04	1 312.97	1 312.97	1 266.94	1 237.30
社会消费品零售总额	亿元	2 479.00	3 487.81	3 487.81	4 033.69	4 599.77
地区生产总值	亿元	6 530.01	10 011.37	10 011.37	11 409.60	12 656.69
乳品企业						
乳品企业数	个	5	5	1	4	4
其中：亏损企业数	个	3	2	1	1	1
产品销售收入	亿元	8.99	16.72	21.72	19.72	31.12
利润总额	亿元	0.59	0.54	0.30	0.49	–0.12
奶畜资源						
奶牛存栏数	万头	1.7	2.7	2.9	2.3	2.0
原料奶产量						
奶类产量	万吨	7.94	7.98	8.00	7.73	6.80
牛奶产量	万吨	7.94	8.00	8.00	7.73	6.80
乳制品加工						
乳制品产量	万吨	11.32	12.58	12.85	11.24	13.74
其中：液态奶产量	万吨	10.61	12.56	12.85	11.21	13.74
乳制品进口						
液态奶	吨	0.36			68.02	68.34
干乳制品	吨					
其中：奶粉	吨					
乳清	吨					
奶畜进口						
改良种用牛	头			133	98	

数据来源：国家统计局，海关总署

2009—2013年四川奶业概况

项　目	单位	2009年	2010年	2011年	2012年	2013年
地区概况						
人口总数	万人	8 185.01	8 041.75	8 050.01	8 076.20	8 107.00
其中：城镇常住人口数	万人	3 167.60	3 234.44	3 367.32	3 515.57	3 640.04
农村常住人口数	万人	5 017.41	4 807.31	4 682.69	4 560.63	4 466.96
社会消费品零售总额	亿元	5 758.70	6 810.10	8 044.60	9 268.61	10 561.45
地区生产总值	亿元	14 151.28	17 185.48	21 026.68	23 872.80	26 260.77
乳品企业						
乳品企业数	个	21	21	17	16	17
其中：亏损企业数	个	7	7	0	1	1
产品销售收入	亿元	24.18	38.32	50.22	53.15	63.63
利润总额	亿元	0.63	2.21	2.12	2.98	2.76
奶畜资源						
奶牛存栏数	万头	19.7	19.7	20.0	19.5	19.4
原料奶产量						
奶类产量	万吨	68.66	70.31	71.72	72.23	71.12
牛奶产量	万吨	68.17	69.80	71.20	71.71	70.63
乳制品加工						
乳制品产量	万吨	47.06	58.00	78.01	77.22	94.92
其中：液态奶产量	万吨	38.60	45.92	63.33	66.12	81.86
乳制品进口						
液态奶	吨				0.56	
干乳制品	吨	1 514.43	1 451.20	2 627.95	3 629.65	3 700.62
其中：奶粉	吨	98.01	305.70	848.38	552.00	615.68
乳清	吨	1 416.15	1 145.50	1 779.58	3 077.65	3 084.95
奶畜进口						
改良种用牛	头		3 000	1 633		

数据来源：国家统计局，海关总署

2009—2013 年贵州奶业概况

项　目	单位	2009 年	2010 年	2011 年	2012 年	2013 年
地区概况						
人口总数	万人	3 798.00	3 474.86	3 468.72	3 484.07	3 502.22
其中：城镇常住人口数	万人	1 135.22	1 173.75	1 212.66	1 268.55	1 324.89
农村常住人口数	万人	2 662.78	2 301.10	2 256.06	2 215.52	2 177.33
社会消费品零售总额	亿元	1 247.30	1 482.70	1 751.60	2 027.65	2 366.20
地区生产总值	亿元	3 912.68	4 602.16	5 701.84	6 852.20	8 006.79
乳品企业						
乳品企业数	个	4	4	0	0	0
其中：亏损企业数	个	0	0	0	0	0
产品销售收入	亿元	6.38	9.16	12.91	5.59	6.23
利润总额	亿元	0.79	0.88	0.20	0.22	0.25
奶畜资源						
奶牛存栏数	万头	9.7	2.2	4.2	3.8	4.0
原料奶产量						
奶类产量	万吨	4.49	4.59	4.85	5.10	5.45
牛奶产量	万吨	4.49	4.60	4.85	5.10	5.45
乳制品加工						
乳制品产量	万吨	4.07	4.40	5.51	5.88	6.74
其中：液态奶产量	万吨	4.05	4.38	5.50	5.88	6.74
乳制品进口						
液态奶	吨					
干乳制品	吨			0.20		
其中：奶粉	吨			0.20		
乳清	吨					
奶畜进口						
改良种用牛	头		3 883		3 099	

数据来源：国家统计局，海关总署

2009—2013 年云南奶业概况

项　　目	单位	2009 年	2010 年	2011 年	2012 年	2013 年
地区概况						
人口总数	万人	4 571.00	4 596.68	4 630.80	4 659.00	4 686.60
其中：城镇常住人口数	万人	1 554.14	1 595.91	1 704.13	1 831.45	1 897.14
农村常住人口数	万人	3 016.86	3 000.77	2 926.67	2 827.55	2 789.46
社会消费品零售总额	亿元	2 051.10	2 500.10	3 000.10	3 511.65	4 004.56
地区生产总值	亿元	6 169.75	7 224.18	8 893.12	10 309.47	11 720.91
乳品企业						
乳品企业数	个	11	11	12	14	15
其中：亏损企业数	个	6	3	5	4	4
产品销售收入	亿元	11.78	14.28	18.37	28.40	32.83
利润总额	亿元	1.01	1.04	0.70	1.54	1.90
奶畜资源						
奶牛存栏数	万头	14.1	14.7	14.8	14.8	15.1
原料奶产量						
奶类产量	万吨	105.93	54.15	56.62	58.00	59.30
牛奶产量	万吨	48.38	50.40	52.39	53.70	54.51
乳制品加工						
乳制品产量	万吨	28.78	31.00	34.62	47.03	50.46
其中：液态奶产量	万吨	27.77	30.35	33.69	46.04	49.54
乳制品进口						
液态奶	吨					
干乳制品	吨	4 989.95	11 336.68	9 702.92	7 792.70	6 410.55
其中：奶粉	吨					
乳清	吨	4 989.95	11 336.68	9 702.92	7 792.70	6 410.55
奶畜进口						
改良种用牛	头			47	1 500	

数据来源：国家统计局，海关总署

2009—2013年西藏奶业概况

项　目	单位	2009年	2010年	2011年	2012年	2013年
地区概况						
人口总数	万人	290.03	300.22	303.30	307.62	312.04
其中：城镇常住人口数	万人	69.03	68.06	68.88	69.98	73.98
农村常住人口数	万人	221.00	232.16	234.42	237.64	238.06
社会消费品零售总额	亿元	156.60	185.30	219.00	254.64	293.20
地区生产总值	亿元	441.36	507.46	605.83	701.03	807.67
乳品企业						
乳品企业数	个	0	0	0	0	0
其中：亏损企业数	个	0	0	0	0	0
产品销售收入	亿元	0.67	0.71	0.84	1.11	1.15
利润总额	亿元	0.07	0.07	0.12	0.21	0.22
奶畜资源						
奶牛存栏数	万头	39.0	36.8	37.1	36.3	37.2
原料奶产量						
奶类产量	万吨	28.72	29.38	29.82	31.60	32.97
牛奶产量	万吨	22.98	23.30	23.80	25.56	26.97
乳制品加工						
乳制品产量	万吨	0.63	0.70	0.57	0.47	0.48
其中：液态奶产量	万吨	0.44	0.48	0.40	0.32	0.26
乳制品进口						
液态奶	吨					
干乳制品	吨					
其中：奶粉	吨					
乳清	吨					
奶畜进口						
改良种用牛	头					

数据来源：国家统计局，海关总署

2009—2013 年陕西奶业概况

项　目	单位	2009 年	2010 年	2011 年	2012 年	2013 年
地区概况						
人口总数	万人	3 772.00	3 732.74	3 743.25	3 753.09	3 764.00
其中：城镇常住人口数	万人	1 640.82	1 705.93	1 770.25	1 877.32	1 931.33
农村常住人口数	万人	2 131.18	2 026.80	1 973.00	1 875.77	1 832.67
社会消费品零售总额	亿元	2 699.70	3 195.70	3 790.00	4 383.75	4 999.54
地区生产总值	亿元	8 169.80	10 123.48	12 512.30	14 453.68	16 045.21
乳品企业						
乳品企业数	个	53	53	39	41	45
其中：亏损企业数	个	10	14	7	7	3
产品销售收入	亿元	63.34	78.01	104.77	127.34	155.11
利润总额	亿元	2.87	0.94	3.43	4.13	6.41
奶畜资源						
奶牛存栏数	万头	43.5	41.3	45.2	46.9	46.5
原料奶产量						
奶类产量	万吨	185.83	177.58	182.37	189.08	188.55
牛奶产量	万吨	149.20	137.50	140.50	141.76	141.09
乳制品加工						
乳制品产量	万吨	117.15	147.97	160.20	172.10	183.98
其中：液态奶产量	万吨	85.68	112.16	126.89	155.12	161.78
乳制品进口						
液态奶	吨					
干乳制品	吨	775.63	27.23	310.19	156.80	53.82
其中：奶粉	吨	0.10			48.00	
乳清	吨	746.35		265.00	49.98	
奶畜进口						
改良种用牛	头	5 821	6 000		4 535	1 936

数据来源：国家统计局，海关总署

2009—2013年甘肃奶业概况

项　目	单位	2009年	2010年	2011年	2012年	2013年
地区概况						
人口总数	万人	2 635.46	2 557.53	2 563.60	2 577.55	2 582.18
其中：城镇常住人口数	万人	860.48	919.12	952.60	998.80	1 036.23
农村常住人口数	万人	1 774.98	1 638.41	1 611.00	1 578.75	1 545.95
社会消费品零售总额	亿元	1 183.00	1 394.50	1 648.00	1 906.54	2 173.83
地区生产总值	亿元	3 387.56	4 120.75	5 020.37	5 650.20	6 268.01
乳品企业						
乳品企业数	个	18	18	12	13	21
其中：亏损企业数	个	7	6	2	4	4
产品销售收入	亿元	6.37	9.69	10.62	19.75	23.72
利润总额	亿元	−0.06	0.18	0.50	0.94	1.16
奶畜资源						
奶牛存栏数	万头	14.0	30.8	29.3	29.1	29.4
原料奶产量						
奶类产量	万吨	37.66	36.28	37.69	38.59	39.15
牛奶产量	万吨	37.66	36.30	37.01	37.97	38.50
乳制品加工						
乳制品产量	万吨	10.58	14.34	16.73	23.99	29.02
其中：液态奶产量	万吨	9.66	13.25	15.69	22.70	26.57
乳制品进口						
液态奶	吨					
干乳制品	吨					
其中：奶粉	吨					
乳清	吨					
奶畜进口						
改良种用牛	头				893	4 361

数据来源：国家统计局，海关总署

2009—2013 年青海奶业概况

项　　目	单位	2009 年	2010 年	2011 年	2012 年	2013 年
地区概况						
人口总数	万人	556.79	562.67	567.61	573.17	577.79
其中：城镇常住人口数	万人	233.00	251.63	262.61	271.91	280.29
农村常住人口数	万人	323.79	311.05	305.00	301.26	297.50
社会消费品零售总额	亿元	300.50	350.80	410.50	476.04	544.08
地区生产总值	亿元	1 081.27	1 350.43	1 670.44	1 893.54	2 101.05
乳品企业						
乳品企业数	个	7	8	4	5	6
其中：亏损企业数	个	0	0	0	0	0
产品销售收入	亿元	3.94	8.25	4.48	7.45	7.79
利润总额	亿元	0.15	0.56	0.64	0.67	0.64
奶畜资源						
奶牛存栏数	万头	28.2	29.7	30.3	28.8	28.6
原料奶产量						
奶类产量	万吨	25.35	26.26	28.45	29.35	28.74
牛奶产量	万吨	25.31	26.20	26.96	27.55	27.55
乳制品加工						
乳制品产量	万吨	6.08	11.90	12.18	15.75	16.64
其中：液态奶产量	万吨	5.35	9.16	12.01	15.56	16.38
乳制品进口						
液态奶	吨					
干乳制品	吨					
其中：奶粉	吨					
乳清	吨					
奶畜进口						
改良种用牛	头					

数据来源：国家统计局，海关总署

2009—2013 年宁夏奶业概况

项　　目	单位	2009 年	2010 年	2011 年	2012 年	2013 年
地区概况						
人口总数	万人	625.00	630.14	638.88	647.19	654.19
其中：城镇常住人口数	万人	288.00	302.20	318.00	327.93	340.24
农村常住人口数	万人	337.00	327.93	320.88	319.26	313.95
社会消费品零售总额	亿元	339.30	403.60	477.60	548.83	610.51
地区生产总值	亿元	1 353.31	1 689.65	2 102.21	2 341.29	2 565.06
乳品企业						
乳品企业数	个	20	16	16	19	18
其中：亏损企业数	个	12	8	6	8	5
产品销售收入	亿元	12.91	13.29	21.12	44.71	55.68
利润总额	亿元	0.58	0.27	0.58	1.68	2.37
奶畜资源						
奶牛存栏数	万头	27.2	26.9	29.8	32.9	34.1
原料奶产量						
奶类产量	万吨	81.14	84.55	96.00	103.49	104.19
牛奶产量	万吨	81.14	84.50	96.00	103.49	104.19
乳制品加工						
乳制品产量	万吨	13.57	13.41	25.20	56.56	65.74
其中：液态奶产量	万吨	9.50	10.74	13.11	53.65	62.99
乳制品进口						
液态奶	吨					
干乳制品	吨					
其中：奶粉	吨					
乳清	吨					
奶畜进口						
改良种用牛	头		5		11 308	9 137

数据来源：国家统计局，海关总署

2009—2013年新疆奶业概况

项　　目	单位	2009年	2010年	2011年	2012年	2013年
地区概况						
人口总数	万人	2 158.63	2 208.71	2 208.71	2 232.78	2 264.30
其中：城镇常住人口数	万人	860.21	961.67	961.67	981.98	1 006.93
农村常住人口数	万人	1 299.00	1 247.04	1 247.04	1 250.80	1 257.37
社会消费品零售总额	亿元	1 177.50	1 616.30	1 616.30	1 858.59	2 108.15
地区生产总值	亿元	4 277.05	5 437.5	6 610.05	7 505.31	8 360.24
乳品企业						
乳品企业数	个	34	39	30	28	26
其中：亏损企业数	个	12	11	8	7	8
产品销售收入	亿元	19.35	26.87	28.61	33.94	33.92
利润总额	亿元	0.97	1.21	1.41	2.07	2.23
奶畜资源						
奶牛存栏数	万头	170.4	148.2	150.7	181.5	185.3
原料奶产量						
奶类产量	万吨	125.15	132.83	133.91	136.32	139.19
牛奶产量	万吨	120.88	128.6	130.5	132.21	134.99
乳制品加工						
乳制品产量	万吨	26.89	30.30	35.99	40.52	41.87
其中：液态奶产量	万吨	21.40	23.81	29.15	33.73	35.38
乳制品进口						
液态奶	吨					
干乳制品	吨					
其中：奶粉	吨					
乳清	吨					
奶畜进口						
改良种用牛	头			78	11	2 997

数据来源：国家统计局，海关总署

【奶牛养殖】

产 量 存 栏

1978—2013年全国奶牛存栏、牛奶产量、奶类总产量

年 份	奶牛存栏（万头）	牛奶产量（万吨）	奶类总产量（万吨）
1978年	47.5	88.3	97.1
1979年	55.7	106.5	130.2
1980年	64.1	114.1	136.7
1981年	69.8	129.1	154.9
1982年	81.7	161.8	195.9
1983年	95.1	184.5	221.9
1984年	133.6	218.6	259.6
1985年	162.7	249.9	289.4
1986年	184.6	289.9	332.9
1987年	216.4	330.1	378.8
1988年	222.2	366	418.9
1989年	252.6	381.3	435.8
1990年	269.1	415.7	475.1
1991年	294.6	464.6	524.3
1992年	294.2	503.1	563.9
1993年	345.1	498.6	563.7
1994年	384.3	528.8	608.9
1995年	417.3	576.4	672.8
1996年	447	629.4	735.9
1997年	442	601.1	681.1
1998年	426.5	662.9	745.4
1999年	424.1	717.6	806.7
2000年	489	827.4	918.9
2001年	566.2	1 025.5	1 122.6
2002年	687.5	1 299.8	1 400.4
2003年	893.2	1 746.3	1 848.6
2004年	1 108	2 260.6	2 368.4
2005年	1 216.1	2 753.4	2 864.8
2006年	1 068.9	3 193.4	3 302.5
2007年	1 218.9	3 525.2	3 633.4
2008年	1 233.5	3 555.8	3 781.5
2009年	1 260.3	3 520.9	3 734.6
2010年	1 420.1	3 575.6	3 748
2011年	1 440.2	3 657.8	3 810.7
2012年	1 493.9	3 743.6	3 875.4
2013年	1 441.0	3 531.4	3 649.5

数据来源：国家统计局

2009—2013 年全国各地区奶牛存栏数

单位：万头

地　区	2009 年	2010 年	2011 年	2012 年	2013 年
全　国	1 260.3	1 420.1	1 440.2	1 493.9	1 441.0
北　京	15.8	14.9	15.1	15.1	14.4
天　津	13.8	13.4	14.0	15.6	15.1
河　北	172.4	177.5	204.0	196.3	191.2
山　西	40.0	38.9	41.6	30.6	32.1
内蒙古	286.6	280.0	278.5	263.2	229.2
辽　宁	41.5	43.0	47.7	32.2	30.5
吉　林	40.6	48.1	54.8	24.0	23.2
黑龙江	246.1	267.6	285.2	202.2	191.7
上　海	6.4	6.7	7.1	6.9	5.8
江　苏	19.5	20.3	21.6	20.9	20.4
浙　江	6.9	7.1	7.0	5.7	5.2
安　徽	7.9	9.5	9.5	10.8	11.1
福　建	4.3	4.2	3.9	5.1	5.0
江　西	3.5	3.6	3.7	7.6	7.5
山　东	120.2	128.8	141.5	129.8	125.0
河　南	82.7	84.8	89.5	100.6	100.7
湖　北	6.2	6.5	7.8	6.3	6.3
湖　南	3.4	3.3	3.1	14.0	14.4
广　东	5.5	5.2	5.5	5.7	5.8
广　西	2.0	2.3	2.3	4.7	4.7
海　南	0.1	0.1	0.1	0.9	0.1
重　庆	2.4	2.5	2.0	2.3	2.0
四　川	16.6	17.9	19.0	19.5	19.4
贵　州	1.4	2.2	2.1	3.8	4.0
云　南	18.6	20.3	20.3	14.8	15.1
西　藏		13.6	20.8	36.3	37.2
陕　西	63.3	70.0	73.2	46.9	46.5
甘　肃	19.5	20.6	21.3	29.1	29.4
青　海	22.4	21.2	21.8	28.8	28.6
宁　夏	32.3	34.4	36.3	32.9	34.1
新　疆	267.0	270.1	285.3	181.5	185.3

数据来源：国家统计局

2009—2013 年全国各地区牛奶产量

单位：吨

地　区	2009 年	2010 年	2011 年	2012 年	2013 年
全国（万吨）	3 520.9	3 575.6	3 657.8	3 743.6	3 531.4
北 京	673 979.2	641 120.6	639 759.0	650 500.0	614 600.0
天 津	552 477.0	613 701.3	579 420.8	678 700.0	682 400.0
河 北	5 464 274.0	5 919 599.0	6 419 036.0	4 703 677.9	45 800 00.0
山 西	968 226.0	1 010 236.0	1 109 628.0	799 712.0	862 089.5
内蒙古	9 248 916.0	9 090 488.2	9 482 914.3	9 102 020.0	7 672 986.0
辽 宁	1 542 845.0	1 544 048.0	1 769 813.8	1 247 490.0	1 208 817.8
吉 林	1 032 651.2	1 184 563.3	1 303 057.1	491 000.0	475 803.8
黑龙江	6 287 500.0	6 971 401.2	7 587 882.5	5 599 386.4	5 182 265.7
上 海	212 473.0	247 051.4	305 269.0	301 800.0	265 286.3
江 苏	683 158.0	740 958.3	810 043.8	612 980.0	598 912.0
浙 江	213 126.0	217 835.4	219 759.2	192 700.0	182 100.0
安 徽	240 817.0	274 304.0	296 359.0	240 867.7	253 392.8
福 建	145 915.0	147 827.3	143 839.5	150 357.0	149 348.0
江 西	118 888.0	122 477.7	126 710.0	126 000.0	122 472.0
山 东	3 726 815.0	4 084 631.0	4 585 810.0	2 839 234.3	2 714 307.9
河 南	3 153 918.0	3 262 214.0	3 422 809.0	3 161 046.0	3 164 161.0
湖 北	198 777.0	253 724.0	300 803.0	153 433.8	154 047.5
湖 南	82 017.0	79 125.2	76 406.9	85 000.0	89 000.0
广 东	143 506.0	151 370.5	163 677.1	136 370.0	137 600.0
广 西	78 173.0	84 944.0	92 000.0	93 565.3	95 565.6
海 南	1 283.0	1 487.0	950.0	2 262.9	2 260.0
重 庆	80 235.0	86 059.2	72 750.4	77 300.0	68 000.0
四 川	714 471.6	750 772.0	763 304.0	717 081.1	706 324.9
贵 州	48 238.0	49 371.0	68 786.1	51 000.0	54 519.0
云 南	552 037.0	591 518.1	618 277.6	536 997.5	545 100.0
西 藏		242 240.0	313 803.7	255 612.0	269 670.7
陕 西	1 748 858.0	1 933 947.0	2 010 546.0	1 417 645.0	1 410 910.0
甘 肃	384 111.3	408 893.5	424 015.3	379 722.6	385 038.7
青 海	315 365.0	301 174.6	321 260.6	275 531.2	275 500.0
宁 夏	982 600.0	1 037 601.1	1 111 850.7	1 034 880.0	1 041 900.0
新 疆	2 341 388.0	2 596 205.0	2 879 412.1	1 322 100.0	1 349 864.1

数据来源：国家统计局

2009—2013年全国各地区奶类产量

单位：吨

地　区	2009年	2010年	2011年	2012年	2013年
全国（万吨）	3 734.6	3 748.0	3 810.7	3 875.4	3 649.5
北　京	673 979.2	641 120.6	639 759.0	650 500.2	614 600.0
天　津	552 478.0	613 702.3	579 495.8	681 680.0	685 300.0
河　北	5 516 626.0	5 986 711.3	6 485 862.4	4 789 630.9	4 656 562.0
山　西	981 969.0	1 024 898.1	1 128 042.0	809 892.1	872 119.5
内蒙古	9 288 237.8	9 239 621.6	9 561 684.2	9 306 508.0	7 785 547.0
辽　宁	1 578 311.7	1 571 131.4	1 810 889.8	1 302 032.0	1 257 430.9
吉　林	1 050 533.2	1 192 732.1	1 316 703.0	498 000.0	483 414.8
黑龙江	6 308 858.0	6 997 688.2	7 620 641.0	5 649 895.4	5 225 199.7
上　海	212 473.0	247 051.4	305 269.0	301 800.0	265 286.3
江　苏	684 376.0	742 179.3	811 253.8	612 980.0	598 912.0
浙　江	213 139.0	217 935.4	219 959.2	192 733.0	182 133.0
安　徽	240 817.0	274 304.0	296 359.0	240 867.7	253 392.8
福　建	150 156.0	151 658.3	147 870.3	153 878.0	153 030.0
江　西	118 888.0	122 477.7	126 710.0	126 000.0	122 472.0
山　东	4 025 324.0	4 374 004.3	4 865 773.0	2 940 907.6	2 812 219.9
河　南	3 321 566.0	3 433 935.0	3 591 265.0	3 304 314.0	3 287 655.0
湖　北	198 777.0	256 755.0	300 833.0	157 392.9	157 847.5
湖　南	82 263.0	79 623.2	76 904.9	85 000.0	89 000.0
广　东	150 169.0	158 365.7	171 360.6	139 286.0	140 608.0
广　西	78 270.0	85 016.0	92 044.0	93 565.3	95 565.6
海　南	1 283.0	1 487.0	950.0	2262.9	2260.0
重　庆	80 235.0	86 059.2	72 750.4	77 303.0	68 003.0
四　川	719 559.5	755 524.0	767 852.0	722 255.1	711 207.9
贵　州	48 238.0	49 371.0	68 786.1	51 000.0	54 519.0
云　南	572 617.0	627 916.5	659 851.3	579 962.5	593 017.0
西　藏		302 800.0	391 144.7	316 000.0	329 730.9
陕　西	2 116 190.0	2 295 298.5	2 441 154.0	1 890 751.0	1 885 482.0
甘　肃	388 994.3	414 616.6	430 492.1	385 878.6	391 458.7
青　海	315 365.0	301 174.6	321 260.6	293 543.2	287 436.0
宁　夏	982 610.0	1 037 611.4	1 111 908.2	1 034 880.0	1 041 900.0
新　疆	2 414 573.0	2 675 353.5	2 946 033.6	1 363 181.0	1 391 864.1

数据来源：国家统计局

2002—2013 年全国奶牛规模养殖情况表

单位：%

养殖规模	2002	2003	2004	2005	2006	2007	2008	2009	2010	2011	2012	2013
年存栏 1~4 头	44.79	46.68	47.05	45.64	42.76	39.73	32.42	28.11	26.42	23.99	22.54	21.83
年存栏 5 头以上	55.21	53.32	52.95	54.36	57.24	60.27	67.58	71.89	73.58	76.01	77.46	78.17
年存栏 20 头以上	25.89	27.37	25.24	27.73	28.84	26.09	36.05	42.58	46.49	51.12	55.68	56.98
年存栏 100 头以上	11.90	12.49	11.22	11.16	13.13	16.35	19.54	26.82	30.63	32.87	37.25	41.07
年存栏 200 头以上	8.32	8.82	7.74	7.91	9.33	12.11	15.51	22.86	26.52	28.38	32.27	35.26
年存栏 500 头以上	5.47	5.55	4.90	4.76	5.60	7.45	10.05	16.04	19.43	20.79	25.02	27.71
年存栏 1000 头以上	2.92	2.73	2.72	2.34	3.04	3.92	5.54	8.31	10.45	12.06	15.39	17.79

数据来源：农业部

奶 牛 育 种

2009 年全国各地区荷斯坦牛生产性能测定概况

地 区	牛场数（个）	奶牛头数（头）	测定日平均产奶量（kg）	测定日平均乳脂肪率（%）	测定日平均蛋白率（%）	测定日平均体细胞数（千个/毫升）
合 计	905	351 787	22.60	3.70	3.25	604.40
北 京	78	40 774	30.15	3.94	3.20	312.90
天 津	31	20 134	25.66	3.72	3.19	501.52
河 北	66	28 595	23.08	3.78	3.35	658.92
山 西	51	10 582	19.27	3.77	3.31	921.24
内蒙古	83	24 796	24.54	3.68	3.37	288.21
辽 宁	10	10 831	20.58	3.93	3.17	477.62
吉 林	2	1 296	20.70	3.88	3.21	409.86
黑龙江	97	51 923	20.09	3.64	3.26	601.73
上 海	73	27 959	22.42	3.58	3.26	898.79
江 苏	38	14 947	22.95	3.79	3.26	598.94
浙 江	8	5 520	20.79	3.76	3.29	866.19
安 徽	8	2 841	20.25	3.63	3.20	977.23
山 东	79	28 646	18.92	3.82	3.22	612.42
河 南	75	20 668	20.81	3.65	3.21	478.92
湖 北	2	871	20.72	4.12	3.07	370.17
湖 南	5	1 485	15.30	3.56	3.22	287.81
广 东	4	3 935	17.77	3.79	3.39	599.11
广 西	1	491	23.05	3.36	3.01	784.37
贵 州	1	207	14.08	3.49	3.22	707.69
云 南	31	6 942	14.44	3.76	3.26	1240.34
重 庆	4	1 429	17.83	3.53	3.13	583.82
陕 西	92	17 617	22.10	3.68	3.22	913.61
甘 肃	1	1 213	17.38	3.34	3.30	486.49
宁 夏	44	19 272	24.50	3.26	3.32	930.06
新 疆	16	6 069	28.44	3.69	3.17	617.82

数据来源：中国奶业协会

2010年全国各地区荷斯坦牛生产性能测定概况

地　区	牛场数（个）	奶牛头数（头）	测定日平均产奶量（kg）	测定日平均乳脂肪率（%）	测定日平均蛋白率（%）	测定日平均体细胞数（十个/毫升）
合　计	1 034	414 056	22.97	3.68	3.25	467.23
北　京	79	40 094	31.47	3.77	3.19	327.18
天　津	31	21 097	27.27	3.77	3.23	373.12
河　北	87	32 728	24.07	3.79	3.33	464.48
山　西	55	16 480	17.53	3.60	3.22	522.60
内　蒙	42	29 661	24.51	3.34	3.35	384.16
辽　宁	16	14 565	20.89	4.01	3.26	394.30
吉　林	1	367	17.69	3.99	3.24	409.55
黑龙江	113	59 646	19.79	3.61	3.25	485.04
上　海	116	40 610	25.26	3.59	3.20	445.89
江　苏	41	17 030	23.99	3.75	3.28	419.93
浙　江	8	5 337	22.06	3.95	3.25	683.47
安　徽	8	2 958	21.99	3.62	3.21	549.89
山　东	102	28 780	18.73	3.82	3.30	469.48
河　南	94	23 427	19.91	3.57	3.22	458.01
湖　北	11	5 897	17.75	3.74	3.23	570.38
湖　南	6	2 044	15.66	3.77	3.22	313.33
广　东	3	3 710	20.88	3.51	3.31	384.19
广　西	3	1 061	20.88	3.55	3.11	622.14
贵　州	2	324	14.66	3.75	3.29	480.91
云　南	37	10 252	15.42	3.67	3.22	822.61
重　庆	4	1 684	18.76	3.63	3.31	487.54
陕　西	82	14 632	21.69	3.66	3.22	623.59
宁　夏	50	19 860	25.80	3.79	3.37	568.10
新　疆	36	18 700	25.04	3.79	3.21	581.73
福　建	7	3 112	20.59	3.78	3.29	771.10

数据来源：中国奶业协会

2011年全国各地区荷斯坦牛生产性能测定概况

地 区	牛场数（个）	奶牛头数（头）	测定日平均产奶量（kg）	测定日平均乳脂肪率（%）	测定日平均蛋白率（%）	测定日平均体细胞数（千个/毫升）
合 计	1 059	461 668	24.05	3.66	3.28	435.33
北 京	48	32 185	32.56	3.66	3.20	278.67
天 津	33	20 741	28.31	3.77	3.26	322.80
河 北	114	53 155	24.59	3.72	3.32	429.65
山 西	52	14 399	19.90	3.55	3.25	535.52
内 蒙	32	21 665	29.21	3.39	3.38	341.14
辽 宁	20	20 680	21.64	3.98	3.28	366.39
吉 林	1	473	19.16	3.86	3.33	437.63
黑龙江	115	71 832	20.29	3.56	3.26	441.70
上 海	110	42 640	26.78	3.67	3.32	439.18
江 苏	37	15 230	25.32	3.68	3.31	458.15
浙 江	5	2 636	23.16	3.92	3.32	555.48
安 徽	8	3 157	24.06	3.57	3.27	510.12
山 东	135	38 850	19.72	3.68	3.34	523.01
河 南	105	26 015	21.53	3.43	3.23	390.08
湖 北	17	6 572	16.88	3.88	3.29	791.62
湖 南	6	2 271	17.41	3.83	3.27	211.70
广 东	3	4 012	22.05	3.61	3.38	254.98
广 西	4	1 646	21.63	3.44	3.20	530.75
贵 州	2	498	13.58	3.71	3.37	469.98
云 南	35	10 945	16.67	3.55	3.23	691.72
重 庆	4	1 408	21.39	3.62	3.44	515.83
陕 西	68	20 935	22.28	3.81	3.20	483.01
宁 夏	52	22 669	27.72	3.81	3.30	528.10
新 疆	47	24 989	24.94	3.79	3.19	490.43
福 建	6	2 065	18.89	3.72	3.35	629.42

数据来源：中国奶业协会

2012年全国各地区荷斯坦牛生产性能测定概况

地　区	牛场数（个）	奶牛头数（头）	测定日平均产奶量（kg）	测定日平均乳脂肪率（%）	测定日平均蛋白率（%）	测定日平均体细胞数（千个/毫升）
合　计	1 043	525 714	24.54	3.71	3.26	397
北　京	55	36 714	31.67	3.72	3.22	260.1
天　津	35	21 934	30.18	3.78	3.23	295.73
河　北	116	68 121	26.17	3.79	3.31	379.55
山　西	41	14 106	21.36	3.42	3.17	481.64
内　蒙	36	43 596	26.82	3.68	3.37	365.04
辽　宁	57	31 990	21.61	3.74	3.22	357.7
吉　林	1	421	15.24	3.92	3.2	349.89
黑龙江	90	61 621	19.57	3.63	3.33	325.07
上　海	119	54 388	27.04	3.77	3.28	450.54
江　苏	14	7 267	25.03	3.58	3.27	512.4
浙　江	2	2 300	22.17	4.1	3.54	589.58
安　徽	4	706	22.72	3.91	3.3	540.41
山　东	136	37 567	20.93	3.69	3.21	487.7
河　南	114	30 812	20.92	3.53	3.18	429.27
湖　北	17	14 397	22.32	3.63	3.26	532.88
湖　南	6	2 070	19.29	3.76	3.25	249.59
广　东	4	5 339	22.33	3.83	3.37	292.42
广　西	5	1 693	19.26	3.72	3.17	533.75
贵　州	1	269	14.56	3.65	3.32	604.34
云　南	34	8 795	18.18	3.52	3.15	683.29
重　庆	5	2 767	22.67	3.56	3.28	426.31
陕　西	48	26 551	22.55	3.91	3.16	334.36
宁　夏	52	24 834	27.76	3.66	3.16	493.94
新　疆	46	26 309	24.91	3.81	3.19	482.84
福　建	5	1 147	20.13	3.65	3.20	547.67

数据来源：中国奶业协会

2013年全国各地区荷斯坦牛生产性能测定概况

地　区	牛场数（个）	奶牛头数（头）	测定日平均产奶量（kg）	测定日平均乳脂肪率（%）	测定日平均蛋白率（%）	测定日平均体细胞数（千个/毫升）
平　均	1 036	542 408	24.37	3.77	3.29	413
北　京	60	38 150	30.42	3.74	3.22	311.19
天　津	30	21 967	29.88	3.86	3.31	285.44
河　北	125	74 927	22.91	3.93	3.31	470.34
山　西	46	16 751	22.57	3.52	3.26	498.88
内　蒙	32	30 602	28.95	3.97	3.41	478.18
辽　宁	73	45 762	22.60	3.86	3.30	278.28
吉　林	3	247	30.81	4.08	3.42	169.30
黑龙江	94	70 684	19.85	3.71	3.36	424.23
上　海	105	48 942	27.47	3.65	3.27	428.83
江　苏	13	5 613	26.84	3.59	3.28	515.88
浙　江	3	2 189	22.12	4.06	3.46	542.23
安　徽	2	505	21.39	3.28	3.16	722.84
山　东	117	40 315	21.92	3.72	3.29	444.03
河　南	115	31 823	22.08	3.61	3.19	428.63
湖　北	18	16 078	23.82	3.58	3.27	369.19
湖　南	6	2 174	19.76	3.65	3.21	224.17
广　东	4	5 050	23.24	3.97	3.29	276.50
广　西	3	1 683	19.81	3.91	3.23	488.97
云　南	33	6 850	18.36	3.41	3.26	661.82
重　庆	5	1 882	22.85	3.51	3.33	378.15
陕　西	52	27 388	23.60	3.83	3.28	308.58
宁　夏	49	26 073	28.16	3.82	3.24	423.33
新　疆	42	21 576	25.14	3.82	3.19	416.17
福　建	6	5 177	24.34	3.76	3.28	572.23

数据来源：中国奶业协会

2009年全国各地区不同规模牛场荷斯坦牛生产性能测定概况

规　模（奶牛存栏）	牛场数（个）	测定日平均产奶量（kg）	测定日平均乳脂肪率（%）	测定日平均蛋白率（%）	测定日平均体细胞数（千个/毫升）
< 50	58	18.12	3.86	3.28	512.86
50~100	127	20.57	3.62	3.24	776.28
100~200	214	19.67	3.65	3.24	787.19
200~500	263	21.96	3.7	3.25	635.35
500~1000	181	23.06	3.74	3.26	584.53
≥ 1000	62	23.06	3.67	3.24	591.96

数据来源：中国奶业协会

2010年全国各地区不同规模牛场荷斯坦牛生产性能测定概况

规　模（奶牛存栏）	牛场数（个）	测定日平均产奶量（kg）	测定日平均乳脂肪率（%）	测定日平均蛋白率（%）	测定日平均体细胞数（千个/毫升）
< 50	52	20.58	3.73	3.19	587.6
50~100	122	19.27	3.67	3.26	626.37
100~200	240	20.24	3.61	3.23	531.46
200~500	345	21.37	3.69	3.25	514.76
500~1000	187	23.35	3.72	3.24	464.07
≥ 1000	88	24.48	3.66	3.26	415.82

数据来源：中国奶业协会

2011年全国各地区不同规模牛场荷斯坦牛生产性能测定概况

规　模（奶牛存栏）	牛场数（个）	测定日平均产奶量（kg）	测定日平均乳脂肪率（%）	测定日平均蛋白率（%）	测定日平均体细胞数（千个/毫升）
< 50	33	21.01	3.59	3.34	584.09
50~100	94	19.66	3.52	3.26	529.70
100~200	249	21.06	3.52	3.28	517.43
200~500	391	22.60	3.62	3.27	506.14
500~1000	196	24.10	3.67	3.26	435.92
≥ 1000	96	25.53	3.70	3.30	374.68

数据来源：中国奶业协会

2012 年全国各地区不同规模牛场荷斯坦牛生产性能测定概况

规 模（奶牛存栏）	牛场数（个）	测定日平均产奶量（kg）	测定日平均乳脂肪率（%）	测定日平均蛋白率（%）	测定日平均体细胞数（千个 / 毫升）
＜ 50	30	18.98	3.46	3.38	468.24
50~100	79.00	19.68	3.54	3.23	524.69
100~200	206.00	21.32	3.61	3.24	464.01
200~500	415.00	22.90	3.66	3.23	464.68
500~1000	197.00	24.95	3.68	3.23	401.59
≥ 1000	116	25.70	3.77	3.30	344.94

数据来源：中国奶业协会

2013 年全国各地区不同规模牛场荷斯坦牛生产性能测定概况

规 模（奶牛存栏）	牛场数（个）	测定日平均产奶量（kg）	测定日平均乳脂肪率（%）	测定日平均蛋白率（%）	测定日平均体细胞数（千个 / 毫升）
＜ 50	24	13.60	3.70	3.65	572.55
50~100	59	20.73	3.50	3.29	550.56
100~200	217	21.24	3.65	3.27	496.74
200~500	429	22.94	3.69	3.26	462.27
500~1000	176	25.15	3.72	3.27	415.48
≥ 1000	131	25.19	3.86	3.32	372.6

数据来源：中国奶业协会

2009年奶牛良种补贴项目种公牛站及种公牛汇总表

编号	单位名称	荷斯坦牛 CPI	荷斯坦牛 TPPI	娟珊牛	奶水牛	乳用西牛	褐牛	牦牛	三河牛	小计
	合计	232	636	17	121	90	76	20	13	1205
111	北京奶牛中心	70	24	4			5			103
121	天津市奶牛发展中心	23	22							45
122	XY种畜（天津）有限公司		7							7
131	河北省畜牧良种工作站	18	38							56
132	秦皇岛全农精牛繁育有限公司	10	43							53
133	亚达艾格威（唐山）畜牧有限公司		27							27
141	山西省家畜冷冻精液中心	4	20							24
151	内蒙古天和荷斯坦牧业有限公司	6	22							28
152	通辽京缘种牛繁育有限责任公司					12				12
153	海拉尔市农牧场管理局家畜繁育指导站		8						13	21
154	赤峰赛奥牧业技术服务有限公司									0
211	辽宁省牧经种牛繁育中心有限公司	1	18			3				22
221	长春新牧科技有限公司									0
223	延边家畜繁育改良工作站									0
224	四平市种牛冷冻精液站									0
231	黑龙江省博瑞遗传有限公司	10	50							60
232	大庆市银螺乳业有限公司种公牛站	1	50							51
311	上海奶牛育种中心有限公司	35	63							98
312	上海金晖家畜遗传开发有限公司									0
321	徐州市家畜良种站		1							1
322	江苏省奶牛育种中心（南京利农奶牛育种有限公司）	2	16							18
343	安徽精英种畜有限公司		33							33
361	江西省种公牛站	2	2							4
371	山东省种公牛站有限责任公司					15				15
373	山东奥克斯生物技术有限公司	13	37							50
374	山东盛能奶牛胚胎工程有限公司		13							13
411	河南省鼎元种牛育种有限公司	10	31							41
412	许昌市夏昌种畜禽有限公司		2			2				4
413	南阳昌盛牛业有限公司		4							4
414	河南省洛阳市白马寺种公牛站		6			4				10
421	武汉兴牧生物科技有限公司				6					6
431	湖南省良种牛繁育中心种公牛站				5					5
441	广州市奶牛研究所有限公司	7	5	6						18
451	广西壮族自治区畜禽品种改良站				57					57
511	成都汇丰动物育种有限公司（四川省家畜冷冻精液中心站）		6	7		14				27
521	贵州省畜牧技术推广站				14	3				17
531	云南省家畜冷冻精液站	1	1		20					22
532	大理白族自治州家畜繁育指导站	3	8		19					30
611	陕西秦申金牛育种有限公司（陕西省家畜改良站）	1	12							13
621	甘肃省家畜繁育中心		3			7				10
631	青海省家畜改良中心		6			2		20		28
641	宁夏四正生物工程技术研究中心	6	14							20
651	新疆维吾尔自治区畜禽繁育改良总站	2	5			19	46			72
652	天山畜牧昌吉生物工程有限责任公司	7	39			9	25			80

数据来源：中国奶业协会

2010年奶牛良种补贴项目种公牛站及种公牛汇总表

编号	单位	荷斯坦牛			娟姗牛	奶水牛	褐牛	牦牛	三河牛	夏洛来牛	其他	小计
		CPI1	CPI2	TPPI								
	合计	274	36	569	11	130	79	22	18	119	534	1792
111	北京奶牛中心	32	19	25	4		5			6	15	106
121	天津市奶牛发展中心	18		40							0	58
131	河北省畜牧良种工作站	37		36						14	11	98
132	秦皇岛全农精牛繁育有限公司	28		9							3	40
133	亚达艾格威(唐山)畜牧有限公司			21							0	21
141	山西省家畜冷冻精液中心	6		8						4	5	23
151	内蒙古天和荷斯坦牧业有限公司	10		15							0	25
152	通辽京缘种牛繁育有限责任公司									1	27	28
153	海拉尔市农牧场管理局家畜繁育指导站			5					18		0	23
154	赤峰赛奥牧业技术服务有限公司									7	26	33
211	辽宁省牧经种牛繁育中心有限公司		1	20						5	0	26
221	长春新牧科技有限公司									3	46	49
223	延边畜牧开发总公司延边种公牛站									4	26	30
224	四平市兴牛牧业服务有限公司									3	28	31
231	黑龙江省博瑞遗传有限公司	15	4	69						8	30	126
232	大庆市银螺乳业有限公司种公牛站	1		24							0	25
311	上海奶牛育种中心有限公司	33		79							0	112
312	上海市肉牛育种中心有限公司										46	46
322	南京利农奶牛育种有限公司	2	4	16							0	22
343	安徽精英种畜有限公司			30							0	30
361	江西天添畜禽育种有限公司	1		1						1	2	5
371	山东省种公牛站有限责任公司									9	30	39
373	山东奥克斯生物技术有限公司	36	4	42							0	82
374	山东盛能奶牛胚胎工程有限公司			17							0	17
411	河南省鼎元种牛育种有限公司	8	4	25						20	51	108
413	南阳昌盛牛业有限公司			2						4	19	25
414	洛阳市洛瑞牧业有限公司			5						25	29	59
421	武汉兴牧生物科技有限公司					11				2	11	24
431	湖南光大牧业科技有限公司					6					12	18
451	广西壮族自治区畜禽品种改良站					54					0	54
511	成都汇丰动物育种公司			3	7						31	41
521	贵州省家畜冷冻精液站					11					0	11
531	云南恒翔家畜良种科技有限公司	1				20					11	32
532	大理白族自治州家畜繁育指导站	3		10		28					0	41
611	陕西秦申金牛育种有限公司	7		2							11	20
621	甘肃省家畜繁育中心										3	3
631	青海省家畜改良中心			6				22			2	30
641	宁夏四正生物工程技术研究中心	11		32							18	61
651	新疆天山畜牧生物工程股份有限公司	25		27			74			3	41	170

数据来源：中国奶业协会

2011年奶牛良种补贴项目种公牛站及种公牛汇总表

编号	单位	荷斯坦牛				娟姗牛	乳肉兼用西门塔尔	奶水牛	褐牛	牦牛	三河牛	夏洛来牛	其他	小计
		CPI1	CPI2	CPI3	TPPI									
	合计	136	185	84	343	11	138	144	66	22	28	122	559	1838
111	北京奶牛中心	41	15	15	28	4	9		4			4	13	133
121	天津市奶牛发展中心	9	14		14									37
131	河北品元畜禽育种有限公司	2	19		31							7	19	78
132	秦皇岛全农精牛繁育有限公司	2	20										2	24
133	亚达艾格威(唐山)畜牧有限公司				14									14
141	山西鑫源良种繁育有限公司		16	8	4		1					4	3	36
151	内蒙古天和荷斯坦牧业有限公司	16	7		13								4	40
152	通辽京缘种牛繁育有限责任公司						20						34	54
153	海拉尔市农牧场管理局家畜繁育指导站										28			28
154	赤峰赛奥牧业技术服务有限公司											4	24	28
155	内蒙古赛科星繁育生物技术股份有限公司			43		1								44
211	辽宁省牧经种牛繁育中心有限公司			1	3		1					20	5	30
221	长春新牧科技有限公司											4	42	46
223	延边畜牧开发总公司延边种公牛站											3	29	32
224	四平市兴牛牧业服务有限公司											2	19	21
231	黑龙江省博瑞遗传有限公司	16	1	2	47		3					7	42	118
311	上海奶牛育种中心有限公司	31	8		28									67
312	上海市肉牛育种中心有限公司												52	52
322	南京利农奶牛育种有限公司		5	4	4									13
341	安徽天达畜牧科技有限责任公司							2					18	20
343	安徽精英种畜有限公司		2		22									24
361	江西天添畜禽育种有限公司	1					5	6				2	8	22
371	山东省种公牛站有限责任公司						23						12	35
373	山东奥克斯生物技术有限公司	3	27		24									54
374	山东盛能奶牛胚胎工程有限公司		2		8									10
411	河南省鼎元种牛育种有限公司		17	2	29		18					16	42	124
412	许昌市夏昌种畜禽有限公司											15	6	21
413	南阳昌盛牛业有限公司				3		2					4	23	32
414	洛阳市洛瑞牧业有限公司			7	7		5					20	50	89
421	武汉兴牧生物科技有限公司							19				2	10	31
431	湖南光大牧业科技有限公司		1					6					14	21
441	广州市奶牛研究所有限公司	1	4		3	5		1					1	15
451	广西壮族自治区畜禽品种改良站							67						67
511	成都汇丰动物育种公司				4	1	6						21	32
531	云南恒翔家畜良种科技有限公司		1		2			23					16	42
532	大理白族自治州家畜繁育指导站		1		1			20					5	27
611	陕西秦申金牛育种有限公司	5	2										9	16
621	甘肃省家畜繁育中心						9							9
631	青海省家畜改良中心		1		4		6			22				33
641	宁夏四正生物工程技术研究中心		5	2	20							3	21	51
651	新疆天山畜牧生物工程股份有限公司	9	17		30		30		62			5	15	168

数据来源：中国奶业协会

2012年奶牛良种补贴项目种公牛站及种公牛汇总表

编号	单位	荷斯坦牛				娟姗牛	乳肉兼用西门塔尔	奶水牛	褐牛	牦牛	三河牛	夏洛来牛	其他	小计
		CPI1	CPI2	CPI3	TPPI									
	合计	192	183	90	362	23	169	158	31	32	30	93	620	1983
111	北京奶牛中心	42	14	7	34	2	11		4			5	7	126
121	天津市奶牛发展中心	7	9	4	9								1	30
131	河北品元畜禽育种有限公司	17	5		26							4	25	77
132	秦皇岛全农精牛繁育有限公司	1	28	5	5								2	41
133	亚达艾格威(唐山)畜牧有限公司			7	18									25
141	山西鑫源良种繁育有限公司		19	4	7							2	6	38
151	内蒙古天和荷斯坦牧业有限公司	16	13	4	14								16	63
152	通辽京缘种牛繁育有限责任公司						19					2	53	74
153	海拉尔农牧场管理局家畜繁育指导站										30			30
154	赤峰赛奥牧业技术服务有限公司											2	26	28
155	内蒙古赛科星繁育生物技术股份有限公司			36		1							5	42
211	辽宁省牧经种牛繁育中心有限公司			5	3		1					9	16	34
221	长春新牧科技有限公司											2	44	46
222	白城市翔牧肉奶牛中心				2							1	16	19
223	延边畜牧开发集团有限公司												44	44
224	四平市兴牛牧业服务有限公司											1	27	28
231	黑龙江省博瑞遗传有限公司	17	4	1	32		3					7	34	98
232	大庆市银螺乳业有限公司种公牛站		1		7									8
311	上海奶牛育种中心有限公司	39	13		49									101
312	上海市肉牛育种中心有限公司												32	32
321	徐州恒泰牧业发展有限公司											6	7	13
322	南京利农奶牛育种有限公司	2	5	3	6									16
341	安徽天达畜牧科技有限责任公司	1					6	2					12	21
361	江西省天添畜禽育种有限公司	1	2				10	6					4	23
371	山东省种公牛站有限责任公司						28						39	67
373	山东奥克斯生物技术有限公司	18	18		33									69
374	山东盛能奶牛胚胎工程有限公司		2		5									7
411	河南省鼎元种牛育种有限公司		21	5	18		31					19	52	146
412	许昌市夏昌种畜禽有限公司											2		2
413	南阳昌盛牛业有限公司				2							4	23	29
414	洛阳市洛瑞牧业有限公司			3	4		14					14	36	71
421	武汉兴牧生物科技有限公司					5		22				3	2	32
431	湖南光大牧业科技有限公司							4					6	10
441	广州市奶牛研究所有限公司	2	3		2	10		1						18
451	广西壮族自治区畜禽品种改良站							73						73
511	成都汇丰动物育种有限公司			4	3	5	5						17	34
531	云南恒翔家畜良种科技有限公司		1		4			35					15	55
532	大理五福畜禽良种有限责任公司		2		11			15					10	38
611	陕西秦申金牛育种有限公司	8	6										8	22
621	甘肃省家畜繁育中心						9							9
631	青海省家畜改良中心	2			7		6			32				47
641	宁夏四正生物工程技术研究中心	2	6	2	26							2	19	57
651	新疆天山畜牧生物工程股份有限公司	17	11		35		26		27			8	16	140

数据来源：中国奶业协会

2013年奶牛良种补贴项目种公牛站及种公牛汇总表

编号	单位	荷斯坦牛				娟姗牛	西门塔尔牛	奶水牛	褐牛	牦牛	三河牛	夏洛来牛	其他	小计
		CPI1	CPI2	CPI3	GCPI									
	合计	266	171	117	215	25	123	144	26	61	25	103	708	1984
111	北京奶牛中心	46	13	7	23	2	11		4			5	7	118
121	天津市奶牛发展中心	19	5	4	6								1	35
131	河北品元畜禽育种有限公司	23	3		16							4	29	75
132	秦皇岛全农精牛繁育有限公司	2	27	12									2	43
133	亚达艾格威（唐山）畜牧有限公司			10	17								0	27
141	山西鑫源良种繁育有限公司	5	11	5	6		2						16	45
151	内蒙古天和荷斯坦牧业有限责任公司	18	20	5	4							4	14	65
152	通辽京缘种牛繁育有限责任公司											2	64	66
153	海拉尔农牧场管理局家畜繁育指导站										25		0	25
154	赤峰赛奥牧业技术服务有限公司											8	37	45
155	内蒙古赛科星繁育生物技术股份有限公司		1	27	6	4							4	42
211	辽宁省牧经种牛繁育中心有限公司			5	1							10	16	32
221	长春新牧科技有限公司											1	38	39
222	白城市翔牧肉奶牛中心				1		10					5	26	42
223	延边畜牧开发集团有限公司											1	46	47
224	四平市兴牛牧业服务有限公司											1	22	23
231	黑龙江省博瑞遗传有限公司	25	8	2	21		20					3	19	98
232	大庆市银螺乳业有限公司		9										0	9
311	上海奶牛育种中心有限公司	31	11		32								0	74
312	上海市肉牛育种中心有限公司												33	33
321	徐州恒泰牧业发展有限公司											6	9	15
322	南京利农奶牛育种有限公司	2	9	3	1				5			2	11	33
341	安徽天达畜牧科技有限责任公司						3	2					25	30
361	江西省天添畜禽育种有限公司	1	2				4	6					18	31
371	山东省种公牛站有限责任公司			3			21						21	45
373	山东奥克斯生物技术有限公司	28	17		18								0	63
374	山东盛能奶牛胚胎工程有限公司		1	9	11								4	25
411	河南省鼎元种牛育种有限公司	28	4	5	14							13	58	122
412	许昌市夏昌种畜禽有限公司											9	16	25
413	南阳昌盛牛业有限公司											3	21	24
414	洛阳市洛瑞牧业有限公司			6	5		11					15	39	76
421	武汉兴牧生物科技有限公司					5		32				3	1	41
431	湖南光大牧业科技有限公司												14	14
441	广州市奶牛研究所有限公司	1	3		1	10		1					0	16
451	广西壮族自治区畜禽品种改良站							58					0	58
511	成都汇丰动物育种有限公司			4		4	5						14	27
531	云南恒翔家畜良种科技有限公司		2		1			27					18	48
532	大理五福畜禽良种有限责任公司		7	2	3			18					9	39
541	西藏自治区当雄县牦牛冻精站									32			0	32
611	陕西秦申金牛育种有限公司	10	3										7	20
621	甘肃省家畜繁育中心						3						0	3
631	青海省家畜改良中心	2	1				4			29			0	36
641	宁夏四正生物工程技术研究中心(有限公司)	2	3	2	12							2	17	38
651	新疆天山畜牧生物工程股份有限公司	23	11	6	16		29		17			6	32	140

数据来源：中国奶业协会

生 产 价 格

2009—2013 年我国奶类生产价格指数

上年 =100

季 度	2009 年	2010 年	2011 年	2012 年	2013 年
第一季度	87.87	112.48	112.50	103.69	107.70
第二季度	86.70	116.80	108.64	102.90	108.10
第三季度	91.80	116.40	106.90	103.66	111.20
第四季度	99.50	115.30	105.10	105.30	114.30

数据来源：国家统计局

2009—2013 年 10 个主产省份生鲜乳平均收购价格

单位：元 / 千克

年 份	1月	2月	3月	4月	5月	6月	7月	8月	9月	10月	11月	12月
2009 年	2.62	2.57	2.49	2.43	2.37	2.32	2.32	2.31	2.36	2.43	2.52	2.60
2010 年	2.68	2.73	2.74	2.79	2.82	2.86	2.89	2.93	2.98	3.02	3.07	3.13
2011 年	3.18	3.20	3.20	3.20	3.19	3.20	3.19	3.19	3.20	3.22	3.23	3.25
2012 年	3.26	3.28	3.28	3.27	3.27	3.27	3.27	3.27	3.28	3.31	3.34	3.38
2013 年	3.40	3.42	3.42	3.43	3.45	3.50	3.55	3.61	3.70	3.81	3.98	4.12

数据来源：农业部。10 个主产省份包括内蒙古、河北、黑龙江、辽宁、新疆、宁夏、山东、河南、山西、陕西。

成 本 收 益

2013 年各地区散养奶牛

项目	单位	平均	山西	内蒙古	吉林
每头					
主产品产量	千克	5 282.59	5 945.26	5 714.50	5 151.67
产值合计	元	22 571.69	36 600.52	19 904.67	18 186.16
主产品产值	元	20 706.50	34 659.78	18 553.00	16 617.83
副产品产值	元	1 865.19	1 940.74	1 351.67	1 568.33
总成本	元	15 636.66	16 320.26	12 526.23	13 104.39
生产成本	元	15 604.09	16 320.26	12 526.23	13 104.39
物质与服务费用	元	12 207.90	12 892.95	8 965.67	9 325.63
人工成本	元	3 396.19	3 427.31	3 560.56	3 778.76
家庭用工折价	元	3 310.85	3 150.64	3 360.56	3 778.76
雇工费用	元	85.34	276.67	200.00	
土地成本	元	32.57			
净利润	元	6 935.03	20 280.26	7 378.44	5 081.77
成本利润率	%	44.35	124.26	58.90	38.78
每 50 千克主产品					
平均出售价格	元	195.99	291.49	162.33	161.29
总成本	元	135.77	129.98	102.16	116.22
生产成本	元	135.49	129.98	102.16	116.22
净利润	元	60.22	161.51	60.17	45.07
附:					
每核算单位用工数量	日	49.64	49.67	50.75	55.57
平均饲养天数	日	365.00	365.00	365.00	365.00

数据来源：国家发展和改革委员会价格司

成本收益情况

山 东	河 南	湖 南	广 西	贵 州	陕 西	新 疆
5 357.64	4 805.86	5 180.00	5 300.00	4 203.33	5 757.78	5 409.82
23 656.11	18 806.96	17 523.33	28 316.50	19 541.73	23 900.22	19 280.64
22 197.70	17 049.43	15 540.00	25 440.00	18 158.40	21 840.11	17 008.72
1 458.41	1 757.53	1 983.33	2 876.50	1 383.33	2 060.11	2 271.92
15 964.99	16 298.98	14 604.31	22 106.68	16 196.52	16 082.79	13 161.39
15 943.27	16 298.98	14 571.81	21 869.43	16 196.52	16 082.79	13 127.11
12 645.27	11 946.98	12 129.25	18 350.43	13 641.76	12 185.03	9 996.08
3 298.00	4 352.00	2 442.56	3 519.00	2 554.76	3 897.76	3 131.03
3 298.00	4 352.00	2 442.56	3 519.00	2 554.76	3 897.76	2 754.34
						376.69
21.72		32.50	237.25			34.28
7 691.12	2 507.98	2 919.02	6 209.82	3 345.21	7 817.43	6 119.25
48.17	15.39	19.99	28.09	20.65	48.61	46.49
207.16	177.38	150.00	240.00	216.00	189.66	157.20
139.81	153.73	125.01	187.37	179.02	127.62	107.31
139.62	153.73	124.73	185.36	179.02	127.62	107.03
67.35	23.65	24.99	52.63	36.98	62.04	49.89
48.50	64.00	35.92	51.75	37.57	57.32	45.35
365.00	365.00	365.00	365.00	365.00	365.00	365.00

2013 年各地区散养奶牛

项　目	单 位	平 均	山 西	内蒙古	吉 林
一、每头物质与服务费用	元	12 207.90	12 892.95	8 965.67	9 325.63
（一）直接费用	元	10 607.02	11 211.36	7 824.00	8 108.96
1. 仔畜费	元				
2. 精饲料费	元	8 139.15	8 757.11	6 466.67	6 870.33
3. 青粗饲料费	元	1 923.52	1 857.62	975.00	979.00
4. 饲料加工费	元	41.22	37.00	46.83	20.50
5. 水费	元	28.32	33.37	11.33	18.57
6. 燃料动力费	元	92.55	102.28	18.33	21.76
电费	元	49.93	46.17	18.33	13.43
煤费	元	41.67	56.11		8.33
其他燃料动力费	元	0.95			
7. 医疗防疫费	元	129.72	107.92	39.17	29.43
8. 死亡损失费	元	69.38	83.00	15.00	11.00
9. 技术服务费	元	15.83		24.17	11.00
10. 工具材料费	元	34.08	53.55	15.33	10.70
11. 修理维护费	元	26.13	31.29	12.17	8.00
12. 其他直接费用	元	107.12	148.22	200.00	128.67
（二）间接费用	元	1 600.88	1 681.59	1 141.67	1 216.67
1. 固定资产折旧	元	1 498.62	1 635.66	1 141.67	1 216.67
2. 保险费	元	3.00			
3. 管理费	元	8.35			
4. 财务费	元				
5. 销售费	元	90.91	45.93		
二、每头人工成本	元	3 396.19	3 427.31	3 560.56	3 778.76
1. 家庭用工折价	元	3 310.85	3 150.64	3 360.56	3 778.76
家庭用工天数	日	48.69	46.33	49.42	55.57
劳动日工价	元	68.00	68.00	68.00	68.00
2. 雇工费用	元	85.34	276.67	200.00	
雇工天数	日	0.95	3.33	1.33	
雇工工价	元	89.73	83.01	150.38	60.00
三、附					
1. 仔畜重量	千克				
2. 精饲料数量	千克	2 830.25	2 975.23	2 680.00	2 568.33
3. 耗粮数量	千克	2 018.81	2 231.52	1 876.00	1 797.83

数据来源：国家发展和改革委员会价格司

费用和用工情况

山东	河南	湖南	广西	贵州	陕西	新疆
12 645.27	11 946.98	12 129.25	18 350.43	13 641.76	12 185.03	9 996.08
10 940.77	10 175.77	10 756.75	15 764.68	12 503.42	9 918.70	8 865.78
8 403.36	7 146.30	8 347.12	11 849.93	9 475.09	7 549.00	6 526.54
1 923.60	2 428.74	1 927.23	2 986.75	2 527.67	1 753.78	1 875.82
105.96	47.78				56.44	97.74
16.36	40.37	50.00	56.50		29.84	26.83
58.45	154.51	59.03	104.75	196.33	161.11	48.97
48.10	86.16	38.53	74.75	113.33	40.78	19.76
10.35	68.35	20.50	30.00	83.00	120.33	19.69
						9.52
210.07	168.59	70.00	348.75	100.00	159.44	63.80
67.50	14.23	150.00	190.25	50.00	45.00	67.83
		50.87	25.75		15.46	31.01
21.89	27.41	27.50	92.00	35.60	25.11	31.68
13.58	30.73	32.50	40.00	34.73	22.30	36.04
120.00	117.11	42.50	70.00	84.00	101.22	59.52
1 704.50	1 771.21	1 372.50	2 585.75	1 138.34	2 266.33	1 130.30
1 419.50	1 689.55	1 065.00	2 376.50	1 070.67	2 266.33	1 104.65
		30.00				
	33.53		50.00			
285.00	48.13	277.50	159.25	67.67		25.65
3 298.00	4 352.00	2 442.56	3 519.00	2 554.76	3 897.76	3 131.03
3 298.00	4 352.00	2 442.56	3 519.00	2 554.76	3 897.76	2 754.34
48.50	64.00	35.92	51.75	37.57	57.32	40.51
68.00	68.00	68.00	68.00	68.00	68.00	68.00
						376.69
						4.84
70.00	59.07	90.00	80.00	70.00	60.00	77.78
2 971.65	2 459.86	2 797.14	3 126.75	3 343.87	2 697.11	2 682.51
2 200.99	1 828.59	1 958.00	2 188.73	2 340.71	1 887.98	1 877.76

2013年各地区小规模

项　目	单位	平 均	河 北	山 西	内蒙古	辽 宁	吉 林
每头							
主产品产量	千克	5 308.93	5 636.78	5 437.50	5 439.90	6 182.35	5 128.33
产值合计	元	21 764.59	23 446.02	24 159.00	20 218.79	23 920.48	22 301.50
主产品产值	元	19 672.60	20 543.29	22 296.25	17 722.14	21 646.32	20 677.25
副产品产值	元	2 091.99	2 902.73	1 862.75	2 496.65	2 274.16	1 624.25
总成本	元	15 771.36	14 687.42	15 100.00	16 153.84	17 652.33	13 428.18
生产成本	元	15 726.12	14 661.17	15 083.50	16 153.84	17 648.18	13 417.80
物质与服务费用	元	13 035.21	12 917.44	11 714.00	14 358.84	14 769.68	11 032.02
人工成本	元	2 690.91	17 43.73	3 369.50	1 795.00	2 878.50	2 385.78
家庭用工折价	元	2 043.26	1 586.98	1 785.00	1 795.00	2 023.00	2 385.78
雇工费用	元	647.65	156.75	1 584.50		855.50	
土地成本	元	45.24	26.25	16.50		4.15	10.38
净利润	元	5 993.23	8 758.60	9 059.00	4 064.95	6 268.15	8 873.32
成本利润率	%	38.00	59.63	59.99	25.16	35.51	66.08
每50千克主产品							
平均出售价格	元	185.28	182.23	205.02	162.89	175.07	201.60
总成本	元	134.26	114.16	128.14	130.14	129.19	121.39
生产成本	元	133.88	113.95	128.00	130.14	129.16	121.29
净利润	元	51.02	68.07	76.88	32.75	45.88	80.21
附：							
每核算单位用工数量	日	36.72	25.11	44.75	26.40	40.10	35.09
平均饲养天数	日	365.00	365.00	365.00	365.00	365.00	365.00

数据来源：国家发展和改革委员会价格司

奶牛成本收益情况

黑龙江	福 建	山 东	河 南	湖 南	广 西	贵 州	云 南	宁 夏
5 496.06	5 230.50	5 219.60	5 009.41	5 040.61	5 548.00	5 250.00	4 285.93	5 420.07
18 877.99	25 521.42	18 279.61	18 182.15	18 853.55	29 701.40	22 992.00	16 600.07	21 650.32
17 547.72	23 223.42	16 841.92	16 260.16	17 114.63	26 630.40	21 525.00	14 045.44	19 342.52
1 330.27	2 298.00	1 437.69	1 921.99	1 738.92	3 071.00	1 467.00	2 554.63	2 307.80
13 460.44	19 814.40	13 067.79	14 916.44	15 357.92	22 614.36	16 573.30	13 161.23	14 812.05
13 458.19	19 776.80	13 056.92	14 880.28	15 320.69	22 388.69	16 522.30	13 000.45	14 797.46
11 355.07	14 038.80	11 091.72	12 060.70	13 151.24	18 875.13	14 393.90	10 474.33	12 260.09
2 103.12	5 738.00	1 965.20	2 819.58	2 169.45	3 513.56	2 128.40	2 526.12	2 537.37
1 930.72	238.00	1 965.20	2 707.28	2 141.32	3 513.56	2 128.40	2 297.45	2 108.48
172.40	5 500.00		112.30	28.13			228.67	428.89
2.25	37.60	10.87	36.16	37.23	225.67	51.00	160.78	14.59
5 417.55	5 707.02	5 211.82	3 265.71	3 495.63	7 087.04	6 418.70	3 438.84	6 838.27
40.25	28.80	39.88	21.89	22.76	31.34	38.73	26.13	46.17
159.64	222.00	161.33	162.30	169.77	240.00	205.00	163.86	178.43
113.83	172.36	115.33	133.15	138.29	182.73	147.77	129.92	122.07
113.81	172.03	115.24	132.83	137.96	180.91	147.32	128.33	121.95
45.81	49.64	46.00	29.15	31.48	57.27	57.23	33.94	56.36
30.36	53.50	28.90	41.60	31.77	51.67	31.30	37.63	35.95
365.00	365.00	365.00	365.00	365.00	365.00	365.00	365.00	365.00

2013 年各地区小规模

项　目	单位	平 均	河 北	山 西	内蒙古	辽 宁	吉 林
一、每头物质与服务费用	元	13 035.21	12 917.44	11 714.00	14 358.84	14 769.68	11 032.02
（一）直接费用	元	11 129.94	10 723.57	9 839.75	12 041.91	12 951.19	9 248.52
1. 仔畜费	元						
2. 精饲料费	元	8 107.65	8 888.85	7 520.00	8 159.46	9 133.40	7 367.50
3. 青粗饲料费	元	2 431.64	1 517.56	1 812.50	3 344.29	2 881.15	1 412.00
4. 饲料加工费	元	33.56		41.25	37.87	118.21	15.84
5. 水费	元	40.39	17.20	46.25	32.74	45.64	35.84
6. 燃料动力费	元	104.33	56.15	80.25	45.12	273.18	96.92
电费	元	72.31	56.15	49.25	27.93	143.15	40.92
煤费	元	28.46		31.00	17.19	130.03	56.00
其他燃料动力费	元	3.56					
7. 医疗防疫费	元	153.23	124.64	70.00	206.97	91.86	82.25
8. 死亡损失费	元	82.20		58.75	83.61	209.65	42.84
9. 技术服务费	元	6.26	0.33	9.50		4.02	4.50
10. 工具材料费	元	31.32	18.85	51.25	28.96	48.56	17.75
11. 修理维护费	元	25.02	11.26	50.00	27.26	26.38	29.75
12. 其他直接费用	元	114.34	88.73	100.00	75.63	119.14	143.33
（二）间接费用	元	1 905.27	2 193.87	1 874.25	2 316.93	1 818.49	1 783.50
1. 固定资产折旧	元	1 747.80	2 165.89	1 820.50	2 316.93	1 806.88	1 458.00
2. 保险费	元	5.68	12.50				
3. 管理费	元	42.43	14.74	43.75		3.33	
4. 财务费	元	0.16					1.00
5. 销售费	元	109.20	0.74	10.00		8.28	324.50
二、每头人工成本	元	2 690.91	1 743.73	3 369.50	1 795.00	2 878.50	2 385.78
1. 家庭用工折价	元	2 043.26	1 586.98	1 785.00	1 795.00	2 023.00	2 385.78
家庭用工天数	日	30.05	23.34	26.25	26.40	29.75	35.09
劳动日工价	元	68.00	68.00	68.00	68.00	68.00	68.00
2. 雇工费用	元	647.65	156.75	1 584.50		855.50	
雇工天数	日	6.67	1.77	18.50		10.35	
雇工工价	元	97.04	88.41	85.65	97.50	82.67	92.87
三、附							
1. 仔畜重量	千克						
2. 精饲料数量	千克	2 789.07	3 146.64	2 732.50	2 754.00	3 160.58	2 640.67
3. 耗粮数量	千克	1 977.70	2 202.65	1 945.97	1 927.80	2 212.40	1 914.49

数据来源：国家发展和改革委员会价格司

奶牛费用和用工情况

黑龙江	福 建	山 东	河 南	湖 南	广 西	贵 州	云 南	宁 夏
11 355.07	14 038.80	11 091.72	12 060.70	13 151.24	18 875.13	14 393.90	10 474.33	12 260.09
9 976.23	11 054.60	9 713.36	10 375.87	11 128.80	16 280.14	13 039.90	8 436.04	11 009.29
6 860.77	7 501.30	6 926.48	7 415.01	8 952.35	12 116.24	9 468.90	5 143.30	8 053.59
2 671.03	2 810.40	2 162.89	2 290.41	1 696.89	3 246.00	3 040.00	2 591.95	2 565.84
22.68		90.50	36.50			22.00	43.93	41.01
13.08	153.40	19.32	34.97	17.92	72.00	26.00	32.48	18.65
60.39	147.00	128.67	137.15	139.59	113.00	120.00	38.23	24.85
44.77	147.00	96.78	79.31	62.43	85.33	120.00	38.23	21.05
15.62		31.89	57.84	27.34	27.67			3.80
				49.82				
108.40	170.00	143.12	215.45	71.92	331.33	120.00	227.95	181.37
89.66	68.50	61.08	46.25		191.67	98.00	200.73	
6.23			5.86	26.92	27.23		3.07	
11.62	30.50	30.26	34.61	21.53	80.00	15.00	25.54	24.09
11.96	3.50	24.31	27.41	30.43	38.67	28.00	21.53	19.89
120.41	170.00	126.73	132.25	171.25	64.00	102.00	107.33	80.00
1378.84	2 984.20	1 378.36	1 684.83	2 022.44	2 594.99	1 354.00	2 038.29	1 250.80
1353.56	2 375.40	1 367.00	1 625.09	1 302.93	2 360.33	1 294.00	2 018.82	1 203.94
8.00				15.00			15.00	29.00
10.33	25.30		33.86	405.12	56.33		1.20	
							1.27	
6.95	583.50	11.36	25.88	299.39	178.33	60.00	2.00	17.86
2 103.12	5 738.00	1 965.20	2 819.58	2 169.45	3 513.56	2 128.40	2 526.12	2 537.37
1 930.72	238.00	1 965.20	2 707.28	2 141.32	3 513.56	2 128.40	2 297.45	2 108.48
28.39	3.50	28.90	39.81	31.49	51.67	31.30	33.79	31.01
68.00	68.00	68.00	68.00	68.00	68.00	68.00	68.00	68.00
172.40	5 500.00		112.30	28.13			228.67	428.89
1.97	50.00		1.78	0.28			3.84	4.95
87.60	110.00	60.00	63.02	100.45	80.00	50.00	59.55	86.70
2 363.35	2 630.20	2 438.90	2 577.94	3 197.09	3 199.25	3 507.00	1 789.34	2 909.58
1 678.49	1 841.14	1 780.40	1 903.76	2 237.97	2 239.47	2 454.90	1 311.62	2 036.70

2013年各地区中规模奶牛

项　目	单位	平 均	北 京	天 津	山 西	内蒙古	辽 宁	吉 林	黑龙江	上 海
每头										
主产品产量	千克	5 824.43	5 775.00	6 982.36	5 666.67	4 697.50	6 127.75	5 610.00	5 749.11	7 859.18
产值合计	元	24 808.05	23 916.00	29 179.00	26 020.50	18 531.00	24 606.69	26 400.80	20 603.16	37 808.00
主产品产值	元	22 854.97	21 637.50	27 257.84	24 160.00	16 911.00	22 364.19	24 419.80	19 151.13	35 621.07
副产品产值	元	1 953.08	2 278.50	1 921.16	1 860.50	1 620.00	2 242.50	1 981.00	1 452.03	2 186.93
总成本	元	18 929.85	16 615.64	18 808.56	14 016.93	17 882.29	20 088.10	15 933.61	14 600.09	32 441.36
生产成本	元	18 872.53	16 582.31	18 778.07	14 002.30	17 840.02	20 063.10	15 886.61	14 580.37	32 249.37
物质与服务费用	元	16 243.34	15 581.25	17 044.99	12 314.67	15 838.64	16 338.10	13 763.61	12 373.16	28 627.87
人工成本	元	2 629.19	1 001.06	1 733.08	1 687.63	2 001.38	3 725.00	2 123.00	2 207.21	3 621.50
家庭用工折价	元	215.29	207.06	583.92		95.88			619.21	
雇工费用	元	2 413.90	794.00	1 149.16	1 687.63	1 905.50	3 725.00	2 123.00	1 588.00	3 621.50
土地成本	元	57.32	33.33	30.49	14.63	42.27	25.00	47.00	19.72	191.99
净利润	元	5 878.20	7 300.36	10 370.44	12 003.57	648.71	4 518.59	10 467.19	6 003.07	5 366.64
成本利润率	%	31.05	43.94	55.14	85.64	3.63	22.49	65.69	41.12	16.54
每50千克主产品										
平均出售价格	元	196.20	187.34	195.19	213.18	180.00	182.48	217.65	166.56	226.62
总成本	元	149.71	130.15	125.82	114.84	173.70	148.97	131.36	118.03	194.45
生产成本	元	149.26	129.89	125.61	114.72	173.29	148.79	130.97	117.87	193.30
净利润	元	46.49	57.19	69.37	98.34	6.30	33.51	86.29	48.53	32.17
附：										
每核算单位用工数量	日	32.06	12.30	21.70	21.92	32.66	48.00	23.66	28.69	36.65
平均饲养天数	日	365.00	365.00	365.00	365.00	365.00	365.00	365.00	365.00	365.00

数据来源：国家发展和改革委员会价格司

成本收益情况

江 苏	安 徽	福 建	河 南	湖 南	重 庆	四 川	贵 州	陕 西	甘 肃	宁 夏	新 疆
5 492.00	6 443.26	5 308.50	5 540.26	4 542.71	4 341.73	6 100.00	4 750.00	6 145.00	6 461.54	5 896.03	7 000.00
20 665.10	27 649.94	25 888.92	20 797.36	16 486.67	20 008.75	27 267.00	21 785.00	27 983.00	28 484.29	24 021.74	28 058.00
18 991.10	25 773.04	23 608.67	18 857.16	14 536.67	18 445.25	25 315.00	20 045.00	25 809.00	26 567.14	21 728.82	25 900.00
1 674.00	1 876.90	2 280.25	1 940.20	1 950.00	1 563.50	1 952.00	1 740.00	2 174.00	1 917.15	2 292.92	2 158.00
17 572.76	25 933.48	19 725.11	16 077.22	13 925.17	16 630.90	19 687.80	18 044.00	20 917.50	25 363.47	17 125.36	17 207.00
17 508.64	25 754.40	19 681.11	16 035.74	13 880.17	16 584.90	19 545.80	17 972.00	20 884.50	25 363.47	17 070.14	17 187.00
15 939.26	23 362.47	13 579.11	13 402.29	12 282.09	11 759.27	16 035.80	15 404.00	17 404.50	23 814.13	14 406.40	15 595.00
1 569.38	2 391.93	6 102.00	2 633.45	1 598.08	4 825.63	3 510.00	2 568.00	3 480.00	1 549.34	2 663.74	1 592.00
		272.00	214.88	874.48						1 166.00	272.00
1 569.38	2 391.93	5 830.00	2 418.57	723.60	4 825.63	3 510.00	2 568.00	3 480.00	1 549.34	1 497.74	1 320.00
64.12	179.08	44.00	41.48	45.00	46.00	142.00	72.00	33.00		55.22	20.00
3 092.34	1 716.46	6 163.81	4 720.14	2 561.50	3 377.85	7 579.20	3 741.00	7 065.50	3 120.82	6 896.38	1 0851.00
17.60	6.62	31.25	29.36	18.39	20.31	38.50	20.73	33.78	12.30	40.27	63.06
172.90	200.00	222.37	170.18	160.00	212.42	207.50	211.00	210.00	205.58	184.27	185.00
147.03	187.58	169.43	131.56	135.14	176.56	149.82	174.77	156.98	183.06	131.37	113.45
146.49	186.29	169.05	131.22	134.70	176.07	148.74	174.07	156.73	183.06	130.94	113.32
25.87	12.42	52.94	38.62	24.86	35.86	57.68	36.23	53.02	22.52	52.90	71.55
37.78	26.54	57.00	40.47	20.90	59.25	39.00	21.40	43.50	20.20	34.63	15.00
365.00	365.00	365.00	365.00	365.00	365.00	365.00	365.00	365.00	365.00	365.00	365.00

2013年各地区中规模奶牛

项　目	单位	平均	北京	天津	山西	内蒙古	辽宁	吉林	黑龙江	上海
一、每头物质与服务费用	元	16 243.34	15 581.25	17 044.99	12 314.67	15 838.64	16 338.10	13 763.61	12 373.16	28 627.87
（一）直接费用	元	13 616.10	12 912.25	14 940.60	10 570.01	13 490.01	14 501.10	11 199.11	10 792.34	25 175.77
1. 仔畜费	元									
2. 精饲料费	元	8 940.08	7 875.00	10 921.42	8 110.02	8 602.50	10 139.60	8 380.73	7 493.50	11 734.08
3. 青粗饲料费	元	3 771.81	4 055.00	3 455.23	1 878.33	4 037.50	3 116.00	1 982.38	2 830.10	11 090.91
4. 饲料加工费	元	30.84	7.50	21.05	45.83		154.00	21.00	18.76	
5. 水费	元	59.57		49.98	36.92	48.25	57.50	79.50	15.90	219.32
6. 燃料动力费	元	237.10	411.75	182.47	89.08	238.88	314.50	251.00	66.61	724.39
电费	元	166.81	230.00	141.63	53.75	132.50	165.50	110.00	56.40	724.39
煤费	元	52.92	118.75	40.84	35.33	98.25	149.00	141.00	10.21	
其他燃料动力费	元	17.37	63.00			8.13				
7. 医疗防疫费	元	207.74	225.00	123.06	89.58	130.00	131.00	105.00	129.92	500.32
8. 死亡损失费	元	102.09	19.00	52.31	107.67	98.50	225.00	58.75	72.47	202.90
9. 技术服务费	元	33.47	37.75		21.75	16.38	104.00	37.00	11.34	45.53
10. 工具材料费	元	55.35	33.75	30.23	45.33	3.00	67.50	57.50	9.57	194.27
11. 修理维护费	元	61.23	105.00	24.42	58.00	165.00	45.50	58.75	15.11	266.47
12. 其他直接费用	元	116.82	142.50	80.43	87.50	150.00	146.50	167.50	129.06	197.58
（二）间接费用	元	2 627.24	2 669.00	2 104.39	1 744.66	2 348.63	1 837.00	2 564.50	1 580.82	3 452.10
1. 固定资产折旧	元	2 166.95	2 287.50	1 921.53	1 656.33	1 645.00	1 632.00	1 817.50	1 534.88	2 270.52
2. 保险费	元	65.55	45.00			400.00			8.89	107.65
3. 管理费	元	226.28	71.50	46.02	45.50	16.63	137.50	114.50	27.27	950.72
4. 财务费	元	66.48	265.00	26.16		287.00	5.00	8.50	2.00	123.21
5. 销售费	元	101.98		110.68	42.83		62.50	624.00	7.78	
二、每头人工成本	元	2 629.19	1 001.06	1 733.08	1 687.63	2 001.38	3 725.00	2 123.00	2 207.21	3 621.50
1. 家庭用工折价	元	215.29	207.06	583.92		95.88			619.21	
家庭用工天数	日	3.17	3.05	8.59		1.41			9.11	
劳动日工价	元	68.00	68.00	68.00	68.00	68.00	68.00	68.00	68.00	68.00
2. 雇工费用	元	2 413.90	794.00	1 149.16	1 687.63	1 905.50	3 725.00	2 123.00	1 588.00	3 621.50
雇工天数	日	28.90	9.26	13.11	21.92	31.25	48.00	23.66	19.58	36.65
雇工工价	元	83.54	85.79	87.63	77.00	60.98	77.60	89.73	81.09	98.81
三、附										
1. 仔畜重量	千克									
2. 精饲料数量	千克	3 092.71	2 709.38	3 954.24	2 872.50	2 915.00	3 149.40	3 028.80	2 531.08	3 903.08
3. 耗粮数量	千克	2 207.54	1 896.56	2 767.97	2 095.24	2 040.50	2 204.57	2 187.96	1 803.66	2 732.16

数据来源：国家发展和改革委员会价格司

费用和用工情况

江苏	安徽	福建	河南	湖南	重庆	四川	贵州	陕西	甘肃	宁夏	新疆
15 939.26	23 362.47	13 579.11	13 402.29	12 282.09	11 759.27	16 035.80	15 404.00	17 404.50	23 814.13	14 406.40	15 595.00
13 819.40	15 873.55	10 494.05	11 596.19	10 821.88	9 645.99	13 928.20	13 074.00	14 574.00	20 779.44	11 838.97	12 295.00
7 980.18	9 365.36	7 275.00	8 363.71	8 518.63	6 472.01	8 467.20	8 559.00	11 228.00	12 159.97	8 639.71	8 516.00
5 044.98	3 932.14	2 480.85	2 484.01	1 813.71	2 524.75	4 752.00	3 570.00	2 536.00	7 689.70	2 662.53	3 500.00
8.90			46.39		9.97		210.00	54.50		18.88	
40.18	37.61	141.85	55.43	27.14	48.75	49.00	36.00	64.00	87.58	36.52	60.00
174.48	717.85	153.40	164.19	73.75	222.75	116.00	151.00	236.00	242.21	140.73	71.00
128.36	581.91	153.40	103.63	48.75	177.97	79.00	78.00	162.50	114.94	83.60	10.00
46.12			60.56	25.00	44.78	37.00	73.00	73.50		57.13	48.00
	135.94								127.27		13.00
236.00	1130.06	163.60	203.67	107.50	59.66	166.00	130.00	192.00	126.33	187.11	19.00
71.44	171.58	65.30	50.19	150.00	77.50	106.00	183.00	59.50	189.47		81.20
128.10	32.15		18.71	50.00	50.60	52.00	44.00				20.00
40.58	134.37	40.60	28.76	26.15	62.25	79.00	60.00	52.50	98.53	36.04	7.00
49.56	55.82	3.45	31.87	12.50	47.75	41.00	40.00	65.00	97.58	30.78	11.00
45.00	296.61	170.00	149.26	42.50	70.00	100.00	91.00	86.50	88.07	86.67	9.80
2 119.86	7 488.92	3 085.06	1 806.10	1 460.21	2 113.28	2 107.60	2 330.00	2 830.50	3 034.69	2 567.43	3 300.00
2 009.64	6 582.38	2 561.56	1 733.86	1 217.71	1 510.00	1 838.00	1 650.00	2 368.50	1 589.39	2 312.71	3 200.00
	398.91			30.00	86.40	60.00		78.50	72.00	23.67	
28.58	507.63	31.85	43.20		492.13	84.00	400.00	342.50	1146.52	39.59	
40.00					19.25	55.60	200.00	41.00	0.63	156.16	100.00
41.64		491.65	29.04	212.50	5.50	70.00	80.00		226.15	35.30	
1 569.38	2 391.93	6 102.00	2 633.45	1 598.08	4 825.63	3 510.00	2 568.00	3 480.00	1 549.34	2 663.74	1 592.00
		272.00	214.88	874.48						1 166.00	272.00
		4.00	3.16	12.86						17.15	4.00
68.00	68.00	68.00	68.00	68.00	68.00	68.00	68.00	68.00	68.00	68.00	68.00
1 569.38	2 391.93	5 830.00	2 418.57	723.60	4 825.63	3 510.00	2 568.00	3 480.00	1 549.34	1 497.74	1 320.00
37.78	26.54	53.00	37.31	8.04	59.25	39.00	21.40	43.50	20.20	17.48	11.00
41.54	90.13	110.00	64.82	90.00	81.45	90.00	120.00	80.00	76.70	85.67	120.00
2 982.00	3 055.12	2 594.70	2 913.50	3 040.00	2 377.82	3 456.00	3 103.00	3 885.00	3 295.39	3 035.25	3 053.00
2 087.40	2 291.34	1 816.29	2 152.70	2 128.00	1 836.43	2 419.20	2 172.10	2 719.50	2 537.45	2 124.67	2 137.10

2013 年各地区大规模奶牛

项　目	单位	平 均	北 京	山 西	内蒙古	辽 宁	黑龙江	上 海	江 苏	浙 江
每头										
主产品产量	千克	6 454.23	7 633.34	5 688.94	5 862.00	6 214.67	6 898.67	9 010.10	7 192.28	6 419.46
产值合计	元	29 170.93	32 441.45	28 061.93	22 915.20	28 047.14	26 649.79	42 733.53	28 676.98	35 126.27
主产品产值	元	26 870.18	29 597.03	26 202.93	21 103.20	25 320.17	24 681.46	40 743.85	27 292.12	30 833.52
副产品产值	元	2 300.75	2 844.42	1 859.00	1 812.00	2 726.97	1 968.33	1 989.68	1 384.86	4 292.75
总成本	元	23 329.54	25 408.98	14 112.63	20 203.82	21 402.25	18 907.14	37 232.53	30 460.27	28 521.69
生产成本	元	23 247.80	25 281.20	14 097.55	20 165.72	21 368.92	18 875.69	37 052.86	30 261.02	28 478.11
物质与服务费用	元	20 794.47	23 368.48	12 064.00	17 783.16	18 208.94	16 501.00	34 149.56	26 848.06	24 875.86
人工成本	元	2 453.33	1 912.72	2 033.55	2 382.56	3 159.98	2 374.69	2 903.30	3 412.96	3 602.25
家庭用工折价	元	39.24	55.08		89.76	49.84	45.36			
雇工费用	元	2 414.09	1 857.64	2 033.55	2 292.80	3 110.14	2 329.33	2 903.30	3 412.96	3 602.25
土地成本	元	81.74	127.78	15.08	38.10	33.33	31.45	179.67	199.25	43.58
净利润	元	5 841.39	7 032.47	13 949.30	2 711.38	6 644.89	7 742.65	5 501.00	−1 783.29	6 604.58
成本利润率	%	25.04	27.68	98.84	13.42	31.05	40.95	14.77	−5.85	23.16
每 50 千克主产品										
平均出售价格	元	208.16	193.87	230.30	180.00	203.71	178.89	226.10	189.73	240.16
总成本	元	166.48	151.84	115.82	158.70	155.45	126.92	196.99	201.53	195.00
生产成本	元	165.89	151.08	115.70	158.40	155.21	126.71	196.04	200.21	194.71
净利润	元	41.68	42.03	114.48	21.30	48.26	51.97	29.11	−11.80	45.16
附:										
每核算单位用工数量	日	28.97	12.37	22.52	38.92	34.44	28.36	32.22	53.06	34.50
平均饲养天数	日	365.00	365.00	365.00	365.00	365.00	365.00	365.00	365.00	365.00

数据来源：国家发展和改革委员会价格司

成本收益情况

安徽	福建	山东	河南	湖北	广东	四川	贵州	云南	甘肃	青海	新疆
5 926.00	6 963.95	6 894.20	5 796.07	6 635.00	5 105.00	6 185.00	4 825.47	4 892.00	7 726.31	5 354.00	7 862.08
28 830.01	35 117.55	24 738.13	23 329.00	34 502.70	30 025.00	27 368.00	22 682.07	19 579.20	36 249.33	25 361.07	30 984.21
26 228.75	33 752.55	22 308.94	21 119.29	32 030.50	27 567.00	25 483.00	21 222.99	17 611.20	34 370.37	20 932.00	29 002.70
2 601.26	1 365.00	2 429.19	2 209.71	2 472.20	2 458.00	1 885.00	1 459.08	1 968.00	1 878.96	4 429.07	1 981.51
27 846.09	25 391.41	25 162.28	17 323.09	23 947.42	23 885.70	17 449.70	20 966.17	16 948.00	23 304.10	26 343.77	21 772.68
27 384.55	25 382.41	25 093.93	17 270.98	23 818.92	23 859.70	17 341.70	20 934.91	16 897.00	23 304.10	26 313.01	21 772.68
25 150.75	23 753.91	23 431.03	14 593.17	22 890.95	19 259.70	14 060.70	18 665.63	14 977.00	22 169.69	23 747.41	19 390.16
2 233.80	1 628.50	1 662.90	2 677.81	927.97	4 600.00	3 281.00	2 269.28	1 920.00	1 134.41	2 565.60	2 382.52
											544.00
2 233.80	1 628.50	1 662.90	2 677.81	927.97	4 600.00	3 281.00	2 269.28	1 920.00	1 134.41	2 565.60	1 838.52
461.54	9.00	68.35	52.11	128.50	26.00	108.00	31.26	51.00		30.76	
983.92	9 726.14	-424.15	6 005.91	10 555.28	6 139.30	9 918.30	1 715.90	2 631.20	12 945.23	-982.70	9 211.53
3.53	38.30	-1.69	34.67	44.08	25.70	56.84	8.18	15.53	55.55	-3.73	42.31
221.30	242.34	161.79	182.19	241.38	270.00	206.01	219.91	180.00	222.42	195.48	184.45
213.75	175.22	164.56	135.29	167.54	214.79	131.35	203.27	155.81	142.99	203.05	129.61
210.20	175.16	164.12	134.88	166.64	214.56	130.54	202.97	155.34	142.99	202.82	129.61
7.55	67.12	-2.77	46.90	73.84	55.21	74.66	16.64	24.19	79.43	-7.57	54.84
28.46	20.10	24.10	40.40	10.95	40.00	38.60	19.67	32.00	17.10	22.69	28.98
365.00	365.00	365.00	365.00	365.00	365.00	365.00	365.00	365.00	365.00	365.00	365.00

2013年各地区大规模奶牛

项目	单位	平均	北京	山西	内蒙古	辽宁	黑龙江	上海	江苏	浙江
一、每头物质与服务费用	元	20 794.47	23 368.48	12 064.00	17 783.16	18 208.94	16 501.00	34 149.56	26 848.06	24 875.86
（一）直接费用	元	17 439.78	18 742.06	10 240.55	15 259.94	15 133.78	14 195.86	27 918.84	22 999.22	22 519.11
1. 仔畜费	元									
2. 精饲料费	元	10 003.21	10 600.44	7 842.11	11 060.00	9 512.87	8 499.94	14 746.09	11 115.11	12 519.17
3. 青粗饲料费	元	5 742.34	6 108.59	1 797.50	3 156.00	4 567.33	4 642.58	10 355.20	9 296.05	8 113.83
4. 饲料加工费	元	43.14		41.76		164.87	2.75		77.47	81.25
5. 水费	元	71.67	6.18	56.00	63.40	78.24	24.20	102.17	268.83	177.50
6. 燃料动力费	元	386.88	580.35	122.00	345.20	189.33	124.18	1121.97	671.97	357.65
电费	元	299.82	303.05	62.83	201.40	113.12	88.58	1121.97	483.98	357.65
煤费	元	45.39	66.14	59.17	124.00	66.77	35.60		167.67	
其他燃料动力费	元	41.67	211.16		19.80	9.44			20.32	
7. 医疗防疫费	元	291.19	524.71	75.78	153.00	154.18	168.62	450.10	523.35	416.21
8. 死亡损失费	元	326.25	177.20	85.06	94.00	215.23	150.00	111.20	191.88	251.59
9. 技术服务费	元	22.73	16.67	36.11	24.60	30.46	19.73	58.13		
10. 工具材料费	元	129.62	76.42	42.67	3.14	37.33	155.44	292.45	531.31	216.52
11. 修理维护费	元	143.25	212.82	45.06	210.60	36.65	66.92	494.70	172.33	111.14
12. 其他直接费用	元	279.50	438.68	96.50	150.00	147.29	341.50	186.83	150.92	274.25
（二）间接费用	元	3 354.69	4 626.42	1 823.45	2 523.22	3 075.16	2 305.14	6 230.72	3 848.84	2 356.75
1. 固定资产折旧	元	2 548.49	2 960.99	1 719.78	1 770.00	2 871.34	2 057.00	3 918.31	3 461.67	1 548.50
2. 保险费	元	103.34	559.25		400.00		18.67	141.20		172.50
3. 管理费	元	438.37	716.17	54.89	19.02	121.15	197.63	1 460.50	387.17	476.50
4. 财务费	元	209.02	368.34	11.56	334.20	26.00	6.67	710.71		61.00
5. 销售费	元	55.47	21.67	37.22		56.67	25.17			98.25
二、每头人工成本	元	2 453.33	1 912.72	2 033.55	2 382.56	3 159.98	2 374.69	2 903.30	3 412.96	3 602.25
1. 家庭用工折价	元	39.24	55.08		89.76	49.84	45.36			
家庭用工天数	日	0.58	0.81		1.32	0.73	0.67			
劳动日工价	元	68.00	68.00	68.00	68.00	68.00	68.00	68.00	68.00	68.00
2. 雇工费用	元	2 414.09	1 857.64	2 033.55	2 292.80	3 110.14	2 329.33	2 903.30	3 412.96	3 602.25
雇工天数	日	28.40	11.56	22.52	37.60	33.71	27.69	32.22	53.06	34.50
雇工工价	元	85.02	160.65	90.30	60.98	92.27	84.11	90.11	64.32	104.41
三、附										
1. 仔畜重量	千克									
2. 精饲料数量	千克	3 390.11	3 553.77	2 956.28	3 480.00	3 325.93	2 925.30	4 414.97	3 466.95	4 327.25
3. 耗粮数量	千克	2 437.31	2 487.64	2 111.64	2 436.00	2 328.15	2 100.55	3 090.48	2 426.87	3 029.07

数据来源：国家发展和改革委员会价格司

费用和用工情况

安徽	福建	山东	河南	湖北	广东	四川	贵州	云南	甘肃	青海	新疆
25 150.75	23 753.91	23 431.03	14 593.17	22 890.95	19 259.70	14 060.70	18 665.63	14 977.00	22 169.69	23 747.41	19 390.16
17 869.59	20 444.91	19 455.29	12 460.86	18 622.20	17 459.20	12 193.70	14 949.51	13 124.00	18 759.27	20 313.61	16 133.79
9 960.74	10 717.00	9 460.77	8 822.46	10 200.00	11 466.50	8 584.50	8 888.09	8 604.00	9 525.41	8 898.52	9 40.40
6 286.48	8 142.50	7 183.90	2 783.96	2 562.30	4 106.00	2 860.00	5 163.45	3 846.00	8 078.70	9 873.63	5 922.77
	138.00		46.63	250.00	60.00						
17.63	49.00	22.00	51.78	29.00	90.50	42.00	27.67	120.00	73.41	40.65	93.18
362.56	539.50	748.96	190.41	350.70	664.50	114.00	215.67	94.00	266.96	334.11	343.40
311.40	463.00	738.67	112.69	252.90	634.50	83.00	215.67	94.00	136.75	112.24	108.93
34.92		10.29	77.72			31.00					234.47
16.24	76.50			97.80	30.00				130.21	221.87	
373.26	403.50	254.24	264.00	260.00	438.00	130.60	185.92	200.00	206.98	369.33	272.07
389.75	116.50	815.20	58.60	2 741.85	330.00	142.60	138.46	107.00	131.39	201.05	76.53
16.38	81.51		17.54	13.90	10.00	55.00	23.55				51.00
148.16	125.60	325.98	33.38	136.65	90.50	76.00	50.94	20.00	154.85	43.50	31.49
145.06	82.75	334.88	34.92	77.80	121.20	39.00	175.86	58.00	72.59	291.03	81.71
169.57	49.05	309.36	157.18	2 000.00	82.00	150.00	79.90	75.00	248.98	261.79	221.24
7 281.16	3 309.00	3 975.74	2 132.31	4 268.75	1 800.50	1 867.00	3 716.12	1 853.00	3 410.42	3 433.80	3 256.37
6 234.00	1 807.00	3 755.74	1 987.21	2 087.25	1 523.50	1 612.00	2 890.23	1 628.00	1 973.39	2 764.68	2 399.21
402.22				36.00		65.00		200.00	72.00		
612.55	659.00	203.95	58.87	1 226.00	250.00	73.50	242.83	25.00	1 139.69	352.17	490.85
0.83	833.00		48.80	919.50	15.00	35.50	365.02			316.95	127.40
31.56	10.00	16.05	37.43		12.00	81.00	218.04		225.34		238.91
2 233.80	1 628.50	1 662.90	2 677.81	927.97	4 600.00	3 281.00	2 269.28	1 920.00	1 134.41	2 565.60	2 382.52
											544.00
											8.00
68.00	68.00	68.00	68.00	68.00	68.00	68.00	68.00	68.00	68.00	68.00	68.00
2 233.80	1 628.50	1 662.90	2 677.81	927.97	4 600.00	3 281.00	2 269.28	1 920.00	1 134.41	2 565.60	1 838.52
28.46	20.10	24.10	40.40	10.95	40.00	38.60	19.67	32.00	17.10	22.69	20.98
78.49	81.02	69.00	66.28	84.75	115.00	85.00	115.39	60.00	66.34	113.07	87.62
3 038.81	3 613.00	3 407.40	3 077.09	3 250.00	2 698.00	3 426.00	3 308.61	3 920.00	3 353.04	2 771.00	3 488.80
2 279.11	2 529.10	2 453.33	2 292.11	2 736.25	2 023.50	2 398.20	2 316.03	2 979.20	2 347.13	1 939.70	2 442.16

【饲料加工】

行 业 情 况

2009—2013 年全国饲料加工业基本经营情况

分 项	单位	2009 年	2010 年	2011 年	2012 年	2013 年
企业数量	个	3 508	3 696	3 116	3 353	3 664
亏损企业数	个	293	271	159	225	304
工业销售产值	亿元	4 374.88	5 557.90	7 299.97	8 557.20	9 742.83
利润总额	亿元	234.06	370.25	375.08	435.86	481.38
资产总额	亿元	1 600.86	2 055.75	2 318.70	2 684.12	3 197.20
负债总额	亿元	836.12	1 049.14	1 192.95	1 304.54	1 534.38

数据来源：国家统计局

2009—2013 年全国饲料加工业基本经营情况——不同经济类型

分 项	单 位	2009 年	2010 年	2011 年	2012 年	2013 年
国有企业						
企业数量	个	23	25	19	19	20
亏损企业数	个	4	7	2	2	2
产品销售收入	亿元	36.88	53.20	45.87	49.11	55.62
利润总额	亿元	1.85	2.43	4.04	2.33	3.11
资产总额	亿元	36.55	32.93	38.10	26.53	31.24
负债总额	亿元	23.58	23.98	26.15	17.21	20.80
集体企业						
企业数量	个	7	3	—	—	4
亏损企业数	个	0	0	—	—	0
产品销售收入	亿元	4.73	0.47	1.93	2.70	3.31
利润总额	亿元	0.20	0.01	0.19	0.24	0.38
资产总额	亿元	3.69	0.30	0.98	0.91	0.88
负债总额	亿元	2.55	0.13	0.08	0.08	0.22
股份合作企业						
企业数量	个	13	10	6	4	2
亏损企业数	个	3	1	0	0	

（续）

分　项	单 位	2009 年	2010 年	2011 年	2012 年	2013 年
产品销售收入	亿元	20.00	9.09	9.58	3.48	3.62
利润总额	亿元	1.14	0.72	0.49	1.05	0.57
资产总额	亿元	8.65	3.30	3.36	6.00	1.05
负债总额	亿元	3.23	1.38	0.86	3.62	0.09
股份制企业						
企业数量	个	51	51	50	46	46
亏损企业数	个	11	8	8	7	8
产品销售收入	亿元	242.29	324.14	375.82	372.63	430.51
利润总额	亿元	15.29	27.56	17.44	28.39	37.30
资产总额	亿元	203.31	291.70	354.13	395.45	547.10
负债总额	亿元	133.35	184.36	224.16	198.11	247.15
私营企业						
企业数量	个	350	324	267	245	234
亏损企业数	个	54	49	31	32	19
产品销售收入	亿元	277.20	312.12	390.12	408.54	466.64
利润总额	亿元	14.27	21.47	30.51	24.72	27.53
资产总额	亿元	176.96	199.27	259.75	259.23	273.52
负债总额	亿元	91.40	103.69	133.43	122.80	137.26
外商和港、澳、台投资企业						
企业数量	个	111	116	96	98	96
亏损企业数	个	24	26	25	24	24
产品销售收入	亿元	664.10	736.74	863.72	927.14	999.64
利润总额	亿元	47.73	86.33	65.68	66.81	62.24
资产总额	亿元	479.75	562.34	577.10	676.54	754.95
负债总额	亿元	229.61	284.40	307.49	388.23	446.90
其他						
企业数量	个	248	255	204	—	256
亏损企业数	个	64	56	38	2	38
产品销售收入	亿元	377.98	504.02	627.85	738.36	872.25
利润总额	亿元	24.08	38.47	30.58	−0.32	48.98
资产总额	亿元	245.10	293.71	309.72	24.45	448.15
负债总额	亿元	135.53	169.41	187.10	22.92	264.10

数据来源：国家统计局

2009—2013年全国各地区饲料加工业基本经营情况——企业数

单位：个

地区	2009年		2010年		2011年		2012年		2013年	
	总数	亏损数	总数	亏损数	总数	亏损数	总数	亏损数	总数	亏损数
全国	3 508	293	3 696	271	3 116	159	3 353	225	3 664	304
北京	82	16	77	18	46	5	49	7	49	10
天津	41	4	42	7	30	3	37	3	44	5
河北	103	8	110	8	104	5	117	8	128	8
山西	30	5	31	7	26	2	25	4	27	11
内蒙古	66	5	70	5	67	3	69	3	64	4
辽宁	436	29	456	18	356	7	377	16	383	17
吉林	128	7	139	2	111	5	113	3	120	3
黑龙江	58	6	60	6	51	3	54	7	73	8
上海	45	3	48	10	34	4	32	1	33	4
江苏	185	12	194	12	159	10	175	15	204	16
浙江	145	15	148	12	109	4	119	3	123	7
安徽	101	15	114	18	104	8	124	14	134	17
福建	136	6	147	2	115	5	125	7	129	11
江西	87	3	89	5	70	5	81	6	89	5
山东	422	18	439	11	401	9	444	21	506	34
河南	232	9	250	9	253	5	262	3	294	5
湖北	140	16	168	17	128	12	146	12	173	11
湖南	175	9	188	5	183	8	192	11	184	11
广东	258	34	259	30	223	17	239	21	258	39
广西	118	18	126	9	113	7	118	14	129	14
海南	13	1	14	0	12	3	12	4	14	5
重庆	73	2	75	5	55	2	56	3	60	4
四川	213	20	218	15	195	8	210	13	213	13
贵州	27	6	27	5	19	2	18	4	23	0
云南	61	9	63	12	47	4	49	6	67	18
陕西	60	8	63	13	50	5	48	7	63	10
甘肃	29	3	29	3	17	3	22	5	32	7
青海	0	0	3	0	0	0	0	0	0	0
宁夏	13	4	15	2	10	0	10	0	11	0
新疆	29	2	34	5	27	5	29	4	33	7

数据来源：国家统计局

2009—2013年全国各地区饲料加工业基本情况——产品销售收入

单位：亿元

地区	2009年	2010年	2011年	2012年	2013年
全国	4 374.88	5 557.90	7 299.97	8 557.20	9 742.83
北京	60.63	60.73	67.04	72.81	81.00
天津	43.52	41.48	50.78	75.61	90.63
河北	178.95	223.42	296.46	344.36	367.08
山西	29.80	45.33	62.01	74.13	96.58
内蒙古	99.05	120.69	130.37	123.65	134.01
辽宁	430.16	595.41	783.21	957.54	1 092.69
吉林	129.32	174.13	232.76	282.13	288.21
黑龙江	40.32	48.16	85.89	82.84	114.21
上海	35.89	45.95	59.30	60.29	64.57
江苏	212.59	220.61	304.63	391.91	446.51
浙江	109.00	137.44	169.60	206.21	222.67
安徽	100.25	127.43	186.81	255.48	278.79
福建	160.07	198.85	241.08	304.43	352.55
江西	184.87	238.68	335.20	467.13	544.30
山东	563.01	721.30	925.27	1132.68	1230.88
河南	259.07	349.68	490.77	599.31	685.84
湖北	112.18	166.96	282.56	395.46	538.62
湖南	311.98	403.67	552.54	546.17	617.78
广东	527.31	705.99	858.19	826.05	898.70
广西	201.34	247.58	337.71	417.09	467.71
海南	33.40	43.49	44.86	52.88	57.17
重庆	80.92	70.89	91.20	98.36	113.19
四川	298.94	371.88	470.49	470.73	539.73
贵州	20.28	20.76	22.95	28.08	42.91
云南	52.44	54.26	60.33	80.82	98.86
陕西	47.66	61.45	80.84	112.16	146.49
甘肃	15.41	17.06	25.50	36.16	50.58
青海	1.49	1.93	1.62	1.92	1.95
宁夏	6.40	8.26	9.77	11.18	12.64
新疆	28.60	34.43	40.24	49.47	65.83

数据来源：国家统计局

2009—2013 年全国各地区饲料加工业基本情况——利润总额

单位：亿元

地 区	2009 年	2010 年	2011 年	2012 年	2013 年
全 国	234.06	370.25	375.08	435.86	481.38
北 京	3.91	4.12	5.36	6.15	8.94
天 津	2.87	3.13	2.84	4.18	5.57
河 北	11.77	11.45	14.44	18.38	19.41
山 西	0.84	1.46	2.17	0.42	0.53
内蒙古	8.87	16.54	9.52	10.45	11.37
辽 宁	26.53	45.17	49.64	60.82	65.03
吉 林	5.82	9.26	10.17	10.04	11.99
黑龙江	1.90	2.27	3.45	3.64	5.68
上 海	3.83	4.73	5.45	10.00	3.70
江 苏	9.36	10.16	15.65	20.80	24.67
浙 江	3.98	6.44	6.17	7.97	8.15
安 徽	5.54	9.35	8.24	10.12	9.17
福 建	6.86	10.18	5.57	12.83	14.55
江 西	7.14	11.61	10.39	18.54	25.24
山 东	25.44	45.14	44.95	57.53	62.64
河 南	24.36	34.51	47.82	50.18	57.55
湖 北	7.53	11.51	11.66	15.04	20.45
湖 南	13.24	29.40	18.61	20.19	24.16
广 东	25.71	42.55	37.94	34.65	35.75
广 西	6.54	22.39	19.27	12.32	13.62
海 南	1.76	3.28	0.76	1.39	0.83
重 庆	1.77	2.25	4.09	4.01	5.13
四 川	18.19	22.17	28.17	30.20	28.72
贵 州	0.73	0.54	0.54	0.85	1.37
云 南	3.04	2.72	2.52	3.32	2.79
陕 西	3.97	4.41	5.60	6.47	7.56
甘 肃	0.77	0.94	0.70	1.05	1.00
青 海	0.08	0.06	0.04	0.04	0.04
宁 夏	0.38	0.36	0.47	0.44	0.56
新 疆	1.34	2.14	2.86	3.83	5.21

数据来源：国家统计局

2009—2013 年全国各地区饲料加工业基本情况——资产总额

单位：亿元

地 区	2009 年	2010 年	2011 年	2012 年	2013 年
全 国	1 600.86	2 055.75	2 318.70	2 684.12	3 197.20
北 京	32.03	52.23	51.66	57.32	77.41
天 津	18.05	20.08	20.92	24.87	36.38
河 北	40.57	49.12	66.69	74.52	87.32
山 西	12.79	16.60	21.55	23.14	28.05
内蒙古	32.08	44.31	38.93	39.83	41.79
辽 宁	180.58	175.48	231.55	277.16	298.01
吉 林	60.41	73.19	84.36	99.90	130.02
黑龙江	15.41	19.33	21.46	27.49	46.06
上 海	30.71	46.78	51.08	60.86	65.51
江 苏	67.67	78.71	90.87	107.60	144.05
浙 江	56.28	71.52	79.23	91.74	110.76
安 徽	30.05	45.08	49.21	62.27	81.11
福 建	65.29	93.42	98.04	130.04	138.61
江 西	49.27	63.04	76.54	139.19	154.41
山 东	153.41	209.32	241.17	285.67	337.81
河 南	76.68	103.83	135.60	182.90	275.49
湖 北	40.94	67.14	76.07	99.17	144.42
湖 南	84.29	112.73	152.27	168.09	177.86
广 东	208.46	345.04	369.17	308.55	313.24
广 西	81.89	88.24	76.66	97.69	124.16
海 南	13.41	16.20	13.75	12.90	15.72
重 庆	32.68	17.87	21.42	25.41	30.41
四 川	122.51	133.28	145.66	169.43	179.59
贵 州	4.47	5.10	4.89	6.86	8.11
云 南	27.99	34.33	30.72	30.86	46.06
陕 西	18.65	22.38	23.13	26.04	38.14
甘 肃	15.58	15.98	6.53	9.43	15.02
青 海	1.49	1.39	1.81	1.95	1.92
宁 夏	3.22	4.25	4.10	4.92	5.71
新 疆	23.99	29.76	33.66	38.32	43.75

数据来源：国家统计局

2009—2013年全国各地区饲料加工业基本情况——负债总额

单位：亿元

地区	2009年	2010年	2011年	2012年	2013年
全国	836.12	1 049.14	1 192.95	1 304.54	1 534.38
北京	16.81	14.81	13.93	15.65	27.08
天津	10.27	11.35	10.95	13.79	19.34
河北	19.23	26.39	29.78	31.04	37.61
山西	6.06	7.09	10.08	12.39	16.29
内蒙古	15.66	21.02	17.66	17.76	18.85
辽宁	59.39	50.54	67.06	72.56	97.24
吉林	21.94	28.77	31.80	36.45	46.53
黑龙江	9.48	11.96	11.92	14.24	20.95
上海	15.86	24.33	24.85	23.82	29.72
江苏	39.66	40.26	48.88	57.38	78.19
浙江	33.74	43.10	47.52	56.17	69.11
安徽	16.23	23.48	23.69	31.27	42.41
福建	36.87	60.67	65.98	89.36	91.92
江西	24.58	33.11	41.20	89.90	96.76
山东	74.32	92.27	119.35	133.42	160.07
河南	31.41	38.06	51.26	58.38	95.42
湖北	20.08	32.44	38.03	59.31	72.00
湖南	44.44	53.37	77.25	69.22	68.33
广东	137.25	239.04	263.37	194.19	174.89
广西	48.11	47.36	42.02	52.56	68.69
海南	9.24	10.90	10.98	10.36	12.84
重庆	23.77	7.10	8.52	10.13	13.25
四川	71.72	72.31	82.92	94.35	93.87
贵州	2.91	3.14	3.11	3.99	5.04
云南	17.86	19.97	17.10	18.61	30.80
陕西	8.17	10.31	11.00	11.62	17.23
甘肃	4.86	8.30	2.98	4.65	7.53
青海	1.01	0.77	1.24	1.34	1.09
宁夏	1.64	2.16	1.78	2.17	2.55
新疆	13.55	14.72	16.72	18.44	18.64

数据来源：国家统计局

饲 料 产 量

2009—2013 年全国各地区配混合饲料产量

单位：万吨

地 区	2009 年	2010 年	2011 年	2012 年	2013 年
全 国	11 080.63	13 059.94	15 304.19	17 957.69	19 813.05
北 京	174.11	167.46	169.80	165.68	162.61
天 津	66.65	80.34	171.56	117.33	157.96
河 北	616.69	697.98	946.43	926.33	1 013.12
山 西	102.27	137.89	180.64	203.30	213.00
内蒙古	511.15	587.54	463.39	419.15	389.28
辽 宁	1 092.70	1 191.92	1 387.10	1 573.35	1 663.14
吉 林	404.84	505.68	622.51	637.28	644.20
黑龙江	47.16	62.78	118.37	196.91	263.18
上 海	97.42	80.04	92.14	98.74	92.57
江 苏	271.05	290.86	317.83	872.95	478.66
浙 江	264.83	296.03	362.24	423.70	439.09
安 徽	251.73	355.47	350.03	395.62	429.31
福 建	365.97	483.02	549.23	602.96	748.85
江 西	418.13	587.70	865.40	1 053.95	1 272.87
山 东	1 375.27	1 623.49	1 689.11	2 488.62	2 678.47
河 南	704.80	873.94	1 168.72	1 186.94	1 409.40
湖 北	301.05	369.45	438.39	730.23	950.29
湖 南	839.47	940.44	1 179.03	1 202.29	1 302.40
广 东	1 293.96	1 440.23	1 425.10	1 457.80	1 694.63
广 西	590.71	775.97	943.25	1 143.54	1 330.69
海 南	110.30	131.31	139.45	158.98	179.95
重 庆	108.42	133.12	157.22	196.33	235.19
四 川	616.64	701.16	937.28	921.54	1 091.22
贵 州	48.76	51.81	82.76	69.56	91.42
云 南	137.23	148.46	146.28	201.43	238.86
西 藏					0.743100
陕 西	98.93	132.20	162.95	210.83	258.75
甘 肃	41.83	65.33	86.92	115.38	141.54
青 海	0.20	0.50	0.40	3.11	3.36
宁 夏	18.97	25.15	29.35	31.60	32.38
新 疆	109.37	122.69	121.30	152.25	205.90

数据来源：国家统计局

2009—2013 年全国配合、混合饲料生产量（月度）

单位：万吨

	2009 年		2010 年		2011 年		2012 年		2013 年	
	配合饲料	混合饲料	配合饲料	混合饲料	配合饲料	混合饲料	配合饲料	混合饲料	配合饲料	混合饲料
01 月	290.09	184.73	492.20	277.88	560.00	313.10	639.10	384.20	845.25	397.75
02 月	314.44	191.53	442.40	253.30	531.00	280.50	695.10	371.00	845.25	397.75
03 月	458.64	274.97	622.90	339.40	707.40	360.60	901.60	485.20	1114.21	498.82
04 月	516.07	277.48	651.60	351.40	725.30	382.90	884.90	441.80	1026.10	447.92
05 月	530.16	286.39	682.15	374.41	795.90	427.80	952.70	460.40	1070.82	484.42
06 月	652.55	351.01	758.00	390.40	930.50	485.70	1 059.70	528.00	1166.46	535.39
07 月	630.30	307.92	706.00	363.20	899.30	472.90	1 034.30	482.90	1136.55	481.01
08 月	640.65	328.33	757.80	384.30	931.40	468.10	1 067.60	512.80	1177.69	486.14
09 月	677.42	355.32	794.40	426.70	976.70	468.10	1 118.60	526.40	1284.83	535.47
10 月	660.85	346.77	784.93	420.22	988.40	502.90	1 127.60	575.20	1271.77	552.66
11 月	667.80	386.62	802.70	437.40	1028.90	495.00	1 130.00	513.60	1294.70	542.73
12 月	670.63	421.02	820.30	451.20	1029.30	492.00	1 179.00	524.80	1313.92	539.15

数据来源：国家统计局

饲 料 价 格

2009—2013 年全国玉米、豆粕平均价格（月度）

单位：元 / 千克

	2009 年		2010 年		2011 年		2012 年		2013 年	
	玉米	豆粕	玉米	豆粕	玉米	豆粕	玉米	豆粕	玉米	豆粕
01 月	1.55	3.82	1.89	3.85	2.11	3.68	2.35	3.43	2.44	4.22
02 月	1.54	3.77	1.90	3.73	2.13	3.71	2.35	3.46	2.45	4.24
03 月	1.56	3.54	1.92	3.61	2.16	3.66	2.37	3.51	2.46	4.30
04 月	1.58	3.58	1.98	3.51	2.19	3.59	2.42	3.63	2.45	4.25
05 月	1.60	3.54	2.03	3.47	2.22	3.53	2.46	3.69	2.43	4.20
06 月	1.65	3.65	2.09	3.35	2.28	3.53	2.49	3.68	2.45	4.30
07 月	1.73	3.66	2.10	3.32	2.35	3.57	2.51	3.83	2.48	4.24
08 月	1.79	3.69	2.11	3.45	2.39	3.60	2.55	4.20	2.49	4.24
09 月	1.85	3.72	2.11	3.50	2.45	3.62	2.57	4.52	2.49	4.40
10 月	1.81	3.75	2.07	3.64	2.45	3.57	2.51	4.39	2.46	4.53
11 月	1.82	3.82	2.10	3.75	2.39	3.51	2.43	4.17	2.43	4.50
12 月	1.87	3.90	2.12	3.69	2.36	3.42	2.42	4.18	2.41	4.43

数据来源：农业部

【乳品加工】

行 业 情 况

2009—2013年全国液体乳及乳制品制造业基本经营情况

分　项	单位	2009年	2010年	2011年	2012年	2013年
企业数量	个	803	784	644	649	658
亏损企业数	个	160	147	104	114	91
产品销售收入	亿元	1 623.17	1 939.79	2 314.90	2 501.97	2 831.59
利润总额	亿元	104.56	176.99	148.93	159.55	180.11
资产总额	亿元	1 154.02	1 383.55	1 543.15	1 744.14	2 056.90
负债总额	亿元	619.24	767.35	879.27	958.18	1 116.53

数据来源：国家统计局

2009—2013年全国液体乳及乳制品制造业基本经营情况——不同经济类型

分　项	单 位	2009年	2010年	2011年	2012年	2013年
国有企业						
企业数量	个	23	25	19	19	20
亏损企业数	个	4	7	2	2	2
产品销售收入	亿元	36.88	53.20	45.87	49.11	55.62
利润总额	亿元	1.85	2.43	4.04	2.33	3.11
资产总额	亿元	36.55	32.93	38.10	26.53	31.24
负债总额	亿元	23.58	23.98	26.15	17.21	20.80
集体企业						
企业数量	个	7	3	—	—	4
亏损企业数	个	0	0	—	—	0
产品销售收入	亿元	4.73	0.47	1.93	2.70	3.31
利润总额	亿元	0.20	0.01	0.19	0.24	0.38
资产总额	亿元	3.69	0.30	0.98	0.91	0.88
负债总额	亿元	2.55	0.13	0.08	0.08	0.22
股份合作企业						
企业数量	个	13	10	6	4	2
亏损企业数	个	3	1	0	0	

（续）

分　项	单 位	2009 年	2010 年	2011 年	2012 年	2013 年
产品销售收入	亿元	20.00	9.09	9.58	3.48	3.62
利润总额	亿元	1.14	0.72	0.49	1.05	0.57
资产总额	亿元	8.65	3.30	3.36	6.00	1.05
负债总额	亿元	3.23	1.38	0.86	3.62	0.09
股份制企业						
企业数量	个	51	51	50	46	46
亏损企业数	个	11	8	8	7	8
产品销售收入	亿元	242.29	324.14	375.82	372.63	430.51
利润总额	亿元	15.29	27.56	17.44	28.39	37.30
资产总额	亿元	203.31	291.70	354.13	395.45	547.10
负债总额	亿元	133.35	184.36	224.16	198.11	247.15
私营企业						
企业数量	个	350	324	267	245	234
亏损企业数	个	54	49	31	32	19
产品销售收入	亿元	277.20	312.12	390.12	408.54	466.64
利润总额	亿元	14.27	21.47	30.51	24.72	27.53
资产总额	亿元	176.96	199.27	259.75	259.23	273.52
负债总额	亿元	91.40	103.69	133.43	122.80	137.26
外商和港、澳、台投资企业						
企业数量	个	111	116	96	98	96
亏损企业数	个	24	26	25	24	24
产品销售收入	亿元	664.10	736.74	863.72	927.14	999.64
利润总额	亿元	47.73	86.33	65.68	66.81	62.24
资产总额	亿元	479.75	562.34	577.10	676.54	754.95
负债总额	亿元	229.61	284.40	307.49	388.23	446.90
其他						
企业数量	个	248	255	204	—	256
亏损企业数	个	64	56	38	2	38
产品销售收入	亿元	377.98	504.02	627.85	738.36	872.25
利润总额	亿元	24.08	38.47	30.58	–0.32	48.98
资产总额	亿元	245.10	293.71	309.72	24.45	448.15
负债总额	亿元	135.53	169.41	187.10	22.92	264.10

数据来源：国家统计局

2009—2013年全国各地区液体乳及乳制品制造业企业数

单位：个

地区	2009年		2010年		2011年		2012年		2013年	
	总数	亏损数	总数	亏损数	总数	亏损数	总数	亏损数	总数	亏损数
全国	803	160	784	147	644	104	649	114	658	91
北京	14	7	15	8	9	5	8	4	6	3
天津	12	4	15	5	14	6	14	5	16	3
河北	52	19	39	13	32	5	34	7	35	6
山西	24	1	20	2	18	2	17	3	17	1
内蒙古	77	13	80	8	71	11	65	14	64	15
辽宁	28	4	23	3	16	2	16	3	22	1
吉林	10	1	14	2	14	3	13	1	11	1
黑龙江	77	14	74	11	64	14	65	15	62	8
上海	9	3	10	5	8	1	8	0	8	1
江苏	36	3	33	7	25	5	27	6	26	5
浙江	26	6	25	6	18	2	17	1	16	1
安徽	15	1	16	2	11	3	12	2	13	2
福建	13	1	12	2	8	1	9	2	8	1
江西	8	1	8	1	8	1	8	1	8	1
山东	101	8	97	8	83	2	79	6	74	4
河南	51	4	49	1	45	1	44	2	43	2
湖北	17	3	16	4	11	2	10	0	11	1
湖南	16	2	18	1	16	3	16	3	17	4
广东	27	6	28	3	23	5	28	6	28	4
广西	13	2	13	2	12	1	14	1	16	1
海南	3	0	3	2	0	0	0	0	0	0
重庆	5	3	5	2	0	1	4	1	4	1
四川	21	7	21	7	17	0	16	1	17	1
贵州	4	0	4	0	0	0	0	0	0	0
云南	11	6	11	3	12	5	14	4	15	4
西藏	0	0	0	0	0	0	0	0	0	0
陕西	53	10	53	14	39	7	41	7	45	3
甘肃	18	7	18	6	12	2	13	4	21	4
青海	7	0	8	0	4	0	5	0	6	0
宁夏	20	12	16	8	16	6	19	8	18	5
新疆	34	12	39	11	30	8	28	7	26	8

数据来源：国家统计局

2009—2013 年全国各地区液体乳及乳制品制造业产品销售收入

单位：亿元

地　区	2009 年	2010 年	2011 年	2012 年	2013 年
全　国	1 623.17	1 939.79	2 314.90	2 501.97	2 831.59
北　京	58.23	64.77	77.19	83.64	97.49
天　津	16.81	25.33	43.46	39.93	88.01
河　北	115.15	141.86	180.22	201.55	226.72
山　西	24.53	38.27	39.06	41.22	42.88
内蒙古	311.70	337.87	376.67	332.53	355.70
辽　宁	84.05	97.54	117.86	115.80	128.75
吉　林	7.97	13.08	22.48	25.09	27.32
黑龙江	260.72	306.68	347.39	310.25	334.51
上　海	100.99	119.24	128.11	150.69	144.02
江　苏	33.41	40.05	56.79	82.73	98.49
浙　江	23.13	23.24	33.02	44.31	48.03
安　徽	33.61	44.92	49.81	62.71	69.00
福　建	12.74	13.54	8.54	11.15	13.16
江　西	17.54	19.91	21.34	26.77	31.74
山　东	156.29	186.96	216.03	281.49	293.25
河　南	43.06	56.04	85.01	101.52	120.22
湖　北	26.68	33.26	41.00	45.05	55.41
湖　南	43.13	37.34	45.42	35.18	44.22
广　东	88.20	111.15	133.62	147.90	173.15
广　西	6.87	12.95	17.88	20.95	27.96
海　南	0.45	0.45	0.33	0.37	0.40
重　庆	8.99	16.72	21.72	19.72	31.12
四　川	24.18	38.32	50.22	53.15	63.63
贵　州	6.38	9.16	12.91	5.59	6.23
云　南	11.78	14.28	18.37	28.40	32.83
西　藏	0.67	0.71	0.84	1.11	1.15
陕　西	63.34	78.01	104.77	127.34	155.11
甘　肃	6.37	9.69	10.62	19.75	23.72
青　海	3.94	8.25	4.48	7.45	7.79
宁　夏	12.91	13.29	21.12	44.71	55.68
新　疆	19.35	26.87	28.61	33.94	33.92

数据来源：国家统计局

2009—2013年全国各地区液体乳及乳制品制造业利润总额

单位：亿元

地区	2009年	2010年	2011年	2012年	2013年
全国	104.56	176.99	148.93	159.55	180.11
北京	−0.05	1.35	0.73	0.47	−0.44
天津	0.18	0.50	0.16	0.50	6.23
河北	6.49	6.34	11.78	12.11	12.45
山西	1.13	3.31	2.09	2.38	2.37
内蒙古	17.92	47.32	25.45	22.35	35.82
辽宁	3.87	12.37	7.29	7.79	8.12
吉林	−0.03	0.14	1.12	0.74	0.75
黑龙江	20.55	31.08	22.92	21.70	28.85
上海	10.04	13.60	13.16	17.40	1.92
江苏	1.26	1.71	2.93	2.98	4.30
浙江	0.88	1.57	1.38	2.72	1.55
安徽	2.54	5.68	2.42	2.62	3.17
福建	0.37	0.41	0.66	0.51	0.92
江西	1.91	1.12	1.37	1.88	2.34
山东	11.19	15.80	19.01	18.69	24.37
河南	3.84	5.37	7.42	7.61	8.43
湖北	1.64	3.44	1.26	1.60	1.75
湖南	4.87	3.37	2.29	2.06	2.62
广东	7.59	13.21	13.75	16.43	14.35
广西	0.75	1.41	1.74	2.04	2.39
海南	0.03	0.01	0.02	0.05	0.03
重庆	0.59	0.54	0.30	0.49	−0.12
四川	0.63	2.21	2.12	2.98	2.76
贵州	0.79	0.88	0.20	0.22	0.25
云南	1.01	1.04	0.70	1.54	1.90
西藏	0.07	0.07	0.12	0.21	0.22
陕西	2.87	0.94	3.43	4.13	6.41
甘肃	−0.06	0.18	0.50	0.94	1.16
青海	0.15	0.56	0.64	0.67	0.64
宁夏	0.58	0.27	0.58	1.68	2.37
新疆	0.97	1.21	1.41	2.07	2.23

数据来源：国家统计局

2009—2013 年全国各地区液体乳及乳制品制造业资产总额

单位：亿元

地 区	2009 年	2010 年	2011 年	2012 年	2013 年
全 国	1 154.02	1 383.55	1 543.15	1 744.14	2 056.90
北 京	60.01	64.68	71.61	72.61	74.32
天 津	11.04	21.92	24.73	29.51	40.60
河 北	62.12	61.69	70.16	85.63	105.53
山 西	28.25	27.35	26.92	25.70	27.69
内蒙古	273.99	349.49	388.75	389.85	529.88
辽 宁	51.96	54.74	64.08	97.25	133.46
吉 林	10.27	12.23	15.44	15.00	17.73
黑龙江	144.89	165.65	191.11	194.19	205.84
上 海	67.42	75.37	79.93	100.95	100.02
江 苏	23.54	29.46	32.38	66.74	69.59
浙 江	18.27	21.26	24.18	25.97	29.38
安 徽	20.47	24.59	25.00	28.37	31.34
福 建	8.19	6.83	10.85	7.69	8.24
江 西	10.44	14.73	16.42	16.94	18.22
山 东	76.47	127.61	123.02	143.74	165.91
河 南	19.52	25.82	32.84	40.80	55.45
湖 北	29.91	21.91	25.55	22.73	24.09
湖 南	22.01	28.53	29.26	35.71	37.75
广 东	60.51	72.71	92.49	107.70	114.10
广 西	16.39	15.73	24.57	29.07	32.41
海 南	0.35	0.36	0.26	0.28	0.30
重 庆	8.93	12.73	13.66	13.55	16.20
四 川	17.68	25.42	28.58	29.92	32.12
贵 州	10.10	14.26	7.63	8.72	9.91
云 南	8.93	8.66	12.94	18.32	21.23
西 藏	1.42	1.48	1.40	2.75	3.68
陕 西	36.27	39.74	41.00	44.51	47.05
甘 肃	8.28	10.00	12.99	17.08	24.87
青 海	11.48	7.20	5.50	10.09	11.43
宁 夏	12.52	15.26	21.19	28.36	32.92
新 疆	22.41	26.16	28.74	34.40	35.63

数据来源：国家统计局

乳制品产量

2000—2013年全国乳制品产量

单位：万吨

年份	乳制品产量	其中		
		液态奶产量	干乳制品产量	其中：奶粉产量
2000年	207.49	124.57	82.92	
2001年	295.41	189.98	105.43	
2002年	447.04	353.70	93.34	
2003年	723.49	582.90	140.59	
2004年	949.19	806.73	142.46	
2005年	1 310.42	1 145.80	1 64.62	
2006年	1 459.58	1 244.04	215.54	
2007年	1 787.44	1 441.02	346.42	
2008年	1 810.56	1 525.23	285.33	
2009年	1 935.12	1 641.65	293.47	111.70
2010年	2 159.60	1 845.80	313.80	140.00
2011年	2 387.50	2 060.80	326.70	138.50
2012年	2 545.19	2 146.57	398.62	136.50
2013年	2 698.03	2 335.97	362.06	158.88

数据来源：国家统计局

2009—2013年全国乳制品产量及增长情况

单位：万吨，%

年份	乳制品		其中			
			液态奶		干乳制品	
	产量	同比	产量	同比	产量	同比
2009年	1 935.12	4.55	1 641.65	3.79	293.47	2.85
2010年	2 159.60	11.20	1 845.80	11.10	313.80	6.93
2011年	2 387.50	14.00	2 060.80	13.50	326.70	4.11
2012年	2 545.10	8.10	2 146.50	8.10	398.60	22.01
2013年	2 698.03	5.15	2 335.97	7.01	362.06	–9.17

数据来源：国家统计局

2009—2013年全国各地区乳制品产量

单位：万吨

地 区	2009年	2010年	2011年	2012年	2013年
全 国	1 935.12	2 159.60	2 387.49	2 545.19	2 698.03
北 京	52.20	52.30	58.65	56.58	58.76
天 津	33.34	26.58	22.87	43.98	62.55
河 北	196.63	255.44	269.00	272.48	298.12
山 西	48.14	50.03	52.46	65.18	53.43
内蒙古	379.55	345.36	383.21	325.67	300.92
辽 宁	95.93	101.55	102.88	106.04	96.69
吉 林	5.95	6.96	6.88	16.67	16.58
黑龙江	176.81	183.90	178.28	185.74	213.74
上 海	40.18	42.30	45.75	58.17	48.92
江 苏	95.20	100.19	100.25	128.32	141.63
浙 江	34.26	30.76	35.68	42.12	50.03
安 徽	44.52	66.48	79.02	75.23	94.05
福 建	15.87	16.74	19.41	22.45	26.44
江 西	18.71	28.17	28.91	28.51	32.09
山 东	202.94	249.64	311.67	320.72	274.73
河 南	108.48	132.69	158.70	175.36	193.06
湖 北	51.90	57.72	49.07	60.52	77.83
湖 南	18.24	18.26	26.98	37.73	38.45
广 东	41.14	58.12	61.22	56.80	88.84
广 西	8.58	11.17	14.33	15.73	27.11
海 南	0.42	0.46	0.40	0.42	0.45
重 庆	11.32	12.58	12.85	11.24	13.74
四 川	47.06	58.00	78.01	77.22	94.92
贵 州	4.07	4.40	5.51	5.88	6.74
云 南	28.78	31.00	34.62	47.03	50.46
西 藏	0.63	0.70	0.57	0.47	0.48
陕 西	117.15	147.97	160.20	172.10	183.98
甘 肃	10.58	14.34	16.73	23.99	29.02
青 海	6.08	11.90	12.18	15.75	16.64
宁 夏	13.57	13.41	25.20	56.56	65.74
新 疆	26.89	30.30	35.99	40.52	41.87

数据来源：国家统计局

2009—2013年全国各地区干乳制品产量

单位：万吨

地 区	2009年	2010年	2011年	2012年	2013年
全 国	293.47	313.80	326.70	398.62	362.06
北 京	2.36	2.35	3.78	4.35	3.20
天 津	4.45	7.83	1.69	24.16	33.04
河 北	16.79	26.04	9.50	32.90	23.74
山 西	4.71	6.37	4.59	4.82	4.77
内蒙古	31.06	36.44	73.50	52.28	27.95
辽 宁	44.48	1.97	8.05	0.42	0.11
吉 林	0.24	0.97	1.04	1.67	2.48
黑龙江	65.29	66.97	74.71	51.65	63.43
上 海	4.29	4.20	4.88	5.10	3.74
江 苏	1.62	3.84	6.21	19.13	19.20
浙 江	5.30	8.46	9.48	11.96	12.47
安 徽	2.54	6.10	11.87	4.25	4.07
福 建	4.24	4.44	2.49	5.11	4.61
江 西	2.21	2.34	2.64	3.53	4.68
山 东	13.70	29.55	25.33	55.05	43.17
河 南	20.22	26.24	1.45	29.98	4.45
湖 北	4.40	4.62	0.10	0.09	2.43
湖 南	4.58	3.67	4.89	20.39	17.52
广 东	6.77	7.96	8.78	28.84	32.38
广 西	1.15	1.67	2.48	2.53	6.28
海 南	0.00	0.00	0.00	0.00	0.00
重 庆	0.71	0.02	0.00	0.03	0.01
四 川	8.46	12.08	14.67	11.10	13.06
贵 州	0.02	0.02	0.02	0.00	0.00
云 南	1.01	0.65	0.93	0.99	0.91
西 藏	0.19	0.22	0.16	0.14	0.23
陕 西	31.47	35.81	33.30	16.98	22.20
甘 肃	0.92	1.09	1.04	1.29	2.45
青 海	0.73	2.74	0.17	0.19	0.26
宁 夏	4.07	2.67	12.09	2.91	2.75
新 疆	5.49	6.49	6.85	6.79	6.49

数据来源：国家统计局

2009—2013 年全国各地区液态奶产量

单位：万吨

地 区	2009 年	2010 年	2011 年	2012 年	2013 年
全 国	1 641.65	1 845.80	2 060.79	2 146.57	2 335.97
北 京	49.84	49.95	54.87	52.23	55.56
天 津	28.89	18.75	21.18	19.82	29.51
河 北	179.84	229.40	259.50	239.58	274.38
山 西	43.43	43.66	47.87	60.36	48.67
内蒙古	348.49	308.92	309.71	273.39	272.97
辽 宁	51.45	99.58	94.83	105.62	96.57
吉 林	5.71	5.99	5.84	15.00	14.10
黑龙江	111.52	116.93	103.57	134.09	150.31
上 海	35.89	38.10	40.86	53.07	45.18
江 苏	93.58	96.35	94.04	109.19	122.44
浙 江	28.96	22.30	26.20	30.17	37.56
安 徽	41.98	60.38	67.15	70.98	89.98
福 建	11.63	12.30	16.93	17.34	21.83
江 西	16.50	25.83	26.27	24.99	27.40
山 东	189.24	220.09	286.35	265.67	231.57
河 南	88.26	106.45	157.25	145.38	188.61
湖 北	47.50	53.10	48.97	60.43	75.40
湖 南	13.66	14.59	22.09	17.34	20.93
广 东	34.37	50.16	52.43	27.97	56.47
广 西	7.43	9.50	11.85	13.20	20.83
海 南	0.42	0.46	0.40	0.42	0.45
重 庆	10.61	12.56	12.85	11.21	13.74
四 川	38.60	45.92	63.33	66.12	81.86
贵 州	4.05	4.38	5.50	5.88	6.74
云 南	27.77	30.35	33.69	46.04	49.54
西 藏	0.44	0.48	0.40	0.32	0.26
陕 西	85.68	112.16	126.89	155.12	161.78
甘 肃	9.66	13.25	15.69	22.70	26.57
青 海	5.35	9.16	12.01	15.56	16.38
宁 夏	9.50	10.74	13.11	53.65	62.99
新 疆	21.40	23.81	29.15	33.73	35.38

数据来源：国家统计局

2009—2013年全国乳制品生产量（月度）

单位：万吨

月 份	2009年	2010年	2011年	2012年	2013年
01月	139.76	153.45	165.80	176.32	201.85
02月	145.11	149.74	153.40	171.05	201.85
03月	149.75	168.00	178.40	196.40	214.70
04月	154.35	175.40	183.90	190.82	213.78
05月	164.03	174.46	185.40	199.15	224.79
06月	169.52	179.50	209.50	215.16	247.60
07月	160.39	179.70	223.10	209.33	217.60
08月	172.76	193.10	211.60	213.04	219.40
09月	173.61	192.20	214.30	247.39	233.60
10月	170.02	195.10	208.60	225.86	229.70
11月	165.47	189.20	214.80	245.81	232.50
12月	173.03	199.80	234.10	260.81	246.06

数据来源：国家统计局

2009—2013年全国液态奶生产量（月度）

单位：万吨

月 份	2009年	2010年	2011年	2012年	2013年
01月	118.01	127.22	141.00	148.42	166.35
02月	122.70	127.87	128.60	142.32	166.35
03月	126.28	142.00	149.50	163.87	180.88
04月	122.20	150.80	152.40	158.95	186.20
05月	140.58	148.27	155.30	167.50	194.28
06月	142.23	151.20	178.40	180.91	206.65
07月	135.31	153.20	199.10	178.93	185.22
08月	145.09	165.90	184.10	182.05	188.63
09月	146.69	163.60	186.80	212.53	198.27
10月	143.03	167.99	180.10	193.38	196.72
11月	140.92	162.70	183.00	200.98	200.42
12月	144.02	170.50	200.10	220.69	212.02

数据来源：国家统计局

2009—2013 年全国奶粉生产量（月度）

单位：万吨

月 份	2009 年	2010 年	2011 年	2012 年	2013 年
01 月	5.41	8.80	10.00	10.10	10.18
02 月	5.78	7.70	8.40	10.30	9.35
03 月	7.67	9.30	10.40	12.20	14.40
04 月	7.12	8.30	10.50	10.40	12.00
05 月	8.08	9.40	10.10	11.50	12.98
06 月	9.84	10.90	12.80	13.40	17.89
07 月	10.05	11.20	10.20	10.90	14.53
08 月	9.92	12.30	11.10	10.50	12.33
09 月	11.17	13.60	13.00	11.10	14.68
10 月	10.20	12.80	12.40	12.60	14.32
11 月	9.32	12.50	13.30	13.30	13.77
12 月	13.58	14.60	14.30	14.00	13.32

数据来源：国家统计局

【奶业国际贸易】

种畜国际贸易

1998—2013年全国改良种用牛、胚胎及冻精进口量值

年份	改良种用牛			胚胎			牛冷冻精液		
	进口量（头）	进口额（万美元）	平均单价（美元/头）	进口量（千克）	进口额（万美元）	平均单价（美元/千克）	进口量（千克）	进口额（万美元）	平均单价（美元/千克）
1998年	1 654	195.73	1 183	24	18.04	7 517	95	11.75	1 237
1999年	101	59.46	5 887	215	71.39	3320	16	3.95	2 469
2000年	581	222.47	3829	246	139.34	5 664	64	10.08	1 575
2001年	2 775	599.24	2 159	338	75.83	2 243	167	17.16	1 028
2002年	11 429	2 199.45	1924	630	290.36	4 609	366	70.13	1 916
2003年	50 007	7 182.92	1 436	4 046	257.7	637	337	69.33	2 057
2004年	132 438	19 062.39	1439	411	193.85	4 717			
2005年	49 586	7 429.63	1 498	159	141.33	8 889	323	95.8	2 966
2006年	15 067	2 430.18	1613	185	108.35	5 857	1 857	237.15	1 277
2007年	14 744	2 898.12	1 966	92	161.65	17 571	1 189	444.01	3 734
2008年	15 075	3 420.47	2 269	74	134.10	18 121	1 811	278.90	1 540
2010年	87 990	19 301.74	2 194	8 312	170.95	206	4405	1 231.80	2 796
2011年	99 348	26 209.99	2 638	10 197	373.54	366	5 620	1 339.93	2 384
2012年	128 294	37 540.32	2 932	99	325.83	32 912	7 102	1 758.51	2 476
2013年	102 243	26 666.68	2 608	86	264.29	30 732	8 677	2 131.32	2 456

数据来源：海关总署

1998—2013 年全国改良种用牛、胚胎出口量值

年 份	改良种用牛			胚 胎		
	出口量（头）	出口额（万美元）	平均单价（美元 / 头）	出口量（千克）	出口额（万美元）	平均单价（美元 / 千克）
1998 年	239	2.39	100			
1999 年	101	1.82	180			
2000 年				2 090	1.32	6
2001 年						
2002 年	134	3.33	249			
2003 年	10	0.03	30			
2004 年	354	5.46	154			
2005 年	60	0.55	92			
2006 年	161	2.32	144	10	0	
2007 年	1 061	56.17	529	0.00	0.08	
2008 年	696	98.19	14 11	0.00	0.00	
2009 年	52	2.47	474	5.00	0.10	200.00
2010 年	198	10.84	547			
2011 年	218	21.42	983	0.00	0.00	
2012 年	100	7.90	790	1.00	0.05	530.00
2013 年	0	0.00	0	0.00	0.00	0.00

数据来源：海关总署

2009—2013 年全国改良用牛进口量值（来源地）

单位：头，万美元

来源地	2009 年		2010 年		2011 年		2012 年		2013 年	
	进口量	进口额	进口量	进口额	进口量	进口额	进口量	进口额	进口量	进口额
国家合计	37 453	7 523.38	87 990	19 301.74	99 348	26 209.99	124 291	36 440.32	102 243	26 666.68
澳大利亚	23 476	4 943.17	64 221	14 255.76	54 299	14 687.72	61 145	18 153.62	6 6950	17 089.77
新 西 兰	9 999	1 678.72	15 521	3 121.74	28 272	7 176.99	35 643	10 508.06	31 271	8 390.41
乌 拉 圭	3 970	873.40	8 248	1 924.25	16 777	4 345.27	2 7503	7 778.63	4 022	1 186.49
南 非	8	28.08								

数据来源：海关总署

2009—2013年全国改良用牛进口量（进口地区）

单位：头

进口地区	2009年	2010年	2011年	2012年	2013年
全国合计	37 453	87 990	99 348	124 291	102 243
北 京	897	2 583	2 272	8 164	13 818
江 苏	2 875	5 956	9 869	11 895	13 720
山 东	2 919	10 242	13 592	12 697	12 105
辽 宁	5 847	22 142	20 474	21 760	10 312
黑龙江	11 841	16 955	5 757	3 618	10 074
内蒙古	395	2 278	16 656	11 796	9 495
宁 夏		5		11 308	9 137
河 北		3 748	13 595	12 090	8 690
甘 肃				893	4 361
新 疆			78	11	2 997
福 建					2 931
陕 西	5 821	6 000		4 535	1 936
湖 北		2 492	7 632	45	1 200
河 南	13	45		22	871
广 东	5	710		1 378	500
广 西					96
安 徽	3866	7 941	5 731	17 960	
四 川		3 000	1 633		
山 西		10	1 445		
浙 江			434	300	
上 海				122	
重 庆			133	98	
云 南			47	1 500	
贵 州		3 883		3 099	
吉 林	2 950			1 000	
天 津	16				
海 南	8				

数据来源：海关总署

2009—2013 年全国胚胎进口量值（来源地）

单位：千克、万美元

来源地	2009 年		2010 年		2011 年		2012 年		2013 年	
	进口量	进口额	进口量	进口额	进口量	进口额	进口量	进口额	进口量	进口额
国家合计	92	101.53	8312	170.95	10 197	373.54	99	325.83	86	264.29
泰　国			6 549	5.03	9 901	7.94				
澳大利亚	13	17.15	22	47.94	116	160.33	8	74.92	6	36.97
美　国	71	70.69	124	87.94	89	135.41	29	201.22	33	137.87
加拿大	6	13.65	19	29.56	76	69.28	62	49.53	47	89.43
英　国					15	0.40		0.14		
法　国	2	0.02				0.16		0.01		0.02
芬　兰						0.02				
意大利										
俄罗斯联邦			1 598	0.48						
德　国	0.00	0.02								

数据来源：海关总署

2009—2013 年全国胚胎进口量值（进口地区）

单位：千克、万美元

进口地区	2009 年		2010 年		2011 年		2012 年		2013 年	
	进口量	进口额	进口量	进口额	进口量	进口额	进口量	进口额	进口量	进口额
全国合计	92	101.53	8 312	170.95	10 197	373.54	99	325.83	86	264.29
浙　江			6 549	5.03	9 901	7.94				
北　京	64	83.11	138	105.76	222	339.80	76	211.08	50	1 122.68
新　疆			1	0.18	30	0.54				
内蒙古					20	5.55		69.39	3	0.44
江　苏					15	0.92		0.15		0.03
河　北			5	11.60	6	14.75				
海　南			2	3.25	2	3.85				
广　东					1	0.14		0.01		0.04
上　海	2	0.02				0.04	4	16.40	2	11.00
山　东	26	12.00	1 608	12.75			4	26.40		
黑龙江			6	18.16						
河　南			3	10.20						
云　南				4.01						
辽　宁							15	2.40	31	56.31
安　徽										
天　津		6.39								

数据来源：海关总署

2009—2013年全国牛冷冻精液进口量值（来源地）

单位：千克、万美元

来源地	2009年		2010年		2011年		2012年		2013年	
	进口量	进口额	进口量	进口额	进口量	进口额	进口量	进口额	进口量	进口额
国家合计	2 106	445.23	4 405	1 231.80	5 620	1 339.93	7 102	0.00	8 677	2 131.32
美国	1 092	276.22	1 784	410.94	2 326	640.07	1 898	0.00	4 788	1 151.93
加拿大	541	88.09	1 191	571.64	1 860	442.41	3 776	0.00	2 778	661.55
荷兰	450	41.91	712	102.71	1 110	75.14	1 260	0.00		
德国	8	19.58	550	133.68	189	117.35	55	0.00	512	160.94
法国	2	10.70	163	11.72	65	14.57	10	0.00	550	97.16
意大利	10	5.45	5	0.01	43	24.98	30	0.00		
瑞典					25	12.53	25	0.00	16	32.43
新西兰					2	10.58	16	0.00	20	13.37
挪威	2	2.25	0.00	1.10	0	2.31				
丹麦							10	0.00		
奥地利							3	0.00		
罗马尼亚									13	13.94
澳大利亚	1	1.04					19	0.00		

数据来源：海关总署

2009—2013年全国牛冷冻精液进口量值（进口地区）

单位：千克、万美元

进口地区	2009年		2010年		2011年		2012年		2013年	
	进口量	进口额	进口量	进口额	进口量	进口额	进口量	进口额	进口量	进口额
全国合计	2 106	445.23	4 405	1 231.80	5 620	1 339.93	7 102	1 758.51	8 677	2 131.32
北京	1 962	272.68	4 121	637.75	5 205	1 061.05	5 885	1 300.22	7 275	1 652.63
内蒙古	124	161.27	99	148.73	350	208.27	40	244.02	10	47.71
上海					30	13.01	1 177	214.26	752	294.71
山东	20	11.29	70	315.16	14	21.53	7 102		183	26.62
广西					11	18.65				
河北					10	17.43			157	42.92
黑龙江			107	129.63						
河南			8	0.54						
天津									8	11.91
江苏									4	1.10
新疆									288	53.7136

数据来源：海关总署

2009—2013 年全国改良种用牛进口量值（月度）

单位：头 万美元

月 份	2009 年		2010 年		2011 年		2012 年		2013 年	
	进口量	进口额	进口量	进口额	进口量	进口额	进口量	进口额	进口量	进口额
合 计	87 990	19 301.74	87 990	19 301.74	99 348	26 209.99	128 294	37 540.32	102 243	26 666.68
01 月	11 655	2 276.57	11 655	2 276.57	6 287	1 546.02	10 754	2 955.55	5 958	1 753.74
02 月	3 918	667.32	3918	667.32	2 763	614.77	3 143	1 000.91	11 102	3 111.54
03 月	13 565	2 928.20	13 565	2 928.20	11 145	2 717.76	9 932	2 834.92	9 736	2 677.93
04 月	2 956	679.92	2 956	679.92	5 211	1 295.46	4 529	1 289.71	3 926	1 092.64
05 月	3 948	892.25	3 948	892.25	9 725	2 449.60	24 401	6 995.57	2 698	648.00
06 月	11 709	2 580.09	11 709	2 580.09	1 799	483.74	5 387	1 491.20	0	0.00
07 月	3 000	616.85	3 000	616.85	1 0565	2 638.16	11 485	3 334.77	15 384	3 705.31
08 月	1 590	393.58	1 590	393.58			15 296	4 902.95	6 870	1 611.86
09 月	11 549	2 562.89	11 549	2 562.89	5 119	1 536.70	2 882	881.49	3 842	1 035.54
10 月	8 880	2 079.54	8 880	2 079.54	10 966	3 035.29	15 646	4 588.90	15 550	4 635.66
11 月	13 578	3 144.74	13 578	3 144.74	5 094	1 544.00	9 117	2 689.34	17 295	4 028.38
12 月	4 489	1 066.29	4 489	1 066.29	17 546	5 052.61	15 722	4 575.00	9 882	2 366.09

数据来源：海关总署

2009—2013 年全国动物胚胎进口量值（月度）

单位：千克 万美元

月 份	2009 年		2010 年		2011 年		2012 年		2013 年	
	进口量	进口额	进口量	进口额	进口量	进口额	进口量	进口额	进口量	进口额
合 计	92	101.53	8 312	170.95	10 197	373.54	99	325.83	86	264.29
01 月	56	27.00	1 703	56.50	65	46.97	50	25.63	14	32.86
02 月					2	3.98	0	0.00	0	0.03
03 月					15	0.44	3	23.81	27	75.34
04 月	5	3.96	0	4.01	1 185	32.35	10	15.52	2	17.00
05 月	5	3.57	16	4.69	1 571	1.26	0	25.32	5	30.05
06 月	1	4.80	12	21.93	2 533	9.94	2	11.90	2	2.62
07 月	17	37.32	1 328	0.84	2 196	2.03	3	16.33	5	7.62
08 月	0.00	0.02	3 351	29.68	1 789	23.68	2	43.36	0	0.00
09 月			1 681	1.53	0	0.00	4	60.47	7	24.35
10 月	1	2.71	202	16.79	33	115.08	4	26.41	5	7.07
11 月					20	5.55	2	15.23	1	16.18
12 月	7	22.15	19	34.98	53	131.67	19	61.84	18	51.17

数据来源：海关总署

2009—2013 年全国牛冷冻精液进口量值（月度）

单位：千克，万美元

月 份	2009 年		2010 年		2011 年		2012 年		2013 年	
	进口量	进口额	进口量	进口额	进口量	进口额	进口量	进口额	进口量	进口额
合 计	2 106	445.23	4 405	1 231.80	5 620	1 339.93	7 102	1 758.51	8 677	2 131.32
01 月	7	24.08	248	155.00	483	143.21	291	52.58	507	169.76
02 月	5	0.65	60	10.98	326	27.28	497	54.83	59	18.55
03 月	425	51.90	498	27.86	202	26.13	844	110.67	197	124.39
04 月	159	14.27	475	125.31	465	71.98	51	57.93	953	113.63
05 月	10	71.52	551	57.06	580	120.19	1 848	249.72	1 045	87.69
06 月	23	13.52	595	156.84	50	10.46	703	254.88	760	398.10
07 月	138	15.62	298	352.20	340	36.81	1 000	141.13	591	73.13
08 月	180	38.45	263	33.20			320	83.67	794	185.80
09 月	165	92.91	418	65.80	197	126.74	353	241.80	289	99.06
10 月	49	8.03	175	39.47	1 076	167.14	10	23.12	445	191.21
11 月	250	36.46	255	36.85	664	249.96	488	153.16	1 170	202.70
12 月	695	77.83	569	174.91	743	303.51	697	335.02	1 867	467.30

数据来源：海关总署

2009—2013 年全国改良用牛出口量值（目的地）

单位：头，万美元

目的地	2009 年		2010 年		2011 年		2012 年		2013 年	
	出口量	出口额	出口量	出口额	出口量	出口额	出口量	出口额	出口量	出口额
国家合计	52	2.47	198	10.84	218	21.42	100	7.90	0	0.00
蒙 古	50	2.27	178	9.08	218	21.42	0	0.00	0	0.00
朝 鲜	2	0.20	20	1.76			100	7.90	0	0.00

数据来源：海关总署

2009—2013 年全国改良用牛出口量值（出口地区）

单位：头，万美元

目的地	2009 年		2010 年		2011 年		2012 年		2013 年	
	出口量	出口额	出口量	出口额	出口量	出口额	出口量	出口额	出口量	出口额
国家合计	52	2.47	198	10.84	218	21.42	100	7.90	0	0.00
内蒙古	50	2.27	178	9.08	218	21.42	0	0.00	0	0.00
吉 林	0	0.00	20	1.76	0	0.00	100	7.90	0	0.00
辽 宁	2	0.20	0	0.00	0	0.00	0	0.00	0	0.00

数据来源：海关总署

2009—2013 年全国胚胎出口量值（目的地）

单位：千克，万美元

目的地	2009 年		2010 年		2011 年		2012 年		2013 年	
	出口量	出口额	出口量	出口额	出口量	出口额	出口量	出口额	出口量	出口额
国家合计	5.00	0.10			0.00	0.00	1.00	0.05	0	0.00
美 国	5.00	0.10			0.00	0.00		0.04	0	0.00
立陶宛									0	0.00
韩 国							1	0.01	0	0.00

数据来源：海关总署

2009—2013 年全国胚胎出口量值（出口地区）

单位：千克，万美元

目的地	2009 年		2010 年		2011 年		2012 年		2013 年	
	出口量	出口额	出口量	出口额	出口量	出口额	出口量	出口额	出口量	出口额
国家合计	5.00	0.10			0.00	0.00	1.00	0.05	0	0.00
北 京	5.00	0.10			0.00	0.00		0.04	0	0.00
广 西							1.00	0.01	0	0.00

数据来源：海关总署

牧 草 国 际 贸 易

2009—2013 年我国苜蓿进口量值

单位：吨，万美元，美元 / 吨

年份	进口量	进口额	进口单价
2009 年	76 616	2 043	267
2010 年	227 175	6 148	271
2011 年	288 469	10 361	359
2012 年	442 170	17 510	396
2013 年	755 598	28 060	371

数据来源：海关总署

乳制品国际贸易

2009—2013 年全国乳制品进口情况

单位：吨，万美元，美元 / 吨

品种	2009 年			2010 年			2011 年			2012 年			2013 年		
	进口量	进口额	平均单价	进口量	进口额	平均单价	进口量	进口额	平均单价	进口量	进口额	平均单价	进口量	进口额	平均单价
乳制品	596 999.25	102 799.22	1 721.93	745 293.54	196 952.44	2 642.62	906 063.52	262 019.46	2 891.84	1 340 953.62	467 190.96	3 484.02	1 827 134.80	714 663.52	3 911.39
液态奶	14 305.25	2 406.28	1 682.10	17 119.09	3 238.27	1 891.61	43 085.89	6 941.51	1 611.09	10 1678.38	14 363.19	1 412.61	194 807.32	27 455.32	1 409.36
鲜奶	12 779.41	1 970.20	1 541.70	15 889.94	2 818.93	1 774.04	40 539.83	6 049.02	1 492.12	93 781.28	11 874.92	1 266.24	184 566.60	23 440.24	1 270.02
酸奶	1 525.84	436.08	2 857.96	1 229.15	419.34	3 411.59	2 546.06	892.49	3 505.37	7 897.10	2 488.26	3 150.85	10 240.72	4 015.08	3 920.70
干乳制品	582 694.00	100 392.94	1 722.91	728 174.45	193 714.17	2 660.27	862 977.63	255 077.95	2 955.79	1 239 275.25	452 827.77	3 653.97	1 632 327.48	687 208.20	4 209.99
奶粉	246 787.44	58 040.89	2 351.86	414 039.80	138 810.02	3 352.58	449 541.86	164 544.50	3 660.27	572 875.19	192 738.56	3 364.41	854 415.94	358 472.83	4 195.53
炼乳	1 732.28	397.51	2 294.71	3 266.03	739.17	2 263.20	4 913.49	1 155.41	2 351.50	5 514.50	1 259.59	2 284.14	9 265.34	2 088.32	2 253.90
乳清	288 753.81	28 422.04	984.30	264 499.03	34 480.99	1 303.63	344 244.02	57 102.19	1 658.77	378 378.65	74 723.67	1 974.84	434 069.55	85 045.29	1 959.25
奶油	28 443.69	6 566.50	2 308.60	23 448.93	9 140.62	3 898.10	35 675.52	18 368.42	5 148.75	48 325.96	19 566.16	4 048.79	52 300.67	22 611.98	4 323.46
干酪	16 976.78	6 966.00	4 103.25	22 920.66	10 543.37	4 599.94	28 602.74	13 907.45	4 862.28	38 805.57	18 655.11	4 807.33	47 316.49	23 106.20	4 883.33
婴幼儿配方奶粉										91 511.19	104 867.46	11 459.52	122 792.70	147 795.08	12 036.15
其他相关制品															
乳糖							46 423.53	5 679.39	1 223.39	79 811.70	15 584.86	1 952.70	83 538.85	14 479.60	1 733.28
酪蛋白										12 476.46	12 389.77	9 930.51	12 534.92	13 863.95	11 060.26
白蛋白										11 576.03	13 042.60	11 266.90	16 093.01	19 744.94	12 269.27

数据来源：海关总署

2009—2013 年全国乳制品出口情况

单位：吨，万美元，美元 / 吨

品 种	2009 年			2010 年			2011 年			2012 年			2013 年		
	出口量	出口额	平均单价	出口量	出口额	平均单价	出口量	出口额	平均单价	出口量	出口额	平均单价	出口量	出口额	平均单价
乳制品	36 779.68	5 688.98	1 546.77	33 760.80	4 394.21	1 301.57	43 324.93	7 966.23	1 838.72	44 896.09	8 235.84	1834.42	36 051.58	5 701.70	1 581.54
液态奶	20 873.73	1 449.27	694.30	23 666.90	1 714.04	724.24	26 020.12	2 140.17	822.50	27 801.27	2 362.20	849.67	26 475.10	2 415.44	912.35
鲜奶	20 030.12	1 334.25	666.12	22 492.16	1 599.63	711.20	25 169.39	2 061.00	818.85	27 275.33	2 312.49	847.83	25 959.94	2 365.27	911.12
酸奶	843.61	115.02	1 363.42	1 174.73	114.41	973.90	850.73	79.17	930.57	525.94	49.70	945.02	515.16	50.18	974.01
干乳制品	15 905.95	4 239.71	2 665.48	10 093.91	2 680.17	2 655.23	17 304.80	5 826.06	3 366.73	17 094.82	5 873.65	3 435.92	9 576.48	3 286.26	3 431.59
奶粉	9 737.53	3 085.97	3 169.15	2 969.70	942.89	3 175.05	9 327.20	3 710.94	3 978.62	9 702.58	3 983.63	4 105.74	3 317.68	1 622.13	4 889.34
炼乳	3 691.95	571.11	1 546.91	3 443.52	590.28	1 714.17	3 130.18	599.33	1 914.67	3 723.25	720.08	1 934.01	4 476.78	947.32	2116.09
乳清	316.09	33.88	1 071.92	445.54	80.06	1 796.81	1 149.59	145.92	1 269.30	701.79	143.12	2 039.40	838.68	354.73	4 229.61
奶油	2 045.65	501.01	2 449.13	3 038.76	972.28	3 199.59	3 358.96	1 192.87	3 551.31	2 567.02	801.01	3 120.40	824.82	276.61	3 353.56
干酪	114.73	47.73	4 160.72	196.40	94.67	4 820.20	338.87	177.01	5 223.52	400.18	225.80	5 642.58	118.52	85.46	7 211.12
供婴幼儿食用的零售包装食品含														299.34	6 833.04

数据来源：海关总署

2009—2013 年全国鲜奶进口量值（来源地）

单位：吨，万美元

来源地	2009 年		2010 年		2011 年		2012 年		2013 年	
	进口量	进口额	进口量	进口额	进口量	进口额	进口量	进口额	进口量	进口额
国家或地区合计	12 779.41	1 970.20	15 889.94	2 818.93	40 539.83	6 049.02	93 781.28	11 874.92	184 566.60	23 440.24
新西兰	5 576.18	1 049.09	7 419.96	1 580.98	17 235.77	3 320.75	24 650.08	4 542.32	33 234.72	5 806.96
德国	1 677.61	152.09	3 076.91	309.74	13 360.26	1 134.20	37 700.32	3 022.60	77 392.07	7 225.54
澳大利亚	1 630.65	146.55	1 423.03	138.09	4 549.23	496.48	12 980.66	1 462.02	21 735.79	2 498.53
法国	2 128.40	364.83	3 421.20	669.92	4 266.34	914.54	10 256.97	1 725.49	26 676.66	4 587.16
美国	35.64	8.05	45.17	4.79	322.19	37.20	2 746.90	358.22	3 900.44	536.19
英国	192.86	37.04	231.05	52.21	282.07	79.29	593.90	117.74	1 873.70	363.56
韩国	1 196.30	145.07	36.56	5.09	136.97	15.62	1 923.73	353.35	4 639.20	885.33
中国台湾	39.32	4.23	17.41	1.37	75.64	5.98	56.67	9.91	218.88	33.93
智利			0.04	0.04	65.32	6.95	200.31	20.17	355.67	34.19
西班牙	0.74	0.04	56.48	13.74	56.66	9.80	35.99	3.68	177.27	12.53
奥地利	36.00	9.02	54.76	14.08	53.81	15.42	142.06	33.08	415.57	68.28
比利时	1.64	0.66	1.63	0.76	39.29	3.82	262.37	21.79	1 805.54	219.88
意大利	26.77	2.30	14.41	1.25	38.43	3.62	319.16	31.72	921.25	119.82
瑞士					36.28	3.86	433.77	48.42	3 088.50	403.06
荷兰	90.72	21.66			18.72	1.22	200.96	16.58	923.59	65.08
泰国					2.70	0.22	120.20	12.87	279.42	30.52
丹麦	0.32	0.08	29.15	8.73	0.15	0.06	0.03	0.01	294.55	48.11
日本	107.22	23.52	62.17	18.14						
阿根廷	25.00	4.76							41.11	2.91
俄罗斯联邦	14.03	1.20								
马来西亚	0.01	0.01								
乌克兰	0.005	0							0.01	0.00
哥斯达黎加									20.71	2.11
波兰							279.09	29.51	2 912.06	235.01
加拿大							49.86	5.14	135.08	11.79
乌拉圭							817.60	57.55	3 392.10	232.79
爱尔兰							10.66	2.77	94.56	25.11

数据来源：海关总署

2009—2013 年全国鲜奶进口量值（进口地区）

单位：吨，万美元

进口地区	2009 年		2010 年		2011 年		2012 年		2013 年	
	进口量	进口额	进口量	进口额	进口量	进口额	进口量	进口额	进口量	进口额
全国合计	12 779.41	1 970.20	15 889.94	2 818.93	40 539.83	6 049.02	93 781.28	11 874.92	184 566.60	23 440.24
上 海	7 823.36	1 139.54	10 910.25	1 708.68	27 509.87	3 578.45	69 518.05	7 805.76	120 274.20	14 344.37
北 京	1 398.70	277.95	2 158.17	532.36	3 804.79	907.42	9 091.29	1 441.60	32 747.01	4 203.92
福 建	66.66	9.67	61.30	14.64	3 466.59	374.14	1 296.02	201.46	1 020.16	201.04
广 东	1 870.69	302.06	1 884.61	379.18	3 447.59	693.82	7 676.36	1 330.65	11 913.48	2 022.33
江 苏			70.28	4.79	491.22	72.45	339.42	53.45	889.59	88.02
浙 江	150.85	38.68	438.43	93.92	475.23	141.98	903.33	197.15	3 893.22	497.93
天 津	157.44	34.64	153.90	27.09	448.36	123.20	1 417.47	298.55	3 434.19	638.28
广 西					396.89	61.60	42.76	2.80		
辽 宁	125.99	33.64	172.46	47.79	259.72	70.51	1 079.94	148.18	2 892.94	348.17
山 东	1 170.85	132.62	40.54	10.48	197.54	20.56	2 267.99	378.00	6 729.13	1 025.58
河 北	0.50	0.03			42.02	4.88	80.06	10.73	53.78	6.88
内蒙古	14.03	1.20								
重 庆	0.36	0.17					68.02	6.53	60.09	5.04
四 川							0.56	0.08		
安徽									47.02	13.16
河南									181.41	15.13
湖北									392.21	38.57

数据来源：海关总署

2009—2013 年全国酸奶进口量值（来源地）

单位：吨，万美元

来源地	2009 年		2010 年		2011 年		2012 年		2013 年	
	进口量	进口额	进口量	进口额	进口量	进口额	进口量	进口额	进口量	进口额
国家或地区合计	1 525.84	436.08	1 229.15	419.34	2 546.06	892.49	7 897.10	2 488.26	10 240.72	4 015.08
新西兰	605.48	104.94	49.47	21.43	602.95	218.25	4 304.09	1 454.89	6 557.79	2 880.00
法国	79.83	35.46	133.52	54.29	461.24	159.86	484.71	159.47	225.57	91.53
德国	79.80	23.05	131.64	24.48	356.67	69.40	1213.16	272.96	711.35	178.58
中国台湾	70.27	12.74	187.26	41.65	305.11	69.61	439.32	105.53	281.08	64.75
澳大利亚	145.54	68.95	220.68	99.34	259.41	142.33	252.67	145.96	326.36	202.44
瑞士	129.92	49.59	185.40	74.06	229.83	106.54	315.68	130.78	371.73	156.53
西班牙	148.46	31.36	112.22	25.05	134.63	31.42	462.17	97.26	1 062.95	236.54
美国	17.91	9.30	28.66	12.43	52.57	29.48	73.91	18.64	54.92	16.24
芬兰					50.00	15.00				
英国							0.07	0.05		
荷兰	73.05	37.29	32.00	15.86	40.00	22.79	51.93	25.25	101.13	43.51
泰国	9.99	7.36	11.40	0.62	27.19	3.58	204.99	28.39	261.24	33.64
希腊	3.05	2.07	10.07	7.91	18.04	16.34	30.30	29.03	34.23	35.17
意大利	1.01	0.55	2.21	1.72	7.27	7.21	2.04	1.46	3.60	4.35
加拿大	0.28	0.10			0.44	0.41				
塞浦路斯			0.20	0.05	0.43	0.11				
韩国	7.61	2.85	0.47	0.16	0.16	0.04	59.91	17.13	89.20	28.46
丹麦					0.12	0.09				
圣文森特和格林纳丁斯			0.01	0.03	0.01	0.03				
爱尔兰			75.00	22.69					2.00	0.98
比利时			25.03	7.62			2.13	1.36	3.41	2.25
日本	105.55	43.21	22.65	9.40					0.00	0.00
中国香港	0.02	0.01	0.61	0.18					0.00	0.00
智利			0.60	0.35						
英国	0.07	0.04	0.05	0.02						
马来西亚			0.01	0.00			0.05	0.11		
瑞典	48.00	7.20								
乌拉圭									50.00	15.92
奥地利									18.96	8.65
波兰									69.21	13.38
越南									16.00	1.45

数据来源：海关总署

2009—2013 年全国酸奶进口量值（进口地区）

单位：吨，万美元

进口地区	2009 年		2010 年		2011 年		2012 年		2013 年	
	进口量	进口额	进口量	进口额	进口量	进口额	进口量	进口额	进口量	进口额
全国合计	1 525.84	436.08	1 229.15	419.34	2 546.06	892.49	7 897.10	2 488.26	10 240.72	4 015.08
上 海	726.39	234.34	948.09	310.70	1 609.78	510.09	2 555.50	733.17	2 617.24	904.02
天 津			4.23	2.33	291.09	94.12	813.83	251.06	415.60	178.42
广 东	595.94	106.11	23.30	13.71	240.50	92.75	3 190.38	997.96	6 138.22	2 432.55
北 京	93.39	40.07	155.59	56.48	225.77	108.57	1 020.46	330.97	550.31	208.27
浙 江	74.73	37.37	46.58	16.71	65.75	47.82	164.87	133.59	209.52	126.65
山 东	23.56	10.22	42.59	18.15	64.99	23.53	131.56	34.61	187.80	109.02
福 建	0.00	0.00	8.72	1.20	44.99	13.26			5.39	5.76
辽 宁					2.49	1.05	1.24	2.05	16.14	2.88
河 北					0.71	1.30			16.62	16.01
江 苏	3.52	0.69	0.03	0.06			19.27	4.85	69.06	16.27
吉 林			0.02	0.01						
广 西	8.31	7.29	0.01	0.00						
黑龙江									6.58	7.00
重 庆									8.25	7.53

数据来源：海关总署

2009—2013 年全国奶油进口量值（来源地）

单位：吨，万美元

来源地	2009 年		2010 年		2011 年		2012 年		2013 年	
	进口量	进口额	进口量	进口额	进口量	进口额	进口量	进口额	进口量	进口额
国家或地区合计	28 443.69	6 566.50	23 448.93	9 140.62	35 675.52	18 368.42	48 325.94	19 566.14	52 300.67	22 611.98
新西兰	24 398.18	5 319.90	19 500.49	7 349.64	31 282.04	15 970.02	43 155.45	16 982.72	45 670.44	18 957.56
澳大利亚	2 135.37	496.12	1 779.38	728.31	1 827.35	822.84	2 265.14	901.92	1 827.34	823.59
法国	563.01	269.01	797.24	445.47	912.72	592.34	882.30	561.97	1 369.15	937.03
比利时	336.41	130.18	319.75	159.49	498.80	352.16	653.12	395.53	1 226.70	752.45
阿根廷	77.00	14.48	402.62	134.45	369.00	161.29	437.50	171.62	307.72	123.31
丹麦	144.89	83.68	192.71	120.52	227.15	171.22	293.99	238.10	236.84	180.91
美国	112.47	40.32	202.33	91.83	212.41	113.30	151.62	80.76	773.08	399.64
荷兰	229.20	77.48	135.50	53.04	132.45	68.29	154.83	70.26	162.58	86.55
爱尔兰	32.61	15.97	56.24	25.57	72.69	42.77	78.07	48.44	90.50	66.44
乌拉圭	22.47	5.19			65.00	30.23	75.00	25.93	226.00	68.45
德国	42.56	18.80	53.52	28.60	43.17	27.90	150.00	75.55	85.85	49.05
智利			0.01	0.01	25.00	12.08				
新加坡	11.34	2.31	8.00	3.27	7.70	3.93	25.08	11.29	151.04	92.83
意大利	0.21	0.14	0.05	0.05	0.03	0.06	0.51	0.24	8.60	5.73
菲律宾					0.00	0.00			0.00	0.00
中国台湾	0.04	0.05	1.00	0.29			3.03	1.60	13.50	7.59
日本	63.73	28.68	0.07	0.07						
西班牙			0.01	0.01					10.97	8.37
芬兰	273.88	64.06								
泰国	0.19	0.10					0.01	0.09		
韩国	0.14	0.03					0.30	0.12	0.00	0.00
英国									1.47	2.00
哥斯达黎加									120.00	42.84
危地马拉									0.00	0.00
加拿大									17.90	10.88

数据来源：海关总署

2009—2013 年全国奶油进口量值（进口地区）

单位：吨，万美元

进口地区	2009 年		2010 年		2011 年		2012 年		2013 年	
	进口量	进口额	进口量	进口额	进口量	进口额	进口量	进口额	进口量	进口额
全国合计	28 443.69	6 566.50	23 448.93	9 140.62	35 675.52	18 368.42	48 325.94	19 566.14	52 300.67	22 611.98
上 海	13 086.58	3 052.94	9 849.17	3 739.20	12 486.88	6 226.51	17 621.69	7 323.14	17 265.92	7 726.98
天 津	2 889.66	620.16	3 322.61	1 211.40	7 344.17	4 009.82	7 286.86	2 997.13	8 645.18	3 551.34
广 东	5 135.55	1 180.93	4 176.72	1 649.28	6 247.48	3 127.56	10 350.38	4 145.46	10 268.33	4 348.09
北 京	2 746.34	623.07	2 952.33	1 226.05	3 613.11	1 904.24	4 949.17	2 097.66	5 863.78	2 706.52
山 东	657.53	251.76	727.60	362.57	2 331.07	1 312.18	3 994.90	1 463.25	4 563.84	1 988.80
浙 江	1 035.44	259.19	1 198.45	519.62	1 840.57	1 001.74	2 283.68	847.29	2 986.12	1 173.80
江 苏	2 038.71	388.78	528.82	156.30	770.43	273.38	488.63	182.75	614.77	257.56
福 建	268.38	51.56	196.19	76.91	468.64	221.15	855.17	316.13	706.62	303.65
辽 宁	112.00	22.26	151.22	55.16	226.75	101.29	328.79	123.06	396.09	161.23
湖 北					168.00	93.67			33.60	14.81
河 北			127.42	63.06	108.15	61.13	43.30	23.82	87.95	46.70
黑龙江	403.20	86.84	151.20	46.57	50.40	26.44				
海 南	69.98	28.86			19.88	9.32				
内蒙古			67.20	34.51			23.48	14.18	867.48	335.75
广 西	0.19	0.10					0.04	0.11		
安 徽							99.88	32.16		
江 西							0.002	0.03	0.01	0.00
河 南										
吉 林	0.14	0.03								

数据来源：海关总署

2009—2013 年全国干酪进口量值（来源地）

单位：吨，万美元

来源地	2009 年		2010 年		2011 年		2012 年		2013 年	
	进口量	进口额	进口量	进口额	进口量	进口额	进口量	进口额	进口量	进口额
国家或地区合计	16 976.78	6 966.00	22 920.66	10 543.37	28 602.74	13 907.45	38 805.57	18 655.11	47 316.49	23 106.20
新西兰	8 734.60	3 134.38	11 863.30	5 069.52	13 141.82	5 815.99	17 004.71	7 617.62	20 029.81	9 287.64
美国	1 691.00	769.64	2 703.57	1 276.57	6 287.25	2 843.18	8 953.70	3 880.82	10 009.65	4 300.50
澳大利亚	4 488.92	1 621.79	5 169.62	2 132.25	6 030.34	2 852.74	8 058.52	3 907.06	11 167.20	5 267.60
法国	362.12	381.71	538.31	502.38	565.96	605.12	877.46	774.18	1 353.65	1 083.64
意大利	242.26	226.60	363.82	315.07	535.37	479.40	722.48	598.75	1 121.55	958.01
荷兰	345.45	174.64	267.64	138.97	405.10	239.87	603.10	351.79	412.09	288.42
丹麦	139.06	136.09	325.18	285.98	340.02	330.87	496.91	456.60	678.13	562.97
乌拉圭	50.01	14.24	215.01	74.23	324.00	141.86	339.99	143.47	906.06	385.98
德国	167.59	94.88	239.28	129.74	258.70	158.71	562.06	253.87	585.76	286.45
阿根廷	247.43	68.66	568.27	221.89	232.87	102.99	594.41	248.51	368.06	157.84
奥地利	96.37	41.97	139.28	60.59	149.42	69.26	224.32	102.12	222.07	102.75
新加坡	76.23	41.87	92.97	54.35	78.43	56.20	99.03	75.85	63.10	50.33
波兰	16.28	12.84	122.78	58.96	72.65	39.27	31.69	33.08	54.03	59.75
瑞士	52.04	58.88	61.12	68.23	56.81	73.59	60.01	74.12	77.46	100.90
爱尔兰	40.13	29.51	38.25	26.03	41.84	28.83	90.10	66.04	89.78	61.89
英国	6.64	5.91	43.87	16.65	31.24	17.84	3.91	4.85	15.09	16.67
瑞典	12.68	13.73	22.01	22.19	13.74	14.59	0.01	0.01		
韩国	46.97	13.92	0.51	0.27	11.88	4.71	0.18	0.55	0.90	0.70
希腊	2.99	4.95	8.16	10.37	10.84	15.96	16.79	18.28	29.35	29.21
西班牙	1.24	2.32	7.48	10.05	4.50	8.41	9.07	14.33	38.80	37.63
斯洛伐克	4.93	4.57	3.70	3.32	3.94	3.94				
中国台湾	0.98	0.49	5.98	3.31	3.33	2.93	38.15	22.62	99.40	62.04
日本	50.51	56.07	8.67	12.13	0.96	0.42				
比利时			2.58	1.80	0.86	0.55	1.02	1.17	0.69	0.90
塞浦路斯	0.25	0.16	0.41	0.21	0.85	0.21				
文莱					0.01	0.01				
印度尼西亚	43.59	25.02	49.44	27.28						
智利			35.98	14.35						
芬兰			13.31	2.63						
立陶宛	1.00	0.26	10.00	3.98			9.99	5.18		
中国香港	0.16	0.30	0.09	0.04						
卡塔尔			0.08	0.03						
卢森堡			0.02	0.02						
马来西亚	48.45	26.75								
土耳其	6.84	3.69								
斯洛文尼亚	0.04	0.08								
爱沙尼亚	0.03	0.03								
泰国	0.01	0.02								
拉脱维亚							7.98	4.27	8.31	7.15

数据来源：海关总署

2009—2013 年全国干酪进口量值（进口地区）

单位：吨，万美元

进口地区	2009 年		2010 年		2011 年		2012 年		2013 年	
	进口量	进口额	进口量	进口额	进口量	进口额	进口量	进口额	进口量	进口额
全国合计	16 976.78	6 966.00	22 920.66	10 543.37	28 602.74	13 907.45	38 805.57	18 655.11	47 316.49	23 106.20
上 海	7 979.03	3 418.71	9 778.49	4 589.01	10 496.16	5 436.76	15 081.83	7 471.78	16 624.60	8 225.83
北 京	3 361.83	1 314.40	3 873.83	1 784.18	5 160.44	2 468.54	7 951.69	3 760.94	10 876.16	5 317.59
广 东	2 253.45	995.43	3 304.01	1 590.19	4 970.40	2 427.97	6 947.80	3 425.08	10 272.05	4 986.13
天 津	1 027.03	353.38	2 547.67	1 026.01	3 583.67	1 571.09	3 400.99	1 450.28	3 751.26	1 704.00
福 建	912.26	301.31	1 213.99	501.63	2 227.89	934.49	2 164.27	964.54	2 043.76	957.22
辽 宁	535.70	184.90	798.12	327.76	1 200.89	513.94	1583.31	704.75	1 725.57	782.16
江 苏	60.13	52.00	414.79	261.93	313.72	219.17	453.87	294.97	635.67	425.30
浙 江	268.99	93.09	315.17	135.82	296.31	141.67	468.59	220.48	635.09	312.38
山 东	331.75	117.31	352.72	157.12	146.47	68.99	323.00	150.24	413.38	204.54
内蒙古	139.53	67.35	209.23	93.20	122.20	58.19	305.55	128.00	205.96	89.50
陕 西	29.181	24.2038	27.232	23.4203	45.19	39.40	58.83	50.09	53.82	48.72
河 南	72.60	38.96	75.00	42.53	39.39	27.24	26.65	19.66	24.00	18.00
广 西					0.01	0.01				
海 南	4.535	4.3464	9.98	10.43						
吉 林	0.46	0.13	0.43	0.13						
黑龙江			0.02	0.02			39.20	14.31		
四 川	0.26	0.43								
安 徽	0.04	0.04							69.28	36.91
湖 北									0.27	0.69

数据来源：海关总署

2009—2013 年全国奶粉进口量值（来源地）

单位：吨，万美元

来源地	2009 年		2010 年		2011 年		2012 年		2013 年	
	进口量	进口额	进口量	进口额	进口量	进口额	进口量	进口额	进口量	进口额
国家或地区合计	246 787.44	58 040.89	414 039.80	138 810.02	44 9541.86	164 544.50	572 875.19	192 738.56	854 415.94	358 472.83
新西兰	203 910.44	47 786.76	336 489.02	11 3582.31	367 040.75	135 688.37	495 280.93	166 805.38	686 523.17	286 967.19
美国	6 062.99	1 369.14	14 487.11	4 215.90	21 427.68	7 199.94	18 602.10	5 778.21	55 411.93	22 317.35
澳大利亚	18 052.05	4 015.60	24 760.62	8 634.39	21 368.86	7 544.58	16 497.25	5 659.94	28 030.26	12 493.16
德国	2 086.93	459.56	3 302.03	1 044.33	8 116.31	2 899.87	11 910.22	3 977.23	16 142.17	6 563.78
法国	6 974.46	2 239.62	5 171.81	1 631.19	7 342.28	2 687.64	11 139.39	3 773.72	9 173.10	3 830.95
丹麦	2 426.43	517.55	8 547.28	2 981.13	6 625.93	2 351.51	4 285.03	1 456.43	5 140.58	2 191.86
新加坡	10.49	8.15	2 551.22	776.77	2 770.90	947.56	2 706.08	845.49	5 521.18	2 156.40
爱尔兰	424.08	123.62	2 634.93	881.91	2 633.70	920.02	1 558.88	531.38	5 116.86	2 148.78
智利			1 550.00	518.43	2 500.00	902.65	1 504.48	539.25	3 403.36	1 604.76
阿根廷	3.00	1.77	2 007.70	647.92	2 108.50	698.25	600.04	219.18	7 629.55	3 587.10
英国	27.28	9.70	1 098.22	377.73	1 746.00	577.85	0.05	0.02	1 775.00	895.80
瑞士	718.28	150.84	822.12	253.82	1 548.37	526.23	850.01	263.99	55.33	30.37
波兰	700.00	144.13	730.55	204.09	1 100.98	367.54	384.00	111.61	1 499.66	621.41
荷兰	2 403.09	534.26	2 630.56	766.10	622.48	214.90	327.74	115.74	2 608.82	1 277.14
比利时	567.84	139.11	3 269.53	1 137.63	599.95	184.81	922.78	305.37	3 470.20	1 689.99
乌拉圭	0.06	0.12	1 775.00	556.40	510.00	178.23	521.00	200.37	10 300.00	4 852.46
马来西亚	0.00	0.00	21.47	33.76	506.64	269.91	954.04	522.92	1 100.04	356.56
芬兰	427.00	83.38	717.20	188.62	387.50	139.51	1 215.00	390.33	2 601.18	1 074.70
捷克			50.00	16.80	200.03	67.37	550.00	182.40	0.03	0.05
瑞典	300.55	77.47			173.25	59.78	2 396.25	688.19	6 495.05	2 731.35
菲律宾			4.88	2.39	122.63	72.27	224.15	116.85	122.16	67.47
中国	50.00	20.06	17.09	7.41	56.29	19.92	78.21	26.64	23.46	8.03
泰国					18.77	2.54	26.56	2.89		
韩国	3.66	2.26			5.48	15.92				
中国台湾	0.01	0.01	1.68	1.44	4.56	3.91	320.62	209.97	487.83	312.80
西班牙			99.00	37.49	3.00	1.38	20.14	14.84	24.00	17.92
埃及			0.09	0.02	0.86	0.24	0.23	0.24	0.33	0.37
匈牙利	0.01	0.07			0.17	1.80				
中国香港					0.02	0.00				
缅甸							0.03	0.01		
加拿大	1 049.88	207.58	649.98	164.49						
白俄罗斯	525.00	112.47	550.00	124.37						
乌克兰	49.98	11.03	100.00	22.57					425.00	162.13
日本	12.66	25.41	0.67	0.46						
墨西哥			0.06	0.14						
土耳其	0.01	0.00								
意大利	1.27	1.22								
肯尼亚									0.02	0.04

数据来源：海关总署

2009—2013 年全国奶粉进口量值（进口地区）

单位：吨，万美元

进口地区	2009 年		2010 年		2011 年		2012 年		2013 年	
	进口量	进口额	进口量	进口额	进口量	进口额	进口量	进口额	进口量	进口额
全国合计	246 787.44	58 040.89	414 039.80	138 810.02	449 541.86	164 544.50	572 875.19	192 738.56	854 415.94	358 472.83
天 津	58 077.50	12 465.77	129 515.80	41 900.18	115 180.91	40 416.11	149 507.16	50 110.87	273 066.14	113 054.30
广 东	57 180.21	13 601.39	71 279.13	25 070.11	82 952.48	32 101.99	118 500.70	40 660.27	147 824.01	63 236.90
浙 江	39 663.98	9 355.86	74 540.28	24 554.81	81 658.23	30 016.47	107 722.71	36 092.82	114 328.61	48 003.87
上 海	26 251.60	6 088.68	47 928.07	15 859.52	60 123.29	21 890.50	71 526.96	23 412.09	140 802.96	59 228.48
山 东	34 067.04	9 018.64	25 074.66	8 654.17	28 162.23	10 563.82	25 510.35	9 042.01	21 974.56	8 900.23
内蒙古	1 889.68	425.55	19 533.75	7 577.31	27 014.08	9 694.37	30 728.38	9 873.24	60 888.31	26 705.06
江 苏	3 784.38	834.35	9 434.45	2 969.82	20 966.47	7 594.92	20 962.44	7 288.64	23 373.46	10 093.03
北 京	6 457.07	1487.01	16 213.09	5 470.54	10 247.18	3 815.84	19 124.06	6 513.96	33 049.93	13 047.48
河 北	719.65	245.56	2 288.93	713.99	6 161.10	2 335.17	7 254.19	2 613.98	5 919.45	2 516.54
湖 南	5 191.33	1 674.01	7 133.15	2 336.29	5 062.83	1 846.96	4 213.96	1 511.19	3 282.94	1 158.37
福 建	1 826.99	379.38	2 393.00	716.31	3 342.88	1 127.54	3 554.15	1 044.60	10 538.31	4 320.24
安 徽	108.00	21.49			3 152.88	1 081.26	6 862.15	2 213.07	3 940.38	1 509.38
黑龙江	6 202.65	1 298.00	5 299.00	1 742.96	2 907.83	988.55	1 889.28	612.70	3 418.13	1 436.10
四 川	98.01	23.57	305.70	91.74	848.38	292.54	552.00	173.16	615.68	243.23
湖 北	1 259.58	224.20	622.65	212.31	628.35	228.49	1 814.26	523.63	2 385.79	1 079.04
辽 宁	2 018.19	441.96	1 904.44	628.48	584.05	292.34	2 181.21	703.43	5 885.07	2 668.35
江 西			41.00	15.72	372.30	127.31	141.20	45.00	1 025.90	438.17
河 南					128.00	44.46	193.51	59.84	250.00	122.38
广 西	13.50	2.97			26.70	9.85	55.35	18.87		
海 南	96.47	78.19	104.18	125.01	16.78	69.30	25.22	29.46	21.17	11.30
吉 林					4.75	6.34	255.95	88.77	227.55	88.97
贵 州					0.20	0.35				
山 西	1 881.53	373.29	428.53	170.78			252.00	71.31		
陕 西	0.10	0.99					48.00	35.65		
重 庆										0.01

数据来源：海关总署

2009—2013 年全国炼乳进口量值（来源地）

单位：吨，万美元

来源地	2009 年		2010 年		2011 年		2012 年		2013 年	
	进口量	进口额	进口量	进口额	进口量	进口额	进口量	进口额	进口量	进口额
国家或地区合计	1 732.28	397.51	3 266.03	739.17	4 913.49	1 155.41	5 514.50	1 259.59	9 265.34	2 088.32
荷兰	239.34	45.11	1 173.13	208.48	2 209.93	399.71	2 917.23	524.63	4 379.40	800.71
德国	503.33	105.86	752.84	187.09	1 035.50	303.37	1 325.26	389.59	1836.34	558.68
澳大利亚	179.46	56.85	299.51	92.87	628.60	182.04	235.48	83.14	177.78	78.32
法国	22.11	10.38	107.29	36.17	242.20	82.58	435.36	133.29	576.30	172.58
泰国	92.01	9.79	45.14	8.12	227.44	30.94	213.38	28.88		
美国	147.69	31.27	366.69	78.09	193.91	57.95	134.65	33.63	174.92	42.12
智利			72.01	16.17	178.41	42.46	48.97	12.64	7.66	1.90
中国	2.26	1.63	78.73	15.53	128.55	23.86	117.12	21.55	1 355.03	274.58
新西兰	409.37	91.65	287.35	69.11	51.41	23.22	53.34	19.42	4.11	4.15
丹麦	6.16	2.44	7.78	3.51	6.10	3.20	15.26	8.18	26.67	13.29
比利时	71.05	20.30	35.22	10.21	5.54	4.54	4.66	2.03		
科威特	5.04	0.99	14.10	2.66	5.40	0.99				
中国台湾			2.41	0.26	0.28	0.02	3.84	0.70	35.99	21.82
韩国	0.13	0.04	0.10	0.04	0.12	0.05	1.85	0.30	73.17	12.06
英国	0.01	0.01			0.10	0.15	0.07	0.12	0.20	0.37
沙特阿拉伯					0.00	0.32				
希腊					0.00	0.00				
新加坡	8.29	1.00	10.48	1.34			7.90	1.43		
日本	24.84	15.19	7.10	8.35						
马来西亚	17.19	3.37	4.12	0.42			0.03	0.01		
瑞士	3.53	1.41	1.21	0.48					10.58	4.55
意大利	0.49	0.24	0.73	0.12			0.10	0.04	13.25	1.82
老挝			0.08	0.01						
西班牙									19.98	6.08
加拿大			0.02	0.15						
奥地利									0.31	0.14
波兰									146.36	33.18
捷克									0.01	0.01
泰国									416.38	60.49

数据来源：海关总署

2009—2013 年全国炼乳进口量值（进口地区）

单位：吨，万美元

进口地区	2009 年		2010 年		2011 年		2012 年		2013 年	
	进口量	进口额	进口量	进口额	进口量	进口额	进口量	进口额	进口量	进口额
全国合计	1 732.28	397.51	3 266.03	739.17	4 913.49	1 155.41	5 514.50	1 259.59	9 265.34	2 088.32
广 东	406.24	71.33	1 219.14	234.26	2 304.38	432.62	2 718.74	509.03	4 892.02	963.96
上 海	839.66	195.06	1 382.89	320.71	1 337.23	373.40	1 590.74	393.97	2 118.92	467.11
北 京	356.12	82.26	559.20	143.71	1 071.05	297.70	1 159.25	339.45	1 946.12	588.17
福 建			2.40	0.24	142.64	24.42	8.51	2.72	6.27	1.47
江 苏	33.66	16.44	5.27	4.65	51.52	23.28	33.77	13.85		
天 津	57.60	16.89	42.68	13.40	3.98	1.92	1.78	0.33	18.32	4.30
辽 宁	0.16	0.33	20.40	5.53	2.40	2.06				
浙 江	0.01	0.02	0.89	0.10	0.28	0.02			158.48	39.89
湖 北			16.80	8.72						
海 南	22.88	3.03	13.68	1.64						
山 东	15.96	12.16	2.55	6.03			1.68	0.22	73.17	12.06
广 西			0.11	0.03			0.03	0.01		
河 南									0.39	0.05
吉 林			0.02	0.15						
安 徽									40.73	9.85

数据来源：海关总署

2009—2013年全国乳清进口量值（来源地）

单位：吨，万美元

来源地	2009年		2010年		2011年		2012年		2013年	
	进口量	进口额	进口量	进口额	进口量	进口额	进口量	进口额	进口量	进口额
国家或地区合计	288 753.81	28 422.04	264 499.03	34 480.99	344 244.02	57 102.19	378 378.65	74 723.67	434 069.55	85 045.29
美国	140 019.49	8 011.83	141 482.16	12 176.75	162 923.62	18 929.59	173 614.93	21 132.78	207 005.66	26 826.25
法国	49 758.10	7 040.22	35 633.50	6 168.37	47 656.06	9 043.44	54 873.35	13 185.97	60 574.07	15 601.10
荷兰	14 902.75	2 604.98	11 789.20	2 657.64	23 592.87	5 743.56	25 325.48	6 445.22	27 963.95	8 692.66
德国	15 106.66	1 915.96	16 399.38	2 928.96	20 635.29	4 460.26	23 048.67	6 308.52	20 629.44	5 429.93
爱尔兰	13 069.61	2 043.88	9 270.01	1 528.24	18 010.51	3 533.66	14 851.26	3 939.33	13 930.17	4 119.66
阿根廷	5 767.10	851.04	4 804.60	1 060.58	16 802.53	2 907.52	23 555.63	5 696.09	37 258.68	7 431.92
芬兰	14 147.50	2 069.81	13 635.25	2 284.81	14 362.50	3 138.20	15 320.00	4 768.78	14 900.00	4 772.57
波兰	5 778.00	361.88	7 950.50	886.73	13 515.78	1 795.82	11 124.45	1 564.50	16 779.01	2 367.39
澳大利亚	8 932.47	810.38	6 390.49	948.26	5 535.97	1 367.45	6 191.80	1 704.74	4 820.17	1 387.15
新西兰	3 728.44	963.30	5 140.42	2 073.20	4 900.65	3 174.84	5 741.13	4 527.77	4 567.85	3 464.59
乌拉圭	250.00	14.59	3 050.00	282.60	4 725.00	590.46	4 275.00	629.07	6 400.00	939.97
乌克兰	3 174.93	173.41	3 075.00	285.69	3 050.00	355.37	550.00	71.59	1 625.00	231.09
捷克			50.05	7.91	2 550.00	423.91	4 800.00	1 029.29	2 824.95	689.89
比利时	527.50	83.97	170.00	68.40	2 125.00	462.75	3 748.00	963.00	0.08	0.02
英国	75.75	4.91	425.20	78.94	1 449.23	379.22	467.93	104.68	511.95	178.32
加拿大	7 609.50	552.77	2 009.00	237.85	877.00	142.15	2 285.88	646.52	82.71	25.76
丹麦	310.56	173.27	342.48	248.28	612.49	450.68	434.85	334.90	416.03	409.88
意大利	645.98	76.24	305.65	66.21	400.00	81.01	505.12	66.88	1 898.00	260.11
印度	384.00	53.59	624.00	139.83	227.95	63.11				
奥地利	2 166.35	349.23	1 194.56	249.09	100.00	12.50	2 697.78	859.85	3 525.90	1 035.45
白俄罗斯					100.00	14.50	1 120.00	167.61	4 330.95	598.16
智利					50.01	6.90	575.00	79.11	275.00	38.75
西班牙	1 392.00	113.88	360.00	37.07	30.90	20.48	3 171.76	468.06	3 422.01	506.83
中国台湾			4.52	0.55	9.68	2.71	61.05	10.42	26.94	7.12
瑞士					1.00	2.10				
南非	325.00	20.53	300.00	26.55						
挪威			40.26	26.17						
日本	392.00	115.25	36.02	10.96						
蒙古	10.15	0.81	16.80	1.34						
立陶宛	250.00	14.17							25.00	7.00
中国香港	20.00	1.05								
韩国	9.98	1.09								
葡萄牙							0.001	0.001		
希腊							39.60	19.01		
墨西哥										
土耳其										
新加坡									284.53	52.88
伊朗										
斯洛文尼亚									48.30	14.59

数据来源：海关总署

2009—2013 年全国乳清进口量值（进口地区）

单位：吨，万美元

进口地区	2009 年		2010 年		2011 年		2012 年		2013 年	
	进口量	进口额	进口量	进口额	进口量	进口额	进口量	进口额	进口量	进口额
全国合计	288 753.81	28 422.04	264 499.03	34 480.99	344 244.02	57 102.19	378 378.65	74 723.67	434 069.55	85 045.29
天 津	77 842.47	8 980.87	61 259.35	9 983.31	91 667.35	18 513.95	95 728.53	21 888.34	109 441.02	22 748.60
上 海	41 552.56	3 627.19	41 814.83	4 902.27	48 454.23	7 213.39	52 386.79	9 096.78	65 478.19	11 770.72
北 京	22 867.73	1 707.95	24 616.29	2 324.23	46 226.98	5 490.46	38 513.08	5 112.75	60 587.94	10 566.30
广 东	27 871.41	2 301.21	27 180.72	3 352.56	35 526.00	5 351.15	45 692.70	7 741.91	45 081.13	7 311.77
福 建	19 495.10	904.65	20 606.99	1 588.09	25 404.81	2 645.00	23 382.58	2 534.83	31 076.25	3 328.74
辽 宁	25 743.86	2 894.23	20 430.34	2 646.15	23 868.30	4 020.76	35 790.41	8 212.22	46 348.92	11 106.19
浙 江	17 950.68	1 804.76	10 401.26	2 205.57	19 084.00	5 534.78	22 233.37	7 301.29	18 216.68	6 539.19
山 东	24 320.72	3 198.40	17 266.60	2 778.27	14 611.98	2 518.57	24 356.74	5 570.68	19 746.48	4 583.61
黑龙江	12 051.65	1 919.79	12 643.14	2 193.53	10 228.08	2 272.51	9 527.90	2 502.93	10 415.08	3 032.76
云 南	4 989.95	278.77	11 336.68	693.36	9 702.92	854.41	7 792.70	830.33	6 410.55	555.40
江 苏	1 537.47	73.95	6 141.91	700.09	8 603.27	1 295.84	7 338.34	1 563.72	8 143.76	1 350.63
河 北	2 291.58	141.86	4 565.18	613.39	4 417.75	566.83	1 494.45	236.80	677.78	163.01
安 徽	3 613.47	188.61	3 895.25	294.42	2 642.91	265.66	7 644.01	876.35	4 812.08	641.44
四 川	1 416.15	63.01	1 145.50	91.17	1 779.58	182.60	3 077.65	336.84	3 084.95	317.62
湖 北	1 264.23	75.31	23.40	5.97	860.08	93.23	600.00	68.50	375.00	39.30
内蒙古	290.95	44.52	200.20	39.45	804.80	214.69	2 769.44	831.31	2 730.85	874.61
陕 西	746.35	40.22			265.00	58.28	49.98	18.09		
河 南					96.00	10.08			0.02	0.07
湖 南	2 893.90	166.12	865.15	61.90					1 199.85	126.69
江 西			106.25	7.23					299.83	32.38
吉 林			0.00	0.05						
海 南	13.60	10.61								

数据来源：海关总署

2013年全国乳制品进口量（月度）

单位：吨

月度	乳制品	液态奶			干乳制品						婴幼儿奶粉
		合计	鲜奶	酸奶	合计	奶粉	炼乳	乳清	奶油	干酪	
合计	1 592 175.32	194 807.32	184 566.60	10 240.72	1 397 368.00	854 415.94	9 265.34	434 069.55	52 300.67	47 316.49	122 792.70
01月	162 309.72	18 413.02	17 313.33	1 099.68	143 896.70	94 680.02	1 034.95	37 215.34	6 765.10	4 201.29	7 413.42
02月	95 834.44	9 847.31	9 331.55	515.75	85 987.13	58 171.91	217.14	21 925.78	3 255.58	2 416.73	8 067.72
03月	144 569.16	17 463.02	16 780.31	682.71	127 106.14	85 088.74	776.99	32 461.33	3 971.36	4 807.72	10 209.91
04月	122 059.09	21 466.78	20 235.01	1 231.77	100 592.31	60 795.71	857.08	30 411.05	4 644.09	3 884.39	13 209.43
05月	125 226.91	22 363.92	21 558.32	805.60	102 863.00	57 504.08	924.72	38 077.33	2 350.02	4 006.84	9 642.20
06月	90 957.61	11 639.61	11 102.42	537.19	79 318.00	32 811.46	688.98	39 089.16	3 242.45	3 485.97	7 289.61
07月	127 573.33	14 927.42	14 097.96	829.46	112 645.92	55 051.16	1 369.53	48 562.93	3 493.13	4 169.16	12 120.80
08月	109 987.79	13 811.24	13 094.81	716.44	96 176.55	43 295.37	720.77	44 436.65	4 218.66	3 505.10	9 090.09
09月	119 169.83	14 366.82	13 488.52	878.31	104 803.01	55 171.71	825.06	41 492.65	3 675.22	3 638.37	12 745.55
10月	131 535.38	10 482.71	9 569.46	913.25	121 052.67	76 071.29	690.71	36 100.51	4 290.33	3 899.83	10 849.83
11月	180 260.16	20 789.87	19 609.28	1 180.59	159 470.30	116 536.61	498.08	32 302.98	5 645.33	4 487.30	9 450.12
12月	182 691.89	19 235.62	18 385.63	849.99	163 456.28	119 237.90	661.32	31 993.85	6 749.42	4 813.78	12 704.02

数据来源：海关总署

2013 年全国乳制品进口额（月度）

单位：万美元

月 度	乳制品	液态奶			干乳制品						婴幼儿奶粉
		合计	鲜奶	酸奶	合计	奶粉	炼乳	乳清	奶油	干酪	
合 计	518 779.94	27 455.32	23 440.2438	4 015.08	491 324.62	358 472.83	2 088.32	85 045.29	22 611.98	23 106.20	147 795.08
01 月	46 278.51	2 536.92	2 164.40	372.52	43 741.59	31 034.67	244.87	7 896.62	2 523.29	2 042.14	8 715.85
02 月	28 140.68	1 303.50	1 125.53	177.97	26 837.18	19 752.37	68.68	4 660.91	1 209.60	1 145.61	9 059.26
03 月	41 704.49	2 289.65	2 026.35	263.31	39 414.83	28 844.23	162.65	6 529.44	1 580.48	2 298.04	11 626.15
04 月	33 589.86	2 778.79	2 362.65	416.14	30 811.07	20 845.11	200.84	6 078.78	1 782.29	1 904.05	15 077.09
05 月	33 698.78	2 848.63	2 572.79	275.84	30 850.15	20 720.64	196.27	6 926.39	1 055.69	1 951.16	11 302.62
06 月	24 755.32	1 603.61	1 406.03	197.58	23 151.71	13 066.22	174.65	6 894.25	1 385.89	1 630.70	8 758.77
07 月	39 938.96	2 236.17	1 881.75	354.42	37 702.80	24 586.77	298.36	9 198.92	1 548.36	2 070.38	15 012.68
08 月	34 529.74	2 092.75	1 805.22	287.52	32 437.00	20 073.92	150.97	8 449.25	2 036.31	1 726.55	11 165.87
09 月	39 079.06	2 292.35	1 915.76	376.59	36 786.71	25 244.17	179.69	7 835.70	1 743.15	1 784.00	14 702.64
10 月	50 599.08	1 816.36	1 410.30	406.06	48 782.73	37 236.88	145.47	7 536.24	1 953.66	1 910.48	13 339.61
11 月	72 000.39	2 906.13	2 413.55	492.58	69 094.26	57 865.40	113.70	6 300.97	2 573.98	2 240.22	12 153.68
12 月	74 465.07	2 750.48	2 355.92	394.56	71 714.59	59 202.46	152.15	6 737.83	3 219.28	2 402.87	16 880.87

数据来源：海关总署

2013 年全国乳制品出口量（月度）

单位：吨

月 度	乳制品	液态奶			干乳制品						婴幼儿奶粉
		合计	鲜奶	酸奶	合计	奶粉	炼乳	乳清	奶油	干酪	
合 计	36 051.58	26 475.10	25 959.937	515.16	9 576.48	33 17.68	4 476.78	838.68	824.82	118.52	438.08
01 月	3 577.21	2 281.58	2 264.56	17.02	1 295.63	818.08	450.16	0.00	9.07	18.31	28.78
02 月	2 180.10	1 694.45	1 672.82	21.63	485.65	177.92	297.58	0.00	0.00	10.15	15.22
03 月	3 048.48	1 876.72	1 852.60	24.13	1 171.76	316.20	390.91	442.55	11.61	10.49	18.54
04 月	3 079.07	2 233.52	2 202.26	31.26	845.55	301.49	407.41	119.68	14.26	2.73	31.05
05 月	2 906.37	2 095.97	2 064.35	31.62	810.41	254.43	394.29	66.60	87.97	7.12	32.19
06 月	2 745.05	2 015.39	1 976.71	38.68	729.66	219.53	347.21	0.00	152.55	10.37	29.74
07 月	2 668.60	2 163.49	2 086.35	77.14	505.11	153.28	340.41	0.00	9.60	1.82	28.42
08 月	3 325.57	2 532.58	2 450.27	82.31	792.99	373.24	346.26	0.00	64.81	8.69	41.46
09 月	2 826.22	2 268.89	2217.95	50.94	557.34	148.49	386.64	0.01	3.00	19.20	34.10
10 月	3 132.11	2 390.83	2 348.84	41.99	741.29	209.53	329.71	0.00	201.67	0.39	94.97
11 月	3 009.65	2 148.39	2 116.07	32.32	861.27	170.13	335.33	190.40	145.80	19.61	36.24
12 月	3 553.15	2 773.32	2 707.18	66.14	779.83	175.38	450.87	19.44	124.50	9.65	47.38

数据来源：海关总署

2013 年全国乳制品出口额（月度）

单位：万美元

月 度	乳制品	液态奶			干乳制品						婴幼儿奶粉
		合计	鲜奶	酸奶	合计	奶粉	炼乳	乳清	奶油	干酪	
合 计	5 701.70	2 415.44	2 365.2668	50.18	3 286.26	1 622.13	947.32	354.73	276.61	85.46	299.34
01 月	667.39	199.53	197.79	1.74	467.86	362.44	90.85	0.00	2.36	12.21	15.82
02 月	332.83	152.45	150.72	1.73	180.38	104.39	69.57	0.00	0.00	6.42	7.86
03 月	535.78	168.82	166.53	2.29	366.96	157.07	89.12	110.64	1.97	8.17	15.21
04 月	479.54	203.02	200.17	2.85	276.52	153.30	80.56	36.65	2.19	3.82	18.34
05 月	470.75	188.09	185.16	2.93	282.66	139.81	80.90	25.57	31.27	5.12	22.86
06 月	414.81	182.18	178.71	3.47	232.63	108.97	65.95	0.00	49.70	8.01	18.77
07 月	359.88	199.90	191.55	8.35	159.98	84.79	71.43	0.00	1.44	2.32	15.96
08 月	489.55	236.93	228.95	7.98	252.62	151.97	72.90	0.00	22.77	4.98	22.60
09 月	365.87	208.09	203.46	4.63	157.79	63.17	79.67	0.03	0.44	14.48	16.95
10 月	479.43	220.48	216.26	4.22	258.96	110.93	71.15	0.00	76.65	0.22	90.27
11 月	597.84	198.58	195.86	2.72	399.26	81.39	73.12	179.91	51.98	12.85	17.74
12 月	508.03	257.39	250.12	7.27	250.64	103.91	102.12	1.92	35.84	6.86	36.96

数据来源：海关总署

2009—2013 年全国奶粉进口量值表

单位：吨，万美元　美元 / 吨

年 份	奶粉			其中: 全脂淡奶粉			其中: 全脂甜奶粉			其中: 脱脂奶粉		
	数量	金额	单价	数量	金额	单价	数量	金额	单价	数量	金额	单价
2009 年	246 787.44	58 040.89	2 351.86	174 969.38	41 953.17	2 397.74	1 375.24	486.48	3 537.41	70 442.82	15 601.24	2 214.74
2010 年	414 039.80	138 810.02	3 352.58	324 707.81	110 430.86	3 400.93	788.08	976.38	12 389.30	88 543.91	27 402.79	3 094.83
2011 年	449 541.86	164 544.50	3 660.27	318 049.39	117 848.40	3 705.35	1 687.00	1 131.97	6 709.93	129 805.47	45 564.13	3 510.19
2012 年	572 875.19	192 738.56	3 364.41	402 386.70	135 489.71	3 367.15	2 895.80	1 852.16	6 396.01	167 592.68	55 396.69	3 305.44
2013 年	854 415.94	358 472.83	4 195.53	617 797.75	261 485.31	4 232.54	1 599.41	1 137.32	7 110.86	235 018.68	95 850.14	4 078.41

数据来源：海关总署

2009—2013 年全国奶粉出口量值表

单位：吨，万美元，美元 / 吨

年 份	奶粉			其中: 全脂淡奶粉			其中: 全脂甜奶粉			其中: 脱脂奶粉		
	数量	金额	单价	数量	金额	单价	数量	金额	单价	数量	金额	单价
2009 年	9 737.53	3 085.97	3 169.15	8 050.70	2 561.05	3 181.15	1 686.58	524.84	3 111.86	0.25	0.08	3 372.00
2010 年	2 969.70	942.89	3 175.05	605.95	198.38	3 273.86	2 174.54	675.47	3 106.28	189.20	69.04	3 648.86
2011 年	9 327.20	3 710.94	397.86	6 561.67	2 360.20	359.69	2 566.24	1 259.68	4 908.67	199.28	91.06	4 569.25
2012 年	9 702.58	3 983.63	4 105.74	5 998.52	2 075.86	4 105.74	3 358.92	1 741.56	5 184.88	345.14	166.21	4 815.87
2013 年	3 317.68	1 622.13	4 889.34	1 000.14	347.38	3 473.35	1 958.45	1 125.84	5 748.65	359.10	148.95	4 147.89

数据来源：海关总署

【乳品消费】

居民收入与支出

1992—2013年全国城镇居民人均可支配收入、现金消费支出、食品消费支出和乳制品消费支出

单位：元，%

年份	可支配收入	现金消费支出	食品消费支出	乳制品消费支出	乳制品消费支出占食品消费支出的比重
1992年	2 026.6	1 671.73	884.82		
1993年	2 577.4	2 110.81	1 058.20		
1994年	3 496.2	2 851.34	1 422.49		
1995年	4 283.0	3 537.57	1 771.99	31.43	1.77
1996年	4 838.9	3 919.47	1 904.71	36.59	1.92
1997年	5 160.3	4 186.00	1 942.59	41.41	2.13
1998年	5 425.1	4 331.61	1 926.90	48.05	2.49
1999年	5 854.0	4 615.91	1 932.10	56.15	2.91
2000年	6 280.0	4 998.00	1 971.32	68.57	3.48
2001年	6 859.6	5 309.01	2 014.02	80.06	3.98
2002年	7 702.8	6 029.88	2 271.84	104.76	4.61
2003年	8 472.2	6 510.94	2 416.92	124.70	5.16
2004年	9 421.6	7 182.00	2 709.60	132.37	4.89
2005年	10 493.0	7 942.88	2 914.39	138.62	4.76
2006年	11 759.5	8 696.55	3 111.92	150.23	4.83
2007年	13 785.8	9 997.47	3 628.03	160.72	4.43
2008年	15 780.8	11 242.85	4 259.81	189.84	4.46
2009年	17 174.7	12 264.55	4 478.54	196.14	4.38
2010年	19 109.4	13 471.45	4 804.71	198.47	4.13
2011年	21 809.8	15 160.89	5 506.33	234.01	4.25
2012年	24 564.7	16 674.32	6 040.85	253.57	4.20
2013年	26 955.1	18 022.60	6 311.92		

数据来源：国家统计局。注：2013年乳制品消费支出数据没有公布。

2009—2013年各地城镇居民人均可支配收入

单位：元

地区	2009年	2010年	2011年	2012年	2013年
全国	17 174.65	19 109.44	21 809.78	24 564.72	26 955.10
北京	26 738.48	29 072.93	32 903.03	36 468.75	40 321.00
天津	21 402.01	24 292.60	26 920.86	29 626.41	32 293.57
河北	14 718.25	16 263.43	18 292.23	20 543.44	22 580.35
山西	13 996.55	15 647.66	18 123.87	20 411.71	22 455.63
内蒙古	15 849.19	17 698.15	20 407.57	23 150.26	25 496.67
辽宁	15 761.38	17 712.58	20 466.84	23 222.67	25 578.17
吉林	14 006.27	15 411.47	17 796.57	20 208.04	22 274.60
黑龙江	12 565.98	13 856.51	15 696.18	17 759.75	19 596.96
上海	28 837.78	31 838.08	36 230.48	40 188.34	43 851.36
江苏	20 551.72	22 944.26	26 340.73	29 676.97	32 537.53
浙江	24 610.81	27 359.02	30 970.68	34 550.30	37 850.84
安徽	14 085.74	15 788.17	18 606.13	21 024.21	23 114.22
福建	19 576.83	21 781.31	24 907.40	28 055.24	30 816.37
江西	14 021.54	15 481.12	17 494.87	19 860.36	21 872.68
山东	17 811.04	19 945.83	22 791.84	25 755.19	28 264.10
河南	14 371.56	15 930.26	18 194.80	20 442.62	22 398.03
湖北	14 367.48	16 058.37	18 373.87	20 839.59	22 906.42
湖南	15 084.31	16 565.70	18 844.05	21 318.76	23 413.99
广东	21 574.72	23 897.80	26 897.48	30 226.71	33 090.05
广西	15 451.48	17 063.89	18 854.06	21 242.80	23 305.38
海南	13 750.85	15 581.05	18 368.95	20 917.71	22 928.90
重庆	15 748.67	17 532.43	20 249.70	22 968.14	25 216.13
四川	13 839.40	15 461.16	17 899.12	20 306.99	22 367.63
贵州	12 862.53	14 142.74	16 495.01	18 700.51	20 667.07
云南	14 423.93	16 064.54	18 575.62	21 074.50	23 235.53
西藏	13 544.41	14 980.47	16 195.56	18 028.32	20 023.35
陕西	14 128.76	15 695.21	18 245.23	20 733.88	22 858.37
甘肃	11 929.78	13 188.55	14 988.68	17 156.89	18 964.78
青海	12 691.85	13 854.99	15 603.31	17 566.28	19 498.54
宁夏	14 024.70	15 344.49	17 578.92	19 831.41	21 833.33
新疆	12 257.52	13 643.77	15 513.62	17 920.68	19 873.77

数据来源：国家统计局

2009—2013年各地城镇居民人均现金消费支出

单位：元

地区	2009年	2010年	2011年	2012年	2013年
全国	12 264.55	13 471.45	15 160.89	16 674.32	18 022.64
北京	17 893.30	19 934.48	21 984.37	24 045.86	26 274.89
天津	14 801.35	16 561.77	18 424.09	20 024.24	21 711.86
河北	9 678.75	10 318.32	11 609.29	12 531.12	13 640.58
山西	9 355.10	9 792.65	11 354.30	12 211.53	13 166.19
内蒙古	12 369.87	13 994.62	15 878.07	17 717.10	19 249.06
辽宁	12 324.58	13 280.04	14 789.61	16 593.60	18 029.65
吉林	10 914.44	11 679.04	13 010.63	14 613.53	15 932.31
黑龙江	9 629.60	10 683.92	12 054.19	12 983.55	14 161.71
上海	20 992.35	23 200.40	25 102.14	26 253.47	28 155.00
江苏	13 153.00	14 357.49	16 781.74	18 825.28	20 371.48
浙江	16 683.48	17 858.20	20 437.45	21 545.18	23 257.19
安徽	10 233.98	11 512.55	13 181.46	15 011.66	16 285.17
福建	13 450.57	14 750.01	16 661.05	18 593.21	20 092.72
江西	9 739.99	10 618.69	11 747.21	12 775.65	13 850.51
山东	12 012.73	13 118.24	14 560.67	15 778.24	17 112.24
河南	9 566.99	10 838.49	12 336.47	13 732.96	14 821.98
湖北	10 294.07	11 450.97	13 163.77	14 495.97	15 749.50
湖南	10 828.23	11 825.33	13 402.87	14 608.95	15 887.11
广东	16 857.50	18 489.53	20 251.82	22 396.35	24 133.26
广西	10 352.38	11 490.08	12 848.37	14 243.98	15 417.62
海南	10 086.65	10 926.71	12 642.75	14 456.55	15 593.04
重庆	12 144.06	13 335.02	14 974.49	16 573.14	17 813.86
四川	10 860.20	12 105.09	13 696.30	15 049.54	16 343.45
贵州	9 048.29	10 058.29	11 352.88	12 585.70	13 702.87
云南	10 201.81	11 074.08	12 248.03	13 883.93	15 156.15
西藏	9 034.31	9 685.54	10 398.91	11 184.33	12 231.86
陕西	10 705.67	11 821.88	13 782.75	15 332.84	16 679.69
甘肃	8 890.79	9 895.35	11 188.57	12 847.05	14 020.72
青海	8 786.52	9 613.79	10 955.46	12 346.29	13 539.50
宁夏	10 280.00	11 334.43	12 896.04	14 067.15	15 321.10
新疆	9 327.55	10 197.09	11 839.40	13 891.72	15 206.16

数据来源：国家统计局

2009—2013 年各地城镇居民人均食品消费支出

单位：元

地 区	2009 年	2010 年	2011 年	2012 年	2013 年
全 国	4 478.54	4 804.71	5 506.33	6 040.85	6 311.92
北 京	5 936.11	6 392.90	6 905.51	7 535.29	8 170.22
天 津	5 404.53	5 940.44	6 663.31	7 343.64	7 943.06
河 北	3 250.77	3 335.23	3 927.26	4 211.16	4 404.93
山 西	3 071.93	3 052.57	3 558.04	3 855.56	3 676.65
内蒙古	3 772.63	4 211.48	4 962.40	5 463.18	6 117.93
辽 宁	4 680.85	4 658.00	5 254.96	5 809.39	5 803.90
吉 林	3 637.32	3 767.85	4 252.85	4 635.27	4 658.13
黑龙江	3397.41	3 784.72	4 348.45	4 687.23	5 069.89
上 海	7 344.83	7 776.98	8 905.95	9 655.60	9 822.88
江 苏	4 773.67	5 243.14	6 060.91	6 658.37	7 074.11
浙 江	5 604.72	6 118.46	7 066.22	7 552.02	8 008.16
安 徽	4 051.40	4 369.63	5 246.76	5 814.92	6 370.23
福 建	5 336.36	5 790.72	6 534.94	7 317.42	7 424.67
江 西	3 881.56	4 195.38	4 675.16	5 071.61	5 221.10
山 东	3 954.34	4 205.88	4 827.61	5 201.32	5 625.94
河 南	3 272.75	3 575.75	4 212.76	4 607.47	4 913.87
湖 北	4 160.51	4 429.30	5 363.68	5 837.93	6 259.22
湖 南	4 174.55	4 322.09	4 943.89	5 441.63	5 583.99
广 东	6 225.22	6 746.62	7 471.88	8 258.44	8 856.91
广 西	4 129.55	4 372.75	5 074.49	5 552.56	5 841.16
海 南	4 507.81	4 895.96	5 673.65	6 556.10	6 979.22
重 庆	4 576.23	5 012.56	5 847.90	6 870.23	7 245.12
四 川	4 391.73	4 779.60	5 571.69	6 073.86	6 471.84
贵 州	3 755.61	4 013.67	4 565.85	4 992.85	4 915.02
云 南	4 460.58	4 593.49	4 802.26	5 468.17	5 741.01
西 藏	4 581.60	4 847.58	5 184.18	5 517.69	5 889.48
陕 西	3 988.57	4 381.40	5 040.47	5 550.71	6 075.58
甘 肃	3 359.30	3 702.18	4 182.47	4 602.33	5 162.87
青 海	3 548.85	3 784.81	4 260.27	4 667.34	4 777.10
宁 夏	3 432.23	3 768.09	4 483.44	4 768.91	4 895.20
新 疆	3 386.33	3 694.81	4 537.46	5 238.89	5 323.50

数据来源：国家统计局

2009—2013 年各地城镇居民人均乳制品消费支出

单位：元

地 区	2009 年	2010 年	2011 年	2012 年	2013 年
全 国	196.14	198.47	234.01	253.57	
北 京	341.88	371.04	384.52	421.05	
天 津	205.93	236.06	252.24	325.39	
河 北	166.38	148.19	179.01	203.69	
山 西	210.64	161.23	201.17	209.63	
内蒙古	175.51	173.47	205.68	237.35	
辽 宁	218.57	188.03	213.82	244.07	
吉 林	146.29	109.85	141.82	159.41	
黑龙江	135.19	137.02	151.50	179.71	
上 海	361.73	410.27	462.70	494.26	
江 苏	216.79	234.10	279.66	303.81	
浙 江	206.77	219.84	274.03	283.59	
安 徽	229.03	241.78	305.14	323.75	
福 建	192.71	203.15	254.99	264.37	
江 西	180.77	171.04	205.83	217.66	
山 东	217.93	225.43	251.31	263.62	
河 南	148.30	170.31	207.20	214.23	
湖 北	149.54	146.55	205.33	218.63	
湖 南	131.35	128.30	156.98	147.40	
广 东	220.52	211.35	228.97	246.06	
广 西	145.27	152.45	179.19	189.55	
海 南	144.38	160.75	137.22	144.75	
重 庆	214.01	234.68	268.29	317.50	
四 川	211.75	203.04	238.86	269.99	
贵 州	133.15	154.78	157.23	169.88	
云 南	83.85	89.80	187.40	216.00	
西 藏	283.24	310.55	410.33	398.54	
陕 西	222.41	224.00	256.62	273.33	
甘 肃	149.56	168.11	200.05	221.40	
青 海	175.18	187.53	193.65	204.82	
宁 夏	179.24	176.87	218.14	243.08	
新 疆	151.64	164.52	197.70	237.05	

数据来源：国家统计局。注：2013 年乳制品消费支出数据没有公布。

2009—2013年各地城镇居民人均乳制品消费支出占食品消费支出的比重

单位：%

地 区	2009年	2010年	2011年	2012年	2013年
全 国	4.38	4.13	4.25	4.20	
北 京	5.76	5.80	5.57	5.59	
天 津	3.81	3.97	3.79	4.43	
河 北	5.12	4.44	4.56	4.84	
山 西	6.86	5.28	5.65	5.44	
内蒙古	4.65	4.12	4.14	4.34	
辽 宁	4.67	4.04	4.07	4.20	
吉 林	4.02	2.92	3.33	3.44	
黑龙江	3.98	3.62	3.48	3.83	
上 海	4.92	5.28	5.20	5.12	
江 苏	4.54	4.46	4.61	4.56	
浙 江	3.69	3.59	3.88	3.76	
安 徽	5.65	5.53	5.82	5.57	
福 建	3.61	3.51	3.90	3.61	
江 西	4.66	4.08	4.40	4.29	
山 东	5.51	5.36	5.21	5.07	
河 南	4.53	4.76	4.92	4.65	
湖 北	3.59	3.31	3.83	3.74	
湖 南	3.15	2.97	3.18	2.71	
广 东	3.54	3.13	3.06	2.98	
广 西	3.52	3.49	3.53	3.41	
海 南	3.20	3.28	2.42	2.21	
重 庆	4.68	4.68	4.59	4.62	
四 川	4.82	4.25	4.29	4.45	
贵 州	3.55	3.86	3.44	3.40	
云 南	1.88	1.95	3.90	3.95	
西 藏	6.18	6.41	7.92	7.22	
陕 西	5.58	5.11	5.09	4.92	
甘 肃	4.45	4.54	4.78	4.81	
青 海	4.94	4.95	4.55	4.39	
宁 夏	5.22	4.69	4.87	5.10	
新 疆	4.48	4.45	4.36	4.52	

数据来源：国家统计局。注：2013年乳制品消费支出数据没有公布。

1992—2013年全国农村居民人均纯收入、消费支出

单位：元

年份	纯收入	消费支出
1992年	784.00	659.79
1993年	921.60	769.65
1994年	1 221.00	1 016.81
1995年	1 577.74	1 310.36
1996年	1 926.10	1 572.08
1997年	2 090.10	1 617.00
1998年	2 162.00	1 590.33
1999年	2 210.30	1 577.42
2000年	2 253.42	1 670.13
2001年	2 366.40	1 741.09
2002年	2 475.60	1 834.31
2003年	2 622.20	1 943.30
2004年	2 936.40	2 185.00
2005年	3 254.93	2 555.40
2006年	3 587.00	2 829.02
2007年	4 140.40	3 223.85
2008年	4 760.62	3 660.68
2009年	5 153.17	3 993.45
2010年	5 919.01	4 381.82
2011年	6 977.29	5 221.13
2012年	7 916.58	5 908.02
2013年	8 895.90	6 625.50

数据来源：国家统计局

2009—2013 年各地农村居民人均纯收入、消费支出

单位：元

地 区	2009 年		2010 年		2011 年		2012 年		2013 年	
	纯收入	消费支出	纯收入	消费支出	纯收入	消费支出	纯收入	消费支出	纯收入	消费支出
全 国	5 153.17	3 993.45	5 919.01	4 381.82	6 977.29	5 221.13	7 916.58	5 908.02	8 895.91	6 625.53
北 京	11 668.59	8 897.59	13 262.29	9 254.77	14 735.68	11 077.66	16 475.74	11 878.92	183 37.45	13 553.22
天 津	8 687.56	4 273.15	10 074.86	4 936.73	12 321.22	6 725.42	14 025.54	8 336.55	15 841.05	10 155.02
河 北	5 149.67	3 349.74	5 957.98	3 844.92	7 119.69	4 711.16	8 081.39	5 364.14	9 101.90	6 134.09
山 西	4 244.10	3 304.76	4 736.25	3 663.86	5 601.40	4 586.98	6 356.63	5 566.19	7 153.50	5 812.70
内蒙古	4 937.80	3 968.42	5 529.59	4 460.83	6 641.56	5 507.72	7 611.31	6 381.97	8 595.73	7 268.31
辽 宁	5 958.00	4 254.03	6 907.93	4 489.50	8 296.54	5 406.41	9 383.72	5 998.39	10 522.69	7 158.96
吉 林	5 265.91	3 902.90	6 237.44	4 147.36	7 509.95	5 305.75	8 598.17	6 186.17	9 621.21	7 379.71
黑龙江	5 206.76	4 241.27	6 210.72	4 391.17	7 590.68	5 333.61	8 603.85	5 718.05	9 634.14	6 813.61
上 海	12 482.94	9 804.37	13 977.96	10 210.46	16 053.79	11 049.32	17 803.68	11 971.50	19 595.00	14 234.72
江 苏	8 003.54	5 804.45	9 118.24	6 542.87	10 804.95	8 094.57	12 201.95	9 138.18	13 597.77	9 909.80
浙 江	10 007.31	7 731.70	11 302.55	8 928.89	13 070.69	9 965.08	14 551.92	10 652.73	16 105.97	11 760.24
安 徽	4 504.32	3 655.02	5 285.17	4 013.31	6 232.21	4 957.29	7 160.46	5 555.99	8 097.86	5 724.54
福 建	6 680.18	5 015.72	7 426.86	5 498.33	8 778.55	6 540.85	9 967.17	7 401.92	11 184.15	8 151.21
江 西	5 075.01	3 532.66	5 788.56	3 911.61	6 891.63	4 659.87	7 829.43	5 129.47	8 781.47	5 653.62
山 东	6 118.77	4 417.18	6 990.28	4 807.18	8 342.13	5 900.57	9 446.54	6 775.95	10 619.95	7 392.67
河 南	4 806.95	3 388.47	5 523.73	3 682.21	6 604.03	4 319.95	7 524.94	5 032.14	8 475.34	5 627.73
湖 北	5 035.26	3 725.24	5 832.27	4 090.78	6 897.92	5 010.74	7 851.71	5 726.73	8 866.95	6 279.52
湖 南	4 909.04	4 020.87	5 621.96	4 310.37	6 567.06	5 179.36	7 440.17	5 870.12	8 372.13	6 609.50
广 东	6 906.93	5 019.81	7 890.25	5 515.58	9 371.73	6 725.55	10 542.84	7 458.56	11 669.31	8 343.45
广 西	3 980.44	3 231.14	4 543.41	3 455.29	5 231.33	4 210.89	6 007.55	4 933.58	6 790.90	5 205.60
海 南	4 744.36	3 088.56	5 275.37	3 446.24	6 446.01	4 166.13	7 408.00	4 776.30	8 342.57	5 465.58
重 庆	4 478.35	3 142.14	5 276.66	3 624.62	6 480.41	4 502.06	7 383.27	5 018.64	8 331.97	5 796.36
四 川	4 462.05	4 141.40	5 086.89	3 897.53	6 128.55	4 675.47	7 001.43	5 366.71	7 895.33	6 308.51
贵 州	3 005.41	2 421.95	3 471.93	2 852.48	4 145.35	3 455.78	4 753.00	3 901.71	5 434.00	4 740.16
云 南	3 369.34	2 924.85	3 952.03	3 398.33	4 721.99	3 999.87	5 416.54	4 561.33	6 141.31	4 743.61
西 藏	3 531.72	2 399.47	4 138.71	2 666.92	4 904.28	2 741.60	5 719.38	2 967.56	6 578.24	3 574.02
陕 西	3 437.55	3 349.23	4 104.98	3 793.80	5 027.87	4 491.71	5 762.52	5 114.68	6 502.60	5 724.19
甘 肃	2 980.10	2 766.45	3 424.65	2 941.99	3 909.37	3 664.91	4 506.66	4 146.24	5 107.76	4 849.61
青 海	3 346.15	3 209.41	3 862.68	3 774.50	4 608.46	4 536.81	5 364.38	5 338.91	6 196.39	6 060.19
宁 夏	4 048.33	3 347.94	4 674.89	4 013.17	5 409.95	4 726.64	6 180.32	5 351.36	6 930.97	6 489.69
新 疆	3 883.10	2 950.63	4 642.67	3 457.88	5 442.15	4 397.82	6 393.68	5 301.25	7 296.46	6 119.06

数据来源：国家统计局

居民乳品消费数量

1992—2013年全国城镇居民家庭人均酸奶购买量

单位：千克

年份	全 国	最低收入(10%)	其中：困难户(5%)	低收入户(10%)	中等偏下户(20%)	中等收入户(20%)	中等偏上户(20%)	高收入户(10%)	最高收入户(10%)
1992年	0.37	0.14	0.13	0.23	0.32	0.36	0.50	0.54	0.58
1993年	0.32	0.12	0.11	0.20	0.28	0.33	0.43	0.43	0.48
1994年	1.04	0.14	0.13	0.17	3.95	0.29	0.33	0.53	0.53
1995年	0.26	0.09	0.07	0.18	0.23	0.26	0.31	0.36	0.41
1996年	0.32	0.11	0.09	0.37	0.23	0.33	0.34	0.39	0.56
1997年	0.44	0.15	0.12	0.27	0.34	0.44	0.58	0.61	0.78
1998年	0.64	0.28	0.19	0.34	0.48	0.57	0.80	1.11	1.16
1999年	0.87	0.39	0.34	0.52	0.65	0.80	1.14	1.32	1.47
2000年	1.12	0.51	0.41	0.62	0.88	1.09	1.42	1.52	2.06
2001年	1.36	0.55	0.46	0.78	1.10	1.30	1.69	2.17	2.27
2002年	1.80	0.51	0.34	0.98	1.35	1.76	2.30	2.74	3.31
2003年	2.53	0.68	0.46	1.35	2.01	2.57	3.11	3.92	4.33
2004年	2.85	1.05	0.75	1.60	2.36	2.96	3.56	3.96	4.82
2005年	3.23	1.00	0.72	2.09	2.55	3.51	3.97	4.71	5.62
2006年	3.72	1.39	1.02	2.27	3.13	3.87	4.58	5.22	6.31
2007年	3.97	1.85	1.56	2.83	3.41	4.22	4.61	5.51	5.94
2008年	3.54	1.60	1.36	2.43	2.98	3.74	4.32	5.04	5.49
2009年	3.88	1.89	1.58	2.75	3.38	4.20	4.68	5.23	5.73
2010年	3.67	1.81	1.53	2.61	3.11	3.83	4.59	4.95	5.57
2011年	3.67	1.84	1.58	2.50	3.15	3.79	4.53	5.14	5.52
2012年	3.46	1.77	1.47	2.29	3.10	3.64	4.21	4.65	5.12
2013年									

数据来源：国家统计局。2013年数据没有公布。

1992—2012 年全国城镇居民家庭人均奶粉购买量

单位：千克

年份	全 国	最低收入(10%)	其中: 困难户 (5%)	低收入户(10%)	中等偏下户 (20%)	中等收入户 (20%)	中等偏上户 (20%)	高收入户(10%)	最高收入户 (10%)
1992 年	0.43	0.26	0.23	0.34	0.40	0.44	0.50	0.50	0.57
1993 年	0.42	0.22	0.19	0.31	0.36	0.49	0.48	0.54	0.62
1994 年	0.42	0.26	0.25	0.30	0.37	0.42	0.49	0.54	0.62
1995 年	0.35	0.19	0.16	0.23	0.33	0.39	0.41	0.42	0.50
1996 年	0.41	0.22	0.20	0.31	0.37	0.42	0.47	0.54	0.59
1997 年	0.41	0.23	0.20	0.34	0.37	0.40	0.46	0.52	0.61
1998 年	0.43	0.24	0.22	0.32	0.40	0.43	0.50	0.59	0.60
1999 年	0.44	0.25	0.21	0.32	0.40	0.47	0.52	0.56	0.62
2000 年	0.49	0.26	0.24	0.36	0.43	0.52	0.56	0.67	0.70
2001 年	0.50	0.29	0.27	0.34	0.46	0.52	0.56	0.62	0.74
2002 年	0.60	0.34	0.25	0.42	0.57	0.58	0.59	0.68	0.65
2003 年	0.56	0.31	0.30	0.46	0.57	0.61	0.62	0.62	0.63
2004 年	0.51	0.26	0.20	0.41	0.50	0.58	0.57	0.60	0.62
2005 年	0.52	0.28	0.24	0.42	0.51	0.54	0.59	0.63	0.71
2006 年	0.50	0.28	0.21	0.39	0.47	0.55	0.56	0.62	0.64
2007 年	0.45	0.28	0.24	0.43	0.44	0.48	0.51	0.51	0.52
2008 年	0.57	0.37	0.32	0.45	0.52	0.61	0.65	0.68	0.71
2009 年	0.48	0.25	0.24	0.38	0.41	0.51	0.58	0.60	0.74
2010 年	0.45	0.25	0.22	0.36	0.39	0.45	0.53	0.62	0.67
2011 年	0.53	0.33	0.26	0.35	0.50	0.54	0.63	0.67	0.74
2012 年	0.50	0.28	0.25	0.38	0.44	0.51	0.61	0.67	0.71
2013 年									

数据来源：国家统计局。2013 年数据没有公布。

1992—2012 年全国城镇居民家庭平均每人全年鲜奶购买量

单位：千克

年份	全 国	最低收入(10%)	其中: 困难户 (5%)	低收入户(10%)	中等偏下户 (20%)	中等收入户 (20%)	中等偏上户 (20%)	高收入户(10%)	最高收入户 (10%)
1992 年	0.43	0.26	0.23	0.34	0.40	0.44	0.50	0.50	0.57
1993 年	0.42	0.22	0.19	0.31	0.36	0.49	0.48	0.54	0.62
1994 年	0.42	0.26	0.25	0.30	0.37	0.42	0.49	0.54	0.62
1995 年	0.35	0.19	0.16	0.23	0.33	0.39	0.41	0.42	0.50
1996 年	0.41	0.22	0.20	0.31	0.37	0.42	0.47	0.54	0.59
1997 年	0.41	0.23	0.20	0.34	0.37	0.40	0.46	0.52	0.61
1998 年	0.43	0.24	0.22	0.32	0.40	0.43	0.50	0.59	0.60
1999 年	0.44	0.25	0.21	0.32	0.40	0.47	0.52	0.56	0.62
2000 年	0.49	0.26	0.24	0.36	0.43	0.52	0.56	0.67	0.70
2001 年	0.50	0.29	0.27	0.34	0.46	0.52	0.56	0.62	0.74
2002 年	0.60	0.34	0.25	0.42	0.57	0.58	0.59	0.68	0.65
2003 年	0.56	0.31	0.30	0.46	0.57	0.61	0.62	0.62	0.63
2004 年	0.51	0.26	0.20	0.41	0.50	0.58	0.57	0.60	0.62
2005 年	0.52	0.28	0.24	0.42	0.51	0.54	0.59	0.63	0.71
2006 年	0.50	0.28	0.21	0.39	0.47	0.55	0.56	0.62	0.64
2007 年	0.45	0.28	0.24	0.43	0.44	0.48	0.51	0.51	0.52
2008 年	0.57	0.37	0.32	0.45	0.52	0.61	0.65	0.68	0.71
2009 年	0.48	0.25	0.24	0.38	0.41	0.51	0.58	0.60	0.74
2010 年	0.45	0.25	0.22	0.36	0.39	0.45	0.53	0.62	0.67
2011 年	0.53	0.33	0.26	0.35	0.50	0.54	0.63	0.67	0.74
2012 年	0.50	0.28	0.25	0.38	0.44	0.51	0.61	0.67	0.71
2013 年									

数据来源：国家统计局。2013 年数据没有公布。

乳制品价格

2009—2013年全国乳类物质消费价格指数（PPI，月度）

上一年PPI=100

月份	液态乳及乳制品					液体乳				
	2009年	2010年	2011年	2012年	2013年	2009年	2010年	2011年	2012年	2013年
01月	106.94	101.68	108.94	103.39	102.17	106.80	103.96	108.82	104.04	102.07
02月	104.54	102.41	108.59	102.68	102.78	106.88	104.38	108.67	103.33	102.78
03月	102.16	103.49	108.28	101.91	103.50	103.42	103.45	108.47	102.38	103.70
04月	99.73	104.39	108.18	102.48	102.71	101.41	104.32	108.49	102.89	102.77
05月	99.85	105.32	107.76	102.84	102.86	101.61	104.43	108.14	103.05	102.93
06月	99.60	105.42	107.35	102.36	103.67	100.54	104.74	107.71	102.72	103.62
07月	99.75	106.32	106.92	102.51	104.15	100.38	106.11	107.35	102.84	104.07
08月	99.63	106.84	106.94	102.24	104.74	100.28	105.54	107.41	102.54	104.49
09月	99.31	106.45	107.58	101.95	106.75	99.97	105.18	107.23	102.24	106.67
10月	100.10	106.33	105.92	102.15	107.55	101.08	105.24	106.66	102.32	107.74
11月	100.25	106.16	105.20	101.95	109.28	102.43	106.25	106.19	101.97	109.33
12月	100.83	106.44	105.20	101.92	110.58	102.90	107.24	104.82	101.82	111.07

数据来源：国家统计局

2009年全国各地区售袋装鲜奶平均价格（月度）

单位：元/500克

地区	01月	02月	03月	04月	05月	06月	07月	08月	09月	10月	11月	12月
北京	2.96	2.96	2.96	2.96	2.96	2.96	2.96	2.96	2.96	2.96	2.96	2.96
天津	2.11	2.17	2.18	2.14	2.29	2.36	2.44	2.48	2.49	2.47	2.49	2.53
河北	2.70	2.72	2.80	2.80	2.78	2.80	2.80	2.80	2.80	2.80	2.80	2.80
山西	2.90	2.97	2.99	2.99	2.98	2.98	2.97	2.99	3.03	3.00	3.01	2.97
内蒙古	2.71	2.72	2.73	2.65	2.73	2.63	2.63	2.63	2.63	2.63	2.63	2.64
辽宁	3.00	3.08	3.07	3.07	3.04	3.08	3.08	3.07	3.09	3.09	3.10	3.09
吉林	3.33	3.33	3.33	3.33	3.35	3.33	3.33	3.33	3.33	3.33	3.33	3.36
黑龙江	2.59	2.61	2.61	2.59	2.56	2.58	2.59	2.59	2.62	2.62	2.61	2.62
上海	—	—	—	—	—	—	—	—	—	—	—	—
江苏	3.80	3.80	3.80	3.82	3.75	3.79	3.79	3.74	3.73	3.75	3.75	3.75
浙江	4.25	4.52	4.53	3.28	3.40	4.37	4.37	4.37	4.51	4.51	4.51	4.51
安徽	3.73	3.73	3.73	3.75	3.69	3.73	3.60	3.75	3.75	3.76	3.76	3.76
福建	4.31	4.30	4.26	4.28	4.29	4.32	4.32	4.32	4.30	4.30	4.33	4.35
江西	3.27	3.27	3.08	2.81	2.78	2.65	2.73	2.73	2.73	2.70	2.73	2.73
山东	2.55	2.55	2.50	2.56	2.65	2.57	2.59	2.59	2.63	2.68	2.67	2.66
河南	2.59	2.59	2.39	2.58	2.62	2.42	2.50	2.46	2.62	2.38	2.42	2.33
湖北	3.72	3.72	3.71	3.71	3.65	3.70	3.70	3.68	3.63	3.63	3.63	3.63
湖南	3.99	4.26	4.22	4.21	4.14	4.19	4.19	4.18	4.23	4.19	4.18	4.18
广东	4.95	4.91	4.86	4.88	4.91	4.87	4.87	4.82	4.78	4.76	4.78	4.81
广西	4.62	4.64	4.65	4.65	4.71	4.65	4.63	4.58	4.58	4.56	4.49	4.55
海南	4.47	4.47	4.53	4.47	4.66	4.47	4.47	4.47	4.47	4.47	4.47	4.24
重庆	3.41	3.40	3.40	3.40	4.35	3.40	3.40	3.40	3.40	3.40	3.40	3.40
四川	2.96	2.96	2.96	3.01	3.01	3.07	3.07	3.05	3.05	3.00	2.93	2.93
贵州	3.27	3.27	3.27	3.28	3.36	3.30	3.30	3.30	3.35	3.35	3.39	3.40
云南	2.73	2.70	2.69	2.74	2.72	2.68	2.68	2.68	2.69	2.69	2.69	2.69
西藏	3.00	3.00	3.00	3.00	3.00	3.00	3.00	3.00	3.00	3.00	3.00	3.00
陕西	2.65	2.72	2.94	3.04	3.07	3.00	2.95	2.90	2.90	2.90	2.91	2.95
甘肃	2.17	2.24	2.22	2.19	2.36	2.18	2.10	2.13	2.14	2.21	2.12	2.16
青海	2.62	2.55	2.60	2.59	2.79	2.60	2.60	2.91	2.60	2.60	2.61	2.56
宁夏	2.88	2.88	2.88	2.94	2.89	2.94	2.94	2.94	2.94	2.94	2.94	2.94
新疆	1.96	1.85	1.89	2.01	2.05	1.90	1.90	1.90	1.90	1.90	1.90	1.93

数据来源：国家统计局

2010年全国各地区售袋装鲜奶平均价格（月度）

单位：元/500克

地 区	01月	02月	03月	04月	05月	06月	07月	08月	09月	10月	11月	12月
北 京	2.96	2.96	3.00	3.05	3.05	3.05	3.05	3.05	3.05	3.05	3.05	3.00
天 津	2.58	2.53	2.55	2.55	2.55	2.54	3.55	3.43	3.43	3.43	3.43	3.50
河 北	2.82	2.82	2.82	2.82	2.82	2.82	2.82	2.82	2.82	2.82	2.82	2.82
山 西	3.01	3.02	3.01	3.04	3.05	3.02	2.88	2.93	2.93	3.06	2.99	3.06
内蒙古	2.66	2.66	2.66	2.66	2.69	2.69	2.69	2.64	2.81	2.80	2.85	2.89
辽 宁	3.13	3.18	3.19	3.19	3.18	3.21	3.20	3.22	3.22	3.22	3.24	3.29
吉 林	3.42	3.42	3.42	3.42	3.43	3.43	3.43	3.43	3.43	3.43	3.51	3.51
黑龙江	2.73	2.73	2.76	2.76	2.78	2.78	2.78	2.78	2.78	2.78	2.78	2.97
上 海	—	—	—	—	—	—	—	—	—	—	—	—
江 苏	3.84	3.81	3.82	3.84	3.84	3.81	3.83	3.89	3.89	3.89	3.89	4.00
浙 江	4.56	4.60	4.62	4.56	4.58	4.55	4.54	4.54	4.56	4.58	4.58	4.65
安 徽	3.78	3.78	3.78	3.27	3.19	3.19	3.19	3.19	3.28	3.35	3.51	3.52
福 建	4.40	4.39	4.39	4.37	4.36	4.45	4.48	4.48	4.48	4.46	4.50	4.55
江 西	2.75	2.75	2.75	2.72	2.75	2.75	2.75	2.90	2.90	2.90	2.90	2.90
山 东	2.67	2.95	2.98	2.98	3.11	3.19	3.20	3.20	3.25	3.25	3.25	3.35
河 南	2.38	2.38	2.36	2.36	2.38	2.49	2.58	2.58	2.58	2.58	2.65	2.27
湖 北	3.69	3.69	3.69	3.77	3.77	3.77	3.77	3.77	3.77	3.77	3.98	3.98
湖 南	4.17	4.17	4.16	4.18	4.18	4.21	4.26	4.25	4.25	4.28	4.33	4.30
广 东	4.82	4.92	4.95	5.05	5.12	5.12	5.04	5.08	5.13	5.08	5.12	5.09
广 西	4.35	4.33	4.38	4.38	4.38	4.38	4.35	4.38	4.38	4.38	4.40	4.40
海 南	4.02	4.02	4.02	3.92	3.87	3.84	3.74	3.78	3.78	3.78	3.70	3.70
重 庆	3.41	3.41	3.41	3.41	3.41	3.41	3.41	3.41	3.41	3.41	3.86	3.86
四 川	2.96	2.97	2.97	3.00	2.99	3.01	3.05	3.05	3.05	3.04	3.06	3.15
贵 州	3.38	3.38	3.38	3.43	3.43	3.43	3.43	3.43	3.43	3.43	3.26	3.10
云 南	2.76	2.79	2.88	3.06	3.06	3.06	3.09	3.09	3.09	3.09	3.08	3.31
西 藏	3.00	3.00	3.00	3.00	3.00	3.00	3.00	3.00	3.00	3.00	3.00	3.00
陕 西	2.95	2.95	2.95	2.97	2.95	2.99	2.99	2.91	2.91	2.91	2.91	3.29
甘 肃	2.37	2.23	2.23	2.23	2.23	2.23	2.23	2.20	2.31	2.34	2.35	2.37
青 海	2.63	2.65	2.63	2.65	2.65	2.65	2.65	2.65	2.65	2.65	2.59	2.49
宁 夏	2.92	2.92	2.92	2.92	2.92	2.92	2.92	2.92	2.92	2.92	3.05	3.09
新 疆	2.14	2.14	2.33	2.57	2.47	2.47	2.47	2.48	2.65	2.65	2.75	2.93

数据来源：国家统计局

2011 年全国各地区售袋装鲜奶平均价格（月度）

单位：元 /500 克

地 区	01 月	02 月	03 月	04 月	05 月	06 月	07 月	08 月	09 月	10 月	11 月	12 月
北 京	4.10	4.15	4.20	4.20	4.20	4.15	4.15	4.15	4.15	4.15	4.15	4.15
天 津	3.60	3.60	3.60	3.60	3.80	3.80	3.80	3.80	3.80	3.70	3.70	3.70
河 北	2.82	2.82	2.82	2.86	2.86	2.86	2.86	2.86	2.86	2.86	2.86	2.86
山 西	3.08	3.21	3.18	3.28	3.26	3.16	3.16	3.18	3.18	3.17	3.17	3.17
内蒙古	2.89	3.00	3.02	3.02	2.93	2.94	2.95	2.95	2.97	2.97	2.97	2.97
辽 宁	3.29	3.29	3.10	3.18	3.15	3.21	3.36	3.41	3.41	3.41	3.37	3.37
吉 林	3.51	3.51	3.56	3.56	3.56	3.56	3.56	3.56	3.56	3.56	3.56	3.68
黑龙江	2.80	2.98	2.92	2.90	2.80	2.90	2.90	2.90	2.90	2.90	2.90	2.90
上 海	—	—	—	—	—	—	—	—	—	—	—	—
江 苏	4.07	4.07	4.08	4.22	4.25	4.25	4.25	4.25	4.25	4.22	4.22	4.14
浙 江	4.74	4.75	4.85	4.85	4.85	4.85	4.84	4.84	4.88	4.88	4.88	4.88
安 徽	3.61	3.61	3.68	3.68	3.68	3.72	3.71	3.71	3.71	3.71	3.80	3.80
福 建	4.59	4.60	4.66	4.70	4.69	4.94	4.94	4.89	5.01	5.15	5.19	5.19
江 西	2.90	2.90	2.90	2.90	2.90	3.00	2.99	2.99	2.99	2.99	2.99	2.99
山 东	3.38	3.41	3.40	3.41	3.41	3.41	3.42	3.45	3.46	3.51	3.55	3.55
河 南	2.27	2.28	2.28	2.28	2.14	2.16	2.16	2.16	2.16	2.18	2.18	2.18
湖 北	4.01	4.01	3.95	3.95	3.95	3.95	3.95	4.02	4.02	4.02	4.02	3.97
湖 南	4.35	4.31	4.34	4.32	4.30	4.30	4.31	4.31	4.32	4.31	4.31	4.31
广 东	5.15	5.23	5.30	5.26	5.25	5.30	5.28	5.32	5.35	5.32	5.31	5.41
广 西	4.40	4.40	4.38	4.38	4.35	4.33	4.38	4.40	4.34	4.70	4.60	4.44
海 南	3.78	3.78	3.78	3.78	3.78	3.78	3.78	3.78	3.73	3.73	3.73	3.68
重 庆	3.86	3.86	3.86	3.86	3.86	4.25	5.00	5.00	5.00	5.00	5.00	5.00
四 川	3.18	3.18	3.36	3.40	3.40	3.38	3.41	3.45	3.45	3.55	3.53	3.54
贵 州	3.21	3.21	3.21	3.21	3.21	3.21	3.07	3.07	3.29	3.29	3.41	3.41
云 南	2.90	2.90	2.95	2.95	3.26	3.30	3.30	3.38	3.40	3.40	3.40	3.40
西 藏	3.00	3.00	3.00	3.00	3.00	3.00	3.00	3.00	3.00	3.00	3.00	3.00
陕 西	3.29	3.33	3.37	3.37	3.30	3.35	3.35	3.22	3.25	3.24	3.28	3.23
甘 肃	2.39	2.40	2.43	2.48	2.52	2.55	2.51	2.37	2.36	2.36	2.77	2.74
青 海	2.47	2.34	2.47	2.47	2.59	2.59	2.59	2.59	2.59	2.59	2.53	2.59
宁 夏	3.09	3.09	3.09	3.17	3.17	3.17	3.17	3.17	3.17	3.17	3.18	3.18
新 疆	2.93	2.93	2.99	2.99	3.19	3.19	3.19	3.19	3.31	3.31	3.34	3.40

数据来源：国家统计局

2012年全国各地区售袋装鲜奶平均价格（纯牛奶 利乐枕240mL 月度）

单位：元

地 区	01月	02月	03月	04月	05月	06月	07月	08月	09月	10月	11月	12月
北 京	2.18	2.15	2.15	2.15	2.20	2.22	2.22	2.22	2.22	2.18	2.18	2.48
天 津	2.20	2.20	2.20	2.20	2.20	2.20	2.20	2.20	2.17	2.10	1.98	2.10
河 北	2.05	2.04	2.05	2.04	2.04	2.04	2.04	2.07	2.08	2.08	2.08	2.08
山 西	2.11	2.11	2.12	2.10	2.10	2.08	2.05	2.08	2.12	2.16	2.17	2.18
内蒙古	2.32	2.37	2.34	2.34	2.34	2.32	2.32	2.32	2.34	2.37	2.39	2.40
辽 宁	2.03	2.03	2.03	2.03	2.02	2.00	2.00	1.99	1.99	2.02	2.04	2.02
吉 林	2.10	2.10	2.10	2.10	2.10	2.10	2.10	2.10	2.10	2.10	2.10	2.10
黑龙江	2.02	2.01	2.00	2.00	1.99	1.95	1.91	1.91	1.92	1.94	1.94	1.94
上 海	2.55	2.57	2.56	2.58	2.57	2.54	2.54	2.56	2.55	2.55	2.51	2.62
江 苏	2.16	2.15	2.17	2.16	2.16	2.16	2.17	2.19	2.21	2.21	2.22	2.22
浙 江	2.13	2.06	2.05	2.06	2.14	2.16	2.15	2.14	2.13	2.14	2.11	2.12
安 徽	2.18	2.19	2.19	2.21	2.23	2.22	2.22	2.22	2.22	2.22	2.21	2.19
福 建	—	—	—	—	—	—	—	—	—	—	—	—
江 西	1.80	1.80	1.80	1.80	1.80	1.80	1.80	1.80	1.80	1.80	1.80	1.80
山 东	2.17	2.18	2.18	2.18	2.18	2.20	2.20	2.20	2.20	2.20	2.20	2.20
河 南	1.80	1.80	1.92	1.95	2.00	1.90	1.95	1.95	1.95	1.95	1.95	2.05
湖 北	2.58	2.59	2.60	2.59	2.57	2.58	2.59	2.59	2.61	2.61	2.61	2.60
湖 南	2.13	2.17	2.17	2.17	2.17	2.18	2.17	2.18	2.18	2.18	2.18	2.18
广 东	2.35	2.30	2.30	2.30	2.28	2.25	2.23	2.20	2.35	2.42	2.45	2.45
广 西	2.36	2.34	2.36	2.38	2.37	2.37	2.35	2.37	2.38	2.39	2.37	2.39
海 南	2.31	2.36	2.35	2.34	2.34	2.36	2.31	2.30	2.30	2.38	2.39	2.44
重 庆	2.26	2.26	2.26	2.26	2.26	2.26	2.26	2.26	2.26	2.26	2.26	2.26
四 川	2.06	2.07	2.07	2.01	2.01	2.01	2.01	2.02	2.03	2.04	2.05	2.06
贵 州	2.43	2.48	2.51	2.50	2.52	2.52	2.52	2.52	2.61	2.03	2.03	2.02
云 南	2.49	2.47	2.47	2.48	2.45	2.44	2.44	2.45	2.45	2.45	2.45	2.46
西 藏	—	—	—	—	—	—	—	—	—	—	—	—
陕 西	2.11	2.09	2.11	2.12	2.12	2.11	2.11	2.10	2.10	2.10	2.13	2.10
甘 肃	2.07	2.09	2.10	2.09	2.09	2.08	2.07	2.10	2.14	2.15	2.15	2.15
青 海	1.73	1.73	1.73	1.73	1.73	1.73	1.70	1.65	1.67	1.68	1.73	1.75
宁 夏	1.98	2.06	2.09	2.09	1.89	1.97	2.00	2.00	1.98	2.00	2.00	1.96
新 疆	1.70	1.67	1.68	1.74	1.74	1.74	1.73	1.73	1.73	1.73	1.73	1.73

数据来源：国家统计局

2012年全国各地区售鲜奶平均价格（纯牛奶 盒装250mL 月度）

单位：元

地区	01月	02月	03月	04月	05月	06月	07月	08月	09月	10月	11月	12月
北京	2.60	2.62	2.66	2.62	2.61	2.64	2.63	2.61	2.61	2.54	2.54	2.54
天津	2.90	2.90	2.90	2.90	2.90	2.90	2.90	2.90	2.77	2.50	2.48	2.50
河北	2.53	2.57	2.57	2.57	2.57	2.57	2.57	2.56	2.56	2.56	2.57	2.57
山西	2.59	2.56	2.57	2.58	2.58	2.56	2.52	2.51	2.54	2.55	2.55	2.55
内蒙古	4.09	4.04	4.01	4.00	4.00	4.00	4.00	4.00	4.00	4.00	4.00	4.00
辽宁	2.60	2.60	2.60	2.58	2.57	2.55	2.54	2.53	2.53	2.55	2.55	2.55
吉林	2.54	2.53	2.53	2.53	2.53	2.53	2.53	2.53	2.53	2.53	2.53	2.53
黑龙江	2.68	2.68	2.65	2.66	2.68	2.65	2.63	2.66	2.67	2.67	2.67	2.68
上海	2.67	2.68	2.68	2.68	2.67	2.66	2.69	2.65	2.69	2.70	2.66	2.67
江苏	3.09	3.13	3.22	3.28	3.15	3.13	3.16	3.23	3.22	3.25	3.25	3.27
浙江	2.69	2.65	2.65	2.65	2.60	2.64	2.61	2.62	2.62	2.62	2.60	2.60
安徽	2.75	2.76	2.76	2.76	2.75	2.73	2.72	2.72	2.72	2.74	2.75	2.75
福建	2.47	2.47	2.49	2.51	2.51	2.50	2.49	2.51	2.48	2.49	2.51	2.57
江西	2.50	2.50	2.50	2.50	2.50	2.50	2.50	2.50	2.50	2.50	2.50	2.50
山东	2.70	2.70	2.70	2.67	2.68	2.68	2.68	2.68	2.68	2.68	2.68	2.68
河南	2.50	2.50	2.47	2.43	2.43	2.40	2.40	2.40	2.40	2.40	2.40	2.50
湖北	2.59	2.58	2.56	2.55	2.51	2.49	2.50	2.54	2.57	2.55	2.58	2.59
湖南	2.49	2.49	2.49	2.50	2.49	2.50	2.51	2.51	2.50	2.51	2.51	2.51
广东	2.36	2.28	2.30	2.30	2.26	2.29	2.33	2.32	2.31	2.32	2.36	2.36
广西	2.42	2.43	2.42	2.41	2.41	2.42	2.41	2.43	2.44	2.45	2.43	2.45
海南	2.58	2.73	2.55	2.51	2.41	2.45	2.42	2.29	2.42	2.36	2.49	2.49
重庆	3.05	3.05	3.05	3.05	3.05	3.05	3.05	3.05	3.05	3.05	3.05	3.05
四川	2.50	2.46	2.45	2.48	2.47	2.46	2.46	2.53	2.50	2.48	2.49	2.50
贵州	2.94	2.93	2.89	3.02	2.98	2.98	2.98	2.98	2.98	2.30	2.36	2.33
云南	2.87	2.87	2.87	2.88	2.90	2.93	2.96	2.96	2.96	2.96	2.96	2.96
西藏	2.50	2.50	2.50	2.50	2.50	2.50	2.50	2.50	2.50	2.50	2.50	2.50
陕西	2.52	2.51	2.53	2.55	2.55	2.52	2.48	2.50	2.48	2.48	2.48	2.47
甘肃	2.84	2.85	2.77	2.64	2.65	2.65	2.89	3.04	3.18	3.08	3.09	3.19
青海	2.78	2.78	2.78	2.78	2.78	2.78	2.78	2.78	2.76	2.78	2.78	2.78
宁夏	2.26	2.27	2.30	2.29	2.27	2.26	2.25	2.27	2.28	2.33	2.35	2.39
新疆	2.29	2.29	2.28	2.33	2.36	2.36	2.36	2.36	2.36	2.36	2.36	2.35

数据来源：国家统计局

2013 年全国各地区售鲜奶平均价格（纯牛奶 盒装 250mL 月度）

单位：元

地 区	01 月	02 月	03 月	04 月	05 月	06 月	07 月	08 月	09 月	10 月	11 月	12 月
北 京	2.54	2.54	2.53	2.55	2.62	2.65	2.65	2.72	2.85	2.91	2.94	3.03
天 津	2.48	2.50	2.63	2.70	2.70	2.70	2.70	2.70	2.70	2.77	2.90	2.90
河 北	2.55	2.55	2.60	2.62	2.61	2.71	2.77	2.78	2.88	3.00	3.06	3.08
山 西	2.56	2.58	2.61	2.59	2.59	2.60	2.60	2.60	2.66	2.68	2.77	2.88
内蒙古	4.00	3.99	3.99	3.99	3.99	3.99	3.99	3.99	4.08	4.12	4.12	4.21
辽 宁	2.54	2.56	2.55	2.56	2.61	2.60	2.60	2.59	2.59	2.63	2.66	2.73
吉 林	2.53	2.54	2.55	2.55	2.55	2.55	2.55	2.55	2.55	2.55	2.71	2.83
黑龙江	2.68	2.72	2.73	2.70	2.73	2.74	2.75	2.77	2.80	2.83	2.89	3.03
上 海	2.97	3.03	3.03	2.99	2.98	2.99	2.96	2.96	2.94	2.92	3.00	3.34
江 苏	3.26	3.24	3.40	3.43	3.42	3.42	3.39	3.45	3.49	3.50	3.56	3.61
浙 江	2.59	2.61	2.66	2.65	2.67	2.68	2.68	2.74	2.79	2.80	2.82	2.98
安 徽	2.75	2.75	2.75	2.75	2.75	2.75	2.76	2.80	2.82	2.88	2.80	2.78
福 建	2.58	2.63	2.67	2.66	2.61	2.60	2.58	2.69	2.83	2.90	2.94	3.00
江 西	2.50	2.50	2.50	2.52	2.57	2.57	2.57	2.57	2.57	2.57	2.57	2.57
山 东	2.68	2.69	2.64	2.64	2.65	2.67	2.67	2.67	2.68	2.73	2.75	2.91
河 南	2.50	2.63	2.70	2.70	2.70	2.70	2.70	2.70	2.70	2.70	2.92	2.92
湖 北	2.59	2.61	2.62	2.64	2.63	2.63	2.65	2.64	2.65	2.69	2.70	2.75
湖 南	2.50	2.51	2.52	2.52	2.53	2.51	2.50	2.49	2.51	2.51	2.52	2.58
广 东	2.38	2.43	2.41	2.41	2.46	2.60	2.61	2.63	2.70	2.74	2.80	2.88
广 西	2.44	2.48	2.57	2.56	2.56	2.57	2.56	2.56	2.62	2.65	2.74	2.70
海 南	2.59	2.62	2.61	2.61	2.59	2.51	2.51	2.53	2.59	2.70	2.73	2.75
重 庆	3.22	3.30	3.30	3.30	3.30	3.30	3.30	3.30	3.30	3.30	3.30	3.30
四 川	2.48	2.53	2.59	2.58	2.58	2.61	2.63	2.67	2.82	2.87	2.94	2.94
贵 州	2.33	2.32	2.37	2.40	2.41	2.42	2.43	2.44	2.40	2.44	2.45	2.49
云 南	2.96	2.96	2.96	3.05	3.05	3.04	3.02	3.02	3.02	3.02	3.02	3.03
西 藏	2.50	2.83	3.00	3.00	3.00	3.00	3.00	3.00	3.00	3.00	3.00	3.00
陕 西	2.52	2.59	2.58	2.61	2.60	2.60	2.59	2.59	2.62	2.66	2.69	2.76
甘 肃	3.13	3.10	3.10	3.11	3.09	3.09	3.09	3.12	3.17	3.19	3.17	3.19
青 海	2.78	2.80	2.80	2.80	2.74	2.73	2.79	2.83	2.80	2.77	2.62	2.70
宁 夏	2.21	2.24	2.25	2.29	2.30	2.30	2.30	2.30	2.30	2.37	2.46	2.67
新 疆	2.35	2.35	2.35	2.35	2.34	2.33	2.33	2.33	2.37	2.46	2.58	2.65

数据来源：国家统计局

2013年全国各地区售鲜奶平均价格（纯牛奶 利乐枕 240mL 月度）

单位：元

地 区	01月	02月	03月	04月	05月	06月	07月	08月	09月	10月	11月	12月
北 京	2.96	2.96	3.00	3.05	3.05	3.05	3.05	3.05	3.05	3.05	3.05	3.00
天 津	2.58	2.53	2.55	2.55	2.55	2.54	3.55	3.43	3.43	3.43	3.43	3.50
河 北	2.82	2.82	2.82	2.82	2.82	2.82	2.82	2.82	2.82	2.82	2.82	2.82
山 西	3.01	3.02	3.01	3.04	3.05	3.02	2.88	2.93	2.93	3.06	2.99	3.06
内蒙古	2.66	2.66	2.66	2.66	2.69	2.69	2.69	2.64	2.81	2.80	2.85	2.89
辽 宁	3.13	3.18	3.19	3.19	3.18	3.21	3.20	3.22	3.22	3.22	3.24	3.29
吉 林	3.42	3.42	3.42	3.42	3.43	3.43	3.43	3.43	3.43	3.43	3.51	3.51
黑龙江	2.73	2.73	2.76	2.76	2.78	2.78	2.78	2.78	2.78	2.78	2.78	2.97
上 海	—	—	—	—	—	—	—	—	—	—	—	—
江 苏	3.84	3.81	3.82	3.84	3.84	3.81	3.83	3.89	3.89	3.89	3.89	4.00
浙 江	4.56	4.60	4.62	4.56	4.58	4.55	4.54	4.54	4.56	4.58	4.58	4.65
安 徽	3.78	3.78	3.78	3.27	3.19	3.19	3.19	3.19	3.28	3.35	3.51	3.52
福 建	4.40	4.39	4.39	4.37	4.36	4.45	4.48	4.48	4.48	4.46	4.50	4.55
江 西	2.75	2.75	2.75	2.72	2.75	2.75	2.75	2.90	2.90	2.90	2.90	2.90
山 东	2.67	2.95	2.98	2.98	3.11	3.19	3.20	3.20	3.25	3.25	3.25	3.35
河 南	2.38	2.38	2.36	2.36	2.38	2.49	2.58	2.58	2.58	2.58	2.65	2.27
湖 北	3.69	3.69	3.69	3.77	3.77	3.77	3.77	3.77	3.77	3.77	3.98	3.98
湖 南	4.17	4.17	4.16	4.18	4.18	4.21	4.26	4.25	4.25	4.28	4.33	4.30
广 东	4.82	4.92	4.95	5.05	5.12	5.12	5.04	5.08	5.13	5.08	5.12	5.09
广 西	4.35	4.33	4.38	4.38	4.38	4.38	4.35	4.38	4.38	4.38	4.40	4.40
海 南	4.02	4.02	4.02	3.92	3.87	3.84	3.74	3.78	3.78	3.78	3.70	3.70
重 庆	3.41	3.41	3.41	3.41	3.41	3.41	3.41	3.41	3.41	3.41	3.86	3.86
四 川	2.96	2.97	2.97	3.00	2.99	3.01	3.05	3.05	3.05	3.04	3.06	3.15
贵 州	3.38	3.38	3.38	3.43	3.43	3.43	3.43	3.43	3.43	3.43	3.26	3.10
云 南	2.76	2.79	2.88	3.06	3.06	3.06	3.09	3.09	3.09	3.09	3.08	3.31
西 藏	3.00	3.00	3.00	3.00	3.00	3.00	3.00	3.00	3.00	3.00	3.00	3.00
陕 西	2.95	2.95	2.95	2.97	2.95	2.99	2.99	2.91	2.91	2.91	2.91	3.29
甘 肃	2.37	2.23	2.23	2.23	2.23	2.23	2.23	2.20	2.31	2.34	2.35	2.37
青 海	2.63	2.65	2.63	2.65	2.65	2.65	2.65	2.65	2.65	2.65	2.59	2.49
宁 夏	2.92	2.92	2.92	2.92	2.92	2.92	2.92	2.92	2.92	2.92	3.05	3.09
新 疆	2.14	2.14	2.33	2.57	2.47	2.47	2.47	2.48	2.65	2.65	2.75	2.93

数据来源：国家统计局

2012年全国各地区售盒装婴幼儿配方乳粉平均价格（国产三段400g 月度）

单位：元

地 区	01月	02月	03月	04月	05月	06月	07月	08月	09月	10月	11月	12月
北 京	49.00	49.00	49.00	49.00	49.00	52.50	60.00	61.00	61.00	61.00	61.00	61.00
天 津	69.00	69.00	69.00	69.00	69.00	69.00	69.00	69.00	69.00	69.00	69.00	69.00
河 北	60.75	60.75	60.75	60.75	60.75	60.75	60.75	60.75	60.75	60.75	60.75	60.75
山 西	68.50	68.61	68.61	68.61	68.61	68.61	68.61	68.61	68.61	68.61	68.61	68.61
内蒙古	50.71	54.62	54.77	54.63	54.63	54.63	54.63	54.63	54.63	54.63	54.63	54.63
辽 宁	58.38	58.27	58.40	58.92	60.05	60.52	60.52	60.52	59.78	60.22	59.99	60.20
吉 林	58.56	59.78	60.17	60.17	60.17	60.17	60.17	59.45	59.45	59.45	60.59	61.17
黑龙江	66.13	65.52	73.50	71.07	67.56	67.56	67.77	67.87	67.87	67.87	67.66	67.50
上 海	42.50	43.17	43.50	43.50	43.50	43.50	43.50	43.50	43.50	43.50	43.50	43.50
江 苏	53.01	53.12	56.86	59.24	59.60	59.99	58.40	59.35	59.78	59.04	58.94	58.93
浙 江	54.58	58.36	59.05	59.02	58.97	58.76	58.89	59.64	60.50	60.75	59.72	56.89
安 徽	56.67	56.69	56.69	56.71	56.05	56.12	56.16	54.94	54.94	54.94	54.97	55.05
福 建	45.07	44.56	44.47	44.91	46.38	46.69	46.76	46.88	46.92	46.87	46.87	46.56
江 西	57.53	57.88	59.40	59.40	59.40	59.51	59.57	59.57	59.57	59.57	59.57	59.57
山 东	55.18	55.18	56.42	58.39	59.52	59.52	59.52	59.52	59.52	59.52	59.46	59.20
河 南	72.50	72.50	56.33	73.00	73.00	73.00	73.00	73.00	73.00	73.00	73.00	72.75
湖 北	54.43	55.15	55.71	56.58	57.24	57.68	57.64	57.26	57.31	57.39	57.41	57.41
湖 南	52.81	52.81	52.81	53.19	53.15	53.15	53.15	53.46	53.61	53.54	53.51	53.80
广 东	56.33	56.33	55.08	58.72	59.17	58.59	60.15	61.02	60.83	60.83	58.36	55.08
广 西	61.87	62.78	61.25	61.81	61.89	61.57	60.87	60.87	60.87	60.89	60.95	60.95
海 南	67.91	69.82	67.95	64.68	64.45	63.86	64.46	64.39	67.26	68.69	68.69	69.09
重 庆	64.04	64.04	64.04	64.04	64.04	64.04	64.04	64.04	64.04	64.04	64.04	64.04
四 川	59.06	57.90	58.88	58.66	58.13	58.30	58.06	57.96	57.96	58.13	58.32	58.44
贵 州	81.58	81.07	81.07	81.52	81.75	80.00	67.26	61.33	72.38	70.27	76.54	76.63
云 南	62.04	62.04	62.04	62.04	63.03	63.05	63.05	62.94	62.94	62.94	62.94	62.94
西 藏	73.20	73.20	73.20	73.20	75.15	75.15	75.15	75.15	75.15	75.15	75.15	75.15
陕 西	69.39	69.39	69.43	70.44	70.76	70.60	70.48	70.73	70.94	70.82	70.82	71.25
甘 肃	61.98	63.48	62.93	59.91	55.98	55.98	56.14	58.35	69.51	71.40	71.07	71.07
青 海	49.48	49.48	49.48	49.48	49.48	49.48	49.48	49.16	49.00	49.00	49.00	49.00
宁 夏	69.88	67.95	65.84	65.50	64.84	64.84	64.84	77.79	95.45	95.06	80.97	75.19
新 疆	55.11	55.64	55.74	54.85	54.85	54.85	55.18	55.85	55.85	55.12	55.85	55.85

数据来源：国家统计局

2013 年全国各地区售盒装婴幼儿配方乳粉平均价格（国产三段 400g 月度）

单位：元

地 区	01 月	02 月	03 月	04 月	05 月	06 月	07 月	08 月	09 月	10 月	11 月	12 月
北 京	57.47	50.40	50.40	50.40	48.73	47.90	47.90	49.63	51.33	53.00	53.00	53.00
天 津	69.00	69.00	69.00	69.00	69.00	69.00	69.00	69.60	69.90	69.90	69.00	69.00
河 北	60.75	60.75	59.93	59.53	59.53	59.78	59.86	60.03	61.10	61.27	62.10	62.35
山 西	68.61	68.61	68.61	68.61	68.61	68.61	68.61	68.61	68.61	68.61	68.61	68.61
内蒙古	54.63	54.63	54.63	55.74	56.29	56.29	56.29	56.29	56.29	56.29	56.29	56.29
辽 宁	60.29	60.29	60.29	60.29	60.29	60.29	60.29	60.29	60.29	60.28	60.16	60.83
吉 林	61.17	61.17	61.17	61.17	60.44	60.00	59.00	58.50	58.50	58.50	58.50	63.17
黑龙江	67.56	67.48	67.39	67.39	67.69	68.00	67.69	67.55	67.55	67.55	68.50	69.05
上 海	43.50	43.50	43.50	44.83	45.50	45.50	45.50	45.50	45.50	45.50	45.50	45.50
江 苏	58.95	58.87	58.37	57.69	58.50	57.79	56.12	56.63	56.76	56.49	56.45	56.68
浙 江	56.92	56.91	57.74	59.39	59.10	59.66	59.52	59.44	59.19	59.50	59.63	59.03
安 徽	55.19	55.26	55.26	54.95	54.95	55.14	54.88	54.75	54.75	54.75	56.64	57.99
福 建	46.56	46.37	46.28	46.64	46.81	47.18	47.22	48.18	48.15	48.15	48.52	49.76
江 西	59.57	59.57	59.57	59.57	59.57	59.57	59.57	59.57	59.57	59.57	59.57	59.57
山 东	59.02	58.77	58.77	58.97	58.97	58.97	58.92	59.03	59.31	59.31	59.31	59.33
河 南	73.00	73.00	73.00	73.00	73.00	73.00	73.00	73.00	73.00	73.00	73.00	73.00
湖 北	57.41	58.07	58.00	58.17	58.40	59.85	58.06	57.65	57.73	57.73	58.34	58.08
湖 南	54.37	54.37	54.37	54.37	54.37	54.37	54.37	54.37	54.37	54.60	54.71	54.71
广 东	55.92	55.92	55.92	56.39	56.19	56.75	56.58	56.58	57.17	57.86	57.84	57.76
广 西	60.95	60.95	61.17	62.14	63.20	63.20	63.20	63.20	62.87	62.87	62.70	61.52
海 南	68.75	68.86	68.82	69.03	69.18	69.20	68.89	68.52	68.74	69.04	69.20	69.85
重 庆	64.04	64.04	64.04	64.04	64.04	65.85	66.75	66.47	66.20	66.75	66.75	66.75
四 川	58.55	58.55	58.37	57.96	57.96	56.87	56.73	57.16	58.40	58.17	58.17	58.17
贵 州	76.63	76.85	75.68	79.49	79.82	77.91	82.52	80.49	80.49	80.93	83.10	83.96
云 南	62.94	62.96	62.96	62.96	62.96	62.96	62.96	62.96	67.25	67.25	67.25	67.25
西 藏	75.15	75.15	75.15	75.15	75.15	75.15	75.15	76.65	76.65	76.65	76.65	76.65
陕 西	71.25	71.25	71.25	71.25	71.25	71.25	71.25	70.09	70.09	70.09	70.09	70.09
甘 肃	70.78	70.86	70.86	70.88	64.97	62.05	62.23	62.86	64.99	67.49	66.36	66.74
青 海	49.00	49.00	49.00	49.00	49.00	49.00	49.83	50.25	51.08	60.50	44.75	40.29
宁 夏	80.42	93.11	112.50	107.96	109.42	109.42	109.42	109.42	109.42	107.36	93.53	85.67
新 疆	55.10	55.28	55.28	55.30	56.10	56.49	55.91	55.91	55.95	56.39	57.22	57.05

数据来源：国家统计局

2012 年全国各地区售盒装婴幼儿配方乳粉平均价格（进口三段 400g 月度）

单位：元

地 区	01 月	02 月	03 月	04 月	05 月	06 月	07 月	08 月	09 月	10 月	11 月	12 月
北 京	78.75	78.75	78.75	77.58	75.25	75.25	75.25	74.15	71.45	71.45	71.45	71.45
天 津	72.00	72.00	72.00	72.00	72.00	72.00	72.00	72.00	71.33	70.00	73.00	74.50
河 北	79.40	79.40	79.07	78.90	78.90	79.70	79.70	80.50	79.95	80.11	80.31	80.58
山 西	79.33	79.27	79.17	79.27	79.36	79.43	79.36	79.25	79.77	79.75	79.69	79.69
内蒙古	101.53	101.53	101.53	101.53	101.53	101.53	100.62	100.16	99.52	99.20	99.20	99.20
辽 宁	74.51	74.51	74.64	74.70	74.70	74.64	74.51	74.51	74.51	74.53	75.03	76.22
吉 林	73.20	74.23	74.25	74.25	73.69	72.87	73.20	73.20	73.20	73.20	73.20	73.20
黑龙江	103.02	103.02	103.02	99.33	97.48	97.22	93.18	91.29	91.46	91.54	91.58	91.58
上 海	73.50	74.25	75.00	74.15	72.23	72.98	74.75	73.13	72.45	72.37	71.07	72.97
江 苏	70.74	71.74	72.18	71.77	72.46	72.79	71.02	71.66	72.06	72.28	71.45	71.51
浙 江	89.19	88.87	89.28	86.94	86.21	85.88	85.91	84.91	85.21	86.07	86.22	88.83
安 徽	78.59	78.59	78.59	78.59	78.59	78.59	77.27	76.40	76.42	76.48	76.74	76.91
福 建	73.33	73.29	73.01	72.82	73.31	72.81	72.40	72.84	73.00	72.70	72.99	75.52
江 西	71.47	71.47	71.47	71.47	71.47	71.47	71.47	71.47	71.47	71.47	71.47	71.47
山 东	75.51	75.51	75.47	75.38	75.49	77.27	77.40	77.08	77.08	77.08	77.08	75.83
河 南	73.50	78.67	81.00	81.00	81.00	81.00	81.00	81.00	81.00	81.00	81.00	81.00
湖 北	79.04	78.89	79.00	79.00	78.88	78.98	79.38	79.66	79.68	79.98	80.11	80.13
湖 南	89.99	76.30	70.31	70.78	71.41	72.66	70.63	69.62	70.11	71.60	72.61	72.67
广 东	75.47	78.33	78.33	79.39	78.61	78.58	78.89	77.94	75.57	75.22	75.59	75.81
广 西	77.42	77.42	76.50	76.50	76.50	76.50	76.50	76.47	76.40	76.39	76.21	75.76
海 南	73.23	73.23	73.23	73.60	73.85	73.98	72.93	71.56	71.96	71.96	72.06	71.98
重 庆	83.45	84.00	84.00	84.00	85.09	85.09	84.81	84.81	85.09	84.53	85.09	85.09
四 川	72.98	73.17	73.83	74.08	74.81	74.39	73.83	73.12	73.10	73.38	73.75	73.75
贵 州	104.42	105.94	106.64	111.08	111.08	111.08	114.42	114.42	94.00	93.50	97.00	98.75
云 南	81.46	81.29	81.29	81.13	81.17	81.83	81.17	81.17	81.67	81.67	81.67	81.67
西 藏	138.75	138.75	138.75	138.75	138.75	138.75	138.75	141.20	137.45	141.20	141.20	141.20
陕 西	99.67	98.73	96.86	96.86	96.86	96.86	96.27	93.67	93.79	90.66	93.86	93.86
甘 肃	89.18	92.47	92.47	92.45	92.51	92.60	92.45	97.85	101.45	104.98	101.00	101.29
青 海	76.67	76.00	76.00	76.00	76.00	76.00	76.00	76.00	76.00	78.50	78.50	83.50
宁 夏	119.27	120.74	121.29	122.42	124.96	126.04	126.04	126.04	126.04	125.49	143.99	153.79
新 疆	97.25	97.25	97.25	108.21	120.08	108.06	107.94	107.94	107.94	108.15	108.56	108.89

数据来源：国家统计局

【含乳饮料和植物蛋白饮料制造业经济指标】

2009—2013 年全国含乳饮料和植物蛋白饮料制造业基本经营情况

分 项	单位	2009 年	2010 年	2011 年	2012 年	2013 年
企业数量	个	231	236	184	202	211
亏损企业数	个	12	12	10	15	11
利润总额	亿元	58.98	67.97	66.78	100.73	125.42
资产总额	亿元	242.29	331.07	335.57	439.42	570.84
负债总额	亿元	110.15	150.81	154.66	177.18	242.53

数据来源：国家统计局

【社会经济综合指标】

1978—2013年国民总收入、国内生产总值

单位：亿元

年　份	国民总收入	国内生产总值	按产业分			
			第一产业	第二产业	第三产业	人均国内生产总值（元）
1978年	3 645.22	3 645.22	1 027.53	1 745.20	872.48	381.23
1979年	4 062.58	4 062.58	1 270.19	1 913.50	878.89	419.25
1980年	4 545.62	4 545.62	1 371.59	2 192.00	982.03	463.25
1981年	4 889.46	4 891.56	1 559.46	2 255.50	1 076.60	492.16
1982年	5 330.45	5 323.35	1 777.40	2 383.00	1 162.95	527.78
1983年	5 985.55	5 962.65	1 978.39	2 646.20	1 338.06	582.68
1984年	7 243.75	7 208.05	2 316.09	3 105.70	1 786.26	695.20
1985年	9 040.74	9 016.04	2 564.40	3 866.60	2 585.04	857.82
1986年	10 274.38	10 275.18	2 788.69	4 492.70	2 993.79	963.19
1987年	12 050.62	12 058.62	3 233.04	5 251.60	3 573.97	1 112.38
1988年	15 036.82	15 042.82	3 865.36	6 587.20	4 590.26	1 365.51
1989年	17 000.92	16 992.32	4 265.92	7 278.00	5 448.40	1 519.00
1990年	18 718.32	18 667.82	5 062.00	7 717.40	5 888.42	1 644.00
1991年	21 826.20	21 781.50	5 342.20	9 102.20	7 337.10	1 892.76
1992年	26 937.28	26 923.48	5 866.60	11 699.50	9 357.38	2 311.09
1993年	35 260.02	35 333.92	6 963.76	16 454.43	11 915.73	2 998.36
1994年	48 108.46	48 197.86	9 572.69	22 445.40	16 179.76	4 044.00
1995年	59 810.53	60 793.73	12 135.81	28 679.46	19 978.46	5 045.73
1996年	70 142.49	71 176.59	14 015.39	33 834.96	23 326.24	5 845.89
1997年	78 060.85	78 973.03	14 441.89	37 543.00	26 988.15	6 420.18
1998年	83 024.28	84 402.28	14 817.63	39 004.19	30 580.47	6 796.03
1999年	88 479.15	89 677.05	14 770.03	41 033.58	33 873.44	7 158.50
2000年	98 000.45	99 214.55	14 944.72	45 555.88	38 713.95	7 857.68
2001年	108 068.22	109 655.17	15 781.27	49 512.29	44 361.61	8 621.71
2002年	119 095.69	120 332.69	16 537.02	53 896.77	49 898.90	9 398.05
2003年	134 976.97	135 822.76	17 381.72	62 436.31	56 004.73	10 541.97
2004年	159 453.60	159 878.34	21 412.73	73 904.31	64 561.29	12 335.58
2005年	183 617.37	184 937.37	22 420.00	87 598.09	74 919.28	14 185.36
2006年	215 904.41	216 314.43	24 040.00	103 719.54	88 554.88	16 499.70
2007年	266 422.00	265 810.31	28 627.00	125 831.36	111 351.95	20 169.46
2008年	316 030.34	314 045.43	33 702.00	149 003.44	131 339.99	23 707.71
2009年	340 319.95	340 902.81	35 226.00	157 638.78	148 038.04	25 607.53
2010年	399 759.54	401 512.80	40 533.60	187 383.21	173 595.98	30 015.05
2011年	468 562.38	473 104.05	47 486.21	220 412.81	205 205.02	35 197.79
2012年	516 282.06	518 942.11	52 373.63	235 161.99	231 406.49	38 420.38
2013年	566 130.18	568 845.21	56 957.00	249 684.42	262 203.79	41 907.59

数据来源：国家统计局

1978—2013 年全国农林牧渔业总产值

单位：亿元

年 份	农林牧渔业总产值	其中			
		农业	林业	牧业	渔业
1978 年	1 397.00	1 117.50	48.10	209.30	22.10
1979 年	1 697.60	1 325.30	60.70	285.60	26.00
1980 年	1 922.60	1 454.10	81.40	354.20	32.90
1981 年	2 080.62	1 635.87	98.89	302.17	43.69
1982 年	2 483.26	1 865.30	110.04	456.70	51.22
1983 年	2 750.00	2 74.47	127.20	485.11	63.22
1984 年	3 214.13	2 380.15	161.61	587.32	85.05
1985 年	3 619.50	2 506.40	188.70	798.30	126.10
1986 年	4 013.01	2 771.75	201.19	875.71	164.36
1987 年	4 675.70	3 160.49	221.98	1 068.37	224.86
1988 年	5 865.27	3 666.89	275.30	1 600.61	322.47
1989 年	6 534.73	4 100.58	284.92	1 800.38	348.80
1990 年	7 662.10	4 954.30	330.30	1 967.00	410.60
1991 年	8 157.00	5 146.40	367.90	2 159.20	483.50
1992 年	9 084.70	5 588.00	422.60	2 460.50	613.50
1993 年	10 995.50	6 605.10	494.00	3 014.40	882.00
1994 年	15 750.50	9 169.20	611.10	4 672.00	1 298.20
1995 年	20 340.90	11 884.60	709.90	6 045.00	1 701.30
1996 年	22 353.70	13 539.75	778.01	6 015.54	2 020.43
1997 年	23 788.40	13 852.50	817.80	6 835.40	2 282.70
1998 年	24 541.86	14 241.88	851.26	7 025.84	2 422.88
1999 年	24 519.06	14 106.22	886.30	6 997.58	2 529.04
2000 年	24 915.80	13 873.60	936.50	7 393.10	27 12.60
2001 年	26 179.60	14 462.80	938.80	7 963.10	2 815.00
2002 年	27 390.75	14 931.54	1 033.50	8 454.64	2 971.07
2003 年	29 691.80	14 870.10	1 239.90	9 538.80	3 137.60
2004 年	36 238.99	18 138.36	1 327.12	12 173.80	3 605.60
2005 年	39 450.89	19 613.37	1 425.54	13 310.78	4 016.12
2006 年	40 810.83	21 522.28	1 610.81	12 083.86	3 970.52
2007 年	48 892.96	24 658.10	1 861.64	16 124.90	4 457.52
2008 年	58 002.15	28 044.15	2 152.90	20 583.56	5 203.38
2009 年	60 361.01	30 777.50	2 193.00	19 468.36	5 626.44
2010 年	69 319.76	36 941.11	2 595.47	20 825.73	6 422.37
2011 年	81 303.92	41 988.64	3 120.68	25 770.69	7 567.95
2012 年	89 453.05	46 940.46	3 447.08	27 189.39	8 706.01
2013 年	96 995.27	51 497.37	3 902.43	28 435.49	9 634.58

数据来源：国家统计局

2009—2013 年全国各地区国内生产总值

单位：亿元

地　区	2009 年	2010 年	2011 年	2012 年	2013 年
全国总计	340 902.8	401 512.8	473 104.0	51 9470.1	568 845.2
北京	12 153.03	14 113.58	16 251.93	17 879.40	19 500.56
天津	7 521.85	9 224.46	11 307.28	12 893.88	14 370.16
河北	17 235.48	20 394.26	24 515.76	26 575.01	28 301.41
山西	7 358.31	9 200.86	11 237.55	12 112.83	12 602.24
内蒙古	9 740.25	11 672.00	14 359.88	15 880.58	16 832.38
辽宁	15 212.49	18 457.27	22 226.70	24 846.43	27 077.65
吉林	7 278.75	8 667.58	10 568.83	11 939.24	12 981.46
黑龙江	8 587.00	10 368.60	12 582.00	13 691.58	14 382.93
上海	15 046.45	17 165.98	19 195.69	20 181.72	21 602.12
江苏	34 457.30	41 425.48	49 110.27	54 058.22	59 161.75
浙江	22 990.35	27 722.31	32 318.85	34 665.33	37 568.49
安徽	10 062.82	12 359.33	15 300.65	17 212.05	19 038.87
福建	12 236.53	14 737.12	17 560.18	19 701.78	21 759.64
江西	7 655.18	9 451.26	11 702.82	12 948.88	14 338.50
山东	33 896.65	39 169.92	45 361.85	50 013.24	54 684.33
河南	19 480.46	23 092.36	26 931.03	29 599.31	32 155.86
湖北	12 961.10	15 967.61	19 632.26	22 250.45	24 668.49
湖南	13 059.69	16 037.96	19 669.56	22 154.23	24 501.67
广东	39 482.56	46 013.06	53 210.28	57 067.92	62 163.97
广西	7 759.16	9 569.85	11 720.87	13 035.10	14 378.00
海南	1 654.21	2 064.50	2 522.66	2 855.54	3 146.46
重庆	6 530.01	7 925.58	10 011.37	11 409.60	12 656.69
四川	14 151.28	17 185.48	21 026.68	23 872.80	26 260.77
贵州	3 912.68	4 602.16	5 701.84	6 852.20	8 006.79
云南	6 169.75	7 224.18	8 893.12	10 309.47	11 720.91
西藏	441.36	507.46	605.83	701.03	807.67
陕西	8 169.80	10 123.48	12 512.30	14 453.68	16 045.21
甘肃	3 387.56	4 120.75	5 020.37	5 650.20	6 268.01
青海	1 081.27	1 350.43	1 670.44	1 893.54	2 101.05
宁夏	1 353.31	1 689.65	2 102.21	2 341.29	2 565.06
新疆	4 277.05	5 437.47	6 610.05	7 505.31	8 360.24

数据来源：国家统计局

2009—2013 年全国各地区农林牧渔业总产值

单位：亿元

地　区	2009 年	2010 年	2011 年	2012 年	2013 年
全国总计	60 361.0	69 319.8	81 303.9	89 453.0	96 995.3
北京	314.95	328.00	363.14	395.71	421.78
天津	281.65	317.30	349.48	375.62	412.36
河北	3 640.93	4 309.40	4 895.88	5 340.11	5 832.94
山西	908.74	1 047.80	1 207.57	1 304.26	1 447.01
内蒙古	1 570.58	1 843.60	2 204.51	2 449.34	2 699.50
辽宁	2 704.58	3 106.50	3 633.63	4 062.43	4 349.72
吉林	1 734.26	1 850.30	2 275.15	2 502.02	2 670.60
黑龙江	2 251.10	2 536.30	3 223.51	3 952.31	4 633.26
上海	283.15	287.00	314.58	321.73	323.48
江苏	3 816.02	4 297.10	5 237.45	5 808.81	6 158.03
浙江	1 873.40	2 172.90	2 534.90	2 658.66	2 837.39
安徽	2 569.46	2 955.40	3 459.66	3 728.30	4 009.24
福建	2 001.24	2 307.10	2 730.94	3 007.40	3 281.96
江西	1 733.82	1 900.60	2 207.27	2 399.26	2 578.35
山东	6 003.09	6 650.90	7 409.75	7 945.76	8 749.99
河南	4 871.51	5 734.20	6 218.64	6 679.04	7 198.08
湖北	2 985.19	3 502.00	4 252.90	4 732.12	5 160.56
湖南	3 207.88	3 787.50	4 508.20	4 904.10	5 043.58
广东	3 337.59	3 754.90	4 384.44	4 656.85	4 946.81
广西	2 377.20	2 721.00	3 323.37	3 490.72	3 755.19
海南	705.04	821.30	1 002.35	1 082.15	1 144.94
重庆	913.11	1 021.10	1 265.33	1 402.03	1 513.74
四川	3 689.81	4 081.80	4 932.73	5 433.12	5 620.27
贵州	875.20	997.80	1 165.46	1 436.61	1 663.02
云南	1 706.19	1 810.50	2 306.49	2 680.22	3 056.04
西藏	93.38	100.80	109.37	118.33	128.00
陕西	1 337.22	1 666.10	2 058.60	2 303.20	2 562.51
甘肃	876.28	1 057.00	1 187.76	1 358.16	1 517.74
青海	157.30	201.30	230.82	263.86	310.30
宁夏	243.50	305.90	354.68	385.15	430.00
新疆	1 297.61	1 846.20	1 955.39	2 275.67	2 538.88

数据来源：国家统计局

2009—2013 年全国各地区牧业总产值

单位：亿元

地　区	2009 年	2010 年	2011 年	2012 年	2013 年
全国总计	19 468.4	20 825.7	25 770.7	27 189.4	28 435.5
北京	136.1	139.6	162.7	154.2	154.8
天津	83.6	87.5	98.5	105.0	108.6
河北	1 350.1	1 443.8	1 674.0	1 747.7	1 818.2
山西	230.9	250.8	295.7	298.8	338.8
内蒙古	721.4	822.4	998.3	1 118.9	1 208.5
辽宁	1 171.4	1 270.6	1 521.1	1 621.2	1 675.4
吉林	825.5	831.5	1 074.5	1 130.4	1 198.5
黑龙江	870.2	965.8	1 189.9	1 350.7	1 430.1
上海	64.6	62.9	77.4	72.6	70.0
江苏	874.0	923.3	1 190.5	1 226.2	1 222.2
浙江	404.9	448.4	546.3	549.0	546.2
安徽	795.8	865.0	1 083.5	1 119.7	1 171.4
福建	366.9	380.3	479.2	481.3	513.8
江西	541.5	584.1	734.3	752.7	796.4
山东	1 683.8	1 774.5	2 171.9	2 285.9	2 359.0
河南	1 654.3	1 805.9	2 198.4	2 255.6	2 486.3
湖北	881.8	925.0	1 205.8	1 334.0	1 395.4
湖南	1 100.4	1 118.2	1 425.6	1 488.6	1 467.4
广东	917.1	947.2	1 146.4	1 134.1	1 106.9
广西	812.5	870.7	1 096.6	1 072.8	1 101.2
海南	142.8	158.6	207.2	214.1	225.5
重庆	319.4	326.6	425.3	453.9	482.8
四川	1 596.7	1 705.2	2 127.2	2 269.9	2 267.6
贵州	281.5	304.2	382.0	421.5	482.7
云南	557.8	588.8	808.2	913.0	962.6
西藏	44.3	48.9	54.1	59.0	64.2
陕西	387.9	435.0	553.4	598.7	643.7
甘肃	171.9	181.8	210.6	231.7	253.4
青海	90.1	101.5	119.3	137.1	160.1
宁夏	70.7	82.1	97.6	105.7	120.0
新疆	318.4	375.8	415.0	485.4	604.2

数据来源：国家统计局

1978—2013 年全国社会消费品零售总额

单位：亿元

年　份	社会消费品零售总额	市	县	县以下
1978 年	1 558.6	505.2	380.4	673.0
1979 年	1 800.0	584.7	347.5	867.8
1980 年	2 140.0	733.6	399.4	1 007.0
1981 年	2 350.0	843.3	431.9	1 074.8
1982 年	2 570.0	920.5	471.3	1 178.2
1983 年	2 849.4	1 057.3	520.8	1 271.2
1984 年	3 376.4	1 348.7	586.4	1 441.3
1985 年	4 305.0	1 874.5	737.2	1 693.3
1986 年	4 950.0	2 018.0	902.0	2 030.0
1987 年	5 820.0	2 427.0	1 030.0	2 363.0
1988 年	7 440.0	3 260.8	1 264.3	2 914.9
1989 年	8 101.4	3 666.8	1 329.5	3 105.1
1990 年	8 300.1	3 888.6	1 337.4	3 074.1
1991 年	9 415.6	4 529.8	1 491.2	3 394.6
1992 年	10 993.7	5 470.3	1 689.8	3 833.6
1993 年	14 270.4	7 138.1	2 090.1	5 042.2
1994 年	18 622.9	9 387.8	2 558.7	6 676.4
1995 年	23 613.8	12 979.4	3 366.3	7 268.1
1996 年	28 360.2	16 199.2	3 759.7	8 401.3
1997 年	31 252.9	18 499.5	4 011.6	8 741.8
1998 年	33 378.1	20 294.1	4 220.2	8 863.8
1999 年	35 647.9	22 201.8	4 460.8	8 985.3
2000 年	39 105.7	24 555.2	4 831.1	9 719.4
2001 年	43 055.4	27 379.1	5 251.4	10 424.9
2002 年	48 135.9	31 376.5	5 566.5	11 192.9
2003 年	52 516.3	34 608.3	6 011.8	11 896.2
2004 年	59 501.0	39 695.7	6 636.0	13 169.3
2005 年	67 176.6	45 094.3	7 485.4	14 596.9
2006 年	76 410.0	51 542.6	8 477.9	16 389.5
2007 年	89 210.0	60 410.7	9 943.8	18 855.5
2008 年	114 830.1	73 734.9	12 212.8	22 540.0
2009 年	132 678.4	85 133.0	/	/
2010 年	156 998.4	/	/	/
2011 年	183 918.6	/	/	/
2012 年	210 307.0	/	/	/
2013 年	237 809.9	/	/	/

数据来源：国家统计局

2009—2013 年全国各地区社会消费品零售总额

单位：亿元

地　区	2009 年	2010 年	2011 年	2012 年	2013 年
全国	132 678.4	156 998.4	183 918.6	210 307.0	237 809.9
北京	5 309.9	6 229.3	6 900.3	7 702.8	8 375.1
天津	2 430.8	2 902.6	3 395.1	3 921.4	4 470.4
河北	5 764.9	6 821.8	8 035.5	9 254.0	10 516.7
山西	2 809.0	3 318.2	3 903.4	4 506.8	5 139.3
内蒙古	2 855.3	3 384.0	3 991.7	4 572.5	5 114.2
辽宁	5 812.6	6 887.6	8 095.3	9 346.6	10 581.4
吉林	2 957.3	3 504.9	4 119.8	4 772.9	5 426.4
黑龙江	3 401.8	4 039.2	4 750.1	5 491.0	6 251.2
上海	5 173.2	6 070.5	6 814.8	7 412.3	8 052.0
江苏	11 484.1	13 606.8	15 988.4	18 331.3	20 796.5
浙江	8 622.3	10 245.4	12 028.0	13 588.3	15 225.5
安徽	3 527.8	4 197.7	4 955.1	5 736.6	6 542.4
福建	4 481.0	5 310.0	6 276.2	7 256.5	8 275.3
江西	2 484.4	2 956.2	3 485.1	4 027.2	4 576.1
山东	12 363.0	14 620.3	17 155.5	19 651.9	22 294.8
河南	6 746.4	8 004.2	9 453.6	10 915.6	12 426.6
湖北	5 928.4	7 013.9	8 275.2	9 562.5	10 885.9
湖南	4 913.7	5 839.5	6 884.7	7 921.9	9 018.6
广东	14 891.8	17 458.4	20 297.5	22 677.1	25 453.9
广西	2 790.7	3 312.0	3 908.2	4 516.6	5 133.1
海南	5 37.5	639.3	759.5	870.8	992.9
重庆	2 479.0	2 938.6	3 487.8	4 033.7	4 599.8
四川	5 758.7	6 810.1	8 044.6	9 268.6	10 561.4
贵州	1 247.3	1 482.7	1 751.6	2 027.6	2 366.2
云南	2 051.1	2 500.1	3 000.1	3 511.6	4 004.6
西藏	156.6	185.3	219.0	254.6	293.2
陕西	2 699.7	3 195.7	3 790.0	4 383.8	4 999.5
甘肃	1 183.0	1 394.5	1 648.0	1 906.5	2 173.8
青海	300.5	350.8	410.5	476.0	544.1
宁夏	339.3	403.6	477.6	548.8	610.5
新疆	1 177.5	1 375.1	1 616.3	1 858.6	2 108.2

数据来源：国家统计局

1978—2013年全国城乡人口数

单位：万人，%

年　份	年末人口数	城镇人口数	比　重	乡村人口数	比　重
1978年	96 259	17 245	17.92	79 014	82.08
1979年	97 542	18 495	18.96	79 047	81.04
1980年	98 705	19 140	19.39	79 565	80.61
1981年	100 072	20 171	20.16	79 901	79.84
1982年	101 654	21 480	21.13	80 174	78.87
1983年	103 008	22 274	21.62	80 734	78.38
1984年	104 357	24 017	23.01	80 340	76.99
1985年	105 851	25 094	23.71	80 757	76.29
1986年	107 507	26 366	24.52	81 141	75.48
1987年	109 300	27 674	25.32	81 626	74.68
1988年	111 026	28 661	25.81	82 365	74.19
1989年	112 704	29 540	26.21	83 164	73.79
1990年	114 333	30 195	26.41	84 138	73.59
1991年	115 823	31 203	26.94	84 620	73.06
1992年	117 171	32 175	27.46	84 996	72.54
1993年	118 517	33 173	27.99	85 344	72.01
1994年	119 850	34 169	28.51	85 681	71.49
1995年	121 121	35 174	29.04	85 947	70.96
1996年	122 389	37 304	30.48	85 085	69.52
1997年	123 626	39 449	31.91	84 177	68.09
1998年	124 761	41 608	33.35	83 153	66.65
1999年	125 786	43 748	34.78	82 038	65.22
2000年	126 743	45 906	36.22	80 837	63.78
2001年	127 627	48 064	37.66	79 563	62.34
2002年	128 453	50 212	39.09	78 241	60.91
2003年	129 227	52 376	40.53	76 851	59.47
2004年	129 988	54 283	41.76	75 705	58.24
2005年	130 756	56 212	42.99	74 544	57.01
2006年	131 448	58 288	44.34	73 160	55.66
2007年	132 129	60 633	45.89	71 496	54.11
2008年	132 802	62 403	46.99	70 399	53.01
2009年	133 450	64 512	48.34	68 938	51.66
2010年	134 091	66 978	49.95	67 113	50.05
2011年	134 735	69 079	51.27	65 656	48.73
2012年	135 404	71 182	52.57	64 222	47.43
2013年	136 072	73 111	53.73	62 961	46.27

数据来源：国家统计局

2009—2013 年全国各地区人口的城乡构成

单位：万人

地 区	2009 年		2010 年		2011 年		2012 年		2013 年	
	城镇	乡村	城镇	乡村	城镇	乡村	城镇	乡村	城镇	乡村
全国总计	64 512	68 938	67 001	66 281	69 079	65 656	71 182	64 222	73 111	62 961
北京	1 491.75	263.25	1 685.87	275.37	1 740.03	278.57	1 783.74	285.56	1 825.07	289.73
天津	958.09	270.07	1 027.79	266.08	1 090.78	264.23	1 152.42	260.73	1 207.36	264.85
河北	3 024.79	4 009.00	3 157.53	4 027.89	3 302.00	3 938.84	3 410.55	3 876.96	3 528.45	3 804.16
山西	1 576.24	1 851.12	1 716.05	1 855.16	1 785.00	1 808.00	1 850.91	1 759.92	1 907.82	1 721.98
内蒙古	1 293.39	1 128.68	1 372.02	1 098.61	1 405.14	1 076.57	1 437.64	1 052.21	1 466.35	1 031.26
辽宁	2 606.52	1 712.48	2 718.80	1 655.84	2 807.31	1 575.69	2 881.38	1 507.62	2 917.16	1 472.85
吉林	1 460.73	1 278.82	1 464.82	1 280.46	1 468.18	1 281.23	1 476.96	1 273.44	1 491.19	1 260.09
黑龙江	2 123.43	1 702.57	2 132.37	1 699.03	2 166.21	1 667.79	2 181.55	1 652.45	2 201.30	1 633.72
上海	1 702.01	218.99	2 055.51	246.41	2 096.28	251.18	2 125.72	254.71	2 163.97	251.18
江苏	4 295.10	3 429.90	4 737.15	3 128.95	4 889.36	3 010.00	4 989.59	2 930.39	5 090.01	2 849.48
浙江	2 999.22	2 180.78	3 355.02	2 087.67	3 403.45	2 059.55	3 461.46	2 015.54	3 518.72	1 979.28
安徽	2 581.15	3 549.85	2 557.71	3 392.34	2 673.66	3 294.34	2 784.42	3 203.58	2 885.86	3 143.94
福建	1 864.28	1 762.72	2 106.19	1 583.23	2 161.32	1 558.68	2 233.81	1 514.19	2 293.46	1 480.54
江西	1 913.81	2 518.35	1 950.00	2 506.78	2 051.22	2 437.22	2 139.82	2 364.11	2 209.97	2 312.18
山东	4 576.05	4 894.25	4 762.07	4 817.20	4 910.05	4 726.95	5 077.83	4 607.14	5 231.70	4 501.69
河南	3 577.00	5 910.00	3 621.98	5 781.02	3 808.71	5 579.29	3 990.97	5 415.03	4 123.05	5 290.30
湖北	2 631.20	3 088.80	2 844.51	2 879.26	2 984.11	2 774.00	3 091.77	2 687.24	3 161.03	2 637.97
湖南	2 767.39	3 638.61	2 845.31	3 724.77	2 974.62	3 620.98	3 097.06	3 541.87	3 208.81	3 481.79
广东	6 110.49	3 527.51	6 903.03	3 529.02	6 985.72	3 519.12	7 140.36	3 453.64	7 212.37	3 431.63
广西	1 903.55	2 952.45	1 841.78	2 760.59	1 941.61	2 703.39	2 038.07	2 643.93	2 114.58	2 604.42
海南	424.00	439.55	430.85	436.30	443.06	434.28	457.46	429.09	472.17	423.11
重庆	1 474.96	1 384.04	1 529.58	1 355.04	1 606.03	1 312.97	1 678.06	1 266.94	1 732.70	1 237.30
四川	3 167.60	5 017.41	3 234.44	4 807.31	3 367.32	4 682.69	3 515.57	4 560.63	3 640.04	4 466.96
贵州	1 135.22	2 662.78	1 173.75	2 301.10	1 212.66	2 256.06	1 268.55	2 215.52	1 324.89	2 177.33
云南	1 554.14	3 016.86	1 595.91	3 000.77	1 704.13	2 926.67	1 831.45	2 827.55	1 897.14	2 789.46
西藏	69.03	221.00	68.06	232.16	68.88	234.42	69.98	237.64	73.98	238.06
陕西	1 640.82	2 131.18	1 705.93	2 026.80	1 770.25	1 973.00	1 877.32	1 875.77	1 931.33	1 832.67
甘肃	860.48	1 774.98	919.12	1 638.41	952.60	1 611.00	998.80	1 578.75	1 036.23	1 545.95
青海	233.00	323.79	251.63	311.05	262.61	305.00	271.91	301.26	280.29	297.50
宁夏	288.00	337.00	302.20	327.93	318.00	320.88	327.93	319.26	340.24	313.95
新疆	860.21	1 299.00	933.58	1 248.01	961.67	1 247.04	981.98	1 250.80	1 006.93	1 257.37

数据来源：国家统计局

【世界奶业】

2000—2013 年全球原料奶产量

单位：万吨

原料奶种类	2000 年	2005 年	2010 年	2012 年	2013 年	2013 年增长率	2000—2013 年复合年均增长率
牛奶	49 232.1	55 090.0	61 053.9	64 013.0	64 613.8	0.90%	2.10%
水牛奶	6 710.6	7 945.1	9 309.0	9 982.1	10 311.7	3.30%	3.40%
山羊奶	1 416.3	1 672.4	1 769.7	1 843.7	1 874.4	1.70%	2.20%
绵羊奶	809.5	875.0	976.1	999.9	1 013.8	1.40%	1.70%
其他	248.8	264.0	383.9	369.5	374.8	1.40%	3.20%
全球总产量	58 417.4	65 846.4	73 492.6	77 208.3	78 188.6	1.30%	2.30%

数据来源：IDF

2000—2013 年全球各地区牛奶产量

单位：万吨

地　区	2000 年	2005 年	2010 年	2012 年	2013 年	2013 年增长率	2000—2013 年复合年均增长率
亚洲	9 488.4	13 135.0	16 599.0	18 005.1	18 350.4	1.90%	5.20%
欧盟 28 国	15 007.1	15 044.8	14 981.0	15 271.4	15 404.1	0.90%	0.20%
北美和中美[1]	9 796.3	10 300.5	11 208.9	11 616.9	11 659.9	0.40%	1.30%
南美洲	4 746.6	5 346.1	6 486.8	6 882.0	7 009.6	1.90%	3.00%
其他欧洲国家	5 840.5	6 037.8	5 940.6	5 927.4	5 802.1	2.10%	0.10%
非洲	1 927.2	2 663.7	3 176.5	3 298.2	3 408.9	3.40%	4.50%
大洋洲	2 426.0	2 562.1	2 661.2	3 012.0	2 978.8	1.10%	1.60%
全球	49 232.1	55 090.0	61 053.9	64 013.0	64 613.8	0.90%	2.10%

备注：（1）包括加勒比地区
数据来源：IDF

2000—2013 年世界主要国家奶牛存栏数

单位：万头

国　家	2000 年	2005 年	2010 年	2012 年	2013 年	2013 年增长率	2000—2013 年复合年均增长率
印度	3 288.3	3 658.6	4 275.5	4451.3	4 490.0	0.9%	2.40%
中国	523.8	1 216.1	1 420.1	1 493.9	1 440.0	–3.6%	8.10%
日本	115.0	105.5	96.4	94.3	92.3	–2.0%	–1.70%
韩国	25.5	27.1	24.1	24.9	24.6	–1.2%	–0.30%
巴西	1 788.5	2 062.6	2 292.5	2 280.4	2 306.0	1.1%	2.00%
阿根廷	200.4	188.5	174.9	174.8	174.8	0.0%	–1.00%
欧盟（28 国）	2 778.8	2 526.2	2 323.6	2 295.9	2 324.3	1.2%	–1.40%
德国	456.4	416.4	418.2	419.0	426.8	1.9%	–0.50%
法国	415.3	395.8	371.2	363.9	369.4	1.5%	–0.90%
波兰	304.7	279.5	252.9	234.6	235.6	0.4%	–2.00%
意大利	217.2	184.2	174.6	185.7	186.2	0.3%	–1.20%
英国	233.9	200.7	184.7	178.6	181.7	1.7%	–1.90%
荷兰	150.4	143.3	147.9	148.4	155.3	4.6%	0.20%
爱尔兰	115.3	112.2	100.7	106.0	108.3	2.1%	–0.50%
西班牙	114.1	111.3	84.5	83.6	84.8	1.4%	–2.30%
美国	920.6	904.3	911.9	923.3	922.1	–0.1%	0.00%
墨西哥	207.5	219.7	234.4	238.2	239.9	0.7%	1.10%
加拿大	110.3	104.1	96.6	96.0	95.9	–0.1%	–1.10%
俄罗斯	1 310.0	964.7	884.4	885.9	866.1	–2.2%	–3.10%
乌克兰	519.5	378.1	277.2	263.2	260.7	–1.0%	–5.20%
新西兰	348.5	410.0	440.0	465.0	478.5	2.9%	2.50%
澳大利亚	217.1	201.0	159.0	165.0	170.0	3.0%	–1.90%
全球	21 580.8	23 794.7	26 033.0	26 757.8	26 866.9	0.4%	1.70%

数据来源：IDF

2000—2013年世界主要国家牛奶产量

单位：万吨

国家	2000年	2005年	2010年	2012年	2013年	2013年增长率	2000—2013年复合年均增长率
印度[1]	3 296.7	3 975.9	5 490.3	5 980.5	6 310.0	5.50%	5.10%
中国	827.4	2 753.4	3 575.6	3 743.6	3 531.0	−5.70%	11.80%
日本	849.7	828.5	772.1	763.0	750.8	−1.60%	−0.90%
韩国	225.3	223.0	207.3	211.1	209.3	−0.90%	−0.60%
欧盟（28国）	15 007.1	15 044.8	14 981.0	15 271.4	15 404.1	0.90%	0.20%
德国	2 833.1	2 845.3	2 963.0	3 050.6	3 132.6	2.70%	0.80%
法国	2 497.5	2 488.5	2 401.0	2 469.8	2 440.7	−1.20%	−0.20%
英国	1 448.9	1 447.0	1 385.2	1 384.3	1 394.2	0.70%	−0.30%
波兰	1 190.0	1 190.1	1 227.9	1 266.8	1 271.8	0.40%	0.50%
荷兰	1 112.5	1 083.6	1 182.9	1 186.7	1 240.8	4.60%	0.80%
意大利	1 087.7	1 089.7	1 100.5	1 115.0	1 107.1	−0.70%	0.10%
西班牙	590.0	655.3	635.7	650.2	634.5	−2.40%	0.60%
爱尔兰	526.0	516.3	543.5	548.7	569.3	3.70%	0.60%
美国	7 600.4	8 025.4	8 747.4	9 096.2	9 127.1	0.30%	1.40%
墨西哥	959.1	1 016.4	1 099.7	1 120.7	1 125.5	0.40%	1.20%
加拿大	816.3	824.1	843.4	877.0	859.4	−2.00%	0.40%
巴西	2 036.0	2 535.9	3 163.7	3 327.4	3 443.8	3.50%	4.10%
阿根廷	1 011.1	977.8	1061.7	1 167.9	1 152.0	−1.40%	1.00%
俄罗斯	3 193.8	3 144.0	3 184.7	3 150.1	3 028.6	−3.90%	−0.40%
乌克兰	1 243.6	1 342.4	1 097.7	1 107.9	1 118.9	1.00%	−0.80%
新西兰[2]	1 333.3	1 516.3	1 716.9	2 057.2	2 020.2	−1.80%	3.20%
澳大利亚[3]	1 086.2	1 039.2	937.3	947.7	951.6	0.40%	−1.00%
全球	49 232.1	55 090.0	61 053.9	64 013.0	64 613.8	0.90%	2.10%

备注：（1）奶业年度为4月1日至次年3月31日，2011/12奶业年度为估计数

（2）2000及2005年数据为2000/01及2005/06奶业年度（6月1日至次年5月31日）数据

（3）奶业年度为7月1日至次年6月30日

数据来源：IDF

附 录

FULU

全国及各地区乳制品企业分类汇总表

地 区	乳制品生产企业（个数）	液体乳生产企业（个数）	巴氏杀菌乳	调制乳	发酵乳	灭菌乳	乳粉生产企业（个数）	其他乳制品生产企业（个数）	奶油	干酪	其他
全 国	816	545	301	354	413	307	297	112	47	41	41
北 京	21	19	6	5	17	5	2	6	5	5	0
天 津	19	12	7	8	9	7	5	5	0	2	3
河 北	40	31	6	22	14	25	12	8	3	1	4
山 西	13	11	7	4	8	9	2	0	0	0	0
内蒙古	67	27	8	16	16	19	39	22	17	6	3
辽 宁	26	22	15	12	18	12	5	4	0	1	3
吉 林	11	5	4	4	4	2	7	1	0	1	0
黑龙江	89	27	9	17	16	19	69	10	8	2	0
上 海	12	6	5	5	5	3	4	5	2	4	0
江 苏	46	42	33	33	37	10	6	3	1	0	2
浙 江	23	16	9	15	13	6	5	3	1	1	3
安 徽	18	17	12	15	14	10	4	2	0	1	1
福 建	14	9	7	8	8	5	5	1	0	1	0
江 西	11	8	6	7	7	5	4	0	0	0	0
山 东	53	41	22	29	27	30	10	5	2	3	1
河 南	35	33	21	11	28	15	3	0	0	0	0
湖 北	17	15	9	13	9	8	3	3	1	0	2
湖 南	17	10	4	9	6	4	7	4	0	0	4
广 东	38	28	23	11	24	8	8	4	0	1	3
广 西	19	18	17	16	17	6	1	1	0	1	0
海 南	2	2	2	0	2	0	0	0	0	0	0
重 庆	3	3	2	3	2	2	0	0	0	0	0
四 川	25	21	8	18	15	14	4	1	0	0	1
贵 州	6	6	5	4	5	4	0	0	0	0	0
云 南	17	13	10	11	13	9	5	2	0	2	0
西 藏	4	4	0	1	4	2	0	0	0	0	0
陕 西	47	24	9	19	9	19	33	1	0	0	1
甘 肃	36	24	15	14	23	18	10	6	0	0	6
青 海	17	15	6	2	15	6	1	2	0	1	1
宁 夏	21	10	2	7	6	6	13	3	3	0	2
新 疆	49	26	12	15	22	19	30	10	4	8	1

注：信息来源国家食品药品监督管理总局网站，时间截至2014年11月，以产品名称“乳制品”为关键字分省检索

全国及各地区婴幼儿配方乳（奶）粉企业分类汇总表

地区	婴幼儿配方乳（奶）粉生产企业（个数）	婴幼儿配方乳（奶）粉生产企业（个数）		
		干法工艺	湿法工艺	干湿法复合工艺
全　国	80	10	30	40
北　京	0	0	0	0
天　津	1	0	0	1
河　北	2	0	1	1
山　西	2	0	2	0
内　蒙	2	0	0	2
辽　宁	2	0	0	2
吉　林	2	0	2	0
黑龙江	28	0	17	11
上　海	4	1	0	3
江　苏	1	0	1	0
浙　江	1	0	0	1
安　徽	1	0	1	0
福　建	1	0	0	1
江　西	2	2	0	0
山　东	3	2	0	1
河　南	0	0	0	0
湖　北	1	0	0	1
湖　南	3	3	0	0
广　东	3	0	0	3
广　西	1	0	0	1
海　南	0	0	0	0
重　庆	0	0	0	0
四　川	0	0	0	0
贵　州	0	0	0	0
云　南	0	0	0	0
西　藏	0	0	0	0
陕　西	13	1	1	11
甘　肃	3	1	1	1
青　海	0	0	0	0
宁　夏	2	0	2	0
新　疆	2	0	2	0

注：信息来源国家食品药品监督管理总局网站，时间截至 2014 年 11 月，以产品名称“婴幼儿配方乳（奶）粉”为关键字分省检索

我国各地区乳制品企业名单

	证书编号	企业名称	产品名称	住　所	生产地点	检验方式	发证日期	有效期至	发证单位
北京市（21）									
1	QS1121 0501 0017	北京吉康食品有限公司	乳制品[其他乳制品（干酪）]	北京市昌平区崔村镇西辛峰村（承租厂房）8区B6号	北京市昌平区崔村镇西辛峰村（承租厂房）8区B6号	自行检验	2014.06.11	2017.06.10	北京市食品药品监督管理局
2	QS1100 0501 0964	北京艾莱发喜食品有限公司	乳制品[液体乳（灭菌乳）、其他乳制品（奶油）]	北京市顺义区金马工业区	北京市顺义区金马工业区	自行检验	2013.8.27	2017.3.13	北京市质量技术监督局
3	QS1100 0501 0860	北京建勋食品有限公司	乳制品[液体乳（发酵乳）]	北京市丰台区南苑北马路6号	北京市丰台区南苑北马路6号	自行检验	2011.3.11	2014.3.10	北京市质量技术监督局
4	QS1100 0501 0835	北京鑫华星乳业有限责任公司	乳制品[液体乳（发酵乳）]	北京市通州区中关村科技园区通州园金桥科技产业基地环科中路15号	北京市通州区中关村科技园区通州园金桥科技产业基地环科中路15号	自行检验	2011.2.21	2014.2.20	北京市质量技术监督局
5	QS1100 0501 1251	北京乳旺食品有限公司	乳制品[液体乳（调制乳]	北京市平谷区北京兴谷工业开发区8号区	北京市平谷区北京兴谷工业开发区8号区	自行检验	2013.10.14	2017.2.20	北京市质量技术监督局
6	QS1127 0501 0010	达能乳业（北京）有限公司	乳制品[液体乳（发酵乳）]	北京市怀柔区雁栖经济开发区雁栖北一街6号	北京市怀柔区雁栖经济开发区雁栖北一街6号	自行检验	2013.10.14	2017.2.20	北京市质量技术监督局
7	QS1111 0501 0015	北京天顺华乳品有限公司	乳制品[液体乳（发酵乳）]	北京市房山区韩村河真东南章村7号	北京市房山区韩村河真东南章村7号	委托检验	2011.12.23	2014.12.22	北京市质量技术监督局
8	QS1100 0501 1231	北京圣祥乳制品厂	乳制品[液体乳（发酵乳）]	北京市丰台区辛庄南坡366号	北京市丰台区辛庄南坡366号	自行检验	2013.10.14	2017.2.20	北京市质量技术监督局
9	QS1100 0501 1229	北京健生饮料有限公司	乳制品[液体乳（发酵乳）]		北京市朝阳区金盏乡黎各庄村	自行检验	2013.11.25	2016.11.24	北京市质量技术监督局
10	QS1100 0501 1037	北京鸿达乳品有限公司	乳制品[液体乳（发酵乳）、其他乳制品（奶油、干酪）]	北京市怀柔区桥梓镇西茶坞村北	北京市怀柔区桥梓镇西茶坞村北	自行检验	2013.11.18	2017.03.13	北京市质量技术监督局

（续）

	证书编号	企业名称	产品名称	住　所	生产地点	检验方式	发证日期	有效期至	发证单位
11	QS1100 0501 1417	北京超凡食品有限公司	乳制品［液体乳（发酵乳）、其他乳制品（干酪、奶油）］	北京市顺义区高丽营镇金马工业区北路96号	北京市顺义区高丽营镇金马工业区北路96号	自行检验	2013.9.4	2017.2.20	北京市质量技术监督局
12	QS1100 0501 0006	北京三元食品股份有限公司乳品四厂	乳制品［乳粉（全脂乳粉、脱脂乳粉、调制乳粉）、其他乳制品（奶油、干酪）］	北京市昌平区南口镇南阳公路东侧	北京市昌平区南口镇南阳公路东侧	自行检验	2011.2.21	2014.2.20	北京市质量技术监督局
13	QS1100 0501 0261	北京龙泉乳品公司	乳制品［液体乳（发酵乳）］	北京市门头沟区三家店南宫	北京市门头沟区三家店南宫	自行检验	2014.03.04	2017.03.03	北京市食品药品监督管理局
14	QS1100 0501 0002	内蒙古伊利实业集团股份有限公司北京乳品厂	乳制品［乳粉（全脂乳粉）、液体乳（发酵乳）］	北京市密云县经济开发区清源路1号	北京市密云县经济开发区清源路1号	自行检验	2013.10.14	2017.2.20	北京市质量技术监督局
15	QS1100 0501 0008	北京三元食品股份有限公司乳品八厂	乳制品［液体乳（巴氏杀菌乳、调制乳、发酵乳）］	北京市通州区永乐店镇柴厂屯村	北京市通州区永乐店镇柴厂屯村	自行检验	2011.2.21	2014.2.20	北京市质量技术监督局
16	QS1100 0501 0354	蒙牛乳业（北京）有限责任公司	乳制品［液体乳（巴氏杀菌乳、灭菌乳、调制乳、发酵乳）］	北京市通州区食品工业园区一区1号	北京市通州区食品工业园区一区1号	自行检验	2013.11.18	2017.03.02	北京市质量技术监督局
17	QS1100 0501 0001	北京光明健能乳业有限公司	乳制品［液体乳（灭菌乳、调制乳、巴氏杀菌乳、发酵乳）］	北京市顺义区林河工业开发区内	北京市顺义区林河工业开发区内	自行检验	2013.10.14	2017.2.20	北京市质量技术监督局
18	QS1100 0501 1393	北京归原生态农业发展有限公司	乳制品［液体乳（巴氏杀菌乳、发酵乳）］	北京市延庆县康庄镇大营村南500米	北京市延庆县康庄镇大营村南500米	自行检验	2014.02.14	2017.02.13	北京市食品药品监督管理局
19	QS1100 0501 0302	北京科尔沁乳业有限公司	乳制品［液体乳（灭菌乳、发酵乳）］	北京市通州区宋庄镇平家疃工业大院西侧	北京市通州区宋庄镇平家疃工业大院西侧	自行检验	2014.07.30	2017.02.13	北京市食品药品监督管理局
20	QS1112 0501 0016	蒙牛高科乳制品（北京）有限责任公司	乳制品［液体乳（巴氏杀菌乳、发酵乳）］	北京市通州区食品工业园区一区1号北侧	北京市通州区食品工业园区一区1号	自行检验	2014.06.11	2017.01.27	北京市食品药品监督管理局

（续）

	证书编号	企业名称	产品名称	住　所	生产地点	检验方式	发证日期	有效期至	发证单位
21	QS1100 0501 0003	北京三元食品股份有限公司	乳制品［液体乳（巴氏杀菌乳、调制乳、灭菌乳、发酵乳）、其他乳制品（奶油、干酪）］	北京市大兴区瀛海瀛昌街8号	北京市大兴区瀛海瀛昌街8号	自行检验	2014.04.29	2017.03.30	北京市食品药品监督管理局
天津市（19）									
22	QS1216 0501 1618	邦士（天津）食品有限公司	乳制品［其他乳制品（干酪）］	天津经济技术开发区睦宁路72号	天津经济技术开发区睦宁路72号	自行检验	2014.1.9	2017.3.30	天津市滨海新区食品药品监督管理局
23	QS1216 0501 0001	妙可蓝多（天津）食品科技有限公司	乳制品［其他乳制品（干酪）］	天津开发区西区新兴路28号	天津开发区西区新兴路28号	自行检验	2013.9.22	2016.9.21	天津市滨海新区食品药品监督管理局
24	QS1201 0501 1202	美可高特（中国）羊乳有限公司	乳制品［乳粉（调制乳粉）、其他乳制品（奶片）］	天津新技术产业园区华苑产业区鑫茂科技园D1座四层C单元	天津市西青区中北工业园星光路9号	自行检验	2014.05.30	2017.03.30	天津市质量技术监督局
25	QS1205 0501 0007	天津双江乳业有限公司	乳制品［其他乳制品（乳清粉）（干法工艺）］	天津市河北区红星路与幸福道口	天津市河北区红星路幸福道口	自行检验	2013.1.8	2016.1.7	天津市质量技术监督局
26	QS1214 0501 0004	天津伊利乳品有限责任公司	乳制品［液体乳（发酵乳）］	天津新技术产业园区武清开发区泉达路16号	天津新技术产业园区武清开发区泉达路16号	自行检验	2014.08.15	2017.11.28	天津市质量技术监督局
27	QS1214 0501 0006	黑龙江红星集团天津食品有限公司	乳制品［乳粉（调制乳粉）］	天津市武清区大良镇旗良公路东侧	天津市武清开发区禄财道3号	自行检验	2013.12.11	2015.01.10	天津市质量技术监督局
28	QS1212 0501 0013	多加多乳业（天津）有限公司	乳制品［乳粉（调制乳粉）］	天津市津南经济开发区	天津市津南经济开发区中宏道3号	自行检验	2014.05.30	2017.03.30	天津市质量技术监督局
29	QS1217 0501 0002	天津伊利乳业有限责任公司	乳制品［乳粉（调制乳粉）、其他乳制品（奶片）］	天津空港经济区西十五道5号	天津空港经济区西十五道5号	自行检验	2014.03.27	2017.03.30	天津市滨海新区食品药品监督管理局
30	QS1214 0501 0005	蒙牛乳业（天津）有限公司	乳制品［液体乳（巴氏杀菌乳、发酵乳）］	天津市武清区京滨工业园	天津市武清区京滨工业园大王古庄镇古旺路与纬五路交叉口西北处	自行检验	2011.12.31	2014.12.30	天津市质量技术监督局

（续）

	证书编号	企业名称	产品名称	住 所	生产地点	检验方式	发证日期	有效期至	发证单位
31	QS1214 0501 0003	天津娃哈哈食品有限公司	乳制品［液体乳（调制乳、发酵乳）］	天津新技术产业园区武清开发区	武清区豆张庄乡世纪中路2号	自行检验	2014.07.11	2017.05.09	天津市质量技术监督局
32	QS1214 0501 0909	天津华明乳业有限公司	乳制品［液体乳（巴氏杀菌乳、发酵乳）］	武清区徐官屯工贸大街150号	天津市武清区徐官屯工贸大街150号	自行检验	2013.12.02	2017.03.30	天津市质量技术监督局
33	QS1215 0501 0017	天津津河乳业有限公司	乳制品［液体乳（调制乳、灭菌乳）］	天津市宝坻区九园公路35公里处	天津市宝坻区九园公路35公里处	自行检验	2013.12.11	2017.03.30	天津市质量技术监督局
34	QS1223 0501 0254	天津三元乳业有限公司	乳制品［液体乳（调制乳、灭菌乳）］	静海县双塘镇东双塘村	天津市静海县双塘镇东双塘村双兴街29号	自行检验	2013.12.02	2017.03.30	天津市质量技术监督局
35	QS1203 0501 0010	天津子母乳品有限公司	乳制品［液体乳（灭菌乳、调制乳）］	河西区洞庭路南	天津市河西区洞庭路南	自行检验	2013.9.10	2017.3.30	天津市质量技术监督局
36	QS1214 0501 0008	蒙牛乳制品（天津）有限责任公司	乳制品［液体乳（巴氏杀菌乳、发酵乳）］	空	天津市武清区京滨工业园大王古庄镇古旺路与纬五路交叉口西北处	自行检验	2014.1.28	2017.1.27	天津市质量技术监督局
37	QS1209 0501 0012	天津海河乳业有限公司	乳制品［液体乳（巴氏杀菌乳、调制乳、灭菌乳、发酵乳）］	北辰区新宜白大道科技园区内	北辰区北辰科技园汀江东路1号	自行检验	2013.12.11	2017.03.30	天津市质量技术监督局
38	QS1214 0501 0016	天津完达山乳品有限公司	乳制品［液体乳（巴氏杀菌乳、灭菌乳、调制乳、发酵乳）］	天津市武清开发区泉发路28号	天津市武清开发区泉发路28号	自行检验	2013.11.08	2017.03.30	天津市质量技术监督局
39	QS1213 0501 0397	天津光明梦得乳品有限公司	乳制品［液体乳（巴氏杀菌乳、调制乳、灭菌乳、发酵乳）、乳粉（全脂乳粉、脱脂乳粉）］	北辰区开发区	天津市北辰区风电产业园永信道16号	自行检验	2014.03.24	2015.11.20	天津市质量技术监督局
40	QS1221 0501 0018	天津中芬乳业有限公司	乳制品［液体乳（灭菌乳、调制乳、巴氏杀菌乳、发酵乳）］	天津市宁河县经济开发区	天津市宁河县造甲城道口甲区112号	自行检验	2014.09.22	2017.03.30	天津市市场和质量监督管理委员会

（续）

	证书编号	企业名称	产品名称	住　所	生产地点	检验方式	发证日期	有效期至	发证单位
				河北省（40）					
41	QS1301 0501 5557	河北东康乳业有限公司	乳制品［其他乳制品（乳清粉）］	石家庄经济技术开发区扬子路	河北省石家庄市石家庄经济技术开发区扬子路	自行检验	2013.8.5	2016.7.7	河北省质量技术监督局
42	QS1301 0501 0002	石家庄明旺乳业有限公司	乳制品［液体乳（调制乳）、其他乳制品（炼乳）］	河北省石家庄市行唐县食品工业区北区 1 号	河北省石家庄市行唐县食品工业区北区 1 号	自行检验	2014.03.25	2017.03.28	河北省食品药品监督管理局
43	QS1301 0501 0009	石家庄永盛乳业有限公司	乳制品［液体乳（发酵乳）、其他乳制品（干酪）］	鹿泉市石铜路 36 号	河北省石家庄市鹿泉市铜冶镇（鹿泉市石铜路 36 号）	自行检验	2014.07.14	2017.03.14	河北省食品药品监督管理局
44	QS1300 0501 0019	石家庄君乐宝乐时乳业有限公司	乳制品［液体乳（发酵乳）］	鹿泉市高新区	河北省石家庄市鹿泉市高新区云开路 49 号	自行检验	2013.9.17	2017.3.14	河北省质量技术监督局
45	QS1306 0501 1655	蒙牛乳业（保定）有限公司	乳制品［液体乳（灭菌乳）］	河北省望都县中韩庄乡高速公路引线南侧望都工业园内	河北省保定市望都县中韩庄乡高速公路引线南侧望都工业园内	自行检验	2013.9.17	2017.2.13	河北省质量技术监督局
46	QS1310 0501 1528	河北福成五丰食品股份有限公司燕郊乳制品分公司	乳制品［液体乳（灭菌乳）］	河北省三河市燕郊经济技术开发区科技大街南侧	河北省三河市燕郊经济技术开发区科技大街南侧	自行检验	2011.8.17	2014.8.16	河北省质量技术监督局
47	QS1300 0501 0020	石家庄天缘乳业有限公司	乳制品［液体乳（发酵乳）］	石家庄市学府路 238 号	河北省石家庄市学府路 238 号	自行检验	2014.07.25	2017.03.28	河北省食品药品监督管理局
48	QS1300 0501 0754	保定完达山乳品有限公司	乳制品［液体乳（发酵乳）］	高阳县高保路东河路口	河北省保定市高阳县高保路东河路口	自行检验	2013.12.2	2017.3.28	河北省食品药品监督管理局
49	QS1307 0501 0305	蒙牛塞北乳业有限公司	乳制品［液体乳（灭菌乳）］	张家口市察北管理区	河北省张家口市察北管理区	自行检验	2013.11.13	2017.03.20	河北省食品药品监督管理局
50	QS1301 0501 5558	石家庄君乐宝太行乳业有限公司	乳制品［乳粉（全脂乳粉）］	行唐县太行路 88 号	河北省石家庄市行唐县只里村西	自行检验	2014.04.04	2016.11.12	河北省食品药品监督管理局
51	QS1306 0501 1474	定州伊利乳业有限责任公司	乳制品［液体乳（灭菌乳、调制乳）、其他乳制品（奶油）］	河北省保定市定州市伊利工业园区	河北省保定市定州市伊利工业园区	自行检验	2014.02.17	2017.03.07	河北省食品药品监督管理局

（续）

	证书编号	企业名称	产品名称	住　所	生产地点	检验方式	发证日期	有效期至	发证单位
52	QS1307 0501 0306	张家口察哈尔乳业有限公司	乳制品［乳粉（全脂乳粉、调制乳粉）、其他乳制品］	张家口市察北管理区	河北省张家口市察北管理区	自行检验	2014.03.25	2017.03.07	河北省食品药品监督管理局
53	QS1300 0501 0144	河北冠维乳业有限公司	乳制品［乳粉（全脂乳粉、脱脂乳粉）、其他乳制品（奶油）］	鹿泉市南铜冶	河北省石家庄市鹿泉市铜冶镇南铜冶村	自行检验	2013.11.13	2017.3.14	河北省食品药品监督管理局
54	QS1300 0501 0154	河北新希望天香乳业有限公司	乳制品［液体乳（巴氏杀菌乳、灭菌乳、调制乳、发酵乳）、其他乳制品］	保定市东风东路 539 号	河北省保定市北市区东风东路 539 号	自行检验	2014.08.11	2017.03.28	河北省食品药品监督管理局
55	QS1307 0501 0011	张家口恒天铄乳业有限公司	乳制品［乳粉（全脂乳粉、脱脂乳粉、调制乳粉）、其他乳制品（无水奶油）］	张家口市塞北管理区榆树沟	河北省张家口市塞北管理区榆树沟	自行检验	2014.05.26	2017.03.28	河北省食品药品监督管理局
56	QS1309 0501 0426	河北乡谣食品有限公司	乳制品［液体乳（灭菌乳、调制乳）］	临港经济技术开发区	河北省沧州市沧州临港经济技术开发区	自行检验	2014.09.12	2017.03.28	河北省食品药品监督管理局
57	QS1307 0501 5555	张北伊利乳业有限责任公司	乳制品［液体乳（灭菌乳、调制乳）］	河北省张北县张北镇新村东、桦皮岭大街西侧	河北省张家口市张北县张北镇新村东、桦皮岭大街西侧	自行检验	2014.08.28	2015.05.30	河北省食品药品监督管理局
58	QS1302 0501 1394	迁安三元食品有限公司	乳制品［液体乳调制乳、灭菌乳）］	河北省迁安市迁安镇张庄北	河北省唐山市迁安市迁安镇张庄北	自行检验	2014.03.12	2017.03.27	河北省食品药品监督管理局
59	QS1311 0501 5556	蒙牛乳业（衡水）有限公司	乳制品［液体乳（灭菌乳、调制乳）］	河北省武强县农牧产业园	河北省衡水市武强县农牧产业园	自行检验	2014.06.20	2015.08.27	河北省食品药品监督管理局
60	QS1300 0501 0181	保定君乐宝乳业有限公司	乳制品［液体乳（调制乳、灭菌乳）］	保定市七一东路（高新区东区）	河北省保定市北市区七一东路（高新区东区）	自行检验	2014.03.12	2017.03.28	河北省食品药品监督管理局
61	QS1300 0501 0187	廊坊伊利乳品有限公司	乳制品［液体乳（灭菌乳、调制乳）］	廊坊经济技术开发区全兴路	河北省廊坊市经济技术开发区全兴路祥云道 12 号	自行检验	2014.07.04	2017.03.20	河北省食品药品监督管理局

（续）

	证书编号	企业名称	产品名称	住　所	生产地点	检验方式	发证日期	有效期至	发证单位
62	QS1300 0501 0914	河北佳利乳业有限公司	乳制品[乳粉（全脂乳粉、调制乳粉）]	赵县308国道南段	河北省石家庄市赵县308国道615公里处	自行检验	2014.04.04	2017.03.28	河北省食品药品监督管理局
63	QS1307 0501 1729	蒙牛塞北乳业有限公司	乳制品[液体乳（灭菌乳、调制乳）]	张家口市塞北管理区	河北省张家口市塞北管理区	自行检验	2013.11.13	2017.03.20	河北省食品药品监督管理局
64	QS1306 0501 0398	保定宝贝乳业有限公司	乳制品[乳粉（全脂乳粉、调制乳粉）]	保定市东二环1189号	河北省保定市东二环1189号	自行检验	2014.01.27	2017.03.28	河北省食品药品监督管理局
65	QS1308 0501 0003	丰宁缘天然乳业有限公司	乳制品[液体乳（灭菌乳、调制乳）]	丰宁满族自治县大阁镇西区路78号	河北省承德市丰宁满族自治县大阁镇西区路78号	自行检验	2014.05.12	2017.03.28	河北省食品药品监督管理局
66	QS1307 0501 0304	察北乳业有限责任公司	乳制品[乳粉（全脂乳粉、调制乳粉）]	张家口市察北管理区黄山管理处	河北省张家口市察北管理区黄山管理处	自行检验	2014.04.23	2017.03.27	河北省食品药品监督管理局
67	QS1307 0501 1475	张北县宏冠乳业有限责任公司	乳制品[乳粉（全脂乳粉、调制乳粉）]	张北县二台镇工业园区	河北省张家口市张北县二台镇工业园区	自行检验	2014.05.12	2017.03.28	河北省食品药品监督管理局
68	QS1305 0501 0425	河北完达山贝兰德乳业有限公司	乳制品[液体乳（调制乳、灭菌乳、发酵乳）]	宁晋县城西城管理区	河北省邢台市宁晋县城西城管理区	自行检验	2014.07.21	2017.01.19	河北省食品药品监督管理局
69	QS1300 0501 0637	蒙牛乳业（滦南）有限责任公司	乳制品[液体乳（灭菌乳、调制乳）]	唐山市滦南县城南唐港高速公路出口	河北省唐山市滦南县城南唐港高速公路出口	自行检验	2013.11.19	2017.03.21	河北省食品药品监督管理局
70	QS1300 0501 0155	石家庄君乐宝乳业有限公司	乳制品[液体乳（发酵乳、灭菌乳、调制乳）]	石家庄市石铜路68号	河北省石家庄市鹿泉市铜冶镇南铜冶村东（石家庄市石铜路68号）	自行检验	2013.11.13	2017.3.28	河北省食品药品监督管理局
71	QS1307 0501 1327	蒙牛乳业（察北）有限公司	乳制品[液体乳（灭菌乳、调制乳）]	张家口市察北管理区黄山管理处	河北省张家口市察北管理区黄山管理处	自行检验	2013.11.13	2017.3.20	河北省食品药品监督管理局
72	QS1300 0501 0636	蒙牛乳业（唐山）有限责任公司	乳制品[液体乳（调制乳、灭菌乳）]	河北省唐山市丰润区外环路南侧	河北省唐山市丰润区外环路南侧	自行检验	2014.07.21	2017.03.21	河北省食品药品监督管理局

（续）

	证书编号	企业名称	产品名称	住　所	生产地点	检验方式	发证日期	有效期至	发证单位
73	QS1304 0501 0867	邯郸滏阳乳业有限责任公司	乳制品［液体乳（巴氏杀菌乳、调制乳、发酵乳、灭菌乳）］	河北省邯郸市邯大路126号	河北省邯郸市邯大路126号	自行检验	2011.8.17	2014.8.16	河北省质量技术监督局
74	QS1307 0501 1357	现代牧业（塞北）有限公司	乳制品［液体乳（灭菌乳、巴氏杀菌乳、发酵乳）］	张家口市塞北管理区	河北省张家口市塞北管理区	自行检验	2014.07.28	2017.03.28	河北省食品药品监督管理局
75	QS1308 0501 0669	承德市畜牧场	乳制品［液体乳（灭菌乳、巴氏杀菌乳、发酵乳）］	承德双滦区小松树沟	河北省承德市双滦区小松树沟	自行检验	2014.05.19	2017.03.28	河北省食品药品监督管理局
76	QS1304 0501 0021	邯郸市康诺食品有限公司	乳制品［液体乳（巴氏杀菌乳、调制乳、发酵乳）］	河北省邯郸市邯郸县农产品加工园区明珠大街6号	河北省邯郸市邯郸县农产品加工园区明珠大街6号	自行检验	2014.09.22	2017.08.16	河北省食品药品监督管理局
77	QS1302 0501 0006	滦县伊利乳业有限责任公司	乳制品［液体乳（灭菌乳、调制乳、发酵乳）、乳粉（全脂乳粉）］	河北省滦县新城台商工业园日月潭路2号	河北省唐山市滦县阿里山大街东侧、日月潭路南侧	自行检验	2014.09.26	2017.01.25	河北省食品药品监督管理局
78	QS1300 0501 0150	唐山市三元食品有限公司	乳制品［液体乳（灭菌乳、调制乳）、乳粉（全脂乳粉、调制乳粉）］	汉沽管理区平安东路6号	河北省唐山市汉沽管理区平安东路6号	自行检验	2014.01.20	2017.03.27	河北省食品药品监督管理局
79	QS1301 0501 0001	河北三元食品有限公司	乳制品［液体乳（灭菌乳、调制乳、发酵乳）、乳粉（全脂乳粉、调制乳粉）］	石家庄市新华区警安路69号	河北省石家庄市新华区警安路59号、河北省石家庄市新华区西三庄街19号	自行检验	2014.03.27	2017.03.28	河北省食品药品监督管理局
80	QS1307 0501 0344	张家口长城乳业有限公司	乳制品［液体乳（巴氏杀菌乳、发酵乳、灭菌乳、调制乳）、乳粉（全脂乳粉）］	河北省张家口市产业集聚区金凤街2号	河北省张家口市产业集聚区金凤街2号	自行检验	2014.05.19	2017.03.28	河北省食品药品监督管理局
山西省（13）									
81	QS1406 0501 0404	内蒙古蒙牛乳业（集团）山西乳业有限公司	乳制品［液体乳（灭菌乳）］	山阴县同太北路3号	山西省朔州市山阴县同太北路3号	自行检验	2014.04.02	2017.03.30	山西省食品药品监督管理局

（续）

	证书编号	企业名称	产品名称	住　所	生产地点	检验方式	发证日期	有效期至	发证单位
82	QS1402 0501 0849	大同夏进乳业有限责任公司	乳制品[灭菌乳、调制乳]	大同市新平旺新胜街甲1号	山西省大同市新平旺新胜街甲1号	自行检验	2014.03.31	2017.03.30	山西省食品药品监督管理局
83	QS1401 0501 1595	蒙牛乳业（太原）有限公司	乳制品[液体乳（调制乳、灭菌乳）]	太原市经济开发区	山西省太原市经济开发区	自行检验	2014.04.02	2017.03.30	山西省食品药品监督管理局
84	QS1401 0501 1444	阳曲县瑞美乳业有限公司	乳制品[液体乳（巴氏杀菌乳、发酵乳）]	山西省太原市阳曲县北阁大街6号	山西省太原市阳曲县北阁大街6号	自行检验	2014.04.14	2017.03.30	山西省食品药品监督管理局
85	QS1406 0501 0427	朔州伊利乳业有限责任公司	乳制品[液体乳（灭菌乳、调制乳）]	山西省山阴县应山路	山西省朔州市山阴县应山路	自行检验	2014.04.02	2017.03.30	山西省食品药品监督管理局
86	QS1401 0501 0681	山西维尔生物乳制品有限公司	乳制品[液体乳（巴氏杀菌乳、发酵乳）]	太原市小店区平阳路398号	山西省太原市小店区平阳路398号	自行检验	2014.04.02	2017.03.30	山西省食品药品监督管理局
87	QS1403 0501 0002	阳泉田园乳业有限公司	乳制品[液体乳（巴氏杀菌乳、灭菌乳、发酵乳）]	阳泉郊区辛兴桥北	山西省阳泉市郊区辛兴桥北	自行检验	2012.9.12	2014.10.25	山西省质量技术监督局
88	QS1404 0501 0001	长治市牧村乳业有限公司	乳制品[液体乳(巴氏杀菌乳、灭菌乳、发酵乳)]	长治市城东南路32号	山西省长治市潞城市生态经济园区南区一号	自行检验	2011.10.26	2014.10.25	山西省质量技术监督局
89	QS1405 0501 0760	晋城市晋大农牧产业有限公司	乳制品[液体乳（巴氏杀菌乳、灭菌乳、发酵乳、调制乳）]	泽州县川底乡焦河村	山西省晋城市泽州县川底乡焦河村	自行检验	2014.04.02	2017.03.30	山西省食品药品监督管理局
90	QS1404 0501 1367	长治市九牛寨乳业有限公司	乳制品[液体乳（巴氏杀菌乳、灭菌乳、发酵乳）]	壶关县城南	山西省长治市壶关县城南	自行检验	2014.04.02	2017.03.30	山西省食品药品监督管理局
91	QS1407 0501 1508	山西古城乳业集团有限公司八分厂	乳制品[液体乳（巴氏杀菌乳、灭菌乳、发酵乳）]	晋中市开发区医药工业区A区	山西省晋中市开发区医药工业区A区	自行检验	2014.03.31	2017.03.30	山西省食品药品监督管理局
92	QS1400 0501 0021	山西古城乳业集团有限公司	乳制品[1.液体乳（灭菌乳、调制乳、发酵乳）]、[2.乳粉（全脂乳粉、调制乳粉）]	山阴县古城镇	山西省朔州市山阴县古城镇	自行检验	2014.04.14	2017.03.30	山西省食品药品监督管理局

（续）

	证书编号	企业名称	产品名称	住　所	生产地点	检验方式	发证日期	有效期至	发证单位
93	QS1406 0501 1765	山西雅士利乳业有限公司	乳制品[1. 乳粉（调制乳粉）]、[2. 乳粉（湿法工艺）婴幼儿配方乳粉基粉]	朔州应县四环东路雅士利工业园	山西省朔州市应县四环东路雅士利工业园	自行检验	2014.04.14	2017.03.30	山西省食品药品监督管理局
				内蒙古自治区（67）					
94	QS1501 0501 1771	内蒙古久鼎食品有限公司	乳制品[其他乳制品（奶油）]	呼和浩特市盛乐经济园区成长大道北（内蒙古铁骑纺织有限责任公司对面）	呼和浩特市盛乐经济园区成长大道北（内蒙古铁骑纺织有限责任公司对面）	自行检验	2014.02.26	2017.02.27	内蒙古自治区食品药品监督管理局
95	QS1501 0501 1673	呼和浩特市天美华乳食品有限责任公司	乳制品[其他乳制品（奶油）]	呼和浩特市金桥开发区金河镇新营子村	呼和浩特市金桥开发区金河镇新营子村	自行检验	2011.3.30	2014.3.29	内蒙古自治区质量技术监督局
96	QS1525 0501 1772	内蒙古汇力多食品有限公司	乳制品[其他乳制品（干酪）]	锡林郭勒盟正蓝旗	锡林郭勒盟正蓝旗	自行检验	2014.03.19	2017.03.29	内蒙古自治区食品药品监督管理局
97	QS1501 0501 0016	呼和浩特市金汇食品有限公司	乳制品[其他乳制品（奶油）]	呼和浩特市玉泉区鄂尔多斯西街奈伦奶粉厂院内	呼和浩特市玉泉区鄂尔多斯西街奈伦奶粉厂院内	自行检验	2011.3.30	2014.3.29	内蒙古自治区质量技术监督局
98	QS1507 0501 0004	呼伦贝尔康益药业有限公司	乳制品[其他乳制品（奶油）]	呼伦贝尔市海拉尔区加格达奇路67号	呼伦贝尔市海拉尔区加格达奇路67号	自行检验	2014.02.26	2017.02.27	内蒙古自治区食品药品监督管理局
99	QS1507 0501 0028	陈巴尔虎旗完工民族奶油制品厂	乳制品[其他乳制品（奶油）]	陈巴尔虎旗呼和诺尔镇	陈巴尔虎旗呼和诺尔镇	自行检验	2014.08.08	2017.08.07	内蒙古自治区食品药品监督管理局
100	QS1526 0501 0027	乌兰察布市春华秋实食品有限公司	乳制品[其他乳制品（奶油、干酪）]	乌兰察布市凉城县蛮汉镇左卫夭行政村	乌兰察布市凉城县蛮汉镇左卫夭村	自行检验	2014.03.27	2017.03.26	内蒙古自治区食品药品监督管理局
101	QS1526 0501 0452	内蒙古乌兰察布市草原心乐乳业有限责任公司	乳制品[液体乳（发酵乳）、其他乳制品（干酪）]	乌兰察布市集宁新区平地泉路南（老马清真东）	乌兰察布市集宁新区平地泉路南（老马清真东）	自行检验	2014.03.27	2017.03.29	内蒙古自治区食品药品监督管理局
102	QS1507 0501 0311	扎兰屯伊利乳业有限责任公司	乳制品[乳粉（调制乳粉）]	呼伦贝尔市扎兰屯市雅鲁西街10号	呼伦贝尔市扎兰屯市雅鲁西街10号	自行检验	2014.04.25	2017.02.27	内蒙古自治区食品药品监督管理局

（续）

	证书编号	企业名称	产品名称	住　所	生产地点	检验方式	发证日期	有效期至	发证单位
103	QS1507 0501 0725	呼伦贝尔市大雁乳品有限责任公司	乳制品[乳粉（全脂乳粉）]	呼伦贝尔市鄂温克族自治旗巴雁镇	呼伦贝尔市鄂温克族自治旗巴雁镇雁中区新华街34号	自行检验	2014.02.26	2017.02.27	内蒙古自治区食品药品监督管理局
104	QS1506 0501 1177	鄂尔多斯市蒙众乳业有限责任公司	乳制品[液体乳（发酵乳）]	鄂尔多斯市伊金霍洛旗霍洛苏木龙虎渠村	鄂尔多斯市伊金霍洛旗霍洛苏木龙虎渠村	自行检验	2014.03.27	2017.03.29	内蒙古自治区食品药品监督管理局
105	QS1507 0501 1022	呼伦贝尔新巴尔虎左旗双娃乳业有限责任公司	乳制品[乳粉（全脂乳粉）]	呼伦贝尔市新巴尔虎左旗嵯岗镇	呼伦贝尔市新巴尔虎左旗嵯岗镇十二道街	自行检验	2014.04.11	2017.03.29	内蒙古自治区食品药品监督管理局
106	QS1507 0501 0455	呼伦贝尔光明乳品有限公司	乳制品[乳粉（全脂乳粉）]	呼伦贝尔市鄂温克旗巴彦托海镇	呼伦贝尔市鄂温克旗巴彦托海镇	自行检验	2014.03.29	2017.03.29	内蒙古自治区食品药品监督管理局
107	QS1507 0501 1021	呼伦贝尔市海拉尔双娃乳业有限公司	乳制品[乳粉（全脂乳粉）]	呼伦贝尔市海拉尔区哈克镇扎罗木得村	呼伦贝尔市海拉尔区哈克镇扎罗木得村	自行检验	2014.03.27	2017.03.29	内蒙古自治区食品药品监督管理局
108	QS1507 0501 1020	呼伦贝尔市草原春乳业有限责任公司	乳制品[乳粉（全脂乳粉）]	呼伦贝尔市海拉尔区海东工业开发园区	呼伦贝尔市海拉尔区海东工业开发园区	自行检验	2014.03.29	2017.03.29	内蒙古自治区食品药品监督管理局
109	QS1507 0501 1051	呼伦贝尔福泉乳业有限责任公司	乳制品[乳粉（全脂乳粉）]	呼伦贝尔市牙克石市乌尔其汉镇西五旗	呼伦贝尔市牙克石市乌尔其汉镇西五旗	自行检验	2014.03.19	2017.03.29	内蒙古自治区食品药品监督管理局
110	QS1502 0501 1450	包头萨拉齐明旺乳业有限公司	乳制品[乳粉（全脂乳粉）]	包头市土默特右旗支柱产业园区	包头市土默特右旗支柱产业园区	自行检验	2014.03.27	2017.03.29	内蒙古自治区食品药品监督管理局
111	QS1505 0501 0015	通辽市鑫牛源乳业有限责任公司	乳制品[乳粉（全脂乳粉）]	通辽市科左后旗甘旗卡镇甘旗卡街西段	通辽市科左后旗甘旗卡镇甘旗卡街西段	自行检验	2011.3.30	2014.3.29	内蒙古自治区质量技术监督局
112	QS1501 0501 0017	内蒙古初元食品有限公司	乳制品[乳粉（全脂乳粉）]	呼和浩特市和林格尔县城关镇呼清路西183号	呼和浩特市和林格尔县城关镇呼清路西183号	自行检验	2014.03.27	2017.04.28	内蒙古自治区食品药品监督管理局
113	QS1501 0501 1427	内蒙古金川伊利乳业有限责任公司	乳制品[液体乳（调制乳、灭菌乳）、其他乳制品（奶油）]	呼和浩特市金川开发区汇金道1号	呼和浩特市金川开发区汇金道1号	自行检验	2014.02.26	2017.02.27	内蒙古自治区食品药品监督管理局

（续）

	证书编号	企业名称	产品名称	住　所	生产地点	检验方式	发证日期	有效期至	发证单位
114	QS1507 0501 1511	扎兰屯市成吉思汗金丝猴乳业有限公司	乳制品[乳粉（全脂乳粉、脱脂乳粉）、其他乳制品（奶油]	呼伦贝尔市扎兰屯市成吉思汗镇扎碾公路旁	呼伦贝尔市扎兰屯市成吉思汗镇扎碾公路旁	自行检验	2014.03.19	2017.03.29	内蒙古自治区食品药品监督管理局
115	QS1502 0501 1039	内蒙古骑士乳业股份有限公司	乳制品[乳粉（全脂乳粉、调制乳粉）、其他乳制品（干酪）]	包头市东河区机场路	包头市东河区机场路	自行检验	2014.03.27	2017.03.29	内蒙古自治区食品药品监督管理局
116	QS1526 0501 1727	内蒙古蒙原食品有限责任公司	乳制品[乳粉（全脂乳粉）、其他乳制品（高油乳清粉）]	乌兰察布市丰镇市新区（丽苑小区后面）	乌兰察布市丰镇市新区（丽苑小区后面）	自行检验	2014.04.25	2017.03.29	内蒙古自治区食品药品监督管理局
117	QS1507 0501 1343	呼伦贝尔海乳乳业有限责任公司	乳制品[乳粉（全脂乳粉、脱脂乳粉、调制乳粉）、其他乳制品（奶油）]	呼伦贝尔市海拉尔区301国道南侧（呼伦贝尔经济开发区）	呼伦贝尔市海拉尔区301国道南侧（经济开发区）	自行检验	2014.02.26	2017.02.27	内蒙古自治区食品药品监督管理局
118	QS1507 0501 1038	呼伦贝尔双娃乳业有限公司	乳制品[乳粉（全脂乳粉、脱脂乳粉、调制乳粉）、其他乳制品（奶油）]	呼伦贝尔市阿荣旗那吉屯农场一分场二队	呼伦贝尔市阿荣旗那吉屯农场一分场二队	自行检验	2014.03.19	2017.03.29	内蒙古自治区食品药品监督管理局
119	QS1507 0501 0010	呼伦贝尔唯久海乳乳业有限责任公司	乳制品[乳粉（全脂乳粉、脱脂乳粉、调制乳粉、其他乳制品（奶油））]	呼伦贝尔经济开发区乳业加工区	呼伦贝尔经济开发区乳业加工区	自行检验	2014.02.27	2017.02.27	内蒙古自治区食品药品监督管理局
120	QS1507 0501 0612	呼伦贝尔雀巢有限公司	乳制品[乳粉(全脂乳粉、脱脂乳粉、调制乳粉)、其他乳制品(奶油)]	呼伦贝尔市额尔古纳市拉布大林海三路899号	呼伦贝尔市额尔古纳市拉布大林海三路899号	自行检验	2014.08.28	2017.02.27	内蒙古自治区食品药品监督管理局
121	QS1501 0501 1433	内蒙古金山乳业有限责任公司	乳制品[乳粉（全脂乳粉、调制乳粉）、液体乳（发酵乳）、其他乳制品（奶片）]	呼和浩特市金山开发区金山大道8号	呼和浩特市金山开发区金山大道8号	自行检验	2014.02.27	2017.02.27	内蒙古自治区食品药品监督管理局
122	QS1522 0501 0295	蒙牛乳业（乌兰浩特）有限责任公司	乳制品[液体乳（调制乳、灭菌乳）]	兴安盟乌兰浩特市科尔沁经济技术开发区一区	兴安盟乌兰浩特市科尔沁经济技术开发区一区	自行检验	2014.03.27	2017.03.29	内蒙古自治区食品药品监督管理局

（续）

	证书编号	企业名称	产品名称	住　所	生产地点	检验方式	发证日期	有效期至	发证单位
123	QS1507 0501 0610	牙克石市牧人乳业有限公司	乳制品[乳粉(全脂乳粉、调制乳粉)]	呼伦贝尔市牙克石市八号农场	呼伦贝尔市牙克石市八号农场	自行检验	2014.02.26	2017.02.27	内蒙古自治区食品药品监督管理局
124	QS1528 0501 0573	蒙牛乳业(磴口巴彦高勒)有限责任公司	乳制品[液体乳(调制乳、灭菌乳)]	内蒙古磴口县蒙牛工业园区	巴彦淖尔市磴口县蒙牛工业园区	自行检验	2014.02.26	2017.02.27	内蒙古自治区食品药品监督管理局
125	QS1502 0501 0308	包头伊利乳业有限责任公司	乳制品[液体乳(灭菌乳、调制乳)]	包头稀土高新区新建区黄河路31号	包头稀土高新区新建区黄河路31号	自行检验	2014.03.19	2017.03.29	内蒙古自治区食品药品监督管理局
126	QS1502 0501 0296	内蒙古蒙牛乳业包头有限责任公司	乳制品[液体乳(灭菌乳、调制乳)]	包头市青山区民主路45号	包头市青山区民主路45号	自行检验	2014.03.19	2017.03.29	内蒙古自治区食品药品监督管理局
127	QS1507 0501 0762	呼伦贝尔亚华乳业有限责任公司	乳制品[乳粉(全脂乳粉、调制乳粉)]	呼伦贝尔市陈巴尔虎旗特尼河苏木	呼伦贝尔市陈巴尔虎旗特尼河苏木	自行检验	2014.02.26	2017.02.27	内蒙古自治区食品药品监督管理局
128	QS1507 0501 0431	内蒙古呼伦贝尔农垦雪花乳业有限公司	乳制品[乳粉(全脂乳粉、调制乳粉)]	呼伦贝尔市阿荣旗那吉镇振兴街	呼伦贝尔市阿荣旗那吉镇振兴街	自行检验	2014.02.27	2017.02.27	内蒙古自治区食品药品监督管理局
129	QS1501 0501 1546	内蒙古蒙牛高科乳业有限公司	乳制品[液体乳(调制乳、灭菌乳)]	呼和浩特市盛乐经济园区209国道东	呼和浩特市盛乐经济园区209国道东	自行检验	2011.2.28	2014.2.27	内蒙古自治区质量技术监督局
130	QS1507 0501 1370	陈巴尔虎旗金利乳业有限公司	乳制品[乳粉(全脂乳粉、调制乳粉)]	呼伦贝尔市陈巴尔虎旗完工镇	呼伦贝尔市陈巴尔虎旗完工镇	自行检验	2014.02.26	2017.02.27	内蒙古自治区食品药品监督管理局
131	QS1507 0501 1042	新巴尔虎左旗呼和哈达乳业有限责任公司	乳制品[乳粉(全脂乳粉、调制乳粉)]	呼伦贝尔市新巴尔虎左旗嵯岗牧场	呼伦贝尔市新巴尔虎左旗嵯岗牧场	自行检验	2014.02.26	2017.02.27	内蒙古自治区食品药品监督管理局
132	QS1507 0501 0655	呼伦贝尔天苒乳业有限责任公司	乳制品[乳粉(全脂乳粉、调制乳粉)]	呼伦贝尔市鄂温克旗巴彦差岗苏木莫和尔图嘎查学校东	呼伦贝尔市鄂温克旗巴彦差岗苏木	自行检验	2014.02.26	2017.02.27	内蒙古自治区食品药品监督管理局
133	QS1501 0501 0264	内蒙古伊利实业集团股份有限公司液态奶事业部	乳制品[液体乳(调制乳、灭菌乳)]	呼和浩特市金山开发区金山大道1号	呼和浩特市金川开发区金三道2号	自行检验	2014.02.26	2017.02.27	内蒙古自治区食品药品监督管理局
134	QS1506 0501 1346	鄂尔多斯市蒙纯乳业有限责任公司	乳制品[(液体乳(发酵乳、巴氏杀菌乳)]	鄂尔多斯市东胜区罕台庙食品工业园区	鄂尔多斯市东胜区罕台庙食品工业园区	自行检验	2014.03.27	2017.03.29	内蒙古自治区食品药品监督管理局

（续）

	证书编号	企业名称	产品名称	住 所	生产地点	检验方式	发证日期	有效期至	发证单位
135	QS1528 0501 0724	内蒙古金河套乳业有限公司	乳制品［乳粉（全脂乳粉、调制乳粉）］	巴彦淖尔市临河区干召庙镇	巴彦淖尔市临河区干召庙镇	自行检验	2014.03.29	2017.03.29	内蒙古自治区食品药品监督管理局
136	QS1528 0501 0457	巴彦淖尔伊利乳业有限责任公司	乳制品［液体乳（灭菌乳、调制乳）］	巴彦淖尔市杭锦后旗陕远坝镇建设街 39 号	巴彦淖尔市杭锦后旗陕坝镇建设街 39 号	自行检验	2011.3.30	2014.3.29	内蒙古自治区质量技术监督局
137	QS1526 0501 1368	内蒙古伊利实业集团股份有限公司乌兰察布乳品厂	乳制品［液体乳（灭菌乳、调制乳）］	乌兰察布市察右前旗察哈尔生态工业园区	察右前旗察哈尔生态工业园区	自行检验	2014.03.27	2017.03.29	内蒙古自治区食品药品监督管理局
138	QS1525 0501 0453	锡林浩特伊利乳品有限责任公司	乳制品［液体乳（灭菌乳、调制乳）］	锡林郭勒盟锡林浩特市锡林郭勒经济技术开发区	锡林郭勒盟锡林浩特市锡林郭勒经济技术开发区	自行检验	2014.04.11	2017.03.29	内蒙古自治区食品药品监督管理局
139	QS1525 0501 1677	多伦县伊利乳业有限责任公司	乳制品［乳粉（全脂乳粉、调制乳粉）］	锡林郭勒盟多伦县淖尔镇京伦大道两公里处	锡林郭勒盟多伦县淖尔镇京伦大道两公里处	自行检验	2014.04.11	2017.03.29	内蒙古自治区食品药品监督管理局
140	QS1504 0501 0454	赤峰伊利乳业有限责任公司	乳制品［液体乳（灭菌乳、调制乳）］	赤峰市经济技术开发区元宝山工业园区平庄项目区	赤峰市元宝山区平庄项目开发区	自行检验	2011.3.30	2014.3.29	内蒙古自治区质量技术监督局
141	QS1502 0501 0870	内蒙古曲迷奶业食品有限公司	乳制品［液体乳（巴氏杀菌乳、发酵乳）］	包头市九原区麻池镇新胜村	包头市九原区麻池镇新胜村	自行检验	2011.3.30	2014.3.29	内蒙古自治区质量技术监督局
142	QS1502 0501 0606	包头骑士乳业有限责任公司	乳制品［液体乳（发酵乳、巴氏杀菌乳）］	包头市东河区机场开发区	包头市东河区机场开发区	自行检验	2014.03.27	2017.03.29	内蒙古自治区食品药品监督管理局
143	QS1506 0501 1349	鄂尔多斯市伊香食品有限公司	乳制品［液体乳（发酵乳、巴氏杀菌乳）］	鄂尔多斯市东胜区罕台镇	鄂尔多斯市东胜区罕台镇	自行检验	2011.3.30	2014.3.29	内蒙古自治区质量技术监督局
144	QS1505 0501 0574	内蒙古蒙牛乳业科尔沁有限责任公司	乳制品［液体乳（灭菌乳、调制乳、发酵乳）］	通辽经济技术开发区工业区	通辽经济技术开发区工业区	自行检验	2011.3.30	2014.3.29	内蒙古自治区质量技术监督局
145	QS1507 0501 0021	牙克石市博克图青松乳业有限公司	乳制品［乳粉（全脂乳粉、调制乳粉）］	呼伦贝尔市牙克石市博克图镇兴隆街	呼伦贝尔市牙克石市博克图镇兴隆街	自行检验	2012.1.18	2015.1.17	内蒙古自治区质量技术监督局
146	QS1526 0501 0611	乌兰察布市集宁雪原乳业有限公司	乳制品［液体乳（灭菌乳、发酵乳）］	乌兰察布市集宁区稼乐食品园区 2 号	乌兰察布市集宁区稼乐食品园区 2 号	自行检验	2014.04.11	2017.04.14	内蒙古自治区食品药品监督管理局

（续）

	证书编号	企业名称	产品名称	住　所	生产地点	检验方式	发证日期	有效期至	发证单位
147	QS1507 0501 1709	呼伦贝尔阳光乳业有限公司	乳制品［乳粉（全脂乳粉、调制乳粉）］	呼伦贝尔市鄂温克自治旗伊敏苏木	呼伦贝尔市鄂温克自治旗伊敏苏木	自行检验	2014.02.26	2017.02.27	内蒙古自治区食品药品监督管理局
148	QS1526 0501 0307	内蒙古牛妈妈乳业有限公司	乳制品［乳粉（全脂乳粉、调制乳粉）］	乌兰察布市察哈尔右翼前旗平地泉经济开发区1号	乌兰察布市察哈尔右翼前旗平地泉经济开发区1号	自行检验	2014.07.11	2017.04.14	内蒙古自治区食品药品监督管理局
149	QS1507 0501 1350	呼伦贝尔友谊乳业（集团）有限责任公司	乳制品［液体乳（灭菌乳、发酵乳、乳粉（全脂乳粉、脱脂乳粉、调制乳粉）其他乳制品（奶油）］	呼伦贝尔市牙克石市友谊东街100号	呼伦贝尔市牙克石市友谊东街100号	自行检验	2014.02.26	2017.02.27	内蒙古自治区食品药品监督管理局
150	QS1501 0501 0002	内蒙古金海伊利乳业有限责任公司	乳制品［乳粉（全脂乳粉、脱脂乳粉、部分脱脂乳粉、调制乳粉、其他乳制品（奶油）］	呼和浩特市金山开发区金山大道北五一路	呼和浩特市金山开发区金山大道北五一路	自行检验	2011.2.28	2014.2.27	内蒙古自治区质量技术监督局
151	QS1507 0501 0312	呼伦贝尔三元乳业有限责任公司	乳制品［乳粉（全脂乳粉、脱脂乳粉）、液体乳（灭菌乳、发酵乳）、其他乳制品（奶油）］	呼伦贝尔市海拉尔区加格达奇路	呼伦贝尔市海拉尔区加格达奇路	自行检验	2014.02.26	2017.02.27	内蒙古自治区食品药品监督管理局
152	QS1501 0501 0003	内蒙古欧世蒙牛乳制品有限责任公司	乳制品［乳粉（全脂乳粉、脱脂乳粉、调制乳粉）］	呼和浩特市和林格尔盛乐经济园区	呼和浩特市和林格尔盛乐经济园区	自行检验	2011.2.28	2014.2.27	内蒙古自治区质量技术监督局
153	QS1507 0501 0456	呼伦贝尔哈达乳业有限公司	乳制品［乳粉（全脂乳粉、脱脂乳粉、调制乳粉）］	呼伦贝尔市陈巴尔虎旗哈达图牧场	呼伦贝尔市陈巴尔虎旗哈达图牧场	自行检验	2014.02.26	2017.02.27	内蒙古自治区食品药品监督管理局
154	QS1507 0501 1456	呼伦贝尔市海乳冷饮有限公司	乳制品［液体乳（巴氏杀菌乳、灭菌乳、发酵乳）］	呼伦贝尔市海拉尔区加格达奇路	呼伦贝尔市海拉尔区加格达奇路76号	自行检验	2014.02.26	2017.02.27	内蒙古自治区食品药品监督管理局
155	QS1501 0501 0265	内蒙古伊利实业集团股份有限公司奶粉事业部	乳制品［乳粉（全脂乳粉、脱脂乳粉、调制乳粉）］	呼和浩特市金山开发区金山大道1号	呼和浩特市金川开发区金四道2号	自行检验	2011.2.28	2014.2.27	内蒙古自治区质量技术监督局

（续）

	证书编号	企业名称	产品名称	住　所	生产地点	检验方式	发证日期	有效期至	发证单位
156	QS1501 0501 0450	内蒙古奈伦天然乳品有限公司	乳制品［液体乳（巴氏杀菌乳、灭菌乳、发酵乳）］	呼和浩特市玉泉区呼托公路4.5公里处	呼和浩特市玉泉区呼托公路4.5公里处	自行检验	2011.2.28	2014.2.27	内蒙古自治区质量技术监督局
157	QS1507 0501 1018	呼伦贝尔市海拉尔区北雪乳业有限公司	乳制品［乳粉（全脂乳粉、脱脂乳粉、调制乳粉）］	呼伦贝尔市海拉尔区谢尔塔拉北雪乳品厂院内	呼伦贝尔市海拉尔区谢尔塔拉种牛场	自行检验	2011.2.28	2014.2.27	内蒙古自治区质量技术监督局
158	QS1522 0501 0714	内蒙古红城乳业有限公司	乳制品［液体乳（巴氏杀菌乳、发酵乳）、乳粉（全脂乳粉、调制乳粉）］	兴安盟乌兰浩特市经济技术开发区	兴安盟乌兰浩特市经济技术开发区	自行检验	2014.03.19	2017.03.29	内蒙古自治区食品药品监督管理局
159	QS1501 0501 0263	内蒙古伊利实业集团股份有限公司	乳制品［乳粉（全脂乳粉、脱脂乳粉、部分脱脂乳粉、调制乳粉）液体乳（巴氏杀菌乳、调制乳、灭菌乳、发酵乳）其他乳制品（奶油、奶片、干酪）］	呼和浩特市金山开发区金山大道1号	呼和浩特市金川开发区金四路8号	自行检验	2014.03.19	2017.03.31	内蒙古自治区食品药品监督管理局
160	QS1501 0501 0294	内蒙古蒙牛乳业（集团）股份有限公司	乳制品［乳粉（全脂乳粉、脱脂乳粉、部分脱脂乳粉、调制乳粉）、液体乳（调制乳、灭菌乳、发酵乳）、其他乳制品（奶油、干酪）］	呼和浩特市和林格尔盛尔经济园区	呼和浩特市和林格尔盛尔经济园区	自行检验	2011.2.28	2014.2.27	内蒙古自治区质量技术监督局
				辽宁省（26）					
161	QS2104 0501 0004	辽宁辉山乳业集团（抚顺）有限公司	乳制品（乳粉、其他乳制品）	抚顺县救兵辉山产业园区王木北大街1号	抚顺县救兵辉山产业园区王木北大街1号	自行检验	2012.12.26	2015.09.28	辽宁省质量技术监督局
162	QS2101 0501 0003	辽宁辉山乳业集团（秀水）有限公司	乳制品（乳粉、其他乳制品）	辽宁省沈阳市法库县秀水辉山经济开发区	辽宁省沈阳市法库县秀水辉山经济开发区	自行检验	2012.9.17	2015.5.6	辽宁省质量技术监督局
163	QS2101 0501 0006	沈阳娃哈哈乳品有限公司	乳制品（液体乳）	沈阳市于洪区青城山北路188号	沈阳市于洪区青城山北路188号	自行检验	2013.1.14	2016.1.13	辽宁省质量技术监督局

（续）

	证书编号	企业名称	产品名称	住　所	生产地点	检验方式	发证日期	有效期至	发证单位
164	QS2111 0501 0007	盘锦源源乳业有限公司	乳制品［乳粉（全脂乳粉）］	辽宁省盘锦市盘山县石新镇中心街	辽宁省盘锦市盘山县石新镇中心街	自行检验	2013.4.2	2016.4.1	辽宁省质量技术监督局
165	QS2107 0501 0615	锦州双八乳业有限公司	乳制品［液体乳（酸乳）］	锦州市太和区凌南西里 790–1 号	锦州市太和区凌南西里 790 号	自行检验	2011.3.30	2014.3.29	辽宁省质量技术监督局
166	QS2109 0501 0005	阜新伊利乳品有限责任公司	乳制品［液体乳（灭菌乳、调制乳）］	辽宁省阜新市阜蒙县园区路 2 号	辽宁省阜新市阜蒙县园区路 2 号	自行检验	2012.11.28	2015.11.27	辽宁省质量技术监督局
167	QS2101 0501 1483	辽宁伊利乳业有限责任公司	乳制品［液体乳（调制乳、灭菌乳、发酵乳）］	沈阳辉山农业高新技术开发区宏业街 73 号	沈阳辉山农业高新技术开发区宏业街 73 号	自行检验	2014.03.05	2017.03.13	辽宁省食品药品监督管理局
168	QS2107 0501 0852	锦州益多乐乳业有限公司	乳制品［液体乳（巴氏杀菌乳、发酵乳）］	辽宁省锦州市太和区三屯工业区	辽宁省锦州市太和区三屯工业区	自行检验	2014.04.14	2017.04.07	辽宁省食品药品监督管理局
169	QS2101 0501 0682	蒙牛乳业（沈阳）有限责任公司	乳制品［液体乳（调制乳、灭菌乳）］	沈阳市沈北新区沈北路 121 号	沈阳市沈北新区沈北路 121 号	自行检验	2014.03.05	2017.03.13	辽宁省食品药品监督管理局
170	QS2105 0501 0027	本溪木兰花乳业有限责任公司	乳制品［液体乳（巴氏杀菌乳、调制乳、灭菌乳、发酵乳）］	本溪高新技术产业开发区木兰路中国药都创新园北区 A1–2 区三楼	本溪市明山区樱花街 55–10 栋	自行检验	2014.04.14	2017.03.29	辽宁省食品药品监督管理局
171	QS2103 0501 0580	鞍钢实业集团乳业有限公司	乳制品［液体乳（巴氏杀菌乳、调制乳、发酵乳）］	辽宁省鞍山市千山区东路 455 号	辽宁省鞍山市千山区千山东路 455 号	自行检验	2014.04.14	2017.03.29	辽宁省食品药品监督管理局
172	QS2106 0501 0579	丹东升泰乳业有限公司	乳制品［液体乳（巴氏杀菌乳、调制乳、灭菌乳、发酵乳）］	东港市前阳经济开发区艺苑路五号	东港市前阳经济开发区艺苑路五号	自行检验	2014.04.14	2017.04.07	辽宁省食品药品监督管理局
173	QS2106 0501 0581	丹东派波乳业有限公司	乳制品［液体乳（巴氏杀菌乳、调制乳、发酵乳）］	丹东市元宝区兴工街 68 号	丹东市元宝区兴工街 68 号	自行检验	2014.04.14	2017.04.07	辽宁省食品药品监督管理局
174	QS2102 0501 0026	大连三寰乳业有限公司	乳制品［液体乳（巴氏杀菌乳、灭菌乳、发酵乳）］	大连市沙河口区西南路 487 号	大连市沙河口区西南路 487 号	自行检验	2014.03.28	2017.04.07	辽宁省食品药品监督管理局

（续）

	证书编号	企业名称	产品名称	住　所	生产地点	检验方式	发证日期	有效期至	发证单位
175	QS2102 0501 0728	大连心乐乳业有限公司	乳制品［液体乳（巴氏杀菌乳、灭菌乳、发酵乳、调制乳）］	大连普湾新区三十里堡街道北乐村	大连普湾新区三十里堡街道北乐村	自行检验	2014.03.18	2017.04.07	辽宁省食品药品监督管理局
176	QS2107 0501 0002	辽宁辉山乳业集团（锦州）有限公司	乳制品［液体乳（灭菌乳、发酵乳、调制乳）、乳粉（全脂乳粉、脱脂乳粉、部分脱脂乳粉、调制乳粉）］	锦州七里河经济开发区辉山路1号	锦州七里河经济开发区辉山路1号	自行检验	2013.7.15	2016.12.20	辽宁省质量技术监督局
177	QS2112 0501 0028	铁岭市大牛乳品有限公司	乳制品［液体乳（巴氏杀菌乳、调制乳、灭菌乳、发酵乳）、乳粉（全脂乳粉、调制乳粉、牛初乳粉）］	铁岭经济开发区	铁岭经济开发区	自行检验	2014.03.28	2017.03.29	辽宁省食品药品监督管理局
178	QS2113 0501 1611	辽宁澳珍乳业有限公司	乳制品［液体乳（巴氏杀菌乳、灭菌乳、发酵乳）］	朝阳市龙城区食品工业园	朝阳市龙城区食品工业园	自行检验	2014.05.29	2017.04.14	朝阳市质量技术监督局
179	QS2102 0501 0434	大连九羊乳业股份有限公司	乳制品［液体乳（巴氏杀菌乳、灭菌乳、调制乳、发酵乳）］	普兰店市夹河镇巴家村170号	普兰店市夹河镇巴家村170号	自行检验	2014.05.14	2017.04.14	大连市质量技术监督局
180	QS2101 0501 0008	辽宁辉山乳业集团（沈阳）有限公司	乳制品［液体乳（巴氏杀菌乳、调制乳、灭菌乳、发酵乳）、其他乳制品（风味调制乳糕）］	沈阳市沈北新区辉山大街99号	沈阳市沈北新区辉山大街99号	自行检验	2014.05.29	2016.05.29	沈阳市食品药品监督管理局
181	QS2109 0501 1411	阜新绿山羊奶乳业有限公司	乳制品［液体乳（巴氏杀菌乳、发酵乳）］	辽宁阜新国家农业科技园区八家子村	辽宁阜新国家农业科技园区八家子村	自行检验	2014.05.15	2017.05.25	阜新市质量技术监督局
182	QS2109 0501 1359	阜新得利来乳业有限责任公司	乳制品［液体乳（巴氏杀菌乳、发酵乳）］	阜蒙县阜新镇皂力营子村哈朋桥头	阜蒙县阜新镇皂力营子村哈朋桥头	自行检验	2014.05.15	2017.05.25	阜新市质量技术监督局
183	QS2102 0501 0001	大连和大奶牛饲养有限公司	乳制品［液体乳（巴氏杀菌乳、发酵乳）	大连市金州新区杏树街道姚家村	大连市金州新区杏树街道姚家村	自行检验	2014.04.25	2017.04.07	大连市质量技术监督局

（续）

	证书编号	企业名称	产品名称	住　所	生产地点	检验方式	发证日期	有效期至	发证单位
184	QS2110 0501 1762	辽阳市奔月食品有限公司	乳制品［液体乳（巴氏杀菌乳、发酵乳）］	辽阳市宏伟区石场峪村	辽阳市宏伟区石场峪村	自行检验	2014.05.06	2017.04.14	辽阳市食品药品监督管理局
185	QS2104 0501 0005	绿都拉普兰（抚顺）食品有限公司	乳制品［其他乳制品（干酪）］	抚顺市顺城区河北乡里仁村	抚顺市顺城区河北乡里仁村	自行检验	2014.04.21	2017.04.20	抚顺市质量技术监督局
186	QS2113 0501 1310	朝阳市双塔区振海乳制品厂	乳制品［液体乳（发酵乳）］	朝阳市双塔区朝阳大街北段孟克村5组	朝阳市双塔区朝阳大街北段孟克村5组	自行检验	2014.07.15	2017.04.14	朝阳市质量技术监督局
				吉林省（11）					
187	QS2202 0501 2007	吉林娃哈哈启力饮料有限公司	乳制品［液体乳（调制乳）］	吉林市经济开发区三号道南	吉林省吉林市经济开发区三号道南	自行检验	2013.1.28	2016.1.27	吉林省质量监督局
188	QS2207 0501 2005	吉林新源牧业有限公司	乳制品［乳粉（全脂乳粉）］	前郭尔罗斯工业集中区	吉林省松原市前郭县前郭尔罗斯工业集中区	自行检验	2011.8.23	2014.8.22	吉林省质量技术监督局
189	QS2202 0501 2002	吉林市娃哈哈启力乳品有限公司	乳制品［乳粉（全脂乳粉）］	吉林市吉林经济技术开发区三号道	吉林省吉林市吉林经济技术开发区三号道	自行检验	2014.05.26	2017.03.27	吉林省食品药品监督管理局
190	QS2203 0501 2006	吉林大力乳业有限公司	乳制品［乳粉（全脂乳粉、调制乳粉）］	四平辽河农垦管理区双辽种羊场堡石图	吉林省四平市四平辽河农垦管理区双辽种羊场堡石图	自行检验	2013.1.10	2016.1.9	吉林省质量监督局
191	QS2200 0501 1298	长春新高食品有限公司	乳制品［液体乳（巴氏杀菌乳、调制乳、灭菌乳、发酵乳）］	高新开发区超凡大街357号	吉林省长春市高新开发区超凡大街357号	自行检验	2011.3.28	2014.3.27	吉林省质量技术监督局
192	QS2202 0501 0731	吉林市春光乳业有限责任公司	乳制品［液体乳（巴氏杀菌乳、调制乳、发酵乳）］	沙河子乡春光村	吉林省吉林市沙河子乡春光村	自行检验	2012.1.19	2015.1.18	吉林省质量技术监督局
193	QS2208 0501 2001	吉林飞鹤艾倍特乳业有限公司	乳制品［乳粉（全脂乳粉、调制乳粉）］	镇赉县镇赉镇幸福东路433号	吉林省白城市镇赉县镇赉镇幸福东路433号	自行检验	2014.05.05	2017.03.27	吉林省食品药品监督管理局
194	QS2224 0501 2003	敦化美丽健乳业有限公司	乳制品［乳粉（全脂乳粉、调制乳粉）］	吉林省敦化经济开发区工业园区	吉林省延边朝鲜族自治州敦化经济开发区工业园区	自行检验	2014.1.29	2017.3.27	吉林省食品药品监督管理局

（续）

	证书编号	企业名称	产品名称	住 所	生产地点	检验方式	发证日期	有效期至	发证单位
195	QS2208 0501 0330	白城市阿宝乳制品有限公司	乳制品［液体乳（巴氏杀菌乳、发酵乳）］	白城市洮北区平台镇侯家村西侧	吉林省白城市洮北区平台镇侯家村西侧	自行检验	2014.05.26	2017.08.22	吉林省食品药品监督管理局
196	QS2208 0501 2004	白城龙丹乳业科技有限公司	乳制品［乳粉（全脂乳粉、调制乳粉）］	白城工业园区淮河路南渤海街东	吉林省白城市白城工业园区淮河路南渤海街东	自行检验	2014.05.27	2017.03.27	吉林省食品药品监督管理局
197	QS2200 0501 0029	广泽乳业有限公司	乳制品［液体乳（巴氏杀菌乳、调制乳、灭菌乳、发酵乳）、其他乳制品（干酪）、乳粉（全脂乳粉）］	长春市高新开发区长德路 2333 号	吉林省长春市高新开发区长德路 2333 号	自行检验	2014.03.25	2017.03.27	吉林省食品药品监督管理局
黑龙江省（89）									
198	QS2300 0501 2024	黑龙江伊利乳业有限责任公司	乳制品［乳粉（调制乳粉）］	黑龙江省大庆市杜尔伯特蒙古族自治县德力戈尔工业园区	黑龙江省大庆市杜尔伯特蒙古族自治县德力戈尔工业园区	自行检验	2013.1.9	2016.1.8	黑龙江省质量监督局
199	QS2300 0501 2026	黑龙江鹤康生物工程有限公司	乳制品［乳粉（牛初乳粉）］	富裕县富裕镇三街	富裕县富裕镇三街	自行检验	2013.6.18	2016.6.17	黑龙江省质量技术监督
200	QS2306 0501 1360	大庆仕合源乳业有限公司	乳制品［乳粉（全脂乳粉）］	黑龙江省大庆市肇源县满江红街黑龙江天源食品有限公司东侧	黑龙江省大庆市肇源县满江红街黑龙江天源食品有限公司东侧	自行检验	2013.1.30	2014.3.29	黑龙江省质量技术监督局
201	QS2302 0501 2025	黑龙江省博源生物工程有限公司	乳制品［乳粉（牛初乳粉）］	富裕县城南食品工业园	富裕县富裕镇五街工业园区	自行检验	2013.3.7	2016.3.6	黑龙江省质量技术监督局
202	QS2302 0501 0372	齐齐哈尔伊利乳业有限责任公司	乳制品［液体乳（灭菌乳）］	齐齐哈尔市梅里斯达斡尔族区城镇	齐齐哈尔市梅里斯达斡尔族区城镇	自行检验	2014.02.12	2017.03.28	黑龙江省食品药品监督管理局
203	QS2302 0501 0135	飞鹤（龙江）乳品有限公司	乳制品［乳粉（全脂乳粉）］	齐齐哈尔市龙江县黑岗乡	齐齐哈尔市龙江县黑岗乡	自行检验	2013.9.13	2016.9.12	黑龙江省质量技术监督局
204	QS2300 0501 1632	黑龙江福康生物科技有限公司	乳制品［乳粉（牛初乳粉）］	黑龙江省鸡西市密山市兴凯镇八五一一农场	黑龙江省密山市兴凯镇八五一一	自行检验	2014.02.12	2017.03.29	黑龙江省食品药品监督管理局

（续）

	证书编号	企业名称	产品名称	住　所	生产地点	检验方式	发证日期	有效期至	发证单位
205	QS2300 0501 0358	黑龙江澳乐滋乳业有限公司	乳制品［乳粉（全脂乳粉）］	哈尔滨市南岗区红旗满族乡	哈尔滨市南岗区红旗满族乡	自行检验	2011.3.29	2014.3.28	黑龙江省质量技术监督局
206	QS2300 0501 0549	黑龙江宏达北方乳品科技有限公司鹤山分公司	乳制品［乳粉（全脂乳粉）］	黑河市嫩江县鹤山农场社区B区2委293号	黑龙江省嫩江县鹤山农场场直	自行检验	2011.3.28	2014.3.27	黑龙江省质量技术监督局
207	QS2302 0501 0215	齐齐哈尔鹤山乳业有限责任公司	乳制品［乳粉（全脂乳粉）］	齐齐哈尔市龙江县景星镇	齐齐哈尔市龙江县景星镇	自行检验	2011.8.10	2014.8.9	黑龙江省质量技术监督局
208	QS2300 0501 2014	海伦兴安岭乳业有限公司	乳制品［乳粉（全脂乳粉）］	黑龙江省绥化市海伦市海伦镇北环路东安街3委	黑龙江省绥化市海伦市海伦镇北环路东安街3委	自行检验	2011.3.23	2014.3.22	黑龙江省质量技术监督局
209	QS2306 0501 2002	黑龙江鑫龙翔生物科技有限公司	乳制品［乳粉（牛初乳粉）］	大庆市杜尔伯特蒙古族自治县德力戈尔工业园区	大庆市杜尔伯特蒙古族自治县德力戈尔工业园区	自行检验	2011.3.31	2014.3.30	黑龙江省质量技术监督局
210	QS2300 0501 0132	黑龙江省北安农垦绿宝乳业有限责任公司	乳制品［乳粉（全脂乳粉）］	北安市长水河农场	北安市长水河农场	自行检验	2011.3.31	2014.3.30	黑龙江省质量技术监督局
211	QS2303 0501 1496	虎林市娃哈哈乳品有限公司	乳制品［乳粉（全脂乳粉）］	鸡西市虎林市公安南街276号	鸡西市虎林市公安南街276号	自行检验	2011.3.31	2014.3.30	黑龙江省质量技术监督局
212	QS2301 0501 1691	黑龙江省康平生物工程有限责任公司	乳制品［乳粉（牛初乳粉）］	双城市102国道1248公里处	双城市102国道1248公里处	自行检验	2011.3.31	2014.3.30	黑龙江省质量技术监督局
213	QS2310 0501 1767	黑龙江省可新食品有限公司	乳制品［液体乳（灭菌乳）］	牡丹江市海林市斗银路103号	牡丹江市海林市斗银路103号	自行检验	2011.3.31	2014.3.30	黑龙江省质量技术监督局
214	QS2308 0501 0282	佳木斯硕业乳业有限公司	乳制品［液体乳（发酵乳）］	佳木斯市汤原县鹤立镇	佳木斯市汤原县鹤立镇	自行检验	2011.3.30	2014.3.29	黑龙江省质量技术监督局
215	QS2310 0501 0408	牡丹江硕业乳业有限公司	乳制品［液体乳（发酵乳）］	牡丹江市阳明区磨刀石镇工业园区	牡丹江市阳明区磨刀石镇工业园区	自行检验	2011.3.30	2014.3.29	黑龙江省质量技术监督局
216	QS2301 0501 2003	黑龙江妙乃坊生物科技有限公司	乳制品［乳粉（牛初乳粉）］	哈尔滨市双城市双城镇工农街一委	哈尔滨市双城市双城镇工农街一委	自行检验	2011.3.31	2014.3.30	黑龙江省质量技术监督局

（续）

	证书编号	企业名称	产品名称	住 所	生产地点	检验方式	发证日期	有效期至	发证单位
217	QS2300 0501 2022	林甸博奥生物科技有限公司	乳制品［乳粉（牛初乳粉）］	黑龙江省大庆市林甸县红旗镇政府所在地	黑龙江省大庆市林甸县红旗镇政府所在地	自行检验	2012.5.30	2015.5.29	黑龙江省质量技术监督局
218	QS2300 0501 2019	黑龙江康普生物科技有限公司	乳制品［乳粉（牛初乳粉）］	哈尔滨市利民开发区管委会楼	哈尔滨市呼兰区利民开发区沈阳大街东	自行检验	2011.7.4	2014.7.3	黑龙江省质量技术监督局
219	QS2312 0501 0673	黑龙江贝因美乳业有限公司	乳制品［乳粉（全脂乳粉、脱脂乳粉、调制乳粉（湿法工艺））、其他乳制品（奶油）］	黑龙江省绥化市安达市大庆路 6 号	黑龙江省绥化市安达市大庆路 6 号、安达市开发区安发大道 6 号	自行检验	2014.02.12	2017.03.01	黑龙江省食品药品监督管理局
220	QS2312 0501 0369	肇东市伊利乳业有限责任公司	乳制品［液体乳（灭菌乳、调制乳、发酵乳）、其他乳制品（干酪）］	黑龙江省肇东市城区经济开发区	肇东市经济开发区肇昌路 11 公里处	自行检验	2011.3.30	2014.3.29	黑龙江省质量技术监督局
221	QS2302 0501 1485	黑龙江飞鹤乳业有限公司齐齐哈尔分公司	乳制品［乳粉（全脂乳粉、脱脂乳粉、调制乳粉）、其他乳制品（奶油）］	齐齐哈尔市昂昂溪区榆树屯乳品街 278 号	齐齐哈尔市昂昂溪区榆树屯乳品街 278 号	自行检验	2011.3.29	2014.3.28	黑龙江省质量技术监督局
222	QS2300 0501 0109	双城雀巢有限公司	乳制品[乳粉(全脂乳粉、脱脂乳粉、调制乳粉)、其他乳制品(奶油)]	黑龙江省双城市友谊路	黑龙江省双城市友谊路	自行检验	2011.3.23	2014.3.22	黑龙江省质量技术监督局
223	QS2300 0501 1372	北安完达山乳品有限公司	乳制品［乳粉（全脂乳粉、脱脂乳粉、调制乳粉）、其他乳制品（奶油）］	黑龙江省黑河市北安市铁西区五委	北安市铁西区五委	自行检验	2011.3.28	2014.3.27	黑龙江省质量技术监督局
224	QS2312 0501 0366	黑龙江红星集团股份有限公司	乳制品［乳粉（全脂乳粉、调制乳粉（湿法工艺、干法工艺））、其他乳制品（干酪）］	黑龙江省安达市铁西区	黑龙江省安达市铁西区	自行检验	2014.02.12	2017.03.30	黑龙江省食品药品监督管理局
225	QS2300 0501 2016	黑龙江光明佳原乳品有限公司	乳制品［液体乳（灭菌乳）、乳粉（全脂乳粉、脱脂乳粉）、其他乳制品（奶油）］	黑龙江省佳木斯市汤原县汤原镇	黑龙江省佳木斯市汤原县汤原镇文化街 123 号	自行检验	2013.9.13	2014.5.24	黑龙江省质量技术监督局

（续）

	证书编号	企业名称	产品名称	住　所	生产地点	检验方式	发证日期	有效期至	发证单位
226	QS2311 0501 1372	北安完达山乳品有限公司	乳制品［乳粉（全脂乳粉、脱脂乳粉、调制乳粉）、其他乳制品（奶油）］	黑龙江省黑河市北安市铁西区五委	北安市铁西区五委	自行检验	2013.12.27	2017.03.27	黑龙江省食品药品监督管理局
227	QS2312 0501 0642	黑龙江省索康营养科技有限公司	乳制品［乳粉（全脂乳粉、调制乳粉）］	黑龙江省绥化市经济开发区	黑龙江省绥化市经济开发区	自行检验	2013.1.30	2014.3.15	黑龙江省质量技术监督局
228	QS2300 0501 0113	黑龙江农垦正元乳业有限责任公司	乳制品［乳粉（全脂乳粉、调制乳粉）］	黑龙江省鹤岗市萝北县共青农场摇篮工业科技园区摇篮大道01号	黑龙江省鹤岗市萝北县共青农场摇篮工业科技园区摇篮大道01号	自行检验	2011.9.5	2014.3.28	黑龙江省质量技术监督局
229	QS2300 0501 0112	黑龙江农垦摇篮乳业有限责任公司	乳制品［乳粉（全脂乳粉、调制乳粉）］	黑龙江省鹤岗市绥滨县二九0农场摇篮工业科技园区摇篮大道01号	黑龙江省鹤岗市绥滨县二九0农场摇篮工业科技园区摇篮大道01号	自行检验	2011.9.5	2014.3.28	黑龙江省质量技术监督局
230	QS2302 0501 1552	齐齐哈尔英顿乳业有限公司	乳制品［乳粉（全脂乳粉、调制乳粉）］	齐齐哈尔市碾子山区工业园区	齐齐哈尔市碾子山区工业园区	自行检验	2011.9.5	2014.3.22	黑龙江省质量技术监督局
231	QS2300 0501 2023	齐齐哈尔市碾子山乳品有限责任公司	乳制品［乳粉（全脂乳粉、调制乳粉）］	黑龙江省齐齐哈尔市碾子山区华兴街4-5号	黑龙江省齐齐哈尔市碾子山区华兴街4-5号	自行检验	2012.8.15	2015.8.14	黑龙江省质量技术监督局
232	QS2307 0501 1738	黑龙江欧贝嘉营养食品有限公司	乳制品［乳粉（全脂乳粉、调制乳粉）］	铁力市西河生态工业园区	黑龙江省铁力市西河生态工业园区	自行检验	2012.6.29	2014.3.25	黑龙江省质量技术监督局
233	QS2312 0501 1590	黑龙江华丹乳业有限公司	乳制品［乳粉（全脂乳粉、调制乳粉）］	黑龙江省绥化市安达市牛街469号	黑龙江省绥化地区安达市澳佳牧业科技园区	自行检验	2013.1.9	2014.3.25	黑龙江省质量技术监督局
234	QS2306 0501 0407	林甸伊利乳业有限责任公司	乳制品［液体乳（灭菌乳、调制乳）］	黑龙江省大庆市林甸县林甸镇G015国道西侧	黑龙江省大庆市林甸县林甸镇G015国道西侧	自行检验	2013.12.27	2017.03.28	黑龙江省食品药品监督管理局
235	QS2312 0501 0367	安达伊利乳业有限责任公司	乳制品［液体乳（灭菌乳、调制乳）］	黑龙江省绥化市安达市铁西北街	黑龙江省绥化市安达市铁西北街	自行检验	2014.02.12	2017.03.28	黑龙江省食品药品监督管理局

（续）

	证书编号	企业名称	产品名称	住　所	生产地点	检验方式	发证日期	有效期至	发证单位
236	QS2300 0501 0357	黑龙江农垦多元乳业有限公司	乳制品[乳粉（全脂乳粉、调制乳粉）]	齐齐哈尔市富裕县富裕牧场场直二区	齐齐哈尔市富裕县富裕牧场场直二区	自行检验	2011.3.28	2014.3.27	黑龙江省质量技术监督局
237	QS2301 0501 1271	蒙牛乳业（尚志）有限责任公司	乳制品[液体乳（灭菌乳、调制乳）]	哈尔滨市尚志市经济技术开发区	哈尔滨市尚志市经济技术开发区	自行检验	2011.3.16	2014.3.15	黑龙江省质量技术监督局
238	QS2302 0501 2010	蒙牛乳业（齐齐哈尔）有限公司	乳制品[液体乳（灭菌乳、调制乳）]	齐齐哈尔市建华区北苑开发区	齐齐哈尔市建华区北苑开发区	自行检验	2014.02.12	2017.03.15	黑龙江省食品药品监督管理局
239	QS2300 0501 2012	黑龙江省完达山乳业股份有限公司双城分公司	乳制品[乳粉（调制乳粉）]（干法工艺）	哈尔滨双城市经济技术开发区	哈尔滨双城市经济技术开发区	自行检验	2011.3.23	2014.3.22	黑龙江省质量技术监督局
240	QS2300 0501 0130	黑龙江省农垦龙王食品有限责任公司	乳制品[乳粉（全脂乳粉、调制乳粉）]	黑龙江省绥化市北林区中直北路696号	黑龙江省绥化市北林区中直北路696号	自行检验	2011.3.9	2014.3.8	黑龙江省质量技术监督局
241	QS2302 0501 0183	黑龙江省富裕明星食品有限公司	乳制品[乳粉（全脂乳粉、调制乳粉）]	齐齐哈尔市富裕县富裕镇通南路1号	齐齐哈尔市富裕县富裕镇通南路1号	自行检验	2011.3.28	2014.3.27	黑龙江省质量技术监督局
242	QS2300 0501 0984	黑龙江省完达山乳业股份有限公司八五一一分公司	乳制品[乳粉（全脂乳粉、调制乳粉）]	黑龙江省鸡西市密山市八五一一农场场部	黑龙江省密山市八五一一农场场部	自行检验	2011.3.28	2014.3.27	黑龙江省质量技术监督局
243	QS2300 0501 0217	黑龙江省完达山乳业股份有限公司军川分公司	乳制品[乳粉（全脂乳粉、调制乳粉）]	鹤岗市宝泉岭垦区军川乳品厂三号楼	黑龙江省萝北县军川农场场部	自行检验	2011.3.28	2014.3.27	黑龙江省质量技术监督局
244	QS2311 0501 0214	黑龙江辰鹰乳业有限公司	乳制品[乳粉（全脂乳粉、调制乳粉）]	黑龙江省黑河市嫩江县嫩兴路262号	黑龙江省黑河市嫩江县嫩兴路263号	自行检验	2013.12.27	2017.03.27	黑龙江省食品药品监督管理局
245	QS2306 0501 0137	大庆乳品厂有限责任公司	乳制品[乳粉（全脂乳粉、调制乳粉）]	大庆市高新区安萨路18公里处	大庆市高新技术产业开发区	自行检验	2011.3.25	2014.3.24	黑龙江省质量技术监督局
246	QS2306 0501 0139	黑龙江惠尔康庆新乳业有限公司	乳制品[液体乳（灭菌乳、调制乳）]	大庆市让胡路区庆新村	大庆市让胡路区庆新村	自行检验	2014.02.12	2017.03.25	黑龙江省食品药品监督管理局
247	QS2300 0501 1670	黑龙江完达山哈尔滨乳品有限公司密山分公司	乳制品[液体乳（灭菌乳、发酵乳）]	黑龙江省密山市8511农场	黑龙江省密山市兴凯镇	自行检验	2013.12.02	2017.03.25	黑龙江省质量技术监督局

（续）

	证书编号	企业名称	产品名称	住　所	生产地点	检验方式	发证日期	有效期至	发证单位
248	QS2302 0501 1495	黑龙江明翔乳业有限责任公司	乳制品［乳粉（全脂乳粉、调制乳粉）］	富裕县富裕镇五街工业园区	富裕县富裕镇五街工业园区	自行检验	2011.3.23	2014.3.22	黑龙江省质量技术监督局
249	QS2302 0501 1603	黑龙江雅士利乳业有限公司	乳制品［乳粉（全脂乳粉、调制乳粉）］	齐齐哈尔市泰来县汤池镇政府所在地	齐齐哈尔市泰来县汤池镇政府所在地	自行检验	2011.3.26	2014.3.25	黑龙江省质量技术监督局
250	QS2300 0501 0110	肇州县摇篮乳业有限责任公司	乳制品［乳粉（全脂乳粉、调制乳粉）］	大庆市肇州摇篮工业科技园区摇篮大道01号	大庆市肇州摇篮工业科技园区摇篮大道01号	自行检验	2011.10.10	2014.3.22	黑龙江省质量技术监督局
251	QS2311 0501 0437	北安宜品努卡乳业有限公司	乳制品［乳粉（全脂乳粉、调制乳粉）］	黑龙江省黑河市北安市铁西区工业园区	黑龙江省黑河市北安市铁西区工业园区	自行检验	2013.12.27	2017.03.08	黑龙江省食品药品监督管理局
252	QS2300 0501 0111	依安县摇篮乳业有限责任公司	乳制品［乳粉（全脂乳粉、调制乳粉）］	黑龙江省齐齐哈尔市依安县依安镇摇篮工业科技园区摇篮大道01号	黑龙江省齐齐哈尔市依安县依安镇摇篮工业科技园区摇篮大道01号	自行检验	2011.11.17	2014.3.25	黑龙江省质量技术监督局
253	QS2306 0501 2004	牡丹江隆瑞食品有限公司杜尔伯特分公司	乳制品［液体乳（巴氏杀菌乳、发酵乳）］	杜尔伯特蒙古族自治县德力戈尔工业园区	杜尔伯特蒙古族自治县德力戈尔工业园区	自行检验	2011.12.21	2014.3.29	黑龙江省质量技术监督局
254	QS2302 0501 2000	黑龙江美庐乳业有限公司	乳制品［乳粉（全脂乳粉、调制乳粉）］	讷河市通江路西段路南	讷河市通江路西段路南	自行检验	2011.7.4	2014.3.30	黑龙江省质量技术监督局
255	QS2306 0501 0837	大庆市绿叶乳品有限公司	乳制品［乳粉（全脂乳粉、调制乳粉）］	黑龙江省大庆市红岗区杏六路	大庆市红岗区杏六路	自行检验	2011.8.10	2014.3.25	黑龙江省质量技术监督局
256	QS2300 0501 2017	黑龙江省汇昌乳业有限公司	乳制品［乳粉（全脂乳粉、调制乳粉）］	克山县克山镇北大街三段路西33号	克山县克山镇北大街三段路西33号	自行检验	2011.3.31	2014.3.30	黑龙江省质量技术监督局
257	QS2300 0501 2015	黑龙江常庆乳业有限责任公司	乳制品［乳粉（全脂乳粉、调制乳粉）］	五常市牛家工业园区	五常市牛家工业园区	自行检验	2011.3.25	2014.3.24	黑龙江省质量技术监督局
258	QS2302 0501 1737	黑龙江鹤美生物工程有限公司	乳制品［乳粉（全脂乳粉、牛初乳粉）］	黑龙江省富裕县工业新区	黑龙江省富裕县工业新区	自行检验	2011.3.31	2014.3.30	黑龙江省质量技术监督局
259	QS2300 0501 0765	黑龙江龙兴乳业有限公司	乳制品［乳粉（全脂乳粉、调制乳粉）］	绥化市海伦市海伦农场	绥化市海伦市海伦农场场直	自行检验	2011.3.31	2014.3.30	黑龙江省质量技术监督局

（续）

	证书编号	企业名称	产品名称	住　所	生产地点	检验方式	发证日期	有效期至	发证单位
260	QS2312 0501 0360	绥化市东兴乳业食品有限责任公司	乳制品[乳粉(全脂乳粉、调制乳粉)]	绥化市北林区东兴办事处红旗管理区六委	绥化市北林区东兴办事处红旗管理区六委	自行检验	2011.3.31	2014.3.30	黑龙江省质量技术监督局
261	QS2300 0501 2018	黑龙江清大乳业有限公司	乳制品[乳粉(全脂乳粉、调制乳粉)]	黑龙江省绥化市安达市哈大齐工业走廊安达综合开发区	黑龙江省绥化市安达市哈大齐工业走廊安达综合开发区	自行检验	2011.11.17	2014.6.12	黑龙江省质量技术监督局
262	QS2310 0501 0281	牡丹江三道乳业有限公司	乳制品[液体乳(巴氏杀菌乳、发酵乳)]	牡丹江市阳明区铁岭三道	牡丹江市阳明区铁岭三道	自行检验	2011.3.30	2014.3.29	黑龙江省质量技术监督局
263	QS2301 0501 0809	哈尔滨惠佳贝食品有限公司	乳制品[乳粉(调制乳粉)(干法工艺)]	黑龙江省尚志市一面坡镇民主街18号	黑龙江省尚志市一面坡镇民主街18号	自行检验	2011.3.31	2014.3.30	黑龙江省质量技术监督局
264	QS2300 0501 0811	哈尔滨龙丹利民乳业有限公司	乳制品[液体乳(灭菌乳、调制乳)]	哈尔滨利民经济技术开发区(珠海路1号)	哈尔滨利民经济技术开发区(珠海路1号)	自行检验	2011.3.31	2014.3.30	黑龙江省质量技术监督局
265	QS2302 0501 2009	黑龙江齐梅生物科技股份有限公司	乳制品[乳粉(全脂乳粉、调制乳粉)]	齐齐哈尔市梅里斯达翰尔族区雅尔塞镇	齐齐哈尔市梅里斯达翰尔族区雅尔塞镇	自行检验	2011.3.30	2014.3.29	黑龙江省质量技术监督局
266	QS2300 0501 2020	传喜(黑龙江)乳业工程科技发展有限公司	乳制品[液体乳(调制乳、灭菌乳、发酵乳)]	哈尔滨市双城市工农街九委	哈尔滨市双城市工农街九委	自行检验	2012.1.16	2015.1.15	黑龙江省质量技术监督局
267	QS2300 0501 0543	黑龙江农垦英博华威乳业有限公司	乳制品[乳粉(全脂乳粉、调制乳粉)]	黑龙江省伊春市铁力市铁力农场	黑龙江省铁力农场场直二八九大街9号	自行检验	2012.1.16	2014.3.30	黑龙江省质量技术监督局
268	QS2300 0501 0641	黑龙江摇篮乳业股份有限公司	乳制品[乳粉(全脂乳粉、调制乳粉)]	黑龙江省哈尔滨市香坊区衡山路18号远东大厦A区	大庆市肇州摇篮工业科技园区摇篮大道01号、黑龙江省鹤岗市萝北县共青农场摇篮工业科技园区摇篮大道01号、黑龙江省鹤岗市绥滨县二九O农场摇篮工业科技园区摇篮大道01号、黑龙江省齐齐哈尔市依安县依安镇摇篮工业科技园区摇篮大道01号	自行检验	2011.5.25	2014.5.24	黑龙江省质量技术监督局

（续）

	证书编号	企业名称	产品名称	住　所	生产地点	检验方式	发证日期	有效期至	发证单位
269	QS2300 0501 1486	黑龙江农垦德龙乳品有限公司	乳制品［乳粉（全脂乳粉、调制乳粉）］	黑龙江省齐齐哈尔市梅里斯达斡尔族区哈拉海农场场直工业园区1号	黑龙江省哈拉海农场场直	自行检验	2013.12.27	2014.12.05	黑龙江省食品药品监督管理局
270	QS2302 0501 0182	黑龙江省光明松鹤乳品有限责任公司	乳制品［液体乳（灭菌乳、调制乳）、乳粉（全脂乳粉、脱脂乳粉、部分脱脂乳粉、调制乳粉）、其他乳制品（奶油）］	齐齐哈尔市富裕县新华南路	齐齐哈尔市富裕县新华南路	自行检验	2011.8.10	2014.3.15	黑龙江省质量技术监督局
271	QS2302 0501 0136	黑龙江飞鹤乳业有限公司	乳制品［乳粉（全脂乳粉、脱脂乳粉、调制乳粉）、液态乳（灭菌乳、调制乳）、其他乳制品（奶油）］	齐齐哈尔市克东县克东镇庆祥街	齐齐哈尔市克东县克东镇庆祥街、齐齐哈尔市昂昂溪区榆树屯乳品街278号	自行检验	2012.3.23	2014.3.1	黑龙江省质量技术监督局
272	QS2312 0501 1598	安达市伊康生物工程有限责任公司	乳制品［乳粉（调制乳粉（干法生产）、牛初乳粉］	安达市高速公路出口	安达市经济开发区	自行检验	2011.3.30	2014.3.29	黑龙江省质量技术监督局
273	QS2300 0501 0127	黑龙江省格球山乳品有限责任公司	乳制品［液体乳（发酵乳）、乳粉（全脂乳粉、调制乳粉）］	五大连池市格球山农场	五大连池市格球山农场	自行检验	2011.3.29	2014.3.28	黑龙江省质量技术监督局
274	QS2306 0501 2001	大庆市银螺乳业有限公司	乳制品［液体乳（巴氏杀菌乳、灭菌乳、发酵乳）］	大庆市高新区农场	大庆高新区建设路243号	自行检验	2011.3.29	2014.3.28	黑龙江省质量技术监督局
275	QS2302 0501 1763	飞鹤（甘南）乳品有限公司	乳制品［乳粉（全脂乳粉、脱脂乳粉、调制乳粉］	黑龙江省齐齐哈尔市甘南县生态工业新区	黑龙江省齐齐哈尔市甘南县生态工业新区	自行检验	2011.3.2	2014.3.1	黑龙江省质量技术监督局
276	QS2300 0501 0184	黑龙江完达山哈尔滨乳品有限公司	乳制品［液体乳（巴氏杀菌乳、灭菌乳、调制乳、发酵乳）］	黑龙江省哈尔滨市道里区迎宾路集中区太湖北街1号	黑龙江省哈尔滨市道里区迎宾路集中区太湖北街1号	自行检验	2013.10.29	2017.3.22	黑龙江省质量技术监督局

（续）

	证书编号	企业名称	产品名称	住 所	生产地点	检验方式	发证日期	有效期至	发证单位
277	QS2300 0501 0315	哈尔滨太子乳品工业有限公司	乳制品[乳粉(调制乳粉)](湿法工艺、干法工艺)	哈尔滨利民经济技术开发区广州路6号	哈尔滨利民经济技术开发区广州路6号	自行检验	2011.3.26	2014.3.25	黑龙江省质量技术监督局
278	QS2301 0501 2021	黑龙江省万家宝鲜牛奶投资有限公司	乳制品[液体乳(巴氏杀菌乳、调制乳、发酵乳)]	哈尔滨市开发区南岗集中区昆仑商城赣水路49号	哈尔滨经开区哈平路集中区常州路1–1号	自行检验	2012.1.19	2015.1.18	黑龙江省质量技术监督局
279	QS2300 0501 2013	黑龙江完达山阳光乳业有限公司	乳制品[液体乳(巴氏杀菌乳、灭菌乳、调制乳)]	哈尔滨市高新技术产业开发区迎宾路集中区崂山路2号	哈尔滨市高新技术产业开发区迎宾路集中区崂山路2号	自行检验	2013.10.29	2016.10.28	黑龙江省质量技术监督局
280	QS2307 0501 1686	伊春惠佳贝乳业有限公司	乳制品[液体乳(发酵乳)、乳粉(全脂乳粉、调制乳粉)]	黑龙江省伊春市新青区永进委甲1号	黑龙江省伊春市新青区永进委甲1号	自行检验	2011.3.31	2014.3.30	黑龙江省质量技术监督局
281	QS2300 0501 2010	黑龙江完达山林海液奶有限公司	乳制品[液体乳(巴氏杀菌乳、灭菌乳、调制乳、发酵乳)]	黑龙江省海林市英雄街173号	黑龙江省哈尔滨市道里区迎宾路集中区太湖北街1号、哈尔滨市高新技术产业开发区迎宾路集中区崂山路2号、天津市武清区开发区泉发路28号	自行检验	2013.11.15	2017.5.24	黑龙江省质量技术监督局
282	QS2312 0501 0370	黑龙江龙兴乳品有限责任公司	乳制品[液体乳(巴氏杀菌乳、灭菌乳、发酵乳)、乳粉(全脂乳粉、脱脂乳粉)]	安达市大庆路8号	安达市大庆路8号	自行检验	2011.3.29	2014.3.28	黑龙江省质量技术监督局
283	QS2300 0501 0225	黑龙江龙丹乳业科技股份有限公司	乳制品[液体乳(灭菌乳、调制乳、发酵乳)、乳粉(全脂乳粉、调制乳粉)]	哈尔滨市南岗区红旗大街时代广场B幢	哈尔滨市南岗区学府路337号	自行检验	2011.3.31	2014.3.30	黑龙江省质量技术监督局
284	QS2300 0501 2030	黑龙江红星集团食品有限公司	乳制品[液体乳(巴氏杀菌乳、发酵乳)、乳粉(全脂乳粉、调制乳粉)]	黑龙江省牡丹江市阳明区铁岭三道	黑龙江省牡丹江市阳明区铁岭三道	自行检验	2013.12.27	2016.12.26	黑龙江省食品药品监督管理局

（续）

	证书编号	企业名称	产品名称	住　所	生产地点	检验方式	发证日期	有效期至	发证单位
285	QS2306 0501 0209	杜尔伯特伊利乳业有限责任公司	乳制品［乳粉（全脂乳粉、脱脂乳粉、部分脱脂乳粉、调制乳粉）］（湿法工艺、干法工艺）	大庆市杜尔伯特蒙古族自治县泰康镇东街	大庆市杜尔伯特蒙古族自治县德力戈尔工业园区	自行检验	2011.3.28	2014.3.27	黑龙江省质量技术监督局
286	QS2302 0501 2017	黑龙江汇昌贝滋特乳业有限公司	乳制品［乳粉（全脂乳粉、调制乳粉）］	黑龙江省齐齐哈尔市克山县克山镇工业园区慧元路1号	黑龙江省齐齐哈尔市克山县克山镇工业园区慧元路1号	自行检验	2014.07.24	2017.03.30	齐齐哈尔市质量技术监督局
上海市（12）									
287	QS3114 0501 0839	上海阿尔比食品有限公司	乳制品［其他乳制品（干酪）］	上海市嘉定区嘉定工业区马陆园区希望路461号	上海市嘉定区嘉定工业区马陆园区希望路461号	自行检验	2010.7.27	2014.7.31	上海市质量技术监督局
288	QS3120 0501 1461	上海光明奶酪黄油有限公司梵古易乳制品分公司	乳制品［其他乳制品（干酪）］	上海市奉贤区海湾镇永华路1号壹号厂房	上海市奉贤区海湾镇永华路1号壹号厂房	自行检验	2014.03.06	2017.03.20	上海市食品药品监督管理局
289	QS3117 0501 1607	上海花冠营养乳品有限公司	乳制品［乳粉（调制乳粉）］	上海市松江区民益路299号	上海市松江区民益路299号	自行检验	2013.9.22	2017.3.20	上海市质量技术监督局
290	QS3117 0501 1757	上海恩波露食品有限公司	乳制品［液体乳（发酵乳）、其他乳制品（奶油、干酪）］	上海市松江区新飞路1500弄22号厂房	上海市松江区新飞路1500弄22号厂房	自行检验	2013.12.05	2017.03.20	上海市质量技术监督局
291	QS3120 0501 0986	上海晨冠乳业有限公司	乳制品［乳粉（调制乳粉）］	上海市奉贤区望园路2166号	上海市奉贤区望园路2166号	自行检验	2014.08.13	2017.03.13	上海市食品药品监督管理局
292	QS3117 0501 0616	上海纽贝滋营养乳品有限公司	乳制品［乳粉（调制乳粉）］	上海市松江区新浜镇工业园区环区北路502号	上海市松江区新浜工业园区环区北路502号	自行检验	2014.07.08	2017.03.20	上海市食品药品监督管理局
293	QS3115 0501 1608	多美滋婴幼儿食品有限公司	乳制品［乳粉（调制乳粉）］	上海市浦东新区金桥出口加工区宁桥路188号	上海市浦东新区金桥出口加工区宁桥路188号	自行检验	2014.1.30	2017.3.20	上海市食品药品监督管理局
294	QS3114 0501 0284	上海乳品一厂分厂	乳制品［液体乳（巴氏杀菌乳、调制乳、发酵乳）］	上海市嘉定区戬滨镇大治路东首	上海市嘉定区戬滨镇大治路东首	自行检验	2013.11.4	2017.3.20	上海市质量技术监督局

（续）

	证书编号	企业名称	产品名称	住 所	生产地点	检验方式	发证日期	有效期至	发证单位
295	QS3120 0501 0002	上海永安乳品有限公司	乳制品[液体乳(巴氏杀菌乳、灭菌乳、调制乳、发酵乳)、其他乳制品(干酪)]	上海市奉贤区海湾镇永华路1号	上海市奉贤区海湾镇永华路1号	自行检验	2014.06.23	2017.08.30	上海市食品药品监督管理局
296	QS3120 0501 0036	上海乳品四厂有限公司	乳制品[液体乳(巴氏杀菌乳、调制乳、发酵乳)、其他乳制品(奶油)]	上海市奉贤区海湾镇海兴路1750号	上海市奉贤区海湾镇海兴路1750号	自行检验	2014.03.20	2017.03.20	上海市食品药品监督管理局
297	QS3112 0501 0034	光明乳业股份有限公司乳品二厂	乳制品[液体乳(巴氏杀菌乳、调制乳、灭菌乳)]	上海市闵行区吴中路580号	上海市闵行区吴中路580号	自行检验	2014.03.06	2017.03.20	上海市食品药品监督管理局
298	QS3112 0501 0003	光明乳业股份有限公司华东中心工厂	乳制品[液体乳(巴氏杀菌乳、灭菌乳、调制乳、发酵乳)]	上海市闵行区紫东路489号	上海市闵行区紫东路489号	自行检验	2014.03.31	2016.06.30	上海市食品药品监督管理局
				江苏省（46）					
299	QS3206 0501 1699	南通中江生物科技有限公司	乳制品(其他乳制品):炼乳	江苏省如东经济开发区新区嘉陵江路	江苏省如东经济开发区新区嘉陵江路	自行检验	2011.3.28	2014.3.27	江苏省质量技术监督局
300	QS3204 0501 1777	常州优蕾营养乳品有限公司	乳制品[液体乳(发酵乳)]	钟楼经济开发区梧桐路56号	江苏省常州市钟楼经济开发区梧桐路56号	自行检验	2014.01.26	2017.03.29	江苏省食品药品监督管理局
301	QS3201 0501 0229	南京大旺食品有限公司	乳制品[液体乳(调制乳)]	调制乳[旺仔牛奶(GB25191)]	南京江宁经济技术开发区董村路112号	自行检验	2014.02.14	2017.03.29	江苏省食品药品监督管理局
302	QS3213 0501 1117	宿迁市可璐清实业有限公司	乳制品[液体乳(发酵乳)]	泗阳县经济开发区(西区)	江苏省宿迁市泗阳县经济开发区(西区)	自行检验	2014.04.30	2017.03.29	江苏省食品药品监督管理局
303	QS3203 0501 0006	徐州市凯舜乳业有限公司	乳制品[乳粉(全脂乳粉、调制乳粉)]	徐州市铜山区房村镇鹿台村	江苏省徐州市铜山区房村镇鹿台村	自行检验	2011.11.8	2014.11.7	江苏省质量技术监督局
304	QS3213 0501 0002	蒙牛乳业宿迁有限公司	乳制品[液体乳(灭菌乳、调制乳)]	宿迁经济开发区发展大道西侧	江苏省宿迁市宿迁经济开发区发展大道西侧	自行检验	2012.1.11	2015.1.10	江苏省质量技术监督局

（续）

	证书编号	企业名称	产品名称	住　所	生产地点	检验方式	发证日期	有效期至	发证单位
305	QS3202 0501 1279	无锡奔牛生物科技有限公司	乳制品［其他乳制品（炼乳：全脂加糖炼乳、调制加糖炼乳）］	锡山区东北塘黄信桥南堍	江苏省无锡市锡山区东北塘黄信桥南堍	自行检验	2014.01.03	2017.03.22	江苏省食品药品监督管理局
306	QS3205 0501 0008	明治乳业（苏州）有限公司	乳制品［液体乳（巴氏杀菌乳、发酵乳）］、其他乳制品（奶油）	苏州高新区普陀山路189号	江苏省苏州高新区普陀山路189号	自行检验	2014.09.03	2016.07.29	江苏省食品药品监督管理局
307	QS3210 0501 0334	扬州市华兴乳业有限公司	乳制品［液体乳（巴氏杀菌乳、调制乳）］	高邮市甘垛镇甘泉村	江苏省扬州市高邮市甘垛镇甘泉村	自行检验	2014.03.21	2017.03.23	江苏省食品药品监督管理局
308	QS3208 0501 1255	淮安市兴立乳业有限公司	乳制品［液体乳（巴士杀菌乳、发酵乳）］	淮安市淮安区淮泗路88号	江苏省淮安市淮安区淮泗路88号	自行检验	2013.12.06	2017.03.23	江苏省食品药品监督管理局
309	QS3205 0501 1499	伊利苏州乳业有限责任公司	乳制品［乳粉（全脂乳粉）、液体乳（发酵乳）］	苏州工业园区星龙街459号	江苏省苏州工业园区星龙街459号	自行检验	2014.03.27	2017.03.30	江苏省食品药品监督管理局
310	QS3207 0501 1149	连云港益乐盟特乳品厂	乳制品［液体乳（巴氏杀菌乳、发酵乳）］	东海县石湖生态园	江苏省连云港市东海县石湖生态园	自行检验	2014.07.14	2017.03.27	江苏省食品药品监督管理局
311	QS3207 0501 1301	连云港市新希望乳业有限公司	乳制品［液体乳（巴氏杀菌乳、发酵乳）］	连云港市海州区宁海街道武圩村	江苏省连云港市海州区宁海街道武圩村	自行检验	2014.04.30	2017.03.27	江苏省食品药品监督管理局
312	QS3208 0501 0001	淮安旺旺食品有限公司	乳制品［液体乳（调制乳、发酵乳）］	淮安市清河新区旺旺路21号	江苏省淮安市清河新区旺旺路21号	自行检验	2013.11.29	2017.03.17	江苏省食品药品监督管理局
313	QS3204 0501 0319	江苏春晖乳业有限公司	乳制品［液体乳（调制乳、灭菌乳、发酵乳）］	江苏武进经济开发区	江苏省常州市江苏武进经济开发区	自行检验	2013.11.22	2017.3.29	江苏省食品药品监督管理局
314	QS3207 0501 0992	连云港东农乳业有限公司	乳制品［液体乳（巴氏杀菌乳）］	连云区东辛农场六分场	江苏省连云港市连云区东辛农场六分场	自行检验	2014.06.19	2017.03.27	江苏省食品药品监督管理局
315	QS3213 0501 1785	江苏志威乳业有限公司	乳制品［乳粉（全脂乳粉、调制乳粉）］	江苏省宿迁经济开发区建陵道189号	江苏省宿迁市宿迁经济开发区建陵道189号	自行检验	2013.10.09	2016.10.08	江苏省食品药品监督管理局
316	QS3200 0501 0042	南京川田乳品有限公司	乳制品［液体乳（巴氏杀菌乳、调制乳、发酵乳）］	南京市江宁经济技术开发区静淮路129号	江苏省南京市江宁经济技术开发区静淮路129号	自行检验	2011.3.23	2014.3.22	江苏省质量技术监督局

（续）

	证书编号	企业名称	产品名称	住　所	生产地点	检验方式	发证日期	有效期至	发证单位
317	QS3200 0501 0044	泰州卫岗乳品有限公司	乳制品（液体乳）、巴氏杀菌乳、调制乳、发酵乳	泰州市海陵区凤凰东路 40 号	江苏省泰州市海陵区凤凰东路 40 号	自行检验	2013.12.20	2017.03.29	江苏省食品药品监督管理局
318	QS3200 0501 0159	淮安快鹿牛奶有限公司	乳制品[液体乳(巴氏杀菌乳、调制乳、发酵乳)]	淮安市淮安经济开发区淮海西路 282 号	江苏省淮安市淮安经济开发区淮海西路 282 号	自行检验	2014.03.13	2017.03.23	江苏省食品药品监督管理局
319	QS3202 0501 0321	无锡市天资乳品饮料厂	乳制品[液体乳(巴氏杀菌乳、调制乳、发酵乳)]	无锡市黄巷锡龙路百子桥堍	江苏省无锡市黄巷锡龙路百子桥堍	自行检验	2013.12.26	2017.03.22	江苏省食品药品监督管理局
320	QS3211 0501 0232	丹阳市康力乳制品有限公司	乳制品[液体乳(巴氏杀菌乳、调制乳、发酵乳)]	丹阳市练湖工业园（十二分场居安村）	江苏省镇江市丹阳市练湖工业园（十二分场居安村）	自行检验	2013.11.22	2017.3.22	江苏省食品药品监督管理局
321	QS3211 0501 0228	镇江市长江乳业有限公司	乳制品[液体乳(巴氏杀菌乳、调制乳、发酵乳)]	镇江市四摆渡	江苏省镇江市四摆渡	自行检验	2014.02.14	2017.03.22	江苏省食品药品监督管理局
322	QS3200 0501 0046	东台市宇航奶业有限公司	乳制品[液体乳(巴氏杀菌乳、调制乳、发酵乳)]	东台市台城新东东路 64 号	江苏省盐城市东台市台城新东东路 64 号	自行检验	2014.03.11	2017.03.23	江苏省食品药品监督管理局
323	QS3209 0501 0735	盐城市泰来神奶业有限公司	乳制品（液体乳）(巴氏杀菌乳、调制乳、发酵乳）	盐城市亭湖区南洋镇华泰路 16 号	江苏省盐城市亭湖区南洋镇华泰路 16 号	自行检验	2014.02.14	2017.03.23	江苏省食品药品监督管理局
324	QS3212 0501 1256	江苏太子乳业有限公司	乳制品[液体乳(巴氏杀菌乳、调制乳、发酵乳)]	兴化经济开发区城南路北经一路西侧	江苏省泰州市兴化经济开发区城南路北经一路西侧	自行检验	2014.01.26	2017.03.22	江苏省食品药品监督管理局
325	QS3212 0501 0236	泰州市金力乳品有限公司	乳制品[液体乳(巴氏杀菌乳、调制乳、发酵乳)]	姜堰市俞垛镇宫伦村	江苏省泰州市姜堰市俞垛镇宫伦村	自行检验	2013.12.26	2017.03.24	江苏省食品药品监督管理局
326	QS3212 0501 0237	靖江市马洲乳业有限公司	乳制品[液体乳(巴氏杀菌乳、调制乳、发酵乳)]	靖江市马桥镇骧昌路 1 号	江苏省泰州市靖江市马桥镇骧昌路 1 号	自行检验	2013.11.22	2016.7.8	江苏省食品药品监督管理局

（续）

	证书编号	企业名称	产品名称	住　所	生产地点	检验方式	发证日期	有效期至	发证单位
327	QS3205 0501 0002	张家港云之兰奶业有限公司	乳制品[液体乳(巴氏杀菌乳、调制乳、发酵乳)]	张家港市苏虞张公路凤凰镇路段8号	江苏省苏州市张家港市苏虞张公路凤凰镇路段8号	自行检验	2014.04.08	2017.03.27	江苏省食品药品监督管理局
328	QS3200 0501 1696	江苏梁丰食品集团有限公司	乳制品[液体乳(巴氏杀菌乳、调制乳、灭菌乳、发酵乳)]	张家港经济开发区振兴路9号	江苏省苏州市张家港经济开发区振兴路9号	自行检验	2014.03.11	2017.03.13	江苏省食品药品监督管理局
329	QS3200 0501 0507	南通红梅乳业有限公司	乳制品[液体乳(巴氏杀菌乳、调制乳、灭菌乳、发酵乳)]	南通市港闸经济开发区黄海路99号	江苏省南通市港闸经济开发区黄海路99号	自行检验	2014.03.11	2017.03.27	江苏省食品药品监督管理局
330	QS3209 0501 0658	盐城市健桥乳业有限公司	乳制品(液体乳)(巴氏杀菌乳、调制乳、发酵乳)	射阳县合德镇解放路4–3号	江苏省盐城市射阳县合德镇解放路4–3号	自行检验	2014.02.14	2017.03.23	江苏省食品药品监督管理局
331	QS3203 0501 0587	徐州卫岗乳品有限公司	乳制品[液体乳(巴氏杀菌乳、灭菌乳、调制乳、发酵乳)]	新沂市无锡–新沂工业园大桥东路218号	江苏省徐州市新沂市无锡–新沂工业园大桥东路218号	自行检验	2014.04.08	2017.03.28	江苏省食品药品监督管理局
332	QS3200 0501 0041	南京光明乳品有限公司	乳制品[液体乳(巴氏杀菌乳、调制乳、发酵乳)]	南京市江宁区禄口镇来凤路2号	江苏省南京市江宁区禄口镇来凤路2号	自行检验	2014.03.11	2017.03.22	江苏省食品药品监督管理局
333	QS3200 0501 0336	南京金阳光乳品有限公司	乳制品[液体乳(巴氏杀菌乳、调制乳、发酵乳)]	南京市江宁科学园科建路28号	江苏省南京市江宁科学园科建路28号	自行检验	2014.04.18	2017.03.23	江苏省食品药品监督管理局
334	QS3207 0501 0458	江苏三元双宝乳业有限公司	乳制品[液体乳(巴氏杀菌乳、调制乳、灭菌乳、发酵乳)]	连云港市连云区东辛农场	江苏省连云港市连云区东辛农场	自行检验	2014.05.20	2017.03.27	江苏省食品药品监督管理局
335	QS3210 0501 0733	扬州市润扬乳业有限公司	乳制品[液体乳(巴氏杀菌乳、调制乳、发酵乳)]	江苏省扬州市广陵区沙头镇西大坝	江苏省扬州市广陵区沙头镇西大坝	自行检验	2014.04.30	2017.03.24	江苏省食品药品监督管理局
336	QS3200 0501 0043	南京卫岗乳业有限公司	乳制品[液体乳(巴氏杀菌乳、调制乳、灭菌乳、发酵乳)]	南京市江宁经济技术开发区将军大道139号	南京市江宁经济技术开发区将军大道139号	自行检验	2014.04.18	2017.03.24	江苏省食品药品监督管理局

（续）

	证书编号	企业名称	产品名称	住 所	生产地点	检验方式	发证日期	有效期至	发证单位
337	QS3200 0501 0767	双喜乳业（苏州）有限公司	乳制品［液体乳（巴氏杀菌乳、调制乳、灭菌乳、发酵乳）］	苏州高新区鹿山路49号	江苏省苏州市高新区鹿山路49号	自行检验	2014.04.18	2017.03.22	江苏省食品药品监督管理局
338	QS3211 0501 0324	丹阳市练湖乳品有限公司	乳制品［液体乳（巴氏杀菌乳、调制乳、发酵乳）］	丹阳市练湖工业园	江苏省镇江市丹阳市练湖工业园	自行检验	2013.10.18	2017.03.22	江苏省食品药品监督管理局
339	QS3200 0501 0040	扬州市扬大康源乳业有限公司	乳制品［液体乳（巴氏杀菌乳、调制乳、发酵乳）、乳粉（全脂奶粉）］	扬州市食品工业园鼎兴路88号	扬州市食品工业园鼎兴路88号	自行检验	2014.01.26	2017.03.24	江苏省食品药品监督管理局
340	QS3200 0501 0158	常州红梅乳业有限公司	乳制品［液体乳（巴氏杀菌乳、灭菌乳、调制乳、发酵乳）、乳粉（牛初乳粉）］	钟楼经济开发区梧桐路56号	江苏省常州市钟楼经济开发区梧桐路56号	自行检验	2014.02.25	2017.03.29	江苏省食品药品监督管理局
341	QS3203 0501 0007	徐州君乐宝国润乳业有限公司	乳制品（液体乳）1. 灭菌乳（君乐宝纯牛奶）2. 调制乳（五色谷黑米黑豆黑芝麻牛奶、五色谷红枣红豆枸杞牛奶、五色谷花生薏米芡实牛奶）	丰县经济开发区	江苏省徐州市丰县经济开发区丰沛路与经三路交叉处	自行检验	2012.2.20	2015.2.19	江苏省质量技术监督局
342	QS3202 0501 0375	无锡市马山牛奶有限公司	乳制品［液体乳（巴氏杀菌乳（消毒鲜牛奶、马山鲜奶、高品鲜牛奶、学生饮用奶、特浓牛奶）、发酵乳（风味发酵乳）］	无锡市滨湖区马山鱼花路29号	江苏省无锡市滨湖区马山鱼花路29号	自行检验	2014.03.27	2017.03.22	江苏省食品药品监督管理局
343	QS3202 0501 0506	江阴市美天奶业有限公司	乳制品［液体乳（巴氏杀菌乳（巴氏鲜牛奶、鲜牛奶）、调制乳（花生核桃奶、麦香牛奶、草莓牛奶、原味酸牛奶、红枣牛奶、可可牛奶、香蕉牛奶）、发酵乳（原味酸奶）］	江阴市澄江镇红光村	江苏省江阴市澄江镇红光村	自行检验	2014.03.21	2017.03.23	江苏省食品药品监督管理局

（续）

	证书编号	企业名称	产品名称	住　所	生产地点	检验方式	发证日期	有效期至	发证单位
344	QS3203 0501 0585	徐州绿健乳业有限责任公司乳品厂	乳制品[液体乳(巴氏杀菌乳、调制乳、发酵乳)、乳粉(全脂乳粉)]明细：液体乳：1、巴氏杀菌乳：纯鲜牛奶；2、调制乳：磷脂牛奶、低脂高钙牛奶、高钙牛奶、全脂优钙牛奶、高品AD钙奶、高品钙铁锌牛奶、AD钙奶、双歧因子牛奶、儿童牛奶草莓型、儿童牛奶果蔬型、儿童牛奶原味型	江苏省徐州市鼓楼区马场湖	江苏省徐州市鼓楼区马场湖	自行检验	2013.01.17	2014.03.27	江苏省食品药品监督管理局
浙江省（23）									
345	QS3307 0501 0643	金华市好源乳业有限公司	乳制品[其他乳制品(炼乳)]	金华市金东区多湖街道东湄工业区	金华市金东区多湖街道东湄工业区	自行检验	2013.11.1	2017.3.3	浙江省质量技术监督局
346	QS3303 0501 0737	瑞安市百好乳业有限公司	乳制品[其他乳制品(炼乳)]	瑞安市锦湖街道沿江西路163号	瑞安市锦湖街道沿江西路163号	自行检验	2013.10.28	2017.2.27	浙江省质量技术监督局
347	QS3300 0501 0337	浙江熊猫乳业集团有限公司	乳制品[其他乳制品(炼乳、奶油、干酪)]	苍南县灵溪镇建兴东路650–668号	温州市苍南县灵溪镇建兴东路650–668号	自行检验	2013.9.16	2017.2.27	浙江省质量技术监督局
348	QS3308 0501 1438	浙江明旺乳业有限公司	乳制品[液体乳(调制乳)]	浙江省衢州经济开发区东港工业园区东港三路9号	浙江省衢州经济开发区东港工业园区东港三路9号	自行检验	2013.12.27	2017.03.03	浙江省质量技术监督局
349	QS3301 0501 0003	浙江娃哈哈昌盛方便食品有限公司	乳制品[液体乳(发酵乳)]	海宁市农业对外综合开发区春澜西路	浙江省海宁市农业对外综合开发区春澜西路	自行检验	2011.4.7	2014.4.6	浙江省质量技术监督局
350	QS3304 0501 0007	雅培(嘉兴)营养品有限公司	乳制品[乳粉(调制乳粉)]	嘉兴经济技术开发区圣堂路681号	浙江省嘉兴市经济技术开发区圣堂路681号	自行检验	2013.12.06	2016.12.05	浙江省质量技术监督局

（续）

	证书编号	企业名称	产品名称	住　所	生产地点	检验方式	发证日期	有效期至	发证单位
351	QS3304 0501 0004	浙江娃哈哈昌盛罐头食品有限公司	乳制品［液体乳（调制乳）］	浙江省嘉兴市海宁农业对外综合开发区春澜西路	浙江省嘉兴市海宁农业对外综合开发区春澜西路	自行检验	2014.04.11	2017.06.30	浙江省质量技术监督局
352	QS3307 0501 1584	金华银河生物科技有限公司	乳制品［乳粉（牛初乳粉）］	金华市罗店镇工业区	金华市罗店镇工业区	自行检验	2013.11.1	2017.3.3	浙江省质量技术监督局
353	QS3301 0501 1623	杭州味全生技食品有限公司	乳制品［乳粉（调制乳粉）］	杭州经济技术开发区十号大街 502 号	杭州经济技术开发区十号大街 502 号	自行检验	2013.11.29	2017.2.27	浙江省质量技术监督局
354	QS3304 0501 0006	浙江娃哈哈昌盛饮料集团有限公司	乳制品［液体乳（调制乳）］	海宁农业对外综合开发区春澜西路	浙江省嘉兴市海宁市海宁农业对外综合开发区春澜西路南	自行检验	2013.4.18	2016.4.17	浙江省质量技术监督局
355	QS3301 0501 0001	杭州贝因美母婴营养品有限公司	乳制品［乳粉（调制乳粉）］	杭州钱江经济开发区顺风路 512 号	杭州钱江经济开发区顺风路 512 号	自行检验	2014.09.22	2017.02.27	浙江省食品药品监督管理局
356	QS3304 0501 0003	浙江娃哈哈昌盛方便食品有限公司	乳制品［液体乳（调制乳、发酵乳）］	海宁农业对外综合开发区春澜西路	浙江省海宁市农业对外综合开发区春澜西路	自行检验	2014.01.26	2017.04.06	浙江省质量技术监督局
357	QS3301 0501 1130	杭州娃哈哈饮料有限公司	乳制品［液体乳（灭菌乳、调制乳、发酵乳）］	杭州经济技术开发区M-10-1-3 地块	杭州经济技术开发区M-10-1-3 地块	自行检验	2013.11.29	2017.2.14	浙江省质量技术监督局
358	QS3300 0501 0140	浙江李子园牛奶食品有限公司	乳制品［液体乳（灭菌乳、调制乳、发酵乳）］	金华市金东区曹宅镇李子园工业园	金华市金东区曹宅镇李子园工业园	自行检验	2013.11.1	2017.3.16	浙江省质量技术监督局
359	QS3303 0501 1151	温州乳品厂	乳制品［液体乳（巴氏杀菌乳、调制乳、发酵乳）、乳粉（全脂乳粉、调制乳粉）、其他乳制品（炼乳）］	温州市樱花路 21 号	温州市樱花路 21 号	自行检验	2013.7.22	2016.7.21	浙江省质量技术监督局
360	QS3300 0501 0051	杭州新希望双峰乳业有限公司	乳制品［液体乳（巴氏杀菌乳、灭菌乳、调制乳、发酵乳）］	杭州余杭区余杭经济开发区新洲路 836 号	杭州市余杭区余杭经济开发区新洲路 836 号	自行检验	2013.10.28	2017.3.16	浙江省质量技术监督局

（续）

	证书编号	企业名称	产品名称	住　所	生产地点	检验方式	发证日期	有效期至	发证单位
361	QS3300 0501 0674	浙江一鸣食品股份有限公司	乳制品[液体乳(巴氏杀菌乳、调制乳、发酵乳)]	浙江省温州市平阳县一鸣工业园	浙江省温州市平阳县一鸣工业园	自行检验	2013.12.23	2017.03.16	浙江省质量技术监督局
362	QS3306 0501 1129	绍兴市一景乳业有限公司	乳制品[液体乳(巴氏杀菌乳、调制乳、发酵乳)]	嵊州市经济开发区	嵊州市经济开发区城东区	自行检验	2013.10.28	2017.3.3	浙江省质量技术监督局
363	QS3300 0501 0048	金华市海华乳业有限公司	乳制品[液体乳(巴氏杀菌乳、灭菌乳、调制乳、发酵乳)]	金华市工业园区熟溪路 99 号	金华市工业园区熟溪路 99 号	自行检验	2014.01.26	2017.03.03	浙江省质量技术监督局
364	QS3300 0501 0050	浙江省杭江牛奶公司乳品厂	乳制品[液体乳(巴氏杀菌乳、灭菌乳、调制乳、发酵乳)]	杭州经济技术开发区光明路 8 号	杭州经济技术开发区光明路 8 号	自行检验	2013.10.28	2017.2.27	浙江省质量技术监督局
365	QS3300 0501 0049	宁波市牛奶集团有限公司	乳制品[液体乳(巴氏杀菌乳、灭菌乳、调制乳、发酵乳)]	宁波市江北区洪盛路 6 号	宁波市江北区洪盛路 6 号	自行检验	2013.12.23	2017.03.03	浙江省质量技术监督局
366	QS3300 0501 0219	杭州味全食品有限公司	乳制品[液体乳(发酵乳、巴氏杀菌乳、调制乳)]	杭州经济技术开发区白杨街道银海街 468 号	杭州经济技术开发区白杨街道银海街 468 号	自行检验	2014.05.29	2017.02.27	浙江省食品药品监督管理局
367	QS3305 0501 0005	浙江美丽健乳业有限公司	乳制品[液体乳(巴氏杀菌乳、调制乳、发酵乳)]	德清县武康镇逸仙路 318 号	浙江省湖州市德清县武康镇逸仙路 318 号	自行检验	2014.08.29	2017.09.20	浙江省食品药品监督管理局
				安徽省（18）					
368	QS3411 0501 0660	安徽达诺乳业有限公司	乳制品[乳粉(全脂乳粉、调制乳粉)、其他乳制品(炼乳)]	安徽省滁州市全椒县城东综合经济开发区内	安徽省滁州市全椒县城东综合经济开发区内	自行检验	2013.12.25	2017.03.22	安徽省食品药品监督管理局
369	QS3400 0501 0005	现代牧业(肥东)有限公司	乳制品[液体乳(调制乳、灭菌乳)]	安徽省肥东县白龙工业聚集区	安徽省肥东县白龙工业聚集区	自行检验	2013.04.18	2014.11.28	安徽省质量技术监督局
370	QS3400 0501 0009	巢湖娃哈哈昌盛饮料有限公司	乳制品[液体乳(调制乳、发酵乳)]	巢湖市向阳南路民营经济园区	安徽省巢湖市向阳南路与前进路交叉口	自行检验	2013.3.8	2016.3.7	安徽省质量技术监督局

（续）

	证书编号	企业名称	产品名称	住　所	生产地点	检验方式	发证日期	有效期至	发证单位
371	QS3400 0501 0008	安徽新希望白帝乳业有限公司	乳制品[液体乳(巴氏杀菌乳、调制乳、灭菌乳、发酵乳)、其他乳制品(干酪)]	安徽长丰双凤经济开发区	安徽省合肥市长丰县双凤经济开发区金蓉路33号	自行检验	2014.08.11	2016.12.05	安徽省食品药品监督管理局
372	QS3411 0501 0480	滁州市奶业有限责任公司	乳制品[液体乳(巴氏杀菌乳、调制乳、灭菌乳、发酵乳)]	滁州市环山路8号	安徽省滁州市环山路8号	自行检验	2011.3.23	2014.3.22	安徽省质量技术监督局
373	QS3400 0501 0056	芜湖卫岗乳业有限公司	乳制品[液体乳(巴氏杀菌乳、调制乳、发酵乳)]	芜湖市经济技术开发区武夷山路	安徽省芜湖市经济技术开发区武夷山路	自行检验	2011.3.23	2014.3.22	安徽省质量技术监督局
374	QS3405 0501 1190	蒙牛乳业(马鞍山)有限公司	乳制品[液体乳(灭菌乳、调制乳)]	安徽省马鞍山市经济技术开发区	安徽省马鞍山市经济技术开发区红旗南路123号	自行检验	2014.03.18	2017.03.22	安徽省食品药品监督管理局
375	QS3400 0501 0003	合肥娃哈哈饮料有限公司	乳制品[液体乳(调制乳、发酵乳)]	合肥市高新区信息产业园综合服务中心333室	安徽省合肥市长江西路2221号	自行检验	2014.04.23	2017.07.24	安徽省食品药品监督管理局
376	QS3401 0501 1323	合肥伊利乳业有限责任公司	乳制品[液体乳(调制乳、灭菌乳)]	安徽省合肥市双凤工业区双凤大道169号	安徽省合肥市双凤工业区双凤大道169号	自行检验	2014.03.07	2017.03.27	安徽省食品药品监督管理局
377	QS3403 0501 0438	蚌埠市福淋乳业有限公司	乳制品[液体乳(巴氏杀菌乳、发酵乳)]	安徽省蚌埠市燕山路东段南侧	安徽省蚌埠市燕山路东段南侧	自行检验	2013.12.25	2017.03.22	安徽省食品药品监督管理局
378	QS3400 0501 0010	蒙牛高科乳制品(马鞍山)有限公司	乳制品[液体乳(巴氏杀菌乳、发酵乳)]	马鞍山市经济技术开发区	安徽省马鞍山市经济技术开发区红旗南路	自行检验	2013.12.04	2016.12.03	安徽省食品药品监督管理局
379	QS3406 0501 0661	安徽曦强乳业集团有限公司	乳制品[液体乳(巴氏杀菌乳、调制乳、灭菌乳、发酵乳)]	安徽省淮北市凤凰山经济开发区凤翔路1号	安徽省淮北市凤凰山经济开发区凤翔路1号	自行检验	2014.05.09	2017.03.30	安徽省食品药品监督管理局
380	QS3400 0501 0163	上海乳品七厂有限公司	乳制品[液体乳(巴氏杀菌乳、调制乳、发酵乳)]	安徽省黄山市歙县上海市练江牧场	安徽省黄山市歙县上海市练江牧场	自行检验	2014.1.8	2017.3.22	安徽省食品药品监督管理局

（续）

	证书编号	企业名称	产品名称	住　所	生产地点	检验方式	发证日期	有效期至	发证单位
381	QS3400 0501 0011	现代牧业（蚌埠）有限公司	乳制品［液体乳（巴氏杀菌乳、调制乳、灭菌乳、发酵乳）］	蚌埠市五河县朱顶镇现代牧业园区	安徽省蚌埠市五河县朱顶镇现代牧业工业园区	自行检验	2014.09.09	2017.09.08	安徽省食品药品监督管理局
382	QS3400 0501 0006	芜湖卫岗乳业有限公司	乳制品［液体乳（巴氏杀菌乳、调制乳、发酵乳）］	安徽省芜湖市经济技术开发区武夷山路	安徽省芜湖市经济技术开发区武夷山路	自行检验	2013.12.04	2017.03.22	安徽省食品药品监督管理局
383	QS3403 0501 0895	蚌埠市和平乳业有限责任公司	乳制品［液体乳（巴氏杀菌乳、灭菌乳、调制乳、发酵乳）、乳粉（全脂乳粉、调制乳粉）］	安徽省蚌埠市朝阳路670号	安徽省蚌埠市朝阳路670号、安徽省蚌埠市延安南路1151号	自行检验	2013.12.25	2017.03.22	安徽省食品药品监督管理局
384	QS3404 0501 1445	淮南益益营养食品科技有限公司	乳制品［液体乳（巴氏杀菌乳、灭菌乳、调制乳、发酵乳）、乳粉（全脂乳粉、调制乳粉）］	安徽省淮南市经济技术开发区	安徽省淮南市经济技术开发区朝阳东路32号	自行检验	2013.12.25	2017.03.27	安徽省食品药品监督管理局
385	QS3415 0501 0872	安徽华园乳业有限责任公司	乳制品［液体乳（巴氏杀菌乳、调制乳、灭菌乳、发酵乳）、乳粉（全脂乳粉、脱脂乳粉、部分脱脂乳粉、调制乳粉、牛初乳粉）］	安徽省六安市佛子岭路61号	安徽省六安市佛子岭路61号	自行检验	2014.05.12	2017.03.22	安徽省食品药品监督管理局
				福建省（14）					
386	QS3500 0501 1774	界面蛋白质技术（福建）有限公司	乳制品［其他乳制品（干酪）］	龙海市九湖工业区木棉工业园1号	漳州市龙海九湖工业区木棉工业园1号	自行检验	2011.12.09	2014.12.08	福建省质量技术监督局
387	QS3500 0501 1775	福建省三明市多丰食品有限公司	乳制品［液体乳（发酵乳）］	福建省三明市三元区荆东溪滨路8号	福建省三明市三元区荆东溪滨路8号	自行检验	2012.5.25	2015.1.17	福建省质量技术监督局
388	QS3500 0502 1772	贝登（福建）婴幼儿营养品有限公司	乳制品［乳粉（调制乳粉）］	莆田市涵江区江口镇华正路	莆田市涵江区江口镇华正路	自行检验	2011.07.18	2014.07.17	福建省质量技术监督局

（续）

	证书编号	企业名称	产品名称	住 所	生产地点	检验方式	发证日期	有效期至	发证单位
389	QS3500 0501 1776	恒信乐健（厦门）生物技术有限公司	乳制品［乳粉（调制乳粉）］	厦门市同安区轻工食品园美禾七路165号1#厂房第四、五层	福建省厦门市同安区轻工食品园美禾七路165号1#厂房第四、五层	自行检验	2013.03.06	2016.03.05	福建省质量技术监督局
390	QS3500 0501 1770	明一国际营养品集团有限公司	乳制品［乳粉（调制乳粉）］	–	福州空港工业集中区大鹤段福州航空港工业集中区仙昙路3号	自行检验	2014.1.28	2017.2.23	福建省食品药品监督管理局
391	QS3500 0501 1579	福鼎市晨冠乳业有限公司	乳制品［乳粉（调制乳粉）］	–	福鼎市星火工业园区2–8号	自行检验	2014.04.28	2017.03.17	福建省食品药品监督管理局
392	QS3507 0501 0270	福建澳牛乳业有限公司	乳制品［液体乳（调制乳、灭菌乳）］	浦城县南浦生态工业园区三元1号	浦城县南浦生态工业园区三元1号	自行检验	2013.9.5	2016.9.19	福建省质量技术监督局
393	QS3501 0501 0350	福建宏宝露乳业股份有限公司	乳制品［液体乳（巴氏杀菌乳、发酵乳、调制乳、灭菌乳）］	–	福清市宏路镇东坪88号	自行检验	2013.12.16	2017.03.17	福建省质量技术监督局
394	QS3500 0501 1777	福建骏牧乳业股份有限公司	乳制品［液体乳（巴氏杀菌乳、调制乳、发酵乳）］	永春县	福建省泉州市永春县外山乡乾溪村	自行检验	2013.9.12	2016.9.11	福建省质量技术监督局
395	QS3507 0501 0058	福建长富乳品有限公司	乳制品［液体乳（巴氏杀菌乳、灭菌乳、调制乳、发酵乳）、乳粉（牛初乳粉）］	–	南平市延平区长富路168号	自行检验	2013.12.26	2017.03.17	福建省质量技术监督局
396	QS3504 0501 0662	福建省闽牛乳业有限公司	乳制品［液体乳（巴氏杀菌乳、发酵乳、调制乳、灭菌乳）］	–	三明市梅列区碧湖工业园区	自行检验	2014.1.28	2017.3.17	福建省食品药品监督管理局
397	QS3502 0501 0459	台农（厦门）农牧有限公司	乳制品［液体乳（巴氏杀菌乳、调制乳、发酵乳）］	–	厦门市同安区五显镇溪西村	自行检验	2014.1.28	2017.2.20	福建省食品药品监督管理局
398	QS3507 0501 0141	福建大乘乳业股份有限公司	乳制品［液体乳（巴氏杀菌乳、灭菌乳、发酵乳、调制乳）］	–	南平市建溪路81号	自行检验	2014.1.28	2017.3.17	福建省食品药品监督管理局

（续）

	证书编号	企业名称	产品名称	住　所	生产地点	检验方式	发证日期	有效期至	发证单位
399	QS3500 0501 1769	厦门久牧乳业有限公司	乳制品[液体乳(巴氏杀菌乳、调制乳、发酵乳)]	福建省厦门市集美区后溪镇岩内村内湖打石山	福建省厦门市集美区后溪镇岩内村内湖打石山	自行检验	2014.04.08	2017.03.27	福建省食品药品监督管理局
江西省（11）									
400	QS3600 0501 0001	南昌娃哈哈食品有限公司	乳制品[液体乳(发酵乳)]	南昌市民营科技园内	江西省南昌市民营科技园内	自行检验	2011.9.29	2014.9.28	江西省质量技术监督局
401	QS3600 0501 0918	江西金薄金生态科技有限公司	乳制品[乳粉(调制乳粉)]	江西省宜春市高安市八景工业园	江西省宜春市高安市八景工业园	自行检验	2011.3.30	2014.3.29	江西省质量技术监督局
402	QS3600 0501 0002	吉安娃哈哈乳品有限公司	乳制品[液体乳(调制乳)]	吉安市吉安县工业园(娃哈哈饮料有限公司)	江西省吉安市吉安县工业园(娃哈哈饮料有限公司)	自行检验	2013.11.06	2016.11.05	江西省质量技术监督局
403	QS3600 0501 1429	江西雄鹰乳业有限公司	乳制品[乳粉(调制乳粉)]	南昌市小蓝经济开发区金沙三路富山二路969号	江西省南昌市小蓝经济开发区金沙三路富山二路969号	自行检验	2014.04.09	2017.04.08	江西省食品药品监督管理局
404	QS3600 0501 0686	江西美庐乳业集团有限公司	乳制品[乳粉(调制乳粉)]	江西省九江市庐山区生态工业城	江西省九江市庐山区生态工业城	自行检验	2014.03.26	2017.03.25	江西省食品药品监督管理局
405	QS3600 0501 0511	江西维雀乳业有限公司	乳制品[液体乳(巴氏杀菌乳、调制乳、发酵乳)]{原单元：乳制品[液体乳(巴氏杀菌乳、调制乳、灭菌乳、发酵乳)]}	江西省南昌市高新开发区艾溪湖一路569	江西省南昌市高新开发区艾溪湖一路569	自行检验	2014.05.23	2017.05.22	江西省食品药品监督管理局
406	QS3600 0501 0481	江西牛牛乳业有限责任公司	乳制品[液体乳(巴氏杀菌乳、调制乳、灭菌乳、发酵乳)]	江西省吉安市吉州区中山西路11号内	江西省吉安市国家井冈山经济技术开发区建设大道329号	自行检验	2014.05.06	2017.05.05	江西省食品药品监督管理局
407	QS3600 0501 0748	于都高山青草奶业有限公司	乳制品[液体乳(巴氏杀菌乳、调制乳、灭菌乳、发酵乳)]	于都县靖石乡黄沙村	江西省赣州市于都县靖石乡黄沙村	自行检验	2014.05.06	2017.05.05	江西省食品药品监督管理局

（续）

	证书编号	企业名称	产品名称	住　所	生产地点	检验方式	发证日期	有效期至	发证单位
408	QS3600 0501 0059	江西阳光乳业股份有限公司	乳制品[液体乳（巴氏杀菌乳、调制乳、灭菌乳、发酵乳）]	南昌市青云谱岱山东路1号	江西省南昌市青云谱区岱山东路1号	自行检验	2014.03.13	2017.03.12	江西省食品药品监督管理局
409	QS3600 0501 0647	江西省大富乳业集团有限公司	乳制品[液体乳（巴氏杀菌乳、调制乳、发酵乳）]	芦溪县银河	江西省萍乡市芦溪县银河	自行检验	2014.03.26	2017.03.25	江西省食品药品监督管理局
410	QS3600 0501 0513	江西英雄乳业股份有限公司	乳制品[液体乳（巴氏杀菌乳、调制乳、灭菌乳、发酵乳）、乳粉（全脂乳粉、调制乳粉）]	江西省南昌市蛟桥镇	江西省南昌市蛟桥镇	自行检验	2011.3.30	2014.3.29	江西省质量技术监督局
				山东省（53）					
411	QS3706 0501 1056	烟台长生乳品有限公司	乳制品	芝罘区卧龙经济园区荆山路2号	芝罘区卧龙经济园区荆山路2号	委托检验	2011.04.02	2014.04.01	山东省质量技术监督局
412	QS3705 0501 1091	东营安和乳业有限公司	乳制品	乳制品	广饶县经济技术开发区广达路48号	自行检验	2011.7.6	2014.12.4	山东省质量技术监督局
413	QS3706 0501 0897	烟台凯芙食品有限公司	乳制品	牟平区新区大街656号	烟台市牟平区新区大街656号	委托检验	2011.07.13	2014.08.21	山东省质量技术监督局
414	QS3702 0501 1614	青岛索康食品有限公司	乳制品	青岛胶州市张应镇大朱戈工业园招商镇	青岛胶州市张应镇大朱戈工业园招商镇	自行检验	2011.3.31	2014.3.30	山东省质量技术监督局
415	QS3702 0501 1201	青岛金大洋乳业有限公司	乳制品（乳粉）	青岛胶南市王台镇驻地	青岛胶南市王台镇驻地	自行检验	2012.7.5	2015.7.4	山东省质量技术监督局
416	QS3707 0501 1580	山东三元乳业有限公司	乳制品（液体乳）	潍坊市坊子区崇文街66号	潍坊市坊子区崇文街66号	自行检验	2013.7.23	2016.7.22	山东省质量技术监督局
417	QS3710 0501 0486	威海喜盈门乳品有限公司	乳制品[液体乳（发酵乳）]	东部工业新城桥兴路129号	威海市东部工业新城桥兴路129号	自行检验	2013.4.3	2017.3.30	山东省质量技术监督局
418	QS3702 0501 1613	圣元营养食品有限公司	乳制品[乳粉（调制乳粉）]	青岛市黄岛区圣元路777号	青岛市黄岛区圣元路777号	自行检验	2014.05.16	2017.02.27	山东省食品药品监督管理局

（续）

	证书编号	企业名称	产品名称	住　所	生产地点	检验方式	发证日期	有效期至	发证单位
419	QS3703 0501 0065	山东新明食品饮料有限公司	乳制品［液体乳（灭菌乳）］	淄博市沂源县东里镇	山东省淄博市沂源县东里镇驻地	自行检验	2014.1.28	2017.1.27	山东省食品药品监督管理局
420	QS3707 0501 0011	临朐乾福乳业有限公司	乳制品［乳粉（全脂乳粉）］	临朐县龙岗镇王家寨子村	临朐县龙岗镇王家寨子村	自行检验	2014.06.13	2017.06.12	山东省食品药品监督管理局
421	QS3706 0501 1781	山东朝日绿源乳业有限公司	乳制品［液体乳（灭菌乳）］	沐浴店镇朝日绿源农业园	烟台市莱阳市龙大工业园	自行检验	2013.11.20	2016.11.19	山东省食品药品监督管理局
422	QS3713 0501 1420	沂水县御膳香乳业有限公司	乳制品［液体乳（灭菌乳）］	山东省沂水县裕丰开发区	山东省沂水县裕丰开发区	自行检验	2014.03.27	2017.03.26	山东省食品药品监督管理局
423	QS3709 0501 1203	蒙牛乳制品（泰安）有限责任公司	乳制品［液体乳（发酵乳）］	泰安高新技术开发区中天门大街	泰安高新技术开发区中天门大街	自行检验	2014.02.28	2017.01.15	山东省食品药品监督管理局
424	QS3702 0501 1517	迈高乳业（青岛）有限公司	乳制品［乳粉（调制乳粉）］	青岛市红岛经济区青岛出口加工区（产业区）	青岛市红岛经济区青岛出口加工区（产业区）	自行检验	2014.04.30	2017.04.29	山东省食品药品监督管理局
425	QS3700 0501 1614	青岛索康食品有限公司	乳制品［乳粉（调制乳粉）］	山东省青岛胶州市张应镇大朱戈工业园招商路	青岛胶州市张应镇大朱戈工业园招商路	自行检验	2014.04.29	2017.04.28	山东省食品药品监督管理局
426	QS3707 0501 1782	潍坊娃哈哈乳品有限公司	乳制品［液体乳（调制乳）］	潍坊市高新区卧龙东街以北金马路以西	潍坊市高新区卧龙东街以北金马路以西	自行检验	2014.09.15	2017.09.14	山东省食品药品监督管理局
427	QS3702 0501 0063	青岛雀巢有限公司	乳制品［液体乳（调制乳）、其他乳制品（炼乳、奶油）］	青岛莱西市威海西路	青岛莱西市威海西路	自行检验	2013.12.20	2016.12.19	山东省食品药品监督管理局
428	QS3701 0501 1581	山东兴牛乳业有限公司	乳制品［液体乳（巴氏杀菌乳、发酵乳）、其他乳制品（干酪）］	济南市桑园路 8 号	济南市桑园路 8 号	自行检验	2014.1.16	2017.1.15	山东省食品药品监督管理局
429	QS3701 0501 1352	济南伊利乳业有限责任公司	乳制品［液体乳（调制乳、灭菌乳、发酵乳）、其他乳制品（奶油）］	平阴县济西工业园区	济南市平阴县济西工业园区	自行检验	2014.02.28	2017.02.27	山东省食品药品监督管理局

（续）

	证书编号	企业名称	产品名称	住　所	生产地点	检验方式	发证日期	有效期至	发证单位
430	QS3703 0501 0064	山东得益乳业股份有限公司	乳制品［液体乳（巴氏杀菌乳、灭菌乳、发酵乳、调制乳）、其他乳制品（干酪）］	淄博开发区裕民路135号	淄博高新技术产业开发区裕民路135号	自行检验	2013.12.20	2016.12.19	山东省食品药品监督管理局
431	QS3715 0501 1353	聊城市团团乳业有限公司	乳制品［液体乳（巴氏杀菌乳、调制乳、发酵乳）、其他乳制品（干酪）］	聊城市东昌府区侯营工业园	聊城市东昌府区侯营工业园	自行检验	2014.05.09	2017.05.08	山东省食品药品监督管理局
432	QS3706 0501 0002	烟台益生源乳业有限公司	乳制品［液体乳（巴氏杀菌乳、发酵乳）］	烟台市福山区回里工业园	烟台市福山区回里工业园	自行检验	2014.03.27	2017.03.26	山东省食品药品监督管理局
433	QS3714 0501 0192	光明乳业（德州）有限公司	乳制品［液体乳（灭菌乳、调制乳、发酵乳）］	德州市经济开发区	山东省德州市经济开发区晶华路北首	自行检验	2014.03.14	2017.03.13	山东省食品药品监督管理局
434	QS3707 0501 0012	潍坊伊利乳业有限责任公司	乳制品［液体乳（灭菌乳、调制乳、发酵乳）］	临朐县城关街道西环路西侧朐山路南侧	临朐县城关街道西环路西侧朐山路南侧	自行检验	2013.11.20	2016.11.19	山东省食品药品监督管理局
435	QS3708 0501 0342	济宁三强乳业有限公司	乳制品［液体乳（灭菌乳、调制乳、发酵乳）］	济宁市常青路32号	济宁市常青路32号	自行检验	2014.03.18	2017.03.17	山东省食品药品监督管理局
436	QS3701 0501 1744	山东高速生物工程有限公司	乳制品［液体乳（巴氏杀菌乳、发酵乳）］	济阳县新市镇（山东高速现代牧业有限公司院内）	山东省济南市济阳县新市镇（山东高速现代牧业有限公司院内）	自行检验	2014.1.16	2017.1.15	山东省食品药品监督管理局
437	QS3707 0501 1362	山东阳春羊奶乳业有限公司	乳制品［液体乳（调制乳、灭菌乳）］	潍坊市坊子区潍安路169号	潍坊市坊子区潍安路169号	自行检验	2013.12.20	2016.12.19	山东省食品药品监督管理局
438	QS3709 0501 0379	泰安伊特乳业有限责任公司	乳制品［液体乳（调制乳、灭菌乳）］	泰安市省庄开发区	泰安市省庄开发区	自行检验	2014.1.28	2017.1.27	山东省食品药品监督管理局
439	QS3709 0501 0535	蒙牛乳业泰安有限责任公司	乳制品［液体乳（灭菌乳、调制乳、发酵乳）］	泰安高新技术开发区中天门大街	泰安高新技术开发区中天门大街	自行检验	2013.11.11	2016.11.10	山东省食品药品监督管理局
440	QS3709 0501 1024	山东泰山安康生态乳业有限公司	乳制品［液体乳（巴氏杀菌乳）］	泰安市岱岳区徂徕镇北望村	泰安市岱岳区徂徕镇北望村	自行检验	2014.1.28	2017.1.27	山东省食品药品监督管理局

（续）

	证书编号	企业名称	产品名称	住　所	生产地点	检验方式	发证日期	有效期至	发证单位
441	QS3709 0501 1515	山东合生源食品有限公司	乳制品［液体乳（巴氏杀菌乳、灭菌乳）］	泰安市泰山区泰前街道办事处下峪村	山东省泰安市泰山区下峪村	自行检验	2014.1.16	2017.1.15	山东省食品药品监督管理局
442	QS3710 0501 0071	山东德正乳业有限公司	乳制品［乳粉（全脂乳粉、调制乳粉）］	文登市秀山西路 9–1 号	文登市秀山西路 9 号	自行检验	2014.1.28	2017.1.27	山东省食品药品监督管理局
443	QS3710 0501 0380	威海和惠乳业有限公司	乳制品［乳粉（全脂乳粉、调制乳粉）］	温泉镇前亭子村	威海市温泉镇前亭子村	自行检验	2014.1.7	2017.1.6	山东省食品药品监督管理局
444	QS3716 0501 0220	山东伊怡乳业有限公司	乳制品［液体乳（灭菌乳、调制乳）］	邹平县九户镇	邹平县九户镇	自行检验	2014.02.28	2017.02.27	山东省食品药品监督管理局
445	QS3701 0501 0062	山东旺旺食品有限公司	乳制品［液体乳（灭菌乳、调制乳）］	济南市济阳县济北经济开发区	济南市济阳县济北经济开发区	自行检验	2014.09.15	2017.01.06	山东省食品药品监督管理局
446	QS3717 0501 0401	山东莱河乳业有限公司	乳制品［液体乳（巴氏杀菌乳、发酵乳）］	菏泽市单县莱河镇	单县莱河工业园	自行检验	2014.09.15	2017.09.14	山东省食品药品监督管理局
447	QS3701 0501 0061	济南维维乳业有限公司	乳制品［液体乳（调制乳、灭菌乳）］	济南市历城区机场路 1999 号	济南市历城区机场路 1999 号	自行检验	2014.05.30	2017.04.02	山东省食品药品监督管理局
448	QS3711 0501 0689	山东百慧乳业股份有限公司	乳制品［液体乳（灭菌乳、调制乳）］	莒县城区工业园百慧路北侧	莒县城区工业园百慧路北侧	自行检验	2014.04.03	2017.04.02	山东省食品药品监督管理局
449	QS3707 0501 1498	山东万宝乳业有限公司	乳制品［乳粉（全脂乳粉、调制乳粉）］	临朐县辛寨镇政府驻地	临朐县辛寨镇政府驻地万宝路 6 号	自行检验	2014.04.30	2017.04.29	山东省食品药品监督管理局
450	QS3702 0501 0174	青岛迎春乐食品有限公司	乳制品［液体乳（巴氏杀菌乳、灭菌乳、发酵乳、调制乳）］	青岛市城阳区礼阳路 8 号	青岛市城阳区礼阳路 8 号	自行检验	2012.4.6	2015.4.5	山东省质量技术监督局
451	QS3713 0501 1200	临沂格瑞食品有限公司	乳制品［液体乳（巴氏杀菌乳、调制乳、灭菌乳、发酵乳）］	临沂市高新区罗六路与双月园路交汇处西北	临沂市高新区罗六路与双月园路交汇处西北	自行检验	2012.6.29	2015.6.28	山东省质量技术监督局
452	QS3715 0501 0343	山东凤祥乳业有限公司	乳制品［液体乳（巴氏杀菌乳、灭菌乳、调制乳、发酵乳）］	阳谷县安乐镇刘庙村	阳谷县安乐镇刘庙村	自行检验	2011.3.26	2014.3.25	山东省质量技术监督局

（续）

	证书编号	企业名称	产品名称	住　所	生产地点	检验方式	发证日期	有效期至	发证单位
453	QS3701 0501 0060	济南佳宝乳业有限公司	乳制品[液体乳(巴氏杀菌乳、灭菌乳、调制乳、发酵乳)]	济南市长清区明发路1999号	济南市长清区明发路1999号	自行检验	2014.09.02	2017.03.26	山东省食品药品监督管理局
454	QS3704 0501 0007	山东祥和乳业有限责任公司	乳制品[液体乳(巴氏杀菌乳、灭菌乳、调制乳、发酵乳)]	台儿庄区马兰屯镇	台儿庄区马兰屯镇	自行检验	2014.03.27	2017.03.26	山东省食品药品监督管理局
455	QS3717 0501 0175	山东华英食品有限公司	乳制品[液体乳(巴氏杀菌乳、调制乳、灭菌乳、发酵乳)]	菏泽开发区黄河东路1717号	菏泽开发区黄河东路1717号	自行检验	2014.05.09	2017.05.08	山东省食品药品监督管理局
456	QS3702 0501 1624	青岛新希望琴牌乳业有限公司	乳制品[液体乳(巴氏杀菌乳、灭菌乳、调制乳、发酵乳)]	青岛市胶州市经济技术开发区太湖路6号	青岛市胶州市经济技术开发区太湖路6号	自行检验	2014.03.27	2017.03.26	山东省食品药品监督管理局
457	QS3706 0501 0008	烟台完达山工业园投资开发有限责任公司	乳制品[液体乳(巴氏杀菌乳、灭菌乳、发酵乳、调制乳)]	牟平经济技术开发区	烟台市牟平经济技术开发区武五路518号	自行检验	2013.12.20	2016.12.19	山东省食品药品监督管理局
458	QS3717 0501 0176	山东银香大地乳业有限公司	乳制品[液体乳(巴氏杀菌乳、调制乳、灭菌乳、发酵乳)]	山东曹县五里墩	山东曹县五里墩	自行检验	2013.11.20	2016.11.19	山东省食品药品监督管理局
459	QS3710 0501 0069	山东鹏程食品股份有限公司	乳制品[液体乳(巴氏杀菌乳、灭菌乳、调制乳、发酵乳)]	威海工业新区苘山镇山马邹村	威海工业新区苘山镇山马邹村	自行检验	2014.03.13	2017.03.12	山东省食品药品监督管理局
460	QS3714 0501 0010	东君乳业(禹城)有限公司	乳制品[液体乳(巴氏杀菌乳、调制乳、灭菌乳、发酵乳)]	禹城市高新技术开发区	禹城市高新技术开发区	自行检验	2014.05.30	2017.05.29	山东省食品药品监督管理局
461	QS3707 0501 0009	潍坊紫鸢乳业发展有限公司	乳制品[液体乳(巴氏杀菌乳、灭菌乳、调制乳、发酵乳)]	潍坊高新区樱前街3537号	潍坊高新区樱前街3537号	自行检验	2014.03.27	2017.03.26	山东省食品药品监督管理局

（续）

	证书编号	企业名称	产品名称	住　所	生产地点	检验方式	发证日期	有效期至	发证单位
462	QS3709 0501 0068	山东亚奥特乳业有限公司	乳制品[液体乳(巴氏杀菌乳、调制乳、灭菌乳、发酵乳)、乳粉(全脂乳粉)]	泰安市省庄开发区	泰安市省庄开发区	自行检验	2014.1.28	2017.1.27	山东省食品药品监督管理局
463	QS3710 0501 0073	威海嘉盛乳业有限公司	乳制品[液体乳(巴氏杀菌乳、灭菌乳、发酵乳、调制乳)、乳粉(全脂乳粉)]	荣成市成山大道	荣成市成山大道 119 号	自行检验	2013.12.06	2016.12.05	山东省食品药品监督管理局
河南省（35）									
464	QS4100 0501 0001	新乡娃哈哈昌盛饮料有限公司	乳制品[液体乳(发酵乳)]	新乡市开发区道清路 208 号	新乡市开发区道清路 208 号	自行检验	2012.8.27	2015.8.26	河南省质量技术监督局
465	QS4110 0501 0489	河南邑源乳业有限公司	乳制品[液体乳(发酵乳)]	长葛市老城镇北街	长葛市老城镇北街路西中段	自行检验	2014.03.07	2017.03.29	河南省质量技术监督局
466	QS4113 0501 0492	南阳市乐乐牛乳业有限责任公司	乳制品[液体乳(灭菌乳)]	南阳市龙升工业园区 2 号路	南阳市龙升工业园区 2 号路	自行检验	2014.02.28	2017.06.19	河南省质量技术监督局
467	QS4101 0501 0803	郑州市金水乳制品厂	乳制品[液体乳(发酵乳)]	郑州市惠济区新城办常庄村	郑州市惠济区新城办常庄村	自行检验	2014.03.14	2017.04.07	河南省质量技术监督局
468	QS4104 0501 1562	河南伊利乳业有限公司	乳制品[液体乳(发酵乳)]	平顶山市宝丰县郏宝路 66 号	平顶山市宝丰县郏宝路 66 号	自行检验	2014.1.24	2017.3.24	河南省质量技术监督局
469	QS4108 0501 0001	蒙牛乳制品(焦作)有限公司	乳制品[液体乳(发酵乳)]	焦作高新区神州路	河南省焦作市高新区神州路 3188 号	自行检验	2013.12.27	2016.12.26	河南省质量技术监督局
470	QS4107 0501 1751	新乡市三元食品有限公司	乳制品[液体乳(调制乳、灭菌乳)]	新乡市原阳县原阳工业区南二环路 1 号	新乡市原阳县原阳工业区南二环路 1 号	自行检验	2014.02.14	2017.03.29	河南省质量技术监督局
471	QS4108 0501 0385	蒙牛乳业(焦作)有限公司	乳制品[液体乳(调制乳、灭菌乳、发酵乳)]	焦作高新区神州路	河南省焦作市高新区神州路	自行检验	2013.12.20	2017.03.24	河南省质量技术监督局
472	QS4106 0501 0002	安钢集团附属企业有限责任公司三博乳业分公司	乳制品[液体乳(巴氏杀菌乳、发酵乳)]	淇县北阳镇高云路中段	淇县北阳镇高云路中段	自行检验	2014.05.16	2017.05.18	河南省质量技术监督局

（续）

	证书编号	企业名称	产品名称	住　所	生产地点	检验方式	发证日期	有效期至	发证单位
473	QS4112 0501 0001	中国水电十一局有限公司三隆分公司	乳制品[液体乳(巴氏杀菌乳、发酵乳)]	三门峡市六峰北路(十一局物资总公司院内)	三门峡市湖滨区六峰北路	自行检验	2014.05.16	2017.05.18	河南省质量技术监督局
474	QS4100 0501 1561	河南花花牛乳业股份有限公司	乳制品[液体乳(调制乳、灭菌乳)]	郑州市新郑港区豫港大道西侧管委会二楼203室	郑州市新郑港区豫港大道西侧	自行检验	2014.1.24	2017.3.24	河南省质量技术监督局
475	QS4101 0501 0675	郑州光明山盟乳业有限公司	乳制品[液体乳(灭菌乳、酸乳)]	郑州市中原区电厂路7号	郑州市中原区电厂路7号	自行检验	2011.3.30	2014.3.29	河南省质量技术监督局
476	QS4101 0501 0627	郑州妙可奶业有限公司	乳制品[乳粉(全脂乳粉、调制乳粉)]	郑州马寨开发区工业苑区	郑州马寨开发区工业苑区	自行检验	2014.1.24	2017.3.29	河南省质量技术监督局
477	QS4102 0501 0938	开封市禹王乳业有限公司	乳制品[液体乳(巴氏杀菌乳、发酵乳)]	开封市禹王台区南郊乡豆腐营村	开封市禹王台区南郊乡豆腐营村	自行检验	2014.02.21	2017.03.24	河南省质量技术监督局
478	QS4107 0501 0804	河南金利尔奶业有限公司	乳制品[液体乳(巴氏杀菌乳、发酵乳)]	开发区化工路东段23号街坊	开发区化工路东段23号街坊	自行检验	2014.02.21	2017.03.24	河南省质量技术监督局
479	QS4109 0501 0001	濮阳市皇哺牛奶有限公司	乳制品[液体乳(巴氏杀菌乳、发酵乳)]	濮阳市黄河路西段(皇甫)	濮阳市黄河路西段	自行检验	2014.1.3	2017.3.29	河南省质量技术监督局
480	QS4111 0501 1786	漯河市永利食品有限公司	乳制品[液体乳(调制乳、灭菌乳)]	漯河经济开发区南环东路26号	漯河经济开发区南环东路26号	自行检验	2014.03.07	2017.03.24	河南省质量技术监督局
481	QS4113 0501 0774	南阳农校绿白乳制品厂	乳制品[液体乳(巴氏杀菌乳、发酵乳)]	南阳市卧龙路89号	南阳市卧龙路89号	自行检验	2013.12.20	2017.03.29	河南省质量技术监督局
482	QS4113 0501 1638	西峡县新太阳乳业有限责任公司	乳制品[液体乳(巴氏杀菌乳、发酵乳)]	县城电厂路西段	西峡县县城电厂路西段	自行检验	2014.1.24	2017.3.29	河南省质量技术监督局
483	QS4116 0501 0678	河南宝乐奶业有限公司	乳制品[液体乳(巴氏杀菌乳、发酵乳)]	扶沟县韭园经济开发区	扶沟县韭园经济开发区	自行检验	2014.03.07	2017.03.24	河南省质量技术监督局
484	QS4112 0501 0466	灵宝阿姆斯饮品有限责任公司	乳制品[液体乳(巴氏杀菌乳、发酵乳)]	河南省灵宝市长安路62号	河南省灵宝市长安路62号	自行检验	2014.04.30	2017.05.05	河南省质量技术监督局

（续）

	证书编号	企业名称	产品名称	住　所	生产地点	检验方式	发证日期	有效期至	发证单位
485	QS4101 0501 1134	河南农业大学畜牧兽医科技公司	乳制品[液体乳(巴氏杀菌乳、发酵乳)]	郑州市金水区东风路2号附109号	郑州市金水区东风路2号附109号	自行检验	2014.03.07	2017.04.07	河南省质量技术监督局
486	QS4117 0501 1734	河南金元乳业有限公司	乳制品[乳粉(全脂乳粉、调味乳粉)]	驻马店市驿城区水屯工业园	驻马店市驿城区水屯工业园	自行检验	2014.06.27	2017.04.20	河南省质量技术监督局
487	QS4118 0501 0001	济源伊利乳业有限责任公司	乳制品[液体乳(调制乳、灭菌乳、发酵乳)]	济源市玉泉特色产业园	济源市玉泉特色产业园	自行检验	2013.06.19	2016.06.18	河南省质量技术监督局
488	QS4107 0501 0002	新乡市田园乳业有限公司	乳制品[液体乳(巴氏杀菌乳、发酵乳)]	辉县市东环路南段路西	辉县市东环路南段路西	自行检验	2014.09.12	2017.09.07	河南省食品药品监督管理局
489	QS4101 0501 0001	河南花花牛生物科技有限公司	乳制品[液体乳(巴氏杀菌乳、发酵乳)]	郑州市二七区马寨产业集聚区腾达路1号	郑州市二七区马寨产业集聚区腾达路1号	自行检验	2014.07.11	2017.07.10	河南省食品药品监督管理局
490	QS4113 0501 0491	河南三色鸽乳业有限公司	乳制品[液体乳(巴氏杀菌乳、调制乳、灭菌乳、发酵乳)]	南阳市经一路1号	南阳市经一路1号	自行检验	2013.10.25	2017.03.29	河南省质量技术监督局
491	QS4100 0501 0664	河南科迪乳业股份有限公司	乳制品[液体乳(巴氏杀菌乳、调制乳、灭菌乳、发酵乳)]	河南省虞城县产业聚集区工业大道18号	河南省虞城县利民镇工业园区虞单路北侧18号	自行检验	2014.03.14	2017.03.24	河南省质量技术监督局
492	QS4100 0501 0258	河南花花牛乳业有限公司	乳制品[液体乳(巴氏杀菌乳、发酵乳)、乳粉(全脂乳粉)]	郑州市金水区晨旭路68号	郑州市金水区晨旭路68号	自行检验	2013.12.20	2017.03.24	河南省质量技术监督局
493	QS4100 0501 0256	洛阳巨尔乳业有限公司	乳制品[液体乳(巴氏杀菌乳、调制乳、灭菌乳、发酵乳)]	洛阳市高新技术产业开发区辛店工业园区1号	洛阳市高新技术产业开发区辛店工业园区1号	自行检验	2014.1.10	2017.3.29	河南省质量技术监督局
494	QS4103 0501 0222	洛阳生生乳业有限公司	乳制品[液体乳(巴氏杀菌乳、调制乳、灭菌乳、发酵乳)]	孟津县平乐镇翟泉村	孟津县平乐镇翟泉村	自行检验	2014.1.3	2017.3.24	河南省质量技术监督局
495	QS4108 0501 0382	焦作市博农乳业有限责任公司	乳制品[液体乳(巴氏杀菌乳、灭菌乳、发酵乳)]	博爱磨头镇	博爱磨头镇	自行检验	2013.11.22	2017.3.24	河南省质量技术监督局

（续）

	证书编号	企业名称	产品名称	住　所	生产地点	检验方式	发证日期	有效期至	发证单位
496	QS4100 0501 1568	河南佳源乳业股份有限公司	乳制品[液体乳（巴氏杀菌乳、调制乳、灭菌乳、发酵乳）]	河南省漯河市舞阳县佳源路1号	河南省漯河市舞阳县佳源路1号	自行检验	2013.12.20	2017.03.24	河南省质量技术监督局
497	QS4111 0501 0386	河南三剑客奶业有限责任公司	乳制品[液体乳（巴氏杀菌乳、灭菌乳、调制乳、发酵乳）]	河南省漯河市源汇区长江路39号	漯河市沙澧产业集聚区湘江西路869号	自行检验	2014.03.07	2017.03.24	河南省质量技术监督局
498	QS4100 0501 0257	洛阳阿新奶业有限公司	乳制品[液体乳（巴氏杀菌乳、灭菌乳、发酵乳）]	洛阳空港产业集聚区（孟津县麻屯镇董村）	洛阳空港产业集聚区（孟津县麻屯镇董村）	自行检验	2013.11.15	2017.3.24	河南省质量技术监督局
				湖北省（17）					
499	QS4200 0501 1503	杜尔伯特伊利乳业有限责任公司武汉分公司	乳制品[乳粉（调制乳粉）、其他乳制品]	武汉市经济技术开发区莲湖路35号	湖北省武汉市经济技术开发区莲湖路35号	自行检验	2014.03.28	2016.03.11	湖北省食品药品监督管理局
500	QS4201 0501 1765	武汉统一企业食品有限公司	乳制品[液体乳（调制乳）]	武汉市东西湖区吴家山街东西湖大道6007号	湖北省武汉市东西湖区吴家山街东西湖大道6007号	自行检验	2013.3.25	2016.3.25	湖北省质量技术监督局
501	QS4205 0501 1764	宜昌贝因美食品科技有限公司	乳制品[乳粉（调制乳粉）]	宜昌市经济开发区大连路28号	湖北省宜昌市经济开发区大连路28号	自行检验	2014.02.25	2017.02.27	湖北省食品药品监督管理局
502	QS4200 0501 1767	宜昌娃哈哈启力饮料有限公司	乳制品[液体乳（调制乳）]	宜昌市夷陵区夷兴大道（小溪塔街道黄金卡）	湖北省宜昌市夷陵区夷兴大道（小溪塔街道黄金卡）	自行检验	2014.05.05	2017.08.11	湖北省食品药品监督管理局
503	QS4200 0501 1768	湖北康派克冰淇淋生产有限公司	乳制品[液体乳（灭菌乳、调制乳）、其他乳制品（奶油）]	仙桃市仙桃大道东段8号	湖北省仙桃市仙桃大道东段8号	自行检验	2013.12.17	2016.03.13	湖北省食品药品监督管理局
504	QS4203 0501 0198	十堰市星海乳业有限公司	乳制品[液体乳（巴氏杀菌乳、发酵乳）]	湖北省十堰市人民北路14号（港晖花园富丽阁）	湖北省十堰市大岭路58号	自行检验	2013.02.05	2016.06.25	湖北省质量技术监督局
505	QS4201 0501 1766	武汉九州乳业有限公司	乳制品[液体乳（巴氏杀菌乳、发酵乳）、其他乳制品（牛奶布丁）]	武汉市黄陂区武湖农场生态农业园中心路2号	湖北省武汉市黄陂区武湖农场生态农业园中心路2号	自行检验	2013.9.4	2016.9.11	湖北省食品药品监督管理局

（续）

	证书编号	企业名称	产品名称	住　所	生产地点	检验方式	发证日期	有效期至	发证单位
506	QS4201 0501 0074	武汉维维乳业有限公司	乳制品[液体乳(调制乳、灭菌乳、发酵乳)]	武汉市经济技术开发区车城南路68号	湖北省武汉市经济技术开发区车城南路68号	自行检验	2014.03.04	2015.12.29	湖北省食品药品监督管理局
507	QS4200 0501 1714	湖北黄冈伊利乳业有限责任公司	乳制品[液体乳(灭菌乳、调制乳)]	湖北省黄冈市西湖工业园区新港路1号	湖北省黄冈市西湖工业园区新港路1号	自行检验	2014.1.8	2017.3.30	湖北省食品药品监督管理局
508	QS4200 0501 1770	蒙牛乳制品武汉有限责任公司	乳制品[液体乳(灭菌乳、调制乳)]	武汉市东西湖区张柏路203号	湖北省武汉市东西湖区张柏路203号	自行检验	2014.1.8	2017.1.7	湖北省食品药品监督管理局
509	QS4205 0501 1762	均瑶集团乳业股份有限公司	乳制品[液体乳(巴氏杀菌乳、发酵乳、调制乳)]	宜昌市夷陵区罗河路49号	湖北省宜昌市夷陵区夷兴大道257号	自行检验	2013.05.27	2015.05.11	湖北省质量技术监督局
510	QS4201 0501 0075	武汉惠尔康扬子江乳业有限公司	乳制品[液体乳(巴氏杀菌乳、调制乳、发酵乳)]	黄陂区巨龙大道特1号	湖北省武汉市黄陂区巨龙大道特1号	自行检验	2012.9.7	2015.12.29	湖北省质量技术监督局
511	QS4205 0601 0197	宜昌喜旺食品有限公司	乳制品[液体乳(巴氏杀菌乳、调制乳、灭菌乳、发酵乳)]	宜昌市夜明珠路49号	湖北省宜昌市夜明珠路49号	自行检验	2012.9.27	2015.12.29	湖北省质量技术监督局
512	QS4201 0501 0076	湖北友芝友乳业有限责任公司	乳制品[液体乳(巴氏杀菌乳、调制乳、灭菌乳、发酵乳]	武汉市东西湖区金山大道1355号海口工业园	湖北省武汉市东西湖区金山大道1355号海口工业园	自行检验	2012.12.16	2015.12.29	湖北省食品药品监督管理局
513	QS4201 0501 0223	武汉光明乳品有限公司	乳制品[液体乳(巴氏杀菌乳、发酵乳、灭菌乳、调制乳)]	武汉市东西湖区张柏路1号	湖北省武汉市东西湖区张柏路1号	自行检验	2013.05.27	2016.07.31	湖北省市质量技术监督局
514	QS4206 0501 0559	襄阳丽波乳业有限公司	乳制品[液体乳(巴氏杀菌乳、调制乳、发酵乳)]	襄阳市襄城区营盘村	湖北省襄阳市襄城区营盘村	自行检验	2014.04.28	2017.06.12	湖北省食品药品监督管理局
515	QS4200 0501 1769	湖北咸宁向阳湖兴兴奶业有限公司	乳制品[液体乳(巴氏杀菌乳、灭菌乳、调制乳]、乳粉(全脂乳粉、调制乳粉)]	湖北咸安经济开发区食品工业园	湖北省咸宁市咸安经济开发区食品工业园	自行检验	2013.07.22	2016.07.21	湖北省食品药品监督管理局

（续）

	证书编号	企业名称	产品名称	住　所	生产地点	检验方式	发证日期	有效期至	发证单位
湖南省（17）									
516	QS4301 0501 1465	长沙明旺炼乳有限公司	乳制品[其他乳制品(炼乳)]	湖南省长沙市望城县旺旺中路18号	湖南省长沙市望城县旺旺中路18号	自行检验	2011.3.30	2014.3.29	湖南省质量技术监督局
517	QS4301 0501 0083	长沙旺旺食品有限公司	乳制品[液体乳(调制乳)、其他乳制品(炼乳)]	湖南省长沙市望城区旺旺路18号	湖南省长沙市望城区旺旺路18号	自行检验	2013.9.17	2016.9.16	湖南省质量技术监督局
518	QS4301 0501 0082	湖南大旺食品有限公司	乳制品[液体乳(调制乳)]	湖南省长沙市望城区旺旺路18号	湖南省长沙市望城区旺旺路18号	自行检验	2013.9.17	2016.9.16	湖南省质量技术监督局
519	QS4301 0501 0298	湖南光明乳品有限公司	乳制品[液体乳(发酵乳)]	长沙市望城县省高科技食品工业基地	湖南省长沙市望城县高塘岭镇望城大道69号	自行检验	2013.11.15	2016.11.14	湖南省质量技术监督局
520	QS4301 0501 1609	澳优乳业(中国)有限公司	乳制品[乳粉(调制乳粉)]	长沙河西旺旺东路2号	长沙河西旺旺东路2号	自行检验	2013.9.17	2016.9.16	湖南省质量技术监督局
521	QS4301 0501 0629	湖南长沙亚华乳业有限公司	乳制品[乳粉(调制乳粉)]	湖南长沙市望城区雷锋大道108号(湖南亚华乳品科技园)	湖南长沙市望城区雷锋大道108号(湖南亚华乳品科技园)	自行检验	2013.9.17	2016.9.16	湖南省质量技术监督局
522	QS4301 0501 0081	加比力(湖南)食品有限公司	乳制品[乳粉(调制乳粉)]	长沙市开福区捞刀河镇	长沙市开福区捞刀河镇高源村	自行检验	2013.10.16	2016.10.15	湖南省质量技术监督局
523	QS4301 0501 8888	长沙素加营养品有限公司	乳制品[乳粉(调制乳粉)]	湖南望城区雷锋大道108号	湖南望城区雷锋大道108号	自行检验	2014.04.29	2016.09.16	湖南省食品药品监督管理局
524	QS4305 0501 0098	湖南湘蜜乳业有限公司	乳制品[液体乳(调制乳、灭菌乳)]	湖南省隆回县桃洪镇青丰村(城南工业园)	湖南省隆回县桃洪镇青丰村(城南工业园)	自行检验	2012.12.7	2015.8.1	湖南省质量技术监督局
525	QS4305 0501 0084	湖南亚华乳业控股有限公司	乳制品[乳粉(全脂乳粉、调制乳粉)]	城步苗族自治县儒林镇城北开发区	湖南省邵阳市城步苗族自治县儒林镇城北开发区	自行检验	2013.9.17	2016.9.16	湖南省质量技术监督局
526	QS4305 0501 1118	湖南亚华乳业控股有限公司	乳制品[乳粉(全脂乳粉、调制乳粉)]	湖南省邵阳市城步苗族自治县儒林镇城北开发区	湖南省邵阳市城步苗族自治县儒林镇城北开发区	自行检验	2013.12.03	2016.09.16	湖南省质量技术监督局

（续）

	证书编号	企业名称	产品名称	住　所	生产地点	检验方式	发证日期	有效期至	发证单位
527	QS4312 0501 1473	湖南牛百岁食品有限公司	乳制品[液体乳(调制乳、发酵乳)]	通道侗族自治县双江镇寨上路	通道县下乡乡工业园	自行检验	2014.06.06	2017.06.05	湖南省食品药品监督管理局
528	QS4301 0501 0414	湖南亚华乳业有限公司望城分公司	乳制品[液体乳(巴氏杀菌乳、调制乳、灭菌乳、发酵乳)、其他乳制品(牛奶布丁)]	湖南长沙市望城区雷锋大道108号(湖南亚华乳品科技园)	湖南长沙市望城区雷锋大道108号(湖南亚华乳品科技园)	自行检验	2013.9.17	2016.9.16	湖南省质量技术监督局
529	QS4301 0501 9988	湖南东华士乳业有限公司	乳制品[液体乳(巴氏杀菌乳、调制乳、灭菌乳、发酵乳)、其他乳制品(牛奶布丁)]	湖南长沙市望城区雷锋大道108号(湖南亚华乳品科技园)	湖南长沙市望城区雷锋大道108号(湖南亚华乳品科技园)	自行检验	2013.12.30	2016.09.16	湖南省质量技术监督局
530	QS4301 0501 0783	湖南优蜜食品科技有限公司	乳制品[液体乳(巴氏杀菌乳、调制乳、发酵乳)]	长沙市芙蓉区长榔路8号(省畜牧研究所内)	长沙市芙蓉区长榔路8号(省畜牧研究所内)	自行检验	2013.12.03	2016.12.02	湖南省质量技术监督局
531	QS4307 0501 0224	湖南金健乳业股份有限公司	乳制品[液体乳(巴氏杀菌乳、发酵乳、调制乳)]	常德市常德经济技术开发区德山街道办事处莲花池社区桃林东路(德山乾明变电站对面)	常德市常德经济技术开发区德山街道办事处莲花池社区桃林东路(德山乾明变电站对面)	自行检验	2014.05.19	2016.12.29	湖南省食品药品监督管理局
532	QS4305 0501 9998	湖南南山牧业有限公司	乳制品[乳粉(全脂乳粉、调制乳粉)、液体乳(调制乳、灭菌乳)]	城步苗族自治县南山牧场大坪	城步苗族自治县南山牧场大坪	自行检验	2013.9.17	2016.9.1	湖南省质量技术监督局
				广东省（38）					
533	QS4452 0501 0289	广东东泰乳业有限公司	乳制品[其他乳制品(炼乳)]	揭东试验区3号路南侧	揭东试验区3号路南侧	自行检验	2011.3.31	2014.3.30	广东省质量技术监督局
534	QS4401 0501 1678	蕊盛蕊(广州)乳业有限公司	乳制品[乳粉(调制乳粉)]	广州市增城区增江街东区高科技工业基地	增城区增江街东区高科技工业基地	自行检验	2011.3.31	2014.3.30	广东省质量技术监督局
535	QS4401 0501 1587	施恩(广州)婴幼儿营养品有限公司	乳制品[乳粉(调制乳粉)]	广州经济技术开发区东区宏远路8号施恩工业园	广州经济技术开发区东区宏远路8号施恩工业园	自行检验	2011.3.29	2014.3.28	广东省质量技术监督局

（续）

	证书编号	企业名称	产品名称	住 所	生产地点	检验方式	发证日期	有效期至	发证单位
536	QS4405 0501 1468	广东一家人食品有限公司	乳制品[乳粉(调制乳粉)]	汕头市金平区荣升科技园内C2、G2之三号	汕头市金平区荣升科技园内C2、G2之三号	自行检验	2013.08.09	2016.08.08	广东省汕头市质量技术监督局
537	QS4403 0501 0845	雅贝氏(深圳)乳业有限公司	乳制品[乳粉(调制乳粉)]	深圳市南山区留仙大道红花岭工业区第3栋7楼	深圳市龙岗区坪地街道湖田路26号	自行检验	2011.3.30	2014.3.29	广东省深圳市市场监管局
538	QS4406 0501 1288	佛山伊利乳业有限责任公司	乳制品[液体乳(巴氏杀菌乳、发酵乳)、其他乳制品(干酪)]	佛山市三水区迳口华侨经济区	佛山市三水区迳口华侨经济区	自行检验	2011.3.30	2014.3.29	广东省质量技术监督局
539	QS4401 0501 0515	广州市强强兴乳品有限公司	乳制品[液体乳(巴氏杀菌乳、发酵乳)]	广州市天河区广汕路柯木塱村高塘工业区侧	广州市天河区广汕路柯木塱村高塘工业区侧	自行检验	2011.3.31	2014.3.30	广东省质量技术监督局
540	QS4405 0501 0691	汕头经济特区澳士兰牧场有限公司乳品加工厂	乳制品[液体乳(巴氏杀菌乳、调制乳)]	汕头市大学路305号	汕头市大学路305号	自行检验	2011.3.31	2014.3.30	广东省质量技术监督局
541	QS4413 0501 0387	龙门县南昆山乳业有限公司	乳制品[液体乳(巴氏杀菌乳、发酵乳)]	龙门县蓝田瑶族乡小洞原蓝田部队营区	龙门县蓝田瑶族乡小洞原蓝田部队营区	自行检验	2011.3.31	2014.3.30	广东省质量技术监督局
542	QS4401 0501 1304	广州华农大食品科技有限公司	乳制品[液体乳(巴氏杀菌乳、发酵乳)]	广州市天河区华南农业大学校内(农场四区21栋)	广州市天河五山华农大校内	自行检验	2011.3.30	2014.3.29	广东省质量技术监督局
543	QS4405 0501 1777	汕头市燕塘乳业有限公司	乳制品[液体乳(巴氏杀菌乳、发酵乳)]	汕头市龙湖区珠业南街	汕头市龙湖区庐山路珠业南街	自行检验	2013.09.27	2017.03.29	广东省汕头市质量技术监督局
544	QS4412 0501 0516	肇庆市鼎湖温氏乳业有限公司	乳制品[液体乳(巴氏杀菌乳、发酵乳)]	肇庆市鼎湖区莲花镇第一工业园	肇庆市鼎湖区莲花镇第一工业园	自行检验	2013.11.11	2017.03.29	广东省肇庆市质量技术监督局
545	QS4404 0501 1347	珠海市龙业乳品有限公司	乳制品[液体乳(巴氏杀菌乳、发酵乳)]	珠海市斗门区富山工业区珠海天能食品有限公司B4厂房	珠海市斗门区富山工业区珠海天能食品有限公司B4厂房	自行检验	2014.07.16	2017.03.30	广东省珠海市质量技术监督局
546	QS4402 0501 1305	韶关市乳香元乳业有限公司	乳制品[液体乳(巴氏杀菌乳、发酵乳)]	韶关市浈江区蒋屋村灶背坑	韶关市浈江区蒋屋村灶背坑	自行检验	2014.01.14	2017.03.28	广东省韶关市质量技术监督局

（续）

	证书编号	企业名称	产品名称	住　所	生产地点	检验方式	发证日期	有效期至	发证单位
547	QS4413 0501 1778	惠州市多牧多乳业有限公司	乳制品[液体乳(巴氏杀菌乳、调制乳、发酵乳)]	博罗县龙溪镇慧民大道	博罗县龙溪镇慧明大道	自行检验	2011.3.31	2014.3.30	广东省质量技术监督局
548	QS4404 0501 0388	珠海维维大亨乳业有限公司	乳制品[液体乳(巴氏杀菌乳、调制乳、灭菌乳、发酵乳)]	珠海市前山镇东坑牛奶公司	珠海市前山镇东坑牛奶公司	自行检验	2013.10.24	2017.03.29	广东省珠海市质量技术监督局
549	QS4408 0501 1524	湛江燕塘乳业有限公司	乳制品[液体乳(巴氏杀菌乳、灭菌乳、发酵乳)]	湛江市麻章经济开发试验区金园路西侧	湛江市麻章经济开发试验区金园路西侧	自行检验	2013.11.11	2017.03.29	广东省湛江市质量技术监督局
550	QS4414 0501 0744	梅州市客乡乳业有限公司	乳制品[液体乳(巴氏杀菌乳、灭菌乳、发酵乳)]	梅县新城办事处华侨城香港花园二座二楼216号	梅县南口镇瑶燕村	自行检验	2013.12.20	2017.03.29	广东省梅州市质量技术监督局
551	QS4407 0501 0695	顺恩（江门）食品有限公司	乳制品[液体乳(巴氏杀菌乳、发酵乳、调制乳)]	江门市高新技术产业开发区40号地	广东省江门市高新技术产业开发区40号地	自行检验	2013.10.12	2017.03.29	广东省江门市质量技术监督局
552	QS4418 0501 1783	蒙牛乳业（清远）有限公司	乳制品[液体乳(巴氏杀菌乳、灭菌乳、发酵乳)]	广东省清远市高新技术产业开发区	清远经济开发区百嘉工业园13号小区	自行检验	2013.10.10	2017.02.23	广东省清远市质量技术监督局
553	QS4401 0501 0745	广美香满楼畜牧有限公司	乳制品[液体乳(巴氏杀菌乳、发酵乳、调制乳)]	广州市天河区东圃镇新塘村	广州市天河区东圃镇新塘村	自行检验	2013.12.18	2017.03.29	广州市质量技术监督局
554	QS4403 0501 0679	深圳市时代乳业有限公司	乳制品[液体乳(巴氏杀菌乳、调制乳、灭菌乳、发酵乳)]	深圳市龙岗区坪地街道六联社区富临路2号	深圳市龙岗区坪地街道六联社区富临路2号	自行检验	2014.02.20	2017.02.19	深圳市市场监督管理局
555	QS4401 0501 0164	广东燕塘乳业股份有限公司	乳制品[液体乳(巴氏杀菌乳、调制乳、灭菌乳、发酵乳)]	广州天河区沙河燕塘	广州天河区沙河燕塘	自行检验	2013.09.16	2017.03.30	广州市质量技术监督局
556	QS4403 0501 0260	深圳市晨光乳业有限公司	乳制品[液体乳(巴氏杀菌乳、调制乳、灭菌乳、发酵乳)]	深圳市光明新区光明办事处南区	深圳市光明新区光明办事处南区	自行检验	2013.12.05	2017.03.29	深圳市市场监督管理局

（续）

	证书编号	企业名称	产品名称	住　所	生产地点	检验方式	发证日期	有效期至	发证单位
557	QS4413 0501 2001	广东伊利乳业有限责任公司	乳制品[液体乳(巴氏杀菌乳、酸乳)]	广东省惠州市东江高新区伊利工业园	广东省惠州市东江高新区伊利工业园	自行检验	2013.4.25	2016.4.26	惠州市质量技术监督局
558	QS4401 0501 1639	广州光明乳品有限公司	乳制品[液体乳(巴氏杀菌乳、发酵乳)]	广州经济技术开发区永和经济区新庄二路38号	广州经济技术开发区永和经济区新庄二路38号	自行检验	2014.01.24	2017.03.28	广州市质量技术监督局
559	QS4401 0501 1780	广州市美素力营养品有限公司	乳制品[乳粉(调制乳粉)]	广州市花都区新华工业区穗香路	广州市花都区新华工业区穗香路	自行检验	2013.11.27	2017.03.30	广州市质量技术监督局
560	QS4406 0501 0087	佛山市南海区水牛奶研究开发有限公司	乳制品[液体乳(发酵乳)]		佛山市南海区桂城街道高科路1号	自行检验	2014.08.22	2017.03.29	佛山市食品药品监督管理局
561	QS4403 0501 0844	绿雪生物工程(深圳)有限公司宝安分厂	乳制品[液体乳(发酵乳)]	深圳市宝安区松岗街道东方村大田洋工业区东方大道	深圳市宝安区松岗街道东方村大田洋工业区东方大道	自行检验	2013.12.11	2017.03.29	深圳市市场监督管理局
562	QS4451 0501 0325	雅士利国际集团有限公司	乳制品[乳粉(调制乳粉)]	广东潮州市潮安大道雅士利工业城	广东潮州市潮安大道雅士利工业城	自行检验	2014.03.26	2017.03.28	潮州市食品药品监督管理局
563	QS4401 0501 1635	美赞臣营养品(中国)有限公司	乳制品[乳粉(调制乳粉)]	广州经济技术开发区东基工业区夏园路2号	广州经济技术开发区东基工业区夏园路2号	自行检验	2013.07.01	2017.03.28	广州市质量技术监督局
564	QS4401 0501 1154	广州明旺乳业有限公司	乳制品[液体乳(调制乳)]	广州经济技术开发区永和经济区新元路5号	广州经济技术开发区永和经济区新元路5号	自行检验	2013.12.18	2017.03.29	广州市质量技术监督局
565	QS4403 0501 2101	绿雪生物工程(深圳)有限公司潭头分厂	乳制品[液体乳(发酵乳)]	深圳市宝安区松岗街道潭头工业城177号	深圳市宝安区松岗街道潭头工业城177号	自行检验	2013.08.21	2016.08.20	深圳市市场监督管理局
566	QS4401 0501 1782	广州柏赛罗药业有限公司	乳制品[乳粉(调制乳粉)、其他乳制品(调制乳粉制品)]	广州市花都区新华镇东秀一横路9号	广州市花都区新华镇东秀一横路9号	自行检验	2014.01.07	2017.03.29	广州市质量技术监督局
567	QS4401 0501 0086	广州风行牛奶有限公司	乳制品[液体乳(巴氏杀菌乳、调制乳、灭菌乳、发酵乳)、其他乳制品(炼乳)]	广州市天河区沙太南路342号	广州市天河区沙太南路342号	自行检验	2013.11.27	2017.03.29	广州市质量技术监督局

（续）

	证书编号	企业名称	产品名称	住　所	生产地点	检验方式	发证日期	有效期至	发证单位
568	QS4401 0501 1774	广州九龙维记牛奶有限公司	乳制品［液体乳（巴氏杀菌乳、发酵乳）］	广州开发区永和经济区田园西路 38 号	广州开发区永和经济区田园西路 38 号	自行检验	2013.11.11	2017.03.29	广州市质量技术监督局
569	QS4402 0501 1354	韶关康泉羊奶乳业有限公司	乳制品（巴氏杀菌乳、调制乳）	韶关市翁源县龙仙镇桂竹村	韶关市翁源县龙仙镇桂竹村	自行检验	2014.04.11	2017.04.10	韶关市食品药品监督管理局
570	QS4401 0501 1781	广州祥旺食品有限公司	乳制品［液体乳（调制乳）］	广州经济技术开发区永和经济区新元路 5 号	广州经济技术开发区永和经济区新元路 5 号 16 栋	自行检验	2013.12.18	2017.03.29	广州市质量技术监督局
				广西壮族自治区（19）					
571	QS4500 0501 0007	广西皇氏甲天下食品有限公司	乳制品［液体乳（发酵乳）］	南宁经济技术开发区通源路 8 号	广西南宁市经济技术开发区通源路 8 号	自行检验	2013.1.22	2016.1.21	广西壮族自治区质量技术监督局
572	QS4500 0501 0002	北海贝因美营养食品有限公司	乳制品［乳粉（调制乳粉）］	广西北海市北海大道工业园区 11 号	广西北海市北海大道工业园区 11 号	自行检验	2014.03.06	2017.02.23	广西壮族自治区食品药品监督管理局
573	QS4501 0501 1096	广西壮牛水牛乳业有限责任公司	乳制品［液体乳（巴氏杀菌乳、发酵乳、调制乳）、其他乳制品（干酪）］	南宁市邕武路 24–1 号	南宁市兴宁区邕武路 24–1 号	自行检验	2013.12.31	2017.03.29	广西质量技术监督局
574	QS4501 0501 0560	广西大学农大食品厂	乳制品［液体乳（巴氏杀菌乳、发酵乳）］	南宁市高新区高新二路 1 号广西大学科技园内	南宁市高新区高新二路 1 号广西大学科技园内	自行检验	2014.01.24	2017.03.29	广西质量技术监督局
575	QS4505 0501 1200	合浦南国乳品厂	乳制品［液体乳（巴氏杀菌乳、发酵乳、调制乳）］	广西合浦工业园区中站项目集中区 2 区 7 号	广西合浦工业园区中站项目集中区 2 区 7 号	自行检验	2014.01.22	2017.03.29	广西质量技术监督局
576	QS4502 0501 0517	柳州三元天爱乳业有限公司	乳制品［液体乳（巴氏杀菌乳、发酵乳、调制乳）］	柳州市鹧鸪江路 103 号	柳州市柳北区鹧鸪江路 103 号	自行检验	2013.12.11	2017.03.29	广西质量技术监督局
577	QS4501 0501 1028	广西壮族自治区畜牧研究所南宁牛奶场	乳制品［液体乳（巴氏杀菌乳、调制乳、发酵乳）］	邕武路 24 号	邕武路 24 号	自行检验	2013.12.11	2017.03.29	广西质量技术监督局

（续）

	证书编号	企业名称	产品名称	住　所	生产地点	检验方式	发证日期	有效期至	发证单位
578	QS4501 0501 0390	广西石埠乳业有限责任公司	乳制品[液体乳(巴氏杀菌乳、灭菌乳、发酵乳、调制乳)]	南宁市良庆区建业二里3号	南宁市良庆区建业二里3号	自行检验	2013.12.11	2017.03.29	广西质量技术监督局
579	QS4501 0501 0815	广西童乐乳业股份有限公司	乳制品[液体乳(巴氏杀菌乳、发酵乳、调制乳)]	南宁市衡阳西路6号第三层	南宁市衡阳西路6号	自行检验	2013.12.11	2017.03.29	广西质量技术监督局
580	QS4500 0501 0001	广西皇氏甲天下乳业股份有限公司来宾乳品分公司	乳制品[液体乳(巴氏杀菌乳、调制乳、发酵乳)]	来宾市华侨投资区星城路1号	广西来宾市华侨投资区星城路1号	自行检验	2013.12.11	2017.03.29	广西质量技术监督局
581	QS4500 0501 0290	广西皇氏甲天下乳业股份有限公司	乳制品[液体乳(巴氏杀菌乳、灭菌乳、调制乳、发酵乳)]	南宁市西乡塘区科园大道66号	南宁市科园大道66号	自行检验	2013.10.23	2017.03.29	广西质量技术监督局
582	QS4521 0501 1261	崇左市天添乳品厂	乳制品[液体乳(巴氏杀菌乳、调制乳、发酵乳)]	新民路(江州区救助管理出租屋)	崇左市江州区太平镇卜寨村(崇左城市工业区)	自行检验	2013.12.11	2017.03.29	广西质量技术监督局
583	QS4507 0501 0445	广西百强水牛奶业股份有限公司	乳制品[液体乳(巴氏杀菌乳、灭菌乳、调制乳)]	灵山县十里工业园	广西灵山县十里工业园	自行检验	2014.01.24	2017.03.29	广西质量技术监督局
584	QS4500 0501 0003	广西玉林市桂牛水牛乳业有限公司	乳制品[液体乳(巴氏杀菌乳、灭菌乳、发酵乳、调制乳)]	广西玉林博白城东工业园	广西玉林市博白县城东工业园	自行检验	2014.01.24	2017.03.29	广西质量技术监督局
585	QS4502 0501 0519	柳州市康小乐牛奶有限公司	乳制品[液体乳(巴氏杀菌乳、调制乳、发酵乳)]	柳州市石烂路西段北侧	柳州市石烂路西段北侧	自行检验	2014.02.28	2017.03.29	广西食品药品监督管理局
586	QS4500 0501 0006	广西百色壮牛牧业有限公司	乳制品[液体乳(巴氏杀菌乳、调制乳、发酵乳、灭菌乳)]	百育镇国家农业科技园区实验楼	田阳县城东工业园东莞园	自行检验	2012.7.26	2015.7.25	广西壮族自治区质量技术监督局
587	QS4500 0501 0005	广西普生三凤乳业有限公司	乳制品[液体乳(灭菌乳、巴氏杀菌乳、调制乳、发酵乳)]	南宁市明阳工业区B区B–1–2南面	南宁市明阳工业区B区B–1–2南面	自行检验	2011.8.5	2014.8.4	广西自治区质量技术监督局

（续）

	证书编号	企业名称	产品名称	住　所	生产地点	检验方式	发证日期	有效期至	发证单位
588	QS4501 0505 0560	广西大学农大食品厂	乳制品[液体乳（巴氏杀菌乳、发酵乳、调制乳）]	南宁市高新区高新二路1号广西大学科技园内	南宁市高新区高新二路1号广西大学科技园内	自行检验	2014.01.24	2017.03.29	广西食品药品监督管理局
589	QS4508 0501 1449	广西农垦西江乳业有限公司	乳制品[液体乳（巴氏杀菌乳、调制乳、发酵乳）]	贵港市城西西江农场总场	广西贵港市西江农场总场	自行检验	2014.08.21	2017.08.23	广西壮族自治区食品药品监督管理局
海南省（2）									
590	QS4601 0501 0786	海南新海乳制品有限公司	乳制品[液体乳（巴氏杀菌乳、酸乳）]	海口市罗牛山农业发区	海南省三亚市吉阳镇	自行检验	2011.3.29	2014.6.29	海南省质量技术监督局
591	QS4600 0501 0291	海南艾森乳业有限公司	乳制品（巴氏杀菌乳、发酵乳）	海口市秀英区白水塘路海南省扶贫工业开发区	海口市秀英区白水塘路海南省扶贫工业开发区	自行检验	2013.11.14	2016.10.17	海南省质量技术监督局
重庆市（3）									
592	QS5000 0501 0177	重庆市天友乳品二厂有限公司	乳制品[液体乳（灭菌乳、调制乳）]	-	重庆市经济技术开发区大石支路6号	自行检验	2014.1.29	2017.3.30	重庆市质量技术监督局
593	QS5005 0501 1585	重庆光大（集团）有限公司	乳制品[液体乳（巴氏杀菌乳、调制乳、灭菌乳、发酵乳）]	-	重庆市江北区鱼嘴镇双溪村九社	自行检验	2012.08.01	2015.07.31	重庆市质量技术监督局
594	QS5006 0501 0199	重庆市天友乳业股份有限公司乳品一厂	乳制品[液体乳（巴氏杀菌乳、调制乳、发酵乳）]	-	重庆市渝北区金石大道99号、97号	自行检验	2014.04.30	2017.03.30	重庆市食品药品监督管理局
四川省（25）									
595	QS5133 0501 0007	炉霍康巴圣德牦牛产业有限公司	乳制品[其他乳制品（固态成型产品）]	四川省炉霍县新都镇亚坝	四川省炉霍县新都镇亚坝	自行检验	2013.8.15	2016.8.14	四川省质量技术监督局
596	QS5108 0501 0006	广元娃哈哈启力食品有限公司	乳制品（调制乳、发酵乳）	广元经济开发区下西坝办事处王家营工业园区	四川省广元经济开发区下西坝办事处王家营工业园区	自行检验	2012.8.8	2015.8.7	四川省质量技术监督局

（续）

	证书编号	企业名称	产品名称	住 所	生产地点	检验方式	发证日期	有效期至	发证单位
597	QS5101 0501 0562	成都金蒙乳业有限公司	乳制品[液体乳(发酵乳)]	成都市金堂县三中园区工业新区	四川省成都市金堂县三中园区工业新区	自行检验	2011.3.29	2014.3.28	四川省质量技术监督局
598	QS5114 0501 0002	蒙牛乳业(眉山)有限公司	乳制品[液体乳(发酵乳)]	眉山市经济开发区	四川省眉山市经济开发区科工园三路中段	自行检验	2014.01.24	2017.03.27	四川省食品药品监督管理局
599	QS5101 0501 1732	成都明旺乳业有限公司	乳制品[液体乳(调制乳)]	成都高新西区南北大道1388号	四川省成都高新西区南北大道1388号	自行检验	2013.12.27	2017.03.27	四川省食品药品监督管理局
600	QS5108 0501 0004	广元娃哈哈广发饮料有限公司	乳制品[液体乳(发酵乳)]	四川省广元市利州开发区河西办事处利州西路	四川省广元市利州开发区河西办事处利州西路	自行检验	2014.02.25	2017.03.27	四川省食品药品监督管理局
601	QS5100 0501 1082	四川菊乐食品有限公司眉山分公司	乳制品[液体乳(调制乳、灭菌乳、发酵乳)]	眉山市科技工业园	眉山市东坡区科技工业园科工园2路	自行检验	2014.01.03	2017.03.27	四川省食品药品监督管理局
602	QS5100 0501 0947	成都光明乳业有限公司	乳制品[巴氏杀菌乳、灭菌乳、发酵乳)]	成都市东三环路二段	成都市东三环路二段	自行检验	2014.03.28	2017.03.27	四川省食品药品监督管理局
603	QS5101 0501 1697	成都伊利乳业有限责任公司	乳制品[液体乳(调制乳、灭菌乳、发酵乳)]	四川省成都邛崃市工业集中发展区	四川省成都邛崃市工业集中发展区	自行检验	2014.01.20	2017.02.02	四川省食品药品监督管理局
604	QS5117 0501 0522	四川省天友西塔乳业有限公司	乳制品[液体乳(调制乳、灭菌乳)]	宣汉县胡家镇	四川省达州市宣汉县胡家镇	自行检验	2014.01.24	2017.03.27	四川省食品药品监督管理局
605	QS5101 0501 0003	成都娃哈哈昌盛饮料有限公司	乳制品[液体乳(调制乳、发酵乳)]	成都市海峡两岸科技产业开发园	四川省成都市温江区海峡两岸科技产业开发园	自行检验	2013.12.18	2017.03.27	四川省食品药品监督管理局
606	QS5118 0501 0525	四川菊乐食品有限公司雅安分公司	乳制品[液体乳(调制乳、灭菌乳)]	雅安市农业科技生态园区	雅安市农业科技生态园区	自行检验	2014.04.18	2017.03.27	四川省食品药品监督管理局
607	QS5114 0501 0008	蒙牛乳制品(眉山)有限公司	乳制品[液体乳(调制乳、灭菌乳)]	眉山市经济开发区	四川省眉山市经济开发区科工园三路	自行检验	2014.01.03	2017.01.02	四川省食品药品监督管理局
608	QS5100 0501 0792	四川省雅安市羌江食品有限责任公司	乳制品[乳粉(全脂乳粉、调制乳粉)]	雅安市雨城区城后路506号	四川省雅安市雨城区城后路506号	自行检验	2014.03.14	2017.03.28	四川省食品药品监督管理局

（续）

	证书编号	企业名称	产品名称	住　所	生产地点	检验方式	发证日期	有效期至	发证单位
609	QS5113 0501 0793	四川李子园牛奶食品有限公司	乳制品［液体乳（巴氏杀菌乳、调制乳、灭菌乳、发酵乳）］	西充县晋城镇虹溪路185号	四川省南充市西充县晋城镇虹溪路185号	自行检验	2014.02.25	2017.03.27	四川省食品药品监督管理局
610	QS5100 0501 1227	四川新希望乳业有限公司华西分公司	乳制品［液体乳（巴氏杀菌乳、调制乳、灭菌乳、发酵乳）］	成都市锦江区工业开发区金石路316号	四川省成都市锦江区工业开发区金石路316号	自行检验	2014.02.25	2017.03.27	四川省食品药品监督管理局
611	QS5101 0501 0001	四川菊乐食品有限公司温江乳品厂	乳制品［液体乳（巴氏杀菌乳、调制乳、灭菌乳、发酵乳）］	成都市温江区成都海峡两岸科技产业开发园蓉台大道	四川省成都市温江区海峡两岸科技产业开发园蓉台大道	自行检验	2013.12.18	2017.03.27	四川省食品药品监督管理局
612	QS5100 0501 0884	四川省南充天太乳业有限公司	乳制品［液体乳（巴氏杀菌乳、调制乳、发酵乳）］	南充市迎风路3号	南充市迎风路3号、南充市高坪区小龙镇	自行检验	2014.06.16	2017.03.16	四川省食品药品监督管理局
613	QS5100 0501 0788	四川雅安熊猫乳业有限公司	乳制品［液体乳（巴氏杀菌乳、调制乳、发酵乳）］	雅安市康藏路726号	四川省雅安市康藏路726号	自行检验	2014.01.24	2017.03.27	四川省食品药品监督管理局
614	QS5134 0501 0832	西昌三牧乳业有限公司	乳制品［液体乳（巴氏杀菌乳、调制乳、灭菌乳、发酵乳）］	西昌市安宁镇马坪坝村	四川省西昌市安宁镇马坪坝村	自行检验	2014.01.24	2017.03.27	四川省食品药品监督管理局
615	QS5107 0501 0746	四川雪宝乳业有限公司	乳制品［液体乳（巴氏杀菌乳、调制乳、灭菌乳、发酵乳）］	绵阳市二环路南段138号	四川省绵阳市二环路南段138号	自行检验	2014.02.28	2017.03.27	四川省食品药品监督管理局
616	QS5100 0501 0816	四川杨森乳业股份有限公司	乳制品［液体乳（巴氏杀菌乳、调制乳、灭菌乳、发酵乳）］	简阳市简城镇十里坝工业园区	简阳市简城镇十里坝工业园区	自行检验	2014.03.28	2017.03.27	四川省食品药品监督管理局
617	QS5132 0501 0005	若尔盖高原之宝牦牛乳业有限责任公司	乳制品［液体乳（发酵乳、灭菌乳）、乳粉（全脂乳粉、调制乳粉）］	四川省阿坝州若尔盖县达扎寺镇红光路3号	四川省阿坝州若尔盖县达扎寺镇红光路3号	自行检验	2014.09.05	2017.08.16	四川省食品药品监督管理局
618	QS5114 0501 0230	四川新希望乳业有限公司洪雅阳平分公司	乳制品［液体乳（调制乳、灭菌乳）乳粉（全脂乳粉、调味乳粉）］	洪雅县洪川镇临江路12号	四川省眉山市洪雅县洪川镇临江路12号	自行检验	2014.01.24	2017.03.27	四川省食品药品监督管理局

（续）

	证书编号	企业名称	产品名称	住　所	生产地点	检验方式	发证日期	有效期至	发证单位
619	QS5132 0501 0649	红原牦牛乳业有限责任公司	乳制品[液体乳（灭菌乳）、乳粉（全脂乳粉、脱脂乳粉、调制乳粉）]	红原县邛溪镇瑞庆西路37号	四川省红原县邛溪镇瑞庆西路37号	自行检验	2014.06.30	2017.06.28	四川省食品药品监督管理局
贵州省（6）									
620	QS5201 0501 0002	贵阳娃哈哈昌盛饮料有限公司	乳制品[液体乳（调制乳）]	贵阳市白云区景宏工业园	贵阳市白云区景宏工业园	自行检验	2014.06.30	2017.07.05	贵州省食品药品监督管理局
621	QS5226 0501 0003	贵州省黔东南州永丰牛奶场	乳制品[液体乳（巴氏杀菌乳、发酵乳）]	凯里市三棵树格冲村	凯里市三棵树镇格冲村	自行检验	2011.12.30	2014.12.29	贵州省质量技术监督局
622	QS5201 0501 0527	贵州好一多乳业股份有限公司	乳制品[液体乳（巴氏杀菌乳、灭菌乳、调制乳、发酵乳）]	贵州省贵阳市修文县扎佐镇好一多路1号	扎佐镇和平村	自行检验	2014.03.21	2017.03.24	贵州省食品药品监督管理局
623	QS5227 0501 0001	贵州牧草种籽繁殖场	乳制品[液体乳（巴氏杀菌乳、灭菌乳、发酵乳）]	贵州省独山县上司筹洞	贵州省独山县上司镇筹洞	自行检验	2014.06.16	2017.06.22	贵州省食品药品监督管理局
624	QS5203 0501 0415	遵义市乳制品有限公司	乳制品[液体乳（巴氏杀菌乳、调制乳、灭菌乳、发酵乳）	遵义市海龙镇	红花岗区海龙镇（遵松公路）	自行检验	2014.02.28	2017.01.11	贵州省食品药品监督管理局
625	QS5201 0501 0885	贵阳三联乳业有限公司	乳制品[液体乳（巴氏杀菌乳、灭菌乳、调制乳、发酵乳）]	贵州省贵阳市乌当奶牛场	贵州省贵阳市乌当奶牛场	委托检验	2014.06.30	2017.08.14	贵州省食品药品监督管理局
云南（17）									
626	QS5300 0501 1762	腾冲县艾爱摩拉牛乳业有限责任公司盈水分司	乳制品[其他乳制品（干酪）]	腾冲县腾越镇盈水村	腾冲县腾越镇盈水村	自行检验	2012.4.25	2015.4.24	云南省质量技术监督局
627	QS5300 0501 1761	昆明娃哈哈启力饮料有限公司	乳制品[液体乳（发酵乳）]	昆明国家高新区新城（马金铺）高新技术产业基地	昆明国家高新区新城（马金铺）高新技术产业基地	自行检验	2011.08.15	2014.08.14	云南省质量技术监督局

（续）

	证书编号	企业名称	产品名称	住　所	生产地点	检验方式	发证日期	有效期至	发证单位
628	QS5329 0501 1246	大理金花乳业有限责任公司	乳制品［乳粉（全脂乳粉）］	大理市喜洲镇周城办事处	大理市喜洲镇周城办事处	自行检验	2014.02.17	2017.02.16	云南省质量技术监督局
629	QS5329 0501 0416	云南皇氏来思尔乳业有限公司	乳制品［液体乳（巴氏杀菌乳、灭菌乳、发酵乳、调制乳）、其他乳制品（干酪）］	大理市大理镇食品工业园区	大理市大理镇食品工业园区	自行检验	2014.02.12	2017.02.11	云南省质量技术监督局
630	QS5329 0501 1100	大理银河乳业有限责任公司	乳制品［乳粉（全脂乳粉、调制乳粉）］	云南省大理州剑川县剑阳镇永丰村	云南省大理州剑川县剑阳镇永丰村	自行检验	2014.02.17	2017.02.16	云南省质量技术监督局
631	QS5325 0501 0886	云南多喝乳业有限责任公司	乳制品［液体乳（巴氏杀菌乳、发酵乳）］	个旧市鸡街镇乍甸片区	个旧市鸡街镇乍甸片区	自行检验	2014.03.24	2017.03.23	云南省质量技术监督局
632	QS5300 0501 0417	昆明市海子乳业有限公司	乳制品［液体乳（灭菌乳、调制乳、发酵乳）］	昆明经开区阿拉街道办事处海子村委会旁	昆明经开区阿拉街道办事处海子村委会旁	自行检验	2014.01.27	2017.01.26	云南省质量技术监督局
633	QS5301 0501 1758	昆明龙腾生物乳业有限公司	乳制品［乳粉（全脂乳粉、调制乳粉）］	晋宁县工业园区宝峰片区	晋宁县工业园区宝峰片区	自行检验	2014.02.11	2017.02.10	云南省质量技术监督局
634	QS5325 0501 1735	红河云牛乳业有限责任公司	乳制品［液体乳（灭菌乳、调制乳、发酵乳）］	弥勒市工业园区（弥阳镇徐家寨）	弥勒市工业园区（弥阳镇徐家寨）	自行检验	2014.03.24	2017.03.23	云南省质量技术监督局
635	QS5331 0501 1156	德宏祥祥乳业有限公司	乳制品［液体乳（巴氏杀菌乳、灭菌乳、调制乳、发酵乳）］	芒市风平镇法帕村南面	云南省德宏州芒市风平镇法帕村南面	自行检验	2014.2.17	2017.2.16	云南省质量技术监督局
636	QS5301 0501 1228	七彩云乳业有限公司	乳制品［液体乳（巴氏杀菌乳、调制乳、发酵乳）］	昆明市呈贡工业园区大哨片区	昆明市呈贡工业园区大哨片区	自行检验	2014.1.7	2017.1.6	云南省质量技术监督局
637	QS5323 0501 0908	云南华农乳业有限公司	乳制品［液体乳（巴氏杀菌乳、灭菌乳、调制乳、发酵乳）］	楚雄市开发区桃园村	楚雄市开发区桃园村	自行检验	2014.06.25	2017.02.23	云南省质量技术监督局
638	QS5300 0501 0292	昆明雪兰牛奶有限责任公司	乳制品［液体乳（巴氏杀菌乳、灭菌乳、调制乳、发酵乳）］	昆明经济技术开发区云大西路 66 号	昆明经济技术开发区云大西路 66 号	自行检验	2013.10.16	2016.10.15	云南省质量技术监督局

（续）

	证书编号	企业名称	产品名称	住　所	生产地点	检验方式	发证日期	有效期至	发证单位
639	QS5301 0501 1768	昆明圣宴食品有限公司	乳制品[液体乳(巴氏杀菌乳、调制乳、发酵乳)]	石林县石林镇台湾农民创业园白龙潭路	石林县石林镇台湾农民创业园白龙潭路	自行检验	2013.12.30	2016.12.29	云南省质量技术监督局
640	QS5325 0501 1220	云南乍甸乳业有限责任公司	乳制品[液体乳(巴氏杀菌乳、灭菌乳、灭菌调制乳、调制乳、发酵乳)]	云南省个旧市乍甸镇	云南省个旧市乍甸镇	自行检验	2011.3.31	2014.3.30	云南省质量技术监督局
641	QS5329 0501 0667	云南欧亚乳业有限公司	乳制品[液体乳(巴氏杀菌乳、灭菌乳、调制乳、发酵乳)、乳粉(全脂乳粉、调制乳粉)]	大理经济开发区高新技术产业开发区	大理经济开发区高新技术产业开发区	自行检验	2013.10.9	2016.10.8	云南省质量技术监督局
642	QS5300 0501 0142	云南新希望邓川蝶泉乳业有限公司	乳制品[液体乳(巴氏杀菌乳、灭菌乳、调制乳、发酵乳)、乳粉(全脂乳粉、调制乳粉)]	云南省大理州洱源县邓川镇新州街88号	云南省大理州洱源县邓川镇新州街88号	自行检验	2014.02.17	2017.02.16	云南省质量技术监督局
				西藏自治区（4）					
643	QS5400 0501 0090	西藏高原之宝牦牛乳业股份有限公司	乳制品[液体乳(灭菌乳、发酵乳、调制乳)]	拉萨经济技术开发区A区	拉萨经济技术开发区A区	自行检验	2013.12.05	2016.12.04	拉萨市质量技术监督局
644	QS5401 0501 0001	拉萨圣吉雪乳业有限公司	乳制品[液体乳(发酵乳)]	拉萨市蔡公堂村委会院内	拉萨市蔡公堂村委会院内	自行检验	2011.11.29	2014.11.28	拉萨市质量技术监督局
645	QS5400 0501 1489	西藏康园食品有限公司	乳制品[液态乳(发酵乳)]	拉萨市纳金路俄杰塘	拉萨市纳金路俄杰塘	自行检验	2014.06.13	2017.06.02	拉萨市质量技术监督局
646	QS5426 0501 0002	西藏林芝地区贡布乳业有限公司	乳制品[液体乳灭菌乳发酵乳]	新区工业园	新区工业园	自行检验	2012.07.31	2015.07.30	林芝地区质量技术监督局
				陕西省（47）					
647	QS6105 0501 0242	合阳兴隆乳业有限责任公司	乳制品[液体乳(灭菌乳)]	合阳同家庄镇	陕西合阳同家庄镇	自行检验	2013.7.12	2015.11.8	陕西省质量技术监督局

（续）

	证书编号	企业名称	产品名称	住　所	生产地点	检验方式	发证日期	有效期至	发证单位
648	QS6102 0501 0795	铜川市齐天乳业有限责任公司	乳制品[液体乳（灭菌乳）]	铜川市王益区黄堡镇李家沟	铜川市王益区黄堡镇李家沟	自行检验	2011.3.28	2014.3.27	陕西省质量技术监督局
649	QS6104 0501 1784	陕西欢恩宝乳业股份有限公司	乳制品[乳粉（调制乳粉）]	陕西省咸阳市秦都区宝泉路以北高新区创业园一号	陕西省咸阳市秦都区宝泉路以北高新区创业园一号	自行检验	2014.06.09	2017.04.29	陕西省食品药品监督管理局
650	QS6106 0501 0597	延安市种畜场	乳制品[液体乳（巴氏杀菌乳）]	延安市宝塔区枣园镇裴庄	延安市宝塔区枣园镇裴庄	自行检验	2011.10.10	2014.10.9	陕西省质量技术监督局
651	QS6104 0501 0010	陕西美力源乳业有限公司	乳制品[乳粉（全脂乳粉、调制乳粉）]	武功县台资工业园	武功县台资工业园	自行检验	2011.12.14	2014.12.13	陕西省质量技术监督局
652	QS6100 0501 0092	陕西神果股份有限公司	乳制品[乳粉（全脂乳粉、调制乳粉）]	陕西省武功县苏坊西街	陕西省武功县苏坊西街	自行检验	2011.3.29	2014.3.28	陕西省质量技术监督局
653	QS6101 0501 0794	西安飞鹤关山乳业有限公司	乳制品[乳粉（全脂乳粉、调制乳粉）、其他乳制品（奶油）]（明细见副页）	陕西省西安市阎良区新兴街	陕西省西安市阎良区新兴街	自行检验	2014.07.02	2017.05.06	陕西省食品药品监督管理局
654	QS6101 0501 0240	西安东方乳业有限公司	乳制品[液体乳（巴氏杀菌乳、灭菌乳、调制乳、发酵乳）]	西安市灞桥区新合街1号	西安市灞桥区新合街1号	自行检验	2012.10.8	2015.3.27	陕西省质量技术监督局
655	QS6101 0501 0009	西安银桥贝多营养食品有限公司	乳制品[乳粉（调制乳粉）]（明细见副页）	西安市高新区锦业二路61号	西安市高新区锦业二路61号	自行检验	2014.03.18	2017.03.17	陕西省食品药品监督管理局
656	QS6101 0501 0633	西安宏兴乳业有限公司（副页变更）	乳制品[乳粉（全脂乳粉、调制乳粉）]	西安市临潼区栎阳街中段	西安市临潼区栎阳街中段	自行检验	2014.07.02	2017.03.27	陕西省食品药品监督管理局
657	QS6104 0501 1289	陕西雅泰乳业有限公司（副页变更）	乳制品[乳粉（全脂乳粉、调制乳粉）]	陕西省泾阳县王桥镇	陕西省泾阳县王桥镇	自行检验	2014.07.02	2017.04.21	陕西省食品药品监督管理局
658	QS6102 0501 0007	铜川旺旺食品有限公司	乳制品[液体乳（调制乳）]（明细见副页）	铜川市新区南环路工业园区	铜川市新区南环路工业园区	自行检验	2014.03.18	2017.03.17	陕西省食品药品监督管理局
659	QS6100 0501 0244	西安伊利泰普克饮品有限公司（副页变更）	乳制品[液体乳（灭菌乳、调制乳）]	西安市临潼区新丰工贸小区	西安市临潼区新丰街道	自行检验	2014.04.22	2017.03.17	陕西省食品药品监督管理局

（续）

	证书编号	企业名称	产品名称	住 所	生产地点	检验方式	发证日期	有效期至	发证单位
660	QS6103 0501 0474	宝鸡雪儿乳业有限公司	乳制品［乳粉（全脂乳粉）］（明细见副页）	陕西省宝鸡市凤翔县郭店镇上郭店村	陕西省宝鸡市凤翔县郭店镇上郭店村	自行检验	2014.04.04	2017.04.03	陕西省食品药品监督管理局
661	QS6100 0501 0107	宝鸡惠民奶业有限公司	乳制品［液体乳（灭菌乳）］（明细见副页）	陕西省宝鸡市陈仓区惠民工业园	陕西省宝鸡市陈仓区惠民工业园	自行检验	2014.04.04	2017.04.03	陕西省食品药品监督管理局
662	QS6103 0501 0473	宝鸡柳林乳品厂	乳制品[乳粉(全脂乳粉、全脂加糖乳粉、调味乳粉、特殊配方乳粉)]	眉县青化乡	眉县青化乡	自行检验	2010.8.23	2014.2.20	陕西省质量技术监督局
663	QS6103 0501 0531	陕西和氏乳品有限公司	乳制品［液体乳（灭菌乳）、乳粉（全脂乳粉、调制乳粉）、其他乳制品（固态成型产品）］（明细见副页）	陕西陇县陇马路 48 号	陕西陇县陇马路 48 号	自行检验	2014.05.04	2017.05.03	陕西省食品药品监督管理局
664	QS6100 0501 0097	西安百跃羊乳集团有限公司	乳制品［乳粉（全脂乳粉、调制乳粉）］（明细见副页）	陕西省西安市阎良区武屯街西环路北段	陕西省西安市阎良区武屯街西环路北段	自行检验	2014.05.27	2017.05.26	陕西省食品药品监督管理局
665	QS6104 0501 0950	陕西秦王乳业有限公司	乳制品[乳粉(全脂乳粉、调制乳粉)](明细见副页)	陕西省三原县大程镇西张村	陕西省三原县大程镇西张村	自行检验	2014.04.22	2017.04.21	陕西省食品药品监督管理局
666	QS6100 0501 0143	陕西红旗乳业科技有限公司	乳制品［乳粉（全脂乳粉、调制乳粉）］（明细见副页）	陕西省泾阳县永乐镇泾永路中段	陕西省泾阳县永乐镇泾永路中段	自行检验	2014.07.25	2017.07.24	陕西省食品药品监督管理局
667	QS6104 0501 1249	陕西星光乳业有限公司	乳制品［乳粉（全脂乳粉、调制乳粉）］（明细见副页）	咸阳市泾阳县桥底镇工业园	咸阳市泾阳县桥底镇工业园	自行检验	2014.03.07	2017.03.06	陕西省食品药品监督管理局
668	QS6103 0501 1374	蒙牛乳业（宝鸡）有限公司	乳制品［液体乳（灭菌乳、调制乳）］（明细见副页）	宝鸡市高新开发区蒙牛工业园	宝鸡市高新开发区蒙牛工业园	自行检验	2014.03.07	2017.03.06	陕西省食品药品监督管理局
669	QS6103 0501 0094	宝鸡惠民乳品（集团）有限公司	乳制品［乳粉（全脂乳粉、调制乳粉）］（明细见副页）	宝鸡市陈仓区惠民工业园	宝鸡市陈仓区惠民工业园	自行检验	2014.03.07	2017.03.06	陕西省食品药品监督管理局

（续）

	证书编号	企业名称	产品名称	住　所	生产地点	检验方式	发证日期	有效期至	发证单位
670	QS6101 0501 0005	西安天惠乳业有限公司	乳制品［液体乳（灭菌乳、调制乳）］（明细见副页）	陕西省西安市临潼区相桥街办	陕西省西安市临潼区相桥街办	自行检验	2014.07.25	2017.07.24	陕西省食品药品监督管理局
671	QS6100 0501 0168	西安喜洋洋生物科技有限公司	乳制品［乳粉（全脂乳粉、调制乳粉）］（明细见副页）	陕西省西安市阎良区阎关公路中段	陕西省西安市阎良区阎关公路中段	自行检验	2014.06.12	2017.06.11	陕西省食品药品监督管理局
672	QS6105 0501 1209	富平县美可高特乳业有限公司	乳制品［乳粉（全脂乳粉、调制乳粉）］（明细见副页）	富平县庄里镇永安村	富平县庄里镇永安村	自行检验	2014.03.17	2017.03.16	陕西省食品药品监督管理局
673	QS6104 0501 0972	陕西优利士乳业有限责任公司	乳制品［乳粉（全脂乳粉、调制乳粉）］（明细见副页）	陕西省咸阳市乾县杨汉工业园区	陕西省咸阳市乾县杨汉工业园区	自行检验	2014.04.04	2017.04.03	陕西省食品药品监督管理局
674	QS6104 0501 0701	陕西三原康尔健乳业有限责任公司	乳制品［乳粉（全脂乳粉、调制乳粉）］（明细见副页）	陕西省三原县东三路北段	陕西省三原县东三路北段	自行检验	2014.04.22	2017.04.21	陕西省食品药品监督管理局
675	QS6105 0501 0599	陕西样样祥乳业有限公司	乳制品［乳粉（全脂乳粉、调制乳粉）］（明细见副页）	富平县王寮镇军寨工业区	富平县王寮镇军寨工业区	自行检验	2014.03.28	2017.03.27	陕西省食品药品监督管理局
676	QS6105 0501 0248	陕西金牛乳业有限公司	乳制品［乳粉（全脂乳粉、调制乳粉）］（明细见副页）	陕西省富平县小惠乡仁合什字	陕西省富平县小惠乡仁合什字	自行检验	2014.04.22	2017.04.21	陕西省食品药品监督管理局
677	QS6100 0501 0100	陕西凯达乳业有限公司	乳制品［乳粉（全脂乳粉、调制乳粉）］（明细见副页）	陕西省兴平市店张镇	陕西省兴平市店张镇	自行检验	2014.05.12	2017.05.11	陕西省食品药品监督管理局
678	QS6100 0501 0169	陕西圣唐秦龙乳业有限公司	乳制品［乳粉（全脂乳粉、调制乳粉）］（明细见副页）	陕西省西安市阎良区关山镇	陕西省西安市阎良区关山镇、陕西省西安市阎良区关山镇北冯村	自行检验	2014.05.27	2017.05.26	陕西省食品药品监督管理局
679	QS6103 0501 1452	陕西乡迪生物科技有限公司	乳制品［液体乳（灭菌乳、调制乳）］（明细见副页）	陕西省宝鸡市陈仓区工业园区	陕西省宝鸡市陈仓区工业园区	自行检验	2014.05.12	2017.05.11	陕西省食品药品监督管理局

（续）

	证书编号	企业名称	产品名称	住 所	生产地点	检验方式	发证日期	有效期至	发证单位
680	QS6103 0501 0600	陕西正和乳业有限公司	乳制品［液体乳（灭菌乳、调制乳）］（明细见副页）	陕西省宝鸡市陇县陇马路48号	陕西省宝鸡市陇县陇马路48号	自行检验	2014.03.07	2017.03.06	陕西省食品药品监督管理局
681	QS6104 0501 1334	咸阳佳和乳业有限公司（副页变更）	乳制品［液体乳（灭菌乳、调制乳）、乳粉（全脂乳粉、调制乳粉）］	陕西省咸阳市泾阳县兴隆镇	陕西省咸阳市泾阳县兴隆镇	自行检验	2014.09.04	2017.04.03	陕西省食品药品监督管理局
682	QS6104 0501 0250	光明乳业（泾阳）有限公司	乳制品［液体乳（巴氏杀菌乳、灭菌乳、调制乳、发酵乳）］（明细见副页）	陕西省咸阳市泾阳县泾干大街西段2号	陕西省咸阳市泾阳县泾干大街西段2号	自行检验	2014.03.07	2017.03.06	陕西省食品药品监督管理局
683	QS6104 0501 1122	泾阳秦川乳业有限公司（副页变更）	乳制品［液体乳（巴氏杀菌乳、发酵乳）、乳粉（全脂乳粉、调制乳粉）］	陕西泾阳县云阳镇	陕西泾阳县云阳镇	自行检验	2014.07.02	2017.05.06	陕西省食品药品监督管理局
684	QS6104 0501 0008	杨凌圣妃乳业有限公司（副页变更）	乳制品［乳粉（全脂乳粉、调制乳粉）、液体乳（巴氏杀菌乳、灭菌乳、调制乳）］	陕西省杨凌示范区火炬创业园C区	陕西省杨凌示范区火炬创业园C区	自行检验	2014.09.25	2017.06.11	陕西省食品药品监督管理局
685	QS6107 0501 0566	汉中市乳业总场	乳制品［液体乳（巴氏杀菌乳、灭菌乳、调制乳、发酵乳）］（明细见副页）	汉中市汉台区西环南路	汉中市汉台区宗营镇	自行检验	2014.08.01	2017.07.31	陕西省食品药品监督管理局
686	QS6100 0501 0096	宝鸡圣丰乳业有限责任公司	乳制品［乳粉（全脂乳粉、调制乳粉）、液体乳（灭菌乳、调制乳）］（明细见副页）	宝鸡市扶风县绛帐车站北环路	宝鸡市扶风县绛帐车站北环路	自行检验	2014.03.28	2017.03.27	陕西省食品药品监督管理局
687	QS6105 0501 1514	富平县秦源乳业有限公司	乳制品［乳粉（全脂乳粉、调制乳粉）、液体乳（发酵乳）］（明细见副页）	陕西省富平县宫里镇齐村村	陕西省富平县宫里镇齐村村	自行检验	2014.05.27	2017.05.26	陕西省食品药品监督管理局

（续）

	证书编号	企业名称	产品名称	住　所	生产地点	检验方式	发证日期	有效期至	发证单位
688	QS6100 0501 0105	宝鸡天和乳业有限公司	乳制品［液体乳（灭菌乳）、乳粉（全脂乳粉、调制乳粉）］（明细见副页）	陕西省岐山县蒲村镇双桥村	陕西省岐山县蒲村镇双桥村	自行检验	2014.04.22	2017.04.21	陕西省食品药品监督管理局
689	QS6103 0501 0529	宝鸡得力康乳业有限公司	乳制品［液体乳（巴氏杀菌乳、灭菌乳、调制乳、发酵乳）］（明细见副页）	宝鸡市金台区高家坪	宝鸡市金台区高家坪	自行检验	2014.03.07	2017.03.06	陕西省食品药品监督管理局
690	QS6105 0501 0247	陕西红星乳业有限公司	乳制品［乳粉（全脂乳粉、调制乳粉、脱脂乳粉）］（明细见副页）	陕西省富平县城关镇望湖路 52 号	陕西省富平县城关镇望湖路 52 号	自行检验	2014.07.03	2017.07.02	陕西省食品药品监督管理局
691	QS6103 0501 0475	陕西飞天乳业有限公司	乳制品［液体乳（巴氏杀菌乳、发酵乳）、乳粉（全脂乳粉、调制乳粉）］（明细见副页）	陕西省千阳县冯坊河口	陕西省千阳县冯坊河口	自行检验	2014.04.04	2017.04.03	陕西省食品药品监督管理局
692	QS6100 0501 0091	西安银桥生物科技有限责任公司	乳制品［乳粉（全脂乳粉、调制乳粉）、液体乳（巴氏杀菌乳、灭菌乳、调制乳、发酵乳）］（明细见副页）	西安市高新区高科广场 A 幢 9 层 01 号	西安市临潼经济开发区银桥大道 99 号、临潼区相桥街办北侧	自行检验	2014.03.18	2017.03.17	陕西省食品药品监督管理局
693	QS6108 0501 0596	陕西省定边县乳品实业有限公司	乳制品［乳粉（全脂乳粉、调制乳粉）、液体乳（灭菌乳、调制乳、发酵乳）］（明细见副页）	陕西省榆林市定边镇西环路（工业园区）	陕西省榆林市定边镇西环路（工业园区）	自行检验	2014.05.04	2017.05.03	陕西省食品药品监督管理局
甘肃省（36）									
694	QS6200 0501 1765	甘肃伊甿生物制品有限公司	乳制品［其他乳制品（干酪素）］	广河县三甲集镇宗家村	甘肃省广河县三甲集镇宗家村	自行检验	2012.11.30	2015.11.29	甘肃省质量技术监督局
695	QS6200 0501 1760	甘肃化羚酪蛋白股份有限公司	乳制品［其他乳制品（干酪素）］	合作市环西路 32 号	合作市环西路 32 号	自行检验	2011.9.9	2014.9.8	甘肃省质量技术监督局

（续）

	证书编号	企业名称	产品名称	住　所	生产地点	检验方式	发证日期	有效期至	发证单位
696	QS6200 0501 1762	临夏州华安生物制品有限责任公司	乳制品[其他乳制品（干酪素）]	临夏市滨河东路 26 号	临夏市滨河东路 26 号	自行检验	2012.1.9	2015.1.8	甘肃省质量技术监督局
697	QS6200 0501 1763	甘南州科瑞乳品开发有限公司	乳制品[其他乳制品（干酪素）]	合作市人民东街 13 号	合作市人民东街 13 号	自行检验	2012.7.20	2015.7.19	甘肃省质量技术监督局
698	QS6229 0501 1754	和政县华龙乳制品有限公司	乳制品[液体乳（发酵乳）]	甘肃省和政县三合镇石虎家村 7 社	甘肃省和政县三合镇石虎家村 7 社	自行检验	2011.3.31	2014.3.30	甘肃省质量技术监督局
699	QS6200 0501 1761	甘南雪域牦珍乳业有限责任公司	乳制品[液态乳（发酵乳）]	甘肃省甘南州夏河县桑科乡	甘肃省甘南州夏河县桑科乡	自行检验	2011.9.9	2014.9.8	甘肃省质量技术监督局
700	QS6200 0501 1769	甘肃普罗生物科技有限公司	乳制品[其他乳制品（干酪素）]	甘肃省酒泉市玉门市下西号乡	甘肃省酒泉市玉门市下西号乡	自行检验	2013.7.23	2016.7.22	甘肃省食品药品监督管理局
701	QS6200 0501 1771	甘肃天谷生物科技有限责任公司	乳制品[其他乳制品（干酪素）]	甘谷县六峰镇六峰工业园区路东	甘肃省天水市甘谷县六峰工业园区 1 号	自行检验	2013.8.26	2016.8.25	甘肃省食品药品监督管理局
702	QS6229 0501 1158	临夏市泉乳乳品有限责任公司	乳制品[乳粉（全脂乳粉、调制乳粉）]	临夏市折桥镇折桥村	临夏市刘临路 3 号	自行检验	2011.3.31	2014.3.30	甘肃省质量技术监督局
703	QS6204 0501 1348	白银益多多乳业有限公司	乳制品[液体乳（灭菌乳、调制乳、发酵乳）]	白银高新技术产业园区内	白银高新技术产业园区内	自行检验	2011.3.10	2014.3.9	甘肃省质量技术监督局
704	QS6200 0501 1768	临夏州燎原乳业有限公司	乳制品[乳粉（全脂乳粉、调制乳粉）]	临夏州临夏县经济开发区食品区	临夏州临夏县经济开发区食品区	自行检验	2013.6.20	2016.6.19	甘肃省质量技术监督局
705	QS6204 0501 1760	白银鑫昊工贸有限公司乳制品分公司	乳制品[液体乳（发酵乳）]	白银区四龙镇金山村 99 号（原恒达食品厂）	白银市白银区四龙镇金山村 99 号	自行检验	2014.09.02	2017.03.30	甘肃省食品药品监督管理局
706	QS6221 0501 1162	敦煌市双元乳业有限公司	乳制品[液体乳（发酵乳）]	甘肃省酒泉市敦煌市鸣山北路 1190 号	敦煌市月牙泉镇杨中公路 63 号	自行检验	2014.07.02	2017.03.30	甘肃省食品药品监督管理局
707	QS6200 0501 1764	庆阳市嘉仕乳业有限公司	乳制品[液体乳（巴氏杀菌乳、灭菌乳、调制乳、发酵乳）]	庆阳市镇原县孟坝镇北街	镇原县孟坝镇西街	自行检验	2012.9.28	2015.9.27	甘肃省质量技术监督局

（续）

	证书编号	企业名称	产品名称	住　所	生产地点	检验方式	发证日期	有效期至	发证单位
708	QS6228 0501 0202	合水县古象奶业有限责任公司	乳制品[乳粉(全脂乳粉、调制乳粉、特殊配方乳粉)]	甘肃省庆阳市合水县解放东路137号	甘肃省庆阳市合水县解放东路137号	自行检验	2011.3.31	2014.3.30	甘肃省质量技术监督局
709	QS6221 0501 1758	酒泉市乐为尔乳业有限责任公司	乳制品[液体乳(灭菌乳、巴氏杀菌乳、调制乳、发酵乳)]	酒泉市肃州区果园乡开发区	酒泉市肃州区果园乡开发区	自行检验	2011.3.31	2014.3.30	甘肃省质量技术监督局
710	QS6221 0501 1593	玉门油田农牧业有限责任公司	乳制品[液体乳(巴氏杀菌乳、灭菌乳、发酵乳)]	玉门市老市区三台炼油路	玉门市老市区三台炼油路	自行检验	2011.3.31	2014.3.30	甘肃省质量技术监督局
711	QS6203 0501 0327	金川集团有限公司服务分公司居佳乳品厂	乳制品[液体乳(巴氏杀菌乳、灭菌乳、发酵乳)]	金昌市金川区金汇巷11号	金昌市金川区金汇巷11号	自行检验	2011.3.31	2014.3.30	甘肃省质量技术监督局
712	QS6200 0501 1767	庆阳陇牛乳业有限公司	乳制品[液体乳(巴氏杀菌乳、灭菌乳、调制乳、发酵乳)]	宁县米桥乡街道	宁县米桥乡街道15号	自行检验	2013.1.31	2016.1.30	甘肃省质量技术监督局
713	QS6230 0501 0920	甘南州燎原乳业有限责任公司	乳制品[液体乳(发酵乳)、乳粉(全脂乳粉、脱脂乳粉、全脂加糖乳粉)]	合作市人民街47号	甘肃省合作市人民街47号	自行检验	2011.3.31	2014.3.30	甘肃省质量技术监督局
714	QS6200 0501 1753	兰州伊利乳业有限责任公司	乳制品[液体乳(灭菌乳、调制乳)]	兰州市红古区花庄镇工农路17-24号	兰州市红古区花庄镇工农路17-24号	自行检验	2014.04.16	2017.03.31	甘肃省食品药品监督管理局
715	QS6204 0501 1506	兰炼三联公司景泰农牧分公司	乳制品[液体乳(巴氏杀菌乳、发酵乳)]	白银市景泰县兰炼农场	甘肃省白银市景泰县兰炼农场	自行检验	2014.09.02	2017.03.30	甘肃省食品药品监督管理局
716	QS6229 0501 1717	临夏金牛乳业有限责任公司	乳制品[乳粉(全脂乳粉、调制乳粉)]	临夏县北塬乡朱潘村潘东社	临夏县北塬乡朱潘村潘东社	自行检验	2014.05.07	2017.03.31	甘肃省食品药品监督管理局
717	QS6224 0501 1641	甘肃德鑫源乳业有限责任公司	乳制品[乳粉(全脂乳粉、调制乳粉)]	临洮县太石镇上咀村	临洮县太石镇上咀村	自行检验	2014.03.04	2014.03.30	甘肃省食品药品监督管理局
718	QS6202 0501 1198	嘉峪关宏丰实业有限责任公司	乳制品[液体乳(巴氏杀菌乳、发酵乳)]	甘肃省嘉峪关市胜利南路1028号	嘉峪关市嘉东工业园区	自行检验	2014.07.14	2017.03.30	甘肃省食品药品监督管理局

（续）

	证书编号	企业名称	产品名称	住　所	生产地点	检验方式	发证日期	有效期至	发证单位
719	QS6200 0501 1766	临洮康源乳品有限责任公司	乳制品[液体乳(发酵乳、灭菌乳、调制乳)]	甘肃省定西市临洮县洮阳镇车刘家村	甘肃省定西市临洮县洮阳镇刘家店村	自行检验	2014.04.01	2016.01.30	甘肃省食品药品监督管理局
720	QS6201 0501 1330	甘肃仁和大草原生物乳业有限公司	乳制品[液体乳(巴氏杀菌乳、发酵乳、灭菌乳)]	兰州市榆中县三角城乡三角城村	兰州市榆中县三角城乡三角城村	自行检验	2014.05.08	2017.03.30	甘肃省食品药品监督管理局
721	QS6201 0501 1058	甘肃天方食品有限责任公司	乳制品[液体乳(巴氏杀菌乳、发酵乳、灭菌乳、调制乳)]	兰州市七里河区彭家坪路 24–1 号	兰州市七里河区彭家坪路 24–1 号	自行检验	2014.05.08	2017.03.30	甘肃省食品药品监督管理局
722	QS6200 0501 0201	兰州雪顿生物乳业有限公司	乳制品[液体乳(巴氏杀菌乳、发酵乳、灭菌乳、调制乳)]	兰州市七里河区彭家坪路 16 号	兰州市七里河区彭家坪路 16 号	自行检验	2014.04.16	2017.03.30	甘肃省食品药品监督管理局
723	QS6200 0501 1756	天水嘉乐乳业有限公司	乳制品[液体乳(巴氏杀菌乳、发酵乳、灭菌乳、调制乳)]	天水市麦积区中滩镇农业高新科技园	天水市麦积区中滩镇农业高新科技园	自行检验	2014.05.08	2017.03.30	甘肃省食品药品监督管理局
724	QS6200 0501 1772	金昌市居佳乳业有限公司	乳制品[液体乳(巴氏杀菌乳、灭菌乳、调制乳、发酵乳)]	甘肃省金昌市金川区延安东路南常州路东侧	甘肃省金昌市金川区延安东路 59 号	自行检验	2014.05.07	2017.05.06	甘肃省食品药品监督管理局
725	QS6221 0501 1124	酒泉市雄鹏乳业有限责任公司	乳制品[液体乳(巴氏杀菌乳、灭菌乳、调制乳、发酵乳)]	酒泉市肃州区雄关路 193 号	酒泉市肃州区雄关路 193 号	自行检验	2014.07.02	2017.03.30	甘肃省食品药品监督管理局
726	QS6224 0501 0419	甘肃省临洮县农副产品综合开发公司	乳制品[液体乳(灭菌乳、发酵乳、调制乳)、乳粉(全脂乳粉、调制乳粉)]	临洮县西桥头 2 号	临洮县城西桥头 2 号	自行检验	2014.03.04	2017.03.30	甘肃省食品药品监督管理局
727	QS6207 0501 0299	甘肃临泽雪莲乳品有限责任公司	乳制品[乳粉(全脂乳粉、调制乳粉)，液体乳(灭菌乳、发酵乳)]	临泽县工业开发园区	临泽县工业开发园区	自行检验	2014.05.21	2017.03.30	甘肃省食品药品监督管理局

（续）

	证书编号	企业名称	产品名称	住　所	生产地点	检验方式	发证日期	有效期至	发证单位
728	QS6221 0501 0476	酒泉市好牛乳业食品有限公司	乳制品［液体乳（巴氏杀菌乳、灭菌乳、调制乳、发酵乳）、乳粉（全脂乳粉）］	酒泉市酒火路6公里处（高新技术开发区）	酒泉市酒火路6公里处（高新技术开发区）	自行检验	2014.08.08	2017.03.30	甘肃省食品药品监督管理局
729	QS6201 0501 0423	兰州庄园牧场股份有限公司	乳制品［液体乳（巴氏杀菌乳、发酵乳、灭菌乳、调制乳）、乳粉（全脂乳粉、调制乳粉）］	榆中县三角城乡三角城村	榆中县三角城乡三角城村	自行检验	2014.05.08	2017.03.31	甘肃省食品药品监督管理局
青海省（17）									
730	QS6300 0501 1649	青海省果洛州雪域珍宝有限责任公司	乳制品［其他乳制品（干酪）］	青海省果洛州玛沁县拉加镇	青海省果洛州玛沁县拉加镇	自行检验	2012.5.9	2015.5.8	青海省质量技术监督局
731	QS6301 0501 0009	青海高速乳业有限公司	乳制品［其他乳制品（干酪素）］	西宁市经济技术开发区东新路28号	西宁市经济技术开发区东新路28号	自行检验	2012.10.26	2015.10.25	青海省质量技术监督局
732	QS6326 0501 0010	玛沁县玛尔洛乳食品有限公司	乳制品［液体乳（发酵乳）］	果洛州玛沁县大武镇环城北路	果洛州玛沁县大武镇环城北路	自行检验	2013.2.6	2016.2.5	青海省质量技术监督局
733	QS6326 0501 0011	玛沁县雪域格桑花土特产有限责任公司	乳制品［液体乳（发酵乳）］	果洛州玛沁县大武镇南环路	果洛州玛沁县大武镇南环路	自行检验	2013.2.6	2016.2.5	青海省质量技术监督局
734	QS6301 0501 0007	青海小牦牛乳业有限公司	乳制品［液体乳（发酵乳）］	青海省西宁市韵家口镇祝家庄路36号	青海省西宁市韵家口镇祝家庄路36号	自行检验	2011.7.15	2014.7.14	青海省质量技术监督局
735	QS6327 0501 0005	称多县巴颜喀拉牦牛乳业有限公司	乳制品［液体乳（发酵乳）］	称多县珍秦镇	称多县珍秦镇	自行检验	2011.08.19	2014.08.18	青海省质量技术监督局
736	QS6325 0501 0013	同德县雪域高原高青王者牦牛乳业有限公司	乳制品［液体乳（发酵乳）］	青海省海南州同德县尕巴松多镇完科村	青海省海南州同德县尕巴松多镇完科村	自行检验	2013.6.18	2016.6.17	青海省质量技术监督局
737	QS6326 0501 0012	甘德县岗龙生态畜牧业专业合作社	乳制品［液体乳（巴氏杀菌乳、发酵乳）］	果洛州甘德县岗龙乡岗龙村	果洛州甘德县岗龙乡岗龙村	自行检验	2013.2.6	2016.2.5	青海省质量技术监督局
738	QS6301 0501 0858	青海好朋友乳业有限公司	乳制品［液体乳（发酵乳）］（明细见副页）	青海省西宁市宁张路88号	青海省西宁市宁张路88号	自行检验	2014.02.28	2017.02.27	青海省质量技术监督局

（续）

	证书编号	企业名称	产品名称	住　所	生产地点	检验方式	发证日期	有效期至	发证单位
739	QS6323 0501 0003	青海启龙商贸有限公司河南县启龙牧场	乳制品［液体乳（灭菌乳、发酵乳）］	河南县优干宁镇西侧优达公路南西侧	河南县优干宁镇西侧优达公路南西侧	自行检验	2011.3.31	2014.3.30	青海省质量技术监督局
740	QS6300 0501 1542	青海天源乳业有限公司	乳制品［液体乳（发酵乳）］	青海省湟源县青藏路10–2号	青海省湟源县青藏路10–2号	自行检验	2014.06.04	2017.02.27	青海省食品药品监督管理局
741	QS6322 0501 0008	青海金祁连乳业有限责任公司	乳制品［液体乳（巴氏杀菌乳、灭菌乳、发酵乳）］	祁连县冰沟工业园区	祁连县冰沟工业园区	自行检验	2013.2.20	2015.7.8	青海省质量技术监督局
742	QS6300 0501 1543	青海青海湖乳业有限责任公司	乳制品［液体乳（巴氏杀菌乳、调制乳、灭菌乳、发酵乳）］	西宁市经济技术开发区东新路16号	西宁市经济技术开发区东新路16号	自行检验	2014.03.03	2017.03.02	青海省质量技术监督局
743	QS6301 0501 0857	青海小西牛生物乳业股份有限公司	乳制品［液体乳（巴氏杀菌乳、灭菌乳、发酵乳）］	青海生物科技产业园	青海生物科技产业园	自行检验	2011.3.31	2014.3.30	青海省质量技术监督局
744	QS6325 0501 0420	青海雪峰牦牛乳业有限责任公司	乳制品［液体乳（灭菌乳、发酵乳）］（明细见副页）	青海省海南州共和县恰卜恰镇绿洲南路267号	青海省海南州共和县恰卜恰镇绿洲南路267号	自行检验	2013.12.30	2016.12.29	青海省质量技术监督局
745	QS6301 0501 0422	青海天露乳业有限责任公司	乳制品［液体乳（巴氏杀菌乳、调制乳、灭菌乳、发酵乳）、乳粉（全脂乳粉）］	青海生物科技产业园经四路16号	青海生物科技产业园经四路16号	自行检验	2014.03.03	2017.03.02	青海省质量技术监督局
746	QS6321 0501 0901	青海民和湟乳乳制品有限责任公司	乳制品［液体乳（巴氏杀菌乳、发酵乳］（明细见副页）	民和县现代农业科技示范园	民和县现代农业科技示范园	自行检验	2014.07.04	2017.05.14	青海省食品药品监督管理局
				宁夏回族自治区（21）					
747	QS6403 0501 0007	吴忠市银湖清真乳品有限公司	乳制品［乳粉（全脂乳粉）］	宁夏吴忠市利通区金积镇马家湖乡	宁夏吴忠市利通区金积镇马家湖乡	自行检验	2013.12.13	2017.05.12	宁夏质量技术监督局
748	QS6403 0501 0652	中宁县黄河乳制品有限公司	乳制品［乳粉（全脂乳粉）］	宁夏中卫市中宁县新堡镇	宁夏中卫市中宁县新堡镇	自行检验	2014.05.26	2017.05.28	宁夏质量技术监督局

（续）

	证书编号	企业名称	产品名称	住　所	生产地点	检验方式	发证日期	有效期至	发证单位
749	QS6403 0501 0004	吴忠恒枫乳业有限公司	乳制品［乳粉（全脂乳粉）］	宁夏吴忠市金积工业园区	宁夏吴忠市金积工业园区	自行检验	2014.03.17	2017.03.30	宁夏质量技术监督局
750	QS6403 0501 1164	青铜峡市众乐乳业有限公司	乳制品［乳粉（全脂乳粉）］	宁夏吴忠市青铜峡市瞿靖南街	宁夏吴忠市青铜峡市瞿靖南街	自行检验	2014.06.10	2017.03.30	宁夏质量技术监督局
751	QS6401 0501 0003	宁夏明旺乳业有限公司	乳制品［乳粉（全脂乳粉）］	宁夏银川德胜工业园区丰庆西路 9 号	宁夏银川德胜工业园区丰庆西路 9 号	自行检验	2014.03.17	2017.03.30	宁夏质量技术监督局
752	QS6401 0501 0011	宁夏蒙牛乳制品有限责任公司	乳制品［液体乳（发酵乳）］	宁夏银川市西夏区经济开发区宝湖西路 436 号	宁夏银川市西夏区经济开发区宝湖西路 436 号	自行检验	2013.12.13	2016.12.12	宁夏质量技术监督局
753	QS6403 0501 0005	宁夏伊利乳业有限责任公司	乳制品［液体乳（灭菌乳、调制乳）、其他乳制品（奶油）］	宁夏吴忠市金积工业园区	宁夏吴忠市金积工业园区	自行检验	2014.05.05	2017.06.16	宁夏质量技术监督局
754	QS6401 0501 0001	宁夏亿美生物科技有限公司	乳制品［乳粉（全脂乳粉、脱脂乳粉）、其他乳制品（干酪素、奶油、乳糖）］	宁夏银川市灵武市羊绒工业园区	宁夏银川市灵武市羊绒工业园区	自行检验	2014.06.10	2017.11.05	宁夏质量技术监督局
755	QS6403 0501 0008	宁夏金荣乳业有限公司	乳制品［乳粉（全脂乳粉）］	宁夏吴忠市金银滩镇杨马湖村	宁夏吴忠市金银滩镇杨马湖村	自行检验	2011.5.13	2014.5.12	宁夏自治区质量技术监督局
756	QS6401 0501 0447	宁夏熊猫乳品有限公司	乳制品［乳粉（全脂乳粉）］	宁夏银川市灵武市南门	宁夏银川市灵武市南门	自行检验	2013.11.22	2017.1.30	宁夏回族自治区质量技术监督局
757	QS6403 0501 0002	宁夏蓝天乳业有限公司	乳制品［乳粉（全脂乳粉）］	宁夏吴忠市利通区郭家桥乡	宁夏吴忠市利通区郭家桥乡	自行检验	2011.3.31	2014.11.20	宁夏自治区质量技术监督局
758	QS6401 0501 0207	宁夏银川平吉堡乳品厂	乳制品［液体乳（发酵乳）］	宁夏银川市西夏区平吉堡奶牛场	宁夏银川市西夏区平吉堡奶牛场	自行检验	2013.5.17	2016.6.25	宁夏回族自治区质量技术监督局
759	QS6403 0501 0680	宁夏伊友乳业有限公司	乳制品［乳粉（全脂乳粉、调制乳粉）］	宁夏吴忠市利通区高闸镇郭桥村	宁夏吴忠市利通区高闸镇郭桥村	自行检验	2014.05.05	2017.06.09	宁夏质量技术监督局
760	QS6403 0501 0635	宁夏红果乳业有限公司	乳制品［乳粉（全脂乳粉、调制乳粉）］	宁夏吴忠市利通区金银滩镇	宁夏吴忠市利通区金银滩镇	自行检验	2014.05.26	2017.05.19	宁夏质量技术监督局

（续）

	证书编号	企业名称	产品名称	住　所	生产地点	检验方式	发证日期	有效期至	发证单位
761	QS6401 0501 0006	蒙牛乳业（银川）有限公司	乳制品［液体乳（灭菌乳、调制乳）］	宁夏银川经济开发区宝湖西路 550 号	宁夏银川经济开发区宝湖西路 550 号	自行检验	2014.05.28	2017.06.02	宁夏质量技术监督局
762	QS6400 0501 0204	银川市金河乳业有限公司	乳制品［液体乳（调制乳、巴氏杀菌乳、发酵乳）］	宁夏银川德胜工业园区伊园路 5 号	宁夏银川德胜工业园区伊园路 5 号	自行检验	2014.06.10	2017.04.01	宁夏质量技术监督局
763	QS6400 0501 0300	宁夏北方乳业有限责任公司	乳制品［液体乳（巴氏灭菌乳、调制乳、灭菌乳、发酵乳）］	宁夏银川市永宁县望远经济区	宁夏银川市永宁县望远经济区	自行检验	2014.05.05	2016.11.02	宁夏质量技术监督局
764	QS6400 0501 0203	宁夏夏进昊尔乳品有限公司	乳制品［液体乳（灭菌乳、调制乳）］	宁夏银川市西夏区平吉堡	宁夏银川市西夏区平吉堡	自行检验	2013.4.19	2016.6.25	宁夏回族自治区质量技术监督局
765	QS6403 0501 0707	宁夏雪泉乳业有限公司	乳制品［液体乳（灭菌乳、发酵乳、调制乳）、乳粉（全脂乳粉、调制乳粉）］	宁夏吴忠市利通区马莲渠	宁夏吴忠市利通区马莲渠	自行检验	2014.07.23	2017.06.15	宁夏质量技术监督局
766	QS6401 0501 0009	宁夏塞尚乳业有限公司	乳制品［液体乳、其他乳制品（稀奶油、奶油、酪乳液、乳清蛋白粉、浓缩乳蛋白粉、浓缩乳蛋白液、乳糖液）］	宁夏银川德胜工业园区伊园路 5 号	宁夏银川德胜工业园区伊园路 5 号	自行检验	2012.07.17	2015.07.16	宁夏回族自治区质量技术监督局
767	QS6400 0501 0170	宁夏夏进乳业集团股份有限公司	乳制品［液体乳（巴氏杀菌乳、调制乳、灭菌乳、发酵乳）、乳粉（全脂乳粉、调制乳粉）］	宁夏吴忠市金积工业园区	宁夏吴忠市金积工业园区	自行检验	2013.03.19	2016.04.02	宁夏回族自治区质量技术监督局
				新疆维吾尔自治区（49）					
768	QS6543 0501 0016	布尔津县诺干乳业有限公司	乳制品［其他乳制品（干酪）］	布尔津县窝依莫克乡哈太村	布尔津县窝依莫克乡哈太村	自行检验	2012.1.18	2015.1.17	新疆维吾尔自治区质量技术监督局
769	QS6540 0501 0002	伊犁嘉可思食品有限公司	乳制品［其他乳制品（干酪）］	尼勒克县喀什路	新疆伊犁州尼勒克县喀什路	自行检验	2014.08.11	2017.08.10	新疆维吾尔自治区食品药品监督管理局

（续）

	证书编号	企业名称	产品名称	住　所	生产地点	检验方式	发证日期	有效期至	发证单位
770	QS6540 0501 1453	新源县闻羡乳品厂	乳制品[液体乳(发酵乳)、其他乳制品(干酪)]	新源县则新北路6号	新源县则新北路6号	自行检验	2012.10.20	2015.10.19	新疆自治区质量技术监督局
771	QS6540 0501 0009	新疆伊品酪蛋白有限公司	乳制品[其他乳制品(干酪、奶油)]	新疆伊犁新源县则新路133号	新疆伊犁新源县则新路133号	自行检验	2014.03.27	2017.03.26	新疆维吾尔自治区质量技术监督局
772	QS6527 0501 0013	新疆北疆乳业有限责任公司	乳制品[液体乳(发酵乳)]	博乐市托里立国路	博乐市托里立国路	自行检验	2012.12.12	2015.12.11	新疆维吾尔自治区质量技术监督局
773	QS6500 0501 0392	麦趣尔集团股份有限公司	乳制品(产品明细见副页)	新疆昌吉高新技术产业开发区麦趣尔大道	新疆昌吉高新技术产业开发区麦趣尔大道	自行检验	2013.12.25	2016.12.24	新疆维吾尔自治区质量技术监督局
774	QS6523 0501 0004	新疆昌吉娃哈哈乳业有限公司	乳制品[乳粉(全脂乳粉)]	新疆昌吉市54区昌吉高新技术工业园区内	新疆昌吉市54区昌吉高新技术工业园区内	自行检验	2011.3.29	2014.3.28	新疆自治区质量技术监督局
775	QS6590 0501 1616	新疆乳旺乳业有限公司	乳制品[乳粉(全脂乳粉)]	新疆石河子经济技术开发区65号小区北三东路26–2号	新疆石河子经济技术开发区65号小区北三东路26–2号	自行检验	2011.3.29	2014.3.28	新疆自治区质量技术监督局
776	QS6542 0501 1455	乌苏高泉天天乳业有限责任公司	乳制品[乳粉(全脂乳粉)]	农七师一二四团部	农七师一二四团部	自行检验	2014.01.28	2017.01.27	新疆维吾尔自治区质量技术监督局
777	QS6540 0501 0015	伊宁市阿纳迪雅尔酸奶厂	乳制品[液体乳(发酵乳)]	伊宁市新华西路14巷新居民点	伊宁市新华西路14巷新居民点	自行检验	2012.8.3	2015.8.2	新疆维吾尔自治区质量技术监督局
778	QS6501 0501 0018	乌鲁木齐市阿派尔食品有限公司	乳制品[液体乳(发酵乳)]	乌鲁木齐市沙依巴克区仓房沟南路195号	乌鲁木齐市沙依巴克区仓房沟南路195号	自行检验	2013.3.1	2016.2.28	新疆维吾尔自治区质量技术监督局
779	QS6540 0501 0010	察布查尔锡伯自治县阳光乳品厂	乳制品[液体乳(酸乳)]	察布查尔县扎库齐牛录乡开发地	察布查尔县扎库齐牛录乡开发地	自行检验	2012.6.8	2015.6.8	新疆自治区质量技术监督局
780	QS6532 0501 0020	和田县木巴来克养殖农民专业合作社	乳制品(产品明细见副页)	新疆和田县罕艾克乡巴格万村一小队	新疆和田县罕艾克乡巴格万村一小队	自行检验	2013.9.1	2016.8.31	新疆维吾尔自治区质量技术监督局
781	QS6523 0501 0013	新疆尤贝奶制品有限公司	乳制品[液体乳(发酵乳)、其他乳制品(奶油、干酪)]	阜康市九运街镇黄土梁村	阜康市九运街镇黄土梁村	自行检验	2014.04.15	2017.04.14	新疆维吾尔自治区质量技术监督局

（续）

	证书编号	企业名称	产品名称	住 所	生产地点	检验方式	发证日期	有效期至	发证单位
782	QS6543 0501 1703	银桥乳业阿勒泰有限公司	乳制品[乳粉(全脂乳粉、调制乳粉)、其他乳制品(干酪)]	新疆北屯阿福路工业园区8号	新疆北屯阿福路工业园区8号	自行检验	2012.1.18	2015.1.17	新疆自治区质量技术监督局
783	QS6540 0501 0019	昭苏县新天雪乳制品有限责任公司	乳制品[乳粉(全脂乳粉)]	昭苏县七十七团	昭苏县七十七团	自行检验	2013.04.01	2016.03.31	新疆维吾尔自治区食品药品监督管理局
784	QS6540 0501 1006	伊犁永旺乳业有限公司	乳制品[乳粉(全脂乳粉)]	新疆伊犁州察布查尔县六十九团	新疆伊犁州察布查尔县六十九团	自行检验	2014.07.03	2017.07.02	新疆维吾尔自治区食品药品监督管理局
785	QS6543 0501 0012	新疆旺源驼奶实业有限公司	新疆特色乳制品[乳粉(全脂乳粉)、液体乳(灭菌乳)、其他乳制品(奶片)]	福海县环城东路	福海县环城东路	自行检验	2014.03.19	2017.03.18	新疆维吾尔自治区质量技术监督局
786	QS6528 0501 0799	新疆凯瑞可食品科技有限公司	乳制品[液体乳(巴氏杀菌乳、灭菌乳、发酵乳)、其他乳制品(干酪)]	新疆维吾尔自治区库尔勒经济技术开发区安晨大道南侧、金河路东侧	新疆维吾尔自治区库尔勒经济技术开发区安晨大道南侧、金河路东侧	自行检验	2014.03.27	2017.03.26	新疆维吾尔自治区质量技术监督局
787	QS6529 0501 1339	温宿县海川乳业有限公司	乳制品[乳粉(全脂乳粉、调制乳粉)]	温宿县水稻农场六连路北处	温宿县水稻农场六连路北处	自行检验	2014.01.28	2017.01.27	新疆维吾尔自治区质量技术监督局
788	QS6501 0501 0797	新疆盛和乳业有限公司	乳制品[液体乳(灭菌乳、调制乳、发酵乳)]	乌鲁木齐经济技术开发区(头屯河区)工业园银泉街23号	乌鲁木齐经济技术开发区(头屯河区)工业园银泉街23号	自行检验	2014.01.28	2017.01.27	新疆维吾尔自治区质量技术监督局
789	QS6501 0501 1653	乌鲁木齐伊利食品有限责任公司	乳制品[液体乳(灭菌乳、调制乳)]	乌鲁木齐市经济技术开发区洪湖路88号	乌鲁木齐市经济技术开发区洪湖路88号	自行检验	2014.04.10	2017.04.09	新疆维吾尔自治区质量技术监督局
790	QS6542 0501 0711	沙湾盖瑞乳业有限责任公司	乳制品[液体乳(灭菌乳、调制乳、发酵乳)]	沙湾县乌鲁木齐东路工业园区	沙湾县乌鲁木齐东路工业园区	自行检验	2014.01.03	2017.01.02	新疆维吾尔自治区质量技术监督局
791	QS6529 0501 0014	阿克苏盖瑞乳制品有限责任公司	乳制品[液体乳(灭菌乳、调制乳、酸牛乳)]	阿克苏市东工业园区富达路	阿克苏市东工业园区富达路	自行检验	2011.3.29	2014.3.28	新疆自治区质量技术监督局
792	QS6543 0501 1747	新疆阿勒泰光明乳业有限公司	乳制品[乳粉(全脂乳粉、脱脂乳粉)]	阿勒泰市红墩路16号	阿勒泰市红墩路16号	自行检验	2011.3.29	2014.3.28	新疆自治区质量技术监督局

（续）

	证书编号	企业名称	产品名称	住　所	生产地点	检验方式	发证日期	有效期至	发证单位
793	QS6540 0501 1338	伊犁雪莲乳业有限公司	乳制品[乳粉（全脂乳粉、调制乳粉）]	伊宁县城南开发区	伊宁县城南开发区	自行检验	2014.04.28	2017.04.27	新疆维吾尔自治区质量技术监督局
794	QS6523 0501 0017	新疆疆盟乳制品有限公司	乳制品[液体乳（灭菌乳、调制乳、发酵乳）]	新疆玛纳斯县凉州户镇丰益宫村	新疆玛纳斯县凉州户镇丰益宫村	自行检验	2013.03.01	2016.02.28	新疆维吾尔自治区质量技术监督局
795	QS6590 0501 0708	石河子伊利乳业有限责任公司	乳制品[乳粉（全脂乳粉、调制乳粉）]	石河子开发区 64 小区	石河子开发区 64 小区	自行检验	2014.03.19	2017.03.18	新疆维吾尔自治区质量技术监督局
796	QS6531 0501 0011	新疆玉昆仑天然食品工程有限公司	新疆特色乳制品[乳粉（全脂乳粉）]	岳普湖县艾吾再力库木西路七十二号院	岳普湖县艾吾再力库木西路七十二号院	自行检验	2014.04.10	2017.04.09	新疆维吾尔自治区质量技术监督局
797	QS6540 0501 0022	银桥国际控股（新疆奎屯市）乳业有限公司	乳制品[婴幼儿配方乳粉（基粉）（湿法工艺）]	新疆奎屯市天西路 72 号	新疆奎屯市天西路 72 号	自行检验	2014.06.25	2017.06.24	新疆维吾尔自治区质量技术监督局
798	QS6540 0501 1424	新疆伊源乳业股份有限公司	乳制品[乳粉（全脂乳粉、调制乳粉），液体乳（巴氏杀菌乳、灭菌乳、调制乳、发酵乳）、其他乳制品（奶油、干酪）]	伊宁市边境经济合作区深圳路	伊宁市边境经济合作区深圳路	自行检验	2011.3.29	2014.3.28	新疆自治区质量技术监督局
799	QS6543 0501 1583	布尔津县阿尔曼清真食品有限公司	乳制品[乳粉（全脂乳粉、脱脂乳粉、部分脱脂乳粉、调制乳粉）、其他乳制品（奶油）]	阿勒泰地区布尔津县神湖西路 10 号	阿勒泰地区布尔津县神湖西路 10 号	自行检验	2011.12.07	2014.12.06	新疆维吾尔自治区质量技术监督局
800	QS6542 0501 1490	塔城海川乳业有限公司	乳制品[乳粉（全脂乳粉）、液体乳（巴氏杀菌乳、发酵乳）]	塔城市文化南路（原地区种牛场奶粉厂内）	塔城市文化南路（原地区种牛场奶粉厂内）	自行检验	2014.01.28	2017.01.27	新疆维吾尔自治区质量技术监督局
801	QS6502 0501 0710	克拉玛依绿成农业开发有限责任公司乳品厂	乳制品[液体乳（巴氏杀菌乳、灭菌乳、发酵乳）]	克拉玛依胜利路 6 号	克拉玛依胜利路 6 号	自行检验	2011.3.29	2014.3.28	新疆自治区质量技术监督局
802	QS6540 0501 0001	伊犁思味特乳业有限责任公司	乳制品[乳粉（全脂乳粉、脱脂乳粉、部分脱脂乳粉）]	尼勒克县乌拉斯台	尼勒克县乌拉斯台	自行检验	2014.01.28	2017.01.27	新疆维吾尔自治区质量技术监督局

（续）

	证书编号	企业名称	产品名称	住　所	生产地点	检验方式	发证日期	有效期至	发证单位
803	QS6523 0501 0805	昌吉市康利来乳品厂	乳制品［液体乳（巴氏杀菌乳、灭菌乳、调制乳、发酵乳）］	昌吉市乌伊西路南侧康源路19号（庆源钢构院内）	昌吉市乌伊西路南侧康源路19号（庆源钢构院内）	自行检验	2014.07.03	2017.07.02	新疆维吾尔自治区食品药品监督管理局
804	QS6501 0501 0003	新疆天润生物科技股份有限公司	乳制品［(乳粉（全脂乳粉）、液体乳（巴氏杀菌乳、灭菌乳、调制乳、发酵乳）、干酪］	乌鲁木齐市乌昌公路2702号	乌鲁木齐市乌昌公路2702号	自行检验	2011.3.29	2014.3.28	新疆维吾尔自治区质量技术监督局
805	QS6540 0501 1009	新疆伊犁佳和乳业有限公司	乳制品［乳粉（全脂乳粉、脱脂乳粉、部分脱脂乳粉、调制乳粉）］	巩留县城北工业区	巩留县城北工业区	自行检验	2014.04.28	2017.04.27	新疆维吾尔自治区质量技术监督局
806	QS6540 0501 0806	伊犁伊力特乳业有限公司	乳制品［乳粉（全脂乳粉、脱脂乳粉、部分脱脂乳粉、调制乳粉）］	伊犁地区尼勒克县寨口	伊犁地区尼勒克县寨口	自行检验	2014.01.28	2017.01.27	新疆维吾尔自治区质量技术监督局
807	QS6528 0501 0747	新疆维维天山雪农牧科技有限公司	乳制品［乳粉（全脂乳粉）、液体乳（灭菌乳、调制乳、发酵乳）］	库尔勒市新城辖区库尉公路7幢	库尔勒市新城辖区库尉公路7幢	自行检验	2011.3.29	2014.3.28	新疆自治区质量技术监督局
808	QS6523 0501 0712	新疆维维天山雪乳业有限公司	乳制品[乳粉(全脂乳粉)、液体乳(巴氏杀菌乳、灭菌乳、调制乳、发酵乳)]	呼图壁县天山雪大道99号	呼图壁县天山雪大道99号	自行检验	2011.3.29	2014.3.28	新疆自治区质量技术监督局
809	QS6542 0501 1010	乌苏市海川乳业有限责任公司	乳制品［乳粉（全脂乳粉、调制乳粉）、液体乳（灭菌乳、调制乳、发酵乳）］	乌苏市哈图布呼镇北京东路102号	乌苏市哈图布呼镇北京东路102号	自行检验	2011.3.29	2014.3.28	新疆自治区质量技术监督局
810	QS6540 0501 1293	尼勒克县美特尔乳业有限公司	乳制品［乳粉（全脂乳粉、脱脂乳粉、部分脱脂乳粉、调制乳粉）］	尼勒克县阿克图别克	尼勒克县阿克图别克	自行检验	2014.01.28	2017.01.27	新疆维吾尔自治区质量技术监督局
811	QS6522 0501 1533	哈密盈瑞食品有限公司	乳制品［乳粉（全脂乳粉、脱脂乳粉）、液体乳（巴氏杀菌乳、灭菌乳、发酵乳）］	哈密市广东工业园区(02–01–08)	哈密市广东工业园区(02–01–08)	自行检验	2014.06.25	2017.06.24	新疆维吾尔自治区质量技术监督局

（续）

	证书编号	企业名称	产品名称	住　所	生产地点	检验方式	发证日期	有效期至	发证单位
812	QS6540 0501 1141	新源县牛牛乳业有限责任公司	乳制品［乳粉（全脂乳粉、脱脂乳粉、部分脱脂乳粉、调制乳粉）］	新源县阔斯乌特开勒镇双新北路 11 号	新源县阔斯乌特开勒镇双新北路 11 号	自行检验	2014.07.03	2017.07.02	新疆维吾尔自治区食品药品监督管理局
813	QS6529 0501 0800	阿克苏新农乳业有限责任公司	乳制品［乳粉（全脂乳粉、调制乳粉）、液体乳（巴氏杀菌乳、灭菌乳、调制乳、发酵乳）］	温宿县沙河镇	温宿县沙河镇	自行检验	2014.01.03	2017.01.02	新疆维吾尔自治区质量技术监督局
814	QS6528 0501 0798	新疆焉耆三宇实业有限责任公司	乳制品［乳粉（全脂乳粉、调制乳粉）、液体乳（巴氏杀菌乳、灭菌乳、调制乳、发酵乳）］	焉耆县包尔海乡	巴音郭楞蒙古自治州焉耆县包尔海乡	自行检验	2014.06.25	2017.06.24	新疆维吾尔自治区质量技术监督局
815	QS6590 0501 0709	新疆石河子花园乳业有限公司	乳制品［乳粉（全脂乳粉、调制乳粉）、液体乳（巴氏杀菌乳、调制乳、灭菌乳、发酵乳）］	新疆石河子西郊花园镇	新疆石河子西郊花园镇	自行检验	2014.03.19	2017.03.18	新疆维吾尔自治区质量技术监督局
816	QS6531 0501 1011	南达新农股份有限公司	乳制品［乳粉（全脂乳粉、脱脂乳粉、调制乳粉、特殊配方乳粉），液体乳（巴氏杀菌乳、灭菌乳、调制乳、发酵乳）］	喀什市迎宾大道	喀什市迎宾大道	自行检验	2011.3.24	2014.3.23	新疆维吾尔自治区质量技术监督局

注：信息来源国家食品药品监督管理总局网站，时间截至 2014 年 11 月，以产品名称“乳制品”为关键字分省检索。

我国各地区婴幼儿配方乳（奶）粉企业名单

	证书编号	企业名称	产品名称	住所	生产地点	检验方式	发证日期	有效期至	发证单位
天津（1）									
1	QS1217 0502 0002	天津伊利乳业有限责任公司	婴幼儿配方乳粉（干湿法复合工艺）	天津空港经济区西十五道5号	天津空港经济区西十五道5号	自行检验	2014.03.24	2017.03.30	天津市滨海新区食品药品监督管理局
河北（2）									
2	QS1301 0502 0002	河北三元食品有限公司	婴幼儿配方乳粉（干湿法复合工艺）	河北省石家庄市新华区警安路69号	河北省石家庄市新华区警安路59号；河北省石家庄市新华区西三庄街19号	自行检验	2014.03.27	2017.03.28	河北省食品药品监督管理局
3	QS1300 0502 0045	张家口察哈尔乳业有限公司	婴幼儿配方乳粉（湿法工艺）	张家口市察北管理区	河北省张家口市察北管理区	自行检验	2014.05.19	2017.03.07	河北省食品药品监督管理局
山西（2）									
4	QS1400 0502 0111	山西古城乳业集团有限公司	婴幼儿配方乳粉（湿法工艺）	山阴县古城镇	山西省朔州市山阴县古城镇	自行检验	2014.05.26	2017.03.30	山西省食品药品监督管理局
5	QS1406 0501 1765	山西雅士利乳业有限公司	乳制品 [1. 乳粉（调制乳粉）]、[2. 乳粉（湿法工艺）婴幼儿配方乳粉基粉]	朔州应县四环东路雅士利工业园	山西省朔州市应县四环东路雅士利工业园	自行检验	2014.04.14	2017.03.30	山西省食品药品监督管理局
内蒙古（2）									
6	QS1501 0502 0001	内蒙古金海伊利乳业有限责任公司	婴幼儿配方乳粉（干湿法复合工艺）	呼和浩特市金山开发区金山大道北五一路	内蒙古呼和浩特市金山开发区金山大道北五一路	自行检验	2014.02.26	2017.02.27	内蒙古自治区食品药品监督管理局
7	QS1501 0502 0003	内蒙古欧世蒙牛乳制品有限责任公司	婴幼儿配方乳粉（干湿法复合工艺）	呼和浩特市和林格尔盛乐经济园区	内蒙古呼和浩特市和林格尔盛乐经济园区	自行检验	2014.02.26	2017.02.27	内蒙古自治区食品药品监督管理局

（续）

	证书编号	企业名称	产品名称	住所	生产地点	检验方式	发证日期	有效期至	发证单位
辽宁（2）									
8	QS2107 0502 0002	辽宁辉山乳业集团（锦州）有限公司	婴幼儿配方乳粉（干湿法复合工艺）	锦州七里河经济开发区辉山路1号	锦州七里河经济开发区辉山路1号	自行检验	2014.05.28	2017.05.27	辽宁省食品药品监督管理局
9	QS2101 0502 0001	辽宁辉山乳业集团（秀水）有限公司	婴幼儿配方乳粉（干湿法复合工艺）	辽宁省沈阳市法库县秀水辉山经济开发区	辽宁省沈阳市法库县秀水辉山经济开发区	自行检验	2014.05.28	2017.05.27	辽宁省食品药品监督管理局
吉林（2）									
10	QS2208 0502 0003	吉林飞鹤艾倍特乳业有限公司	婴幼儿配方乳粉（湿法工艺）	镇赉县镇赉镇幸福东路433号	吉林省白城市镇赉县镇赉镇幸福东路433号	自行检验	2014.05.05	2017.03.27	吉林省食品药品监督管理局
11	QS2208 0502 0002	白城龙丹乳业科技有限公司	婴幼儿配方乳粉（湿法工艺）	吉林省白城市工业园区淮河路南渤海街东888号	吉林省白城市工业园区淮河路南渤海街东888号	自行检验	2014.05.27	2017.03.27	吉林省食品药品监督管理局
黑龙江（28）									
12	QS2300 0502 0067	黑龙江省完达山乳业股份有限公司军川分公司	婴幼儿配方乳粉（湿法工艺）	鹤岗市宝泉岭垦区军川乳品厂三号楼	黑龙江省萝北县军川农场场部	自行检验	2011.3.28	2014.3.27	黑龙江省质量技术监督局
13	QS2300 0502 0204	黑龙江摇篮乳业股份有限公司	婴幼儿配方乳粉（湿法工艺）	黑龙江省哈尔滨市香坊区衡山路18号远东大厦A区	大庆市肇州摇篮工业科技园区摇篮大道01号、黑龙江省鹤岗市萝北县共青农场摇篮工业科技园区摇篮大道01号、黑龙江省鹤岗市绥滨县二九O农场摇篮工业科技园区摇篮大道01号、黑龙江省齐齐哈尔市依安县依安镇摇篮工业科技园区摇篮大道01号	自行检验	2011.12.21	2014.5.24	黑龙江省质量技术监督局

（续）

	证书编号	企业名称	产品名称	住所	生产地点	检验方式	发证日期	有效期至	发证单位
14	QS2300 0502 0071	哈尔滨森永乳品有限公司	婴幼儿配方乳粉（湿法工艺）	哈尔滨市道里区机场路 8 号	哈尔滨市道里区机场路 8 号	自行检验	2011.3.30	2014.3.29	黑龙江省质量技术监督局
15	QS2300 0502 0220	黑龙江红星集团食品有限公司	婴幼儿配方乳粉（干湿法复合工艺）	黑龙江省牡丹江市阳明区铁岭三道	黑龙江省牡丹江市阳明区铁岭三道	自行检验	2014.05.22	2017.05.21	黑龙江省食品药品监督管理局
16	QS2300 0502 0117	黑龙江贝因美乳业有限公司	婴幼儿配方乳粉（干湿法复合工艺）	黑龙江省绥化市安达市大庆路 6 号	安达市开发区安发大道 6 号	自行检验	2014.03.02	2017.03.01	黑龙江省食品药品监督管理局
17	QS2300 0502 0056	飞鹤（甘南）乳品有限公司	婴幼儿配方乳粉（干湿法复合工艺）	黑龙江省齐齐哈尔市甘南县生态工业新区	黑龙江省齐齐哈尔市甘南县生态工业新区	自行检验	2014.03.02	2017.03.01	黑龙江省食品药品监督管理局
18	QS2300 0502 0009	黑龙江飞鹤乳业有限公司	婴幼儿配方乳粉（湿法工艺）	黑龙江省齐齐哈尔市克东县克东镇庆祥街	黑龙江省克东县庆祥街	自行检验	2014.03.13	2017.03.12	黑龙江省食品药品监督管理局
19	QS2300 0502 0108	北安宜品努卡乳业有限公司	婴幼儿配方乳粉（干湿法复合工艺）	黑龙江省黑河市北安市铁西区工业园区	黑龙江省黑河市北安市铁西区工业园区	自行检验	2014.03.28	2017.03.27	黑龙江省食品药品监督管理局
20	QS2300 0502 0021	哈尔滨太子乳品工业有限公司	婴幼儿配方乳粉（干湿法复合工艺）	哈尔滨利民经济技术开发区广州路 6 号	哈尔滨利民经济技术开发区广州路 6 号	自行检验	2014.03.28	2017.03.27	黑龙江省食品药品监督管理局
21	QS2300 0502 0005	双城雀巢有限公司	婴幼儿配方乳粉（干湿法复合工艺）	黑龙江省双城市友谊路	黑龙江省双城市友谊路	自行检验	2014.03.28	2017.03.27	黑龙江省食品药品监督管理局
22	QS2300 0502 0210	黑龙江省完达山乳业股份有限公司双城分公司	婴幼儿配方乳粉干湿法复合工艺）	哈尔滨双城市经济技术开发区	哈尔滨双城市经济技术开发区	自行检验	2014.03.28	2017.03.27	黑龙江省食品药品监督管理局
23	QS2300 0502 0092	杜尔伯特伊利乳业有限责任公司	婴幼儿配方乳粉（干湿法复合工艺）	黑龙江省大庆市杜尔伯特蒙古族自治县泰康镇东街	黑龙江省大庆市杜尔伯特蒙古族自治县德力戈尔工业园区	自行检验	2014.03.28	2017.03.27	黑龙江省食品药品监督管理局
24	QS2300 0502 0068	依安县摇篮乳业有限责任公司	婴幼儿配方乳粉（湿法工艺）	黑龙江省齐齐哈尔市依安县依安镇摇篮工业科技园区摇篮大道 01 号	黑龙江省齐齐哈尔市依安县依安镇摇篮工业科技园区摇篮大道 01 号	自行检验	2014.03.28	2017.03.27	黑龙江省食品药品监督管理局

（续）

	证书编号	企业名称	产品名称	住所	生产地点	检验方式	发证日期	有效期至	发证单位
25	QS2300 0502 0062	黑龙江辰鹰乳业有限公司	婴幼儿配方乳粉（湿法工艺）	黑龙江省黑河市嫩江县嫩兴路 262 号	黑龙江省黑河市嫩江县嫩兴路 262 号	自行检验	2014.03.28	2017.03.27	黑龙江省食品药品监督管理局
26	QS2300 0502 0203	黑龙江澳乐滋乳业有限公司	婴幼儿配方乳粉（湿法工艺）	哈尔滨市南岗区红旗满族乡	哈尔滨市南岗区红旗满族乡	自行检验	2014.04.28	2017.04.27	黑龙江省食品药品监督管理局
27	QS2300 0502 0207	黑龙江华丹乳业有限公司	婴幼儿配方乳粉（干湿法复合工艺）	黑龙江省绥化市安达市牛街 469 号	黑龙江省绥化市安达市澳佳牧业科技园区	自行检验	2014.04.28	2017.04.27	黑龙江省食品药品监督管理局
28	QS2300 0502 0206	黑龙江欧贝嘉营养食品有限公司	婴幼儿配方乳粉（湿法工艺）	铁力市西河生态工业园区	黑龙江省铁力市西河生态工业园区	自行检验	2014.04.28	2017.04.27	黑龙江省食品药品监督管理局
29	QS2300 0502 0128	黑龙江农垦多元乳业有限公司	婴幼儿配方乳粉（湿法工艺）	齐齐哈市富裕县富裕牧场场直二区	齐齐哈市富裕县富裕牧场场直二区	自行检验	2014.04.28	2017.04.27	黑龙江省食品药品监督管理局
30	QS2300 0502 0208	黑龙江省索康营养科技有限公司	婴幼儿配方乳粉（干湿法复合工艺）	黑龙江省绥化市经济开发区	黑龙江省绥化市经济开发区	自行检验	2014.05.22	2017.05.21	黑龙江省食品药品监督管理局
31	QS2300 0502 0025	黑龙江省富裕明星食品有限公司	婴幼儿配方乳粉（湿法工艺）	黑龙江省齐齐哈尔市富裕型富裕镇通南路 1 号	黑龙江省齐齐哈尔市富裕型富裕镇通南路 1 号	自行检验	2014.05.22	2017.05.21	黑龙江省食品药品监督管理局
32	QS2300 0502 0093	大庆乳品厂有限责任公司	婴幼儿配方乳粉（湿法工艺）	大庆市高新区安萨路 18 公里处	大庆市高新区安萨路 18 公里处	自行检验	2014.05.22	2017.05.21	黑龙江省食品药品监督管理局
33	QS2300 0502 0218	飞鹤（龙江）乳品有限公司	婴幼儿配方奶粉（湿法工艺）	黑龙江省齐齐哈尔市龙江县黑岗乡	黑龙江省齐齐哈尔市龙江县黑岗乡	自行检验	2014.05.22	2017.05.21	黑龙江省食品药品监督管理局
34	QS2300 0502 0125	黑龙江省光明松鹤乳品有限责任公司	婴幼儿配方奶粉（干湿法复合工艺）	齐齐哈尔市富裕县新华南路	齐齐哈尔市富裕县新华南路	自行检验	2014.03.13	2017.03.12	黑龙江省食品药品监督管理局
35	QS2300 0502 0080	肇州县摇篮乳业有限责任公司	婴幼儿配方奶粉（湿法工艺）	大庆市肇州摇篮工业科技园区摇篮大道 01 号	大庆市肇州摇篮工业科技园区摇篮大道 01 号	自行检验	2014.03.28	2017.03.27	黑龙江省食品药品监督管理局
36	QS2300 0502 0118	黑龙江省农垦龙王食品有限责任公司	婴幼儿配方奶粉（湿法工艺）	黑龙江省绥化市北林区中直北路 696 号	黑龙江省绥化市北林区中直北路 696 号	自行检验	2014.03.28	2017.03.27	黑龙江省食品药品监督管理局

（续）

	证书编号	企业名称	产品名称	住所	生产地点	检验方式	发证日期	有效期至	发证单位
37	QS2300 0502 0103	大庆市绿叶乳品有限公司	婴幼儿配方奶粉（湿法工艺）	黑龙江省大庆市红岗区杏六路	大庆市红岗区杏六路	自行检验	2014.04.28	2017.04.27	黑龙江省食品药品监督管理局
38	QS2300 0502 0064	哈尔滨乳多宝乳业有限责任公司青冈分公司	婴幼儿配方奶粉（湿法工艺）	黑龙江省绥化市青冈县中和镇	黑龙江省绥化市青冈县中和镇	自行检验	2014.05.22	2017.05.21	黑龙江省食品药品监督管理局
39	QS2300 0502 0116	黑龙江农垦英博华威乳业有限公司	婴幼儿配方奶粉（湿法工艺）	黑龙江省伊春市铁力市铁力农场	黑龙江省铁力农场场直二八九大街 9 号	自行检验	2014.05.22	2017.05.21	黑龙江省食品药品监督管理局
				上海（4）					
40	QS3100 0502 0003	多美滋婴幼儿食品有限公司	婴幼儿配方乳粉（干湿法复合工艺）	上海市浦东新区金桥出口加工区宁桥路 188 号	上海市浦东新区金桥出口加工区宁桥路 188 号	自行检验	2014.04.24	2017.04.23	上海市食品药品监督管理局
41	QS3100 0502 0037	上海晨冠乳业有限公司	婴幼儿配方乳粉（干湿法复合工艺）	上海市奉贤区望园路 2166 号	上海市奉贤区望园路 2166 号	自行检验	2014.04.24	2017.04.23	上海市食品药品监督管理局
42	QS3100 0502 0041	上海花冠营养乳品有限公司	婴幼儿配方乳粉（干法工艺）	上海市松江区民益路 299 号	上海市松江区民益路 299 号	自行检验	2014.04.24	2017.04.23	上海市食品药品监督管理局
43	QS3100 0502 0069	上海纽贝滋营养乳品有限公司	婴幼儿配方乳粉（干湿法复合工艺）	上海市松江区新浜镇工业园区环区北路 502 号	上海市松江区新浜工业园区环区北路 502 号	自行检验	2014.04.28	2017.04.27	上海市食品药品监督管理局
				江苏（1）					
44	QS3200 0502 0002	惠氏营养品（中国）有限公司	婴幼儿配方乳粉（湿法工艺）	苏州工业园区方洲路 199 号	苏州工业园区方洲路 199 号	自行检验	2014.04.18	2017.04.17	江苏省食品药品监督管理局
				浙江（1）					
45	QS3301 0502 0001	杭州贝因美母婴营养品有限公司	婴幼儿配方乳粉（干湿法复合工艺）	杭州钱江经济开发区顺风路 512 号	杭州钱江经济开发区顺风路 512 号	自行检验	2014.02.25	2017.02.27	浙江省食品药品监督管理局
				安徽（1）					
46	QS3404 0502 0052	淮南益益营养食品科技有限公司	婴幼儿配方乳粉（湿法工艺）	安徽省淮南市经济技术开发区	安徽省淮南市经济技术开发区朝阳东路 32 号	自行检验	2014.04.02	2017.02.24	安徽省食品药品监督管理局

（续）

	证书编号	企业名称	产品名称	住所	生产地点	检验方式	发证日期	有效期至	发证单位
福建（1）									
47	QS3500 0502 1771	明一国际营养品集团有限公司	婴幼儿配方乳粉（干湿法复合工艺）	福州空港工业集中区大鹤段（生产经营场所：福州航空港工业集中区仙昙路3号	福州航空港工业集中区仙昙路3号	自行检验	2014.02.21	2017.02.23	福建省食品药品监督管理局
江西（2）									
48	QS3600 0502 0057	江西美庐乳业集团有限公司	婴幼儿配方乳粉（干法工艺）	江西省九江市庐山区生态工业城	江西省九江市庐山区生态工业城	自行检验	2014.05.23	2017.05.22	江西省食品药品监督管理局
49	QS3600 0502 0059	江西雄鹰乳业有限公司	婴幼儿配方乳粉（干法工艺）	江西省南昌市小蓝经济开发区金沙三路富山二路969号	江西省南昌市小蓝经济开发区金沙三路富山二路969号	自行检验	2014.05.23	2017.05.22	江西省食品药品监督管理局
山东（3）									
50	QS3700 0502 0047	圣元营养食品有限公司	婴幼儿配方乳粉（干法工艺）	青岛市黄岛区圣元路777号	青岛市黄岛区圣元路777号	自行检验	2014.04.22	2017.04.21	山东省食品药品监督管理局
51	QS3700 0502 0029	迈高乳业（青岛）有限公司	婴幼儿配方乳粉（干法工艺）	青岛市红岛经济区青岛出口加工区（产业区）	青岛市红岛经济区青岛出口加工区（产业区）	自行检验	2014.04.29	2017.04.28	山东省食品药品监督管理局
52	QS3700 0502 0026	青岛索康食品有限公司	婴幼儿配方乳粉（干湿法复合工艺）	山东省青岛胶州市张应镇大朱戈工业园招商路	山东省青岛胶州市张应镇大朱戈工业园招商路	自行检验	2014.05.08	2017.05.07	山东省食品药品监督管理局
湖北（1）									
53	QS4205 0502 0099	宜昌贝因美食品科技有限公司	婴幼儿配方乳粉（干湿法复合工艺）	宜昌市经济开发区大连路28号	湖北省宜昌市经济开发区大连路28号	自行检验	2014.02.27	2017.02.27	湖北省食品药品监督管理局
湖南（3）									
54	QS4300 0502 8889	长沙素加营养品有限公司	婴幼儿配方乳粉（干法工艺）	湖南望城经济开发区雷锋大道108号	湖南望城经济开发区雷锋大道108号	自行检验	2014.04.29	2017.03.13	湖南省食品药品监督管理局

（续）

	证书编号	企业名称	产品名称	住所	生产地点	检验方式	发证日期	有效期至	发证单位
55	QS4300 0502 0101	澳优乳业（中国）有限公司	婴幼儿配方乳粉（干法工艺）	湖南省长沙市河西旺旺东路2号	湖南省长沙市河西旺旺东路2号	自行检验	2014.03.14	2017.03.13	湖南省食品药品监督管理局
56	QS4300 0502 0100	加比力（湖南）食品有限公司	婴幼儿配方乳粉（干法工艺）	长沙市开福区捞刀河镇高源村	长沙市开福区捞刀河镇高源村	自行检验	2014.05.19	2017.05.18	湖南省食品药品监督管理局
广东（3）									
57	QS4400 0502 0004	雅士利国际集团有限公司	婴幼儿配方乳粉（干湿法复合工艺）	广东省潮州市潮安大道雅士利工业城	广东省潮州市潮安大道雅士利工业园	自行检验	2014.04.02	2017.03.28	广东省潮州市食品药品监督管理局
58	QS4400 0502 0034	施恩（中国）婴幼儿营养品有限公司	婴幼儿配方乳粉（干湿法复合工艺）	广州经济技术开发区东区宏远路8号施恩工业园	广州经济技术开发区东区宏远路8号施恩工业园	自行检验	2014.05.26	2017.05.25	广东省广州市质量技术监督局
59	QS4400 0502 0135	雅贝氏（深圳）乳业有限公司	婴幼儿配方乳粉（干湿法复合工艺）	深圳市龙岗区坪地街道湖田路26号	深圳市龙岗区坪地街道湖田路26号	自行检验	2014.05.28	2017.05.27	广东省深圳市市场监督管理局
广西（1）									
60	QS4500 0502 0001	北海贝因美营养食品有限公司	婴幼儿配方乳粉（干湿法复合工艺）	北海市北海大道工业园区11号	北海市北海大道工业园区11号	自行检验	2014.03.06	2017.02.23	广西壮族自治区食品药品监督管理局
陕西（13）									
61	QS6100 0502 0006	西安银桥生物科技有限责任公司	婴幼儿配方乳粉（湿法工艺）	陕西省西安市高新区高科广场A幢9层01号	陕西省西安临潼经济开发区银桥大道99号	自行检验	2014.04.30	2017.04.29	陕西省食品药品监督管理局
62	QS6100 0502 0036	西安银桥贝多营养食品有限公司	婴幼儿配方乳粉（干法工艺）	陕西省西安市高新区锦业二路61号	陕西省西安市高新区锦业二路61号	自行检验	2014.04.30	2017.04.29	陕西省食品药品监督管理局
63	QS6105 0502 0013	陕西红星乳业有限公司	婴幼儿配方乳粉（干湿法复合工艺）	陕西省富平县城关镇望湖路52号	陕西省富平县城关镇望湖路52号	自行检验	2014.05.06	2017.05.05	陕西省食品药品监督管理局
64	QS6100 0502 0106	陕西飞鹤关山乳业有限责任公司	婴幼儿配方乳粉（干湿法复合工艺）	陕西省陇县陇州大道1号	陕西省陇县陇州大道1号	自行检验	2014.05.06	2017.05.05	陕西省食品药品监督管理局

（续）

	证书编号	企业名称	产品名称	住所	生产地点	检验方式	发证日期	有效期至	发证单位
65	QS6104 0502 0015	陕西美力源乳业有限公司	婴幼儿配方乳粉（干湿法复合工艺）	陕西省武功县工业园区	陕西省武功县工业园区	自行检验	2014.05.07	2017.05.05	陕西省食品药品监督管理局
66	QS6100 0502 0031	西安百跃羊乳集团有限公司	婴幼儿配方乳粉（干湿法复合工艺）	陕西省西安市阎良区武屯街西环路北段	陕西省西安市阎良区武屯街西环路北段	自行检验	2014.05.09	2017.05.08	陕西省食品药品监督管理局
67	QS6104 0502 0012	陕西雅泰乳业有限公司	婴幼儿配方乳粉（干湿法复合工艺）	陕西省泾阳县王桥镇	陕西省泾阳县王桥镇	自行检验	2014.05.09	2017.05.08	陕西省食品药品监督管理局
68	QS6100 0502 0126	陕西和氏乳品有限公司	婴幼儿配方乳粉（干湿法复合工艺）	陕西省陇县陇马路48号	陕西省陇县陇马路48号	自行检验	2014.05.06	2017.05.05	陕西省食品药品监督管理局
69	QS6104 0502 0004	陕西优利士乳业有限责任公司	婴幼儿配方乳粉（干湿法复合工艺）	陕西省咸阳市乾县杨汉工业园区	陕西省咸阳市乾县杨汉工业园区	自行检验	2014.05.16	2017.05.15	陕西省食品药品监督管理局
70	QS6108 0502 0001	陕西省定边县乳品实业有限公司	婴幼儿配方乳粉（干湿法复合工艺）	陕西省定边县定边镇西环路（工业园区）	陕西省定边县定边镇西环路（工业园区）	自行检验	2014.05.16	2017.05.15	陕西省食品药品监督管理局
71	QS6101 0502 0008	西安宏兴乳业有限公司	婴幼儿配方乳粉（干湿法复合工艺）	陕西省西安市临潼区栎阳街中段	陕西省西安市临潼区栎阳街中段	自行检验	2014.05.27	2017.05.26	陕西省食品药品监督管理局
72	QS6104 0502 0010	杨凌圣妃乳业有限公司	婴幼儿配方乳粉（干湿法复合工艺）	陕西省杨凌示范区火炬创业园C区	陕西省杨凌示范区火炬创业园C区	自行检验	2014.05.27	2017.05.26	陕西省食品药品监督管理局
73	QS6100 0501 0093	陕西飞鹤关山乳业有限责任公司（副页变更）	婴幼儿配方乳粉（干湿法复合工艺、羊乳粉）	陕西省陇县陇州大道1号	陕西省陇县陇州大道1号	自行检验	2014.08.18	2017.06.11	陕西省食品药品监督管理局
				甘肃（3）					
74	QS6200 0502 0053	临夏州燎原乳业有限公司	婴幼儿配方乳粉（干湿法复合工艺）	甘肃省临夏州临夏县经济开发区食品区	甘肃省临夏州临夏县经济开发区食品区	自行检验	2014.03.31	2017.03.30	甘肃省食品药品监督管理局
75	QS6200 0502 0050	甘南藏族自治州燎原乳业有限责任公司	婴幼儿配方乳粉（湿法工艺）	甘肃省甘南藏族自治州合作市人民街47号	甘肃省甘南藏族自治州合作市人民街47号	自行检验	2014.03.31	2017.03.30	甘肃省食品药品监督管理局
76	QS6200 0502 0052	合水县古象奶业有限责任公司	婴幼儿配方乳粉（干法工艺）	甘肃省庆阳市合水县解放东路137号	甘肃省庆阳市合水县解放东路137号	自行检验	2014.03.31	2017.03.30	甘肃省食品药品监督管理局

（续）

	证书编号	企业名称	产品名称	住所	生产地点	检验方式	发证日期	有效期至	发证单位
宁夏（2）									
77	QS6400 0502 0002	中宁县黄河乳制品有限公司	婴幼儿配方乳粉（湿法工艺）	宁夏中卫市中宁县新堡镇	宁夏中卫市中宁县新堡镇	自行检验	2014.05.26	2017.05.25	宁夏质量技术监督局
78	QS6400 0502 0123	宁夏红果乳业有限公司	婴幼儿配方乳粉（湿法工艺）	宁夏吴忠市利通区金银滩镇	宁夏吴忠市利通区金银滩镇	自行检验	2014.05.26	2017.05.25	宁夏质量技术监督局
新疆（2）									
79	QS6590 0502 0003	新疆石河子花园乳业有限公司	婴幼儿配方乳粉（湿法工艺）	新疆石河子西郊花园镇	新疆石河子西郊花园镇	自行检验	2014.05.26	2017.05.25	新疆维吾尔自治区质量技术监督局
80	QS6540 0501 0022	银桥国际控股（新疆奎屯市）乳业有限公司	乳制品[婴幼儿配方乳粉（基粉）(湿法工艺)]	新疆奎屯市天西路72号	新疆奎屯市天西路72号	自行检验	2014.06.25	2017.06.24	新疆维吾尔自治区质量技术监督局

获得农业产业化国家重点龙头企业奶业企业名单

1. 中地种业（集团）有限公司
2. 北京三元食品股份有限公司
3. 北京首都农业集团有限公司
4. 天津海河乳业有限公司
5. 天津梦得集团有限公司
6. 天津津河乳业有限公司
7. 河北福成五丰食品股份有限公司
8. 小洋人生物乳业集团有限公司
9. 山西古城乳业集团有限公司
10. 内蒙古伊利实业集团股份有限公司
11. 内蒙古蒙牛乳业（集团）股份有限公司
12. 沈阳乳业有限责任公司
13. 广泽乳业有限公司
14. 黑龙江飞鹤乳业有限公司
15. 黑龙江省完达山乳业股份有限公司
16. 黑龙江乳业集团有限责任公司
17. 黑龙江摇篮乳业股份有限公司
18. 光明乳业股份有限公司
19. 南京奶业（集团）有限公司
20. 维维食品饮料股份有限公司
21. 浙江李子园牛奶食品有限公司
22. 安徽益益乳业有限公司
23. 江西阳光乳业集团有限公司
24. 济南佳宝乳业有限公司
25. 山东得益乳业股份有限公司
26. 科迪食品集团股份有限公司
27. 河南花花牛实业总公司
28. 湖南亚华乳业有限公司
29. 湖南太子奶集团生物科技有限责任公司
30. 广东燕塘乳业股份有限公司
31. 深圳光明集团有限公司
32. 广西皇氏甲天下乳业股份有限公司
33. 重庆天友乳业股份有限公司
34. 四川菊乐食品有限公司
35. 新希望集团有限公司
36. 贵州好一多乳业股份有限公司
37. 贵阳三联乳业有限公司
38. 昆明雪兰牛奶有限责任公司
39. 云南新希望邓川蝶泉乳业有限公司
40. 云南欧亚乳业有限公司
41. 西藏高原之宝牦牛乳业股份有限公司
42. 西安银桥生物科技有限责任公司
43. 陕西和氏乳业有限公司
44. 甘肃华羚酪蛋白股份有限公司
45. 兰州庄园牧场股份有限公司
46. 青海天露乳业有限责任公司
47. 宁夏夏进乳业集团股份有限公司
48. 新疆麦趣尔集团有限责任公司
49. * 新疆南达乳业有限公司
50. 北京中地种畜有限公司
51. 石家庄君乐宝乳业有限公司
52. 上海牛奶（集团）有限公司
53. 浙江一鸣食品股份有限公司
54. 现代牧业（集团）有限公司
55. 河南源源乳业集团有限公司
56. 银川市金河乳业有限公司
57. 新疆瑞源乳业有限公司
58. 新疆西部牧业股份有限公司

注：标注“*”的为更名企业。

奶业产业技术体系成员名单

一、国家奶牛产业技术研发中心

建设依托单位：中国农业大学
首席科学家：李胜利
1. 育种与繁殖研究室
建设依托单位：中国农业大学
研究室主任：张胜利
岗位及聘用人员：
育种规划与核心群建立：王雅春（中国农业大学）
育种技术：孟庆勇（中国农业大学）
遗传资源保存与评价：史远刚（宁夏大学）
胚胎工程：朱化彬（中国农业科学院北京畜牧兽医研究所）
种公牛种质选育：仲跻峰（山东省农业科学院）
后裔测定与遗传评估：张胜利（中国农业大学）
繁殖技术：杨利国（华中农业大学）
2. 疾病控制研究室
建设依托单位：中国农业科学院兰州畜牧与兽药研究所
研究室主任：杨志强
岗位及聘用人员：
普通病防控：杨志强（中国农业科学院兰州畜牧与兽药研究所）
传染病防控：王君伟（东北农业大学）
细菌病防控与安全用药：王志亮（中国动物卫生与流行病学中心）
寄生虫病与肢蹄病防控：汪明（中国农业大学）
繁殖病防控：何洪彬（山东省农业科学院）
3. 营养与饲料研究室
建设依托单位：浙江大学
研究室主任：刘建新
岗位及聘用人员：
营养需求与饲养标准：李建国（河北农业大学）
标准化养殖技术集成：李胜利（中国农业大学）
泌乳生理与调控：刘建新（浙江大学）
饲料资源开发：高民（内蒙古自治区农牧业科学院）
饲料营养价值评定：张永根（东北农业大学）
饲料生产与安全监测：王中华（山东农业大学）
营养与环境：高腾云（河南农业大学）
4. 环境控制研究室
建设依托单位：中国农业科学院北京畜牧兽医研究所
研究室主任：王加启
岗位及聘用人员：
牛舍设计：施正香（中国农业大学）
环境控制：余雄（新疆农业大学）
生鲜乳质量控制与安全检测：王加启（中国农业科学院北京畜牧兽医研究所）
5. 加工研究室
建设依托单位：内蒙古农业大学
研究室主任：张和平
岗位及聘用人员：
乳酸菌及发酵乳加工：张和平（内蒙古农业大学）
液态奶加工：张列兵（中国农业大学）
干酪加工：李盛钰（吉林省农业科学院）

6. 产业经济研究室
建设依托单位：中国社会科学院农村发展研究所
研究室主任：刘玉满
产业经济：刘玉满（中国社会科学院农村发展研究所）

二、国家奶牛产业技术综合试验站

1. 三元综合试验站
建设依托单位：北京首农畜牧发展有限公司；站长：李锡智
2. 延庆综合试验站
建设依托单位：北京市归原生态农业发展有限公司；站长：任师喜
3. 武清综合试验站
建设依托单位：天津市武清区海林养殖场；站长：贾春涛
4. 北辰综合试验站
建设依托单位：天津市梦得牧业发展有限公司；站长：于静
5. 保定综合试验站
建设依托单位：河北省畜牧兽医研究所；站长：孙凤莉
6. 石家庄综合试验站
建设依托单位：河北省农林科学院；站长：张新同
7、. 雁门关综合试验站
建设依托单位：山西省生态畜牧产业管理站；站长：白元生
8. 大同综合试验站
建设依托单位：山西省大同市良种奶牛有限责任公司；站长：张宝石
9. 奶联社综合试验站
建设依托单位：内蒙古自治区奶联科技有限公司；站长：李兆林
10. 伊利综合试验站
建设依托单位：内蒙古伊利实业集团股份有限公司；站长：宋丽华
11. 沈阳综合试验站
建设依托单位：辽宁省沈阳乳业有限责任公司；站长：牟海日
12. 鞍山综合试验站
建设依托单位：辽宁省鞍山恒利奶牛场；站长：谢振全
13. 哈尔滨农垦综合试验站
建设依托单位：黑龙江省农垦科学院；站长：甘文平
14. 哈尔滨综合试验站
建设依托单位：黑龙江省奶业协会；站长：张维银
15. 齐齐哈尔综合试验站
建设依托单位：黑龙江克东瑞信达原生态牧业股份有限公司；站长：罗清华
16. 上海综合试验站
建设依托单位：上海市光明荷斯坦牧业有限公司；站长：袁耀明
17. 济南综合试验站
建设依托单位：山东省济南佳宝乳业有限公司；站长：赵鲲
18. 郑州综合试验站
建设依托单位：河南省鼎元种牛育种有限公司；站长：耿繁军
19. 西安综合试验站
建设依托单位：陕西省西安现代农业综合开发总公司；站长：宋爱龙
20. 兰州综合试验站
建设依托单位：甘肃省秦王川奶牛试验场；站长：颉勇刚
21. 银川综合试验站
建设依托单位：宁夏回族自治区正鑫牧业科技发展有限公司；站长：赵国丽
22. 呼图壁综合试验站
建设依托单位：新疆维吾尔自治区呼图壁种牛场；站长：马光辉

23. 克拉玛依综合试验站
建设依托单位：新疆维吾尔自治区绿成农业开发有限责任公司；站长：李军

牧草产业技术体系成员名单

一、国家牧草产业技术研发中心

建设依托单位：中国农业大学
首席科学家：张英俊
1. 育种与种子研究室
建设依托单位：吉林省农业科学院
研究室主任：徐安凯
岗位及聘用人员：
种质资源评价：高洪文（中国农业科学院北京畜牧兽医研究所）
抗逆育种：徐安凯（吉林省农业科学院）
热带牧草育种：刘国道（中国热带农业科学院热带作物品种资源研究所）
豆科牧草育种：杨青川（中国农业科学院北京畜牧兽医研究所）
禾本科牧草育种：张新全（四川农业大学）
种子扩繁：毛培胜（中国农业大学）
2. 病虫害防控研究室
建设依托单位：兰州大学
研究室主任：南志标
岗位及聘用人员：
虫害与生物防控：张泽华（中国农业科学院植物保护研究所）
病害防控：南志标（兰州大学）
3. 栽培与草地管理研究室
建设依托单位：中国农业科学院草原研究所
研究室主任：孙启忠
岗位及聘用人员：
旱作栽培：孙启忠（中国农业科学院草原研究所）
高产栽培：朱进忠（新疆农业大学）
草地管理：辛晓平（中国农业科学院农业资源与农业区划研究所）
土壤肥料与施肥：李向林（中国农业科学院北京畜牧兽医研究所）
草畜平衡：张英俊（中国农业大学）
草地生产力监测：杨劼（内蒙古大学）
草田轮作与耕作制度：师尚礼（甘肃农业大学）
草地改良：泽柏（四川省草原科学研究院）
4. 机械设备研究室
建设依托单位：中国农业大学
研究室主任：王德成
岗位及聘用人员：
青贮设施与机械：王德成（中国农业大学）
干草设施与机械：布库（中国农业科学院草原研究所）
5. 加工利用研究室
建设依托单位：内蒙古农业大学
研究室主任：贾玉山
岗位及聘用人员
干草贮藏与加工：贾玉山（内蒙古农业大学）
草产品加工利用：王成章（河南农业大学）
青贮技术：玉柱（中国农业大学）

6. 产业经济研究室
建设依托单位：中国农业科学院农业经济与发展研究所
研究室主任：王明利
产业经济：王明利（中国农业科学院农业经济与发展研究所）

二、国家牧草产业技术综合试验站

1. 沧州综合试验站
建设依托单位：河北省农林科学院；站长：刘忠宽
2. 衡水综合试验站
建设依托单位：河北省农林科学院；站长：刘贵波
3. 太原综合试验站
建设依托单位：山西省农业科学院；站长：石永红
4. 赤峰综合试验站
建设依托单位：内蒙古自治区赤峰市农牧科学研究院；站长：乌艳红
5. 乌兰察布综合试验站
建设依托单位：内蒙古自治区农牧业科学院；站长：刘永志
6. 呼伦贝尔综合试验站
建设依托单位：内蒙古自治区呼伦贝尔市草甸草原研究中心；站长：杨桂霞
7. 鄂尔多斯综合试验站
建设依托单位：中国农业科学院草原研究所；站长：王育青
8. 绥化综合试验站
建设依托单位：黑龙江省农业科学院；站长：张月学
9. 盐城综合试验站
建设依托单位：江苏省农业科学院；站长：顾洪如
10. 东营综合试验站
建设依托单位：山东省农业科学院；站长：盛亦兵
11. 青岛综合试验站
建设依托单位：青岛农业大学；站长：孙娟
12. 恩施综合试验站
建设依托单位：湖北省农业科学院；站长：刘洋
13. 阿坝综合试验站
建设依托单位：四川省草原科学研究院；站长：白史且
14. 资阳综合试验站
建设依托单位：四川省农业科学院；站长：林超文
15. 黔南综合试验站
建设依托单位：贵州省农业科学院；站长：莫本田
16. 德宏综合试验站
建设依托单位：云南省草地动物科学研究院；站长：薛世明
17. 西藏综合试验站
建设依托单位：西藏自治区农牧科学院；站长：拉巴
18. 咸阳综合试验站
建设依托单位：西北农林科技大学；站长：程积民
19. 海北综合试验站
建设依托单位：青海省畜牧兽医科学院；站长：刘文辉
20.、盐池综合试验站
建设依托单位：宁夏农林科学院；站长：张蓉
21. 昌吉综合试验站
建设依托单位：新疆维吾尔自治区畜牧科学院；站长：李学森
22. 塔里木综合试验站
建设依托单位：塔里木大学；站长：马春晖

乳业产业技术创新战略联盟理事会成员名单

理事长单位： 黑龙江省乳品工业技术开发中心（国家乳业工程技术研究中心）

副理事长单位： 广东雅士利集团股份有限公司
光明乳业股份有限公司
黑龙江飞鹤乳业有限公司
黑龙江乳业集团
黑龙江省完达山乳业股份有限公司
黑龙江摇篮乳业股份由有限公司
济南佳宝乳业有限公司
西安银桥生物科技有限责任公司
内蒙古蒙牛乳业（集团）股份有限公司
内蒙古伊利实业集团股份有限公司
圣元营养食品有限公司
湖南亚华乳业有限公司
浙江贝因美科工贸股份有限公司
江南大学
东北农业大学
中国农业大学
内蒙古农业大学
天津科技大学
浙江大学

理事单位：
北京中轻机乳品设备有限责任公司
河北三元食品有限公司
黑龙江大三源乳品机械有限公司
黑龙江兴安岭乳业有限公司
哈尔滨上洋包装制品有限公司
甘肃华羚干酪素有限公司
杭州娃哈哈集团有限公司
石家庄君乐宝乳业有限公司
新希望乳业控股有限公司
三达膜科技（厦门）有限公司
银川市金河乳业有限公司
扬州大学
大连工业大学
哈尔滨工业大学
吉林大学
中国检验检疫科学研究院
中国农业科学院农产品加工研究所
吉林省农业科学院
大庆乳品厂有限责任公司
河北奇特包装有限责任公司
黑龙江天宏工程设计有限公司
黑龙江省万家宝鲜牛奶投资有限公司
哈尔滨康普乳品有限公司
杭州中亚机械有限公司
南京卫岗乳业有限公司
山东泉林包装有限公司
铁岭市大牛乳品有限公司
维维食品饮料股份有限公司
甘肃农业大学
南京工业大学
沈阳农业大学
黑龙江八一农垦大学
吉林农业大学
黑龙江省农垦科学院
中国农业科学院北京畜牧兽医研究所

注：名单按照企业、大学、科研院所并以单位名称汉语拼音顺序排列。

获得农业部进口饲料和饲料添加剂产品登记证企业及产品目录信息（反刍动物可用）

国家	登记证号	通用名称	商品名称	产品类别	使用范围	生产厂家	有效期限	备注
马来西亚	(2005) 外饲准字 002 号		美加力保护型脂肪 Megalac Protected Fat	精料补充料 Concentrate Supplement		马来西亚 Volac 原料私人有限公司 Volac Ingredients Sdn. Bhd., Malaysia	2005.01– 2010.01	
	(2005) 外饲准字 048 号		营大哥 Nutracor	精料补充料 Concentrate Supplement		万山宝有限公司 WaWaSan Tebrau SDN BHD (418204–M), Malaysia.	2005.03– 2010.03	
	(2005) 外饲准字 055 号		维力强 ENERFLO	能量饲料 Energy Feed		马来西亚南方食油（马）公司 Southern Edible Oil Industries (M) Sdn. Berhad, Malaysia	2005.03– 2010.03	
	(2007) 外饲准字 108 号	棕榈脂肪粉 Palm Fatty Powder	乳美肥 RumiFat R100	能量饲料 Energy Feed	乳牛 Dairy Cow	马来西亚艾可有限公司 Ecolex Sdn. Bhd., Malaysia	2007.04– 2012.04	
	(2008) 外饲准字 080 号	棕榈油粉 Palm Oil Powder	百事美乳牛用脂肪粉 Bergafat T 300 (Ruminant)	能量饲料 Energy Feed	奶牛 Dairy Cow	马来西亚 Premier Oil Industries Sdn Bhd 公司 Premier Oil Industries Sdn. Bhd., Malaysia	2008.05– 2013.05	
	(2009) 外饲准字 012 号	维生素和棕榈油粉 Vitamins and Palm Oil Powder	繁奶康 Bergaplus D	饲料添加剂 Feed Additive	奶牛和肉牛 Dairy Cow and Beef Cattle	马来西亚 Premier Oil Industries Sdn Bhd 公司 Premier Oil Industries Sdn. Bhd., Malaysia	2009.02– 2014.02	
	(2009) 外饲准字 151 号	脂肪包被蛋氨酸 Fat–Encapsulated Methionine	百佳美 Bergamet	饲料级氨基酸 Amino Acid Feed Grade	牛和羊 Cattle and Sheep	马来西亚 Premier Oil Industries Sdn Bhd 公司 Premier Oil Industries Sdn. Bhd., Malaysia	2009.10– 2014.1	
	(2009) 外饲准字 153 号	棕榈核油、大豆浓缩蛋白和大豆磷脂 Palm Kernel Oil, Soy Protein Concentrate and Soy Lecithin	速能 Bergaprime	能量饲料 Energy Feed	养殖动物 All species or categories of animals	马来西亚 Premier Oil Industries Sdn Bhd 公司 Premier Oil Industries Sdn. Bhd., Malaysia	2009.10– 2014.1	

（续）

国家	登记证号	通用名称	商品名称	产品类别	使用范围	生产厂家	有效期限	备注
马来西亚	(2010) 外饲准字 116 号	长链脂肪酸钙皂（棕榈油）	营大哥	能量饲料	反刍动物	马来西亚万山宝有限公司	2010.05	续展
		Calcium Salt Of Long Chain Fatty Acids (Palm Oil)	Nutracor	Energy Feed	Ruminant	Wawasan Tebrau SDN. BHD., Malaysia	2015.05	
	(2010) 外饲准字 152 号	植物油	维力强	能量饲料	泌乳牛	马来西亚南方食油（马）公司	2010.05	
		Vegetable Oil	Enerflo	Energy feed	Lactating cow	Southern Edible Oil Industries(M) SDN. Berhad	2015.05	
	(2010) 外饲准字 116 号	长链脂肪酸钙皂（棕榈油）	营大哥	能量饲料	反刍动物	马来西亚万山宝有限公司	2010.05	
		Calcium Salt Of Long Chain Fatty Acids (Palm Oil)	Nutracor	Energy Feed	Ruminant	Wawasan Tebrau SDN. BHD., Malaysia	2015.05	
	(2010) 外饲准字 182 号	植物油	能乳发	能量饲料	反刍动物	马来西亚 Natural Wax SDN. BHD 公司	2010.06	
		Vegetable Fat	Energy Booster	Energy Feed	Ruminant	Natural Wax SDN BHD, Malaysia	2015.06	
	(2010) 外饲准字 183 号	植物油	能乳发 100	能量饲料	反刍动物	马来西亚 Natural Wax SDN. BHD 公司	2010.06	
		Vegetable Fat	Energy Booster 100	Energy Feed	Ruminant	Natural Wax SDN. BHD Malaysia	2015.06	
	(2010) 外饲准字 349 号	棕榈油粉	百事美 F-100 脂肪粉	能量饲料	猪、鸡、奶牛和肉牛	百事美（马来西亚）有限公司	2010.12	
		Palm Oil Powder	Bergafat F-100 Classic	Energy Feed	Swine Chink Milk Cow and Beef Cow	Premier Oil Industries SDN BHD, Malaysia	2015.12	
	(2011) 外饲准字 128 号	棕榈油脂肪酸钙	乳美肥 PLUS	能量饲料	奶牛，奶山羊和绵羊，幼畜	马来西亚 Ecolex Sdn. Bhd 公司	2011.05–2016.05	
		Calcium Soap of Palm Fatty Acid	Rumifat Plus	Energy Feed	Dairy cows, Dairy goats and sheep, Young animals	Ecolex Sdn Bhd Co., Malaysia		
	(2011) 外饲准字 334 号	棕榈油脂肪粉	宝美肥	能量饲料	奶牛	马来西亚 Ecolex Sdn. Bhd 公司	2011.10–2016.10	

（续）

国家	登记证号	通用名称	商品名称	产品类别	使用范围	生产厂家	有效期限	备注
马来西亚	(2012) 外饲准字 201 号	Palm Fatty Powder 棕榈酸 Palmitic Acid	PALMIFAT 爱能佳 -RP10 Energizer- RP10	Energy Feed 能量饲料 Energy Feed	Cow 奶牛、母羊和山羊 Cow, Ewe and Goat	Ecolex Sdn. Bhd., Malaysia IFFCO (马来西亚) 有限公司 IFFCO （Malaysian）Sdn Bhd., Malaysia	2012.05–2017.05	
	(2012) 外饲准字 291 号	棕榈油脂肪粉 Palm Fatty Powder	乳美肥 Rumifat R100	能量饲料 Energy Feed	乳牛 Cow	马来西亚 Ecolex SDN.BHD. 公司 Ecolex SDN. BHD., Malaysia	2012.08–2017.08	
	(2012) 外饲准字 292 号	反刍动物用棕榈脂肪粉 By-pass Fat Powder	帕美克乳牛棕榈 脂肪粉 Palmac80-16	能量饲料 Energy Feed	乳牛 Cow	马来西亚泛世纪油脂化学有限公司 Pan Century Oleochemicals SDN BHD, Malaysia	2012.08–2017.08	
	(2013) 外饲准字 211 号	棕榈油脂肪酸钙 Calcium Soap of Palm Fatty Acid	乳加多 PALMIFAT PLUS	饲料原料 Feed Material	奶牛 Dairy Cows 奶山羊和绵羊 Dairy Goats and Sheep 幼畜 Young Animals	马来西亚 Ecolex Sdn. Bhd. 公司 Ecolex Sdn. Bhd., Malaysia	2013.06–2018.06	
	(2013) 外饲准字 224 号	棕榈油粉 Palm Oil Powder	百事美乳牛用脂肪粉 Bergafat T 300 (Ruminant)	饲料原料 Feed Material	乳牛 Cattle	百事美（马来西亚）有限公司 Permier Oil Industries Sdn Bhd, Malaysia	2013.06–2018.06	续展登记
泰国	(2005) 外饲准字 006 号		DHA PROTEIN SELCO 轮虫强化剂 DHA PROTEIN SELCO	饲料添加剂 Feed Additive		泰国英伟公司 INVE (Thailand) Ltd.	2005.01–2010.01	

（续）

国家	登记证号	通用名称	商品名称	产品类别	使用范围	生产厂家	有效期限	备注
泰国	(2005) 外饲准字 007 号		CULTURE SELCO 3000 轮虫强化剂 CULTURE SELCO 3000	饲料添加剂 Feed Additive		泰国英伟公司 INVE (Thailand) Ltd.	2005.01– 2010.01	
	(2005) 外饲准字 008 号		DC DHA SELCO 卤虫强化剂 DC DHA SELCO	饲料添加剂 Feed Additive		泰国英伟公司 INVE (Thailand) Ltd.	2005.01– 2010.01	
	(2005) 外饲准字 009 号		A1 DHA SELCO 卤虫强化剂 A1 DHA SELCO	饲料添加剂 Feed Additive		泰国英伟公司 INVE (Thailand) Ltd.	2005.01– 2010.01	
	(2005) 外饲准字 010 号		DCSUPER 卤虫强化剂 DC SUPER SELCO	饲料添加剂 Feed Additive		泰国英伟公司 INVE (Thailand) Ltd.	2005.01– 2010.01	
	(2005) 外饲准字 011 号		PROLON 卤虫强化剂 PROLON	饲料添加剂 Feed Additive		泰国英伟公司 INVE (Thailand) Ltd.	2005.01– 2010.01	
	(2005) 外饲准字 012 号		Sanocare HC 卤虫强化剂 Sanocare HC	饲料添加剂 Feed Additive		泰国英伟公司 INVE (Thailand) Ltd.	2005.01– 2010.01	
	(2007) 外饲准字 158 号	植物乳杆菌和 酿酒酵母 Lactobacillus plantarum and Saccharomyces cerevisiae	活佳素（液体） Huo Jia Su (Liquid phases)	微生物 饲料添加剂 Microbial Biotic Feed Additive	家畜和家禽 Fowl and cattle	泰国龙亿生化股份有限公司 Long Year Biochem Co., Ltd., Thailand	2007.08– 2012.08	

（续）

国家	登记证号	通用名称	商品名称	产品类别	使用范围	生产厂家	有效期限	备注
泰国	(2008) 外饲准字 013 号	L- 赖氨酸盐酸盐	饲料级 98.5%	饲料级氨基酸	所有动物	味之素（泰国）有限公司	2008.02-	续展登记
		L-Lysine Monohydrochloride	L- 赖氨酸盐酸盐 L-Lysine Monohydrochloride 98.5% Feed Grade	Amino Acid Feed Grade	All Animal	Ajinomoto Co., (Thailand) Ltd.	2013.02	
	(2008) 外饲准字 152 号	植物乳杆菌和酿酒酵母	活佳素（固体）	微生物饲料添加剂	猪、牛和禽	泰国龙亿生化股份有限公司	2008.12-	
		Lactobacillus plantarum and Saccharomyces cerevisiae	HUO JIA SU（Powder）	Microbial Biotic Feed Additive	Pig, Cattle and Poultry	Long Year Biochem Co., Ltd., Thailand	2013.12	
	(2012) 外饲准字 440 号	98.5%L- 赖氨酸盐酸盐	饲料级 98.5%L- 赖氨酸盐酸盐	饲料级氨基酸	养殖动物	味之素（泰国）有限公司	2012.11-2017.11	续展
		L-Lysine Monohydrochloride 98.5%	L-Lysine Monohydrochloride 98.5% Feed Grade	Amino Acid Feed Grade	All species or categories of animals	Ajinomoto Co., (Thailand)Ltd.		
	(2013) 外饲准字 065 号	乳酸	普拉克 LAFEED80	饲料酸化剂	养殖动物	普拉克（泰国）有限公司	2013.02-2018.02	
		Lactic Acid	PURAC LAFEED80	Feed Acidifier	All species or categories of animals	PURAC（Thailand）Ltd., Thailand		
日本	(2006) 外饲准字 111 号	DL- 蛋氨酸	饲料级 DL- 蛋氨酸	饲料级氨基酸	所有动物	日本曹达株式会社	2006.08-	续展登记
		DL-Methionine	DL-Methionine Feed Grade	Amino Acid Feed Grade	All animal	Nippon SODA Co., Ltd., Japan	2011.08	
	(2007) 外饲准字 178 号	枯草芽孢杆菌、淀粉酶和蛋白酶（产自枯草芽孢杆菌）	洛东 A-90	饲料添加剂	猪、禽和牛	日本洛东化成工业株式会社	2007.09-	
		Bacillus subtilis, Amylase and Protease (by Bacillus subtilis)	Super Rakuto A-90	Feed Additive	Pig, poultry and cattle	Rakuto Kasei Industrial Co., Ltd., Japan	2012.09	

（续）

国家	登记证号	通用名称	商品名称	产品类别	使用范围	生产厂家	有效期限	备注
日本	(2008) 外饲准字 015 号	D- 泛酸钙	右旋泛酸钙	饲料级维生素	所有动物	日本第一精密化学株式会社本社工厂	2008.02–	续展登记
		D–Calcium Pantothenate	D–Calcium Pantothenate	Vitamin Feed Grade	All Animal	Daiichi Fine Chemical Co., Ltd. Japan	2013.02	
	(2008) 外饲准字 095 号	水合硅铝酸钠钙	耐尔菲	饲料添加剂	所有动物	日本新水株式会社	2008.07–	
		Hydrated Sodium Calcium Aluminosilicate	Nasfeed	Feed Additive	All Animal	Sinsui Inc. Japan	2013.07	
	(2009) 外饲准字 047 号	嗜酸乳杆菌和枯草芽孢杆菌	三利宝	微生物饲料添加剂	养殖动物	日本新水株式会社	2009.06–	
		Lactobacillus acidophilus and Bacillus subtilis	Live Three	Microbial Biotic Feed Additive	All Species or Categories of Animals	Sinsui Inc. Japan	2014.06	
	(2009) 外饲准字 123 号	蛋白酶、脂肪酶、果胶酶(产自黑曲酶）、淀粉酶（产自枯草芽孢杆菌）和纤维素酶（产自长柄木霉）	新乐酶	饲料级酶制剂	养殖动物	日本新水株式会社	2009.09–	续展登记
		Protease, Lipase, Pectinase(by Aspergillus niger), Amylase(by Bacillus subtilis) and Cellulase(by Trichoderma Longibrachiatum)	Sinfeed	Enzyme Feed Grade	All species or categories of animals	Sinsui Inc., Japan	2014.09	
	(2009) 外饲准字 124 号	蛋白酶、脂肪酶、果胶酶(产自黑曲酶）、淀粉酶（产自枯草芽孢杆菌）和纤维素酶（产自长柄木霉）	饲乐酶 CF	饲料级酶制剂	养殖动物	日本新水株式会社	2009.09–	续展登记
		Protease, Lipase, Pectinase(by Aspergillus niger), Amylase(by Bacillus subtilis) and Cellulase(by Trichoderma Longibrachiatum)	Selfeed CF	Enzyme Feed Grade	All species or categories of animals	Sinsui Inc., Japan	2014.09	

（续）

国家	登记证号	通用名称	商品名称	产品类别	使用范围	生产厂家	有效期限	备注
日本	(2010) 外饲准字 047 号	蛋氨酸羟基类似物	速牧美 – L	饲料级氨基酸	猪、鸡、牛	住友化学株式会社	2010.03–	续展
		Methionine Hydroxy Analog	Sumimet–L	Feed Grade Amino Acids	Swine, Chicken Cattle	Sumitomo Chemical Company, Limited, Japan	2015.03	
	(2010) 外饲准字 165 号	枯草芽孢杆菌	可速必宁	微生物饲料添加剂	养殖动物	日本 Calpis 株式会社	2010.06	
		Bacillus Subtilis	CALSPORIN	Microbial Feed Additive	All species or categories of animals	Calpis Co., Ltd., Japan	2015.06	
	(2011) 外饲准字 009 号	DL– 蛋氨酸，长链脂肪酸、月桂酸	日曹美宝	饲料添加剂	奶牛	日本 Nisso Jushi 公司	2011.01–	
		DL–Methionine, Long Chain Fatty Acid, Lauric Acid	Met–Plus	Feed Additive	Cattle	Nisso Jushi Co., Ltd	2016.01	
	(2012) 外饲准字 014 号	枯草芽孢杆菌	绿宝华	微生物饲料添加剂	畜禽和水产动物	日本 Emeral 株式会社	2012.01–2017.01	
		Bacillus subtilis	BLCS Multi	Microbial Feed Additive	Livestock, Poultry and Aquaculture	Emeral Japan Co. Ltd., Japan		
		嗜酸乳杆菌						
		Lactobacillus acidophilus						
		产朊假丝酵母						
		Candida utilis						
	(2012) 外饲准字 235 号	嗜酸乳杆菌 Lactobacillus acidophilus	菌乐多	微生物饲料添加剂	家畜	日本新水株式会社	2012.06–2017.06	
		枯草芽孢杆菌 Bacillus subtilis	Litrefeed	Microbial Feed Additive	Livestock	Sinsui Inc., Japan		
	(2013) 外饲准字 020 号	果寡糖	奥利康明治	饲料添加剂	猪、家禽和牛	日本 Nichiku 药品工业株式会社	2013.01–2018.01	
		Fructo Oligo Saccharide	Oligo SI	Feed Additive	Pig, Poultry and Cattle	Nichiku Yakuhin Kogyo Corporation, Japan		

（续）

国家	登记证号	通用名称	商品名称	产品类别	使用范围	生产厂家	有效期限	备注
印度尼西亚	(2006) 外饲准字 091 号	L- 赖氨酸盐酸盐 L-Lysine Mono-hydrochloride	饲料级 L- 赖氨酸盐酸盐 L-Lysine Monohydrochloride Feed Grade	饲料级氨基酸 Amino Acid Feed Grade	所有动物 All animal	印度尼西亚 PT. Cheil Jedang 公司 PT. Cheil Jedang, Indonesia	2006.07– 2011.07	续展登记
	(2006) 外饲准字 182 号	L- 苏氨酸 L-Threonine	饲料级 L- 苏氨酸 L-Threonine Feed Grade	饲料级氨基酸 Amino Acid Feed Grade	所有动物 All animal	印度尼西亚 PT. Cheil Jedang 公司 PT. Cheil Jedang, Indonesia	2006.11– 2011.11	续展登记
	(2011) 外饲准字 412 号	L- 赖氨酸盐酸盐 L-Lysine Monohydrochloride	L- 赖氨酸盐酸盐 L-Lysine Monohydrochloride	饲料级氨基酸 Amino Acid Feed Grade	养殖动物 All Species or Categories of Animals	印度尼西亚 PT. Cheil Jedang 公司 PT. Cheil Jedang, Indonesia	2011.12–2016.12	续展
	(2012) 外饲准字 147 号	L- 苏氨酸 L-Threonine	饲料级 L- 苏氨酸 L-Threonine Feed Grade	饲料级氨基酸 Amino Acid Feed Grade	养殖动物 All species or categories of animals	印度尼西亚 PT. Cheil Jedang 公司 PT. Cheil Jedang., Indonesia	2012.03–2017.03	续展
印度	(2010) 外饲准字 105 号	烟酸 Nicotinic Acid	饲料级烟酸 Feed Grade Nicotinic Acid	饲料级维生素 Vitamin Feed Grade	养殖动物 All species or categories of animals	印度吉友联有机合成化学有限公司 Jubilant life sciences Ltd., India	2010.04 2015.04	续展
	(2010) 外饲准字 106 号	烟酰胺 Niacinamide	饲料级烟酰胺 Feed grade Niacinamide	饲料级维生素 Vitamin Feed Grade	养殖动物 All species or categories of animals	印度吉友联有机合成化学有限公司 Jubilant life sciences Ltd., India	2010.04 2015.04	续展
	(2011) 外饲准字 208 号	乙酸、丙酸、大蒜 Acetic Acid, Propionic Acid and Allium Sativum	脱毒克预混剂 TOXIROAK TMPREMIX	饲料添加剂 Feed Additive	养殖动物 All Species or Categories of Animals	印度艾绿维有限公司 Ayurvet Limited, India	2011.07–2016.07	

（续）

国家	登记证号	通用名称	商品名称	产品类别	使用范围	生产厂家	有效期限	备注
印度	(2012) 外饲准字 125 号	木聚糖酶（源自长柄木酶 MTCC2052）	卢美斯木聚糖酶	饲料级酶制剂	家禽和猪	印度卢美斯生物科技有限公司	2012.03–2017.03	
		Xylanse (by Trichoderma longibrachiatum MTCC 2052)	Lumi Xylanase Super Conc	Enzyme Feed Grade	Poultry and Swine	Lumis Biotech Pvt. Ltd., India		
	(2012) 外饲准字 248 号	木聚糖酶（产自长柄木酶）	赛毕菲木聚糖酶	饲料级酶制剂	家禽、猪、火鸡、牛	印度先进酶制剂技术有限公司	2012.07–2017.07	
		Xylanase (by Trichoderma longibrachiatum)	Sebfeed Xylanase	Enzyme Feed Grade	Poultry, Swine, Turkey, Cattle	Advanced Enzyme Technologies Ltd., India		
	(2012) 外饲准字 351 号	烟酰胺	饲料级烟酰胺	饲料级维生素	养殖动物	吉友联有机合成化学有限公司	2012.10–2017.10	
		Niacinamide	Feed Grade Niacinamide	Vitamin Feed Grade	All species or categories of animals	Jubilant Life Sciences Limited, India		
	(2013) 外饲准字 079 号	红鱼粉	红鱼粉（三级）	饲料原料	畜禽和水产	印度 M/S MUkka Sea Food Industries Pvt. Ltd 公司	2013.02–2018.02	
		Red Fishmeal	Red Fishmeal (III)	Feed Material	Livestock and Poultry, Aquaculture	M/S MUkka Sea Food Industries Pvt. Ltd, India		
	(2013) 外饲准字 094 号	葡聚糖酶（源自长柄木酶）	卢美斯葡聚糖酶	饲料酶制剂	家禽、猪	印度卢美斯生物科技有限公司	2013.03–2018.03	
		Glucanase (By Trichoderma Longibrachiatum)	LumiGlucanase Super L	Enzyme Feed Grade	Poultry and Swine	Lumin Biotech Ptv. Ltd., India		
韩国	(2005) 外饲准字 061 号		百唯它	维生素类		韩国 Choong Ang 生物技术有限公司	2005.03–	
			BIOVITATM	饲料添加剂		Choong Ang Biotech Co., Ltd., Korea	2010.03	
				Vitamin Feed Additive				
	(2005) 外饲准字 092 号	乙氧基喹啉	东善 E-66	饲料抗氧化剂 Feed Antioxidant		韩国东善产业株式会社	2005.07–	
		Ethoxyquin	Dongsun E-66			Dongsun Ind. Co., Ltd., Korea	2010.07	

（续）

国家	登记证号	通用名称	商品名称	产品类别	使用范围	生产厂家	有效期限	备注
韩国	(2005) 外饲准字 093 号	植物乳杆菌、粪肠球菌 Lactobacillus Plantarum & Enterococcus Faecalis	爱昵乐 ANY-LAC	微生物饲料添加剂 Microbial Biotic Feed Additive		韩国微生物工学研究所 Organic Bio Tech Co., Ltd., Korea	2005.07- 2010.07	
	(2005) 外饲准字 100 号	丙酸、醋酸、苯甲酸和山梨酸 Propionic Acid, Acetic Acid, Benzoic Acid & Sorbic Acid	抗霉宝 Mold Killer	饲料防霉剂 Feed Mould Inhibitor		韩国中央生物科技株式会社 Choong Ang Biotech Co., Ltd., Korea	2005.07- 2010.07	续展登记
	(2005) 外饲准字 101 号	啤酒酵母 Live Yeast Cell (Saccharomyces Cerevisiae)	活菌酶 -100 CYC-100	微生物饲料添加剂 Microbial Biotic Feed Additive		韩国中央生物科技株式会社 Choong Ang Biotech Co., Ltd., Korea	2005.07- 2010.07	续展登记
	(2005) 外饲准字 102 号	复合维生素 Complex Vitamin	维宝 -500 Permasol-500	维生素类饲料添加剂 Vitamin Feed Additive		韩国中央生物科技株式会社 Choong Ang Biotech Co., Ltd., Korea	2005.07- 2010.07	续展登记
	(2007) 外饲准字 002 号	L- 赖氨酸 L-Lysine	世元饲料级液体赖氨酸 50% Sewon L-Lysine Liquid 50% Feed	饲料级氨基酸 Amino Acid Feed Grade	所有动物 All animal	韩国巴斯夫有限公司 Kunsan 工厂 BASF Company Ltd., Kunsan Factory, Korea	2007.01- 2012.01	续展登记
	(2007) 外饲准字 021 号	啤酒酵母 Saccharomyces cerevisiae	赛克灵 Saccharo Culture	微生物饲料添加剂 Microbial Biotic Feed Additive	所有动物 All animal	韩国第一化学株式会社 Cheil Bio Co., Ltd., Korea	2007.02- 2012.02	续展登记
	(2007) 外饲准字 150 号	枯草芽孢杆菌和酿酒酵母 Bacillus subtilis and Saccharomyces cerevisiae	强力益生菌 Power-Zyme	微生物饲料添加剂 Microbial Biotic Feed Additive	所有动物 All animal	韩国 B&B 株式会社 B & B Korea Co., Ltd.	2007.07- 2012.07	

（续）

国家	登记证号	通用名称	商品名称	产品类别	使用范围	生产厂家	有效期限	备注
韩国	(2007) 外饲准字 151 号	嗜酸乳杆菌 Lactobacillus Acidophilum	SDN 活菌剂 SDN Probiotics	微生物 饲料添加剂 Microbial Biotic Feed Additive	牛、母猪和禽 cattle, sow and poultry	韩国 B&B 株式会社 B & B Korea Co., Ltd.	2007.07– 2012.07	
	(2008) 外饲准字 068 号	L– 赖氨酸盐酸盐 L–Lysine HCl	Sewon 牌饲料级 99% L– 赖氨酸盐酸盐 Sewon L–Lysine HCl 99% Feed Grade	饲料级氨基酸 Amino Acid Feed Additive	所有动物 All Animal	韩国 Paik Kwang 产业株式会社 Paik Kwang Industrial Co., Ltd., Korea	2008.05– 2013.05	续展登记
	(2008) 外饲准字 125 号	嗜酸乳杆菌和啤酒酵母 Laetobacillus acidophilus and Saccharomyces cerevisiae	生物 – 绿色 – A Bio–Green–A	微生物饲料添加剂 Microbial Biotic Feed Additive	猪、禽、牛和鱼 Pig, Poultry, Cattle and Fish	韩国绿色全球株式会社 Green Global in Korea Co., Ltd.	2008.10– 2013.1	
	(2009) 外饲准字 033 号	枯草芽胞杆菌和酿酒酵母 Bacillus subtilis and Saccharomyces cervisiae	牧哥益佰 Digesta–10	微生物饲料添加剂 Microbial Biotic Feed Additive	猪、禽、牛和鱼 Pig, Poultry, Cattle and Fish	韩国 Eunjin 国际生物技术株式会社 Eunjin International Biotechnology Co., Ltd., Korea	2009.05– 2014.05	续展登记
	(2009) 外饲准字 138 号	氧化锌 Zinc Oxide	保锌旺 Shield Zinc	矿物质饲料添加剂 Mineral Feed Supplement	猪、家禽、牛 Swine, Poultry and Bovine	韩国西梯茜公司 CTCBIO Inc., Korea	2009.10– 2014.1	
	(2009) 外饲准字 183 号	核黄素（维生素 B_2） Riboflavin (Vitamin B_2)	露他维 B_2 80 Lutavit B_2 SG 80	饲料级维生素 Vitamins Feed Grade	养殖动物 All Species or Categories of Animals	韩国巴斯夫公司 BASF Company Ltd., Korea	2009.11– 2014.11	
	(2009) 外饲准字 195 号	蛋白酶（产自枯草芽孢杆菌） Protease (by Bacillus Subtilis)	康畜宝 70 One – Q®kangxubao	饲料级酶制剂 Enzyme Feed Grade	牛、猪、家禽和水产动物 Cow, Swine, Poultry and Aquaculture	韩国英赛特生物技术有限公司 Insect Biotech Co., Ltd, Korea	2009.12– 2014.12	

（续）

国家	登记证号	通用名称	商品名称	产品类别	使用范围	生产厂家	有效期限	备注
韩国	(2009) 外饲准字196号	嗜酸乳杆菌、屎肠球菌和酿酒酵母	优比－他	微生物饲料添加剂	猪、牛、家禽、马	韩国（株）柳生物科技有限公司	2009.12–	
		Lactobacillus. acidophilus,	UB –Ta	Microbial Biotic Additive	Swine, Cattle, Poultry and Horse	UNI Biotech Co., Ltd, Korea	2014.12	
		Enterococcus faecium and Saccharomyces cerevisiae						
	(2009) 外饲准字226号	多种维生素和氨基酸	大星超劲维他	添加剂预混合饲料	养殖动物	韩国大星微生物研究所株式会社	2009.12–	续展登记
		Multi–Vitamins and Amino Acids	Vita Gold Super	Additive Premix	All species or categories of animals	Dae Sung Microbiological Labs., Korea	2014.12	
	(2010) 外饲准字022号	枯草芽孢杆菌	爱家畜	微生物饲料添加剂	养殖动物	韩国净土环保有限公司	2010.01–	续展
		Bacillus subtilis	Anygest	Microbial Biotic Additive	All species or categories of animals	Cleanland Co., Ltd., Korea	2015.01	
	(2010) 外饲准字025号	干酪乳杆菌	好加七	微生物饲料添加剂	猪、鸡、牛	韩国 Entech–Bio Co. Ltd. 始兴工厂	2010.02–	
		Lactobacillus casei	Plus–7	Microbial Biotic Additive	Swine, Chicken ,Cow	Entech–Bio Co. Ltd., Korea Siheing Factory	2015.02	
	(2010) 外饲准字327号	枯草芽孢杆菌	超级赛克灵	微生物饲料添加剂	家禽、牛和猪	韩国第一化学株式会社	2010.12	
		Bacillus Subtilis	ECO B.S.	Microbial Feed Additive	Poultry, Cow and Swine	Cheil Bio Co., Ltd., Korea	2015.12	
	(2010) 外饲准字328号	枯草芽孢杆菌	发乐吨	微生物饲料添加剂	家禽	韩国第一化学株式会社	2010.12	
		Bacillus Subtilis	Barodon–EX	Microbial Feed Additive	Poultry	Cheil Bio Co., Ltd., Korea	2015.12	
	(2010) 外饲准字330号	吡啶甲酸铬	PIF 铬 0.12	矿物质饲料添加剂	猪	三兆生命科学院股份公司	2010.12	
		Chromium Picolinate	PIF Chrome 0.12	Feed Mineral Additive	Swine	Samjo Life Science Co., Ltd., Korea	2015.12	

（续）

国家	登记证号	通用名称	商品名称	产品类别	使用范围	生产厂家	有效期限	备注
韩国	(2011) 外饲准字 267 号	多种维生素 Muti– Vitamins	维宝 500 Permasol 500	维生素类饲料添加剂 Vitamin Feed Grade	养殖动物 All Species or Categories of Animals	韩国中央生物科技株式会社 Choong Ang Biotech Co., Ltd., Korea	2011.08–2016.08	续展
	(2011) 外饲准字 282 号	啤酒酵母 Saccharomyces cerevisea	AG 活酵素 AG–CYC	微生物饲料添加剂 Microbial Feed Additive	养殖动物 All Species or Categories of Animals	韩国真力生物科技有限公司 Genebiotech Co., Ltd, Korea	2011.08–2016.08	
	(2011) 外饲准字 212 号	全脂大豆 Full Fat Soybean	膨化全脂大豆 Soyplus	蛋白质饲料 Protein Feed	仔猪、雏鸡和奶牛 Piglet, Broiler and Dairy Cow	未来资源 ML 株式会社 Milae Resources ML Co., Ltd., Korea	2011.07–2016.07	
	(2011) 外饲准字 282 号	啤酒酵母 Saccharomyces cerevisae	AG 活酵素 AG–CYC	微生物饲料添加剂 Microbial Feed Additive	牛、猪、家禽和水产动物 Cow, Swine, Poultry and Aquaculture	韩国真力生物科技有限公司 Genebiotech Co., Ltd, Korea	2011.09–2016.09	
	(2011) 外饲准字 326 号	多种维生素和氨基酸 Vitamins and Amino Acids	强力百唯它 Biovita–Plus	添加剂预混料 Additive Premix	鸡、猪和牛 Chicken, Swine and Cow	韩国柯碧恩派公司 KBNP, Inc., Korea	2011.10–2016.10	
	(2011) 外饲准字 329 号	植物性乳杆菌 Lactobacillus Plantarum 枯草芽孢杆菌 Bacillus Subtillis	依润 – 200 MORI–MAX	微生物饲料 添加剂 Microbial Feed Additive	畜禽 Livestock and Poultry	韩国 Biotopia 株式会社 Biotopia Co., Ltd., Korea	2011.10–2016.10	
	(2012) 外饲准字 015 号	多种维生素和矿物质 Multi Vitamins and Minerals	粒克溶 MutilSol–G	添加剂预混合饲料 Additive Premix	养殖动物 All species or categories of animals	韩国第一化学株式会社 Cheil Bio Co., Ltd., Korea	2012.01–2017.01	

（续）

国家	登记证号	通用名称	商品名称	产品类别	使用范围	生产厂家	有效期限	备注
韩国	(2012) 外饲准字048号	酿酒酵母培养物 Yeast Culture	赛克灵 Saccharo Culture	微生物饲料添加剂 Microbial Feed Additive	养殖动物 All species or categories of animals	韩国第一化学株式会社 Cheil Bio Co., Ltd., Korea	2012.01–2017.01	续展
	(2012) 外饲准字233号	嗜酸乳杆菌 Lactobacillus acidophilus 枯草芽孢杆菌 Bacillus subtilis 粪肠球菌 Enteroccus faecium	后秘 Q – Lac	微生物饲料添加剂 Microbial Feed Additive	畜禽 Livestock and Poultry	韩国农协饲料公司 NHbio Nonghyup Feed Inc., NHbio, Korea	2012.06–2017.06	
	(2012) 外饲准字247号	枯草芽孢杆菌 Bacillus subtilis	畜禽黄金 Bio Plus	微生物饲料添加剂 Microbial Feed Additive	猪、家禽、牛、鱼、狗 Swine, Poultry, Cattle, Fish, Dog	韩国 AD 生物科技有限公司 ADbiotech Co., Ltd., Korea	2012.07–2017.07	
	(2012) 外饲准字252号	蒙脱石 Montmorillonite	伊莱特 Ilite	饲料添加剂 Feed Additive	猪、牛、鸡、鱼 Swine, Cattle, Chicken, Fish 反刍动物 Ruminant	韩国龙宫伊莱特株式会社 South Korea Yong Koong Illite Co., Ltd	2012.07–2017.07	
	(2012) 外饲准字286号	乳酸片球菌 Pediococcus acidilactici 枯草芽孢杆菌 Bacillus subtilis	依润 -300 PLA	微生物饲料添加剂 Microbial Feed Additive	畜禽 Livestock and Poultry	韩国 Biotopia 株式会社 Korea Biotopia Co., Ltd., Korea	2012.08–2017.08	

（续）

国家	登记证号	通用名称	商品名称	产品类别	使用范围	生产厂家	有效期限	备注
韩国	(2012) 外饲准字 287 号	乳酸片球菌 Pediococcus acidilactici 酿酒酵母 Saccharomyces cerevisiae	依润 -100 TAM-100	微生物饲料添加剂 Microbial Feed Additive	反刍动物 Ruminant	韩国 Biotopia 株式会社 Korea Biotopia Co., Ltd., Korea	2012.08–2017.08	
	(2012) 外饲准字 288 号	枯草芽孢杆菌 Bacillus subtilis	爱肠生 Ai Chang Sheng	微生物饲料添加剂 Microbial Feed Additive	猪 Swine 牛 Cattle 家禽 Poultry	韩国 Uni Biotech 株式会社 Uni Biotech Co., Ltd., Korea	2012.08–2017.08	
	(2012) 外饲准字 415 号	发酵豆粕 Fermentation of Defatted Soybean meal	速益泰 Soytide	蛋白质饲料 Protein Feed	猪、家禽、水产、反刍动物 Swine, Poultry, Aquaculture Ruminant	希杰第一制糖 仁川 2 工厂 CJ Cheiljedang Corporation, Incheon 2 Plant, Korea	2012.11–2017.11	
	(2013) 外饲准字 006 号	枯草芽孢杆菌和乳酸杆菌 Bacillus subtilis and Lactobacillus acidophilus	莫克菲德 Mucofeed	微生物饲料添加剂 Microbial Feed Additive	猪、家禽、牛 Swine, Poultry, Cattle	韩国 Genobio 有限公司 Genobio Co., Ltd, Korea	2013.01–2018.01	
	(2013) 外饲准字 096 号	植物乳杆菌 L. plantarum 屎肠球菌 E. faecium	百亿塔 Vital Feed	微生物饲料添加剂 Microbial Feed Additive	牛、猪和家禽 Cattle, Swine and Poultry	韩国 CHEBIGEN 公司 CHEBIGEN Inc., Korea	2013.03–2018.03	

（续）

国家	登记证号	通用名称	商品名称	产品类别	使用范围	生产厂家	有效期限	备注
韩国	(2013) 外饲准字 098 号	多种有机酸 Multi-Organic Acid	优酸 BioAcid	饲料酸化剂 Feed Acidifier	养殖动物 All species or categories of animals	韩国 DAEHO 株式会社 DAEHO Co., Ltd., Korea	2013.03–2018.03	
	(2013) 外饲准字 101 号	非活性酿酒酵母 Inactivated Yeast 硅酸盐 Silicate	清毒康 ToxicZero	饲料添加剂 Feed Additive	养殖动物 All species or categories of animals	韩国 DAEHO 株式会社 DAEHO Co., Ltd, Korea	2013.03–2018.03	
	(2013) 外饲准字 141 号	L- 赖氨酸盐酸盐 L-Lysine HCL	Sewon 牌饲料级 99% L- 赖氨酸盐酸盐 L-Lysine HCL 99% Feed Grade	饲料级氨基酸 Amino Acid Feed Grade	养殖动物 All species or categories of animals	韩国 Paik Kwang 产业株式会社 Paik Kwang Industrial Co., Ltd., Korea	2013.03–2018.03	续展登记
新加坡	(2005) 外饲准字 104 号	膨化淀粉 Pregelatinized Starch	α－淀粉 ALPHA STARCH	饲料添加剂 Feed Additive		朝日化学（新加坡）有限公司 Asahi Chemical (Singapore) Pte Ltd	2005.07–2010.07	续展登记
	(2006) 外饲准字 001 号	淀粉酶（产自米曲霉）和蛋白酶（产自枯草芽孢杆菌） Amylase (by Aspergillus Oryzae) and protease (by Bacillus Subtilis)	钻石强力酵素 Nopcozyme II	饲料酶制剂 Feed Enzyme	猪、鸡、鱼虾和牛 Pig, chicken, fish, shrimp and cattle	新加坡大祥资源有限公司 Diasham Resources Pte. Ltd., Singapore	2006.01–2011.01	续展登记
	(2007) 外饲准字 053 号	β－木聚糖酶和 β－葡聚糖酶（产自长柄木霉） β－Xylanase and β－Glucanase (by Trichoderma longibrachiatum)	钻石强力酶 BX+BG Nopcozyme II BX+BG	饲料级酶制剂 Feed Enzyme	所有动物 All Animal	新加坡大祥资源有限公司 Diasham Resources Pte. Ltd., Singapore	2007.02–2012.02	续展登记

（续）

国家	登记证号	通用名称	商品名称	产品类别	使用范围	生产厂家	有效期限	备注
新加坡	(2007) 外饲准字 203 号	水合硅铝酸钠钙	百霉净	饲料添加剂	所有动物	新加坡威发药业有限公司	2007.11–	
		Hydrated Sodium Calcium Aluminosilicate	Elisorb	Feed Additive	All animal	Vetpharm Laboratories (S) Pte. Ltd., Singapore	2012.11	
	(2009) 外饲准字 194 号	蛋白酶（产自米曲霉）、淀粉酶和木聚糖酶（产自枯草芽孢杆菌）	钻石强力酵素特配	饲料级酶制剂	养殖动物	新加坡大祥资源有限公司	2009.12–	
		Protease (by Aspergillus Oryzae), Amylase and Xylanase (by Bacillus Subtilis)	Nopcozyme X Plus	Enzyme Feed Grade	All species or categories of animals	Diasham Resources Pte. Ltd., Singapore	2014.12	
	(2010) 外饲准字 307 号	海藻酸钠、酿酒酵母、硅藻土和斑脱土	百霉清	饲料添加剂	养殖动物	新加坡 Biomin Singapore Pte. 公司	2010.11	
		Sodium Alginate, Saccharomyces Cerevisiae, Acepis Earth and Bentonite	MycofixR Plus	Feed Additive	All species or categories of animals	Biomin Singapore Pte. Ltd, Singapore	2015.11	
	(2010) 外饲准字 308 号	海藻酸钠、酿酒酵母、硅藻土和斑脱土	百霉克	饲料添加剂	养殖动物	新加坡 Biomin Singapore Pte. Ltd	2010.11	
		Sodium Alginate, Saccharomyces Cerevisiae, Acepis Earth and Bentonite	MycofixR Select	Feed Additive	All species or categories of animals	Biomin Singapore Pte. Ltd, Singapore	2015.11	
	(2011) 外饲准字 339 号	硅藻土	百安明	饲料添加剂	养殖动物	百奥明新加坡私人有限公司	2011.10–2016.10	
		Diatomaceous Earth	Mycofix®	Feed Additive	All Species or Categories of Animals	Biomin Singapore Pte. Ltd., Singapore		
		高岭土 Caolinite						
	(2011) 外饲准字 340 号	海藻酸钠	百霉克	饲料添加剂	养殖动物	百奥明新加坡私人有限公司	2011.10–2016.10	

（续）

国家	登记证号	通用名称	商品名称	产品类别	使用范围	生产厂家	有效期限	备注
新加坡	(2011) 外饲准字 341 号	Sodium Alginate 非活性酵母 Inactivated Yeast 硅藻土 Diatomaceous Earth 斑脱土 Bentonite	Mycofix Select	Feed Additive	All Species or Categories of Animals	Biomin Singapore Pte. Ltd., Singapore	2011.10–2016.10	
		海藻酸钠	百霉清	饲料添加剂	养殖动物	百奥明新加坡私人有限公司		
		Sodium Alginate 非活性酵母 Inactivated Yeast 硅藻土 Diatomaceous Earth 斑脱土 Bentonite	Mycofix Plus	Feed Additive	All Species or Categories of Animals	Biomin Singapore Pte. Ltd.		
	(2012) 外饲准字 183 号	β－木聚糖酶和 β－葡聚糖酶（源自长柄木霉）	钻石强力酶	饲料级酶制剂	养殖动物	新加坡大祥资源有限公司	2012.04–2017.04	续展
		β –Xylanase and β –Glucanase (by Trichoderma longibrachiatum)	BX ＋ BG Nopcozyme Ⅱ BX ＋ BG	Enzyme Feed Grade	All species or categories of animals	Diasham Resources Pte Ltd., Singapore		

（续）

国家	登记证号	通用名称	商品名称	产品类别	使用范围	生产厂家	有效期限	备注
新加坡	(2012) 外饲准字 245 号	水合硅铝酸钠钙	百霉净	饲料添加剂	养殖动物	新加坡威发药业有限公司	2012.06–2017.06	续展
		Hydrated Sodium Calcium Aluminosilicate	Elisorb®	Feed Additive	All species or categories of animals	Vetpharm Laboratories (S) Pte. Ltd., Singapore		
	(2012) 外饲准字 319 号	丙酸	霉敌霸 ®Aw 液剂	饲料防霉剂	养殖动物	建明工业（亚洲）私人有限公司	2012.09–2017.09	
		Propinonic Acid	Myco CURB TMAw Liquid	Feed Mould Inhibitor	All species or categories of animals	Kemin Industries (Asia) Pte Ltd, Singapore		
越南	(2005) 外饲准字 151 号	浓缩糖蜜发酵液	浓缩糖蜜发酵液	精料补充料	乳牛和肉牛	味丹（越南）企业股份有限公司	2011.01–2016.01	
		Condensed Molasses Fermentation Soluble	Condensed Molasses Fermentation Soluble	Concentration Supplement	Milk Cow and Beef Cow	Vedan (Vietnam) Enterprise Corporation Limited		
	(2012) 外饲准字 365 号	浓缩糖蜜发酵物	味丹蜜	精料补充料	乳牛、肉牛	味丹（越南）企业股份有限公司	2012.10–2017.10	
		Condensed Molasses Fermentation Solubles	Vedafeed	Concentrate Supplement	Milk Cow and Beef Cow	Vedan（Vietnam）Enterprise Corporation Limited		
中国台湾	(2005) 外饲准字 064 号		德特利	饲料酶制剂		台湾孟德尔生物科技股份有限公司	2005.05–2010.05	
			Biomaterial	Feed Enzyme		Taiwan Mendel Biotech Co., Ltd.		
	(2005) 外饲准字 072 号	硫酸亚铁	乳铁素	矿物质添加剂		中国派斯德股份有限公司	2005.07–2010.07	
		Ferrous Sulfate	Top # 98	Feed Mineral Supplement		China Bester Laboratories Ltd.		
	(2005) 外饲准字 097 号	甘氨酸铁络合物	爱铁旺 –100	矿物质添加剂		中国派斯德股份有限公司	2005.07–2010.07	续展登记
		Ferrous Glycine Chelate	IRONG–100	Feed Mineral Supplement		China Bester Laboratories Ltd.		
	(2005) 外饲准字 123 号	植物乳杆菌和乳酸肠球菌	富畜美	微生物添加剂	所有动物	Lactozyme Enterprise Co., Ltd.	2010.12	
		Lactobacillus Plantarum and Enterococcus Lactis	Ferozyme	Microbial Biotic Additive	All animal	酪多精企业有限公司		

（续）

国家	登记证号	通用名称	商品名称	产品类别	使用范围	生产厂家	有效期限	备注
中国台湾	(2006) 外饲准字 063 号	植物乳杆菌和乳酸肠球菌	育佳	微生物添加剂	所有动物	Lactozyme Enterprise Co., Ltd.		
		Lactobacillus Plantarum and Enterococcus Lactis	YOCA	Microbial Biotic Additive	All animal	酪多精企业有限公司		
		植物乳杆菌和乳酸肠球菌	酪多精	微生物添加剂	所有动物	Lactozyme Enterprise Co., Ltd.		
		Lactobacillus Plantarum and Enterococcus Lactis	Lactozyme	Microbial Biotic Additive	All animal	酪多精企业有限公司		
	(2007) 外饲准字 140 号	糖蜜发酵液	浓缩糖蜜发酵液	饲料添加剂	牛	味丹企业股份有限公司	2007.11–	
		Molasses Fermentation Solubles	Condensed Molasses Fermentation Solubles	Feed Additive	Cattle	Vedan Enterprise Corporation	2012.11	
	(2007) 外饲准字 195 号		康富好利得	维生素类			2010.04	
			ADHEALTH	饲料添加剂		台湾合台生化股份有限公司	2015.04	
				Vitamin Feed Additive			2010.05	
	(2008) 外饲准字 124 号	膨化豆粕	普罗蛋白	蛋白质饲料	猪、牛和水产	达邦蛋白股份有限公司	2008.12–	
		Extruded Soybean Meal	GroStim	Protein Feed	Pig, Cattle and Aquaculture	DaBomb Protein Corp.	2013.12	
	(2009) 外饲准字 036 号	膨化豆粕	优力蛋白	蛋白质饲料	养殖动物	达邦蛋白股份有限公司	2009.07–	
		Extruded Soybean Meal	Diamond–P	Protein Feed	All species or categories of animals	DaBomb Protein Corp.	2014.07	
	(2009) 外饲准字 074 号	硫酸锌和蛋氨酸	锌旺	矿物质饲料添加剂	猪、鸡、水产动物和牛	贸立实业股份有限公司	2009.10–	
		Zine Sulfate and Methionine	Zinenostress	Mineral Feed Supplement	Pig, Poultry, Aquaculture and Cattle	More–standing Enterprise Co., Ltd	2014.1	

（续）

国家	登记证号	通用名称	商品名称	产品类别	使用范围	生产厂家	有效期限	备注
中国台湾	(2009) 外饲准字 139 号	硫酸亚铁和蛋氨酸	铁旺	矿物质饲料添加剂	猪、鸡、水产动物和牛	贸立实业股份有限公司	2009.10–	
		Ferrous Sulfate and Methionine	Feroplus	Mineral Feed Supplement	Pig, Poultry, Aquaculture and Cattle	More–standing Enterprise Co., Ltd	2014.1	
	(2009) 外饲准字 220 号	枯草芽孢杆菌	枯草芽孢杆菌 PB6 粉剂	微生物饲料添加剂	畜禽、水产动物和反刍动物	金颖生物科技股份有限公司	2010.01–	
		Bacillus subtilis	PB6 Dry	Microbial Biotic Additive	Livestock , Poultry, Aquaculture and Ruminant	GeneFerm Biotechnology Co., Ltd.	2015.01	
		尼克酸	烟酸	饲料级维生素	养殖动物	长春石油化学股份有限公司苗栗二厂	2015.06	
		Nicotinic Acid	Niacin	Vitamin Feed Grade	All species or categories of animals	Chang Chun Petrochemical Co., Ltd. Miaoli Factory Work No.2,Taiwan	2010.08	续展
	(2010) 外饲准字 115 号	嗜酸乳杆菌、植物乳杆菌、屎肠球菌和枯草芽孢杆菌	芯来旺家畜饲用益生菌	微生物饲料添加剂	养殖动物	生合生物科技股份公司	2015.09	
		Lactobacillus Acidophilus, Lactobacillus Plantarum, Enterococcus Faecium and Bacillus Subtilis	SYN LAC FP–POR	Microbial Feed Additive	All species or categories of animals	Taiwan Synbio Tech Inc.	2010.09	续展
	(2010) 外饲准字 166 号	酿酒酵母	威灵赐康	微生物饲料添加剂	养殖动物	艾立生物股份有限公司	2015.09	
		Saccharomyces Cerevisiae	VIRUCIDEINE	Microbial feed additive	All species or categories of animals	ANIBIO Co. Ltd., Taiwan	2010.09	续展
	(2010) 外饲准字 295 号	干酪乳杆菌、植物乳杆菌、屎肠球菌	芯来旺 I 青贮饲料添加剂	微生物饲料添加剂	反刍动物	生合生物科技股份有限公司	2011.09–2016.09	
		L. casei, L. plantarum, enterococcus faecium	SYN LAC DRY	Microbial Feed Additive	Ruminant	Synbio Tech Inc., Taiwan	2011.09–2016.09	

（续）

国家	登记证号	通用名称	商品名称	产品类别	使用范围	生产厂家	有效期限	备注
中国台湾	2010) 外饲准字 329 号	膨化豆粕	优肽 F100	蛋白质饲料	猪、牛、鸡、水产动物	全能营养技术股份有限公司	2011.09–2016.09	
		Extruded Soybean	Protigen F100	Protein Feed	Swine, Cattle, Chicken, Aquaculture	Total Nutrition Technologies Co. Ltd., Taiwan		
	(2011) 外饲准字 177 号	乳酸肠球菌 Enterococcus faecium	东药乳酸菌原末 Lactobacillus Powder	微生物饲料添加剂 Microbial Feed Additive	养殖动物 All Species or Categories of Animals	台湾东菱药品工业有限公司 Tolin Pharmaceutical Industries Co., Ltd		
	(2011) 外饲准字 281 号	乳酸肠球菌	东药乳酸菌原末	微生物饲料添加剂	养殖动物	台湾东菱药品工业有限公司		
	(2011) 外饲准字 316 号	Enterococcus faecium	Lactobacillus Powder	Microbial Feed Additive	All Species or Categories of Animals	Tolin Pharmaceutical Industries Co., Ltd.		
	(2011) 外饲准字 316 号	乳清粉 Whey Powder					2011.10–2016.10	续展
		维生素 Multi–Vitamins						
		矿物质 Minerals					2011.12–2016.12	
	(2011) 外饲准字 342 号	蛋白酶（源自黑曲霉）	咕咕宝	饲料级酶制剂	养殖动物	台湾生百兴业有限公司		
		Protease	Cody–nutro®	Enzyme Feed Grade	All Species or Categories of Animals	Life Rainbow Biotech Co., Ltd		
		(by Aspergillus niger)						
		熟化的玉米	欧美佳 -3	蛋白质饲料	家畜和水产动物	吉升饲料有限公司	2012.01–2017.01	
	(2011) 外饲准字 375 号	Cured Corn	Omega – 3	Protein Feed	Livestock and Aquaculture	Chi–Sheng Forage Co, Ltd., Taiwan		续展
		大豆和亚麻籽						
		Soybean and Flaxseed					2012.01–2017.01	续展

（续）

国家	登记证号	通用名称	商品名称	产品类别	使用范围	生产厂家	有效期限	备注
中国台湾	(2012) 外饲准字016号	嗜酸乳杆菌、植物乳杆菌、屎肠球菌	芯来旺 III 饲用益生素	微生物饲料添加剂	畜禽	台湾生合生物科技股份有限公司	2012.03–2017.03	
		Lactobacillus acidophilus, Lactobacillus plantarum and Enterococcus faecium	SYN LAC FP	Microbial Feed Additive	Livestock and Poultry	Synbio Tech Inc.		
	(2012) 外饲准字045号	植物乳杆菌 Lactobacillus acidophilus 乳酸肠球菌	酪多精	微生物饲料添加剂	养殖动物	台湾酪多精生物科技股份有限公司	2012.07–2017.07	
		Streptococcus faecalis	Lactozyme	Microbial Feed Additive	All species or categories of animals	Lactozyme Biotechnology Co., Ltd.		
	(2012) 外饲准字046号	植物乳杆菌 Lactobacillus acidophilus 乳酸肠球菌	富畜美	微生物饲料添加剂	养殖动物	台湾酪多精生物科技股份有限公司	2012.07–2017.07	
		Streptococcus faecalis	Ferozyme	Microbial Feed Additive	All species or categories of animals	Lactozyme Biotechnology Co., Ltd.		
	(2012) 外饲准字047号	植物乳杆菌 Lactobacillus acidophilus 乳酸肠球菌	育佳	微生物饲料添加剂	养殖动物	台湾酪多精生物科技股份有限公司	2012.07–2017.07	
		Streptococcus faecalis	YOCA	Microbial Feed Additive	All species or categories of animals	Lactozyme Biotechnology Co., Ltd.		
	(2012) 外饲准字454号	蛋白酶（源自米曲霉）	六畜安®（粉末）	饲料酶制剂	畜禽	台湾生百兴业有限公司		
		Protease(by Aspergillusniger oryzae)	Toxi–end® (Powder)	Feed Enzymes	Livestock and Poultry	Life Rainbow Biotech Co., Ltd		

（续）

国家	登记证号	通用名称	商品名称	产品类别	使用范围	生产厂家	有效期限	备注
中国台湾	(2013) 外饲准字 007 号	枯草芽孢杆菌 Bacillus subtillis	益菌素 Soyamix	微生物饲料添加剂 Microbial Feed Additive	畜禽 Livestock and Poultry	台湾信逢股份有限公司 New Well Power Co., Ltd.	2005.08–2010.08	续展登记
	(2013) 外饲准字 086 号	浓缩糖蜜发酵液 Condensed Molasses Fermentation Solubles	浓缩糖蜜发酵液 CMS	饲料添加剂 Feed Additive	牛 Cattle 牛 Cattle	台湾味丹企业股份有限公司 Vedan Enterprise Corporation	2013.02–2018.02	续展登记
	(2013) 外饲准字 249 号	枯草芽孢杆菌 Bacillus subtills	酵益密码（液体） Ferment Cryptogram (Liquid)	微生物饲料添加剂 Microbial Feed Additive	养殖动物 All species or categories of animals	台湾歌美时企业股份有限公司 Commex Biotechnology Co., Ltd.	2013.07–2018.07	
	(2013) 外饲准字 250 号	枯草芽孢杆菌 Bacillus subtills	酵益密码（粉末） Ferment Cryptogram (Powder)	微生物饲料添加剂 Microbial Feed Additive	养殖动物 All species or categories of animals	台湾歌美时企业股份有限公司 Commex Biotechnology Co., Ltd.	2013.07–2018.07	
土耳其	(2013) 外饲准字 095 号	甲萘醌亚硫酸氢钠 MENADIONE SODIUM BISULEFITE	OXYVIT 牌饲料级维生素 K_3 OXYVITRMSB Feed Grade	饲料级维生素 Vitamin Feed Grade	养殖动物 All species or categories of animals	土耳其 Oxyvit Kimya San 公司 Oxyvit Kimya San, VE Tic. A.S., Turkey	2013.03–2018.03	
	(2013) 外饲准字 182 号	水合硅铝酸盐 Aluminosilicate	罗达明 Rotamin	饲料添加剂 Feed Additive	养殖动物 All species or categories of animals	土耳其 Rota Madencilik Tarim Hayvancilik Pazarlama Ve Nakliyat Dis Ticaret A.S. 公司 Rota Madencilik Tarim Hayvancilik Pazarlama Ve Nakliyat Dis Ticaret A.S., Turkey	2013.06–2018.06	

（续）

国家	登记证号	通用名称	商品名称	产品类别	使用范围	生产厂家	有效期限	备注
美国	(2005) 外饲准字 053 号		克拉帝 Kulactic	蛋白质饲料 Protein Feed		美国凡立得工业公司 Varied Industries Corporation, USA	2005.03– 2010.03	
	(2005) 外饲准字 106 号	蛋氨酸锌络合物 Zinc Methionine Chelate	锌宝 ZINPRO	矿物质添加剂 Feed Mineral Supplement		美国金宝动物营养公司 Zinpro Animal Nutrition Corporation, USA	2005.07– 2010.07	续展登记
	(2005) 外饲准字 107 号	蛋氨酸铁络合物 Iron Methionine Chelate	铁宝 METH-IRON	矿物质添加剂 Feed Mineral Supplement		美国金宝动物营养公司 Zinpro Animal Nutrition Corporation, USA	2005.07– 2010.07	续展登记
	(2005) 外饲准字 108 号	氨基酸铁复合物 Iron Amino Acid Complex	氨维乐－铁 60 AVAILA-Fe 60	矿物质添加剂 Feed Mineral Supplement		美国金宝动物营养公司 Zinpro Animal Nutrition Corporation, USA	2005.07– 2010.07	续展登记
	(2005) 外饲准字 109 号	氨基酸锌复合物 Zinc Amino Acid Complex	氨维乐－锌 100 AVAILA-Zn 100	矿物质添加剂 Feed Mineral Supplement		美国金宝动物营养公司 Zinpro Animal Nutrition Corporation, USA	2005.07– 2010.07	续展登记
	(2005) 外饲准字 110 号	氨基酸铜复合物 Copper Amino Acid Complex	氨维乐－铜 100 AVAILA-Cu 100	矿物质添加剂 Feed Mineral Supplement		美国金宝动物营养公司 Zinpro Animal Nutrition Corporation, USA	2005.07– 2010.07	续展登记
	(2005) 外饲准字 111 号	氨基酸锰复合物 Manganese Amino Acid Complex	氨维乐－锰 80 AVAILA-Mn 80	矿物质添加剂 Feed Mineral Supplement		美国金宝动物营养公司 Zinpro Animal Nutrition Corporation, USA	2005.07– 2010.07	续展登记
	(2005) 外饲准字 127 号		大成犊牛浓缩料 Maxi Care Base for Great Wall	浓缩饲料 Concentrated Feed	犊牛 Calf	美国蓝雷公司 Land O' Laked, Inc., USA	2005.08– 2010.08	

（续）

国家	登记证号	通用名称	商品名称	产品类别	使用范围	生产厂家	有效期限	备注
美国	(2005) 外饲准字 135 号	水合硅铝酸盐	脱霉素	饲料添加剂	所有动物	美国创实营养有限公司	2005.09–	续展登记
		Hydrated Sodium Calcium Aluminosilicate	NovaSil	Feed Additive	Animals	Trouw Nutrition USA, LLC	2010.09	
	(2005) 外饲准字 154 号	酵母及维生素 B 族补充物	奥奶净	饲料添加剂	猪、禽和反刍动物	美国 Prince 农产品有限公司	2005.10–	
		Yeast and Vitamin B Supplement	OmniGen–AF®	Feed Additive	Swine, poultry & ruminant animal	Prince Agri Products, Inc., USA	2010.1	
	(2005) 外饲准字 175 号	米曲霉发酵产物	艾美福	饲料添加剂	猪、鸡、牛和羊	美国 BioZyme 公司	2005.11–	
		Aspergillus Oryzae Fermentation Extract	AMAFERM	Feed Additive	Swine, chicken, cattle &sheep	BioZyme Incorporated, USA	2010.11	
	(2005) 外饲准字 176 号	水合硅铝酸钠钙	霉帮素	饲料添加剂	所有动物	美国 AGRANCO 公司	2005.11–	
		Calcium and Sodium Aluminum Silicate	AGRABOND	Feed Additive	All animal	AGRANCO Corp, USA	2010.11	
	(2006) 外饲准字 006 号	DL– 羟基蛋氨酸，乳酸和磷酸	艾菌清 US	饲料酸化剂	所有动物	美国诺伟司公司	2006.01–	
		DL–Methionine Hydroxyanalogue, Lactic Acid and Phosphoric Acid	ActivateTM US WD Max Nutritional Feed Acid	Feed Acidifier	All animal	Novus International, Inc, USA	2011.01	
	(2006) 外饲准字 018 号	啤酒酵母培养物	万饲特活性酵母	饲料添加剂	所有动物	美国西方酵母股份有限公司	2006.02–	
		Yeast Culture	Western Yeast Culture 2X–2–2–5 Plus	Feed Additive	All animal	Western Yeast Company, USA	2011.02	
	(2006) 外饲准字 023 号	油	饲料级混合油	能量饲料	所有动物	美国贝克公司	2006.02–	续展登记
		Oil	Feed Mixed Grease Residue	Energy Feed	All animal	Baker Commodities Inc., USA	2011.02	

（续）

国家	登记证号	通用名称	商品名称	产品类别	使用范围	生产厂家	有效期限	备注
美国	(2006) 外饲准字 028 号	锌蛋白盐 Zinc Proteinate	奥普锌 Optimin Zinc	矿物质 饲料添加剂 Mineral Feed Supplement	所有动物 All animal	美国创实营养公司 Trouw Nutrition USA LLC.	2006.04– 2011.04	
	(2006) 外饲准字 034 号	丙酸、氢氧化铵 / 钠和氯化镁 / 钙 Propionic Acid, Ammonium & Sodium Hydroxide and Magnesium & Calcium Chloride	达美鲜 DXM–7	饲料防霉剂 Mould Inhibitor	所有动物 All animal	美国 Delst 公司 Delst, Inc., USA	2006.04– 2011.04	
	(2006) 外饲准字 041 号	巧克力和牛奶 Chocolate and Milk	巧饲粉 Milk Chocolate	能量饲料 Energy Feed	猪和犊牛 Pig and calf	美国国际原料公司 International Ingredient Corporation, USA	2006.04– 2011.04	续展登记
	(2006) 外饲准字 048 号	丙酸、苯甲酸和乙酸 Propionic Acid, Benzoic Acid and Acetic Acid	抑霉清 MI–2500	饲料防霉剂 Mold Inhibitor	所有动物 All animal	美国 ACG 产品有限公司 ACG Products Ltd., USA	2006.05– 2011.05	续展登记
	(2006) 外饲准字 050 号	水合硅铝酸钠钙 Hydrated Sodium Calcium Aluminosilicate	饲料宝 Feed Bond	饲料抗结块剂 Anti–caking Agent	所有动物 All animal	美国 ACG 产品有限公司 ACG Products Ltd., USA	2006.05– 2011.05	续展登记
	(2006) 外饲准字 054 号	酒糟 Distillers Dried Grain	富牧达 Fermulti Fac	蛋白质饲料 Protein Feed	所有动物 All animal	美国华达生化科技有限公司 Vitech Bio–Chem Corporation, USA	2006.05– 2011.05	

（续）

国家	登记证号	通用名称	商品名称	产品类别	使用范围	生产厂家	有效期限	备注
美国	(2006) 外饲准字 074 号	蛋白酶（产自黑曲霉和米曲霉）、淀粉酶（产自枯草芽孢杆菌）、β－葡聚糖酶和纤维素酶（产自长柄木霉） Protease (by Aspergillus niger and Adpergillus oryzae), Amylase (by Bacillus subtilis), β –Glucanase and Cellulase (by Trichoderma longibrachiatum)	特威宝 PS（浓缩物） Allzyme PS Concentrate	饲料酶制剂 Feed Enzyme	所有动物 All animal	美国奥特奇公司 Alltech Inc., USA	2006.07–2011.07	
	(2006) 外饲准字 075 号	蛋白酶（产自黑曲霉）和纤维素酶（产自长柄木霉） Protease (by Aspergillus niger) and Cellulase (by Trichoderma longibrachiatum)	特威宝 V（浓缩物） Allzyme V Concentrate	饲料酶制剂 Feed Enzyme	所有动物 All animal	美国奥特奇公司 Alltech Inc., USA	2006.07–2011.07	
	(2006) 外饲准字 080 号	丙酸锌 Zinc Propionate	建锌 TM 2000 KemZINTM 2000	矿物质饲料添加剂 Mineral Supplement	猪牛和家禽 Swine, cattle and poultry	美国建明工业有限公司 Kemin Industries, Inc., USA	2006.07–2011.07	

（续）

国家	登记证号	通用名称	商品名称	产品类别	使用范围	生产厂家	有效期限	备注
美国	(2006) 外饲准字 085 号	L- 色氨酸 L–Tryptophan	饲料级 L- 色氨酸 L–Tryptophan Feed Grade	饲料级氨基酸 Amino Acid Feed Grade	所有动物 All animal	美国 Biokyowa 公司 Biokyowa, Inc., USA	2006.07– 2011.07	
	(2006) 外饲准字 099 号	酵母培养物 Yeast Culture	益康 “XP” XP Yeast Culture	饲料添加剂 Feed Additive	水产动物除外 Animal except aquatic	美国达农威公司 Diamond V Mills, Inc., USA	2006.07– 2011.07	续展登记
	(2006) 外饲准字 100 号	酿酒酵母 Saccharomyces cerevisiae	益生酵母（浓缩物） Yea Sacc Concentrate	微生物 饲料添加剂 Microbial Biotic Feed Additive	所有动物 All animal	美国奥特奇公司 Alltech Inc., USA	2006.08– 2011.08	
	(2006) 外饲准字 141 号	L- 赖氨酸盐酸盐 L–Lysine Monohydrochloride	饲料级 L- 赖氨酸 盐酸盐 L–Lysine Monohydrochloride Feed Grade	饲料级氨基酸 Amino Acid Feed Grade	所有动物 All animal	味之素（美国）哈特兰德公司 Ajinomoto Heartland LLC., USA	2006.08– 2011.08	续展登记
	(2006) 外饲准字 195 号	枯草芽孢杆菌和 啤酒酵母 Bacillus subtilis and Saccharomyces cerevisiae	生沛素 BIOTURE	饲料添加剂 Feed Additive	所有动物 All animal	美国新科生物科技有限公司 Scifeed Company, USA	2006.11– 2011.11	续展登记
	(2006) 外饲准字 215 号	乳清粉 Whey Pouduct	乳宝 80 Dairylac® 80	能量饲料 Energy Feed	所有动物 All animal	美国国际原料公司 International Ingredient Corp., USA	2006.12– 2011.12	续展登记

（续）

国家	登记证号	通用名称	商品名称	产品类别	使用范围	生产厂家	有效期限	备注
美国	(2007) 外饲准字 011 号	氯化镁、硫酸铵、硫酸钙、甘蔗糖蜜和玉米酒糟	爱力宝	饲料添加剂	奶牛	美国兰科矿物质公司	2007.01–	
		Magnesium Chloride, Ammonium Sodium, Calcium Sodium, Cane Molasses and DDGS	Animate®	Feed Additive	Dairy cow	Granco Minerals Inc., USA	2012.01	
	(2007) 外饲准字 023 号	蛋氨酸羟基类似物	艾丽美－羟基蛋氨酸	饲料级氨基酸	所有动物	美国诺伟思国际有限公司	2007.02–	续展登记
		DL–Methionine Hydroxyl Analogue	Alimet®	Amino Acid Feed Grade	All animal	Novus International, Inc, USA	2012.02	
	(2007) 外饲准字 058 号	枯草芽孢杆菌、酿酒酵母和淀粉酶（产自枯草芽孢杆菌和黑曲霉）	超益	饲料添加剂	猪、禽和牛	美国生物系统有限公司	2007.02–	
		Bacillus subtilis, Saccharomyces cerevisiae and Amylase (by Bacillus subtilis and Aspergillus niger)	Super Dairy	Feed Additive	Pig, poultry and cattle	American Biosystems, Inc., USA	2012.02	
	(2007) 外饲准字 059 号	蛋白酶（产自枯草芽孢杆菌）和淀粉酶（产自解淀粉芽孢杆菌）	纽森特酶	饲料级酶制剂	所有动物	美国生物系统有限公司	2007.02–	
		Protease (by Bacillus subtilis) and Amylase (by Bacillus amyloliquefaciens)	NuScent	Feed Enzyme	All animal	American Biosystems, Inc., USA	2012.02	
	(2007) 外饲准字 060 号	蛋白酶（产自枯草芽孢杆菌）和淀粉酶（产自解淀粉芽孢杆菌）	杰威酶	饲料级酶制剂	猪、禽和牛	美国生物系统有限公司	2007.02–	
		Protease (by Bacillus subtilis) and Amylase (by Bacillus amyloliquefaciens)	LLPAC–HE 1600L	Feed Enzyme	Pig, poultry and cattle	American Biosystems, Inc., USA	2012.02	

（续）

国家	登记证号	通用名称	商品名称	产品类别	使用范围	生产厂家	有效期限	备注
美国	(2007) 外饲准字 087 号	奶粉 Dried Milk Powder	营养金全奶粉 Nutri–Gold® Dried Milk	蛋白质饲料 Protein Feed	家畜、水产和宠物 Livestock, aquaculture and pet	美国国际原料公司 International Ingredient Corp., USA	2007.03– 2012.03	续展登记
	(2007) 外饲准字 088 号	蛋白酶（产自枯草芽孢杆菌）和淀粉酶（产自解淀粉芽孢杆菌） Protease (by Bacillus subtilis) and Amylase (by Bacillus amyloliquefaciens)	得益 LLPAC1B 5000	饲料级酶制剂 Feed Enzyme	所有动物 All animal	美国生物系统有限公司 American Biosystems, Inc., USA	2007.03– 2012.03	
	(2007) 外饲准字 089 号	铁蛋白盐 Iron Proteinate	奥普铁 Optimin® Iron	矿物质 饲料添加剂 Mineral Feed Supplement	所有动物 All animal	美国创实营养公司 Trouw Nutrition USA, LLC., USA	2007.03– 2012.03	
	(2007) 外饲准字 103 号	L– 苏氨酸 L–Threonine	饲料级 L– 苏氨酸 L–Threonine Feed Grade	饲料级氨基酸 Amino Acid Feed Grade	所有动物 All animal	味之素（美国）哈特兰德公司 Ajinomoto Heartland LLC., USA	2007.04– 2012.04	
	(2007) 外饲准字 137 号	水合硅铝酸钠钙 Hydrated Sodium Calcium Aluminosilicate	霉可脱 – AZ MYCO AD A–Z	饲料添加剂 Feed Additive	所有动物 All animal	美国南方矿产品公司 Southern Clay Products, Inc., USA	2007.06– 2012.06	
	(2007) 外饲准字 152 号	氯化胆碱 Choline Chloride	瑞信氯化胆碱 Reashure® Choline	维生素类 饲料添加剂 Vitamin Feed Additive	奶牛 Dairy cow	美国博思培原料有限公司 BCP Ingredients, Inc., USA	2007.07– 2012.07	

（续）

国家	登记证号	通用名称	商品名称	产品类别	使用范围	生产厂家	有效期限	备注
美国	(2007) 外饲准字 184 号	酿酒酵母、枯草芽孢杆菌、β－葡聚糖酶（产自黑曲霉）和木聚糖酶（产自米曲霉） Saccharomyces cerevisiae, Bacillus subtilis, β－Glucanase (by Aspergillus niger) and Xylanase (by Bacillus subtilis)	先多棒 Piobond	饲料添加剂 Feed Additive	所有动物 All animal	美国先拓生物科技公司 PioTech Company, USA	2007.10–2012.1	续展登记
美国	(2007) 外饲准字 185 号	酿酒酵母、枯草芽孢杆菌、β－葡聚糖酶（产自黑曲霉）和木聚糖酶（产自米曲霉） Saccharomyces cerevisiae, Bacillus subtilis, β－Glucanase (by Aspergillus niger) and Xylanase (by Bacillus subtilis)	先牧素 PioMos	饲料添加剂 Feed Additive	所有动物 All animal	美国先拓生物科技公司 PioTech Company, USA	2007.10–2012.1	续展登记
美国	(2007) 外饲准字 202 号	水合硅铝酸钠钙 Hydrated Sodium Calcium Aluminosilicate	霉可脱－DF MYCO-AD DF	饲料添加剂 Feed Additive	猪、鸡和奶牛 Pig, poultry and cow	美国南方矿产品公司 Southern Clay Products, Inc., USA	2007.11–2012.11	
美国	(2007) 外饲准字 206 号	乳清粉 Whey Powder	低蛋白乳清粉 Deproteinized Dairy Whey	能量饲料 Energy Feed	仔猪和犊牛 Piglets and calf	美国奶品特殊品公司（专为美国国际生物营养有限公司生产） Milk Specialties Company, USA (Produce for Bio-Nutrition International, Inc., USA)	2007.11–2012.11	续展登记

（续）

国家	登记证号	通用名称	商品名称	产品类别	使用范围	生产厂家	有效期限	备注
美国	(2008) 外饲准字 045 号	硫酸镁和硫酸钾 Magnesium Sulfate and Potassium Sulfate	得乃美 DYNAMATE®	矿物质 饲料添加剂 Mineral Feed Supplement	所有动物 All Animal	美国 Mosaic Potash Carlsbad 公司 Mosaic Potash Carlsbad Inc., USA	2008.02–2013.02	续展登记
	(2008) 外饲准字 059 号	酵母提取物和酵母培养物 Yeast Extract and Yeast Culture	益宁易 Celmanax–NC	饲料添加剂 Feed Additives	奶牛、猪和家禽 Dairy Cow, Swine and Poultry	美国凡立得工业股份有限公司 Varied Industries Corporation, USA	2008.04–2013.04	
	(2008) 外饲准字 062 号	木聚糖酶（产自长柄木霉） Xylanase (by Trichoderma longibrachiatum)	特威宝 PT 浓缩物 Allzyme PT Concentrate	饲料级酶制剂 Enzyme Feed Grade	所有动物 All Animal	美国奥特奇公司 Alltech Inc., USA	2008.05–2013.05	
	(2008) 外饲准字 096 号	硫酸镁和硫酸钾 Magnesium Sulfate and Potassium Sulfate	美明 Multi–Min	矿物质饲料 添加剂 Mineral Feed Supplement	牛 Cattle	美国赛尼公司 Cerne Sales Company, USA	2008.07–2013.07	
	(2008) 外饲准字 097 号	干啤酒酵母、谷物和糖 Dried Yeast, Cereal Fines and Sugar	百泰 R RumenBiotic	能量饲料 Energy Feed	牛 Cattle	美国国际原料公司 International Ingredient Corporation, USA	2008.07–2013.07	
	(2008) 外饲准字 099 号	天然类固醇萨洒皂角苷（源自丝兰） YUCCA (Yucca Schigigera Extract)	利可 40 DK Sarsaponin 40	饲料添加剂 Feed Additive	猪、牛和禽 Pig, Cattle and Poultry	美国 Desert King 国际有限公司 Desert King International Inc., USA	2008.07–2013.07	续展登记

（续）

国家	登记证号	通用名称	商品名称	产品类别	使用范围	生产厂家	有效期限	备注
美国	(2008) 外饲准字 105 号	蛋白酶和脂肪酶（产自黑曲霉）	特威宝 FD（浓缩物）	饲料级酶制剂	所有动物	美国奥特奇公司	2008.08–	
		Protease and Lipase (by Aspergillus niger)	Allzyme FD Concentrate	Enzyme Feed Grade	All Animal	Alltech Inc., USA	2013.08	
	(2008) 外饲准字 108 号	酵母培养物	麦可食 超浓缩型	饲料添加剂	猪、牛和禽 Pig, Cattle, and Poultry	美国凡立得工业股份有限公司	2008.08–	
		Yeast Culture	A–Max Yeast Culture XTRA	Feed Additive		Varied Industries Corporation, USA	2013.08	
	(2008) 外饲准字 113 号	乳清粉	饲料级邦嘉乳清粉	能量饲料	所有动物	美国邦嘉乳品公司	2008.08–	
		Whey Powder	Bongard Dried Whey Solubles Feed Grade	Energy Feed	All Animal	Bongards Creameries, USA	2013.08	
	(2008) 外饲准字 115 号	烟酰胺	饲料级烟酰胺	饲料级维生素	所有动物	美国凡特鲁斯农业及营养特种产品有限责任公司	2008.08–	续展登记
		Nicotinamide	Nicotinamide Feed Grade	Vitamin Feed Grade	All Animal	Vertellus Agriculture & Nutrition Specialties LLC, USA	2013.08	
	(2008) 外饲准字 110 号	浓缩大豆蛋白	安芬克 42	蛋白质饲料	所有动物	美国奔马有限公司	2008.08–	
		Condensed Soybean Protein	MBH Prima 42	Protein Feed	All Animal	MBH Prima Supplies Inc., USA	2013.08	
	(2008) 外饲准字 139 号	水合硅铝酸钠钙及酵母培养物	必驱霉	饲料添加剂	猪、禽和奶牛	美国凡立得工业股份有限公司	2008.12–	
		Hydrated Sodium Calcium Aluminosilicate and Yeast Culture	Bg–Max	Feed Additive	Pig, Poultry and Dairy Cow	Varied Industries Corporation, USA	2013.12	

（续）

国家	登记证号	通用名称	商品名称	产品类别	使用范围	生产厂家	有效期限	备注
美国	(2008) 外饲准字 153 号	饲料级尿素 Urea Feed Grade	奥优金 Ⅱ Optigen Ⅱ	非蛋白氮饲料添加剂 Non-Protein Nitrogen Feed Supplement	牛 Cattle	美国奥特奇公司 Alltech Inc., USA	2008.12–2013.12	
	(2008) 外饲准字 155 号	酵母培养物 Yeast Culture	麦可食酵母培养浓缩物 A-Max Yeast Culture Concentrate	饲料添加剂 Feed Additive	家畜和家禽 Livestock and Poultry	美国凡立得工业股份有限公司 Varied Industries Corporation, USA	2008.12–2013.12	续展登记
	(2008) 外饲准字 158 号	乳清粉和有机酸 Dried Whey and Organic Acid	乳泌宝 Advance RuMin8	能量饲料 Energy Feed	泌乳奶牛 Lactating Dairy Cow	美国牛奶产品营养公司（MSC）艾德利工厂 Milk Specialties Company (MSC), Adell Plant, USA	2008.12–2013.12	
	(2009) 外饲准字 030 号	酵母培养物 Yeast Culture	益生酵母 1026 YEA-SACC1026	饲料添加剂 Feed Additive	养殖动物 All Species or Categories of Animals	美国奥特奇公司 Alltech Inc., USA	2009.05–2014.05	
	(2009) 外饲准字 053 号	蛋白铜 Copper Proteinate	企利蛋白铜 Keylated Copper Proteinate	矿物质饲料添加剂 Mineral Feed Supplement	猪、禽和奶牛 Pig, Poultry and Dairy Cow	美国企利矿物质公司 Chelated Minerals Corp., USA	2009.06–2014.06	
	(2009) 外饲准字 125 号	蛋白铁 Iron Proteinate	企利蛋白铁 Keylated Iron Proteinate	矿物质饲料添加剂 Mineral Feed Supplement	猪、禽和奶牛 Pig, Poultry and Dairy Cow	美国企利矿物质公司 Chelated Minerals Corp., USA	2009.09–2014.09	续展登记

（续）

国家	登记证号	通用名称	商品名称	产品类别	使用范围	生产厂家	有效期限	备注
美国	(2009) 外饲准字 126 号	蛋白锌 Zinc Proteinate	企利蛋白锌 Keylated Zinc Proteinate	矿物质饲料添加剂 Mineral Feed Supplement	猪、禽和奶牛 Pig, Poultry and Dairy Cow	美国企利矿物质公司 Chelated Minerals Corp., USA	2009.09– 2014.09	
	(2009) 外饲准字 137 号	酵母硒 Selenium Yeast	赛乐硒 Sel–Plex 2000	矿物质饲料添加剂 Mineral Feed Supplement	猪、牛、马和禽 Swine, Cattle, Horse and Poultry	美国奥特奇公司 Alltech Inc., USA.	2009.10– 2014.1	
	(2009) 外饲准字 166 号	L– 赖氨酸盐酸盐 L–Lysine Monohydrochloride	L– 赖氨酸盐酸盐 98.5%（饲料级） L–lysine Monohydrochloride 98.5% Feed Grade	饲料级氨基酸 Amino Acid Feed Additive	养殖动物 All species or categories of animals	美国 ADM 公司 Archer Daniels Midland Company, USA	2009.11 2014.11	续展
	(2009) 外饲准字 167 号	L– 苏氨酸 L–Threonine	L– 苏氨酸 98.5% （饲料级） L–Threonine 98.5% Feed Grade	饲料级氨基酸 Amino Acid Feed Additive	养殖动物 All species or categories of animals	美国 ADM 公司 Archer Daniels Midland Company, USA	2009.11 2014.11	续展
	(2009) 外饲准字 173 号	奶粉与奶酪 Dried Milk and Dried Cheese	金乳 Gold Star Milk	蛋白质饲料 Protein Feed	乳仔猪和犊牛 Piglet and Calf	美国国际原料公司 International Ingredient Corp., USA	2009.11 2014.11	
	(2009) 外饲准字 178 号	酵母硒 Selenium Yeast	阿富硒 2000 Selenosource AFTM 2000	矿物质饲料添加剂 Mineral Feed Supplement	养殖动物 All Species or Categories of Animals	美国达农威公司 Diamond V Mills, Inc., USA	2009.11– 2014.11	续展

（续）

国家	登记证号	通用名称	商品名称	产品类别	使用范围	生产厂家	有效期限	备注
美国	(2009) 外饲准字 180 号	嗜酸乳杆菌和屎肠球菌	利生素（浓缩物）	微生物饲料添加剂	养殖动物	美国奥特奇公司	2009.11–	续展
		Lactobacillus Acidophilus and Enterococcus Faecium	LACTO–SACC CONCENTRATE	Microbial Biotic Feed Additive	All Species or Categories of Animals	Alltech Inc., USA	2014.11	
	(2009) 外饲准字 181 号	天然类固醇萨洒皂角苷（源自丝兰）	除臭灵	饲料添加剂	猪、马、家禽和反刍动物	美国奥特奇公司	2009.11–	
		YUCCA (Yucca Schidigera Extract)	De–Odorase	Feed Additive	Pig, Horse, Poultry and Ruminant	Alltech Inc., USA	2014.11	
	(2009) 外饲准字 193 号	蛋白酶（产自黑曲霉）和纤维素酶（产自长柄木霉）	特威宝 V(浓缩物)	饲料级酶制剂	养殖动物	美国奥特奇公司	2009.12–	
		Protease (by Aspergillus niger) and Cellulase (by Trichoderma longibrachiatum)	ALLZYME VEGPRO CONCENTRATE	Enzyme Feed Grade	All species or categories of animals	Alltech Inc., USA	2014.12	
	(2010) 外饲准字 006 号	水合硅铝酸钠钙	加强霉卫宝	饲料添加剂	养殖动物	美国密尔白有限公司	2010.01–	
		Hydrated Sodium Calcium Aluminosilicate	Improved Milbond–TX	Feed additive	All species or categories of animals	Milwhite, Inc., USA	2015.01	
	(2010) 外饲准字 029 号	碱式氯化铜	麦乐铜 Micronutrients TBCC	矿物质饲料添加剂	养殖动物	美国微营养公司	2010.02–	续展
		Dicopper Chloride Trihydroxide		Mineral Feed Supplement	All species or categories of animals	Micronutrients Inc., USA	2015.02	

（续）

国家	登记证号	通用名称	商品名称	产品类别	使用范围	生产厂家	有效期限	备注
美国	(2010) 外饲准字 052 号	丙酸和丁酸 Propionic Acid and Butyric Acid	妙粒 Maxi-mil HP	饲料防霉剂 Feed Mold Inhibitor	养殖动物 All species or categories of animals	美国安尼妥司公司 Anitox Corporation, USA	2010.04 2015.04	
美国	(2010) 外饲准字 055 号	啤酒酵母及其发酵培养物 Saccharomyces Cerevisias and Its Fermentation Culture	新益素 Yesture	饲料添加剂 Feed Additive	养殖动物 All species or categories of animals	美国 Cenzone Tech 有限公司 Cenzone Tech Inc., USA	2010.04 2015.04	
美国	(2010) 外饲准字 056 号	啤酒酵母及酵母发酵培养和提取物 Saccharomyces Cerevisias and Yeast Culture and Extract	密可棒 Microbond	饲料添加剂 Feed Additive	养殖动物 All species or categories of animals	美国 Cenzone Tech 有限公司 Cenzone Tech Inc., USA	2010.04 2015.04	
美国	(2010) 外饲准字 057 号	啤酒酵母及酵母发酵培养和可溶物 Saccharomyces Cerevisias and Yeast Culture and Solubles	先泌素 Lacture	饲料添加剂 Feed Additive	养殖动物 All species or categories of animals	美国先拓生物科技公司 Piotech Company, USA	2010.04 2015.04	

（续）

国家	登记证号	通用名称	商品名称	产品类别	使用范围	生产厂家	有效期限	备注
美国	(2010) 外饲准字 107 号	植酸酶（产自黑曲霉）	特威宝 SSF（浓缩物）	饲料酶制剂	养殖动物	美国奥特奇公司	2010.05	
		Phytase (Source: Aspergillus Niger)	ALLZYME SSF CONCENTRATE	Feed Enzyme	All species or categories of animals	Alltech Inc.,USA	2015.05	
	(2010) 外饲准字 112 号	酵母培养物	达农威 XPC	饲料添加剂	牛、羊、猪和家禽	美国达农威公司	2010.05	
		Yeast Culture	Diamond XPC	Feed Additive	Cow, Sheep, Swine And Poultry	Diamond V Mill, Inc., USA	2015.05	
	(2010) 外饲准字 149 号	植物乳杆菌和戊糖片球菌	白奥美®青贮体	饲料添加剂	养殖动物	美国科汉森有限公司	2010.05	续展
		Lactobacillus plamtarum and pediococcus pentosaceus	Bio-Sile WS	Feed Additive	All species or categories of animals	Chr. Hansen Inc., USA	2015.05	
	(2010) 外饲准字 150 号	枯草芽孢杆菌和地衣芽孢杆菌	白奥美－强力宝	饲料添加剂	养殖动物	美国科汉森有限公司	2010.05	续展
		Bacillus licheniformis and bacillus subtilis	Biopuls 2B	Feed Additive	All species or categories of animals	Chr. Hansen Inc., USA	2015.05	
	Hy．D®1.25% 微胶囊	饲料级维生素	美国帝斯曼营养产品公司	(2005) 外饲准字 022 号	2005.01–			
	Hy．D® Beadlets 1.25%	Vitamin Feed Additive	DSM Nutritional Products Inc., USA		2010.01			
	(2010) 外饲准字 107 号	植酸酶（产自黑曲霉）	特威宝 SSF（浓缩物）	饲料酶制剂	养殖动物	美国奥特奇公司	2010.05	
		Phytase (Source: Aspergillus Niger)	ALLZYME SSF CONCENTRATE	Feed Enzyme	All species or categories of animals	Alltech Inc., USA	2015.05	

（续）

国家	登记证号	通用名称	商品名称	产品类别	使用范围	生产厂家	有效期限	备注
美国	(2010) 外饲准字 157 号	25- 羟基维生素 D3	罗维素 Hy · D1.25%	饲料级维生素	养殖动物	帝斯曼营养产品有限公司	2010.06	
		25 – Hydroxy Vitamin D3	Rovimix Hy · D1.25%	Vitamin Feed Grade	All Species or Categories of Animals	DSM Nutritional Products, Inc., USA	2015.06	
	(2010) 外饲准字 159 号	酿酒酵母菌及其发酵可溶物	化霉精	饲料添加剂	养殖动物	美国新绿公司	2010.06	
		Saccharomyces cerevisiae and its fermentation solubles	NUBOND	Feed Additive	All species or categories of animals	Nugreen Company, USA	2015.06	
	(2010) 外饲准字 160 号	酿酒酵母菌及其发酵可溶物	新品素	饲料添加剂	养殖动物	美国新绿公司	2010.06	
		Saccharomyces cerevisiae and its fermentation solubles	NUSURE	Feed Additive	All species or categories of animals	Nugreen Company, USA	2015.06	
	(2010) 外饲准字 161 号	酿酒酵母和酵母细胞壁	奥奇素	饲料添加剂	养殖动物	美国奥特奇公司	2010.06	
		Saccharomyces Cerevisiae and Yeast Cell Wall	BIO–MOS	Feed Additive	All species or categories of animals	Alltech Inc., USA	2015.06	
	(2010) 外饲准字 162 号	酿酒酵母和酵母细胞壁	霉可吸	饲料添加剂	畜禽	美国奥特奇公司	2010.06	
		Saccharomyces Cerevisiae and Yeast Cell Wall	MYCOSORB	Feed Additive	Livestock and Poultry	Alltech Inc., USA	2015.06	
	(2010) 外饲准字 163 号	酿酒酵母和酵母细胞壁	奇力素	饲料添加剂	畜禽和宠物	美国奥特奇公司	2010.06	
		Saccharomyces Cerevisiae and Yeast Cell Wall	ACTIGEN	Feed Additive	Livestock and Poultry, Pet	Alltech Inc., USA	2015.06	
	(2010) 外饲准字 189 号	α – 淀粉酶（产自米曲霉）	艾美福	饲料级酶制剂	养殖动物	美国 Biozyme 公司	2010.06	续展
		α –Amylase(by Aspergillus Oryzae)	AMAFERM	Enzyme Feed grade	All species or categories of animals	Biozyme Incorporated, USA	2015.06	

（续）

国家	登记证号	通用名称	商品名称	产品类别	使用范围	生产厂家	有效期限	备注
美国	(2010) 外饲准字 199 号	天然类固醇萨洒皂角苷（源自丝兰）	富兰宝	饲料添加剂	畜禽、宠物及虾	美国 DPI 配送加工有限公司	2010.08	
		YUCCA(Yucca Schidigera Extract)	Micro–Aid	Feed Additive	Livestock and Poultry ,pet and Shrimp	Distributors Processing Inc., USA	2015.08	
	(2010) 外饲准字 218 号	氨基酸铁络合物	氨维乐 – 铁 120	矿物质饲料添加剂	畜禽	美国金宝动物营养（国际）有限公司	2010.08	续展
		Fe Amino Acid Complex	Availa–Fe120	Feed Mineral Additive	Livestock and Poultry	Zinpro Animal Nutrition (International) Inc., USA	2015.08	
	(2010) 外饲准字 223 号	动植物油脂	动物饲料混合油渣	能量饲料	畜禽	美国达尔令国际公司	2010.08	续展
		Animal & Vegetable Fat	Feed Mixed Grease Residue	Energy feed	Livestock and Poultry	Daring international Inc., USA	2015.08	
	(2010) 外饲准字 258 号	酵母硒、干酿酒酵母、维生素 C、DHA 和蛋白酶	特优 E	添加剂预混料	畜禽	美国奥特奇公司	2010.09	
		Seleniumyeast, saccharomyces cerevisiae Vitamin C, DHA, Protease (by Aspergillus niger)	EconomasE	Additive Premix	Livestock and Poultry	Alltech Inc., USA	2015.09	
	(2010) 外饲准字 288 号	氨基酸铜络合物	氨维乐 – 铜 100	矿物质饲料添加剂	畜禽	美国金宝动物营养（国际）有限公司	2010.09	续展
		Copper Amino Acid Complex	Availa–Cu100	Feed Mineral Additive	Livestock and Poultry	Zinpro Animal Nutrition (International) Inc., USA	2015.09	
	(2010) 外饲准字 297 号	赖氨酸硫酸盐及其发酵副产物	赖氨酸硫酸盐及其发酵副产物	饲料级氨基酸	养殖动物	美国德固赛公司	2010.09	续展
		L–Lysine Sulfate with Fermentation Product	Biolys	Feed Grade Amino Acid	All species or categories of animals	Evonik Degussa Corporation	2015.09	

（续）

国家	登记证号	通用名称	商品名称	产品类别	使用范围	生产厂家	有效期限	备注
美国	(2010) 外饲准字 298 号	酵母硒	赛乐硒 2700	饲料添加剂	畜禽	美国奥特奇公司	2010.11	
		Selenium Yeast	Sel-Plex 2700	Feed Additive	Livestock and Poultry	Alltech Inc., USA	2015.11	
	(2010) 外饲准字 300 号	酵母提取物	新普乐	饲料添加剂	畜禽、鱼和虾	美国奥特奇公司	2010.11	
		Saccharomyces cerevisiae Yeast Extract	NUPRO	Feed Additive	Livestock and Poultry, Fish, Shrimp	Alltech Inc., USA	2015.11	
	(2010) 外饲准字 321 号	蛋氨酸锌络合物	锌宝	矿物质饲料添加剂	畜禽	美国金宝动物营养（国际）有限公司	2010.11	续展
		Zinc Methionine Chelate	ZINPRO	Feed Mineral Additive	Livestock and Poultry	Zinpro Animal Nutrition (International) Inc., USA	2015.11	
	(2010) 外饲准字 323 号	氨基酸铁络合物	氨维乐－铁 60	矿物质饲料添加剂	畜禽	美国金宝动物营养（国际）有限公司	2010.11	续展
		Iron Amino Acid Complex	Availa-Fe 60	Feed Mineral Additive	Livestock and Poultry	Zinpro Animal Nutrition (International) Inc., USA	2015.11	
	(2011) 外饲准字 001 号	酵母培养物	益生酵母 TS	饲料添加剂	畜禽	美国奥特奇公司	2011.01-	
		Yeast Culture	YEA-SACC TS	Feed Additive	Livestock and Poultry	Alltech Inc., USA	2016.01	
	(2011) 外饲准字 008 号	钙质－蒙脱土	加利百灵－ A	饲料添加剂	家畜	美国安然国际公司	2011.01-	
		Calcium-Montmorillonite Clay	Calibrin-A	Feed Additive	Livestock	Amlan International	2016.01	
	(2011) 外饲准字 143 号	酵母培养物	万饲特活性酵母培养物	饲料添加剂	养殖动物	美国西方酵母股份有限公司	2011.05-2016.05	续展
		Yeast Culture	Western Yeast Culture 2x-2-2-5 Plus	Feed Additive	All species or categories of animals	Western yeast company, USA		

（续）

国家	登记证号	通用名称	商品名称	产品类别	使用范围	生产厂家	有效期限	备注
美国	(2011) 外饲准字 137 号	酿酒酵母提取物，酿酒酵母，二十二碳六烯酸	安快大 JR.	蛋白质饲料	养殖动物	美国奥特奇公司	2011.05–2016.05	
		Saccharomyces cerevisiae Yeast Extract, Saccharomyces cerevisiae, DHA	AQUATE JR.	Protein Feed	All species or categories of animals	Alltech Inc., U.S.A.		
	(2011) 外饲准字 132 号	巧克力糖和巧克力牛奶	巧饲粉	能量饲料	猪和犊牛	美国国际原料公司	2011.05–2016.05	
		Chocolate Candy & Dried Chocolate Milk	Milk Chocolate Product	Energy Feed	Swine and Calf	International Ingredient Corp., U.S.A.		
	(2011) 外饲准字 107 号	贝塔 – 甘露聚糖酶（产自迟缓芽胞杆菌）；木聚糖酶（产自长柄木霉）	麦质素 –M（液体）	饲料级酶制剂	畜禽和猪	美国 ChemGen 公司（印第安纳州工厂）	2011.05–2016.05	
		β –Mannanase (by Bacillus Ientus); Xylanase (by Trichoderma longibrachiatum)	WheatEase–M (Liquid)	Enzyme Feed Grade	Poultry, Livestock and Swine	ChemGen Corp, USA		
	(2011) 外饲准字 109 号	甲酸，丙酸，甲酸铵和丙酸铵	诺酸宝 AFL	饲料酸化剂	养殖动物	诺伟司德国公司	2011.05–2016.05	
		Formic Acid, Propionic Acid, Ammonium Formate and Ammonium Propionate	Acidomi® AFL	Feed Acidifier	All species or categories of animals	Novus Deutschland GmbH, Germany		
	(2011) 外饲准字 117 号	水合硅铝酸钙	索霉清	饲料添加剂	养殖动物	诺伟司国际公司	2011.05–2016.05	
		Hydrated Sodium Calcium Aluminosilicate	Solis®	Feed Additive	All species or categories of animals	Novus International, Inc., USA		
	(2011) 外饲准字 198 号	水合硅铝酸钠钙 Hydrated Sodium Calcium Aluminosilicate	饲料宝 Feed Bond	饲料添加剂 Feed Additive	养殖动物 All Species or Categories of Animals	美国 ACG 产品有限公司 ACG Products Ltd., USA	2011.06–2016.06	续展

（续）

国家	登记证号	通用名称	商品名称	产品类别	使用范围	生产厂家	有效期限	备注
	(2011) 外饲准字 257 号	酵母提取物和和酵母培养物 Yeast Extract and Yeast Culture	益宁易 SCP NC Celmanax SCP NC	饲料添加剂 Feed Additive	牛、猪和家禽 Cattle, Swine and Poultry	美国伟克公司 Varied Industries Corporation, USA	2011.08–2016.08	
	(2011) 外饲准字 263 号	酿酒酵母和酵母细胞壁 Saccharomyces cerevisiae and Yeast cell wall	霉可吸 MYCOSORB	饲料添加剂 Feed Additive	养殖动物 All Species or Categories of Animals	美国奥特奇公司 Alltech Inc., USA	2011.08–2016.08	续展
	(2011) 外饲准字 284 号	氯化钾 Potassium Chloride 氯化钠 Sodium Chloride 山梨酸 Sorbic Acid	四合爱喜宝 Acid–Pak 4–Way Water Soluble Concentrate	饲料添加剂 Feed Additive	养殖动物 All Species or Categories of Animals	美国奥特奇公司 Alltech Inc., USA	2011.09–2016.09	
美国	(2011) 外饲准字 294 号	矿物质 Minerals	美快克 ASAP	饲料添加剂 Feed Additive	牛、猪、马、羊 Cow, Swine, Horse, Sheep	美国牛奶产品营养公司 Milk Specialties Company, USA	2011.09–2016.09	
	(2011) 外饲准字 312 号	干奶酪粉 Dried Cheese Powder	金乃酪 Golden CP	蛋白质饲料 Protein feed	养殖动物 All Species or Categories of Animals	美国华达生化科技有限公司 Vitech Bio–Chem Corporation, USA	2011.09–2016.09	
	(2011) 外饲准字 319 号	蛋氨酸羟基类似物 DL–Methionine Hydroxyl Analogue	艾丽美 Alimet	饲料添加剂 Feed Additive	养殖动物 All Species or Categories of Animals	诺伟司国际公司 Novus International, Inc., USA	2011.09–2016.09	
	(2011) 外饲准字 228 号	丙酸锌 Zinc Propionate	微生康锌 2000 KemZinR2000	矿物质饲料添加剂 Mineral Feed Additive	奶牛、猪、家禽和肉牛 Dairy Cattle, Swine, Poultry, Beef Cattle	美国建明工业有限公司 Kemin Industries, Inc., USA	2011.07–2016.07	续展

（续）

国家	登记证号	通用名称	商品名称	产品类别	使用范围	生产厂家	有效期限	备注
美国	(2011) 外饲准字284号	α－淀粉、氯化钾、氯化钠、山梨酸、糖精钠和乙基香兰素	四合爱喜宝（水溶性浓缩物）	饲料添加剂	养殖动物	美国奥特奇公司	2011.09–2016.09	续展
		α-Starch, Potassium Chloride, Sodium Chloride, Sorbic Acid, Sodium Saccharin and Ethyl Vanillin	Acid-Pak 4-Way (Water Soluble Concentrate)	Feed Additive	All Species or Categories of Animals	Alltech Inc., USA		
	(2011) 外饲准字294号	矿物质	美快克	饲料添加剂	牛、猪、马、羊	美国牛奶产品营养公司	2011.09–2016.09	
		Minerals	ASAP	Feed Additive	Cow, Swine, Horse, Sheep	Milk Specialties Company (MSC), USA		
	(2011) 外饲准字312号	干奶酪粉	金乃酪	蛋白质饲料	养殖动物	美国华达生化科技有限公司	2011.09–2016.09	
		Dried Cheese Powder	Golden CP	Protein feed	All Species or Categories of Animals	Vitech Bio-Chem Corporation, USA		
	(2011) 外饲准字317号	乳清粉	美乳代	能量饲料	幼畜	美国牛奶产品营养公司	2011.09–2016.09	
		Dried Whey Powder	Milk Replacer Blend	Energy Feed	Young Livestock	Milk Specialties Company, USA		
	(2011) 外饲准字319号	蛋氨酸羟基类似物	艾丽美	饲料添加剂	养殖动物	诺伟司国际公司	2011.09–2016.09	
		DL-Methionine Hydroxyl Analogue	Alimet	Feed Additive	All Species or Categories of Animals	Novus International Inc., USA		
	(2011) 外饲准字347号	酵母培养物	百奥奇	蛋白质饲料	养殖动物	美国国际生物营养有限公司	2011.10–2016.10	
		Yeast Culture	Bio-Yeasture	Protein Feed	All Species or Categories of Animals	Bio-Nutrition International, Inc., USA		

（续）

国家	登记证号	通用名称	商品名称	产品类别	使用范围	生产厂家	有效期限	备注
美国	(2012) 外饲准字 019 号	氨基酸铁络合物	氨维乐 – 铁 90	矿物质饲料添加剂	养殖动物	美国金宝动物营养国际有限公司	2012.01–2017.01	
		Iron Amino Acid Complex	Availa–Fe 90	Mineral Feed Additive	All species or categories of animals	Zinpro Animal Nutrition (International) Inc., USA		
	(2012) 外饲准字 020 号	氨基酸锌络合物	氨维乐 – 锌 120	矿物质饲料添加剂	养殖动物	美国金宝动物营养国际有限公司	2012.01–2017.01	
		Zinc Amino Acid Complex	Availa–Zn 120	Mineral Feed Additive	All species or categories of animals	Zinpro Animal Nutrition (International) Inc., USA		
	(2012) 外饲准字 028 号	钙质 – 蒙脱土	加利百灵 –Z	饲料添加剂	养殖动物	美国安然国际公司	2012.01–2017.01	
		Calcium–Montmorillonite Clay	Calibrin–Z	Feed Additive	All species or categories of animals	Amlan Internation, USA		
	(2012) 外饲准字 058 号	干酿酒酵母	普乐微	饲料添加剂	反刍动物	美国奥特奇公司	2012.02–2017.02	
		Saccharomyces cerevisiae	DEMP	Feed Additive	Ruminants	Alltech Inc., USA		
		Red Fishmeal	Special SelectTM Brand Menhaden Red Fishmeal（Ⅰ）	Protein Feed	Livestock, Poultry and Aquaculture	Omega Protein, Inc., USA		
	(2012) 外饲准字 130 号	水合硅铝酸盐	脱霉素	饲料添加剂	养殖动物	美国巴斯夫有限公司	2012.03–2017.03	
		Hydrated Sodium Calcium Aluminosilicate	NovaSil Plus	Feed Additive	All species or categories of animals	BASF Corporation, USA		
	(2012) 外饲准字 158 号	羟基蛋氨酸类似物螯合锰	明微矿 ® 锰	饲料添加剂	奶牛和肉牛 Dairy and Beef Cattle	美国诺伟司国际公司	2012.04–2017.04	
	(2012) 外饲准字 159 号	羟基蛋氨酸类似物螯合铜	明微矿 ® 铜	饲料添加剂	奶牛和肉牛 Dairy and Beef Cattle	美国诺伟司国际公司	2012.04–2017.04	
	(2012) 外饲准字 160 号	羟基蛋氨酸类似物螯合锌	明微矿 ® 锌	饲料添加剂	奶牛和肉牛 Dairy and Beef Cattle	美国诺伟司国际公司	2012.04–2017.04	

（续）

国家	登记证号	通用名称	商品名称	产品类别	使用范围	生产厂家	有效期限	备注
美国	(2012) 外饲准字 187 号	DL–羟基蛋氨酸类似物	艾维酸 US WD Max	饲料添加剂	养殖动物	诺伟司国际有限公司	2012.05–2017.05	
		DL–Methionine Hydroxyl Analogue	Activate® US WD Max	Feed Additive	All species or categories of animals	Novus International Inc., USA		
	(2012) 外饲准字 191 号	蒙脱土	艾佐福	饲料添加剂	养殖动物	美国艾佐迈矿产公司	2012.05–2017.05	
		Montmorillonite Clay	Azo–Feed	Feed Additive	All species or categories of animals	Azomite Mineral Products, Inc., USA		
		Hydrated Sodium Calcium Aluminosilicate	MYCO–AD A–Z	Feed Additive	鸡 Chicken 奶牛 Cow	Southern Clay Products, Inc., USA		
	(2012) 外饲准字 227 号	L–赖氨酸盐酸盐	饲料级 L–赖氨酸盐酸盐	饲料级氨基酸	养殖动物	味之素（美国）哈特兰德公司	2012.05–2017.05	续展
		L–Lysine Monohydrochloride	L–Lysine Monohydrochloride Feed Grade	Amino Acid Feed Additive	All species or categories of animals	Ajinomoto Heartland Inc., USA		
	(2012) 外饲准字 242 号	奶粉	营养金奶粉	能量饲料 Energy Feed	水产动物 Aquaculture	美国国际原料公司	2012.06–2017.06	续展
		Dried Milk Powder	Nutri – Gold® Dried Milk		宠物 Pet 家畜 Livestock	International Ingredient Corp., USA		
	(2012) 外饲准字 244 号	氯化胆碱	瑞信氯化胆碱	饲料级维生素	奶牛	美国博思培原料有限公司	2012.06–2017.06	续展
		Choline	Reashure® Choline	Vitamin Feed Grade	Cow	BCP Ingredients, Inc., USA		
	(2012) 外饲准字 283 号	水合硅铝酸钠钙	益饲宝	饲料抗结块剂	猪、家禽、牛、鱼、狗	美国国际生物营养公司	2012.08–2017.08	
		Hydrated Sodium Calcium Aluminosilicate	Myxin–Bond	Feed Anticaking Agent	Swine, Poultry, Cattle, Fish, Dog	Bio–Nutrition International, Inc, USA		

（续）

国家	登记证号	通用名称	商品名称	产品类别	使用范围	生产厂家	有效期限	备注
美国	(2012) 外饲准字 285 号	酵母提取物 Yeast Extract 酵母培养物 Yeast Culture	益宁易 NC Celmanax NC	饲料添加剂 Feed Additive	畜禽和水产动物 Poultry, Livestock, Aquaculture	美国伟克公司 Varied Industries Corporation, USA	2012.08–2017.08	
	(2012) 外饲准字 293 号	含可溶物干玉米酒糟 DDGS	爱国者 DDGS Patriot DDGS	蛋白质饲料 Protein Feed	畜禽 Livestock and Poultry	美国爱国者可再生燃料有限公司 Patriot Renewable Fuels, LLC., USA	2012.08–2017.08	
	(2012) 外饲准字 320 号	硫酸钾和硫酸镁 Potassium Sulfate and Magnesium Sulfate	速畅 SOW-GRO	矿物质饲料添加剂 Mineral Feed Additive	猪、牛和家禽 Swine, Cattle and Poultry	美国国际矿物质公司 International Mineral Sales LLC, USA	2012.09–2017.09	
	(2012) 外饲准字 349 号	氨基酸铁络合物 Iron Amino Acid Complex	氨维乐－铁 150 Availa-Fe 150	矿物质饲料添加剂 Mineral Feed Additive	猪、家禽、牛、羊、马 Swine, Poultry, Cattle, Sheep, Horse	美国金宝动物营养国际有限公司 Zinpro Animal Nutrition Internation Inc., USA	2012.10–2017.10	
	(2012) 外饲准字 350 号	氨基酸锌络合物 ZincAmino Acid Complex	氨维乐－锌 170 Availa-Zn 170	矿物质饲料添加剂 Mineral Feed Additive	猪、家禽、牛、羊、马 Swine, Poultry, Cattle, Sheep, Horse	美国金宝动物营养国际有限公司 Zinpro Animal Nutrition Internation Inc., USA	2012.10–2017.10	

（续）

国家	登记证号	通用名称	商品名称	产品类别	使用范围	生产厂家	有效期限	备注
美国	(2012) 外饲准字 404 号	酿酒酵母、枯草芽孢杆菌、β－葡聚糖酶（源自黑曲霉）和木聚糖酶（源自米曲霉）	先多棒	饲料添加剂	养殖动物	美国先拓生物科技有限公司	2012.10–2017.10	续展
		Saccharomyces Cereviisiae Yeast, Bacillus Subtilis, β –Glucanase (by Aspergillus niger), Xylanase (by Aspergillus oryzae)	Piobond	Feed Additive	All species or categories of animals	PioTech Company, USA		
	(2012) 外饲准字 451 号	乳清粉	饲料级乳清粉	能量饲料	家畜、仔猪和犊牛	美国国际生物营养有限公司	2012.11–2017.11	
		Whey Permeate Powder	Feed Grade Whey Permeate Powder	Energy Feed	Livestock，Piglet and Cattle	Bio–Nutrirtiong International, Inc., USA		
	(2013) 外饲准字 005 号	酿酒酵母	新生素	微生物饲料添加剂	畜禽	美国若斯生物科技公司	2013.01–2018.01	
		Saccharomyces Cerevisias	Livebios	Microbial Feed Additive	Livestock and Poultry	Biofeed Ras, USA		
	(2013) 外饲准字 023 号	酿酒酵母	百奥宝	饲料添加剂	猪、鸡、牛	美国国际生物营养有限公司	2013.01–2018.01	
		Saccharomyces Cerevisiae	Bio–Bond	Feed Additive	Swine, Chicken, Cattle	Bio–Nutrition International, Inc, USA		
	(2013) 外饲准字 033 号	含可溶物玉米酒糟	蛋白 DP50	饲料原料	猪、鸡、牛	美国国际生物营养有限公司	2013.01–2018.01	
		DDGS	Bio–YP50	Feed Material	Swine, Chicken, Cattle	Bio–Nutrition International, Inc, USA		
	(2013) 外饲准字 062 号	水合硅铝酸钠钙	阻霉灵	饲料添加剂	牛、猪、家禽、水产动物	美国 LD 佳技术有限公司	2013.02–2018.02	
		Hydrated Sodium Calcium Aluminosilicate	Zeomfeed	Feed Additive	Cattle, Swine, Poultry, Aquaculture	LD Techplus LLC, USA		

（续）

国家	登记证号	通用名称	商品名称	产品类别	使用范围	生产厂家	有效期限	备注
美国	(2013) 外饲准字 069 号	裂壶藻粉	裂壶藻粉	饲料原料	养殖动物	美国奥特奇公司	2013.02–2018.02	
		Schizochytrium Powder	Schizochytrium Powder	Feed Material	All species or categories of animals	Alltech Inc., USA		
	(2013) 外饲准字 105 号	氨基酸铜络合物	氨维乐 – 铜 170	矿物质饲料添加剂	养殖动物	美国金宝动物营养国际有限公司	2013.03–2018.03	
		Copper Amino Acid Complex	Availa–Cu 170	Minerals Feed Additive	All species or categories of animals	Zinpro Animal Nutrition International Inc, USA		
	(2013) 外饲准字 106 号	氨基酸锰络合物	氨维乐 – 锰 150	矿物质饲料添加剂	养殖动物	美国金宝动物营养国际有限公司	2013.03–2018.03	
		Manganese Amino Acid Complex	Availa–Mn 150	Minerals Feed Additive	All species or categories of animals	Zinpro Animal Nutrition International Inc, USA		
	(2013) 外饲准字 142 号	酵母培养物	麦可食超浓缩型	饲料添加剂	猪、家禽和牛	美国伟克公司	2013.03–2018.03	续展登记
		Yeast Culture	A–Max Yeast Culture XTRA	Feed Additive	Swine, Poultry, Cattle	Varied Industries Corporation, USA		
	(2013) 外饲准字 149 号	多种矿物质	艾力宝	矿物质饲料添加剂	猪 Swine	美国兰科矿物质公司	2013.05–2018.05	
		Multi–Minerals	CAD–MATE	Mineral Feed Additive	牛 Cattle	Granco Minerals Inc., USA		
	(2013) 外饲准字 152 号	酿酒酵母	西方酵母菌	微生物饲料添加剂	养殖动物	美国西方酵母公司	2013.05–2018.05	
		Saccharomyces cerevisiae	Cel–Con 5	Microbial Feed Additive	All species or categories of animals	Western Yeast Company, USA		
	(2013) 外饲准字 158 号	裂壶藻粉 Schizochytrium Powder	奥奇健	饲料添加剂	牛、猪、马、家禽、宠物、水产动物	美国奥特奇公司	2013.05–2018.05	
		啤酒酵母粉 Brewers Dried Yeast	Alltech Spi	Feed Additive	Cattle, Swine, Horse, Poultry, Pet, Aquaculture	Alltech Inc., USA		

（续）

国家	登记证号	通用名称	商品名称	产品类别	使用范围	生产厂家	有效期限	备注
美国	(2013)外饲准字164号	含可溶物玉米干酒糟 DDGS	鹰眼金质亚瑟DDGS Hawkeye Gold Arthur DDGS	饲料原料 Feed Material	家禽 Poultry 牛 Cattle 猪 Swine 水产动物 Aquaculture	铂金乙醇有限公司 Platinum Ethanol LLC., USA	2013.05–2018.05	
	(2013)外饲准字165号	含可溶物玉米干酒糟 DDGS	鹰眼金质内华达DDGS Hawkeye Gold Nevada DDGS	饲料原料 Feed Material	家禽 Poultry 牛 Cattle 猪 Swine 水产动物 Aquaculture	美国林肯大道能源有限公司 Lincolnway Energy LLC, USA	2013.05–2018.05	
	(2013)外饲准字166号	含可溶物玉米干酒糟 DDGS	玛吉斯威斯康星DDGS Marquis Energy – Wisconsin DDGS	饲料原料 Feed Material	家禽 Poultry 牛 Cattle 猪 Swine 水产动物 Aquaculture	玛吉斯能源－威斯康星有限公司 Marquis Energy–Wisconsin LLC., USA	2013.05–2018.05	

（续）

国家	登记证号	通用名称	商品名称	产品类别	使用范围	生产厂家	有效期限	备注
美国	(2013) 外饲准字 179 号	啤酒酵母粉 Brewers Dried Yeast 轻质碳酸钙 Calcium carbonate 酵母细胞壁 Yeast Cell Wall 水合硅铝酸钠钙 Hydrated Sodium Calcium Aluminosilicate	霉可吸 Mycosorb	饲料添加剂 Feed Additive	养殖动物 All species or categories of animals	美国奥特奇公司 Alltech Inc., USA	2013.05–2018.05	重新登记
	(2013) 外饲准字 180 号	酵母硒 Selenium Yeast 啤酒酵母粉 Brewers Dried Yeast	赛乐硒 2000 Sel–Plex 2000	饲料添加剂 Feed Additive	牛、猪、马、家禽、宠物、水产动物 Cattle, Swine, Horse, Poultry, Pet, Aquaculture	美国奥特奇公司 Alltech Inc., USA	2013.05–2018.05	重新登记
	(2013) 外饲准字 181 号	酵母提取物 Yeast Extract	新普乐 NUPRO	饲料添加剂 Feed Additive	畜禽、马、宠物、水产动物 Livestock, Horse, Pet, Aquaculture	美国奥特奇公司 Alltech Inc., USA	2013.05–2018.05	重新登记
	(2013) 外饲准字 212 号	含可溶物干玉米酒糟 DDGS	路易达孚诺福克公司 DDGS Louis Dreyfus Norfolk, LLC. DDGS	饲料原料 Feed Material	猪 Swine 牛 Cattle 家禽 Poultry	美国路易达孚诺福克有限公司 Louis Dreyfus Norfolk, LLC., USA	2013.06–2018.06	

（续）

国家	登记证号	通用名称	商品名称	产品类别	使用范围	生产厂家	有效期限	备注
美国	(2013) 外饲准字 213 号	含可溶物干玉米酒糟	大河资源格瓦 DDGS	饲料原料	猪 Swine	美国大河资源格瓦有限公司	2013.06–2018.06	
		DDGS	Big River Resources Galva GGDS	Feed Material	牛 Cattle	Big River Resources Galva, LLC, USA		
					家禽 Poultry			
	(2013) 外饲准字 221 号	硫酸镁 Magnesium Sulfate	得乃美	矿物质饲料添加剂	养殖动物	美国 Mosaic Potash Carlsbad 公司	2013.06–2018.06	续展
		硫酸钾 Potassium Sulfate	DYNAMATE	Mineral Feed Additive	All species or categories of animals	Mosaic Potash Carlsbad Inc., USA		登记
	(2013) 外饲准字 245 号	蛋氨酸羟基类似物钙盐	美瑞特	饲料级氨基酸	养殖动物	诺伟司国际公司	2013.07–2018.07	
		Methionine Hydroxy Analogue Calcium	MERATMMET Ca	Amino Acid Feed Grade	All species or categories of animals	Novus International Inc., USA		
	(2013) 外饲准字 258 号	含可溶物干玉米酒糟	瓦莱罗林登 DDGS	饲料原料	畜禽	瓦莱罗可再生能源有限公司	2013.07–2018.07	
		DDGS	Valero Linden DDGS	Feed Material	Livestock and Poultry	Valero Renewable Fuels Company, LLC–Linden		
	(2013) 外饲准字 259 号	含可溶物干玉米酒糟	瓦莱罗韦尔科姆 DDGS	饲料原料	畜禽	瓦莱罗可再生能源有限公司	2013.07–2018.07	
		DDGS	Valero Welcome DDGS	Feed Material	Livestock and Poultry	Valero Renewable Fuels Company, LLC– Welcome		
	(2013) 外饲准字 260 号	含可溶物干玉米酒糟	瓦莱罗道奇堡 DDGS	饲料原料	畜禽	瓦莱罗可再生能源有限公司	2013.07–2018.07	
		DDGS	Valero Fort Dodge DDGS	Feed Material	Livestock and Poultry	Valero Renewable Fuels Company, LLC– Fort Dodge		

（续）

国家	登记证号	通用名称	商品名称	产品类别	使用范围	生产厂家	有效期限	备注
美国	(2013) 外饲准字 261 号	含可溶物干玉米酒糟	瓦莱罗布卢明堡 DDGS	饲料原料	畜禽	瓦莱罗可再生能源有限公司	2013.07–2018.07	
		DDGS	Valero Bloomingburg DDGS	Feed Material	Livestock and Poultry	Valero Renewable Fuels Company, LLC– Bloomingburg		
	(2013) 外饲准字 262 号	含可溶物干玉米酒糟	瓦莱罗艾伯特市 DDGS	饲料原料	畜禽	瓦莱罗可再生能源有限公司	2013.07–2018.07	
		DDGS	Valero Albert City DDGS	Feed Material	Livestock and Poultry	Valero Renewable Fuels Company, LLC– Albert City		
	(2013) 外饲准字 263 号	含可溶物干玉米酒糟	瓦莱罗阿尔比恩 DDGS	饲料原料	畜禽	瓦莱罗可再生能源有限公司	2013.07–2018.07	
		DDGS	Valero Albion DDGS	Feed Material	Livestock and Poultry	Valero Renewable Fuels Company, LLC– Valero Albion		
	(2013) 外饲准字 264 号	含可溶物干玉米酒糟	瓦莱罗查尔斯市 DDGS	饲料原料	畜禽	瓦莱罗可再生能源有限公司	2013.07–2018.07	
		DDGS	Valero Charles City DDGS	Feed Material	Livestock and Poultry	Valero Renewable Fuels Company, LLC– Charles City		
	(2013) 外饲准字 265 号	含可溶物干玉米酒糟	瓦莱罗哈特利 DDGS	饲料原料	畜禽	瓦莱罗可再生能源有限公司	2013.07–2018.07	
		DDGS	Valero Hartley DDGS	Feed Material	Livestock and Poultry	Valero Renewable Fuels Company, LLC–Hartley		
	(2013) 外饲准字 266 号	含可溶物干玉米酒糟	瓦莱奥罗拉 DDGS	饲料原料	畜禽	瓦莱罗可再生能源有限公司	2013.07–2018.07	
		DDGS	Valero Aurora DDGS	Feed Material	Livestock and Poultry	Valero Renewable Fuels Company, LLC– Aurora		
	(2013) 外饲准字 295 号	柠檬酸糟	饲益美	饲料原料	畜禽和宠物	美国 ADM 联盟营养公司	2013.08–2018.08	
		Extracted Citric Acid Presscake	CitriStim TM	Feed Material	Livestock and Poultry, Pet	ADM Allian Nutrition Inc, USA		

（续）

国家	登记证号	通用名称	商品名称	产品类别	使用范围	生产厂家	有效期限	备注
美国	(2013) 外饲准字 296 号	饲料级烟酰胺	饲料级烟酰胺	饲料级维生素	养殖动物	美国凡特鲁斯农业及营养特种产品有限公司	2013.08–2018.08	续展
		Nicotinamide Feed Grade	Nicotinamide Feed Grade	Vitamin Feed Additive	All Species or Categories of Animals	Vertellus Agriculture & Nutrition Specialties LLC, USA		登记
	(2013) 外饲准字 298 号	水合硅铝酸钠钙	霉可脱 –DF	饲料添加剂	养殖动物	美国南方矿产品公司	2013.08–2018.08	续展
		Hydrated Sodium Calcium Aluminosilicate	MYCO–AD DF	Feed Additive	All Species or Categories of Animals	Southern Clay Products, Inc, USA		登记
	(2013) 外饲准字 300 号	酵母培养物	达农威 XPC	饲料添加剂	猪 Swine	美国达农威公司	2013.08–2018.08	重新
		Yeast Culture	Diamond V Original XPC	Feed Additive	家禽 Poultry	Diamond V Mills, Inc., USA		登记
					牛 Cattle			
					羊 Sheep			
	(2013) 外饲准字 301 号	酵母培养物 Yeast Culture	倍吉美	饲料添加剂	畜禽	美国伟克公司	2013.09–	
		酵母提取物 Yeast Extract	Bg–Max	Feed Additive	Livestock	Varied Industries Corporation, USA	Sep–18	
		玉米胚芽粉 Corn Germ Meal			Poultry			
		干啤酒酵母 Dried Brewers Yeast						
		水合硅铝酸钠 Hydrated Sodium Calcium Aluminosilicate						

（续）

国家	登记证号	通用名称	商品名称	产品类别	使用范围	生产厂家	有效期限	备注
美国	(2013) 外饲准字 305 号	酵母培养物和酵母提取物	益宁易 液体 NC	饲料添加剂	牛 Cow	美国伟克公司	2013.09–	
		Yeast Culture and Yeast Extract	Celmanax LIQUID NC	Feed Additive	家禽 Poultry	Varied Industries Corporation, USA	Sep–18	
	(2013) 外饲准字 309 号	丙酸、氢氧化钠、氯化镁、氯化钙	达美鲜	饲料防霉剂	养殖动物	美国达尔斯特有限公司	2013.09–	
		Propionic Acid, Sodium Hydroxide, Magnesium Chloride, Calcium Chloride	DMX–7	Feed Mold Inhibitor	All Species or Categories of Animals	Delst, Inc., USA	Sep–18	
	(2013) 外饲准字 323 号	含可溶物干玉米酒糟	大河联合能源 DDGS	饲料原料	猪 Swine	美国大河联合能源有限公司	2013.09–	
		Corn Distillers Dried Grains with Soluble (DDGS)	Big River United Energy DDGS	Feed Material	家禽 Poultry 牛 Cow	Big River United Energy, LLC, USA	Sep–18	
	(2013) 外饲准字 324 号	含可溶物干玉米酒糟	大河资源西伯灵顿 DDGS	饲料原料	猪 Swine	美国大河资源西伯灵顿有限公司	2013.09–	
		Corn Distillers Dried Grains with Soluble (DDGS)	Big River Resources West Burlington DDGS	Feed Material	家禽 Poultry 牛 Cow	Big River Resources West Burlington, LLC, USA	Sep–18	
	(2013) 外饲准字 325 号	含可溶物干玉米酒糟	大河资源博伊韦尔 DDGS	饲料原料	猪 Swine	美国大河资源博伊维尔有限公司	2013.09–	
		Corn Distillers Dried Grains with Soluble (DDGS)	Big River Resources Boyceville DDGS	Feed Material	家禽 Poultry 牛 Cow	Big River Resources Boyceville, LLC, USA	Sep–18	

（续）

国家	登记证号	通用名称	商品名称	产品类别	使用范围	生产厂家	有效期限	备注
美国	(2013) 外饲准字 344 号	干燥的黑曲霉发酵产品 Dried Extracted Aspergillus niger Fermentation Product	保增乐	饲料添加剂	牛 Cow	美国 Pet-Ag. Inc 公司	2013.09-	续展
		大豆油 Soybean Oil	Bospro®	Feed Additive	马 Horse	Pet-Ag. Inc, USA	Sep-18	登记
		碘化钙 Calcium Iodate			羊 Shrimp			
		硫酸亚铁 Ferrous Sulfate			鹿 Deer			
					兔 Rabbit			
	(2013) 外饲准字 342 号	酵母培养浓缩物	麦可食浓缩型	饲料添加剂	畜禽	美国伟克公司	2013.09-	续展
		Yeast Culture Concentrate	A-Max Yeast Culture Concentrate	Feed Additive	Livestock, Poultry	Varied Industries Corporation, USA	Sep-18	登记
	(2013) 外饲准字 344 号	干燥的黑曲霉发酵产品 Dried Extracted Aspergillus niger Fermentation Product	保增乐	饲料添加剂	牛 Cow	美国 Pet-Ag. Inc 公司	2013.09-	续展
		大豆油 Soybean Oil	Bospro®	Feed Additive	马 Horse	Pet-Ag. Inc, USA	Sep-18	登记
		碘化钙 Calcium Iodate			羊 Shrimp			
		硫酸亚铁 Ferrous Sulfate			鹿 Deer			
					兔 Rabbit			
	(2013) 外饲准字 345 号	嗜酸乳杆菌、干酪乳杆菌、屎肠球菌	百猛灵 饲料级	微生物饲料添加剂	养殖动物	美国明星实验室 / 美国饲料研究公司	2013.10-2018.10	
		Lactobacillus acidophilus	PrimaLac F/G	Microbial Feed Additive	All Species or Categories of Animals	Star-Labs / Forage Research, Inc., USA		
		Lactobacillus casei						
		Enterococcus faecium						

（续）

国家	登记证号	通用名称	商品名称	产品类别	使用范围	生产厂家	有效期限	备注
美国	(2013) 外饲准字 347 号	酿酒酵母、酵母培养物 酵母提取物 Saccharomyces cerevisiae,Yeast Culture Yeast Extract	利宝康 Bio–Max	饲料添加剂 Feed Additive	猪 Swine 家禽 Poultry 牛 Cattle	美国国际生物营养有限公司 Bio–Nutrition International, Inc., USA	2013.10–2018.10	
	(2013) 外饲准字 352 号	豆粕（过瘤胃保护） Soybean Meal (Rumen Bypass Processed)	利乳宝 Bio–Pass	饲料原料 Feed Material	奶牛 Cow	美国国际生物营养有限公司 Bio–Nutrition International, Inc., USA	2013.10–2018.10	
	(2013) 外饲准字 361 号	白鱼粉 White fishmeal	阿拉斯加白鱼粉（二级） Alaskan White Fishmeal（Ⅱ）	饲料原料 Feed Material	猪 Swine 家禽 Poultry 水产动物 Aquaculture	美国 Kodiak 鱼粉公司 Kodiak 工厂 Kodiak Fishmeal Company, Kodiak Plant, USA	2013.10–2018.10	
	(2013) 外饲准字 373 号	含可溶物干玉米酒糟 Corn Distillers Dried Grains with Soluble	家园能源方案 DDGS Homeland Energy Solutions DDGS	饲料原料 Feed Material	猪 Swine 家禽 Poultry 牛 Cow	美国家园能源解决方案有限公司 Homeland Energy Solutions, LLC, USA	2013.10–2018.10	
	(2013) 外饲准字 374 号	含可溶物干玉米酒糟 Corn Distillers Dried Grains with Soluble	万诺斯 DDGS One Earth DDGS	饲料原料 Feed Material	猪 Swine 家禽 Poultry 牛 Cow	美国万诺斯能源有限公司 One Earth Energy LLC, USA	2013.10–2018.10	

（续）

国家	登记证号	通用名称	商品名称	产品类别	使用范围	生产厂家	有效期限	备注
美国	(2013) 外饲准字 375 号	含可溶物干玉米酒糟 Corn Distillers Dried Grains with Soluble	伊瑞 DDGS IRE DDGS	饲料原料 Feed Material	猪 Swine 家禽 Poultry 牛 Cow	美国伊利诺伊大河能源有限公司 Illinois River Energy LLC, USA	2013.10–2018.10	
美国	(2013) 外饲准字 391 号	啤酒酵母粉、啤酒酵母壁 Brewers Dried Yeast, Yeast Cell Wall	奇力素 ACTIGEN	饲料添加剂 Feed Additive	猪 Swine 牛 Cattle 马 Horse 家禽 Poultry 宠物 Pet 水产动物 Aquaculture	美国奥特奇公司 Alltech Inc., USA	2013.10–2018.10	重新登记
巴西	(2006) 外饲准字 022 号	L– 赖氨酸盐酸盐 L–Lysine HCl	饲料级 99%L– 赖氨酸盐酸盐 L–Lysine HCl 99% Feed Grade	饲料级氨基酸 Amino Acid Feed Additive	所有动物 All animal	味之素（巴西）工商有限公司 Ajinomoto Biolatina Ind ú stria E Com é rcio Ltda., Brazil	2006.02–2011.02	续展登记
巴西	(2008) 外饲准字 106 号	酵母细胞壁和干酿酒酵母 Yeast Cell Wall and Dried Yeast	奥奇素 Bio–Mos	饲料添加剂 Feed Additive	所有动物 All Animal	巴西奥特奇公司 Alltech do Brazil Agro Industrial Ltda.	2008.08–2013.08	

（续）

国家	登记证号	通用名称	商品名称	产品类别	使用范围	生产厂家	有效期限	备注
巴西	(2008) 外饲准字 151 号	酵母硒	赛乐硒	矿物质饲料添加剂	猪、牛、马和禽	巴西奥特奇公司	2008.12–	
		Selenium Yeast	Sel–Plex 2000	Mineral Feed Supplement	Swine, Cattle, Horse and Poultry	Alltech do Brazil Agro Industrial Ltda.	2013.12	
	(2009) 外饲准字 018 号	酿酒酵母、酵母细胞壁及水合硅铝酸钠钙	霉可吸	饲料添加剂	养殖动物	巴西奥特奇公司	2009.03–	
		Saccharomyces cerevisiae, Yeast Cell Wall and Hydrated Sodium Calcium Aluminosilicate	Mycosorb	Feed Additive	All Species or Categories of Animals	Alltech do Brazil Agro Industrial Ltda.	2014.03	
	(2010) 外饲准字 164 号	酿酒酵母和酵母细胞壁	奇力素	饲料添加剂	畜禽和宠物	巴西奥特奇公司	2010.06	
		Saccharomyces Cerevisiae and Yeast Cell Wall	ACTIGEN	Feed Additive	Livestock and Poultry, Pet	Alltech Do Brasil Agroindustrial Ltda., Brazil	2015.06	
	(2010) 外饲准字 299 号	酵母硒	赛乐硒 2700	饲料添加剂	畜禽	巴西奥特奇公司	2010.11	
		Selenium Yeast	Sel–Plex 2700	Feed Additive	Livestock and Poultry	Alltech do Brasil Agroindustrial Ltda., Brazil	2015.11	
	(2011) 外饲准字 042 号	酵母硒	赛乐硒 2700	饲料添加剂	养殖动物	巴西奥特奇公司（São Pedro Do Ivaí 工厂）	2011.03–	
		Selenium Yeast	SEL–PLEX 2700	Feed Additive	All species or categories of animals	Alltech Do Brasil Agroindustrial Ltda., Brasil	2016.03	
	(2011) 外饲准字 043 号	酵母硒	赛乐硒 2000	饲料添加剂	养殖动物	巴西奥特奇公司（São Pedro Do Ivaí 工厂）	2011.03–	
		Selenium Yeast	SEL–PLEX 2000	Feed Additive	All species or categories of animals	Alltech Do Brasil Agroindustrial Ltda., Brasil	2016.03	
		酵母硒、干酿酒酵母、维生素 C、DHA、蛋白酶	特优 E	饲料添加剂预混料	养殖动物	巴西奥特奇公司（Araucária 工厂）	2011.03–	

（续）

国家	登记证号	通用名称	商品名称	产品类别	使用范围	生产厂家	有效期限	备注
		Selenium Yeast, Saccharomyces cerevisiae yeast, Vitamin C, DHA, Protease	EconomasE	Additive Premix	All species or categories of animals	Alltech Do Brasil Agroindustrial Ltda., Brasil	2016.03	
	(2011) 外饲准字 112 号	L– 赖氨酸盐酸盐	希杰赖氨酸	饲料级氨基酸	养殖动物	希杰巴西公司	2011.05–2016.05	
		L– Lysine Monohydrochloride	CJ Lysine	Amino Acid Feed Grade	All species or categories of animals	CJ do Brasil Industria e Comercido de Produtos Alimenticios Ltda, Brasil		
	(2011) 外饲准字 115 号	酿酒酵母，酵母细胞壁	霉可吸	饲料添加剂	养殖动物	巴西奥特奇公司（São Pedro do Ivaí 工厂）	2011.05–2016.05	
		Saccharomyces cerevisiae, Yeast Cell Wall	Mycosorb	Feed Additive	All species or categories of animals	Alltech do Brasil Agroindustrial Ltda., Plant São Pedro do Ivaí, Brasil		
巴西	(2011) 外饲准字 116 号	酿酒酵母（干酿酒酵母），酵母细胞壁	奥奇素	饲料添加剂	畜禽	巴西奥特奇公司（São Pedro do Ivaí 工厂）	2011.05–2016.05	
		Saccharomyces cerevisiae（Brewers Dried Yeast），Yeast Cell Wall	BIO–MOS	Feed Additive	Livestock and Poultry	Alltech do Brasil Agroindustrial Ltda., Plant São Pedro do Ivaí, Brasil		
	(2011) 外饲准字 139 号	酵母硒，干酿酒酵母，L–抗坏血酸（维生素 C），二十二碳六烯酸，蛋白酶（产自黑曲霉）	特优 E	添加剂预混料	畜禽	巴西奥特奇公司（Sao Pedro do Ivai 工厂）	2011.05–2016.05	
		Selenium yeast, Saccharomyces cerevisiae (Brewers dried yeast), Vitamin C, DHA, Protease (from Aspergillus niger)	Economas E	Additive Premix	Poultry and Livestock	Alltech do Brasil Agroindustrial Ltda., Plant São Pedro do Ivaí, Brasil		
	(2011) 外饲准字 112 号	L– 赖氨酸盐酸盐	希杰赖氨酸	饲料级氨基酸	养殖动物	希杰巴西公司	2011.05–2016.05	
		L– Lysine Monohydrochloride	CJ Lysine	Amino Acid Feed Grade	All species or categories of animals	CJ do Brasil Industria e Comercido de Produtos Alimenticios Ltda, Brasil		

（续）

国家	登记证号	通用名称	商品名称	产品类别	使用范围	生产厂家	有效期限	备注
巴西	(2011) 外饲准字 196	L- 赖氨酸盐酸盐 L-Lysine	饲料级 99% L- 赖氨酸盐酸盐 L-Lysine HCL 99% Feed Grade	饲料级氨基酸 Amino Acid Feed Grade	养殖动物 All Species or Categories of Animals	味之素巴西有限公司 Ajinomoto do Brasil Ind ú stria e Com é rcio de Alimentos Ltda, Brazil	2011.06–2016.06	续展
		家禽肝脏，灭活酵母	爱福干猫粮口味增强剂	饲料添加剂	猫	巴西 SPF 工业贸易有限公司		
	(2011) 外饲准字 203 号	和焦磷酸钠	ACPF2C	Feed Additive	Cat	SPF Do Brasil Industria e Comercio. Limitada,Brazil	2011.07–2016.07	
		Poultry Liver, Inactive Yeast and Sodium Pyrophosphate						
		酿酒酵母和酵母细胞壁	霉可吸	饲料添加剂	养殖动物	巴西奥特奇公司		
	(2011) 外饲准字 209 号	Saccharomyces cerevisiae and Yeast cell wall	MYCOSORB	Feed Additive	All Species or Categories of Animals	（Arauc á ria 工厂）	2011.07–2016.07	
						Alltech do Brasil Agroindustrial Ltda., Brazil		
	(2012) 外饲准字 059 号	干酿酒酵母	普乐微	饲料添加剂	反刍动物	巴西奥特奇公司（Sao Pedro do Ivai 工厂）	2012.02–2017.02	
		Saccharomyces cerevisiae	DEMP	Feed Additive	Ruminants	Alltech do Brasil Agroindustrial Ltda., Plant Sao Pedro do Ivai, Parana		
		灭活干酵母	百泰达	饲料添加剂	养殖动物	巴西库塔糖业公司		
	(2012) 外饲准字 358 号	Inacitivated Dry Yeast	Biotide	Feed Additive	All species or categories of animals	（Quata 工厂）	2012.10–2017.10	
						Acucareira Quata S.A. plant Quata, Brazil		

（续）

国家	登记证号	通用名称	商品名称	产品类别	使用范围	生产厂家	有效期限	备注
巴西	(2012) 外饲准字 359 号	灭活干酵母 Inacitivated Dry Yeast	百泰达 Biotide	饲料添加剂 Feed Additive	养殖动物 All species or categories of animals	巴西库塔糖业公司 （Macatuba 工厂） Acucareira Quata S.A. Plant Macatuba, Brazil	2012.10–2017.10	
	(2012) 外饲准字 360 号	灭活干酵母 Inacitivated Dry Yeast	优科酵母 Nutricell Yeast	饲料添加剂 Feed Additive	养殖动物 All species or categories of animals	巴西库塔糖业公司 （Quata 工厂） Acucareira Quata S.A. Plant Quata, Brazil	2012.10–2017.10	
	(2012) 外饲准字 361 号	灭活干酵母 Inacitivated Dry Yeast	优科酵母 Nutricell Yeast	饲料添加剂 Feed Additive	养殖动物 All species or categories of animals	巴西库塔糖业公司 （Macatuba 工厂） Acucareira Quata S.A. Plant Macatuba, Brazil	2012.10–2017.10	
	(2012) 外饲准字 362 号	灭活干酵母（自溶） Inacitivated Dry Yeast（Autolysis）	恒赛尔 Hicell	饲料添加剂 Feed Additive	养殖动物 All species or categories of animals	巴西库塔糖业公司 （Quata 工厂） Acucareira Quata S.A. Plant Quata, Brazil	2012.10–2017.10	
	(2012) 外饲准字 363 号	灭活干酵母（自溶） Inacitivated Dry Yeast（Autolysis）	恒赛尔 Hicell	饲料添加剂 Feed Additive	养殖动物 All species or categories of animals	巴西库塔糖业公司 （Macatuba 工厂）	2012.10–2017.10	

（续）

国家	登记证号	通用名称	商品名称	产品类别	使用范围	生产厂家	有效期限	备注
巴西	(2013) 外饲准字017号	啤酒酵母细胞壁 Saccharomyces cerevisiae Yeast Cell Wall	普壮素 Immunowall	饲料添加剂 Feed Additive	养殖动物 All species or categories of animals	巴西 Alcoeste Destilaria Fernandópolis S/A 公司 Alcoeste Destilaria Fernandópolis S/A, Brazil	2013.01–2018.01	
	(2013) 外饲准字018号	灭活啤酒酵母自溶物 Inactive Saccharomyces cerevisiae yeast autolysate	核力素 Hilyses	饲料添加剂 Feed Additive	养殖动物 All species or categories of animals	巴西 Usina Sao Luiz S/A 公司 Usina Sao Luiz S/A, Brazil	2013.01–2018.01	
	(2013) 外饲准字068号	灭活啤酒酵母粉 Inactive Brewers' Yeast Powder	博赛 Brewcell	饲料原料 Feed Material	养殖动物 All species or categories of animals	巴西库塔糖业公司 Acucareira Quata S.A., Brazil	2013.02–2018.02	
	(2013) 外饲准字269号	酵母提取物 Yeast Extract	新普乐 Nupro	饲料添加剂 Feed Additive	养殖动物 All Species or Categories of Animals	巴西奥特奇公司 (São Pedro do Ivaí 工厂) Alltech do Brasil Agroindustrial Ltda., Brazil	2013.07–2018.07	重新登记
	(2013) 外饲准字270号	酿酒酵母粉 Saccharomyces cerevisiae 酵母细胞壁 Yeast Cell Wall 水合硅铝酸钠钙 Hydrated Sodium Calcium Aluminosilicate	霉可吸 Mycosorb	饲料添加剂 Feed Additive	养殖动物 All Species or Categories of Animals	巴西奥特奇公司 (São Pedro do Ivaí 工厂) Alltech do Brasil Agroindustrial Ltda., Brazil	2013.07–2018.07	重新登记

（续）

国家	登记证号	通用名称	商品名称	产品类别	使用范围	生产厂家	有效期限	备注
巴西	(2013) 外饲准字 271 号	酵母硒 Selenium Yeast 啤酒酵母粉 Brewers Dried Yeast	赛乐硒 2000 Sel-Plex 2000	饲料添加剂 Feed Additive	养殖动物 All Species or Categories of Animals	巴西奥特奇公司 (São Pedro do Ivaí 工厂) Alltech do Brasil Agroindustrial Ltda., Brazil	2013.07–2018.07	重新登记
乌拉圭	(2005) 外饲准字 178 号	维生素 K_3 Vitamin K_3	MSB 94 MSB 94 (Menadione Sodium Bisulfite)	饲料级维生素 Vitamin Feed Grade	所有动物 All animal	乌拉圭 Dirox 公司 Dirox S.A., Uruguay	2006.11–2011.11	续展登记
	(2006) 外饲准字 190 号	维生素 K_3(亚硫酸烟酰胺甲萘醌) Vitamin K_3 (Menadione Nicotinamide Bisulfite)	MNB 96(饲料级维生素 K_3) MNB 96 (Vitamin K_3Feed Grade)	饲料级维生素 Vitamin Feed Grade	所有动物 All animal	乌拉圭 Dirox 公司 Dirox S.A., Uruguay	2007.01–2012.01	续展登记
	(2012) 外饲准字 222 号	亚硫酸氢钠甲奈醌 Menadione Sodium Bisulfite	MSB99 （饲料级维生素 K_3） MSB99 (Vitamin K_3 Feed Grade)	饲料级维生素 Vitamin Feed Grade	单胃动物和牛 Monogastric Animals and Calves	乌拉圭帝沃斯公司 Dirox S.A., Uruguay	2012.05–2017.05	续展
	(2012) 外饲准字 223 号	亚硫酸氢烟酰胺甲奈醌 Menadione Nicotinamide Bisulfite	MNB96 （饲料级维生素 K_3） MNB96 (Vitamin K_3 Feed Grade)	饲料级维生素 Vitamin Feed Grade	单胃动物和牛 Monogastric Animals and Calves	乌拉圭帝沃斯公司 Dirox S.A., Uruguay	2012.05–2017.05	续展

（续）

国家	登记证号	通用名称	商品名称	产品类别	使用范围	生产厂家	有效期限	备注
乌拉圭	(2013) 外饲准字 066 号	甲萘醌亚硫酸氢钠	维生素 K3–MSB50	饲料级维生素	养殖动物	乌拉圭帝沃斯公司	2013.02–2018.02	
		Menadione Sodium Bisulfite	Vitamin K3 –MSB50(Menadione Sodium Bisulfite 50) Feed Grade	Vitamin Feed Grade	All species or categories of animals	Dirox S.A., Uruguay		
加拿大	(2008) 外饲准字 140 号	酵母硒	拉曼硒	矿物质饲料添加剂	家畜	加拿大拉曼公司	2008.12–	
		Selenium Yeast	Alkosel	Mineral Feed Supplement	Livestock	Lallemand Inc., Canada	2013.12	
	(2010) 外饲准字 046 号	氧化锌	奥格锌	矿物质饲料添加剂	养殖动物	加拿大 Zochem Inc. 公司	2010.11	
		Zinc Oxide	Agrazinc 75	Feed Mineral Additive	All species or categories of animals	Zochem Inc., Canada	2015.11	
		酿酒酵母 Saccharomyces cerevisiae	OSP 20200–WEST–PAK	Feed Additive Premix	奶牛 Cow	Oshawa Specialty Products Ltd., Canada		
	(2010) 外饲准字 088 号	YUCCA（Yucca Schigigera	丝兰宝	饲料添加剂	所有动物	墨西哥农工公司	2007.10–	续展登记
		Extract）	Biopowder	Feed Additive	All animal	Agroindustrias EL Alamo S.A. de C.V., Mexico	2012.1	
新西兰	(2012) 外饲准字 369 号	肉骨粉	PVL 肉骨粉	蛋白质饲料	反刍动物	新西兰 PVL 蛋白有限公司	2012.10–2017.10	
		Meat and Bone Meal	PVL Meat and Bone Meal	Protein Feed	Ruminant	PVL Protein Limited, New Zealand		

（续）

国家	登记证号	通用名称	商品名称	产品类别	使用范围	生产厂家	有效期限	备注
西班牙	(2005) 外饲准字 001 号		乐达香（鱼腥香）1474Z D	饲料调味剂		西班牙乐达有限公司	2005.01–	
			Luctarom Sucklers 1474Z D	Feed Enhancement		Lucta S. A., Spain	2010.01	
	(2005) 外饲准字 054 号		乐达宝 35999Z	饲料调味剂		西班牙乐达公司	2005.03–	
			Luctaplus 35999Z	Feed Enhancement		Lucta S.A., Spain	2010.03	
	(2005) 外饲准字 059 号		蛋氨酸锌 10%	矿物质添加剂		西班牙 NOREL 有限公司	2005.03–	
			BIOMET ZN 10%	Mineral Supplement		NOREL S.A., Spain	2010.03	
	(2005) 外饲准字 065 号		健氨维他	添加剂预混料		西班牙 INVESA 动物药品工业有限公司	2005.03–	
			GANAMINOVIT	Additive Premix		Industrial Veterinaria S.A.–INVESA, Spain	2010.03	
	(2005) 外饲准字 066 号		健精维他	添加剂预混料		西班牙 INVESA 动物药品工业有限公司	2005.03–	
			GANASUPERVIT	Additive Premix		Industrial Veterinaria S.A.–INVESA, Spain	2010.03	
	(2005) 外饲准字 187 号	脂肪酸钙盐	万力补	饲料添加剂	反刍动物	西班牙 NOREL 公司	2005.11–	续展登记
		Calcium Salt of Fatty Acid	MAGNAPAC	Feed Additive	Ruminant animal	NOREL S.A., Spain	2010.11	
	(2006) 外饲准字 060 号	卡罗布豆角树粉	可利美 105	能量饲料	仔猪和犊牛	西班牙 G.A. Torres 公司	2006.05–	
		Ceratonia Siliqua. L	Caromic 105	Energy Feed	Sucking pig and calf	G.A. Torres S.A., Spain	2011.05	
	(2006) 外饲准字 174 号	水合硅铝酸钠钙、丙酸钙和丙酸钠	克菌宝	饲料防霉剂	所有动物	西班牙 Lipidos Toledo 有限公司	2006.11–	
		Hydrated Sodium–Calcium Aluminosilicate, Calcium and Sodium Propionate	FINTOX MOLD	Feed Mold Inhibitor	All animal	Lipidos Toledo, S.A., Spain	2011.11	

（续）

国家	登记证号	通用名称	商品名称	产品类别	使用范围	生产厂家	有效期限	备注
西班牙	(2006) 外饲准字 175 号	水合硅铝酸钠钙 Hydrated Sodium Calcium Aluminosilicate	克毒宝 FINTOX	饲料防霉剂 Feed Mold Inhibitor	所有动物 All animal	西班牙 Lipidos Toledo 有限公司 Lipidos Toledo, S.A., Spain	2006.11–2011.11	
	(2007) 外饲准字 123 号	丙酸、丙酸铵、斑脱土和海泡石 Propionic Acid, Ammonium Propionate, Bentonite–Montmorillonite and Sepiolite	宜可富迈可 IQF MICOBAN® Premix	饲料防霉剂 Feed Mould Inhibitor	所有动物 All animal	西班牙宜可富化学及药品开发有限公司 Investigacions Quimicas Y Farmaceuticas, S.A., Spain	2007.04–2012.04	
	(2007) 外饲准字 147 号	丙酸铵，斑脱土和海泡石 Ammonium Propionate, Bentonite–Montmorillonite and Sepiolite	毒去完 TOXIBAN	饲料添加剂 Feed Additive	所有动物 All animal	西班牙宜可富化学及药品开发有限公司 Investigacions Quimicas Y Farmaceuticas, S.A., Spain	2007.07–2012.07	
	(2007) 外饲准字 201 号	蛋氨酸羟基类似物 DL–Methionine Hydroxy Analogue	罗迪美 TM AT88 RhodimetTM AT88	饲料级氨基酸 Amino Acid Feed Grade	所有动物 All animal	安迪苏西班牙公司 Adisseo Spain S.A., Spain	2007.11–2012.11	
	(2009) 外饲准字 122 号	多种有机酸 Multi–Organic Acid	酸化剂核心料 42439Z Nucleo Acidificante 42439Z	饲料酸化剂 Feed Acidifier	养殖动物 All species or categories of animals	西班牙乐达公司 Lucta S.A., Spain	2009.09–2014.09	续展登记
	(2009) 外饲准字 142 号	维生素和氨基酸 Multi–Vitamins and Amino Acids	艾可肥维他 Alquerfeed Vitamin Aminoacidos L	添加剂预混合饲料 Additive Premix	养殖动物 All species or categories of animals	西班百卫公司 Biovet, S.A., Spain	2009.10–2014.1	

（续）

国家	登记证号	通用名称	商品名称	产品类别	使用范围	生产厂家	有效期限	备注
西班牙	(2009) 外饲准字170号	丙酸和丙酸铵 Propionic acid and Ammonium Propionate	克霉 N CH Fungicap N CH	饲料防霉剂 Feed Mold Inhibitor	养殖动物 All species or categories of animals	西班牙埃特亚公司 Industrial Tecnica Pecuaria, S.A., Spain	2009.11 2014.11	
	(2009) 外饲准字222号	乙氧基喹啉和二丁基羟基甲苯 Bthoxyquin and BHT	克氧 E2 Oxicap E2	饲料抗氧化剂 Feed Antioxidant	养殖动物 All species or categories of animals	西班牙埃特亚公司 Industrial Tecnica Pecuaria, S.A., Spain	2009.12– 2014.12	续展登记
	(2009) 外饲准字225号	食用香料 Edible Spices	乐达香 1474Z B LUCTAROM SUCKLERS 1474Z B	饲料调味剂 Feed Flavour	养殖动物 All species or categories of animals	西班牙乐达公司 Lucta S.A., Spain	2009.12– 2014.12	续展登记
	(2009) 外饲准字224号	丙酸铵和丙酸 Ammonium Propionate and Propionic Acid	乐达克霉灵液体 NUCLEUS LUCTAMOLD 51045Z	饲料防霉剂 Feed Mold Inhibitor	养殖动物 All species or categories of animals	西班牙乐达公司 Lucta S.A., Spain	2009.12– 2014.12	续展登记
	(2010) 外饲准字190号	食用香料 Edible Spices	乐达香 1474Z C LUCTAROM SUCKLERS 1474Z C	饲料调味剂 Feed Flavor Enhancement	养殖动物 All species or categories of animals	西班牙乐达公司 Lucta S.A., Spain	2010.06 2015.06	续展
	(2010) 外饲准字191号	食用香料 Edible Spices	乐达香（鱼腥香）1474Z D LUCTAROM SUCKLERS 1474Z D	饲料调味剂 Feed Flavor Enhancement	养殖动物 All species or categories of animals	西班牙乐达公司 Lucta S.A., Spain	2010.06 2015.06	续展

（续）

国家	登记证号	通用名称	商品名称	产品类别	使用范围	生产厂家	有效期限	备注
西班牙	(2010) 外饲准字 222 号	多种维生素和氨基酸 Multi–Vitamins and Amino Acids	健氨维他 Ganaminovit	添加剂预混料 Feed Additive Premix	养殖动物 All species or categories of animals	西班牙伊维莎大药厂 Industrial Veterinaria, S.A.C., Spain	2010.08 2015.08	续展
西班牙	(2010) 外饲准字 256 号	沸石粉和酿酒酵母 Zeolite and saccharomyces cerevisiae	艾可肥去霉益生素 Alquerfeed Antitox Plus	饲料添加剂 Feed Additive	家禽、猪和牛 Poultry, Swine and Cattle	西班牙百卫公司 Biovet, S.A., Spain	2010.09 2015.09	
西班牙	(2010) 外饲准字 257 号	斑脱土和海泡石 Bentonite and Sepiolite	阿到克 ATOX	饲料添加剂 Feed Additive	畜禽 Livestock and Poultry	西班牙埃特亚公司 Industrial Tecnica Pecuaria, S.A., Spain	2010.09 2015.09	
西班牙	(2010) 外饲准字 309 号	多种维生素和氨基酸 Premix Solution of Vitamins and Amino Acids	海博莱新胺基维他 HIPRACHOCK–A	添加剂预混料 Additive Premix	畜禽 Livestock and Poultry	西班牙海博莱生物大药厂 LABORATORIOS HIPRA, S.A., Spain	2010.11 2015.11	
西班牙	(2011) 外饲准字 038 号	丁酸钠 Sodium Butyrate	益福来 C4 VFA	饲料添加剂 Feed Additive	猪、家禽、反刍动物 Swine, Poultry Ruminant	西班牙诺威迅 2002 公司 Novation 2002 S.A., Spain	2011.03– 2016.03	
西班牙	(2011) 外饲准字 286 号	沸石粉 Zeolite	艾可肥去霉素 ALQUERFEED ANTITOX	饲料添加剂 Feed Additive	养殖动物 All Species or Categories of Animals	西班牙百卫公司 Biovet,S.A., Spain	2011.09–2016.09	
西班牙	(2011) 外饲准字 204 号	百里香酚和香芹酚	恩益 150	饲料调味剂	家禽、猪、牛	西班牙科泰色素有限公司	2011.07–2016.07	

（续）

国家	登记证号	通用名称	商品名称	产品类别	使用范围	生产厂家	有效期限	备注
西班牙	(2012) 外饲准字 021 号	大蒜油和维生素 C Garlic Oleoresin and Vitamin C	艾可特康预水剂 Alquernat Immuplus L	饲料添加剂 Feed Additive	养殖动物 All species or categories of animals	西班牙百卫公司 Biovet, S.A., Spain	2012.01–2017.01	
	(2012) 外饲准字 022 号	罗勒油和柠檬酸 Basil Oil and Citric Acid	艾可美天然粉剂 Alquernat Natural	饲料添加剂 Feed Additive	养殖动物 All species or categories of animals	西班牙百卫公司 Biovet, S.A., Spain	2012.01–2017.01	
	(2012) 外饲准字 025 号	肉桂醛和大蒜油 Cinnamic Aldehyde Garlic Oil	恩益 300 IQF Next Enhance 300	饲料添加剂 Feed Additive	牛、羊、鱼、虾 Cattle, Ship, Fish, Shrimp	西班牙科泰色素有限公司 Carotenoid Technologies, S.A., Spain	2012.01–2017.01	
	(2012) 外饲准字 243 号	长链脂肪酸钙皂 （棕榈油） Calcium Salt of Long Chain Fatty Acids （Palm Oil）	万力补 Magnapac	饲料添加剂 Feed Additive	反刍动物 Ruminates	西班牙 Norel 公司 Norel S.A., Spain	2012.06–2017.06	续展
	(2012) 外饲准字 281 号	斑脱土－高岭石 Bentonite–Montm–orillonite 丙酸 Ammonium propionate 卵磷脂 Lecithin 海泡石 Sepiolite	毒去完 Toxiban	饲料添加剂 Feed Additive	养殖动物 All species or categories of animals	西班牙宜可富化学及药品开发有限公司 Investigaciones Quimicas Y Farmaceuticas, S.A., Spain	2012.07–2017.07	续展

（续）

国家	登记证号	通用名称	商品名称	产品类别	使用范围	生产厂家	有效期限	备注
西班牙	(2012) 外饲准字 347 号	蛋氨酸羟基类似物	罗迪美 ® AT88	饲料级氨基酸	养殖动物	安迪苏西班牙公司	2012.09–2017.09	续展
		Hydroxy Analogue of Methionine	Rhodimet ® AT88	Amino Acid Feed Additive	All species or categories of animals	Adisseo Espana S.A., Spain		
	(2012) 外饲准字 397 号	卡罗布豆角树粉	可利美 105	能量饲料	猪和犊牛	西班牙 G.A.Torres 公司	2012.10–2017.10	续展
		Cerationia Siliqua. L	Caromic 105	Energy Feed	Swine and Calf	G.A. Torres S.L., Spain		
	(2012) 外饲准字 398 号	水合硅铝酸钠钙	克菌宝	饲料防霉剂	养殖动物	西班牙 Lipidos Toledo 有限公司	2012.10–2017.10	续展
		丙酸钙和丙酸钠	Fintox Mold	Feed Mould Inhibiter	All species or categories of animals	Lipidos Toledo S.A., Spain		
		Hydrated Sodium–Calcium Aluminosilicate, Calcium and Sodium Propionate						
	(2012) 外饲准字 444 号	水合硅铝酸钠钙	克毒宝	饲料添加剂	养殖动物	西班牙 Lipidos Toledo 有限公司	2012.11–2017.11	续展
		Hydrated Sodium–Calcium Aluminosilicate	Fintox	Feed Additive	All species or categories of animals	Lipidos Toledo S.A.C., Spain		
	(2013) 外饲准字 015 号	多种酸化剂	沥普汀	饲料酸化剂	养殖动物	西班牙艾迪维特公司	2013.01–2018.01	
		Multi–acidifiers	Re–Hydra Pro®	Feed Acidifier	All species or categories of animals	Adiveter SL, Spain		
	(2013) 外饲准字 021 号	苹果酸、L– 抗坏血酸和氨基酸	百舒泰（液体）	饲料添加剂	畜禽、水产	西班牙 Catalysis 有限公司	2013.01–2018.01	
		Malic Acid, L–ascorbic Acid, Amino Acid	Viusid Vet (Liquid)	Feed Additive	Livestock and Poultry Aquaculture	Catalysis, S.L., Spain		

（续）

国家	登记证号	通用名称	商品名称	产品类别	使用范围	生产厂家	有效期限	备注
西班牙	(2013) 外饲准字 022 号	苹果酸、L- 抗坏血酸和氨基酸 Malic Acid, L-ascorbic Acid, Amino Acid	百舒泰（粉剂） Viusid Vet (Powder)	饲料添加剂 Feed Additive	畜禽、水产 Livestock and Poultry Aquaculture	西班牙 Catalysis 有限公司 Catalysis, S.L., Spain	2013.01–2018.01	
	(2013) 外饲准字 102 号	植物脂肪包被丁酸钠 Sodium Butyrate Coated With Vegetable Fat	谷饲妥 70 Gustor BP 70	饲料添加剂 Feed Additive	养殖动物 All species or categories of animals	西班牙 Norel S.A. 公司 Norel S.A., Spain	2013.03–2018.03	
	(2013) 外饲准字 157 号	多种酸化剂 Multi-Acidifier	利增宝 Liptosa Hygen Pro	饲料酸化剂 Feed Acidifier	养殖动物 All species or categories of animals	西班牙 Lipidos Toledo 有限公司 Lipidos Toledo S.A., Spain	2013.05–2018.05	
	(2013) 外饲准字 252 号	多种维生素 Multi-Vitamin 酵母培养物 Yeast Culture	博力特 Promoter L	添加剂预混合料 Additive Premix	养殖动物 All Species or Categories of Animals	西班牙 Calier 实验室有限公司 Laboratorios Calier S.A., Spain	2013.07–2018.07	
	(2013) 外饲准字 299 号	丙酸 丙酸胺 Propionic acid Ammonium Propionate 斑脱土 – 高岭石 海泡石 Bentonite Montmorillonite Sepiolite	宜可富迈可 Micoban Premix	饲料添加剂 Feed Additive	养殖动物 All Species or Categories of Animals	宜可富化学及药品开发有限公司 Incestigaciones Quimicas Y Farmaceuticas S.A., Spain	2013.08–2018.08	续展登记

（续）

国家	登记证号	通用名称	商品名称	产品类别	使用范围	生产厂家	有效期限	备注
奥地利	(2005) 外饲准字 004 号		百健宝 1000	饲料添加剂		奥地利百奥明 GTI 公司	2005.01–	
			Biomin® P.E.P. 1000	Feed Additive		Biomin GTI GmbH, Austria	2010.01	
	(2006) 外饲准字 044 号	硅藻土、沸石和大豆磷脂	百安明	饲料添加剂	所有动物	奥地利百奥明公司	2006.04–	续展登记
		Diatomaceous Earth, Caolinite and Soybean Lecithin	Mycofix®	Feed Additive	All animal	Biomin Gesunde Tierernährung International GmbH, Austria	2011.04	
	(2009) 外饲准字 095 号	香芹油和柠檬油	肥速达	饲料添加剂	猪、犊牛、羊、兔和马	奥地利 DELACON 生物技术公司	2009.08–	
		Caraway Oil and Lemon Oil	FRESTA® F Conc.	Feed Additive	Swine, Calf, Sheep/lamb Rabbit and Horse	Delacon Biotechnik GmbH, Austria	2014.08	
	(2010) 外饲准字 198 号	酿酒酵母	瘤胃康 – 铁达 10 号	微生物饲料添加剂	反刍动物	拉曼公司	2010.08	
		Saccharomyces Cerevisiae	Levucell SC 10 ME Titan	Microbial Feed Additive	Ruminant	Lallemand GmbH, Austria	2015.08	
	(2010) 外饲准字 305 号	海藻酸钠、酿酒酵母、硅藻土和斑脱土	百霉清	饲料添加剂	养殖动物	奥地利百奥明工业公司	2010.11	
		Sodium Alginate, Saccharomyces Cerevisiae, Acepis Earth and Bentonite	MycofixR Plus	Feed Additive	All species or categories of animals	Biomin GmbH, Austria	2015.11	
	(2010) 外饲准字 306 号	海藻酸钠、酿酒酵母、硅藻土和斑脱土	百霉克	饲料添加剂	养殖动物	奥地利百奥明工业公司	2010.11	
		Sodium Alginate, Saccharomyces Cerevisiae, Acepis Earth and Bentonite	MycofixR Select	Feed Additive	All species or categories of animals	Biomin GmbH, Austria	2015.11	

（续）

国家	登记证号	通用名称	商品名称	产品类别	使用范围	生产厂家	有效期限	备注
奥地利	(2011) 外饲准字 338 号	硅藻土 Diatomaceous Earth 高岭土 Caolinite	百安明 Mycofix®	饲料添加剂 Feed Additive	养殖动物 All Species or Categories of Animals	奥地利百奥明工业公司 Biomin GmbH, Austria.	2011.10–2016.10	
奥地利	(2013) 外饲准字 273 号	植物乳杆菌 Lactobacillus plantarum 乳酸片球菌 Pediococcus acidilactici	保时青 Bonsilage Classic	微生物饲料添加剂 Microbial Feed Additive	反刍动物 Ruminant	奥地利力多生有限责任公司 Lactosan GmbH & Co., KG, Austria	2013.08–2018.08	
德国	(2005) 外饲准字 021 号		罗维素 B2 80–SD ROVIMIX® B2 80–SD	饲料级维生素 Vitamin Feed Grade		德国帝斯曼营养产品有限公司 DSM Nutritional Products GmbH, Germany	2005.01–2010.01	
德国	(2005) 外饲准字 040 号		露他维 A/D3 500/100 Plus Lutavit® A/D3 500/100 Plus	饲料级维生素 Vitamin Feed Grade		德国巴斯夫公司 BASF Aktiengesellschaft, Germany	2005.01–2010.01	
德国	(2005) 外饲准字 041 号		露保细盐 Luprosil® Salt	饲料防霉剂 Mould Inhibitor		德国巴斯夫公司 BASF Aktiengesellschaft, Germany	2005.01–2010.01	
德国	(2005) 外饲准字 089 号	二甲酸钾 Potassium Diformate	富美 FORMI	饲料添加剂 Feed Additive		德国巴斯夫公司 BASF Aktiengesellschaft, Germany	2005.07–2010.07	

（续）

国家	登记证号	通用名称	商品名称	产品类别	使用范围	生产厂家	有效期限	备注
德国	(2005) 外饲准字079号		德彩鱼饲料 Tetra Fish Feed	配合饲料 Compound Feed		德国德彩股份有限责任公司 Tetra GmbH, Germany	2005.05– 2010.05	
	(2005) 外饲准字112号	维生素A醋酸酯 Vitamin A Acetate	维生素A醋酸酯油剂 Vitamin A Acetate Oily	维生素类饲料添加剂 Vitamin Feed Additive	猪、家禽、牛马、宠物和鱼 Pig, poultry, cattle, horse, pet and fish	德国巴斯夫公司 BASF Aktiengesellschaft, Germany	2005.08– 2010.08	续展登记
	(2006) 外饲准字079号	维生素A乙酸酯 Vitamin A Acetate	露他维A 1000 plus Lutavit® A 1000 plus	维生素类饲料添加剂 Vitamin Feed Additive	所有动物 All animal	德国巴斯夫公司 BASF Aktiengesellschaft, Germany	2006.07– 2011.07	
	(2006) 外饲准字145号	β–胡萝卜素 β–Carotene	露佳定10 Lucarotin 10% Feed	饲料添加剂 Feed Additive	种猪马牛兔和水产动物 Breeding cow, mare sow & rabbit and aquiculture	德国巴斯夫公司 BASF Aktiengesellschaft, Germany	2006.09– 2011.09	
	(2006) 外饲准字160号	丙酸和丙酸铵 Propionic Acid and Ammonium Propionate	露保康® Lupro-Grain®	饲料防霉剂 Feed Mould Inhibitor	所有动物 All animal	德国巴斯夫公司 BASF Aktiengesellschaft, Germany	2006.09– 2011.09	续展登记

（续）

国家	登记证号	通用名称	商品名称	产品类别	使用范围	生产厂家	有效期限	备注
德国	(2007) 外饲准字 051 号	维生素 B12	露他维 ® B12 1%	饲料级维生素	所有动物	德国巴斯夫公司	2007.02–2012.02	续展登记
		Vitamin B12	Lutavit® B12 1%	Vitamin Feed Grade	All Animal	BASF Aktiengesellschaft, Germany		
	(2007) 外饲准字 159 号	灭活酿酒酵母	莱克素	饲料添加剂	所有动物	德国莱博有限公司	2007.08–2012.08	
		Saccharomyces cerevisiae Inactivated	Biolex®–MB 40	Feed Additive	All animal	Leiber GmbH, Germany		
	(2007) 外饲准字 190 号	维生素 A 乙酸酯	露他维 ® A 500S	饲料级维生素	所有动物	德国巴斯夫公司	2007.11–2012.11	续展登记
		Vitamin A Acetate	Lutavit®A 500S	Vitamin Feed Grade	All animal	BASF Aktiengesellschaft, Germany		
	(2007) 外饲准字 191 号	维生素 E 乙酸酯	露他维 ® E 50S	饲料级维生素	所有动物	德国巴斯夫公司	2007.11–2012.11	续展登记
		Vitamin E Acetate	Lutavit® E 50S	Vitamin Feed Grade	All animal	BASF Aktiengesellschaft, Germany		
	(2008) 外饲准字 044 号	维生素 A	露他维 ® A 500 plus	饲料级维生素	所有动物	德国巴斯夫公司	2008.02–2013.02	续展登记
		Vitamin A	Lutavit® A 500 plus	Vitamin Feed Grade	All Animal	BASF Aktiengesellschaft, Germany		
	(2008) 外饲准字 060 号	丙酸钠和苯甲酸钠	KOFASIL® 玉米青贮剂	饲料添加剂	反刍动物	德国 ADDCON 爱德康生产有限公司	2008.04–2013.04	
		Sodium Propionate and Sodium Benzoate	Mais KOFASIL® Liquid	Feed Additives	Ruminant	ADDCON Produktionsgesellschaft m.b.H., Germany		
	(2008) 外饲准字 073 号	维生素 B6	罗维素 B6	饲料级维生素	所有动物	德国帝斯曼营养产品有限公司	2008.05–2013.05	
		Vitamin B6	ROVIMIX® B6	Vitamin Feed Grade	All Animal	DSM Nutritional Products GmbH, Germany		

（续）

国家	登记证号	通用名称	商品名称	产品类别	使用范围	生产厂家	有效期限	备注
德国	(2008) 外饲准字 136 号	水合硅铝酸钠钙 Hydrated Sodium Calcium Aluminosilicate	抗毒 007 Mia–Bond	饲料添加剂 Feed Additive	所有动物 All Animal	德国麦尔威股份有限公司 Miavit GmbH, Germany	2008.12– 2013.12	
	(2008) 外饲准字 137 号	维生素 A 醋酸酯 Vitamin A Acetate	维生素 A 醋酸酯 210 万单位 / 克 Vitamin A Acetate 2.1 Mio IU/G Feed	饲料级维生素 Vitamin Feed Grade	所有动物 All Animal	德国巴斯夫欧洲公司 BASF SE, Germany	2008.12– 2013.12	续展登记
	(2009) 外饲准字 006 号	乳清粉和精炼椰子油 Whey Powder and Refined Coconut Oil	佳能 Energylac 50	能量饲料 Energy Feed	仔猪、犊牛和家禽 Piglets, Calves and poultry	德国 Eurolat 股份有限公司 Eurolat GmbH, Germany	2009.01– 2014.01	续展登记
	(2009) 外饲准字 020 号	乳清粉 Whey Permeate	Wheyco 低蛋白乳清粉 Wheyco Permeate	能量饲料 Energy Feed	犊牛和乳猪 Calf and Piglet	德国 Wheyco 有限公司 Wheyco GmbH, Germany	2009.03– 2014.03	
	(2009) 外饲准字 029 号	碳酸钙和硅藻土 Calcium Carbonate and Kieselgur	麦尔 007 Mia–Toxibond	饲料添加剂 Feed Additive	养殖动物 All Species or Categories of Animals	德国麦尔威股份有限公司 Miavit GmbH, Germany	2009.05– 2014.05	
	(2009) 外饲准字 088 号	α – 生育酚乙酸酯 alpha–Tocopherol Acetate	维生素 E 醋酸酯油剂 Vitamin E Acetate Oily	饲料级维生素 Vitamin Feed Grade	养殖动物 All species or categories of animals	德国巴斯夫欧洲公司 BASF SE, Germany	2009.08– 2014.08	续展登记
	(2009) 外饲准字 143 号	维生素和矿物元素 Multi–Vitamins and Minerals	产得乐 Rindavital Energietrunk	添加剂预混合饲料 Additive Premix	奶牛 Dairy Cow	德国威廉绍曼爱尔斯雷本有限责任公司 H. Wilhelm Schaumann Eilsleben GmbH, Germany	2009.10– 2014.1	

（续）

国家	登记证号	通用名称	商品名称	产品类别	使用范围	生产厂家	有效期限	备注
德国	(2009) 外饲准字 175 号	α－生育酚乙酸酯	露他维 E50	饲料级维生素	养殖动物	德国巴斯夫欧洲公司	2009.11–	续展
		Alpha–Tocopherol Acetate	Lutavit®E50	Vitamins Feed Grade	All Species or Categories of Animals	BASF SE, Germany	2014.11	
	(2009) 外饲准字 176 号	D– 泛酸钙	露他维 泛酸钙	饲料级维生素	养殖动物	德国巴斯夫欧洲公司	2009.11–	续展
		D–Calcium Pantothenate	Lutavit® Calpan	Vitamins Feed Grade	All Species or Categories of Animals	BASF SE, Germany	2014.11	
	(2009) 外饲准字 186 号	丙酸、苯甲酸钠和丙酸钠	康富鲜谷物防腐剂 –pH 5–	饲料防腐剂	养殖动物	德国爱德康欧洲有限公司	2009.11–	
		Propionic Acid, Sodium Benzoate and Sodium Propionate	KOFA® GRAIN–pH 5–	Feed Preservatives	All Species or Categories of Animals	ADDCON Europe GmbH, Germany	2014.11	
	(2009) 外饲准字 197 号	丙酸、丙酸钠、山梨酸	康富鲜全混日粮防腐剂	饲料防腐剂	养殖动物	德国爱德康欧洲有限公司	2009.12–	
		Propionic Acid, Sodium Propionate and Sorbic Acid	KOFA®TMR	Feed Preservatives	All species or categories of animals	ADDCON Europe GmbH, Germany	2014.12	
	(2009) 外饲准字 221 号	盐酸硫胺素	盐酸硫胺素	饲料级维生素	养殖动物	德国帝斯曼营养产品有限公司	2009.12–	续展登记
		Thiamine Hydrochloride	Thiamine Hydrochloride	Vitamin Feed Grade	All species or categories of animals	DSM Nutritional Products GmbH, Germany	2014.12	
	(2010) 外饲准字 102 号	硝酸硫胺	罗维素 ®B1	饲料级维生素	养殖动物	德国帝斯曼营养产品有限公司	2010.04	续展
		Thiamin Mononitrate	Rovimix®B1	Vitamin Feed Grade	All species or categories of animals	DSM Nutritional Products GmbH, Germany	2015.04	

（续）

国家	登记证号	通用名称	商品名称	产品类别	使用范围	生产厂家	有效期限	备注
德国	(2010) 外饲准字147号	维生素	维生素A醋酸酯油剂	饲料级维生素	养殖动物	巴斯夫欧洲公司	2010.05	续展
		Vitamin	Vitamin Acetate Oily	Vitamin Feed Grade	All species or categories of animals	BASF SE, Germany	2015.05	
	(2010) 外饲准字202号	木质纤维素	维特素	饲料添加剂	乳猪和奶牛	德国瑞登梅尔父子公司	2010.08	续展
		Cellulose	Vitacel	Feed Additive	Porket and Cow	J. Rettenmaier & Soehne GmbH & Co. KG, Germany	2015.08	
	(2010) 外饲准字219号	植酸酶（源自黑曲霉）	酶他富 10000G	饲料级酶制剂	畜禽	巴斯夫欧洲公司	2010.08	
		Phytase (by Aspergillus niger)	NatuphosR10000G	Feed grade Enzyme	Livestock And Poultry	BASF SE, Germany	2015.08	
	(2011) 外饲准字109号	甲酸，丙酸，甲酸铵和丙酸铵	诺酸宝 AFL	饲料酸化剂	养殖动物	诺伟司德国公司	2011.05–2016.05	
		Formic Acid, Propionic Acid, Ammonium Formate and Ammonium Propionate	Acidomi® AFL	Feed Acidifier	All species or categories of animals	Novus Deutschland GmbH, Germany		
	(2011) 外饲准字144号	维生素A乙酸酯	露他维 A 1000 plus	饲料级维生素	猪、家禽、牛、马、宠物和鱼	巴斯夫欧洲公司	2011.05–2016.05	续展
		Vitamin A Acetate	Lutavit® A 1000 plus	Vitamin Feed Grade	Swine, Poultry, Ruminant,HorsePet, Fish	BASF SE, Germany		
	(2011) 外饲准字197	β－胡萝卜素 β –Carotene	露佳定 10 lucarotin®10%	饲料级维生素 Vitamin Feed Grade	种猪、牛、马、种兔和水产动物 Swine，cow, horse, Rabbit,Aquaculture	巴斯夫欧洲公司 BASF SE, Germany	2011.06–2016.06	续展

（续）

国家	登记证号	通用名称	商品名称	产品类别	使用范围	生产厂家	有效期限	备注
德国	(2012) 外饲准字 162 号	维生素 A 醋酸酯油剂 Vitamin A Acetate Oil	维生素 A 醋酸酯油剂 Vitamin A Acetate Oil	饲料级维生素 Vitamin Feed Grade	养殖动物 All Species or Categories of Animals	巴斯夫欧洲公司 BASF SE, Germany	2012.04–2017.04	
	(2012) 外饲准字 163 号	丙酸 Propionic Acid 丙酸铵 Ammonium Propionate	露保康® Lupro–Grain®	饲料防腐剂 Feed Preservative	养殖动物 All Species or Categories of Animals	巴斯夫欧洲公司 BASF SE, Germany	2012.04–2017.04	
	(2012) 外饲准字 188 号	班脱土 – 蒙脱石 Bentonite–Montmorillonite	抗毒 008 Mia–Bond® Trophy	饲料添加剂 Feed Additive	养殖动物 All species or categories of animals	德国麦尔威股份有限公司 Miavit GmbH, Germany	2012.05–2017.05	
	(2012) 外饲准字 322 号	酿酒酵母 Saccharomyces cerevisiae	瘤胃康 – 铁达 10 号 Levucell SC 10ME Titan	微生物饲料添加剂 Microbial Feed Additive	牛、羊和马 Cattle, Sheep and Horse	F.X. Wieninger 有限责任公司 F.X. Wieninger GmbH, Germany	2012.09–2017.09	
	(2012) 外饲准字 438 号	维生素 A 乙酸酯 Vitamin A Acetate	露他维 A500S Lutavit A500S	饲料级维生素 Vitamin Feed Grade	养殖动物 All species or categories of animals	巴斯夫欧洲公司 BASF SE, Germany	2012.11–2017.11	续展

（续）

国家	登记证号	通用名称	商品名称	产品类别	使用范围	生产厂家	有效期限	备注
德国	(2012) 外饲准字 439 号	维生素 E 乙酸酯	露他维 E50S	饲料级维生素	养殖动物	巴斯夫欧洲公司	2012.11–2017.11	续展
		Vitamin A Acetate	Lutavit E50S	Vitamin Feed Grade	All species or categories of animals	BASF SE, Germany		
	(2012) 外饲准字 443 号	灭活酿酒酵母	莱克素	饲料添加剂	养殖动物	德国莱博有限公司	2012.11–2017.11	续展
		Inactivated Saccharomyces cerevisiae	Biolex®MB40	Feed Additive	All species or categories of animals	Leiber GmbH，Germany		
	(2013) 外饲准字 048 号	维生素 B6	罗维素 ® B6	饲料级维生素	养殖动物	德国帝斯曼营养产品有限公司	2013.01–2018.01	续展
		Vitamin B6	Rovimix ®B6	Feed Additive Vitamin	All species or categories of animals	DSM Nutritional Products GmbH, Germany		
	(2013) 外饲准字 100 号	干酵母 Dried Yeast	维福 D2	饲料添加剂	奶牛 Dairy Cows	Veyx-pharma 股份有限公司	2013.03–2018.03	
		丙酸钠 Sodium Propionate	VeyFo Veyxapron	Feed Additive	母羊 Ewes	Veyx-pharma GmbH, Germany		
		小麦粉 Wheat Semolina Bran						
	(2013) 外饲准字 103 号	植物籽油 Plant Oil	维福 E3	饲料添加剂预混料	仔猪、马、羊、犬	Veyx-pharma 股份有限公司	2013.03–2018.03	
		纤维素粉 Cellulose meal	VeyFo Yong Animal-Oral Mulgat	Feed Additive Premix	Piglet, Horse, Sheep, Dog	Veyx-pharma GmbH, Germany		
		多种维生素 Multi-vitamins						
	(2013) 外饲准字 104 号	磷酸二氢钠	维福 D8	饲料添加剂预混料	养殖动物	Veyx-Pharma 股份有限公司	2013.03–2018.03	
		Sodium phosphate	VeyFo Veyxol B-Phos	Feed Additive Premix		Veyx-Pharma GmbH, Germany		
		氯化钠 Sodium Chloride						
		葡萄糖 Glucose						

（续）

国家	登记证号	通用名称	商品名称	产品类别	使用范围	生产厂家	有效期限	备注
德国	(2013) 外饲准字 178 号	饲料级 L- 色氨酸	饲料级 L- 色氨酸	饲料级氨基酸	养殖动物	赢创斐尔玛斯公司	2013.05–2018.05	续展登记
		L–Tryptophan Feed Grade	L–Tryptophan Feed Grade (TrypAMINO®)	Amino Acid Feed Grade	All species or categories of animals	EVONIK Fermas S.R.O., Germany		
	(2013) 外饲准字 248 号	苯甲酸钠 Sodium Benzoate	康富青玉米青贮剂	饲料添加剂	反刍动物	德国爱德康欧洲有限公司	2013.07–2018.07	续展登记
		丙酸钠 Sodium Propionate	Maize Kofasil Liquid	Feed Additive	Ruminant	Addcon Europe GmbH, Germany		
	(2013) 外饲准字 349 号	葡萄糖、棕榈仁油、椰子油、多种维生素	维福 D3	饲料添加剂	猪 Swine	德国 Veyx–pharma 股份有限公司	2013.10–2018.10	
		Glucose,	VeyFo FeVit Mulgat	Feed Additive	牛 Cattle	Veyx–Pharma GmbH, Germany		
		Palm Kernel Oil, Coconut Oil, Multi–Vtamins			马 Horse			
	(2013) 外饲准字 350 号	葡萄糖、硫酸镁、多种维生素	维福 D4	饲料添加剂	畜禽	德国 Veyx–pharma 股份有限公司	2013.10–2018.10	
		Glucose, Magnesium Sulphate, Multi–Vitamin	VeyFo Jecuplex	Feed Additive	Livestock and Poultry	Veyx–Pharma GmbH, Germany		
丹麦	(2005) 外饲准字 044 号		999LT 特级鱼粉	蛋白质饲料		丹麦 TripleNine 鱼蛋白质有限公司	2005.03–	
			999LT Fish Meal	Protein Feed		TripleNine Fish Protein a.m.b.a., Denmark	2010.03	
	(2005) 外饲准字 045 号		999 高级鱼粉	蛋白质饲料		丹麦 TripleNine 鱼蛋白质有限公司	2005.03–	
			999 Prime Quality Fish Meal	Protein Feed		TripleNine Fish Protein a.m.b.a., Denmark	2010.03	
	(2005) 外饲准字 074 号		鱼油	能量饲料		丹麦 TripleNine 鱼蛋白质有限公司	2005.05–	
			Fish Oil	Energy Feed		TripleNine Fish Protein a.m.b.a., Denmark	2010.05	

（续）

国家	登记证号	通用名称	商品名称	产品类别	使用范围	生产厂家	有效期限	备注
丹麦	(2005) 外饲准字 091 号	鱼粉	白鱼粉	蛋白质饲料		丹麦 FF 公司	2005.07–	
		Fishmeal	White Fishmeal	Protein Feed		FF of Denmark	2010.07	
	(2009) 外饲准字 045 号	酿酒酵母	瘤胃康	微生物饲料添加剂	牛和羊	丹麦 De Danske Gærfabrikker A/S 公司	2009.06–	
		Saccharomyces cerevisiae	LEVUCELL SC 20	Microbial Biotic Feed Additive	Cattle, Goat and Ewe	De Danske Gærfabrikker A/S, Denmark	2014.06	
	(2009) 外饲准字 094 号	硫酸钙和氯化钙	博威钙	矿物质饲料添加剂	母牛	勃林格殷格翰（丹麦）公司	2009.08–	
		Calcium Sulfate and Calcium Chloride	Bovikalc®	Mineral Feed Supplement	Cow	Boehringer Ingelheim Danmark A/S	2014.08	
	(2009) 外饲准字 128 号	多种电解质、大豆磷脂、酿酒酵母	达可	添加剂预混合饲料	犊牛、羔羊、仔猪和马驹	勃林格殷格翰（丹麦）公司	2009.09–	
		Multi– Electrolytes, Soybean Lecithin and Saccharomyces cerevisiae	Diakur® Plus	Additive Premix	Calf, Lamb, Piglet and Foal	Boehringer Ingelheim Danmark A/S	2014.09	
	(2010) 外饲准字 188 号	鱼油	鱼油	能量饲料	反刍动物	丹麦 Triple Nine 鱼蛋白质有限公司	2010.06	续展
		Fish Oil	Fish Oil	Energy Feed	Ruminant	Triplenine Fish Protein A.M.B., Denmark	2015.06	
	(2010) 外饲准字 290 号	α—淀粉酶和 β—葡聚糖酶（源自解淀粉芽孢杆菌）	乐多仙 A（包被颗粒）	饲料级酶制剂	养殖动物	丹麦诺维信公司	2010.09	续展
		α –amylase & β –glucanase (by Bacillus amyloliquefaciens)	RonozymeRA(CT)	Feed Grade Enzyme	All species or categories of animals	Novozymes A/S, Denmark	2015.09	

（续）

国家	登记证号	通用名称	商品名称	产品类别	使用范围	生产厂家	有效期限	备注
丹麦	(2010) 外饲准字 348 号	乳清粉 Whey Powder	Perlac 850 乳清粉 Perlac 850	能量饲料 Energy Feed	仔猪和犊牛 Piglet and Calves	丹麦阿拉食品原料有限公司南美分公司 Arla Foods Ingredients S.A., Argentina	2010.12 2015.12	
丹麦	(2010) 外饲准字 367 号	内－1，4－β－木聚糖酶（产自米曲霉） Endo–1,4–β–Xylanase, Produced by Aspergillus	乐多仙 WX（包被颗粒） Ronozyme WX (CT)	饲料级酶制剂 Enzyme Feed Grade	养殖动物 All species or categories of animals	丹麦诺维信公司 Novozymes A/S, Denmark	2010.12 2015.12	续展
丹麦	(2011) 外饲准字 026 号	内－1，4－β－木聚糖酶（产自米曲霉） Endo–1,4–β–Xylanase, Produced by Aspergillus	乐多仙 RWX(液态型) RonozymeRWX(L)	饲料级酶制剂 Enzyme Feed Grade	养殖动物 All species or categories of animals	丹麦诺维信公司 Novozymes A/S, Denmark	2011.01– 2016.01	续展
荷兰	(2005) 外饲准字 090 号	木聚糖酶（产自长柄木霉） Xylanase (Source: Trichoderma Longibrachiatum)	好特美®X 双浓度木聚糖酶颗粒制剂 Hostazym®X Double Concentration Xylanase Granulated Preparation	饲料酶制剂 Feed Enzyme		荷兰波斯曼有限公司 Buisman B.V., The Netherlands	2005.07– 2010.07	
荷兰	(2005) 外饲准字 075 号		卡普乐 MD Calprona MD	饲料防霉剂 Feed Mould Inhibitor		荷兰维大特公司 Verdugt B.V., The Netherlands	2005.05– 2010.05	

（续）

国家	登记证号	通用名称	商品名称	产品类别	使用范围	生产厂家	有效期限	备注
荷兰	(2005) 外饲准字 076 号		古博士®吸霉灵 COOPER® Bind	饲料添加剂 Feed Additive		荷兰马斯特贸易公司 Master Trade, The Netherlands	2005.05– 2010.05	
	(2005) 外饲准字 047 号		代乳宝 Superspray S2435	蛋白质饲料 Protein Feed		荷兰希尔斯公司 Schils B.V., The Netherlands	2005.03– 2010.03	
	(2005) 外饲准字 073 号		维乳康 Lactofeed 70	蛋白质饲料 Protein Feed		荷兰 DV 营养有限公司 DV Nutrition UA, The Netherlands	2005.05– 2010.05	
	(2005) 外饲准字 115 号		优乳代 Eurolac Red	蛋白质饲料 Protein Feed	新生犊牛 New born calf up to age of 3–4 weeks	荷兰 Schils 公司 Schils B.V., the Netherland	2005.08– 2010.08	续展登记
	(2005) 外饲准字 116 号		蛋白莱 Protilac	蛋白质饲料 Protein Feed	仔猪、犊牛和幼禽 Sucking pig, calf and poultry	荷兰 Schils 公司 Schils B.V., the Netherland	2005.08– 2010.08	续展登记
	(2005) 外饲准字 190 号	代乳粉 Milk powder replacer	普乐乳蛋白 Suoperlacta	蛋白质饲料 Protein Feed	猪、牛和羊 piglet, cattle and sheep	荷兰普乐维美控股有限公司 Provimi Holding B.V., The Netherlands	2005.12– 2010.12	续展登记
	(2006) 外饲准字 056 号	聚乙二醇甘油蓖麻酸酯 Glyceryl Polyethylenglycol Ricinoleate	爱维康 Avilac	饲料添加剂 Feed Additive	所有动物 All animal	荷兰纽维得公司 Nutrifeed–Veghel, The Netherland	2006.05– 2011.05	
	(2006) 外饲准字 065 号	乙氧基喹啉、BHT 和磷酸 Ethoxiquin, BHT and Phosphoric Acid	普乐抗氧化剂 BoNox Dry	饲料抗氧化剂 Feed Antioxidant	所有动物 All animal	荷兰普乐维美控股有限公司 Provimi Holding B.V., The Netherlands	2006.05– 2011.05	续展登记

（续）

国家	登记证号	通用名称	商品名称	产品类别	使用范围	生产厂家	有效期限	备注
荷兰	(2007) 外饲准字 145 号	丙酸，甲酸，乙酸和丙酸铵	菲乐斯（液体）	饲料防霉剂	所有动物	荷兰赛尔可公司	2007.07–	续展登记
		Propionic Acid, Formic Acid, Acetic Acid and Ammonium Propionate	Fylax–Liquid	Feed acidifier	All animal	Selko BV, The Netherlands	2012.07	
	(2008) 外饲准字 071 号	精炼椰子油、棕榈油、浓缩乳清粉、大豆浓缩蛋白和维生素 A	喜利康	精料补充料	犊牛	荷兰纽维德公司	2008.05–	续展登记
		Refined Coconut Oil, Palm Oil, Whey Concentrate, Soya–Protein concentrate and Vitamin A	Isilac	Concentrate Supplement	Calf	Nutrifeed, The Netherlands	2013.05	
	(2009) 外饲准字 052 号	丙酸钙	凯米拉霉菌控制剂 SP1	饲料防霉剂	猪、禽和牛	荷兰凯米拉化学技术有限公司	2009.06–	
		Calcium Propionate	Kemira Mould Control SP1	Feed Mould Inhibitor	Pig, Poultry and Cattle	Kemira Chem. Solutions B.V., The Netherlands	2014.06	
	(2009) 外饲准字 070 号	牛舔砖	KNZ 传统盐舔块	精料补充料	牛	荷兰阿克苏诺贝尔制盐公司	2009.07–	
		Lick for Cattle	KNZ Tradition	Concentrate Supplement	Cattle	Akzo Nobel Salt B.V., The Netherlands	2014.07	
	(2009) 外饲准字 071 号	牛舔砖	KNZ 生物素盐舔块	精料补充料	牛	荷兰阿克苏诺贝尔制盐公司	2009.07–	
		Lick for Cattle	KNZ Lick with Biotin	Concentrate Supplement	Cattle	Akzo Nobel Salt B.V., The Netherlands	2014.07	
	(2009) 外饲准字 072 号	牛羊舔砖	KNZ 牛羊盐舔块	精料补充料	牛和羊	荷兰阿克苏诺贝尔制盐公司	2009.07–	
		Lick for Cattle and Sheep	KNZ Multi	Concentrate Supplement	Cattle and Sheep	Akzo Nobel Salt B.V., The Netherlands	2014.07	

（续）

国家	登记证号	通用名称	商品名称	产品类别	使用范围	生产厂家	有效期限	备注
荷兰	(2010) 外饲准字 016 号	乳清粉、大豆粉及植物油	普瑞福 09 号	蛋白质饲料	犊牛	荷兰斯珞腾公司	2010.01–	
		Whey Powder, Soybean Flour and Vegetable Oil	Sprayfo Orange	Protein Feed	Calf	Sloten B.V., The Netherlands	2015.01	
	(2010) 外饲准字 066 号	乳清粉、小麦蛋白粉、大豆粉及植物油	普瑞福二号	蛋白质饲料	犊牛	荷兰斯珞腾公司	2010.04	
		Whey Powder, Wheat Protein Flour, Soybean Flour and Vegetable Oil	Sprayfo Red	Protein Feed	Calf	Sloten B.V., The Netherlands	2015.04	
	(2010) 外饲准字 067 号	乳清粉、小麦蛋白粉、大豆粉及植物油	普瑞福一号	蛋白质饲料	犊牛	荷兰斯珞腾公司	2010.04	
		Whey Powder, Wheat Protein Flour, Soybean Flour and Vegetable Oil	Sprayfo Green	Protein Feed	Calf	Sloten B.V., The Netherlands	2015.04	
	(2010) 外饲准字 070 号	乳糖、碳酸钠、碳酸氢钠、氯化钾和柠檬酸	快补	精料补充料	犊牛和仔猪	荷兰纽维德公司	2010.04	
		Lactose, Sodium Carbonate, Sodium Bicarbonate, Potassium Choride, Citric Acid	Nutrifizz	Feed Supplementary	Calf and Piglet	Nutrifeed，The Netherlands	2015.04	
	(2010) 外饲准字 151 号	乳清粉 大豆蛋白浓缩物和植物油	代乳宝	蛋白质饲料	猪、牛和家禽	荷兰希尔斯公司	2010.05	续展
		Whey Powder, Soya Protein Concentrate and Vegetable Oil	Supersprays2435	Protein Feed	Pig, Cattle And Poultry	Schils B.V., The Nethrlands	2015.05	

（续）

国家	登记证号	通用名称	商品名称	产品类别	使用范围	生产厂家	有效期限	备注
荷兰	(2010) 外饲准字 203 号	斑脱土 / 蒙脱石和酵母细胞壁	脱素	饲料添加剂	养殖动物	荷兰赛尔可公司	2010.08	
		Bentonite/Montmorillonite and yeast cell walls	TOX–O	Feed Additive	All species or categories of animals	Selko bv, The Netherlands	2015.08	
	(2010) 外饲准字 209 号	代乳粉	维他乳	蛋白质饲料	犊牛	荷兰凯斯特伦市泛太有限公司	2010.08	
		Milk Replacer	Vitamilk	Protein Feed	Calf	P.C. Van Tuij1 Kesteren B.V., the Netherlands	2015.08	
	(2010) 外饲准字 253 号	犊牛代乳粉	神泽前期代乳粉	蛋白质饲料	犊牛	荷兰希尔斯公司	2010.08	
		Calves Milkreplacer	Shine′ slac start	Protein Feed	Calves	Schils B.V., The Netherlands	2015.08	
	(2010) 外饲准字 254 号	犊牛代乳粉	神泽后期代乳粉	蛋白质饲料	犊牛	荷兰希尔斯公司	2010.08	
		Calves Milkreplacer	Shine′ slac finish	Protein Feed	Calves	Schils B.V., The Netherlands	2015.08	
	(2010) 外饲准字 286 号	代乳粉	优乳代	蛋白质饲料	犊牛	荷兰希尔斯公司	2010.09	续展
		Milkreplacer for Calves	Eurolac Red	Protein Feed	Calves	Schils B.V., The Netherlands	2015.09	
	(2010) 外饲准字 287 号	代乳粉	蛋白莱	蛋白质饲料	犊牛、仔猪、幼禽	荷兰希尔斯公司	2010.09	续展
		Milkreplacer for Calves	Protilac	Protein Feed	Calves, Piglet, Young Poultry	Schils B.V., The Netherlands	2015.09	
	(2010) 外饲准字 296 号	蒙脱土和酵母细胞壁	古博士吸霉灵 TM	饲料添加剂	养殖动物	荷兰马斯特贸易公司	2010.09	续展
		Montmorillonite and Yeast Cell Walls	Cooperbind	Feed Additive	All species or categories of animals	Master Trade, The Netherlands	2015.09	

（续）

国家	登记证号	通用名称	商品名称	产品类别	使用范围	生产厂家	有效期限	备注
荷兰	(2011) 外饲准字 004 号	苯甲酸	胃肠益生剂 SB5	饲料酸化剂	养殖动物	凯米拉化学品有限公司	2011.01–	
		Benzoic Acid	Kemira Pro Git SB5	Feed Acidifier	All species or categories of animals	Kemira Chemsolutions Bv., The Netherlands	2016.01	
	(2011) 外饲准字 005 号	甲酸	胃肠益生剂 SF2	饲料酸化剂	养殖动物	凯米拉化学品有限公司	2011.01–	
		Formic Acid	Kemira Pro Git SF2	Feed Acidifier	All species or categories of animals	Kemira Chemsolutions Bv., The Netherlands	2016.01	
	(2011) 外饲准字 006 号	甲酸	细菌控制剂 SF1	饲料酸化剂	养殖动物	凯米拉化学品有限公司	2011.01–	
		Formic Acid	Kemira Bacteria Control SF1	Feed Acidifier	All species or categories of animals	Kemira Chemsolutions Bv., The Netherlands	2016.01	
	(2011) 外饲准字 330 号	甲酸 Formic Acid	吉克沙	饲料防霉剂	养殖动物	荷兰塞尔可公司	2011.10–2016.10	
		甲酸铵	KSAL–LIQUID	Feed Mould Inhibitor	All Species or Categories of Animals	Selko B.V., the Netherlands		
		Ammonium Formate						
		乙酸 Acetic Acid						
		丙酸 Propionic Acid						
		苯甲酸 Benzoic Acid						
	(2012) 外饲准字 435 号	丙酸、甲酸、乙酸和丙酸铵	菲乐斯（液体）	饲料防霉剂	养殖动物	荷兰赛尔可公司	2012.11–2017.11	续展
		Propionic Acid, Formic Acid, Acetic Acid and Ammonium Propionate	FYLAX®–Liquid	Feed Mould Inhibitor	All species or categories of animals	Selko B.V., the Netherlands		

（续）

国家	登记证号	通用名称	商品名称	产品类别	使用范围	生产厂家	有效期限	备注
意大利	(2012) 外饲准字 436 号	丙酸、甲酸、乙酸和甲酸铵	肥酸宝	饲料酸化剂	养殖动物	荷兰赛尔可公司	2012.11–2017.11	续展
		Propionic Acid, Formic Acid, Acetic Acid and Ammonium Formate	Selacid®–Dry	Feed Acidifier	All species or categories of animals	Selko B.V., the Netherlands		
	(2013) 外饲准字 032 号	维生素 E、多种矿物质	KNZ 繁殖型盐添砖	精料补充料	奶牛	阿克苏诺贝尔功能化学品公司	2013.01–2018.01	
		Vitamin E, Multi–Minerals	KNZ Tradition Fertility	Concentrate Supplement	Dairy Cow	Akzo Nobel Functional Chemicals B.V., the Netherlands		
	(2013) 外饲准字 091 号	乳清粉，植物油，维生素 A，大豆浓缩蛋白	喜利康	精料补充料	牛	荷兰纽维德公司	2013.02–2018.02	续展登记
		Whey Concentration, Plant Oil, VA, Soya Protein Concentrate	Isilac	Concentrate Supplement	Cattle	Nutrifeed, the Netherlands		
	(2005) 外饲准字 058 号		水得宝	微生物		意大利拓大公司	2005.03–	
			AQUALASE	饲料添加剂		DOX–AL Italia S.p.A	2010.03	
				Microbial Biotic Feed Additive				
	(2005) 外饲准字 105 号	甲基吡啶铬	铬精	饲料添加剂		意大利威尼达公司	2005.07–	续展登记
		Chromiun Tripicolinate	CHROMIUM PICOLINATE	Feed Additive		VANETTA SPA, Italy	2010.07	
	(2006) 外饲准字 114 号	乙酸乙酯、乙酸戊酯、苯甲醛、丁酸乙酯和香兰素	泰香 08488	饲料调味剂	猪和牛	意大利泰克尼森有限公司	2006.08–	
		Ethyl Acetate, Amyl Acetate, Benzoic Aldehyde, Ethyl Butyrate and Vanillin	TECNAROMA ZTA NOTE PLUS 4W/08488 Powder	Feed Flavor Enhancement	Swine and cattle	TECNESSENZE s.r.l., Italy	2011.08	

（续）

国家	登记证号	通用名称	商品名称	产品类别	使用范围	生产厂家	有效期限	备注
意大利	(2006) 外饲准字 116 号	肉桂醛、茴香脑、百里香油和茴芹油	泰香 08333	饲料调味剂	猪牛和家禽	意大利泰克尼森有限公司	2006.08–	
		Cinnamic Aldehyde, Anethol, Thyme Oil and Anise Oil	TECNAROMA ZTA HERBAL MIX 4W/08333 Powder	Feed Flavor Enhancement	Swine, cattle and poultry	TECNESSENZE s.r.l., Italy	2011.08	
	(2006) 外饲准字 117 号	香兰素和丁酸	泰香 04118	饲料调味剂	猪和奶牛	意大利泰克尼森有限公司	2006.08–	
		Vanillin and Butyric Acid	TECNAROMA ZTA MILK NOTE 4W/04118 Powder	Feed Flavor Enhancement	Swine and dairy	TECNESSENZE s.r.l., Italy	2011.08	
	(2006) 外饲准字 118 号	茴香脑、茴香醛、肉桂醛和茴芹油	泰香 02739	饲料调味剂	反刍动物	意大利泰克尼森有限公司	2006.08–	
		Anethol, Anisaldehyde, Cinnamic Aldehyde and Anise Oil	TECNAROMA ZTA GREEN FRESH NOTE 4W/02739 Powder	Feed Flavor Enhancement	Ruminant	TECNESSENZE s.r.l., Italy	2011.08	
	(2006) 外饲准字 078 号	柠檬酸、乳酸、苹果酸和富马酸	威力酸	饲料酸化剂	猪牛和家禽	意大利亚士可化工大药厂	2006.07–	
		Citric Acid, Lactic Acid, Malic Acid and Fumaric Acid	Lactiplus Coated	Feed Acidifier	Swine, cattle and poultry	ASCOR Chimici Srl, Italy	2011.07	
	(2006) 外饲准字 138 号	维生素 K3	kavis® MNB	饲料级维生素	所有动物	意大利威尼达公司	2006.08–	续展登记
		Vitamin K3	kavist® MNB (Menadione Nicotinamide Bisulfite)	Vitamin Feed Grade	All animal	Vanetta S.p.A., Italy	2011.08	

（续）

国家	登记证号	通用名称	商品名称	产品类别	使用范围	生产厂家	有效期限	备注
意大利	(2006) 外饲准字 139 号	维生素 K3	kavist plus® MNB-50	饲料级维生素	所有动物	意大利威尼达公司	2006.08-	续展登记
		Vitamin K3	kavist plus® MNB-50 (Menadione Nicotinamide Bisulfite 50%)	Vitamin Feed Grade	All animal	Vanetta S.p.A., Italy	2011.08	
	(2006) 外饲准字 140 号	维生素 K3	MSB	饲料级维生素	所有动物	意大利威尼达公司	2006.08-	续展登记
		Vitamin K3	MSB (Menadione Sodium Bisulfite)	Vitamin Feed Grade	All animal	Vanetta S.p.A., Italy	2011.08	
	(2008) 外饲准字 019 号	维生素、氨基酸和大豆蛋白	爱胺补	添加剂	牛、猪和家禽	意大利阿卡公司	2008.02-	
		Multi-Vitamins, Amino Acids, Soya Protein	Arcavit Amino	预混合饲料	Cattle, Swine and Poultry	Prodotti Arca S.r.l, Italy	2013.02	
				Additive Premix				
	(2008) 外饲准字 021 号	维生素、氨基酸和矿物元素	爱金维	添加剂	牛、猪和家禽	意大利阿卡公司	2008.02-	
		Multi-Vitamins, Amino Acids and Minerals	Arcavit L Forte	预混合饲料	Cattle, Swine and Poultry	Prodotti Arca S.r.l, Italy	2013.02	
				Additive Premix				
	(2008) 外饲准字 098 号	灭活酿酒酵母	宝利肥	饲料添加剂	猪、牛、禽和水产	意大利拓大公司	2008.07-	续展登记
		Inactived Saccharomyces cervisiae	Thepax	Feed Additive	Pig, Cattle, Poultry and Aquaculture	DOX-AL Italia S.P.A	2013.07	
	(2010) 外饲准字 071 号	多种维生素和微量元素预混液	易普威	添加剂预混料	养殖动物	意大利亚士可化工大药厂	2010.04	
		Multivitamin and Trace Elements Premix	Eservit	Premix Additive	All species or categories of animals	Ascor Chimici SRL, Italy	2015.04	

（续）

国家	登记证号	通用名称	商品名称	产品类别	使用范围	生产厂家	有效期限	备注
意大利	(2010) 外饲准字 072 号	多种维生素和葡萄糖酸钙预混液	科能优	添加剂预混料	养殖动物	意大利亚士可化工大药厂	2010.04	
		Multivitamin and Calcium Gluconate Premix	Di. E. Ci. Calcium	Premix Additive	All species or categories of animals	Ascor Chimici SRL, Italy	2015.04	
	(2010) 外饲准字 073 号	多种维生素和氨基酸预混液	艾佳力	添加剂预混料	养殖动物	意大利亚士可化工大药厂	2010.04	
		Multivitamin and Amino Acid Premix	Hepavit	Premix Additive	All species or categories of animals	Ascor Chimici SRL, Italy	2015.04	
	(2005) 外饲准字 018 号	美可关 TM 硒 1% BMP	饲料添加剂			意大利 Istituto Delle Vitamine 公司	2005.01–	
		MICROGRANTM Se 1% BMP	Feed Additive			Istituto Delle Vitamine S.P.A. Italy	2010.01	
	(2005) 外饲准字 019 号	美可关 TM 碘 10% BMP	饲料添加剂			意大利 Istituto Delle Vitamine 公司	2005.01–	
		MICROGRANTM I 10% BMP	Feed Additive			Istituto Delle Vitamine S.P.A. Italy	2010.01	
		维生素和氨基酸	阿梅诺	添加剂预混合饲料	家畜和家禽	意大利亚士可化工大药厂	2008.09–	
	(2011) 外饲准字 010 号	DL– 蛋氨酸	美百瑞 TM 蛋氨酸粉剂	饲料级氨基酸	反刍动物	意大利 Eurhema S.R.L. 公司	2011.01–	
		DL–Methionine	Metipearl TM Dry Methionine	Amino acid feed grade	Ruminant	Eurhema S.R.L., Italy	2016.01	
	(2011) 外饲准字 058 号	L– 赖氨酸盐酸盐	乐百瑞 TM 蛋氨酸粉剂	饲料级氨基酸	奶牛	意大利 Eurhema S.R.L. 公司	2011.03–	
		L–lysine hydrochloride	Lysipearl TM Dry Amino Acid	Amino Acid Feed Grade	Dairy Cows	Eurhema S.R.L., Italy	2016.03	

（续）

国家	登记证号	通用名称	商品名称	产品类别	使用范围	生产厂家	有效期限	备注
意大利	(2011) 外饲准字 114 号	丁酸甘油酯、甘油、乳酸和二氧化硅 Butyric Acid Glycerides, Glycerol, Lactic Acid and Silicon Dioxide	斯福 Lacto-Butyrin	饲料添加剂 Feed Additive	养殖动物 All species or categories of animals	意大利 SILO 公司 SILO S.R.L., Italy	2011.05-2016.05	
	(2011) 外饲准字 268 号	富马酸、乳酸、柠檬酸和苹果酸 Fumaric acid, Lactic acid, Citric acid and Malic acid	立必安 Lactiplus Coated	饲料酸化剂 Feed Acidifier	猪、兔、家禽和牛 Swine, Rabbit, Poultry and Cattle	意大利亚士可化工大药厂 Ascor Chimici S.R.L., Italy	2011.08-2016.08	续展
	(2011) 外饲准字 296 号	氯化胆碱预混剂 Choline Chloride Premix	斯多利 STA-CHOL	添加剂预混合饲料 Additive Premix	奶牛 Cow	意大利佰高化工大药厂 Bioscreen Technologies SRL, Italy	2011.09-2016.09	
	(2011) 外饲准字 268 号	富马酸、乳酸、柠檬酸和苹果酸 Fumaric acid, Lactic acid, Citric acid and Malic acid	立必安 Lactiplus Coated	饲料酸化剂 Feed Acidifier	猪、兔、家禽和牛 Swine, Rabbit, Poultry and Cattle	意大利亚士可化工大药厂 Ascor Chimici S.R.L., Italy	2011.08-2016.08	续展
	(2011) 外饲准字 283 号	丁酸钠 Sodium Butyrate	西尔包被丁酸钠 -0.3 SIL Butyrate 30 Coated	饲料添加剂 Feed Additive	养殖动物 All Species or Categories of Animals	意大利西拉公司 SILA srl, Italy	2011.09-2016.09	
	(2011) 外饲准字 296 号	氯化胆碱预混剂 Choline Chloride Premix	斯多利 STA-CHOL	添加剂预混合饲料 Premix Additive	奶牛 Cow	意大利佰高化工大药厂 Bioscreen Technologies srl, Italy	2011.09-2016.09	

（续）

国家	登记证号	通用名称	商品名称	产品类别	使用范围	生产厂家	有效期限	备注
意大利	(2012) 外饲准字 026 号	多种维生素和微量元素 Multi-Vitamin and Microelement	爱力佳 Arcavit P Forte	添加剂预混合饲料 Feed Additive Premix	养殖动物 All species or categories of animals	意大利阿卡公司 Prodotti Arca S.R.L., Italy	2012.01–2017.01	
	(2013) 外饲准字 059 号	灭活酿酒酵母粉 Inactivated Saccharomyces cervisiae	宝利肥 Thepax	饲料添加剂 Feed Additive	畜禽 Livestock and Poultry	意大利拓大公司 DOX-AL Italia SPA, Italy	2013.02–2018.02	
	(2013) 外饲准字 151 号	屎肠球菌 Enterococcus faecium	爱益 Arca Bac EF	微生物饲料添加剂 Microbial Feed Additive	家禽 Poultry 猪 Swine 牛 Cattle	意大利阿卡公司 Prodotti Arca S.r.l., Italy	2013.05–2018.05	
	(2013) 外饲准字 155 号	食品用香料 Food Flavor Enhancement	泰瑞宝－液体 Mix-oil Liquid	饲料调味剂 Feed Flavor	养殖动物 All species or categories of animals	意大利 A.W.P. s.r.l. 公司 A.W.P. S.R.L., Italy	2013.05–2018.05	
	(2013) 外饲准字 156 号	食品用香料 Food Flavor Enhancement	泰瑞宝－粉剂 Mix-oil Powder	饲料调味剂 Feed Flavor	养殖动物 All species or categories of animals	意大利 A.W.P. s.r.l. 公司 A.W.P. S.R.L., Italy	2013.05–2018.05	
	(2013) 外饲准字 243 号	L-赖氨酸盐酸盐 L-Lysine HCL	乳美特 Rumaster	饲料级氨基酸 Amino Acid Feed Grade	反刍动物 Ruminant	意大利 Bioscreen Technologies 公司 Bioscreen Technologies, Italy	2013.07–2018.07	

（续）

国家	登记证号	通用名称	商品名称	产品类别	使用范围	生产厂家	有效期限	备注
意大利	(2013) 外饲准字 244 号	DL- 蛋氨酸	普美特	饲料级氨基酸	反刍动物	意大利 Bioscreen Technologies 公司	2013.07-2018.07	
		DL-Methionine	Pro-Met	Amino Acid Feed Grade	Ruminant	Bioscreen Technologies, Italy		
	(2013) 外饲准字 247 号	干灭活酿酒酵母 Dried Inactived Saccharomyces cerevisiae	福尔邦	饲料添加剂	反刍动物	意大利 Bioscreen Technologies 公司	2013.07-2018.07	
		干灭活米曲霉 / 黑曲霉	Fibrase	Feed Additive	Ruminant	Bioscreen Technologies, Italy		
		发酵培养物						
		Dried Inactived Aspergillus oryzae/Aspergillus Niger Fermentation Product						
	(2013) 外饲准字 251 号	多种氨基酸 / 维生素 / 微量元素	蜜迪诗	添加剂预混合饲料	奶牛	意大利 Bioscreen Technologies 公司	2013.07-2018.07	
		Multi-Amino acid, Vitamin, Mineral	Multi-Pass	Additive Premix	Cow	Bioscreen Technologies Srl, Italy		
	(2013) 外饲准字 267 号	多种氨基酸和维生素	阿梅诺	添加剂预混合饲料	养殖动物	威龙（意大利）大药厂	2013.07-2018.07	续展
		Multi- Amino Acids and Vitamins	Aminovitamin	Additive Premix	All Species or Categories of Animals	V é toquinol Italia S.R.L., Italy		登记
	(2013) 外饲准字 268 号	多种氨基酸和维生素	雅士勇	添加剂预混合饲料	养殖动物	威龙（意大利）大药厂	2013.07-2018.07	续展
		Multi- Amino Acids and Vitamins	Ascorequil	Additive Premix	All Species or Categories of Animals	V é toquinol Italia S.R.L., Italy		登记

（续）

国家	登记证号	通用名称	商品名称	产品类别	使用范围	生产厂家	有效期限	备注
意大利	(2013) 外饲准字 274 号	多种维生素和氨基酸 Mulit–Vitamins Amino Acids	安维福 Amin Vit Forte	添加剂预混合饲料 Premix Additive	畜禽 Livestock and Poultry	意大利 FARMER 股份有限公司 Farmer S.P.A., Italy	2013.08–2018.08	
英国	(2005) 外饲准字 060 号		欧帝酶制剂 OPTIZYME T2	饲料酶制剂 Feed Enzyme		英国 Optivite 国际有限公司 Optivite International Co., Ltd., England	2005.03–2010.03	续展登记
	(2005) 外饲准字 067 号		青宝 I 号 Cool Sile	饲料添加剂 Feed Additive		英国 Microferm 有限公司 Microferm Co., Ltd., England	2005.03–2010.03	
	(2005) 外饲准字 096 号	植物乳杆菌、乳酸片球菌、乳酸乳杆菌和纤维素酶 Lactobacillus Plantarum, Pediococcus Acidilactici Lactococcus Lactis & Cellulase	青宝 II 号 Fast Sile	青贮饲料添加剂 Silage Feed Additive		英国 Microferm 有限公司 Microferm Co., Ltd., England	2005.07–2010.07	
	(2007) 外饲准字 095 号	牛舔砖 Lick for Cattle	牛宝利 Calflyx Easy Breather	精料补充料 Concentrate Supplement	牛 Cattle	英国凯迪克有限公司 Caltech Ltd., England	2007.03–2012.03	
	(2007) 外饲准字 096 号	牛舔砖 Lick for Cattle	牛高镁 Crystalyx® Cattle High Mag	精料补充料 Concentrate Supplement	牛 Cattle	英国凯迪克有限公司 Caltech Ltd., England	2007.03–2012.03	

（续）

国家	登记证号	通用名称	商品名称	产品类别	使用范围	生产厂家	有效期限	备注
英国	(2007) 外饲准字 097 号	牛舔砖 Lick for Cattle	牛特补 Crystalyx® Cattle Booster	精料补充料 Concentrate Supplement	牛 Cattle	英国凯迪克有限公司 Caltech Ltd., England	2007.03– 2012.03	
	(2009) 外饲准字 144 号	牛羊舔砖 Lick for Cattle and Sheep	黄洛奇 Yellow Rockies	精料补充料 Concentrate Supplement	牛和羊 Cattle and Sheep	英国泰邦公司 Tithebarn Limited, England	2009.10– 2014.1	续展登记
	(2009) 外饲准字 145 号	牛舔砖 Lick for Cattle	红洛奇 Red Rockies	精料补充料 Concentrate Supplement	牛 Cattle	英国泰邦公司 Tithebarn Limited, England	2009.10– 2014.1	续展登记
	(2009) 外饲准字 168 号	牛羊舔砖 Lick for Cattle and Sheep	富磷洛奇 Phos Rich Rockies	精料补充料 Supplement Concentrate	牛和羊 Cattle and Sheep	英国泰邦公司 Tithebarn Limited, England	2009.11 2014.11	续展
	(2009) 外饲准字 169 号	牛羊舔砖 Lick for Cattle and Sheep	富磷洛奇 (5%) 5% Phos Rich Pockies	精料补充料 Supplement Concentrate	牛和羊 Cattle and sheep	英国泰邦公司 Tithebarn Limited, England	2009.11 2014.11	
	(2010) 外饲准字 005 号	水合硅铝酸钠钙 Hydrated Sodium Calcium Aluminosilicate	好力盾 Meri–Bond Xtra	饲料添加剂 Feed additive	养殖动物 All species or categories of animals	英国美力盾动物健康有限公司 Meriden Animal Health Ltd., UK	2010.01– 2015.01	
	(2010) 外饲准字 111 号	高岭土（复合水合硅铝酸盐） Kaolinite (Complexed Hydrated Aluminium Silicate)	吸霉多 Sorbatox	饲料添加剂 Feed Additive	养殖动物 All species or categories of animals	英国 kiotechagil 公司 Kiotechagil,England	2010.05 2015.05	

（续）

国家	登记证号	通用名称	商品名称	产品类别	使用范围	生产厂家	有效期限	备注
英国	(2010) 外饲准字 138 号	甜菜碱	芬菜碱 S4	饲料级氨基酸	养殖动物	丹尼斯克（英国）有限公司	2010.05	续展
		Betaine	Betafin S4	Amino Acid Feed Grade	All Species or Categories of Animals	Danisco(UK) Limited.,UK	2015.05	
	(2010) 外饲准字 139 号	甜菜碱	芬菜碱 S1	饲料级氨基酸	养殖动物	丹尼斯克（英国）有限公司	2010.05	续展
		Betaine	Betafin S1	Amino Acid Feed Grade	All Species or Categories of Animals	Danisco(UK) Limited.,UK	2015.05	
	罗维素泛酸钙	维生素类饲料添加剂	帝斯曼营养产品（英国）有限公司	(2005) 外饲准字 020 号	2005.01–			
	ROVIMIX® Calpan	Vitamin Feed Grade	DSM Nutritional Products (UK) Ltd.		2010.01			
	(2010) 外饲准字 111 号	高龄土（复合水合硅铝酸盐）	吸霉多	饲料添加剂	养殖动物	英国 Kiotechagil 公司	2010.05	
		Kaolinite (Complexed Hydrated Aluminium Silicate)	Sorbatox	Feed Additive	All species or categories of animals	Kiotechagil, England	2015.05	
	(2011) 外饲准字 007 号	甲酸、丙酸和丁酸	普肥特	饲料酸化剂	养殖动物	英国 KIOTECHAGIL 公司	2011.01–	
		Formic Acid, Propionic Acid and Methyl Propionic Acid	Prefect	Feed Acidifier	All species or categories of animals	KIOTECHAGIL，England	2016.01	
	(2012) 外饲准字 024 号	高岭石、硅藻土、干酵母和丙酸钙	新霉净	饲料添加剂	养殖动物	英国 Kiotechagil 公司	2012.01–2017.01	
		Kaolinitic Clay, Kieselgur, Dried Yeast and Calcium Propionate	Neutox	Feed Additive	All species or categories of animals	Kiotechagil, England		

（续）

国家	登记证号	通用名称	商品名称	产品类别	使用范围	生产厂家	有效期限	备注
英国	(2012) 外饲准字 192 号	酵母细胞壁和水合硅铝酸盐	克毒素	饲料添加剂	养殖动物	英国 Optivite 有限公司	2012.05–2017.05	
		Yeast cell wall and Complexed Hydrated Aluminium Silicate	OPTIMOS	Feed Additive	All species or categories of animals	Optivite Ltd, UK		
	(2012) 外饲准字 406 号	屎肠球菌	普乐康	微生物饲料添加剂	家禽、猪、牛和羊	英国普碧欧堤丝国际有限公司	2012.11–2017.11	
		Enterococcus Faecium	Protexin Concentrate	Microbial Feed Additive	Poultry, Pig, Cattle and Sheep	Probiotics International Ltd, UK		
芬兰	(2005) 外饲准字 077 号		艾克拿斯 L	饲料酶制剂		芬兰罗尔公司	2005.05–	
			ECONASE Wheat L Plus	Feed Enzyme		Roal OY, Finland	2010.05	
	(2012) 外饲准字 186 号	植酸酶（源自李氏木酶）	量子酶	饲料级酶制剂	单胃动物 Monogastric	芬兰罗尔公司	2012.05–2017.05	
		Phytase (by Trichhyoderma reesei)	Quantum Blue 5G	Enzyme Feed Grade		Roal Oy, Finland		
		Enterococcus faecium(NICMB 11181)	Protexin Lifestart	Microbial Feed Additive	犊牛 Calves	Probiotics International Ltd, UK		
					羔羊 Lambs			
瑞士	(2006) 外饲准字 090 号	屎肠球菌	赐美健 ME–10	微生物饲料添加剂	所有动物	瑞士百福微生物公司	2006.07–	续展登记
		Enterococcus faecium	LBC ME–10	Microbial Biotic Feed Additive	All animal	Cerbios–Pharma SA, Bioferment Division, Switzerland	2011.07	
	(2005) 外饲准字 083 号		瑞香宝 081	饲料调味剂		瑞士潘可士玛有限公司	2005.05–	续展登记
			PAN MILK 081	Feed Flavor Enhancement		Pancosma S.A., Switzerland	2010.05	

（续）

国家	登记证号	通用名称	商品名称	产品类别	使用范围	生产厂家	有效期限	备注
瑞士	(2007) 外饲准字 022 号	屎肠球菌 Enterococcus faecium	赐美健 – G35 LBC – G35	微生物 饲料添加剂 Microbial Biotic Feed Additive	所有动物 All animal	瑞士百福微生物公司 Cerbios–Pharma SA, Bioferment Division, Switzerland	2007.02– 2012.02	续展登记
	(2008) 外饲准字 011 号	水合硅铝酸钠钙 Hydrated Sodium Calcium Aluminosilicate	净霉灵 Klinofeed	饲料添加剂 Feed Additive	所有动物 All Animal	瑞士优博特公司 Unipoint Ltd., Swizerland	2008.01– 2013.01	续展登记
	(2009) 外饲准字 009 号	烟酸 Niacin	饲料级烟酸 Niacin Feed Grade	饲料级维生素 Vitamin Feed Grade	所有动物 All Animal	瑞士龙沙有限公司 Lonza Ltd., Switzerland	2009.02– 2014.02	续展登记
	(2009) 外饲准字 092 号	α – 生育酚乙酸酯 alpha–Tocopherol Acetate	生育酚乙酸酯 Tocopherol Acetate Technical Grade	饲料级维生素 Vitamin Feed Grade	养殖动物 All species or categories of animals	瑞士帝斯曼营养产品有限公司 DSM Nutritional Products Ltd., Switzerland	2009.08– 2014.08	
	(2010) 外饲准字 068 号	维生素 A 醋酸酯 Vitamin A Acetate	维生素 A 醋酸酯 2.1m.i.u./g (EMQ) Vitamin A Acetate 2.1m.i.u./g (EMQ)	饲料级维生素 Vitamin Feed Grade	养殖动物 All species or categories of animals	瑞士帝斯曼营养产品有限公司 DSM Nutritional Products GmbH, Switzerland	2010.04 2015.04	
	(2005) 外饲准字 023 号		dl– α – 生育酚醋酸酯 dl– α –Tocopheryl Acetate	维生素类饲料添加剂 Vitamin Feed Additive		瑞士帝斯曼营养产品股份公司 DSM Nutritional Products AG, Switzerland	2005.01– 2010.01	
	(2005) 外饲准字 024 号		叶酸 Folic Acid	维生素类饲料添加剂 Vitamin Feed Additive		瑞士帝斯曼营养产品股份公司 DSM Nutritional Products AG, Switzerland	2005.01– 2010.01	

（续）

国家	登记证号	通用名称	商品名称	产品类别	使用范围	生产厂家	有效期限	备注
瑞士	(2005) 外饲准字 025 号		罗维素烟酸	维生素类饲料添加剂		瑞士帝斯曼营养产品股份公司	2005.01–	
			ROVIMIX® Niacin	Vitamin Feed Additive		DSM Nutritional Products AG, Switzerland	2010.01	
	(2005) 外饲准字 026 号		罗维素 AD3 500/100	饲料级维生素		瑞士帝斯曼营养产品股份公司	2005.01–	
			ROVIMIX® AD3 500/100	Vitamin Feed Grade		DSM Nutritional Products AG, Switzerland	2010.01	
	(2005) 外饲准字 027 号		罗维素 A1000	饲料级维生素		瑞士帝斯曼营养产品股份公司	2005.01–	
			ROVIMIX® A1000	Vitamin Feed Grade		DSM Nutritional Products AG, Switzerland	2010.01	
	(2005) 外饲准字 028 号		罗维素 AD3 1000/200	饲料级维生素		瑞士帝斯曼营养产品股份公司	2005.01–	
			ROVIMIX® AD3 1000/200	Vitamin Feed Grade		DSM Nutritional Products AG, Switzerland	2010.01	
	(2005) 外饲准字 029 号		罗沙酶 G2 G	饲料级酶制剂		瑞士帝斯曼营养产品股份公司	2005.01–	
			ROXAZYME G2 G	Feed Enzyme		DSM Nutritional Products AG, Switzerland	2010.01	
	(2010) 外饲准字 193 号	维生素	罗维素 A 1000	饲料级维生素	养殖动物	帝斯曼营养产品（瑞士）有限公司	2010.08	
		Vitamin	Rovimix A 1000	Vitamin Feed Grade	All species or categories of animals	DSM Nutritional Products AG, Switzerland	2015.08	
	(2010) 外饲准字 194 号	维生素	罗维素 AD3 1000/200	饲料级维生素	养殖动物	帝斯曼营养产品（瑞士）有限公司	2010.08	
		Vitamin	Rovimix AD31000/200	Vitamin Feed Grade	All species or categories of animals	DSM Nutritional Products AG, Switzerland	2015.08	

（续）

国家	登记证号	通用名称	商品名称	产品类别	使用范围	生产厂家	有效期限	备注
瑞士	(2011) 外饲准字 037 号	木聚糖酶、β －葡聚糖酶、纤维素酶（都源自长柄木霉） Xylanase, Beta-Glucanase, Cellulose (From Trichoderna Longibrachiatum)	罗沙酶 G2G Roxazyme G2G	饲料级酶制剂 Enzyme Feed Grade	养殖动物 All species or categories of animals	帝斯曼营养产品有限公司 DSM Nutritional Products AG, Switzerland	2011.03–2016.03	
	(2011) 外饲准字 259 号	维生素 A 醋酸脂 Vitamin A Acetate	罗维素 ®A1000 ROVIMIX® A 1000	饲料添加剂 Feed Additive	养殖动物 All Species or Categories of Animals	瑞士帝斯曼营养产品有限公司 DSM Nutritional Products AG, Switzerland	2011.08–2016.08	
	(2011) 外饲准字 260 号	维生素 A 醋酸脂和维生素 D3 Vitamin A Acetate and Vitamin D3	罗维素 AD3 1000/200 ROVIMIX AD3 1000/200	饲料添加剂 Feed Additive	养殖动物 All Species or Categories of Animals	瑞士帝斯曼营养产品有限公司 DSM Nutritional Products AG, Switzerland	2011.08–2016.08	
	(2011) 外饲准字 320 号	屎肠球菌 SF68 Enterococcus Faecium SF68	赐美健 ME10 LBC ME10	微生物饲料添加剂 Microbial Feed Additive	养殖动物 All Species or Categories of Animals	百福微生物有限公司 Cerbios Pharma S.A., Switzerland	2011.09–2016.09	续展
	(2011) 外饲准字 206 号	柠檬提取物，美国栗树叶提取物 Lemon Extract and Chestnut Leaves Extract	黄金水果 Golden Fruits Vit	饲料调味剂 Feed Flavor Enhancement	养殖动物 All Species or Categories of Animals	瑞士 Haefliger 公司 Haefliger AG, Switzerland	2011.07–2016.07	
	(2011) 外饲准字 259 号	维生素 A 醋酸脂 Vitamin A Acetate	罗维素 ®A1000 ROVIMIX® A 1000	饲料添加剂 Feed Additive	养殖动物 All Species or Categories of Animals	瑞士帝斯曼营养产品有限公司 DSM Nutritional Products AG, Switzerland	2011.08–2016.08	

（续）

国家	登记证号	通用名称	商品名称	产品类别	使用范围	生产厂家	有效期限	备注
瑞士	(2011) 外饲准字 260 号	维生素 A 醋酸脂和维生素 D_3	罗维素 AD_3 1000/200	饲料添加剂	养殖动物	瑞士帝斯曼营养产品有限公司	2011.08–2016.08	续展
		Vitamin A Acetate and Vitamin D3	ROVIMIX AD_3 1000/200	Feed Additive	All Species or Categories of Animals	DSM Nutritional Products AG, Switzerland		
	(2011) 外饲准字 320 号	屎肠球菌 SF68	赐美健 ME10	微生物饲料添加剂	养殖动物	百福微生物有限公司	2011.09–2016.09	
		Enterococcus Faecium SF68	LBC ME10	Microbial Feed Additive	All Species or Categories of Animals	Cerbios Pharma S.A., Switzerland		
	(2011) 外饲准字 335 号	甘氨酸铁螯合物	晶标铁	矿物质饲料	畜禽和宠物	瑞士潘可士玛公司	2011.10–2016.10	
		Ferric Glycine Chelate	B–TRAXIM® 2C Fe–220	添加剂	Livestock, Poultry and Pet	Pancosma S.A., Switzerland		
				Mineral Feed Additive				
	(2011) 外饲准字 336 号	甘氨酸铜螯合物	晶标铜	矿物质饲料	畜禽和宠物	瑞士潘可士玛公司		
		Cupric Glycine Chelate	B–TRAXIM® 2C Cu–240	添加剂	Livestock, Poultry and Pet	Pancosma S.A., Switzerland		
	(2012) 外饲准字 126 号	屎肠球菌 NCIMB10415	财来成 LBC ME20 PLUS	微生物饲料添加剂	养殖动物	瑞士百福公司	2012.03–2017.03	
		Enterococcus faecium NCIMB 10415	Cylactin LBC ME20 PLUS	Microbial Feed Additive	All species or categories of animals	Cerbios–Pharma S.A., Switzerland		
	(2012) 外饲准字 355 号	丁香酚、乙酸香叶酯和芫荽籽油	亚各灵（反刍）	饲料香味剂	牛	瑞士 Agolin 股份有限公司	2012.10–2017.10	
		Eugnol, Geranyl acetate and Coriander Oil	Agolin Ruminant	Feed Flavouring	Cattle	Agolin SA, Switzerland		
				Enhancement				

（续）

国家	登记证号	通用名称	商品名称	产品类别	使用范围	生产厂家	有效期限	备注
瑞士		香芹酚 Carvacrol 肉桂醛 Cinnamaldehyde			反刍动物前期 Pre-ruminant Animals 牛 Cow			
比利时	(2005) 外饲准字 085 号		凡赛尔金丹 CARNI-TABS	维生素类饲料 添加剂 Vitamin Feed Additive		比利时凡赛尔公司 Versele-Laga N.V., Belgium	2005.05- 2010.05	续展登记
	(2005) 外饲准字 086 号		宝矿粉 Colombine Mineral Mixture	复合预混料 Compound Premix		比利时凡赛尔公司 Versele-Laga N.V., Belgium	2005.05- 2010.05	续展登记
	(2005) 外饲准字 087 号		维他精力粉 CELOVIT B	维生素类饲料 添加剂 Vitamin Feed Additive		比利时凡赛尔公司 Versele-Laga N.V., Belgium	2005.05- 2010.05	续展登记
	(2005) 外饲准字 088 号		超级固元素 Supervit	复合预混料 Compound Premix		比利时凡赛尔公司 Versele-Laga N.V., Belgium	2005.05- 2010.05	续展登记
	(2005) 外饲准字 094 号		英威 02 CS AveMix 02 CSpremix	饲料酶制剂 Feed Enzyme		比利时艾威有限公司 AVEVE N.V., Belgium	2005.07- 2010.07	
	(2005) 外饲准字 095 号		英威 XG 10 AveMix XG 10premix	饲料酶制剂 Feed Enzyme		比利时艾威有限公司 AVEVE N.V., Belgium	2005.07- 2010.07	

（续）

国家	登记证号	通用名称	商品名称	产品类别	使用范围	生产厂家	有效期限	备注
比利时	(2005) 外饲准字 099 号		应排霉	饲料防霉剂		比利时 Impextraco 有限公司	2005.07–	续展登记
			PROPIMPEX CA	Feed Mould Inhibitor		Impextraco N.V., Belgium	2010.07	
	(2005) 外饲准字 103 号		唯乐美	饲料添加剂		比利时纽卡米有限公司	2005.07–	续展登记
			VOLAMEL EXTRA	Feed Additive		NUKAMEL B.V., Belgium	2010.07	
	(2006) 外饲准字 083 号	柠檬酸、磷酸、乳酸和甲酸	纽埃特霉敌抗	饲料防霉剂	所有动物	比利时 NUTRI–AD 国际有限公司	2006.07–	
		Citric Acid, Phosphoric Acid, Lactic Acid and Formic Acid	TOXY–NIL Plus Liquid	Feed Mold Inhibitor	All animal	NUTRI–AD International N.V., Belgium	2011.07	
	(2006) 外饲准字 084 号	乳酸、甲酸、乙酸、丙酸和柠檬酸	纽埃特威乐酸	饲料酸化剂	所有动物	比利时 NUTRI–AD 国际有限公司	2006.07–	
		Lactic Acid, Formic Acid, Acetic Acid, Propionic Acid and Citric Acid	ULTRACIDTM WT Liquid	Feed Acidifier	All animal	NUTRI–AD International N.V., Belgium	2011.07	
	(2006) 外饲准字 161 号	DL– 蛋氨酸	饲料级 DL– 蛋氨酸	饲料级氨基酸	所有动物	比利时德固赛安特卫普公司	2006.09–	续展登记
		DL–Methionine	DL–Methionine Feed Grade	Amino Acid Feed Grade	All animal	Degussa Antwerpen NV, Belgium	2011.09	
	(2007) 外饲准字 148 号	二丁基羟基甲苯，丁基羟基茴香醚和乙氧基喹啉	纽埃特鲜威宝	饲料抗氧化剂	所有动物	比利时英伟 – 纽埃特国际营养公司	2007.07–	
		BHT, BHA and Ethoxyquin	OXY–NIL Liquid	Feed Antioxidant	All animal	NUTRI–AD International NV, Belgium	2012.07	
	(2008) 外饲准字 046 号	丙酸和丙酸铵	纽埃特立霉克	饲料防霉剂	所有动物	比利时英伟 – 纽埃特国际营养公司	2008.02–	
		Propionic Acid and Ammonium Propionate	MOLD–NIL Liquid	Feed Mould Inhibitor	All Animal	NUTRI–AD International NV, Belgium	2013.02	

（续）

国家	登记证号	通用名称	商品名称	产品类别	使用范围	生产厂家	有效期限	备注
比利时	(2008) 外饲准字 055 号	乳酸和甲酸	纽埃特酸合剂	饲料酸化剂	所有动物	比利时英伟－纽埃特国际营养公司	2008.03–	续展登记
		Lactic Acid and Formic Acid	ULTRACID Lac Dry	Feed Acidifier	All Animal	NUTRI–AD International NV, Belgium	2013.03	
	(2008) 外饲准字 061 号	丙酸钙、山梨酸和水合硅铝酸钠钙	纽埃特霉净剂	饲料防霉剂	所有动物	比利时英伟－纽埃特国际营养公司	2008.04–	续展登记
		Calcium Propionate, Sorbic Acid and Hydrated Sodium Calcium Aluminosilicate	Toxy–Nil® Dry	Feed Mould Inhibitor	All animal	NUTRI–AD International NV, Belgium	2013.04	
	(2008) 外饲准字 122 号	烟酰胺	饲料级烟酰胺	饲料级维生素	所有动物	比利时 Vertellus Specialties 公司	2008.10–	续展登记
		Nicotinamide	Nicotinamide Feed Grade	Vitamin Feed Grade	All Animal	Vertellus Specialties Belgium N.V.	2013.1	
	(2009) 外饲准字 069 号	丁基羟基茴香醚、二丁基羟基甲苯和没食子酸丙酯	纽埃特 PG 抗氧化剂	饲料抗氧化剂	养殖动物	比利时英伟－纽埃特国际营养公司	2009.07–	
		Butylated Hydroxyanisole (BHA), Butylated Hydroxytoluene (BHT) and Propyl Gallate	OXY–NIL® PG Dry	Feed Antioxidant	All species or categories of animals	Nutri–AD International N.V., Belgium	2014.07	
	(2009) 外饲准字 129 号	代乳粉	乳康美 E	配合饲料	犊牛	比利时纽卡米公司	2009.09–	
		Milk Replacer	Nukamel Extra	Compound Feed	Calf	Nukamel N.V., Belgium	2014.09	
	(2009) 外饲准字 223 号	椰子油及棕榈油脂肪酸	抑菌宝	饲料防霉剂	养殖动物	比利时维他麦公司	2009.12–	续展登记
		Fatty Acid of Cocos and Palm	Aromabiotic	Feed Mold Inhibitor	All species or categories of animals	Vitamex N.V. Belgium	2014.12	

（续）

国家	登记证号	通用名称	商品名称	产品类别	使用范围	生产厂家	有效期限	备注
比利时	(2010) 外饲准字 021 号	氯化胆碱	75% 氯化胆碱	饲料级维生素	养殖动物	比利时特胺有限公司	2010.01–	续展
		Choline Chloride	Choline Chloride 75%	Feed Grade Vitamin	All species or categories of animals	Taminco N.V., Belgium	2015.01	
	(2010) 外饲准字 103 号	丙酸和丙酸铵	霉菌净	饲料防腐剂	养殖动物	比利时英派克斯国际有限公司	2010.04	续展
		Propionic Acid and Ammonium Propionate	Moldstop® SD Plus	Feed Preservatives	All species or categories of animals	Impextraco N.V., Belgium	2015.04	
	(2010) 外饲准字 325 号	山梨醇酐脂肪酸脂、大豆浓酸蛋白、乳清粉和植物油	唯乐美	饲料添加剂	家畜	比利时纽卡米公司	2010.11	续展
		Glyceryl Polyethyleneglycol, Soya Protein Concentrate, Whey Powder, Vegetable Oil	Volamel Extra	Feed Additive	Livestock	Nukamel N.V., Belgium	2015.11	
	(2011) 外饲准字 025 号	BHA、乙氧基喹啉、有机酸	抗氧灵	饲料抗氧化剂	养殖动物	比利时英派克斯国际有限公司	2011.01–	续展
		BHA/Ethoxyquin/orga–nic acid	FeedoxRDry	Feed Antioxidan	All species or categories of animals	Impextraco N.V., Belgium	2016.01	
	(2011) 外饲准字 039 号	甲酸、正磷酸、乳酸、富马酸	幼畜宝 ® Dry	饲料酸化剂	猪、家禽、反刍动物	比利时英派克斯有限公司	2011.03–	
		Formic Acid, Ortho–Phosphoric Acid, Lactic Acid, Fumaric Acid	Acidal ® Dry	Feed Acidifier	Swine, Poultry , Ruminant	Impextraco NV, Belgium	2016.03	
	(2011) 外饲准字 106 号	木聚糖酶和 β – 葡聚糖酶（产自长柄木霉）、α – 淀粉酶（产自枯草芽胞杆菌）	八宝威 ®Plus 核心原料粉剂	饲料级酶制剂	养殖动物	建明工业（欧洲）有限公司（比利时）	2011.05–2016.05	

（续）

国家	登记证号	通用名称	商品名称	产品类别	使用范围	生产厂家	有效期限	备注
比利时		Xylanase and Beta-glucanase (by Trichoderma longibrachiatum),&Alpha-amylase (by Bacillus subtilis)	KEMZYMETM Plus Base Dry	Enzyme Feed Grade	All species or categories of animals	Kemin Europa N.V., Belgium		
	(2011) 外饲准字 175 号	灭活酵母、海泡石和膨润土 Inactivated Yeast, Sepiolite and Bentonite	英添迪 安生顺 INNOVAD ESCENT® S	饲料添加剂 Feed Additive	养殖动物 All Species or Categories of Animals	PMF 制造公司 PMF Productions NV., Belgium	2011.06–2016.06	
	(2011) 外饲准字 176 号	磷酸、柠檬酸和乳酸 Phosphoric Acid, Citric Acid, Lactic Acid	英添迪 安生力 INNOVAD ESCENT® L	饲料酸化剂 Feed Acidifier	养殖动物 All Species or Categories of Animals	PMF 制造公司 PMF Productions NV., Belgium	2011.06–2016.06	
	(2011) 外饲准字 266 号	饲料级 DL–蛋氨酸 DL–Methionine Feed Grade	饲料级 DL–蛋氨酸 DL–Methionine Feed Grade	饲料级氨基酸 Amino Acid Feed Grade	养殖动物 All Species or Categories of Animals	赢创德固赛公司 Evonik Degussa GmbH, Belgium	2011.08–2016.08	续展
	(2011) 外饲准字 202 号	乙氧基喹啉和 BHT Ethoxyquin and BHT	英添迪 威氧灵 Innovad Novinox$_R$	饲料抗氧化剂 Feed Antioxidant	养殖动物 All Species or Categories of Animals	PMF 制造公司 PMF Productions NV., Belgium	2011.07–2016.07	
	(2011) 外饲准字 266 号	饲料级 DL–蛋氨酸 DL–Methionine Feed Grade	饲料级 DL–蛋氨酸 DL–Methionine Feed Grade	饲料级氨基酸 Amino Acid Feed Grade	养殖动物 All Species or Categories of Animals	赢创德固赛公司 Evonik Degussa GmbH, Belgium	2011.08–2016.08	续展

（续）

国家	登记证号	通用名称	商品名称	产品类别	使用范围	生产厂家	有效期限	备注
比利时	(2012) 外饲准字 043 号	多种有机酸 Multi Organic Acid	纽埃特霉敌抗 TOXY-NIL® Plus Liquid	饲料防霉剂 Feed Mold Inhibitor	养殖动物 All species or categories of animals	比利时 NUTRI-AD 国际有限公司 NUTRI-AD International N.V., Belgium	2012.01-2017.01	续展
	(2012) 外饲准字 253 号	氯化胆碱 Chorine Chloride	晶体型饲料级 氯化胆碱 Taminizer C	饲料添加剂 Feed Additive	猪、家禽、牛、鱼、狗 Swine, Poultry, Cattle, Fish, Dog	比利时特胺有限公司 Taminco N.V., Belgium	2012.07-2017.07	
	(2013) 外饲准字 144 号	多种有机酸 Multi-Organic Acid	纽埃特霉净剂 TOXY-NILRDry	饲料酸化剂 Feed Acidifier	养殖动物 All species or categories of animals	比利时纽埃特国际营养公司 Nutri-AD International NV, Belgium	2013.03-2018.03	续展登记
	(2013) 外饲准字 145 号	多种有机酸 Multi-Organic Acid	纽埃特立霉克 MOLD-NILRLiquid	饲料防霉剂 Feed Mold Inhibitor	养殖动物 All species or categories of animals	比利时纽埃特国际营养公司 Nutri-AD International NV, Belgium	2013.03-2018.03	续展登记
	(2013) 外饲准字 146 号	多种有机酸 Multi-Organic Acid	纽埃特酸化剂 Ultracid LacRDry	饲料酸化剂 Feed Acidifier	养殖动物 All species or categories of animals	比利时纽埃特国际营养公司 Nutri-AD International NV, Belgium	2013.03-2018.03	续展登记
	(2013) 外饲准字 159 号	班脱土－蒙脱石 Bentomite-Montmorilonite 海泡石 Sepiolite 灭活酿酒酵母 Inactivated Yeast 乙氧基喹啉 Ethoxyquin	纽埃特强霉净剂 TOXY-NIL® PLUS Dry	饲料添加剂 Feed Additive	养殖动物 All species or categories of animals 奶牛 Cow	比利时纽埃特国际营养公司 Nutri-AD International NV, Belgium	2013.05-2018.05	

（续）

国家	登记证号	通用名称	商品名称	产品类别	使用范围	生产厂家	有效期限	备注
法国	(2005) 外饲准字 165 号	L- 色氨酸	饲料级 98%L- 色氨酸	饲料级氨基酸	所有动物	味之素（法国）有限公司	2005.10–	续展登记
		L–Tryptophan	L–Tryptophan 98% Feed Grade	Amino Acid Feed Additive	All animal	Ajinomoto Eurolysine S.A.S, France	2010.1	
	(2006) 外饲准字 031 号	维生素 A、维生素 E、大蒜素和谷氨酸钠	补乐健	添加剂	猪，禽和牛	法国阿缇蒙公司	2006.04–	
		Vitamin A Palmitate, Vitamin E, Garlic Oil and Sodium Glutamate	Promotor	预混合饲料 Additive Premix	Pig, poultry and cattle	Artimon, France	2011.04	
	(2007) 外饲准字 157 号	酸化乳清	酸化乳清粉	能量饲料	犊牛和仔猪	法国 VITALAC 公司	2007.07–	
		Acid Whey	Acid Dry Whey	Energy Feed	Calf and piglet	VITALAC S.A., France	2012.07	
	(2007) 外饲准字 196 号	维生素 A 乙酸酯	麦可维 ™ A 水分散型 500	饲料级维生素	所有动物	安迪苏法国有限公司	2007.11–	
		Vitamin A Acetate	Microvit™ A Prosol 500	Vitamin Feed Grade	All animal	Adisseo France S.A.S., France	2012.11	
	(2007) 外饲准字 197 号	维生素 A 乙酸酯	麦可维 ™A 超性能型 1000	饲料级维生素	所有动物	安迪苏法国有限公司	2007.11–	
		Vitamin A Acetate	Microvit™ A Supra 1000	Vitamin Feed Grade	All animal	Adisseo France S.A.S., France	2012.11	
	(2007) 外饲准字 198 号	维生素 E 乙酸酯	麦可维 ™ E 混合型 50	饲料级维生素	所有动物	安迪苏法国有限公司	2007.11–	
		Vitamin E Acetate	Microvit™ E Promix 50	Vitamin Feed Grade	All animal	Adisseo France S.A.S., France	2012.11	

（续）

国家	登记证号	通用名称	商品名称	产品类别	使用范围	生产厂家	有效期限	备注
法国	(2007)外饲准字200号	DL-蛋氨酸	罗迪美™ NP99	饲料级氨基酸	所有动物	安迪苏法国有限公司	2007.11-	续展登记
		DL-Methionine	Rhodimet™ NP99	Amino Acid Feed Grade	All animal	Adisseo France S.A.S., France	2012.11	
	(2008)外饲准字003号	蛋氨酸羟基类似物	粉状美斯特™	饲料添加剂	奶牛	安迪苏法国公司	2008.01-	
		Methionine Hydroxy Analogue	Metasmart Dry	Feed Additive	Dairy Cow	Adisseo France S.A.S., France	2013.01	
	(2008)外饲准字001号	维生素 D_3	罗维素® D_3-500	饲料级维生素	所有动物	帝斯曼营养产品法国有限公司	2008.01-	
		Vitamin D_3	ROVIMIX® D_3-500	Vitamin Feed Grade	All animal	DSM Nutritional Products France SAS, France	2013.01	
	(2009)外饲准字090号	乳清粉和棕榈油	高脂甜乳清	能量饲料	犊牛、羔羊和仔猪	法国宝莱蛋白质公司	2009.08-	
		Whey Powder and Palm Oil	Pictalac 50 PA.S	Energy Feed	Calf, Lamb/goat Kids and Piglet	Bonilait Proteines, France	2014.08	
	(2010)外饲准字004号	食用香料	奥利欧 LX221 P2	饲料调味剂	家禽、兔子和反刍动物	法国馥蒂公司	2010.01-	
		Edible Spices	Oleobiotec® LX 221 P2	Feed Flavor Enhancement	Poultry, Rabbit and Ruminant	Phode S.A., France	2015.01	
	(2010)外饲准字024号	蒙脱土、活性蒙脱土、硅藻土和酵母细胞壁	霉脱斯+	饲料添加剂	猪、牛、家禽和水产动物	法国欧密斯有限公司	2010.02-	
		Genuine Montmorillonite, Genuine Activated Montmorillonite, Diatomaceous and Yeast Cell Wall	MT. X Plus	Feed additive	Swine, Cow, Poultry and Aquaculture	OLMIX Company S.A., France	2015.02	

（续）

国家	登记证号	通用名称	商品名称	产品类别	使用范围	生产厂家	有效期限	备注
法国	(2010) 外饲准字 100 号	L －赖氨酸 L–Lysine Monohydrochloride	饲料级 99%L － 赖氨酸盐酸盐 L–Lysine Monohydrochloride 99% Feed Grade	饲料级氨基酸 Feed Grade Amino Acids	养殖动物 All species or categories of animals	味之素（法国）公司 Ajinomoto Eurolysine S.A.S., France	2010.04 2015.04	续展
	(2010) 外饲准字 101 号	L －苏氨酸 L–Threonine	饲料级 98.5%L － 苏氨酸 L–Threonine 98.5% Feed Grade	饲料级氨基酸 Feed Grade Amino Acids	养殖动物 All species or categories of animals	味之素（法国）公司 Ajinomoto Eurolysine S.A.S., France	2010.04 2015.04	续展
	(2005) 外饲准字 030 号		罗维素 A 500 WS ROVIMIX® A 500 WS	饲料级维生素 Vitamin Feed Grade		帝斯曼营养产品法国有限公司 DSM Nutritional Products France SAS	2005.01– 2010.01	
	(2005) 外饲准字 031 号		罗维素 A500 W ROVIMIX® A500 W	饲料级维生素 Vitamin Feed Grade		帝斯曼营养产品法国有限公司 DSM Nutritional Products France SAS	2005.01– 2010.01	
	(2005) 外饲准字 032 号		罗维素 B_2 80 SD ROVIMIX® B2 80 SD	饲料级维生素 Vitamin Feed Grade		帝斯曼营养产品法国有限公司 DSM Nutritional Products France SAS	2005.01– 2010.01	
	(2005) 外饲准字 033 号		饲料级维生素 B_{12} 1% ROVIMIX® B_{12} 1% Feed Grade	饲料级维生素 Vitamin Feed Grade		帝斯曼营养产品法国有限公司 DSM Nutritional Products France SAS	2005.01– 2010.01	

（续）

国家	登记证号	通用名称	商品名称	产品类别	使用范围	生产厂家	有效期限	备注
法国	(2005) 外饲准字 034 号		罗维素 D_3-500	饲料级维生素		帝斯曼营养产品法国有限公司	2005.01-	
			ROVIMIX® D_3 -500	Vitamin Feed Grade		DSM Nutritional Products France SAS	2010.01	
	(2005) 外饲准字 035 号		罗维素 E-50 喷干型	饲料级维生素		帝斯曼营养产品法国有限公司	2005.01-	
			ROVIMIX® E-50 SD	Vitamin Feed Grade		DSM Nutritional Products France SAS	2010.01	
	(2005) 外饲准字 036 号		罗维素 安定 -C35	饲料级维生素		帝斯曼营养产品法国有限公司	2005.01-	
			ROVIMIX® Stay-C35	Vitamin Feed Grade		DSM Nutritional Products France SAS	2010.01	
	(2005) 外饲准字 037 号		加丽素黄	饲料着色剂		帝斯曼营养产品法国有限公司	2005.01-	
			Carophyll Yellow	Feed Pigment		DSM Nutritional Products France SAS	2010.01	
	(2005) 外饲准字 038 号		加丽素红	饲料着色剂		帝斯曼营养产品法国有限公司	2005.01-	
			Carophyll Red	Feed Pigment		DSM Nutritional Products France SAS	2010.01	
	(2005) 外饲准字 039 号		加丽素粉红	饲料着色剂		帝斯曼营养产品法国有限公司	2005.01-	
			Carophyll Pink	Feed Pigment		DSM Nutritional Products France SAS	2010.01	
	(2005) 外饲准字 046 号		加丽素 ® 粉红 10% CWS	饲料着色剂		帝斯曼营养产品法国有限公司	2005.03-	
			CAROPHYLL® Pink 10% CWS	Feed Pigment		DSM Nutritional Products France SAS	2010.03	
	(2005) 外饲准字 069 号		罗维素 ® E 50 SD	维生素类饲料		法国帝斯曼营养产品有限公司	2005.05-	
			ROVIMIX® E 50 SD	添加剂		DSM Nutritional Products France SAS	2010.05	

（续）

国家	登记证号	通用名称	商品名称	产品类别	使用范围	生产厂家	有效期限	备注
			Cats Dry Food	Compound Feed		Royal Canin S.A., France	2010.05	
法国	(2006) 外饲准字 059 号	维生素和氨基酸 Vitamin and Amino Acid	补乐壮 Quatro Liquid	添加剂 预混合饲料 Additive Premix	所有动物 All animal	法国阿缇蒙公司 Artimon, France	2006.05– 2011.05	
	(2006) 外饲准字 159 号	酿酒酵母 Saccharomyces cerevisiae	百福菌 BIOSAF® Sc 47	微生物 饲料添加剂 Microbial Biotic Feed Additive	所有动物 All animal	法国乐斯福工业公司 Socieere Industrielle Lesaffre, France	2006.09– 2011.09	续展登记
	(2006) 外饲准字 192 号	维生素和氨基酸 Vitamin and Amino Acid	超保维 Turbovit Powder	维生素类添加剂预混合饲料 Vitamin Premix	所有动物 All animal	法国新奥兰动物营养有限公司 NEOLAIT SAS, France	2006.11– 2011.11	续展登记
	(2006) 外饲准字 193 号	维生素 Vitamin	保力寿 Polychoc B+	维生素类添加剂预混合饲料 Vitamin Premix	所有动物 All animal	法国新奥兰动物营养有限公司 NEOLAIT SAS, France	2006.11– 2011.11	续展登记
	(2008) 外饲准字 104 号	D – 生物素 D – Biotin	罗维素生物素 HP ROVIMIX® Biotin HP	饲料级维生素 Vitamin Feed Grade	所有动物 All Animal	帝斯曼营养产品法国有限公司 DSM Nutritional Products France SAS	2008.08– 2013.08	
	(2008) 外饲准字 104 号	D – 生物素 D – Biotin	罗维素生物素 HP ROVIMIX® Biotin HP	饲料级维生素 Vitamin Feed Grade	所有动物 All Animal	帝斯曼营养产品法国有限公司 DSM Nutritional Products France SAS	2008.08– 2013.08	

（续）

国家	登记证号	通用名称	商品名称	产品类别	使用范围	生产厂家	有效期限	备注
法国	(2009) 外饲准字 044 号	β－胡萝卜素	罗维素 β －胡萝卜素 10%	维生素类饲料添加剂	养殖动物	帝斯曼营养产品法国有限公司	2009.06–	
		beta– Carotene	ROVIMIX® β － Carotene 10%	Vitamin Feed Additive	All Species or Categories of Animals	DSM Nutritional Products France SAS, France	2014.06	
	(2010) 外饲准字 140 号	维生素	罗维素安定 ® － C®35	饲料级维生素	养殖动物	帝斯曼营养产品（法国）有限公司	2010.05	续展
		Vitamin	Rovimix®Stay–C®35	Vitamin Feed Grade	All Species or Categories of Animals	DSM Nutritional Products France SAS., France	2015.05	
	(2010) 外饲准字 141 号	维生素	罗维素 ®B²80 － SD	饲料级维生素	养殖动物	帝斯曼营养产品（法国）有限公司	2010.05	续展
		Vitamin	Rovimix®B_2 － SD	Vitamin Feed Grade	All species or categories of animals	DSM Nutritional Products France SAS., France	2015.05	
	(2010) 外饲准字 142 号	维生素	罗维素 ®A 500 WS	饲料级维生素	养殖动物	帝斯曼营养产品（法国）有限公司	2010.05	续展
		Vitamin	Rovimix ®A 500 WS	Vitamin Feed Grade	All species or categories of animals	DSM Nutritional Products France SAS., France	2015.05	
	(2010) 外饲准字 143 号	维生素	罗维素 ®E 50 SD	饲料级维生素	养殖动物	帝斯曼营养产品（法国）有限公司	2010.05	续展
		Vitamin	Rovimix ® E 50 SD	Vitamin Feed Grade	All species or categories of animals	DSM Nutritional Products France SAS., France	2015.05	
	(2010) 外饲准字 144 号	维生素	罗维素 ® 叶酸 80 SD	饲料级维生素	养殖动物	帝斯曼营养产品（法国）有限公司	2010.05	续展
		Vitamin	Rovimix ®Folic 80 SD	Vitamin Feed Grade	All species or categories of animals	DSM Nutritional Products France SAS., France	2015.05	
	(2010) 外饲准字 145 号	维生素	罗维素 ®C–EC	饲料级维生素	养殖动物	帝斯曼营养产品（英国）有限公司	2010.05	续展
		Vitamin	Rovimix ®C–EC	Vitamin Feed Grade	All species or categories of animals	DSM Nutritional Products (UK)Limited., United Kingdom	2015.05	

（续）

国家	登记证号	通用名称	商品名称	产品类别	使用范围	生产厂家	有效期限	备注
法国	(2010) 外饲准字 146 号	维生素	罗维素 ® 泛酸钙	饲料级维生素	养殖动物	帝斯曼营养产品（英国）有限公司	2010.05	续展
		Vitamin	Rovimix ®Calpan	Vitamin Feed Grade	All species or categories of animals	DSM Nutritional Products (UK)Limited., United Kingdom	2015.05	
	(2010) 外饲准字 148 号	L－色氨酸	饲料级 98%L－色氨酸	饲料级氨基酸	养殖动物	味之素（法国）公司	2010.05	续展
		L–Tryptophan 98% Feed Grade	L– Tryptophan 98% Feed Grade	Feed Grade Amino Acids	All species or categories of animals	Ajinomoto Eurolysine S.A.S., France	2015.05	
	(2010) 外饲准字 181 号	低蛋白乳清粉	低蛋白乳清粉	能量饲料	反刍动物	H.C.I. 奶酪公司	2010.06	
		whey permeate powder	Free Flowing Whey Permeate	Energy Feed	Ruminant	Herbignac Cheese Ingredients, France	2015.06	
	(2010) 外饲准字 285 号	代乳粉	获得易	蛋白质饲料	犊牛	法国宝莱蛋白公司	2010.09	续展
		Milkreplacer for Calves	Vodor One	Protein Feed	Calves	Bonilait Proteins, France	2015.09	
	(2011) 外饲准字 003 号	乳清粉、乳清蛋白和棕榈油	美可思代乳粉 21/11	配合饲料	小牛	法国 MG2MIX 公司	2011.01–	
		Whey Powder, Whey Protein Concentrate, Palm Oil	MIXCALF 21/11	Compound Feed	Calf	MG2MIX, France	2016.01	
	(2011) 外饲准字 287 号	膨润土－蒙脱石 Bentonite–Montmorillonite	速霉清 Captura TM Smectagri	饲料添加剂 Feed Additive	养殖动物 All Species or Categories of Animals	法国 S&B Industrial Minerals S.A.R.L 公司 S&B Industrial Minerals S.A.R.L., France	2011.09–2016.09	
	(2011) 外饲准字 287 号	膨润土－蒙脱石	速霉清	饲料添加剂	养殖动物	法国 S&B Industrial Minerals S.A.R.L 公司	2011.09–2016.09	
		Bentonite–Montmorillonite	CapturaTM Smectagri	Feed Additive	All Species or Categories of Animals	S&B Industrial Minerals S.A.R.L., France		

（续）

国家	登记证号	通用名称	商品名称	产品类别	使用范围	生产厂家	有效期限	备注
法国	(2012) 外饲准字 063 号	酿酒酵母	百福菌	微生物饲料添加剂	养殖动物	法国乐施福工业公司	2012.02–2017.02	续展
		Saccharomyces cerevisiae	Actisaf R Sc47	Microbial Feed Additive	All species or categories of animals	Societe Industrielle Lesaffre, France		
	(2012) 外饲准字 190 号	甘露寡糖	赛福寡糖	饲料添加剂	养殖动物	法国乐斯福集团 Biospringer 生物技术公司	2012.05–2017.05	
		Manno–oligosaccharides	SAFMANNAN	Feed Additive	All species or categories of animals	Biospringer, France–Lesaffre Group		
	(2012) 外饲准字 246 号	植物乳杆菌 Lactobacillus plantarum	鲜得利 ®CL	微生物饲料添加剂	牧草青贮	法国拉曼股份公司	2012.07–2017.07	
		乳酸片球菌 Pediococcus acidilactici	LALSIL®CL	Microbial Feed Additive	Forage Preservation	Lallemand S.A.S., France		
	(2012) 外饲准字 261 号	犊牛代乳粉	嘉康利	配合饲料	犊牛	法国雷提耶 – 弗洛米乳业公司	2012.07–2017.07	
		Calf Milk Replacer	Elevage Extra	Compound Feed	Calf	Societe Laitiere de Retiers, France		
	(2012) 外饲准字 262 号	犊牛代乳粉	优加	配合饲料	犊牛	法国雷提耶 – 弗洛米乳业公司	2012.07–2017.07	
		Calf Milk Replacer	Calfilac	Compound Feed	Calf	Societe Laitiere de Retiers, France		
	(2012) 外饲准字 326 号	DL– 蛋氨酸	罗迪美 ® NP99	饲料级氨基酸	养殖动物	安迪苏法国公司 ROR 工厂	2012.09–2017.09	
		DL–Methionine	Rhodimet ® NP99	Amino Acid Feed Additive	All species or categories of animals	Adisseo France S.A.S., Plant ROR, France		
	(2012) 外饲准字 327 号	维生素 A 醋酸酯	麦可维 ®A 水分散型 500	饲料级维生素	养殖动物	安迪苏法国公司	2012.09–2017.09	
		Vitamin A Acetate	Microvi® A Prosol 500	Vitamin Feed Grade	All species or categories of animals	Adisseo France S.A.S., France		

（续）

国家	登记证号	通用名称	商品名称	产品类别	使用范围	生产厂家	有效期限	备注
法国	(2012) 外饲准字 328 号	维生素 A 醋酸酯 Vitamin A Acetate	麦可维 ®A 超性能 1000 Microvi®A Supra 1000	饲料级维生素 Vitamin Feed Grade	养殖动物 All species or categories of animals	安迪苏法国公司 Adisseo France S.A.S., France	2012.09–2017.09	续展
	(2012) 外饲准字 348 号	DL– 蛋氨酸 DL–Methionine	罗迪美 ® NP99 Rhodimet ® NP99	饲料级氨基酸 Amino Acid Feed Additive	养殖动物 All species or categories of animals	安迪苏法国公司 Commentry 工厂 Adisseo France S.A.S., Plant Commentry, France	2012.09–2017.09	
	(2012) 外饲准字 353 号	d– 柠檬烯和香芹酚 D–Limonene, Carvacrol	奥利欧（反刍专用）常规型 LX 185 P4 Oleobiotec® Ruminant LX 185 P4	饲料香味剂 Feed Flavouring Enhancement	反刍动物 Ruminant	法国馥蒂公司 Laboratoires Phode S.A.S., France	2012.10–2017.10	
	(2012) 外饲准字 354 号	d– 柠檬烯，大茴香脑和香芹酚 D–Limonene, Trans–anethole Carvacrol	奥利欧（反刍专用）ns LX 185 P12 Oleobiotec® Ruminant ns LX 185 P12	饲料香味剂 Feed Flavouring Enhancement	反刍动物 Ruminant	法国馥蒂公司 Laboratoires Phode S.A.S., France	2012.10–2017.10	
	(2012) 外饲准字 402 号	维生素 A、维生素 E，大蒜素和谷氨酸钠 VA,VE, Garlic Oil and Sodium Glutamate	补乐健 Promotor	添加剂预混合饲料 Additive Premix	猪、家禽和牛 Swine Poultry and Cattle	法国阿缇蒙公司 Artimomn, France	2012.10–2017.10	续展

（续）

国家	登记证号	通用名称	商品名称	产品类别	使用范围	生产厂家	有效期限	备注
法国	(2012) 外饲准字 405 号	羟基蛋氨酸钙 Methionine Hydroxy Calcium	罗迪美 ® 钙盐 A Rhodimet® A–Dry	矿物质饲料添加剂 Mineral Feed Additive	养殖动物 All species or categories of animals	法国 Innocaps 公司 Innocaps Company Limited, France	2012.11–2017.11	
	(2012) 外饲准字 437 号	维生素 D3 VD3	罗维素 ® D3 500 Rovimix® D3 500	饲料级维生素 Vitamin Feed Grade	养殖动物 All species or categories of animals	帝斯曼营养产品法国有限公司 DSM Nutritional Products France SAS, France	2012.11–2017.11	续展
	(2012) 外饲准字 441 号	维生素 E Vitamin E	维生素 E® 混合型 50 Microvit® E Promix	饲料级维生素 Vitamin Feed Grade	养殖动物 All species or categories of animals	安迪苏法国公司 Rue Marcel Lingot, France	2012.11–2017.11	续展
	(2012) 外饲准字 442 号	蛋氨酸羟基类似物 Methionine Hydroxy Analogue	粉状美斯特 ® 蛋氨酸羟基类似物 MetaSmart®	饲料级氨基酸 Amino Acid Feed Grade	奶牛 Cow	安迪苏法国公司 Rue Marcel Lingot, France	2012.11–2017.11	续展
	(2013) 外饲准字 008 号	苯甲醇，异戊酸甲酯 Benzyl Alcohol, Methy Isovalerate	饮乐宝 S80 P2 Sa Cristal Mask Amertume ws S 80 P2 Sa	饲料调味剂 Feed Flavoring Agent	养殖动物 All species or categories of animals	法国馥蒂公司 Laboratoires Phode S.A.S., France	2013.01–2018.01	
	(2013) 外饲准字 016 号	维生素 B_{12} Vitamin B_{12}	维生素 B_{12} 1% 饲料级 Vitamin B_{12} 1% Feed Grade	饲料级维生素 Vitamin Feed Grade	养殖动物 All species or categories of animals	法国赛诺菲公司 Sanofi Chimie, France	2013.01–2018.01	

（续）

国家	登记证号	通用名称	商品名称	产品类别	使用范围	生产厂家	有效期限	备注
法国	(2013) 外饲准字 024 号	碳酸钴和烟酰胺 Cobalt carbonate and Nicotinamid	可力可利颗粒 Glyco-line -pellet	添加剂预混合饲料 Additive Premix	牛和绵羊 Cattle and Sheep	法国 Vitalac 公司 Vitalac, France	2013.01-2018.01	
法国	(2013) 外饲准字 025 号	硫酸钴和烟酰胺 Cobalt sulphate and Nicotinamid	可力可利液体 Liquid Glyco-line	添加剂预混合饲料 Additive Premix	奶牛 Milk Cattle	法国 Vitalac 公司 Vitalac, France	2013.01-2018.01	
法国	(2013) 外饲准字 147 号	生物素 Biotin	罗维素 R 生物素 HP RovimixR Biotin HP	饲料级维生素 Vitamin Feed Grade	养殖动物 All species or categories of animals	帝斯曼营养产品法国有限公司 DSM Nutritional Products France SAS, France	2013.03-2018.03	续展登记
法国	(2013) 外饲准字 237 号	食品用香料 Food Flavoring Agent	莫兰甜（代号-C61-2025) Molasweet Code C61-2025	饲料香味剂 Feed Flavoring Enhancement	养殖动物 All Species or Categories of Animals	潘可士玛法国公司 Pancosma France S.A.S., France	2013.07-2018.07	
挪威	(2012) 外饲准字 249 号	木质素磺酸钙盐 Calcium Lignosulphonate	木质素磺酸钙盐 PellTech	饲料粘结剂 Feed Binder	畜禽 Livestock, Poultry	挪威鲍利葛工业有限公司 Borregaard Ligno Tech Ltd, Norway	2012.07-2017.07	
匈牙利	(2011) 外饲准字 205 号	L－苏氨酸 L-Threonine	饲料级 L－苏氨酸 L-Threonine Feed Grade	饲料级氨基酸 Amino Acid Feed Grade	养殖动物 All Species or Categories of Animals	匈牙利 Evonik Agroferm Zrt. 公司 Evonik Agroferm Zrt., Hungary	2011.07-2016.07	

（续）

国家	登记证号	通用名称	商品名称	产品类别	使用范围	生产厂家	有效期限	备注
斯洛伐克	(2006) 外饲准字 194 号	L- 苏氨酸 L-Threonine	饲料级 L- 苏氨酸 L-Threonine Feed Grade	饲料级氨基酸 Amino Acid Feed Grade	所有动物 All animal	斯洛伐克斐尔玛斯公司 Fermas, spol. s.r.o., Slovakia	2006.11–2011.11	续展登记
斯洛伐克	(2008) 外饲准字 052 号	L- 色氨酸 L-Tryptophan	饲料级 L- 色氨酸 L-Tryptophan Feed Grade	饲料级氨基酸 Amino Acid Feed Grade	所有动物 All animal	斯洛伐克斐尔玛斯公司 Fermas, spol. s.r.o., Slovakia	2008.03–2013.03	
希腊	(2012) 外饲准字 324 号	希腊牛至油粉 Greek Essential Origanum Oil Powder	保比粉 5% Ecodiar Powder 5%	饲料香味剂 Feed Flavouring Enhancement	猪、牛和家禽 Swine, Cattle and Poultry	希腊 – 依可发公司 Ecopharm Hellas S.A., Greece	2012.09–2017.09	
希腊	(2012) 外饲准字 325 号	希腊牛至油液 Greek Essential Origanum Oil	保比液 5% Ecodiar Liquid 5%	饲料香味剂 Feed Flavouring Enhancement	猪、牛和家禽 Swine, Cattle and Poultry	希腊 – 依可发公司 Ecopharm Hellas S.A., Greece	2012.09–2017.09	
斯洛文尼亚	(2012) 外饲准字 453 号	美国栗树叶提取物 Chestnut Leaves Extract	福美酚 Farmatan LE	饲料香味剂 Feed Flavoring Enhancement	养殖动物 All species or categories of animals	斯洛文尼亚天菱有限公司 Tanin Sevnica D.D., Slovenija	2012.11–2017.11	
瑞典	(2013) 外饲准字 183 号	聚乙二醇甘油蓖麻酸脂 Glyceryl Polyethylenglycol Ricinoleate	布利多 683 Bredol 683	饲料添加剂 Feed Additive	猪 Swine 乳牛 Calf 羔羊 Lamb	瑞典阿克苏诺贝尔表面化学有限公司 Akzo Nobel Surface Chemistry AB, Sweden	2013.06–2018.06	

（续）

国家	登记证号	通用名称	商品名称	产品类别	使用范围	生产厂家	有效期限	备注
瑞典	(2013) 外饲准字184号	聚乙二醇甘油蓖麻酸脂 Glyceryl Polyethylenglycol Ricinoleate	布利多693 Bredol 693	饲料添加剂 Feed Additive	猪 Swine 乳牛 Calf 羔羊 Lamb	瑞典阿克苏诺贝尔表面化学有限公司 Akzo Nobel Surface Chemistry AB, Sweden	2013.06–2018.06	
	(2013) 外饲准字185号	聚乙二醇甘油蓖麻酸脂 Glyceryl Polyethylenglycol Ricinoleate	布利多694 Bredol 694	饲料添加剂 Feed Additive	猪 Swine 乳牛 Calf 羔羊 Lamb	瑞典阿克苏诺贝尔表面化学有限公司 Akzo Nobel Surface Chemistry AB, Sweden	2013.06–2018.06	
爱尔兰	(2013) 外饲准字348号	碳酸钙和氧化镁 Calcium Carbonate, Magnesium Oxide	爱胃宝 Acid Buf	饲料添加剂 Feed Additive	牛 Cattle 羊 Sheep 猪 Swine 家禽 Poultry	爱尔兰马里戈特有限公司 Marigo Ltd., Ireland	2013.10–2018.10	

2013年农业部畜禽标准化示范场名单—奶牛

北京

北京海华云都生态农业股份有限公司

天津

天津市凯润淡水养殖有限公司奶牛养殖场

河北

滦县新绿洲生态农业发展有限公司

石家庄三元佳奇农牧有限公司

武强县衡水赛科星澳源牧业有限公司

清苑县魏村镇诚信自然园奶牛养殖场

山西

银河畜牧发展有限公司

内蒙古

托克托县永和惠农牧场

土左旗犇腾牧业双号牧场

包头市久元牧业有限公司

黑龙江

黑河中兴牧业有限公司

齐齐哈尔市天圣牧场

北安市赵光镇宝成奶业专业合作社

双城市曹瑞畜牧发展有限公司

上海

上海申烨奶牛专业合作社

安徽

六安亿牛乳业有限公司

山东

山东佳源农牧科技发展有限公司

潍坊恒祥养殖有限公司

泰安市银燕乳业有限公司

东营市阳光庄园牧业有限责任公司

河南

济源市克井虎尾河奶牛养殖场

河南省达昌农牧业发展有限公司

湖北

黄冈伊利畜牧发展有限责任公司武穴分公司

现代牧业（通山）有限公司

湖北三满园乳业有限公司

广东

汕头经济特区澳士兰牧场有限公司

广西

广西皇氏甲天下乳业股份有限公司来宾分公司奶水牛场

广西壮族自治区畜牧研究所奶牛场

四川

西昌三牧乳业有限公司现代牧场

四川省阳平种牛场

宁夏

宁夏贺兰山奶业公司奶牛二分场

中宁县天宁牧业有限公司

贺兰中地种畜万头奶牛生态牧场

中卫市沐沙奶牛养殖场

新疆

呼图壁县兴丑奶牛养殖农民专业合作社

乌鲁木齐芦草瑾瑜畜牧农民专业合作社

畜牧养殖有限公司

新疆生产建设兵团

新疆兵团西部准噶尔牧业有限责任公司奶牛场

新疆兵团十二师104团畜牧连奶牛场

新疆兵团第一师五团奶牛三场

黑龙江省农垦

黑龙江省牡丹江农垦金沙奶牛养殖专业合作社

格球山农场现代奶牛养殖示范中心

2013年畜牧良种补贴项目入选种公牛站及种公牛数量汇总表

单位：头

编号	种公牛站	荷斯坦牛				乳肉兼用西门塔尔牛	娟姗牛	槟榔江水牛	尼里/拉菲水牛	摩拉水牛	牦牛	褐牛	三河牛	肉用西门塔尔牛	夏洛来牛	利木赞牛	安格斯牛	德国黄牛	和牛	皮埃蒙特牛	南德温牛	金黄阿奎登牛	短角牛	辽育白牛	延黄牛	夏南牛	秦川牛	延边牛	南阳牛	鲁西牛	郏县红牛	海子水牛	小计
		CPI1	CPI2	CPI3	GCPI																												
111	北京奶牛中心	46	13	7	23	11	2					4		7	5																		118
121	天津市奶牛发展中心	19	5	4	6									1																			35
131	河北品元畜禽育种有限公司	23	3		16									26	4	3																	75
132	秦皇岛全农精牛繁育有限公司	2	27	12										2																			43
133	亚达艾格威（唐山）畜牧有限公司			10	17																												27
141	山西鑫源良种繁育有限公司	5	11	5	6	2								16																			45
151	内蒙古天和荷斯坦牧业有限责任公司	18	20	5	4									5	4		4		5														65
152	通辽京缘种牛繁育有限责任公司													64	2																		66
153	海拉尔农牧场管理局家畜繁育指导站												25																				25
154	赤峰赛奥牧业技术服务有限公司													37	8																		45
155	内蒙古赛科星繁育生物技术股份有限公司		1	27	6		4							2					2														42
211	辽宁省牧经种牛繁育中心有限公司			5	1										10									16									32
221	长春新牧科技有限公司													36	1	2																	39
222	白城市翔牧肉奶牛中心				1	10								24	5		2																42
223	延边畜牧开发集团有限公司													4	1	4	3	1							8			26					47
224	四平市兴牛牧业服务有限公司													22	1																		23
231	黑龙江省博瑞遗传有限公司	25	8	2	21	20								19	3																		98
232	大庆市银螺乳业有限公司		9																														9
311	上海奶牛育种中心有限公司	31	11		32																												74
312	上海市肉牛育种中心有限公司																				33												33
321	徐州恒泰牧业发展有限公司													2	6	2																5	15
322	南京利农奶牛育种有限公司	2	9	3	1							5			2																	11	33

（续）

编号	种公牛站	荷斯坦牛				乳肉兼用西门塔尔牛	娟姗牛	槟榔江水牛	尼里/拉菲水牛	摩拉水牛	牦牛	褐牛	三河牛	肉用西门塔尔牛	夏洛来牛	利木赞牛	安格斯牛	德国黄牛	和牛	皮埃蒙特牛	南德温牛	金黄阿奎登牛	短角牛	辽育白牛	延黄牛	夏南牛	秦川牛	延边牛	南阳牛	鲁西牛	郏县红牛	海子水牛	小计
		CPI1	CPI2	CPI3	GCPI																												
341	安徽天达畜牧科技有限责任公司					3				2				9			5		11														30
361	江西省天添畜禽育种有限公司	1	2			4			2	4				18																			31
371	山东省种公牛站有限责任公司			3		21								15																6			45
373	山东奥克斯生物技术有限公司	28	17		18																												63
374	山东盛能奶牛胚胎工程有限公司		1	9	11									1			3																25
411	河南省鼎元种牛育种有限公司	28	4	5	14									49	13	4		4				1											122
412	许昌市夏昌种畜禽有限公司													2	9											8					6		25
413	南阳昌盛牛业有限公司													2	3	1		11		1									6				24
414	洛阳市洛瑞牧业有限公司			6	5	11								27	15	8	4																76
421	武汉兴牧生物科技有限公司						5	16	8	8				1	3																		41
431	湖南光大牧业科技有限公司									7				10			4																21
441	广州市奶牛研究所有限公司	1	3		1		10		1																								16
451	广西壮族自治区畜禽品种改良站								33	25																							58
511	成都汇丰动物育种有限公司			4		5	4							14																			27
531	云南恒翔家畜良种科技有限公司		2		1				9	18				10			3						5										48
532	大理五福畜禽良种有限责任公司		7	2	3				9	9				7									2										39
	西藏自治区当雄县牦牛冻精站										32																						32
611	陕西秦申金牛育种有限公司	10	3																								7						20
621	甘肃省家畜繁育中心					3																											3
631	青海省家畜改良中心	2	1			4					29																						36
641	宁夏四正生物工程技术研究中心（有限公司）	2	3	2	12									8	2	9																	38
651	新疆天山畜牧生物工程股份有限公司	23	11	6	16	29						17		20	6	5	7																140
	合计	266	171	117	215	123	25	16	62	73	61	26	25	460	103	38	35	16	18	1	33	1	7	16	8	8	7	26	6	6	6	16	1 991

2013年畜牧良种补贴项目乳用种公牛名单

（一）荷斯坦种公牛名单（CPI1）

序号	种公牛站	个体号	CPI1	外貌等级	冻精质量
1	北京奶牛中心	11106002	2168	特级	合格
2	北京奶牛中心	11106003	1572	特级	合格
3	北京奶牛中心	11104737	1544	特级	合格
4	北京奶牛中心	11102687	1339	特级	合格
5	北京奶牛中心	11105011	1310	特级	合格
6	北京奶牛中心	11101917	946	特级	合格
7	北京奶牛中心	11104296	916	特级	合格
8	北京奶牛中心	11101246	904	特级	合格
9	北京奶牛中心	11101906	863	特级	合格
10	北京奶牛中心	11101902**	732	特级	合格
11	北京奶牛中心	11102909**	643	特级	合格
12	北京奶牛中心	11104701	632	特级	合格
13	北京奶牛中心	11101680**	626	特级	合格
14	北京奶牛中心	11106006	614	特级	合格
15	北京奶牛中心	11106001	612	特级	合格
16	北京奶牛中心	11197024**	593	特级	合格
17	北京奶牛中心	11106005**	564	特级	合格
18	北京奶牛中心	11104070	561	特级	合格
19	北京奶牛中心	11101929	401	特级	合格
20	北京奶牛中心	11102390	396	特级	合格
21	北京奶牛中心	11104113	357	特级	合格
22	北京奶牛中心	11100260**	330	特级	合格
23	北京奶牛中心	11198381**	320	特级	合格
24	北京奶牛中心	11105007	304	特级	合格
25	北京奶牛中心	11197351**	281	特级	合格
26	北京奶牛中心	11104925	267	特级	合格
27	北京奶牛中心	11102008	262	特级	合格
28	北京奶牛中心	11104903**	251	特级	合格
29	北京奶牛中心	11106004	227	特级	合格
30	北京奶牛中心	11199000**	220	特级	合格

（续）

序号	种公牛站	个体号	CPI1	外貌等级	冻精质量
31	北京奶牛中心	11103543**	184	特级	合格
32	北京奶牛中心	11101922	183	特级	合格
33	北京奶牛中心	11102129	153	特级	合格
34	北京奶牛中心	11100829**	141	特级	合格
35	北京奶牛中心	11103828	139	特级	合格
36	北京奶牛中心	11104849	139	特级	合格
37	北京奶牛中心	11101682**	134	特级	合格
38	北京奶牛中心	11102921**	121	特级	合格
39	北京奶牛中心	11104114	107	特级	合格
40	北京奶牛中心	11197361**	95	特级	合格
41	北京奶牛中心	11104710	87	特级	合格
42	北京奶牛中心	11199821**	68	特级	合格
43	北京奶牛中心	11105013	53	特级	合格
44	北京奶牛中心	11197314**	49	一级	合格
45	北京奶牛中心	11102017**	48	特级	合格
46	北京奶牛中心	11196018**	41	特级	合格
47	天津市奶牛发展中心	12107227	2600	特级	合格
48	天津市奶牛发展中心	12105214	1896	特级	合格
49	天津市奶牛发展中心	12105210	1826	特级	合格
50	天津市奶牛发展中心	12105226	1443	特级	合格
51	天津市奶牛发展中心	12104196	1227	特级	合格
52	天津市奶牛发展中心	12103139**	982	特级	合格
53	天津市奶牛发展中心	12105215	960	特级	合格
54	天津市奶牛发展中心	12100554	793	特级	合格
55	天津市奶牛发展中心	12105216	650	一级	合格
56	天津市奶牛发展中心	12104188	585	特级	合格
57	天津市奶牛发展中心	12103157**	478	特级	合格
58	天津市奶牛发展中心	12104181	387	特级	合格
59	天津市奶牛发展中心	12101148**	379	特级	合格
60	天津市奶牛发展中心	12102128**	352	特级	合格
61	天津市奶牛发展中心	12101044**	202	特级	合格

（续）

序号	种公牛站	个体号	CPI1	外貌等级	冻精质量
62	天津市奶牛发展中心	12103172	198	特级	合格
63	天津市奶牛发展中心	12102170**	194	特级	合格
64	天津市奶牛发展中心	12101131	170	特级	合格
65	天津市奶牛发展中心	12104220**	59	特级	合格
66	河北品元畜禽育种有限公司	13104525	1935	特级	合格
67	河北品元畜禽育种有限公司	13105671	1725	特级	合格
68	河北品元畜禽育种有限公司	13103607	1352	特级	合格
69	河北品元畜禽育种有限公司	13104139	1345	特级	合格
70	河北品元畜禽育种有限公司	13104151	1307	特级	合格
71	河北品元畜禽育种有限公司	13104149	1290	特级	合格
72	河北品元畜禽育种有限公司	13107259	1148	特级	合格
73	河北品元畜禽育种有限公司	13103522	1061	特级	合格
74	河北品元畜禽育种有限公司	13104527	1024	一级	合格
75	河北品元畜禽育种有限公司	13105673	953	特级	合格
76	河北品元畜禽育种有限公司	13104143	911	特级	合格
77	河北品元畜禽育种有限公司	13101432**	814	一级	合格
78	河北品元畜禽育种有限公司	13105159	790	特级	合格
79	河北品元畜禽育种有限公司	13106623	689	特级	合格
80	河北品元畜禽育种有限公司	13104131	497	一级	合格
81	河北品元畜禽育种有限公司	13102602	377	一级	合格
82	河北品元畜禽育种有限公司	13104077	376	特级	合格
83	河北品元畜禽育种有限公司	13103610	244	特级	合格
84	河北品元畜禽育种有限公司	13101430**	189	特级	合格
85	河北品元畜禽育种有限公司	13104526	136	特级	合格
86	河北品元畜禽育种有限公司	13103030	54	一级	合格
87	河北品元畜禽育种有限公司	13106185	50	特级	合格
88	河北品元畜禽育种有限公司	13103025	47	特级	合格
89	秦皇岛全农精牛繁育有限公司	13203023**	76	一级	合格
90	秦皇岛全农精牛繁育有限公司	13202011	18	特级	合格
91	山西鑫源良种繁育有限公司	14102253**	673	特级	合格
92	山西鑫源良种繁育有限公司	14101477**	481	特级	合格

（续）

序号	种公牛站	个体号	CPI1	外貌等级	冻精质量
93	山西鑫源良种繁育有限公司	14104153	297	特级	合格
94	山西鑫源良种繁育有限公司	14104129	96	特级	合格
95	山西鑫源良种繁育有限公司	14104055	72	特级	合格
96	内蒙古天和荷斯坦牧业有限公司	15104184	1367	特级	合格
97	内蒙古天和荷斯坦牧业有限公司	15104448	1234	特级	合格
98	内蒙古天和荷斯坦牧业有限公司	15104429	858	一级	合格
99	内蒙古天和荷斯坦牧业有限公司	15104176	714	一级	合格
100	内蒙古天和荷斯坦牧业有限公司	15104432	475	一级	合格
101	内蒙古天和荷斯坦牧业有限公司	15104150	465	特级	合格
102	内蒙古天和荷斯坦牧业有限公司	15104426	461	一级	合格
103	内蒙古天和荷斯坦牧业有限公司	15105497	321	特级	合格
104	内蒙古天和荷斯坦牧业有限公司	15104188**	277	特级	合格
105	内蒙古天和荷斯坦牧业有限公司	15105144	270	特级	合格
106	内蒙古天和荷斯坦牧业有限公司	15105709**	214	特级	合格
107	内蒙古天和荷斯坦牧业有限公司	15104466	206	特级	合格
108	内蒙古天和荷斯坦牧业有限公司	15103197	156	特级	合格
109	内蒙古天和荷斯坦牧业有限公司	15104157	143	一级	合格
110	内蒙古天和荷斯坦牧业有限公司	15103416	110	特级	合格
111	内蒙古天和荷斯坦牧业有限公司	15104472**	86	一级	合格
112	内蒙古天和荷斯坦牧业有限公司	15103407**	62	特级	合格
113	内蒙古天和荷斯坦牧业有限公司	15104458	45	一级	合格
114	黑龙江省博瑞遗传有限公司	23107080	2717	特级	合格
115	黑龙江省博瑞遗传有限公司	23106002	1784	一级	合格
116	黑龙江省博瑞遗传有限公司	23103247**	1731	特级	合格
117	黑龙江省博瑞遗传有限公司	23104271	1697	特级	合格
118	黑龙江省博瑞遗传有限公司	23103228**	1597	一级	合格
119	黑龙江省博瑞遗传有限公司	23103229**	1583	特级	合格
120	黑龙江省博瑞遗传有限公司	23103238**	1470	特级	合格
121	黑龙江省博瑞遗传有限公司	23104263	1341	特级	合格
122	黑龙江省博瑞遗传有限公司	23105297	1341	特级	合格
123	黑龙江省博瑞遗传有限公司	23103227	1320	一级	合格

（续）

序号	种公牛站	个体号	CPI1	外貌等级	冻精质量
124	黑龙江省博瑞遗传有限公司	23103239**	1269	特级	合格
125	黑龙江省博瑞遗传有限公司	23105291	1183	特级	合格
126	黑龙江省博瑞遗传有限公司	23103232**	975	一级	合格
127	黑龙江省博瑞遗传有限公司	23107028	906	特级	合格
128	黑龙江省博瑞遗传有限公司	23107075	738	特级	合格
129	黑龙江省博瑞遗传有限公司	23105292	695	特级	合格
130	黑龙江省博瑞遗传有限公司	23106007	691	特级	合格
131	黑龙江省博瑞遗传有限公司	23103231**	557	特级	合格
132	黑龙江省博瑞遗传有限公司	23106004**	548	特级	合格
133	黑龙江省博瑞遗传有限公司	23106001	479	特级	合格
134	黑龙江省博瑞遗传有限公司	23107074	377	特级	合格
135	黑龙江省博瑞遗传有限公司	23104299	253	特级	合格
136	黑龙江省博瑞遗传有限公司	23103236**	211	特级	合格
137	黑龙江省博瑞遗传有限公司	23105296	209	一级	合格
138	黑龙江省博瑞遗传有限公司	23103250**	145	一级	合格
139	上海奶牛育种中心有限公司	31106500	1964	特级	合格
140	上海奶牛育种中心有限公司	31104482	1283	一级	合格
141	上海奶牛育种中心有限公司	31104444	1117	特级	合格
142	上海奶牛育种中心有限公司	31104493	1078	特级	合格
143	上海奶牛育种中心有限公司	31104488	1066	特级	合格
144	上海奶牛育种中心有限公司	31104460	797	特级	合格
145	上海奶牛育种中心有限公司	31104483	779	特级	合格
146	上海奶牛育种中心有限公司	31104163	689	特级	合格
147	上海奶牛育种中心有限公司	31104169	653	特级	合格
148	上海奶牛育种中心有限公司	31104485	615	特级	合格
149	上海奶牛育种中心有限公司	31104443	613	特级	合格
150	上海奶牛育种中心有限公司	31104464	594	特级	合格
151	上海奶牛育种中心有限公司	31104708	590	特级	合格
152	上海奶牛育种中心有限公司	31106131	545	特级	合格
153	上海奶牛育种中心有限公司	31106143**	480	特级	合格
154	上海奶牛育种中心有限公司	31104479	376	特级	合格

（续）

序号	种公牛站	个体号	CPI1	外貌等级	冻精质量
155	上海奶牛育种中心有限公司	31103404	368	特级	合格
156	上海奶牛育种中心有限公司	31104164**	334	特级	合格
157	上海奶牛育种中心有限公司	31104433	322	特级	合格
158	上海奶牛育种中心有限公司	31104180	292	特级	合格
159	上海奶牛育种中心有限公司	31104187	266	特级	合格
160	上海奶牛育种中心有限公司	31104161	212	特级	合格
161	上海奶牛育种中心有限公司	31104165**	174	一级	合格
162	上海奶牛育种中心有限公司	31104706**	171	一级	合格
163	上海奶牛育种中心有限公司	31101008**	131	特级	合格
164	上海奶牛育种中心有限公司	31104704**	119	特级	合格
165	上海奶牛育种中心有限公司	31101012**	92	特级	合格
166	上海奶牛育种中心有限公司	31103196	61	特级	合格
167	上海奶牛育种中心有限公司	31101002**	60	特级	合格
168	上海奶牛育种中心有限公司	31104702	51	特级	合格
169	上海奶牛育种中心有限公司	31104447	14	特级	合格
170	南京利农奶牛育种有限公司	32204487**	1007	特级	合格
171	南京利农奶牛育种有限公司	32204863**	276	特级	合格
172	江西省天添畜禽育种有限公司	36100452**	1241	一级	合格
173	山东奥克斯生物技术有限公司	37304014	2540	特级	合格
174	山东奥克斯生物技术有限公司	37307001	2133	特级	合格
175	山东奥克斯生物技术有限公司	37304004	2091	特级	合格
176	山东奥克斯生物技术有限公司	37307018**	1834	特级	合格
177	山东奥克斯生物技术有限公司	37307019**	1689	一级	合格
178	山东奥克斯生物技术有限公司	37306003	1663	一级	合格
179	山东奥克斯生物技术有限公司	37304013	1610	特级	合格
180	山东奥克斯生物技术有限公司	37306001	1426	特级	合格
181	山东奥克斯生物技术有限公司	37306004	1332	特级	合格
182	山东奥克斯生物技术有限公司	37304017	1315	一级	合格
183	山东奥克斯生物技术有限公司	37303028**	1298	特级	合格
184	山东奥克斯生物技术有限公司	37307016	1031	一级	合格
185	山东奥克斯生物技术有限公司	37306002**	1023	一级	合格

（续）

序号	种公牛站	个体号	CPI1	外貌等级	冻精质量
186	山东奥克斯生物技术有限公司	37303032**	1013	特级	合格
187	山东奥克斯生物技术有限公司	37307017**	897	特级	合格
188	山东奥克斯生物技术有限公司	37304003	836	特级	合格
189	山东奥克斯生物技术有限公司	37304012	710	特级	合格
190	山东奥克斯生物技术有限公司	37398001	670	特级	合格
191	山东奥克斯生物技术有限公司	37303005	600	特级	合格
192	山东奥克斯生物技术有限公司	37304018	544	特级	合格
193	山东奥克斯生物技术有限公司	37304010**	528	特级	合格
194	山东奥克斯生物技术有限公司	37307015**	442	一级	合格
195	山东奥克斯生物技术有限公司	37304019	415	一级	合格
196	山东奥克斯生物技术有限公司	37304005	280	特级	合格
197	山东奥克斯生物技术有限公司	37304016	271	特级	合格
198	山东奥克斯生物技术有限公司	37303027**	245	特级	合格
199	山东奥克斯生物技术有限公司	37307026**	212	特级	合格
200	山东奥克斯生物技术有限公司	37303030**	19	特级	合格
201	河南省鼎元种牛育种有限公司	41106868	1829	特级	合格
202	河南省鼎元种牛育种有限公司	41105807**	1577	特级	合格
203	河南省鼎元种牛育种有限公司	41104818	1531	特级	合格
204	河南省鼎元种牛育种有限公司	41100803**	1351	特级	合格
205	河南省鼎元种牛育种有限公司	41107821	1307	特级	合格
206	河南省鼎元种牛育种有限公司	41106823	1255	特级	合格
207	河南省鼎元种牛育种有限公司	41107855	1072	特级	合格
208	河南省鼎元种牛育种有限公司	41106815	1036	特级	合格
209	河南省鼎元种牛育种有限公司	41104836	989	特级	合格
210	河南省鼎元种牛育种有限公司	41107854	939	特级	合格
211	河南省鼎元种牛育种有限公司	41104841**	894	一级	合格
212	河南省鼎元种牛育种有限公司	41107851	867	特级	合格
213	河南省鼎元种牛育种有限公司	41105132	772	特级	合格
214	河南省鼎元种牛育种有限公司	41100801**	768	特级	合格
215	河南省鼎元种牛育种有限公司	41104842**	724	一级	合格
216	河南省鼎元种牛育种有限公司	41103875**	618	一级	合格

（续）

序号	种公牛站	个体号	CPI1	外貌等级	冻精质量
217	河南省鼎元种牛育种有限公司	41105826**	543	特级	合格
218	河南省鼎元种牛育种有限公司	41105859	530	特级	合格
219	河南省鼎元种牛育种有限公司	41107853	509	特级	合格
220	河南省鼎元种牛育种有限公司	41107822	497	特级	合格
221	河南省鼎元种牛育种有限公司	41107832	492	一级	合格
222	河南省鼎元种牛育种有限公司	41106866	476	特级	合格
223	河南省鼎元种牛育种有限公司	41107835	275	一级	合格
224	河南省鼎元种牛育种有限公司	41103817**	257	一级	合格
225	河南省鼎元种牛育种有限公司	41107830	240	特级	合格
226	河南省鼎元种牛育种有限公司	41100802**	216	特级	合格
227	河南省鼎元种牛育种有限公司	41105126**	178	一级	合格
228	河南省鼎元种牛育种有限公司	41104805**	12	特级	合格
229	广州市奶牛研究所有限公司	44102027**	581	特级	合格
230	陕西秦申金牛育种有限公司	61104487	965	特级	合格
231	陕西秦申金牛育种有限公司	61104441**	936	一级	合格
232	陕西秦申金牛育种有限公司	61106506	758	特级	合格
233	陕西秦申金牛育种有限公司	61104170	622	一级	合格
234	陕西秦申金牛育种有限公司	61104152	429	特级	合格
235	陕西秦申金牛育种有限公司	61106129	320	一级	合格
236	陕西秦申金牛育种有限公司	61104430	272	特级	合格
237	陕西秦申金牛育种有限公司	61104153	203	特级	合格
238	陕西秦申金牛育种有限公司	61104449	145	特级	合格
239	陕西秦申金牛育种有限公司	61106125**	15	特级	合格
240	青海省家畜改良中心	63105008	1208	特级	合格
241	青海省家畜改良中心	63105012	877	特级	合格
242	宁夏四正生物工程技术研究中心（有限公司）	64102305	78	一级	合格
243	宁夏四正生物工程技术研究中心（有限公司）	64102309	33	一级	合格
244	新疆天山畜牧生物工程股份有限公司	65106010	1795	特级	合格
245	新疆天山畜牧生物工程股份有限公司	65106008	1697	特级	合格
246	新疆天山畜牧生物工程股份有限公司	65106009	1635	一级	合格

（续）

序号	种公牛站	个体号	CPI1	外貌等级	冻精质量
247	新疆天山畜牧生物工程股份有限公司	65106033	1562	特级	合格
248	新疆天山畜牧生物工程股份有限公司	65107018	1398	特级	合格
249	新疆天山畜牧生物工程股份有限公司	65107016	1373	特级	合格
250	新疆天山畜牧生物工程股份有限公司	65107038	1343	一级	合格
251	新疆天山畜牧生物工程股份有限公司	65106034	1331	特级	合格
252	新疆天山畜牧生物工程股份有限公司	65106035	1278	特级	合格
253	新疆天山畜牧生物工程股份有限公司	65105006	1257	特级	合格
254	新疆天山畜牧生物工程股份有限公司	65107017	1226	特级	合格
255	新疆天山畜牧生物工程股份有限公司	65106032**	1161	特级	合格
256	新疆天山畜牧生物工程股份有限公司	65104063**	1152	特级	合格
257	新疆天山畜牧生物工程股份有限公司	65107013**	1150	一级	合格
258	新疆天山畜牧生物工程股份有限公司	65107037	945	特级	合格
259	新疆天山畜牧生物工程股份有限公司	65107036	943	特级	合格
260	新疆天山畜牧生物工程股份有限公司	65107019	800	特级	合格
261	新疆天山畜牧生物工程股份有限公司	65105002	737	特级	合格
262	新疆天山畜牧生物工程股份有限公司	65104071	663	特级	合格
263	新疆天山畜牧生物工程股份有限公司	65105004	617	特级	合格
264	新疆天山畜牧生物工程股份有限公司	65102967**	525	特级	合格
265	新疆天山畜牧生物工程股份有限公司	65104145**	379	特级	合格
266	新疆天山畜牧生物工程股份有限公司	65105003	126	特级	合格

注：标“**”的，为不在群验证牛。

（二）荷斯坦种公牛名单（CPI2）

序号	种公牛站	个体号	CPI2	外貌等级	冻精质量
1	北京奶牛中心	11103474	1707	特级	合格
2	北京奶牛中心	11104137	907	特级	合格
3	北京奶牛中心	11102716**	784	特级	合格
4	北京奶牛中心	11104882**	610	一级	合格
5	北京奶牛中心	11108560	560	特级	合格
6	北京奶牛中心	11102691	494	特级	合格
7	北京奶牛中心	11104738**	484	特级	合格
8	北京奶牛中心	11103838	462	特级	合格
9	北京奶牛中心	11104928**	437	特级	合格
10	北京奶牛中心	11104103**	274	特级	合格
11	北京奶牛中心	11102430	215	特级	合格
12	北京奶牛中心	11104943**	117	一级	合格
13	北京奶牛中心	11108541	6	特级	合格
14	天津市奶牛发展中心	12103162**	445	一级	合格
15	天津市奶牛发展中心	12196031**	387	特级	合格
16	天津市奶牛发展中心	12100124**	352	特级	合格
17	天津市奶牛发展中心	12102136**	269	特级	合格
18	天津市奶牛发展中心	12102150**	219	特级	合格
19	河北品元畜禽育种有限公司	13107007	645	特级	合格
20	河北品元畜禽育种有限公司	13107023	390	特级	合格
21	河北品元畜禽育种有限公司	13107035	166	特级	合格
22	秦皇岛全农精牛繁育有限公司	13203038	1456	一级	合格
23	秦皇岛全农精牛繁育有限公司	13203057**	1150	一级	合格
24	秦皇岛全农精牛繁育有限公司	13203017	1057	特级	合格
25	秦皇岛全农精牛繁育有限公司	13205128	970	特级	合格
26	秦皇岛全农精牛繁育有限公司	13203021	939	特级	合格
27	秦皇岛全农精牛繁育有限公司	13205130	848	特级	合格
28	秦皇岛全农精牛繁育有限公司	13202010	821	特级	合格
29	秦皇岛全农精牛繁育有限公司	13204106	721	特级	合格
30	秦皇岛全农精牛繁育有限公司	13205120	648	特级	合格

（续）

序号	种公牛站	个体号	CPI2	外貌等级	冻精质量
31	秦皇岛全农精牛繁育有限公司	13203034**	613	特级	合格
32	秦皇岛全农精牛繁育有限公司	13204109**	597	特级	合格
33	秦皇岛全农精牛繁育有限公司	13204084	533	特级	合格
34	秦皇岛全农精牛繁育有限公司	13205129**	512	特级	合格
35	秦皇岛全农精牛繁育有限公司	13205116**	468	一级	合格
36	秦皇岛全农精牛繁育有限公司	13203050	362	特级	合格
37	秦皇岛全农精牛繁育有限公司	13205115**	346	特级	合格
38	秦皇岛全农精牛繁育有限公司	13205112**	275	一级	合格
39	秦皇岛全农精牛繁育有限公司	13204111	243	一级	合格
40	秦皇岛全农精牛繁育有限公司	13203055**	203	特级	合格
41	秦皇岛全农精牛繁育有限公司	13204063	179	特级	合格
42	秦皇岛全农精牛繁育有限公司	13205119	173	特级	合格
43	秦皇岛全农精牛繁育有限公司	13204105	156	一级	合格
44	秦皇岛全农精牛繁育有限公司	13204076**	126	特级	合格
45	秦皇岛全农精牛繁育有限公司	13204108**	123	一级	合格
46	秦皇岛全农精牛繁育有限公司	13203039	63	特级	合格
47	秦皇岛全农精牛繁育有限公司	13204081	46	特级	合格
48	秦皇岛全农精牛繁育有限公司	13204100	38	特级	合格
49	山西鑫源良种繁育有限公司	14104023**	822	一级	合格
50	山西鑫源良种繁育有限公司	14101415**	482	特级	合格
51	山西鑫源良种繁育有限公司	14104133**	480	特级	合格
52	山西鑫源良种繁育有限公司	14104041**	433	特级	合格
53	山西鑫源良种繁育有限公司	14104083**	375	特级	合格
54	山西鑫源良种繁育有限公司	14104406	307	特级	合格
55	山西鑫源良种繁育有限公司	14100129**	78	特级	合格
56	山西鑫源良种繁育有限公司	14101441**	48	特级	合格
57	山西鑫源良种繁育有限公司	14104103**	28	特级	合格
58	山西鑫源良种繁育有限公司	14103125**	20	特级	合格
59	山西鑫源良种繁育有限公司	14104047**	4	特级	合格
60	内蒙古天和荷斯坦牧业有限公司	15104474	931	一级	合格
61	内蒙古天和荷斯坦牧业有限公司	15106028**	873	一级	合格

（续）

序号	种公牛站	个体号	CPI2	外貌等级	冻精质量
62	内蒙古天和荷斯坦牧业有限公司	15104427	791	一级	合格
63	内蒙古天和荷斯坦牧业有限公司	15104437**	740	特级	合格
64	内蒙古天和荷斯坦牧业有限公司	15106121	730	特级	合格
65	内蒙古天和荷斯坦牧业有限公司	15104435**	584	一级	合格
66	内蒙古天和荷斯坦牧业有限公司	15106017	398	特级	合格
67	内蒙古天和荷斯坦牧业有限公司	15104470**	383	特级	合格
68	内蒙古天和荷斯坦牧业有限公司	15104168	381	一级	合格
69	内蒙古天和荷斯坦牧业有限公司	15108103	355	特级	合格
70	内蒙古天和荷斯坦牧业有限公司	15106504	256	特级	合格
71	内蒙古天和荷斯坦牧业有限公司	15106120	250	特级	合格
72	内蒙古天和荷斯坦牧业有限公司	15105711	171	特级	合格
73	内蒙古天和荷斯坦牧业有限公司	15106030	160	特级	合格
74	内蒙古天和荷斯坦牧业有限公司	15108514	119	特级	合格
75	内蒙古天和荷斯坦牧业有限公司	15104166**	91	特级	合格
76	内蒙古天和荷斯坦牧业有限公司	15104167	58	特级	合格
77	内蒙古天和荷斯坦牧业有限公司	15106026	38	特级	合格
78	内蒙古天和荷斯坦牧业有限公司	15105710**	31	特级	合格
79	内蒙古天和荷斯坦牧业有限公司	15106127	20	特级	合格
80	内蒙古赛科星繁育生物技术股份有限公司	15504748	580	特级	合格
81	黑龙江省博瑞遗传有限公司	23104269**	1412	特级	合格
82	黑龙江省博瑞遗传有限公司	23103246**	1139	一级	合格
83	黑龙江省博瑞遗传有限公司	23106064	1128	特级	合格
84	黑龙江省博瑞遗传有限公司	23104265**	918	一级	合格
85	黑龙江省博瑞遗传有限公司	23106020	590	特级	合格
86	黑龙江省博瑞遗传有限公司	23107049	519	特级	合格
87	黑龙江省博瑞遗传有限公司	23107041	503	特级	合格
88	黑龙江省博瑞遗传有限公司	23106022	27	特级	合格
89	大庆市银螺乳业有限公司	23206072	420	特级	合格
90	大庆市银螺乳业有限公司	23206042	372	特级	合格
91	大庆市银螺乳业有限公司	23206070	226	特级	合格
92	大庆市银螺乳业有限公司	23206060	163	特级	合格

（续）

序号	种公牛站	个体号	CPI2	外貌等级	冻精质量
93	大庆市银螺乳业有限公司	23206035	70	特级	合格
94	大庆市银螺乳业有限公司	23206067	45	特级	合格
95	大庆市银螺乳业有限公司	23207007	41	特级	合格
96	大庆市银螺乳业有限公司	23206032	19	特级	合格
97	大庆市银螺乳业有限公司	23206092	8	一级	合格
98	上海奶牛育种中心有限公司	31106123**	1647	一级	合格
99	上海奶牛育种中心有限公司	31104158	1119	特级	合格
100	上海奶牛育种中心有限公司	31106118**	809	特级	合格
101	上海奶牛育种中心有限公司	31106509	623	特级	合格
102	上海奶牛育种中心有限公司	31106140	489	特级	合格
103	上海奶牛育种中心有限公司	31106141**	429	一级	合格
104	上海奶牛育种中心有限公司	31108107	347	一级	合格
105	上海奶牛育种中心有限公司	31105713	342	特级	合格
106	上海奶牛育种中心有限公司	31106502**	208	特级	合格
107	上海奶牛育种中心有限公司	31107117**	141	特级	合格
108	上海奶牛育种中心有限公司	31104473	71	特级	合格
109	南京利农奶牛育种有限公司	32206015**	1229	特级	合格
110	南京利农奶牛育种有限公司	32207023	1159	特级	合格
111	南京利农奶牛育种有限公司	32204060	688	特级	合格
112	南京利农奶牛育种有限公司	32204852**	683	特级	合格
113	南京利农奶牛育种有限公司	32204002**	644	特级	合格
114	南京利农奶牛育种有限公司	32207078	548	特级	合格
115	南京利农奶牛育种有限公司	32204067**	447	特级	合格
116	南京利农奶牛育种有限公司	32203482	408	特级	合格
117	南京利农奶牛育种有限公司	32204003	220	一级	合格
118	江西省天添畜禽育种有限公司	36105819**	469	一级	合格
119	江西省天添畜禽育种有限公司	36100112**	293	一级	合格
120	山东奥克斯生物技术有限公司	37304006	1735	特级	合格
121	山东奥克斯生物技术有限公司	37303022**	918	特级	合格
122	山东奥克斯生物技术有限公司	37304002	811	一级	合格
123	山东奥克斯生物技术有限公司	37302001**	795	一级	合格

（续）

序号	种公牛站	个体号	CPI2	外貌等级	冻精质量
124	山东奥克斯生物技术有限公司	37303001**	725	特级	合格
125	山东奥克斯生物技术有限公司	37303009	662	一级	合格
126	山东奥克斯生物技术有限公司	37303023	613	特级	合格
127	山东奥克斯生物技术有限公司	37302006**	541	一级	合格
128	山东奥克斯生物技术有限公司	37303002**	525	一级	合格
129	山东奥克斯生物技术有限公司	37303017	461	特级	合格
130	山东奥克斯生物技术有限公司	37303011	423	特级	合格
131	山东奥克斯生物技术有限公司	37302002**	368	特级	合格
132	山东奥克斯生物技术有限公司	37302010**	307	特级	合格
133	山东奥克斯生物技术有限公司	37303012**	159	特级	合格
134	山东奥克斯生物技术有限公司	37303010	146	特级	合格
135	山东奥克斯生物技术有限公司	37303021**	113	特级	合格
136	山东奥克斯生物技术有限公司	37302004	57	特级	合格
137	山东盛能奶牛胚胎工程有限公司	37405037	347	一级	合格
138	河南省鼎元种牛育种有限公司	41104803**	929	特级	合格
139	河南省鼎元种牛育种有限公司	41102004**	458	一级	合格
140	河南省鼎元种牛育种有限公司	41104835	457	特级	合格
141	河南省鼎元种牛育种有限公司	41103828**	201	特级	合格
142	广州市奶牛研究所有限公司	44102032**	862	特级	合格
143	广州市奶牛研究所有限公司	44102028	646	特级	合格
144	广州市奶牛研究所有限公司	44102026	409	特级	合格
145	云南恒翔家畜良种科技有限公司	53100136	2442	特级	合格
146	云南恒翔家畜良种科技有限公司	53104158**	891	特级	合格
147	大理五福畜禽良种有限责任公司	53206068	1445	特级	合格
148	大理五福畜禽良种有限责任公司	53207075**	706	特级	合格
149	大理五福畜禽良种有限责任公司	53201031	551	特级	合格
150	大理五福畜禽良种有限责任公司	53206067**	226	特级	合格
151	大理五福畜禽良种有限责任公司	53207074**	211	特级	合格
152	大理五福畜禽良种有限责任公司	53206066	131	特级	合格
153	大理五福畜禽良种有限责任公司	53205063	104	特级	合格
154	陕西秦申金牛育种有限公司	61106128	1212	一级	合格

（续）

序号	种公牛站	个体号	CPI2	外貌等级	冻精质量
155	陕西秦申金牛育种有限公司	61106135	1121	特级	合格
156	陕西秦申金牛育种有限公司	61106126	759	特级	合格
157	青海省家畜改良中心	63107059	263	特级	合格
158	宁夏四正生物工程技术研究中心（有限公司）	64101301**	813	特级	合格
159	宁夏四正生物工程技术研究中心（有限公司）	64104145**	649	特级	合格
160	宁夏四正生物工程技术研究中心（有限公司）	64101303**	39	特级	合格
161	新疆天山畜牧生物工程股份有限公司	65104089	847	特级	合格
162	新疆天山畜牧生物工程股份有限公司	65104045	791	特级	合格
163	新疆天山畜牧生物工程股份有限公司	65102805	692	特级	合格
164	新疆天山畜牧生物工程股份有限公司	65102811**	648	一级	合格
165	新疆天山畜牧生物工程股份有限公司	65103040**	515	一级	合格
166	新疆天山畜牧生物工程股份有限公司	65103041	500	特级	合格
167	新疆天山畜牧生物工程股份有限公司	65106012	498	特级	合格
168	新疆天山畜牧生物工程股份有限公司	65102393**	446	特级	合格
169	新疆天山畜牧生物工程股份有限公司	65104042**	446	特级	合格
170	新疆天山畜牧生物工程股份有限公司	65103039**	432	特级	合格
171	新疆天山畜牧生物工程股份有限公司	65102267**	205	一级	合格

注：标“**”的，为不在群验证牛。

（三）荷斯坦种公牛名单（CPI3）

序号	种公牛站	个体号	CPI3	外貌等级	冻精质量
1	北京奶牛中心	11105467	1195	特级	合格
2	北京奶牛中心	11199796**	642	特级	合格
3	北京奶牛中心	11104676	569	特级	合格
4	北京奶牛中心	11103035	191	特级	合格
5	北京奶牛中心	11104299	172	特级	合格
6	北京奶牛中心	11102949	169	特级	合格
7	北京奶牛中心	11104826	152	特级	合格
8	天津市奶牛发展中心	12105281	983	特级	合格
9	天津市奶牛发展中心	12106282	846	特级	合格
10	天津市奶牛发展中心	12105280	816	特级	合格
11	天津市奶牛发展中心	12105279	625	特级	合格
12	秦皇岛全农精牛繁育有限公司	13202412	709	特级	合格
13	秦皇岛全农精牛繁育有限公司	13205140	656	特级	合格
14	秦皇岛全农精牛繁育有限公司	13204269	571	特级	合格
15	秦皇岛全农精牛繁育有限公司	13202409	331	特级	合格
16	秦皇岛全农精牛繁育有限公司	13205197	279	特级	合格
17	秦皇岛全农精牛繁育有限公司	13204380	240	特级	合格
18	秦皇岛全农精牛繁育有限公司	13204137	238	特级	合格
19	秦皇岛全农精牛繁育有限公司	13204377	147	特级	合格
20	秦皇岛全农精牛繁育有限公司	13206142	106	特级	合格
21	秦皇岛全农精牛繁育有限公司	13203090	98	特级	合格
22	秦皇岛全农精牛繁育有限公司	13205587	93	特级	合格
23	秦皇岛全农精牛繁育有限公司	13204634	22	特级	合格
24	亚达艾格威（唐山）畜牧有限公司	13307952	1466	特级	合格
25	亚达艾格威（唐山）畜牧有限公司	13307966	1368	特级	合格
26	亚达艾格威（唐山）畜牧有限公司	13306971	1285	特级	合格
27	亚达艾格威（唐山）畜牧有限公司	13307968	1225	特级	合格
28	亚达艾格威（唐山）畜牧有限公司	13306964	1190	特级	合格
29	亚达艾格威（唐山）畜牧有限公司	13305950	1060	特级	合格
30	亚达艾格威（唐山）畜牧有限公司	13306948	898	特级	合格

（续）

序号	种公牛站	个体号	CPI3	外貌等级	冻精质量
31	亚达艾格威（唐山）畜牧有限公司	13307946	805	特级	合格
32	亚达艾格威（唐山）畜牧有限公司	13307960	706	特级	合格
33	亚达艾格威（唐山）畜牧有限公司	13307951	658	特级	合格
34	山西鑫源良种繁育有限公司	14105022**	1139	特级	合格
35	山西鑫源良种繁育有限公司	14103016	691	特级	合格
36	山西鑫源良种繁育有限公司	14104705	575	特级	合格
37	山西鑫源良种繁育有限公司	14105503	19	特级	合格
38	山西鑫源良种繁育有限公司	14104716	16	特级	合格
39	内蒙古天和荷斯坦牧业有限公司	15104165	447	特级	合格
40	内蒙古天和荷斯坦牧业有限公司	15105797	210	特级	合格
41	内蒙古天和荷斯坦牧业有限公司	15106081	159	特级	合格
42	内蒙古天和荷斯坦牧业有限公司	15105917	109	特级	合格
43	内蒙古天和荷斯坦牧业有限公司	15105844	106	特级	合格
44	内蒙古赛科星繁育生物技术股份有限公司	15505930	1493	特级	合格
45	内蒙古赛科星繁育生物技术股份有限公司	15506702	1317	特级	合格
46	内蒙古赛科星繁育生物技术股份有限公司	15504217	1316	特级	合格
47	内蒙古赛科星繁育生物技术股份有限公司	15506022	1190	特级	合格
48	内蒙古赛科星繁育生物技术股份有限公司	15507811	1184	特级	合格
49	内蒙古赛科星繁育生物技术股份有限公司	15505607	1053	特级	合格
50	内蒙古赛科星繁育生物技术股份有限公司	15505940	1022	特级	合格
51	内蒙古赛科星繁育生物技术股份有限公司	15506044	922	一级	合格
52	内蒙古赛科星繁育生物技术股份有限公司	15505520	899	特级	合格
53	内蒙古赛科星繁育生物技术股份有限公司	15506127	841	特级	合格
54	内蒙古赛科星繁育生物技术股份有限公司	15506359	759	特级	合格
55	内蒙古赛科星繁育生物技术股份有限公司	15504369	686	特级	合格
56	内蒙古赛科星繁育生物技术股份有限公司	15504883	684	特级	合格
57	内蒙古赛科星繁育生物技术股份有限公司	15503411**	676	一级	合格
58	内蒙古赛科星繁育生物技术股份有限公司	15504055	673	特级	合格
59	内蒙古赛科星繁育生物技术股份有限公司	15503763	470	特级	合格
60	内蒙古赛科星繁育生物技术股份有限公司	15504884	444	一级	合格
61	内蒙古赛科星繁育生物技术股份有限公司	15503679	416	一级	合格

（续）

序号	种公牛站	个体号	CPI3	外貌等级	冻精质量
62	内蒙古赛科星繁育生物技术股份有限公司	15506761	413	特级	合格
63	内蒙古赛科星繁育生物技术股份有限公司	15503832	397	特级	合格
64	内蒙古赛科星繁育生物技术股份有限公司	15503863	361	特级	合格
65	内蒙古赛科星繁育生物技术股份有限公司	15505604	306	特级	合格
66	内蒙古赛科星繁育生物技术股份有限公司	15504523	180	特级	合格
67	内蒙古赛科星繁育生物技术股份有限公司	15505570	155	特级	合格
68	内蒙古赛科星繁育生物技术股份有限公司	15503330	144	特级	合格
69	内蒙古赛科星繁育生物技术股份有限公司	15505562	104	一级	合格
70	内蒙古赛科星繁育生物技术股份有限公司	15504080	69	特级	合格
71	辽宁省牧经种牛繁育中心有限公司	21106397	644	特级	合格
72	辽宁省牧经种牛繁育中心有限公司	21100232**	525	一级	合格
73	辽宁省牧经种牛繁育中心有限公司	21105396	351	特级	合格
74	辽宁省牧经种牛繁育中心有限公司	21104391	345	特级	合格
75	辽宁省牧经种牛繁育中心有限公司	21105394	223	特级	合格
76	黑龙江省博瑞遗传有限公司	23103289**	624	特级	合格
77	黑龙江省博瑞遗传有限公司	23104130	505	一级	合格
78	南京利农奶牛育种有限公司	32204028	850	特级	合格
79	南京利农奶牛育种有限公司	32204058	397	一级	合格
80	南京利农奶牛育种有限公司	32204099	392	一级	合格
81	山东省种公牛站有限责任公司	37106977	1017	特级	合格
82	山东省种公牛站有限责任公司	37106978	714	特级	合格
83	山东省种公牛站有限责任公司	37106979	496	特级	合格
84	山东盛能奶牛胚胎工程有限公司	37406003	1856	特级	合格
85	山东盛能奶牛胚胎工程有限公司	37405003	1063	特级	合格
86	山东盛能奶牛胚胎工程有限公司	37405001	1002	一级	合格
87	山东盛能奶牛胚胎工程有限公司	37405005	688	特级	合格
88	山东盛能奶牛胚胎工程有限公司	37407002	668	特级	合格
89	山东盛能奶牛胚胎工程有限公司	37407003	571	特级	合格
90	山东盛能奶牛胚胎工程有限公司	37406001	408	特级	合格
91	山东盛能奶牛胚胎工程有限公司	37405002	326	一级	合格
92	山东盛能奶牛胚胎工程有限公司	37405004	234	特级	合格

（续）

序号	种公牛站	个体号	CPI3	外貌等级	冻精质量
93	河南省鼎元种牛育种有限公司	41104860**	953	特级	合格
94	河南省鼎元种牛育种有限公司	41106861	905	特级	合格
95	河南省鼎元种牛育种有限公司	41105860	794	特级	合格
96	河南省鼎元种牛育种有限公司	41103810**	743	特级	合格
97	河南省鼎元种牛育种有限公司	41105861	175	特级	合格
98	洛阳市洛瑞牧业有限公司	41403501	664	特级	合格
99	洛阳市洛瑞牧业有限公司	41405508	335	特级	合格
100	洛阳市洛瑞牧业有限公司	41404506	223	特级	合格
101	洛阳市洛瑞牧业有限公司	41404504	213	特级	合格
102	洛阳市洛瑞牧业有限公司	41403509**	34	特级	合格
103	洛阳市洛瑞牧业有限公司	41404503	4	一级	合格
104	成都汇丰动物育种有限公司	51105302	1172	特级	合格
105	成都汇丰动物育种有限公司	51106304	705	特级	合格
106	成都汇丰动物育种有限公司	51106303	520	特级	合格
107	成都汇丰动物育种有限公司	51105300	480	一级	合格
108	大理五福畜禽良种有限责任公司	53204120	88	特级	合格
109	大理五福畜禽良种有限责任公司	53205119	80	特级	合格
110	宁夏四正生物工程技术研究中心（有限公司）	64105011	453	特级	合格
111	宁夏四正生物工程技术研究中心（有限公司）	64104015	357	特级	合格
112	新疆天山畜牧生物工程股份有限公司	65106077	928	一级	合格
113	新疆天山畜牧生物工程股份有限公司	65107021	898	特级	合格
114	新疆天山畜牧生物工程股份有限公司	65106016	854	特级	合格
115	新疆天山畜牧生物工程股份有限公司	65106014	625	特级	合格
116	新疆天山畜牧生物工程股份有限公司	65107022	577	特级	合格
117	新疆天山畜牧生物工程股份有限公司	65106013	520	一级	合格

注：标“**”的，为不在群验证牛。

（四）荷斯坦种公牛名单（GCPI）

序号	种公牛站	个体号	GCPI	外貌等级	冻精质量
1	北京奶牛中心	11109693	1851	特级	合格
2	北京奶牛中心	11111607	1729	一级	合格
3	北京奶牛中心	11109586	1640	特级	合格
4	北京奶牛中心	11111509	1497	特级	合格
5	北京奶牛中心	11108549	1476	特级	合格
6	北京奶牛中心	11108649	1456	特级	合格
7	北京奶牛中心	11110650	1428	一级	合格
8	北京奶牛中心	11111512	1413	特级	合格
9	北京奶牛中心	11109571	1411	特级	合格
10	北京奶牛中心	11111505	1343	特级	合格
11	北京奶牛中心	11110572	1343	特级	合格
12	北京奶牛中心	11111602	1292	一级	合格
13	北京奶牛中心	11110528	1275	特级	合格
14	北京奶牛中心	11110646	1270	一级	合格
15	北京奶牛中心	11109703	1251	特级	合格
16	北京奶牛中心	11109658	1244	特级	合格
17	北京奶牛中心	11109751	1196	特级	合格
18	北京奶牛中心	11111608	1175	一级	合格
19	北京奶牛中心	11110533	1172	特级	合格
20	北京奶牛中心	11108280	1160	特级	合格
21	北京奶牛中心	11110579	1122	特级	合格
22	北京奶牛中心	11109589	1118	特级	合格
23	北京奶牛中心	11110545	1114	一级	合格
24	天津市奶牛发展中心	12111278	1581	一级	合格
25	天津市奶牛发展中心	12108235	1411	特级	合格
26	天津市奶牛发展中心	12111274	1371	特级	合格
27	天津市奶牛发展中心	12109267	1340	特级	合格
28	天津市奶牛发展中心	12111273	1267	特级	合格
29	天津市奶牛发展中心	12111268	1128	特级	合格
30	河北品元畜禽育种有限公司	13111363	1830	特级	合格

（续）

序号	种公牛站	个体号	GCPI	外貌等级	冻精质量
31	河北品元畜禽育种有限公司	13111405	1487	特级	合格
32	河北品元畜禽育种有限公司	13110159	1486	特级	合格
33	河北品元畜禽育种有限公司	13111383	1478	特级	合格
34	河北品元畜禽育种有限公司	13110129	1424	一级	合格
35	河北品元畜禽育种有限公司	13111373	1417	特级	合格
36	河北品元畜禽育种有限公司	13111349	1398	特级	合格
37	河北品元畜禽育种有限公司	13110127	1342	特级	合格
38	河北品元畜禽育种有限公司	13110179	1324	特级	合格
39	河北品元畜禽育种有限公司	13110133	1317	特级	合格
40	河北品元畜禽育种有限公司	13111327	1282	特级	合格
41	河北品元畜禽育种有限公司	13111387	1258	特级	合格
42	河北品元畜禽育种有限公司	13110223	1192	一级	合格
43	河北品元畜禽育种有限公司	13110130	1173	特级	合格
44	河北品元畜禽育种有限公司	13111375	1122	特级	合格
45	河北品元畜禽育种有限公司	13110137	1118	特级	合格
46	亚达艾格威（唐山）畜牧有限公司	13311064	2050	特级	合格
47	亚达艾格威（唐山）畜牧有限公司	13309043	1748	特级	合格
48	亚达艾格威（唐山）畜牧有限公司	13309044	1661	特级	合格
49	亚达艾格威（唐山）畜牧有限公司	13311062	1536	特级	合格
50	亚达艾格威（唐山）畜牧有限公司	13307005	1512	特级	合格
51	亚达艾格威（唐山）畜牧有限公司	13310052	1511	特级	合格
52	亚达艾格威（唐山）畜牧有限公司	13310058	1498	特级	合格
53	亚达艾格威（唐山）畜牧有限公司	13310057	1484	特级	合格
54	亚达艾格威（唐山）畜牧有限公司	13311061	1454	一级	合格
55	亚达艾格威（唐山）畜牧有限公司	13311065	1368	特级	合格
56	亚达艾格威（唐山）畜牧有限公司	13311060	1321	一级	合格
57	亚达艾格威（唐山）畜牧有限公司	13310056	1283	特级	合格
58	亚达艾格威（唐山）畜牧有限公司	13311066	1219	特级	合格
59	亚达艾格威（唐山）畜牧有限公司	13310053	1190	特级	合格
60	亚达艾格威（唐山）畜牧有限公司	13309046	1172	特级	合格
61	亚达艾格威（唐山）畜牧有限公司	13311059	1156	特级	合格

（续）

序号	种公牛站	个体号	GCPI	外貌等级	冻精质量
62	亚达艾格威（唐山）畜牧有限公司	13309036	1116	特级	合格
63	山西鑫源良种繁育有限公司	14108276	1876	特级	合格
64	山西鑫源良种繁育有限公司	14109116	1523	一级	合格
65	山西鑫源良种繁育有限公司	14111540	1476	特级	合格
66	山西鑫源良种繁育有限公司	14111537	1319	特级	合格
67	山西鑫源良种繁育有限公司	14107278	1140	特级	合格
68	山西鑫源良种繁育有限公司	14109002	1102	特级	合格
69	内蒙古天和荷斯坦牧业有限公司	15111901	1497	一级	合格
70	内蒙古天和荷斯坦牧业有限公司	15111107	1488	一级	合格
71	内蒙古天和荷斯坦牧业有限公司	15111104	1255	一级	合格
72	内蒙古天和荷斯坦牧业有限公司	15111103	1147	一级	合格
73	内蒙古赛科星繁育生物技术股份有限公司	15510205	1510	一级	合格
74	内蒙古赛科星繁育生物技术股份有限公司	15510888	1502	一级	合格
75	内蒙古赛科星繁育生物技术股份有限公司	15510240	1434	一级	合格
76	内蒙古赛科星繁育生物技术股份有限公司	15510145	1401	特级	合格
77	内蒙古赛科星繁育生物技术股份有限公司	15510224	1350	特级	合格
78	内蒙古赛科星繁育生物技术股份有限公司	15510187	1115	一级	合格
79	辽宁省牧经种牛繁育中心有限公司	21107312	1505	特级	合格
80	白城市翔牧肉奶牛中心	22209012	1225	一级	合格
81	黑龙江省博瑞遗传有限公司	23110146	1726	特级	合格
82	黑龙江省博瑞遗传有限公司	23111157	1622	特级	合格
83	黑龙江省博瑞遗传有限公司	23111160	1611	特级	合格
84	黑龙江省博瑞遗传有限公司	23108090	1536	特级	合格
85	黑龙江省博瑞遗传有限公司	23108056	1471	特级	合格
86	黑龙江省博瑞遗传有限公司	23111158	1419	特级	合格
87	黑龙江省博瑞遗传有限公司	23109097	1414	特级	合格
88	黑龙江省博瑞遗传有限公司	23109107	1410	一级	合格
89	黑龙江省博瑞遗传有限公司	23110150	1278	特级	合格
90	黑龙江省博瑞遗传有限公司	23108089	1260	特级	合格
91	黑龙江省博瑞遗传有限公司	23111167	1255	特级	合格
92	黑龙江省博瑞遗传有限公司	23109125	1244	特级	合格

（续）

序号	种公牛站	个体号	GCPI	外貌等级	冻精质量
93	黑龙江省博瑞遗传有限公司	23109122	1232	特级	合格
94	黑龙江省博瑞遗传有限公司	23108053	1224	特级	合格
95	黑龙江省博瑞遗传有限公司	23109111	1200	特级	合格
96	黑龙江省博瑞遗传有限公司	23110144	1184	特级	合格
97	黑龙江省博瑞遗传有限公司	23109103	1174	特级	合格
98	黑龙江省博瑞遗传有限公司	23111171	1141	特级	合格
99	黑龙江省博瑞遗传有限公司	23109095	1135	特级	合格
100	黑龙江省博瑞遗传有限公司	23108054	1110	特级	合格
101	黑龙江省博瑞遗传有限公司	23111169	1104	特级	合格
102	上海奶牛育种中心有限公司	31109541	2181	一级	合格
103	上海奶牛育种中心有限公司	31111602	1949	一级	合格
104	上海奶牛育种中心有限公司	31111613	1615	特级	合格
105	上海奶牛育种中心有限公司	31110556	1537	特级	合格
106	上海奶牛育种中心有限公司	31110561	1507	一级	合格
107	上海奶牛育种中心有限公司	31110560	1500	特级	合格
108	上海奶牛育种中心有限公司	31111624	1426	特级	合格
109	上海奶牛育种中心有限公司	31110550	1381	特级	合格
110	上海奶牛育种中心有限公司	31111600	1316	特级	合格
111	上海奶牛育种中心有限公司	31110263	1314	特级	合格
112	上海奶牛育种中心有限公司	31111577	1275	特级	合格
113	上海奶牛育种中心有限公司	31108299	1274	特级	合格
114	上海奶牛育种中心有限公司	31110563	1261	特级	合格
115	上海奶牛育种中心有限公司	31109540	1219	特级	合格
116	上海奶牛育种中心有限公司	31111580	1200	特级	合格
117	上海奶牛育种中心有限公司	31111248	1200	特级	合格
118	上海奶牛育种中心有限公司	31109531	1191	特级	合格
119	上海奶牛育种中心有限公司	31111605	1189	特级	合格
120	上海奶牛育种中心有限公司	31111250	1189	一级	合格
121	上海奶牛育种中心有限公司	31108521	1189	特级	合格
122	上海奶牛育种中心有限公司	31111582	1173	特级	合格
123	上海奶牛育种中心有限公司	31110282	1164	一级	合格

（续）

序号	种公牛站	个体号	GCPI	外貌等级	冻精质量
124	上海奶牛育种中心有限公司	31111625	1157	特级	合格
125	上海奶牛育种中心有限公司	31110279	1156	一级	合格
126	上海奶牛育种中心有限公司	31109289	1153	特级	合格
127	上海奶牛育种中心有限公司	31110554	1152	特级	合格
128	上海奶牛育种中心有限公司	31109287	1151	特级	合格
129	上海奶牛育种中心有限公司	31111249	1137	一级	合格
130	上海奶牛育种中心有限公司	31109545	1136	特级	合格
131	上海奶牛育种中心有限公司	31111596	1131	一级	合格
132	上海奶牛育种中心有限公司	31111586	1107	特级	合格
133	上海奶牛育种中心有限公司	31111258	1106	一级	合格
134	南京利农奶牛育种有限公司	32209014	1235	一级	合格
135	山东奥克斯生物技术有限公司	37311012	1719	特级	合格
136	山东奥克斯生物技术有限公司	37310040	1465	一级	合格
137	山东奥克斯生物技术有限公司	37308042	1448	特级	合格
138	山东奥克斯生物技术有限公司	37309005	1429	特级	合格
139	山东奥克斯生物技术有限公司	37309024	1392	特级	合格
140	山东奥克斯生物技术有限公司	37308027	1357	特级	合格
141	山东奥克斯生物技术有限公司	37309009	1356	特级	合格
142	山东奥克斯生物技术有限公司	37311008	1330	特级	合格
143	山东奥克斯生物技术有限公司	37310012	1241	特级	合格
144	山东奥克斯生物技术有限公司	37308038	1189	特级	合格
145	山东奥克斯生物技术有限公司	37311001	1188	特级	合格
146	山东奥克斯生物技术有限公司	37310007	1173	特级	合格
147	山东奥克斯生物技术有限公司	37310036	1168	一级	合格
148	山东奥克斯生物技术有限公司	37308046	1153	一级	合格
149	山东奥克斯生物技术有限公司	37310021	1149	特级	合格
150	山东奥克斯生物技术有限公司	37308035	1134	特级	合格
151	山东奥克斯生物技术有限公司	37310013	1127	特级	合格
152	山东奥克斯生物技术有限公司	37310030	1106	特级	合格
153	山东盛能奶牛胚胎工程有限公司	37407004	1660	特级	合格
154	山东盛能奶牛胚胎工程有限公司	37408120	1537	特级	合格

（续）

序号	种公牛站	个体号	GCPI	外貌等级	冻精质量
155	山东盛能奶牛胚胎工程有限公司	37410022	1456	特级	合格
156	山东盛能奶牛胚胎工程有限公司	37408003	1450	特级	合格
157	山东盛能奶牛胚胎工程有限公司	37408114	1327	特级	合格
158	山东盛能奶牛胚胎工程有限公司	37407005	1284	特级	合格
159	山东盛能奶牛胚胎工程有限公司	37408100	1273	一级	合格
160	山东盛能奶牛胚胎工程有限公司	37410015	1241	特级	合格
161	山东盛能奶牛胚胎工程有限公司	37407001	1239	特级	合格
162	山东盛能奶牛胚胎工程有限公司	37410017	1222	一级	合格
163	山东盛能奶牛胚胎工程有限公司	37407006	1195	特级	合格
164	河南省鼎元种牛育种有限公司	41110807	1778	特级	合格
165	河南省鼎元种牛育种有限公司	41109862	1591	特级	合格
166	河南省鼎元种牛育种有限公司	41109861	1490	一级	合格
167	河南省鼎元种牛育种有限公司	41111833	1430	特级	合格
168	河南省鼎元种牛育种有限公司	41111825	1420	一级	合格
169	河南省鼎元种牛育种有限公司	41111845	1420	特级	合格
170	河南省鼎元种牛育种有限公司	41110822	1409	一级	合格
171	河南省鼎元种牛育种有限公司	41111839	1400	特级	合格
172	河南省鼎元种牛育种有限公司	41110808	1384	特级	合格
173	河南省鼎元种牛育种有限公司	41110803	1382	特级	合格
174	河南省鼎元种牛育种有限公司	41111830	1378	一级	合格
175	河南省鼎元种牛育种有限公司	41109863	1369	特级	合格
176	河南省鼎元种牛育种有限公司	41111842	1320	特级	合格
177	河南省鼎元种牛育种有限公司	41111846	1310	一级	合格
178	洛阳市洛瑞牧业有限公司	41411520	1762	一级	合格
179	洛阳市洛瑞牧业有限公司	41411525	1428	一级	合格
180	洛阳市洛瑞牧业有限公司	41411522	1368	特级	合格
181	洛阳市洛瑞牧业有限公司	41411526	1276	特级	合格
182	洛阳市洛瑞牧业有限公司	41411518	1157	特级	合格
183	广州市奶牛研究所有限公司	44107051	1261	一级	合格
184	云南恒翔家畜良种科技有限公司	53111263	1205	一级	合格
185	大理五福畜禽良种有限责任公司	53207079	1327	特级	合格

（续）

序号	种公牛站	个体号	GCPI	外貌等级	冻精质量
186	大理五福畜禽良种有限责任公司	53210105	1202	一级	合格
187	大理五福畜禽良种有限责任公司	53210106	1142	特级	合格
188	宁夏四正生物工程技术研究中心（有限公司）	64108064	1755	特级	合格
189	宁夏四正生物工程技术研究中心（有限公司）	64108066	1580	特级	合格
190	宁夏四正生物工程技术研究中心（有限公司）	64108089	1571	特级	合格
191	宁夏四正生物工程技术研究中心（有限公司）	64108093	1473	特级	合格
192	宁夏四正生物工程技术研究中心（有限公司）	64111023	1434	特级	合格
193	宁夏四正生物工程技术研究中心（有限公司）	64108227	1308	特级	合格
194	宁夏四正生物工程技术研究中心（有限公司）	64108071	1238	特级	合格
195	宁夏四正生物工程技术研究中心（有限公司）	64108078	1219	特级	合格
196	宁夏四正生物工程技术研究中心（有限公司）	64108087	1181	特级	合格
197	宁夏四正生物工程技术研究中心（有限公司）	64111024	1160	特级	合格
198	宁夏四正生物工程技术研究中心（有限公司）	64108092	1146	特级	合格
199	宁夏四正生物工程技术研究中心（有限公司）	64108088	1103	特级	合格
200	新疆天山畜牧生物工程股份有限公司	65110092	1771	特级	合格
201	新疆天山畜牧生物工程股份有限公司	65111110	1770	一级	合格
202	新疆天山畜牧生物工程股份有限公司	65110074	1629	特级	合格
203	新疆天山畜牧生物工程股份有限公司	65111113	1528	一级	合格
204	新疆天山畜牧生物工程股份有限公司	65111107	1514	一级	合格
205	新疆天山畜牧生物工程股份有限公司	65111109	1456	一级	合格
206	新疆天山畜牧生物工程股份有限公司	65110083	1424	特级	合格
207	新疆天山畜牧生物工程股份有限公司	65110090	1412	特级	合格
208	新疆天山畜牧生物工程股份有限公司	65110096	1377	一级	合格
209	新疆天山畜牧生物工程股份有限公司	65111112	1377	特级	合格
210	新疆天山畜牧生物工程股份有限公司	65111114	1367	一级	合格
211	新疆天山畜牧生物工程股份有限公司	65111120	1350	一级	合格
212	新疆天山畜牧生物工程股份有限公司	65110089	1321	特级	合格
213	新疆天山畜牧生物工程股份有限公司	65110094	1208	特级	合格
214	新疆天山畜牧生物工程股份有限公司	65110091	1185	特级	合格
215	新疆天山畜牧生物工程股份有限公司	65111115	1153	一级	合格

（五）其他乳用品种种公牛名单

序号	种公牛站	品种	个体号	外貌等级	质检结果
1	北京奶牛中心	褐牛	11101934	特级	合格
2	北京奶牛中心	褐牛	11103626	特级	合格
3	北京奶牛中心	褐牛	11103630	特级	合格
4	北京奶牛中心	褐牛	11111201	特级	合格
5	北京奶牛中心	娟姗牛	11102935	特级	合格
6	北京奶牛中心	娟姗牛	11103458	一级	合格
7	北京奶牛中心	西门塔尔牛	11108677	特级	合格
8	北京奶牛中心	西门塔尔牛	11108685	特级	合格
9	北京奶牛中心	西门塔尔牛	11108688	特级	合格
10	北京奶牛中心	西门塔尔牛	11108691	特级	合格
11	北京奶牛中心	西门塔尔牛	11108702	特级	合格
12	北京奶牛中心	西门塔尔牛	11108711	特级	合格
13	北京奶牛中心	西门塔尔牛	11108712	特级	合格
14	北京奶牛中心	西门塔尔牛	11108721	特级	合格
15	北京奶牛中心	西门塔尔牛	11108729	特级	合格
16	北京奶牛中心	西门塔尔牛	11110687	一级	合格
17	北京奶牛中心	西门塔尔牛	11110711	一级	合格
18	山西鑫源良种繁育有限公司	西门塔尔牛	14107608	特级	合格
19	山西鑫源良种繁育有限公司	西门塔尔牛	14107628	一级	合格
20	海拉尔农牧场管理局家畜繁育指导站	三河牛	15306417	特级	合格
21	海拉尔农牧场管理局家畜繁育指导站	三河牛	15307021	特级	合格
22	海拉尔农牧场管理局家畜繁育指导站	三河牛	15307073	特级	合格
23	海拉尔农牧场管理局家畜繁育指导站	三河牛	15308035	特级	合格
24	海拉尔农牧场管理局家畜繁育指导站	三河牛	15308181	特级	合格
25	海拉尔农牧场管理局家畜繁育指导站	三河牛	15308540	特级	合格
26	海拉尔农牧场管理局家畜繁育指导站	三河牛	15308542	特级	合格
27	海拉尔农牧场管理局家畜繁育指导站	三河牛	15308735	特级	合格
28	海拉尔农牧场管理局家畜繁育指导站	三河牛	15308741	特级	合格
29	海拉尔农牧场管理局家畜繁育指导站	三河牛	15309003	特级	合格
30	海拉尔农牧场管理局家畜繁育指导站	三河牛	15309007	特级	合格

（续）

序号	种公牛站	品种	个体号	外貌等级	质检结果
31	海拉尔农牧场管理局家畜繁育指导站	三河牛	15309009	特级	合格
32	海拉尔农牧场管理局家畜繁育指导站	三河牛	15309017	特级	合格
33	海拉尔农牧场管理局家畜繁育指导站	三河牛	15309021	特级	合格
34	海拉尔农牧场管理局家畜繁育指导站	三河牛	15309027	特级	合格
35	海拉尔农牧场管理局家畜繁育指导站	三河牛	15309029	特级	合格
36	海拉尔农牧场管理局家畜繁育指导站	三河牛	15309035	特级	合格
37	海拉尔农牧场管理局家畜繁育指导站	三河牛	15309051	特级	合格
38	海拉尔农牧场管理局家畜繁育指导站	三河牛	15309091	特级	合格
39	海拉尔农牧场管理局家畜繁育指导站	三河牛	15309095	特级	合格
40	海拉尔农牧场管理局家畜繁育指导站	三河牛	15309901	特级	合格
41	海拉尔农牧场管理局家畜繁育指导站	三河牛	15310005	一级	合格
42	海拉尔农牧场管理局家畜繁育指导站	三河牛	15310061	一级	合格
43	海拉尔农牧场管理局家畜繁育指导站	三河牛	15310125	一级	合格
44	海拉尔农牧场管理局家畜繁育指导站	三河牛	15311029	特级	合格
45	内蒙古赛科星繁育生物技术股份有限公司	娟姗牛	15503889	特级	合格
46	内蒙古赛科星繁育生物技术股份有限公司	娟姗牛	15507022	一级	合格
47	内蒙古赛科星繁育生物技术股份有限公司	娟姗牛	15507073	一级	合格
48	内蒙古赛科星繁育生物技术股份有限公司	娟姗牛	15507212	特级	合格
49	白城市翔牧肉奶牛中心	西门塔尔牛	22210011	一级	合格
50	白城市翔牧肉奶牛中心	西门塔尔牛	22210037	特级	合格
51	白城市翔牧肉奶牛中心	西门塔尔牛	22210039	特级	合格
52	白城市翔牧肉奶牛中心	西门塔尔牛	22210053	特级	合格
53	白城市翔牧肉奶牛中心	西门塔尔牛	22210057	一级	合格
54	白城市翔牧肉奶牛中心	西门塔尔牛	22210227	特级	合格
55	白城市翔牧肉奶牛中心	西门塔尔牛	22210247	特级	合格
56	白城市翔牧肉奶牛中心	西门塔尔牛	22210427	特级	合格
57	白城市翔牧肉奶牛中心	西门塔尔牛	22210435	特级	合格
58	白城市翔牧肉奶牛中心	西门塔尔牛	22211015	特级	合格
59	黑龙江省博瑞遗传有限公司	西门塔尔牛	23109S26	特级	合格
60	黑龙江省博瑞遗传有限公司	西门塔尔牛	23109S27	特级	合格
61	黑龙江省博瑞遗传有限公司	西门塔尔牛	23111S77	特级	合格

（续）

序号	种公牛站	品种	个体号	外貌等级	质检结果
62	黑龙江省博瑞遗传有限公司	西门塔尔牛	23111S78	特级	合格
63	黑龙江省博瑞遗传有限公司	西门塔尔牛	23111S79	特级	合格
64	黑龙江省博瑞遗传有限公司	西门塔尔牛	23111S80	特级	合格
65	黑龙江省博瑞遗传有限公司	西门塔尔牛	23111S81	特级	合格
66	黑龙江省博瑞遗传有限公司	西门塔尔牛	23111S82	特级	合格
67	黑龙江省博瑞遗传有限公司	西门塔尔牛	23111S83	特级	合格
68	黑龙江省博瑞遗传有限公司	西门塔尔牛	23111S84	特级	合格
69	黑龙江省博瑞遗传有限公司	西门塔尔牛	23111S85	特级	合格
70	黑龙江省博瑞遗传有限公司	西门塔尔牛	23111S86	特级	合格
71	黑龙江省博瑞遗传有限公司	西门塔尔牛	23111S87	特级	合格
72	黑龙江省博瑞遗传有限公司	西门塔尔牛	23111S88	特级	合格
73	黑龙江省博瑞遗传有限公司	西门塔尔牛	23111S91	特级	合格
74	黑龙江省博瑞遗传有限公司	西门塔尔牛	23111S92	特级	合格
75	黑龙江省博瑞遗传有限公司	西门塔尔牛	23111S93	特级	合格
76	黑龙江省博瑞遗传有限公司	西门塔尔牛	23111S94	特级	合格
77	黑龙江省博瑞遗传有限公司	西门塔尔牛	23111S95	特级	合格
78	黑龙江省博瑞遗传有限公司	西门塔尔牛	23111S96	特级	合格
79	南京利农奶牛育种有限公司	褐牛	32207862	一级	合格
80	南京利农奶牛育种有限公司	褐牛	32208879	特级	合格
81	南京利农奶牛育种有限公司	褐牛	32208884	特级	合格
82	南京利农奶牛育种有限公司	褐牛	32209886	特级	合格
83	南京利农奶牛育种有限公司	褐牛	32210894	特级	合格
84	安徽天达畜牧科技有限责任公司	摩拉水牛	34107060	特级	合格
85	安徽天达畜牧科技有限责任公司	摩拉水牛	34107063	特级	合格
86	安徽天达畜牧科技有限责任公司	西门塔尔牛	34110001	特级	合格
87	安徽天达畜牧科技有限责任公司	西门塔尔牛	34110083	一级	合格
88	安徽天达畜牧科技有限责任公司	西门塔尔牛	34110087	一级	合格
89	江西省天添畜禽育种有限公司	摩拉水牛	36107105	特级	合格
90	江西省天添畜禽育种有限公司	摩拉水牛	36108123	一级	合格
91	江西省天添畜禽育种有限公司	摩拉水牛	36108137	特级	合格
92	江西省天添畜禽育种有限公司	摩拉水牛	36108169	特级	合格

（续）

序号	种公牛站	品种	个体号	外貌等级	质检结果
93	江西省天添畜禽育种有限公司	尼里/拉菲水牛	36107736	特级	合格
94	江西省天添畜禽育种有限公司	尼里/拉菲水牛	36108766	特级	合格
95	江西省天添畜禽育种有限公司	西门塔尔牛	36108900	特级	合格
96	江西省天添畜禽育种有限公司	西门塔尔牛	36109829	特级	合格
97	江西省天添畜禽育种有限公司	西门塔尔牛	36111710	特级	合格
98	江西省天添畜禽育种有限公司	西门塔尔牛	36111807	一级	合格
99	山东省种公牛站有限责任公司	西门塔尔牛	37107601	特级	合格
100	山东省种公牛站有限责任公司	西门塔尔牛	37107605	特级	合格
101	山东省种公牛站有限责任公司	西门塔尔牛	37107606	特级	合格
102	山东省种公牛站有限责任公司	西门塔尔牛	37107614	特级	合格
103	山东省种公牛站有限责任公司	西门塔尔牛	37107618	特级	合格
104	山东省种公牛站有限责任公司	西门塔尔牛	37107619	特级	合格
105	山东省种公牛站有限责任公司	西门塔尔牛	37107620	特级	合格
106	山东省种公牛站有限责任公司	西门塔尔牛	37107621	特级	合格
107	山东省种公牛站有限责任公司	西门塔尔牛	37107623	特级	合格
108	山东省种公牛站有限责任公司	西门塔尔牛	37108402	特级	合格
109	山东省种公牛站有限责任公司	西门塔尔牛	37108403	特级	合格
110	山东省种公牛站有限责任公司	西门塔尔牛	37108404	特级	合格
111	山东省种公牛站有限责任公司	西门塔尔牛	37108405	特级	合格
112	山东省种公牛站有限责任公司	西门塔尔牛	37108406	特级	合格
113	山东省种公牛站有限责任公司	西门塔尔牛	37108407	特级	合格
114	山东省种公牛站有限责任公司	西门塔尔牛	37108408	特级	合格
115	山东省种公牛站有限责任公司	西门塔尔牛	37108409	特级	合格
116	山东省种公牛站有限责任公司	西门塔尔牛	37108410	特级	合格
117	山东省种公牛站有限责任公司	西门塔尔牛	37108411	特级	合格
118	山东省种公牛站有限责任公司	西门塔尔牛	37110634	特级	合格
119	山东省种公牛站有限责任公司	西门塔尔牛	37110649	特级	合格
120	洛阳市洛瑞牧业有限公司	西门塔尔牛	41404102	特级	合格
121	洛阳市洛瑞牧业有限公司	西门塔尔牛	41408159	特级	合格
122	洛阳市洛瑞牧业有限公司	西门塔尔牛	41408160	一级	合格
123	洛阳市洛瑞牧业有限公司	西门塔尔牛	41409135	一级	合格

（续）

序号	种公牛站	品种	个体号	外貌等级	质检结果
124	洛阳市洛瑞牧业有限公司	西门塔尔牛	41410112	特级	合格
125	洛阳市洛瑞牧业有限公司	西门塔尔牛	41410113	特级	合格
126	洛阳市洛瑞牧业有限公司	西门塔尔牛	41410115	特级	合格
127	洛阳市洛瑞牧业有限公司	西门塔尔牛	41410116	特级	合格
128	洛阳市洛瑞牧业有限公司	西门塔尔牛	41410117	特级	合格
129	洛阳市洛瑞牧业有限公司	西门塔尔牛	41410118	一级	合格
130	洛阳市洛瑞牧业有限公司	西门塔尔牛	41410123	特级	合格
131	武汉兴牧生物科技有限公司	槟榔江水牛	42104089	特级	合格
132	武汉兴牧生物科技有限公司	槟榔江水牛	42104095	特级	合格
133	武汉兴牧生物科技有限公司	槟榔江水牛	42105097	特级	合格
134	武汉兴牧生物科技有限公司	槟榔江水牛	42105101	特级	合格
135	武汉兴牧生物科技有限公司	槟榔江水牛	42105228	特级	合格
136	武汉兴牧生物科技有限公司	槟榔江水牛	42105250	特级	合格
137	武汉兴牧生物科技有限公司	槟榔江水牛	42106071	特级	合格
138	武汉兴牧生物科技有限公司	槟榔江水牛	42106078	一级	合格
139	武汉兴牧生物科技有限公司	槟榔江水牛	42106090	特级	合格
140	武汉兴牧生物科技有限公司	槟榔江水牛	42106124	特级	合格
141	武汉兴牧生物科技有限公司	槟榔江水牛	42106255	特级	合格
142	武汉兴牧生物科技有限公司	槟榔江水牛	42106487	特级	合格
143	武汉兴牧生物科技有限公司	槟榔江水牛	42106491	特级	合格
144	武汉兴牧生物科技有限公司	槟榔江水牛	42106557	特级	合格
145	武汉兴牧生物科技有限公司	槟榔江水牛	42106617	特级	合格
146	武汉兴牧生物科技有限公司	槟榔江水牛	42107177	特级	合格
147	武汉兴牧生物科技有限公司	娟姗牛	42110020	特级	合格
148	武汉兴牧生物科技有限公司	娟姗牛	42110023	特级	合格
149	武汉兴牧生物科技有限公司	娟姗牛	42110024	特级	合格
150	武汉兴牧生物科技有限公司	娟姗牛	42110027	特级	合格
151	武汉兴牧生物科技有限公司	娟姗牛	42110037	特级	合格
152	武汉兴牧生物科技有限公司	摩拉水牛	42106189	特级	合格
153	武汉兴牧生物科技有限公司	摩拉水牛	42107103	特级	合格
154	武汉兴牧生物科技有限公司	摩拉水牛	42108127	特级	合格

（续）

序号	种公牛站	品种	个体号	外貌等级	质检结果
155	武汉兴牧生物科技有限公司	摩拉水牛	42110209	特级	合格
156	武汉兴牧生物科技有限公司	摩拉水牛	42110221	特级	合格
157	武汉兴牧生物科技有限公司	摩拉水牛	42111081	特级	合格
158	武汉兴牧生物科技有限公司	摩拉水牛	42111237	特级	合格
159	武汉兴牧生物科技有限公司	摩拉水牛	42111239	特级	合格
160	武汉兴牧生物科技有限公司	尼里/拉菲水牛	42106684	特级	合格
161	武汉兴牧生物科技有限公司	尼里/拉菲水牛	42107714	特级	合格
162	武汉兴牧生物科技有限公司	尼里/拉菲水牛	42108939	特级	合格
163	武汉兴牧生物科技有限公司	尼里/拉菲水牛	42110063	特级	合格
164	武汉兴牧生物科技有限公司	尼里/拉菲水牛	42110075	一级	合格
165	武汉兴牧生物科技有限公司	尼里/拉菲水牛	42110447	一级	合格
166	武汉兴牧生物科技有限公司	尼里/拉菲水牛	42110604	一级	合格
167	武汉兴牧生物科技有限公司	尼里/拉菲水牛	42111089	特级	合格
168	湖南光大牧业科技有限公司	摩拉水牛	43195004	特级	合格
169	湖南光大牧业科技有限公司	摩拉水牛	43101033	特级	合格
170	湖南光大牧业科技有限公司	摩拉水牛	43101035	特级	合格
171	湖南光大牧业科技有限公司	摩拉水牛	43101036	特级	合格
172	湖南光大牧业科技有限公司	摩拉水牛	43109063	特级	合格
173	湖南光大牧业科技有限公司	摩拉水牛	43109064	一级	合格
174	湖南光大牧业科技有限公司	摩拉水牛	43109065	特级	合格
175	广州市奶牛研究所有限公司	娟姗牛	44102011	特级	合格
176	广州市奶牛研究所有限公司	娟姗牛	44108017	一级	合格
177	广州市奶牛研究所有限公司	娟姗牛	44109016	一级	合格
178	广州市奶牛研究所有限公司	娟姗牛	44109018	一级	合格
179	广州市奶牛研究所有限公司	娟姗牛	44110019	特级	合格
180	广州市奶牛研究所有限公司	娟姗牛	44110020	一级	合格
181	广州市奶牛研究所有限公司	娟姗牛	44110022	一级	合格
182	广州市奶牛研究所有限公司	娟姗牛	44110023	一级	合格
183	广州市奶牛研究所有限公司	娟姗牛	44110025	一级	合格
184	广州市奶牛研究所有限公司	娟姗牛	44110026	一级	合格
185	广州市奶牛研究所有限公司	尼里/拉菲水牛	44104001	一级	合格

（续）

序号	种公牛站	品种	个体号	外貌等级	质检结果
186	广西壮族自治区畜禽品种改良站	摩拉水牛	45100791	特级	合格
187	广西壮族自治区畜禽品种改良站	摩拉水牛	45100795	特级	合格
188	广西壮族自治区畜禽品种改良站	摩拉水牛	45100799	特级	合格
189	广西壮族自治区畜禽品种改良站	摩拉水牛	45102861	特级	合格
190	广西壮族自治区畜禽品种改良站	摩拉水牛	45102879	特级	合格
191	广西壮族自治区畜禽品种改良站	摩拉水牛	45102889	特级	合格
192	广西壮族自治区畜禽品种改良站	摩拉水牛	45103917	特级	合格
193	广西壮族自治区畜禽品种改良站	摩拉水牛	45103937	特级	合格
194	广西壮族自治区畜禽品种改良站	摩拉水牛	45103945	特级	合格
195	广西壮族自治区畜禽品种改良站	摩拉水牛	45103947	特级	合格
196	广西壮族自治区畜禽品种改良站	摩拉水牛	45103951	特级	合格
197	广西壮族自治区畜禽品种改良站	摩拉水牛	45104959	特级	合格
198	广西壮族自治区畜禽品种改良站	摩拉水牛	45104967	特级	合格
199	广西壮族自治区畜禽品种改良站	摩拉水牛	45104975	特级	合格
200	广西壮族自治区畜禽品种改良站	摩拉水牛	45105005	特级	合格
201	广西壮族自治区畜禽品种改良站	摩拉水牛	45106091	特级	合格
202	广西壮族自治区畜禽品种改良站	摩拉水牛	45106859	特级	合格
203	广西壮族自治区畜禽品种改良站	摩拉水牛	45108131	特级	合格
204	广西壮族自治区畜禽品种改良站	摩拉水牛	45108929	特级	合格
205	广西壮族自治区畜禽品种改良站	摩拉水牛	45109139	特级	合格
206	广西壮族自治区畜禽品种改良站	摩拉水牛	45109143	特级	合格
207	广西壮族自治区畜禽品种改良站	摩拉水牛	45109151	特级	合格
208	广西壮族自治区畜禽品种改良站	摩拉水牛	45109977	特级	合格
209	广西壮族自治区畜禽品种改良站	摩拉水牛	45198731	特级	合格
210	广西壮族自治区畜禽品种改良站	摩拉水牛	45198735	特级	合格
211	广西壮族自治区畜禽品种改良站	尼里 / 拉菲水牛	45100454	特级	合格
212	广西壮族自治区畜禽品种改良站	尼里 / 拉菲水牛	45100456	特级	合格
213	广西壮族自治区畜禽品种改良站	尼里 / 拉菲水牛	45101478	特级	合格
214	广西壮族自治区畜禽品种改良站	尼里 / 拉菲水牛	45101486	特级	合格
215	广西壮族自治区畜禽品种改良站	尼里 / 拉菲水牛	45102520	特级	合格
216	广西壮族自治区畜禽品种改良站	尼里 / 拉菲水牛	45103556	特级	合格

（续）

序号	种公牛站	品种	个体号	外貌等级	质检结果
217	广西壮族自治区畜禽品种改良站	尼里 / 拉菲水牛	45103558	一级	合格
218	广西壮族自治区畜禽品种改良站	尼里 / 拉菲水牛	45103566	特级	合格
219	广西壮族自治区畜禽品种改良站	尼里 / 拉菲水牛	45103568	特级	合格
220	广西壮族自治区畜禽品种改良站	尼里 / 拉菲水牛	45103570	特级	合格
221	广西壮族自治区畜禽品种改良站	尼里 / 拉菲水牛	45103572	特级	合格
222	广西壮族自治区畜禽品种改良站	尼里 / 拉菲水牛	45103574	特级	合格
223	广西壮族自治区畜禽品种改良站	尼里 / 拉菲水牛	45103576	特级	合格
224	广西壮族自治区畜禽品种改良站	尼里 / 拉菲水牛	45103584	特级	合格
225	广西壮族自治区畜禽品种改良站	尼里 / 拉菲水牛	45103588	特级	合格
226	广西壮族自治区畜禽品种改良站	尼里 / 拉菲水牛	45103619	特级	合格
227	广西壮族自治区畜禽品种改良站	尼里 / 拉菲水牛	45104593	特级	合格
228	广西壮族自治区畜禽品种改良站	尼里 / 拉菲水牛	45107694	特级	合格
229	广西壮族自治区畜禽品种改良站	尼里 / 拉菲水牛	45107696	特级	合格
230	广西壮族自治区畜禽品种改良站	尼里 / 拉菲水牛	45107698	特级	合格
231	广西壮族自治区畜禽品种改良站	尼里 / 拉菲水牛	45107702	一级	合格
232	广西壮族自治区畜禽品种改良站	尼里 / 拉菲水牛	45107740	特级	合格
233	广西壮族自治区畜禽品种改良站	尼里 / 拉菲水牛	45108744	特级	合格
234	广西壮族自治区畜禽品种改良站	尼里 / 拉菲水牛	45108756	特级	合格
235	广西壮族自治区畜禽品种改良站	尼里 / 拉菲水牛	45108758	特级	合格
236	广西壮族自治区畜禽品种改良站	尼里 / 拉菲水牛	45108782	特级	合格
237	广西壮族自治区畜禽品种改良站	尼里 / 拉菲水牛	45108786	特级	合格
238	广西壮族自治区畜禽品种改良站	尼里 / 拉菲水牛	45108935	特级	合格
239	广西壮族自治区畜禽品种改良站	尼里 / 拉菲水牛	45109792	特级	合格
240	广西壮族自治区畜禽品种改良站	尼里 / 拉菲水牛	45198386	特级	合格
241	广西壮族自治区畜禽品种改良站	尼里 / 拉菲水牛	45198388	特级	合格
242	广西壮族自治区畜禽品种改良站	尼里 / 拉菲水牛	45199400	特级	合格
243	广西壮族自治区畜禽品种改良站	尼里 / 拉菲水牛	45199402	特级	合格
244	成都汇丰动物育种有限公司	娟姗牛	51105814	特级	合格
245	成都汇丰动物育种有限公司	娟姗牛	51110842	特级	合格
246	成都汇丰动物育种有限公司	娟姗牛	51110843	特级	合格
247	成都汇丰动物育种有限公司	娟姗牛	51111844	特级	合格

（续）

序号	种公牛站	品种	个体号	外貌等级	质检结果
248	成都汇丰动物育种有限公司	西门塔尔牛	51106084	特级	合格
249	成都汇丰动物育种有限公司	西门塔尔牛	51106085	特级	合格
250	成都汇丰动物育种有限公司	西门塔尔牛	51111132	特级	合格
251	成都汇丰动物育种有限公司	西门塔尔牛	51111138	特级	合格
252	成都汇丰动物育种有限公司	西门塔尔牛	51111140	特级	合格
253	云南恒翔家畜良种科技有限公司	摩拉水牛	53101131	特级	合格
254	云南恒翔家畜良种科技有限公司	摩拉水牛	53101132	特级	合格
255	云南恒翔家畜良种科技有限公司	摩拉水牛	53106168	特级	合格
256	云南恒翔家畜良种科技有限公司	摩拉水牛	53106169	特级	合格
257	云南恒翔家畜良种科技有限公司	摩拉水牛	53106170	特级	合格
258	云南恒翔家畜良种科技有限公司	摩拉水牛	53106172	特级	合格
259	云南恒翔家畜良种科技有限公司	摩拉水牛	53109227	特级	合格
260	云南恒翔家畜良种科技有限公司	摩拉水牛	53109228	特级	合格
261	云南恒翔家畜良种科技有限公司	摩拉水牛	53109229	特级	合格
262	云南恒翔家畜良种科技有限公司	摩拉水牛	53109230	特级	合格
263	云南恒翔家畜良种科技有限公司	摩拉水牛	53109231	一级	合格
264	云南恒翔家畜良种科技有限公司	摩拉水牛	53109233	一级	合格
265	云南恒翔家畜良种科技有限公司	摩拉水牛	53110217	特级	合格
266	云南恒翔家畜良种科技有限公司	摩拉水牛	53110234	特级	合格
267	云南恒翔家畜良种科技有限公司	摩拉水牛	53110235	特级	合格
268	云南恒翔家畜良种科技有限公司	摩拉水牛	53110236	特级	合格
269	云南恒翔家畜良种科技有限公司	摩拉水牛	53110237	一级	合格
270	云南恒翔家畜良种科技有限公司	摩拉水牛	53110238	一级	合格
271	云南恒翔家畜良种科技有限公司	尼里 / 拉菲水牛	53105175	一级	合格
272	云南恒翔家畜良种科技有限公司	尼里 / 拉菲水牛	53105176	特级	合格
273	云南恒翔家畜良种科技有限公司	尼里 / 拉菲水牛	53108239	特级	合格
274	云南恒翔家畜良种科技有限公司	尼里 / 拉菲水牛	53109240	特级	合格
275	云南恒翔家畜良种科技有限公司	尼里 / 拉菲水牛	53109241	特级	合格
276	云南恒翔家畜良种科技有限公司	尼里 / 拉菲水牛	53109242	特级	合格
277	云南恒翔家畜良种科技有限公司	尼里 / 拉菲水牛	53110243	一级	合格
278	云南恒翔家畜良种科技有限公司	尼里 / 拉菲水牛	53110244	特级	合格

（续）

序号	种公牛站	品种	个体号	外貌等级	质检结果
279	云南恒翔家畜良种科技有限公司	尼里 / 拉菲水牛	53110245	特级	合格
280	大理五福畜禽良种有限责任公司	摩拉水牛	53204050	特级	合格
281	大理五福畜禽良种有限责任公司	摩拉水牛	53204051	特级	合格
282	大理五福畜禽良种有限责任公司	摩拉水牛	53204053	特级	合格
283	大理五福畜禽良种有限责任公司	摩拉水牛	53204055	特级	合格
284	大理五福畜禽良种有限责任公司	摩拉水牛	53206061	特级	合格
285	大理五福畜禽良种有限责任公司	摩拉水牛	53207086	特级	合格
286	大理五福畜禽良种有限责任公司	摩拉水牛	53207087	特级	合格
287	大理五福畜禽良种有限责任公司	摩拉水牛	53207088	特级	合格
288	大理五福畜禽良种有限责任公司	摩拉水牛	53210102	特级	合格
289	大理五福畜禽良种有限责任公司	尼里 / 拉菲水牛	53205056	特级	合格
290	大理五福畜禽良种有限责任公司	尼里 / 拉菲水牛	53206060	特级	合格
291	大理五福畜禽良种有限责任公司	尼里 / 拉菲水牛	53206062	特级	合格
292	大理五福畜禽良种有限责任公司	尼里 / 拉菲水牛	53207083	特级	合格
293	大理五福畜禽良种有限责任公司	尼里 / 拉菲水牛	53207085	特级	合格
294	大理五福畜禽良种有限责任公司	尼里 / 拉菲水牛	53209124	特级	合格
295	大理五福畜禽良种有限责任公司	尼里 / 拉菲水牛	53209125	特级	合格
296	大理五福畜禽良种有限责任公司	尼里 / 拉菲水牛	53210103	特级	合格
297	大理五福畜禽良种有限责任公司	尼里 / 拉菲水牛	53210104	特级	合格
298	西藏自治区当雄县牦牛冻精站	牦牛	54102025	一级	合格
299	西藏自治区当雄县牦牛冻精站	牦牛	54103026	特级	合格
300	西藏自治区当雄县牦牛冻精站	牦牛	54103027	一级	合格
301	西藏自治区当雄县牦牛冻精站	牦牛	54103028	特级	合格
302	西藏自治区当雄县牦牛冻精站	牦牛	54104002	特级	合格
303	西藏自治区当雄县牦牛冻精站	牦牛	54104004	特级	合格
304	西藏自治区当雄县牦牛冻精站	牦牛	54104008	特级	合格
305	西藏自治区当雄县牦牛冻精站	牦牛	54104020	特级	合格
306	西藏自治区当雄县牦牛冻精站	牦牛	54104021	特级	合格
307	西藏自治区当雄县牦牛冻精站	牦牛	54104022	一级	合格
308	西藏自治区当雄县牦牛冻精站	牦牛	54104023	特级	合格
309	西藏自治区当雄县牦牛冻精站	牦牛	54104024	特级	合格

（续）

序号	种公牛站	品种	个体号	外貌等级	质检结果
310	西藏自治区当雄县牦牛冻精站	牦牛	54104030	特级	合格
311	西藏自治区当雄县牦牛冻精站	牦牛	54105003	特级	合格
312	西藏自治区当雄县牦牛冻精站	牦牛	54105016	特级	合格
313	西藏自治区当雄县牦牛冻精站	牦牛	54105017	特级	合格
314	西藏自治区当雄县牦牛冻精站	牦牛	54105018	特级	合格
315	西藏自治区当雄县牦牛冻精站	牦牛	54105019	特级	合格
316	西藏自治区当雄县牦牛冻精站	牦牛	54105031	特级	合格
317	西藏自治区当雄县牦牛冻精站	牦牛	54105032	一级	合格
318	西藏自治区当雄县牦牛冻精站	牦牛	54105035	特级	合格
319	西藏自治区当雄县牦牛冻精站	牦牛	54106009	特级	合格
320	西藏自治区当雄县牦牛冻精站	牦牛	54106010	特级	合格
321	西藏自治区当雄县牦牛冻精站	牦牛	54106012	特级	合格
322	西藏自治区当雄县牦牛冻精站	牦牛	54106013	特级	合格
323	西藏自治区当雄县牦牛冻精站	牦牛	54106029	特级	合格
324	西藏自治区当雄县牦牛冻精站	牦牛	54106033	一级	合格
325	西藏自治区当雄县牦牛冻精站	牦牛	54107001	一级	合格
326	西藏自治区当雄县牦牛冻精站	牦牛	54107006	特级	合格
327	西藏自治区当雄县牦牛冻精站	牦牛	54107007	特级	合格
328	西藏自治区当雄县牦牛冻精站	牦牛	54107014	特级	合格
329	西藏自治区当雄县牦牛冻精站	牦牛	54107015	特级	合格
330	甘肃省家畜繁育中心	西门塔尔牛	62106706	特级	合格
331	甘肃省家畜繁育中心	西门塔尔牛	62106708	特级	合格
332	甘肃省家畜繁育中心	西门塔尔牛	62106821	一级	合格
333	青海省家畜改良中心	牦牛	63101013	特级	合格
334	青海省家畜改良中心	牦牛	63102038	特级	合格
335	青海省家畜改良中心	牦牛	63104001	特级	合格
336	青海省家畜改良中心	牦牛	63104004	特级	合格
337	青海省家畜改良中心	牦牛	63104006	特级	合格
338	青海省家畜改良中心	牦牛	63104018	特级	合格
339	青海省家畜改良中心	牦牛	63104027	特级	合格
340	青海省家畜改良中心	牦牛	63104042	特级	合格

（续）

序号	种公牛站	品种	个体号	外貌等级	质检结果
341	青海省家畜改良中心	牦牛	63105013	特级	合格
342	青海省家畜改良中心	牦牛	63105019	特级	合格
343	青海省家畜改良中心	牦牛	63105024	特级	合格
344	青海省家畜改良中心	牦牛	63105042	特级	合格
345	青海省家畜改良中心	牦牛	63106066	特级	合格
346	青海省家畜改良中心	牦牛	63108017	特级	合格
347	青海省家畜改良中心	牦牛	63108019	特级	合格
348	青海省家畜改良中心	牦牛	63108039	特级	合格
349	青海省家畜改良中心	牦牛	63108055	特级	合格
350	青海省家畜改良中心	牦牛	63109001	特级	合格
351	青海省家畜改良中心	牦牛	63109003	特级	合格
352	青海省家畜改良中心	牦牛	63197002	特级	合格
353	青海省家畜改良中心	牦牛	63197009	特级	合格
354	青海省家畜改良中心	牦牛	63197015	特级	合格
355	青海省家畜改良中心	牦牛	63197016	特级	合格
356	青海省家畜改良中心	牦牛	63197025	特级	合格
357	青海省家畜改良中心	牦牛	63197026	特级	合格
358	青海省家畜改良中心	牦牛	63197027	特级	合格
359	青海省家畜改良中心	牦牛	63199018	特级	合格
360	青海省家畜改良中心	牦牛	63199023	特级	合格
361	青海省家畜改良中心	牦牛	63199028	特级	合格
362	青海省家畜改良中心	西门塔尔牛	63106061	一级	合格
363	青海省家畜改良中心	西门塔尔牛	63106073	特级	合格
364	青海省家畜改良中心	西门塔尔牛	63109267	特级	合格
365	青海省家畜改良中心	西门塔尔牛	63109285	特级	合格
366	新疆天山畜牧生物工程股份有限公司	褐牛	65107859	特级	合格
367	新疆天山畜牧生物工程股份有限公司	褐牛	65107866	特级	合格
368	新疆天山畜牧生物工程股份有限公司	褐牛	65107870	特级	合格
369	新疆天山畜牧生物工程股份有限公司	褐牛	65108826	特级	合格
370	新疆天山畜牧生物工程股份有限公司	褐牛	65108827	特级	合格
371	新疆天山畜牧生物工程股份有限公司	褐牛	65108831	特级	合格

（续）

序号	种公牛站	品种	个体号	外貌等级	质检结果
372	新疆天山畜牧生物工程股份有限公司	褐牛	65108877	特级	合格
373	新疆天山畜牧生物工程股份有限公司	褐牛	65108883	特级	合格
374	新疆天山畜牧生物工程股份有限公司	褐牛	65109812	特级	合格
375	新疆天山畜牧生物工程股份有限公司	褐牛	65109813	特级	合格
376	新疆天山畜牧生物工程股份有限公司	褐牛	65109892	特级	合格
377	新疆天山畜牧生物工程股份有限公司	褐牛	65110893	特级	合格
378	新疆天山畜牧生物工程股份有限公司	褐牛	65110895	特级	合格
379	新疆天山畜牧生物工程股份有限公司	褐牛	65111896	特级	合格
380	新疆天山畜牧生物工程股份有限公司	褐牛	65111897	特级	合格
381	新疆天山畜牧生物工程股份有限公司	褐牛	65111898	特级	合格
382	新疆天山畜牧生物工程股份有限公司	褐牛	65111899	一级	合格
383	新疆天山畜牧生物工程股份有限公司	西门塔尔牛	65103510	特级	合格
384	新疆天山畜牧生物工程股份有限公司	西门塔尔牛	65104501	特级	合格
385	新疆天山畜牧生物工程股份有限公司	西门塔尔牛	65104515	一级	合格
386	新疆天山畜牧生物工程股份有限公司	西门塔尔牛	65104517	特级	合格
387	新疆天山畜牧生物工程股份有限公司	西门塔尔牛	65104518	特级	合格
388	新疆天山畜牧生物工程股份有限公司	西门塔尔牛	65104519	特级	合格
389	新疆天山畜牧生物工程股份有限公司	西门塔尔牛	65105503	特级	合格
390	新疆天山畜牧生物工程股份有限公司	西门塔尔牛	65106524	特级	合格
391	新疆天山畜牧生物工程股份有限公司	西门塔尔牛	65106527	特级	合格
392	新疆天山畜牧生物工程股份有限公司	西门塔尔牛	65108533	特级	合格
393	新疆天山畜牧生物工程股份有限公司	西门塔尔牛	65108535	特级	合格
394	新疆天山畜牧生物工程股份有限公司	西门塔尔牛	65108536	特级	合格
395	新疆天山畜牧生物工程股份有限公司	西门塔尔牛	65108538	特级	合格
396	新疆天山畜牧生物工程股份有限公司	西门塔尔牛	65109541	特级	合格
397	新疆天山畜牧生物工程股份有限公司	西门塔尔牛	65111567	一级	合格
398	新疆天山畜牧生物工程股份有限公司	西门塔尔牛	65111568	特级	合格
399	新疆天山畜牧生物工程股份有限公司	西门塔尔牛	65111569	特级	合格
400	新疆天山畜牧生物工程股份有限公司	西门塔尔牛	65111570	特级	合格
401	新疆天山畜牧生物工程股份有限公司	西门塔尔牛	65111571	特级	合格
402	新疆天山畜牧生物工程股份有限公司	西门塔尔牛	65111572	一级	合格

（续）

序号	种公牛站	品种	个体号	外貌等级	质检结果
403	新疆天山畜牧生物工程股份有限公司	西门塔尔牛	65111573	特级	合格
404	新疆天山畜牧生物工程股份有限公司	西门塔尔牛	65111574	特级	合格
405	新疆天山畜牧生物工程股份有限公司	西门塔尔牛	65111575	一级	合格
406	新疆天山畜牧生物工程股份有限公司	西门塔尔牛	65111576	特级	合格
407	新疆天山畜牧生物工程股份有限公司	西门塔尔牛	65111577	特级	合格
408	新疆天山畜牧生物工程股份有限公司	西门塔尔牛	65111578	特级	合格
409	新疆天山畜牧生物工程股份有限公司	西门塔尔牛	65111579	特级	合格
410	新疆天山畜牧生物工程股份有限公司	西门塔尔牛	65111580	特级	合格
411	新疆天山畜牧生物工程股份有限公司	西门塔尔牛	65111581	特级	合格

索　　引

说　　明

一、本索引采用分析索引方法，按汉语拼音字母顺序排列，同音字按声调排列。

二、“特载”“政策法规”“企业发展”“大事记”“行业统计”“附录”未作索引，可结合目录检索。

三、索引采用数字和字母表示，数字表示该内容所在的页码，字母（a、b）表示该页自左至右的栏别。单独数字（没有字母组合的），表示为该内容在本页的通栏中或左右栏中都有。

A

澳大利亚

33，39b，57b，58，59，60，61，62，63，66，67a，130b，131b，143b，160b，178a，181a，206a，316b，317b，327b，331a，334，335，336，337，345a，346b，347b，348，351b，353b，355b，359b，361，362，363，364，365，366，367，378，379

安徽省

118，119，121

B

巴氏

72a，75，86b，94，102a，103，106，107a，109b，112，113，115a，117，122，123b，128a，129b，130，131a，132a，133a，134a，139，140，142b，144a，148b，151b，154b，155，158b，159，161a，162，164，165，178b，181b，184b，185，186a，188a，191，198a，199，202，203a，205，333b，382b，385b

半脱脂奶粉

352，353a

北京市

71，72b，73，74，75，76，77，78，79，80，81，82，83，84，85，86

杯装

144a，146a，151b，159b

北美洲

345b，357b，358

标准化生产

41，87a，104b，111a，127，192b，323a，326b，332a

C

残留检测

51a，330b，331a

草原保护与建设

43

超高温灭菌乳

128a，162a

重庆市

139，155，156a，157

D

大洋洲

344b，345b，346a，347b，348b，349a，353b，355b，357a，358，359a，362b，368，369

袋装

33，141a，146a，151b，193a

丹麦

62，64，66，335a，350a，352b，354，382，383，384a，385a

地中海水牛

152b，153a

冻精

35，36b，39a，88a，89b，91a，95a，98，102a，104b，107b，111a，116b，118b，126b，129b，130a，131，133b，134，141b，142a，143b，144b，145b，146b，147b，148b，150a，152，153，156，160a，177b，178b，181a，184b，186，187，188b，193，194a，198，199，204a，206a，313a，328a，329b，340a

都市型畜牧业

86a，87a

F

发酵乳

75，112，113，129b，130，144a，146a，151b，165b，339a，350，351a，357b，384b

繁殖改良

91b

粪污处理

47a，87b，89b，92b，95a，98a，102a，128a，130b，131a，144b，146b，149a，156a，159a，163a，165b，192a，193a，200b，206a，316b，337b

非洲

57b，68a，70a，337a，344b，

345b, 347b, 348a, 350a, 357, 358, 360b, 361
福建省
122, 123, 124, 125

G

干酪素
181b
干乳制品
33, 34, 53, 57a, 60a, 61, 62, 68a, 70, 94a, 97a, 377a, 379a,
甘肃省
179, 180a, 181a, 182b, 183, 184, 185a, 192b, 324b
公牛遗传评估
37b, 40a, 312a
奶山羊
48, 49, 50, 94a, 122, 127a, 129a, 130a, 141a, 142a, 158a, 165a, 166a, 178, 179b, 184a, 186, 315b, 331, 332, 333
广东省
35a, 123b, 139, 150, 151a, 328b
广西壮族自治区
151a, 152b, 154
贵州省
162a, 163, 164
规模牧场
57a, 97a, 105b, 122, 128, 131b, 147, 158a, 159a, 341a
规模养殖
44b, 47, 48a, 50b, 57a, 74a, 87a, 88, 89, 91a, 93a, 94b, 95a, 96a, 97, 98, 100, 102, 104a, 108, 109b, 110, 111a, 115b, 118, 126, 130a, 132b, 133b, 134b, 143a, 144b, 145b, 146a, 147a, 148a, 149, 151a, 152b, 153a, 154, 155, 156a, 158a, 159, 160a, 162b, 165, 166a, 173, 174, 179a, 180, 181b, 182, 183b, 184b, 185a, 186a, 187, 188, 189a, 192, 193a, 194a, 198, 199, 200a, 204, 206, 315a, 332b, 337

H

海南省
154b, 155a
荷兰
39b, 63, 64, 65b, 66, 68a, 131a, 133a, 317b, 331b, 334, 335, 337b, 346b, 347a, 348b, 350a, 353b, 354, 355, 356, 357a, 358b, 362b, 371b, 381b, 383b
荷斯坦奶牛
35b, 114, 122b, 126b, 127b, 130a, 148a, 149a, 151b, 158b, 166, 183, 185a, 193b, 203b, 339b
河北省
37b, 88b, 89, 91, 92, 93b, 328a, 330a
河南省
37b, 39, 134, 135, 136, 141b, 143a, 194b, 204a, 317b, 330a
黑龙江省
35a, 36a, 39, 41b, 104, 105, 106, 154a, 206b, 317a, 330a, 335a
黑麦草
115b, 152a, 156a, 159b, 323a, 324a, 326b
洪洞奶山羊
94a
湖北省
38a, 143b, 144, 145, 147b, 148a
湖南省
123b, 148, 149
黄油
57a, 60a, 61b, 62, 67, 336, 344b, 345b, 346a, 350, 351a, 356a, 359b, 360, 362, 363, 366, 367, 368, 369, 371, 379, 382, 383, 384, 385

J

机械化挤奶
31, 50b, 72a, 87a, 93a, 107a, 115b, 122a, 128a, 131b, 132a, 134a, 141a, 142a, 143b, 144b, 147a, 148a, 152a, 156a, 158a, 162b, 165b, 178b, 181a, 184b, 185a, 186a, 187a, 198a, 203b, 333b
吉林省
102, 103
江苏省
109b, 110, 111, 112, 113, 115, 116a, 139, 204a
江西省
126, 127a, 334
经济类型
54
改良奶牛
35a, 95a, 158
娟姗牛
35a, 72b, 127a, 177a, 384a

K

科技创新
48, 312a, 331a

L

拉丁美洲
357, 361
酪蛋白
33, 34, 61b, 62a, 68a, 333b, 353, 356a
利乐包
141a, 142b, 151b, 178b
炼乳
33, 34, 61b, 62, 65b, 112, 130, 149b, 350b, 353, 357a, 361a, 366a, 367

良种补贴
35，36a，37b，39b，43a，72，73a，87a，88a，95a，96b，98a，102a，104b，111a，116b，126b，127b，128b，131a，132a，133a，142a，144b，146b，147a，148b，150a，152a，156a，159b，162b，163b，165b，166a，178b，181，188b，193，199，204a，328a，329b
辽宁省
39，98，99，100
两证一单
74a，93b，181b，200b
流量计校准
37a

M

牦牛奶
158b，177，179b，185，187a，188a，192b
牦牛奶粉
177b
牦牛奶婴幼儿配方奶粉
177a
美国
38b，39a，57，58，62，63，66，67，68b，87b，93b，108a，130a，134b，183b，316b，317b，326，327，331，333b，334a，335a，336b，337，345，346，347a，348b，349，350，351，352，353，354，355b，356a，357，359b，360，361，362，363，364，365，366，367，368，369，370，371，372，373，374，375，383
摩拉水牛
175，176
牧草种植
42，96b，107b，133a，156a，159b，182，184b，185a，187，319，322，323a
牧草种子
42，131a，323，324a
商品草
42，181b
苜蓿草
41，57，58，107b，145b，184b，186a，187a，193b，206a，320b，321b，324，375a

N

奶粉出口
70a，363b，364，365，383b
奶粉出口
70a，363b，364，365，383b
奶粉进口
33，61a，62a，64a，104a，364，365，369a，374a，427
奶酪进口
67，362，369，383
奶类生产
158a，178a，185，186，187，188，193，198，206，347a，371a，382a，384a，385a
奶料比
373，374
奶牛保险
45，111b，145a，147b
奶牛标准化规模养殖
47，87a，88a，95a，97b，98a，102，111a，130a，132b，134b，154a，160a，182b，183b，188a，194a，198b，199b
奶牛出口
379b
奶牛存栏
31，71a，86a，88b，91a，92，94a，96a，97，98a，102a，104a，107a，109b，115a，118a，122a，126，128a，129a，130a，131b，133，141a，142a，143b，145b，148a，149b，151a，155a，158b，160b，162a，165a，177a，178a，179b，184a，185，186，187，188a，192，193b，198，199a，203a，206a，313b，338b，374b，382a，384a
奶牛单产
86a，91a，97b，104b，107b，126b，128b，130a，133b，134a，141a，142a，143a，146b，178b，337a，338b，382a，384a
奶牛基因组选择
39，40，314a，328
奶牛配合饲料
96b，186b
奶牛生产性能测定
36，37b，38b，72，73，88a，97a，98b，118a，127b，128b，134a，150a，165b，206a
奶牛屠宰
374a，375
四统二分
89a，91a，93a
奶牛疫病防控
44，149a，152a，156a，200a
奶农合作社
92a，94a，102b，107a，116a，118b，132a，133b，152a，156b，159b，179a，181a，182a，189b，200b，204a，206b，337，357b
奶农组织
72b，87a，89a，92a，93a，102b，105a，107a，111a，116a，118b，122b，128b，129b，131a，132a，133b，134a，141b，143a，144b，147b，149a，150a，152a，156b，159b，163a，165b，177b，182a，192a，193，198a，200a，206b
奶山羊
48，49，50，94a，122，127a，129a，130a，141a，142a，158a，165a，166a，178，179b，184a，186，315b，331，332，333
奶山羊产业发展
48，49，50b
奶水牛
35，122a，143b，144b，145b，149b，150a，151，152，153，

154b，158a，165a，166a，173，174，175，176
奶畜养殖
71a，86a，88b，91a，92b，94a，96a，97a，98a，102a，104a，107a，109b，115a，118a，122a，126a，127a，129a，130a，131a，133，141a，142a，143b，145，147a，148a，149b，151a，154b，155a，159b，160a，162a，165a，177a，189a，192，199a，200b，201a，203a，204a
奶业贸易
33，57，318a
奶源基地
49a，72a，86b，88b，89a，91a，93a，94b，96a，97a，98a，102a，105a，107a，109b，115b，118a，122b，126b，128a，129b，131a，132a，133a，134a，141b，142b，144a，146a，147a，148a，149b，150b，151b，154b，155b，158a，159b，160，162b，165a，177b，178b，183a，184b，185a，186，187，188a，192a，193，198，199b，203b，206a
奶站管理
91b，93b，159a，160b，181a，188b，194b，199a，200a，204a
内蒙古自治区
97，330a
尼里改良水牛
158a
年销售收入
129a，142b，144a，155b，162a，185a，186a，188a
宁夏回族自治区
193b，194b
牛鞭草
156a，159b，
牛奶产量
31，60b，64a，71b，86a，94，97a，98a，102a，104a，109b，110，115，116a，118a，122a，126，127，130a，141a，142a，151a，154b，155a，158b，160b，165a，177a，178a，179b，186b，188a，192b，193b，199a，203a，205a，317b，336b，339
牛奶价格
72b，148b，149a，151a，157a，177a，179b，185a，187b，345b，347a，348b，368，370b，371，382a
牛奶兽药残留监控
51
牛奶质量
44a，48，180b，181b，331，342b，382b，384a
农机购置补贴政策
45，46，47
农垦奶牛高产攻关
48
挪威奶业
385

O

欧盟奶业
371b，380

P

胚胎生物技术示范应用
152b，153a
品种改良
72b，95a，102b，107b，122b，127b，130a，142a，143b，152b，153a，179a，181a，204a，206a
瓶装
86b，142b，144a，146a，147a，151a，155b

Q

企业数量
53，54，55，56
青海省
40，188，189，191，192
青霉素残留
154b
青贮玉米
42b，87a，89b，92a，96b，102a，107b，115b，118b，130b，131b，132b，133b，141b，144b，145b，147b，148b，156a，159b，163a，165b，179a，184b，187，188b，192a，193，198a，199，203b，206b，313b，320b，325a，327b
全混合日粮
118，129b，130a，132a，133b，141b，144b，147a，148b，156a，165b，182a，193b，198a，199a，206a，323b，341a
全基因组检测
37b，39，40b，398a
全球牛奶价格
368
全球乳业20强
383
全球乳制品贸易
345a，346，361，366a
全球乳制品消费
358
全脂奶粉出口
368b，364

R

人均奶类消费
159a，203b，345a，358a，361
乳蛋白率
32，37a，40，72b，97b，178b，314，338b，371a，382b，385a
乳品产量
53a，55，109b，199a，339
乳品出口额
98a
乳品加工产业的布局
55
乳品消费
33，53a，126b，128a，141a，142b，150b，178b，199b，339a，

359a，383a，384b，385b
乳企年营业总额
97a
乳清
33，34，57a，60a，61b，62，65，66，149b，317，336a，353，357，365，366，368b，379，383a
乳饮料
92b，93a，102a，103，106，109b，117，125，134a，139，140，144a，146a，147a，148b，151b，155b，159a，164，165，181b，188a，191，197，202，339a
乳用西门塔尔牛
35，72，102a，126b，158a，186b，188b
乳脂率
37，40，72b，89b，97b，118b，178b，314，338，371a，382b，385a
乳制品出口
34，57，68，70a，336b，361，377，378，379
乳制品加工企业
53，54，94a，97a，98a，118a，132a，146a，154b，158b，159b，161a，177a，203a，206b，357b，384b
乳制品进口情况
34，60
乳制品销售管理规范
88a
瑞典奶业
384

S

三聚氰胺检测
50a，134b，153b
散户平均价
97a
莎能奶山羊
179b
山东省
37，48a，127，128，129a，130a，132b，133a，204a，320，328b，330a，332b，333a，335a
山羊奶
48a，49a，99，165，179b，347，348a
山西省
94，95
陕西省
48a，129a，178，179，330a，332，333，335a
商品草生产情况
42
上海市
107，108，109a，121
生态涵养保护区
71a
生鲜乳价格
32，50，51，92b，96a，97a，98a，102b，107b，115a，143a，151a，177a，180
生鲜乳价格形成机制
98a，107b
生鲜乳留存奶样瓶
88a
生鲜乳收购站
74，88a，89a，94a，95，96，97b，98b，99a，102，104a，107b，111b，123，126，127b，128b，129a，130b，131，133，134b，141，142a，143b，145a，146b，148a，149，150b，151a，153b，154，156b，159b，160a，166a，179a，180a，181，185a，188b，189，192b，194b，198b，199a，200，201，204a
生鲜乳运输车辆 GPS 定位系统
88a
生鲜乳质量安全监管
50，74，88a，95，96a，116b，118b，123a，126a，131a，146b，149a，153b，188b，189a，200a，201a，330a
实现净利润
97a
四川省
158，159，160
世界奶业巨头
355a
市场消费
86b，93b，94，96a，97a，102a，107a，115a，118a，122a，126b，128a，129b，131a，132a，134a，144a，148b，149b，151b，155b，159a，161b，162a，165，177a，178b，184b，186，188a，192，193，198，199b，203b，359
示范奶牛场生产管理规范
87b
示范乳制品企业生产管理规范
88a
视频采集系统
88a
收入利润
53a
数据收集
36a，38a，314a
双补政策
88a
水牛奶
144a，151，154b，165，344a，347b，348a，351b
水牛品改技术推广
152b
饲草进口
57
饲料工业发展
41
饲料生产
48b，52a，87a，92a，96b，98b，105a，160a，179a，181b
饲料质量安全监管
52
酸奶出口
69a
索引
845

T

天祝白牦牛
179b
调制乳
75，92b，93a，112，113，130，144a，146a，151b，248a
听装
151b
脱脂奶粉出口
364a，365

X

西藏自治区
177a
鲜奶出口
69a
小区平均价
97a
新疆维吾尔自治区
199a，201b，328b，330a
新疆褐牛
199，203a
新西兰奶业
334a，376
畜牧机械
178b

Y

羊奶粉
178b
液态奶产量
32，53，55，56，72a，94a，97a，128a，148b，149b，350b，351a，379a，382b
液态奶出口
34，57b，68，383b
液态奶进口
33，55a，60b
疫病防治
49b，72b，74b，91b，92a，93b，105a，131a，144b，152a，159b，160a，185a，188b，192b，193a，200a
婴幼儿奶粉
49a，54b，88b，92a，95b，105b，118a，123b，128a，131a，132a，141a，142b，148b，154b，158b，159a，165b
婴幼儿配方乳粉
50，61b，62，64，102，105b，109b，112，115a，126，129，130，149a，151b，153b，154a，181b，203a，204a，317b
婴幼儿羊奶粉
178b
玉米价格
50a，373a
原料奶价格
92b，93b，104a，159a，345b，346，370，371
原料奶生产
87b，102b，115b，155b，156b，192b，204b，337b，347，348b，349，376a，381a

Z

浙江省
115，116
振兴奶业苜蓿发展行动
41，41a，57a，89b，92a，98b，182b，198a
制备与发放标准物质
37a
质量监督
89b，95b，107a，123a，127b，154a，201b，329b，330a
质量提升
31
中国荷斯坦牛
36a，37，38b，40a158a，162a，165a，189，190，328b，329b
种公牛情况
35a
种公牛饲养规模
35b
种牛进口
33，57a，59
紫花苜蓿
42，92a，105a，134a，156a，177b，181b，185a，186a，187b，193b，323b，324，326b，327

图书在版编目（CIP）数据

中国奶业年鉴. 2014 / 中国奶业年鉴编辑委员会编. —北京：中国农业出版社，2015.1
ISBN 978-7-109-20116-3

Ⅰ. ①中…　Ⅱ. ①中…　Ⅲ. ①乳品工业－中国－2014－年鉴　Ⅳ. ①F426.82-54

中国版本图书馆 CIP 数据核字（2015）第 015344 号

中国农业出版社出版
（北京市朝阳区农展馆北路 2 号）
（邮政编码 100125）
责任编辑　刘博浩　程　燕

中国农业出版社印刷厂印制　　新华书店北京发行所发行
2015 年 1 月第 1 版　　2015 年 1 月北京第 1 次印刷

开本：889mm × 1194mm　1/16　　印张：53.75　　插页：16
字数：1725 千字
定价：480.00 元
（凡本版图书出现印刷、装订错误，请向出版社发行部调换）

2014 2014 2014